J. von Staudingers
Kommentar zum Bürgerlichen Gesetzbuch
mit Einführungsgesetz und Nebengesetzen
Erstes Buch. Allgemeiner Teil
§§ 134—163

Kommentatoren

Dr. Karl-Dieter Albrecht
Richter am Bayerischen Verwaltungsgerichtshof, München

Dr. Hermann Amann
Notar in Berchtesgaden

Dr. Martin Avenarius
Wiss. Assistent an der Universität Göttingen

Dr. Christian von Bar
Professor an der Universität Osnabrück

Dr. Wolfgang Baumann
Notar in Wuppertal

Dr. Okko Behrends
Professor an der Universität Göttingen

Dr. Detlev W. Belling, M.C.L.
Professor an der Universität Potsdam

Dr. Werner Bienwald
Professor an der Evangelischen Fachhochschule Hannover

Dr. Dieter Blumenwitz
Professor an der Universität Würzburg

Dr. Reinhard Bork
Professor an der Universität Hamburg, Richter am Hanseatischen Oberlandesgericht zu Hamburg

Dr. Wolf-Rüdiger Bub
Rechtsanwalt in München

Dr. Elmar Bund
Professor an der Universität Freiburg i. Br.

Dr. Jan Busche
Wiss. Assistent an der Freien Universität Berlin

Dr. Michael Coester
Professor an der Universität München

Dr. Dagmar Coester-Waltjen, LL.M.
Professorin an der Universität München

Dr. Dr. h. c. mult. Helmut Coing
em. Professor an der Universität Frankfurt am Main

Dr. Matthias Cremer
Notar in Dresden

Dr. Hermann Dilcher
em. Professor an der Universität Bochum

Dr. Heinrich Dörner
Professor an der Universität Düsseldorf

Dr. Christina Eberl
Wiss. Mitarbeiterin an der Universität Potsdam

Dr. Werner Ebke, LL.M.
Professor an der Universität Konstanz

Dr. Eberhard Eichenhofer
Professor an der Universität Osnabrück

Dr. Volker Emmerich
Professor an der Universität Bayreuth, Richter am Oberlandesgericht Nürnberg

Dipl.-Kfm. Dr. Norbert Engel
Ministerialrat im Bayerischen Senat, München

Dr. Helmut Engler
Professor an der Universität Freiburg i. Br., Minister in Baden-Württemberg a. D.

Dr. Karl-Heinz Fezer
Professor an der Universität Konstanz, Richter am Oberlandesgericht Stuttgart

Dr. Johann Frank
Notar in Amberg

Dr. Rainer Frank
Professor an der Universität Freiburg i. Br.

Dr. Bernhard Großfeld, LL.M.
Professor an der Universität Münster

Dr. Karl-Heinz Gursky
Professor an der Universität Osnabrück

Dr. Ulrich Haas
Wiss. Assistent an der Universität Regensburg

Norbert Habermann
Richter am Amtsgericht Offenbach

Dr. Johannes Hager
Professor an der Humboldt-Universität Berlin

Dr. Rainer Hausmann
Professor an der Universität Konstanz

Dr. Dott. h. c. Dieter Henrich
Professor an der Universität Regensburg

Dr. Reinhard Hepting
Professor an der Universität Mainz

Joseph Hönle
Notar in Tittmoning

Dr. Bernd von Hoffmann
Professor an der Universität Trier

Dr. Heinrich Honsell
Professor an der Universität Zürich

Dr. Dr. Klaus J. Hopt, M.C.J.
Professor, Direktor des Max-Planck-Instituts für Ausländisches und Internationales Privatrecht, Hamburg

Dr. Norbert Horn
Professor an der Universität Köln

Dr. Heinz Hübner
Professor an der Universität Köln

Dr. Rainer Jagmann
Richter am Oberlandesgericht Karlsruhe

Dr. Ulrich von Jeinsen
Rechtsanwalt und Notar in Hannover

Dr. Dagmar Kaiser
Wiss. Assistentin an der Universität Freiburg i. Br.

Dr. Rainer Kanzleiter
Notar in Neu-Ulm, Professor an der Universität Augsburg

Wolfgang Kappe
Vorsitzender Richter am Oberlandesgericht Celle a. D.

Dr. Benno Keim
Notar in München

Dr. Sibylle Kessal-Wulf
Richterin am Schleswig-Holsteinischen Oberlandesgericht in Schleswig

Dr. Diethelm Klippel
Professor an der Universität Gießen

Dr. Helmut Köhler
Professor an der Universität Augsburg, Richter am Oberlandesgericht München

Dr. Jürgen Kohler
Professor an der Universität Greifswald

Dr. Heinrich Kreuzer
Notar in München

Dr. Jan Kropholler
Professor an der Universität Hamburg, Wiss. Referent am Max-Planck-Institut für Ausländisches und Internationales Privatrecht, Hamburg

Dr. Hans-Dieter Kutter
Notar in Schweinfurt

Dr. Gerd-Hinrich Langhein
Notar in Hamburg

Dr. Dr. h. c. Manfred Löwisch
Professor an der Universität Freiburg i. Br., vorm. Richter am Oberlandesgericht Karlsruhe

Dr. Dr. h. c. Werner Lorenz
Professor an der Universität München

Dr. Peter Mader
Univ. Dozent an der Universität Salzburg

Dr. Ulrich Magnus
Professor an der Universität Hamburg, Richter am Hanseatischen Oberlandesgericht zu Hamburg

Dr. Peter Mankowski
Wiss. Assistent an der Universität Osnabrück

Dr. Heinz-Peter Mansel
Akademischer Rat an der Universität Heidelberg

Dr. Peter Marburger
Professor an der Universität Trier

Dr. Wolfgang Marotzke
Professor an der Universität Tübingen

Dr. Dr. Michael Martinek, M.C.J.
Professor an der Universität des Saarlandes, Saarbrücken

Dr. Jörg Mayer
Notar in Pottenstein

Dr. Dr. h. c. mult. Theo Mayer-Maly
Professor an der Universität Salzburg

Dr. Dr. Detlef Merten
Professor an der Hochschule für Verwaltungswissenschaften, Speyer

Dr. Peter O. Mülbert
Professor an der Universität Trier

Dr. Dirk Neumann
Vizepräsident des Bundesarbeitsgerichts a. D., Kassel, Präsident des Landesarbeitsgerichts Chemnitz a. D.

Dr. Ulrich Noack
Professor an der Universität Düsseldorf

Dr. Hans-Heinrich Nöll
Rechtsanwalt in Hamburg

Dr. Jürgen Oechsler
Wiss. Assistent an der Universität des Saarlandes, Saarbrücken

Dr. Hartmut Oetker
Professor an der Universität Jena

Wolfgang Olshausen
Notar in Rain am Lech

Dr. Dirk Olzen
Professor an der Universität Düsseldorf

Dr. Gerhard Otte
Professor an der Universität Bielefeld

Dr. Hansjörg Otto
Professor an der Universität Göttingen

Dr. Lore Maria Peschel-Gutzeit
Senatorin für Justiz in Berlin, Vorsitzende Richterin am Hanseatischen Oberlandesgericht zu Hamburg i. R.

Dr. Frank Peters
Professor an der Universität Hamburg, Richter am Hanseatischen Oberlandesgericht zu Hamburg

Dr. Axel Pfeifer
Notar in Hamburg

Dr. Alfred Pikalo
Notar in Düren

Dr. Jörg Pirrung
Ministerialrat im Bundesministerium der Justiz, Bonn

Dipl.-Verwaltungswirt Dr. Rainer Pitschas
Professor an der Hochschule für Verwaltungswissenschaften, Speyer

Dr. Ulrich Preis
Professor an der Fern-Universität Hagen und an der Universität Düsseldorf

Dr. Manfred Rapp
Notar in Landsberg

Dr. Thomas Rauscher
Professor an der Universität Leipzig, Dipl. Math.

Dr. Peter Rawert, LL.M.
Notar in Hamburg

Eckhard Rehme
Vorsitzender Richter am Oberlandesgericht Oldenburg

Dr. Wolfgang Reimann
Notar in Passau, Professor an der Universität Regensburg

Dr. Gert Reinhart
Professor an der Universität Heidelberg

Dr. Dieter Reuter
Professor an der Universität Kiel, Richter am Schleswig-Holsteinischen Oberlandesgericht in Schleswig

Dr. Reinhard Richardi
Professor an der Universität Regensburg

Dr. Volker Rieble
Privatdozent an der Universität Freiburg i. Br.

Dr. Wolfgang Ring
Notar in Landshut

Dr. Herbert Roth
Professor an der Universität Münster

Dr. Rolf Sack
Professor an der Universität Mannheim

Dr. Ludwig Salgo
Professor an der Universität Frankfurt am Main

Dr. Gottfried Schiemann
Professor an der Universität Tübingen

Dr. Eberhard Schilken
Professor an der Universität Bonn

Dr. Peter Schlosser
Professor an der Universität München

Dr. Jürgen Schmidt
Professor an der Universität Münster

Dr. Karsten Schmidt
Professor an der Universität Hamburg

Dr. Günther Schotten
Notar in Köln, Professor an der Universität Bielefeld

Dr. Peter Schwerdtner
Professor an der Universität Bielefeld, Richter am Oberlandesgericht Hamm

Dr. Hans Hermann Seiler
Professor an der Universität Hamburg

Dr. Walter Selb †
Professor an der Universität Wien

Dr. Jürgen Sonnenschein
Professor an der Universität Kiel

Dr. Ulrich Spellenberg
Professor an der Universität Bayreuth

Dr. Sebastian Spiegelberger
Notar in Rosenheim

Dr. Hans Stoll
Professor an der Universität Freiburg i. Br.

Dr. Hans-Wolfgang Strätz
Professor an der Universität Konstanz

Dr. Gerd Stuhrmann
Ministerialrat im Bundesministerium der Finanzen, Bonn

Dr. Dr. h. c. Fritz Sturm
Professor an der Universität Lausanne

Dr. Gudrun Sturm
Assessorin, Wiss. Mitarbeiterin an der Universität Lausanne

Burkhard Thiele
Ministerialdirigent im Justizministerium des Landes Mecklenburg-Vorpommern, Schwerin

Dr. Bea Verschraegen
Professorin an der Universität Bielefeld

Reinhard Voppel
Wiss. Mitarbeiter an der Universität Köln

Dr. Günter Weick
Professor an der Universität Gießen

Gerd Weinreich
Richter am Oberlandesgericht Oldenburg

Dr. Joachim Wenzel
Richter am Bundesgerichtshof, Karlsruhe

Dr. Olaf Werner
Professor an der Universität Jena

Dr. Wolfgang Wiegand
Professor an der Universität Bern

Dr. Roland Wittmann
Professor an der Universität Frankfurt (Oder), Richter am Brandenburgischen Oberlandesgericht

Dr. Hans Wolfsteiner
Notar in München

Dr. Eduard Wufka
Notar in Starnberg

Redaktoren

Dr. Christian von Bar
Dr. Wolf-Rüdiger Bub
Dr. Heinrich Dörner
Dr. Helmut Engler
Dr. Karl-Heinz Gursky
Norbert Habermann
Dr. Dieter Henrich
Dr. Heinrich Honsell
Dr. Norbert Horn
Dr. Heinz Hübner

Dr. Jan Kropholler
Dr. Dr. h. c. Manfred Löwisch
Dr. Ulrich Magnus
Dr. Dr. Michael Martinek, M.C.J.
Dr. Gerhard Otte
Dr. Peter Rawert, LL.M.
Dr. Dieter Reuter
Dr. Herbert Roth
Dr. Wolfgang Wiegand

J. von Staudingers
Kommentar zum Bürgerlichen Gesetzbuch
mit Einführungsgesetz und Nebengesetzen

Erstes Buch
Allgemeiner Teil
§§ 134—163

Dreizehnte
Bearbeitung 1996
von
Reinhard Bork
Jürgen Kohler
Herbert Roth
Rolf Sack

Redaktor
Norbert Habermann

Sellier – de Gruyter · Berlin

Die Kommentatoren

Dreizehnte Bearbeitung 1996
§§ 134, 138: Rolf Sack
§§ 135–137: Jürgen Kohler
§§ 139–144, 157: Herbert Roth
§§ 145–156, 158–163: Reinhard Bork

12. Auflage
§§ 134–163: Professor Dr. Hermann Dilcher
(1979)

11. Auflage
§§ 134–163: Professor Dr. Helmut Coing
(1957)

Sachregister

Rechtsanwalt Dr. Dr. Volker Kluge, Berlin

Zitierweise

Staudinger/Sack (1996) § 134 Rn 1
Staudinger/Bork (1996) Vorbem 1 zu
§§ 145 ff

Zitiert wird nach Paragraph bzw Artikel und Randnummer.

Hinweise

Das **vorläufige Abkürzungsverzeichnis** für das Gesamtwerk Staudinger befindet sich in einer Broschüre, die zusammen mit dem Band §§ 985–1011 (1993) geliefert worden ist.

Der **Stand der Bearbeitung** ist jeweils mit Monat und Jahr auf den linken Seiten unten angegeben.

Am Ende des Bandes befindet sich eine Übersicht über den aktuellen **Stand des Gesamtwerks** Staudinger zum Zeitpunkt des Erscheinens dieses Bandes.

Die Deutsche Bibliothek – CIP-Einheitsaufnahme

J. von Staudingers Kommentar zum Bürgerlichen Gesetzbuch : mit Einführungsgesetz und Nebengesetzen / [Kommentatoren Karl-Dieter Albrecht . . .]. – Berlin : Sellier de Gruyter.
Teilw. hrsg. von Günther Beitzke . . . – Teilw. im Verl. Schweitzer, Berlin. – Teilw. im Verl. Schweitzer de Gruyter, Berlin. – Teilw. u. d. T.: J. v. Staudingers Kommentar zum Bürgerlichen Gesetzbuch
ISBN 3-8059-0784-2
NE: Staudinger, Julius von [Begr.]; Beitzke, Günther [Hrsg.]; Staudingers Kommentar zum Bürgerlichen Gesetzbuch; Kommentar zum Bürgerlichen Gesetzbuch; J. v. Staudingers Kommentar zum Bürgerlichen Gesetzbuch

Buch 1. Allgemeiner Teil.
§§ 134–163 / von Reinhard Bork . . . Red. Norbert Habermann. – 13. Bearb. – 1996
ISBN 3-8059-0860-1
NE: Bork, Reinhard

© Copyright 1996 by Dr. Arthur L. Sellier & Co. – Walter de Gruyter & Co., Berlin.

Dieses Werk einschließlich aller seiner Teile ist urheberrechtlich geschützt. Jede Verwertung außerhalb der engen Grenzen des Urheberrechtsgesetzes ist ohne Zustimmung des Verlages unzulässig und strafbar. Das gilt insbesondere für Vervielfältigungen, Übersetzungen, Mikroverfilmungen und die Einspeicherung und Verarbeitung in elektronischen Systemen.

Printed in Germany. – Satz und Druck: Buch- und Offsetdruckerei Wagner GmbH, Nördlingen. – Bindearbeiten: Lüderitz und Bauer, Buchgewerbe GmbH, Berlin. – Umschlaggestaltung: Bib Wies, München.

⊗ Gedruckt auf säurefreiem Papier, das die US-ANSI-Norm über Haltbarkeit erfüllt.

Inhaltsübersicht

	Seite*
Allgemeines Schrifttum	IX

Erstes Buch. Allgemeiner Teil
Dritter Abschnitt. Rechtsgeschäfte

Zweiter Titel. Willenserklärung (§§ 134–144)	1
Dritter Titel. Vertrag	458
Vierter Titel. Bedingung. Zeitbestimmung	608
Sachregister	669

---

* Zitiert wird nicht nach Seiten, sondern nach Paragraph bzw Artikel und Randnummer; siehe dazu auch S VI.

Allgemeines Schrifttum

Das Sonderschrifttum ist zu Beginn der einzelnen Kommentierungen bzw in Fußnoten innerhalb der Kommentierung aufgeführt.

ACHILLES/GREIFF, Bürgerliches Gesetzbuch nebst Einführungsgesetz, Allgemeiner Teil, bearb v GREIFF (21. Aufl 1958; Nachtrag 1963)
Alternativkommentar, Kommentar zum Bürgerlichen Gesetzbuch, Hrsg WASSERMANN, Bd 1, Allgemeiner Teil, bearb v DAMM ua (1987)
BÄHR, Grundzüge des Bürgerlichen Rechts (9. Aufl 1995)
BAUMBACH/HEFERMEHL, Wettbewerbsrecht (18. Aufl 1995)
BAUMGÄRTEL, Handbuch der Beweislast im Privatrecht, Bd I (2. Aufl 1991), Allgemeiner Teil, bearb v LAUMEN
BGB-RGRK s Reichsgerichtsräte-Kommentar
BIERMANN, Bürgerliches Recht, Bd I, Allgemeine Lehren und Personenrecht (1908)
BOEHMER, Einführung in das Bürgerliche Recht (2. Aufl 1965)
BOEHMER, Grundlagen der Bürgerlichen Rechtsordnung, Bd I (1950), Bd II 1 (1951), Bd II 2 (1952)
DE BOOR, Bürgerliches Recht, Allgemeiner Teil, Recht der Schuldverhältnisse, Sachenrecht (2. Aufl 1954)
BREHM, Allgemeiner Teil des Bürgerlichen Gesetzbuchs (2. Aufl 1994)
BROX, Allgemeiner Teil des Bürgerlichen Gesetzbuchs (18. Aufl 1994)
COSACK/MITTEIS, Lehrbuch des Bürgerlichen Rechts, Bd 1 (8. Aufl 1927)
CROME, System des Deutschen Bürgerlichen Rechts, 1. Bd Allgemeiner Teil (1900)
DERNBURG, Das Bürgerliche Recht des Deutschen Reichs und Preußens, 1. Bd, Die allgemeinen Lehren (3. Aufl 1906)
DIEDERICHSEN, Der Allgemeine Teil des Bürgerlichen Gesetzbuchs für Studienanfänger (6. Aufl 1986)
ECK, Vorträge über das BGB (2. Aufl 1903)
EISENHARDT, Allgemeiner Teil des BGB (3. Aufl 1989)
ELTZBACHER, Einführung in das Bürgerliche Recht (1920)
ENDEMANN, Lehrbuch des Bürgerlichen Rechts, Bd I (8./9. Aufl 1903)
ENNECCERUS/NIPPERDEY, Allgemeiner Teil des Bürgerlichen Rechts (15. Bearb), 1. Halbbd (1959), 2. Halbbd (1960)
ERMAN, Handkommentar zum Bürgerlichen Gesetzbuch (9. Aufl 1993), Allgemeiner Teil bearb v BROX ua
FELDMANN, Bürgerliches Recht, Allgemeiner Teil des BGB (4. Aufl 1951)
FISCHER/HENLE/TITZE, Bürgerliches Gesetzbuch für das Deutsche Reich, Allgemeiner Teil, bearb v FISCHER (14. Aufl 1932)
FLUME, Allgemeiner Teil des Bürgerlichen Rechts, Bd I, Teilbd 1, Die Personengesellschaft (1977), Teilbd 2, Die juristische Person (1983), Bd II, Das Rechtsgeschäft (4. Aufl 1992)
GAREIS, Der allgemeine Teil des BGB (1900)
GERNHUBER, Bürgerliches Recht (3. Aufl 1991)
GOLDMANN/LILIENTHAL, Das Bürgerliche Gesetzbuch, Bd 1 (3. Aufl 1921)
Grundlagen des Vertrags- und Schuldrechts, mit Beiträgen v EMMERICH, GERHARDT, GRUNSKY, HUHN, SCHMID, TEMPEL, WOLF (1972)
HACHENBURG, Das BGB für das Deutsche Reich, Vorträge (2. Aufl 1900)
HATTENHAUER, Grundbegriffe des Bürgerlichen Rechts (1982)
HEIGL, Bürgerliches Recht, Allgemeiner Teil (2. Aufl 1975)
HELLMER, Systematik des Bürgerlichen Rechts und angrenzender Gebiete (2. Aufl 1961)
HENLE, Lehrbuch des Bürgerlichen Rechts, Allgemeiner Teil (1926)
HIRSCH, Der Allgemeine Teil des BGB (2. Aufl 1992)
HOELDER, Kommentar zum Allgemeinen Teil des BGB (1900)

HÜBNER, Allgemeiner Teil des Bürgerlichen Gesetzbuchs (1985)
JAKOBS/SCHUBERT (Hrsg), Die Beratung des Bürgerlichen Gesetzbuchs in systematischer Zusammenstellung der unveröffentlichten Quellen, 13 Bde (1978 ff), Allgemeiner Teil (1985)
JAUERNIG (Hrsg), BGB, Kommentar (7. Aufl 1994), Allgemeiner Teil, bearb v JAUERNIG
JUNG, Bürgerliches Recht, in: STAMMLER, Das gesamte Recht, Bd 1 (1931) 447 ff
KLUNZINGER, Einführung in das Bürgerliche Recht (6. Aufl 1995)
KÖHLER, BGB, Allgemeiner Teil (22. Aufl 1994)
KÖTZ/EITH/MÜLLER-GINDULLIS, BGB mit Leitsätzen aus der höchstrichterlichen Rechtsprechung (3. Aufl 1985)
KOHLER, Lehrbuch des Bürgerlichen Rechts, Bd 1 (1906)
KLUSSMANN, Grundzüge des BGB. Ein Leitfaden durch den Allgemeinen Teil (1954)
KRÜCKMANN, Institutionen des BGB (5. Aufl 1929)
KRÜGER, Ergänzungen zum BGB, 1. Bd (1925)
KUHLENBECK, Das BGB für das Deutsche Reich, Bd 1 (2. Aufl 1903)
KUMMEROW, BGB, Allgemeiner Teil (1948)
KUSSMANN, Lexikon des BGB (1950)
LANDSBERG, Das Recht des BGB, ein dogmatisches Lehrbuch (1904)
LARENZ, Allgemeiner Teil des deutschen Bürgerlichen Rechts (7. Aufl 1989)
LEHMANN/HÜBNER, Allgemeiner Teil des Bürgerlichen Gesetzbuchs (15. Aufl 1966)
LEONHARD, Der Allgemeine Teil des BGB (1900)
LOENING/BASCH/STRASSMANN, Bürgerliches Gesetzbuch, Taschenkommentar (1931)
LÖWE/GRAF v WESTPHALEN/TRINKNER, Kommentar zum AGBG (2. Aufl 1983 ff)
LOEWENWARTER, Lehrkommentar zum BGB, Bd 1, Allgemeiner Teil (3. Aufl 1931)
LOEWENWARTER/BOHNENBERG, Wegweiser durch das BGB (18. Aufl 1952)
MATTHIASS, Lehrbuch des Bürgerlichen Rechts (6. Aufl 1914)
MEDICUS, Allgemeiner Teil des BGB (6. Aufl 1994)
MEDICUS, Bürgerliches Recht (16. Aufl 1993)

MÜLLER/MEIKEL, Das Bürgerliche Recht des Deutschen Reichs, Bd 1 (2. Aufl 1904)
Münchener Kommentar zum Bürgerlichen Gesetzbuch (Hrsg REBMANN u SÄCKER), Allgemeiner Teil (3. Aufl 1993), bearb v GITTER ua
MUGDAN, Die gesammten Materialien zum Bürgerlichen Gesetzbuch für das Deutsche Reich, 5 Bde (1899)
NEUMANN, Handausgabe des BGB für das Deutsche Reich, Bd 1 (6. Aufl 1912)
NOTTARP, BGB, Allgemeiner Teil (1948)
OERTMANN, Bürgerliches Gesetzbuch, Allgemeiner Teil (3. Aufl 1927)
PALANDT, Bürgerliches Gesetzbuch, Kommentar, Allgemeiner Teil bearb v HEINRICHS (55. Aufl 1996)
PAWLOWSKI, Allgemeiner Teil des BGB (4. Aufl 1993)
PLANCK, Kommentar zum Bürgerlichen Gesetzbuch nebst Einführungsgesetz, Bd I, Allgemeiner Teil, bearb v KNOKE ua (4. Aufl 1913)
RAMM, Einführung in das Privatrecht, Allgemeiner Teil des BGB, Bde 1, 2 (2. Aufl 1974), Bd 3 (2. Aufl 1975)
REHBEIN, Das BGB mit Erläuterungen für das Studium und die Praxis, Bd I, Allgemeiner Teil (1899)
Reichsgerichtsräte-Kommentar zum BGB, Bd 1, §§ 1–240, bearb v JOHANNSEN ua (12. Aufl 1982)
ROSENTHAL, Bürgerliches Gesetzbuch, Handkommentar, bearbeitet von KAMNITZER, BOHNENBERG (15. Aufl 1965; Nachträge 1966, 1968, 1970)
ROTHER, Grundsatzkommentar zum Bürgerlichen Gesetzbuch, Allgemeiner Teil (1973)
RÜTHERS, Allgemeiner Teil des BGB (9. Aufl 1993)
SCHACK, BGB – Allgemeiner Teil (7. Aufl 1995)
SCHERNER, BGB – Allgemeiner Teil (1995)
SCHLEGELBERGER/VOGELS, Erläuterungswerk zum Bürgerlichen Gesetzbuch, Allgemeiner Teil, bearb v VOGELS ua (1939 ff)
SCHMIDT, Bürgerliches Recht, Bd 1, Die allgemeinen Lehren des Bürgerlichen Rechts (2. Aufl 1952)
SCHUBERT (Hrsg), Die Vorlagen der Redaktoren für die erste Kommission zur Ausarbeitung des

Allgemeines Schrifttum

Entwurfs eines Bürgerlichen Gesetzbuchs, Allgemeiner Teil 1876–1887 (1981)
SCHWAB, Einführung in das Zivilrecht (12. Aufl 1995)
SIMEON/DAVID, Lehrbuch des Bürgerlichen Rechts, 1. Hälfte, Allgemeiner Teil, Schuldverhältnisse (15. Aufl 1928)
SOERGEL, Bürgerliches Gesetzbuch mit Einführungsgesetz und Nebengesetzen, Kommentar, Bd 1, Allgemeiner Teil, bearb v FAHSE ua (12. Aufl 1988)
STAMPE, Einführung in das Bürgerliche Recht (1930)
STAUDINGER/KEIDEL, Bürgerliches Gesetzbuch, Handausgabe (3. Aufl 1931)
Studienkommentar zum BGB, Erstes bis Drittes Buch, Allgemeiner Teil, bearb v HADDING (2. Aufl 1979)
THIELE, BGB, Allgemeiner Teil – Allgemeines Schuldrecht (3. Aufl 1980)

THOMA, Bürgerliches Recht, Allgemeiner Teil (1975)
vTUHR, Der Allgemeine Teil des Deutschen Bürgerlichen Rechts, Bd I (1910), Bd II 1 (1914), Bd II 2 (1918) (Neudruck 1957)
ULMER/BRANDNER/HENSEN, Kommentar zum AGBG (7. Aufl 1993)
WARNEYER/BOHNENBERG, Kommentar zum BGB, Bd 1 (12. Aufl 1951)
WEDEMEYER, Allgemeiner Teil des BGB (1933)
WINDSCHEID/KIPP, Lehrbuch des Pandektenrechts, Bd 1 (9. Aufl 1906)
WOLF, Allgemeiner Teil des Bürgerlichen Rechts (3. Aufl 1982)
WOLF/HORN/LINDACHER, AGB-Gesetz (3. Aufl 1994)
ZITELMANN, Das Recht des BGB, I. Teil, Einleitung und Allgemeiner Teil des BGB (1900)

§ 134

Ein Rechtsgeschäft, das gegen ein gesetzliches Verbot verstößt, ist nichtig, wenn sich nicht aus dem Gesetz ein anderes ergibt.

Materialien: E I § 105; II § 100; III § 130; Mot I 210; Prot I 122.

Schrifttum

ALTMANN, Unklarheiten in der BaupreisVO 1972, DB 1974, 661
AMM, Rechtsgeschäft, Gesetzesverstoß und § 134 BGB (Diss Bochum 1982)
BAUM, Anhörung des Betriebsrates vor Kündigungen, BB 1972, 174
BAUMBACH/HEFERMEHL, Wettbewerbsrecht (18. Aufl 1995)
BERG, Der finanzierte Ehemäklervertrag, JuS 1973, 548
BEUTHIEN, Das fehlerhafte Arbeitsverhältnis als bürgerlich-rechtliches Abwicklungsproblem, RdA 1969, 161
BRAMSCHE, Rechtsfolgen verwaltungsvertraglicher Gesetzesverstöße, insbesondere Nichtigkeitsfolge durch entsprechende Anwendung des § 134 BGB im Rahmen des § 59 Abs 1 VwVfG sowie Vereinbarkeit des § 59 VwVfG mit dem Verfassungsrecht (1986)
BÜLOW, Die unwiderleglich vermutete Befangenheit von Vereinsschiedsrichtern gegenüber Nichtmitgliedern, NJW 1970, 585
BURCHARDT, Rechtswirksamkeit eine Arbeitsvertrages bei unterlassener Vorlage des nach §§ 17, 18 Bundes-Seuchengesetz vorgeschriebenen Gesundheitszeugnisses, DB 1969, 2087
F BYDLINSKI, Thesen zur Drittwirkung von Grundrechten im Privatrecht, in: RACK (Hrsg), Grundrechtsreform (1985) 173
CANARIS, Atypische faktische Arbeitsverhältnisse, BB 1967, 165
ders, Bankvertragsrecht (2. Bearb 1981)
ders, Gesetzliches Verbot und Rechtsgeschäft (1983)
ders, Grundrechte und Privatrecht, AcP 184 (1984) 201
ders, Gesamtunwirksamkeit und Teilgültigkeit rechtsgeschäftlicher Regelungen, in: FS Steindorff (1990) 519
DAMM, Kontrolle von Vertragsgerechtigkeit durch Rechtsfolgenbestimmung, JZ 1986, 913
DIEKHOFF, Lohnanspruch für verbotswidrige Urlaubstätigkeit, DB 1966, 1235
DILCHER, Rechtsgeschäfte auf verfassungswidriger Grundlage, AcP 163 (1963) 193
DREHER, Die zivilrechtliche Beurteilung von Provisionsabgabevereinbarungen und die Zuständigkeit der Kartellgerichte, VersR 1995, 1
DÜRIG, Grundrechte und Zivilrechtsprechung, in: FS Nawiasky (1956) 157
ENDEMANN, Über die civilrechtliche Wirkung der Verbotsgesetze (1887)
ERLANGER, Zur Anwendbarkeit des § 134 BGB auf Schutzgesetze, LZ 1932, 943
FIKENTSCHER, Horizontale Wettbewerbsbeschränkungen und Verträge mit Dritten, BB 1956, 793
FLUME, Verbotene Preisabsprache und Einzelvertrag, WuW 1956, 457
FRIEDRICHS, Gesetzliches Verbot und Nichtigkeit, Recht 1924, 121
GAMILLSCHEG, Die Grundrechte im Arbeitsrecht, AcP 164 (1964) 385
ders, Die Grundrechte im Arbeitsrecht (1989)
vGAMM, Wettbewerbsrecht (5. Aufl 1987)
GIGER, Rechtsfolgen norm- und sittenwidriger Verträge (1989)
GÖLDNER, Verfassungsprinzip und Privatrechtsnorm in der verfassungskonformen Auslegung und Rechtsfortbildung (1969)
J HAGER, Gesetzes- und sittenkonforme Auslegung und Aufrechterhaltung von Rechtsgeschäften (1983)
ders, Die gesetzeskonforme Aufrechterhaltung

übermäßiger Vertragspflichten – BGHZ 89, 316 und 90, 69, JuS 1985, 264

ders, Grundrechte im Privatrecht, JZ 1994, 373

HECKLINGER, Urlaubszweckwidrige Tätigkeiten während des Erholungsurlaubes, BB 1963, 818

HELDMANN, Befristung des Arbeitsverhältnisses durch befristete Arbeitserlaubnis, BB 1965, 1306

HERETH, Preisrechtliches Überhöhungsverbot bei Bauvertragsangeboten, NJW 1973, 1441

B HERZOG, Quantitative Teilnichtigkeit (1926)

DE HODY, Wann ist ein verbotswidriges Geschäft nach § 134 BGB nichtig? (Diss Würzburg 1909)

HÖNN, Kompensation gestörter Vertragsparität (1982)

ders, Inhaltskontrolle von Gesellschaftsverträgen, JurA 1987, 337

HOLZAPFL, Werden preisrechtswidrige Verträge durch die Preisfreigabe wirksam?, BB 1965, 569

ders, „Tagespreisklausel" und Preisauszeichnung, BB 1972, 150

ders, Bindung an das Angebot bei Verstößen gegen das Baupreisrecht, BB 1973, 682

H HÜBNER, Zum Abbau von Nichtigkeitsvorschriften, in: FS Wieacker (1978) 399

U HÜBNER, Personale Relativierung der Unwirksamkeit von Rechtsgeschäften nach dem Schutzzweck der Norm, in: FS Heinz Hübner (1984) 487

ders, Bereicherungsausgleich bei Drittfinanzierung der Kommanditbeteiligung an einer insolvent gewordenen Publikums-(Abschreibungs-) KG, ZIP 1984, 1175

IMMENGA, Rechtsfolgen unzulässiger Leiharbeitsverhältnisse, BB 1972, 805

JANICKI, Die Erteilung privatrechtsgestaltender behördlicher Genehmigungen nach unanfechtbarer Versagung, NJW 1963, 838

KÄSSER, Der fehlerhafte Arbeitsvertrag (1979)

KANZLEITER, Die zivilrechtlichen Auswirkungen der Makler- und BauträgerVO, WiuVw 1981, 96

KÖRNER, Verstöße gegen die Vorschriften des UWG und WZG und ihre Auswirkungen auf Drittverträge, GRUR 1968, 348

ders, Der Vollzug verbotener Verpflichtungsgeschäfte als selbständiger Wettbewerbsverstoß, WRP 1979, 774

KÖTZ, Die Ungültigkeit von Verträgen wegen Gesetz- und Sittenwidrigkeit, RabelsZ 58 (1994) 209

KOPP, Verwaltungsverfahrensgesetz (5. Aufl 1991)

KOZIOL, Sonderprivatrecht für Konsumentenkredit, AcP 188 (1988) 183

R KRAMER, Der Verstoß gegen ein gesetzliches Verbot und die Nichtigkeit von Rechtsgeschäften (§ 134 BGB) (Diss Mainz 1976)

KREUZER, Ausländisches Wirtschaftsrecht vor deutschen Gerichten (1986)

KUHLMANN, Übertragung einer Arztpraxis und ärztliche Schweigepflicht (zu BGH NJW 1974, 602), JZ 1974, 670

LAFRENZ, Die Folgen des Rabattverstoßes, GRUR 1979, 89

LAMBRECHT, Die Lehre vom faktischen Vertragsverhältnis, Entstehung, Rezeption und Niedergang (1994)

O LANGE, Die behördliche Genehmigung und ihre zivilrechtlichen Auswirkungen, AcP 152 (1952/53) 241

LANGEN, Welche Bedeutung hat heutzutage der Ausdruck „gesetzliches Verbot" in § 134 BGB?, in: FS Isay (1956) 321

M LEHMANN, Vertragsanbahnung durch Werbung (1981)

LEISNER, Grundrechte und Privatrecht (1960)

E LORENZ, Die Rechtswahlfreiheit im internationalen Schuldvertragsrecht, RIW 1987, 569

MATTHES, Die Rechtsstellung des ohne Zustimmung des Betriebsrates eingestellten Arbeitnehmers, DB 1974, 2007

MAURER, Verzicht auf Lohnfortzahlung im Krankheitsfall, DB 1972, 2481

MAYER-MALY, Handelsrechtliche Verbotsgesetze, in: FS Hefermehl (1976) 103

MOLITOR, Kritisches zum Problem der Kettenverträge, BB 1954, 504

R MÜLLER, Anwendbarkeit von § 134 BGB im Kartellrecht, JZ 1954, 720

NEUMANN, Verbotene Urlaubsarbeit, DB 1972, 2209

NICKLISCH, Die Behandlung von Verträgen bei Verstößen gegen das Baupreisrecht, BB 1973, 53

NIPPERDEY, Grundrechte und Privatrecht (1961) = FS Molitor (1962) 17
OCHS, Wertreklame und Folgeverträge, WRP 1977, 373
OETER, „Drittwirkung" der Grundrechte und die Autonomie des Privatrechts, AöR 119 (1994) 529
vOLSHAUSEN, Zivil- und wirtschaftsrechtliche Instrumente gegen überhöhte Preise, ZHR 146 (1982) 259
ORDEMANN, Sind unzulässige Zugabe- und Rabattgeschäfte wegen Verstoßes gegen § 134 BGB nichtig?, WRP 1964, 231
OTTE, Die Nichtigkeit letztwilliger Verfügungen wegen Gesetzes- oder Sittenwidrigkeit, JurA 1985, 192
PANSEGRAU, Die Fortwirkung der römisch-rechtlichen Dreiteilung der Verbotsgesetze in der Rechtsprechung des Reichsgerichts: Zur Vorgeschichte des § 134 BGB (1989)
PAWLOWSKI, Rechtsgeschäftliche Folgen nichtiger Willenserklärungen (1966)
ders, Zum Umfang der Nichtigkeit bei Verstößen gegen „öffentlich-rechtliche" Verbotsgesetze (§§ 35, 210 AVAVG), JZ 1966, 696
ders, Zur Frage der Auswirkung gesetzlicher Verbote auf Verträge (zu BGH JZ 1970, 504), JZ 1970, 506
PROST, Verbotene Geschäfte und strafbare Handlungen nach dem Kreditwesengesetz, NJW 1977, 227
RAESTRUP, Über die Nichtigkeit von Rechtsgeschäften, die gegen ein gesetzliches Verbot iS des § 134 BGB verstoßen (Diss Marburg 1930)
REICHEL, Der Verstoß gegen § 66 Abs 1 BetrVerfG und seine Rechtsfolgen, AcP 167 (1967) 268
RING, Honorarzession und Verschwiegenheitspflicht, BB 1994, 373
H ROTH, Geltungserhaltende Reduktion im Privatrecht, JZ 1989, 411
SACK, Unlauterer Wettbewerb und Folgevertrag, WRP 1974, 445
ders, Der rechtswidrige Arbeitsvertrag, RdA 1975, 171
ders, Das Rücktrittsrecht gem § 13 a UWG, BB 1987, Beil 2, insbes S 25 ff
ders, Wettbewerbsrechtliche Folgen von Richtlinien der Europäischen Union, VersR 1994, 1383
SCHENKE, Der rechtswidrige Verwaltungsvertrag nach dem Verwaltungsverfahrensgesetz, JuS 1977, 281
E SCHMIDT, Der Verzicht auf betriebsverfassungsrechtliche Befugnisse (1995)
K SCHMIDT, Vertragsnichtigkeit durch Genehmigungsverweigerung, JuS 1995, 102
ders, Vertragsnichtigkeit nach § 134 durch nicht-regelnde Behördenmitteilung, NJW 1995, 2255
SCHMIDT-FUTTERER, Der Begriff der Zweckentfremdung von Wohnraum nach Art 6 MVerbG, ZMR 1974, 257
SCHOCKENHOFF, Wettbewerbswidrige Folgeverträge, NJW 1995, 500
W SCHROEDER, Über die verbotenen Rechtsgeschäfte nach heutigem Recht (Diss Breslau 1905)
SCHUHMACHER, Verbraucherschutz bei Vertragsanbahnung (Wien 1983)
SCHULTE WESTENBERG, Nachtarbeit von Schwangeren und Kündigung des Arbeitsvertrages, NJW 1995, 761, 762
SCHUMACHER, Vertragsaufhebung wegen fahrlässiger Irreführung unerfahrener Vertragspartner (1979)
SCHWABE, Die sogenannte Drittwirkung (1971)
SCHWARZ, Versichertengemeinschaft und zivilrechtliche Wirksamkeit sogenannter Provisionsteilungsabreden, NJW 1995, 491
SCHWINTOWSKI, Grenzen der Anerkennung fehlerhafter Gesellschaften, NJW 1988, 937
SEILER, Über verbotswidrige Rechtsgeschäfte (§ 134 BGB). Eine Bestandsaufnahme, in: Gedschr Martens (1987) 719
SIMITIS, Bemerkungen zur Nichtigkeit von Arbeitsverhältnissen, insbesondere zur nachträglichen Sitten- und Gesetzeswidrigkeit, JZ 1964, 740, 746
SPECKMANN, Die Aushöhlung gemeinschaftlicher Testamente durch Rechtsgeschäfte unter Lebenden, NJW 1968, 2222
STACH, Nichtigkeit letztwilliger Verfügungen zugunsten Bediensteter staatlicher Altenpflegeeinrichtungen?, NJW 1988, 943
U STEIN, Rechtsschutz gegen gesetzeswidrige

Satzungsnormen bei Kapitalgesellschaften, ZGR 1994, 472
STOBER, Zur zivilrechtlichen Wirkung wirtschaftsverwaltungsrechtlicher Verbote, GewArch 1981, 313
TAUPITZ, Die Standesordnungen der freien Berufe (1991)
ders, Die ärztliche Schweigepflicht in der aktuellen Rechtsprechung des BGH, MDR 1992, 421
ders, Berufsständische Satzungen als Verbotsgesetze iS des § 134 BGB, JZ 1994, 221
TRAUB, Durchführungsverbot und Folgeverträge, GRUR 1980, 673
P ULMER, Die Lehre von der fehlerhaften Gesellschaft – gesicherter Bestand des Gesellschaftsrechts oder methodischer Irrweg?, in: FS Flume II (1978) 301
VAN VENROOY, Das Verbot unterschiedlicher Behandlung nach § 26 Abs. 2 Satz 1 GWB im Lichte des § 134 BGB, BB 1979, 555
WALKER, Rechtsverhältnisse bei der gewerbsmäßigen Arbeitnehmerüberlassung und Schadensersatzansprüche des Entleihers wegen Schlechtleistung, AcP 194 (1994) 295
H WEBER, Zur Lehre von der fehlerhaften Gesellschaft (1978)

WEDEMEYER, Wettbewerbswidrige Kaffeefahrten – Nichtige Kaufverträge?, WRP 1972, 117
WEIMAR, Hat die unbefugte Vermietung einer Sozialwohnung zivilrechtliche Folgen?, MDR 1967, 806
WESTERWELLE, Zweckentfremdung von Wohnraum, NJW 1973, 648
WESTPHAL, Zivilrechtliche Vertragsnichtigkeit wegen Verstoßes gegen gewerberechtliche Verbotsgesetze (1985)
WIESNER, Die Lehre von der fehlerhaften Gesellschaft (1980)
WOLTERECK, Rechtsfolgen fehlender Arbeitserlaubnis bei Beschäftigung ausländischer Arbeitnehmer, DB 1965, 779
WÜRZMANN-BERG, Die Abtretung von Honorarforderungen schweigepflichtiger Gläubiger (1993)
ZIMMERMANN, Richterliches Moderationsrecht oder Totalnichtigkeit? (1979).
Siehe auch die Angaben zu Spezialschrifttum zur Gesetzesumgehung (zu Rn 144) sowie zu Verstößen gegen § 56 GewO (zu Rn 233), gegen das SchwArbG (zu Rn 275) und gegen § 5 WiStG (zu Rn 92).

Systematische Übersicht

I.	**Der Anwendungsbereich des § 134**		**III.**	**Verbotsgesetze**	
1.	Die Verbotswidrigkeit von Rechtsgeschäften	1	1.	Der Begriff des Gesetzes iSv § 134	16
a)	Verbotswidrigkeit des Inhalts eines Rechtsgeschäfts	1	a)	Gesetze im formellen Sinne, Verordnungen und Satzungen	16
b)	Verbotswidrigkeit der Vornahme eines Rechtsgeschäfts	2	b)	Gewohnheitsrecht	17
2.	Verbotswidrige Umstände des Zustandekommens von Rechtsgeschäften	5	c)	Allgemeine Rechtsgrundsätze?	18
			d)	Ungeschriebene Gesetze	23
			e)	Tarifnormen und Betriebsvereinbarungen	24
II.	**Rechtsgeschäfte**		f)	Berufsständische Regelungen	26
1.	Privatrechtliche Verträge	10	2.	Der Verbotscharakter eines Gesetzes	30
2.	Beschlüsse	11	a)	Feststellung des Verbotscharakters durch Auslegung	30
3.	Tarifverträge	12	b)	Dispositive Gesetze	32
4.	Betriebsvereinbarungen	13	c)	Beschränkungen der Gestaltungs- und Verfügungsmacht	33
5.	Öffentlich-rechtliche Verträge	14	d)	Verbotsgesetz und Nichtigkeitssanktion	34
6.	Einseitige Rechtsgeschäfte	15			

2. Titel. Willenserklärung

§ 134

3. Die Grundrechtsnormen des Grundgesetzes und der Landesverfassungen ... 36
a) Verstöße durch den Staat ... 37
b) Verstöße durch Tarifnormen ... 38
c) Drittwirkung der Grundrechte gegenüber Privatpersonen ... 39
aa) Unmittelbare Drittwirkung ... 40
bb) Mittelbare Drittwirkung ... 41
4. Bundesrecht und Landesrecht ... 42
5. Europäisches Recht ... 43
6. Völkerrecht ... 46
7. Ausländische Gesetze ... 47

IV. Der Zeitpunkt der Gesetzwidrigkeit
1. Gesetzwidrigkeit bei Vornahme des Rechtsgeschäfts ... 54
2. Gesetzwidrigkeit nach Vornahme des Rechtsgeschäfts ... 55
3. Wegfall des Verbotsgesetzes nach Vornahme des Rechtsgeschäfts ... 56

V. Rechtsfolgen
1. Die Nichtigkeitssanktion des § 134 als „Auslegungsregel" ... 57
2. Die Doppelfunktion des Normzweckvorbehalts ... 64
3. Die Reichweite der Nichtigkeitssanktion des § 134 ... 65
4. Versuche der Fallgruppenbildung zum Normzweckvorbehalt des § 134 ... 66
a) Spezialregelungen mit Regelung der Rechtsfolge ... 67
b) Verbotswidrigkeit des Inhalts und der Vornahme eines Rechtsgeschäfts ... 68
c) Einseitige und beiderseitige Verbotsgesetze und Verbotsverstöße ... 71
d) Ordnungsvorschriften, insbesondere gewerbepolizeiliche Verbote ... 76
e) Verstoß gegen Straf- und Ordnungswidrigkeitentatbestände ... 78
f) Ausreichende verwaltungs-, strafrechtliche und standesrechtliche Maßnahmen ... 79
g) Reichweite der Kompetenz des „Gesetzgebers" ... 80
h) Verbote wegen des Inhalts, wegen der beteiligten Personen und wegen der Umstände des Geschäftsabschlusses ... 81

5. Der subjektive Tatbestand eines Verbotsgesetzes ... 82
6. Formen der Teilnichtigkeit ... 86
a) Allgemeine Vorbemerkungen ... 86
b) Nichtigkeit einzelner Klauseln ... 88
c) Geltungserhaltende Reduktion und quantitative Nichtigkeit ... 89
d) Nichtigkeit ex nunc, faktische Verträge, Heilung durch Erfüllung und § 242 (venire contra factum proprium) ... 99
e) Schwebende Unwirksamkeit ... 103
aa) Genehmigungsfähige Rechtsgeschäfte 103
bb) Verbotene Erfüllungshandlung, erlaubter Erfüllungserfolg ... 104
f) Schwebende Wirksamkeit ... 108
g) Halbseitige Teilnichtigkeit ... 112
7. Verpflichtungs- und Erfüllungsgeschäfte ... 114
8. Arbeitsverträge ... 120
9. Gesellschaftsverträge ... 128
10. Sonstige Dauerschuldverhältnisse; allgemeine Grundsätze ... 136
11. Rückabwicklung nichtiger Verträge ... 140
a) Geschäftsführung ohne Auftrag ... 140
b) Bereicherungsrecht ... 141
c) Schadensersatzansprüche aus § 309 iVm §§ 307, 308 ... 143

VI. Umgehungsgeschäfte ... 144

VII. Verträge zur Vorbereitung verbotswidrigen Folgeverhaltens
1. Grundsatz ... 161
2. Verbotswidriger Hauptzweck ... 162
3. Zwangsläufige Verbotswidrigkeit ... 164

VIII. Genehmigungsbedürftige Rechtsgeschäfte
1. Genehmigungsbedürftige Verpflichtungsgeschäfte ... 167
a) Genehmigungsbedürftigkeit des konkreten Rechtsgeschäfts ... 167
aa) Einseitige Rechtsgeschäfte ... 167
bb) Zwei- und mehrseitige Rechtsgeschäfte ... 168
b) „Vorgelagerte" Genehmigungsbedürftigkeit ... 177

2. Genehmigungsbedürftige Erfüllungsgeschäfte _____ 183

IX. **Korrekturen der Rechtsfolgen mit § 242**
1. Treuwidrige Berufung auf die Nichtigkeit _____ 187
2. Treuwidrige Berufung auf die Gültigkeit eines Vertrags _____ 190
3. Treuwidrige Berufung auf bereicherungsrechtliche Rechtsfolgen _____ 191

X. Konkurrenzen _____ 192

XI. Einzelfälle _____ 194
Arbeitsförderungsgesetz (AFG) _____ 195
AktG _____ 202
AnfG _____ 202
ApothekenG _____ 203
ArbZRG _____ 204
ArznmG _____ 208
AÜG _____ 209
AVAVG _____ 210
AWiG _____ 210
AZO _____ 210
BÄrzteO _____ 211
BauforderungssicherungsG (GSB) _____ 212
Baurecht _____ 213
Berufsbildungsgesetz (BBiG) _____ 217
Beamtenrecht _____ 218
BetrVG _____ 219
BGB _____ 220
BKleingartenG _____ 223
BMietG _____ 223
BNotO _____ 223
BRAO _____ 223
Bretton Woods-Abkommen _____ 223
BSeuchG _____ 224
BSpKG _____ 225
BetäubungsmittelG _____ 225
BUrlG _____ 226
Europarecht _____ 227
EheG _____ 228
EntgeltfortzahlungsG _____ 228
FernUSG _____ 228
GaststättenG _____ 229
GefahrStVO _____ 231
GenG _____ 231
GerätesicherheitsG (GSG) _____ 231
GewO _____ 232
Grundgesetz _____ 241
GmbHG _____ 245
GrdstVG _____ 246
GSB _____ 247
GSG _____ 247
GüKG _____ 247
GWB _____ 248
HGB _____ 250
HandwO _____ 251
HeilprG _____ 252
HeilWerbG _____ 252
HeimG _____ 253
IWF-Übereinkommen _____ 254
JArbSchG _____ 255
JÖSchG _____ 255
KonkursO _____ 256
KündigungsschutzG _____ 256
KreditwesenG _____ 257
LadSchlG _____ 260
LandpachtG _____ 261
LohnfortzahlungsG _____ 261
LMBG _____ 262
LuftverkehrsG _____ 263
MarkenG _____ 264
MRVerbG _____ 264
MuSchG _____ 265
OWiG _____ 266
PBefG _____ 267
Polizeistundenverordnungen _____ 267
PreisAngVO (PreisAuszVO) _____ 268
Preisrecht _____ 269
RabG _____ 272
RBerG _____ 272
ScheckG, Scheckrückgabeabkommen _____ 274
SchwarzarbeitsG _____ 275
SchwerbehindertenG _____ 284
Sozialgesetzbuch _____ 284
SpielbVO _____ 285
StBerG _____ 286
Steuerrechtliche Vorschriften _____ 287
Strafgesetzbuch _____ 290
StrafprozeßO _____ 297
UWG-, Rabatt-, Zugabeverstöße _____ 298
VAG _____ 306
VerbrKrG _____ 306
VwVfG _____ 306
WiStG _____ 306
WoBindG _____ 307

2. Titel.
Willenserklärung

§ 134

WZG/MarkenG	307
ZPO	308
ZugabeVO	308
ZVG	308
Landesrecht	309
Berufsordnungen für freie Berufe	309
WissHG NRW	310
PresseG	311
Rundfunkstaatsvertrag	311
PreußStGB	312

Alphabetische Übersicht

Abtretungsverbote	220, 222
Akademische Titel	310
Allgemeine Rechtsgrundsätze	18 ff
Anwendungsbereich	1 ff
Apothekenrecht	203
Arbeitnehmerüberlassung	209
Arbeitserlaubnis	195
Arbeitsrecht	12 f, 24 f, 38, 100, 120 ff, 157, 195 ff, 200 ff, 209, 217, 219, 221, 224, 226, 231, 241, 244, 255, 261, 265, 275 ff, 284
Arbeitsvermittlungsmonopol	201
Arbeitsverträge	120 ff, 204 ff, 255, 265
Arbeitszeitverstöße	204 ff
Arzneimittelverkauf	208
Arztrecht	211
Ausländisches Recht	47 ff, 154 ff
Auslegungsregel	57 ff, 75
Bankgeschäfte	177, 179, 181, 233, 257 ff
Bauforderungssicherung	212
Baugenehmigung	178 f, 215
Baurecht	212 ff
Beamtenrecht	218
Benachteiligungsverbot (§ 611 a)	221
Bereicherungsrecht	97, 113, 128, 141 f, 277 f
Berufsausbildungsverhältnisse	217
Berufsständische Regelungen s Standesrecht	
Beschäftigungsverbote	195 ff, 204 ff, 224, 255, 265
Beschlüsse	11
Betäubungsmittelverkauf	225
Betriebsvereinbarungen	13, 25
Dauerschuldverhältnisse	136 ff
Dispositives Recht	32
Drittwirkung der Grundrechte	39 ff
Eingriffsnormen	50
Erfolgshonorar	223
Erfüllungsgeschäfte	104, 114 ff
Europarecht	43 ff, 227
Faktischer Vertrag	86, 100, 125
Folgeverhalten, gesetzwidriges	161 ff
Folgeverträge	179, 248, 304
Frauenschützende Vorschriften	207, 231, 265
Gaststättenrecht	229
Geltungserhaltende Reduktion	89 ff
Genehmigungsbedürftige Rechtsgeschäfte	165 ff, 247, 258, 267
Genehmigungsfähige Rechtsgeschäfte	103, 293
Geschäftsführung ohne Auftrag	140
Gesellschaftsverträge	128 ff, 203
Gesetz, Begriff des -es	16 ff
– ungeschriebenes	23
Gewerberecht	73, 76 f, 104, 158 f, 229 f, 232 ff, 247, 251 f, 257 ff, 260, 267 f, 275 ff
Gewohnheitsrecht	17
Grundgesetz	36 ff, 241 ff
Grundstücksvermittlung	223, 233, 264
Haushaltsrecht	19
Haustürgeschäfte	233 f
Inkassozession durch Ärzte und Anwälte	292
Internationales Privatrecht	47 ff, 154 ff
Kartellverstöße	227, 248 f
Kastellanverträge	158, 162, 230
Kreditgeschäfte	177, 179, 181, 233, 257 ff
Kündigungsvorschriften	157, 219, 221
LadenschlußG	104, 229, 260
Landesrecht	42, 309 ff
Lebensmittelrecht	262
Lohnfortzahlung	228, 261
Markenrecht	307
Maßregelungsverbot (§ 612 a)	221
Mietpreisbindung	223
Mietwucher	92 ff, 269, 271, 295, 306
Mutterschutz	231, 265

Nichtigkeit	57 ff, 86 ff
– ex nunc	99 ff, 102, 123 ff, 128 ff
– halbseitige	97, 112, 279
Normzweckvorbehalt	57 ff
– Doppelfunktion	64
– Fallgruppenbildung	66 ff
Notarrecht	223
Öffentlich-rechtliche Verträge	14, 306
Ordnungsvorschriften	76
Ordnungswidrigkeiten	78, 266
ordre public	52
Personenbeförderungsverträge	267
Polizeistundenregelung	229
Praxisverkauf	292
Preisangabepflicht	268
Preisrecht	92, 269 ff
Presserecht	311
Provisionsteilungsabrede	306
Quantitative Nichtigkeit	89 ff
quota litis	223
Rabattverstöße	91, 301 ff
Rechtsberatung	73, 272 f
Rechtsgeschäft, Begriff des -s	10 ff
Reisegewerbe	208, 233 ff
Rundfunkrecht	311
Schadensersatz	143
Scheckrecht	274
Schiedsverträge	18, 308
Schmiergeldvereinbarungen	299
Schwarzarbeit	275 ff
Schwebende Unwirksamkeit	103 ff, 229, 238, 260
Schwebende Wirksamkeit	108 ff, 238

Seuchenschutz	224
Spielbanken	285
Standesrecht	26 ff, 272 f, 286, 292, 309
Steuerberatung	286
Steuerrecht	287 ff
Stimmenthaltungsgebot im Aktienrecht	21, 202, 220
Straftatbestände	78, 290 ff
Subjektiver Tatbestand	82 ff
Tarifverträge	12, 24, 38, 244
Teilnichtigkeit	86 ff, 97, 112 f, 269, 279
Treu und Glauben	86, 101, 186, 278
Umgehungsgeschäfte	144 ff, 220
Unzulässige Rechtsausübung	186 ff
Urlaubsrecht	226
UWG-Verstöße	5 f, 298 ff
Venire contra factum proprium	86 ff, 101
Verbotsgesetze	30 ff
– ausländische	47 ff
– beiderseitige	71 f, 75
– einseitige	73, 75
Verfügungsgeschäfte	104, 114 ff
Verpflichtungsgeschäfte	114 ff
Versicherungsverträge	179
Versteigerung	232, 312
Völkerrecht	46, 53, 254
Warenzeichenrecht	307
Wegfall des Verbots	56
Wohnraumzweckentfremdung	264, 307
Wucher s Mietwucher	
Zeitpunkt der Gesetzwidrigkeit	54 ff
Zugaben	301 ff

I. Der Anwendungsbereich des § 134

1. Die Verbotswidrigkeit von Rechtsgeschäften

a) Verbotswidrigkeit des Inhalts eines Rechtsgeschäfts

1 § 134 greift ein, wenn ein Rechtsgeschäft gegen ein gesetzliches Verbot verstößt. Das Rechtsgeschäft selbst muß verbotswidrig sein (RGZ 60, 273, 275, 277, 279; SACK WRP 1974, 445, 446; STAUDINGER/DILCHER[12] § 134 Rn 2; ausführlich zu den Problemen und zur Entstehungsgeschichte AMM 21). Das ist der Fall, wenn sein **Inhalt** gegen ein gesetzliches

Verbot verstößt (Prot I 256; BGHZ 110, 156, 175; AMM 182 ff; SOERGEL/HEFERMEHL § 134 Rn 2, 14). § 134 dient damit der Inhaltskontrolle von Rechtsgeschäften. Inhaltliche Verbotswidrigkeit liegt insbesondere vor, wenn der mit dem Rechtsgeschäft bezweckte **Erfolg** – zB die Erfüllung des betreffenden Vertrages – verbotswidrig wäre. Inhaltlich verbotswidrig sind zB Verträge über den Praxisverkauf oder Inkassovereinbarungen mit Ärzten und Rechtsanwälten, wenn die zur Erfüllung solcher Verträge notwendige Übergabe der Patienten- oder Mandantenkartei bzw die Abtretung der Honorarforderungen die Schweigepflicht iSv § 203 StGB verletzt. Auch ein Vertrag, der gegen das RBerG verstößt, ist inhaltlich verbotswidrig. Denn die Erfüllungshandlungen wären verbotene Rechtsberatung iS des RBerG, so zB ein Geschäftsbesorgungsvertrag, den ein nicht zugelassener Rechtsberater unter Verstoß gegen Art 1 § 1 RBerG mit einem Rechtsuchenden abgeschlossen hat; der Vertrag ist nach § 134 nichtig (BGHZ 37, 258, 261; zweifelnd WESTPHAL BB 1985, 752, 753). Der mit dem Vertrag bezweckte Leistungserfolg, dh die Vornahme der Rechtsberatung wird mißbilligt, weil das RBerG eine unsachgemäße Beratung und Vertretung des Rechtsuchenden verhindern will und dies nur erreichen kann, wenn der Erfüllungsanspruch des Auftraggebers vernichtet wird. Denn würde dieser ihn behalten, so wäre der Rechtsberater vertraglich gehalten, eine unerlaubte und strafbare Tätigkeit auszuüben und fortzusetzen (BGHZ 37, 258, 262).

b) Verbotswidrigkeit der Vornahme des Rechtsgeschäfts
§ 134 ist auch dann anwendbar, wenn ein Rechtsgeschäft nicht wegen seines Inhalts, 2 sondern wegen der besonderen Umstände der Vornahme gegen ein Gesetz verstößt, das aus diesen Gründen die Existenz des betreffenden Rechtsgeschäfts mißbilligt (BGHZ 46, 24, 25; BGH NJW 1986, 1104; BGH NJW 1994, 728, 729; SOERGEL/HEFERMEHL § 134 Rn 2, 14, 18). Dies ist allerdings umstritten. Auf Rechtsgeschäfte, die nicht wegen ihres Inhalts, sondern wegen der Art ihrer **Vornahme** gegen ein Gesetz verstoßen, sei § 134 nicht anwendbar (so AMM 23 – 182, der solche Gesetze nicht für Verbotsgesetze iSv § 134 hält). ME läuft die Trennungslinie für die Anwendbarkeit oder Nichtanwendbarkeit von § 134 jedoch nicht zwischen verbotenem Inhalt und verbotener Vornahme eines Rechtsgeschäfts, sondern innerhalb der Fallgruppe von Rechtsgeschäften, deren Art und Weise der Vornahme das Gesetz mißbilligt.

Ein Beispiel für ein Verbotsgesetz, das ein Rechtsgeschäft wegen der Art und Weise 3 der Vornahme mißbilligt, ist das Verbot des Abschlusses von Darlehensvermittlungsverträgen im Reisegewerbe durch § 56 Abs 1 Nr 6 GewO. Auch wenn die so abgeschlossenen Verträge inhaltlich unbedenklich sind, so verbietet das Gesetz doch bereits deren Vornahme wegen der Gefahr der Überrumpelung, der Übereilung und der – in der Regel nicht nachweisbaren – Irreführung der auf diese Weise gewonnenen Kunden.

In Übereinstimmung mit dem Wortlaut von § 134 gibt es natürlich auch Rechtsge- 4 schäfte, deren Vornahme zwar gegen ein Gesetz verstößt, das jedoch nicht die Nichtigkeitsfolge bezweckt. Hier fällt zwar der gesetzwidrige Abschluß eines Rechtsgeschäfts in den Anwendungsbereich des § 134; der Normzweckvorbehalt in dieser Vorschrift verhindert jedoch die Nichtigkeitssanktion. Ein Beispiel hierfür bringt eine Entscheidung des I. ZS des BGH von 1990. Nach seiner Ansicht verstößt ein Gruppenversicherungsvertrag zwischen einer Gewerkschaft als Versicherungsnehmerin und einem Rechtsschutzversicherer, durch das die Gewerkschaft ihren Mitgliedern als Versicherten auch ohne deren Zustimmung allein kraft der Satzung Familien- und Wohnungsrechtsschutz nach den §§ 25, 29 ARB mit Mitteln des Beitragsaufkommens verschafft, zwar aus mehreren Gründen gegen § 1 UWG (BGHZ 110, 156, 161 – Gruppenversicherungsvertrag). Der Zweck der in diesem Fall verletzten Sittennorm iSv § 1 UWG verlangt jedoch keine Nichtigkeit des Gruppenversicherungsvertrags. Der BGH ist in dieser Entscheidung zwar zum selben Ergebnis gelangt, jedoch mit anderer Begründung (BGHZ 110, 156, 174 f). § 134 führe nicht zur Nichtigkeit des Gruppenversicherungsvertrages, da sich § 1 UWG im vorliegenden Falle nicht gegen den **Inhalt** des Vertrags wende, sondern gegen die Art und Weise des wettbewerblichen Verhaltens (BGHZ 110, 156, 175). § 138 sei nicht anwendbar, da der Rechtsbegriff der guten Sitten in dieser Vorschrift und in § 1 UWG nicht dieselbe Bedeutung habe. Aus der wettbewerbsrechtlichen Anstößigkeit des Abschlusses des Gruppenversicherungsvertrages könne nicht ohne weiteres abgeleitet werden, daß er auch ohne weiteres seinem Inhalt nach mit der Rechts- und Sittenordnung unvereinbar sei (BGHZ 110, 156, 174 f).

2. Verbotswidrige Umstände des Zustandekommens von Rechtsgeschäften

5   Nicht eindeutig geklärt ist die Frage, ob § 134 auch dann anwendbar ist, wenn die Umstände des Zustandekommens bzw Zustandebringens eines Rechtsgeschäfts gegen ein gesetzliches Verbot verstoßen. Ist ein Vertrag nichtig nach § 134, wenn er mit Hilfe von Methoden zustande gebracht worden ist, die gegen das UWG verstoßen, zB durch irreführende Werbung iSv § 3 UWG oder durch psychischen Kaufzwang nach § 1 UWG? In seiner Entscheidung „Gruppenversicherungsvertrag" von 1990 hat der BGH unmißverständlich festgestellt, daß ein Rechtsgeschäft nicht schon dann ohne weiteres in den Regelungsbereich des § 134 fällt, wenn nur die Art und Weise des Zustandebringens sittenwidrig war (BGHZ 110, 156, 174; nach anderer Ansicht sind die dabei verletzten Gesetze keine „Verbotsgesetze" iSv § 134, so STAUDINGER/DILCHER[12] § 134 Rn 2). Dieser Ansicht ist zu folgen. § 134 greift nicht schon dann ohne weiteres ein, wenn ein Rechtsgeschäft mit gesetzwidrigen Methoden zustande gebracht worden ist (BGHZ 110, 156, 175; KISCH JW 1930, 3655; SACK WRP 1974, 445, 446). Für diese Beschränkung des Anwendungsbereichs von § 134 spricht bereits sein Wortlaut, der an die Gesetzwidrigkeit eines **Rechtsgeschäfts** anknüpft. Aus systematischen Gründen spricht für diese Ansicht, daß das BGB in den §§ 119 ff einerseits und in den §§ 134, 138 andererseits zwischen Mängeln beim Zustandekommen von Rechtsgeschäften und rechtlich zu mißbilligenden Rechtsgeschäften unterscheidet.

6   Deshalb ist zB ein Rechtsgeschäft, das mit Hilfe unlauterer Wettbewerbsmethoden unter Verstoß gegen das UWG zustande gebracht worden ist, nicht ohne weiteres gesetzwidrig und nichtig nach § 134 (BGHZ 110, 156, 175; SACK WRP 1974, 445, 446 f; **aA** AG Trier NJW 1972, 160; LG Mainz BB 1967, 1180; ausführlicher dazu unten Rn 304).

7   Es ist jedoch denkbar, daß der Gesetzgeber wegen der rechtlich zu mißbilligenden Art der äußeren Umstände des Vertragsabschlusses auch das Rechtsgeschäft selbst für nichtig erklärt. Ein Beispiel hierfür ist das Wucherverbot des § 138 Abs 2 BGB. Erst aus den Umständen, unter denen Wucherverträge zustande gebracht wurden, ergibt sich deren inhaltliche Mißbilligung; ohne diese Umstände käme auch eine rechtlich unbedenkliche gemischte Schenkung in Betracht. Wegen der Sonderregelung des § 138 Abs 2 bedarf es hier allerdings nicht der Anwendung des § 134.

Die Abgrenzung von Vorschriften, die sich nur gegen **die äußeren Umstände** beim **8** Vertragsabschluß bzw gegen die Art und Weise des Zustandebringens von Verträgen wenden, und solchen Vorschriften, die wegen solcher äußerer Umstände auch **die Vornahme** des Rechtsgeschäfts als solchem untersagen, kann allerdings im Einzelfall erhebliche Schwierigkeiten bereiten. Ein Beispiel hierfür ist die Regelung des § 56 Abs 1 Nr 6 GewO, die früher sowohl den Abschluß als auch die entgeltliche Vermittlung von Darlehensgeschäften im Reisegewerbe verbot; seit 1. 1. 1991 verbietet sie nur noch die entgeltliche Vermittlung von Darlehensgeschäften (BGBl 1990 I 2840). § 56 Abs 1 Nr 6 GewO knüpft zweifellos an die Art des Zustandekommens von Verträgen an (BGHZ 93, 264, 269; CANARIS ZIP 1980, 709, 712; SACK WRP 1974, 445, 447; anders offenbar noch BGHZ 71, 358, 361). Diese Verbotsnorm will den Kunden vor übereilten Kreditgeschäften infolge einer Beeinträchtigung seiner Entschließungsfreiheit durch Übereilung, Überrumpelung und Irreführung bewahren (BGHZ 93, 264, 269; BGHZ 71, 358, 361). Sie will den Kunden vor den nachteiligen Folgen von Verträgen schützen, die sie in solchen Situationen – an der „Haustür" – abgeschlossen hatten, „in denen ihre Entscheidungsfreiheit typischerweise beeinträchtigt wurde" (BGHZ 93, 264, 267; BGHZ 71, 358, 361). Problematisch ist jedoch, ob § 56 Abs 1 Nr 6 GewO die Kunden nur vor dieser Art und Weise des Zustandebringens von Darlehensgeschäften schützen will – dies würde für die Anwendung von § 134 nicht genügen –, oder ob der Gesetzgeber wegen dieser Art und Weise des Zustandebringens von Darlehensgeschäften zum Schutze des Kunden auch die **Vornahme** solcher Rechtsgeschäfte verboten hat, dh ob die so zustande gebrachten **Rechtsgeschäfte als solche** verboten sind. Im letzteren Falle liegt ein verbotswidriges Rechtsgeschäft iSv § 134 vor. Der BGH hat sich im Interesse des Kundenschutzes für diese zweite weiterreichende Interpretation des § 56 GewO entschieden (BGHZ 71, 358, 360, 362 f; BGHZ 93, 264, 267, 269; BGH WM 1991, 313; BGH NJW 1992, 425; BGH NJW 1993, 2108; ebenso im Schrifttum BERG JuS 1973, 549, 550 f; CANARIS, Gesetzliches Verbot... 37; HÖBOLD NJW 1970, 1869, 1870; SCHMELZ NJW 1991, 1219; aA OLG Hamm NJW 1994, 2159; LG Kassel NJW-RR 1989, 105, 106; HOLSCHBACH NJW 1973, 444, 445; KISCH JW 1930, 3655; PALANDT/HEINRICHS § 134 Rn 10; TESKE ZIP 1986, 635). Dies hat er wie folgt begründet: Solange bei dieser gesetzwidrigen Art des Zustandebringens von Verträgen kein (anderweitiges) Vertragsauflösungsrecht bestehe, zB nach den §§ 123, 142 oder nach § 1 b AbzG = § 7 VerbrKrG, könne auf die Anwendung von § 134 nicht verzichtet werden (BGHZ 93, 264, 269). Es wird die Ansicht vertreten, daß nunmehr das HausTWG das erforderliche Vertragsauflösungsrecht biete; ausführlich dazu unter Rn 239.

Die Frage, ob Rechtsgeschäfte, die durch verbotswidrige Tätigkeit eines der Vertragspartner zustande gebracht worden sind, unter den **Regelungsbereich** des § 134 **9** fallen, wird häufig nicht klar getrennt von der weiteren Frage, ob in diesem Fall die **Rechtsfolge** der Nichtigkeit des Rechtsgeschäfts dem Normzweck des verletzten Gesetzes gerecht wird.

II. Rechtsgeschäfte

1. Privatrechtliche Verträge

Zu den Rechtsgeschäften iSv § 134 gehören vor allem privatrechtliche Verträge, **10** insbesondere Austauschverträge, Arbeitsverträge, Gesellschaftsverträge, Kartellverträge, aber auch familienrechtliche Verträge, Erbverträge usw.

2. Beschlüsse

11 Rechtsgeschäfte sind ferner privatrechtliche Beschlüsse, dh Gesamtakte, insbesondere von Gesellschaften (vgl BGHZ 108, 21, 27).

3. Tarifverträge

12 Rechtsgeschäfte iSv § 134 sind auch sog **Normenverträge**. Dazu gehören insbesondere **Tarifverträge** (BAGE 1, 258, 269; BAGE 1, 348, 358; BAGE 4, 240, 259; BAG DB 1984, 394, 395; MünchKomm/MAYER-MALY § 134 Rn 27; SOERGEL/HEFERMEHL § 134 Rn 7; vgl auch LÖWISCH, in: MünchArbR § 246 Rn 7, 11; BAGE 4, 275, 276, 285). Dies gilt auch für ihren normativen Teil. Deshalb ist auf (normative) Tarifklauseln, die gegen ein gesetzliches Verbot verstoßen, § 134 anwendbar. Dem stünde nicht entgegen, wenn Tarifklauseln des normativen Teils von Tarifverträgen auch Rechtsnormen und Gesetzgebung wären, wie es das BAG annimmt (BAGE 1, 258, 269; BAGE 1, 348, 352; BAGE 4, 240, 250 f; LÖWISCH, in: MünchArbR § 246 Rn 12 ff, 18). Tarifabschlagklauseln für Frauen gegenüber den Tariflöhnen für gleiche Arbeit sind danach nichtig (BAGE 1, 258, 269; BAGE 1, 348, 352), wobei das BAG die Nichtigkeit zT wohl unmittelbar aus dem Verstoß gegen Art 3 Abs 2, 3 GG ableiten will (BAGE 1, 348, 352, 354; BAGE 4, 240, 250 ff), zT aber auch § 134 erwähnt (BAGE 1, 258, 269).

4. Betriebsvereinbarungen

13 Auch Betriebsvereinbarungen, die ihrer Rechtsnatur nach Normenverträge sind, gelten als Rechtsgeschäfte iSv § 134 (MünchKomm/MAYER-MALY § 134 Rn 27).

5. Öffentlich-rechtliche Verträge

14 Auf öffentlich-rechtliche Verträge ist § 134 zwar nicht unmittelbar, jedoch entsprechend anwendbar (BVerwG DVBl 1960, 106 f, 107). Für öffentlich-rechtliche Verträge, die von Bundesbehörden oder von Landesbehörden, wenn sie Bundesrecht im Auftrag des Bundes ausführen (§ 1 BVwVfG), abgeschlossen werden, bestimmt § 59 Abs 1 BVwVfG, daß sie nichtig sind, „wenn sich die Nichtigkeit aus der entsprechenden Anwendung von Vorschriften des BGB ergibt" (ausf dazu BRAMSCHE; s a SCHENKE JuS 1977, 281). Entsprechende Regelungen finden sich für die Landesbehörden in den diversen Landesverwaltungsverfahrensgesetzen, die zT auf das BVwVfG verweisen. Entsprechend anwendbar sind nicht nur die Verbotsgesetze selbst, sondern – was allerdings umstritten ist – auch die Blankettnorm des § 134 (so die hM, vgl BRAMSCHE 120; FRANK DVBl 1977, 682, 683; KOPP, VwVfG § 59 Rn 7; SCHENKE JuS 1977, 281, 288 f; SCHIMPF, Der verwaltungsrechtliche Vertrag unter besonderer Berücksichtigung seiner Rechtswidrigkeit [1982]; WEIDES JuS 1978, 841, 847; ebenso im Ergebnis auch schon BVerwG DVBl 1960, 106, 107; aA BULLINGER DÖV 1977, 812, 815; GÖLDNER JZ 1976, 352, 357; GÖTZ NJW 1976, 1425, 1430; MAURER JuS 1976, 485, 493).

Das BVerwG hat auf eine Vereinbarung über die Berechnung von Gewerbesteuer § 134 entsprechend angewendet (BVerwG DVBl 1960, 106 f). Eine Vereinbarung über den zeitweiligen Erlaß von Grundsteuer wurde (ohne Erwähnung von § 134) ebenfalls für nichtig erklärt (BVerwGE 8, 329, 330 f). Ein Vertrag, durch den sich eine Behörde zu einer gesetzwidrigen Leistung verpflichtet, ist analog § 134 nichtig (so im

Ergebnis BVerwG NJW 1976, 686). Dasselbe gilt für öffentlich-rechtliche Verträge, die gegen das (öffentlich-rechtliche) Verbot verstoßen, hoheitliche Maßnahmen von Gegenleistungen abhängig zu machen, die nicht in einem sachlichen Zusammenhang mit den Maßnahmen selbst stehen, sog Koppelungsverbot (BGH LM Nr 50 zu § 134 BGB; BGHZ 79, 131, 141).

6. Einseitige Rechtsgeschäfte

Auch einseitige Rechtsgeschäfte unterliegen der Regelung des § 134. Dazu gehören zB Testamente oder Kündigungen. Auch die Erklärung der Aussperrung ist ein Rechtsgeschäft (ArbG Paderborn DB 1975, 1655; MünchKomm/MAYER-MALY § 134 Rn 25 a; SEITER, Streikrecht und Aussperrungsrecht [1975] 351 ff). Keine Rechtsgeschäfte iSv § 134 sind hingegen die auf den Abschluß von Verträgen gerichteten Willenserklärungen, dh das Angebot und die Annahme iS der §§ 145 ff, obwohl sie Rechtsfolgen auslösen (aA MünchKomm/MAYER-MALY § 134 Rn 25). Deshalb ist zB ein betrügerisches Angebot nicht nach § 134 iVm § 263 StGB nichtig. Vielmehr kommt durch die Annahme durchaus ein Vertrag zustande, der jedoch nach § 123 anfechtbar ist (nach AMM 104 ff, 118 f ist hingegen zwischen der Täuschungshandlung und der Willenserklärung zu unterscheiden).

15

III. Verbotsgesetze

1. Der Begriff des Gesetzes iSv § 134

a) Gesetze im formellen Sinne, Verordnungen und Satzungen

Zu den „Gesetzen" iSv § 134 gehören Gesetze im formellen Sinne, dh Verfassungsvorschriften und einfache Gesetze. Unter den Gesetzesbegriff des § 134 fallen außerdem Verordnungen und Satzungen (BGH NJW 1986, 2360; ERMAN/BROX § 134 Rn 8; KOPP, VwVfG § 59 Rn 7; PALANDT/HEINRICHS § 134 Rn 2), sei es von Gemeinden, sei es von anderen öffentlich-rechtlichen Institutionen (BGH NJW 1986, 2360; OLG Hamm NJW 1985, 679, 681; HÜBNER, BGB AT Rn 488), zB die Berufsordnung einer Ärztekammer (BGH NJW 1986, 2360; ausf dazu TAUPITZ JZ 1994, 221 ff). Nicht durch höherrangiges Recht legitimierte Verordnungen und Satzungen öffentlich-rechtlicher Institutionen sind hingegen keine Gesetze iS der Legaldefinition des Art 2 EGBGB und folglich auch keine Gesetze iSv § 134 (TAUPITZ JZ 1994, 221, 222 aE). Ebenfalls keine Gesetze iSv § 134 sind Satzungen privatrechtlicher Institutionen (ERMAN/BROX § 134 Rn 8; SOERGEL/ HEFERMEHL § 134 Rn 6; TAUPITZ, Die Standesordnungen ... 1076; ders JZ 1994, 221, 223 f; aA RGZ 135, 242, 245 unter Hinweis auf RGZ 49, 150, 155 betr die Satzung eines rechtsfähigen Vereins), etwa (Muster-)Berufsordnungen privatrechtlicher Zusammenschlüsse von Kammern, wie zB der Bundesärztekammer (TAUPITZ JZ 1994, 221, 223) oder Spielordnungen von Sportverbänden.

16

b) Gewohnheitsrecht

Zu den Rechtsnormen iSv Art 2 EGBGB rechnet man auch die des Gewohnheitsrechts. Damit sind sie nach Art 2 EGBGB ebenfalls „Gesetze" iSv § 134 (ERMAN/BROX § 134 Rn 8; HÜBNER, BGB AT Rn 488; KOPP, VwVfG § 59 Rn 7; MünchKomm/MAYER-MALY § 134 Rn 29; PALANDT/HEINRICHS § 134 Rn 2).

17

c) Allgemeine Rechtsgrundsätze?

Uneinheitlich ist die Rechtsprechung zur Frage, ob allgemeine Rechtsgrundsätze

18

und rechtliche Wertordnungen als solche Verbotsgesetze iSv § 134 darstellen. So hat zB der BGH aus dem auch für Schiedsgerichte geltenden und auch in den §§ 1025 Abs 2, 1032 ZPO zum Ausdruck **gekommenen Gebot überparteilicher Rechtspflege** abgeleitet, daß dagegen verstoßende Schiedsklauseln nach § 134 nichtig seien (BGHZ 51, 255, 262; BGHZ 54, 392, 400).

19 Auch der allgemeine haushaltsrechtliche Grundsatz, daß die öffentliche Hand nichts zu verschenken habe, wenn dies nicht durch besondere öffentliche Interessen gerechtfertigt ist (BGHZ 47, 30, 39 f; **aA** BVerwG NJW 1959, 1098, 1099), wurde zu den gesetzlichen Verboten iSv § 134 gerechnet (so tendenziell, jedoch im Ergebnis offen lassend BGHZ 47, 30, 40; **aA** BAG DB 1985, 394 in bezug auf § 69 Abs 2 SGB IV). Demgegenüber hat der BGH in der Entscheidung BGHZ 36, 395, 398 f, die das Verschenken eines Bildes durch eine Gemeinde an die Tochter eines hohen Politikers betraf, § 138 angewendet.

20 Aus dem aus verschiedenen Gesetzen abgeleiteten allgemeinen Grundsatz, daß Steuern nur nach Maßgabe der Gesetze erhoben werden dürfen, wurde geschlossen, daß von der gesetzlichen Regelung der Höhe von Grundsteuern abweichende Vereinbarungen nichtig seien (BVerwGE 8, 329, 330).

21 Unsicher war die Rechtsprechung auch beim gesellschaftsrechtlichen Gebot der Stimmenthaltung bei Abstimmungen in eigener Sache. Aus den §§ 34 BGB, 136 Abs 1 AktG, 47 Abs 4 GmbHG und 43 Abs 6 GenG hat die Rechtsprechung den allgemeinen Rechtsgrundsatz abgeleitet, daß im Gesellschaftsrecht die Stimmabgabe in eigener Sache unzulässig sei. Unzulässig ist danach die Ausübung des Stimmrechts durch einen Gesellschafter, wenn darüber Beschluß gefaßt wird, ob er zu entlasten ist (§ 136 Abs 1 AktG, § 47 Abs 4 GmbHG, § 43 Abs 6 GenG), ob er von einer Verbindlichkeit zu befreien ist (§ 136 Abs 1 AktG), ob die Gesellschaft einen Anspruch gegen ihn geltend machen soll (§ 136 Abs 1 AktG, § 47 Abs 4 GmbHG, § 43 Abs 6 GenG). Dieser allgemeine Rechtsgrundsatz gilt nicht nur für Gesellschaften, für die das Gesetz dies ausdrücklich regelt, sondern auch für andere, zB für BGB-Gesellschaften (RGZ 136, 236, 245). Auch Bestimmungen in Gesellschaftsverträgen, die in diesen Fällen das Stimmrecht zulassen, verstoßen gegen das allgemeine Stimmenthaltungsgebot bei der Abstimmung über eigene Angelegenheiten eines Gesellschafters (RGZ 136, 236, 245; BGHZ 108, 21, 26 f; BGH WM 1980, 649, 650). Das RG hat solche Bestimmungen in Gesellschaftsverträgen sowohl für gesetzwidrig iSv § 134 als auch für sittenwidrig iSv § 138 erklärt (RGZ 136, 236, 245). Nach Ansicht des BGH sind sie sittenwidrig iSv § 138 (BGHZ 108, 21, 27). Auch gegen das Stimmenthaltungsgebot verstoßende Beschlüsse hält der BGH für sittenwidrig (BGHZ 108, 21, 27).

22 Ein Teil des Schrifttums bejaht bei der Verletzung von allgemeinen Rechtsgrundsätzen die Anwendbarkeit von § 134 (HÜBNER, BGB AT Rn 488; KÖHLER, BGB AT[21] § 20 IV; KOPP, VwVfG § 59 Rn 7; PALANDT/HEINRICHS § 134 Rn 3). ME sind allgemeine Rechtsgrundsätze jedoch richterliche Rechtsfortbildung außerhalb des Bereichs konkreter gesetzlicher Bestimmungen. Dies ist der Regelungsbereich von Generalklauseln, dh ua des § 138. Außerdem fehlt allgemeinen Rechtsgrundsätzen die Präzision der Tatbestandsumschreibung, die für Gesetze iSv § 134 kennzeichnend ist. Bedenken gegen die Anwendung von § 138 bestehen vor allem dann nicht, wenn man für den

Vorwurf der Sittenwidrigkeit objektive Verstöße gegen objektive Verhaltensnormen genügen läßt und wenn man den Anwendungsbereich dieser Vorschrift nicht auf Handeln von grobem Unrechtsgehalt beschränkt, sondern mit ihr entsprechend ihrer lückenfüllenden Funktion alle rechtlich zu mißbilligenden Rechtsgeschäfte erfaßt, die nicht bereits unter § 134 fallen.

d) Ungeschriebene Gesetze
Ebenso wie allgemeine Rechtsgrundsätze sind auch „ungeschriebene Gesetze" keine 23 Gesetze iSv § 134 (aA ERMAN/BROX § 134 Rn 8), sondern Sittennormen iSv § 138.

e) Tarifnormen und Betriebsvereinbarungen
Streitig ist, ob Tarifnormen Verbotsgesetze iSv § 134 sind (bejahend BAGE 1, 348, 352; 24 BAGE 4, 240, 250 ff; ERMAN/BROX § 134 Rn 8; HÜBNER, BGB AT Rn 488; LÖWISCH, in: MünchArbR § 246 Rn 19, 29 f; PALANDT/HEINRICHS § 134 Rn 2; STACH NJW 1988, 943, 944 f zu § 10 BAT). Dies wird verneint, weil § 4 Abs 3 TVG zu ihrer Absicherung genüge (RICHARDI, in: MünchArbR § 44 Rn 5; MünchKomm/MAYER-MALY § 134 Rn 28 a). Diese Frage ist mE nur zu bejahen, soweit die Tarifverträge für allgemeinverbindlich erklärt worden sind; sie kann jedoch offenbleiben, da Tarifnormen gegen abweichende Rechtsgeschäfte durch § 4 Abs 3 TVG abgesichert werden, der als Spezialregelung der allgemeinen Regelung des § 134 vorgeht.

Auch bei Betriebsvereinbarungen kann offenbleiben, ob sie wegen ihres normativen 25 Charakters Verbotsgesetze iSv § 134 sind (bejahend BAGE 3, 1, 4, 5 = NJW 1956, 1086; LAG Saarbrücken NJW 1966, 2136, 2137; ERMAN/BROX § 134 Rn 8; PALANDT/HEINRICHS § 134 Rn 2; mE zutreffend verneinend MünchKomm/MAYER-MALY § 134 Rn 28 a; RICHARDI, in: MünchArbR Kap 44 Rn 5; SCHWEIZER NJW 1967, 460; TAUPITZ JZ 1994, 221, 226 f). Denn auch ihre Einwirkung auf das Arbeitsverhältnis ist sonderrechtlich geregelt in § 77 Abs 4 BetrVG, wonach sie unmittelbare und zwingende Geltung haben (RICHARDI, in: MünchArbR § 44 Rn 5; MünchKomm/MAYER-MALY § 134 Rn 28 a).

f) Berufsständische Regelungen
aa) Berufsständische Gesetze im formellen Sinne gehören zweifellos zu den Geset- 26 zen iSv § 134, so zB das RBerG (BGHZ 37, 258, 261), § 57 StBerG betr das Verbot gewerblicher Betätigung eines Steuerberaters usw (BGHZ 78, 263, 265 f).

bb) Auch Satzungen berufsständischer Verbände (Kammern) des öffentlichen 27 Rechts enthalten Gesetze iSv § 134, sofern sie durch eine gesetzliche Ermächtigung gedeckt sind. Soweit diese den Verbandsmitgliedern bestimmte Verhaltensweisen verbieten, sind es Verbotsgesetze (BGH NJW 1986, 2360, 2361; TAUPITZ, Die Standesordnungen ... 1074, 1078; aA STAUDINGER/DILCHER[12] § 134 Rn 2; aA wohl auch PALANDT/HEINRICHS § 134 Rn 2; aA zu § 823 Abs 2 STAUDINGER/SCHÄFER[12] § 823 Rn 576, 577; AK-BGB/REICH § 823 Abs 2 Rn 2); dies auch dann, wenn sie landesrechtlicher Natur sind (BGH NJW 1986, 2360, 2361), so zB § 18 der Berufsordnung der Ärztekammer für die nordrheinischen Ärzte von 1977, die die entgeltliche Zuweisung von Patienten unter Ärzten untersagt; diese Berufsordnung beruht auf der Ermächtigung in den §§ 25, 26 des Nordrhein-westfälischen Heilberufsgesetzes (BGH NJW 1986, 2360, 2361). Eine andere Frage ist allerdings, ob die in § 134 vorgesehene Nichtigkeitsfolge dem Normzweck solcher berufsständischer Verbotsgesetze entspricht. Dies ist zu verneinen, wenn der betreffende Verband nicht auch selbst berechtigt wäre, die Nichtigkeit von Rechtsgeschäften anzuordnen, die gegen seine Satzung verstoßen. Solche Verbote in Satzungen berufsständischer öffentlich-rechtlicher Verbände können allerdings den Inhalt der guten Sitten iSv § 138 mitbestimmen.

28 **cc)** Keine Gesetze iSv § 134 sind Satzungen privatrechtlicher Verbände (RGZ 135, 242, 245; OLG Hamm NJW 1976, 331 f; ERMAN/BROX § 134 Rn 8; PALANDT/HEINRICHS § 134 Rn 2; offengelassen in OLG Karlsruhe NJW 1978, 324; aA RGZ 49, 150, 155 betr die Satzung eines rechtsfähigen Vereins), zB die Regelung von Transfersummen durch die Statuten des Deutschen Fußballbundes (dazu OLG Karlsruhe NJW 1978, 324; OLG Hamm NJW 1976, 331 f). Sie können jedoch Einfluß auf den Inhalt der guten Sitten haben.

29 **dd)** Schließlich sind berufsständische **Richtlinien**, die die Standesauffassungen freier Berufe widergeben, keine Gesetze iSv § 134. Dies gilt auch für unverbindliche Richtlinien öffentlich-rechtlicher Institutionen (TAUPITZ JZ 1994, 221, 222 aE; ders NJW 1989, 2871), zB für die Richtlinien öffentlich-rechtlicher Berufskammern darüber, was der allgemeinen Auffassung über Fragen des betreffenden Berufes entspricht (TAUPITZ, Die Standesordnungen ... 568 ff, 636 ff, 1075; ders JZ 1994, 221, 222 aE; ders NJW 1989, 2871; vgl auch BVerfGE 76, 171, 186). Standesrichtlinien bilden auch zusammen mit berufsständischen Generalklauseln, zB mit § 43 BRAO, keine Verbotsgesetze (TAUPITZ, Die Standesordnungen ... 1086). Sie können jedoch ebenfalls den Inhalt der guten Sitten iSv § 138 mitbestimmen (ausf TAUPITZ, Die Standesordnungen ... 1086 ff).

2. Der Verbotscharakter eines Gesetzes

a) Feststellung des Verbotscharakters durch Auslegung

30 § 134 erklärt Rechtsgeschäfte für grundsätzlich nichtig, die gegen ein gesetzliches **Verbot** verstoßen. Das betreffende Gesetz muß den Inhalt oder die Vornahme eines Rechtsgeschäfts untersagen, dh das Rechtsgeschäft als solches mißbilligen. Zu den Verbotsgesetzen gehören nicht nur solche, die Verpflichtungsgeschäfte untersagen, sondern auch solche, die Verfügungsgeschäfte verbieten.

31 In manchen Gesetzen heißt es ausdrücklich, daß ein bestimmtes Rechtsgeschäft „verboten" sei. Fehlt diese Formulierung, so kann das Gesetz jedoch trotzdem ein Verbotsgesetz iSv § 134 sein. Soweit ein Gesetz das betreffende Rechtsgeschäft nicht selbst ausdrücklich verbietet, ist durch Auslegung zu ermitteln, ob es ein Verbotsgesetz iSv § 134 darstellt (BGHZ 85, 39, 43). Bei der Auslegung sind die gesetzlichen Formulierungen häufig nicht hilfreich. Es ist auf den Sinn und Zweck des betreffenden Gesetzes abzustellen. Allerdings sind Vorschriften, die die Worte „soll nicht" oder „kann nicht" verwenden, idR keine Verbotsgesetze iSv § 134, sondern reine Ordnungsvorschriften. Andererseits folgt aus dem zwingenden Charakter eines Gesetzes auch nicht ohne weiteres, daß es ein Verbotsgesetz iSv § 134 ist (MAYER-MALY, in: FS Hefermehl [1976] 103, 111; MünchKomm/MAYER-MALY § 134 Rn 43; SOERGEL/HEFERMEHL § 134 Rn 2).

b) Dispositive Gesetze

32 § 134 ist nur bei Verstößen gegen zwingendes Recht anwendbar. Wenn ein Rechtsgeschäft mit dispositivem Recht unvereinbar ist, gilt dieses als von den Parteien abbedungen. § 134 steht nicht entgegen. Das wird damit begründet, daß dispositive Normen schon keine Verbotsgesetze seien (MAYER-MALY, in: FS Hefermehl [1976] 103, 111;

MünchKomm/Mayer-Maly § 134 Rn 43). Dem Abbedingen dispositiven Rechts sind allerdings anderweitige Grenzen gesetzt. Denn auch dispositive Vorschriften weisen einen gewissen Gerechtigkeitsgehalt auf. Wenn das Abbedingen dispositiven Rechts nicht durch besondere, vom Normalfall abweichende Umstände gerechtfertigt ist, setzen § 242, § 315 Abs 3 analog oder die §§ 9 ff AGBG Grenzen.

c) **Beschränkungen der Gestaltungs- und Verfügungsmacht**
Von den Verbotsgesetzen iSv § 134 zu unterscheiden sind Gesetze, die die Parteien auf bestimmte Rechts- und Geschäftstypen beschränken (BGHZ 23, 291, 299) oder die rechtsgeschäftliche Gestaltungs- und Verfügungsmacht beschränken bzw die Modalitäten des Geschäftsabschlusses mißbilligen, ohne darüber hinaus auch die Vornahme oder den Inhalt des intendierten Rechtsgeschäfts verbieten zu wollen (BGHZ 13, 179, 184; einhellige Meinung im Schrifttum). Nicht zu den Verbotsgesetzen iSv § 134 gehören danach die Vorschriften über die Geschäftsfähigkeit (§§ 104 ff), Scheingeschäfte (§ 117), die Vertretungsmacht, zB über die Vertretung der AG gegenüber Vorstandsmitgliedern gem § 112 AktG (Jauernig, in: FS Weber [1975] 31 Fn 36; Soergel/ Hefermehl § 134 Rn 2) oder die Vertretungsmacht von Verwaltungsorganen bei der Veräußerung von Grundstücksvermögen nach Art 81 BayVerf (BGHZ 47, 30, 33 ff), das Selbstkontrahieren (§ 181), Verfügungsbeschränkungen in den §§ 399, 400, 514, 719, 1059 S 1 BGB oder in den §§ 6, 7 KO (BGHZ 40, 156, 160), Formerfordernisse. Denn § 134 setzt das grundsätzliche Bestehen rechtlicher Gestaltungsmöglichkeit voraus (zutreffend Larenz, AT § 22 II S 430; MünchKomm/Mayer-Maly § 134 Rn 5). Wenn in diesen Fällen die rechtliche Gestaltungs- oder Verfügungsbefugnis fehlte oder Formerfordernisse nicht eingehalten wurden, ist das Rechtsgeschäft – unabhängig von § 134 – grundsätzlich rechtsunwirksam (BGHZ 20, 119, 126; 47, 30, 37, 39). Der Typenzwang des Sachenrechts läßt kein Abweichen von der Akzessorietät des Mobiliarpfandrechts zu (BGHZ 23, 293, 299). Vereinbarungen zwischen Erben und Testamentsvollstrecker, die dessen Befugnisse beschränken sollen, sind zwar nicht „verboten", jedoch unzulässig und unwirksam (BGHZ 25, 275, 279 f).

d) **Verbotsgesetz und Nichtigkeitssanktion**
Von der Frage, ob ein Gesetz ein **Verbotsgesetz** ist, ist die Frage zu unterscheiden, ob die **Nichtigkeitssanktion** des § 134 dem Sinn und Zweck des verletzten Gesetzes entspricht (Erman/Brox § 134 Rn 9; Mayer-Maly, in: FS Hefermehl [1976] 103; MünchKomm/ Mayer-Maly § 134 Rn 38, 39; Westphal 19 f, 72 ff; aA Mailänder, Privatrechtliche Folgen unerlaubter Kartellpraxis [1964] 150 f; Pansegrau 250 f; aA im Ergebnis wohl auch Westphal 130 ff, wenn er den Normzweckvorbehalt des § 134 für überflüssig hält). So ist es durchaus denkbar, daß ein Gesetz nach Sinn und Zweck ein Verbotsgesetz ist, jedoch die Nichtigkeitsfolge nicht seinem Zweck entspricht. Manche Gesetze sind zwar Verbotsgesetze; sie führen jedoch nur zur Nichtigkeit verbotswidriger Rechtsgeschäfte, wenn sich beide Parteien der Verbotswidrigkeit bewußt waren. Ein anderes Beispiel bietet das Verbot der Darlehensvermittlung im Reisegewerbe iSv § 56 Abs 1 Nr 6 GewO. Diese Vorschrift ist unstreitig ein Verbotsgesetz. Bei der Frage, ob ein im Reisegewerbe vermitteltes Kreditgeschäft nichtig ist, hat jedoch der BGH danach differenziert, ob das Kreditgeschäft mit unerfahrenen und minderbemittelten Personen abgeschlossen wurde oder ob es der Finanzierung von Steuersparmodellen dienen sollte. Freilich wird sich häufig aus denselben Überlegungen zum Sinn und Zweck eines Gesetzes ergeben, daß es nicht nur ein Verbotsgesetz ist, sondern daß auch die

Nichtigkeitsfolge seinem Normzweck entspricht (MünchKomm/MAYER-MALY § 134 Rn 39).

35 Veranlaßt durch Mot I 210, wonach Verstöße gegen Gesetze, die sich nur gegen eine der beiden Vertragsparteien richten, idR nicht ungültig seien, wurde von manchen angenommen, daß solche Gesetze auch keine Verbotsgesetze seien. Man schloß also aus der Unanwendbarkeit der Nichtigkeitssanktion bei einseitigen Gesetzesverletzungen auf das Fehlen des Verbotscharakters des verletzten Gesetzes. Nicht nur diese Vermengung der beiden Fragen, ob durch ein Rechtsgeschäft ein Verbotsgesetz verletzt wurde und ob die Nichtigkeitsfolge die normzweckgerechte Sanktion sei, ist unzutreffend. Die inzwischen vorliegende Kasuistik zeigt auch, daß die Unterscheidung zwischen einseitigen und beiderseitigen Verboten nicht die erwarteten rechtlichen Konsequenzen erlaubt, weder für die Frage, ob das verletzte Gesetz ein Verbotsgesetz ist, noch für die Frage, ob die Nichtigkeitssanktion normzweckgerecht ist; zu letzterem unten Rn 71 ff (ebenso MünchKomm/MAYER-MALY § 134 Rn 44, 45; SOERGEL/HEFERMEHL § 134 Rn 15). Verbotsgesetze können auch solche sein, die sich nur gegen einen der beiden Vertragspartner richten, dh einseitige Verbotsgesetze (BGHZ 37, 258, 261; 53, 152, 157; 71, 358, 360 f; 110, 235, 240; 115, 123, 125), zB das RBerG (BGHZ 37, 258, 261) oder die Schweigepflicht gem § 203 StGB (BGHZ 115, 123, 125).

3. Die Grundrechtsnormen des Grundgesetzes und der Landesverfassungen

36 Die Vorschriften des GG einschließlich der Grundrechtsnormen sind zweifellos Gesetze. Bei ihnen ist jedoch problematisch, ob und in welcher Weise sie auf privatrechtliche Rechtsgeschäfte einwirken.

a) Verstöße durch den Staat
37 Wenn staatliche Institutionen bei rechtsgeschäftlichen Vereinbarungen gegen Grundrechte verstoßen, sind die Vereinbarungen nach § 134 bzw nach § 59 VwVfG iVm § 134 nichtig. Auch soweit sich der Staat zur Erfüllung öffentlich-rechtlicher Aufgaben zulässigerweise **privatrechtlicher** Gestaltungsmittel bedient – zB im Bereich der Leistungsverwaltung und Daseinsvorsorge –, gelten die Grundrechte unmittelbar (BGHZ 29, 76, 80; 36, 91, 96; 52, 325, 328; 65, 284, 287). Denn der Staat kann sich nicht dadurch, daß er sich zulässigerweise privatrechtlicher Mittel bedient, der unmittelbaren Grundrechtsbindung entziehen, der er bei Einsatz öffentlich-rechtlicher Mittel unterworfen wäre (BGHZ 65, 284, 287).

b) Verstöße durch Tarifnormen
38 Die Tarifnormen des normativen Teils von Tarifverträgen wurden vom BAG als Rechtsnormen und Gesetzgebung iSv Art 1 Abs 3 GG angesehen. Soweit sie gegen Grundrechtsnormen, zB gegen das Benachteiligungsverbot des Art 3 Abs 2, 3 GG oder gegen Art 6 GG verstoßen, wurden sie vom BAG für nichtig erklärt, wobei das Gericht nicht klar erkennen läßt, ob die Nichtigkeit unmittelbar aus dem Grundrechtsverstoß folgt (vgl BAGE 1, 348, 352, 354; 4, 240, 250 ff; 4, 275, 276) oder ob es der Vermittlung des § 134 bedarf (BAGE 1, 258, 269; dazu auch SINGER ZfA 1995, 611 ff).

c) Drittwirkung der Grundrechte gegenüber Privatpersonen
39 Unmittelbare privatrechtliche Wirkung haben Grundrechtsnormen, aus deren Inhalt sich dies eindeutig ergibt, zB Art 9 Abs 3 S 2 GG, der Beschränkungen der Koali-

tionsfreiheit für nichtig erklärt, oder Art 11 Abs 1 S 2 Hess Verf (SCHOLZ, in: MAUNZ/ DÜRIG, GG Art 9 Rn 332; SOERGEL/HEFERMEHL § 134 Rn 7). Im übrigen ist streitig, in welcher Weise die Grundrechte der Privatautonomie **nicht-staatlicher** Personen und Institutionen Grenzen setzen.

aa) Unmittelbare Drittwirkung
Das BAG und ein Teil des Schrifttums sind der Ansicht, daß die in den Grundrechten enthaltenen Verbote auch gegenüber Privatpersonen und juristischen Personen des Privatrechts **unmittelbar** wirken und auch insoweit Verbotsgesetze iSv § 134 darstellen (BAGE 1, 185, 193; 1, 258, 269; 4, 275, 276, 285; 13, 168, 178 f; BAG NJW 1962, 1981, 1982; ENNECCERUS/NIPPERDEY, AT § 15 II 3; STAUDINGER/COING[11] § 134 Rn 12 a). In manchen Entscheidungen wurden privatrechtliche Rechtsgeschäfte wegen Grundrechtswidrigkeit auch ohne Hinweis auf § 134 für nichtig erklärt, ohne daß jedoch näher gesagt wurde, auf welchem Wege aus Grundrechtsartikeln die Nichtigkeit grundrechtswidriger Rechtsgeschäfte abgeleitet werden kann (vgl BAGE 1, 348, 352, 354). Man bezeichnet dies als **unmittelbare Drittwirkung** der Grundrechte. 40

bb) Mittelbare Drittwirkung
Gegen die unmittelbare Drittwirkung von Grundrechten gegenüber natürlichen und juristischen Personen des Privatrechts spricht, daß die Grundrechte nur gegenüber dem Staat unmittelbar wirken. Auch über Art 1 Abs 3 GG, dh über die Bindung der Rechtsprechung an die Verfassung, erlangen sie keine unmittelbare Wirkung gegenüber Privatpersonen und juristischen Personen des Privatrechts. Nach inzwischen nahezu einhelliger Meinung enthalten jedoch die Grundrechte nicht nur Abwehrrechte gegenüber dem Staat, sondern auch eine **objektive Wertordnung** (grundlegend BVerfGE 7, 198, 205; 24, 251; ebenso BGH NJW 1986, 2944; BGHZ 106, 336, 338; BAGE 13, 168, 176 = NJW 1962, 1981, 1982; vgl auch SOERGEL/HEFERMEHL § 134 Rn 7; SACK WRP 1985, 1, 5). Diese Wertordnung wirkt mittelbar über die **wertausfüllungsbedürftigen Generalklauseln** des Privatrechts, zB auch über § 138, ins Privatrecht hinein*. Dies bezeichnet man als **mittelbare Drittwirkung**. Zu den praktischen Auswirkungen der Grundrechte auf Rechtsgeschäfte vgl unten Rn 241 ff. 41

4. Bundesrecht und Landesrecht

Zu den Gesetzen iSv § 134 gehören nicht nur solche des Bundesrechts. Vielmehr kann ein Rechtsgeschäft auch dann nach § 134 nichtig sein, wenn es ein **landesrechtliches** Verbotsgesetz verletzt (RGZ 60, 273, 275; BGHZ 34, 200, 205; 47, 30, 40; 75, 366, 368; 97, 243, 250 f; BGH NJW 1986, 2360, 2361; BGH NJW 1992, 1159, 1160; einhellige Meinung im 42

---

* BVerfGE 7, 198, 205 f, 215 = NJW 1958, 257 „Lüth"; BVerfGE 24, 236, 251 f „Aktion Rumpelkammer"; BVerfGE 42, 143, 148 = NJW 1976, 1677; BVerfG NJW 1994, 36, 38; BGHZ 50, 1, 5 „Pelzversand"; BGH NJW 1972, 1414 f; NJW 1986, 2944; BGHZ 97, 304, 306; 106, 336, 338; BAGE 3, 296, 301; BAG NJW 1976, 1958; im Schrifttum grundlegend DÜRIG, in: FS Nawiasky (1956) 157 ff; ders DÖV 1958, 194; ders, in: MAUNZ/DÜRIG, GG Art 1 Rn 127 ff; ERMAN/BROX § 134 Rn 34; FLUME, AT II § 17, 1 S 341 f; MAYER-MALY AcP 194 (1994) 105, 137; SACK WRP 1985, 1, 5; SOERGEL/HEFERMEHL § 134 Rn 7; ausdrücklich gegen die Ansicht, daß die Grundrechtsnormen nur über § 138 ins Zivilrecht hineinwirken, insbesondere wegen des subjektiven Tatbestandes von § 138, BAGE 4, 275, 278 f; 13, 168, 176 = NJW 1962, 1981, 1982; krit auch CANARIS AcP 184 (1984) 201 ff.

Schrifttum), zB landesrechtliche Berufsordnungen, landesrechtliche Bauordnungen oder landesrechtliche Pressegesetze; ausführlicher dazu unten Rn 309 ff.

5. Europäisches Recht

43 Die Vorschriften des europäischen Rechts sind Teil des deutschen Rechts und können als solche Verbotsgesetze iSv § 134 sein.

a) Von den Vorschriften des primären Gemeinschaftsrechts gehören dazu ua die Art 9, 12, 13 EGV; öffentlich-rechtliche Verträge, die mit diesen Artikeln unvereinbare zollgleiche Belastungen vorsehen, sind insoweit analog § 134 nichtig (BVerwGE 70, 41, 45 f). Von den Vorschriften des primären EG-Rechts sind auch die des Kartellrechts zu nennen. Art 85 EGV und Art 65 § 1 EGKSV (MUV) untersagen bestimmte wettbewerbsbeschränkende Vereinbarungen. Diese Vorschriften sehen jedoch selbst die Nichtigkeit als Sanktion vor, so daß es insoweit keines Rückgriffs auf § 134 bedarf. Keine Sonderregelung der zivilrechtlichen Sanktionen enthält hingegen das Verbot des Mißbrauchs marktbeherrschender Stellungen durch Art 86 EGV, der ebenfalls ein Verbotsgesetz iSv § 134 ist. Die Diskriminierungsverbote der Art 4 Buchst b und Art 60 EGKSV (MUV) hielt der BGH hingegen weder für Verbotsgesetze iSv § 134 noch für Schutzgesetze iSv § 823 Abs 2 (BGHZ 30, 74, 86 = NJW 1959, 1176; aA zutreffend MünchKomm/MAYER-MALY § 134 Rn 36).

44 b) Auch Verträge, die gegen Verbote von EU-Verordnungen verstoßen, können nach § 134 nichtig sein, zB Verstöße gegen die VO (EWG) Nr 805/68 über die gemeinsame Marktorganisation für Rindfleisch oder gegen die VO (EWG) Nr 827/68 über die gemeinsame Marktorganisation für bestimmte in Anhang II des Vertrages aufgeführte Erzeugnisse (BVerwGE 70, 41, 44 f, 49).

45 c) **Richtlinien** der EU sind grundsätzlich nicht unmittelbar anwendbar, sondern bedürfen der Umsetzung in nationales Recht (ausführlich dazu SACK VersR 1994, 1383 mwNw). Sie sind jedoch dann ausnahmsweise unmittelbar anwendbar, wenn und soweit sie sich gegen den Staat wenden, wenn sie unbedingt und ausreichend bestimmt sind und wenn die Umsetzungsfrist der Mitgliedstaaten abgelaufen ist (grundlegend EuGH Slg 1986, 723, 748 f Nr 46 ff – MARSHALL; aus neuerer Zeit EuGH NJW 1994, 2473, 2474 Nr 22 f – Faccini Dori; BVerwGE 70, 41, 49; aus dem umfangreichen Schrifttum vgl SACK VersR 1994, 1383, 1386 f mwNw). Unter diesen Voraussetzungen können sie auch Verbotsgesetze iSv § 134 sein. Außerdem sind nationale Vorschriften richtlinienkonform auszulegen, wenn es entsprechende Richtlinien gibt, wenn die betreffenden Bestimmungen der Richtlinie unbedingt und hinreichend genau sind und wenn der Wortlaut der betreffenden nationalen Regelungen eine richtlinienkonforme Auslegung erlaubt. Die Pflicht zur richtlinienkonformen Auslegung besteht nicht nur bei Gesetzen, die Richtlinien in nationales Recht umsetzen sollen, sondern – sobald die Umsetzungsfrist abgelaufen ist – bei allen anderen nationalen Normen auch (so zu letzterem EuGH NJW 1994, 2473, 2474 Nr 26 – Faccini Dori; EuGH Slg 1990 I 4135, 4159 Nr 8 – Marleasing; SACK VersR 1994, 1384 mwNw in Fn 7). Auch solche richtlinienkonform ausgelegten nationalen Vorschriften können Verbotsgesetze iSv § 134 sein.

6. Völkerrecht

Völkerrechtliche Verbote können Verbotsgesetze iSv § 134 sein, wenn sie nach **46** Art 59 Abs 2 GG in deutsches Recht transformiert worden sind. Das gleiche gilt für „allgemeine Regeln des Völkerrechts", die nach Art 25 GG Bestandteil des Bundesrechts sind. Sie gehen nach Art 25 S 2 GG den Gesetzen vor und erzeugen Rechte und Pflichten unmittelbar für die Bewohner des Bundesgebiets (FLUME, AT II § 17, 1 S 342; MünchKomm/MAYER-MALY § 134 Rn 35; PALANDT/HEINRICHS § 134 Rn 2; vgl außerdem HÖNN, in: Gedschr Geck [1989] 321 ff).

Soweit völkerrechtliche Vereinbarungen auch die Sanktionen von Verstößen regeln, gehen diese Regelungen ua § 134 vor, so zB Art 8 Abschn 2 (b) des Abkommens von Bretton Woods über den Internationalen Währungsfonds (BGBl 1952 II 637), wonach devisenrechtlich relevante Verträge, die den Kontrollbestimmungen eines Mitgliedstaates widersprechen, in anderen Mitgliedstaaten unklagbar sind; § 134 und seine Nichtigkeitssanktion greifen nicht ein (BGHZ 55, 334, 337 f = NJW 1971, 983; BGH NJW 1991, 3095, 3096; BGHZ 116, 77, 84; offengelassen in BGH NJW 1994, 1868); s a Rn 254.

7. Ausländische Gesetze

a) Bei Verträgen, die mit ausländischen Verbotsgesetzen unvereinbar sind, hän- **47** gen die Rechtsfolgen in erster Linie davon ab, ob auf diese Verträge deutsches oder ausländisches Recht anwendbar ist. Diese kollisionsrechtliche Frage haben deutsche Gerichte anhand des deutschen internationalen Vertragsrechts, insbesondere anhand der Art 27 ff EGBGB zu entscheiden. Gelangt ein deutsches Gericht zur Anwendbarkeit von **ausländischem** Vertragsrecht, so entscheidet grundsätzlich auch nur dieses über die vertragsrechtlichen Folgen des Verstoßes gegen das ausländische Verbotsgesetz. Die deutsche Vorschrift des § 134 ist in diesem Fall nicht anwendbar (BGHZ 55, 334, 339 betr französische Devisenbestimmungen; 59, 82, 85 – Nigerianische Masken betr ein nigerianisches Ausfuhrverbot für bestimmte Kulturgüter), es sei denn, die Voraussetzungen des Art 30 EGBGB oder des Art 34 EGBGB sind erfüllt.

b) Wenn kollisionsrechtlich **deutsches** Vertragsrecht gilt, ist § 134 bei einem Ver- **48** stoß gegen ausländische Verbotsgesetze ebenfalls nicht anwendbar (RGZ 108, 241, 243 aE; 161, 296, 299; BGHZ 55, 334, 339; 59, 82, 85; 69, 295, 296; OLG Hamburg RIW 1994, 686, 687; KG NJW 1976, 197, 198; aus dem Schrifttum vgl ERMAN/BROX § 134 Rn 8; MANKOWSKI RIW 1994, 689; MEDICUS, AT[6] S 242 Rn 658; PALANDT/HEINRICHS § 134 Rn 2), zB bei Verstößen gegen ausländische Einfuhr- und Ausfuhrverbote (BGHZ 59, 82, 85; OLG Hamburg RIW 1994, 686, 687), Zollgesetze (OLG Hamburg RIW 1994, 686, 687; OLG Hamburg HansRZ 1925, 195) oder ausländische Devisenbestimmungen (BGHZ 55, 334, 339). Diese Vorschrift greift also nur ein, wenn auf Verträge nach Art 27 ff EGBGB deutsches Vertragsrecht anwendbar ist und wenn diese Verträge außerdem gegen deutsche Verbotsgesetze verstoßen, dh Verbotsgesetze iSv § 134 sind nur im Inland unmittelbar verbindliche Gesetze.

c) Ausländische Verbotsgesetze sind auch nicht nach Art 34 EGBGB zu berück- **49** sichtigen. Als Eingriffsnormen iS dieser Vorschrift kommen nur **inländische** Normen in Betracht. Ausländische Verbotsgesetze sind hingegen als solche niemals Eingriffsnormen iSv Art 34 EGBGB. Der deutsche Gesetzgeber hat bei der Novellierung des

EGBGB im Jahre 1986 die Vorschrift des Art 7 Abs 1 des Römischen EWG-Übereinkommens über das auf vertragliche Schuldverhältnisse anwendbare Recht von 1980 (EuSchVÜ), die eine Regelung über die Relevanz **ausländischer** Eingriffsnormen für Verträge trifft, die dem Vertragsrecht eines anderen Staates, zB inländischem Vertragsrecht unterliegen, nicht in das deutsche EGBGB übernommen (ausführlich dazu E LORENZ RIW 1987, 569, 580 ff; sehr ausführliche Nachweise auch bei MANKOWSKI RIW 1994, 688 Fn 2).

50 d)   Verträge, auf die kollisionsrechtlich deutsches Recht anwendbar ist, können jedoch bei Verstößen gegen ausländische Verbotsgesetze („Eingriffsnormen") **nach § 138** sittenwidrig sein, wenn deren Beachtung auch im deutschen Interesse liegt (BGHZ 34, 169, 177; 59, 82, 85; 69, 295, 298; BGH VersR 1982, 92, 93; BGHZ 94, 268, 270, 272; BGH NJW 1991, 634, 635 zu II 2; RGZ 161, 296, 299 f; OLG Hamburg RIW 1994, 686, 687; ausführlich dazu mwNw PIEHL, Bestechungsgelder im internationalen Wirtschaftsverkehr [1991] 40 ff, 43) oder fundamentalen deutschen Rechtsvorstellungen entspricht (so zu § 1 UWG BGH GRUR 1980, 858, 860 – Asbestimporte; so wohl auch zu § 138 RGZ 96, 282 f; 161, 296, 299; MANKOWSKI RIW 1994, 688, 690) bzw durch gemeinsame sittlich-rechtliche Vorstellungen aller Kulturstaaten gerechtfertigt ist (RGZ 108, 241, 243 f; BGHZ 59, 82, 85 f; 69, 295, 298; 94, 268, 271 f; OLG Hamburg RIW 1994, 686, 687). Das RG wollte für die Anwendung des § 138 sogar genügen lassen, daß das ausländische Verbot „durch die deutschen Anschauungen über die guten Sitten, das deutsche gesunde Volksempfinden gerechtfertigt wird" (RGZ 161, 296, 300). Demgegenüber hat der BGH in einem anderen Zusammenhang – zum ordre public iSv § 1041 ZPO – mit Recht darauf hingewiesen, daß auch die Vielfalt der ausländischen Rechts- und Lebensverhältnisse zu beachten sei, an die keine inländischen Maßstäbe angelegt werden dürfen (BGH VersR 1982, 93, 94 betr „Schmiergeldzahlungen" in Form überhöhter Preise an Schutenvermieter in ausländischen Häfen zum Zwecke bevorzugter Abfertigung). Ausführlich dazu unten § 138 Rn 481 ff.

51 e)   Gegen ausländische Gesetze verstoßende Rechtsgeschäfte können auch nach § 306 nichtig sein (RGZ 93, 182, 184; RGZ 161, 296, 300; ERMAN/BROX § 134 Rn 8).

52 f)   Wenn ausländische Verbotsgesetze gegen den deutschen ordre public verstoßen, sind sie nach Art 6 EGBGB auf keinen Fall zu berücksichtigen.

53 g)   Ausländische Verbotsgesetze sind dann ausnahmsweise nach § 134 zu berücksichtigen, wenn sie aufgrund völkerrechtlicher Verträge, die nach Art 59 GG in Bundesrecht transformiert worden sind, beachtet werden müssen (SOERGEL/HEFERMEHL § 134 Rn 9). Vielfach werden jedoch insoweit Sonderregelungen die Anwendung von § 134 entbehrlich machen. So haben sich zB in dem Abkommen von Bretton Woods die Mitgliedstaaten verpflichtet, ihre devisenrechtlichen Vorschriften gegenseitig zu beachten. Die Rechtsfolgen eines Devisenverstoßes sind jedoch durch dieses Gesetz abschließend geregelt (BGHZ 55, 334, 339; SOERGEL/HEFERMEHL § 134 Rn 9; vgl auch BGHZ 31, 367, 373; vgl ferner unten Rn 254).

IV. Der Zeitpunkt der Gesetzwidrigkeit

1. Gesetzwidrigkeit bei Vornahme des Rechtsgeschäfts

Ein Rechtsgeschäft ist grundsätzlich nur dann nach § 134 nichtig, wenn es bereits im Zeitpunkt der Vornahme verbotswidrig war (BGHZ 46, 322, 326; OLG Düsseldorf JR 1993, 113, 114).

2. Gesetzwidrigkeit nach Vornahme des Rechtsgeschäfts

Wird **nach** der Vornahme eines im Zeitpunkt der Vornahme rechtmäßigen Rechtsgeschäfts ein Gesetz erlassen, das Rechtsgeschäfte dieser Art verbietet, so wirkt das Gesetz grundsätzlich nur für die Zukunft. Es berührt die Wirksamkeit früherer Rechtsgeschäfte grundsätzlich nicht. Rückwirkend nichtig nach § 134 wird ein Rechtsgeschäft durch ein später erlassenes Verbotsgesetz ausnahmsweise nur dann, wenn sich dieses ausdrücklich und zulässig Rückwirkung beilegt (ERMAN/BROX § 134 Rn 15; MünchKomm/MAYER-MALY § 134 Rn 20; zögernd BGHZ 45, 322, 326 = NJW 1966, 1265 betr das Verbot der Erhebung von Konzessionsabgaben). Wenn das später erlassene Verbotsgesetz keine Rückwirkung vorsieht, bleiben die bis zum Inkrafttreten des Verbotsgesetzes vorgenommenen Erfüllungshandlungen wirksam. **Nach** Inkrafttreten des Verbotsgesetzes darf das ursprünglich rechtmäßige und jetzt verbotene Rechtsgeschäft jedoch nicht mehr vollzogen werden; es bestehen nach § 275 keine Erfüllungsansprüche mehr (BGHZ 45, 322, 325). Dies ergibt sich allerdings nicht aus § 134, sondern aus dem Zweck des Verbotsgesetzes selbst (MünchKomm/MAYER-MALY § 134 Rn 20; offengelassen in BGHZ 45, 322, 326). Wird ein nach Abschluß eines Rechtsgeschäfts erlassenes Verbotsgesetz – zB ein Kriegsbewirtschaftungsgesetz – später wieder aufgehoben, so erlangt das ursprünglich rechtmäßige Rechtsgeschäft nach Ansicht des BGH wieder Wirksamkeit (BGHZ 45, 322, 327; SOERGEL/HEFERMEHL § 134 Rn 49). Dies überzeugt allerdings nicht, da den Vertragsparteien ein Zuwarten nicht zumutbar ist, wenn der Zeitpunkt des Wegfalls des Verbotsgesetzes nicht absehbar ist. ME bleibt daher das betreffende Rechtsgeschäft ebenso nichtig, wie wenn es von Anfang an wegen Verbotswidrigkeit nichtig gewesen wäre; es gelten die allgemeinen Grundsätze über den Wegfall eines Verbotsgesetzes (dazu Rn 56 ff). Die Parteien können das Rechtsgeschäft natürlich nach Wegfall des Verbotsgesetzes erneut vornehmen bzw bestätigen. In besonders gelagerten Fällen kann auch einmal die Berufung auf die Nichtigkeit nach Wegfall des Verbotsgesetzes gegen Treu und Glauben verstoßen. Eine **Ausnahme** von der Irrelevanz späterer Gesetze sieht § 2171 vor. Danach ist ein Vermächtnis, das im Zeitpunkt des Erbfalles gegen ein Gesetz verstößt, unwirksam. § 2171 verdrängt als Spezialregelung die des § 134, so daß sich eine bei Errichtung des Testaments bestehende Gesetzwidrigkeit auf Vermächtnisse nicht auswirkt (OTTE JurA 1985, 192, 201; aA OLG Frankfurt NJW 1972, 398).

3. Wegfall des Verbotsgesetzes nach Vornahme des Rechtsgeschäfts

Ein im Zeitpunkt der Vornahme nach § 134 ganz oder teilweise nichtiges Rechtsgeschäft bleibt grundsätzlich nichtig, auch wenn das Verbotsgesetz später wegfällt (BGHZ 11, 59, 60 betr Bewirtschaftungsvorschriften; RGZ 138, 52, 55; OGHZ 3, 55, 60; ERMAN/BROX § 134 Rn 15; MünchKomm/MAYER-MALY § 134 Rn 20; SOERGEL/HEFERMEHL § 134 Rn 49; STAUDINGER/DILCHER[12] § 134 Rn 7; vgl auch OLG Brandenburg MDR 1995, 30 betr die Nichtigkeit nach DDR-Recht). Es bleibt grundsätzlich auch dann nichtig, wenn es im Zeitpunkt des Fortfalls des Verbotsgesetzes noch nicht erfüllt worden war (OGHZ 3, 55, 60; FLUME, AT II § 17, 4 S 350; MünchKomm/MAYER-MALY § 134 Rn 21; aA HOLZAPFL BB 1965, 569, 571). Nach Wegfall des Verbotsgesetzes ist das Rechtsgeschäft jedoch dann ohne weiteres gültig, wenn die Parteien entweder bereits bei der Vornahme des Rechtsgeschäfts mit der Aufhebung des Verbotsgesetzes gerechnet und das Rechtsgeschäft auch für diesen Fall geschlossen haben (RGZ 138, 52, 55; OGHZ 3, 55, 60; 3, 275, 277 f; FLUME, AT II § 17, 4 S 349 f; HOLZAPFL BB 1965, 569, 570; MünchKomm/MAYER-MALY § 134 Rn 21; SOERGEL/ HEFERMEHL § 134 Rn 49) oder wenn sie ausdrücklich oder auch nur stillschweigend die Leistungspflichten von der Verbotsaufhebung abhängig gemacht haben (RGZ 138, 52, 55; HOLZAPFL BB 1965, 569, 571; MünchKomm/MAYER-MALY § 134 Rn 20; PALANDT/HEINRICHS § 134 Rn 13). Sollte das Rechtsgeschäft hingegen trotz des Verbots während dessen Geltungsdauer vollzogen werden, so bleibt es nichtig (BGH LM Nr 7 zu § 134 BGB; SOERGEL/HEFERMEHL § 134 Rn 49). Ein Rechtsgeschäft ist ferner nicht nach § 134 nichtig, wenn das Verbot wegfällt, bevor eine von den Parteien für die Wirksamkeit vereinbarte Bedingung oder Terminierung eingetreten ist (SOERGEL/HEFERMEHL § 134 Rn 49). Außerdem wird ein bei Vornahme verbotswidriges und nichtiges Rechtsgeschäft nach Aufhebung des Verbotsgesetzes auch dann wirksam, wenn es die Parteien nach § 141 durch Neuvornahme bestätigen (BGHZ 11, 59, 60 f = NJW 1954, 549; RGZ 138, 52, 55; OLG Brandenburg MDR 1995, 30). Dabei kann die Neuvornahme auch durch stillschweigendes Verhalten erfolgen, wenn es den eindeutigen Schluß auf einen übereinstimmenden Bestätigungswillen der Parteien zuläßt (BGHZ 11, 59, 60; OLG Brandenburg MDR 1995, 30). Die Erfüllung eines anfänglich nach § 134 nichtigen Vertrags nach Wegfall des Verbotsgesetzes läßt nur dann den Rückschluß auf eine Neuvornahme bzw Bestätigung zu, wenn die Erfüllung in Kenntnis der ursprünglichen Nichtigkeit oder zumindest bei Zweifeln an der Gültigkeit erfolgte (RGZ 138, 52, 56; MünchKomm/MAYER-MALY § 141 Rn 12). Wenn die Parteien nach Wegfall eines Verbotsgesetzes einen Vertrag über die Verteilung von Gewinn aus den ursprünglich verbotenen Geschäften schließen, so ist dieser nicht nach § 134 nichtig (BGH LM Nr 38 zu § 134 BGB; SOERGEL/HEFERMEHL § 134 Rn 49).

V. Rechtsfolgen

1. Die Nichtigkeitssanktion des § 134 als „Auslegungsregel"

57 a) Nach § 134 ist ein gesetzwidriges Rechtsgeschäft nichtig, wenn sich aus dem verletzten Gesetz nicht ein anderes ergibt (zur wechselvollen Entstehungsgeschichte dieses Normzweckvorbehalts aufschlußreich AMM, Rechtsgeschäft, Gesetzesverstoß und § 134 BGB [Diss Bochum 1982] 10 ff). Wegen dieses **Normzweckvorbehalts** wird die Ansicht vertreten, daß § 134 nichtssagend sei (vor allem FLUME, AT II § 17, 1 S 341; ebenso AMM 250; ähnlich SOERGEL/HEFERMEHL § 134 Rn 1, 29; aA vor allem CANARIS, Gesetzliches Verbot ... 14 ff; MünchKomm/MAYER-MALY § 134 Rn 1). Er enthalte wegen des Normzweckvorbehalts keine eigenständige zivilrechtliche Sanktion, sondern verweise insoweit ausschließlich auf den Normzweck des verletzten Gesetzes; dh der zivilrechtliche Gehalt des § 134 beschränke sich auf die Verweisung auf den zivilrechtlichen Normzweck des durch ein Rechtsgeschäft verletzten Verbotsgesetzes. Ob ein verbotswidriges Rechtsgeschäft nichtig sei, ergebe sich nicht aus § 134, sondern immer nur aus dem Normzweck des verletzten Verbotsgesetzes (SOERGEL/HEFERMEHL § 134 Rn 1, 29; TAUPITZ JZ 1994, 221, 225). Obwohl § 134 ausdrücklich die Nichtigkeit als Sanktion vorsehe, trete diese dennoch nur ein, wenn der Zweck des Verbotsgesetzes dies **verlange** bzw – so der BGH – wenn „es mit dem Sinn und Zweck des Verbotsgesetzes unvereinbar wäre, die durch das Rechtsgeschäft getroffene Regelung hinzunehmen und bestehen zu lassen" (so BGHZ 85, 39, 43; weitere Nachweise zur BGH-Rechtsprechung unter Rn 61; ebenso im Schrifttum BGB-RGRK/Krüger-Nieland/Zöller § 134 Rn 13; Flume, AT II § 17, 1 S 341; Soergel/Hefermehl § 134 Rn 4; Staudinger/Dilcher[12] § 134 Rn 3).

b) Die Gegenansicht versteht § 134 hingegen als **Auslegungsregel** zugunsten der **58** Nichtigkeitsfolge (so die Reichstagskommission Mot I 210; BGHZ 45, 322, 326 = NJW 1966, 1265; BGH WM 1973, 1274, 1276; BGH NJW 1974, 1374, 1377; Canaris, Gesetzliches Verbot... 14 ff, 19, 43 f; R Kramer 43 ff; Larenz, AT § 22, II S 429; Medicus, AT 238; Pansegrau 20 f, 250; Palandt/Heinrichs § 134 Rn 7; Westphal 74 ff; ausdrücklich aA Flume, AT II § 17, 1 S 341; Richardi, in: MünchArbR § 44 Rn 3; Seiler, in: Gedschr Martens 7, 19). Dieser Ansicht ist zu folgen, da nur sie dem Wortlaut des § 134 gerecht wird, der bestimmt, daß ein Rechtsgeschäft nichtig ist, dh immer dann die Nichtigkeitsfolge eingreift, wenn sich aus dem verletzten Gesetz nicht etwas anderes ergibt (Canaris, Gesetzliches Verbot 15; R Kramer 43, 44 f; Westphal 75). Für diese Ansicht sprechen auch die Materialien (Canaris aaO; Kramer 43 aE; Westphal 75 f). Die große Mehrheit der Reichstagskommission war folgender Ansicht: „... nur eine Interpretationsregel lasse sich in dieser Beziehung aufstellen und sei daher im Entwurf dahin gegeben, daß, wenn sich aus dem Gesetz kein anderer Sinn ergebe, Nichtigkeit als die gewollte Folge betrachtet werden müsse" (Mugdan I 969). Dementsprechend heißt es auch in den Motiven: „Die gemeinrechtliche Streitfrage, ob, wenn ein Gesetz ein Rechtsgeschäft verbietet oder mit Strafe belegt, ohne dessen Nichtigkeit auszusprechen, das dem Verbot zuwider vorgenommene Rechtsgeschäft **der Regel nach** (Hervorhebung vom Verf) nichtig sei, ist von der hM ... schon bisher mit Recht bejaht worden" (Mot I 210 = Mugdan I 468). Freilich ist **in jedem Einzelfall** zu prüfen, ob der Normzweck des verletzten Verbotsgesetzes der Nichtigkeitssanktion **entgegensteht** (Larenz, AT § 22, II S 429). Wenn sich jedoch aus dem Normzweck des verletzten Verbotsgesetzes nichts Entgegenstehendes oder gar nichts in bezug auf die Gültigkeit des Rechtsgeschäfts ergibt, so ist dieses nichtig (Larenz, AT § 22, 2 S 429). Wenn sich aus dem Normzweck des Verbotsgesetzes nichts anderes ergibt, folgt die Nichtigkeit des verbotswidrigen Rechtsgeschäfts immer auch unmittelbar aus der Auslegungsregel des § 134, ohne daß auch **für die Berechtigung** der Nichtigkeitssanktion im Zweck des Verbotsgesetzes eine Bestätigung gesucht zu werden braucht. § 134 ergänzt, vorbehaltlich eines abweichenden Normzweckes des Verbotsgesetzes, dieses um die Nichtigkeitssanktion. Es müssen besondere Gründe dafür vorliegen, daß ein verbotswidriges Rechtsgeschäft nicht nichtig ist. Die **Argumentationslast** trifft denjenigen, der ein Rechtsgeschäft trotz Verstoßes gegen ein Verbotsgesetz **nicht** für nichtig hält (Canaris, Gesetzliches Verbot ... 16, 43).

c) Freilich entscheidet auch bei dieser Deutung des § 134 primär der Normzweck **59** des verletzten Gesetzes, und erst sekundär, wenn ein solcher Normzweck nicht feststellbar ist, greift die Auslegungsregel des § 134 ein. Insofern ist es zutreffend, in Anbetracht des Normzweckvorbehalts von der „Subsidiarität der Nichtigkeit" iS der Auslegungsregel des § 134 zu sprechen (Enneccerus/Nipperdey, AT § 190 II 1 S 1155; Staudinger/Dilcher[12] § 134 Rn 2; Taupitz, Die Standesordnungen ... 1082; gegen diese Formulierung MünchKomm/Mayer-Maly § 134 Rn 4).

60 d) In einer Studie von 1987 hat SEILER eine äußerst restriktive Anwendung der Nichtigkeitssanktion des § 134 vorgeschlagen (in: Gedschr Martens 719, 732). Nur bei Verstößen gegen Verbote des **Strafrechts** einschließlich des Steuerstrafrechts passe der Grundsatz der Nichtigkeit. Bei der Verletzung anderer Verbotsvorschriften sei § 134 hingegen nicht anwendbar. Zutreffend an diesem Ansatz ist, daß der Gesetzgeber des BGB die Nichtigkeitssanktion vor allem bei der Verletzung von Straftatbeständen angewendet wissen wollte. Andererseits stöhnte man jedoch auch schon in der Zeit vor 1900 über die Vielzahl von Verbotsgesetzen (vgl ENDEMANN [1887] 125; auch zitiert bei SEILER 730). Es gibt keine Hinweise dafür, daß der BGB-Gesetzgeber diese Vorschriften vom Anwendungsbereich des § 134 ausnehmen wollte. Weder die Flut solcher Nicht-Strafvorschriften noch die Tatsache, daß sich deren Gesetzgeber in der Regel keine Gedanken über die Folgen ihrer Verletzung durch Rechtsgeschäfte gemacht hat, genügen als Argument für die Nichtanwendung des § 134 auf Verbote, die nicht Strafvorschriften sind. Die Tatsache, daß sich der Gesetzgeber von Verbotsgesetzen meist keine Gedanken über die Folgen verbotswidriger Rechtsgeschäfte gemacht hat, bereitet nur dann dogmatische Schwierigkeiten, wenn in jedem Einzelfall jede zivilrechtliche Sanktion, dh auch die in § 134 vorgesehene Nichtigkeitsfolge, mit dem Normzweck des § 134 gerechtfertigt werden muß. Anders ist dies, wenn man dem Wortlaut des § 134 folgt: Wenn sich aus dem Normzweck des verletzten Verbotsgesetzes nicht ein anderes ergibt, dann entspricht die Nichtigkeitssanktion dem Willen des Gesetzgebers, den er in § 134 deutlich gemacht hat.

61 e) Unklar ist die Haltung des BGH. Denn einerseits hat er § 134 in Übereinstimmung mit der hier vertretenen Ansicht mehrfach als „Auslegungsregel" bezeichnet (BGHZ 45, 322, 326; BGH WM 1973, 1274, 1276; BGH NJW 1974, 1374, 1377). Andererseits hat er jedoch vor allem in seiner **neueren** Rechtsprechung bemerkenswert häufig die Nichtigkeitsfolge des § 134 davon abhängig gemacht, daß diese dem Sinn und Zweck des verletzten Verbotsgesetzes **entspreche***, und dies, obwohl der Wortlaut des § 134 – **genau umgekehrt** – den Normzweck des Verbotsgesetzes nur dann für relevant erklärt, wenn er der Nichtigkeitssanktion **entgegensteht**. Entscheidend ist nach Ansicht des BGH, ob sich das Verbotsgesetz nach seinem Sinn und Zweck gegen die **Wirksamkeit** des Rechtsgeschäfts wende (BGHZ 88, 240, 242; 89, 369, 372; 118, 142, 144 aE). Nichtigkeit sei anzunehmen, wenn es mit dem Sinn und Zweck des Verbotsgesetzes unvereinbar wäre, die durch das Rechtsgeschäft getroffene rechtliche Regelung hinzunehmen und bestehenzulassen (BGHZ 118, 142, 145; 115, 123, 125 aE; 93, 264, 267; 78, 263, 265; 65, 368, 370; 46, 24, 26; 37, 258, 262). Bei verbotswidrigen Verträgen komme es insbesondere darauf an, ob das Verbotsgesetz Erfüllungsansprüche verhindern wolle. Damit folgt der BGH in seiner neueren Rechtsprechung jedenfalls im Ergebnis der Ansicht, die der Regelung des § 134 einen Aussagegehalt abspricht (vgl SEILER, in: Gedschr Martens [1987] 719, 728 f) und letztlich nur auf den Normzweck des verletzten Verbotsgesetzes abstellt, dh die auch für die Nichtigkeitssanktion eine Berechtigung im Normzweck des verletzten Verbotsgesetzes sucht.

62 f) Der Theorienstreit hat praktische Bedeutung, wenn der Zweck des verletzten

---

* BGHZ 118, 142, 144; BGH NJW 1992, 2557, 2558; BGH NJW 1992, 1159, 1160; BGHZ 115, 123, 125; 110, 235, 240; NJW 1986, 1104; NJW 1985, 2403, 2404; BGHZ 93, 264, 267; NJW 1984, 1175; NJW 1984, 230, 231; BGHZ 89, 369, 372; 88, 240, 242; 85, 39, 43 f; 78, 269, 271; 78, 263, 265; 71, 358, 360 f; 53, 152, 156 f.

Verbotsgesetzes weder die Nichtigkeit des verbotswidrigen Rechtsgeschäfts verlangt noch ihr entgegensteht. Dann ist nach der hier vertretenen Deutung des § 134 das Rechtsgeschäft nichtig (vgl CANARIS, Gesetzliches Verbot ... 17). Mit der **zusätzlichen Sanktion** der Nichtigkeit verbotswidriger Rechtsgeschäfte verstärkt § 134 die Durchsetzung des verletzten Verbotsgesetzes (CANARIS 17 f), und dies nicht nur im konkreten Anwendungsfall, sondern auch **generalpräventiv** (CANARIS 17; vgl auch BGHZ 89, 369, 374 f).

Ob § 134 entsprechend seinem Wortlaut eine Auslegungsregel ist oder ob die Nichtigkeitsfolge nur eingreift, wenn positiv ein entsprechender Normzweck des verletzten Verbotsgesetzes nachgewiesen ist, wird außerdem dann relevant, wenn die Frage zu entscheiden ist, ob der Berufung auf die Nichtigkeit gem § 134 der Einwand der unzulässigen Rechtsausübung entgegengehalten werden kann.

2. Die Doppelfunktion des Normzweckvorbehalts

Der Normzweckvorbehalt des § 134 hat eine **Doppelfunktion**. Zum einen schließt er die Nichtigkeitssanktion des § 134 aus, wenn die Nichtigkeit dem Normzweck des verletzten Verbotsgesetzes nicht gerecht wird. Darüber hinaus ermächtigt jedoch der Normzweckvorbehalt auch den Richter, im konkreten Einzelfall **andere normzweckgemäße zivilrechtliche Sanktionen** zu entwickeln (J HAGER, Gesetzes- und sittenkonforme Auslegung und Aufrechterhaltung von Rechtsgeschäften [1983] 31 ff, 220; SACK RdA 1975, 171, 175 f; MünchKomm/MAYER-MALY § 134 Rn 88; vgl auch RICHARDI, in: MünchArbR § 44 Rn 3; **aA** ZIMMERMANN, Richterliches Moderationsrecht ... 113 ff; gegen eine zu weite Anpassungsbefugnis des Richters allerdings MünchKomm/MAYER-MALY § 134 Fn 205 a zu Rn 88).

3. Die Reichweite der Nichtigkeitssanktion des § 134

Soweit sich aus dem Normzweck des verletzten Verbotsgesetzes nichts anderes ergibt, ist ein verbotswidriges Rechtsgeschäft **per se** nichtig. Das verbotswidrige Rechtsgeschäft bzw die verbotswidrige Vertragsklausel ist **voll** nichtig (CANARIS 16 f). Soweit sich aus dem verletzten Verbotsgesetz nicht ein anderes ergibt, wirkt die Nichtigkeitssanktion des § 134 auch **ex tunc**. Im Gegensatz zu relativen Verfügungsverboten iS der §§ 135, 136 wirkt die Nichtigkeit iSv § 134 für und gegen jedermann, dh **absolut**; sie kann von jedem geltend gemacht werden (RG JW 1930, 908; SOERGEL/ HEFERMEHL § 134 Rn 30). Die Nichtigkeitssanktion des § 134 greift auch dann ein, wenn das verletzte Verbotsgesetz den Schutz eines der Vertragspartner bezweckt – zB gegen überhöhte Preise – oder dieser die Wirksamkeit des Vertrags wünscht und er ihn freiwillig abgeschlossen hat (so zu den §§ 54, 56 des II. WoBauG BGHZ 58, 231, 235; SOERGEL/HEFERMEHL § 134 Rn 29). Die Nichtigkeit nach § 134 ist im Prozeß **von Amts wegen** zu berücksichtigen, dh auch dann, wenn keine der Parteien sich darauf beruft (BGH NJW 1981, 1439 f; RGZ 111, 26, 28), und auch dann, wenn sie von den Parteien nicht gewünscht wird (RGZ 111, 26, 28; SOERGEL/HEFERMEHL § 134 Rn 30).

4. Versuche der Fallgruppenbildung zum Normzweckvorbehalt des § 134

Die Nichtigkeitssanktion des § 134 greift nur ein, wenn sich aus dem verletzten Verbotsgesetz nicht ein anderes ergibt. Dieser Normzweckvorbehalt ist das zentrale Problem des § 134. Er wirft sowohl die Frage auf, ob bestimmte Typen von Gesetzen herausgearbeitet werden können, die die Nichtigkeitssanktion des § 134 generell fordern oder auch generell ausschließen. Streitig ist auch, ob § 134 als Sanktion nur die Alternative volle Gültigkeit des Rechtsgeschäfts oder volle Nichtigkeit ex tunc zuläßt.

a) Spezialregelungen mit Regelung der Rechtsfolge

67 "Ein anderes ergibt sich", wenn das Verbotsgesetz selbst die Sanktion regelt und für die Nichtigkeitssanktion des § 134 keinen Raum mehr läßt. Dabei ist es unerheblich, ob das Verbotsgesetz dieselbe Sanktion wie § 134, dh Nichtigkeit des Rechtsgeschäfts ex tunc, oder eine andere Sanktion vorsieht. In diesem Fall tritt die Blankettvorschrift des § 134 hinter der Sonderregelung zurück (SOERGEL/HEFERMEHL § 134 Rn 3). So enthalten zB die §§ 16 ff EheG Sonderregelungen der Rechtsfolgen von Verstößen gegen die Verbotsgesetze der §§ 4 ff EheG (SOERGEL/HEFERMEHL § 134 Rn 3 Fn 6).

b) Verbotswidrigkeit des Inhalts und der Vornahme eines Rechtsgeschäfts

68 Ein Rechtsgeschäft wird in der Regel für nichtig gehalten, wenn das Verbot dessen **Inhalt** zum Schutze berechtigter Interessen Dritter oder der Allgemeinheit untersagt (BGH NJW 1986, 1104). Nichtig sei ein Rechtsgeschäft insbesondere auch dann, wenn der **Leistungserfolg** durch das verletzte Gesetz verboten wird (BGHZ 118, 142, 144 aE).

69 Im Gegensatz dazu ist ein Rechtsgeschäft nicht nach § 134 nichtig, wenn sich das beim Abschluß verletzte Gesetz nur gegen die **Art und Weise des Zustandekommens** bzw Zustandebringens des Rechtsgeschäfts wendet (ERMAN/BROX § 134 Rn 11). Diese Fälle werden mE bereits vom Regelungsbereich des § 134 nicht erfaßt (ausf oben Rn 5 ff).

70 Unklar ist, ob die Nichtigkeitssanktion des § 134 eingreift, wenn das verletzte Gesetz nicht den Inhalt eines Rechtsgeschäfts, sondern nur dessen **Vornahme** untersagt. Der BGH scheint der Ansicht zu sein, daß die Nichtigkeitssanktion des § 134 nicht eingreift, wenn sich das verletzte Gesetz nur gegen den „Abschluß des Rechtsgeschäfts" wendet (BGHZ 88, 240, 242; 89, 369, 372; 118, 142, 144 aE). So sehen zB die §§ 48 ff ArznmG für bestimmte Arzneimittel eine Verschreibungs- oder Apothekenpflicht vor und verbieten die Abgabe solcher Arzneimittel unter Verstoß gegen diese Pflichten. Dennoch ist zB ein Kaufvertrag über Arzneimittel nicht nichtig, wenn gegen die gesetzliche Verschreibungs- oder Apothekenpflicht verstoßen wurde (BGH NJW 1968, 2286, 2287; SOERGEL/HEFERMEHL § 134 Rn 16; aA OLG Stuttgart NJW 1965, 354).

c) Einseitige und beiderseitige Verbotsgesetze und Verbotsverstöße

71 aa) Aus den Motiven zum BGB (Mot I 210) stammt die Unterscheidung von einseitigen und beiderseitigen Verbotsgesetzen. Richtet sich ein gesetzliches Verbot gegen **beide** (alle) Vertragsparteien, so ist nach stRspr des RG und des BGH ein dagegen verstoßendes Rechtsgeschäft nach dem Zweck solcher Gesetze **idR nichtig**[*].

---

[*] RGZ 60, 273; 100, 39, 40; 104, 105, 107; 170, 155, 156; BGHZ 37, 258, 262; 37, 363, 365; 46, 24, 26; 71, 358, 360; 78, 263, 265; 85, 39, 44; 115, 123, 125; 118, 142, 145; BGH NJW 1986, 1104; NJW 1992, 2557, 2559; BAG NJW 1993, 2701, 2703; BGB-RGRK/KRÜGER-NIELAND/ZÖLLER[12] § 134 Rn 14; LARENZ, AT § 22 II S 431; PALANDT/HEINRICHS § 134 Rn 8; KÖTZ RabelsZ 58 (1994) 209, 220.

Eine für alle Beteiligten geltende Straf- oder Bußgeldandrohung gibt nach Ansicht des BGH einen gewichtigen Hinweis darauf, daß die Rechtsordnung einem das Verbot mißachtenden Vertrag die Wirksamkeit versagen will (BGH NJW 1986, 1104; BGHZ 118, 142, 145).

Allerdings ist die Regel, daß ein verbotswidriges Rechtsgeschäft nichtig sei, wenn **72** sich das Verbot gegen beide Vertragspartner richte, nach Ansicht des BGH nur allgemeiner Natur. Diese Regel macht im Einzelfall einen Rückgriff auf den Sinn und Zweck der verletzten Verbotsnorm nicht entbehrlich (BGHZ 71, 358, 360 f; 78, 263, 265). So richtet sich zB das SchwArbG sowohl gegen den Auftragnehmer als auch gegen den Auftraggeber. Obwohl das Schwarzarbeitsverbot ein beiderseitiges Verbot ist, sind Schwarzarbeitsverträge nach Ansicht des BGH nicht generell nichtig, sondern nur, wenn auch der Auftraggeber gegen das SchwArbG verstößt oder wenn er zumindest weiß oder leichtfertig verkennt, daß der Auftragnehmer gegen das SchwArbG verstößt.

bb) Richtet sich ein Verbot hingegen nur gegen **einen** der Geschäftspartner, so soll das verbotswidrige Rechtsgeschäft **idR nicht nichtig** sein*.

Auch diese Regel hält die Rechtsprechung nur für einen allgemeinen Grundsatz, der **73** einen Rückgriff auf Sinn und Zweck der betreffenden Verbotsnorm nicht entbehrlich mache (RGZ 60, 273, 276 f; 100, 39, 40 f; BGHZ 37, 258, 262; 46, 24, 26; 53, 152, 157; 71, 358, 360 f; 78, 263, 265; 93, 264, 267; 115, 123, 125; 118, 142, 145; insoweit unzutreffend BGH NJW 1994, 728, 729 betr das RabattG; CANARIS, Gesetzliches Verbot ... 24 ff). Richte sich ein gesetzliches Verbot nur gegen einen der Geschäftspartner, so sei das Rechtsgeschäft dennoch nichtig, wenn es mit dem Sinn und Zweck des Verbotsgesetzes unvereinbar wäre, die durch das Rechtsgeschäft getroffene rechtliche Regelung hinzunehmen und bestehenzulassen**. Nichtigkeit eines Vertrags trotz einseitiger Verbotswidrigkeit sei insbesondere anzunehmen, wenn gerade der angestrebte **Schutz des Vertragsgegners** die Nichtigkeit des Rechtsgeschäfts erfordere (BGH NJW 1979, 2092; BGHZ 89, 369, 373; 93, 264, 267), wenn der angestrebte Schutz **Dritter** die Nichtigkeit des Rechtsgeschäfts erfordere (zu § 203 StGB BGHZ 115, 123, 129 f; BGH VersR 1992, 448, 449) und/oder wenn der Erfüllungsanspruch auf eine **unerlaubte Tätigkeit** gerichtet sei (BGHZ 37, 258, 262; 53, 152, 159; 89, 369, 373). So hat der BGH die Nichtigkeit eines Rechtsgeschäfts mehrfach auch dann bejaht, wenn sich das Verbot nur an einen der Geschäftspartner richtet, so zB beim Verstoß eines Geschäftsbesorgungsvertrages gegen das RBerG (BGHZ 37, 258, 262 f; vgl auch BGHZ 46, 24, 28 f), bei einem Verstoß

---

* So schon die Motive zum BGB-Entwurf, Mot I 210; ebenso das RG und der BGH, vgl RGZ 60, 273, 276 f; 100, 39, 40; 104, 105, 107; 106, 316, 317; 170, 155, 156; BGHZ 46, 24, 26, 28; 53, 152, 157; 65, 368, 370; 71, 358, 360 f; 78, 263, 265; 85, 39, 44; 88, 240, 243; 93, 264, 267; 118, 142, 145; BGH WM 1966, 1101, 1102; NJW 1968, 2286; LM Nr 56 zu § 134 BGB; WM 1972, 853; NJW 1985, 2403, 2404; NJW 1984, 1175, 1176; NJW 1986, 1104; NJW 1986, 2360, 2361; BGHZ 115, 123, 125; NJW 1994, 728, 729 aE; OLG Hamm NJW 1994, 2159; aus dem Schrifttum vgl ERMAN/BROX § 134 Rn 11; LARENZ, AT § 22 II S 431, 432; PALANDT/HEINRICHS § 134 Rn 9; TAUPITZ JZ 1994, 221, 224.

** BGHZ 118, 142, 145; 115, 123, 125; 110, 235, 240; 93, 264, 267; 88, 240, 243; 78, 263, 265; 71, 358, 360 f; 65, 368, 370; 53, 156; 46, 24, 26; 37, 258, 262; BGH NJW 1992, 737; BAG NJW 1993, 2701, 2703; MAYER-MALY, in: FS Hefermehl 103, 104; SOERGEL/HEFERMEHL § 134 Rn 15.

gegen das Verbot von Darlehensgeschäften im Reisegewerbe gem § 56 Abs 1 Nr 6 GewO (BGHZ 71, 358, 360, 362 f; 93, 264, 267; BGH NJW 1992, 2560, 2561; NJW 1993, 2108), bei einem Verstoß eines Abschlußprüfungsauftrages gegen § 319 Abs 2 u Abs 3 Nr 2 HGB (BGHZ 118, 142, 145 mwNw), beim Verstoß eines Vertrags zwischen Heiminsassen und Heimpersonal gegen das zum Schutze von Heiminsassen erlassene Vertragsverbot des § 14 HeimG (BGHZ 110, 235, 240), bei verbotener Werbung für ein Heilmittel (BGHZ 53, 152, 156 f), bei Verträgen, durch deren Erfüllung eine Vertragspartei die ärztliche Schweigepflicht gem § 203 StGB verletzt (BGHZ 115, 123, 129; BGH VersR 1992, 448, 449), zumindest ex nunc bei einem Verstoß gegen die AZO bzw das ArbZRG von 1994 (BGH NJW 1986, 1486, 1487; BAGE 7, 47, 50).

74 cc) Von den eben genannten Auslegungsregeln, die an den **Adressatenkreis** des verletzten Verbotsgesetzes anknüpfen, zu unterscheiden und mit diesen nur teilweise übereinstimmend ist eine weitere Auslegungsregel des BGH, die darauf abstellt, wer das Verbotsgesetz **verletzt** hat. Verträge, durch deren Abschluß **beide** Vertragsparteien ein gesetzliches Verbot verletzen, hält der BGH im allgemeinen für nichtig (BGHZ 118, 142, 145). Unter – mE unzutreffender – Berufung auf eine stRspr hat der BGH erklärt, „daß Verträge, durch deren Abschluß nur eine der Vertragsparteien ein gesetzliches Verbot **verletzt**, idR gültig" seien (BGHZ 89, 369, 373; BGH NJW 1985, 2403, 2404 zu 2. b). Diese Auslegungsregel wendete er nicht nur bei der Verletzung von Gesetzen an, die sich nur gegen eine der beiden Vertragsparteien richten, sondern auch, wenn sich das verletzte Gesetz gegen beide Parteien wendet, jedoch nur von einer der beiden Parteien verletzt wurde, während die andere Vertragspartei mangels Verschuldens nicht gegen das Gesetz verstieß. Unter Berufung auf diese Auslegungsregel nahm der BGH zB an, daß „Verträge, durch die der Auftragnehmer ohne Wissen den Auftraggebers einseitig gegen das Gesetz zur Bekämpfung der Schwarzarbeit verstößt, als wirksam anzusehen" seien (BGHZ 89, 369, 373). Wer sich bei der Vorführung von Werbefilmen, die gegen Straftatbestände des Heilmittelwerberechts verstoßen, der Strafbarkeit seines Tuns nicht bewußt gewesen sei, habe Anspruch auf die vereinbarte Vergütung für geleistete Dienste (BGHZ 53, 152, 158 aE).

75 dd) **Würdigung:** Die von der Rechtsprechung aus den Motiven zum BGB übernommenen Kriterien der Einseitigkeit bzw Zweiseitigkeit eines Verbots sind nicht überzeugend. Da sie keine auch nur annähernd verläßlichen Anhaltspunkte bieten, sind sie entgegen der Rechtsprechung als **Auslegungsregeln** („idR") nicht geeignet. Sie haben auch keinen **indiziellen** Charakter (CANARIS, Gesetzliches Verbot ... 9, 22 ff; ders NJW 1985, 2404; MAYER-MALY, in: FS Hefermehl [1976] 103, 104; MünchKomm/MAYER-MALY § 134 Rn 46; PAWLOWSKI, AT Rn 483; SCHERNER, BGB AT 221; SOERGEL/HEFERMEHL § 134 Rn 15, 21; WESTPHAL 54 ff; krit auch BGHZ 71, 358, 360 f). Zum einen erfordern die von der Rechtsprechung entwickelten Regeln viele Ausnahmen, für deren Berechtigung es keine klaren Regeln gibt (CANARIS, Gesetzliches Verbot ... 10 f), so daß letztlich doch nur der Normzweck des verletzten Verbotsgesetzes entscheidet (BGHZ 71, 358, 360 f). Außerdem unterscheidet die Rechtsprechung nicht klar zum einen zwischen einseitigen und beiderseitigen **Verboten** und zum anderen zwischen einseitigen und beiderseitigen **Verstößen** gegen Verbote. Wenn bei nur einseitigen Verstößen das Rechtsgeschäft grundsätzlich gültig ist, während bei Verletzung beiderseitiger Verbote das Rechtsgeschäft grundsätzlich nichtig ist, so stellt sich die Frage, welcher der beiden Grundsätze gilt, wenn ein beiderseitiges Verbot nur einseitig verletzt wurde. Ist der

Grundsatz, daß ein Verstoß gegen ein beiderseitiges Verbotsgesetz grundsätzlich die Nichtigkeit des Vertrags nach sich zieht, auf die Fälle beiderseitiger Verstöße zu beschränken? In diesem Falle wäre nicht die Beiderseitigkeit oder Einseitigkeit des Verbotsgesetzes, sondern die der Verletzung entscheidend und umgekehrt.

d) Ordnungsvorschriften, insbesondere gewerbepolizeiliche Verbote
Die Rechtsprechung hat die Nichtigkeitssanktion des § 134 grundsätzlich nicht für 76 erforderlich gehalten, wenn das verletzte Verbotsgesetz nur eine Ordnungsfunktion erfüllt, ordnungspolitischer Natur sei, der öffentlichen Ordnung diene usw (BGHZ 37, 363, 365; 53, 152, 157; 78, 269, 272; 88, 240, 243; 93, 264, 267; 108, 364, 368; BGH NJW 1968, 2286; BGH WM 1972, 853; BGH NJW 1992, 1159, 1160; PALANDT/HEINRICHS § 134 Rn 8; STAUDINGER/DILCHER[12] § 134 Rn 3, 8; SOERGEL/HEFERMEHL § 134 Rn 15, 20; SCHMIDT MDR 1966, 463, 464). Dies sei insbesondere bei **gewerberechtlichen** bzw gewerbepolizeilichen Vorschriften der Fall (BGHZ 53, 152, 157; 78, 269, 272; 93, 264, 267; BGH NJW 1968, 2286; BGH WM 1972, 852; BGH NJW 1990, 1354, 1355; HEPP NJW 1977, 617, 618; PALANDT/HEINRICHS § 134 Rn 8; SOERGEL/HEFERMEHL § 134 Rn 20; STAUDINGER/DILCHER[12] § 134 Rn 8; aA STOBER GewArch 1981, 313 ff). Aus diesem Grunde wurde Nichtigkeit iSv § 134 abgelehnt bei Verstößen zB gegen die Handwerksordnung wegen Nichteintragung in die Handwerksrolle (SCHMIDT MDR 1966, 463, 464) oder gegen Regelungen der Heilmittelwerbung (BGHZ 53, 152, 157). Abweichend von dieser Regel hat der BGH jedoch einen unter Verstoß gegen § 56 Abs 1 Nr 6 GewO im Reisegewerbe abgeschlossenen oder vermittelten Darlehensvertrag jedenfalls dann nach § 134 für nichtig erklärt, wenn er von „unerfahrenen und minderbemittelten Personen" abgeschlossen wurde, da diese Personen nur so wirksam vor den nachteiligen Folgen solcher Verträge geschützt werden können (BGHZ 71, 358, 360, 362 f; BGH NJW 1983, 868; BGHZ 93, 264, 267).

Diese Ansicht, daß Verstöße gegen ordnungspolizeiliche bzw gewerbepolizeiliche 77 Regelungen grundsätzlich nicht die Nichtigkeit nach § 134 zur Folge haben, ist abzulehnen (ebenso FLUME § 17, 4; STOBER GewArch 1981, 313; WESTPHAL 47 ff). Der Ordnungsfunktion von Gesetzen und ihrer Zuordnung zum Gewerberecht ist nicht ohne weiteres und generell oder auch nur indiziell zu entnehmen, daß ihr Zweck der Nichtigkeit verbotswidriger Rechtsgeschäfte entgegensteht (zutreffend BGH NJW 1983, 2873 zu 2 a). Dies gilt insbesondere dann, wenn das Gesetz nicht nur das Kausalgeschäft, sondern auch die Erfüllung untersagt, zB die Bewirtung eines Gastes nach Eintritt der Polizeistunde. In diesem Fall besteht kaum ein Anspruch auf strafbare bzw ordnungswidrige Erfüllung des Kausalgeschäfts. Auch die Zuordnung zum Gewerberecht ist häufig mehr oder minder willkürlich (vgl BGH NJW 1968, 2286 zu b) und losgelöst von den Normzwecküberlegungen des Gesetzgebers, auf die § 134 abstellt. Wie auch sonst ist auch bei Vorschriften mit reiner Ordnungsfunktion für jeden Einzelfall zu entscheiden, ob die Nichtigkeitssanktion des § 134 mit dem Sinn und Zweck des verletzten Gesetzes vereinbar ist (BGH NJW 1983, 2873 zu 2 a; STOBER GewArch 1981, 313, 314).

e) Verstoß gegen Straf- und Ordnungswidrigkeitentatbestände
Gesetze, die die untersagten Handlungen unter Strafe stellen oder als Ordnungswid- 78 rigkeiten mit Buße bedrohen, bewirken nicht unabweislich die Nichtigkeit des verbotswidrigen Rechtsgeschäfts (BGHZ 118, 142, 144 f; 53, 152, 157). Dies gilt insbesondere bei Verstößen gegen bloße Ordnungsvorschriften, auch solchen gewerbe- und gesundheitspolizeilicher Art (BGHZ 53, 152, 157). Eine für **alle** an einem Vertrags-

schluß Beteiligten geltende Straf- oder Bußgeldandrohung hält der BGH allerdings für einen gewichtigen Hinweis darauf, daß die Rechtsordnung dem verbotswidrigen Vertrag die Wirksamkeit versagen will (BGHZ 118, 142, 145).

f) Ausreichende verwaltungs-, strafrechtliche und standesrechtliche Maßnahmen

79 Die Entscheidung, ob ein Verstoß gegen eine Verbotsnorm die Nichtigkeit des gesetzwidrigen Rechtsgeschäfts zur Folge hat, kann auch davon abhängen, ob die sonstigen Sanktionen ausreichen, den Schutzzweck der Verbotsnorm zu erreichen (BGHZ 71, 358, 361 f; ERMAN/BROX § 134 Rn 12). Wenn es ausreicht, dem Verbotszweck des verletzten Gesetzes durch verwaltungsrechtliche, strafrechtliche oder berufsrechtliche Maßnahmen Nachdruck zu verleihen, so bedarf es nicht noch der zusätzlichen Nichtigkeitssanktion des § 134 (BGHZ 46, 24, 27; 71, 358, 361 f; 78, 263, 266; 89, 369, 373; 93, 264, 267 f). So hält es der BGH zB mit dem Schutzzweck des § 56 Abs 1 Nr 6 GewO, der bis 1990 den Abschluß und nach wie vor die Vermittlung von Darlehensgeschäften im Reisegewerbe untersagt, für vereinbar, einen Verstoß nur als Ordnungswidrigkeit nach § 145 Abs 2 Nr 6 GewO zu ahnden oder mit verwaltungsrechtlichen Sanktionen zu belegen, jedoch den abgeschlossenen Verträgen die Wirksamkeit zu belassen, wenn das Darlehen der Finanzierung des Beitritts zu einer Abschreibungsgesellschaft diente und der Darlehensnehmer damit in erster Linie steuerliche Vergünstigungen erstrebte (BGHZ 93, 264, 267 f). Nichtig nach § 134 iVm § 56 GewO seien hingegen Darlehensverträge, wenn sie im Reisegewerbe mit „unerfahrenen oder minderbemittelten Personen" abgeschlossen wurden (BGHZ 93, 264, 267).

g) Reichweite der Kompetenz des „Gesetzgebers"

80 Die zivilrechtlichen Rechtsfolgen eines Verstoßes gegen ein Verbotsgesetz können nicht weiterreichen als die Kompetenz des Normgebers; dh die Nichtigkeitsfolge des § 134 ist nur dann mit dem Normzweck des verletzten Verbotsgesetzes vereinbar, wenn der Normgeber berechtigt gewesen wäre, auch selbst die zivilrechtliche Nichtigkeit von verbotswidrigen Rechtsgeschäften anzuordnen (TAUPITZ, Die Standesordnungen ... 1080 ff, 1082 f; ders NJW 1989, 2871, 2872 f; ders JZ 1994, 221, 226). So haben zB die öffentlich-rechtlichen Berufskammern aufgrund der ihnen verliehenen Satzungsgewalt grundsätzlich keine Kompetenz für die Regelung der zivilrechtlichen Beziehungen zwischen Kammerangehörigen untereinander und mit Außenstehenden (BGH NJW 1981, 2007, 2008, betr BayBO für Ärzte 1977; TAUPITZ JZ 1994, 221, 225, 226; anders jedoch ders zu § 823 Abs 2).

h) Verbote wegen des Inhalts, wegen der beteiligten Personen und wegen der Umstände des Geschäftsabschlusses

81 Ein neuerer Systematisierungsversuch unterscheidet danach, ob das Verbotsgesetz den Inhalt des Rechtsgeschäfts untersagt, ob es dem Schutz des Vertragspartners dient oder ob das Gesetz den Geschäftsabschluß nur wegen der äußeren Umstände untersagt. Aufgrund einer Analyse der Rechtsprechung ist CANARIS, Gesetzliches Verbot und Rechtsgeschäft (1983) zu folgenden fünf Thesen gelangt:

(1) Bei beiderseitigen inhaltlichen Verstößen tritt grundsätzlich Nichtigkeit ein (S 21).

(2) Auch bei einseitigen inhaltlichen Verstößen sei grundsätzlich Nichtigkeit anzunehmen (S 23).

(3) Bei einseitigen gegen den anderen Teil gerichteten inhaltlichen Gesetzesverstößen sollte man grundsätzlich halbseitige Teilnichtigkeit in dem Sinne annehmen, daß der geschützte Teil die vertraglichen Ansprüche behält, seinerseits jedoch nur aus ungerechtfertigter Bereicherung haftet (S 31).

(4) Wende sich ein Verbotsgesetz gegen die äußeren Umstände des Vertragsabschlusses, so werde der Bestand des Rechtsgeschäfts grundsätzlich nicht berührt, und zwar auch dann nicht, wenn das Verbot an beide Parteien gerichtet ist (S 36; ebenso TAUPITZ JZ 1994, 221, 224).

(5) Verstöße gegen gesetzliche Verbote, die den anderen Teil in der Freiheit seiner Willensbildung bei Vertragsschluß schützen sollen, führen zu schwebender Unwirksamkeit des betreffenden Rechtsgeschäfts, auch wenn das Verbot sich nur gegen die äußeren Umstände des Vertragsschlusses richtet (S 38).

5. Der subjektive Tatbestand eines Verbotsgesetzes

a) § 134 knüpft an den Verstoß gegen ein „gesetzliches Verbot" an. Wenn das Verbotsgesetz keinen subjektiven Tatbestand enthält, erfordert auch die Anwendung von § 134 grundsätzlich nicht die Verwirklichung eines solchen.

b) Häufig enthalten jedoch Verbotsgesetze neben objektiven auch **subjektive** Tatbestandsvoraussetzungen, zB Strafgesetze. In diesen Fällen erfordert § 134 weder immer noch grundsätzlich die Verwirklichung aller objektiven und subjektiven Tatbestandsvoraussetzungen der Verbotsgesetze. Vielmehr hängt es auch hier vom Schutzzweck des verletzten Verbotsgesetzes ab, ob die objektive Verbotswidrigkeit für die Nichtigkeitssanktion des § 134 genügt, oder ob dafür erforderlich ist, daß eine oder auch beide Vertragsparteien zusätzlich den subjektiven Tatbestand des Verbotsgesetzes erfüllt haben.

aa) **Grundsätzlich** genügt für die Nichtigkeit nach § 134 ein objektiver Verstoß gegen ein Verbotsgesetz*. Dies ist der Fall, wenn es mit dem Sinn und Zweck des Verbotsgesetzes unvereinbar wäre, die durch das Rechtsgeschäft getroffene Regelung hinzunehmen und bestehenzulassen mit der Folge, daß die Vertragspartner auf Vertragserfüllung haften. Insbesondere bei Straf- und Ordnungswidrigkeitstatbeständen ergibt sich das gesetzliche Verbot iSv § 134 häufig schon aus dem objektiven Tatbestand (BGHZ 115, 123, 130; aA ERMAN/BROX § 134 Rn 10), während die Verwirklichung des subjektiven Tatbestandes nur für die **spezielle Sanktion** des Verbotsgesetzes, dh für die Strafe oder das Bußgeld erforderlich ist. Wurde zB durch die ohne Zustimmung eines Patienten vorgenommene Veräußerung einer Arztpraxis oder

---

* BGHZ 37, 363, 366; 53, 152, 158; 115, 123, 130; 116, 268, 276; 122, 115, 122; RGZ 103, 108, 110; LG Hamburg NJW 1971, 1411, 1412; LG Köln NJW 1965, 157, 159; LG Mannheim NJW 1977, 1729, 1730; CANARIS, Gesetzliches Verbot ... 23 aE; ENNECCERUS/NIPPERDEY, AT § 190 II; ERMAN/BROX § 134 Rn 10; FLUME, AT II § 17, 2 S 344; MEDICUS, AT 238 Rn 647; MünchKomm/MAYER-MALY § 134 Rn 92; PALANDT/HEINRICHS § 134 Rn 5, 23.

durch die Abtretung einer ärztlichen Honorarforderung an eine gewerbliche Verrechnungsstelle die ärztliche Schweigepflicht verletzt, so sind die Abtretung und das ihr zugrundeliegende Kausalgeschäft auch dann nach § 134 nichtig, wenn nur der objektive Tatbestand des § 203 StGB erfüllt wurde (BGHZ 115, 123, 130; BGH VersR 1992, 448, 450 m Anm TAUPITZ). Denn § 203 StGB mißbilligt bereits die objektive Verletzung der ärztlichen Schweigepflicht, und es ist nur die Strafsanktion, die zusätzlich noch Schuld erfordert. Bereits der objektive Verstoß hat die Nichtigkeit von Verträgen auch zur Folge bei Verstößen gegen die SpielbankVO (BGHZ 37, 363, 366) oder gegen HeilwerbG (BGHZ 53, 152, 158).

85 bb) Nach dem Schutzzweck des verletzten Gesetzes kann es jedoch auch gerechtfertigt sein, die Nichtigkeitssanktion des § 134 erst dann eingreifen zu lassen, wenn beide Parteien wußten oder schuldhaft verkannten, daß der Vertragsschluß gegen ein Gesetz verstößt (aA wohl SOERGEL/HEFERMEHL § 134 Rn 30). So ist zB ein Vertrag, der gegen das SchwArbG verstößt, nach der Rechtsprechung des BGH nur dann nichtig, wenn sowohl der Auftragnehmer als auch der Auftraggeber wissen oder leichtfertig verkennen, daß der Vertrag gegen dieses Gesetz verstößt (so im Ergebnis BGHZ 85, 39, 42, 44, 46; 89, 369, 373; 111, 308, 311, 313; BGH NJW 1985, 2403, 2404). Wenn dagegen der Auftraggeber nicht weiß, daß der Auftragnehmer gegen das SchwArbG verstoßen hat, ist der Vertrag nach Ansicht des BGH als wirksam anzusehen (BGHZ 89, 369, 372 f).

6. Formen der Teilnichtigkeit

a) Allgemeine Vorbemerkungen

86 Aus der Nichtigkeitssanktion und dem Normzweckvorbehalt des § 134 wird vielfach abgeleitet, daß ein verbotswidriges Rechtsgeschäft bzw eine verbotswidrige Vertragsklausel entweder voll nichtig ex tunc oder aber uneingeschränkt wirksam sei. Wenn beide Rechtsfolgen dem Normzweck des verletzten Gesetzes nicht gerecht werden oder als treuwidrig bzw als unbillig erscheinen, versucht man angemessene **differenzierte Rechtsfolgen** auf folgendem Weg zu erreichen: Entspricht die uneingeschränkte Wirksamkeit nicht dem Normzweck und scheidet sie daher aus, leitet man zunächst aus § 134 ab, daß die Nichtigkeitssanktion uneingeschränkt eingreife. Dann wird jedoch diese Nichtigkeitssanktion auf verschiedenen Wegen eingeschränkt. Das Rechtsinstitut des **faktischen Vertrags** wurde ua deshalb erfunden, um die Nichtigkeit ex tunc im Ergebnis durch eine Nichtigkeit ex nunc zu ersetzen. Gegen die Berufung auf die Nichtigkeit von Verträgen wurde auch der Einwand des venire contra factum proprium zugelassen. War gegen bereicherungsrechtliche Ansprüche aus § 812 der Einwand des § 817 S 2 (analog) tatbestandsmäßig begründet, so wurde in manchen Fällen gegen diesen als Gegeneinwand ebenfalls das Verbot des venire contra factum proprium eingeräumt (BGHZ 111, 308, 312 betr Schwarzarbeit). Bei der bereicherungsrechtlichen Rückabwicklung wurden vertragsrechtliche Maßstäbe zugrunde gelegt (BEUTHIEN RdA 1969, 161; krit dazu SACK RdA 1975, 171, 173).

87 Für die Deutung des § 134 iS eines **Alles-oder-nichts-Prinzips** und anschließend erforderlicher Korrekturen, um zu angemessenen Ergebnissen zu gelangen, besteht grundsätzlich kein Anlaß. Denn wenn die von § 134 vorgesehene Nichtigkeit eines Rechtsgeschäfts bzw einer Vertragsklausel dem Normzweck des verletzten Verbotsgesetzes nicht gerecht wird, entscheidet dieser über die Einzelheiten der Abwicklung

bzw Rückabwicklung des betreffenden Rechtsgeschäfts. Der Normzweckvorbehalt des § 134 gibt die Ermächtigung dazu; oben Rn 64. Entsprechend dem Normzweck des verletzten Verbotsgesetzes kann volle Nichtigkeit oder auch nur **teilweise Nichtigkeit** die richtige Rechtsfolge sein (CANARIS, Gesetzliches Verbot ... 20 ff passim; SCHERNER, BGB AT 225; SOERGEL/HEFERMEHL § 134 Rn 29). Teilweise Nichtigkeit ist entsprechend dem Normzweck des verletzten Gesetzes in verschiedenen Formen möglich: Nichtigkeit nicht des gesamten Rechtsgeschäfts, sondern nur einzelner Klauseln; Nichtigkeit ex nunc; geltungserhaltende Reduktion; einseitige Nichtigkeit; schwebende Wirksamkeit; schwebende Unwirksamkeit usw.

b) Nichtigkeit einzelner Klauseln

Vom Zweck des verletzten Verbotsgesetzes hängt es ab, ob ein Rechtsgeschäft insgesamt oder nur teilweise nichtig ist (PALANDT/HEINRICHS § 134 Rn 13; § 139 Rn 18). Wenn nur ein Teil eines Vertrags, zB nur eine einzelne Klausel, gegen ein Verbotsgesetz verstößt, so ist nach § 134 grundsätzlich nicht der gesamte Vertrag, sondern nur dieser verbotswidrige Teil nichtig, und auch dies nur, wenn dies dem Zweck des verletzten Gesetzes entspricht. Ist nur ein Teil des Vertrages verbotswidrig und nichtig, so entscheiden über die Wirksamkeit der übrigen Vertragsklauseln nicht nur die zu § 139 entwickelten Regeln, sondern wiederum auch Sinn und Zweck des verletzten Verbotsgesetzes. So ist zB eine Klausel in einem Erschließungsvertrag mit einer Gemeinde, die die Beteiligung der Gemeinde an den Erschließungskosten ausschließt, nach § 129 BauGB (= § 129 BBauG) iVm § 134 nichtig; im übrigen ist der Vertrag wirksam (BGHZ 65, 368, 370 f, 372).

c) Geltungserhaltende Reduktion und quantitative Nichtigkeit

Wenn eine Vertragsklausel wegen „Übermaßes" gesetzwidrig ist, so kann der Zweck des verletzten Verbotsgesetzes statt der Nichtigkeit der betreffenden Klausel auch deren „geltungserhaltende Reduktion" bzw eine nur „quantitative Nichtigkeit" rechtfertigen (LARENZ, AT § 22 II S 432 f; MünchKomm/MAYER-MALY § 134 Rn 90; SACK RdA 1975, 171, 175; vgl auch schon B HERZOG, Quantitative Teilnichtigkeit [1926]).

aa) So hat zB das RG mit Recht eine mit § 4 Abs 2 AbzG – entspricht § 12 Abs 1 VerbrKrG – unvereinbare Fälligkeitsklausel nicht für vollständig nichtig erklärt, sondern mit der Beschränkung auf den gesetzlich zulässigen Inhalt aufrechterhalten (RGZ 64, 92, 94 f). Im konkreten Anwendungsfall enthielt der Vertrag zwar die Klausel, daß der gesamte Kreditbetrag fällig werde, wenn der Schuldner mit zwei aufeinanderfolgenden Teilzahlungen in Verzug ist, nicht jedoch die Beschränkung der Klausel darauf, daß der Verzug 10% des Kreditbetrags betreffen müsse. Der Schuldner war mit mehr als 10% in Verzug. Die Frage war, ob die gesamte Fälligkeitsklausel nichtig war, weil sie die gesetzlich vorgeschriebene 10%-Schranke nicht enthielt, so daß der Kredit trotz des Verzugs mit zwei Teilzahlungsraten nicht fällig war, oder ob die Fälligkeitsklausel mit der in § 4 Abs 2 AbzG (= § 12 Abs 1 VerbrKrG) vorgesehenen 10%-Schranke aufrechterhalten wird, deren Voraussetzungen der Schuldner erfüllte. Das RG entschied sich zutreffend für eine geltungserhaltende Reduktion der Fälligkeitsklausel. Die Bezahlung des gesamten Kredits war fällig, wenn außer der im Vertrag vorgesehenen Fälligkeit bei Verzug mit zwei Teilzahlungen auch noch die Voraussetzungen der zwar nicht im Vertrag, jedoch in § 4 Abs 2 AbzG vorgesehenen 10%-Schranke erfüllt waren. Das RG begründete dies wie folgt: § 4 Abs 2 AbzG bezwecke den Schutz des Käufers gegen übermäßige

Härte; deshalb liege kein sachlicher Grund vor, die Ungültigkeit der Vereinbarung weiter auszudehnen, als es zur Erreichung dieses Zwecks notwendig erscheint. Sowohl dem Zweck des Gesetzes als auch dem Willen der Parteien entspreche „die Auslegung, daß die Vereinbarung nur insoweit, als sie die gesetzlichen Grenzen überschreite, ungültig, dagegen mit der Beschränkung auf den gesetzlich zulässigen Inhalt rechtswirksam ist" (RGZ 64, 92, 94).

91 **bb)** Eine geltungserhaltende Reduktion hat der BGH auch bei **Rabattabreden**, die gegen das RabattG verstoßen, vorgenommen. Habe der Verbraucher das rabattgewährende Unternehmen zur Gewährung eines rabattgesetzwidrigen Rabattes veranlaßt, so sei er nach § 242 gehindert, den eingeräumten Rabatt zu verlangen, soweit dieser die nach dem RabattG zulässige Grenze von 3% übersteige (BGH NJW 1994, 728, 730 = GRUR 1994, 527). Allerdings ist diese Begrenzung des Erfüllungsanspruches vom Zweck des RabattG mE nicht gedeckt (ausf dazu unter Rn 302 f).

92 **cc)** Ein weiteres, ebenfalls sehr umstrittenes, jedoch mE zutreffendes Beispiel für eine geltungserhaltende Reduktion bieten Verträge, die gegen den Mietwuchertatbestand des § 5 WiStG verstoßen*. Diese Vorschrift untersagt, bei Wohnraumknappheit als Mietzins unangemessen hohe Entgelte zu fordern, sich versprechen zu lassen oder anzunehmen. Unangemessenheit liegt nach § 5 Abs 2 WiStG vor, wenn – etwas verkürzt formuliert – der Mietzins die ortsübliche Vergleichsmiete um mehr als 20% übersteigt. Nähme man an, daß die wucherische Mietzinsabrede insgesamt nichtig wäre, könnte man zu dem Ergebnis gelangen, daß mangels wirksamer Vereinbarung einer Hauptleistung, dh wegen des Fehlens eines essentiale negotii, der gesamte Mietvertrag nichtig sei. Damit würde aber der von § 5 WiStG bezweckte Mieterschutz insoweit in sein Gegenteil verkehrt, als dann der Mieter trotz Wohnraumknappheit auch noch seinen Anspruch auf die Überlassung der Wohnung verlöre (BGHZ 89, 316, 319 f; LARENZ, AT § 22 S 432). Das Gesetz wendet sich nicht gegen den Leistungsaustausch insgesamt, sondern nur gegen den überhöhten Mietzins (OLG Karlsruhe NJW 1982, 1161; vgl auch RGZ 88, 250, 251 f). Deshalb besteht inzwischen weitgehende Einigkeit, daß vom Mietwucherverbot des § 5 WiStG nicht der gesamte Mietvertrag, sondern nur die Mietzinsabrede betroffen wird (so ausdrücklich LG Köln NJW 1965, 157, 159; LG Hamburg NJW 1971, 1411; ebenso implizit BGHZ 89, 316, 319 f; OLG Karlsruhe NJW 1982, 1161; OLG Stuttgart NJW 1981, 2365; OLG Hamburg ZMR 1983, 100; J HAGER 101 f; CANARIS, Gesetzliches Verbot ... 31 f).

93 Streitig ist hingegen das Schicksal der Mietzinsabrede. Kann der Vermieter zumindest den höchstzulässigen oder den marktüblichen Mietzins verlangen oder steht ihm kein Mietzins zu?

---

* **Schrifttum:** BEUER, Das Verbot der Mietpreisüberhöhung nach § 5 WiStG ist verfassungswidrig, GrundE 1994, 942; FINGER, Zu den Folgen einer Mietzinsvereinbarung unter Überschreitung der ortsüblichen Vergleichsmiete, ZMR 1983, 37; H HONSELL, Privatautonomie und Wohnungsmiete, AcP 186 (1986) 115; KOHTE, Die Rechtsfolgen der Mietpreisüberhöhung, NJW 1982, 2803; MEDICUS, Vergütungspflicht des Bewucherten, in: Gedschr Dietz (1973) 61; MOCK, Mietwucher. Eine empirische Untersuchung über Mietpreiskontrollen nach § 5 WiStG im Zivilprozeß (1994); PAKIRNUS, Das Ausmaß der Nichtigkeit von Mietzinsvereinbarungen gem § 134 BGB iVm § 5 Abs 1 WiStrG, ZMR 1984, 329.

2. Titel.   § 134
Willenserklärung   94

(1) Der BGH hält die Mietzinsabrede mE zutreffend nur insoweit für nichtig, als sie den nach § 5 WiStG **höchstzulässigen** Mietzins übersteigt (BGHZ 89, 316, 320 f; ebenso OLG Hamm WuM 1982, 302; LG Mannheim NJW 1977, 1729, 1731; LG Stuttgart NJW-RR 1993, 279; ERMAN/BROX § 134 Rn 44; LARENZ, AT § 22 II S 432; MünchKomm/MAYER-MALY § 134 Rn 90; SOERGEL/HEFERMEHL § 134 Rn 62, 63; diese Ansicht ist verfassungsgemäß, BVerfG NJW 1994, 993; krit CANARIS, in: FS Steindorff [1990] 519, 529 ff; HAGER JuS 1985, 264 ff). Denn die Teilnichtigkeit kann nicht weiterreichen als die tatbestandliche Erfüllung des Verbotsgesetzes. Was das Gesetz nicht verbietet, ist rechtmäßig, so daß für eine weiterreichende Nichtigkeitsfolge kein Anlaß besteht (BGHZ 89, 316, 321; vgl insoweit auch CANARIS 29 f, der jedoch geltungserhaltende Reduktion ablehnt; vgl auch LG Stuttgart NJW-RR 1993, 273). Dies ist eine geltungserhaltende Reduktion der Mietzinsabrede. § 134 statuiert die Teilnichtigkeit auch nicht als Strafe, sondern versagt lediglich den von der Rechtsordnung verbotenen Vereinbarungen die Rechtsgültigkeit (BGHZ 89, 316, 324). Eine weitergehende Reduktion der überhöhten Miete hätte Strafcharakter, wofür angesichts der Strafsanktionen nach § 5 WiStG (und § 302 a StGB) kein Raum ist und kein Bedürfnis besteht (LG Stuttgart NJW-RR 1993, 279; vgl auch BGHZ 89, 369, 373 vor c).

(2) Nach einer anderen Ansicht bewirkt § 5 WiStG iVm § 134 die Nichtigkeit der **94** Mietzinsabrede, soweit sie die **ortsübliche** Vergleichsmiete übersteigt (so OLG Stuttgart NJW 1981, 2365 aE; OLG Karlsruhe NJW 1982, 1161; OLG Hamburg ZMR 1983, 100, 102 = WuM 1983, 20; LG Köln NJW 1965, 157; vgl auch LG Hamburg NJW 1971, 1411; CANARIS, Gesetzliches Verbot ... 29 ff; SCHERNER, BGB AT 225 aE). Dies wird damit begründet, daß das Gesetz nur die ortsübliche Vergleichsmiete für angemessen halte (OLG Stuttgart NJW 1981, 2365; OLG Karlsruhe NJW 1982, 1161, 1162). Dabei wird jedoch verkannt, daß das für die Anwendung von § 134 maßgebliche Verbot des § 5 WiStG gerade nicht die Überschreitung der ortsüblichen Vergleichsmiete verbietet, sondern erst bei einem um 20% darüberliegenden Betrag eingreift (BGHZ 89, 316, 321). Als weiteres Argument für die Reduktion der Mietzinsabrede auf die ortsübliche Vergleichsmiete nennt man Gründe der Praktikabilität; die ortsübliche Vergleichsmiete sei leichter feststellbar als die höchstzulässige. Dies ist jedoch kein zulässiges Argument. Ein weiteres Argument gegen die Aufrechterhaltung des Mietvertrags und der Mietzinsabrede zum höchstzulässigen Mietzins lautet, daß dem Vermieter das **Risiko** weitgehend abgenommen und sogar ein Anreiz geschaffen werde, zur Sicherung eines maximalen Mietzinses ein überhöhtes Entgelt zu fordern (OLG Stuttgart NJW 1981, 2365; OLG Karlsruhe NJW 1982, 1161; OLG Hamburg ZMR 1983, 100, 102; vgl auch FINGER ZMR 1983, 37; KOTHE NJW 1982, 2803). Diesem Einwand, der sich auf eine Entscheidung des BGH von 1977 zur sittenwidrigen Übervorteilung gem § 138 stützt (BGH NJW 1977, 1233 f), hielt der BGH in seiner Mietwucher-Entscheidung zum einen entgegen, daß die befürchtete Gefahr nicht bestehe, da der Mietwucherer ein hohes Bußgeld – zur Zeit DM 100.000,– – riskiere (BGHZ 89, 316, 324). Außerdem sei es in der Entscheidung von 1977 um einen anderen Fall, nämlich um die Umdeutung eines wegen Sittenwidrigkeit nichtigen Vertrags gegangen (BGHZ 89, 316, 324). Dieses distinguishing überzeugt allerdings nicht, da es voraussetzt, was zu beweisen wäre: Totalnichtigkeit der Entgeltabrede. ME können beide Fälle zu § 134 und zu § 138 nur übereinstimmend entschieden werden: Entweder Totalnichtigkeit der Entgeltabrede und gegebenenfalls Umdeutung oder – mE zutreffend – geltungserhaltende Reduktion der Entgeltabrede auf den höchstzulässigen Betrag. Gegen eine geltungserhaltende Reduktion der Mietzinsabrede auf die ortsübliche Vergleichsmiete spricht nicht nur der Zweck des § 5 WiStG, Mietpreise nur bei Überschreitung der Wuchergrenze zu verbieten; der Bewucherte würde durch eine Reduktion des Mietzinses auf die ortsübliche Vergleichsmiete über den Schutzzweck des Wucherverbots hinaus begünstigt, das die Grenze gerade nicht bei der ortsüblichen Vergleichsmiete, sondern deutlich darübersetzt. Es ist auch nicht einzusehen, weswegen der Bewucherte nur die ortsübliche Vergleichsmiete zu zahlen hat, während ein Mieter, der zwar einen Betrag über der Vergleichsmiete, jedoch noch unter der Wuchergrenze vereinbart hat, diesen höheren Mietzins schuldet.

95 (3) Gegen beide eben erwähnten Formen der geltungserhaltenden Reduktion wurde eingewendet, daß das zu einer unterschiedlichen Behandlung des Mietwuchers iSv § 5 WiStG und des Kreditwuchers und damit zu einem Wertungswiderspruch führe, da beide Wucherverbote einen vergleichbaren Schutzzweck verfolgen (CANARIS, Gesetzliches Verbot ... 29, 33). Es gehe nicht an, daß der Mietwucherer trotz seines **strafbaren** bzw ordnungswidrigen Verhaltens nach § 5 WiStG bzw § 302 a StGB dennoch den höchstzulässigen Mietzins verlangen könne, während der Kreditwucher, (auch) soweit er nicht nach § 302 a StGB strafbar ist, zum völligen Verlust von Zinsansprüchen führe. Diese Diskrepanz zwischen den Rechtsfolgen des Mietwuchers und des Kreditwuchers läßt sich in der Tat nicht überzeugend rechtfertigen. Fraglich ist jedoch, ob die Rechtsfolgen des Mietwuchers denen des Kreditwuchers anzupassen sind oder umgekehrt.

96 (4) Nach stRspr und hL ist ein wucherischer Kreditvertrag insgesamt nichtig. Dadurch verlöre allerdings der Bewucherte auch das Recht auf Nutzung des Darlehens, obwohl er sich idR nicht freiwillig auf Wucherzinsen eingelassen hätte, wenn er das Darlehen nicht dringend benötigt hätte. Um den Interessen des Bewucherten gerecht zu werden, hat die hM mit ziemlich kühnen Konstruktionen die bereicherungsrechtliche Abwicklung des Kreditvertrages der vertragsrechtlichen angepaßt. Der Wucherer muß das Darlehen dem Bewucherten vereinbarungsgemäß belassen, erhält jedoch nach § 812 iVm § 817 S 2 (analog) keine Darlehenszinsen.

97 (5) Nach CANARIS 30 ff liegt in diesen Fällen eine **halbseitige Teilnichtigkeit** des Vertrages in dem Sinne vor, daß der geschützte Vertragspartner, dh der Bewucherte, seine vertraglichen Ansprüche behält, seinerseits jedoch nur aus ungerechtfertigter Bereicherung haftet und im Falle des Wuchers wegen § 817 S 2 überhaupt keinen Wucherzins zu zahlen braucht. Diese Konstruktion leidet allerdings daran, daß der Bewucherte bei dieser nur halbseitigen Nichtigkeit des Vertrags den Kredit bzw die Mietsache **mit rechtlichem Grund** erhalten hat; denn er hatte darauf einen vertraglichen Anspruch. Damit scheiden Ansprüche aus § 812, 818 Abs 2 ebenso aus wie die Sperre des § 817 S 2. Die Anwendung von § 812 läßt sich bei dieser Konstruktion mE nicht damit rechtfertigen, daß der wucherische Vertrag für eine **unentgeltliche** Nutzung keinen Rechtsgrund enthalte (aA CANARIS 32).

98 (6) ME ist die Diskrepanz der Rechtsfolgen des Mietwuchers und des Kreditwuchers nur dadurch zu lösen, daß in beiden Fällen eine geltungserhaltende Reduktion des Zinses vorgenommen wird, wie dies der BGH beim Mietwucher getan hat. Dies setzt allerdings voraus, daß man für die Fälle des Kreditwuchers die Nichtigkeitssanktion des § 138 teleologisch reduziert durch Einfügung eines Normzweckvorbehalts, wie ihn § 134 ausdrücklich vorsieht; zu dieser mE richtigen Lösung s unten § 138 Rn 122 ff.

d) Nichtigkeit ex nunc, faktische Verträge, Heilung durch Erfüllung und § 242 (venire contra factum proprium)
Eine große Fallgruppe ist dadurch gekennzeichnet, daß zwar die Fortsetzung der Vertragsbeziehungen wegen der Verbotswidrigkeit nicht verlangt werden kann, jedoch Nichtigkeit des Verpflichtungsgeschäfts ex tunc und bereicherungsrechtliche Abwicklung keine angemessenen Rechtsfolgen wären und vom Normzweck des verletzten Gesetzes auch nicht gefordert werden (SACK RdA 1975, 171, 175 f). Diese Fälle hat man mit recht verschiedenen Konstruktionen einer angemessenen Lösung zuzuführen versucht. **99**

aa) Bei verbotswidrigen Dauerschuldverhältnissen hat man vielfach mit der Konstruktion des **faktischen Vertrags** gearbeitet. Man anerkannte zB faktische Arbeitsverträge und faktische Gesellschaftsverträge. Zwar hielt man daran fest, daß die vom Verbotsgesetz gebotene Nichtigkeit ex tunc wirke, da unser Recht die Nichtigkeit immer als Nichtigkeit **ex tunc** verstehe. Für den Zeitraum vom Vertragsbeginn bis zum Zeitraum der Geltendmachung der Vertragsunwirksamkeit nahm man jedoch an, daß jedenfalls ein faktischer Vertrag bestanden habe, der nicht bereicherungsrechtlich, sondern vertragsrechtlich abzuwickeln sei. Diese Ansicht leidet daran, daß sie es einerseits nach dem Verbotszweck des verletzten Gesetzes für erforderlich hält, den Vertrag rückwirkend für nichtig zu erklären, ihn dann aber doch für den Zeitraum zwischen ex tunc und ex nunc **wie einen gültigen** zu behandeln. Denn entweder gebietet der Verbotszweck des verletzten Gesetzes die Nichtigkeit ex tunc; dann wäre es in fraudem legis, diesen Vertrag dennoch zunächst wie einen gültigen zu behandeln und ihm erst ex nunc die Wirksamkeit zu versagen. Oder der Normzweck des verletzten Gesetzes gebietet keine Nichtigkeit ex tunc und er wendet sich nur gegen das Fortbestehen des Vertrags und gegen Erfüllungsansprüche ex nunc; dann ist es wegen des Normzweckvorbehalts des § 134 auch nicht gerechtfertigt, den Vertrag über den Normzweck des verletzten Verbotsgesetzes hinaus als nichtig ex tunc zu behandeln. **100**

bb) Zum gleichen vertragsrechtlichen Ergebnis wie die Lehre vom faktischen Vertrag gelangte die Lehre vom Verbot des **venire contra factum proprium**, die zwar ebenfalls von Nichtigkeit ex tunc ausging, jedoch für den Zeitraum, in dem der – angeblich nichtige – Vertrag vollzogen worden war, annahm, daß es ein unzulässiges venire contra factum proprium sei, sich für die Zeit des Vollzugs des Vertrags auf dessen Nichtigkeit zu berufen. Auch für diese Konstruktion gilt: Entweder fordert der Normzweck des verletzten Gesetzes Nichtigkeit ex tunc; dann steht eine Konstruktion, die im praktischen Ergebnis nur Nichtigkeit ex nunc bewirkt, im Widerspruch zum Zweck des verletzten Gesetzes. Oder nach dem Normzweck des verletzten Gesetzes genügt Nichtigkeit ex nunc; dann entspricht es nicht dem Normzweck des verletzten Gesetzes, zunächst Nichtigkeit ex tunc anzunehmen. **101**

cc) ME paßt in diesen Fällen die zu fehlerhaften Dauerschuldverhältnissen entwickelte Rechtsfigur der **Nichtigkeit ex nunc:** Keine der beiden Vertragsparteien ist berechtigt, die Fortsetzung des verbotswidrigen Dauerschuldverhältnisses zu fordern. Soweit jedoch erfüllt worden ist, sind die Beziehungen zwischen den Parteien **102**

nicht bereicherungsrechtlich, sondern vertragsrechtlich abzuwickeln, wenn dies mit dem Zweck des verletzten Gesetzes vereinbar ist. Der Wortlaut des § 134 steht der Rechtsfigur der Nichtigkeit ex nunc nicht entgegen. Nichtig ex tunc iS dieser Vorschrift ist das Rechtsgeschäft nach § 134 nur, wenn sich aus dem verletzten Verbotsgesetz nicht ein anderes ergibt. Wenn das verletzte Verbotsgesetz nur bestimmte **zukünftige** Erfüllungshandlungen unterbinden will, während die Rückgängigmachung von Vergangenem nicht mehr vom Schutzzweck des Verbotsgesetzes umfaßt wird, dann ergibt sich aus dem Normzweck des verletzten Gesetzes etwas anderes als die in § 134 vorgesehene Nichtigkeit ex tunc, nämlich Nichtigkeit ex nunc.

Praktische Bedeutung hat die Annahme von Nichtigkeit ex nunc vor allem bei fehlerhaften Arbeitsverträgen, Gesellschaftsverträgen und sonstigen Dauerschuldverhältnissen erlangt.

e) **Schwebende Unwirksamkeit**
aa) **Genehmigungsfähige Rechtsgeschäfte**

103 In manchen Fällen wird weder Nichtigkeit ex nunc oder ex tunc noch volle Rechtswirksamkeit dem Zweck des verletzten Verbotsgesetzes gerecht, sondern nur die Rechtsfolge der schwebenden Unwirksamkeit. Es sind dies zum einen Rechtsgeschäfte, die Rechte Dritter verletzen, jedoch nicht zu mißbilligen sind, wenn diese die verbotenen Rechtsgeschäfte genehmigen. Dazu gehören vor allem Verträge mit Hehlern über gestohlene und unterschlagene Sachen. In diesen Fällen verstoßen zwar die Verfügungsgeschäfte sowie die zugrundeliegenden Verpflichtungsgeschäfte gegen § 259 StGB. Deshalb können sie – wenn im Falle der Unterschlagung nicht die Voraussetzungen des § 932 vorliegen – nicht als rechtswirksam bewertet werden. Erfüllungsansprüche sind nicht begründet. Andererseits besteht kein rechtliches Interesse, solche Rechtsgeschäfte auch dann als nichtig anzusehen, wenn sie der Eigentümer genehmigt. Dieser Situation wird die Rechtsfolge **der schwebenden Unwirksamkeit** der Verpflichtungs- und Verfügungsgeschäfte gerecht (vgl SCHERNER, BGB AT 224 f; außerdem Rn 293).

bb) **Verbotene Erfüllungshandlung, erlaubter Erfüllungserfolg**

104 Die Rechtsfolge der schwebenden Unwirksamkeit bietet sich auch an, wenn das betreffende Verbotsgesetz zwar die Erfüllungs**handlung**, nicht jedoch den Erfüllungs**erfolg** mißbilligt (FLUME, AT II § 17, 4 S 347). So verbietet zB das LadSchlG zwar grundsätzlich den Verkauf nach den gesetzlichen Ladenschlußzeiten sowie an Sonn- und Feiertagen. Das GaststättenG untersagt die Bewirtung von Gästen nach der Sperrstunde. Deshalb bestehen in beiden Fällen keine Erfüllungsansprüche, dh weder Ansprüche auf Vornahme der zugesagten Erfüllungs**handlungen**, noch Schadensersatzansprüche wegen Nichterfüllung, wenn der Verkäufer bzw Gastwirt die Erfüllung verweigert (FLUME, AT II § 17, 4 S 347; MEDICUS, AT Rn 648). Die anzustrebende Widerspruchsfreiheit des Rechts verbietet es, rechtliche Ansprüche auf Vornahme rechtswidriger Handlungen zu gewähren (MEDICUS, AT Rn 647). Diese Gesetze wenden sich jedoch nur gegen die betreffenden Erfüllungshandlungen, nicht jedoch auch gegen den Leistungs**erfolg**, sobald die verbotenen Erfüllungshandlungen stattgefunden haben. Sie untersagen den Erfüllungserfolg auch nicht aus präventiven Gründen, um das Verbot der Erfüllungshandlung wirkungsvoller durchzusetzen (MEDICUS, AT Rn 649, 650). Deshalb sind wegen des auf die Erfüllungshandlungen beschränkten Verbotszwecks sowohl das Verpflichtungsgeschäft als auch die Verfü-

gungsgeschäfte wirksam, sobald die verbotene Erfüllungshandlung vorgenommen worden ist. Der Käufer bzw der Gast müssen bezahlen (im Ergebnis einhellige Meinung, vgl FLUME, AT II § 17, 4 S 347; vgl auch unten Rn 229, 260). Sie haben gegebenenfalls auch Mängelgewährleistungsansprüche (FLUME, AT II § 17, 4 S 347). Der Verbotszweck der verletzten Gesetze erfordert es nicht, diese Rechtsgeschäfte bereicherungsrechtlich abzuwickeln.

105 In einer Entscheidung zur Frage der Anwendung des § 134 auf einen gegen das Arbeitsvermittlungsverbot der §§ 35, 210 AVAVG verstoßenden Vertrag – jetzt anders geregelt im AFG – hat der BGH in einem obiter dictum in Erwägung gezogen, daß in einem solchen Falle das gesetzliche Verbot zwar einem Erfüllungsanspruch (und Schadensersatzanspruch wegen Nichterfüllung) des Berechtigten entgegenstehe, nicht aber den Vertrag nichtig mache und deshalb auch nicht den Gegenanspruch des Verpflichteten auf das Entgelt ausschließe, wenn er seine Leistung vertragsmäßig erbracht habe (BGHZ 46, 24, 29). Dem so erzielten Ergebnis ist zuzustimmen, die Annahme eines voll(gültigen) Vertrags ohne Anspruch auf Erfüllung stößt jedoch auf Bedenken. Auch hier bietet die Konstruktion der schwebenden Unwirksamkeit bei der Erfüllungshandlung und des Rechtswirksamwerdens des Vertrags nach Vornahme der verbotenen Erfüllungshandlung die angemessene Lösung.

106 Der Konstruktion nichtiger, jedoch heilbarer Verträge wurde vom BGH entgegengehalten, daß § 134 eine derartige Differenzierung nicht zulasse (BGH WM 1973, 1024, 1026 zu §§ 35, 210 AVAVG; ausdrücklich ablehnend auch CANARIS, Gesetzliche Verbote ... 35). Dieser Einwand ist jedoch zum einen kaum vereinbar mit der vom BGH vorgeschlagenen Konstruktion eines gültigen Vertrags ohne Erfüllungsanspruch (zutr CANARIS 35 Fn 50). Die Konstruktion des schwebend unwirksamen, durch Erfüllung heilbaren Vertrags ist dem Zivilrecht auch durchaus geläufig. Außerdem erlaubt auch § 134 eine solche Konstruktion: Wenn sich aus dem Zweck des Verbotsgesetzes ein anderes ergibt, greift nach § 134 als zivilrechtliche Sanktion nicht die Nichtigkeitssanktion, sondern eine **dem Verbotszweck entsprechende Sanktion** ein, s o Rn 64.

107 Nach CANARIS 35 sind solche Verträge zwar von Anfang an gültig, jedoch stehe dem Anspruch auf Erfüllung, weil sie verbotswidrig ist, der Einwand der Unzumutbarkeit nach § 242 entgegen. Des Umwegs über § 242 bedarf es jedoch nicht, wenn man eine Heilung solcher schwebend unwirksamen Rechtsgeschäfte durch Erfüllung anerkennt.

f) Schwebende Wirksamkeit

108 aa) Verstöße gegen Verbote, die einen Vertragsteil in der **Freiheit der Willensbildung** bei Vertragsschluß schützen sollen, führen nach einer im Schrifttum vertretenen Meinung zu schwebender Unwirksamkeit des betreffenden Rechtsgeschäfts (CANARIS 38). Dies sei zB der Fall, wenn ein Vertrag unter Verstoß gegen die §§ 253, 263 StGB, § 56 Abs 1 Nr 6 GewO oder § 1 Abs 4 PreisAngVO zustande gebracht worden sei (CANARIS 38 f).

109 Gegen diese Ansicht spricht zum einen, daß das BGB auch bei **groben** Eingriffen in die Freiheit der Willensbildung, zB bei arglistiger Täuschung oder widerrechtlicher Drohung, nach § 123 das betreffende Rechtsgeschäft nicht für schwebend unwirksam, sondern für anfechtbar, dh für **schwebend wirksam** erklärt. Außerdem wird diese Fallgruppe mE schon gar nicht vom Regelungsbereich des § 134 erfaßt, s o Rn 5 ff. Denn diese Verbotsgesetze untersagen nicht das Rechtsgeschäft – weder seinen Inhalt noch die Vornahme als solche –, sondern nur die Umstände, unter denen das Rechtsgeschäft zustande kommt (vgl auch BGHZ 110, 156, 174 f).

110 bb) Die Rechtsfolge der schwebenden Wirksamkeit bzw Anfechtbarkeit ist mE durch analoge Anwendung von § 123 bzw durch Rechtsanalogie zu den §§ 119, 123 zu erzielen (SACK WRP 1974, 445, 450 f; ders BB 1987, Beil 2 S 28).

111 cc) Denselben Effekt wie schwebende Wirksamkeit versucht man gelegentlich auch mit Hilfe von § 242 zu erzielen. Man erklärt den Vertrag zwar wegen Verletzung des Gesetzes, das die Willensfreiheit schützen will, für nichtig, versagt jedoch dem Vertragspartner, der die Willensfreiheit des anderen in rechtlich zu mißbilligender Weise beeinflußt hat, nach § 242, sich auf die Nichtigkeit zu berufen.

g) **Halbseitige Teilnichtigkeit**

112 Wenn ein Gesetz verletzt wurde, das den Schutz eines der Vertragspartner bezweckt, dann wird im Schrifttum „halbseitige Teilnichtigkeit" in dem Sinne befürwortet, daß der geschützte Vertragspartner seine vertraglichen Ansprüche behält, seinerseits jedoch nur aus ungerechtfertigter Bereicherung haftet (CANARIS 31; ders NJW 1985, 2404 f; ders, in: FS Steindorff [1990] 519, 530 ff; zust zur Möglichkeit „halbseitiger Teilnichtigkeit" MünchKomm/MAYER-MALY § 134 Rn 64, 90). Dies sei zB der Fall bei einem Verstoß gegen das Verbot des Mietwuchers nach § 5 WiStG (CANARIS 30 ff) oder bei einem einseitigen Verstoß gegen das SchwArbG (CANARIS NJW 1985, 2404 f; aA KÖHLER JZ 1990, 466, 467).

113 Der Normzweckvorbehalt des § 134 würde diese dogmatische Konstruktion der halbseitigen Teilnichtigkeit zwar durchaus eröffnen. Sie ist jedoch **bereicherungsrechtlich** bedenklich. Denn wenn der durch das verletzte Verbotsgesetz geschützte Vertragspartner seine vertraglichen Ansprüche behält und einfordern kann, leistet der andere Vertragsteil aufgrund seiner vertraglichen Verpflichtungen **mit rechtlichem Grund**, so daß er aus diesem Grunde keine Bereicherungsansprüche aus § 812 hat (KÖHLER JZ 1990, 466, 467; krit auch KERN, in: FS Gernhuber 191, 195; LARENZ, AT § 22 II S 433). Eine bereicherungsrechtliche Rechtsfortbildung dahingehend, daß der Vertrag für eine **unentgeltliche** Nutzung keinen Rechtsgrund enthalte (so CANARIS 32), ist mE nicht möglich. Speziell zur Abwicklung eines wucherischen Mietvertrags wurde bereits oben in Rn 92 ff Stellung genommen.

7. **Verpflichtungs- und Erfüllungsgeschäfte**

114 Wenn das Gesetz die Vornahme bestimmter Handlungen untersagt, so ist zu unterscheiden zwischen Verpflichtungsgeschäften und Erfüllungs- bzw Verfügungsgeschäften und bei den Verpflichtungsgeschäften außerdem für die Zeit vor der Erfüllung und für die Zeit danach.

a) Bei Verpflichtungsgeschäften, die verbotene Erfüllungshandlungen zum Gegenstand haben, besteht kein Anspruch auf Erfüllung. Denn niemand kann sich wirksam verpflichten und aufgrund der vertraglichen Verpflichtung gezwungen werden, verbotene Erfüllungshandlungen vorzunehmen. Insoweit sind Verpflichtungsgeschäfte nichtig. So ist zB die Verpflichtung, Waren nach Ladenschluß abzugeben oder rezeptpflichtige Arzneimittel auch ohne Rezept zu verkaufen, nichtig.

b) Sobald verbotenerweise erfüllt worden ist, hängt es vom Zweck des Verbotsgesetzes ab, ob auch dann das Verpflichtungsgeschäft noch unwirksam sein soll, oder ob es nur schwebend unwirksam war und durch die Erfüllung geheilt wurde. So sind Kaufverträge, die nach Ladenschluß abgeschlossen und erfüllt worden sind, nach dem Zweck des LadSchlG nicht unwirksam. Eine bereicherungsrechtliche Rückabwicklung kommt nicht in Betracht. Wurden rezeptpflichtige Arzneimittel ohne Rezept abgegeben, dann wird auch der Kaufvertrag als Verpflichtungsgeschäft wirksam (BGH NJW 1968, 2286; PAWLOWSKI, AT Rn 493). Denn die Rezeptpflicht wendet sich nicht gegen das Erfüllungsgeschäft als solches, sondern nur gegen die unkontrollierte Abgabe von Arzneimitteln. Demgegenüber sind Verpflichtungsverträge über die Abgabe von Rauschgift, die gegen § 29 BTMG verstoßen, auch nach Erfüllung nichtig (BGH NJW 1983, 636; PAWLOWSKI, AT Rn 493, 496; SCHERNER, BGB AT 220; PALANDT/HEINRICHS § 134 Rn 13; SOERGEL/HEFERMEHL § 134 Rn 17).

c) Auch bezüglich der Erfüllungsgeschäfte ist durch Auslegung festzustellen, ob das betreffende Verbotsgesetz nur das Verpflichtungsgeschäft oder nur das Verfügungsgeschäft oder beide Geschäfte unterbinden will (BGHZ 11, 59, 61 f; 71, 358, 361 = NJW 1978, 1970; BGH NJW 1983, 636; LARENZ, AT § 22 II S 434). Wenn ein Verpflichtungs- oder Kausalgeschäft wegen Verletzung eines Verbotsgesetzes nach § 134 nichtig ist, so erfaßt die Nichtigkeit **nicht ohne weiteres** auch dessen Erfüllung (BGHZ 115, 123, 130; BGH NJW 1983, 636). Dies folgt aus dem Abstraktionsprinzip (SOERGEL/HEFERMEHL § 134 Rn 35).

Wenn die Umstände, die die Verbotswidrigkeit und Nichtigkeit des Kausalgeschäfts zur Folge haben, zugleich und unmittelbar auch das Erfüllungsgeschäft betreffen, so ist auch dieses verboten und nach § 134 nichtig (BGHZ 115, 123, 130 f; BGH NJW 1992, 2348; NJW 1993, 1638; NJW 1993, 1912; NJW 1993, 2795; NJW 1995, 516; BAG NJW 1993, 2701, 2703; HÜBNER, BGB AT Rn 491). Auch dies ist keine unzulässige Durchbrechung des Abstraktionsprinzips (BAG NJW 1993, 2701, 2703; MünchKomm/MAYER-MALY § 134 Rn 10). Verstößt zB die ohne Zustimmung eines Patienten bzw Mandanten erfolgte Abtretung einer ärztlichen oder anwaltlichen Honorarforderung gegen die berufliche Schweigepflicht nach § 203 StGB, dann ist nicht nur das der Abtretung zugrundeliegende Kausalgeschäft, sondern auch die Abtretung als Erfüllungsgeschäft verboten und nach § 134 nichtig (BGHZ 115, 123, 130; BGH NJW 1993, 2795).

Der Zweck des Verbotsgesetzes kann auch zur Folge haben, daß außer dem Verpflichtungsgeschäft **alle** dazu gehörenden Erfüllungsgeschäfte nichtig sind. Wenn ein „Rechtsgeschäft" gegen das Betäubungsmittelgesetz verstößt, so ist nicht nur das Verpflichtungsgeschäft und die Übereignung der Betäubungsmittel, sondern auch die Übereignung des Kaufpreises nichtig (BGH NJW 1983, 636).

d) Richtet sich ein Verbotsgesetz nur gegen das zivilrechtliche Erfüllungsgeschäft, so ist dennoch nicht nur dieses, sondern grundsätzlich auch das dazugehörige Verpflichtungsgeschäft nichtig (BGHZ 116, 268, 276 f; MünchKomm/MAYER-MALY § 134 Rn 9;

Palandt/Heinrichs § 134 Rn 13; Staudinger/Dilcher[12] § 134 Rn 6; vgl jedoch auch BGH NJW 1993, 648, 651 unter ff).

8. Arbeitsverträge

120 a) Gesetze, die die Abschlußfreiheit oder Inhaltsfreiheit von Arbeitsverträgen beschränken, sind idR Verbotsgesetze iSv § 134 (Richardi, in: MünchArbR § 44 Rn 4, 72). Dazu gehören insbesondere Vorschriften des öffentlich-rechtlichen Arbeitnehmerschutzes, insbesondere des Jugendschutzes nach dem JArbSchG, des Mutterschutzes nach dem MuSchG, des Frauenschutzes und des Arbeitszeitrechts (BAGE 8, 47, 50 = NJW 1959, 2036; Buchner, in: MünchArbR § 37 Rn 5 ff, 16 ff, 33 ff, 39 ff, 42 ff; vgl auch BGH NJW 1986, 1486, 1487). Ein Arbeitsvertrag verstößt auch dann gegen ein Verbotsgesetz, wenn die vereinbarte Tätigkeit eine strafbare Handlung zum Gegenstand hat (Richardi, in: MünchArbR § 44 Rn 7), zB Handlungen zum Zwecke der Veruntreuung von Mandantengeldern (BAG AP Nr 2 zu § 611 BGB Faktisches Arbeitsverhältnis; Richardi, in: MünchArbR § 44 Rn 7).

121 b) Gesetzwidrige Arbeitsverträge sind nicht ohne weiteres ex tunc nichtig. Vielmehr gelten die Grundsätze über das sog „fehlerhafte Arbeitsverhältnis" (vgl dazu MünchKomm/Kramer Bd 2 Einl Rn 66 ff; MünchKomm/Mayer-Maly § 134 Rn 88; Sack RdA 1975, 171, 175 f; Soergel/Hefermehl § 134 Rn 31; krit zu dieser Konstruktion Kässer, Der fehlerhafte Arbeitsvertrag [1979], vgl auch Lambrecht, Die Lehre vom faktischen Vertragsverhältnis [1994]). Das bedeutet im einzelnen:

122 c) Wenn es mit dem Sinn und Zweck des Verbotsgesetzes unvereinbar wäre, die durch einen Arbeitsvertrag getroffene rechtliche Regelung hinzunehmen und bestehenzulassen, dann greift die Nichtigkeitsfolge des § 134 unbeschränkt ein, solange die vereinbarte verbotswidrige Tätigkeit noch nicht erbracht worden ist (BAGE 8, 47, 50 = NJW 1959, 2036; BGHZ 53, 152, 158). Die Parteien haben für die Zukunft keine Erfüllungsansprüche, dh weder der Arbeitgeber auf Arbeitsleistung durch den Arbeitnehmer, noch der Arbeitnehmer auf Fortsetzung der Arbeit oder auf evtl vereinbarte Vorauszahlungen.

123 d) Die Nichtigkeitsfolge greift allerdings idR nur **ex nunc**, dh für die Zukunft ein (BAGE 8, 47, 50 = NJW 1959, 2036; BGHZ 53, 152, 158). Wenn sich der Arbeitnehmer der Verbotswidrigkeit seines Tuns **nicht bewußt** gewesen ist und wenn die vereinbarte Arbeitsleistung ganz oder teilweise erbracht worden ist, kann die Nichtigkeit des Arbeitsvertrags grundsätzlich nicht rückwirkend geltend gemacht werden (BAG aaO; BGH aaO; MünchKomm/Kramer Bd 2 Einl Rn 66, 68; MünchKomm/Mayer-Maly § 134 Rn 95; Sack RdA 1975, 171 f). Das gebietet eine billige Interessenabwägung (BGHZ 53, 152, 158), die auch zur Feststellung der nach dem Normzweck des Verbotsgesetzes angemessenen zivilrechtlichen Rechtsfolgen vorzunehmen ist. Der BGH berief sich zur Begründung dieses Ergebnisses auch noch auf Treu und Glauben (BGHZ 53, 152, 158 f). Für die Vergangenheit wird **das fehlerhafte Arbeitsverhältnis** wie ein wirksames behandelt. Die Rückabwicklung erfolgt nicht bereicherungsrechtlich (Sack RdA 1975, 171, 172 f; aA Beuthien RdA 1969, 161). Vielmehr bestehen für die Zeit, in der der Arbeitnehmer seine Arbeitsleistung erbracht hat, vertragliche Vergütungsansprüche (BAGE 8, 47, 50; BGHZ 53, 152, 158; Canaris, Gesetzliches Verbot ... 46; MünchKomm/Mayer-Maly § 134 Rn 95 aE; Sack RdA 1975, 171 f; Soergel/Hefermehl § 134 Rn 31). So hat zB ein

Arbeitnehmer, der sich arbeitsvertraglich zur Vorführung von Werbefilmen verpflichtet hat, die gegen Straftatbestände des Heilmittelwerberechts verstoßen, einen vertraglichen Anspruch auf die vereinbarte Vergütung für geleistete Arbeit, wenn er sich der Strafbarkeit seines Tuns nicht bewußt gewesen ist (BGHZ 53, 152, 158 aE). Der Bürovorsteher eines Rechtsanwalts, zu dessen Aufgaben es auch gehörte, die Veruntreuung von Mandantengeldern einzuleiten, vorzunehmen und zu verschleiern, hat ebenfalls einen vertraglichen Anspruch auf Bezahlung des Arbeitsentgelts für geleistete Arbeit, wenn er sich der Strafbarkeit seines Tuns nicht bewußt gewesen ist (BAG AP Nr 2 zu § 611 BGB Faktisches Arbeitsverhältnis). Der Arbeitnehmer hat ferner für die Vergangenheit Urlaubsansprüche (BAGE 8, 47, 50), Anspruch auf Weihnachtsgratifikationen, eventuelle vertragliche Schadensersatzansprüche usw. Der Arbeitgeber hat seinen Anteil der Sozialversicherungsbeiträge zu zahlen.

Nähme man hingegen rückwirkende Nichtigkeit an, dann wäre die Abwicklung des **124** Arbeitsverhältnisses nach bereicherungsrechtlichen Grundsätzen vorzunehmen. Die Beschränkung auf Ansprüche aus ungerechtfertigter Bereicherung führt jedoch zu untragbaren Unzulänglichkeiten. Diesen Unzulänglichkeiten versuchte man mit verschiedenen Konstruktionen zu begegnen. Es wird die Ansicht vertreten, daß sich ein Arbeitgeber, dem Dienstleistungen bereits erbracht worden sind, nach § 242 nicht auf die Nichtigkeit des Arbeitsvertrages berufen könne, da er sich sonst mit seinem eigenen früheren Verhalten in Widerspruch setzen würde (venire contra factum proprium; gegen diese Konstruktion MünchKomm/KRAMER Bd 2 Einl Rn 68; SACK RdA 1975, 171, 174). Deshalb stehe dem Arbeitnehmer trotz der (rückwirkenden) Nichtigkeit des Vertrags für die geleistete Arbeit die vereinbarte Vergütung zu.

Nach anderer Ansicht begründet die Erbringung von Arbeitsleistungen durch den **125** Arbeitnehmer bis zum Zeitpunkt der Aufhebung des Arbeitsvertrages ex nunc einen **faktischen Arbeitsvertrag**.

Eine weitere Ansicht versuchte, durch eine entsprechende Interpretation des Berei- **126** cherungsrechts den Unzulänglichkeiten der bereicherungsrechtlichen Rückabwicklung eines (rückwirkend) nichtigen Arbeitsvertrags zu begegnen (so BEUTHIEN RdA 1969, 161 ff).

e) Anders ist die Rechtslage zu beurteilen, wenn nicht nur dem Arbeitgeber, **127** sondern auch dem Arbeitnehmer die Verbotswidrigkeit der vereinbarten Tätigkeit bekannt war (RICHARDI, in: MünchArbR § 44 Rn 73). In diesem Falle ist der Arbeitnehmer nicht schutzwürdig. Ihm steht die vertraglich vereinbarte Vergütung nicht zu (BGHZ 53, 152, 159 f). Bereicherungsansprüchen des Arbeitnehmers aus § 812 iVm § 818 Abs 2 steht § 817 S 2 entgegen. Die Berufung des Arbeitgebers auf § 817 S 2 ist nicht treuwidrig.

9. Gesellschaftsverträge

Im Gesellschaftsrecht gibt es unter dem Begriff der **„fehlerhaften Gesellschaft"** beson- **128** dere Regeln für Gesellschaftsverträge, die an einem Rechtsmangel leiden. Ebenso wie im Arbeitsrecht führen auch im Gesellschaftsrecht die Sanktionen des Bereicherungsrechts idR nicht zu angemessenen Ergebnissen, sobald eine Gesellschaft einmal in Vollzug gesetzt worden ist. Denn eine solche „auf Dauer angelegte und tatsächlich vollzogene Leistungsgemeinschaft, für die die Beteiligten Beiträge erbracht und Werte geschaffen, die Gewinnchancen genutzt und vor allem gemeinschaftlich das Risiko getragen haben, kann man nicht ohne weiteres mit rückwirkender Kraft aus dem Rechtsleben streichen und damit so behandeln, als ob sie niemals bestanden hätte" (so BGHZ 55, 5, 8 betr eine Stille Gesellschaft; BGH WM 1976, 1027, 1028). Wenn der Rechtsmangel eines Gesellschaftsvertrags auf einer Gesetzesverletzung iSv § 134 beruht, gelten folgende Regeln:

129 a)　Die Rückabwicklungsprobleme, die die Kritik an der Anwendung des Bereicherungsrechts auf fehlerhafte Gesellschaften rechtfertigen, bestehen erst, sobald die Gesellschaft **in Vollzug gesetzt** worden ist. Zuvor begegnet die Anwendung der Nichtigkeitsfolge des § 134 keinen durchgreifenden Bedenken. Die Invollzugsetzung der Gesellschaft liegt vor, sobald die Gesellschaft im Außenverkehr mit Dritten Geschäfte getätigt hat (BGHZ 13, 321), aber auch schon, wenn solche Geschäfte mit Dritten vorbereitet worden sind (BGHZ 3, 285, 288 = NJW 1952, 97; MünchKomm/ULMER § 705 Rn 249). Auch die Bildung von Gesamthandsvermögen begründet Invollzugsetzung (sehr streitig, so BGHZ 13, 320, 321 = NJW 1954, 1562; RGZ 166, 51, 59), nicht jedoch die bloße Handelsregistereintragung (MünchKomm/ULMER § 705 Rn 249 Fn 610).

130 b)　Nachdem eine Gesellschaft in Vollzug gesetzt worden ist, gelten die Grundsätze über die „fehlerhafte Gesellschaft" (BGH NJW-RR 1988, 1369; BGHZ 63, 338, 345 = NJW 1975, 1022; BGHZ 55, 5, 9 = NJW 1971, 375). **Rückwirkende** Nichtigkeit ist jedoch nach hM idR anzunehmen, wenn gewichtige Interessen der Allgemeinheit oder einzelner schutzwürdiger Personen entgegenstehen (BGHZ 3, 285, 288; 17, 160, 166; 55, 5, 9; 62, 234, 241; 75, 214, 217; 97, 243, 250). Dies sei der Fall, wenn der Gesellschaftszweck **Verbotsgesetze** verletzt (grundlegend BGH vom 11. 4. 1951 II ZR 9/50, abgedr in WIESNER, Die Lehre von der fehlerhaften Gesellschaft [1980] 181; BGHZ 3, 285, 288; 55, 5, 9; 62, 234, 241; 75, 214, 217 f; 97, 243, 250; vgl auch BGHZ 55, 160, 166; aus dem Schrifttum WIESNER 131; P ULMER, in: FS Flume II [1978] 301, 312; krit K SCHMIDT, Gesellschaftsrecht § 6 III 3 c; ders AcP 186 [1986] 421, 448 ff; GRUNEWALD, Gesellschaftsrecht 75 Rn 154; SCHWINTOWSKI NJW 1988, 937) oder gegen die guten Sitten verstößt (BGH NJW-RR 1988, 1379). Rückwirkend nichtig sei danach eine Gesellschaft, wenn ihr Gesellschaftszweck gesetzwidrig ist, so zB wenn er auf eine mit dem RBerG unvereinbare ungenehmigte Inkassotätigkeit gerichtet ist (BGHZ 62, 234, 240 = NJW 1974, 1201, 1202), wenn er den Güterfernverkehr ohne Konzession zum Gegenstand hat (BGH WM 1967, 229, 231), wenn die Gesellschaft durch die Beteiligung eines stillen Gesellschafters gegen das ApothekenG verstößt (BGHZ 75, 214, 217 = NJW 1980, 638), wenn ein rückdatierter Gesellschaftsbeitritt mit dem Hauptzweck der Steuerhinterziehung erfolgt (OLG Koblenz WM 1979, 1435, 1436) oder wenn er mit der Berufsordnung für die öffentlich bestellten Vermessungsingenieure in Nordrhein-Westfalen unvereinbar ist (BGHZ 97, 243, 250).

131　Gesellschaften, die wegen eines verbotswidrigen Gesellschaftszwecks nichtig sind, seien im Innenverhältnis bereicherungsrechtlich unter Berücksichtigung von § 817 und der Saldotheorie abzuwickeln (BGHZ 62, 234, 242; 75, 214, 217; 97, 243, 250 f). Im Innenverhältnis gebe es insbesondere keine Ansprüche auf Erfüllung bzw auf Schadensersatz wegen Nichterfüllung. Im Außenverhältnis seien zum Schutze gutgläubiger Dritter Rechtsscheingrundsätze anzuwenden.

Der BGH rechtfertigte die rückwirkende Nichtigkeit eines verbotswidrigen Gesell- **132** schaftsvertrages damit, daß die Rechtsordnung ein von ihr verbotenes und für nichtig erklärtes Rechtsverhältnis nicht anerkennen könne, da es laufend neue Rechte und Pflichten begründe (BGHZ 62, 234, 241; 75, 214, 218 = WM 1980, 12, 14). Hier verdiene die fehlerhafte Gesellschaft grundsätzlich keinen Bestandsschutz; das Interesse der Gesellschafter an der Anerkennung des von ihnen gewollten und tatsächlich begründeten Zustandes müsse gegenüber den entgegenstehenden Belangen der Allgemeinheit zurücktreten (BGHZ 62, 234, 241; 75, 214, 218). Die Anwendung der Grundsätze über die Abwicklung fehlerhafter Gesellschaften liefe auf eine rechtliche Anerkennung eines gesetzwidrigen Zustandes hinaus (BGH WM 1967, 229, 231). Nur bei Vorliegen besonderer Umstände komme eine Ausnahme von diesem Grundsatz in Betracht (BGHZ 62, 234, 241).

Diese Argumentation stößt allerdings auf Bedenken, da sie auf dem als überholt **133** anzusehenden Alles-oder-nichts-Prinzip beruht, wonach gesetzwidrige Rechtsgeschäfte nach § 134 entweder ex tunc voll nichtig oder voll wirksam auch für die Zukunft sind. Wenn die Begründung für die Konstruktion der fehlerhaften Gesellschaft zutrifft, daß eine bereicherungsrechtliche Rückabwicklung einer in Vollzug gesetzten Gesellschaft auf unüberbrückbare Schwierigkeiten stoße und nicht sachgerecht sei, dann ist anzunehmen, daß dies bei Gesellschaften mit gesetzwidrigem oder sittenwidrigem Gesellschaftszweck nicht anders ist, dh daß dieselben unüberbrückbaren Schwierigkeiten auch hier bestehen (GRUNEWALD, Gesellschaftsrecht 75 Rn 154; PAWLOWSKI, AT Rn 496; WIESNER, Die Lehre von der fehlerhaften Gesellschaft [1980] 40). Deshalb ist auch bei gesetzwidrigen und sittenwidrigen Gesellschaften der Ansicht der Vorzug zu geben, daß sie nicht rückwirkend nichtig und bereicherungsrechtlich abzuwickeln, sondern **ex nunc** aufzulösen sind. Zumindest für die GmbH, die AG und die KGaA bestimmt Art 11 Nr 2 b iVm Art 12 Abs 2 der 1. Gesellschaftsrechtlichen **Richtlinie der EG**, daß die Nichtigkeit ua wegen Gesetzwidrigkeit bewirkt, daß die Gesellschaft in Liquidation tritt, wie dies bei der Auflösung sein kann. Unbeschadet der Wirkungen, die sich daraus ergeben, daß sich die Gesellschaft in Liquidation befindet, beeinträchtigt die Nichtigkeit als solche die Gültigkeit von Verpflichtungen nicht, die die Gesellschaft eingegangen ist oder die ihr gegenüber eingegangen wurden (Richtlinie des Rates vom 9. 3. 1968 [68/151/EWG] ABlEG 1968 L 65/8 ff). Diese Richtlinie wirkt zwar nicht unmittelbar, ist jedoch bei der Ausgestaltung des Richterrechts zur fehlerhaften Gesellschaft zu berücksichtigen.

Nicht anwendbar ist § 134, wenn Gesellschaftsverträge mit den Kartellverboten des **134** § 1 GWB oder des Art 85 Abs 1 EGV unvereinbar sind. Denn § 1 GWB und Art 85 Abs 2 EGV enthalten dafür eine selbständige Regelung der Rechtsfolge der Nichtigkeit. Nach wohl herrschender, jedoch nicht unbedenklicher Ansicht, sind Gesellschaftsverträge rückwirkend nichtig, wenn sie unvereinbar sind mit § 1 GWB* oder Art 85 EGV.

---

* OLG Hamm NJW-RR 1986, 1487; NJW-RR 1987, 1087; WuW/E OLG 4033 = OLGZ 1988, 92; OLG Frankfurt WRP 1989, 396; NJW-RR 93, 546; IMMENGA, in: IMMENGA/MESTMÄCKER § 1 GWB Rn 14 f, 393 ff; LOEWENHEIM/BELKE, GWB § 1 Rn 97; **aA** OLG Stuttgart WuW/E OLG 1083, 1090 „Fahrschulverkauf"; Frankfurter Kommentar zum GWB § 1 Rn 64; GRUNEWALD, Gesellschaftsrecht 75 Rn 154; MÜLLER/GIESSLER/SCHOLZ, GWB § 1 Rn 152 b; MÜL-

135 c) Weder § 134 noch die Regeln über die fehlerhafte Gesellschaft sind anwendbar, wenn nicht der Zweck der Gesellschaft, sondern nur **einzelne Klauseln** des Gesellschaftsvertrags verbotswidrig sind (BGH WM 1976, 1027, 1029 zu einer nach § 138 sittenwidrigen Regelung des Beteiligungsverhältnisses eines Gesellschafters).

10. Sonstige Dauerschuldverhältnisse; allgemeine Grundsätze

136 Nicht nur bei fehlerhaften Arbeitsverhältnissen und Gesellschaften, sondern auch bei sonstigen Dauerschuldverhältnissen kann nach hM dem tatsächlichen Zustand, der eine gewisse Zeit bestanden hat, trotz der Nichtigkeit des zugrundeliegenden Rechtsgeschäfts eine – mehr oder weniger beschränkte – rechtliche Anerkennung nicht versagt werden (BGHZ 53, 152, 157 f). Nichtigkeit **ex nunc** ist daher auch anzunehmen zB bei Verbotswidrigkeit selbständiger Dienstverhältnisse (BGHZ 53, 152, 159 f; dazu Anm Pawlowski JZ 1970, 506). Daraus wird man in bezug auf verbotswidrige Verträge iSv § 134 folgende **allgemeinen** Grundsätze entwickeln können:

137 a) Wenn es mit dem Sinn und Zweck des Verbotsgesetzes unvereinbar wäre, die durch den verbotswidrigen Vertrag getroffene rechtliche Regelung hinzunehmen und bestehenzulassen, dann greift die Nichtigkeitsfolge des § 134 unbeschränkt ein, solange die vereinbarte verbotswidrige Tätigkeit noch nicht erbracht worden ist. Beide Parteien haben keine Erfüllungsansprüche. Weder hat der Auftragnehmer seine Leistung zu erbringen, noch schuldet der Auftraggeber ein Entgelt.

138 b) Dies impliziert, daß beide Parteien das Recht haben, sich von dem verbotswidrigen Vertrag für die Zukunft loszusagen. Wenn jedoch eine der beiden Parteien bei Abschluß des Vertrages die Verbotswidrigkeit kannte oder kennen mußte, so haftet sie der anderen nach § 309 iVm § 307 auf das negative Interesse. Die Ersatzpflicht tritt nach § 309 iVm § 307 Abs 1 S 2 nicht ein, wenn beide Parteien die Verbotswidrigkeit kannten oder kennen mußten.

139 c) Wenn bei Dienstleistungen der Auftragnehmer die vereinbarte Leistung ganz oder teilweise erbracht hat, so ist zu unterscheiden: War ihm die Verbotswidrigkeit seines Tuns nicht bewußt, so hat er einen (vertraglichen) Anspruch auf die vereinbarte Vergütung (BGHZ 53, 152, 159 betr den strafbaren Verstoß gegen Heilmittelwerberecht). Wenn er hingegen die Verbotswidrigkeit seiner Tätigkeit kannte, hat er keinen Anspruch auf das vereinbarte Entgelt (BGHZ 53, 152, 159 f). Er kann auch keine bereicherungsrechtlichen Ansprüche nach § 812 iVm § 818 Abs 2 geltend machen. Denn ihnen steht § 817 S 2 (analog) entgegen; die Berufung auf § 817 S 2 verstößt nicht gegen Treu und Glauben.

11. Rückabwicklung nichtiger Verträge

a) Geschäftsführung ohne Auftrag
140 Bei Nichtigkeit eines Auftrags wegen § 134 sind die §§ 677 ff anwendbar, wenn ihre sonstigen Voraussetzungen erfüllt sind (BGHZ 37, 258, 263; 111, 308, 311). Ein Vergü-

---

ler-Henneberg, Gemeinschaftskommentar zum GWB § 1 Rn 133, 137; K Schmidt, Gesellschaftsrecht § 6 III 3 c; ders WuW 1988, 5; ders AcP 186 (1986) 421, 448 ff; Schwintowski NJW 1988, 937, 941 f.

tungsanspruch nach den §§ 683, 670 entfällt, wenn die „Aufwendungen" in einer vom Gesetz verbotenen Tätigkeit, zB in Schwarzarbeit oder verbotener Rechtsberatung, bestanden (BGHZ 37, 258, 263 f; 111, 308, 311). Denn diese Aufwendungen durfte der Handelnde nicht „den Umständen nach für erforderlich halten" (BGHZ 111, 308, 311).

b) Bereicherungsrecht

141 Wurden aufgrund eines nach § 134 nichtigen Vertrags von den Parteien Leistungen erbracht, so bestehen grundsätzlich Ansprüche aus § 812 auf Herausgabe des Erlangten (BGHZ 111, 308, 311 f betr Schwarzarbeit). Wenn das „Erlangte" nicht mehr herausgegeben werden kann, zB erbrachte Dienstleistungen, so kann nach § 818 Abs 2 Wertersatz verlangt werden. Dieser ist nach der objektiven Theorie anhand des marktüblichen Preises für die erbrachte Leistung festzustellen. Der BGH hat jedoch die Ermittlung des Wertersatzes auch vom Zweck des verletzten Verbotsgesetzes abhängig gemacht. So soll ein Schwarzarbeiter nicht das marktübliche Entgelt für seine Leistung, sondern allenfalls das – niedrigere – vereinbarte Entgelt erhalten. Dieses ist außerdem zu mindern um das Risiko des Auftraggebers (BGHZ 111, 308, 314).

Wer durch die Annahme einer Leistung gegen ein gesetzliches Verbot verstößt, haftet nach § 819 Abs 2 verschärft (BGH NJW 1958, 1725).

142 Ansprüchen aus den §§ 812, 818 Abs 2 kann § 817 S 2 entgegenstehen, wenn sich beide Parteien des Verstoßes gegen ein Verbotsgesetz bewußt gewesen sind. Beruht die Vertragsnichtigkeit auf § 134, so ist auch bei der Frage, ob die Anwendung des § 817 S 2 mit Treu und Glauben vereinbar ist, der Zweck des verletzten Verbotsgesetzes zu berücksichtigen (BGHZ 111, 308, 312). Danach kann eine einschränkende Auslegung der rechtspolitisch ohnehin problematischen und in ihrem Anwendungsbereich umstrittenen Vorschrift geboten bzw ein Gegeneinwand aus § 242 begründet sein (BGHZ 111, 308, 312). So nimmt der BGH zB an, daß es gegen Treu und Glauben verstieße, wenn der Auftraggeber einem Schwarzarbeiter nach vollendeter Arbeit unter Berufung auf § 817 S 2 jeglichen Wertersatz verweigern könnte (BGHZ 111, 308, 313). Wurde eine Eigentümergrundschuld zur Sicherung von Forderungen aus einem nach § 134 nichtigen Vertrag abgetreten, so steht dem Anspruch auf Rückabtretung § 817 S 2 nicht entgegen.

c) Schadensersatzansprüche aus § 309 iVm §§ 307, 308

143 Außerdem bestehen Schadensersatzansprüche nach § 309 iVm §§ 307, 308. Diese Vorschriften regeln nur die Rechtsfolgen der Vertragsnichtigkeit, während sich die Tatbestandsvoraussetzungen allein nach § 134 iVm dem betreffenden Verbotsgesetz bestimmen (BGHZ 89, 369, 373).

VI. Umgehungsgeschäfte*

144 **1.** Wenn das Gesetz bestimmte Wege zur Erreichung eines an sich **zulässigen**

---

* BEHRENDS, Die fraus legis (1982); BENKENDORFF, Die Umgehung der Kartellvorschriften, WuW 1954, 147; BICKEL, Die „objektive Gesetzesumgehung" des BAG (BAG NZA 1987, 241), JuS 1987, 861; vGAMM, Die Gesetzesumgehung, WRP 1961, 259; H HONSELL, In fraudem legis agere, in: FS Kaser (1976) 111; HUBER, Typenzwang, Vertragsfreiheit und Geset-

rechtlichen Erfolgs verbietet, so wird vielfach versucht, denselben oder einen vergleichbaren rechtlichen Erfolg mit Hilfe anderer rechtsgeschäftlicher Gestaltungsformen zu erreichen. Soweit solche Rechtsgeschäfte als „Umgehungsgeschäfte" bezeichnet werden, wird zu Unrecht ihre rechtliche Bedenklichkeit suggeriert (SOERGEL/HEFERMEHL § 134 Rn 37). Sie sind grundsätzlich zulässig (RGZ 155, 138, 146). Gesetzwidrig bzw sittenwidrig werden sie erst, wenn besondere Umstände hinzutreten.

145 2.   Ein Umgehungsgeschäft im eigentlichen Sinne liegt dann vor, wenn durch Umgehung verbotener rechtlicher Gestaltungen ein **vom Gesetz verbotener Erfolg** herbeigeführt werden soll (RGZ 155, 138, 146; BGH NJW 1959, 332, 334; NJW 1991, 1060, 1061; ERMAN/BROX § 134 Rn 18; HÜBNER, BGB AT Rn 492; LARENZ, AT § 22 III S 433; MünchKomm/ MAYER-MALY § 134 Rn 11, 17; SOERGEL/HEFERMEHL § 134 Rn 37, 39; STAUDINGER/DILCHER[12] § 117 Rn 32, § 134 Rn 11). Anders als beim Scheingeschäft ist beim Umgehungsgeschäft der vereinbarte Erfolg wirklich gewollt. Bei den auf einen verbotenen Erfolg gerichteten Umgehungsgeschäften kommt natürlich – was vielfach übersehen wird – Nichtigkeit der Umgehungsgeschäfte nur in Betracht, wenn auch ein unmittelbar gegen die betreffende Verbotsnorm verstoßendes Rechtsgeschäft nach § 134 ganz oder teilweise nichtig wäre (vgl SCHURIG, in: FS Ferid 375, 406). Trifft letzteres zu, so sind solche Umgehungsgeschäfte mit der ganz hM jedenfalls dann nichtig, wenn die Parteien in Umgehungs**absicht** gehandelt haben. Darüber hinaus ist bei solchen Umgehungsgeschäften Nichtigkeit jedoch mit der Rechtsprechung und der hL auch dann anzunehmen, wenn es an einer Umgehungsabsicht der Parteien fehlte; es genügt also ein **objektiver** Verstoß (BGHZ 51, 255, 262; 56, 285, 289; BGH WM 1990, 222, 227; BAGE 10, 65, 70; 13, 129, 134; 39, 67, 70; ERMAN/BROX § 134 Rn 18; HUBER JurA 1970, 784, 797; MünchKomm/ MAYER-MALY § 134 Rn 18; PALANDT/HEINRICHS § 134 Rn 28; BGB-RGRK/KRÜGER-NIELAND/ ZÖLLER § 134 Rn 139; SCHURIG, in: FS Ferid [1988] 375, 398 aE; SOERGEL/HEFERMEHL § 134 Rn 40). Denn das Verbot der Gesetzesumgehung knüpft an die Geltung des umgangenen Gesetzes und seiner Durchsetzbarkeit aus eigener Kraft an (BGH WM 1990, 222, 227 aE). Auch ein auf Gesetzesumgehung gerichteter Vorvertrag ist nichtig (RG LZ 1931, 1060 Nr 2; BGB-RGRK/KRÜGER-NIELAND/ZÖLLER § 134 Rn 139).

146 3.   Wenn der mit dem fraglichen Rechtsgeschäft angestrebte Erfolg mit dem Zweck der betreffenden Verbotsnorm unvereinbar ist, dann ist zunächst zu versuchen, durch **extensive Auslegung** der Verbotsnorm dieses Rechtsgeschäft zu erfassen. Unmittelbar verbotswidrig ist ein Rechtsgeschäft auch dann, wenn sein **Hauptzweck** auf einen verbotswidrigen Erfolg, zB auf eine Steuerhinterziehung oder auf die Umgehung des Erfordernisses einer Gewerbekonzession, zielt (ausf unten Rn 162 f). Wenn die Anwendung von § 134 durch extensive Auslegung zu erreichen ist, handelt es sich bei solchen Rechtsgeschäften jedoch genaugenommen gar nicht um ein Umgehungsgeschäft, durch das eine Verbotsnorm umgangen wird, sondern um ein von Anfang an verbotenes Rechtsgeschäft, auf das § 134 iVm der betreffenden Verbotsnorm ohne weiteres anwendbar ist; der Umgehungsversuch ist mißlungen (zutr SCHURIG, in: FS Ferid 375, 384; vgl auch MEDICUS, AT S 243 Rn 660; MünchKomm/MAYER-MALY § 134 Rn 12, 16). Der mögliche Wortsinn der Rechtsbegriffe des Verbotsgesetzes setzt allerdings der Auslegung Grenzen. Bei Umgehungsgeschäften, die sich mit dem

---

zesumgehung, JurA 1970, 784; J SCHRÖDER, Gesetzesauslegung und Gesetzesumgehung (1985); SCHURIG, Die Gesetzesumgehung im

Privatrecht, in: 2. FS Murad Ferid (1988) 375; TEICHMANN, Die Gesetzesumgehung (1962).

möglichen Wortsinn des Verbotsgesetzes nicht mehr erfassen lassen, führt Auslegung zu keinem Erfolg (MünchKomm/MAYER-MALY § 134 Rn 11 ff; aA jedoch wohl FLUME, AT II § 17, 5 S 350, 351; MEDICUS, AT Rn 660 ff; SOERGEL/HEFERMEHL § 134 insbes Rn 37, 41; STAUDINGER/DILCHER[12] § 134).

4. Wird zum Zwecke der Gesetzesumgehung das verbotene Rechtsgeschäft durch ein Scheingeschäft verdeckt, so ist nach § 117 Abs 1 das Scheingeschäft nichtig, während auf das verdeckte Geschäft nach § 117 Abs 2 die für dieses geltenden Vorschriften – ua § 134 – Anwendung finden. **147**

5. Auf der nächsten Stufe ist zu prüfen, ob das Gesetz ein **ausdrückliches Umgehungsverbot** enthält, das Umgehungsgeschäfte den verbotenen Rechtsgeschäften gleichstellt. In diesem Fall bildet das gesetzliche Umgehungsverbot iVm der gesetzlichen Verbotsnorm das gesetzliche Verbot iSv § 134. Gesetzliche Umgehungsverbote finden sich zB in § 7 AGBG, § 42 AO (früher § 6 SteueranpassungsG), § 8 FernUSG, § 22 GüKG (inzwischen weggefallen), § 5 Abs 3 S 1 HausTWG, § 75 d HGB, § 18 S 1 VerbrKrG bzw § 6 AbzG. In Art 1 § 1 RBerG hat der Gesetzgeber zur Verhinderung von Umgehungsgeschäften die geschäftsmäßige Einziehung abgetretener Forderungen der fremden Rechtsbesorgung gleichgestellt (BGHZ 61, 317, 320 aE). **148**

6. Streitig ist, auf welchem rechtlichen Weg man zur Nichtigkeit von Umgehungsgeschäften gelangt, die auf einen gesetzlich verbotenen Erfolg zielen, wenn diese weder durch eine extensive Auslegung der betreffenden Verbotsnorm erfaßt werden können, noch gegen ein ausdrückliches gesetzliches Umgehungsverbot verstoßen. **149**

a) Der BGH und das BAG haben mehrfach die Ansicht vertreten, daß bei der Umgehung des Verbotsgesetzes § 134 anwendbar sei, wenn durch andere rechtliche Gestaltungsmöglichkeiten der Zweck des betreffenden Verbotsgesetzes vereitelt werde (BGHZ 44, 171, 176; 51, 255, 262; 56, 285, 289; 58, 61, 65; 59, 343, 348; 85, 39, 46; BAGE 39, 67, 70; BAG DB 1982, 121, 122; MAYER-MALY, in: FS Hefermehl [1976] 103, 108 f; SCHURIG, in: FS Ferid [1988] 375, 380; ausdrücklich aA RGZ 63, 143, 145). Denn ein vom Gesetz mißbilligter Erfolg dürfe nicht durch Umgehung des Gesetzes erreicht werden (BGHZ 85, 39, 46). Allerdings hat der BGH nicht näher dargelegt, wie er zur Anwendung des § 134 gelangt, der eine Verletzung eines Verbotsgesetzes erfordert, die bei einer echten Gesetzesumgehung gerade nicht vorliegt.

b) Zum einen kann man an eine **Analogie** zur Verbotsnorm denken (vgl ERMAN/BROX § 134 Rn 13; TEICHMANN 64, 78 ff; aA MünchKomm/MAYER-MALY § 134 Rn 11, 12, 14). Die durch Analogie gewonnene Norm könnte man ihrerseits als Verbotsgesetz iSv § 134 qualifizieren. **150**

c) Man kann auch ein **allgemeines Umgehungsverbot** als selbständiges Rechtsinstitut postulieren (so MünchKomm/MAYER-MALY § 134 Rn 12, 14, 17; PALANDT/HEINRICHS § 134 Rn 28). Dieses allgemeine Umgehungsverbot iVm dem umgangenen Verbotsgesetz könnte man als eigenständiges Verbotsgesetz verstehen. Rechtfertigen läßt sich ein allgemeines Umgehungsverbot sowohl mit dem Verbotszweck von Verbotsgesetzen als auch mit einer Gesamtanalogie zu den gesetzlich geregelten Umgehungsverboten. Die Tatsache, daß der historische Gesetzgeber die Regelung eines allgemeinen **151**

Umgehungsverbotes ausdrücklich abgelehnt hat, weil man zu stark in die Auslegungsfreiheit des Richters eingreife und die Gefahr heraufbeschwöre, daß eine Reihe erlaubter Rechtsgeschäfte für nichtig erklärt werde (Prot II 123), dürfte überholt sein, was der Gesetzgeber durch die zunehmende Zahl der oben erwähnten ausdrücklichen Umgehungsverbote anerkannt hat (MünchKomm/MAYER-MALY § 134 Rn 15).

152 **d)** Schließlich kann man – ebenfalls mit dem BGH – in einem Umgehungsgeschäft einen Verstoß gegen **die guten Sitten** iSv § 138 sehen (so zB BGH WM 1968, 918; BGH NJW 1968, 2286, 2287; BGH WM 1977, 1044, 1046; BGH NJW 1983, 2873; ebenso RGZ 63, 143, 145; 84, 304, 305; 155, 138, 146 f; OLG Hamburg MDR 1975, 141, 142; OLG Köln NJW – RR 1994, 1540, 1541; ausdrücklich gegen diese Ansicht MünchKomm/MAYER-MALY § 134 Rn 19). Der Weg über § 138 wäre allerdings bedenklich, wenn man es mit der ganz herrschenden Meinung ablehnt, jede Gesetzesverletzung als sittenwidrig zu bewerten. Denn in diesem Falle könnte man mit § 138 nur solche Umgehungsgeschäfte erfassen, die Verbotgesetze umgehen, deren Verletzung ihrerseits sittenwidrig („sittlich verwerflich") wäre (bei dieser Auslegung von § 138 zutreffend gegen die Anwendung dieser Vorschrift MünchKomm/ MAYER-MALY § 134 Rn 18). Bedenken gegen die Anwendung von § 138 auf Umgehungsgeschäfte bestehen auch dann, wenn man mit der hM die Nichtigkeitssanktion nicht durch einen ungeschriebenen Normzweckvorbehalt einschränkt; denn dann könnte die Anwendung von § 138 zur Folge haben, daß Umgehungsgeschäfte strengeren zivilrechtlichen Sanktionen unterliegen als Rechtsgeschäfte, die unmittelbar gegen ein Verbotsgesetz verstoßen und deshalb nach § 134 nur dann nichtig sind, wenn sich aus dem Zweck des verletzten Verbotsgesetzes nicht ein anderes ergibt. Die Anwendung von § 138 ist ferner problematisch, wenn man den Vorwurf der Sittenwidrigkeit von der Verwirklichung eines subjektiven Tatbestandes, zB von der Kenntnis sittenwidrigkeitsbegründenden Tatumstände oder gar vom Bewußtsein der Sittenwidrigkeit, abhängig macht. Nicht zuletzt auch aus diesem Grunde hat die Rechtsprechung die Vorschrift des § 134 der des § 138 vorgezogen (besonders deutlich BGHZ 51, 255, 262).

153 Nach der unten zu § 138 vertretenen Ansicht, wonach jede Gesetzesverletzung auch sittenwidrig ist, ein objektiver Sittenverstoß genügt und die Nichtigkeitssanktion des § 138 in gleicher Weise einem (ungeschriebenen) Normzweckvorbehalt unterliegt wie die des § 134, ist der Anwendung des § 138 auf Umgehungsgeschäfte der Vorzug zu geben. Denn es besteht, soweit keine ausdrücklichen gesetzlichen Umgehungsverbote geregelt sind, eine rechtliche Lücke, für deren Schließung der Gesetzgeber § 138 vorgesehen hat. Darüber hinaus besteht keine weitere Lücke, für deren Schließung eine Analogie zu den betreffenden Verbotsgesetzen bzw die Schaffung eines allgemeinen Umgehungsverbotes erforderlich wäre. Deshalb besteht auch kein Vorrang des richterrechtlichen Umgehungsverbots vor § 138, der ausdrücklich für die Schließung von Lücken vorgesehen ist (aA SCHURIG, in: FS Ferid 375, 407). Folgt man hingegen der herrschenden Auslegung von § 138, dann ist einer analogen Anwendung der Verbotsnorm der Vorzug zu geben. Allerdings dürfte kein nennenswerter Unterschied zur Ansicht bestehen, die ein allgemeines Umgehungsverbot anerkennt.

7. Umgehung im grenzüberschreitenden Rechtsverkehr durch Rechtswahl

154 **a)** Bei grenzüberschreitenden Sachverhalten kann man inländischen Verbotsgesetzen auch durch eine entsprechende Rechtswahl, dh dadurch zu entgehen versuchen, daß man den Vertrag einer ausländischen Rechtsordnung unterstellt, die keine vergleichbaren Verbotsgesetze kennt. Dem setzt allerdings das deutsche Kollisionsrecht Grenzen (ausführlich dazu SCHURIG, Kollisionsnorm und Sachrecht [1981] 240 ff). Nach Art 27 Abs 3 EGBGB kann durch die Wahl eines ausländischen Rechts und eines ausländischen Gerichtsstandes nicht von zwingenden Bestimmungen abgewichen werden bei einem reinen Inlandssachverhalt oder wenn das Rechtsgeschäft keinerlei Beziehungen zu der gewählten Rechtsordnung aufweist. Demgegenüber schließt jedoch – wegen des Auslandsbezugs – zB die zwingende Natur des § 89 b HGB nicht aus, daß ein niederländischer Unternehmer mit einem deutschen Handelsvertreter, der seine Niederlassung in Deutschland hat, die Anwendung niederländischen Rechts und einen ausschließlichen niederländischen Gerichtsstand vereinbart (BGH NJW 1961, 1061).

b) Außerdem schließt Art 34 EGBGB aus, durch Rechtswahl sogenannten **Eingriffsnormen** des Inlands zu entgehen. Zu diesen Eingriffsnormen gehören insbesondere Vorschriften des Devisenrechts oder des Deutschen und Europäischen Kartellrechts.

c) Schließlich ist ausländisches Recht nach Art 6 EGBGB nicht anwendbar, wenn es mit wesentlichen Grundsätzen des Deutschen Rechts offensichtlich unvereinbar ist. Entsprechende Beschränkungen finden sich in den prozeßrechtlichen Vorschriften der §§ 328 Abs 1 Nr 4, 723 Abs 2, 1041 Abs 1 Nr 2, 1044 Abs 2 Nr 2 ZPO und des Art 27 Nr 1 EuGVÜ.

8. Einzelfälle

Eine Vereinbarung, wonach der Mieter bei vorzeitiger Beendigung des Mietvertrags die sofortige Rückzahlung des Mieterdarlehens nicht verlangen kann, ist wegen Umgehung des § 557 a BGB nichtig, wenn das Darlehen zinslos gewährt wurde und nur mit 2% jährlich zu tilgen ist (so zu § 134 BGHZ 56, 285, 289; SOERGEL/HEFERMEHL § 134 Rn 86). Eine Vertragsbestimmung in einem Handelsvertretervertrag, wonach ein Teil der dem Handelsvertreter laufend zu zahlenden Vergütung auf den künftigen Ausgleichsanspruch angerechnet werden soll, verstößt im Zweifel gegen die zwingende Vorschrift des § 89 b Abs 4 HGB und ist daher idR nichtig (zu § 134 BGHZ 58, 60, 65, 71; MAYER-MALY, in: FS Hefermehl [1976] 103, 107 f; SOERGEL/HEFERMEHL § 134 Rn 78). Die Vereinbarung einer Anwesenheitsprämie für Arbeitnehmer ist nichtig, wenn dadurch der Zweck eines Schutzgesetzes, zB des MuSchG, vereitelt wird (BAG AP Nr 15 zu § 611 BGB Anwesenheitsprämie). Nichtig sind auch Vereinbarungen, wenn durch sie der arbeitsrechtliche Kündigungsschutz umgangen werden soll (dazu BICKEL JuS 1987, 861), zB durch zu diesem Zweck abgeschlossene (bedingte) Aufhebungsverträge (BAGE 26, 417 = AuR 1975, 220, 221 m Anm WOLLENSCHLÄGER; MünchKomm/MAYER-MALY § 134 Rn 19), auflösende Bedingungen (BAG DB 1982, 121, 122; LAG Düsseldorf DB 1974, 2111; MünchKomm/MAYER-MALY § 134 Rn 19; vgl auch BAG AuR 1974, 220, 221) oder Befristungen des Arbeitsvertrags (BAGE 10, 65, 70, 71; 25, 125; vgl auch BAG DB 1982, 123 f; MünchKomm/ MAYER-MALY § 134 Rn 19). Wenn ein sachlich gerechtfertigter Grund für eine Befristung nicht vorliegt, gilt der Arbeitsvertrag als unbefristet abgeschlossen und kann nur unter Beachtung der Kündigungsschutzvorschriften aufgehoben werden.

158 Nichtig sind auch Verträge, durch die das Erfordernis einer Gewerbeerlaubnis, zB zum Güterkraftverkehr oder – besonders häufig – zum Führen einer Gastwirtschaft, umgangen werden soll (so zu § 138 RGZ 63, 143, 145; 84, 304, 305; ebenso zu § 134 RGZ 125, 209, 211 f; OLG Hamm BB 1986, 1812; BB 1988, 236; ausdrücklich gegen die Anwendung von § 134 RGZ 63, 143, 145; zu § 134 MünchKomm/MAYER-MALY § 134 Rn 19). Deshalb ist ein Anstellungs- oder Pachtvertrag zwischen einem Geschäftsinhaber mit Gewerbekonzession, der nur als Strohmann fungiert, und einer nicht konzessionierten Person, die die Geschäfte in Wirklichkeit allein führen soll, nichtig, weil ein solcher Vertrag nur vorgetäuscht wird, um das Fehlen der Gewerbekonzession auszugleichen. Nichtige Umgehungsgeschäfte sind ferner Verpflichtungen, durch die vorgeschriebene Tarife umgangen werden sollen, zB Schmiergeldzahlungen eines Transportunternehmens an Angestellte des Absenders oder sonstige Personen, die an der Niedrighaltung der Beförderungskosten im Güterkraftverkehr interessiert sind, zur Umgehung der Tarife des Güterkraftverkehrs (BGHZ 38, 171, 176).

159 Nicht nur ein vom SchwArbG verbotener Vertrag zwischen einem Schwarzarbeiter und seinem Auftraggeber, sondern auch ein Vertrag zwischen diesem und einem „Baubetreuer", der sich zum Einsatz von Schwarzarbeitern verpflichtet, ist nichtig (so zu § 134 BGHZ 85, 39, 46). Denn ein solcher Baubetreuungsvertrag liefe auf eine Umgehung des SchwArbG hinaus (BGHZ 85, 39, 46).

160 Ein Garantieversprechen, mit dem der eine Vertragsteil eines wegen des Verstoßes gegen das Verbot der entgeltlichen Vermittlung von akademischen Graden nach § 141 Abs 4 WissHG NRW iVm § 134 nichtigen Vertrags dem anderen Vertragsteil Schadloshaltung für den Fall des Mißlingens dieses Geschäfts verspricht, ist wegen Gesetzesumgehung ebenfalls nichtig, nach Ansicht des OLG Köln nach § 138 Abs 1 (NJW-RR 1994, 1540, 1541). Die Problematik der Umgehungsgeschäfte überschneidet sich zT mit der der Verträge, die ein gesetzwidriges Verhalten zur Folge haben; dazu Rn 161 ff.

VII. Verträge zur Vorbereitung verbotswidrigen Folgeverhaltens

1. Grundsatz

161 § 134 ist nur anwendbar, wenn ein Rechtsgeschäft als solches gegen ein Verbotsgesetz verstößt. Verträge, die zwar nicht selbst verbotswidrig sind, jedoch einem verbotswidrigen **Folgeverhalten** dienen sollen oder ein solches implizieren, sind grundsätzlich nicht nichtig (BGH WM 1976, 1026, 1027; BGH NJW 1983, 2873 zu 2 b; CANARIS, Gesetzliches Verbot ... 48; SOERGEL/HEFERMEHL § 134 Rn 27). § 134 scheitert in diesen Fällen grundsätzlich schon am Erfordernis der Verbotswidrigkeit der Vornahme des Vertrags (CANARIS, Gesetzliches Verbot ... 48). Auch handelt es sich nicht um Umgehungsgeschäfte (oben Rn 144 ff). Wenn bei einem Grundstücksverkauf in der notariellen Urkunde der Kaufpreis zu niedrig angegeben wird, um Grunderwerbsteuer zu hinterziehen, so ist der Kaufvertrag nicht nach § 134 nichtig (BGH WM 1976, 1026, 1027; CANARIS 48). In diesen Fällen führt auch die beiderseitige Kenntnis der verbotswidrigen Folgehandlungen nicht ohne weiteres zur Nichtigkeit nach § 134 (CANARIS 49). Ein Kaufvertrag zwischen einem inländischen Käufer und einem inländischen Verkäufer, den dieser nur nach **Beschaffung** der Ware aus dem Ausland unter Verletzung von Einfuhrvorschriften des AWiG erfüllen könnte, ist nicht nach § 134 nichtig, wenn die Einfuhr nicht Gegenstand oder Bestandteil der Vertragsleistung ist (BGH NJW 1983, 2873; PALANDT/HEINRICHS § 134 Rn 1). Der Vertrag über den Verkauf einer Ware ist auch dann gültig, wenn der Käufer beim **Weiterverkauf** vermutlich gegen ein Import- oder Exportverbot verstößt (RG JW 1920, 432 f m zust Anm OERTMANN; RG JW 1924, 1359; CANARIS 48; SOERGEL/HEFERMEHL § 134 Rn 28). Der Verkauf eines rezeptpflichtigen Arzneimittels an einen Händler ist auch dann gültig, wenn dieser es möglicherweise verbotswidrig rezeptfrei verkaufen wird (BGH NJW 1968, 2286, 2287; CANARIS 48 f). Der Kaufvertrag zwischen einem ausländischen Hersteller und einem inländischen Importeur über ein Heizgerät ist wirksam, auch wenn das inländische Inverkehrbringen des Geräts nach dem GSG verboten ist (BGH NJW 1981, 2640, 2641; CANARIS 49; SOERGEL/HEFERMEHL § 134 Rn 28). Der gutgläubige Importeur ist uU nach § 460 geschützt (BGH NJW 1981, 2641). Gültig sind auch Verleihverträge über einen Pornofilm, wenn dessen Vorführung nicht generell, sondern nur unter bestimmten Voraussetzungen nach § 184 Abs 1 Nr 7 StGB strafbar ist (BGH NJW 1981, 1439; CANARIS 49; SOERGEL/HEFERMEHL § 134 Rn 28; vgl auch BGH GRUR 1960, 447, 448 „Comics"; zur Strafbarkeit auch BGH NJW 1980, 65).

2. **Verbotswidriger Hauptzweck**

Sobald jedoch verbotswidrige Folgehandlungen der **Hauptzweck** eines Vertrages sind, ist er nach hM nichtig (BGHZ 14, 25, 30 f; RGZ 78, 347, 353; 84, 304, 305; OLG Koblenz WM 1979, 1435, 1436; CANARIS 50; MünchKomm/MAYER-MALY § 134 Rn 17; SOERGEL/HEFERMEHL § 134 Rn 28), sei es nach § 134 (CANARIS 51; **aA** RGZ 63, 143, 145), sei es nach § 138 (RGZ 63, 143, 145; 84, 304, 305). Entgegen der hM ist jedoch auch hier nach dem Zweck des verletzten Verbotsgesetzes zu differenzieren. Bei einem Vertrag, dessen Hauptzweck eine Steuerhinterziehung ist, entspricht die Nichtigkeit dem Verbotszweck (BGHZ 14, 25, 30 f; BGH WM 1966, 161, 163; 1969, 163, 164; 1975, 1279, 1281; 1978, 1122, 1123; 1979, 692, 693; NJW 1983, 1843, 1844; OLG Koblenz WM 1979, 1435, 1436). Ein sog **Kastellan-Vertrag**, in dem eine Person, die keine Erlaubnis zum Betrieb einer Gaststätte hat, mit dem Inhaber einer solchen Erlaubnis einen Arbeitsvertrag schließt, als dessen Geschäftsführer oder Stellvertreter tätig zu werden, während sie in Wirklichkeit die Gaststätte allein für eigene Rechnung führen will und wird, ist ebenfalls nichtig (RGZ 63, 143, 145; 84, 304, 305; 125, 209, 211; OLG Hamm BB 1986, 1812; LG Berlin NJW 1977, 1826 f; CANARIS 51).

Wenn hingegen ein Mietvertrag eine baurechtlich oder gewerberechtlich unzulässige Nutzung des Mietobjekts vorsieht, ist der Vertrag dennoch nicht nach § 134 oder § 138 nichtig, obwohl sein Hauptzweck ein verbotswidriger Leistungserfolg ist (BGHZ 75, 366, 368; BGH NJW 1980, 777; VGH München NJW-RR 1993, 1422; vgl auch VGH Kassel NJW 1964, 2444). Er ist auch nicht nach § 306 nichtig (BGH NJW 1980, 777). Vielmehr hat der gutgläubige Mieter Mängelgewährleistungsansprüche (BGH NJW 1980, 777).

3. **Zwangsläufige Verbotswidrigkeit**

§ 134 wird ferner dann für anwendbar gehalten, wenn die **Durchführung** eines – an sich nicht verbotswidrigen – Vertrags **notwendigerweise** gegen ein Verbotsgesetz verstößt (CANARIS, Gesetzliches Verbot ... 51 f). Diese Ansicht verkürzt jedoch ungerechtfertigt die Rechte des Leistungsberechtigten. Grundsätzlich hat der Leistungsverpflichtetc dafür einzustehen, daß er erfüllen kann und daß er dies rechtmäßig kann. Wenn er dies nicht rechtmäßig kann, besteht zwar keine Erfüllungspflicht; er haftet jedoch dem Leistungsberechtigten vertragsrechtlich auf Schadensersatz wegen Nichterfüllung. Wenn der Leistungsberechtigte die verbotswidrige Leistung in Anspruch genommen hat, haftet er seinerseits auf die Gegenleistung. Ein Kaufvertrag zwischen einem inländischen Verkäufer und einem inländischen Käufer, den der Verkäufer nur nach Beschaffung der Ware aus dem Ausland und insoweit nur unter Verletzung von Einfuhrvorschriften des AWiG erfüllen könnte, ist nicht nach § 134 nichtig, wenn die gesetzwidrige Einfuhr nicht Gegenstand oder Bestandteil der Vertragsleistung ist (BGH NJW 1983, 2873 betr Hemden koreanischen Ursprungs; SOERGEL/ HEFERMEHL § 134 Rn 28). Denn es ist Angelegenheit des Verkäufers, die verkaufte Ware zu beschaffen: Andererseits ist ein Verkäufer nicht verpflichtet, dem gesetzwidrigen Verhalten eines Käufers Vorschub zu leisten, so daß er nach § 242 zur Lieferverweigerung berechtigt ist, wenn ihm die gesetzwidrige Absicht des Käufers bekannt wird (RG JW 1924, 1359).

VIII. Genehmigungsbedürftige Rechtsgeschäfte

165 Bestimmte Rechtsgeschäfte bedürfen der Genehmigung bzw Zustimmung. Hier ist zunächst zu unterscheiden zwischen dem Erfordernis einer behördlichen und dem einer privatrechtlichen Genehmigung.

Eine außerordentliche Kündigung ohne Zustimmung des Betriebsrats ist nach § 134 nichtig (BAG WM 1975, 40, 41 zu I 1; SOERGEL/HEFERMEHL § 134 Rn 43). Gesetze, die ein Rechtsgeschäft von einer **privatrechtlichen** Zustimmung abhängig machen, sind allerdings idR keine Verbotsgesetze iSv § 134, sondern enthalten nur Beschränkungen der Verfügungsgewalt. Dies gilt auch zB für § 1365 (vgl BGHZ 125, 355 = NJW 1994, 1785; **aA** BGB-RGRK/KRÜGER-NIELAND/ZÖLLER § 134 Rn 34) und § 1369 (**aA** BGB-RGRK/KRÜGER-NIELAND/ZÖLLER § 134 Rn 34). Diese Vorschriften enthalten allerdings kein relatives, sondern ein absolutes Veräußerungsverbot, auf das sich auch der Ehepartner berufen kann, der ohne Zustimmung verfügt hat (BGHZ 40, 218, 219 f).

166 Soweit das Gesetz **behördliche** Genehmigungen vorschreibt, sind diese häufig nicht nur Wirksamkeitsvoraussetzung für Rechtsgeschäfte, sondern Verstöße gegen die Genehmigungspflicht sind auch verboten und gegebenenfalls strafbar (SOERGEL/ HEFERMEHL § 134 Rn 42; **aA** wohl LARENZ, AT § 22 II S 434 aE). In den Fällen der Verbotswidrigkeit der Vornahme ungenehmigter Rechtsgeschäfte stellt sich die Frage der Anwendbarkeit von § 134. Hierbei ist zu unterscheiden zwischen genehmigungsbedürftigen **Verpflichtungsgeschäften** und **Verfügungsgeschäften**. Außerdem ist zu unterscheiden, ob das Gesetz für das einzelne konkrete Rechtsgeschäft eine Genehmigung verlangt oder ob die Genehmigungsbedürftigkeit in irgendeiner Weise dem Rechtsgeschäft vorgelagert ist, zB in Form einer Gewerbekonzession, und ob sich das verbotswidrige Fehlen einer Genehmigung auf Folgegeschäfte auswirkt.

1. Genehmigungsbedürftige Verpflichtungsgeschäfte

a) Genehmigungsbedürftigkeit des konkreten Rechtsgeschäfts
167 Bei Gesetzen, die ein Rechtsgeschäft von einer behördlichen Genehmigung abhän-

gig machen, ist auf den Zweck der Genehmigung abzustellen. Außerdem ist zu unterscheiden zwischen einseitigen und zwei- bzw mehrseitigen Rechtsgeschäften.

aa) Einseitige Rechtsgeschäfte

Wenn die Genehmigung Wirksamkeitsvoraussetzung ist, so ist ein **einseitiges** Rechtsgeschäft, zB eine Aufrechnung oder Kündigung, ohne die erforderliche Genehmigung grundsätzlich nichtig (BGHZ 11, 27, 37; 37, 233, 235 f; OLG Braunschweig NJW-RR 1992, 440; MünchKomm/MAYER-MALY § 134 Rn 7; BGB-RGRK/KRÜGER-NIELAND/ZÖLLER § 134 Rn 32; SOERGEL/HEFERMEHL § 134 Rn 43; STAUDINGER/DILCHER[12] § 134 Rn 9; PALANDT/HEINRICHS § 134 Rn 12). Dies folgt nicht aus § 134, sondern aus dem Wesen der Genehmigungsbedürftigkeit (MünchKomm/MAYER-MALY § 134 Rn 7). Eine Ausnahme hiervon gilt für behördlich zu genehmigende Vermächtnisse; sie sind vor Erteilung der Genehmigung schwebend unwirksam. Denn wegen der oft sehr langen Zeitspanne zwischen der Errichtung des Testaments und dem Anfall des Vermächtnisses entspricht die Annahme schwebender Unwirksamkeit einem dringenden praktischen Bedürfnis, ohne daß einem solchen Schwebezustand anderweitige gewichtige Interessen entgegenstehen (BGHZ 37, 233, 235 f; SOERGEL/HEFERMEHL § 134 Rn 43).

bb) Zwei- und mehrseitige Rechtsgeschäfte

(1) Ein (noch) nicht genehmigtes zwei- oder mehrseitiges Rechtsgeschäft ist hingegen grundsätzlich nicht nichtig (BGH NJW 1974, 1080; RGZ 104, 105, 107 f), sondern schwebend unwirksam*. Dies gilt auch dann, wenn feststeht, daß das Rechtsgeschäft nicht genehmigungsfähig ist (BGH NJW 1993, 648, 650 zu 3 a bb; PALANDT/HEINRICHS § 275 Rn 27). Die Rechtsfolge der Nichtigkeit bzw schwebenden Unwirksamkeit nicht genehmigter Rechtsgeschäfte ergibt sich nicht aus § 134 (vgl jedoch BGHZ 37, 233, 235), sondern aus dem Wesen der Genehmigungsbedürftigkeit (MünchKomm/MAYER-MALY § 134 Rn 7). Denn diese Rechtsfolgen greifen auch dann ein, wenn das Gesetz, das die Genehmigungspflicht vorsieht, kein Verbotsgesetz ist (vgl zB die Entscheidung BGH NJW 1993, 648 zu § 2 GrdstVG und § 19 BBauG = BauGB). **168**

Schwebend unwirksam sind zB (noch) nicht genehmigte, aber genehmigungsbedürftige Devisengeschäfte iS des § 3 WährungsG, des AWiG oder anderer devisenrechtlicher Regelungen (BGHZ 1, 294, 301 f; BGH WM 1963, 1034, 1035 zu MRG Nr 53; WM 1977, 1044, 1045 zu 4; WM 1981, 189, 190; NJW 1995, 318, 320; OLG Koblenz NJW 1988, 3099; RGZ 168, 261; vgl auch BGH NJW 1959, 332, 334) oder bestimmte Kartelle nach den §§ 1 ff GWB oder nach Art 85 EGV. **169**

Wegen fehlender Genehmigung schwebend unwirksame Verträge begründen keine Erfüllungsansprüche (RGZ 1968, 261, 267; BGH WM 1977, 1044, 1045 zu 4; BGH NJW 1993, 648, 651; OLG Koblenz NJW 1988, 3099). Deshalb werden auch keine Verzugsfolgen aus-

---

* Vgl BGH NJW 1995, 318, 320; NJW 1993, 648, 650; WM 1981, 189, 190; WM 1977, 1044, 1045 zu 4; JZ 1972, 368; WM 1971, 586; NJW 1965, 41; WM 1964, 1194, 1195; WM 1963, 1034, 1035; BGHZ 37, 233, 235; 32, 383, 389; 23, 342, 344; WM 1955, 1385; RGZ 168, 261, 266; RGZ 103, 104, 106; OLG Koblenz NJW 1988, 3099; ERMAN/BROX § 134 Rn 3; MünchKomm/MAYER-MALY § 134 Rn 7; PALANDT/HEINRICHS § 134 Rn 12; § 275 Rn 27; BGB-RGRK/KRÜGER-NIELAND/ZÖLLER § 134 Rn 28; SOERGEL/HEFERMEHL § 134 Rn 44; STAUDINGER/DILCHER[12] § 134 Rn 9.

gelöst, wenn die noch genehmigungsbedürftigen Hauptpflichten nicht erfüllt werden (BGH NJW 1974, 1080 zu I 1; BGH NJW 1993, 648, 651; RGZ 168, 261, 267); sie sind vor der Genehmigung nicht fällig. Daher sind auch Schadensersatzansprüche wegen Nichterfüllung vor Erteilung der Genehmigung nicht begründet (BGH WM 1977, 1044, 1045; RGZ 168, 261, 267 f). Solange ein Vertrag mangels Genehmigung schwebend unwirksam ist, kann sich allerdings auch kein Vertragsteil einseitig vom Rechtsgeschäft lösen (BGH NJW 1993, 648, 651 zu B III 3 a bb; BGH WM 1977, 1044, 1046; JZ 1972, 368; BGHZ 14, 1, 2; RGZ 103, 104, 106; RGZ 168, 261, 267). Vielmehr haben alle Vertragsparteien nach § 242 die Pflicht, alle zur Erteilung der Genehmigung erforderlichen Schritte zu unternehmen (BGH WM 1977, 1044, 1046; WM 1972, 1097, 1099; SOERGEL/HEFERMEHL § 134 Rn 44). Die Verletzung dieser Pflicht kann Schadensersatzansprüche des Vertragspartners wegen culpa in contrahendo auslösen, die sich, falls die Genehmigung bei rechtzeitiger und sachgerechter Mitwirkung (zB Antragstellung) erteilt worden wäre, auf das richten, was er erhalten hätte, wenn der andere Vertragspartner pflichtgemäß mitgewirkt hätte (BGH WM 1977, 1044, 1046). Allerdings ist eine Vertragspartei nach § 242 nicht gehalten, einen unbegrenzt langen Schwebezustand hinzunehmen (BGH NJW 1993, 648, 651). Trotz fehlender Erfüllungsansprüche können sich die Parteien wirksam verpflichten, bereits vor der Genehmigung Maßnahmen zu ergreifen, die der Vertragsabwicklung dienlich sind (PALANDT/HEINRICHS § 275 Rn 27).

170 (2) Wenn die Genehmigung Wirksamkeitsvoraussetzung für das konkrete Rechtsgeschäft ist, wird es **voll wirksam**, sobald die Genehmigung erteilt wurde und unanfechtbar geworden ist (BGHZ 1, 294, 302; BGH WM 1964, 1195, 1196; WM 1971, 586; WM 1981, 189, 190; RGZ 103, 104, 106). Die Genehmigung hat idR rückwirkende Kraft, wenn dies dem Parteiwillen entspricht (BGHZ 32, 383, 389 f; BGH NJW 1965, 41; RGZ 123, 327, 330); dies ergibt sich aus dem Normzweck des Genehmigungserfordernisses, wenn das Gesetz nichts anderes vorsieht (BGHZ 32, 383, 389; RGZ 123, 327, 331). Die nachträgliche Aufhebung einer unanfechtbar gewordenen Genehmigung ist grundsätzlich nicht möglich und würde die Wirksamkeit des Vertrags grundsätzlich nicht berühren (RGZ 103, 104, 106 f; SOERGEL/HEFERMEHL § 134 Rn 46). Wurde hingegen eine noch nicht bestandskräftige Genehmigung von einem Dritten, der dadurch in seinen Rechten verletzt wurde, wirksam angefochten, so wird das Rechtsgeschäft endgültig nichtig.

171 Einer Genehmigung gleichzustellen ist ein unrichtiges Negativattest des Inhalts, daß eine Genehmigung nicht erforderlich sei (BGHZ 1, 294, 302 zum Devisenrecht; PALANDT/HEINRICHS § 275 Rn 29; vgl auch BGHZ 76, 242, 244). Das betreffende Rechtsgeschäft ist auch dann wirksam, wenn die zuständige Behörde die Genehmigungsbedürftigkeit zu Unrecht verneint hat. Denn in diesem Fall hat keine der beteiligten Parteien ein schutzwürdiges Interesse daran, geltend zu machen, daß das Rechtsgeschäft unwirksam sei, weil eine Genehmigung erforderlich sei und diese nicht erteilt wurde (BGHZ 1, 294, 302; grundsätzlich aA SOERGEL/HEFERMEHL § 134 Rn 47).

172 Wirksam wird das Rechtsgeschäft auch, wenn, solange der Schwebezustand besteht, die Genehmigungspflicht nach neuen gesetzlichen Vorschriften entfällt (BGHZ 37, 233, 236 = NJW 1962, 1715; BGH WM 1963, 1034, 1035; NJW 1965, 41; NJW 1968, 1928; WM 1981, 189, 190 zu B III 2 b; NJW 1995, 318, 320; PALANDT/HEINRICHS § 134 Rn 12; § 275 Rn 29; SOERGEL/HEFERMEHL § 134 Rn 46, 49). Der Wegfall der Genehmigungspflicht ersetzt die Genehmigung allerdings nur, solange sie noch erwartet werden kann, dh wenn der

Schwebezustand noch besteht, nicht jedoch bei abgeschlossenen Verfahren (BGH NJW 1995, 318, 320; WM 1981, 189, 190; NJW 1968, 1928; PALANDT/HEINRICHS § 275 Rn 29; vgl auch BGHZ 37, 233, 236). In diesem Fall wird der Vertrag von Anfang an wirksam (BGH NJW 1965, 41 f; aA PALANDT/HEINRICHS § 275 Rn 29).

(3) Ein mangels behördlicher Genehmigung schwebend unwirksamer Vertrag wird **173** grundsätzlich nichtig, wenn die Genehmigung **unanfechtbar** versagt worden ist (BGHZ 1, 294, 302; BGH WM 1956, 90; WM 1963, 1034, 1035; WM 1964, 1195, 1196; NJW 1965, 41; WM 1967, 229, 231; JZ 1972, 368 f; NJW 1993, 648, 650 f; NJW 1995, 318, 320; PALANDT/ HEINRICHS § 134 Rn 12; § 275 Rn 30; krit K SCHMIDT NJW 1995, 2255 ff) oder wenn die zuständige Genehmigungsbehörde förmlich bekannt macht, daß Genehmigungen der betr Art generell versagt werden, deswegen sicher feststeht, daß die Genehmigung nicht mehr erteilt wird, und an der Rechtmäßigkeit der Versagung keine Zweifel bestehen (BGH NJW 1995, 318). Der Vertrag ist rückwirkend nichtig (BGHZ 1, 294, 302; RGZ 172, 1, 4). Nach der unanfechtbar gewordenen Versagung der Genehmigung bleibt es auch dann bei der Nichtigkeit des Rechtsgeschäfts, wenn die Versagung nachträglich widerrufen bzw nachträglich die Genehmigung erteilt wird (BGH WM 1964, 1195, 1196; NJW 1968, 1928; JZ 1972, 368 f; RGZ 172, 1, 6; PALANDT/HEINRICHS § 275 Rn 31; SOERGEL/ HEFERMEHL § 134 Rn 45; STAUDINGER/DILCHER[12] § 134 Rn 9; aA PALM, Die nachträgliche Erteilung der verweigerten Genehmigung [1964] 47 ff) oder wenn die Genehmigungspflicht entfällt (BGH WM 1964, 1195, 1196; BGB-RGRK/KRÜGER-NIELAND/ZÖLLER § 134 Rn 29). Es bleibt ferner dann bei der Nichtigkeit infolge unanfechtbar gewordener Versagung der Genehmigung, wenn sich der Verwaltungsakt nachträglich als fehlerhaft erweist und die Genehmigungsbehörde ihn (freiwillig) zurücknimmt (SOERGEL/HEFERMEHL § 134 Rn 45). Andernfalls entstünde unerträgliche Rechtsunsicherheit; die Parteien könnten nicht disponieren, wenn sie trotz rechtskräftiger Versagung der Genehmigung weiterhin damit rechnen müßten, daß das Rechtsgeschäft irgendwann doch noch genehmigt und damit wirksam würde. Soweit der nach rechtskräftiger Versagung der Genehmigung nichtige Vertrag bereits erfüllt worden ist, sind die §§ 812 ff anwendbar (BGH WM 1967, 229, 231). Die Parteien sind natürlich nicht gehindert, das zunächst wegen unanfechtbarer Versagung der Genehmigung nichtige Rechtsgeschäft zu bestätigen, wenn die Genehmigung später doch noch erteilt wird (SOERGEL/HEFERMEHL § 134 Rn 45).

(4) Der Vertrag bleibt hingegen auch nach der Versagung der Genehmigung **174** schwebend unwirksam, solange die Versagung noch nicht unanfechtbar geworden ist (SOERGEL/HEFERMEHL § 134 Rn 45). Ersetzt die Behörde einen noch nicht rechtsbeständigen Ablehnungsbescheid durch eine Genehmigung, wird der Vertrag wirksam (BGHZ 84, 70, 71 f, 77; PALANDT/HEINRICHS § 275 Rn 30).

(5) Nichtig ist ein zwei- oder mehrseitiges genehmigungsbedürftiges Rechtsge- **175** schäft hingegen, wenn es die Parteien von Anfang an in der Absicht geschlossen haben, die ihnen bekannte Genehmigungspflicht zu **umgehen** (BAG NJW 1969, 2111, 2112; BGH NJW 1953, 1587; WM 1960, 47; NJW 1968, 1928; WM 1971, 586; BGB-RGRK/KRÜGER-NIELAND/ZÖLLER § 134 Rn 30; SOERGEL/HEFERMEHL § 134 Rn 44; anders BGH WM 1963, 1034, 1035 zu MRG Nr 53; PALANDT/HEINRICHS § 134 Rn 12). Ein Rechtsgeschäft ist danach auch dann nichtig, wenn die Parteien die Genehmigung für einen wegen falscher Preisangabe nichtigen Kaufvertrag beantragen, während sie für den tatsächlich gewollten Vertrag keine Genehmigung einholen wollen (BGH NJW 1968, 1928; BGH LM Nr 3 zu

§ 134 BGB; BGB-RGRK/Krüger-Nieland/Zöller § 134 Rn 30). Auch wenn die Parteien mit dem Vertrag einen gesetzwidrigen Zweck verfolgen und diesen verschweigen, um die erforderliche Genehmigung zu **erschleichen**, ist er ebenfalls nach § 134 nichtig (BGH LM Nr 2 zu § 134; BGB-RGRK/Krüger-Nieland/Zöller § 134 Rn 30; Soergel/Hefermehl § 134 Rn 44); außerdem wird die bewußte Mißachtung des Genehmigungserfordernisses für sittenwidrig iSv § 138 gehalten (Soergel/Hefermehl § 134 Rn 44). Bei der bereicherungsrechtlichen Rückabwicklung ist § 817,2 analog anzuwenden (BGH WM 1971, 586 f). Wenn hingegen nur **eine** der beiden Parteien die Absicht hat, die Genehmigungspflicht zu umgehen, ist das Rechtsgeschäft nicht nichtig, sondern schwebend unwirksam (BGH WM 1971, 586; BGB-RGRK/Krüger-Nieland/Zöller § 134 Rn 31).

176 (6) Wurde die Genehmigung für ein Rechtsgeschäft versagt, das keiner Genehmigung bedurfte, dann war es von Anfang an wirksam und bleibt es auch nach einer eventuellen Versagung der Genehmigung (Soergel/Hefermehl § 134 Rn 47).

b) „Vorgelagerte" Genehmigungsbedürftigkeit
177 Von den Fällen, in denen die Genehmigung Wirksamkeitsvoraussetzung eines einzelnen konkreten Rechtsgeschäfts ist, sind diejenigen zu unterscheiden, in denen das Gesetz Rechtsgeschäfte verbietet, wenn eine **„vorgelagerte"** Genehmigung fehlt. Dies trifft nicht selten bei fehlender Gewerbeerlaubnis zu. In diesen Fällen verbietet das Gesetz dem nicht zugelassenen Unternehmen häufig auch die Vornahme von Rechtsgeschäften. Das Verbot ist **subjektbezogen**. So bedürfen zB Bankgeschäfte iSv § 1 KWG nach § 32 KWG der schriftlichen Erlaubnis des Bundesaufsichtsamtes; Bankgeschäfte ohne diese Erlaubnis sind nach § 54 KWG verboten und strafbar. Vergleichbar damit sind bestimmte Versicherungsgeschäfte nach dem VAG genehmigungspflichtig. Nach dem GüKG ist das Betreiben des Güterkraftverkehrs genehmigungspflichtig. Dabei handelt es sich zwar um Verbotsgesetze iS von § 134 (**aA** BGB-RGRK/Krüger-Nieland/Zöller § 134 Rn 28); davon zu unterscheiden ist jedoch die Frage, ob die Nichtigkeitssanktion des § 134 mit dem Normzweck dieser Gesetze vereinbar ist; dazu unter Rn 247, 258.

Es gibt allerdings auch Regelungen der Gewerbeerlaubnis, die keine Aussage über die Zulässigkeit von Rechtsgeschäften des (noch) nicht konzessionierten Unternehmens treffen.

178 In manchen Fällen ist die Verbotswidrigkeit des Handelns ohne Genehmigung auch **objektbezogen**. Die Errichtung von Bauten bedarf idR behördlicher Genehmigung. Müssen Bauverträge vor der Erteilung der Genehmigung erfüllt werden (BGH NJW 1974, 1080)? Wohnraum darf nach bestimmten gesetzlichen Regelungen ohne behördliche Genehmigung nicht zweckentfremdet für kommerzielle Zwecke benutzt werden. Ist ein Mietvertrag über kommerzielle Nutzung ohne die Genehmigung der Zweckentfremdung gültig?

179 aa) In all diesen Fällen „vorgelagerter" Genehmigungsbedürftigkeit hängt es vom Schutzzweck des verletzten Gesetzes ab, ob bei fehlender Genehmigung die **Folgeverträge** nach § 134 nichtig sind. Sie sind weder generell schwebend unwirksam, noch generell nichtig, noch generell gültig.

So sind zB Darlehensverträge mit einem Bankunternehmen, das ohne Zulassung nach den §§ 32, 54 KWG verbotswidrig tätig wird, weder nach § 134 nichtig (BGH WM 1966, 1101, 1102; WM 1972, 853; WM 1978, 1268, 1269; WM 1980, 374, 377; CANARIS, Bankvertragsrecht[2] Rn 1286; s auch unter Rn 258) noch schwebend unwirksam oder einseitig nichtig. Einlagegeschäfte sind hingegen nur beschränkt gültig; insbesondere kann der Kunde geleistete Einlagen ungeachtet einer Fälligkeitsvereinbarung sofort zurückverlangen (CANARIS Rn 1175).

Wenn die Vertragserfüllung ohne die erforderliche Genehmigung verbotswidrig wäre, kann sie nicht verlangt und durchgesetzt werden. Der Verpflichtete haftet vor der Genehmigung weder auf Erfüllung noch wegen Verzugs auf Schadensersatz wegen Nichterfüllung (BGH NJW 1974, 1080 f). Deshalb gerät zB ein Bauunternehmen mit der Erfüllung seiner Bauleistungspflicht nicht in Verzug, wenn die erforderliche Baugenehmigung noch nicht erteilt worden ist; vor der Baugenehmigung ist der Anspruch gegen das Bauunternehmen noch nicht fällig (BGH NJW 1974, 1080). In dieser Zeit kann der Auftraggeber weder Schadensersatz geltend machen noch vom Vertrag zurücktreten.

Versicherungsverträge, die unter Verstoß gegen die Genehmigungspflicht nach dem VAG abgeschlossen werden, sind ebenfalls nicht nach § 134 nichtig (RGZ 155, 138, 144 zum PrivVersUntG).

bb) Wenn die erforderliche „vorgelagerte" Genehmigung erteilt wird, entfallen **180** etwaige Auswirkungen des Fehlens der Genehmigung auf die Wirksamkeit der Rechtsgeschäfte rückwirkend.

cc) Wird die erforderliche „vorgelagerte" Genehmigung endgültig versagt, so hän- **181** gen die Auswirkungen auf die Wirksamkeit der betroffenen Verträge wiederum vom Normzweck des im Einzelfall verletzten Verbotsgesetzes ab. Wird zB einem Unternehmen die Erlaubnis für Bankgeschäfte nach § 32 KWG versagt und schließt es dennoch verbotene Darlehensverträge ab, so sind diese nach wie vor wirksam. Bei Einlageverträgen besteht hingegen nach wie vor ein Recht, die Einlagen abweichend von einer Fälligkeitsvereinbarung sofort zu kündigen.

Wird eine Baugenehmigung für ein Gebäude unanfechtbar versagt, so entfällt für **182** den Bauvertrag über die Errichtung dieses Gebäudes die **Geschäftsgrundlage**; falls die Parteien die Baugenehmigung zur Bedingung gemacht haben, greift diese ein.

2. Genehmigungsbedürftige Erfüllungsgeschäfte

a) Wenn das Erfüllungsgeschäft genehmigungsbedürftig ist, so ist dieses bis zur **183** Genehmigung oder ihrer unanfechtbaren Versagung schwebend unwirksam (PALANDT/HEINRICHS § 275 Rn 33). Beschränkt sich die Genehmigungsbedürftigkeit auf das Erfüllungsgeschäft und ist das zugrundeliegende Verpflichtungsgeschäft als solches nicht ebenfalls genehmigungsbedürftig (vgl BGHZ 23, 342, 346; 37, 233, 235; BGH WM 1964, 1195, 1196), so ist es nicht schwebend unwirksam, sondern wirksam (PALANDT/HEINRICHS § 275 Rn 32). Es kann jedoch vor der Genehmigung keine Erfüllung verlangt werden, da kein Anspruch auf eine – mangels Genehmigung – verbotene Erfüllungshandlung besteht.

184 b) Nach Erteilung der Genehmigung wird das Erfüllungsgeschäft wirksam, und dies grundsätzlich auch mit rückwirkender Kraft (PALANDT/HEINRICHS § 275 Rn 33; vgl jedoch BGH WM 1964, 1195, 1196).

185 c) Wird die Genehmigung versagt, so wird das Verpflichtungsgeschäft, wenn es nicht seinerseits genehmigungsbedürftig ist, nicht nichtig (BGH NJW 1993, 648, 651 zu III 3 a ff; PALANDT/HEINRICHS § 275 Rn 34), weder nach § 306 (BGHZ 37, 233, 240), noch nach § 134. Vielmehr wird eine Leistung, die behördlicher Genehmigung bedarf, **nachträglich unmöglich**, wenn die Genehmigung endgültig versagt wird (BGH DtZ 1994, 247; BGHZ 37, 233, 240 = NJW 1962, 1715; BGH NJW 1964, 1195, 1196; NJW 1969, 837 f; BGHZ 76, 242, 244, 248) oder wenn sie nicht mehr zu erlangen ist bzw ihre Erteilung völlig unwahrscheinlich geworden ist (BGH DtZ 1994, 247). Der durch die Genehmigungsbedürftigkeit eingetretene Schwebezustand ist jedenfalls dann beendet, wenn den Parteien nach Treu und Glauben nicht mehr zugemutet werden kann, die Genehmigung nachzusuchen (BGH DtZ 1994, 247; BGHZ 76, 242, 248), zB nach Erteilung eines (unrichtigen) Negativattests (BGHZ 76, 242, 248). Es besteht kein Anspruch auf Vornahme des mangels Genehmigung verbotenen Erfüllungsgeschäfts. Es gelten die §§ 273 ff, 323 ff (BGHZ 37, 233, 240; BGH NJW 1969, 837; NJW 1993, 648, 651; WM 1964, 1195, 1196; vgl auch BGH NJW 1980, 700). Wenn der Leistungspflichtige die Versagung der Genehmigung jedoch zu vertreten hat, haftet er auf Schadensersatz wegen Nichterfüllung nach den §§ 280, 324, 325 (BGH NJW 1980, 700; PALANDT/HEINRICHS § 275 Rn 34).

IX. Korrekturen der Rechtsfolgen mit § 242

186 Die Rechtsfolgen der Anwendung bzw Nichtanwendung von § 134 können in vielfältiger Weise gegen Treu und Glauben verstoßen. So kann die Berufung auf die Nichtigkeit eines verbotswidrigen Vertrags ebenso treuwidrig sein wie die Berufung auf dessen Gültigkeit. Auch die Berufung auf bereicherungsrechtliche Rechtsfolgen kann treuwidrig sein.

1. Treuwidrige Berufung auf die Nichtigkeit

187 a) Wenn die Nichtigkeit eines Rechtsgeschäfts oder einer Vertragsklausel dem Normzweck des verletzten Verbotsgesetzes entspricht, ist die Berufung auf die Nichtigkeit grundsätzlich kein Verstoß gegen Treu und Glauben (BGHZ 118, 142, 150 zu § 319 HGB; 111, 308, 312 zum SchwArbG; BGH NJW 1986, 2360, 2361 aE zu § 203 StGB; TIEDTKE NJW 1983, 713 f). In diesem Fall ist die Berufung auf die Nichtigkeit idR auch dann nicht treuwidrig, wenn eine der beiden Vertragsparteien eine zugesagte Leistung bereits erbracht hat (BGH NJW 1986, 2360, 2361 aE; vgl jedoch BGH NJW 1981, 1439, 1440 zu § 138). Denn entweder entspricht die beiderseitige Nichtigkeit des Vertrags dem Normzweck des verletzten Verbotsgesetzes; dann darf dieser Normzweck nicht dadurch vereitelt werden, daß dennoch unter Berufung auf § 242 Vertragserfüllung verlangt werden kann (BGH NJW 1986, 2360, 2361 f; TIEDTKE NJW 1983, 713 aE). Insoweit setzt der Normzweck des verletzten Gesetzes auch der Anwendung von § 242 Grenzen. Oder die Berufung auf die Nichtigkeit nach Vertragserfüllung durch den anderen Vertragspartner ist nicht durch den Normzweck des verletzten Gesetzes gerechtfertigt; dann bedarf es grundsätzlich nicht des Umwegs über § 242.

Nur bei Vorliegen (sonstiger) ganz **besonderer Umstände**, die vom Normzweck des 188
Verbotsgesetzes nicht mitberücksichtigt werden, kann die Berufung auf die Nichtigkeit eines Vertrags oder einer Vertragsklausel gegen Treu und Glauben verstoßen
(BGH NJW 1981, 1439 f; BGHZ 85, 39, 47 = NJW 1983, 109; BGH NJW 1986, 2360, 2361 aE;
BGHZ 111, 308, 311; SOERGEL/HEFERMEHL § 134 Rn 30; vgl auch BGH NJW 1981, 1439, 1440 zu
§ 138).

b)   Wenn hingegen die Nichtigkeitsfolge nach § 134 dem Normzweck des verletz- 189
ten Gesetzes weder widerspricht noch von diesem gefordert wird, sondern allein aus
der Auslegungsregel des § 134 folgt, dann ist ein wesentlich größerer Spielraum für
den Einwand der unzulässigen Rechtsausübung gegen die Berufung auf die Nichtigkeit des verbotswidrigen Rechtsgeschäfts gegeben. Dies ist insbesondere dann
anzunehmen, wenn eine Vertragspartei einen verhältnismäßig großen Teil der Vertragsleistung bereits erhalten und behalten hat und sich nun unter Berufung auf § 134
weigert, das entsprechende Entgelt zu bezahlen (vgl BGH NJW 1981, 1439, 1440). Dies
gilt erst recht, wenn nur ein unbedeutender Rechtsverstoß vorliegt (BGH NJW 1981,
1439, 1440).

2. Treuwidrige Berufung auf die Gültigkeit eines Vertrags

Umgekehrt kann auch die Erfüllung eines Vertrags, der nicht nach § 134 nichtig ist, 190
unzumutbar sein. Dies hat die Rechtsprechung zB dann angenommen, wenn der
Verkäufer einer Ware erfährt, daß der Käufer sie unter Verstoß gegen Verbotsgesetze weiterverkaufen will (RGZ 96, 237, 240; 99, 156, 157; 102, 292, 294; 106, 316, 318; RG JW
1924, 1359).

3. Treuwidrige Berufung auf bereicherungsrechtliche Rechtsfolgen

Bereicherungsrechtlichen Ansprüchen als Folge nichtiger Verträge wird häufig § 817 191
S 2 analog entgegenstehen. Die Anwendung von § 817 S 2 analog kann jedoch mit
§ 242 unvereinbar sein. Dies hat der BGH zB bei der bereicherungsrechtlichen
Rückabwicklung nichtiger Schwarzarbeitsverträge angenommen, wenn die eine Vertragspartei bereits erhebliche Vorleistungen erbracht hat (BGHZ 111, 308, 312 f; aA
KERN, in: FS Gernhuber [1993] 191, 204; krit dazu unter Rn 278).

X. Konkurrenzen

Viele Gesetze, die an sich als Verbotsgesetze iSv § 134 in Betracht kommen, regeln 192
die vertragsrechtlichen Rechtsfolgen selbst. In diesem Fall scheidet die Anwendung
von § 134 aus Konkurrenzgründen aus; die Spezialregelung verdrängt die Blankettvorschrift des § 134. Die Frage, ob das betreffende Gesetz ein Verbotsgesetz darstellt, kann deshalb in diesen Fällen offenbleiben (MünchKomm/MAYER-MALY § 134 Rn 3;
SOERGEL/HEFERMEHL § 134 Rn 3). Beispiele hierfür sind aus dem BGB die §§ 248 Abs 1,
310, 312 Abs 1, 443, 458, 723 Abs 3, 925 Abs 2, 1136, 1229, 1238, 1600 f, 2289 Abs 1
S 2, aus dem BetrVG die §§ 77 Abs 4, 102 Abs 1 S 3; aus dem EheG die §§ 4, 16 ff,
aus dem EGV Art 85 Abs 2, aus dem FernUSG die §§ 7, 12; aus der GewO die
§§ 115, 117, aus dem GG Art 9 Abs 3 S 2, aus dem GWB die §§ 1, 15, 18, 20, aus dem
TVG § 4 Abs 3.

193 Nach § 59 Abs 1 VwVfG ist ua § 134 auf öffentlich-rechtliche Verträge entsprechend anwendbar. Außerdem sieht Abs 2 von § 59 VwVfG weitere Nichtigkeitsgründe für subordinationsrechtliche Verträge des öffentlichen Rechts vor.

XI. Einzelfälle

Im folgenden werden Einzelfälle in der alphabetischen Reihenfolge von Verbotsgesetzen dargestellt. Zusammengefaßt zu Gruppen werden Verstöße gegen baurechtliche, beamtenrechtliche, europarechtliche, preisrechtliche und steuerrechtliche Regelungen. Am Ende der Kommentierung der Einzelfälle werden noch landesrechtliche Verbotsgesetze erwähnt.

194 Nichtig sind Vereinbarungen, die gegen das Verbot der Ersatzmuttervermittlung und des Kinderhandels durch das **AdoptVermG** verstoßen (ERMAN/BROX § 134 Rn 19; PALANDT/HEINRICHS § 134 Rn 14; COESTER-WALTJEN FamRZ 1992, 370).

195 AFG
a) Das Beschäftigungsverbot des § 19 AFG (früher § 43 AVAVG) bestimmt, daß die Beschäftigung ausländischer Arbeitnehmer – nicht der Arbeitsvertrag – einer Arbeitserlaubnis bedarf. Die Beschäftigung ohne Erlaubnis ist verboten und ordnungswidrig, vgl § 229 Abs 1 AFG. Deshalb gilt § 19 AFG auch als Verbotsgesetz iSv § 134. Da § 19 AFG nur die unerlaubte **Beschäftigung** verbietet, während er für entsprechende Arbeitsverträge keine Genehmigungspflicht vorsieht, wird angenommen, daß der Abschluß eines Arbeitsvertrags keinen Beschränkungen unterliege (so ausdrücklich BAG AP Nr 3 zu § 19 AFG). Die hM wendet die zu den genehmigungsbedürftigen Rechtsgeschäften entwickelten Grundsätze nur modifiziert an.

196 (1) Ein ohne Arbeitserlaubnis nach § 19 AFG geschlossener Arbeitsvertrag ist nach hM nicht nichtig nach § 134, wenn die Arbeitserlaubnis schon beantragt ist oder demnächst beantragt werden soll (BAG NZA 1991, 341, 343). In diesem Fall bestehe – trotz wirksamen Arbeitsvertrags – nur ein Beschäftigungsverbot (BUCHNER, in: MünchArbR § 37 Rn 58). Obwohl § 19 AFG nur die unerlaubte Beschäftigung, nicht jedoch auch ausdrücklich den Abschluß entsprechender Arbeitsverträge verbietet, wäre mE dennoch keine Abweichung von den allgemeinen Grundsätzen des genehmigungsbedürftigen Vertrags notwendig, wonach ein solcher Vertrag vor Erteilung der Genehmigung schwebend unwirksam ist. Er wird erst mit der Genehmigung wirksam. Wird die Genehmigung der Arbeitsausübung versagt, so ist das nicht nur ein Kündigungsgrund wegen dauernder Unmöglichkeit der Arbeitsausübung (so jedoch BAG NZA 1991, 341, 343); vielmehr ist der Arbeitsvertrag dann nach § 134 nichtig.

197 (2) Auch wenn die ursprüngliche Arbeitserlaubnis ausgelaufen und die Verlängerung noch nicht beantragt oder bewilligt worden ist, führt das nach Ansicht des BAG nicht zur Nichtigkeit des Arbeitsvertrags nach Beendigung des Genehmigungszeitraums, sondern nur zu einem Beschäftigungsverbot (BAG AP Nr 2, 3 zu § 19 AFG; BAG NZA 1991, 341, 342; MünchKomm/MAYER-MALY § 134 Rn 67). Nach Ablauf der Arbeitserlaubnis hält das BAG die Regeln über die nachträgliche Unmöglichkeit, dh die §§ 275 ff, 323 ff für anwendbar (BAG AP Nr 2 zu § 19 AFG). Ein solches Arbeitsverhältnis könne nur durch Kündigung beendet werden (BAG AP Nr 2 zu § 19 AFG; dazu auch ENGELS Anm zu BAG AP Nr 2 zu § 19 AFG; vgl auch BAG NZA 1991, 341, 342). ME ist jedoch der Arbeitsvertrag für die Zeit nach Ablauf des Genehmigungszeitraums wieder schwebend unwirksam. Er wird mit Erteilung der Genehmigung der Fortsetzung der Arbeitsausübung wirksam bzw bei rechtsbeständiger Versagung nichtig.

(3) Nichtigkeit nach § 19 AFG iVm § 134, und zwar mit Wirkung ex tunc, ist anzunehmen, wenn die Parteien den Arbeitsvertrag trotz Kenntnis der Genehmigungspflicht dennoch ohne Genehmigung durchführen wollen (BAGE 22, 22 = AP Nr 4 zu § 35 AVAVG; BUCHNER, in: MünchArbR § 37 Rn 59; ERMAN/BROX § 134 Rn 22; aA STAUDINGER/DILCHER[12] § 134 Rn 17). In diesem Fall bleibt es zum Zwecke der besseren Durchsetzung des § 19 AFG bei der Nichtigkeit ex tunc, wenn bereits Arbeitsleistungen und Lohnzahlungen erbracht worden sind. Das Arbeitsverhältnis ist bereicherungsrechtlich unter Berücksichtigung des § 817 S 2 analog abzuwickeln. Der Arbeitnehmer hat keine Urlaubsansprüche, Ansprüche auf Weihnachtsgratifikation und vereinbarte außertarifliche Zulagen; er genießt auch keinen Kündigungsschutz (BUCHNER, in: MünchArbR § 37 Rn 59). Dem steht nicht entgegen, daß nur die Beschäftigung, nicht jedoch auch der Abschluß des Arbeitsvertrags einer Genehmigungspflicht unterliegt. Denn auch Verträge, deren Inhalt auf einen verbotenen Leistungsaustausch – hier: die verbotene Beschäftigung – gerichtet sind, sind nach § 134 nichtig, wenn sich aus dem Normzweck des verletzten Verbotsgesetzes nicht ein anderes ergibt.

(4) Nichtigkeit ist ferner anzunehmen, sobald die Genehmigung versagt wird oder sobald feststeht, daß sie nicht erteilt wird.

(5) Greift ein Beschäftigungsverbot gem § 19 AFG erst nach Abschluß des Arbeitsvertrags ein, wird dieser nicht nichtig (BAG SAE 1978, 257; MünchKomm/MAYER-MALY § 134 Rn 67).

b) Das **Arbeitsvermittlungsmonopol**: Das AFG von 1969 und zuvor das AVAVG von 1927 gewährten der Bundesanstalt für Arbeit grundsätzlich ein Arbeitsvermittlungsmonopol. Verstöße dagegen erklärte die Rechtsprechung für nichtig nach § 134 (BGH WM 1973, 1024, 1026; WM 1978, 949, 950 f; LM Nr 70, 116 zu § 134 BGB; vgl auch BGHZ 46, 24, 27 f = NJW 1966, 1507). Das Arbeitsvermittlungsmonopol wurde 1993 – nicht zuletzt auch wegen einer Entscheidung des EuGH vom 23. 4. 1991, NJW 1991, 2891 – für den Bereich der Vermittlung von Führungskräften und für die nicht gewinnorientierte Vermittlung durch das Erste Gesetz zur Umsetzung des Spar-, Konsolidierungs- und Wachstumsprogramms eingeschränkt (BGBl I 2353) und durch das Beschäftigungsförderungsgesetz vom 26. 7. 1994 für fast alle Bereiche aufgehoben (BGBl I 1786). Mit Ausnahme der Vermittlung für berufliche Ausbildungsstellen, für die nach wie vor das Arbeitsvermittlungsmonopol der Bundesanstalt für Arbeit gilt (§ 4 AFG), dürfen mit ihrer Genehmigung nunmehr auch private Arbeitsvermittler tätig werden (§ 23 AFG), jedoch grundsätzlich nur vom Arbeitgeber eine Vergütung verlangen bzw entgegennehmen (§ 24 AFG). Unwirksam nach § 24 a AFG sind Vereinbarungen mit einem Vermittler, soweit dieser nicht eine entsprechende Erlaubnis der Bundesanstalt besitzt (Nr 1), Vereinbarungen zwischen Vermittler und Arbeitnehmer über die Zahlung einer Vergütung, sofern dies nicht durch Rechtsverordnung zugelassen ist (Nr 2), Vereinbarungen zwischen Vermittler und Arbeitgeber, wenn der Vermittler eine Vergütung mit einem Arbeitnehmer vereinbart oder von diesem entgegennimmt, obwohl dies nicht zulässig ist (Nr 3), Vereinbarungen, die ausschließen sollen, daß ein Arbeitgeber oder ein Arbeitnehmer für die Arbeitsvermittlung andere Vermittler oder die Bundesanstalt in Anspruch nimmt (Nr 4). Durch diese Änderungen des AFG ist die Rechtsprechung zur Anwendbarkeit des § 134 bei Verstößen gegen das Arbeitsvermittlungsverbot des AFG und des AVAVG obsolet geworden (ausf zur früheren Rechtslage SOERGEL/HEFERMEHL § 134 Rn 54). Bereicherungsansprüchen des Arbeitsvermittlers aus den §§ 812, 818 Abs 2 steht § 817 S 2 entgegen, wenn er sich des Verstoßes gegen das Verbot nicht genehmigter Arbeitsvermittlung bewußt war (BGH WM 1978, 949, 951). Der vermittelte Arbeitsvertrag wird durch eine unerlaubte Arbeitsvermittlung nicht berührt, auch wenn dieses Arbeitsverhältnis mit Hilfe des Vermittlers begründet wird (BAG NJW 1972, 973, 975).

202 Die Verpflichtung zur Rückgewähr oder Verzinsung von Einlagen ist nach § 57 **AktG** iVm § 134 nichtig (RGZ 107, 160, 168; ebenso zu § 30 GmbHG, dazu unten Rn 245). Zu Satzungsklauseln, die gegen das Stimmenthaltungsgebot des § 136 Abs 1 AktG verstoßen, s Rn 21. § 3 **AnfG** verdrängt bei fraudulösen Geschäften als Sonderregelung § 134 und § 138; solche Geschäfte sind nicht nichtig, sondern nur anfechtbar (BGH DB 1993, 1353, 1354; BGH NJW 1973, 513, 514; BB 1968, 1057; BGHZ 56, 339, 355; RGZ 69, 143, 146 f).

203 Das **ApothekenG** sieht vor, daß eine Apotheke von einem approbierten Apotheker in eigener Verantwortung geleitet wird. Mehrere Personen dürfen nur dann gemeinsam eine Apotheke betreiben, wenn jeder von ihnen im Besitz einer Erlaubnis ist. Gegen diese Regelung verstoßende Verträge sind nichtig (ERMAN/BROX § 134 Rn 20). Eine typische **stille Beteiligung** eines Nichtapothekers an einer Apotheke verstößt jedoch dann nicht gegen das ApothekenG, wenn sie sich im Rahmen der gesetzlichen Regelung der §§ 230 ff HGB hält; denn der typische stille Gesellschafter betreibt das Gewerbe des Geschäftsinhabers nicht mit (BGH NJW 1972, 338 f; BGHZ 75, 214, 217; vgl auch BGHZ 97, 243, 249 f; SOERGEL/HEFERMEHL § 134 Rn 70). Die stille Beteiligung ist jedoch dann wegen eines Verstoßes gegen das ApothekenG nach § 134 nichtig, wenn der stille Gesellschafter Einfluß auf die Betriebsführung hatte (BGHZ 75, 214, 215). Dies ist der Fall, wenn der stille Gesellschafter gegenüber dem Apotheker ein Weisungsrecht hat oder wenn Geschäfte, die über den gewöhnlichen Betrieb einer Apotheke hinausgehen, seine Zustimmung erfordern und so der Apotheker in eine persönliche und wirtschaftliche Abhängigkeit gebracht würde (BGH NJW 1972, 338; BGHZ 75, 214, 216). In einem solchen Fall sind die Grundsätze über die fehlerhafte Gesellschaft nach Ansicht des BGH nicht anwendbar, dh der Gesellschaftsvertrag ist nach § 134 von Anfang an in seiner Gesamtheit nichtig und bereicherungsrechtlich abzuwickeln (BGHZ 75, 214, 217). Die Vereinbarung eines von einem Apotheker für seine Mieträume zu zahlenden Umsatzmietzinses verstößt grundsätzlich weder gegen das ApothekenG noch gegen § 138. Die bloße Vereinbarung einer Umsatzmiete begründet für den Apotheker keine Betriebspflicht (BGH NJW 1979, 2351).

204 ArbZRG (früher AZO): Die zivilrechtlichen Folgen von Verstößen gegen das Arbeitszeitrecht sind streitig. Dieser Meinungsstreit besteht auch fort, nachdem das ArbZRG vom 6. 6. 1994 die AZO abgelöst hat. Ein Teil des Schrifttums nimmt an, daß sich Verstöße gegen die AZO (jetzt ArbZRG) nur als **Beschäftigungsverbote** auswirken, die ein Leistungsverweigerungsrecht begründen, dh daß keine Erfüllungsansprüche bestehen, soweit die zulässige Arbeitszeit überschritten wird (vgl BUCHNER, in: MünchArbR § 37 Rn 43 ff; vgl auch BAG AP Nr 2 zu § 1 AZO). Komme es durch ein Zweitarbeitsverhältnis eines Arbeitnehmers zu arbeitszeitrechtlichen Beschäftigungsverboten, habe der dadurch betroffene Arbeitgeber Schadensersatzansprüche gegen den Arbeitnehmer (BUCHNER Rn 48, 49).

Demgegenüber vertreten das BAG, der BGH und die hL die Ansicht, daß ein **205** Arbeitsvertrag, der gegen die Arbeitszeitregelungen der AZO (jetzt: ArbZRG) verstößt, nach § 134 nichtig sei (BGH NJW 1986, 1486 f; BAGE 8, 47, 49 f = NJW 1959, 2036; PALANDT/HEINRICHS § 134 Rn 5 und SOERGEL/HEFERMEHL § 134 Rn 25; aA jedoch BAG AP Nr 2 zu § 1 AZO zu 4). Dabei wird allerdings nicht immer klar unterschieden zwischen dem Arbeitsvertrag insgesamt und der Arbeitszeitvereinbarung im Arbeitsvertrag. Die zeitlichen Beschränkungsverbote des ArbZRG wollen nicht Arbeitsverträge insgesamt unterbinden, sondern nur die Beschäftigung zu unzulässigen Zeiten bzw von unzulässiger Arbeitsdauer. Deshalb ist davon auszugehen, daß nach dem Schutzzweck des ArbZRG **grundsätzlich** nicht der gesamte Arbeitsvertrag, sondern nur die **Arbeitszeitvereinbarung** nichtig ist, soweit sie gegen das ArbZRG verstößt. Soweit die zeitlichen Beschäftigungsverbote des ArbZRG eingreifen, besteht ein Beschäftigungsverbot (vgl BAG AP Nr 2 zu § 1 AZO), dh der Arbeitgeber kann keine Erfüllung verlangen und der Arbeitnehmer nicht auf Beschäftigung bestehen. Nur insoweit sind die Arbeitszeitvereinbarung und der Arbeitsvertrag nichtig. Die Nichtigkeit wegen ArbZRG-widriger Arbeitszeitvereinbarungen kann jedoch nicht für die Vergangenheit geltend gemacht werden.(BAGE 8, 47, 50), dh es besteht nur Nichtigkeit ex nunc. Das bedeutet: Der mit dem ArbZRG verfolgte Zweck, zum Schutze des Arbeitnehmers seine Beschäftigung über die zulässige Höchstarbeitszeit hinaus zu verhindern, ist am ehesten zu erreichen, wenn jeder Erfüllungsanspruch ausgeschlossen ist (BGH NJW 1986, 1486, 1487; BAGE 8, 47, 50; BUCHNER, in: MünchArbR § 37 Rn 40). Dementsprechend besteht auch zB bei einem fremdverschuldeten Unfall kein Anspruch des Arbeitnehmers nach § 252 auf Verdienstausfall, soweit das Einkommen durch einen Verstoß gegen das ArbZRG hätte erzielt werden können (BGH NJW 1986, 1486,1487). Zweck des ArbZRG ist es jedoch nicht, einen Erwerb des Arbeitnehmers zu verhindern, der aus einer bereits erfolgten Überschreitung der zulässigen Arbeitszeit erzielt wurde (BGH NJW 1986, 1486). Deshalb ist der Arbeitsvertrag einschließlich der ArbZRG-widrigen Arbeitszeitvereinbarung insoweit gültig, als die vereinbarte Tätigkeit tatsächlich erbracht worden ist; es besteht insoweit ein arbeitsvertraglicher Anspruch auf die vereinbarte Vergütung. Dem Arbeitnehmer diesen Anspruch zu versagen, läßt sich auch nicht mit Präventionsüberlegungen rechtfertigen (BGH NJW 1986, 1486, 1487; BAGE 8, 47, 50 = NJW 1959, 2036; BAG AP Nr 2 zu § 1 AZO; GITTER Anm zu AP Nr 2 zu § 1 AZO). Auch angefallene Urlaubsansprüche, evtl Schadensersatzansprüche gegen den Arbeitgeber usw bleiben bestehen.

Eine ArbZRG-widrige Arbeitszeitvereinbarung erfaßt ausnahmsweise den **gesamten** **206** **Arbeitsvertrag**, wenn die vereinbarte Arbeitsleistung zu einem erheblichen Teil gegen die zeitlichen Grenzen des ArbZRG verstößt (BAGE 8, 47, 49 f; offengelassen vom BGH NJW 1986,1486,1487), jedoch wiederum nur mit Wirkung ex nunc (BAGE 8, 47, 50). Das ist der Fall, wenn die Arbeit vereinbarungsgemäß an Tageszeiten oder an Tagen erbracht werden soll, an denen die betreffende Arbeit nicht geleistet werden darf. Nichtig ex nunc sind auch **Zweitarbeitsverhältnisse**, soweit sie – wie im Fall BAGE 8, 47, 49 f – die gesetzliche Höchstdauer der Arbeitszeit nennenswert überschreiten (MünchKomm/MAYER-MALY § 134 Rn 69; aA BUCHNER, in: MünchArbR § 37 Rn 49 mit der Begründung, daß der Arbeitnehmer im Erstarbeitsverhältnis evtl eine Freistellung bewirken und damit seinen Zweitarbeitsvertrag erfüllen könne). Hingegen wird der **Erstarbeitsvertrag**, der seinerseits das ArbZRG beachtet, nicht von einem Zweitarbeitsvertrag berührt, wenn erst durch die Kumulation der beiden Arbeitsverhältnisse der ArbZRG-widrige Zustand begründet wird (vgl jedoch BUCHNER § 37 Rn 48). Wird die zulässige Arbeitszeit in einem Arbeitsvertrag erheblich überschritten, so ist nach § 134 zwar nur der Teil der Zeitvereinbarung, der die zulässigen Grenzen überschreitet, nichtig. Diese Teilnichtigkeit wird jedoch bei starken Überschreitungen der Höchstarbeitszeit in der Regel nach § 139 die Gesamtnichtigkeit des Arbeitsvertrages mit Wirkung ex nunc nach sich ziehen (vgl GITTER Anm zu AP Nr 2 zu § 1 AZO).

207 **Beschäftigungsverbote bzw -beschränkungen** zum Schutze von Frauen finden sich – nach der Aufhebung des § 16 AZO und der hiernach erlassenen DVOen – nur noch in Spezialgesetzen, wie zB in § 64 a BBergG (Beschäftigung von Frauen im Bergbau unter Tage) oder in § 92 SeemannsG (Beschäftigung von Frauen als Besatzungsmitglieder eines Schiffes). Dagegen verstoßende Arbeitsverträge sind für beide Seiten ex nunc nichtig (BUCHNER § 37 Rn 40, 41; HUECK/NIPPERDEY Arbeitsrecht I 178). Der Arbeitgeber kann nicht gezwungen werden, die betreffende Frau auf einem anderen Arbeitsplatz in seinem Betrieb zu beschäftigen (BUCHNER aaO). Das Nachtarbeitsverbot des § 19 AZO für Frauen wurde für verfassungswidrig erklärt (BVerfGE DB 1992, 337; ähnlich EuGH vom 25. 7. 1991 EuZW 1991, 666) und durch das Gesetz vom 6. 6. 1994 (BGBl I 1170) aufgehoben. Die Vorschriften der §§ 105 a ff GewO über die Sonn- und Feiertagsarbeit sind in die §§ 9 ff ArbZRG vom 6. 6. 1994 (BGBl I 1170) übernommen worden. Ein gegen die §§ 9 ff ArbZRG verstoßender Arbeitsvertrag ist für beide Seiten ex nunc nichtig. Zu Arbeitszeitverstößen s auch Rn 255.

208 **ArznmG:** Der Verkauf von Arzneimitteln unter Verstoß gegen die Vorschriften der §§ 48 ff ArznmG über die Verschreibungs- oder Apothekenpflicht bewirkt nach Ansicht des BGH nicht die Nichtigkeit solcher Kaufverträge (BGH NJW 1968, 2286 f; LG Stuttgart NJW 1965, 354; ERMAN/BROX § 134 Rn 11, 25; PAWLOWSKI, AT Rn 483 Fn 239, Rn 493; SOERGEL/HEFERMEHL § 134 Rn 16, 20, 72; WESTPHAL 147 f; **aA** MünchKomm/MAYER-MALY § 134 Rn 77; PALANDT/HEINRICHS § 134 Rn 10, wohl in Widerspruch zu Rn 8), da sich die betreffenden Vorschriften nur, um mögliche Gefahren zu verhüten, gegen die Art und Weise wenden, wie der Verbraucher das Arzneimittel erlangt, nicht jedoch gegen das wirtschaftliche Ergebnis (BGH NJW 1968, 2286, 2287). ME sind solche Kaufverträge vor der Erfüllung schwebend unwirksam, da kein Anspruch auf Erfüllung bestehen kann (PAWLOWSKI, AT Rn 483, 493); sobald jedoch erfüllt ist, sind die Verträge geheilt. § 51 ArznmG – früher § 36 –, der den Arzneimittelvertrieb im Reisegewerbe untersagt, ist – ebenso wie § 56 Abs 1 Nr 6 GewO – ein Verbotsgesetz iSv § 134. Da sich § 51 ArznmG nicht nur gegen die Art und Weise des Zustandebringens von Verträgen wendet, sondern auch die Vornahme solcher Verträge untersagt, sind diese nichtig (LG Düsseldorf NJW 1980, 647, betr Trinkkuren, Solebäder und Moorpackungen; ebenso zu § 36 ArznmG aF LG Stuttgart NJW 1965, 354 f betr Trink- und Bademoorpräparate; ERMAN/BROX § 134 Rn 25; PALANDT/HEINRICHS § 134 Rn 10; STAUDINGER/DILCHER[12] § 134 Rn 30). Ein Vertrag, durch den sich eine Privatperson gegenüber einem Vertreter, der sie ohne vorhergehende Bestellung aufgesucht hat, zur Abnahme einer größeren Menge von Heilmitteln (Trinkkuren, Solebäder, Moorpackungen) verpflichtet hat, ist nach § 134 nichtig. Daran hat auch das HausTWG nichts geändert.

209 Nach Art 1 § 1 Abs 1 **AÜG** bedürfen Arbeitgeber (Verleiher), die Leiharbeitnehmer an Dritte (Entleiher) gewerbsmäßig zur Arbeitsleistung überlassen wollen, ohne damit Arbeitsvermittlung nach § 13 AFG zu betreiben, der Erlaubnis. Fehlt es daran, sind nach der Sonderregelung des Art 1 § 9 Nr 1 AÜG sowohl die Verträge zwischen Verleihern und Entleihern als auch zwischen Verleihern und Leiharbeitnehmern unwirksam. Hingegen fingiert Art 1 § 10 Abs 1 AÜG ein Arbeitsverhältnis zwischen Entleiher und Leiharbeitnehmer. Der unbefugte Verleiher kann aus ungerechtfertigter Bereicherung vom Entleiher zwar nicht Wertersatz für die von den Arbeitnehmern geleisteten Dienste, wohl aber Herausgabe dessen verlangen, was der Entleiher erspart hat, weil nicht er – der Entleiher –, sondern der Verleiher die Leiharbeitnehmer entlohnt hat (BGHZ 75, 299, 300 f, 303 ff = NJW 1980, 452).

Zum **AVAVG** s AFG Rn 201. **210**
Ein zwischen einem inländischen Verkäufer und einem inländischen Käufer abgeschlossener Kaufvertrag, den der Verkäufer nur nach Beschaffung der Ware aus dem Ausland und nur unter Verletzung der Einfuhrvorschriften des **AWiG** erfüllen könnte, ist nicht nach § 134 nichtig (BGH NJW 1983, 2873; SOERGEL/HEFERMEHL § 134 Rn 28; s auch oben Rn 161 f). Zur **AZO** s ArbZRG Rn 204 ff.

BÄrzteO §§ 2, 10: Die Erlaubnis zur Ausübung ärztlicher Tätigkeit an einem Kran- **211** kenhaus umfaßt nicht die Befugnis zur Vertretung eines frei niedergelassenen Arztes. Der Zweck des § 2 BÄrzteO, den Patienten vor den Gefahren nicht sachgemäßer Behandlung zu schützen, erfordert es, daß nicht nur ein Heilbehandlungsvertrag zwischen einem Arzt, der weder eine Approbation noch eine vorübergehende Erlaubnis zur Ausübung des ärztlichen Berufs besitzt, mit einem Patienten nichtig ist, sondern auch ein Vertrag zwischen ihm und einem niedergelassenen Arzt über dessen Vertretung (OLG Düsseldorf NJW 1988, 2308; PALANDT/HEINRICHS § 134 Rn 19).

BauforderungssicherungsG (GSB): Das Gesetz über die Sicherung von Bauforderun- **212** gen von 1909 idF von 1974 (BGBl I 469) hat den Zweck, eine möglichst vollständige Befriedigung aller am Bau beteiligten Handwerker, Lieferanten und Arbeiter zu gewährleisten; es soll verhindert werden, daß Baugeld zu fremden Zwecken verwendet wird, insbesondere zu privaten Zwecken des Baugeldempfängers oder zur Bezahlung anderer Schulden (BGH NJW 1986, 1104 aE; SOERGEL/HEFERMEHL § 134 Rn 16). Wenn eine Vereinbarung die Zahlung ohne Rücksicht auf die in den §§ 1, 5 GSB geschützten Belange zum Inhalt hat, ist sie nach § 134 nichtig (offengelassen in BGH NJW 1986, 1104, 1105). Dafür genügt allerdings nicht die bloße Möglichkeit eines späteren Verstoßes (BGH NJW 1986, 1104, 1105). Die §§ 1, 5 GSB sind nach stRspr auch Schutzgesetze iSv § 823 Abs 2 (BGH NJW 1986, 1104, 1105; NJW 1982, 1037; NJW 1985, 134 m Anm DEUTSCH).

Baurecht: Eine vertragliche Nießbrauchbestellung ist nach § 134 nichtig, wenn durch **213** sie die Ausübung eines vom anschließend protokollierten Kaufvertrag ausgelösten gesetzlichen Vorkaufsrechts einer Gemeinde iS der §§ 24 ff BauGB vereitelt werden sollte (BGHZ 34, 200, 205 betr das gesetzliche Vorkaufsrecht nach § 14 des rheinland-pfälzischen AufbauG; ERMAN/BROX § 134 Rn 53; PALANDT/HEINRICHS § 134 Rn 29).

Wenn in einem Erschließungsvertrag mit einer Gemeinde deren Beteiligung an den **214** Erschließungskosten ausgeschlossen wird, so ist diese Klausel nach § 129 BauGB, der eine Beteiligung der Gemeinde an den Erschließungskosten in Höhe von 10% vorschreibt, verboten und nach § 134 nichtig; im übrigen ist der Erschließungsvertrag wirksam (BGHZ 65, 368, 370 f, 372; ERMAN/BROX § 134 Rn 30; MünchKomm/MAYER-MALY § 134 Rn 74). Nach § 2 Abs 3 BauGB besteht kein Anspruch auf Aufstellung oder Änderung von Bauleitplänen. Eine entsprechende Vereinbarung mit einer Gemeinde ist nichtig (BGHZ 76, 16, 22; BVerwG NJW 1980, 2538; MünchKomm/MAYER-MALY § 134 Rn 74; PALANDT/HEINRICHS § 134 Rn 16; vgl auch BGHZ 71, 386). Die Bindung eines Grundstückskäufers im Kaufvertrag mit einer Entwicklungsgesellschaft, die durch Ratsbeschluß einer Gemeinde mit der Bauplanung betraut worden ist, des Inhalts, daß der Käufer – der Bauplanung entsprechend – von seinem auf dem Grundstück zu betreibenden Großhandelsunternehmen aus grundsätzlich keinen Endverbraucher beliefern darf, verstößt nicht gegen ein gesetzliches Verbot (BGH NJW 1981, 916, 917; PALANDT/HEINRICHS § 134 Rn 16).

215 Der Vertrag über die Errichtung eines Bauwerks ist nicht nichtig nach § 134, wenn die erforderliche Baugenehmigung noch fehlt (BGH NJW 1974, 1080; OLG Köln NJW 1961, 1023 zum früheren § 367 Abs 1 Nr 15 StGB; CANARIS, Gesetzliches Verbot ... 49; ERMAN/BROX § 134 Rn 26; MünchKomm/MAYER-MALY § 134 Rn 74; PALANDT/HEINRICHS § 134 Rn 16). Solange jedoch die Baugenehmigung nicht vorliegt, kann der Bauunternehmer mit seiner Leistung nicht in Verzug geraten, weil der Anspruch des Bauherrn auf Errichtung des Bauwerks noch nicht fällig ist; denn die Bauarbeiten würden mangels Baugenehmigung gegen ein gesetzliches Verbot verstoßen (BGH NJW 1974, 1080). Nichtig ist ein Bauvertrag hingegen, wenn die Parteien vereinbart haben, daß auch ohne Baugenehmigung gebaut werden soll; s auch Rn 175.

216 Ein Mietvertrag, der eine baurechtlich oder gewerberechtlich unzulässige Nutzung der Mieträume zum Gegenstand hat, ist nicht nichtig, weder nach § 306 (BGH NJW 1980, 777, 779; LG Frankfurt NJW 1977, 1885) noch nach § 134 (BGHZ 75, 366, 368 betr einen Verstoß gegen landesbaurechtliche Vorschriften über die Mindesthöhe von Wohnungen; VGH Kassel NJW 1964, 2444 = DVBl 1964, 690; LG Frankfurt NJW 1977, 1885; vgl auch BGH NJW 1980, 777 betr Nutzungsbeschränkungen von Geschäftsräumen; ERMAN/BROX § 134 Rn 26; MünchKomm/ MAYER-MALY § 134 Rn 74; PALANDT/HEINRICHS § 134 Rn 16; SOERGEL/HEFERMEHL § 134 Rn 85; aA CANARIS, Gesetzliches Verbot ... 52 f). Wenn dem Mieter die öffentlich-rechtlichen Benutzungsbeschränkungen weder bekannt noch grob fahrlässig unbekannt waren, stehen ihm Mängelgewährleistungsansprüche aus den §§ 537 ff zu (BGH NJW 1980, 777 betr Mietvertrag über Verkaufsräume, die nur als Lagerräume benutzt werden durften). Waren dem Mieter die Benutzungsbeschränkungen hingegen bekannt oder grob fahrlässig unbekannt, gilt § 539. Schadensersatzansprüche gegen Dritte, zB aus Delikt, wegen Mietausfalls sind nach § 252 ersatzfähig (BGHZ 75, 366, 368). Nach CANARIS 52 besteht hingegen halbseitige Nichtigkeit dergestalt, daß zwar der Mieter vertragliche Ansprüche hat, der Vermieter hingegen nur bereicherungsrechtliche, und auch diese nur in den Grenzen des § 817 S 2 analog.

217 Die in § 5 **BBiG** enthaltenen Verbotsnormen wollen die finanziellen Belastungen, die einem Auszubildenden oder seinen Eltern aus der Berufsausbildung erwachsen, möglichst gering halten, damit die im BBiG geregelte Ausbildung nicht vom finanziellen Leistungsvermögen und -willen des Auszubildenden abhängt. Zweck der Regelung ist es, dem Ausbildenden die Kosten der Ausbildung aufzuerlegen (BAGE 39, 226, 228; OLG Hamm NJW 1983, 2708). Als Umgehungsgeschäfte nichtig sind daher eine von den Eltern des Auszubildenden oder Dritten übernommene Verpflichtung zur Zahlung einer Entschädigung (BAGE 39, 226, 228), ein Kaufvertrag (über einen

Omnibus), wenn damit verknüpft wird, daß der Sohn des Käufers im Betrieb des Verkäufers eine Lehrstelle erhält (OLG Hamm NJW 1983, 2708 f) oder eine Darlehensgewährung an den Lehrherrn (LG Hannover NJW-RR 1989, 880). Gegen § 5 Abs 1 BBiG, der den Auszubildenden in seiner Freiheit der Berufswahl nach Beendigung des Ausbildungsverhältnisses schützen will, verstößt eine sog Weiterarbeitsklausel in einem Arbeitsvertrag, nach der der Auszubildende dem Ausbildenden drei Monate vor Beendigung des Ausbildungsverhältnisses schriftlich anzeigen muß, falls er mit ihm nach Beendigung des Ausbildungsverhältnisses kein Arbeitsverhältnis eingehen will (BAG NJW 1974, 1155 f; NJW 1975, 1575). § 5 BBiG betrifft allerdings nur Berufsausbildungsverhältnisse; zur Kontrolle von Rückzahlungsklauseln, dh der Verpflichtung, Aus- und Weiterbildungskosten zurückzuzahlen, **außerhalb** von sog Berufsausbildungsverhältnissen vgl aus neuerer Zeit BAG DB 1994, 1726; DB 1995, 632.

Beamtenrecht: Das Verbot der Vorteilsannahme nach § 70 BBG und § 43 BRRG ist **218** ein Verbotsgesetz iSv § 134 (PALANDT/HEINRICHS § 134 Rn 20; STACH NJW 1988, 943, 945). Zum Teil wird das Verbot auch noch auf § 10 BAT gestützt (vgl STACH aaO). Ein Beamter, der nur nach Erteilung einer Nebentätigkeitsgenehmigung eine Nebentätigkeit ausführen darf, verstößt gegen ein gesetzliches Verbot, wenn er die Tätigkeit ohne die erforderliche Genehmigung beginnt. Dennoch hat ein solcher Gesetzesverstoß nicht die Nichtigkeit des betreffenden Vertrags, zB eines Rechtsberatungsvertrags, zur Folge (BGH NJW 1974, 1374, 1377; OLG Schleswig SchlHA 1974, 205).

BetrVG: Kündigungen durch den Arbeitgeber ohne Anhörung des Betriebsrats sind **219** nach § 102 Abs 1 S 3 BetrVG 1972 unwirksam (BAG WM 1975, 40, 41 zu I 1; SOERGEL/ HEFERMEHL § 134 Rn 43; **aA** noch zu § 66 BetrVG 1952 HABERKORN NJW 1952, 1234; REICHEL AcP 167 [1967] 268 ff). Demgegenüber sind Einstellungen von Arbeitnehmern ohne die in § 99 Abs 1 BetrVG vorgesehene Unterrichtung des Betriebsrats gültig (MünchKomm/ MAYER-MALY § 134 Rn 70; **aA** ArbG Göttingen DB 1973, 338). § 74 Abs 2 S 1 BetrVG, der dem Betriebsrat Maßnahmen des Arbeitskampfes untersagt, ist ein Verbotsgesetz; deshalb ist ein dagegen verstoßender Betriebsratsbeschluß nichtig (HEINZE DB 1982, Beil 23 S 9 f; MünchKomm/MAYER-MALY § 134 Rn 70). Zur Nichtigkeit des Verzichts auf betriebsverfassungsrechtliche Befugnisse nach § 134 ausf Esther SCHMIDT (1995) passim.

BGB: Zu Satzungsklauseln, die gegen das Stimmenthaltungsgebot des § 34 BGB **220** verstoßen, s oben Rn 21. Die §§ 104 ff, 117, 164 ff, 181 sind keine Verbotsgesetze iSv § 134 (SOERGEL/HEFERMEHL § 134 Rn 2). Auch § 225 ist kein Verbotsgesetz. Die Regelung des § 253 schließt zwar immateriellen Schadensersatz aus, soweit ihn das Gesetz nicht ausdrücklich vorsieht; diese Vorschrift verbietet jedoch nicht die freiwillige Vereinbarung von immateriellem Schadensersatz (BGH LM Nr 18 zu § 134; SOERGEL/ HEFERMEHL § 134 Rn 3). Das Aufrechnungsverbot des § 394 ist kein Verbotsgesetz (RICHARDI, in: MünchArbR § 44 Rn 4). Die Abtretungsverbote der §§ 399, 400 begrenzen die betreffenden Rechte inhaltlich, sprechen jedoch kein Verbot aus (BGHZ 19, 355, 359; 40, 156, 166; **aA** noch RG JW 1912, 29 zu § 400). § 458 iVm den §§ 456, 457 ist eine Sonderregelung, die § 134 ausschließt. §§ 504 ff: Eine vertragliche Nießbrauchbestellung ist nach Ansicht des BGH nach § 134 nichtig, wenn durch sie die Ausübung eines gesetzlichen Vorkaufsrechts vereitelt werden sollte (BGHZ 34, 200, 205; SOERGEL/ HEFERMEHL § 134 Rn 86; gegen die Anwendung von § 134 SCHURIG, in: FS Ferid [1988] 375, 406). Zur Umgehung des § 557 a vgl o Rn 157 sowie BGHZ 56, 285, 289. Die Bestimmung in einem Mietvertrag, daß sämtliche Ansprüche des Vermieters wegen Veränderung oder Verschlechterung der Mietsache – im vorliegenden Fall eines Kfz – in zwei Jahren verjähren, ist nach den §§ 558, 225 iVm § 134 ebenso nichtig (OLG Frankfurt NJW 1971, 1754) wie der im voraus erklärte Verzicht auf die Einrede der Verjährung.

221 Das Benachteiligungsverbot des § 611 a Abs 1 und das Maßregelungsverbot des § 612 a sind Verbotsgesetze (RICHARDI, in: MünchArbR § 44 Rn 6; MünchKomm/MAYER-MALY § 134 Rn 69; zu § 611 a ausf BUCHNER, in: MünchArbR § 37 Rn 149 ff). Benachteiligende Regelungen im Arbeitsvertrag oder Kündigungen, die gegen § 611 a verstoßen, sind nichtig. Ein diskriminierter Einstellungsbewerber hat allerdings nur Schadensersatzansprüche nach § 823 Abs 2 iVm § 611 a (BUCHNER, in: MünchArbR § 37 Rn 194). Die Kündigungsverbote des § 613 a für den Fall des Betriebsübergangs sind Verbotsgesetze iSv § 134 (BAG BB 1986, 1644, 1646). Nichtig nach § 613 a iVm § 134 ist eine Vereinbarung zwischen Arbeitgeber und Arbeitnehmer über den Verzicht auf betriebliche Altersversorgung (BAG BB 1986, 1644, 1646). Als vereinbar mit § 613 a und wirksam hat das BAG eine Vereinbarung mit dem neuen Arbeitgeber angesehen, das Arbeitsverhältnis nicht fortzusetzen (BAGE 27, 291, 298 f; 32, 326, 337) oder auf rückständigen Arbeitslohn und auf freiwillig begründete betriebliche Sozialleistungen zu verzichten, wenn dafür sachliche Gründe gegeben waren (BAG AP Nr 4, 5 zu § 613 a BGB; BAGE 32, 326, 337). Nichtig sind Umgehungen des in den §§ 620 ff BGB vorgesehenen Kündigungsschutzes durch sachlich ungerechtfertigte auflösende Bedingungen (BAG DB 1982, 121, 122; BAGE 10, 65, 70, 71 ff; 13, 129, 134, 137; 26, 417), bedingte Aufhebungsverträge (BAGE 26, 417) oder Befristungen des Arbeitsvertrags (BAGE 10, 65, 70, 71 ff; BAG DB 1982, 123 f). Eine arbeitsvertragliche Vereinbarung, die bei arbeitszeitabhängiger Vergütung den Arbeitgeber berechtigen soll, die zunächst festgelegte Arbeitszeit später einseitig nach Bedarf zu reduzieren (hier: bei teilzeitbeschäftigten Musiklehrern einer kommunalen Musikschule), stellt eine objektive Umgehung von zwingenden Vorschriften des Kündigungsschutzrechts (§ 2 KSchG iVm § 1 Abs 2, 3 KSchG; § 622 Abs 1, 5 BGB) dar und ist nach § 134 nichtig (BAG NJW 1985, 2151, 2152; ERMAN/BROX § 134 Rn 22; MünchKomm/MAYER-MALY § 134 Rn 69). Das BeschFG von 1985 erlaubt allerdings ausdrücklich bestimmte Befristungen.

222 Die Abtretungs- und Übertragungsverbote der §§ 717, 719 sind keine Verbotsgesetze iSv § 134 (BGHZ 13, 179, 182; RGZ 92, 398; RGZ 93, 294; SOERGEL/HEFERMEHL § 134 Rn 13). Das RG hielt die §§ 717, 719 für einen Anwendungsfall des § 135, so daß die Abtretungen ohne Zustimmung der Gesellschafter nur relativ unwirksam, dh nur diesen gegenüber unwirksam waren. Dies hat der BGH ausdrücklich abgelehnt. Durch das Zustimmungserfordernis werde nicht das rechtliche Dürfen wie bei einem echten Veräußerungsverbot iS der §§ 134 ff eingeschränkt, sondern lediglich der Umfang des rechtlichen Könnens nach Maßgabe der allgemeinen Vorschriften klargestellt (BGHZ 13, 179, 184). § 1238 schließt als Sonderregelung § 134 aus (SOERGEL/HEFERMEHL § 134 Rn 12). Die §§ 1240, 1242, 1243 ff sind zwar Verbotsgesetze, enthalten jedoch Sonderregelungen der Rechtsfolgen und verdrängen aus diesem Grunde § 134 (SOERGEL/HEFERMEHL § 134 Rn 3 Fn 3). Zur Unwirksamkeit des Verzichts auf Scheidung nach § 134 iVm §§ 1564, 1565, 1568 vgl BGHZ 97, 304, 307 f und unten Rn 241. Die Schenkung eines Vormunds im Namen seines Mündels entgegen dem Schenkungsverbot des § 1804 ist nach § 134 nichtig (CANARIS, Gesetzliches Verbot ... 24; PALANDT/HEINRICHS § 1804 Rn 1). Die Testierverbote der §§ 2271, 2289 sind keine gesetzlichen

2. Titel. § 134
Willenserklärung 223–225

Verbote iSv § 134 (BGHZ 59, 343, 348, unter ausdrücklicher Aufgabe der früheren Rspr zur „Aushöhlungsnichtigkeit"; BGH WM 1973, 680, 681; FLUME, AT II § 17, 2 S 342 m Fn 9 und S 343; SOERGEL/HEFERMEHL § 134 Rn 3, 13, 86; aA noch BGH NJW 1960, 524 f). Überträgt ein erbvertraglich gebundener Erblasser Vermögensgegenstände lebzeitig an einen Dritten, so ist ein solches Rechtsgeschäft nicht deshalb nichtig, weil dadurch dem Vertragserben das erwartete Erbgut entzogen wird (BGHZ 59, 343, 347 f; BGH WM 1973, 680, 681). Selbst Schenkungen, die er in der Absicht tätigt, den Vertragserben zu beeinträchtigen, sind wirksam und begründen nach § 2287 nur nach Anfall der Erbschaft einen Bereicherungsanspruch des Vertragserben gegen den Beschenkten (BGH WM 1973, 680, 681). Angesichts der klaren Abgrenzung des Gesetzes, das lebzeitige Verfügungen zuläßt und Verfügungen von Todes wegen die Wirkung versagt, ist der Gesichtspunkt der **Umgehung** nicht geeignet, solche Rechtsgeschäfte unter Anwendung von § 134 für nichtig zu erklären. Das ergibt sich ua auch aus einem Umkehrschluß zu § 2287. Wenn ganz besondere Umstände hinzutreten, kommt allerdings die Anwendung von § 138 in Betracht (BGHZ 59, 343, 348).

Zu § 5 **BKleingartenG** betr Überschreitungen der Höchstgrenzen für Pachtzinsen vgl BGHZ 108, 147, 150 sowie unten Rn 271. **BMietG** § 29 betr Mietpreisbindung, dazu unten Rn 269 ff. Eine Vereinbarung, die gegen § 14 Abs 4 S 1 **BNotO** verstößt, wonach es dem Notar verboten ist, Darlehen sowie Grundstücke zu vermitteln oder im Zusammenhang mit einer Amtshandlung eine Bürgschaft oder sonstige Gewährleistung für einen Beteiligten zu übernehmen, kann nichtig sein (BGH NJW-RR 1990, 948). Zum **Bretton Woods-Abkommen** s IWF-Übereinkommen.

Die 1994 in die **BRAO** eingefügte Regelung des § 49b untersagt bestimmte Vereinbarungen von Rechtsanwälten über die Vergütung, insbesondere in Abs 2 die Vereinbarung eines Erfolgshonorars oder einer quota litis und in Abs 3 die Vereinbarung einer Vergütung oder eines sonstigen Vorteils für die Vermittlung von Aufträgen. Dagegen verstoßende Vereinbarungen sind nach § 134 nichtig.

BSeuchG: Ein Verstoß gegen die Beschäftigungsverbote des § 17 BSeuchG und gegen die Untersuchungspflicht iSv § 18 BSeuchG macht einen Arbeitsvertrag nach Ansicht des BAG grds nicht nichtig (BAG AP Nr 1, 2 zu § 18 BSeuchG; BUCHNER, in: MünchArbR § 37 Rn 72; STAUDINGER/DILCHER[12] § 134 Rn 17; aA LAG Frankfurt DB 1966, 1023; LAG Hamm DB 1969, 1994, 1995; MünchKomm/MAYER-MALY § 134 Rn 63; WESTPHAL 148 f). Dies gilt sicher dann, wenn einem Arbeitnehmer erst nach Aufnahme der Beschäftigung Tätigkeiten iS der §§ 17, 18 BSeuchG zugewiesen worden sind oder wenn das Beschäftigungsprofil bei Aufnahme der Arbeit noch offen war, dh auch Beschäftigungen iS der §§ 17, 18 BSeuchG umfaßte, oder wenn nur die Voraussetzungen des § 18 BSeuchG (Gesundheitszeugnis) nicht erfüllt waren (BUCHNER, in: MünchArbR § 37 Rn 73). Wenn hingegen wegen der in § 17 BSeuchG genannten Krankheiten das Arbeitsverhältnis nicht vollzogen werden kann, ist es entgegen dem BAG als nichtig anzusehen (LAG Frankfurt DB 1966, 1023; BUCHNER, in: MünchArbR § 37 Rn 73; KRAMER 98 f; MünchKomm/MAYER-MALY § 134 Rn 63; aA BAG AP Nr 1, 2 zu § 18 BSeuchG).

BSpKG: Weder ein Bausparvertrag, der entgegen § 4 BSpKG nicht für Zwecke des Wohnungsbaus, sondern zur Existenzgründung abgeschlossen wurde, noch die Kreditvergabe, durch die unter Verletzung der §§ 4, 6 BSpKG Bausparmittel zweckfremdet werden, sind nichtig. Einer Zuwiderhandlung kann durch aufsichtsrechtliche Maßnahmen angemessen begegnet werden (BGH WM 1989, 706, 707; PALANDT/ HEINRICHS § 134 Rn 17). Bei Verstößen gegen § 29 **BetäubungsmittelG** (= § 11 BtMG aF) ist nicht nur das **Verpflichtungsgeschäft** nichtig, da ein Anspruch auf Erfüllung dem Zweck dieses Gesetzes widerspräche; nichtig sind auch die der Erfüllung dienenden **Verfügungsgeschäfte**, dh die Übergabe der betreffenden Droge nach § 929 sowie – falls nicht die §§ 946 ff eingreifen – die Übereignung des als Kaufpreis gezahlten Geldes (BGH NJW 1983, 636; ERMAN/BROX § 134 Rn 32; PAWLOWSKI, AT Rn 493; SCHERNER, BGB AT 220; SOERGEL/HEFERMEHL § 134 Rn 17). Deshalb erfaßt eine Verfallanordnung nach § 73 StGB nicht den vom Dealer erlangten Kaufpreis (BGH aaO).

226 **BUrlG:** Vereinbarungen in Einzelverträgen, Betriebsvereinbarungen und Tarifverträgen über die Abgeltung oder den Verzicht auf Urlaubsansprüche sind nichtig, wenn sie sich nicht in den Grenzen des § 7 Abs 4 BUrlG halten (BAGE 20, 24, 25 = NJW 1967, 2376; ArbG Ulm DB 1969, 624; BUCHNER, in: MünchArbR § 37 Rn 14, 15; ERMAN/ BROX § 134 Rn 22; SOERGEL/HEFERMEHL § 134 Rn 51). Auch einen nach beendetem Arbeitsverhältnis vereinbarten Verzicht auf bestehende Urlaubsabgeltungsansprüche hält das BAG für nichtig (BAGE 20, 24, 25 f = NJW 1967, 2376; **aA** mit Recht PALANDT/HEINRICHS § 134 Rn 15). Streitig ist, ob § 8 BUrlG ein Verbotsgesetz iSv § 134 darstellt (BAG AP Nr 3 zu § 8 BUrlG). Nach hM ist ein von einem Arbeitnehmer während des Urlaubs entgegen § 8 BUrlG abgeschlossener Arbeitsvertrag nichtig (ArbG Herne DB 1965, 1670; MünchKomm/MAYER-MALY § 134 Rn 69; NEUMANN DB 1972, 2209 ff; STAUDINGER/DILCHER[12] § 134 Rn 17; WAECHTER DB 1968, 1356 ff; **aA** DIECKHOFF DB 1966, 1325; SOERGEL/ HEFERMEHL § 134 Rn 51). Denn durch die Nichtigkeitsfolge werde der Normzweck des § 8 BUrlG besser durchgesetzt.

227 **Europarecht:** Die Art 9, 12, 13 EGV, die zollgleiche Belastungen untersagen, sind Verbotsgesetze iSv § 134 und untersagen die Vereinbarung zollgleicher Belastungen in öffentlich-rechtlichen Verträgen (BVerwGE 70, 41, 45 f). Art 85 Abs 1 EGV enthält ein Verbot für wettbewerbsbeschränkende Verträge; die Regelung der Nichtigkeitsfolge durch Art 85 Abs 2 EGV verdrängt jedoch als Spezialregelung die Vorschrift des § 134. Art 86 EGV ist ein Verbotsgesetz iSv § 134. Unter Mißbrauch von Marktmacht iSv Art 86 EGV zustande gebrachte Verträge sind nach § 134 nichtig, soweit sich aus dem Zweck des Mißbrauchsverbots im Einzelfall nicht ein anderes ergibt (von der GROEBEN/THIESING/EHLERMANN, EWG-Vertrag Bd 2 [4. Aufl 1991] Art 86 Rn 47; MünchKomm/MAYER-MALY § 134 Rn 36; SOERGEL/HEFERMEHL § 134 Rn 8). Die VO (EWG) Nr 805/68 und die VO (EWG) Nr 827/68 über die gemeinsame Marktorganisation für Rindfleisch bzw sonstige Erzeugnisse enthalten Verbotsgesetze iSv § 134 (BVerwGE 70, 41, 44 f). Das Irak-Embargo durch die VO 2340/90/EWG (dazu BGH NJW 1994, 858) ist ein Verbotsgesetz iSv § 134; dagegen verstoßende Rechtsgeschäfte sind nichtig (PALANDT/HEINRICHS § 134 Rn 19).

228 **EheG:** Die §§ 4 ff EheG sind Verbotsgesetze. Die §§ 16 ff EheG enthalten jedoch für die Rechtsfolgen von Verstößen Sonderregelungen, die § 134 verdrängen (SOERGEL/ HEFERMEHL § 134 Rn 3 Fn 6 und Rn 12). **EntgeltfortzahlungsG** s u zum LFZG Rn 261. Nach § 7 **FernUSG** sind Verträge über Fernunterricht ohne die Erlaubnis nach § 12 FernUSG nichtig.

229 Ein Verstoß gegen die Sperrzeiten- bzw Polizeistundenregelungen des § 18 **GaststättenG** iVm den einschlägigen landesrechtlichen Verordnungen macht nach hM den

Gastaufnahmevertrag und den Bewirtungsvertrag nicht nach § 134 nichtig (RGZ 103, 263, 264 f; CANARIS, Gesetzliches Verbot ... 34; ERMAN/BROX § 134 Rn 11, 32; PALANDT/HEINRICHS § 134 Rn 8, 17; SOERGEL/HEFERMEHL § 134 Rn 20; ebenso zum Parallelproblem des Verstoßes gegen das LadSchlG RGZ 60, 273, 276). Denn diese Regelungen wenden sich nicht gegen den Abschluß privatrechtlicher Verträge, sondern haben den Zweck, die öffentliche Ruhe und Ordnung aufrechtzuerhalten. Allerdings könne der Gast nicht die rechtswidrige Erfüllung von Verpflichtungen verlangen, dh daß der Gastwirt gegen Regelungen der Polizeistunde verstoße (FLUME, AT II § 17, 4 S 347); dementsprechend bestehen auch bei Nichterfüllung keine Schadensersatzansprüche. Zum selben Ergebnis gelangt die Ansicht, daß der Gastwirt nach § 242 nicht gezwungen sei, die zugesagte Bewirtung nach Eintritt der Sperrzeit vorzunehmen, weil es ihm unzumutbar ist, damit gegen ein gesetzliches Verbot zu verstoßen (CANARIS, Gesetzliches Verbot ... 35; zutreffende Kritik daran bei KRAMER 54 f). **Durchgeführte** Verträge, auch soweit sie gegen Polizeistundenregelungen verstoßen, sind hingegen vertragsrechtlich gedeckt, da insoweit der Gesetzeszweck nicht mehr erreicht werden kann. Dies gilt nicht nur für die Abgabe von Speisen und Getränken, sondern auch für die Aufnahme in den Räumlichkeiten der Gastwirtschaft. Wenn der Gastwirt den Gast bewirtet hat, hat dieser gegebenenfalls vertragsrechtliche Gewährleistungsansprüche oder Ansprüche aus pVV (FLUME, AT II § 17, 4 S 347). Bei Verletzung von Verkehrssicherungspflichten (zB fehlende Beleuchtung) in seinen Räumlichkeiten haftet der Gastwirt ua auch vertragsrechtlich (RGZ 103, 263, 264 f; FLUME, AT II § 17, 4 S 347). ME bewirkt in diesem Fall § 134 in Verbindung mit den Sperrstundenvorschriften – ebenso wie bei Ladenschlußverstößen – **schwebende Unwirksamkeit** der Vereinbarungen des Gastwirts mit dem Gast, die durch Erfüllungshandlungen des Gastwirts in bezug auf diese Erfüllungshandlungen geheilt wird (vgl oben Rn 104). Die Erfüllung des schwebend unwirksamen Vertrags kann zwar nicht verlangt werden. Soweit jedoch erfüllt wurde, ist das Vertragsverhältnis insoweit geheilt. Zu den Erfüllungshandlungen gehören nicht nur die Abgabe von Speisen und Getränken durch den Gastwirt, sondern zuvor auch schon ua die gefahrenfreie Zurverfügungstellung der Räumlichkeiten und Einrichtungen durch den Gastwirt zur Nutzung.

230 Nichtig nach § 134 iVm § 2 GaststättenG bzw nach § 138 sind sogenannte **Kastellanverträge**, durch die das personengebunde Erfordernis der behördlichen Erlaubnis zum Betrieb des Gaststättengewerbes durch einen Gastwirt oder einen Stellvertreter umgangen werden soll (RGZ 63, 143, 145; 84, 304, 305; 125, 209, 211 f; OLG Hamm NJW 1986, 2440, 2441; LG Berlin NJW 1977, 1826 f; CANARIS, Gesetzliches Verbot ... 50 f; ERMAN/BROX § 134 Rn 53; MünchKomm/MAYER-MALY § 134 Rn 19; PALANDT/HEINRICHS § 134 Rn 29; SOERGEL/HEFERMEHL § 134 Rn 69; STAUDINGER/DILCHER[12] § 134 Rn 29; vgl auch oben Rn 158). Danach sind Anstellungs- oder Pachtverträge zwischen einem konzessionierten Gastwirt und einem Dritten, durch die das Erfordernis einer behördlichen Erlaubnis des Betriebs der Gastwirtschaft durch einen Gastwirt oder seinen Stellvertreter umgangen werden soll, nichtig. Nichtig ist auch ein Vertrag, durch den sich jemand zum Abschluß eines Kastellanvertrags verpflichtet (RG HRR 1931 Nr 1428; SOERGEL/HEFERMEHL § 134 Rn 69). Verträge, die der unbefugte Betreiber einer Gaststätte mit Kunden oder Lieferanten abschließt, werden hingegen vom Verbot des nichtgenehmigten Betreibens einer Gaststätte nicht berührt (SOERGEL/HEFERMEHL § 134 Rn 69).

231 Zu den Beschäftigungsverboten der **GefahrStVO** von 1986 vgl die Ausführungen zum MuSchG, Rn 265. Nach § 22 Abs 4 S 2 **GenG** darf die Genossenschaft den Genossen keinen Kredit zum Zwecke der Leistung von Einzahlungen auf den Geschäftsanteil gewähren. Dagegen verstoßende Verpflichtungs- und Erfüllungsverträge sind nach § 134 nichtig (BGH NJW 1983, 1420; SOERGEL/HEFERMEHL § 134 Rn 79). Die Nichtigkeit nach § 134 erfaßt allerdings nur die Kreditierung der Geschäftsanteile, nicht jedoch – auch nicht über § 139 – ein darüber hinausreichendes Darlehen; insoweit kann jedoch bei Vorliegen besonderer Umstände § 138 anwendbar sein (BGH NJW 1983, 1420, 1421). GerätesicherheitsG (GSG): Den Vertrag zwischen einem Importeur und seinem Zulieferer über ein Gerät, dessen Inverkehrbringen nach dem GSG verboten ist, hält der BGH für wirksam. Denn es handle sich insoweit nur um eine unschädliche Vorbereitungshandlung für das verbotene Inverkehrbringen (BGH NJW 1981, 2640, 2641; CANARIS, Gesetzliches Verbot ... 49; ERMAN/BROX § 134 Rn 32; STAUDINGER/DILCHER[12] § 134 Rn 21).

232 **GewO:** Ein Vertrag über eine Versteigerung ohne die nach § 34 b Abs 1 GewO erforderliche Genehmigung ist nichtig (OLG Hamm NJW-RR 1994, 546; PALANDT/HEINRICHS § 134 Rn 25). Ersteigert der Versteigerer in einer von ihm durchgeführten Kunstauktion ein Gemälde für einen Dritten aufgrund eines von diesem telegrafisch erteilten Auftrags, so ist der Kaufvertrag trotz Fehlens der nach § 34 b Abs 6 Nr 3 GewO erforderlichen Schriftform des Auftrags weder wegen Verletzung eines gesetzlichen Verbots noch wegen Formmangels nichtig (BGH NJW 1981, 1204, 1205). Das Fehlen der Erlaubnis zur Grundstücksvermittlung nach § 34 c GewO berührt entgegen dem BGH die Wirksamkeit eines Maklervertrags nicht (so CANARIS, Gesetzliches Verbot ... 18, 43; STOBER GewArch 1981, 313, 317, 321 f; aA BGHZ 78, 263, 267; 78, 269, 271 ff; SOERGEL/HEFERMEHL § 134 Rn 74; PALANDT/HEINRICHS § 134 Rn 11, 20; zum Zweck des § 34 c GewO STOBER 315, 317). Ein Bauvertrag, der gegen die Verpflichtung des Baubetreuers zur Sicherheitsleistung nach § 2 Abs 1 der 2. DVO zu § 34 c GewO verstößt, ist nicht nach § 134, 139 nichtig (OLG Bremen NJW 1977, 638 f; SOERGEL/HEFERMEHL § 134 Rn 20). Die Nichterfüllung der gesetzlichen Sicherheitsleistung ist eine pVV des Auftragnehmers, die dem Auftraggeber ein Recht auf Schadensersatz oder Rücktritt vom Vertrag gewährt (OLG Bremen aaO). Der Ankauf von Edelsteinen und Edelmetallen sowie von Bäumen, Sträuchern und Rebenpflanzgut im Reisegewerbe ist nach § 56 Abs 1 Nr 2 GewO verboten; entsprechende Verträge sind jedoch wirksam (OLG Düsseldorf MDR 1972, 321 f; ERMAN/BROX § 134 Rn 32).

233 **§ 56 Abs 1 Nr 6 GewO*** verbietet nicht nur die Art und Weise des Zustandebringens

---

* **Schrifttum:** CANARIS, Schranken der Privatautonomie zum Schutze des Kreditnehmers, ZIP 1980, 709; DAUNER-LIEB, Kein zivilrechtlicher Schutz für Besserverdienende?, DB 1985, 1062; HADDING/HÄUSER, Die zivilrechtliche Reichweite des Verbots der Vermittlung und des Abschlusses von Darlehensverträgen im Reisegewerbe, WM 1984, 1413; HOLSCHBACH, Zur Wirksamkeit von Darlehensgeschäften „an der Haustür", NJW 1973, 444; HOPT, Die Nichtigkeit von Darlehensverträgen bei Abschluß oder Vermittlung im Reisegewerbe, NJW 1985, 1665; KOZIOL, Sonderprivatrecht für Konsumentenkredit, AcP 188 (1988) 183, 226; TEPPER, Einige Bemerkungen zur Wirksamkeit von Haustürgeschäften im Kreditgewerbe, JR 1990, 356; TESKE, Das gewerberechtliche Verbot des Abschlusses und der Vermittlung von Darlehensgeschäften im Reisegewerbe und seine Auswirkungen auf das Zivilrecht, ZIP 1985, 649; THILENIUS, Die Nichtigkeit von Darlehensgeschäften im Reisegewerbe, MDR 1977, 803; UNGERBIELER, Zur Nichtigkeit von Darlehensverträgen wegen Verstoßes gegen § 56 I Nr 6 GewO, NJW 1980, 568.

der in dieser Vorschrift genannten Rechtsgeschäfte, sondern auch die so zustandegebrachten Rechtsgeschäfte als solche. Nur so ist ein wirkungsvoller Schutz der Kunden vor den durch § 56 Abs 1 Nr 6 GewO verbotenen Kreditgeschäften an der Haustür zu erzielen (BGHZ 93, 264, 269). Deshalb hält der BGH Verträge, die unter Verstoß gegen § 56 Abs 1 Nr 6 im Reisegewerbe geschlossen wurden, grundsätzlich für nichtig nach § 134*. Desgleichen ist eine vereinbarte Mithaftung weiterer Personen nach § 134 iVm § 56 Abs 1 Nr 6 GewO nichtig (BGH WM 1991, 313). Im Falle unerlaubter Kreditvermittlung im Reisegewerbe ist nicht nur der **Vermittlungsvertrag**, sondern auch der so vermittelte **Kreditvertrag** mit einer Bank nach § 56 Abs 1 Nr 6 GewO iVm § 134 nichtig, selbst wenn er erst bei einer weiteren Verhandlung abgeschlossen worden ist, bei der nicht mehr gegen § 56 GewO verstoßen wurde (BGH NJW 1993, 2108; NJW 1992, 2560, 2561; NJW 1992, 425, 426 zu III 1 b, c; BGHZ 71, 358, 362 f = NJW 1978, 1570; TESKE ZIP 1985, 649, 659 f; aA CANARIS ZIP 1980, 709, 712 f; HADDING/ HÄUSER WM 1984, 1413, 1419; HOPT NJW 1985, 1665, 1669; KOZIOL AcP 188 [1988] 183, 229). Für erforderlich, aber auch ausreichend scheint der BGH in diesen Fällen neuerdings zu halten, daß der Darlehensvertragsschluß auf die frühere Tätigkeit des Vermittlers zurückgeht (BGH NJW 1992, 425, 426; NJW 1992, 2560, 2561). In BGHZ 71, 358, 362 verlangte er hingegen für die Nichtigkeit des Darlehensvertrags noch eine „Tatbeteiligung" des Darlehensgebers an der nach § 56 Abs 1 Nr 6 GewO unzulässigen **Vermittlung** durch einen Dritten. ME ist Nichtigkeit des Darlehensvertrages wegen verbotener Darlehensvermittlung iSv § 56 Abs 1 Nr 6 GewO nur dann anzunehmen, wenn Darlehensvermittler und Darlehensgeber in irgendeiner Weise **kooperiert** haben, was allerdings in aller Regel bei verbotener Darlehensvermittlung im Reisegewerbe auch der Fall sein dürfte.

Von der Nichtigkeit des durch verbotene Darlehensvermittlung im Reisegewerbe **234** zustande gebrachten **Darlehensvertrags** mit einem Dritten ist auch noch nach der am 1.1.1991 in Kraft getretenen Änderung des § 56 Abs 1 Nr 6 GewO (BGBl 1990 I 2840) auszugehen, durch die das Verbot des § 56 Abs 1 Nr 6 GewO auf die entgeltliche **Vermittlung** von Darlehensverträgen beschränkt wurde, während der **Abschluß** von Darlehensverträgen im Reisegewerbe nicht mehr untersagt ist, sondern nur noch durch die Widerrufsrechte des § 7 VerbrKrG und § 1 HausTWG gefährdet ist (offengelassen in BGH NJW 1992, 425, 427).

Ursprünglich hat der BGH angenommen, daß unter Verstoß gegen § 56 Abs 1 Nr 6 **235** GewO zustande gekommene Verträge nach § 134 nichtig seien, ohne daß es auf ein konkretes Schutzbedürfnis des Kunden im Einzelfall ankomme (BGHZ 71, 358, 362; BGH NJW 1983, 868 f). Inzwischen hat er jedoch diese Ansicht aufgegeben (BGHZ 93, 264, 267; offengelassen wurde die Frage in BGH NJW 1989, 460, 461). 1985 hat der III. ZS die

---

* BGHZ 71, 358, 360, 362 f; BGH NJW 1983, 868; BGHZ 93, 264, 267 = NJW 1985, 1020; BGH NJW 1989, 3217; WM 1991, 313; NJW 1992, 425; NJW 1992, 2560, 2561; NJW 1993, 2108; OLG Frankfurt NJW 1992, 246, 247; zust CANARIS, Gesetzliches Verbot... 37 f; ders ZIP 1980, 709, 712 f; ders, Bankvertragsrecht[2] Rn 1992; BERG JuS 1973, 550; HÖBOLD NJW 1970, 1869; HOPT NJW 1985, 1665, 1666; KÖTZ RabelsZ 58 (1994) 209, 224; MünchKomm/ MAYER-MALY § 134 Rn 76; BGB-RGRK/KRÜGER-NIELAND/ZÖLLER § 134 Rn 13; STAUDINGER/DILCHER[12] § 134 Rn 4, 30; STOBER GewArch 1981, 313, 318, 321; TESKE ZIP 1985, 649, 658 ff; **aA** LG Berlin NJW 1971, 2175 f; AG Spandau JZ 1975, 403; HOLSCHBACH NJW 1973, 444 ff; UNGERBIELER NJW 1980, 568 f; WESTPHAL 137 ff.

Anwendung von § 134 auf Verträge mit „unerfahrenen und minderbemittelten Personen" beschränkt; nur in diesem Fall fordere der Schutzzweck des § 56 GewO, die Betroffenen wirksam vor den nachteiligen Folgen von Verträgen zu schützen, „die sie in Situationen abgeschlossen hatten, in denen ihre Entscheidungsfreiheit typischerweise beeinträchtigt wurde" (BGHZ 93, 264, 267; vgl auch BGH NJW 1992, 425, 426 zu III 1 b; NJW 1992, 2560, 2561; NJW 1993, 2108, 2109; OLG Hamm NJW 1994, 2159; vgl ferner U Hübner ZIP 1984, 1175; Kötz RabelsZ 58 [1994] 209, 224). § 56 GewO bezwecke hingegen nicht den Schutz von Personen mit höherem Einkommen, die sich in erster Linie wegen steuerlicher Vorteile am Beitritt zu einer Abschreibungsgesellschaft interessiert zeigen, da sie idR wirtschaftlich und rechtlich nicht unerfahren seien (BGHZ 93, 264, 267, 268 = NJW 1985, 1020; ähnlich schon BGHZ 71, 358, 361; Kötz RabelsZ 58 [1994] 209, 224; krit zu dieser Differenzierung nach Vermögensverhältnissen Dauner-Lieb DB 1985, 1062; Koziol AcP 188 [1988] 183, 227; Medicus, AT 242 Rn 655; Teske ZIP 1985, 649; Westphal BB 1985, 752; vgl dazu auch Jehle NJW 1985, 1010).

236 Diese Beschränkung des Schutzes ist abzulehnen; sie führt zu kaum lösbaren Abgrenzungsschwierigkeiten (vgl dazu BGH NJW 1992, 2560, 2561 zu I 1 a; Dauner-Lieb DB 1985, 1062, 1064 f; Medicus, AT 242 Rn 655). Wie unterscheidet man finanziell „minderbemittelte Personen" (so die Formulierung des BGH) von sonstigen, unerfahrenen Kunden sowie Kreditgeschäfte für schutzwürdige Zwecke von solchen für nicht-schutzwürdige, zB für Risikogeschäfte oder Steuersparmodelle? Vor allem aber ist die vom BGH vorgenommene Differenzierung vom Normzweck des § 56 Abs 1 Nr 6 GewO nicht gedeckt. Diese Vorschrift will – auch nach der Neufassung von 1990 – vor übereilten Kreditgeschäften schützen, die im Reisegewerbe „an der Haustür" häufig durch Überrumpelung, zudringliches Verhalten, (nicht nachweisbare) Irreführung durch mündliche Angaben oder durch übertriebenes Anlocken zustande gebracht worden sind (BGH NJW 1983, 868 f zu II 2 b; BGHZ 71, 358, 364). Diesen Schutz macht § 56 Abs 1 Nr 6 GewO nicht davon abhängig, daß tatsächlich Überrumpelung, zudringliches Verhalten, Irreführung oder übertriebenes Anlokken im Spiel waren. Vielmehr begegnet der Gesetzgeber diesen **typischen** Gefahren durch einen **formalisierenden Gefährdungstatbestand**, der seinem Zwecke nach gerade nicht auf den Einzelfall abstellt. Den Kunden vor Mißbräuchen und Benachteiligungen im Einzelfall zu schützen, ist hingegen die Funktion anderer Vorschriften, etwa der §§ 138, 242 (so ausdrücklich BGH NJW 1983, 868, 869 zu II 2 b). Mit dem formalisierenden Schutz des Verbots des § 56 Abs 1 Nr 6 GewO wäre es unvereinbar, diese Vorschrift dahingehend zu reduzieren, daß sie nicht angewendet wird auf Verträge mit besserverdienenden Kunden oder auf Kreditverträge zur Finanzierung von Steuersparmodellen oder Risikogeschäften. Wenn aber das Verbot des § 56 Abs 1 Nr 6 GewO solche subjektbezogenen oder zweckbezogenen Differenzierungen nicht zuläßt, dann kann der Zweck dieser Vorschrift auch keine entsprechenden Differenzierungen bei der Anwendung von § 134 verlangen. Dh, die Anwendung des § 134 auf Verträge mit Besserverdienenden oder auf Kreditgeschäfte zur Finanzierung von Steuersparmodellen oder Risikogeschäften widerspräche nicht etwa dem Zweck des § 56 Abs 1 Nr 6 GewO – nur dann wäre von der Auslegungsregel des § 134 abzuweichen –, sondern ist sogar vom Normzweck des § 56 Abs 1 Nr 6 GewO mitumfaßt.

237 Bereicherungsansprüchen des Kreditvermittlers und Kreditgebers aus § 812 iVm § 818 steht § 817 S 2 analog entgegen, wenn den Kreditvermittler der Vorwurf eines bewußten oder leichtfertigen Verstoßes gegen § 56 Abs 1 Nr 6 GewO trifft. Der Kreditgeber muß sich ein Verschulden des Vermittlers zurechnen lassen (BGH NJW 1993, 2108; OLG Frankfurt NJW 1992, 246, 248; ausf zu den Bereicherungsansprüchen U HÜBNER ZIP 1984, 1175). Denn wenn er Darlehensanträge über Kreditvermittler hereinnimmt, ist es sein Risiko, ob diese bei der Entgegennahme der Kreditaufträge rechtmäßig gehandelt haben (CANARIS ZIP 1980, 709, 712). Nicht erforderlich für § 817 S 2 analog ist Kenntnis oder leichtfertige Unkenntnis der Vertragsnichtigkeit (BGH NJW 1993, 2108, 2109). Aus § 817 S 2 analog wird abgeleitet, daß der Darlehensgeber das dem Darlehensnehmer bereits überlassene Darlehen für die (unwirksam) vereinbarte Zeit belassen muß, ohne nach § 818 eine Verzinsung als Wertersatz für die Kapitalnutzung verlangen zu können (BGH NJW 1983, 1420, 1422 f; NJW 1989, 3217 aE; NJW 1993, 2108; OLG Frankfurt NJW 1992, 246, 248; krit U HÜBNER ZIP 1984, 1175, 1185). Bereits bezahlte Zinsen kann der Darlehensnehmer nach § 812 zurückfordern (BGH NJW 1993, 2108, 2109).

Soweit man mit der Rspr annimmt, daß ein unter Verstoß gegen § 56 Abs 1 Nr 6 **238** GewO vermittelter Darlehensvertrag nach § 134 insgesamt nichtig ist, hätte der Kunde keinen Anspruch auf Ausbezahlung des vermittelten Darlehens. Diese Rechtsfolge wird zutreffend kritisiert (krit OLG Hamm NJW 1994, 2159; CANARIS, Gesetzliches Verbot ... 38). Sie geht über den Schutzzweck des § 56 Abs 1 Nr 6 GewO hinaus und ist mit ihm auch nicht vereinbar. Denn diese Vorschrift bezweckt ausschließlich den Schutz des Kunden; sie will hingegen seinen Schutz nicht beschränken, soweit dieser ein Interesse an der Ausbezahlung des vereinbarten Darlehens hat. Dieser solle daher ein „Wahlrecht" haben (CANARIS, Gesetzliches Verbot ... 38; HOPT NJW 1985, 1665, 1668). ME wird die Annahme **schwebender Wirksamkeit** dem Verbotszweck des § 56 am ehesten gerecht, vergleichbar den §§ 123, 142 oder den Widerrufsrechten aus dem HausTWG und VerbrKrG (vgl den zutreffenden Hinweis auf den parallelen Schutz in BGHZ 93, 264, 269); der Kunde kann sich durch einseitige Erklärung mit Wirkung ex tunc von dem Vertrag lösen, jedoch analog § 124 befristet auf ein Jahr nach Vertragsschluß (vgl SACK WRP 1974, 445, 450 f). Ähnlich im Ergebnis CANARIS, Gesetzliches Verbot ... 38, der **schwebende Unwirksamkeit** und damit Genehmigungsfähigkeit bejaht (vgl auch: ders ZIP 1984, 1175, 1185 zu IV 2; HOPT NJW 1985, 1665, 1668; U HÜBNER, in: FS H Hübner [1984] 487, 500). Ein anderer Vorschlag lautete, daß der Darlehensnehmer auf den Schutz aus § 56 Abs 1 Nr 6 GewO verzichten könne (dagegen HOPT NJW 1985, 1665, 1668). Wenn man diesen noch nicht etablierten Ansätzen nicht folgen will, bietet es sich an, dem Darlehensvermittler und dem durch ihn vermittelten Darlehensgeber nach § 242 die Berufung auf die Nichtigkeit zu versagen.

Nach einer sehr verbreiteten Ansicht ist § 56 Abs 1 Nr 6 GewO nicht anwendbar auf **239** Darlehensgeschäfte, die in den zeitlichen und sachlichen Anwendungsbereich des **HausTWG** und des **VerbrKrG** fallen. Der Darlehensnehmer sei durch die Widerrufsrechte, die diese Gesetze vorsehen, ausreichend geschützt*. Der BGH hat diese

---

* Vgl OLG München NJW-RR 1990, 1528, 1529; OLG Hamm NJW 1994, 2159; LG Kassel NJW-RR 1989, 105, 106; ERMAN/BROX § 134 Rn 32; HÄUSER WM 1986, 603, 604; KNAUTH WM 1986, 507, 517; ders WM 1987, 517, 518; KOZIOL AcP 188 (1988) 183, 228; MÜLBERT JZ 1992, 291; MünchKomm/MAYER-MALY § 134 Rn 76; MünchKomm/P ULMER Bd 3 vor § 1 HausTWG Rn 20 S 579; PALANDT/HEINRICHS § 134 Rn 10; SCHLAUS ZHR 151 (1987) 180, 186; SOERGEL/HEFERMEHL § 134 Rn 76; SOERGEL/HÄUSER (11. Aufl, Nachträge) vor § 607

Fragen bisher offengelassen (so ausdrücklich BGH NJW 1992, 425, 426 f; NJW 1992, 2560, 2561). ME schließt das HausTWG die Anwendung von § 134 nicht aus. Weder nimmt es § 56 GewO den Charakter eines Verbotsgesetzes iSv § 134, noch ist es eine Spezialregelung, die die Sanktionen aus § 134 verdrängt. Vielmehr enthält § 56 Abs 1 Nr 6 GewO wegen der besonderen Gefahren, die speziell von der Vermittlung von Darlehensverträgen im Reisegewerbe ausgehen – besondere Überrumpelungsgefahr wegen der Kompliziertheit von Darlehensgeschäften sowie die Gefahr nicht nachweisbarer Irreführung bei den Vertragsverhandlungen –, für diesen Bereich eine Sonderregelung. Das HausTWG bietet schon wegen der kurzen Widerrufsfristen auf dem Darlehenssektor keinen ausreichenden Schutz iSv BGHZ 93, 264, 269. Für diese Ansicht sprechen auch die Materialien zur Änderung des § 56 Abs 1 Nr 6 GewO im Jahre 1990. Die Mehrheit des Rechtsausschusses des Bundesrats hatte sich zwar für eine Aufhebung des in § 56 Abs 1 Nr 6 GewO enthaltenen Verbots des Abschlusses und der Vermittlung von Darlehensgeschäften im Reisegewerbe ausgesprochen, da mit der Einführung eines befristeten Widerrufsrechts gem § 7 VerbrKrG, das den Interessen des Verbrauchers besser entspreche „als die schematische Annahme der Nichtigkeit" des Kreditvertrags gem § 134 BGB iVm § 56 Abs 1 Nr 6 GewO, weitgehend das Bedürfnis für das in dieser Vorschrift enthaltene Verbot entfalle. Verträge über die für den Verbraucher entgeltliche Darlehensvermittlung im Reisegewerbe sollten allerdings weiterhin verboten bleiben; insoweit sollte § 56 Abs 1 Nr 6 GewO zum Schutze der Darlehensnehmer, die mit zusätzlichen Kosten für die Kreditvermittlung belastet werden, aufrechterhalten bleiben (BT-Drucks 11/8274 S 23). Diese Auffassung hat sich durchgesetzt und hat in der geänderten Fassung des § 56 Abs 1 Nr 6 GewO ihren gesetzlichen Ausdruck gefunden. Dies erlaubt den Schluß, daß die bisherige Rspr zu § 56 Abs 1 Nr 6 GewO iVm § 134 nicht wegen der Widerrufsrechte des Verbrauchers nach dem VerbrKrG und dem HausTWG obsolet werden, sondern in dem Maße aufrechterhalten werden sollte, in dem § 56 Abs 1 Nr 6 GewO nach der Einschränkung seines Anwendungsbereichs durch die Novellierung im Jahre 1990 fortbesteht. Die Gegenansicht, die dem HausTWG Vorrang vor § 134 iVm § 56 Abs 1 Nr 6 GewO einräumt, beruht zT auf der inzwischen nicht mehr haltbaren Prämisse, daß § 134 als Sanktion nur volle beiderseitige und zeitlich unbegrenzte Nichtigkeit ex tunc oder – wenn sich aus dem Gesetz ein anderes ergibt – nur volle Gültigkeit des Rechtsgeschäfts zulasse (vgl LG Kassel NJW-RR 1989, 105, 106 „starre Nichtigkeitsfolge"; MünchKomm/P ULMER vor § 1 HausTWG Rn 20). Soweit man Darlehensverträge mit der Rspr nach § 134 iVm § 56 GewO für nichtig hält, bleiben die Widerrufsrechte des HausTWG und gegebenenfalls des VerbrKrG insoweit ohne Auswirkung. Leitet man – wie hier vertreten – aus § 134 iVm § 56 GewO nur schwebende Wirksamkeit der Verträge ab, so greift diese erst nach Ablauf der Widerrufsfristen aus dem HausTWG und VerbrKrG; zuvor sind die Verträge unter den Voraussetzungen dieser Gesetze schwebend unwirksam. Die Widerrufsrechte schützen – anders als § 134 iVm § 56 GewO, wenn man BGHZ 93, 264 folgt – auch geschäftlich unerfahrene Kunden (SOERGEL/HÄUSER [11. Aufl] Nachtr vor § 607 Rn 12 a).

240 Die Regelung der Arbeitszeiten an Sonn- und Feiertagen durch die §§ 105 a ff GewO ist in das ArbZRG vom 6. 6. 1994 (BGBl I 1170) übernommen worden, s oben Rn 207. Vereinbarungen, die gegen die Lohnauszahlungsregelungen („Truckverbot") und

---

Rn 12 a; TESKE ZIP 1985, 649, 659; ders ZIP 1986, 635; ULMER/HABERSACK, VerbrKrG (1992) § 1 Rn 80; vgl auch HADDING WuB I E 1–4.91 zu I 1; LÖWE BB 1986, 821, 822 f.

das Kreditierungsverbot des § 115 GewO verstoßen, sind nach § 117 GewO nichtig (vgl auch BAG NJW 1974, 1887; nach AMM 137 enthält § 115 GewO schon kein Verbot iSv § 134).

Grundgesetz: Nach Ansicht des BAG und eines Teils des Schrifttums sind die Grundrechtsartikel des GG Verbotsgesetze iSv § 134; sog **unmittelbare** Drittwirkung der Grundrechte. Die Gegenansicht, die auch der BGH vertritt, anerkennt hingegen nur eine **mittelbare** Drittwirkung dergestalt, daß die Grundrechte eine objektive Wertordnung enthalten, die ua den Inhalt der guten Sitten iSv § 138 beeinflußt; ausf dazu oben Rn 41. Nichtig nach § 134 bzw 138 sind Lohnabschlagklauseln in Tarifverträgen, die Frauen unter Mißachtung von Art 3 GG diskriminieren (BAGE 1, 258, 269; 11, 338, 342), Kündigungen, welche unter Verstoß gegen Art 3 Abs 3 GG allein wegen der Zugehörigkeit zu einer bestimmten politischen Partei erfolgen (BAG NJW 1973, 77; aA SCHWERDTNER JZ 1973, 375). Das LAG Dortmund (DB 1985, 391) hat die Kündigung eines Arbeitnehmers, der darauf bestanden hatte, am Arbeitsplatz die Bhagwan-Kleidung zu tragen, wegen Verstoßes gegen die Religionsfreiheit gem Art 4 GG für nichtig erklärt. Diese Entscheidung wird im Schrifttum allerdings mit Recht abgelehnt (MünchKomm/MAYER-MALY § 134 Rn 31). § 138 hätte die erforderliche Interessenabwägung zwischen den Interessen des Arbeitnehmers und des Arbeitgebers erlaubt. Zölibatsklauseln in Arbeitsverträgen, dh Heiratsverbote zB für Lehrlinge oder Stewardessen, bzw auflösende Bedingungen in Arbeitsverträgen für den Fall der Eheschließung sind mit Art 1, 2, 6 GG unvereinbar und deshalb nichtig (BAGE 4, 275, 279 f, 285 zu § 134; MünchKomm/MAYER-MALY § 134 Rn 31; PALANDT/HEINRICHS § 134 Rn 15). Nichtig wegen Verstoßes gegen Art 6 GG sind auch auflösende Bedingungen in einem Arbeitsvertrag für den Fall einer Schwangerschaft (BAG AP Nr 3 zu Art 6 Abs 1 GG) oder die arbeitsvertragliche Verpflichtung, empfängnisverhütende Medikamente zu nehmen (LAG Hamm DB 1969, 2353, 2354; ERMAN/BROX § 134 Rn 22). Nach § 138 iVm Art 6 Abs 1 GG ist ein vertraglicher Ausschluß der Ehescheidung (im Ehevertrag) nichtig (BGHZ 97, 304, 306), denn zu dem der Verfassung zugrundeliegenden Bild der „verweltlichten" bürgerlich-rechtlichen Ehe gehört es, daß Ehegatten unter den vom Gesetz normierten Voraussetzungen geschieden werden können (BGHZ 97, 304, 306; vgl auch BVerfGE 31, 58, 82 f; 53, 224, 245). Damit gewährleistet Art 6 Abs 1 GG ihnen auch das Recht, nach Eintritt der Scheidungsvoraussetzungen geschieden zu werden und damit ihre Eheschließungsfreiheit wiederzuerlangen (BGHZ 97, 304, 306 f; BGH FamRZ 1978, 881, 883). Außerdem ergibt sich die Nichtigkeit des Verzichts auf Scheidung aus § 134 iVm §§ 1564 S 3, 1565 f, 1568 Abs 1, wonach es den Ehegatten verwehrt ist, der Scheidung einer gescheiterten Ehe aus anderen als den dort genannten Gründen zu widersprechen. Demgegenüber ist es zulässig, **nach** dem Entstehen eines Scheidungsgrundes auf die Scheidung zu verzichten, wenn dadurch nicht eine zukünftige Scheidung ausgeschlossen wird, sobald einer der gesetzlichen Scheidungsgründe aufgrund neuer Tatsachen erfüllt ist (BGHZ 97, 304, 308 f mwNw).

Nach Art 9 Abs 3 S 2 GG sind Vereinbarungen, die die Koalitionsfreiheit beschränken, nichtig; neben dieser Spezialregelung ist für § 134 oder § 138 kein Raum. Eine zwischen geschiedenen Eheleuten vereinbarte Beschränkung der Freizügigkeit des einen Teils (Wohnsitzverbot) ist nach § 138 iVm Art 11 Abs 1 GG in aller Regel nichtig (BGH NJW 1972, 1414 f). Örtliche, zeitliche und gegenständliche Wettbewerbsverbote sowie Mandantenschutzklauseln in Verträgen über die Veräußerung der

Praxis eines Freiberuflers sind nur dann mit der Wertung der Art 2, 12 GG vereinbar, wenn sie dem Schutz eines berechtigten Interesses des Erwerbers dienen und die Berufsausübung des Veräußerers nach Ort, Zeit und Gegenstand nicht unbillig erschweren (BGH NJW 1986, 2944 f; BGHZ 91, 1, 5 = NJW 1984, 2366; BGH NJW 1968, 1717). Nichtig nach § 134 bzw § 138 sind vertragliche Kündigungsbeschränkungen, die mit Art 12 GG unvereinbar sind (so zu § 134 BAGE 13, 168, 179 = NJW 1962, 1981, 1983), zB Zahlungsverpflichtungen des Arbeitnehmers im Falle seiner Kündigung. Dasselbe hat mE im Sport für Erschwerungen des Vereins- und Arbeitsplatzwechsels durch das rechtsgeschäftlich festgelegte Erfordernis der Zahlung von Ablösesummen zu gelten (vgl LAG Berlin NJW 1979, 2582 für das Fordern einer Ablösesumme nach Beendigung des Arbeitsverhältnisses eines Lizenzspielers; MünchKomm/MAYER-MALY § 134 Rn 31; BUCHNER RdA 1982, 1, 12; zur Vereinbarkeit mit Art 48 EGV vgl EuGH v 15. 12. 1995 Rs C-145/93). Das Verbot entschädigungsloser Enteignung durch Art 14 GG ist kein Verbotsgesetz iSv § 134. Art 14 GG verbietet nicht eine freiwillige vertragliche Vereinbarung, mit der ein Bürger sich zur Übertragung seines Eigentums auf die öffentliche Hand verpflichtet, ohne eine „angemessene Entschädigung" zu erhalten. Art 14 verbietet auch nicht den Verzicht auf eine angemessene Entschädigung (BGHZ 26, 84, 86). Hier gewährt auch § 138 keinen Schutz.

243 Art 19 Abs 4 GG enthält kein Verbot, auf ein öffentlich-rechtliches Rechtsmittel zu verzichten (BGHZ 26, 84, 86; 79, 131, 135 f; SOERGEL/HEFERMEHL § 134 Rn 7); auch insoweit bietet § 138 ebenfalls keinen Schutz. So ist es zB weder gesetzlich verboten iSv § 134 noch sittenwidrig nach § 138, wenn ein betroffener Anwohner sich verpflichtet, seinen Widerspruch gegen die nach dem BImSchG erteilte Genehmigung einer gewerblichen Anlage gegen Zahlung eines Entgelts zurückzunehmen (BGHZ 79, 131, 135). Denn es liegt in der Dispositionsbefugnis des einzelnen, ob er Rechtsschutz in Anspruch nehmen will (BGHZ 79, 131, 135). Für nichtig erklärt wegen eines Verstoßes gegen das Prinzip des freien Mandats iSv Art 38 Abs 1 S 2 GG wurde die Verpflichtung eines Abgeordneten, bei einem Parteiwechsel das Mandat niederzulegen oder eine Vertragsstrafe zu zahlen (LG Braunschweig DVBl 1970, 591, 592; ERMAN/BROX § 134 Rn 29; MünchKomm/MAYER-MALY § 134 Rn 32; PALANDT/HEINRICHS § 134 Rn 4). Ein Verbotsgesetz iSv § 134 ist Art 48 Abs 2 S 2 GG, so daß eine gesellschaftsvertragliche Verpflichtung nichtig ist, soweit sie einen Gesellschafter für die Dauer seines Amtes als Bundestagsabgeordneten verpflichtet, seine gesamte Arbeitskraft der Geschäftsführung zu widmen (BGHZ 43, 384, 387; ERMAN/BROX § 134 Rn 29; STAUDINGER/DILCHER[12] § 134 Rn 13). Nicht gegen Art 48 GG bzw Art 17 NdsVerf verstößt die Kündigung einer Rechtsanwaltssozietät, wenn sich der Sozius um ein Mandat als Abgeordneter bewirbt oder dieses ausübt (BGH NJW 1985, 2635, 2636).

244 Das Problem der unmittelbaren oder mittelbaren Drittwirkung von Grundrechten besteht nach Ansicht des BAG nicht bei **Tarifverträgen**, soweit es deren normativen Teil betrifft. Zwar sind auch Tarifverträge Rechtsgeschäfte (BAGE 4, 240, 259). In bezug auf ihren normativen Teil werden sie vom BAG jedoch als Gesetze im materiellen Sinne bewertet, so daß die Grundrechtsvorschriften nach Art 1 Abs 3 GG unmittelbar anwendbar sind (BAGE 1, 348, 352; 4, 240, 250, 259; vgl auch BAGE 1, 258, 269; SOERGEL/HEFERMEHL § 134 Rn 7; STAUDINGER/DILCHER[12] § 134 Rn 13). Danach sind zB Tarifnormen, die gegen Art 3 GG verstoßen, unmittelbar wegen des Verstoßes gegen diese Vorschrift unwirksam (BAGE 1, 348, 352; 4, 240, 259), ohne daß es dazu noch des § 134 bedarf (anders jedoch wohl BAGE 1, 258, 269). Nach Ansicht des BAG sind auch andere **kollektivvertragliche** Regelungen, zB in Betriebsvereinbarungen oder in festgelegten Allgemeinen Arbeitsbedingungen, ohne weiteres unwirksam, wenn sie gegen Grundrechte verstoßen (BAGE 14, 61; 34, 89, 99). Dem liegt die Annahme einer unmittelbaren Drittwirkung der Grundrechte zugrunde. Soweit es sich um privatrechtliche Kollektivverträge handelt, wäre nach der hM wegen der (nur) mittelbaren Drittwirkung der Grundrechte § 138 einschlägig.

Ein Rechtsgeschäft, das gegen das Verbot der Einlagenrückgewähr an Gesellschafter **245** gem § 30 **GmbHG** verstößt, ist nach Ansicht der Rspr nicht ohne weiteres nach § 134 nichtig, sondern nur bei Vorliegen besonderer Umstände, insbesondere bei Sittenwidrigkeit iSv § 138 oder bei bewußtem Zuwiderhandeln gegen das Rückgewährverbot (RGZ 107, 161, 168; 168, 292, 302; BGHZ 69, 274, 280; OLG Koblenz DB 1977, 816). Es bestehe jedoch kein Erfüllungsanspruch des Gesellschafters; die Gesellschaft habe ein Zurückbehaltungsrecht und nach erfolgter Einlagerückgewähr ein obligatorisches Rückforderungsrecht nach § 31 GmbHG bzw nach § 62 AktG (vgl FLUME ZHR 144 [1980] 18, 23). Entsprechendes müßte für Verstöße gegen das Verbot der Einlagenrückgewähr durch § 57 AktG gelten. Demgegenüber vertritt die hL zu Recht die Gegenansicht, daß gegen § 57 AktG bzw § 30 GmbHG verstoßende Rechtsgeschäfte ohne weiteres nach § 134 nichtig sind, und zwar sowohl Verpflichtungsgeschäfte (vgl CANARIS, Gesetzliches Verbot ... 21 f; ders, in: FS Fischer [1979] 33 f; ERMAN/BROX § 134 Rn 36; GESSLER, in: FS Fischer [1979] 137; LUTTER, in: Kölner Kommentar § 57 AktG Rn 24; SOERGEL/ HEFERMEHL § 134 Rn 79; aA FLUME ZHR 144 [1980] 18, 23: „schwebende Unwirksamkeit") als auch Erfüllungsgeschäfte (vgl LUTTER, HEFERMEHL, CANARIS aaO; aA FLUME ZHR 144 [1980] 18, 23 ff). Die Anwendbarkeit des § 134 auf die Erfüllungsgeschäfte ist vor allem in Konkurs des betreffenden Gesellschafters wegen des Aussonderungsrechts von praktischer Bedeutung (CANARIS, Gesetzliches Verbot ... 22; ders, in: FS Fischer [1979] 56; aA FLUME ZHR 144 [1980] 18, 24 f). Eine überzeugende Begründung dafür, daß der Normzweck der §§ 30 GmbHG, 57 AktG der in § 134 vorgesehenen Nichtigkeitssanktion entgegenstehe, ist der Rspr nicht zu entnehmen. Zu Satzungsklauseln, die gegen das Stimmenthaltungsgebot des § 47 Abs 4 GmbHG und des § 43 Abs 6 GenG verstoßen, s oben Rn 21.

Nach § 2 **GrdstVG** genehmigungsbedürftige Rechtsgeschäfte sind vor der Genehmi- **246** gung schwebend unwirksam und nach rechtsbeständiger Versagung der Genehmigung nach § 134 nichtig (BGH NJW 1993, 648, 650 f). Vor der Genehmigung kann sich kein Vertragsteil einseitig vom Vertrag lösen, es sei denn, der Schwebezustand zögert sich nach § 242 unzumutbar lange hinaus (BGH NJW 1993, 648, 651). Solange die Genehmigung nicht erteilt ist, werden keine Verzugsfolgen ausgelöst, wenn die genehmigungsbedürftigen Erfüllungshandlungen nicht erbracht werden (BGH NJW 1993, 648, 651).

GSB: s BauFdgG, oben Rn 212. **GSG:** s GerätesicherheitsG, oben Rn 231. Ein **247** Gesellschaftsvertrag, der einen nicht konzessionierten Güterfernverkehr zum Gegenstand hat, ist nach § 134 iVm **GüKG** nichtig (BGH WM 1967, 229, 231). Auch ein Vertrag zur Umgehung der Konzession ist nach § 134 bzw § 138 nichtig (OLG Hamm BB 1988, 236). Ferner ist der Verkauf oder die Verpachtung einer Güterfernverkehrskonzession nichtig, wenn nicht gleichzeitig das Unternehmen ganz oder teilweise mitverkauft wird (BGH NJW 1990, 1354, 1355; BGH VRS 8, 100 ff; ERMAN/BROX § 134 Rn 35).

248 Die §§ 1, 15, 18, 20, 22 **GWB** schließen als Sonderregelungen § 134 aus, soweit es die wettbewerbsbeschränkenden Verträge, die das Gesetz untersagt, selbst betrifft. Problematisch ist hingegen die Beurteilung sog **Folgeverträge**. In einer Entscheidung zum alliierten Dekartellierungsrecht (MRegVO Nr 78) hat der 5. Strafsenat des BGH festgestellt, daß Kaufverträge, die zwischen einem kartellangehörigen Lieferanten und einem Dritten zu kartellgebundenen Festpreisen und unter Marktausschlußabreden abgeschlossen worden sind (sog Folgeverträge), nach § 134 zwar nicht im ganzen nichtig sind (BGHSt 8, 221, 224 = NJW 1956, 68 „Zementkartell"; krit FIKENTSCHER BB 1956, 793, 794 zu IV 2 b), jedoch insoweit, als sie durch das Wettbewerbsbeschränkungsverbot betroffen werden. Danach habe der Lieferer zwar Anspruch auf Zahlung des Kaufpreises, jedoch nur in der Höhe, die ohne die wettbewerbsbeschränkenden Abreden angemessen wäre (BGH aaO). Denn das Verbot von Wettbewerbsbeschränkungen wolle nicht den Warenumsatz als solchen verhindern, sondern nur, daß er unter wettbewerbsbeschränkenden Abreden stattfindet; es wolle erreichen, daß der Warenumsatz zu den Bedingungen des freien Wettbewerbs, dh ua zu wettbewerbskonformen Preisen stattfindet (BGHSt 8, 221, 224 f).

249 Nach heute hM sind die betreffenden Verträge mit Kunden oder Lieferanten zwar voll gültig (BGH NJW 1956, 1201; aus dem neueren Schrifttum vgl statt vieler IMMENGA/MESTMÄCKER, GWB [2. Aufl 1992] § 35 Rn 119 ff; ERMAN/BROX § 134 Rn 38; FLUME, AT II § 17, 4 S 349 Fn 28; differenzierend FIKENTSCHER BB 1956, 793, 794 f; MünchKomm/MAYER-MALY § 134 Rn 55; nach CANARIS, in: FS Steindorff 519, 532 sind sie halbseitig nichtig). Man gewährt dem Kunden jedoch Schadensersatzansprüche nach § 35 GWB (vgl BGHZ 86, 324, 330 = NJW 1984, 2819, 2821 f „Familienzeitung"; ebenso im Ergebnis aus cic OLG Celle NJW 1963, 2126, 2127 zu II); die §§ 1, 15 GWB (iVm § 38 GWB) sind als Schutzgesetze iSv § 35 GWB anerkannt (BGHZ 86, 324, 330 „Familienzeitung"; BGHZ 64, 232, 237 f = NJW 1975, 1223 „Zusatzversicherung"; BGH LRG 19 [1987] 89, 92; aus dem Schrifttum vgl statt vieler IMMENGA/MESTMÄCKER § 35 Rn 27 ff, 39 ff). Durch § 35 ist der Kunde nicht nur gegen überhöhte Kartellpreise, sondern auch gegen die Schädigung infolge anderer Klauseln in Folgeverträgen geschützt, die sein Vertragspartner mit anderen kartellrechtswidrig vereinbart hat. Die §§ 22 und 104 GWB sind nach hM keine Verbotsgesetze iSv § 134 (OLG Frankfurt BB 1971, 629, 630; MünchKomm/MAYER-MALY § 134 Rn 56; anders die hM zu Art 86 EGV). Verträge, die diskriminierende Preise oder Konditionen vorsehen und damit gegen § 26 Abs 2 GWB verstoßen, sind ebenfalls nicht nach § 134 nichtig (aA VAN VENROOY BB 1979, 555 ff; MünchKomm/MAYER-MALY § 134 Rn 56), begründen jedoch gegebenenfalls Schadensersatzansprüche der Diskriminierten aus § 35 GWB. Die Nichtigkeit diskriminierender Verträge und deren Rückabwicklung nach den §§ 812 ff entsprächen nicht den Interessen der Parteien.

250 Ein Verstoß gegen das Wettbewerbsverbot des § 60 **HGB** führt nicht zur Nichtigkeit eines Zweitarbeitsverhältnisses (BUCHNER, in: MünchArbR § 37 Rn 12; FLUME, AT II § 17, 4 S 349; vgl auch BAG ZIP 1989, 668) oder zur Nichtigkeit der unter Verstoß gegen das Wettbewerbsverbot abgeschlossenen Rechtsgeschäfte. Dies ergibt sich mittelbar aus der Sanktionsregelung des § 61 HGB, der neben Schadensersatz auch ein Selbsteintrittsrecht bzw einen Gewinnherausgabeanspruch des Prinzipals vorsieht und damit die Wirksamkeit eines solchen Arbeitsverhältnisses voraussetzt. Ein Wettbewerbsverbot, das gegen § 74 a HGB verstößt, ist nichtig (ERMAN/BROX § 134 Rn 36; MünchKomm/MAYER-MALY § 134 Rn 61). Zur Umgehung des § 89 b Abs 4 HGB vgl BGHZ 58, 60, 65, 71; BGH NJW 1961, 1062; MAYER-MALY, in: FS Hefermehl (1976) 108 sowie oben Rn 157. Wenn ein Abschlußprüfer oder eine Prüfungsgesellschaft entgegen § 319 Abs 2 Nr 5 und Abs 3 Nr 2 HGB bei der Aufstellung des zu prüfenden Jahresabschlusses mitgewirkt haben, so ist zwar der Jahresabschluß wirksam (BGHZ 118, 142, 149), jedoch der erteilte Prüfungsauftrag wegen der Gefahr der Befangenheit nach § 134 nichtig (BGHZ 118, 142, 145, 147 f = NJW 1992, 2021 mit umfangreichen wNw). Diese Vorschriften wenden sich nicht nur gegen die äußeren Umstände des Zustandekommens des Rechtsgeschäfts, sondern gegen den Prüfungsauftrag als solchen und gegen seine Erfüllung (BGHZ 118, 142, 148). Dem Prüfer stehen danach keine Vergütungsansprüche aus Vertrag zu. Er hat auch keine Vergütungsansprüche aus GoA oder ungerechtfertigter Bereicherung (BGHZ 118, 142, 150). Ansprüche aus den §§ 683, 670 scheitern daran, daß der Abschlußprüfer bzw die Prüfungsgesellschaft eine nach § 319 HGB verbotene Leistung erbracht haben, die sie nicht nach den Umständen für erforderlich halten durften (BGHZ 118, 142, 150). Bereicherungsansprüche scheitern zwar nicht an § 812, da der Abschlußprüfer mit dem wirksamen Jahresabschluß eine Leistung erbracht hat; Ansprüchen aus § 812 iVm § 818 Abs 2 steht jedoch § 817 S 2 analog wegen Gesetzesverletzung entgegen (BGHZ 118, 142, 150). Die Berufung darauf ist nicht treuwidrig (BGHZ 118, 142, 150 aE).

HandwO: Ein Werkvertrag mit einem Handwerker ist nicht schon deshalb nach § 134 iVm § 1 HandwO nichtig, weil der Handwerker – unter Verletzung der HandwO – nicht in die Handwerksrolle eingetragen ist (BGHZ 88, 240, 242 f = NJW 1984, 230; BGHZ 89, 369, 371; BGH NJW 1985, 2403, 2404; BUCHNER GewArch 1990, 41, 42; MünchKomm/MAYER-MALY § 134 Rn 77; PALANDT/HEINRICHS § 134 Rn 11, 18; SOERGEL/HEFERMEHL § 134 Rn 75). § 1 HandwO ist eine Ordnungsvorschrift (BGHZ 88, 240, 243) zur Erhaltung und Förderung eines leistungsfähigen Handwerks, zu deren wirkungsvoller Durchsetzung jedoch nicht auch noch die Nichtigkeit von Verträgen mit nicht eingetragenen Handwerkern erforderlich ist (SOERGEL/HEFERMEHL § 134 Rn 75).

Ein Verstoß gegen die Erlaubnispflicht des § 1 **HeilprG** führt nach § 134 zur Nichtigkeit der Behandlungsverträge; (so unter Hinweis auf die BGH-Rechtsprechung zum RBerG OLG München NJW 1984, 1826, 1827; PALANDT/HEINRICHS § 134 Rn 11, 19; vgl auch LG Saarbrücken VersR 1981, 585; kritisch dazu unter Hinweis auf die BGH-Rechtsprechung zum SchwArbG HAHN NJW 1984, 1827; vgl auch BVerfG NJW 1988, 2290 u 2293). Denn im Falle der Wirksamkeit des Behandlungsvertrages wäre der nicht zugelassene Heilpraktiker zur – ohne Genehmigung verbotenen und strafbaren – Behandlung verpflichtet (OLG München NJW 1984, 1826, 1827). **HeilWerbG:** Ein Vertrag zwischen einem Unternehmen, das Moor-, Sole- und Fichtennadelpräparate sowie Kurtees zur häuslichen Anwendung vertreibt, mit einem Handelsvertreter, der Werbeveranstaltungen für diese Produkte durchführen soll, ist nach § 134 iVm dem HeilWerbG ex nunc nichtig. Der Handelsvertreter ist nicht verpflichtet, seine Tätigkeit fortzuführen, behält jedoch, wenn er gutgläubig war, seine vertraglichen Vergütungsansprüche für die bereits geleistete Tätigkeit. Der Schutzzweck des HeilWerbG verlangt nicht, ihm im Falle der Gutgläubigkeit diesen Anspruch zu zu versagen (BGHZ 53, 153, 158 f; PALANDT/HEINRICHS § 134 Rn 19; SOERGEL/HEFERMEHL § 134 Rn 73). Nach Ansicht des BGH können bei Gutgläubigkeit des Handelsvertreters „eine billige Interessenabwägung und die Erfordernisse von Treu und Glauben" den Anspruch auf Vergütung für geleistete Tätigkeit rechtfertigen.

Verträge zwischen Heimpersonal und Heiminsassen, die gegen § 14 **HeimG** verstoßen, sind nach § 134 nichtig (BGHZ 110, 235, 240 = NJW 1990, 1603, 1604; ERMAN/BROX § 134 Rn 32; MünchKomm/MAYER-MALY § 134 Rn 28 a; PALANDT/HEINRICHS § 134 Rn 19; vgl auch BayObLG NJW 1993, 1143). Mit dem Zweck des § 14 HeimG, die wirtschaftlichen Interessen der Heiminsassen zu schützen, wäre es unvereinbar, die nach diesem Gesetz verbotenen Verträge mit ihnen wirksam zu lassen (BGH aaO). Dies gilt auch für letztwillige Verfügungen von Heiminsassen, es sei denn, dem Bedachten war dies zu Lebzeiten des Erblassers nicht bekannt (BayObLG NJW 1992, 55, 56; PALANDT/HEINRICHS § 134 Rn 19). Ein Heimpflegevertrag ohne Betriebsgenehmigung ist nach § 6 HeimG iVm § 134 nichtig (OLG Hamburg MDR 1973, 758).

254 Verträge, die gegen Devisenbestimmungen verstoßen, die nach Artikel 8 2 (b) des **IWF-Übereinkommens** berücksichtigt werden müssen, sind nicht nichtig; aus ihnen kann jedoch in den Hoheitsgebieten der Mitgliedstaaten nicht geklagt werden; sie sind „unenforceable" (BGHZ 116, 77, 83 f; BGH NJW 1994, 1868; dazu FUCHS IPRax 1995, 82; OLG Hamburg RiW 1994, 686, 687; SOERGEL/HEFERMEHL § 134 Rn 9). Eine Klage aus einem solchen Vertrag ist nach Ansicht des BGH unzulässig (BGHZ 116, 77, 84; 55, 334, 337 f; BGH NJW 1991, 3095, 3096; OLG Hamburg RiW 1994, 686, 687; vgl auch BGH NJW 1994, 1868 f). Nach wohl zutreffender Gegenansicht enthalten solche Verträge unvollkommene Verbindlichkeiten, die keine durchsetzbaren Ansprüche begründen (so EBKE, Internationales Devisenrecht 280 ff, 293 ff; ders JZ 1991, 335, 342; ders RiW 1991, 1, 6 f). Überschreitet der in einem internationalen Darlehensvertrag den nach ausländischen Devisenkontrollvorschriften genehmigten Zinssatz, so ist nicht der gesamte Darlehensvertrag und auch nicht die gesamte Zinsvereinbarung unklagbar, sondern nur der Teil der Zinsvereinbarung, der über die Genehmigung hinausgeht (BGHZ 116, 77, 85 aE).

255 **JArbSchG:** Die **Beschäftigungsverbote** der §§ 5, 7 JArbSchG sind Verbotsgesetze iS von § 134. Gegen diese Verbote verstoßende Arbeitsverträge sind nichtig (BAG DB 1973, 1078; BUCHNER, in: MünchArbR § 37 Rn 18 ff, 22; ERMAN/BROX § 134 Rn 22; MünchKomm/ MAYER-MALY § 134 Rn 68; STAUDINGER/DILCHER[12] § 134 Rn 17), allerdings nur mit Wirkung **ex nunc.** Dh weder der Arbeitgeber noch der jugendliche Arbeitnehmer haben Ansprüche auf Fortsetzung des Beschäftigungsverhältnisses (CANARIS 46; BUCHNER, in: MünchArbR § 37 Rn 22). Soweit jedoch Arbeitsleistungen bereits erbracht worden sind, hat der Jugendliche nach den Grundsätzen über fehlerhafte Arbeitsverhältnisse vertragliche Ansprüche auf Arbeitsentgelt, Weihnachtsgratifikation, Urlaub sowie vertragliche Schadensersatzansprüche wegen evtl Verletzung von Schutzpflichten (CANARIS, Gesetzliches Verbot ... 46; BUCHNER, in: MünchArbR § 37 Rn 22). Verstöße gegen die **Arbeitszeitregelungen** der §§ 8, 16, 17 JArbSchG berühren das Arbeitsverhältnis als solches grundsätzlich nicht; die verbotswidrigen Vereinbarungen über die Arbeitszeit sind jedoch – vorbehaltlich der gesetzlichen Ausnahmen – ex nunc nichtig (BUCHNER, in: MünchArbR § 37 Rn 24). Wenn allerdings das Arbeitsverhältnis insgesamt Arbeitsleistungen Jugendlicher zu verbotenen Zeiten zum Gegenstand hat, dann ist nicht nur die Arbeitszeitvereinbarung, sondern das gesamte Arbeitsverhältnis ex nunc nichtig (BUCHNER § 37 Rn 24). Auch Vereinbarungen über verbotswidrige Modalitäten der Tätigkeit, zB gefährliche Arbeiten (§ 22 JArbSchG), Untertagearbeit (§ 24 JArbSchG), Akkordarbeit usw, bewirken grundsätzlich nicht die Unwirksamkeit des gesamten Arbeitsvertrags, sondern nur der Vereinbarung solcher Modalitäten, es sei denn, der Arbeitsvertrag ist insgesamt und seinem Wesen nach auf solche verbotenen Tätigkeiten ausgerichtet (BUCHNER, in: MünchArbR § 37 Rn 25). Bei Verstößen gegen das Verbot des § 25 JArbSchG ist das Arbeitsverhältnis nichtig

mit Wirkung ex nunc, da der Gesetzeszweck die Aufrechterhaltung des Arbeitsvertrags nicht erfordert (BUCHNER, in: MünchArbR § 37 Rn 31). Der Jugendliche hat für die vergangene Zeit bei Verletzung von Schutzpflichten durch den Arbeitgeber neben deliktsrechtlichen auch vertragsrechtliche Schadensersatzansprüche; nach BUCHNER bestehen hingegen nur Ansprüche aus cic oder aus § 309 (BUCHNER, in: MünchArbR § 37 Rn 31). Ein Vertrag mit einem Jugendlichen, der gegen § 6 **JÖSchG** verstößt, zB ein Kinobesuchsvertrag, ist nichtig (BGB-RGRK/KRÜGER-NIELAND/ZÖLLER § 134 Rn 11; ERMAN/BROX § 134 Rn 37; SOERGEL/HEFERMEHL § 134 Rn 19; STAUDINGER/DILCHER[12] § 134 Rn 21; aA ENNECCERUS/NIPPERDEY, AT § 190 II 2 Fn 27).

Nach §§ 29 ff **KO** wegen Gläubigerbenachteiligung anfechtbare Rechtsgeschäfte sind weder nach § 134 noch nach § 138 nichtig (BGH BB 1968, 1057; BGHZ 56, 339, 355; RGZ 56, 229, 230; MünchKomm/MAYER-MALY § 134 Rn 51; s auch zum AnfG und zu § 283 c StGB Rn 202, 294). Zwar verstoßen Rechtsgeschäfte, die die Befriedigung von Gläubigern erschweren oder vereiteln, idR gegen die guten Sitten (BGH BB 1968, 1057). Die Vorschriften über die Anfechtung iSd AnfG und der KO gehen jedoch als Sonderregelungen den §§ 134, 138 vor (BGH BB 1968, 1057). Nur wenn besondere, über die Voraussetzungen einer Anfechtung nach dem AnfG oder der KO **hinausgehende** Umstände hinzutreten, kann ein Rechtsgeschäft auch nach § 138 wegen Sittenwidrigkeit nichtig sein (BGH BB 1968, 1057; ebenso zum AnfG BGH NJW 1973, 513; MünchKomm/MAYER-MALY § 134 Rn 51). Treten zwei durch eine gemeinsame Muttergesellschaft verbundene Unternehmen sich gegenseitig ihre Außenstände still zum Inkasso bei Weiterbestehen der Einziehungsermächtigung ab und erweitern sie so die Aufrechnungsmöglichkeit, so kann das im Falle des Konkurses eines Geschäftsgegners wegen Umgehung der Regelung des § 55 KO nach § 137 nichtig sein (BGH NJW 1991, 1060, 1061). **KSchG**: Zur Umgehung des Kündigungsschutzes s o Rn 157 sowie zu den §§ 620 ff BGB Rn 221.

Nach § 3 **KWG** sind bestimmte Bankgeschäfte verboten. Beschränkungen von Barabhebungen sind nach § 3 Nr 3 KWG iVm § 134 nichtig (OLG Stuttgart NJW 1980, 1798, 1800; CANARIS, Bankvertragsrecht Rn 1176, 1287). Die §§ 13, 13 a KWG, die Großkredite beschränken, sind keine Verbotsgesetze iS von § 134; denn diese Beschränkungen gelten nach § 13 Abs 3 KWG „unbeschadet der Wirksamkeit des Rechtsgeschäfts" (CANARIS, Bankvertragsrecht Rn 1288; PALANDT/HEINRICHS § 134 Rn 20). § 15 KWG, der die Möglichkeit sog Organkredite beschränkt, ist kein Verbotsgesetz iS von § 134, sondern enthält eine gesetzliche Beschränkung der Vertretungsmacht (CANARIS, Bankvertragsrecht Rn 1289). Abreden in einem Sparvertrag, nach denen der Aussteller jeden Vorleger des Sparbuchs als berechtigt ansehen kann, das ungekündigte Kapital in Empfang zu nehmen, verstießen gegen das im inzwischen aufgehobenen § 22 Abs 1 KWG enthaltene gesetzliche Verbot, von der Einhaltung der dort bestimmten Kündigungsfristen allgemein abzusehen, und waren nach § 134 nichtig (BGHZ 64, 278, 281, 283; zu § 22 KWG vgl auch BGHZ 42, 302, 305; SOERGEL/HEFERMEHL § 134 Rn 81; aA MAYER-MALY, in: FS Hefermehl [1976] 103, 111).

Nach § 54 KWG sind Bankgeschäfte ohne die nach § 32 KWG erforderliche Erlaubnis verboten. Das Fehlen der erforderlichen Erlaubnis berührt jedoch nach Ansicht des BGH die Wirksamkeit der mit den Bankkunden geschlossenen Verträge nicht (BGH WM 1966, 1101, 1102; 1972, 853; 1978, 1268, 1269; 1980, 374, 377; CANARIS, Bankvertragsrecht Rn 1286; LÜNTERBUSCH, Privatrechtliche Auswirkungen des Gesetzes über das Kreditwesen

[1968] 82 f; MünchKomm/MAYER-MALY § 134 Rn 59; SOERGEL/HEFERMEHL § 134 Rn 80). Denn solche Verträge seien objektiv nicht gesetzwidrig, „sondern, wenn überhaupt, nur die ohne Erlaubnis zum Betrieb von derartigen Geschäften ... erfolgte Vornahme des Geschäfts"; außerdem richte sich das Verbot des § 54 KWG nur gegen eine der beiden Vertragsparteien (BGH WM 1966, 1101, 1102). Dem BGH ist – zumindest im Ergebnis – zuzustimmen, soweit es **Darlehensverträge** betrifft (CANARIS, Bankvertragsrecht Rn 1286; PALANDT/HEINRICHS § 134 Rn 20), auf die sich auch alle obengenannten BGH-Entscheidungen bezogen. Der Darlehensnehmer darf das Darlehen behalten und muß die vereinbarten Darlehenszinsen zahlen. Teilweise **aA** ist R KRAMER 99 ff, 101 f, der die Grundsätze der Rückabwicklung eines Wucherdarlehens einschließlich § 817 S 2 analog für entsprechend anwendbar hält, wonach der Darlehensnehmer das Darlehen im vereinbarten Zeitraum behalten darf, jedoch keine Darlehenszinsen zu zahlen braucht. Bei **Einlagegeschäften** (Termingelder; Spareinlagen; auch Anzahlungen) wäre es hingegen mit dem Zweck der §§ 32, 54 KWG, den Kunden vor unsoliden Bankunternehmen zu schützen, unvereinbar, die Nichtigkeitsfolge des § 134 nicht anzuwenden und damit den Einleger zu zwingen, seine Einlage uneingeschränkt bis zum gesetzlich vereinbarten Zeitpunkt einer möglicherweise gefährdeten Bank zu belassen (CANARIS, Bankvertragsrecht Rn 1175). Der Schutz des Kunden erfordert allerdings nicht die beiderseitige Nichtigkeit des gesamten Einlagevertrags (**aA** wohl CANARIS, Gesetzliches Verbot ... 43); es genügt vielmehr nach dem Schutzzweck des § 32 KWG und anlog § 15 Abs 5 KWG, daß der Kunde seine Einlage sofort zurückfordern kann (CANARIS, Bankvertragsrecht Rn 1175). Nichtig nach § 32 KWG iVm § 134 ist auch ein sog „Sparkaufvertrag", zB ein Ansparvertrag für Aussteuerwaren, der darauf angelegt ist, daß die wirkliche Auswahl der zu erwerbenden Waren erst nach der Ansparung der Anzahlung erfolgt, wenn die Sparraten in die Verfügungsgewalt des Verkäufers gelangen und nicht bankmäßig abgesichert sind (OLG Stuttgart NJW 1980, 1798; MünchKomm/MAYER-MALY § 134 Rn 59; SOERGEL/HEFERMEHL § 134 Rn 80). Nach Ansicht des OLG Stuttgart kann sich nur der geschützte Kunde auf die Nichtigkeit der Verträge berufen (OLG Stuttgart NJW 1980, 1798, 1800).

259 Eine Darlehensvereinbarung, die gegen ein vom Bundesaufsichtsamt für das Kreditwesen nach § 46 Abs 1 KWG angeordnetes Kreditgewährungsverbot verstößt, ist nicht nach § 134 nichtig. Denn § 46 KWG enthält selbst kein Verbot solcher Geschäfte, sondern nur die Ermächtigung des Bundesaufsichtsamts, ein solches Verbot auszusprechen. Das Verbot richtet sich nur an die Bank. Der Schutz der Bankgläubiger, den § 46 KWG bezweckt, rechtfertigt keine Anwendung zu Lasten des Darlehensnehmers, der auch idR von dem Verbot durch das Bundesaufsichtsamt gar nichts weiß. Es kann jedoch § 138 anwendbar sein, wenn beide Vertragspartner sich des Verstoßes bewußt waren und außerdem die Voraussetzungen einer Konkursanfechtung nach § 31 KO vorlagen (BGH NJW 1990, 1356 f; PALANDT/HEINRICHS § 134 Rn 20).

260 LadSchlG: Bei Verstößen gegen das LadSchlG ist zu unterscheiden zwischen der gesetzwidrigen Leistungs**handlung** nach Ladenschluß und dem rechtlich unbedenklichen Leistungs**erfolg** (zutreffend AMM 206). Aufgrund dieses beschränkten Verbotszwecks berührt ein Verstoß gegen § 3 LadSchlG durch Verkauf nach Ladenschluß oder an Sonn- u Feiertagen weder die Wirksamkeit der nach Ladenschluß abgeschlossenen und erfüllten Verpflichtungsgeschäfte noch die der Erfüllungsgeschäfte (RGZ 60, 273, 276 betr § 41 a GewO aF; CANARIS, Gesetzliches Verbot ... 34 f; ERMAN/BROX

2. Titel.
Willenserklärung

§ 134
261—264

§ 134 Rn 11, 32; LARENZ, AT § 22 II S 432; MEDICUS, AT 239 Rn 648, 650; PAWLOWSKI, AT Rn 482; SCHERNER, BGB AT 222; STOBER GewArch 1981, 313, 321). Eine bereicherungsrechtliche Rückabwicklung scheidet aus. Im Gegensatz dazu sind auf den Verkauf zu verbotenen Zeiten gerichtete **Verpflichtungsgeschäfte** vor der Erfüllung nicht durchsetzbar, da nicht erzwingbar sein darf, was das Gesetz verbietet: die Erfüllung nach Ladenschluß bzw an Sonn- und Feiertagen (MEDICUS, AT 239 Rn 648; PAWLOWSKI, AT Rn 490; SCHERNER, BGB AT 223, 224; vgl jedoch auch ERMAN/BROX § 134 Rn 11, 32; STAUDINGER/DILCHER[12] § 134 Rn 31). Die Verbote des LadSchlG bewirken also ihrem Zweck nach eine Form **schwebender Unwirksamkeit** verbotswidrig abgeschlossener Verträge, die durch Erfüllung geheilt wird. Nach der Erfüllung durch den Verkäufer ist der Schutzzweck des LadSchlG nicht mehr zu realisieren. Auch aus generalpräventiven Gründen ist keine strengere vertragsrechtliche Sanktion geboten; s auch Rn 104.

Die Vereinbarung einer nach dem **LandpachtG** unzulässigen Naturalpacht ist nicht **261** nichtig, sondern rechtfertigt lediglich eine Beanstandung durch die Landwirtschaftsbehörde (BGHZ 36, 65, 68 f). Ein Verzicht auf Lohnfortzahlungsansprüche vor Fälligkeit oder eine entsprechende auflösende Bedingung im Arbeitsvertrag ist nach §§ 6, 9 **LFZG**/§§ 8, 12 **EntgeltfortzahlungsG** unwirksam (BAG NJW 1981, 1061; NJW 1980, 2325; BAGE 24, 1, 5 f = NJW 1972, 702, 703; ERMAN/BROX § 134 Rn 22; PALANDT/HEINRICHS § 134 Rn 15; STAUDINGER/DILCHER[12] § 134 Rn 19). Ein **nach** Beendigung des Arbeitsverhältnisses erklärter Verzicht auf bereits entstandene Lohnfortzahlungsansprüche ist hingegen nicht unwirksam (BAG NJW 1981, 1061, 1062; NJW 1977, 1213, 1214; BAGE 24, 1, 5 f = NJW 1972, 702, 703; PALANDT/HEINRICHS § 134 Rn 15). Als Umgehung des LFZG/Entgeltfortzahlungs G nichtig sind Vereinbarungen, nach denen jährlich gezahlte Anwesenheitsprämien wegen krankheitsbedingter Fehlzeiten gekürzt werden (BAGE 39, 67, 70 ff mwNw; SOERGEL/HEFERMEHL § 134 Rn 53; **aA** noch BAG AP Nr 9 zu § 611 BGB Anwesenheitsprämie; sehr streitig).

LMBG: Verträge über Lebensmittel, die verdorben oder irreführend bezeichnet und **262** nach dem LMBG nicht verkehrsfähig sind, sind nicht nichtig (RGZ 100, 39, 40; 170, 155, 156; ERMAN/BROX § 134 Rn 32; STAUDINGER/DILCHER[12] § 134 Rn 30; WESTPHAL 147 f).

LuftverkehrsG: Ein Luftbeförderungsvertrag, bei dem das vereinbarte Beförderungs- **263** entgelt unter dem nach § 21 genehmigten Tarifentgelt liegt, ist zwar eine Ordnungswidrigkeit, jedoch nicht nach § 134 nichtig (LG Frankfurt NJW 1985, 562, 563; PALANDT/HEINRICHS § 134 Rn 20; **aA** wohl noch LG Frankfurt NJW 1979, 1109; **aA** auch VOIGT ZLW 1969, 1 ff). Eine dem inzwischen aufgehobenen § 23 GüKG entsprechende Regelung, wonach der Differenzbetrag zwischen tariflichem und vereinbartem Entgelt nachgefordert werden kann, enthält das LuftverkehrsG nicht. Bei einer Tarifüberschreitung wäre hingegen die Preisvereinbarung nichtig, soweit zuviel verlangt wurde (LG Frankfurt NJW 1985, 562, 563).

MarkenG: s WZG Rn 307. **MRVerbG:** Zivilrechtliche Verträge, insbesondere Miet- **264** verträge, die eine nach dem Zweckentfremdungsrecht verbotene bzw genehmigungsbedürftige Nutzung von Wohnraum vorsehen, sind nicht nach § 134 iVm Art 6 § 1 MRVerbG nichtig (BGH NJW 1994, 320 m ausf Nachw; VGH München NJW-RR 1993, 1422; PALANDT/HEINRICHS § 134 Rn 20; vgl auch BGH NJW 1980, 777; VGH Kassel NJW 1964, 2444). Denn dieses Gesetz richtet sich nur gegen die rein tatsächliche Beseitigung oder

Vereitelung von Wohngebrauch, nicht aber gegen die privatrechtliche Vertragsfreiheit (BGH NJW 1994, 320). Die im Zusammenhang mit dem Erwerb eines Grundstücks eingetragene Verpflichtung des Käufers, ein Gebäude nach Plänen eines bestimmten Architekten zu errichten, ist nichtig, da sie eine nach Art 10 § 3 MRVerbG unzulässige Architektenbindung enthält (BGH NJW 1978, 1434 f). Ein Grundstücksmakler hat nach § 134 iVm Art 10 § 3 S 1 MRVerbG keinen Anspruch auf Provision für die Vermittlung eines Architektenvertrags, der wegen Koppelung von Grundstückserwerb und Architektenauftrag nach denselben Vorschriften nichtig ist (BGH WM 1979, 759 f; WM 1980, 17 f; ERMAN/BROX § 134 Rn 23).

265 MuSchG: Eine Kündigung, die gegen das MuSchG verstößt, ist nach § 134 nichtig (SOERGEL/HEFERMEHL § 134 Rn 43). Das MuSchG verbietet die **Beschäftigung** während der gesetzlichen Schutzfristen vor und nach der Entbindung. Außerdem untersagt es in den §§ 3, 4, 6, 8 die Beschäftigung mit schweren und gesundheitsgefährdenden Arbeiten, nämlich Akkord- und Fließbandarbeit sowie Mehr-, Nacht-, Sonntags- und Feiertagsarbeit. Soweit die Schwangerschaft erst nach Abschluß des Arbeitsvertrags eintritt, wird dieser dadurch nicht berührt; die Beschäftigungsverbote sind trotzdem zu beachten. Wenn das Arbeitsverhältnis hingegen nach Eintritt der Schwangerschaft begründet wurde, nahmen die hM und das BAG bisher Nichtigkeit des Arbeitsvertrags ex nunc an, auch wenn die Arbeitnehmerin bei Begründung des Arbeitsverhältnisses ihre Schwangerschaft nicht kannte (BAG AP Nr 2 zu § 4 MuSchG; AP Nr 24 zu § 9 MuSchG; MünchKomm/MAYER-MALY § 134 Rn 68; STAUDINGER/DILCHER[12] § 134 Rn 17). In einer Entscheidung vom 8. 9. 1988 hat das BAG diese Frage offengelassen (AP Nr 1 zu § 8 MuSchG). Nunmehr hat der EuGH unter Hinweis auf das Frauendiskriminierungsverbot der Richtlinie 76/207/EWG, allerdings beschränkt auf das Nachtarbeitsverbot für Schwangere, entschieden, daß das Arbeitsverhältnis weder ex tunc noch ex nunc nichtig sei (EuGH NJW 1994, 2077, 2078). Dieser Auffassung ist auch über das Nachtarbeitsverbot hinaus deshalb der Vorzug zu geben, weil die Beschäftigungsverbote nur vorübergehende Arbeitshindernisse begründen. Dem Interesse der Schwangeren genügen die Beschäftigungsverbote (BUCHNER, in: MünchArbR § 37 Rn 36, 37; vgl auch EuGH NJW 1994, 2077, 2078 Nr 23). Diese Richtlinie schließt auch ein Anfechtungsrecht des Arbeitgebers aus (EuGH NJW 1994, 2077, 2078 in bezug auf das Nachtarbeitsverbot; anders noch BUCHNER aaO). Für die Beschäftigungsverbote aus § 26 **GefahrStVO** von 1986 (BGBl I 1470), die aufgrund von § 4 Abs 4 MuSchG erlassen worden ist und die werdende und stillende Mütter vor bestimmten giftigen oder sonst gefährlichen Stoffen schützen soll, gelten dieselben Grundsätze (BUCHNER § 37 Rn 38).

266 OWiG: Ein Inserat, das nach seinem objektiv erkennbaren Inhalt Gelegenheit zu sexuellen Handlungen anbietet, verstößt gegen § 120 Abs 1 Nr 2 OWiG. Verträge über die Insertion solcher Kontaktanzeigen sind nach § 134 nichtig. Die Berufung auf die Nichtigkeit gegenüber Vergütungsansprüchen für erfolgte Inserate verstößt nicht gegen Treu und Glauben (BGH NJW 1992, 2557, 2558 f; MünchKomm/ MAYER-MALY § 134 Rn 52a; PALANDT/HEINRICHS § 134 Rn 20; aA BEHM NJW 1990, 1822 f). Bereicherungsansprüche scheitern an § 817 S 2 analog; die Anwendung von § 817 S 2 analog wird ebenfalls nicht durch Treu und Glauben ausgeschlossen, da der Zweck des § 120 OWiG weitgehend unterlaufen würde, wenn ein Anspruch aus § 812 iVm § 818 Abs 2 auf Wertersatz bestünde (BGH NJW 1992, 2557, 2560). Entsprechendes gilt für Vereinbarungen über Telefonsex (LG Bonn NJW 1989, 2544;

MünchKomm/MAYER-MALY § 134 Rn 52 a). Bierlieferungsverträge mit einem Bordell, das gegen das Prostitutionsverbot aus § 120 OWiG iVm der entsprechenden landesrechtlichen Verordnung verstößt, sind hingegen nicht nach § 134 oder § 138 nichtig (BGH WM 1987, 1106 f; SOERGEL/HEFERMEHL § 134 Rn 26; vgl auch unten Rn 291; § 138 Rn 458 ff).

Personenbeförderungsverträge, die unter Verstoß gegen das **PBefG** und damit **267** zugleich unter Verstoß gegen § 1 UWG (BGH GRUR 1957, 558, 559 „Bayern-Expreß") zustande gebracht worden sind, sind dennoch nicht nichtig nach § 134. Nichtig nach § 2 Abs 3 PBefG iVm § 134 sind hingegen Konzessionsübertragungsverträge im Taxigewerbe, wenn nicht gleichzeitig das ganze Unternehmen oder dessen wesentliche selbständige und abgrenzbare Teile übertragen werden (BGHZ 108, 364, 368 = NJW 1990, 1354 f; OLG Düsseldorf JR 1993, 113, 114; MünchKomm/MAYER-MALY § 134 Rn 76; PALANDT/HEINRICHS § 134 Rn 17; vgl auch OLG Düsseldorf NJW-RR 1993, 249). In diesen Grenzen ist die Verpachtung bzw der Verkauf einer Taxikonzession grundsätzlich auch nicht sittenwidrig iSv § 138 (BVerfG NJW 1990, 1352; OLG Düsseldorf NJW-RR 1990, 1079). **Polizeistundenverordnungen:** s dazu § 18 GaststättenG.

Die Vorschriften der **PreisAngVO** (früher **PreisAuszVO**) regeln die äußeren **268** Umstände des Vertragsabschlusses. Sie wollen zwar den Kunden in der Freiheit der Willensbildung bei Vertragsabschluß schützen. Ihre Verbote und Gebote, zB das Gebot der Angabe des effektiven Jahreszinses bei Darlehensangeboten oder das Verbot von Tagespreisklauseln, verbieten jedoch nicht darüber hinaus auch **Rechtsgeschäfte**, die unter Verstoß gegen diese Vorschriften abgeschlossen wurden. § 134 ist deshalb nicht anwendbar (BGH NJW 1974, 859; NJW 1979, 540, 541; WM 1979, 225, 228; WM 1980, 1111, 1113; NJW 1980, 2301, 2302; NJW 1982, 2436, 2437; ZIP 1982, 1044, 1046; ERMAN/BROX § 134 Rn 44; MünchKomm/MAYER-MALY § 134 Rn 58; PALANDT/HEINRICHS § 134 Rn 26; aA CANARIS, Gesetzliches Verbot ... 38 f). Die Tatsache, daß die PreisAngVO den Kunden in der Freiheit seiner Willensbildung bei Vertragsabschluß schützen will, genügt nicht, ihre Verbote schon deshalb zu den Verbotsgesetzen iSv § 134 zu rechnen (aA CANARIS, Gesetzliches Verbot ... 38 in bezug auf das Gebot der Angabe des effektiven Jahreszinses). Nicht alle Vorschriften mit diesem Schutzzweck – zB § 123 – verbieten die betreffenden Rechtsgeschäfte, auch wenn ein gewisser Wertungswiderspruch zu § 56 Abs 1 Nr 6 GewO oder § 4 VerbrKrG (früher § 1 a Abs 1 AbzG) nicht zu übersehen ist (CANARIS, Gesetzliches Verbot ... 39).

Preisrecht: Unsere Rechtsordnung verbietet in einer größeren Anzahl von Vor- **269** schriften **überhöhte Preise**. Rechtsgeschäfte, die die gesetzlichen Preisgrenzen überschreiten, sind nicht ohne weiteres nach § 134 nichtig. Denn die Preisregelungen wenden sich nicht gegen preiswidrige Rechtsgeschäfte als solche, sondern nur gegen die überhöhten Preise. Auch die gesetzwidrige **Preisvereinbarung** ist nicht ingesamt nichtig, sondern nur **teilnichtig**. Es erfolgt eine geltungserhaltende Reduktion. Heftig umstritten ist allerdings der Umfang der geltungserhaltenden Reduktion, dh ob die Preisvereinbarung mit dem **marktüblichen** oder mit dem **höchstzulässigen** Preis fortgilt. Nach einer verbreiteten und mE zutreffenden Ansicht ist grundsätzlich nur derjenige Teil der Preisvereinbarung nichtig, der die zulässige **Höchstgrenze** überschreitet. Denn die Nichtigkeit kann nicht weiter reichen als das Verbot, und dieses wendet sich nur gegen den Teil des Preises, der die Grenze des Zulässigen überschreitet (BGHZ 89, 316, 321; BGH LM Nr 8 zu § 134 BGB; LG Stuttgart

NJW-RR 1993, 279). Im übrigen ist die Preisvereinbarung bis zur höchstzulässigen Grenze wirksam*. Nach aA bleibt der Vertrag grundsätzlich zum **marktüblichen** bzw ortsüblichen bzw objektiv angemessenen Preis aufrechterhalten (so zu § 5 WiStG OLG Hamburg NJW 1983, 1004 [Ls] = ZMR 1983, 100; OLG Karlsruhe NJW 1982, 1161; OLG Stuttgart NJW 1981, 2365; LG Köln NJW 1965, 157, 159; Canaris, in: FS Steindorff [1990] 519, 529 ff). Die **Teilnichtigkeit** der Preisabrede ist durch den Normzweckvorbehalt des § 134 gerechtfertigt. Denn der Zweck solcher Preisregelungen ist nicht die gänzliche Unterbindung preiswidriger Verträge, sondern die preisgünstige Versorgung der Abnehmer durch Aufrechterhaltung und Förderung der Rechtsgeschäfte zu angemessenen Preisen (RGZ 88, 250, 251; 166, 89, 96; 168, 307, 313; BGHZ 11, 90, 95; Larenz, AT § 22 II S 433; Soergel/Hefermehl § 134 Rn 62; vgl auch BGHZ 89, 316, 324). Wegen dieses Schutzzwecks führt idR auch § 139 nicht zur Gesamtnichtigkeit des Vertrags (BGH LM Nr 8 zu § 134 BGB; Soergel/Hefermehl § 134 Rn 62).

270 Die Rspr hat diese Grundsätze ursprünglich auf Geschäfte zur Deckung des täglichen Bedarfs („täglichen Warenverkehrs", „regelmäßigen Handelsverkehrs") einschließlich der Wohnungsmiete beschränkt (RGZ 166, 89, 96; 168, 91, 100; 168, 307, 313; vgl aber auch RGZ 165, 385, 389, 393, wo im PreisbildungsG und in der PreisstopVO von 1936 kein Verbotsgesetz iSv § 134 gesehen wurde). Nichtigkeit des **gesamten** Rechtsgeschäfts wegen überhöhter Preise wurde hingegen angenommen bei Grundstücksverkäufen (RGZ 166, 89, 96 f; 168, 91, 100; 168, 307, 313; BGHZ 11, 90, 95 f) oder Jagdpachtverträgen (RGZ 168, 307, 312 f, 315). In diesen Fällen bestehe kein öffentliches Interesse an der Aufrechterhaltung des Rechtsgeschäfts zu zulässigen Preisen. Dies hatte zur Folge, daß beim Grundstückskauf der Käufer einen bereits bezahlten überhöhten Kaufpreis wegen § 817 S 2 analog nicht zurückverlangen konnte (BGHZ 11, 90, 96), während bei Nichtigkeit auch der Auflassung der Verkäufer die Rückgabe des ihm verbliebenen Eigentums betreiben konnte, ohne daß dem § 817 S 2 analog entgegenstand. Der Käufer hatte daher ebenso ein Interesse an der Verschleierung des wahren Sachverhalts wie der Verkäufer, der einen unzulässig hohen Preis erzielen wollte. Dies führte zu einem „Bündnis der Vertragsparteien gegen die Preisbehörden" (BGHZ 11, 90, 96), das durch die PrÜbVO 1952 dadurch gesprengt werden sollte, daß der Käufer den Kaufpreis, soweit er die Höchstgrenze überschritt, zurückverlangen konnte. Bereits diese Korrektur der Rechtsfolgen der Anwendung der §§ 134, 812, 817 zeigt die Fragwürdigkeit der Ansicht, daß Verträge über Güter, die nicht der Deckung des täglichen Bedarfs dienen, zu überhöhten Preisen insgesamt nichtig sind (Erman/Brox § 134 Rn 44; Soergel/Hefermehl § 134 Rn 62). Gesetzliche Preisbegrenzungen wollen nicht nur bei Geschäften des täglichen Bedarfs, sondern ganz allgemein überhöhte Preise verhindern, nicht jedoch ganze Rechtsgeschäfte zu überhöhten Preisen vernichten. Deshalb ist mit der hM auch bei „sonstigen Rechtsgeschäften", die nicht der Deckung des täglichen Bedarfs dienen, bei überhöhten Preisen nicht das ganze Rechtsgeschäft nichtig, sondern nur die Preisvereinbarung, soweit sie das gesetzliche

---

* RGZ 88, 250, 251 f; 166, 89, 96; 168, 91, 100; 168, 307, 313; BGHZ 11, 90, 95; 51, 174, 181; 60, 199, 205; 89, 316, 319, 321, 324; 108, 147, 150; 116, 77, 85 aE; OLG Hamm WuM 1982, 302; LG Hamburg NJW 1971, 1411; LG Mannheim NJW 1977, 1729, 1731; LG Stuttgart NJW-RR 1993, 279; ebenso im Schrifttum Erman/Brox § 134 Rn 44; Larenz, AT § 22 II S 432 f; MünchKomm/Mayer-Maly § 134 Rn 90; Palandt/Heinrichs § 134 Rn 8, 26, 27; Soergel/Hefermehl § 134 Rn 32, 62, 64; Staudinger/Dilcher[12] § 134 Rn 26; hingegen hält Amm 154 ff, 164 die Preisvorschriften nicht für Verbotsgesetze iSv § 134.

Limit überschreitet. Es gilt also inzwischen der **allgemeine Grundsatz**, daß bei einem Verstoß gegen eine preisrechtliche Norm der Vertrag mit dem höchstzulässigen Preis bestehenbleibt.

Preisvereinbarungen sind daher bis zum höchstzulässigen Preis wirksam bei Verstö- **271** ßen gegen die Preisgrenzen der folgenden Gesetze: § 5 BaupreisVO iVm § 2 PreisG (BGHZ 51, 174, 181; SOERGEL/HEFERMEHL § 134 Rn 63); § 4 HOAI (BGHZ 60, 199, 205; PALANDT/HEINRICHS § 134 Rn 27; SOERGEL/HEFERMEHL § 134 Rn 64); § 5 BKleingartenG betr die Höchstpacht für Kleingärten (BGHZ 108, 147, 150; PALANDT/HEINRICHS § 134 Rn 26); § 5 WiStG (BGHZ 89, 316, 321, 324; OLG Hamm WuM 1982, 302; LG Mannheim NJW 1977, 1729, 1731; LG Hamburg NJW 1971, 1411; LG Stuttgart NJW-RR 1993, 279; ERMAN/BROX § 134 Rn 44; LARENZ, AT § 22 II S 432 f; SOERGEL/HEFERMEHL § 134 Rn 62, 63; diese Ansicht ist verfassungsmäßig, BVerfG NJW 1994, 993 f; krit CANARIS, Gesetzliches Verbot ... 28 ff; J HAGER JuS 1985, 264; für Reduzierung auf den marktüblichen bzw angemessenen Mietzins hingegen OLG Stuttgart NJW 1981, 2365; OLG Karlsruhe NJW 1982, 1161 f; OLG Hamburg NJW 1983, 1004 [LS] = ZMR 1983, 100; LG Köln NJW 1965, 157, 159; CANARIS, in: FS Steindorff [1990] 519, 529 f; PALANDT/HEINRICHS § 134 Rn 27); § 8 Abs 2 WoBindG in bezug auf Mieten (ERMAN/BROX § 134 Rn 44; PALANDT/HEINRICHS § 134 Rn 26, 27; SOERGEL/HEFERMEHL § 134 Rn 63); bei devisenrechtlich genehmigten Darlehenszinssätzen (BGHZ 116, 77, 85). Wenn bei einem Möbelübernahmevertrag (Abstands-, Ablösevereinbarung) zwischen dem alten und dem neuen Mieter der vereinbarte Kaufpreis den Wert der Möbel übersteigt, ist dies bei preisgebundenen Mieträumen eine Umgehung der Mietpreisbindung und damit ein Verstoß gegen das Verbot mittelbarer Mietpreiserhöhungen durch § 29 BMietG; der Möbelübernahmevertrag bleibt zum zulässigen Preis – dh zum tatsächlichen Wert der Möbel – aufrechterhalten (BGH WM 1977, 345, 346). Vgl auch die §§ 20 ff GüKG (PALANDT/HEINRICHS § 134 Rn 26, 27), aufgehoben durch das Tarifaufhebungsgesetz vom 13. 8. 1993 (BGBl I 1489; VO TS Nr 12/58, geändert durch VO vom 1. 3. 1994 BGBl I 388). Ebenso früher bei Verstößen gegen die PrÜbVO 1952 (BGHZ 11, 90, 95), das PreisbildungsG und die PreisstopVO 1936 (RGZ 166, 89, 96; 168, 91, 100; 168, 307, 313; BGH LM Nr 8 zu § 134 BGB; vgl auch LARENZ, AT § 22 II S 433), das HöchstpreisG von 1914 (RGZ 88, 250, 251 f).

Zu Verstößen gegen das **RabG** s unten Rn 301. **RBerG**: Ein Geschäftsbesorgungsver- **272** trag, den ein nicht zugelassener Rechtsberater unter Verstoß gegen Art 1 § 1 RBerG mit einem Rechtssuchenden geschlossen hat, ist nach § 134 nichtig (grundlegend BGHZ 37, 258, 262; ebenso BGHZ 47, 364, 369; 50, 90 ff; 61, 317, 324; 70, 12, 16 f; NJW 1975, 38, 40; BGHZ 102, 128, 130; NJW 1995, 516; WM 1995, 1586 ff, 1587; ebenso die nahezu einhellige Meinung im Schrifttum; krit jedoch WESTPHAL 144 ff; ders BB 1985, 752, 753). Denn es widerspräche dem Zweck des RBerG, wenn der Rechtsberater vertraglich verpflichtet wäre, seine unerlaubte und strafbare Tätigkeit auszuüben und fortzusetzen (BGHZ 37, 258, 262). Damit haben weder der unbefugte Rechtsberater noch der Rechtssuchende Ansprüche auf Vertragserfüllung. Der unbefugte Rechtsberater ist wegen seiner Leistungen auf Ansprüche aus ungerechtfertigter Bereicherung angewiesen (BGHZ 37, 263). Dem Schutzzweck des RBerG entsprechend hat der BGH erwogen, jedoch ursprünglich offengelassen, den Teil der dem Rechtssuchenden erwachsenen Rechte von der Nichtigkeit auszunehmen, der geeignet ist, ihn zu schützen, so daß ihm zB der Rechtsberater unmittelbar nach Auftragsrecht, §§ 662 ff, haften würde (BGHZ 37, 263). Später hat der BGH jedoch entschieden, daß ein Vertrag nach § 139 auch dann **insgesamt nichtig** ist, wenn er zugleich auch erlaubte Tätigkeit des Rechtsberaters umfaßt (BGHZ 50, 90, 92; 70, 12, 17; PALANDT/HEINRICHS § 134 Rn 21). Insoweit ist jedoch bei der Anwendung von § 817 S 2 analog zwischen erlaubten und unerlaubten Teilen des Vertrags zu unterscheiden (BGHZ 50, 90, 92 aE). Wenn eine Bank bei der Abwicklung eines Unfallschadens gegen das RBerG verstößt und in diesem Zusammenhang einen Kredit gewährt („**Unfallhelfer-Kreditvertrag**"), erstreckt sich die Nichtigkeit nach § 134 auch auf den Kreditvertrag (BGH NJW 1977, 38, 40; NJW 1977, 431 f; ERMAN/BROX § 134 Rn 47) und eine eventuelle Bürgschaft für den Kredit (OLG Frankfurt OLGZ 1979, 56; ERMAN/BROX § 134 Rn 47).

273 Ein Baubetreuungsvertrag zwischen einem Bauunternehmer und einem Architekten, der auch die Vorbereitung und Abfassung der Verträge mit den Erwerbern von Eigentumswohnungen und mit dem Hausverwalter vornehmen sollte, verstößt gegen das RBerG und ist insgesamt nach § 134 nichtig, obwohl er auch erlaubte Tätigkeiten umfaßt. Der Bauunternehmer kann die an den Architekten bereits geleistete Zahlung nach § 812 zurückverlangen, soweit dieser durch sie bereichert ist. Umgekehrt kann der Architekt seinerseits bereicherungsrechtlich vom Bauunternehmer den Wert der von ihm erbrachten Leistungen ersetzt verlangen, der nach der Höhe der üblichen oder (mangels einer solchen) der angemessenen Vergütung zu bestimmen ist, sofern der Bauunternehmer entsprechende Auslagen erspart hat (BGHZ 70, 12, 16 f; SOERGEL/HEFERMEHL § 134 Rn 60). § 817 S 2 analog ist nicht anwendbar, wenn sich der Architekt des Verstoßes gegen das RBerG nicht bewußt war (BGHZ 70, 12, 18). Nichtig ist ferner ein Gesellschaftsvertrag (stille Gesellschaft), dessen Zweck eine ungenehmigte Inkassotätigkeit ist, die gegen das RBerG verstößt (BGHZ 62, 234, 240 = NJW 1974, 1201, 1202). Die Nichtigkeit erstreckt sich auch auf die eventuelle **Abtretung** von Forderungen zum Zwecke der Einziehung (BGH NJW 1995, 516 = WM 1993, 2214; BGH NJW 1976, 38, 40; WM 1978, 1062, 1063; BGHZ 61, 317, 324; 47, 364, 369; BAG NJW 1993, 2701, 2703; vgl auch BGH NJW 1994, 997, 998 zu 2). Wenn sich eine Schutzgemeinschaft von Kleinaktionären in der Rechtsform eines eingetragenen Vereins Schadensersatzansprüche von Mitgliedern zum Zwecke der Einklagung abtreten läßt, so betreibt sie unerlaubte Rechtsbesorgung; die Abtretung der vermeintlichen Ansprüche ist wegen Verstoßes gegen das RBerG nach § 134 nichtig und der Verein für deren gerichtliche Geltendmachung nicht aktivlegitimiert. Nicht gegen das RBerG verstoßen das echte und das unechte **Factoring** durch eine Bank, da der Factor keine fremden, sondern eigene Rechtsangelegenheiten besorgt (BGHZ 58, 364, 367 betr unechtes Factoring; BGHZ 76, 119, 125 betr echtes Factoring; SOERGEL/HEFERMEHL § 134 Rn 59); es sind echte Kreditgeschäfte, so daß die zu diesem Zweck vorgenommenen Verträge, Forderungsabtretungen und Bürgschaften nicht nach § 134 nichtig sind (BGHZ 58, 364, 366 f; 76, 119, 127). Ausführliche Nachweise zu einzelnen Verstößen gegen das RBerG bei PALANDT/HEINRICHS § 134 Rn 21.

274 Art 4 **ScheckG**, wonach ein Scheck nicht angenommen werden kann, schließt nicht nach § 134 aus, daß sich der Bezogene außerhalb des Schecks vertraglich wirksam zur Einlösung des Schecks verpflichtet (BGH WM 1956, 1293; WM 1975, 466; OLG Karlsruhe WM 1971, 877, 879; ERMAN/BROX § 134 Rn 48; MünchKomm/MAYER-MALY § 134 Rn 62; SOERGEL/HEFERMEHL § 134 Rn 84). Auch das sog **Scheckrückgabeabkommen** führt nicht über § 134 zur Nichtigkeit einer solchen Einlösungszusage (OLG Karlsruhe WM 1971, 877, 879; SOERGEL/HEFERMEHL § 134 Rn 84; nach MAYER-MALY, in: FS Hefermehl [1976] 103, 110 ist das Scheckrückgabeabkommen schon kein Verbotsgesetz iSv § 134; vgl auch MünchKomm/ MAYER-MALY § 134 Rn 61). Die Regelung des Art 32 ScheckG, wonach ein Widerruf des

Schecks erst nach Ablauf der Vorlegungsfrist wirksam ist, verbietet nicht iSv § 134, daß sich der Bezogene verpflichtet, einen Widerruf des Schecks vor Ablauf der Vorlegungsfrist zu beachten (BGHZ 35, 217, 220 = NJW 1961, 1718; BAUMBACH/HEFERMEHL, Wechsel- und ScheckG, ScheckG Art 32 Rn 2; ERMAN/BROX § 134 Rn 48; MAYER-MALY, in: FS Hefermehl, 103, 110; PALANDT/HEINRICHS § 134 Rn 22; SOERGEL/HEFERMEHL § 134 Rn 84).

SchwArbG (idF vom 6. 2. 1995 BGBl I 165)* **275**
a)   Dieses Gesetz untersagt in § 1, Schwarzarbeit zu „erbringen", und in § 2, Schwarzarbeit „ausführen zu lassen", sowie in § 4 die Werbung für Schwarzarbeit in Medien. Damit verfolgt es mehrere sozialpolitische Anliegen. Zum einen will es die Minderung des Steueraufkommens und des Beitragsaufkommens zur Sozial- und Arbeitslosenversicherung verhindern (Begr RegE BT-Drucks II/1111 S 3 f; Begr zum ÄnderungsG BT-Drucks 9/192 S 5; BGHZ 85, 39, 43; 89, 369, 374; 111, 308, 313) und damit zugleich die Sozial- und Arbeitslosenversicherung der Arbeitnehmer sicherstellen. Außerdem will es die Gefährdung gewerblicher, insbesondere handwerklicher Betriebe durch Lohn- und Preisunterbietungen verhindern, die vor allem auch durch die Hinterziehung von Steuern und Sozialversicherungsbeiträgen ermöglicht werden (BGHZ 85, 39, 43; 89, 369, 373 f; 111, 308, 313). Damit will es auch der erhöhten Arbeitslosigkeit in vielen Berufszweigen entgegenwirken (BGHZ 85, 39, 43; 89, 369, 373 aE; 111, 308, 312 f). Schließlich will dieses Gesetz die Auftraggeber vor minderwertigen Leistungen und vor der unsachgemäßen Verwendung von Rohmaterialien sowie davor schützen, daß sie bei fehlerhafter Werkleistung keine Gewährleistungsansprüche haben (Amtliche Begr BT-Drucks II/1111 und 9/192; BGHZ 89, 369, 374; 111, 308, 313). Das SchwArbG droht sowohl dem Auftragnehmer als auch dem Auftraggeber Geldbußen an. Es will Schwarzarbeit generell verbieten und den Leistungsaustausch verhindern. Es ist ein beiderseitiges Verbotsgesetz iSv § 134 (BGHZ 85, 39, 43 f; 89, 369; 111, 308, 311, 313; BGH NJW 1985, 2403).

b)   Welche Rechtsfolgen Verstöße gegen das SchwArbG haben, ist heftig umstrit- **276**
ten. In Übereinstimmung mit der Rspr soll zunächst zwischen **beiderseitigen** und **einseitigen** Verstößen unterschieden werden. Schwarzarbeitsverträge sind nach § 134 ex tunc nichtig, wenn **beide** Parteien gegen das SchwArbG verstoßen; so die Rspr und die hL**. Nichtigkeit ist auch dann anzunehmen, wenn der Auftraggeber zwar nicht

---

* **Schrifttum:** BENÖHR, Rechtsfragen des Schwarzarbeitsgesetzes, BB 1975, 232; BUCHNER, Schwarzarbeit und Rechtsordnung, GewArch 1990, 41; HELF, Zivilrechtliche Folgen eines Verstoßes gegen das SchwarzarbeitsG (1986); IRO, Zivilrechtliche Probleme bei Verträgen mit Schwarzarbeitern, ÖJBl 1987, 1; KERN, Die zivilrechtliche Beurteilung von Schwarzarbeitsverträgen, in: FS Gernhuber (1993) 191; ders, Der geprellte Schwarzarbeiter – BGHZ 111, 308, JuS 1993, 193; KÖHLER, Schwarzarbeitsverträge: Wirksamkeit, Vergütung, Schadensersatz, JZ 1990, 466; SANNWALD, Das Gesetz zur Bekämpfung der Schwarzarbeit und Nebengesetze (1988);

SCHMIDT, Nichtigkeit von Schwarzarbeitsverträgen, MDR 1966, 463; SONNENSCHEIN, Schwarzarbeit, JZ 1976, 497; THILENIUS, Die Nichtigkeit von Schwarzarbeitsverträgen (Diss Hamburg 1980); TIEDTKE, Baubetreuungsvertrag und Schwarzarbeit, NJW 1983, 713; ders, Die gegenseitigen Ansprüche des Schwarzarbeiters und seines Auftraggebers, DB 1990, 2307; Voss, Vertragliche und gesetzliche Ansprüche des Schwarzarbeiters (1994).

** BGHZ 85, 39, 42, 44, 46; BGH NJW 1985, 2403, 2404; BGHZ 111, 308, 311, 313; OLG Celle JZ 1973, 246; OLG Köln NJW-RR 1990, 251; ERMAN/BROX § 134 Rn 49; BGB-RGRK/KRÜGER-NIELAND/ZÖLLER § 134 Rn 58; KÖH-

selbst verbotswidrig handelt, aber den Verstoß gegen das SchwArbG durch den Vertragspartner kennt und diesen bewußt zum eigenen Vorteil ausnutzt (BGH NJW 1985, 2403, 2404; ERMAN/BROX § 134 Rn 49; KÖHLER JZ 1990, 466, 467; PALANDT/HEINRICHS § 134 Rn 22; SONNENSCHEIN JZ 1976, 497, 502 f; VOSS 82; aA wohl OLG Celle JZ 1973, 246, 247). Denn der Zweck des SchwArbG, nämlich die Verhinderung von Schwarzarbeit, läßt sich nur erreichen, wenn solche Verträge nicht als rechtswirksam angesehen werden (BGHZ 85, 39, 44; 111, 308, 311, 313; TIEDTKE NJW 1983, 713, 716). Der **Auftraggeber** hat deshalb in diesen Fällen weder Erfüllungsansprüche, noch Ersatzansprüche wegen Nichterfüllung (BGHZ 85, 39, 49; SONNENSCHEIN JZ 1976, 497, 499; aA SOERGEL/HEFERMEHL § 134 Rn 55) oder aus pVV (aA SOERGEL/HEFERMEHL § 134 Rn 55), noch Mängelgewährleistungsansprüche (Amtl Begr BT-Drucks 9/192 S 5; BGHZ 111, 308, 314; vgl auch BGHZ 89, 369, 374; KERN, in: FS Gernhuber 191, 198; KÖHLER JZ 1990, 466, 471 mit Fn 42; PALANDT/HEINRICHS § 134 Rn 22; TIEDTKE NJW 1983, 713, 715 f; aA OLG Celle JZ 1973, 246, 247; MünchKomm/ MAYER-MALY § 134 Rn 64; SOERGEL/HEFERMEHL § 134 Rn 55). Der **Schwarzarbeiter** seinerseits hat ebenfalls keine vertraglichen Erfüllungsansprüche, auch wenn er die vereinbarte Arbeitsleistung schon erbracht hat (BGHZ 111, 308; SONNENSCHEIN JZ 1976, 497, 501; TIEDTKE NJW 1983, 713, 715). Nichtigkeit ist auch dann anzunehmen, wenn der Vertrag von beiden Seiten erfüllt worden ist (SONNENSCHEIN JZ 1976, 497, 500). Denn auch in diesem Fall wirkt zumindest das Risiko, bei Leistungsstörungen keine Vergütungsansprüche zu haben, generalpräventiv.

277 Der Normzweck des SchwArbG wirkt auch in andere Anspruchsgrundlagen hinein. So erfüllen die Leistungen eines Schwarzarbeiters zwar die Voraussetzungen der §§ 677 ff. Er hat jedoch keinen Anspruch auf Aufwendungsersatz nach § 683 iVm § 670, da er wegen des Verbots der Schwarzarbeit seine Aufwendungen nicht für erforderlich halten durfte (BGHZ 111, 308, 311; CANARIS NJW 1985, 2404, 2405; KÖHLER JZ 1990, 466, 469; SONNENSCHEIN JZ 1976, 497, 501). Zum gleichen Ergebnis gelangt die Ansicht, nach der die §§ 812 ff eine abschließende bzw speziellere Regelung enthalten als die §§ 677 ff (KÖHLER JZ 1990, 466, 469). Denn auch **bereicherungsrechtliche** Ansprüche des Schwarzarbeiters werden vom Normzweck des Verbotsgesetzes beeinflußt. Aus § 812 iVm § 818 Abs 2 kann der Schwarzarbeiter nach Ansicht des BGH für seine erbrachten Leistungen zwar Wertersatz verlangen. Dies sei jedoch abweichend von der herrschenden objektiven Theorie zu § 818 Abs 2 nicht der marktübliche Preis, sondern höchstens das – niedrigere – von den Parteien vereinbarte Entgelt; denn der Schwarzarbeiter könne im Wege des Bereicherungsausgleichs keinesfalls mehr erlangen, als er mit seinem Auftraggeber – in nichtiger Weise – vereinbart hat (BGHZ 111, 308, 314; KÖHLER JZ 1990, 466, 469). Außerdem sind hiervon in aller Regel wegen der mit der Schwarzarbeit verbundenen Risiken – der Auftraggeber hat ua keine vertraglichen Gewährleistungsansprüche – erhebliche Abschläge angebracht (BGHZ 111, 308, 314).

278 Wertersatzansprüche des Schwarzarbeiters aus § 818 Abs 2 scheitern nach Ansicht des BGH nicht an § 817 S 2 analog (BGHZ 111, 308, 312 f; ebenso KÖHLER JZ 1990, 466, 469;

LER, BGB AT § 20 II; MEDICUS, AT 239 f Rn 651; BLOMEYER, in: MünchArbR § 54 Rn 39 S 882; PALANDT/HEINRICHS § 134 Rn 22; SOERGEL/HEFERMEHL § 134 Rn 16, 55; SONNENSCHEIN JZ 1976, 497, 499; STAUDINGER/DIL-

CHER[12] § 134 Rn 17; SCHMIDT MDR 1966, 463, 464; TIEDTKE NJW 1983, 713; VOSS 82; aA LG Osnabrück BB 1964, 904; BUCHNER GewArch 1990, 41, 42 f; WESTPHAL 140 ff, 143; krit auch SCHUBERT JR 1985, 148.

SOERGEL/HEFERMEHL § 134 Rn 55; SONNENSCHEIN JZ 1976, 497, 501 f; ebenso im Ergebnis Münch-Komm/MAYER-MALY § 134 Rn 64). Zwar sind bei beiderseitiger Bösgläubigkeit die Voraussetzungen des § 817 S 2 analog erfüllt, wenn ein Schwarzarbeiter für erbrachte Leistungen Wertersatz verlangt (BGHZ 111, 308, 312; aA KÖHLER und SONNENSCHEIN aaO). Nach Ansicht des BGH wäre es jedoch mit den Grundsätzen von Treu und Glauben, die auch das Bereicherungsrecht beherrschen, unvereinbar, wenn der Bereicherte den Wert des ohne rechtlichen Grund (BGH: „rechtswidrig") Erlangten nicht erstatten müßte, sondern unentgeltlich behalten könnte (BGHZ 111, 308, 312; ebenso im Ergebnis KÖHLER aaO). Denn bei Schwarzarbeitsverträgen sei dem Zweck des SchwArbG mit dem Ausschluß **vertraglicher** Ansprüche Genüge getan (BGHZ 111, 308, 313). Hingegen sei es zur Durchsetzung der Ziele des SchwArbG nicht unabweislich geboten, daß der Besteller von Schwarzarbeit die Leistungen auf Kosten des vorleistenden Schwarzarbeiters unentgeltlich soll behalten dürfen (BGHZ 111, 308, 313). Denn der Ausschluß vertraglicher Ansprüche verbunden mit der Gefahr der Strafverfolgung und der Pflicht zur Nachzahlung von Steuern und Sozialabgaben bei Bekanntwerden der Schwarzarbeit entfalte bereits die vom Gesetzgeber gewünschte generalpräventive Wirkung (BGHZ 111, 308, 313). Die Gewährung eines bereicherungsrechtlichen Ausgleichs stehe dieser generalpräventiven Wirkung nicht entgegen (BGHZ 111, 308, 313). Außerdem solle der wirtschaftlich meist stärkere Auftraggeber keinesfalls günstiger behandelt werden als der wirtschaftlich schwächere Schwarzarbeiter (Amtl Begr BT-Drucks II/1111 S 10). Deshalb entspreche es nicht der Billigkeit, dem durch die Verleitung begünstigten Auftraggeber den durch nichts gerechtfertigten Vorteil unentgeltlich zu belassen (BGHZ 111, 308, 313). Diese Ansicht ist jedoch wegen des Zwecks des SchwArbG, Schwarzarbeit möglichst wirkungsvoll zu unterbinden, abzulehnen (so im Ergebnis zutreffend unter Anwendung von § 817 S 2 analog OLG Koblenz DB 1975, 2125, 2126; OLG Oldenburg GewArch 1978, 228, 229; BGB-RGRK/KRÜGER-NIELAND/ZÖLLER § 134 Rn 58; KERN, in: FS Gernhuber 191, 203; LARENZ/CANARIS § 63 III 3g; MünchKomm/LIEB § 817 Rn 14; SCHMIDT MDR 1966, 463, 464; SOERGEL/HEFERMEHL § 134 Rn 55; STAUDINGER/LORENZ [1993] § 817 Rn 10; TIEDTKE NJW 1983, 713, 715; ders, DB 1990, 2307, 2310). Zwar ist der konkrete Schwarzarbeitsvertrag erfüllt, und in bezug auf diesen Vertrag kann das SchwArbG keine Wirkung mehr entfalten. Der über § 242 gewährte Schutz mindert jedoch das Risiko von Schwarzarbeitsverträgen und nimmt damit dem Schwarzarbeitsverbot einen Teil seiner Wirkung.

c) Bei einem nur **einseitigen** Verstoß gegen das SchwArbG, sofern das beauftragte **279** Unternehmen ohne Wissen des Auftraggebers gegen dieses Gesetz verstößt, hält der BGH den betreffenden Vertrag nicht für unwirksam nach § 134 (BGHZ 89, 369, 373 = NJW 1984, 1175; BGH NJW 1985, 2403, 2404; OLG Celle JZ 1973, 246 ff; LG Osnabrück BB 1964, 904; ERMAN/BROX § 134 Rn 49; MEDICUS, AT 239 f Rn 651; BUCHNER GewArch 1990, 41, 42; KÖHLER JZ 1990, 466; PALANDT/HEINRICHS § 134 Rn 22; SONNENSCHEIN JZ 1976, 497, 502; aA CANARIS NJW 1985, 2404, der halbseitige Nichtigkeit annimmt; KERN, in: FS Gernhuber 191, 198; Voss 59, 82, 146; WITTMANN BB 1964, 904, 905; SCHMIDT MDR 1966, 463, 464). Dies ist richtig, soweit es die Rechte des Auftraggebers betrifft. Keine der oben genannten Zielsetzungen des SchwArbG erfordert bei nur einseitigen Zuwiderhandlungen die Nichtigkeit des Vertrags. Vielmehr gebieten es die berechtigten Interessen des gesetzestreuen Auftraggebers, ihm seine Erfüllungs- und Gewährleistungsansprüche zu belassen und ihn nicht auf unzureichende Ersatzansprüche delikts- und bereicherungsrechtlicher Natur zu verweisen (BGHZ 89, 369, 374; CANARIS NJW 1985, 2404 f). Vertragliche Erfüllungsansprüche geben dem Auftraggeber das Recht, die Aufnahme bzw Fortsetzung der vereinbarten Tätigkeit zu erzwingen (BGHZ 89, 369, 374; aA BUCHNER GewArch 1990, 41, 43). Zwar kann niemand zur Erbringung einer gesetzwidrigen Leistung verurteilt werden (BUCHNER GewArch 1990, 41, 43; vgl auch OLG Celle JZ 1973, 246, 247; SCHMIDT MDR 1966, 463, 464; SOERGEL/HEFERMEHL § 134 Rn 55; WITTMANN BB 1964, 904). Werkverträge brauchen jedoch vom Beauftragten, wenn nicht höchstpersönliche Leistungen vereinbart wurden, idR nicht in Person erfüllt zu werden (BGHZ 89, 369, 374; KÖHLER JZ 1990, 466, 467; SONNENSCHEIN JZ 1976, 497, 499). Der beauftragte „Schwarzarbeiter" kann daher und muß seinen Pflichten in der Weise nachkommen, daß er die Ausführung der Arbeiten auf einen eingetragenen Handwerksbetrieb überträgt (BGHZ 89, 369, 374; BENÖHR NJW 1975, 1970, 1971; ders BB 1975, 232, 235). Darin ist keine – unzulässige – Umdeutung des Werkvertrags in einen Werkverschaffungsvertrag zu sehen (aA KERN, in: FS Gernhuber 191, 197). Die Pflicht zur Erfüllung mit Hilfe erlaubter Arbeit dient auch den Zielen des SchwArbG: Sicherung des Steuer- und Sozialversicherungsaufkommens; Sicherung des rechtstreuen Handwerks (BGHZ 89, 369, 374). Außerdem bleibt die generalpräventive Funktion des SchwArbG erhalten, da „Schwarzarbeiter" wegen der vertraglichen Erfüllungs- und Haftungspflichten erhebliche Kostennachteile befürchten müssen und somit eher auf den Abschluß von Schwarzarbeitsverträgen verzichten werden (BGHZ 89, 369, 374 f). Andererseits wird der rechtstreue Auftraggeber der Notwendigkeit enthoben, unzumutbare Nachforschungen über den handwerksrechtlichen Status seines Vertragspartners anstellen zu müssen (BGHZ 89, 369, 375). Erfährt der Auftraggeber nach Vertragsabschluß, daß sein Vertragspartner die Arbeit in „Schwarzarbeit" erfüllen will, so hat er die Wahl, ob er den Vertrag durchführen, aus wichtigem Grunde kündigen oder wegen des arglistigen Verhaltens seines Vertragspartners gar anfechten will (BGHZ 89, 369, 375). Entstehen dem Auftraggeber durch verbotswidriges Handeln des „Schwarzarbeiters", zB wegen Nichtfortführung angefangener Arbeiten oder wegen der Notwendigkeit von Nachbesserungen, Mehraufwendungen, so hat er Schadensersatzansprüche wegen pVV (BGHZ 89, 369, 375 f). Nach der **Gegenansicht**, die alle Formen von Schwarzarbeitsverträgen für nichtig hält, bieten die §§ 309, 307 dem gutgläubigen Auftraggeber ausreichenden Schutz (KERN, in: FS Gernhuber 191, 198). Soweit es bei einem einseitigen bewußten Verstoß gegen das SchwArbG Ansprüche des Werkunternehmers betrifft, hat das LG Bonn entschieden, der Vertrag sei „zumindest insoweit nichtig, als durch ihn ein Vergütungsanspruch des Werkunternehmers begründet werden sollte" (LG Bonn NJW-RR 1991, 180 f). Es bestehe **„halbseitige Teilnichtigkeit"**. Das folgert das LG im Ergebnis zutreffend aus einer teleologischen Interpretation des SchwArbG. Es bestehe kein Grund, dem Werkunternehmer deshalb einen Werklohnanspruch zuzubilligen, nur weil dem Auftraggeber der Verstoß nicht bekannt war (LG Bonn aaO; CANARIS NJW 1985, 2404, 2405). Bereicherungsrechtliche Ansprüche seien wegen § 817 S 2 analog nicht begründet. Bei einseitigen Verstößen stehe § 242 der Anwendung von § 817 S 2 analog nicht entgegen (LG Bonn aaO).

280 d) Nach dem Normzweck des SchwArbG ist auch folgendes Problem, mit dem sich der BGH zu befassen hatte, zu entscheiden: Die von einem Bauunternehmen, das vereinbarungsgemäß Schwarzarbeiter einsetzen sollte, zugesagten Bauarbeiten waren fast vollständig erbracht worden und der mit dem Auftraggeber vereinbarte Festpreis war ebenfalls – bis auf einen kleinen Restbetrag von ca DM 4.000,– – fast vollständig bezahlt worden. Nunmehr erhielt der Auftraggeber vereinbarungsgemäß noch Rechnungen von Lieferanten über Materiallieferungen in Höhe von ca DM

45.000,–, die – ebenfalls vereinbarungsgemäß – vom Bauunternehmer im Rahmen des vereinbarten Festpreises beglichen werden sollten. Da dieser sich weigerte, bezahlte der Auftraggeber und verlangte den betreffenden Betrag vom Bauunternehmer. Nach Ansicht des BGH hatte der Auftraggeber trotz Nichtigkeit des Schwarzarbeitsvertrags Ansprüche, da in diesem Fall die Berufung des Bauunternehmers auf die Nichtigkeit des Vertrags gegen Treu und Glauben gem § 242 verstoße (BGHZ 85, 47, 48; ERMAN/H P WESTERMANN § 817 Rn 15; PALANDT/HEINRICHS § 134 Rn 22; SOERGEL/HEFERMEHL § 134 Rn 55; mit Recht krit die wohl hL, vgl KERN, in: FS Gernhuber 191, 194 Fn 20; KÖHLER JR 1983, 106; LARENZ, AT⁶ § 22 II S 421 [nicht mehr in der 7. Aufl]; MEDICUS, AT 240 Rn 651; TIEDTKE NJW 1983, 713; VOSS 147). Denn andernfalls werde der Auftraggeber unerträglich benachteiligt und das Bauunternehmen ungerechtfertigt bessergestellt, obwohl beide Parteien gegen das SchwArbG verstoßen haben und der Verstoß des Bauunternehmers eher schwerer wiege als der des Auftraggebers. Der Zweck des SchwArbG werde durch den Freistellungsanspruch des Auftraggebers nicht beeinträchtigt, da die Schwarzarbeiten bereits erbracht worden seien. Die rechtliche Abwicklung des Vertrags, nämlich die Bezahlung von Materiallieferungen durch das Bauunternehmen und die Freistellung des Auftraggebers von Forderungen der Materiallieferanten, könne den Schutzzweck des SchwArbG nicht mehr gefährden; es gehe nur noch um die Abwicklung eines nichtigen Rechtsverhältnisses (BGHZ 85, 49 f). Auch wenn im konkreten Anwendungsfall der Schutzzweck des SchwArbG nicht mehr zu erreichen ist, weil die Schwarzarbeitsleistungen bereits erbracht worden sind, so würde dies dennoch nichts an der generalpräventiven Funktion des § 134 zur Durchsetzung des SchwArbG ändern. Außerdem hätte sich das Bauunternehmen mangels wirksamer vertraglicher Verpflichtung weigern dürfen, tätig zu werden. In diesem Fall hätte der – bösgläubige – Auftraggeber auch den Bau nicht zu dem vereinbarten Festpreis erhalten. Aber auch wenn man der Ansicht des BGH im Ergebnis folgen wollte, war der Weg über § 242 unnötig. Denn wenn der im Schwarzarbeitsvertrag vereinbarte **Freistellungsanspruch** des Auftraggebers in bezug auf Lieferantenrechnungen mit dem Zweck des SchwArbG vereinbar war, dann war es nach dem Normzweck dieses Gesetzes nicht geboten, den Schwarzarbeitsvertrag zunächst auch insoweit für nichtig zu erklären, um anschließend die Berufung auf die Nichtigkeit des Freistellungsanspruchs an § 242 scheitern zu lassen. Vielmehr forderte schon das SchwArbG – wie auch der BGH selbst feststellte – nicht die Nichtigkeit des Freistellungsanspruchs. Auch nach § 139 war er nicht nichtig.

e) Zusammenfassende Stellungnahme
Schwarzarbeit verursacht volks- und betriebswirtschaftliche Schäden in Milliardenhöhe. Steuern und Sozialversicherungsbeiträge werden hinterzogen und Tarife werden unterboten. Die Konkurrenzfähigkeit redlicher Betriebe ist bedroht und diese stehen deshalb vor der Alternative, ebenfalls Steuern und Sozialversicherungsbeiträge zu hinterziehen und untertariflich zu entlohnen oder erhebliche wirtschaftliche Nachteile zu erleiden. Das SchwArbG kann mit seinen Sanktionen auch nach den Änderungen von 1994 und 1995 die Schwarzarbeit nur teilweise verhindern. Weitere Sanktionen, zB zivilrechtlicher Natur nach § 134, können **generalpräventiv** die Beachtung des Schwarzarbeitsverbots verbessern (zur generalpräventiven Funktion BGHZ 89, 369, 374 f; KÖHLER JZ 1990, 466, 468 aE). Der Zweck des SchwArbG, Schwarzarbeit zu verhindern, ist um so wirkungsvoller durchzusetzen, je höher das Risiko der Schwarzarbeit für beide Parteien ist. Der Normzweck des SchwArbG läßt grundsätzlich keine Anhaltspunkte dafür erkennen, von der Auslegungsregel des § 134 abzu-

weichen und auf zivilrechtliche Sanktionen zu verzichten, dh der Normzweck des SchwArbG steht der Anwendung der Nichtigkeitssanktion des § 134 grundsätzlich nicht entgegen. Eine Ausnahme ist lediglich zugunsten **gutgläubiger** Auftraggeber gerechtfertigt, dh zugunsten derer, die weder wußten noch grob fahrlässig verkannten, daß ihre Auftragnehmer in Schwarzarbeit leisten wollten. **Daraus folgt:** (1) Wenn beide Parteien wußten oder grob fahrlässig verkannten, daß ihr Vertrag gegen das SchwArbG verstößt, dann ist dieser immer nach § 134 nichtig. Es bestehen keine vertraglichen Erfüllungsansprüche, Schadensersatzansprüche wegen Nichterfüllung, Gewährleistungsansprüche, Freistellungsansprüche usw. Aus generalpräventiven Gründen steht der Berufung auf die Nichtigkeit § 242 nicht entgegen. Ansprüche aus § 812 scheitern an § 817 S 2 analog (gegen die Anwendbarkeit von § 817 S 2 KÖHLER JZ 1990, 466, 469). Gegen die Berufung einer Vertragspartei auf § 817 S 2 analog kann nicht § 242 eingewendet werden (aA BGHZ 111, 308, 312). (2) War der Auftraggeber hingegen **gutgläubig**, so werden seine vertraglichen Ansprüche durch das SchwArbG nicht berührt; der Schwarzarbeiter kann sich nach § 242 nicht zu seinen Gunsten auf seinen Verstoß gegen das SchwArbG berufen (Voss 80; im Ergebnis ähnlich CANARIS NJW 1985, 2404 f mit der Konstruktion der „halbseitigen Nichtigkeit"; ihm folgend LG Bonn NJW-RR 1991, 180, 181). Vertragliche Ansprüche des Schwarzarbeiters scheitern hingegen an § 134, bereicherungsrechtliche Ansprüche an § 817 S 2 analog. Der Schwarzarbeiter bzw das Unternehmen, das Schwarzarbeiter einsetzt, verdienen nach dem Zweck des SchwArbG keinen Schutz nach § 242. Soweit der Auftraggeber auf Erfüllung in legaler Weise, dh durch Beauftragung eines anderen Unternehmens, besteht, hat er dem Schwarzarbeiter für diesen Teil der Leistungen den im Schwarzarbeitsvertrag vereinbarten Betrag anteilig zu bezahlen (KÖHLER JZ 1990, 466, 467; Voss 80). Gegebenenfalls hat der gutgläubige Auftraggeber auch Schadensersatzansprüche aus den §§ 309, 307 oder aus cic.

282 f) § 134 erfaßt nicht nur Verträge eines Auftraggebers mit einem Schwarzarbeiter, sondern auch solche mit einem Unternehmen, zB einem „Baubetreuer", der sich zum Einsatz von Schwarzarbeitern verpflichtet (BGHZ 85, 39, 46; TIEDTKE NJW 1983, 713).

283 g) § 134 ist nur auf Verträge zwischen Auftraggebern und selbständigen Gewerbetreibenden anwendbar. Er paßt nicht bei Arbeitsverträgen mit unselbständigen Arbeitnehmern (BUCHNER GewArch 1990, 41 ff; ders, in: MünchArbR § 37 Rn 60 ff; RICHARDI, in: MünchArbR § 44 Rn 74).

284 Eine Kündigung, die wegen fehlender Zustimmung der Hauptfürsorgestelle gegen die §§ 15, 18 **SchwbG** verstößt, ist nach § 134 nichtig (BAGE 30, 141, 144, 158; 39, 166, 172; SOERGEL/HEFERMEHL § 134 Rn 17, 43, 50). Die Kündigung eines Schwerbehinderten ohne Anhörung der Vertrauensmänner ist hingegen nicht nichtig nach § 134 iVm §§ 25 Abs 2, 68 Abs 1 Nr 8 SchwbG (BAG DB 1984, 133, 134; PALANDT/HEINRICHS § 134 Rn 15). Nichtig nach § 32 **SGB I** iVm § 134 sind Vereinbarungen zwischen einem sozialversicherungspflichtigen Arbeitnehmer und einem Arbeitgeber über den Beitrag zur Sozialversicherung, soweit sie zum Nachteil des Arbeitnehmers von den sozialversicherungsrechtlichen Vorschriften abweichen (BAG NJW 1989, 1692, 1693; PALANDT/HEINRICHS § 134 Rn 15; vgl auch BAGE 6, 14 zur RVO). § 69 Abs 2 SGB IV, der die Versicherungsträger zur Wirtschaftlichkeit und Sparsamkeit der Haushaltsführung verpflichtet, ist kein Verbotsgesetz (BAG DB 1985, 394).

SpielbVO: Die VO über öffentliche Spielbanken vom 27. 7. 1938 (RGBl I 955) verbie- **285** tet grundsätzlich den Abschluß von Spielverträgen mit Ortsansässigen und Minderjährigen. Der Zweck, das Spielen dieser Personen in Spielbanken zu verhindern, ist nur zu erreichen, wenn man annimmt, daß diese VO die Spielverträge mit Ortsansässigen verbietet und daß die mit diesen abgeschlossenen Spielverträge nicht als rechtswirksam anerkannt werden. Sie sind daher nach § 134 iVm der SpielbVO nichtig (BGHZ 37, 363, 366; 47, 393, 396; CANARIS, Gesetzliches Verbot ... 41; ERMAN/BROX § 134 Rn 33; MünchKomm/MAYER-MALY § 134 Rn 85; PALANDT/HEINRICHS § 134 Rn 17; SOERGEL/ HEFERMEHL § 134 Rn 19; aA FLUME, AT II § 17, 3 S 345 f, wenn nur der Spieler, nicht jedoch die Spielbank den Straftatbestand erfüllt). Die Nichtigkeitssanktion greift auch dann ein, wenn eine oder beide Parteien gutgläubig waren (SOERGEL/HEFERMEHL § 134 Rn 19). Das verspielte Geld kann vom Spieler nach den §§ 812 ff zurückverlangt werden; § 762 Abs 1 S 2 steht dem nicht entgegen (BGHZ 37, 363, 366 f). War das verspielte Geld einem Dritten entwendet worden, so hat dieser Herausgabeansprüche unmittelbar gegen die Spielbank analog § 816 Abs 1 S 2 (BGHZ 37, 363, 367 ff). S auch zu § 284 StGB Rn 295.

Ein unter Verstoß gegen das Verbot der gewerblichen Betätigung von Steuerberatern **286** gem § 57 StBerG zustande gekommener Maklervertrag ist nach Ansicht des BGH nicht nichtig nach § 134 (BGHZ 78, 263, 265 f = NJW 1981, 399 f; BGHZ 95, 81, 83; MünchKomm/MAYER-MALY § 134 Rn 76; PALANDT/HEINRICHS § 134 Rn 21; SOERGEL/HEFERMEHL § 134 Rn 74; aA mit Recht CANARIS, Gesetzliches Verbot ... 18, 43; STOBER GewArch 1981, 313, 318, 322). Zweck des Verbots, neben dem Beruf des Steuerberaters oder Steuerbevollmächtigten gleichzeitig eine gewerbliche Tätigkeit auszuüben, ist es, den Beruf der Steuerberatung zu heben. Eine Kombination beider Berufe begründet die Gefahr, daß Steuerberater die durch die Steuerberatung erworbenen Kenntnisse interner Geschäftsvorgänge ihrer Klienten im eigenen Gewerbe verwerten und so ihren Klienten Konkurrenz machen. Diesem Verbotszweck könne jedoch mit berufsrechtlichen Maßnahmen ausreichend Rechnung getragen werden; er erfordere grundsätzlich nicht, auch noch dem verbotswidrig zustande gekommenen Vertrag die zivilrechtliche Wirksamkeit zu versagen (BGHZ 78, 263, 266; krit STOBER GewArch 1981, 313, 318). Dem wird mit Recht entgegengehalten, daß es den Kerngedanken des § 57 StBerG, den Steuerberater aus dem Bereich der gewerblichen Berufe herauszuheben und Interessenkollisionen zu vermeiden, widerspräche, wenn der Steuerberater bei Verstoß gegen das Verbot einen Anspruch auf Vergütung behielte (STOBER GewArch 1981, 313, 318, 322). Verschweigt ein Steuerberater seinem Mandanten, daß er für die Vermittlung eines Geschäfts zwischen ihm und einem Dritten von diesem eine Provision erhalten soll, so ist die Provisionsabrede nach § 138 sittenwidrig und nichtig (BGHZ 95, 81, 83 ff).

Steuerrechtliche Vorschriften: Verhältnismäßig häufig hatte die Rspr über die **287** Anwendbarkeit von § 134 auf Vereinbarungen über **Steuerhinterziehungen** zu entscheiden. Einen Vertrag, mit dem eine Steuerhinterziehung verbunden ist, hält die Rspr für grundsätzlich wirksam (BGHZ 14, 25, 30 f; BGH WM 1966, 161, 163; 1975, 1279, 1281; 1976, 1026, 1027; 1978, 1122, 1123; 1979, 692, 693; VersR 1978, 915, 916; NJW 1983, 1843, 1844; OLG Hamm BB 1989, 651). **Nichtigkeit** ist hingegen anzunehmen, wenn die Steuerhinterziehung der **Hauptzweck** des Vertrags ist (BGHZ 14, 25, 30 f; BGH WM 1966, 161, 163; 1969, 163, 164; 1975, 1279, 1281; 1979, 692, 693; OLG Koblenz WM 1979, 1435; OLG Hamm BB 1989, 651; ebenso die hL; aA AMM 165 ff, 169 f). Nichtig ist zB ein Beitrittsvertrag zur

Beteiligung an einer KG, wenn die Beitrittserklärung zum Zweck der Steuerersparnis (Verlustzuweisung) rückdatiert wurde (OLG Koblenz WM 1979, 1435, 1436 f; SOERGEL/ HEFERMEHL § 134 Rn 65) oder ein Darlehen zum Ankauf unverzollter Zigaretten (OLG Köln MDR 1957, 34; PALANDT/HEINRICHS § 134 Rn 23). Wenn die Parteien eines Kaufvertrags zum Zwecke der Steuerhinterziehung vereinbart haben, daß der Käufer keine Rechnung erhält oder das Geschäft nicht verbucht wird und sich diese Nebenabrede auf den Kaufpreis ausgewirkt hat, dann ist nicht nur die Nebenabrede, sondern der gesamte Kaufvertrag nichtig (BGH LM Nr 57 zu § 134 BGB; ERMAN/BROX § 134 Rn 50; FLUME, AT II § 17, 4 S 346 Fn 14 a; SOERGEL/HEFERMEHL § 134 Rn 65; vgl jedoch CANARIS, Gesetzliches Verbot ... 50).

288 **Nicht nichtig** ist ein Grundstückskaufvertrag, wenn zum Zwecke der Steuerersparnis ein zu niedriger Preis angegeben wird, da die Steuerhinterziehung hier nicht Hauptzweck des Vertrages ist (SOERGEL/HEFERMEHL § 134 Rn 65). Nicht nichtig ist auch ein Kaufvertrag über unversteuerte Zigaretten, wenn der Verkäufer den Käufer zum Ankauf für berechtigt hielt (PALANDT/HEINRICHS § 134 Rn 22). Wenn die Parteien eines Kaufvertrags über einen GmbH-Anteil zusätzlich zu diesem einen entgeltlichen Beratervertrag schließen, um aus steuerlichen Gründen einen weiteren Teil des Kaufpreises zu verstecken, so ist der Kaufvertrag zum Gesamtpreis – ausgewiesener Kaufpreis und Beraterhonorar – nicht nichtig, weil die Steuerhinterziehung nicht Hauptzweck des Vertrags war (BGH NJW 1983, 1843, 1844; SOERGEL/HEFERMEHL § 134 Rn 65). Verschafft eine Gesellschaft ihrem Geschäftsführer durch monatliche Aufwendungen für eine Lebensversicherung eine Versorgung, so ist diese Regelung auch dann wirksam, wenn die von der Gesellschaft aufgewendeten Prämien zwecks Verkürzung der Lohnsteuer vorgeblich auf eine steuerunschädliche Rückdeckungsversicherung gezahlt werden; denn Hauptzweck war die Lebensversicherung und nicht die Steuerhinterziehung (BGH WM 1978, 1122, 1123; SOERGEL/HEFERMEHL § 134 Rn 65).

289 Nicht nur Verträge zum Zwecke der Steuerhinterziehung, sondern auch Verträge zum Zwecke **unzulässiger Erweiterung der Steuerpflicht** sind nach § 134 (iVm § 59 VwVfG) nichtig. Dementsprechend erklärte der BGH die in einem Pachtvertrag über gemeindeeigenes Gelände enthaltene Klausel, wonach sich die pachtende Gesellschaft gegenüber der verpachtenden Gemeinde verpflichtete, ihre betrieblichen Verhältnisse und die Verhältnisse der Gesellschaft so zu gestalten, daß die in dem Unternehmen anfallende Gewerbesteuer ausschließlich der Gemeinde zufließt, als unzulässige Ausweitung der Steuerpflicht mit privatrechtlichen Mitteln für nichtig (BGHZ 66, 199, 202; PALANDT/HEINRICHS § 134 Rn 23; SOERGEL/HEFERMEHL § 134 Rn 67).

290 **Strafgesetzbuch:** Die Verfasser des BGB nahmen an, daß Verstöße gegen Strafgesetze das Hauptanwendungsgebiet des § 134 sein würden (Mot I 210). Dies hat sich, wie die von der Rspr entwickelte Kasuistik zeigt, als unzutreffend erwiesen. Einerseits liegt der Schwerpunkt des § 134 bei Verstößen gegen arbeits- und gewerberechtliche Vorschriften. Andererseits ist nicht jedes Strafgesetz ein Verbotstatbestand mit Nichtigkeitsfolge iSv § 134 (BGHZ 53, 152, 157 = NJW 1970, 609). Verträge, die eine Tätigkeit zum Inhalt haben, mit der ein Vertragspartner gegen ein strafrechtliches Berufsverbot iS der §§ 70, 145 c StGB verstößt, sind nichtig (ERMAN/BROX § 134 Rn 51; STAUDINGER/DILCHER[12] § 134 Rn 20). Ein Vertrag über die Bergung eines im Zweiten Weltkrieg gesunkenen deutschen U-Boots ist nicht nach § 134 iVm § 168 StGB nichtig, da die Bergung den Tatbestand des § 168 StGB nicht erfüllt (BGH NJW 1994, 2613;

PALANDT/HEINRICHS § 134 Rn 23). Ein bewußt falsches Vaterschaftsanerkenntnis entgegen § 169 StGB ist nicht nach § 134 nichtig, da § 1600 f insoweit eine abschließende Sonderregelung enthält (ERMAN/BROX § 134 Rn 51; GÖPPINGER JR 1969, 403; PALANDT/HEINRICHS § 134 Rn 25; PALANDT/DIEDERICHSEN § 1600 f Rn 1; aA für Vaterschaftsanerkenntnisse aus der Zeit vor Erlaß des § 1600 f im Jahre 1969 noch BGHZ 1, 181, 182 f; OLG Köln NJW 1974, 953; vgl auch STAUDINGER/DILCHER[12] § 134 Rn 20).

Verträge über den Verkauf pornographischer Schriften oder über die Werbung für sie sind wegen Verstoßes gegen § 184 StGB nichtig (OLG Hamburg MDR 1972, 237; MDR 1975, 226; ERMAN/BROX § 134 Rn 51; MünchKomm/MAYER-MALY § 134 Rn 50; STAUDINGER/DILCHER[12] § 134 Rn 20). Ein Leihvertrag über einen Pornofilm ist hingegen nicht nach § 134 nichtig, auch wenn dessen Vorführung unter bestimmten Voraussetzungen nach § 184 Abs 1 Nr 7 StGB strafbar ist (BGH NJW 1981, 1439; CANARIS, Gesetzliches Verbot ... 49; SOERGEL/HEFERMEHL § 134 Rn 28); er kann jedoch nach § 138 wegen Sittenwidrigkeit nichtig sein (BGH NJW 1981, 1439 f). Weder gesetzwidrig iSv § 134 noch sittenwidrig iSv § 138 sind Bierlieferungsverträge mit einem Bordell, auch wenn dieses gegen das Prostitutionsverbot des § 184 a iVm § 27 StGB oder des § 120 OWiG verstößt (BGH WM 1987, 1106 f; SOERGEL/HEFERMEHL § 134 Rn 26; s auch § 134 Rn 266; § 138 Rn 458 ff).

§ 203 StGB ist ein Verbotsgesetz, dessen Verletzung die Nichtigkeit der verbotswidrigen Rechtsgeschäfte zur Folge hat (BGHZ 115, 123, 129 f; 116, 268, 276 = NJW 1992, 737 = VersR 1992, 448, 449 mit Anm TAUPITZ; BGH NJW 1992, 2348, 2349; BGHZ 122, 115, 122 = NJW 1993, 1638; BGH NJW 1993, 1912; NJW 1993, 2348, 2349; NJW 1993, 2795; aA noch BGH NJW 1974, 602 zu § 300 StGB aF). Nichtig nach § 134 iVm § 203 StGB wegen Verletzung der ärztlichen Schweigepflicht ist danach ein Vertrag über die **Veräußerung einer Arztpraxis**, soweit sie den Veräußerer verpflichtet, auch die Patienten- und Beratungskartei zu übergeben. Ein solcher Vertrag verletzt auch das informationelle Selbstbestimmungsrecht der Patienten (BGHZ 116, 268, 272 = NJW 1992, 737, 739; BGH BB 1995, 2549 f; anders noch BGH NJW 1974, 602; SOERGEL/HEFERMEHL § 134 Rn 87; anders bei der Veräußerung an ehemalige Mitarbeiter LG Darmstadt NJW 1994, 2962, 2963). Ein Vertrag, der die Abtretung einer ärztlichen oder zahnärztlichen **Honorarforderung** an eine gewerbliche Verrechnungsstelle ohne Zustimmung des Patienten zum Gegenstand hat und dabei die ärztliche Schweigepflicht iSv § 203 StGB verletzt, ist nach § 134 nichtig (BGHZ 115, 123, 129 f = MedR 1992, 327 m Anm TAUPITZ; BGH NJW 1993, 2371, 2372; BGH NJW 1992, 2348, 2349; OLG Düsseldorf NJW 1994, 2421, 2422; OLG Hamm NJW 1993, 791, 792; ERMAN/BROX § 134 Rn 51; PALANDT/HEINRICHS § 134 Rn 16, 22; TAUPITZ VersR 1991, 1213, 1220). Entsprechendes gilt bei Inkassozessionen, wenn eine privatärztliche Verrechnungsstelle die Honorarforderung als Stellvertreter des Arztes einziehen soll oder ein Inkassobüro durch Einziehungsermächtigung in die Lage versetzt wurde, die fremde Forderung im eigenen Namen geltend zu machen (TAUPITZ MedR 1992, 330). Der Verbotszweck des § 203 StGB erfaßt außer dem Verpflichtungsgeschäft auch die Abtretung als Erfüllungsgeschäft, die in diesem Fall ebenfalls nach § 134 nichtig ist (BGHZ 115, 123, 130; BGH BB 1995, 2549; OLG Hamm NJW 1993, 791, 792; PALANDT/HEINRICHS § 134 Rn 22). Nach dem Schutzzweck des § 203 StGB genügt ein **objektiver** Verstoß gegen dessen Tatbestand für die zivilrechtliche Nichtigkeitssanktion des § 134; ein Verschulden des Arztes ist nicht erforderlich (BGHZ 115, 123, 130; BGH BB 1995, 2549). Entsprechendes gilt für die vom Auftraggeber nicht bewilligte Abtretung einer Honorarforderung unter Verstoß gegen § 203 StGB durch **Rechtsanwälte** (BGHZ 122, 115, 117, 121 f = NJW 1993, 1638; BGH NJW 1993, 1912; 1993, 2795; ZIP 1995, 1016, 1017 f; NJW

1995, 2915; OLG Hamburg NJW 1993, 1335 f; PALANDT/HEINRICHS § 134 Rn 21, 22; RING BB 1994, 373, 375), durch Rechtsbeistände (LG München NJW-RR 1994, 437; PALANDT/HEINRICHS § 134 Rn 22), durch Steuerberater bzw Steuerberatungsgesellschaften (LG Konstanz NJW 1992, 1241 f) oder durch Tierärzte (LG Bochum NJW 1993, 1535 f mit kritischer Anmerkung von WILHELMS; PALANDT/HEINRICHS § 134 Rn 22; aA OLG Celle NJW 1995, 786; LG Lüneburg NJW 1993, 2994). Unerheblich ist in den Fällen zu § 203 StGB, ob die Abtretung der Forderungen bzw die Übergabe der Karteien an Kollegen (BGH NJW 1995, 2915; NJW 1993, 1912 u 2795), berufsständische Organisationen oder an gewerbliche Verrechnungsstellen erfolgen soll. Zusätzliche Schranken für das Inkasso durch Berufsfremde setzen § 49 b Abs 4 BRAO, § 64 Abs 2 StBerG und § 55 a Abs 3 WPO. Kein Verstoß gegen § 203 StGB liegt in der Inkassozession der Honorarforderung des liquidationsberechtigten Krankenhausarztes an sein Krankenhaus (LG Itzehoe NJW 1993, 794; PALANDT/HEINRICHS § 134 Rn 22) und in der Abtretung von Honorarforderungen an einen Mitarbeiter des Zedenten, der bereits vor der Abtretung alle mit den erworbenen Forderungen verbundenen Umstände kennengelernt hatte (BGH NJW 1995, 2915 ff, 2916).

293 Ein Vertrag, der Begünstigung iS der §§ 257, 258 StGB zum Gegenstand hat, ist nichtig, zB die vor einer Straftat getroffene Vereinbarung, eine zu erwartende Geldstrafe zu ersetzen (BAGE 9, 243, 249; ERMAN/BROX § 134 Rn 51; MünchKomm/MAYER-MALY § 134 Rn 52; STAUDINGER/DILCHER[12] § 134 Rn 20). Das Versprechen einer AG, einem Vorstandsmitglied eine Steuerstrafe zu ersetzen, ist keine Begünstigung iSv § 257 StGB und deshalb nicht nach § 134 nichtig (BGHZ 41, 223, 230). Wenn ein Verkäufer **gestohlene** Sachen veräußert, dann scheitert der Eigentumserwerb des Käufers auf jeden Fall an § 935. Der bestohlene Eigentümer kann jedoch genehmigen. Deshalb sind der Kaufvertrag und die Erfüllungsgeschäfte nicht nach § 134 iVm § 259 StGB nichtig (so jedoch LARENZ, AT § 22 II S 431; KRAMER 113; STAUDINGER/DILCHER[12] § 134 Rn 20), sondern **schwebend unwirksam** iS der §§ 184, 185 (SCHERNER, BGB AT 224). Der von § 259 bezweckte Schutz des Eigentümers würde sich in sein Gegenteil verkehren, wenn man ihm durch Anwendung des § 134 die Möglichkeit der Genehmigung nähme (SCHERNER, BGB AT 225). In diesem Fall ist nicht wegen des unmittelbaren Zwecks des Verbots, sondern wegen des systematischen Zusammenhangs des § 259 StGB mit den §§ 932 ff und den §§ 184, 185 von der Auslegungsregel des § 134 eine Ausnahme zu machen. War beim Erwerb **unterschlagener** Sachen der Käufer gutgläubig, so konnte er nach § 932 Eigentum erwerben; in diesem Fall folgt aus der Wertung des § 932 auch die Wirksamkeit des Verpflichtungsgeschäfts, sobald der Käufer Eigentum erworben hat (ERMAN/BROX § 134 Rn 51; FLUME, AT II § 17, 3 S 345; KRAMER 113; SOERGEL/HEFERMEHL § 134 Rn 24). Vor dem Eigentumserwerb ist das Verpflichtungsgeschäft jedoch schwebend unwirksam, da eine rechtliche Durchsetzung der Erfüllung mit der Wertung des § 259 StGB in Widerspruch stünde (SCHERNER, BGB AT 225). War der Käufer hingegen bösgläubig, so daß ein gutgläubiger Erwerb der unterschlagenen Sache nach § 932 ausscheidet, dann kann wiederum der Eigentümer genehmigen; deshalb sind – wie beim Verkauf gestohlener Sachen – auch in diesem Fall weder der Kaufvertrag noch die Übereignung nichtig nach § 134 iVm § 259 StGB (so jedoch ERMAN/BROX § 134 Rn 51; FLUME, AT II § 17, 2 S 345; SOERGEL/HEFERMEHL § 134 Rn 23), sondern schwebend unwirksam (SCHERNER, BGB AT 224 f).

294 Ein Reparaturvertrag, durch den ein Versicherer betrogen werden soll, ist nach § 134 iVm § 263 StGB nichtig (OLG Karlsruhe DAR 1990, 183; PALANDT/HEINRICHS § 134 Rn 23;

nach AMM 104 ff, 118 ist § 263 StGB hingegen kein Verbotsgesetz). Ein durch Betrug nach § 263 StGB zustande gebrachtes Geschäft zu Lasten eines Vertragspartners ist hingegen nicht nach § 134 nichtig, sondern nach § 123 anfechtbar (ERMAN/BROX § 134 Rn 51; FLUME, AT II § 17, 3 S 345; SOERGEL/HEFERMEHL § 134 Rn 24). Bei Verträgen, die das Untreueverbot des § 266 StGB verletzen, kommt es darauf an, ob ein einseitiger oder beiderseitiger Verstoß vorliegt. Bezwecken beide Parteien mit dem Vertrag Untreue gegenüber einem Dritten, so ist der Vertrag nach § 134 (und § 138) nichtig (RGZ 78, 347, 353; BAG AP Nr 2 zu § 611 BGB Faktisches Arbeitsverhältnis; nach CANARIS, Gesetzliches Verbot ... 23, 28 ist der Vertrag schwebend unwirksam und kann vom Treugeber genehmigt werden; vgl auch BGH NJW 1968, 1471 zu den §§ 137, 138, 823 Abs 2, 826). Wenn dagegen nur einer der beiden Vertragspartner mit dem Abschluß eines Vertrags gegenüber einem Dritten Untreue begeht, zB durch Veräußerung von Treugut, und der andere Vertragspartner nichts davon weiß, ergreift die Nichtigkeitsfolge des § 134 weder das Kausalgeschäft noch das Erfüllungsgeschäft (CANARIS, Gesetzliches Verbot ... 23, 27). Ein Rechtsgeschäft, das gegen das Verbot der Gläubigerbenachteiligung iSv § 283 c StGB verstößt, ist – wenn nicht besondere Umstände hinzutreten – weder nach § 134 noch nach § 138 nichtig, sondern unterliegt den speziellen Anfechtungsregeln der §§ 29 ff KO, 3 AnfG (BGH NJW 1973, 513; RGZ 56, 229, 230; ERMAN/BROX § 134 Rn 51).

Ein zum Zwecke verbotenen Glücksspiels gewährtes Darlehen ist nach § 284 StGB **295** iVm § 134 nichtig (OLG Nürnberg MDR 1978, 669; STAUDINGER/DILCHER[12] § 134 Rn 20). § 284 StGB ist auf das Spiel einer nach § 1 SpielbG zugelassenen Spielbank nicht anwendbar; Verstöße gegen die mit der Zulassung verknüpften Auflagen und Bedingungen sind weder nach § 284 StGB strafbar, noch machen sie den Spielvertrag nach § 134 iVm § 284 StGB nichtig (BGHZ 47, 393, 397 f; vgl auch BGHZ 37, 363). Werden unter Verstoß gegen § 288 StGB Vermögensteile verschenkt, um sie einer drohenden Zwangsvollstreckung zu entziehen, so ist die Schenkung trotz Verbotswidrigkeit dennoch grundsätzlich wirksam, wenn der Beschenkte vom Zweck der Schenkung nichts weiß (CANARIS, Gesetzliches Verbot ... 27; aA ERMAN/BROX § 134 Rn 51; PALANDT/HEINRICHS § 134 Rn 25; STAUDINGER/DILCHER[12] § 134 Rn 20), jedoch nichtig nach § 134, wenn er an der Straftat beteiligt war (RGZ 142, 373, 377; CANARIS 27; STAUDINGER/DILCHER[12] § 134 Rn 20; rechtshistorisch dazu PANSEGRAU 184 ff). Bei Verstößen gegen § 288 StGB, deren Zweck im wesentlichen darin besteht, die Gläubiger zu benachteiligen, regeln allerdings die Sondervorschriften des **AnfechtungsG** grundsätzlich abschließend, unter welchen Voraussetzungen die Gläubiger geschützt werden. Die allgemeinen Bestimmungen der §§ 134, 138 kommen daneben nicht zur Anwendung, sofern das Rechtsgeschäft nicht besondere, über die Gläubigerbenachteiligung hinausgehende Umstände aufweist (BGH DB 1993, 1353, 1354; BGHZ 56, 339, 355; BGH NJW 1973, 513, 514).

Eine wucherische Vereinbarung, die gegen § 302 a StGB verstößt, ist nicht insgesamt nichtig (so jedoch ERMAN/BROX § 134 Rn 51; STAUDINGER/DILCHER[12] § 134 Rn 20), sondern nach den Grundsätzen der Verstöße gegen preisrechtliche Bestimmungen bis zum höchstzulässigen Preis gültig und nur hinsichtlich des wucherischen Teils der Preisvereinbarung nichtig (so zum Mietwuchertatbestand des § 5 WiStG BGHZ 89, 316, 326; gegen die Anwendbarkeit von § 134 AMM 121 ff, 130 f).

Vereinbarungen, die gegen das Verbot der Bestechung oder Vorteilsannahme der **296** §§ 331 ff StGB verstoßen, sind nach § 134 nichtig (ERMAN/BROX § 134 Rn 51; FLUME, AT

II § 17, 3 S 345; MünchKomm/MAYER-MALY § 134 Rn 50; bei Verstößen gegen ausländische Bestechungsverbote sind sie uU nach § 138 nichtig, BGHZ 94, 268, 270 ff; ausf dazu unten § 138 Rn 469 ff, 490). Bei Verstößen gegen das Verbot der Vorteilsannahme nach § 331 StGB und das Verbot der passiven Bestechung nach § 332 StGB sind außer den Verpflichtungsgeschäften auch die Erfüllungsgeschäfte nach § 134 nichtig (CANARIS, Gesetzliches Verbot ... 24; FLUME, AT II § 17, 3 S 345; SOERGEL/HEFERMEHL § 134 Rn 25; STAUDINGER/DILCHER[12] § 134 Rn 20), auch wenn sich der zuwendende Teil nicht nach den §§ 333 f strafbar gemacht hat. Denn das Bestechungsverbot wendet sich gegen den Leistungserfolg.

297 Streitig ist, ob das Verbot der Mehrvertretung im Strafprozeß iS der §§ 146, 146 a StPO ein Verbotsgesetz iSv § 134 ist. Zum Teil wird angenommen, daß dem Verteidiger die bis zur Zurückweisung entstandenen Gebühren und Auslagen vertragsrechtlich zustehen. Vorzugswürdig erscheint hingegen die Ansicht, daß die §§ 146, 146 a StPO einem möglichen Interessenkonflikt von Anfang an entgegenwirken wollen, so daß bereicherungsrechtlich abzuwickeln ist (OLG München NJW 1983, 1688 f; PALANDT/HEINRICHS § 134 Rn 21; offengelassen von BGH NJW 1991, 3095, 3097).

298 UWG-Verstöße: (1) Nichtig nach § 134 ist ein Vertrag, der zur Begehung unlauteren Wettbewerbs verpflichtet (SACK WRP 1974, 445, 447 vor II; KÖRNER GRUR 1968, 348; MünchKomm/MAYER-MALY § 134 Rn 57; BGB-RGRK/KRÜGER-NIELAND/ZÖLLER § 134 Rn 138), zB durch den sich eine der Parteien, etwa eine Werbeagentur, zu irreführender Werbung iSv § 3 UWG verpflichtet oder der auf die redaktionelle Veröffentlichung bzw Sendung von Werbeanzeigen ohne besondere Kennzeichnung gerichtet ist (OLG Düsseldorf NJW 1975, 2108 = WRP 1975, 602, 603 f zu § 10 Abs 3 PresseG NRW; OLG München AfP 1995, 655 f). Nach § 134 nichtig sind auch Verträge im Rahmen eines Schneeballsystems, das gegen die §§ 1, 3, 4, 6 c UWG sowie gegen § 263 StGB verstößt (so im Ergebnis OLG München wistra 1986, 34, 36, allerdings zu § 138). Ein Vertrag zwischen einem Verkäufer und einer anderen Partei über die Ausgabe von Kaufscheinen zum Zwecke des sogenannten Kaufscheinhandels iSv § 6 b UWG ist nach § 134 ebenso nichtig (BGB-RGRK/KRÜGER-NIELAND/ZÖLLER § 134 Rn 138), wie ein Vertrag, durch den ein Beauftragter des Kaufscheinausgebers einem Verkäufer die Vermittlung von Kaufscheininhabern gegen Zahlung einer Provision zusagt (BGH NJW 1978, 1525 = GRUR 1978, 311 „BSW III" m Anm KICKER; PALANDT/HEINRICHS § 134 Rn 24; STAUDINGER/DILCHER[12] § 134 Rn 13) oder ein Vertrag zwischen einem Beauftragten des Kaufscheinausgebers und dem Lieferanten, durch die sich der Lieferant zur Belieferung des Kaufscheininhabers verpflichtet und dem Beauftragten Provisionszahlungen für die von den Kaufscheininhabern getätigten Käufe verspricht (BGH GRUR 1978, 370, 372 „BSW IV"). Verträge zwischen dem Verkäufer und den Kunden, an die Kaufscheine ausgegeben worden sind, werden hingegen von § 6 b UWG nicht berührt. Nichtig nach § 134 sind auch Verträge mit einem Gewerbetreibenden, durch die sich eine der Parteien zu wettbewerbswidrigen Sonderveranstaltungen und Räumungsverkäufen iS der §§ 7, 8 UWG verpflichtet.

299 Schmiergeldvereinbarungen mit Angestellten, die gegen das Bestechungsverbot des § 12 UWG verstoßen, sind nach § 134 nichtig (RG JW 1921, 338, 339; 1932, 2704; RG GRUR 1940, 220 zu § 138; BAUMBACH/HEFERMEHL, Wettbewerbsrecht § 12 UWG Rn 25; KÖRNER GRUR 1968, 348, 350 f; ders WRP 1979, 774, 775; MünchKomm/MAYER-MALY § 134 Rn 50; SOERGEL/HEFERMEHL § 134 Rn 25; § 138 Rn 180 ff, 182). Nicht nichtig sind hingegen auch die zur Erfüllung von Schmiergeldvereinbarungen getätigten Geschäfte (KÖRNER WRP 1979,

774, 775). § 134 erfaßt auch nicht die mit Hilfe von Schmiergeld zustande gebrachten Verträge zwischen dem Bestechenden und dem Geschäftsherrn des bestochenen Angestellten (REINHARDT JW 1932, 2704, 2705; KÖRNER GRUR 1968, 348, 351 f; ders WRP 1979, 774, 775 Fn 15; BAUMBACH/HEFERMEHL, Wettbewerbsrecht, § 12 UWG Rn 25; SOERGEL/ HEFERMEHL § 138 Rn 183; aA RG JW 1932, 2704); hier greift allenfalls § 138 ein, wenn der Bestochene einen für den Geschäftsherrn nachteiligen Vertrag geschlossen hat (RGZ 134, 43, 56; RGZ 136, 359, 360; BAUMBACH/HEFERMEHL, Wettbewerbsrecht § 12 UWG Rn 25; SOERGEL/HEFERMEHL § 138 Rn 183). Nach dem Beweis des ersten Anscheins sind Verträge, bei deren Zustandekommen Schmiergeld gezahlt wurde, nachteilig zu Lasten der Vertragspartei, deren Vertreter geschmiert worden ist (RGZ 136, 359, 360 f; BGH LM Nr 13 zu § 138 [b]; SOERGEL/HEFERMEHL § 138 Rn 183). Während es erhebliche Schwierigkeiten bereitet festzustellen, ob eine Schmiergeldvereinbarung auf den Abschluß und Inhalt des Hauptvertrages Einfluß hatte und ob dieser Einfluß für den Geschäftsherrn nachteilig war, bietet eine analoge Anwendung von § 177 eine interessengerechte Lösung: Der Vertreter kann dem Hauptvertrag durch Genehmigung zur Wirksamkeit verhelfen (AK-BGB/DAMM § 138 Rn 176; ERMAN/BROX § 138 Rn 68; ENNECCERUS/NIPPERDEY, AT § 191 II 1 Fn 14; PALANDT/HEINRICHS § 138 Rn 63). Auch Verträge, die die Verpflichtung zu Betriebsspionage iSv § 17 UWG zum Gegenstand haben, sind nach § 134 nichtig (REIMER/VGAMM, Wettbewerbs- und Warenzeichenrecht Bd II Kap 39 Rn 23).

Nicht nur die Spezialregelungen der §§ 3 ff UWG sind Verbotsgesetze iSv § 134. **300** Auch wenn der Inhalt des Vertrags gegen die **Generalklausel des § 1 UWG** verstößt, ist nicht § 138, sondern § 134 anzuwenden; zwar bezieht sich § 1 UWG auf die guten Sitten, so daß zunächst die Anwendung von § 138 näherzuliegen scheint. § 1 UWG ist dennoch ein „Gesetz" iSv § 134 (vgl OLG München AfP 1995, 655 f).

Nichtig nach § 134 ist daher zB ein Vertrag zwischen einem Kfz-Exporteur und einem Kfz-Händler, soweit sich letzterer verpflichtet, vertriebsgebundene BMW zu liefern, die er „gegebenenfalls unter Umgehung des selektiven Vertriebssystems von BMW", dh unter Anstiftung oder Ausnutzung von Vertragsbruch (Bruch einer lückenlosen Vertriebsbindung) eines BMW-Händlers oder durch Schleichbezug zu beschaffen verspricht. Denn in diesem Fall verstößt die Weiterveräußerung des Kfz-Händlers an den Exporteur gegen § 1 UWG; der Kaufvertrag zwischen beiden Parteien hat insoweit eine Gesetzesverletzung zum Gegenstand und ist deshalb nach § 134 nichtig; Normzweckerwägungen stehen dieser Sanktion nicht entgegen. Der BGH ist jedoch zum gegenteiligen Ergebnis gelangt, hat allerdings § 134 nicht geprüft und die Anwendbarkeit von § 138 Abs 1 unzutreffend verneint (BGH WM 1995, 112,115); ein Vertrag, der zu sittenwidrigem Handeln, nämlich zu einem Verstoß gegen § 1 UWG verpflichtet, hat einen sittenwidrigen Inhalt und erfüllt damit – neben dem Tatbestand des § 134 – auch den Tatbestand des § 138 Abs 1.

(2) Umstritten ist, ob und unter welchen Voraussetzungen bei wettbewerbswidrigen **301 Rabatten, Zugaben** und sonstigen Werbegeschenken vom Grundsatz, daß vertragliche Verpflichtungen nach § 134 nichtig sind, wenn sie zur Begehung unlauteren Wettbewerbs verpflichten, Ausnahmen gemacht werden müssen. Diese Fälle unlauteren Wettbewerbs sind dadurch gekennzeichnet, daß nicht nur die **Ankündigung**, sondern auch die **Gewährung** verboten ist. Es ist fraglich, ob der Kunde die Erfüllung des Vertrags verlangen kann einschließlich der zugesagten Werbegeschenke, Zugaben oder Rabatte (ausf zu dieser Problematik der „zweigliedrigen Wettbewerbsverstöße" KÖRNER WRP 1979, 774 ff; OCHS WRP 1977, 373 ff). Das **Hauptgeschäft**, zB der Kaufvertrag, wird nach nahezu einhelliger und zutreffender Ansicht durch einen Verstoß gegen das Verbot der Gewährung von Werbegeschenken, Rabatten oder Zugaben nicht berührt*, weder weil er mit unlauteren Wettbewerbsmethoden zustande gebracht worden ist, noch nach § 139, weil er neben dem Hauptgeschäft einen Wettbewerbsverstoß zum Inhalt hat, der in der Pflicht zur Gewährung der versprochenen Geschenke, Zugaben oder Rabatte besteht. Auch ist der Kunde nach einhelliger Ansicht nicht verpflichtet, erhaltene Geschenke, Rabatte oder Zugaben, die wettbewerbsrechtlich unzulässig waren, nach § 812 zurückzugewähren (BAUMBACH/HEFERMEHL, Wettbewerbsrecht § 2 ZugabeVO Rn 6; § 12 RabG Rn 5; REIMER/vGAMM Bd II Kap 64 Rn 2; BGB-RGRK/KRÜGER-NIELAND/ZÖLLER § 134 Rn 137; SOERGEL/HEFERMEHL § 134 Rn 83), nach hM nicht wegen § 817 S 2 analog (BAUMBACH/HEFERMEHL aaO; vGAMM, Wettbewerbsrecht[5] Kap 60 Rn 86; LAFRENZ GRUR 1979, 89; SOERGEL/HEFERMEHL § 134 Rn 83), mE deshalb nicht, weil eine Erfüllungspflicht besteht.

302 Es ist allerdings streitig, ob die vertragliche Verpflichtung zur Gewährung von Zugaben, Rabatten und sonstigen Werbegeschenken rechtswirksam ist und ein Erfüllungsanspruch des Kunden besteht oder ob der unlauter Handelnde die **Gewährung** der zugesagten Rabatte, Zugaben und sonstigen Werbegeschenke mit der Begründung verweigern kann, daß er andernfalls gegen das UWG, das RabG oder die ZugabeVO verstoßen würde. ME sind entsprechende Verpflichtungen rechtswirksam, so daß eine Erfüllungspflicht besteht (BGH NJW 1994, 728, 729 f Werbeagent; OLG Stuttgart WRP 1973, 487, 490 betr Preisausschreiben; KÖRNER WRP 1979, 774, 775; MEDICUS, AT 242 Rn 655; MünchKomm/MAYER-MALY § 134 Rn 58; ORDEMANN WRP 1964, 231; PALANDT/HEINRICHS § 134 Rn 21; **aA** BAUMBACH/HEFERMEHL, Wettbewerbsrecht § 12 RabG Rn 5; § 2 ZugabeVO Rn 6; vGAMM WRP 1974, 1, 4; ders, Wettbewerbsrecht[5] Kap 60 Rn 80; LAFRENZ GRUR 1979, 89; BGB-RGRK/KRÜGER-NIELAND/ZÖLLER § 134 Rn 137; SOERGEL/HEFERMEHL § 134 Rn 83). Nach Ansicht des BGH (NJW 1994, 728, 730 „Werbeagent") steht allerdings dem Anspruch des Kunden auf Erfüllung einer rabattrechtswidrigen Rabattverpflichtung der Einwand der unzulässigen Rechtsausübung gem § 242 entgegen, wenn sich sein Verhalten nicht auf eine notwendige Teilnahme am Rabattverstoß des preisanbietenden Unternehmens beschränkt, sondern diese Rolle in einer Weise überschreitet, die geeignet sein könnte, eine Teilnehmerschaft des Kunden gem § 11 RabG iVm § 14 Abs 2 OWiG zu begründen. Dies sei dann der Fall, wenn der Kunde auf der Einhaltung des angebotenen Preisnachlasses bestehe, obwohl er wisse, daß er mit seinem Verhalten das rabattanbietende Unternehmen zum weiteren gesetzwidrigen „Gewähren" des unzulässigen Preisnachlasses iS der §§ 1, 2 RabG veranlasse. Der Einwand rechtsmißbräuchlichen Verhaltens bestehe allerdings nur insoweit, als das Rabattverlangen des Kunden über den nach § 2 RabG zulässigen Rabattsatz von 3% hinausreiche (BGH NJW 1994, 728, 730 „Werbeagent"; ebenso im Ergebnis LAFRENZ GRUR 1979, 89; **aA** MEDI-

---

* Vgl BGH NJW 1994, 728 f = GRUR 1994, 527 Werbeagent; BGH LM Nr 12 zu § 1 UWG; OLG Nürnberg NJW 1955, 386, 387; OLG Nürnberg MDR 1976, 488; OLG München WRP 1958, 153 f; BAUMBACH/HEFERMEHL, Wettbewerbsrecht § 2 ZugabeVO Rn 6; § 12 RabG Rn 5; ERMAN/BROX § 134 Rn 46, 55; vGAMM, Wettbewerbsrecht[5] Kap 60 Rn 80; LAFRENZ GRUR 1979, 89; ORDEMANN WRP 1964, 231; BGB-RGRK/KRÜGER-NIELAND/ZÖLLER § 134 Rn 137; MünchKomm/MAYER-MALY § 134 Rn 58; OLG Celle DWW 1994, 286, 288.

cus, AT 242 Rn 655). Nach dieser Ansicht könnte einem Kunden, der die Einlösung einer verbotenen **Zugabe** einfordert, der Einwand der unzulässigen Rechtsausübung gem § 242 entgegengehalten werden, wenn eine Teilnehmerhaftung nach § 3 ZugabeVO iVm § 14 Abs 2 OWiG in Betracht kommt, weil er weiß, daß die Zugabegewährung gesetzwidrig ist. Bei **sonstigen Werbegeschenken**, deren Gewährung nur gegen § 1 UWG verstößt, wäre der Einwand aus § 242 nach der Argumentation des BGH hingegen wohl nicht begründet, weil diese Geschenke nicht ordnungswidrig sind und deshalb eine Teilnehmerhaftung des Kunden aus § 14 Abs 2 OWiG nicht in Betracht kommt.

Dem BGH kann nur insoweit zugestimmt werden, als er die Verpflichtung zur **303** Gewährung unzulässiger Rabatte, Zugaben und sonstiger wettbewerbswidriger Werbegeschenke nicht ohne weiteres nach § 134 iVm RabG, ZugabeVO oder § 1 UWG für nichtig erklärt. Es bestehen Ansprüche auf Gewährung zugesagter Rabatte, Zugaben oder sonstiger Werbegeschenke. Dies folgt zwar nicht aus der Anwendung des Normzweckvorbehalts des § 134 auf die Geschenk-, Rabatt- oder Zugabeverpflichtung. Denn vertragliche Erfüllungsansprüche des Kunden aus solchen Verpflichtungen wären wenig wert, wenn klagebefugte Mitbewerber oder Verbände die Erfüllung mit § 1 UWG unterbinden könnten (nach ORDEMANN WRP 1964, 231, 232 hätte der Kunde im Falle wettbewerbsrechtlicher Unterlassungsansprüche von Mitbewerbern und Verbänden Rechte aus § 325; zutreffend aA KÖRNER WRP 1979, 774, 776; OCHS WRP 1977, 373, 375 f). Vielmehr ist für diese Fälle „zweigliedriger Wettbewerbsverstöße" (KÖRNER WRP 1979, 774) das wettbewerbs-, rabatt- oder zugaberechtliche Gewährungs- und Erfüllungsverbot teleologisch zu reduzieren. Denn diese Vorschriften haben ua den Zweck zu verhindern, daß ein Käufer durch attraktive Rabatte, Zugaben oder sonstige Werbegeschenke Preisvorteile, die nicht bestehen, vermutet und deshalb zum Kauf veranlaßt wird. Der Zweck der Regelungen, zu verhindern, daß Kaufverträge durch das Ankündigen oder Gewähren attraktiver Rabatte oder Werbegeschenke **zustande gebracht** werden, ist nicht mehr zu erreichen, **nachdem** es zum Vertragsabschluß gekommen ist; im Gegenteil! Und auch dem speziell vom RabG geschützten Mittelstand wird nicht geschadet, wenn die Rabattabrede erfüllt wird, nachdem es zum Vertragsabschluß gekommen ist. Die Versagung von Erfüllungsansprüchen des Kunden würde auch nicht die Durchsetzung des RabG, der ZugabeVO oder des § 1 UWG verbessern. Vielmehr ginge ein Erfüllungsverbot zu Lasten des Kunden, der an sich durch diese Regelungen geschützt werden soll; und begünstigt würde durch ein Erfüllungsverbot der Rechtsverletzer, obwohl diese Gesetze ausschließlich zu dessen Lasten gehen sollen. Daher besteht mE trotz des Verbots der Gewährung bestimmter Rabatte, Zugaben oder sonstiger Geschenke ein voller Erfüllungsanspruch aus bereits **abgeschlossenen** Verträgen. Sobald es zum Geschäftsabschluß gekommen ist, hat das Verbot übertriebenen Anlockens mit Geschenken, Rabatten oder Zugaben in bezug auf den gewonnenen Kunden keine Berechtigung mehr (zur Konsequenz für die Anwendung von § 890 ZPO vgl KÖRNER WRP 1979, 774, 776). Das zu seinem Schutz gedachte Verbot bestimmter Formen der Wertreklame würde sich sogar zu seinen Lasten auswirken, wenn er keinen Anspruch auf die Erfüllung der gemachten Zusagen hätte (OCHS WRP 1977, 373, 377). Deshalb verstößt die Erfüllung der Geschenk-, Rabatt- oder Zugabeverpflichtung **nach Geschäftsabschluß** nicht mehr gegen das Gewährungsverbot, so daß insoweit auch kein verbotenes Rechtsgeschäft iSv § 134 vorliegt. Deshalb verstoßen zB Stadtwerke, die mit einem Bonus von 1.000,– DM für die Umstellung der Heizung auf Erdgas werben, zwar gegen § 1

UWG; dennoch sind sie verpflichtet, den Bonus an die Kunden auszubezahlen, die aufgrund solcher Werbung ihre Heizung auf Erdgas umgestellt haben (OLG Celle DWW 1994, 286, 288). Wenn aber bei „zweigliedrigen Wettbewerbsverstößen" die Gewährung der zugesagten Rabatte und Zugaben nicht verbotswidrig ist, scheidet auch eine Teilnehmerhaftung aus § 14 Abs 2 OWiG und damit auch der Einwand der unzulässigen Rechtsausübung gegen Erfüllungsansprüche solcher Kunden aus, die wissen, daß die zugesagten Rabatte oder Zugaben unzulässig sind. Nichtig nach § 134 iVm § 1 ZugabeVO sind hingegen Verträge, die zur Durchführung von unzulässigen Zugabeaktionen verpflichten (BAUMBACH/HEFERMEHL, Wettbewerbsrecht § 2 ZugabeVO Rn 6).

304 (3) Von den Verträgen, die unlauteren Wettbewerb darstellen bzw auf Begehung unlauteren Wettbewerbs gerichtet und nach § 134 nichtig sind, müssen Verträge unterschieden werden, die durch unlauteren Wettbewerb **zustande gebracht** worden sind (ausf dazu SACK WRP 1974, 445; M LEHMANN, Vertragsanbahnung durch Werbung [1981]; W SCHUHMACHER, Verbraucherschutz bei Vertragsanbahnung [1983]; R SCHUMACHER, Vertragsaufhebung wegen fahrlässiger Irreführung unerfahrener Vertragspartner [1979]). Solche „**Folgeverträge**", die zB durch Täuschung, psychischen Zwang oder Machtmißbrauch zustande gebracht worden sind, sind nicht ohne weiteres nach § 134 oder § 138 nichtig, da sich in diesen Fällen das UWG nicht gegen die Vornahme oder den Inhalt der betreffenden Rechtsgeschäfte wendet (BGH NJW 1993, 3329, 3330 zu 3 a; BGHZ 110, 156, 174 f; BGH LM Nr 12 zu § 1 UWG; OLG Düsseldorf WRP 1975, 602, 603; OLG Frankfurt GRUR 1978, 720, 721 Folgeverträge; OLG Frankfurt WRP 1995, 41; BAUMBACH/HEFERMEHL, Wettbewerbsrecht § 1 UWG Rn 913; HÜBNER, BGB AT Rn 489; OCHS WRP 1977, 373; MünchKomm/MAYER-MALY § 134 Rn 57; PALANDT/HEINRICHS § 134 Rn 24; SACK WRP 1974, 445, 446 f; KÖRNER GRUR 1968, 348, 351; TRAUB GRUR 1980, 673, 675, 677; WEDEMEYER WRP 1972, 117; **aA** LG Mainz BB 1967, 1180 f; AG Trier WRP 1972, 157). In diesem Fall ist der unlauter geworbene Kunde auf die lückenhaften Rechtsbehelfe der §§ 119, 123 BGB, des § 13 a UWG, des HausTWG und des VerbrKrG verwiesen (vgl SACK WRP 1974, 445 ff; ders BB 1987, Beil 2 S 20 ff, 28, jeweils mit weiteren Versuchen, dem unlauter geworbenen Kunden Vertragsauflösungsrechte und Schadensersatzansprüche einzuräumen). Wenn eine Gewerkschaft in Übereinstimmung mit ihrer Satzung mit einem Rechtsschutzversicherer einen Gruppenversicherungsvertrag zugunsten ihrer Mitglieder schließt, durch den diese ohne ihre Zustimmung im Einzelfall und aus ihrem Beitragsaufkommen versichert werden, so verstößt dies zwar gegen § 1 UWG; der Vertrag ist jedoch weder nach § 134 noch nach § 138 nichtig (BGHZ 110, 156, 174 f).

305 (4) Der Durchsetzung unlauter zustande gebrachter Verträge, die weder nach § 134 nichtig noch aus anderen Gründen (zB Anfechtung, Widerruf, Rücktritt nach § 13 a UWG) unwirksam sind, kann der Einwand unzulässiger Rechtsausübung entgegenstehen. Die Durchsetzung solcher Verträge ist hingegen grundsätzlich kein Verstoß gegen § 1 UWG (BGH GRUR 1986, 816, 818 f „Widerrufsbelehrung bei Teilzahlung"; OLG Frankfurt WRP 1975, 41, 42; LG Berlin WRP 1972, 96, 97; SACK BB 1987, 1048, 1049 ff). Nur bei Vorliegen **besonderer Umstände** kann die Durchsetzung solcher Verträge unlauterer Wettbewerb iSv § 1 UWG sein und als solcher von Mitbewerbern und klagebefugten Verbänden untersagt werden (BGH GRUR 1981, 286, 287 f „Goldene Karte I"; 1986, 816, 819 „Widerrufsbelehrung bei Teilzahlungskauf"; 1988, 829, 830 „Verkaufsfahrten II"; NJW 1993, 3329 f „Folgeverträge I"; BGH NJW 1995, 1361 = ZIP 1995, 503 ff „Folgeverträge II"; OLG Frankfurt GRUR 1978, 720, 722 „Folgeverträge"; OLG Köln WRP 1975, 170, 172 f; OLG Hamburg NJW-RR

1993, 1456 f; OLG Schleswig NJW-RR 1995, 1127 = WRP 1995, 521). Solche besonderen Umstände sind mit dem BGH insbesondere beim sog Adreßbuchschwindel anzunehmen, wenn die Art der Durchführung der unlauter zustande gebrachten Verträge Teil eines **einheitlichen**, von Anfang an auf Täuschung als Mittel des Wettbewerbs angelegten Gesamtkonzepts ist und es sich dabei um Maßnahmen zur Erhaltung des Kundenstammes auf Kosten der Mitbewerber handelt (BGHZ 123, 330, 336 = NJW 1993, 3329 „Folgeverträge I"; BGH NJW 1995, 1361 = ZIP 1995, 503, 506 „Folgeverträge II"; BGH GRUR 1986, 816, 819 „Widerrufsbelehrung bei Teilzahlungskauf"; OLG Köln WRP 1975, 170, 172; OLG Hamburg NJW-RR 1993, 1456 f; dazu SCHOCKENHOFF NJW 1995, 500 ff; vgl jedoch auch LG Berlin WRP 1972, 96, 97). Zu weit geht allerdings die Ansicht, daß es gegen die guten Wettbewerbssitten iSv § 1 UWG verstoße, auf der Erfüllung von Verträgen zu bestehen, die „durch Betrug oder durch ein kraß wettbewerbswidriges Verhalten zustande gekommen sind" (so jedoch OLG Frankfurt GRUR 1978, 720, 722; vgl auch OLG Köln WRP 1975, 170, 173). Denn idR ist die bloße Durchsetzung unlauter zustande gebrachter Verträge kein Handeln zu dem Zweck, auf Kosten von Mitbewerbern zu Geschäftsabschlüssen zu gelangen, und damit auch kein Handeln zu Zwecken des Wettbewerbs iSv § 1 UWG (BGH GRUR 1986, 816, 818 f „Widerrufsbelehrung bei Teilzahlungskauf"; LG Berlin WRP 1972, 96, 97; SACK BB 1987, 1048, 1049 ff).

Eine durch das **VAG** verbotene Provisionsteilungsabrede zwischen Versicherungsmakler und Versicherungsnehmer ist nach § 134 nichtig (AG Hamburg NJW-RR 1993, 1372; ausf und zust dazu E SCHWARZ NJW 1995, 491 ff). Eine gegen § 12 **VerbrKrG** (früher § 4 Abs 2 AbzG) verstoßende Fälligkeitsklausel ist nur insoweit nichtig, als sie den gesetzlichen Mindestanforderungen nicht entspricht (RGZ 64, 92, 94; zur entsprechenden Regelung des § 4 AbzG vgl o Rn 90). Ein öffentlich-rechtlicher Vertrag iSv § 54 Satz 2 **VwVfG**, in dem sich ein Vertragspartner einer Behörde zu einer Gegenleistung verpflichtet, die unangemessen ist oder in keinem sachlichen Zusammenhang mit der vertraglichen Leistung der Behörde steht, ist nach § 56 iVm § 59 Abs 2 Nr 4 VwVfG nichtig; des Rückgriffs auf § 134 bedarf es nicht. Die Vereinbarung eines nach § 5 WiStG überhöhten Mietpreises ist nach § 134 insoweit nichtig, als sie den höchstzulässigen Mietpreis – verkürzt: ortsübliche Vergleichsmiete zuzüglich 20% – übersteigt. Es erfolgt eine geltungserhaltende Reduktion der Mietzinsabrede; im übrigen ist der Mietvertrag, wenn nicht sonstige besondere Umstände hinzutreten, wirksam (BGHZ 89, 316, 320 f; ausführlicher oben Rn 92 ff, 269 ff). **306**

Ein Mietvertrag mit einem nach den §§ 4, 7 **WoBindG** nicht wohnberechtigten Mieter ist wirksam (LG Aachen ZMR 1973, 379; ERMAN/BROX § 134 Rn 54; MünchKomm/MAYER-MALY § 134 Rn 72). Auch Verträge, die gegen das Umbau- und Zweckentfremdungsverbot des § 12 WoBindG verstoßen, sind gültig (LG Dortmund ZMR 1967, 79; ERMAN/BROX § 134 Rn 54; MünchKomm/MAYER-MALY § 134 Rn 72). Zur Koppelung von Verträgen in Zusammenhang mit dem Abschluß eines Mietvertrages mit Übernahmeverträgen mit dem bisherigen Mieter vgl die Sonderregelung des § 4 a WoVermittG idF von 1993. **WZG/ MarkenG:** Die Verpflichtung eines Warenzeicheninhabers, gegen die Anmeldung desselben Warenzeichens keinen Widerspruch zu erheben, ist nicht nach § 134 iVm WZG bzw MarkenG nichtig (RG HRR 1942, 199; PALANDT/HEINRICHS § 134 Rn 25), kann jedoch nach § 3 UWG iVm § 134 nichtig sein, wenn die Gefahr einer Irreführung des Publikums besteht. **307**

ZPO: Nichtig ist eine Bestimmung in einem Schiedsvertrag, nach der ein nur aus **308**

Mitgliedern eines Vereins zu bildendes Schiedsgericht über Streitigkeiten zwischen Vereinsmitgliedern und Nichtvereinsmitgliedern zu entscheiden hat, wenn dies unter den gegebenen Umständen zur Folge hat, daß nur Schiedsrichter Recht sprechen sollen, die als befangen gelten müssen. Eine derartige Abrede verstößt zwar nicht unmittelbar gegen ein bestimmtes gesetzliches Verbot, jedoch gegen das auch für Schiedsgerichte geltende und im Gesetz (§§ 1025 Abs 2, §§ 1032 ZPO) zum Ausdruck gekommene Gebot **überparteilicher Rechtspflege** sowie gegen den Grundsatz, daß Richten in eigener Sache die Aufhebungsklage gegen einen Schiedsspruch rechtfertigt (BGHZ 51, 255, 262; PALANDT/HEINRICHS § 134 Rn 22; SOERGEL/HEFERMEHL § 134 Rn 85; s o Rn 18, 22; ebenso bei einseitiger Besetzung eines Schiedsgerichts durch die Arbeitgeberseite der ÖstOGH DRdA 1979, 386 f; dazu MAYER-MALY AcP 194 [1994] 105 ff, 165). Wegen dieses Gebots überparteilicher Rechtspflege erklärte der BGH auch eine Bestimmung in einem Schiedsvertrag für nichtig, wonach der von einer Partei ernannte Schiedsrichter berechtigt sein soll, den Schiedspruch allein zu fällen, wenn die andere Partei der Aufforderung nicht nachgekommen ist, innerhalb einer festgelegten Frist ebenfalls einen Schiedsrichter zu benennen (BGHZ 54, 392, 400; PALANDT/HEINRICHS § 134 Rn 22; ebenso bei einseitiger Besetzung eines Schiedsgerichts durch die Arbeitgeberseite der ÖOGH DRdA 1979, 386 f; dazu MAYER-MALY AcP 194 [1994] 105 ff, 165). ME wäre allerdings mangels eines konkreten Verbotsgesetzes statt § 134 die Generalklausel des § 138 die richtige Rechtsgrundlage gewesen, die ebenfalls zum Ziel geführt hätte (nicht überzeugend gegen die Anwendung von § 138 BGHZ 51, 255, 262). In einem solchen Fall ist der Schiedsspruch eines so besetzten Schiedsgerichts aufzuheben (BGHZ 51, 255, 262 f). Zu Verstößen gegen die **ZugabeVO** s o zum UWG Rn 301 ff. **ZVG:** Die durch Teilungserklärung getroffene Bestimmung, wonach auch der Erwerber einer Eigentumswohnung oder von Teileigentum im Wege der Zwangsversteigerung für Wohngeldrückstände des Voreigentümers haftet, verstößt gegen § 56 S 2 ZVG und ist nach § 134 nichtig (BGHZ 99, 358, 362). Die Verpflichtung zum Nichtbieten im Rahmen einer Zwangsversteigerung verstößt gegen den Zweck des ZVG und ist deshalb nach § 134 nichtig (ERMAN/BROX § 134 Rn 56; s auch Rn 312 zu § 270 preußStGB).

309 Landesrecht: Landesrechtliche **Berufsordnungen** für freie Berufe können Verbotsgesetze iSv § 134 enthalten. Die Berufsordnung für die öffentlich bestellten Vermessungsingenieure in NRW verbietet dem öffentlich bestellten Vermessungsingenieur, sich mit einem nicht öffentlich bestellten Vermessungsingenieur zu einer Gesellschaft zum Zwecke der gemeinsamen Berufsausübung zusammenzuschließen. Haben die Parteien gegen dieses Verbot verstoßen, so finden nicht die Rechtsgrundsätze über die fehlerhafte Gesellschaft Anwendung, sondern der Verstoß führt nach § 134 zur Nichtigkeit des Gesellschaftsvertrages, da die Rechtsordnung die fehlerhafte Gesellschaft nicht anerkennen kann, wenn dem – wie hier – wichtige Gemeinschaftsinteressen entgegenstehen. Die Rückabwicklung erfolgt bereicherungsrechtlich; § 814 und § 817 S 2 analog sind nicht anwendbar (BGHZ 97, 243, 250 f; ERMAN/BROX § 134 Rn 31 a). Eine gegen § 18 BerufsO der Ärztekammer der nordrheinischen Ärzte verstoßende Vereinbarung zwischen zwei Ärzten über die Zuweisung von Patienten gegen Überlassung einer Patientenkartei ist nach Ansicht des BGH nach § 134 nichtig (BGH NJW 1986, 2360, 2361; ERMAN/BROX § 134 Rn 43 a; **aA** TAUPITZ JZ 1994, 221, 226 f; weitere Beispiele für das Verbot der entgeltlichen Patientenzuweisung bei TAUPITZ MedR 1993, 367, 373; ders JZ 1994, 221 ff). Die landesrechtliche Regelung des § 18 BerufsO ist ein Gesetz iS von § 134. Es will verhindern, daß sich ein Arzt bei seiner Entscheidung, welchem anderen Arzt er Patienten zuweist, von vornherein gegen Entgelt bindet, statt sie in

2. Titel. **§ 134**
Willenserklärung 310–312

jedem Einzelfall aufgrund medizinischer Erwägungen im Interesse des Patienten zu treffen. Dieser Schutzzweck wird nur erreicht, wenn solchen Verträgen die Wirksamkeit versagt wird (BGH NJW 1986, 2360, 2361). Gegen die Ansicht ist allerdings eingewendet worden, daß die Ärztekammer, die die BerufsO erlassen hat, nicht die Kompetenz hatte, die zivilrechtliche Nichtigkeitsfolge anzuordnen (TAUPITZ JZ 1994, 221, 226 f). Außerdem seien die der Kammer zur Verfügung stehenden disziplinarrechtlichen Sanktionen ausreichend zur Durchsetzung dieser Vorschrift. Ferner verstoßen Provisionsabreden für die Zuführung von Mandanten gegen die guten Sitten iSv § 138 (TAUPITZ NJW 1989, 2871, 2872).

Nach § 141 Abs 4 **wissHG NRW** ist ein Vertrag über die entgeltliche Vermittlung von **310** akademischen Graden verboten und nach § 134 nichtig. Ein Garantieversprechen, mit dem der eine Vertragsteil eines solchen nichtigen Vertrags dem anderen Vertragsteil Schadloshaltung für den Fall des Mißlingens dieses Geschäfts verspricht, ist wegen Gesetzesumgehung nichtig (OLG Köln NJW-RR 1994, 1540, 1541, jedoch unter Anwendung von § 138 Abs 1). Nach § 817 kann dasjenige, was der Vertragspartner eines solchen Geschäfts dem anderen Vertragspartner zur Weiterleitung an einen Dritten in Ausführung des Geschäfts erhalten und entsprechend weitergeleitet hat, von dem anderen Vertragsteil nicht zurückgefordert werden (OLG Köln aaO).

Die Vereinbarung einer redaktionell getarnten Veröffentlichung von Werbeanzeigen **311** in Printmedien ist nichtig nach § 134 wegen eines Verstoßes gegen § 10 Abs 3 **PresseG NRW** (OLG KÖLN MDR 1970, 673; OLG Düsseldorf NJW 1975, 2018 = WRP 1975, 602, 603; ERMAN/BROX § 134 Rn 45; MünchKomm/MAYER-MALY § 134 Rn 78), bzw gegen entsprechende Regelungen des Gebots der Trennung von redaktionellem Teil und Werbung in anderen Landespressegesetzen, meist § 9 oder § 10. Eine entsprechende Regelung des Trennungsgebots enthält der **Rundfunkstaatsvertrag** der Bundesländer für das Fernsehen (dazu SACK ZUM 1987, 103, 114, 127 f; ders AfP 1991, 704, 707 f). Solche Verträge sind außerdem nichtig nach § 134 iVm § 3 UWG, da sie einen gegen das wettbewerbsrechtliche Irreführungsverbot verstoßenden Inhalt zum Gegenstand haben (SACK AfP 1991, 704, 713 f). Der Hersteller der betreffenden Zeitschrift oder Zeitung hat keine vertraglichen Ansprüche auf Entgelt oder Kostenbeteiligung und wegen § 817 S 2 analog auch keine Bereicherungsansprüche gegen den Anzeigenkunden.

Nach § 270 **preußStGB** wird bestraft, „wer andere vom Mitbieten oder Weiterbieten **312** bei den von öffentlichen Behörden oder Beamten vorgenommenen Versteigerungen durch Zusicherung oder Gewährung eines Vorteils abhält". Wenn diese Vorschrift noch in Kraft ist (bejahend OLG Celle NJW 1969, 1764; aA FRANZEN NJW 1970, 662 f), sind gegen sie verstoßende Vereinbarungen nach § 134 nichtig (zutreffend CANARIS, Gesetzliches Verbot ... 24 ff; SOERGEL/HEFERMEHL § 134 Rn 25; ebenso früher RGZ 51, 401, 402; **aA** die Vereinigten Zivilsenate des RG RGZ 60, 273, 275 ff; OLG Celle NJW 1969, 1764; AMM 144 ff, 152; gegen § 134, jedoch für § 138 PALANDT/HEINRICHS § 134 Rn 25; § 138 Rn 103; rechtshistorisch dazu ausführlich PANSEGRAU 190 ff, 225 ff). Andernfalls könnte dem gebundenen Vertragspartner entgegen dem strafrechtlichen Verbot das Mit- oder Weiterbieten in der Versteigerung zivilrechtlich geboten sein und er bei Verstoß gegen die Vereinbarung auf Schadensersatz in Anspruch genommen werden (vgl den kritischen Hinweis darauf von CANARIS, Gesetzliches Verbot ... 26).

§ 135

[1] Verstößt die Verfügung über einen Gegenstand gegen ein gesetzliches Veräußerungsverbot, das nur den Schutz bestimmter Personen bezweckt, so ist sie nur diesen Personen gegenüber unwirksam. Der rechtsgeschäftlichen Verfügung steht eine Verfügung gleich, die im Wege der Zwangsvollstreckung oder der Arrestvollziehung erfolgt.

[2] Die Vorschriften zugunsten derjenigen, welche Rechte von einem Nichtberechtigten herleiten, finden entsprechende Anwendung.

Materialien: E I § 107 Abs 1 und 2; II § 101; III § 131; Mot I 212; Prot I 124; VI 129.

Schrifttum

BEER, Die relative Unwirksamkeit (1975)
BLOMEYER, Zum relativen Verbot der Verfügung über Forderungen, in: FS Hirsch (1968) 25 ff
BLUM, Veräußerungsverbot und Vormerkung (Diss Breslau 1906)
BÜLOW, Grundfragen der Verfügungsverbote, JuS 1994, 1 ff
CANARIS, Die Verdinglichung obligatorischer Rechte, in: FS Flume I (1978) 371 ff
DU CHESNE, Die Vollziehung eines durch einstweilige Verfügung angeordneten Veräußerungsverbotes hinsichtlich eines Liegenschaftsrechts, DNotV 1917, 205 ff
DENCK, Die Relativität im Privatrecht, JuS 1981, 9 ff
ders, Die Relativität im Sachenrecht, JuS 1981, 861 ff
DUBISCHAR, Doppelverkauf und „ius ad rem", JuS 1970, 6 ff
DULCKEIT, Die Verdinglichung obligatorischer Rechte (1951)
FAHLAND, Das Verfügungsverbot nach §§ 135, 136 BGB in der Zwangsvollstreckung und seine Beziehung zu den anderen Pfändungsfolgen (1976)
FOERSTE, Besprechung von Thomas Weiland, Die Sicherung konkurrierender Sachleistungsansprüche im Wege einstweiliger Verfügung durch Vormerkung und Verfügungsverbot, AcP 193, 274 ff
ders, Grenzen der Durchsetzung von Verfügungsbeschränkungen und Erwerbsverboten im Grundstücksrecht (1986)
FRAEB, Die Rechtsfolgen einer gegen die §§ 135, 136 BGB verstoßenden Verfügung unter besonderer Berücksichtigung des Zwangsversteigerungsvermerks bei eingetragenem Rangvorbehalt, ZBlFG XII Jahrgang (1911/12) 613 ff
FRANK, Kein Gutglaubensschutz nach dem Gleichberechtigungsgesetz, NJW 1959, 135 ff
GERHARDT, Absolute und relative Unwirksamkeit als rechtliches Steuerungsinstrument im Insolvenzfall, in: FS Flume I (1978) 527 ff
HABSCHEID, Richterliches Erwerbsverbot und Grundbuchrecht, in: FS Schiedermair (1976) 245 ff
HÄSEMEIER, Die gesetzliche Form der Rechtsgeschäfte (1971)
HARTMANN, Ansprüche des Käufers auf Verwendungsersatz bei Ausübung eines gesetzlichen Vorkaufsrechts, NJW 1956, 899 ff
HUBERNAGEL, Das Erwerbsverbot als Verfügungsverbot, Gruchot 73 (1933) 36 ff
U HÜBNER, Personale Relativierung der Unwirksamkeit von Rechtsgeschäften nach dem Schutzzweck der Norm, in: FS H Hübner (1984) 487 ff
HÜESKER, Zur Lehre von den gesetzlichen und richterlichen Veräußerungsverboten nach dem Bürgerlichen Gesetzbuch (Diss Leipzig 1910)
JAKOBS, Die Verlängerung des Eigentumsvorbehalts und der Ausschluß der Abtretung der Weiterveräußerungsforderung, JuS 1973, 152 ff

JUNGK, Eigentumserwerb des durch ein relatives Veräußerungsverbot geschützten Gläubigers durch Erklärung des Schuldners nach dessen Verfügung zugunsten eines Bösgläubigen, JA 1991, 18 ff

KIRSCHBAUM, Das richterliche Veräußerungsverbot nach Gemeinem Recht und Bürgerlichem Gesetzbuch (Diss Marburg 1902)

KNOKE, Zur Lehre vom relativen Veräußerungsverbot, in: Königsberger FG Güterbock (1910) 401 ff

KOHLER, Das Verfügungsverbot lebt, JZ 1983, 586 ff

ders, Das Verfügungsverbot gemäß § 938 Abs 2 ZPO im Liegenschaftsrecht (1984)

ders, Eigentumserwerb des durch Verfügungsverbot Geschützten an verbotswidrig veräußerten Mobilien, Jura 1991, 349 ff

ders, Zivilrechtliche Sicherung der Rückerstattung von Grundstücken in den neuen Bundesländern, NJW 1991, 465 ff

ders, Funktionales Recht – Zum Wandel im Rechtsdenken an einem zivilprozessualen Beispiel, AcP 192, 465 ff

KUHLMANN, Relative (einseitige) Unwirksamkeit (Diss Marburg 1936)

LEGART, Der Aufwendungsersatzanspruch des Grundstückserwerbers, der dem Vormerkungsberechtigten weichen muß, Gruchot 73 (1933) 311 ff

G LÜKE, Der Inhalt des Pfändungspfandrechts, JZ 1955, 484 ff

MAYER-MALY, Die relative Unwirksamkeit im österreichischen Recht, in: FS Reimer (1976) 67 ff

ders, Anm zu BGH JZ 1991, 40, JZ 1991, 40 f

MEHRTENS, Das gesetzliche Veräußerungsverbot (Diss Göttingen 1974)

MEYER, Anm zu OLG Hamburg, NJW 1971, 1317 f

MÜNZBERG, Die Gefährdung des Pfändungspfandrechts durch Vollstreckungsschuldner und Dritte, ZZP 78, 287 ff

MÜNZEL, Gerichtliche Erwerbsverbote durch einstweilige Verfügungen, DNotV 1928, 282 ff

MUGDAN, Die gesamten Materialien zum Bürgerlichen Gesetzbuch für das Deutsche Reich, Band 1 – Einführungsgesetze und Allgemeiner Teil (1899); Band 3 – Sachenrecht (1899)

MUMMENHOFF, Vertragliches Abtretungsverbot und Sicherungszession im deutschen, österreichischen und US-amerikanischen Recht, JZ 1979, 425 ff

H W NEUMANN, Vormerkung, Verfügungsbeschränkung und Veräußerungsverbot (Diss Hamburg 1930)

J NEUMANN, Vormerkung und Veräußerungsverbot, JW 1902, 454 ff

OERTMANN, Das Problem der relativen Rechtszuständigkeit, JherJb 66, 130, 249 ff

OSTERMANN, Das Erwerbsverbot (Diss Bonn 1930)

C PAULUS, Richterliches Verfügungsverbot und Vormerkung im Konkurs (1981)

G PAULUS, Schranken des Gläubigerschutzes aus relativer Unwirksamkeit, in: FS Nipperdey Bd 1 (1965) 909 ff

RAAPE, Das gesetzliche Veräußerungsverbot des BGB (1908)

RAIBLE, Vertragliche Beschränkung der Übertragung von Rechten (1969)

REINICKE, Die zweckentfremdete Aufrechnung, NJW 1972, 793 ff

RUHWEDEL, Grundlage und Rechtswirkungen sogenannter relativer Verfügungsverbote, JuS 1980, 161 ff

SAUERACKER, Der Begriff des gesetzlichen Veräußerungsverbotes (Diss Halle 1913)

SCHACHIAN, Die relative Unwirksamkeit der Rechtsgeschäfte (Diss Berlin 1910)

SCHLEGELMILCH, Das relative Eigentum (Diss Halle-Wittenberg 1928)

SCHMIDT, Über gesetzliche und richterliche Veräußerungsverbote nach früherem und heutigem Recht (Diss Breslau 1904)

SCHÖNFELD, Nochmals: Wie wirkt sich die entsprechende Anwendung des § 878 BGB auf die Bewilligung einer Vormerkung aus?, NJW 1959, 1417 f

SEIDEL, Das richterliche Veräußerungsverbot nach Gemeinem Recht und Bürgerlichem Gesetzbuch (Diss Greifswald 1904)

SOLON, Zur Lehre von den Veräußerungsverboten der §§ 135, 136 BGB (Diss Leipzig 1908)

STROHAL, Über relative Unwirksamkeit, in: FS zur Jahrhundertfeier des Allgemeinen Bürgerlichen Gesetzbuches II (1911) 746 ff

VOSS, Über den Schutz des Veräußerungsverbotes (§§ 135, 136 BGB) gegen Beseitigung der

Veräußerung in Konkurs- und Anfechtungsfällen, LZ 1909 Sp 755
ders, Die Wechselbeziehungen zwischen Schuldanfechtungsrecht und Veräußerungsverbot (§§ 135 ff BGB), LZ 1910 Sp 520, 592
ders, Über das Verhältnis zwischen relativem Veräußerungsverbot und Vormerkung nach dem BGB, JherJb 60, 293 ff
WAGNER, Die formlose Abtretung eines Postsparguthabens, NJW 1987, 928 ff
WEILAND, Die Sicherung konkurrierender Sachleistungsansprüche im Wege einstweiliger Verfügung durch Vormerkung und Verfügungsverbot (1992)
WEIMAR, Das relative Veräußerungsverbot, MDR 1961, 568 ff
ders, Relatives Veräußerungsverbot, MDR 1969, 202 ff
WENG, Erwerbsverbot im Sachenrecht (Diss Tübingen 1976)
WERNER, Zweckentfremdete Aufrechnung, NJW 1972, 1697 ff
WIELING, Jus ad rem durch einstweilige Verfügung?, JZ 1982, 839 ff
ders, Schlußwort zu Kohler JZ 1983, 586 ff, JZ 1983, 592 f
WÜNSCHMANN, Vom pactum de non cedendo, Gruchot 54, 217 ff
ZUNFT, Tritt bei § 7 KO relative oder absolute Unwirksamkeit ein?, NJW 1956, 735 ff

Systematische Übersicht

I. Normbedeutung
1. Systematische Einordnung und Grundkonzeption — 1
2. Relatives und absolutes Verfügungsverbot — 4
3. Verfügungsverbot und Verfügungsbeschränkung — 5
4. Offene Regelung — 9

II. Anwendungsbereich
1. Verfügung — 12
2. Verfügung über einen Gegenstand — 18
3. Veräußerungsverbot — 28
4. Gesetzliche Anordnung des Veräußerungsverbots — 36
5. Auf den Schutz bestimmter Personen begrenzter Verbotszweck — 38

III. Nichttatbestandliche Anwendungsgrenzen
1. Vorrang spezialgesetzlicher Regelungen — 44
2. Wegfall des Schutzinteresses — 57
3. Gutgläubig-verbotsbefreiter Erwerb (§ 135 Abs 2) — 59
4. Ersitzung — 70
5. Verfügung des Konkursverwalters — 71
6. Zuschlag in der Zwangsversteigerung — 77
7. Konkurrierendes Verfügungsverbot — 80

IV. Rechtsfolgen
1. Relative Beschränkung der Verfügungsmacht — 82
2. Kein tatsächliches Verhaltensgebot — 83
3. Relative Unwirksamkeit — 84
4. Rechtsmängelhaftung — 92
5. Verfahrensrechtliche Folgen — 93

V. Verwirklichung des verbotsgesicherten Rechts
1. Grundlagen — 99
2. Verfügungsverbot betreffend Forderungen und Rechte — 102
3. Verfügungsverbot betreffend Liegenschaftsrechte — 105
4. Verfügungsverbot betreffend Mobiliarrechte — 107
5. Beweislast — 114

VI. Sekundärrechte
1. Thematik — 115
2. Grundlagen — 116
3. Rechte zwischen Verbotsgeschütztem und Verbotsbetroffenem — 120
4. Rechte zwischen Verbotsgeschütztem und Dritterweber — 124

2. Titel.
Willenserklärung

Alphabetische Übersicht

Absicherungsrecht	11, 87, 108
Actio in rem scripta	89 f
Anfechtung	32, 91
Anspruch	
– auf Unterlassen	128
– Bereicherungsrechtlicher	115, 130
– gegen Dritterwerber	103
Arresthypothek	65, 96
Arrestvollziehung	14
Bedingung	45
Drittwiderspruchsklage	15
Dritterwerber	103
– Einwendungen und Einreden des	112
Eingriff	3
Einziehung	104
Ersitzung	70
Erwerbsanspruch	100 f
Erwerbsverbot	31
Genehmigungsvorbehalt	35
Geschäftsführung	121, 130
Grundbuch	93 f
Grundbucheintragung	61, 106, 125
Grundbuchfähigkeit	61
Grundbuchsperre	93 ff
Gutgläubiger Erwerb	59 ff, 62, 113 f
ius ad rem	80, 89 ff
Konkurs	41, 71, 75, 98
Konkurseröffnung	75
Konkursverwalter	72 f
Konvaleszenz	58
Nutzungen	115, 122
Rechtsmängelhaftung	92, 111
Rücktritt	111
Schadensersatz	111, 115, 118, 121, 125
Schutzzweck	1, 38, 41
Sekundärrechte	115 ff
Übereignung	107, 109 ff
Unübertragbarkeit	8, 19 ff
Unwirksamkeit	2, 38, 84 ff
Veräußerungsverbot	28
verbotsbefreiter Erwerb	68
Verbotsschutz	57
Verdinglichung	116
Vereitelung der Zwangsvollstreckung	29
Verfügung	12
– im Wege der Zwangsvollstreckung	14
– eines Ehegatten	50
– eines Vorerben	52
– des Konkursverwalters	72
– des Testamentsvollstreckers	54
Verfügungsbeschränkung	6 ff, 33, 38, 46, 52
Verfügungsverbot	28
– relatives	1, 4, 34
– absolutes	4, 40
– konkurrierendes	80
Verpflichtungsgeschäft	13, 92
Verpflichtungsverbot	30
Verstrickungsbruch	29
Verwendungen	123, 129
Vindikationsanspruch	110 ff
Vollmacht	17
Vormerkung	47, 74
Widerspruch	125
Zuschlag	77, 97
Zustimmung	57
Zustimmungsbedürftigkeit	33 f, 91
Zwangshypothek	65, 96
Zwangsversteigerung	64, 77, 97
Zwangsverwaltung	98
Zwangsvollstreckung	14, 95

I. Normbedeutung

1. Systematische Einordnung und Grundkonzeption

1 Nach Tatbestand, Gesetzessystematik und Funktion enthält § 135 einen Sonderfall des gesetzlichen Verbots im Sinne des anderweitige gesetzliche Regelungen gestattenden Tatbestands des § 134, dessen Anwendung, ebenso wie die Anwendung des § 309, durch § 135 als **lex specialis** ausgeschlossen wird (MünchKomm/Mayer-Maly Rn 1). Im Unterschied zu § 134 ist § 135 auf Verfügungsverbote beschränkt und bei diesen wiederum auf solche, die **nur** den **Schutz bestimmter Personen** bezwecken. Die Vorschrift hat daher die Regelung des sogenannten **relativen Verfügungsverbots** zum Gegenstand. Als Rechtsfolge sieht § 135 seiner Schutzaufgabe entsprechend im Unterschied zur absoluten Nichtigkeit gemäß § 134 nur eine **relative Unwirksamkeit** vor.

2 Relative Unwirksamkeit bedeutet, daß eine **Verfügung** im Verhältnis zur Allgemeinheit sowie grundsätzlich auch zwischen verbotswidrig Verfügendem und Dritterwerber **wirksam, bezüglich der geschützten Person** jedoch **unwirksam** ist. Die präzise dogmatische Bedeutung der relativen Unwirksamkeit und die daraus folgenden konkreten Schutzwirkungen sind seit jeher äußerst kontrovers (zu den Einzelheiten vgl unten Rn 84 ff). Das Modell der relativen Unwirksamkeit dient dazu, einerseits dem Geschützten die Verteidigung seiner Rechtsposition zu gewährleisten, indem Verfügungen zugunsten Dritter über den Gegenstand seines Interesses paralysiert werden, andererseits aber das Verfügungsgeschäft zugunsten des Dritterwerbers, soweit eben mit dem Verbotsschutz vereinbar, seinen Weg gehen zu lassen.

3 § 135 verwirklicht somit von Gesetzes wegen das Gebot des **geringsterforderlichen Eingriffs**, indem die Vorschrift das Maß der Schutzbedürftigkeit zum Maß der Schutzwirkungen macht. Bei den von der Vorschrift geregelten Verboten kraft hoheitlicher Anordnung trägt daher der § 135 wesentlich zur Wahrung eines rechtsstaatlichen Postulates bei, weil die Norm die Sicherungsbelange des Verbotsgeschützten und das Freiheitsinteresse des Verbotsbetroffenen mit rechtlicher Notwendigkeit zu einem Ausgleich bringt.

2. Relatives und absolutes Verfügungsverbot

4 Die nicht der Gesetzessprache entnommene, aber eingebürgerte Bezeichnung als relatives oder als absolutes Verfügungsverbot ist durch **Unterschiede** im **tatbestandlichen Schutzbereich** und in den **Rechtsfolgen** begründet. Im Gegensatz zu der personalbeschränkten Schutzaufgabe des relativen Verfügungsverbots (Rn 38, 84) bezwecken absolute Verfügungsverbote den Schutz der Allgemeinheit, insbesondere öffentlicher Interessen (Rn 39). Hinsichtlich der Rechtsfolge führt das relative Verfügungsverbot zu einer bloß relativen Unwirksamkeit (Rn 38, 81 ff), während eine gegen ein absolutes Verfügungsverbot verstoßende Verfügung gemäß § 134 in jeder Hinsicht nichtig ist, soweit nicht das Gesetz ein anderes bestimmt (Soergel/Hefermehl Rn 2). Bei absoluten Verfügungsbeschränkungen ist vorbehaltlich sondergesetzlicher Regelungen ein gutgläubiger Erwerb, der den Mangel der Verfügungsmacht des Verfügenden überwindet, nicht möglich, desgleichen auch keine Heilung gemäß § 185 Abs 2 (Soergel/Hefermehl Rn 5).

3. Verfügungsverbot und Verfügungsbeschränkung

Begrifflich sind Verfügungsverbot und Verfügungsbeschränkung zu unterscheiden. Verfügungsbeschränkung ist die Minderung oder Ausschließung der dem Inhaber eines Rechts als solchem zugewiesenen Rechtsmacht, über ein an sich veräußerliches Recht vollwirksam zu verfügen. Mit dem Terminus Verfügungsverbot wird prima facie ein Verhaltensgebot des Inhaltes ausgesprochen, einen Verfügungsakt zu unterlassen.

§ 135 leitet ein Verfügungsverbot in eine Verfügungsbeschränkung **über**, indem die Vorschrift die von ihr erfaßten Verfügungsverbote mit einem materiellrechtlich wirkenden Schutz versieht. Die Regelung **beseitigt** damit das Bedürfnis für ein als **Handlungsanweisung** zu verstehendes Verbot. Ein Verfügungsverbot im Wortsinne liefe überdies auf ein der absoluten Nichtigkeit gleichzustellendes Unterlassen des Verfügungsaktes hinaus und verstieße damit gegen das Ziel des § 135, das Gebot des geringsterforderlichen Eingriffs zu verwirklichen. Der Begriff des Verbotes wiegt gegenüber diesen Einwänden nicht schwer, zumal das Wort auch in anderen Fällen – beispielsweise beim sogenannten Abtretungsverbot im Sinne von § 399, 2. Fall – nicht korrekt verwendet wird. Harmonie von Mittel und Zweck herzustellen war mit Einführung der relativen Unwirksamkeit erstrebt, ein Verbot als Handlungsanweisung würde aber diese Harmonie stören (Raape 78). Wie bei dem vergleichbaren früheren Verbot der Veräußerung der streitbefangenen Sache in § 265 Abs 1 ZPO ausdrücklich geschehen (Kohler AcP 192 [1992] 255), so ist dem § 135 eine gleichgerichtete Wirkung zu attestieren. Verfügungsverbote im Sinne dieser Norm werden daher durch diese in **Verfügungsgestattungen in Verbindung mit Wirksamkeitsbeschränkungen** umgedeutet (so schon Raape 81; Fahland 16 f; Kohler, Verfügungsverbot 57 ff, 71 f; Ruhwedel JuS 1980, 161, 163; Flume § 17, 6 c).

Die (im Anschluß an BGHZ 13, 179, 184 = NJW 1954, 1155) als maßgeblich angesehene (BGB-RGRK/Krüger-Nieland/Zöller Rn 4; Soergel/Hefermehl Rn 3) Unterscheidung zwischen rechtlichem „Nichtkönnen" und rechtlichem „Nichtdürfen", nach der allein letzteres von § 135 BGB erfaßt werde, wird damit insofern zweifelhaft, als es Aufgabe und Wirkungsweise des § 135 ist, das „Nichtdürfen" in ein „Nichtkönnen" umzuwandeln. Richtig ist allerdings, daß § 135 tatbestandlich an die Anordnung eines Verfügungsverbotes anknüpft, also eine als solche formulierte Verfügungsbeschränkung nicht unmittelbar erfaßt wird. Dies schließt allerdings die **analoge Anwendung** des § 135 **auf** derartige **Verfügungsbeschränkungen** nicht a limine aus, sondern wirft nur die Frage nach der Analogiefähigkeit der auf Verfügungsverbote bezogenen Regelung auf.

Die Analogie ist mit Rücksicht auf das Erfordernis, das allgemeingültige Rechtsprinzip des geringsterforderlichen Eingriffs möglichst weitgehend wirksam werden zu lassen, bei Verfügungsbeschränkungen, die nur den Schutz bestimmter Personen bezwecken, **grundsätzlich** zu **befürworten** (Flume § 17, 6 c; aA Soergel/Hefermehl Rn 3). Allerdings muß das Vorhandensein einer **Regelungslücke** als **weitere Voraussetzung** der Analogie festgestellt werden. Mit Hilfe dieses Erfordernisses sowie der Unterscheidung zwischen Verfügungsbeschränkung und **wesensgemäßer Unübertragbarkeit des Rechts selbst** ist das sonst herkömmlich mit der Unterscheidung zwischen „Nichtkönnen" und „Nichtdürfen" verfolgte Ziel überzeugend zu erreichen, die Fälle der relativen Unwirksamkeit einer Verfügung von den Fällen der außerhalb des Anwendungsbereichs von § 134 eintretenden absoluten Unwirksamkeit zu unterscheiden (Rn 18 ff).

4. Offene Regelung

9 § 135 enthält eine in doppelter Hinsicht offene Regelung. Dies gilt zunächst in **tatbestandlicher** Hinsicht. Den Kreis derjenigen Verfügungsverbote, die im Sinne der Norm nur den Schutz bestimmter Personen bezwecken, beschreibt die Vorschrift nicht; sie zieht vielmehr nur Folgerungen aus anderweitigen Vorgaben derartiger Verfügungsverbote (BEER 179; BÜLOW JuS 1994, 1, 2; MünchKomm/MAYER-MALY Rn 1). Die Öffnung des § 135 für eine analoge Anwendung auf Verfügungsbeschränkungen bestärkt überdies den Blankettcharakter der Norm.

10 Die Regelung ist außerdem auch hinsichtlich der **Rechtsfolgen** offen (aA AK-BGB/DAMM Rn 1). § 135 beschreibt die Art der Unwirksamkeit einer verbotswidrigen Verfügung nur in der Weise, daß sie eine personalbezogen relative sei, läßt jedoch das konkret das verbotsgeschützte Interesse realisierende Wirkungsbild unbestimmt. Dies ist durchaus normzweckangemessen, weil die Rechtsfolge jeweils im Einzelfall mit Rücksicht auf die Funktion der Norm ermittelt werden muß und soll, den je nach Art der Zuwiderhandlung gegen das Verfügungsverbot erforderlichen Schutz unter Berücksichtigung des Gebots des geringsterforderlichen Eingriffs zu bemessen.

11 **Begrifflich** läßt sich in der Konsequenz der beschriebenen Normoffenheit hinsichtlich des Tatbestandes und der Rechtsfolgen von einem **Absicherungsrecht** mit schuldrechtlichen und dinglichen Merkmalen sprechen (BEER 179 f). Mit diesem Begriff ist allerdings kein Erkenntniswert verbunden, insbesondere ist er nicht in einem begriffsjuristischen Sinne als solcher geeignet, bei der Bestimmung des Anwendungsbereichs oder der konkreten Rechtsfolgen des § 135 zu helfen (so auch MAYER-MALY JZ 1991, 40, 41).

II. Anwendungsbereich

1. Verfügung

12 a) § 135 Abs 1 S 1 versteht, der allgemeingeltenden Terminologie entsprechend, unter Verfügung jedwedes privatrechtliche **Rechtsgeschäft**, durch das ein Recht **unmittelbar** begründet, aufgehoben, übertragen oder sonst inhaltlich verändert wird. Die Veräußerung ist nur ein Spezialfall der Verfügung. Vermögensbezogene Rechtsänderungen durch Verwaltungsakt sind nicht Verfügungen iSv § 135 Abs 1 S 1. § 10 d VAHRG enthält daher kein relatives Verfügungsverbot (BGH NJW 1995, 135, 136 = FamRZ 1995, 31, 32; aA SOERGEL/SCHMEIDUCH § 10 d VAHRG Rn 3; SCHMEIDUCH/KRUMNACK Amtl Mitt LVA Rheinpr 1987, 493, 494); die Berücksichtigung der durch unzulässige Leistung des Rentenversicherungsträgers erloschenen Anrechte im Rahmen des Versorgungsausgleichs hängt daher von der verwaltungsrechtlichen Aufhebung des unzulässigen Beitragserstattungsbescheids und der Rückforderung der auf seiner Grundlage erbrachten Leistungen ab.

13 b)   Verpflichtungsgeschäfte regelt § 135 unmittelbar (zur mittelbaren Wirkung Rn 89)

nicht. Daher wird der Fall des § 310 nicht erfaßt, da diese Vorschrift nur die Befugnis zum Abschluß schuldrechtlicher Verträge beschränkt, durch den sich der eine Teil verpflichtet, sein künftiges Vermögen oder einen Bruchteil seines künftigen Vermögens zu übertragen oder mit einem Nießbrauch zu belasten (Soergel/Hefermehl Rn 4; im Ergebnis ebenso, aber mit unzutreffender Begründung, MünchKomm/Mayer-Maly Rn 12b; Erman/Brox Rn 6). Dasselbe gilt für den Fall des § 312 Abs 1, also bei einem Vertrag über den Nachlaß eines noch lebenden Dritten und für einen Vertrag über den Pflichtteil oder ein Vermächtnis aus dem Nachlaß eines noch lebenden Dritten (BGHZ 37, 319, 324; Soergel/Hefermehl Rn 4; Erman/Brox Rn 6). Soweit § 312 zusätzlich für Verfügungsgeschäfte gilt, enthält die Vorschrift eine den Rückgriff auf § 135 ausschließende selbständige Anordnung der Nichtigkeit, die konsequent mit Rücksicht auf die Nichtigkeit des rechtsgrundbildenden Verpflichtungsgeschäfts absolut ist.

c) § 135 Abs 1 S 2 stellt der rechtsgeschäftlichen Verfügung eine Verfügung gleich, **14** die im Wege der **Zwangsvollstreckung** oder der **Arrestvollziehung** erfolgt. Rechtsgeschäftliche Verfügung und Zwangsverfügung werden damit, obwohl gleichermaßen dem Begriff der Verfügung unterstellt, regelungstechnisch getrennt, jedoch zugleich dem Regelungsinhalt nach gleichgeordnet.

Verfahrensrechtlich zieht § 772 ZPO die Konsequenz aus der Geltung des § 135 bei **15** Verfügungen im Wege der Zwangsvollstreckung oder der Arrestvollziehung. Der mit dem Verfügungsverbot belegte Gegenstand soll wegen eines persönlichen Anspruchs oder aufgrund eines infolge des Verbots unwirksamen Rechts nicht im Wege der Zwangsvollstreckung veräußert oder überwiesen werden; aufgrund des Verfügungsverbots kann nach Maßgabe des § 771 ZPO Drittwiderspruchsklage erhoben werden (eingehend Kohler 57 ff, 182 ff; Weiland 93 f).

d) Verfügungen des Konkursverwalters im **Konkurs** des Verbotsbetroffenen wer- **16** den durch § 135 nicht beeinträchtigt. Die Fassung des § 135 Abs 1 S 2 steht insoweit in auffälligem Gegensatz zu § 161 Abs 1 S 2. Verfahrensrechtlich konsequent erklärt § 13 KO das Verfügungsverbot als den Konkursgläubigern gegenüber unwirksam, sofern es sich nicht um ein Verfügungsverbot infolge einer bei der Zwangsvollstreckung in das unbewegliche Vermögen erfolgten Beschlagnahme handelt (Kohler 200 ff). Sinngemäß gilt § 13 KO in **§ 80 Abs 2 InsO**, der bestimmt, daß ein gegen den Schuldner bestehendes Verfügungsverbot, das nur den Schutz bestimmter Personen bezweckt, im Verfahren grundsätzlich keine Wirkung hat, allerdings die Vorschriften über die Wirkungen einer Pfändung oder einer Beschlagnahme im Wege der Zwangsvollstreckung unberührt bleiben.

e) Eine Vollmacht zur Vornahme einer Verfügung ist von dieser selbst zu trennen. **17** Schon aus diesem Grund gehört der relative Fortbestand einer Vollmacht gemäß den §§ 170 ff nicht in den Regelungsbereich des § 135 (MünchKomm/Mayer-Maly Rn 12a).

2. Verfügung über einen Gegenstand

§ 135 gilt für Verfügungen über **jedweden Gegenstand**; bewegliche und unbewegliche **18** Sachen werden daher ebenso erfaßt wie Forderungen und sonstige Rechte. Die Vorschrift setzt Gegenstände voraus, die **ihrer Natur nach veräußerlich** sind. Dies trifft namentlich auf Fälle des **Abtretungsausschlusses** gemäß **§ 399, 1. Fall** und auf den

Nießbrauch wegen § 1059 nicht zu (MEHRTENS 49 f; BÜLOW JuS 1994, 1, 2), eine Verfügung über derartige Rechte ist daher absolut unwirksam. Auch § 2033 Abs 2, aufgrund dessen die Verfügung eines Miterben über seinen Anteil an den einzelnen Nachlaßgegenständen ausgeschlossen ist, enthält keinen Fall des § 135 (MEHRTENS 52 f; BÜLOW JuS 1994, 1, 2), da die Unverfügbarkeit aus der Natur des Rechtsobjekts und nicht aus einer hinzutretenden Verfügungsbeschränkung folgt. Weil § 135 einen an sich verfügbaren Gegenstand durch Minderung der Verfügungsmacht des Rechtsinhabers zu einem nur im Einzelfall unverfügbaren macht, ist die **Singularität** als ein Charakteristikum des § 135 anzusehen.

19 Die **vorausgesetzte wesensmäßige Verfügbarkeit** des Gegenstandes schließt einige dem § 135 nahestehende Rechtsverhältnisse von der Anwendung dieser Norm aus:

20 a) Dies gilt für den vertraglichen **Abtretungsausschluß** gemäß § 399, 2. **Fall**, irreführend auch Abtretungsverbot genannt (MEHRTENS 55; MünchKomm/MAYER-MALY Rn 13; ERMAN/BROX Rn 4); eine entgegen der abtretungsausschließenden Vereinbarung stattfindende Zession ist absolut unwirksam. Die Forderung ist ein durch Willensakt konstituierter oder, sofern kraft Gesetzes entstanden, inhaltlich modifizierbarer Gegenstand, dessen immanente Eigenschaften, zu denen die Übertragbarkeit gehört, ebenso wie Begründung und Aufhebung der Forderung selbst der Disposition von Gläubiger und Schuldner unterliegen (BGHZ 19, 355, 359; BGHZ 40, 156, 159 f = NJW 1964, 243; BGHZ 56, 228, 231; 70, 299, 303; RAIBLE, Vertragliche Beschränkung der Übertragbarkeit von Rechten [1969] 38 ff; MUMMENHOFF JZ 1979, 425, 426; RUHWEDEL JuS 1980, 161, 162; MünchKomm/MAYER-MALY Rn 13; SOERGEL/HEFERMEHL Rn 13; BGB-RGRK/KRÜGER-NIELAND/ZÖLLER Rn 5; aA BEER 180 ff; JAKOBS JuS 1973, 152, 156). Dasselbe gilt für die gemäß den §§ 413, 398 übertragbaren Rechte. Auch die Fälle des **§ 5 ErbbauVO** und des **§ 12 WEG** rechnen zu diesem Bereich, in dem die Verfügbarkeit rechtsimmanent ausgeschlossen werden kann, desgleichen die Vinkulierung von Aktien gemäß **§ 68 Abs 1 AktG** (MEHRTENS 51).

21 b) Ebenso, wie eine Forderung durch Gesetz oder aufgrund Rechtsgeschäfts gemäß § 399, 2. Fall, als uneingeschränkt unübertragbar konzipiert werden kann, kann eine Forderung aufgrund Gesetzes oder kraft Rechtsgeschäfts **als wesensgemäß nur in bestimmten Fällen** oder unter bestimmten Voraussetzungen **übertragbar konstituiert** werden.

22 Dies ist etwa bei **§ 613 S 2** und bei **§ 664 Abs 2** der Fall, die wegen der Höchstpersönlichkeit der Leistung wesensgemäß in Übereinstimmung mit dem Rechtsgedanken des § 399, 1. Fall die Abtretbarkeit des Anspruchs auf Dienstleistungen bzw Auftragsausführung ausschließen (nur im Ergebnis ebenso MEHRTENS 52); allerdings steht den Parteien frei, den Anspruch auf die Dienstleistungen bzw die Auftragsausführung disponibel zu machen.

23 Ebenso verhält es sich in den Fällen der **§§ 15, 98 VVG**. Sie enthalten entgegen der wohl herrschenden Ansicht (RGZ 95, 207, 208; BEER 186, 192; MAYER-MALY, in: FS Reimer 67, 70; MünchKomm/MAYER-MALY Rn 23; STAUDINGER/DILCHER[12] Rn 9) keine relativen Verfügungsverbote (BLOMEYER, in: FS E Hirsch [1968] 37 ff; SOERGEL/HEFERMEHL Rn 16). Die dort betroffenen Forderungen sind als solche ihrem Wesen gemäß nur als einge-

schränkt veräußerlich entstanden, die Nichteinhaltung dieser Grenzen führt zur vollständigen Unwirksamkeit der Verfügung.

§ 156 Abs 1 VVG enthält nicht nur eine selbständige, vollständige Regelung der relativen Unwirksamkeit von Verfügungen über die Entschädigungsforderung aus einem drittschützenden Haftpflichtversicherungsverhältnis (BEER 192; BÜLOW JuS 1994, 1, 2; MünchKomm/MAYER-MALY Rn 23; BGB-RGRK/KRÜGER-NIELAND/ZÖLLER Rn 8), neben der ein Rückgriff auf die allgemeinen Regelungen des § 135 aus Spezialitätsgründen nicht zuzulassen ist. Vor allem liegt auch hier eine Inhaltsbestimmung des Anspruchs selbst vor. Ein Verstoß führt daher nicht nur zu relativer, sondern zu absoluter Unwirksamkeit (BLOMEYER, in: FS E Hirsch [1968] 37 ff; aA MAYER-MALY, in: FS Reimer 67, 70; MünchKomm/MAYER-MALY Rn 23; STAUDINGER/DILCHER[12] Rn 9); diese kann allerdings, dem Schutzbereich der Norm entsprechend, nur vom Drittbegünstigten in der Weise geltend gemacht werden, daß er erneut Leistung an sich verlangt. 24

Ein Beispiel für eine kraft Gesetzes formfrei nicht übertragbare Forderung ist § 23 Abs 4 S 3 PostG, der die Abtretung eines Postsparguthabens betrifft. Die Nichteinhaltung der Abtretungsform führt daher zu absoluter Unwirksamkeit (BGH NJW 1986, 2107, 2108; MünchKomm/MAYER-MALY Rn 23; aA WAGNER NJW 1987, 928 ff). 25

c) Die von § 514 angeordnete **Unübertragbarkeit des Vorkaufrechts** ist Inhalt des schuldrechtlichen Vorkaufrechts selbst. Ein Verstoß gegen diese Vorschrift führt daher zu absoluter Unwirksamkeit (MünchKomm/MAYER-MALY Rn 15; aA RGZ 148, 105, 111; BGH WM 1963, 617, 619; BEER 184; BÜLOW JuS 1994, 1, 3; unentschieden BGB-RGRK/KRÜGER-NIELAND/ZÖLLER Rn 6); jedoch nicht, weil die Vorschrift die Verfügungsmacht beschränke (FLUME § 17, 6 b; ENNECCERUS/NIPPERDEY § 144 II 1 Anm 6; MünchKomm/MAYER-MALY Rn 15; SOERGEL/HEFERMEHL Rn 13), sondern weil die Verfügbarkeit kraft Natur des Rechts ausgeschlossen ist. 26

d) Verfügungen über den **Anteil** eines Personengesellschafters **am Gesellschaftsvermögen** oder über seinen **Anteil** an den einzelnen **dazugehörenden Gegenständen**, ferner Verfügungen über **Ansprüche**, die den Gesellschaftern **aus dem Gesellschaftsverhältnis** gegeneinander zustehen, sind gemäß den §§ 717 S 1, 719 absolut unwirksam (BGHZ 13, 179, 182 = NJW 1954, 1155; BGHZ 24, 106, 114; FLUME § 17, 6 b; MünchKomm/MAYER-MALY Rn 16; SOERGEL/HEFERMEHL Rn 12; BGB-RGRK/KRÜGER-NIELAND/ZÖLLER Rn 5; ERMAN/BROX Rn 4; aA RGZ 92, 398, 400 f; BGHZ 44, 229, 231; KUHLMANN [1936] 39). Die rechtliche Verhinderung der nicht von allen Gesellschaftern gewollten Übertragung der gesellschaftsrechtlichen Kernposition, deren Umfang in den §§ 717 S 1, 719 beschrieben wird, realisiert die der Natur der gesellschaftsrechtlichen Position immanenten Grenzen des Gesellschafterrechts selbst; eine Überschreitung dieser Grenzen steht daher außerhalb des Regelungsbereiches des § 135 und führt zur absoluten Unwirksamkeit. 27

3. Veräußerungsverbot

a) Der Begriff des Veräußerungsverbots ist anerkanntermaßen zu eng; gemeint ist **jedwedes Verfügungsverbot** (BÜLOW JuS 1994, 1, 2; FLUME § 17, 6 a; LARENZ, AT § 23 IV; MünchKomm/MAYER-MALY Rn 2; BGB-RGRK/KRÜGER-NIELAND/ZÖLLER Rn 2; SOERGEL/HEFERMEHL Rn 1; PALANDT/HEINRICHS Rn 1; JAUERNIG/JAUERNIG Anm 1). Demgemäß sank- 28 tioniert § 135 Abs 1 S 1 ausdrücklich die verbotswidrige „Verfügung" über einen Gegenstand. Ein Verfügungsverbot kann auch vorliegen, wenn das Gesetz statt der Verbotsanordnung eine Verpflichtung zum Unterlassen einer Verfügung vorsieht (insoweit wohl aA BGH NJW 1995, 135, 136 = FamRZ 1995, 31, 32); das Verständnis als Verfügungsverbot kann hier noch im Rahmen der Gesetzesauslegung liegen.

29 Das Verfügungsverbot muß sich **gerade gegen die Wirksamkeit** des verbotenen Geschäfts und **nicht gegen die Tatsache** seiner Vornahme wenden. Diese Voraussetzung wird von der Notwendigkeit eines Rechtswidrigkeitszusammenhangs zwischen dem vom Tatbestand des § 135 vorausgesetzten personalen Schutzzweck und der auf rechtsgeschäftliche Unwirksamkeit zielenden Rechtsfolge der Norm gefordert. Die Strafbarkeit des **Verstrickungsbruchs** gemäß **§ 136 Abs 1 StGB** genügt demgemäß nicht für die Anwendung des § 135, da sich diese Vorschrift primär gegen tatsächliche Eingriffe als solche richtet (FAHLAND 43 f; MünchKomm/MAYER-MALY Rn 9). Für den Fall der **Vereitelung der Zwangsvollstreckung, § 288 StGB**, gilt dasselbe. Auch die Intention des in **§ 3 Abs 3 VermG** formulierten Verfügungsverbots ist es nicht, die trotz eines Rückerstattungsantrages vorgekommenen Verfügungen in irgendeiner Weise für dinglich unwirksam zu erklären (KOHLER NJW 1991, 465, 466; BÜLOW JuS 1994, 1, 2).

30 b)   Verpflichtungsverbote regelt die Vorschrift **nicht**; sie beschränkt sich auf die Regelung der Rechtsfolgen von verbotswidrigen Verfügungen (BEER 97; MünchKomm/ MAYER-MALY Rn 2; SOERGEL/HEFERMEHL Rn 4). Da nur das obligatorische Geschäft betreffend, ist die für das **obligatorische Vorkaufsrecht** geltende Regelung des **§ 506** (dazu U HÜBNER, in: FS H Hübner 487, 491 f) trotz Anordnung der relativen Unwirksamkeit nicht dem § 135 zuzuordnen (MünchKomm/MAYER-MALY Rn 14).

31 c)   Erwerbsverbote regelt § 135 **nicht**. Erwerbsverbote kraft Gesetzes sind nicht vorgesehen. In den **§§ 456 – 458** (dazu U HÜBNER, in: FS H Hübner 487, 492) sind nur obligatorisch bezogene Kaufverbote angeordnet, die überdies abweichend von § 135 gemäß § 458 zu einer schwebenden, insoweit jedoch absoluten Unwirksamkeit führen. Die Rechtsprechung hat jedoch gerichtliche Erwerbsverbote zugelassen (vgl § 136 Rn 19 ff), die analog § 135 behandelt werden.

32 d)   Gesetzliche Unwirksamkeitsanordnungen als Folge von **Defiziten einer Willenserklärung** als solchen, zu denen auch die Fälle der **Anfechtung** zählen, betreffen nicht die Verfügung als solche, sondern seine rechtsgeschäftlichen Konstituenten und den Willensbildungsprozeß. An Willensmängel anknüpfende Unwirksamkeit ist daher nicht gegenständlich-verbotsbezogen, wie dies § 135 voraussetzt, sondern subjektiv-willensbezogen; § 135 ist daher in diesen Fällen nicht anwendbar (MünchKomm/ MAYER-MALY Rn 5). Dies gilt namentlich für Geschäftsfähigkeitsmängel und die Versagung einer erforderlichen Genehmigung gemäß den §§ 1643, 1812 ff, 1908 i.

33 e)   Können Verfügungsbeschränkungen zum Schutz bestimmter Personen dem Tatbestand des § 135 zugeordnet werden, wird die Vorschrift grundsätzlich auch anwendbar bei Geschäften, deren Wirksamkeit **im Interesse einzelner** von deren **Zustimmung abhängig** gemacht ist (aA die herrschende Meinung: MEDICUS, AT § 45 Rn 668; BGB-RGRK/KRÜGER-NIELAND/ZÖLLER § 134 Rn 33; MünchKomm/MAYER-MALY Rn 5). Die Anordnung der Wirksamkeit einer Verfügung für den Fall der Zustimmung ist bloß die spiegelbildliche Ausdrucksform für die Unwirksamkeit bei Fehlen der Zustimmung, deren Erteilung übrigens bei relativen Verfügungsverboten stets die Vollwirksamkeit des Geschäfts zur Folge hat (vgl Rn 57). Aufgrund dessen ist der Fall des § **1071** – Erforderlichkeit der Zustimmung des Nießbrauchers zur rechtsgeschäftlichen Aufhebung eines dem Nießbrauch unterliegenden Rechts – dem Tatbestand des § 135 zuzuordnen (BEER 90, 196; im Ergebnis auch MünchKomm/MAYER-MALY Rn 18). Dasselbe gilt für die Regelung des § **1276**, demgemäß ein verpfändetes Recht durch Rechtsgeschäft nur mit Zustimmung des Pfandgläubigers aufgehoben werden kann (BEER 186; im Ergebnis auch MünchKomm/MAYER-MALY Rn 18).

Wird die **Zustimmung** eines Dritten als Wirksamkeitsvoraussetzung im **Allgemeininteresse** gefordert, tritt hingegen schwebende absolute Unwirksamkeit ein. In diesen Fällen findet sich übrigens oft eine selbständige Rechtsfolgenregelung im Gesetz, die überdies die Anwendung des § 135 ausschließt. Ein Fall des zustimmungsbedürftigen Rechtsgeschäfts im Allgemeininteresse liegt bei § **72 VAG** vor (BÜLOW JuS 1994 1, 2; wohl aA SOERGEL/HEFERMEHL Rn 16), der die Verfügung über Bestände des Versicherungsdeckungsstocks von der Zustimmung des Treuhänders abhängig macht. 34

f) **Öffentlich-rechtliche Genehmigungsvorbehalte** können grundsätzlich, auch wenn sie nicht als Verfügungsverbote zu qualifizieren sind, wegen ihrer verfügungsbeschränkenden Wirkung (s o Rn 5 ff) dem Tatbestand des § 135 zugeordnet werden (vgl zu § 75 Abs 1 S 1 BVG BGHZ 19, 355 ff im Anschluß an § 6 KapAbfG und OLG Rostock KGJ 52, 124, 130; aA MEHRTENS 102 ff). Allerdings scheitert die Anwendung des § 135 in der Regel daran, daß die Rechtsfolgen im Einzelfall speziell gesetzlich selbständig abschließend geregelt sind oder aber der Schutz der Allgemeinheit bezweckt ist und daher, in der Regel schwebende, absolute Unwirksamkeit eintritt. 35

4. Gesetzliche Anordnung des Veräußerungsverbots

Das Verfügungsverbot muß **unmittelbar** auf Gesetz beruhen; unter einem Gesetz ist gemäß Art 2 EGBGB jede Rechtsnorm im Sinne einer abstrakt-generellen Regelung (MünchKomm/MAYER-MALY Rn 4) zu verstehen. Das Gesetz selbst muß das Verfügungsverbot, wenigstens dem Sinne nach, anordnen; ermächtigt es nur zum Erlaß von Verfügungsverboten, liegt der Fall des § 135 nicht vor, jedoch kann § 136 anwendbar sein, wenn ein Gericht oder eine Behörde von der gesetzlichen Ermächtigung Gebrauch macht. Das gesetzliche Verbot muß die Verhinderung vollwirksamen Erwerbs bezwecken und darf sich nicht auf die Untersagung der Verfügung als eines tatsächlichen Aktes beschränken (s o Rn 29). 36

Allenfalls formal als kraft Gesetzes angeordnet können die in den §§ **1124 Abs 2, 1126** enthaltenen relativ wirkenden Verfügungsverbote (weitergehend BEER 186; MünchKomm/ MAYER-MALY Rn 19, 20 b) gelten. Richtigerweise modifizieren diese Vorschriften nur die Wirkungen des kraft Beschlagnahme im Wege der Zwangsvollstreckung eintretenden gerichtlichen Verfügungsverbotes im Sinne des § 136 und sind daher nur als gesetzliche Annexregelungen zu diesem, nicht aber als selbständige gesetzliche Verfügungsverbote zu verstehen. Im übrigen ist die Rechtsfolge der dort vorgesehenen Verfügungsbeschränkungen selbständig geregelt, so daß mangels Regelungslücke ein Rekurs auf § 135 ausgeschlossen ist (BÜLOW JuS 1994, 1, 2; FLUME § 17, 6 c). 37

5. Auf den Schutz bestimmter Personen begrenzter Verbotszweck

38 § 135 ist nur auf Verfügungsverbote und Verfügungsbeschränkungen anzuwenden, die den Schutz bloß bestimmter Personen bezwecken. Diesem relativen Schutzkreis entspricht die Rechtsfolge der Norm, eine lediglich relative Unwirksamkeit in Bezug auf das Schutzinteresse bestimmter Personen anzuordnen. Tatbestand und Rechtsfolge der Norm sind daher zweckangemessen aufeinander bezogen.

39 a) Verfügungsverbote zum **Schutz öffentlicher bzw allgemeiner Interessen** oder in concreto **nicht umschreibbarer größerer Gruppen** werden von § 135 nicht erfaßt (MünchKomm/Mayer-Maly Rn 7); der letztgenannte Fall wird dadurch indiziert, daß sich der Kreis der Personen nicht bestimmen läßt, durch deren Zustimmung das Geschäft vollwirksam wird (vgl Medicus, AT § 45 Rn 666; MünchKomm/Mayer-Maly Rn 7). Dieser Fall liegt häufig bei öffentlich-rechtlichem Genehmigungsvorbehalt, aber auch bei einigen Fällen erforderlicher rechtsgeschäftlicher Zustimmung vor (s o Rn 34).

40 b) Auch **Verbote im Interesse des Verfügenden** regelt § 135 nicht, da diese Vorschrift stets drittschützenden Charakter des Verbots voraussetzt (Bülow JuS 1994, 1, 2; MünchKomm/Mayer-Maly Rn 7). In den genannten Fällen ist die Wirksamkeit anhand des § 134 zu beurteilen (MünchKomm/Mayer-Maly Rn 6; BGB-RGRK/Krüger-Nieland/Zöller Rn 11; Soergel/Hefermehl Rn 2, 5). Absolute Verfügungsverbote sind daher beispielsweise in den Fällen der §§ 43 ff AMG, §§ 11, 12, 18 a BtMG und §§ 8 ff LMBG anzunehmen.

41 c) Die Orientierung des Tatbestands an dem Zweck, nur dem Schutz bestimmter Personen zu dienen, und die daraus folgende Beschränkung der Rechtsfolge auf die nur personalbezogen relative Unwirksamkeit wird verfehlt, wenn ein Verbotsgesetz oder eine Verfügungsbeschränkung zusätzlich zum Schutz bestimmter Personen auch sicherstellen soll, daß eine Person die ihr übertragenen **Aufgaben** in einem bestimmten Handlungskreis **mit Wirkung für und gegen alle erfüllen** kann. Eine solche, durch das Zusammenwirken mit § 6 KO bedingte **erweiterte Zielsetzung** verfolgt § 7 KO, der die Unwirksamkeit von Rechtshandlungen des Gemeinschuldners nach Konkurseröffnung „den Konkursgläubigern gegenüber" im Interesse der Stärkung der Verwaltungsmacht des Konkursverwalters vorsieht. In diesem Fall tritt daher keine relative Unwirksamkeit im Sinne des § 135 ein (so aber KG OLGE 14, 72, 73 f; Beer 175 f). Vielmehr entsteht eine **absolute**, jedoch sachlich **durch den Zweck des Konkurses beschränkte Unwirksamkeit** (RGZ 71, 38, 39; 157, 294, 295; Beer 191; Gerhardt, Die systematische Einordnung der Gläubigeranfechtung 150; Weiland 89; Flume § 17, 6 b; MünchKomm/Mayer-Maly Rn 22; BGB-RGRK/Krüger-Nieland/Zöller Rn 9; Soergel/Hefermehl Rn 14), auf die sich der Konkursverwalter und auch die Schuldner des Gemeinschuldners (MünchKomm/Mayer-Maly Rn 22; Soergel/Hefermehl Rn 14) berufen können. Diese Konzeption hat nunmehr auch Ausdruck in dem Wortlaut von **§§ 81, 82 InsO** gefunden, der auf die Anordnung einer relativen Unwirksamkeit, – „dem Konkursgläubiger gegenüber" –, verzichtet und damit die absolute Unwirksamkeit der erfaßten Verfügungen statuiert, jedoch beschränkt auf die Zwecke des Insolvenzverfahrens.

42 Auch wenn § 135 im Falle des § 7 KO (vgl § 81 InsO) für anwendbar gehalten werden sollte, so gilt dies keinesfalls für § 135 Abs 2. Für den Erwerb von Immobiliarrechten enthalten die §§ 7 Abs 1, 15 KO (vgl §§ 81 Abs 1, 91 InsO) eine abschließende Sonderregelung, und § 8 Abs 2 und 3 KO (vgl § 82 InsO) eine solche für Leistungen an den Gemeinschuldner nach Konkurseröffnung; für einen darüber hinausgehenden Gutglaubensschutz ist daher kein Raum (ERMAN/BROX Rn 5). In den Fällen des § 7 KO sowie des § 81 InsO tritt der zweckgebundenen absoluten Wirkung des Verfügungsverbots entsprechend und zum Schutz der Verfügungsmacht des Konkurs- bzw Insolvenzverwalters eine Grundbuchsperre bei Verfügungen des Gemeinschuldners nach Konkurseröffnung ein (RGZ 71, 38, 39; 157, 294, 295; FLUME § 17, 6 b), sofern dem nicht § 878 und § 892 Abs 2 (str, vgl STAUDINGER/GURSKY[12] § 892 Rn 192) entgegenstehen.

d) Für den Fall des § 1984, also bei Anordnung der Nachlaßverwaltung, gilt das zu § 7 KO Ausgeführte entsprechend (MEHRTENS 94).

III. Nichttatbestandliche Anwendungsgrenzen

1. Vorrang spezialgesetzlicher Regelungen

Vorschriften, die den Schutz bestimmter Personen vor Verfügungen über einen Gegenstand bezwecken, sind auch für den Fall, daß sie die relative Unwirksamkeit schutzzweckwidriger Verfügungen anordnen, nicht durch § 135 erfaßt, soweit sie eine eigenständige und abschließende Rechtsfolgenregelung enthalten. Dies folgt aus dem Grundsatz, daß die spezialgesetzliche Regelung die allgemeine verdrängt.

a) Verfügungen unter einer **Bedingung** sind selbständig geregelt. Eine zweite Verfügung, die zum Nachteil einer früheren bedingten Verfügung während der durch die Bedingung verursachten Schwebezeit getroffen wurde, ist nicht anhand des § 135 zu beurteilen. Dies gilt unabhängig davon, ob in der Schwebezeit der ersten bedingten Verfügung ein Verbot weiterer den bedingt Berechtigten benachteiligender Verfügungen oder eine Beschränkung der Verfügungsmacht des zuvor bedingt Verfügenden anzunehmen ist. Der Grund liegt darin, daß die Rechtsfolgen einer solchen Verfügung während schwebender Bedingungen im Falle des Bedingungseintritts in § 161 abschließend geregelt sind (BEER 179 f; MünchKomm/MAYER-MALY Rn 12; SOERGEL/HEFERMEHL Rn 8; iE ebenso ERMAN/BROX Rn 4). Eine solche das bedingte Recht vereitelnde Verfügung ist nicht relativ zum bedingt Berechtigten unwirksam, sondern während der Unentschiedenheit der aufschiebenden oder auflösenden Bedingung entweder schwebend wirksam oder schwebend unwirksam und nach Entscheidung über den Eintritt der Bedingungen definitiv unwirksam oder wirksam; in allen Fällen jedoch absolut, dh gegenüber jedermann zunächst schwebend wirksam oder unwirksam und schließlich entschieden unwirksam oder wirksam. Die Möglichkeit eines gutgläubigen Erwerbs in der Schwebelage richtet sich allein nach § 161 Abs 3; § 135 Abs 2 ist unanwendbar.

b) Die §§ 573 ff, die mietzinsbezogene Verfügungen betreffen, enthalten zwar Verfügungsbeschränkungen. Die Rechtsfolgen sind jedoch in einer die Anwendung des § 135 ausschließenden Weise dort selbständig geregelt (FLUME § 17, 6 c).

c) Die **Vormerkung** ist wegen ihrer speziellen Regelung in den §§ 883 ff unabhängig davon, daß sie kein Verfügungsverbot begründet (ganz hM; aA BEER 139, 185; MünchKomm/MAYER-MALY Rn 17; früher SCHMIDT [1904] 63), auch nicht hinsichtlich ihrer verfügungsbeschränkenden Wirkung von § 135 erfaßt (wohl aA MünchKomm/MAYER-MALY Rn 17, 20b, 31). Die Möglichkeit eines gutgläubigen Dritterwerbs, der den Vormerkungsschutz vereitelt, richtet sich ausschließlich nach den liegenschaftsrechtlichen Vorschriften der §§ 892 f.

48 d) § 1052 enthält eine selbständige Regelung der absoluten Unwirksamkeit von Verfügungen des in seiner Verwaltungsmacht beschränkten Nießbrauchers. Ein Rückgriff auf § 135 ist daneben ausgeschlossen (im Ergebnis auch MEHRTENS 97 f); insbesondere ist dessen zweiter Absatz unanwendbar, wie der Rückschluß aus § 2129 Abs 2 zeigt.

49 e) § 1128, der die Empfangszuständigkeit für die **Leistung eines Gebäudeversicherers** im Verhältnis zwischen Grundeigentümer und Hypothekengläubiger regelt, mag zwar ein relativ wirkendes Verfügungsverbot beinhalten (BEER 186; BÜLOW JuS 1994, 1, 2; FLUME § 17, 6 c; MünchKomm/MAYER-MALY Rn 19). Dennoch ist diese Regelung dem § 135 nicht zuzuordnen, weil die Vorschrift eine eigenständige Rechtsfolgenregelung enthält (FLUME § 17, 6 c). Die Verweisung des § 1128 Abs 3 auf die für eine verpfändete Forderung geltenden Vorschriften belegt im Hinblick auf die §§ 1281 f, daß es sich um eine Frage der Empfangszuständigkeit und nicht um einen Verstoß gegen ein Verfügungsverbot handelt; die Verweisung zeigt überdies, daß ein Gutglaubensschutz zum Vorteil des Schuldners in den Grenzen des § 1128 Abs 3 nicht gemäß § 135 Abs 2, sondern gemäß den §§ 1275, 407 stattfindet (BGH VersR 1984, 1137; aA BEER 186; MünchKomm/MAYER-MALY Rn 19; MünchKomm/EICKMANN § 1128 Rn 17). Dasselbe gilt für den Fall des § 1130 (aA BEER 186; MünchKomm/MAYER-MALY Rn 19).

50 f) Die in den §§ 1365, 1369 für den gesetzlichen Ehegüterstand getroffenen Regelungen, welche die Wirksamkeit der **Verfügung eines Ehegatten über sein Vermögen im Ganzen** oder **über ihm gehörende Gegenstände des ehelichen Haushalts** von der Zustimmung des anderen Ehegatten abhängig machen, enthalten zwar Verfügungsbeschränkungen im Interesse des anderen Ehegatten. Entgegen einer kurz nach Inkrafttreten dieser Vorschriften vertretenen Mindermeinung (FRANK NJW 1959, 135, 136; BOEHMER FamRZ 1959, 81, 84) wird heute allgemein von einer Beschränkung der Verfügungsmacht ausgegangen, deren Mißachtung zu absoluter Unwirksamkeit führt (BGHZ 40, 218, 219 f = NJW 1964, 347; BayObLG NJW 1967, 1614; KG NJW 1973, 428, 429; MünchKomm/MAYER-MALY Rn 19a; SOERGEL/HEFERMEHL Rn 11; AK-BGB/DAMM Rn 7 iVm 6; ERMAN/BROX Rn 4). Dem ist unabhängig davon zuzustimmen, ob diese Vorschriften überhaupt ein Verfügungsverbot aufstellen (BGHZ 40, 218, 219 f = NJW 1964, 347), welches allerdings außer den anderen Ehegatten auch die wirtschaftliche Grundlage der Ehe schützen solle und daher ein absolutes sei (BGHZ aaO), oder ob es sich um verbotsunabhängige Beschränkungen der Verfügungsmacht handelt, die als solche nicht zum Regelungsbereich des § 135 zählen (MEHRTENS 81 ff, SOERGEL/HEFERMEHL Rn 11 iVm Rn 3). Die Unanwendbarkeit des § 135 folgt vielmehr aus der Spezialität der in den §§ 1366 ff geregelten Rechtsfolgen. Die Parallelität des § 1366 zur Regelungstechnik der §§ 108, 177 deutet auf schwebende, insoweit jedoch absolute Unwirksamkeit von nichtkonsentierten Verfügungen; § 1368 bestätigt die absolute Unwirksamkeit der Verfügung für den Fall der Verweigerung der erforderlichen Zustimmung, weil der geschützte Ehegatte nur prozeßstandschaftlich die Rechte geltend macht, die dem verfügenden Ehegatten im Verhältnis zum Dritterwerber aufgrund der in diesem Verhältnis bestehenden Unwirksamkeit des zustimmungsbedürftigen Verpflichtungs- und Verfügungsgeschäfts erwachsen. § 135 Abs 2 ist daher ebenfalls nicht anwendbar. Damit verträgt sich auch, daß der gute Glaube des Dritten daran, daß der Veräußerer nicht dem Güterstand der Zugewinngemeinschaft unterworfen sei, schutzlos bleibt.

g) § 2026, der die **Ersitzung eines Erbschaftsgegenstandes** durch den Erbschaftsbesitzer betrifft, ist dem Anwendungsbereich des § 135 nicht zuzuordnen, weil der dort geregelte Fall der Ersitzung mangels rechtsgeschäftlichen Elements keine Verfügung über einen Gegenstand enthält (nur im Ergebnis ebenso BEER 187; MünchKomm/MAYER-MALY Rn 19b). 51

h) In den Fällen der §§ 2113 ff, welche die Wirksamkeit dort näher bezeichneter **Verfügungen eines Vorerben** für den Fall des Eintritts der Nacherbfolge regeln, liegt kein Verfügungsverbot vor (MEHRTENS 97; BEER 188, BLOMEYER, in: FS E Hirsch [1968] 26; FLUME § 17, 6 b; MünchKomm/MAYER-MALY Rn 20; SOERGEL/HEFERMEHL Rn 10; AK-BGB/DAMM Rn 7 iVm 6), aber auch keine dem § 135 zuzuordnende Verfügungsbeschränkung (im Ergebnis auch MEHRTENS 94 ff). Bis zum Eintritt des Nacherbfalls ist nämlich die von den §§ 2113 ff erfaßte Verfügung absolut wirksam, danach jedoch absolut unwirksam, weil nur dies dem Ziel dieser Normen entspricht, den Nacherben so zu stellen, wie er stünde, wenn die beeinträchtigende Verfügung nicht stattgefunden hätte. Im übrigen enthält § 2113 Abs 1 eine selbständige Rechtsfolgenregelung, die durch die eigenständige Gutglaubensschutzregelung in § 2113 vervollständigt wird und den Rückgriff auf § 135 ausschließt. 52

§ 2129, der die Entziehung der Verfügungsmacht des Vorerben betrifft, enthält ebenso wie der dort in Bezug genommene § 1052 eine selbständige Regelung der absoluten Unwirksamkeit (MEHRTENS 97 f). Die dort vorgesehene selbständige Regelung des gutgläubigen Erwerbs erspart nicht nur den Rückgriff auf § 135 Abs 2, sondern schließt ihn aus. 53

i) Gemäß § 2205 S 3 nicht autorisierte unentgeltliche **Verfügungen eines Testamentsvollstreckers** über Nachlaßgegenstände sind absolut unwirksam (BGHZ 57, 84, 91 f; SOERGEL/HEFERMEHL Rn 10), da die Vorschrift nicht die Wirksamkeit einer aufgrund einer bestehenden Verfügungsmacht getroffenen Verfügung regelt, sondern die Grenzen einer verliehenen Verfügungsmacht bestimmt. 54

Die in § 2211 vorgesehene **Beschränkung der Verfügungsmacht des Erben** über einen der Verwaltung des Testamentsvollstreckers unterliegenden Nachlaßgegenstand ordnet kein Verfügungsverbot als solches an. Ein Verstoß gegen die durch diese Vorschrift bewirkte Beschränkung der Verfügungsmacht ist aber trotz grundsätzlich möglicher analoger Anwendung des § 135 auf Beschränkungen der Verfügungsmacht nicht dem § 135 zuzuordnen, weil § 2211 Abs 1 auffälligerweise nicht anordnet, daß eine solche Verfügung nur gegenüber dem Testamentsvollstrecker unwirksam sei. Im übrigen enthält § 2211 Abs 2 eine selbständige Regelung zugunsten des gutgläubigen Dritterwerbers, die den Rückgriff auf § 135 Abs 2 verbietet (iE ebenso RGZ 87, 432, 434; MEHRTENS 90 ff; BEER 188; RAAPE 99 f; SOERGEL/HEFERMEHL Rn 10; AK-BGB/DAMM Rn 7 iVm 6). 55

56 k) Die §§ 26 Abs 3 S 1, 27 Abs 3 S 1 AktG enthalten zwar Fälle relativer Unwirksamkeit, da sie sich auch auf Verfügungen in Ausführung unzulässiger Sondervorteilszusagen erstrecken (MAYER-MALY, in: FS Reimer 67, 70 f gegen BEER 195). Die Vorschriften enthalten jedoch eine abschließende Regelung, die einen ergänzenden, insbesondere § 135 Abs 2 umfassenden Rückgriff auf § 135 nicht zuläßt (im Ergebnis auch BÜLOW JuS 1994, 1, 3).

2. Wegfall des Schutzinteresses

57 a) Ein Verfügungsgeschäft, das mit der **Zustimmung** der durch das Verfügungsverbot geschützten Personen stattfindet, ist wirksam (im Ergebnis auch BÜLOW JuS 1994, 1, 3). Der **Verbotsschutz** ist **disponibel**, weil er nicht in öffentlichem, sondern in privatem Interesse gewährt wird. Der Adressat der Zustimmungserklärung wird durch § 182 bestimmt, die Frage der Rückwirkung einer Genehmigung ist nach § 184 zu entscheiden.

58 b) Die Aufhebung der Verbotsnorm oder des Verbots, desgleichen das objektive Fehlen oder der Wegfall des verbotsgeschützten Rechts führt zur **Konvaleszenz** des verbotswidrigen Geschäfts (vTUHR § 69 II 2). Das vor allem bei behördlichen oder gerichtlichen Verfügungsverboten mögliche anfängliche Fehlen des zu schützenden Rechts führt zur anfänglichen Vollwirksamkeit des Dritterwerbs. Aufgrund dieser Wirkung kann **Akzessorietät im Verhältnis von Verbotswirkung und verbotsgeschütztem Recht** festgestellt werden.

3. Gutgläubig-verbotsbefreiter Erwerb (§ 135 Abs 2)

59 a) § 135 Abs 2 erklärt die Vorschriften zugunsten derjenigen für anwendbar, welche Rechte von einem Nichtberechtigten herleiten. Die **in Bezug genommenen Gutglaubensschutzvorschriften**, die sich in ihrem originären Anwendungsbereich auf den guten Glauben an die Rechtsinhaberschaft beziehen, sind bei Liegenschaften die §§ 892 f, 1138 und 1155, bei beweglichen Sachen die §§ 932 ff, 1032, 1207, 1244 sowie § 366 HGB. Bei Forderungen und sonstigen Rechten kommt ein Gutglaubensschutz gemäß den §§ 398 ff grundsätzlich nicht in Betracht (BÜLOW JuS 1994, 1, 3). Für Leistungen an den Altgläubiger ist jedoch nach richtiger Ansicht (anders Motive Allgemeiner Teil 214 = MUGDAN Allgemeiner Teil 470) die Möglichkeit einer befreienden Leistung in Analogie zu den §§ 407 f anzuerkennen (BGHZ 86, 337, 339; BÜLOW JuS 1994, 1, 6; FLUME § 17, 6 d; vTUHR 69 II 2; MünchKomm/MAYER-MALY Rn 41; SOERGEL/HEFERMEHL Rn 22; JAUERNIG/JAUERNIG Anm 3; PALANDT/HEINRICHS Rn 9; BGB-RGRK/KRÜGER-NIELAND/ZÖLLER Rn 23).

60 Der gute Glaube muß sich auf das **Fehlen eines Verfügungsverbotes** beziehen (RGZ 90, 335, 338; BÜLOW JuS 1994, 1, 6; MünchKomm/MAYER-MALY Rn 42; SOERGEL/HEFERMEHL Rn 22; AK-BGB/DAMM Rn 18; PALANDT/HEINRICHS Rn 9; ERMAN/BROX Rn 14; JAUERNIG/JAUERNIG Anm 3; BGB-RGRK/KRÜGER-NIELAND/ZÖLLER Rn 21). Bei Verfügungen über bewegliche Sachen schadet Kenntnis oder grobfahrlässige Nichtkenntnis von dem Verfügungsverbot, bei Verfügungen über Liegenschaftsrechte und bei der analogen Anwendung der §§ 407 f schadet nur positive Kenntnis. Für die Verfügung über Liegenschaftsrechte wird dies durch § 892 Abs 1 S 2 bestätigt.

Da das relativ wirkende Verfügungsverbot nicht gutglaubensschutzresistent ist, muß **61** es, wie auch § 892 Abs 1 S 2 zeigt, **grundbuchfähig** sein, soweit sich das Verfügungsverbot gegen Verfügungen über eintragungsfähige Liegenschaftsrechte wendet. Auch verfahrensrechtliche Vorschriften wie die §§ 941 ff ZPO, vor allem die §§ 106, 113 KO sowie die §§ 21, 25, 32, 33 InsO zeigen die Eintragungsfähigkeit. Die formellen Voraussetzungen für die Grundbucheintragung ergeben sich aus allgemeinen grundbuchrechtlichen Regeln. Seine Eintragung kann aufgrund von § 894 verlangt werden, ferner ist sie gemäß § 22 Abs 1 S 2 GBO zu bewirken (KOHLER 83 ff). Die Wirksamkeit eines eingetragenen Verfügungsverbots setzt dabei die Bezeichnung der geschützten Person im Grundbuch selbst voraus (RGZ 89, 152, 159; SOERGEL/HEFERMEHL Rn 23).

b) Gutglaubensschutz findet unzweifelhaft **bei rechtsgeschäftlichen** verfügungsver- **62** botswidrigen **Vorgängen** statt. Nach herrschender Ansicht ist der Gutglaubensschutz dagegen bei einem Erwerb im Wege der **Zwangsvollstreckung** ausgeschlossen (RGZ 90, 335, 338 ff; KG JW 1932, 197; G PAULUS, in: FS Nipperdey Bd 1, 909; SOERGEL/HEFERMEHL Rn 22; MünchKommZPO/K SCHMIDT § 772 Rn 16; STEIN/JONAS/MÜNZBERG § 772 ZPO Anm II 2; **aA** LARENZ, AT § 23 IV; MünchKomm/MAYER-MALY Rn 43; wohl auch BGB-RGRK/KRÜGER-NIELAND/ZÖLLER Rn 22; BÜLOW JuS 1994, 1, 6). Hier ist zu unterscheiden:

aa) Wird die Zwangsvollstreckung zur Realisierung eines das verbotsgeschützte **63** Interesse beeinträchtigenden **Individualanspruchs** eines Dritten durchgeführt, so ist sie verfahrensrechtlich zwar nicht gemäß § 772 ZPO zu verhindern. Der Erwerb ist jedoch gemäß § 135 Abs 1 relativ unwirksam, wobei dahingestellt bleiben kann, ob dieser Fall von § 135 Abs 1 S 1 oder 2 erfaßt wird. Allerdings ist gutgläubig-verbotsbefreiter Erwerb gemäß § 135 Abs 2 möglich. Die Gutglaubensschutzregelung ist auf diesen Zwangsvollstreckungsfall anzuwenden, weil sich aus den §§ 894, 897, 898 ZPO die rechtstechnische und funktionale Gleichstellung der erzwungenen mit einer rechtsgeschäftlichen Verfügung ergibt.

bb) Findet eine Zwangsvollstreckung wegen einer **Geldforderung** im Wege der **64** **Zwangsversteigerung** statt, führt der **Zuschlag**, sofern er nicht auf der Grundlage des § 772 ZPO bzw der §§ 28, 37 Nr 5 ZVG verhindert wird, ungeachtet des § 135 Abs 1 S 2 zu einem **vollwirksamen Eigentumserwerb** des Dritten kraft Zuschlags als Hoheitsakt (vgl Rn 77). Auf die Frage des Gutglaubenserwerbs kommt es daher nicht an (WEILAND 94).

cc) Die Zwangsvollstreckung wegen einer **Geldforderung** durch Erwirken einer **65** **Zwangshypothek** – ihr steht die **Arresthypothek** gleich – scheitert zwar verfahrensrechtlich **nicht** an § 772 ZPO. Der Verbotsgesicherte ist jedoch hinsichtlich des Erwerbs derartiger Hypotheken **wegen § 135 Abs 1 S 2 uneingeschränkt geschützt**, da die ganz herrschende Ansicht im Unterschied zum Erwerb durch Zuschlag eine gewissermaßen öffentlich-rechtliche Erwerbstheorie in Bezug auf Zwangs- und Arresthypothek ablehnt und **§ 135 Abs 2 nicht** auf den erzwungenen Hypothekenerwerb **anzuwenden** ist. Die Beschränkung des Gutglaubensschutzes auf rechtsgeschäftliche Erwerbsvorgänge entspricht allgemeinen liegenschaftsrechtlichen Grundsätzen, wie sie in § 837 Abs 1 des ersten BGB-Entwurfs, der sachlich in § 892 Abs 1 fortgilt, deutlich zu Tage traten. Vor allem belegt der anläßlich der Konkursnovelle von 1898 eingefügte § 98 Abs 1 S 4 KO aF, daß die §§ 135 Abs 1, 892 Abs 1

S 2 einen verbotsbefreiten Erwerb auch im Falle der Gutgläubigkeit ausschließen (iE ebenso GERHARDT, in: FS Flume I [1978] 538). Dagegen wiegt der Hinweis auf die systematische Stellung des § 135 Abs 2 nicht schwer, aus welcher ein Rückbezug der Regelung auf beide Sätze des ersten Absatzes gefolgert wird (aA LARENZ, AT § 23 IV). Dieser Normaufbau ist nämlich mit dem Bemühen des Gesetzgebers zu erklären, vorrangig die grundsätzliche und gleichartige Wirkung von Verfügungsverboten gegenüber rechtsgeschäftlichen wie vollstreckungsmäßigen Verfügungen einleitend zusammenhängend zu regeln und die insoweit sachlich gebotene Einheit nicht durch die Regelung des sekundären Problems der Verteidigung von Verfügungsverboten gegenüber gutgläubigen Dritten zu unterbrechen (KOHLER 185 f).

66 Unberührt von der relativen Unwirksamkeit des Hypotheken- oder Pfandrechtserwerbs bleibt freilich die Möglichkeit vollwirksamen **Dritterwerbs** im Zuge der Verwertung dieser Rechte, durch Zwangsversteigerung nach Maßgabe von § 90 ZVG bzw § 1244 BGB (vTUHR § 69 II 2).

67 c) Bei **Bewertung** der **sachlichen Richtigkeit** der durch § 135 Abs 2 eingeräumten Möglichkeit, gutgläubig-verbotsbefreit in Analogie zu den Vorschriften über den gutgläubigen Erwerb des Rechts vom Nichtberechtigten zu erwerben, ist zwischen der grundsätzlichen Zulassung des gutgläubig-verbotsbefreiten Erwerbs und der Gestaltung seiner normativen Voraussetzungen zu unterscheiden (dazu KOHLER 148 f).

68 Die **Zulassung** verbotsbefreiten Erwerbs kraft guten Glaubens scheint in der Tat gerechtfertigt aufgrund der bereits in den Motiven zutage getretenen Erwägung (Motive Allgemeiner Teil 213 = MUGDAN Allgemeiner Teil 470), daß dann, wenn der gänzliche Mangel des Rechts in der Person des Vorgängers dem Rechtserwerb nicht im Wege steht, auch ein teilweiser Mangel nicht hinderlich sein kann. Neben diesem formalen **Schluß a maiore ad minus** ist die Zulassung des gutgläubig-verbotsbefreiten Erwerbs auch rechtspolitisch wünschenswert, weil die Existenz nicht einmal im Liegenschaftsrecht publikationsbedürftiger Verfügungsbeschränkungen gerade auch wegen ihrer Singularität die **Sicherheit des redlichen Rechtsverkehrs** gefährdet.

69 Die **rechtstechnische Umsetzung** dieses berechtigten Schutzbedürfnisses durch die Bezugnahme auf die Gutglaubensschutzregeln, die im Falle des Erwerbs vom Nichtberechtigten gelten, ist jedoch nicht sachgerecht. Die Fälle des § 135 Abs 2 und die Fälle im unmittelbaren Anwendungsbereich der in Bezug genommenen Gutglaubensschutzvorschriften sind nämlich in entscheidender Hinsicht inkompatibel, weil letztere an Rechtsscheinträger anknüpfen, die spezifisch den Schluß auf die Rechtsinhaberschaft, nicht aber auf die Verfügungsmacht zulassen (zutreffend G PAULUS, in: FS Nipperdey Bd 1, 913 ff; KOHLER 148 f). Die koordinierende Bezugnahme auf denselben Rechtsscheinträger ist nur im Liegenschaftsrecht wegen der Bezugnahme des Gutglaubensschutzes auf das die Verfügungsbeschränkung als solche verlautbarende Grundbuchsystem unbedenklich. Während aber die Unstimmigkeit des in Bezug genommenen Rechtsscheinträgers für die Frage des gutgläubig-verbotsbefreiten Erwerbs im Liegenschaftsrecht wohl auch praktisch in der Regel nicht nachteilig zu Tage tritt, verhält es sich anders bei Forderungen und sonstigen Rechten; die Anerkennung eines Schuldnerschutzes bei Zahlung an einen nichtverfügungsberechtigten Gläubiger in Analogie zu § 407 belegt dies.

4. Ersitzung

Liegen die Voraussetzungen der **Ersitzung** in der Person dessen vor, der relativ **70** unwirksam erwarb, **konvalesziert** sein Erwerb und wird voll wirksam. Diese schon vom historischen Gesetzgeber anerkannte Möglichkeit (Motive Allgemeiner Teil 214 = Mugdan Allgemeiner Teil 470), kann sich auf die Analogie zu den §§ 937, 945 stützen und wird durch die Erwägung gerechtfertigt, daß der relativ wirksame Erwerb nicht schlechter als der absolut unwirksame Erwerb gestellt sein darf. Allerdings bleibt stets zu prüfen, ob das Ersitzungserfordernis der Gutgläubigkeit vorliegt, und zwar bezogen auf das Verfügungsverbot; ein über § 135 Abs 2 hinausgehender Schutz wird daher durch die Ersitzung nur vereinzelt stattfinden.

5. Verfügung des Konkurs- bzw Insolvenzverwalters

a) Im Konkurs **suspendiert** § 13 HS 1 KO ein gegen den Gemeinschuldner beste- **71** hendes Verfügungsverbot im Verhältnis zu den Konkursgläubigern. Gemäß § 13 HS 2 KO (vgl § 80 Abs 2 S 2 InsO) bleibt jedoch eine bei der Zwangsvollstreckung in das unbewegliche Vermögen erfolgte Beschlagnahme wirksam; dies beruht auf der das Pfändungspfandrecht vertretenden Wirkung der Grundstücksbeschlagnahme, die wie ein solches im Konkurs ein Verwertungsprivileg im Wege der Absonderung begründet und daher konkursfest sein muß. Die Wirkungslosigkeit des Verfügungsverbots gemäß § 13 HS 1 KO tritt **anders als in § 80 Abs 2 S 1 InsO** nur gegenüber den Konkursgläubigern ein, so daß es sich um eine relative Unwirksamkeit der relativen Unwirksamkeit handelt (Raape 69; Kohler 201 f; Jaeger/Henckel, Konkursordnung § 13 Rn 11; aA Weiland 91).

Demgemäß erlangt der Konkurs- bzw Insolvenzverwalter die **Freiheit zur Verfügung** **72** über den verbotsbetroffenen Gegenstand; vollwirksamer Dritterwerb ohne Rücksicht auf Gutgläubigkeit und damit Stärkung der Geldmasse im Interesse der Konkurs- und der Massegläubiger (Jaeger/Henckel § 13 Rn 10) sind die Folgen (vgl zu den Einzelheiten der Konkursverwalterfreiheit Kohler 203 ff; Flume § 17, 6 d; Erman/Brox Rn 13; MünchKomm/Mayer-Maly Rn 36; aA Larenz, AT § 23 IV; Soergel/Hefermehl Rn 21). In der Konsequenz der durch § 13 HS 1 KO bzw § 80 Abs 2 S 1 InsO getroffenen Regelung fehlt in § 135 Abs 1 S 2 die Gleichsetzung der Verfügung des Konkursverwalters über einen verbotsbetroffenen Gegenstand mit einer rechtsgeschäftlichen Verfügung. § 13 HS 1 KO bzw § 80 Abs 2 S 1 InsO verschafft dem Konkurs- bzw Insolvenzverwalter jedoch keine Verwertungsmöglichkeit, wenn der Verbotsbetroffene über den Gegenstand bereits vor Konkurs- bzw Insolvenzeröffnung unter Verstoß gegen das Verfügungsverbot verfügt hatte; denn das Verfügungsverbot führt nur zu einer Unwirksamkeit in Bezug auf das verbotsgeschützte Drittinteresse, nicht auch im Interesse der Konkursmasse (Kohler 202 f iVm 129 ff).

b) Verbotsschutz gemäß § 135 Abs 1 schließt das **Wahlrecht** des Konkurs- bzw **73** Insolvenzverwalters **gemäß § 17 Abs 1 KO** sowie **§ 103 Abs 1 InsO** im Verhältnis zu dem Verbotsgeschützten **nicht** aus (G Paulus, in: FS Nipperdey Bd 1, 933; Kohler 131 f; vTuhr § 69 II 2; aA C Paulus 107 ff). Eine dem § 24 KO bzw dem § 106 InsO entsprechende Vorschrift fehlt. In Anbetracht dieser Tatsache und des § 13 KO sowie § 80 Abs 2 InsO führt auch die Publizierung des Verfügungsverbots bei Liegenschaftsrechten nicht zu einem absonderungsartigen Recht des Geschützten im Konkurs des Verbotsbetroffenen unter analoger Anwendung des § 24 KO bzw § 106 InsO.

74 Der Zweck eines Verfügungsverbots zum Schutz eines Erwerbsanspruchs beschränkt sich im Unterschied zur Vormerkung auf den Schutz vor Dritterwerbern, ist also allein verfügungsbezogen. Das Verfügungsverbot soll hingegen den Erwerbsanspruch, den es als gegeben voraussetzt, nicht vor rechtlichen Risiken schützen, die nicht die Folge einer verbotswidrigen Verfügung zugunsten eines Dritten sind. Mit der Differenzierung zwischen der gemäß § 24 KO bzw § 106 InsO auch in konkurs- und insolvenzrechtlicher Hinsicht obligationssichernden Wirkung der Vormerkung einerseits und dem Fehlen eines dem § 17 Abs 1 KO bzw § 103 Abs 1 InsO entgegenwirkenden Schutzes beim Verfügungsverbot andererseits schöpft der Gesetzgeber daher nicht nur die ihm zustehende Gestaltungsmacht aus, sondern er handelt auch funktionsgerecht, indem der Schutzbereich des Verfügungsverbots gerade auf die spezifisch durch eine Verfügung ausgelösten Gefahren begrenzt wird. Eine ungerechtfertigte Bevorzugung der Konkurs- bzw Insolvenzgläubiger liegt darin nicht (**aA** C PAULUS 41). Die Erfüllungsablehnung zum Nachteil eines verbotsgesicherten Anspruchs nach einem verbotswidrigen Dritterwerb führt nämlich zur Vollwirksamkeit dieses Erwerbs, so daß der Gegenstand der Konkurs- bzw Insolvenzmasse entzogen wird. Ist hingegen ein verbotswidriger Dritterwerb unterblieben, so kann die Erfüllungsablehnung gemäß § 17 Abs 1 KO bzw § 103 Abs 1 InsO zwar zu einer Massestärkung im Interesse der Konkurs- bzw Insolvenzgläubiger führen; dieses Ergebnis ist jedoch mit dem Schutzzweck des Verfügungsverbots vereinbar, da das Verfügungsverbot nicht den positiven Inhalt einer vorweggenommenen Rechtszuordnung hat, sondern lediglich negativ wirkt, indem es den in der Person des Verbotsbetroffenen eintretenden Verlust an Verfügungsmacht als nicht eingetreten behandelt (KOHLER 131; im Ergebnis auch G PAULUS, in: FS Nipperdey Bd 1, 933).

75 c)   Eine **verbotswidrige Verfügung vor Konkurseröffnung** ist **im Konkurs des Verbotsbetroffenen** für den Verbotsgesicherten vorteilhaft. Das lediglich zum Schutz eines Dritten ergangene Verfügungsverbot kann nämlich nicht im Widerspruch zu seinem personalbeschränkten Schutzzweck die Rückordnung des verbotsbetroffenen Gegenstands in das verfügbare Vermögen des Gemeinschuldners zum Vorteil seiner Gläubiger bewirken; im Verhältnis zum Gemeinschuldner und seinen Gläubigern ist der verbotsbetroffene Gegenstand aus dem Haftungsvermögen ausgeschieden (ganz hM; C PAULUS 41; KOHLER 130; RAAPE 69; STROHAL 798 ff; BEER 133; G PAULUS, in: FS Nipperdey Bd 1, 932; ders AcP 155 [1955] 291; GERHARDT, in: FS Flume I [1978] 531 Fn 18; Voss LZ 1909 Sp 757, 764; OERTMANN JherJb 66, 271 f; FLUME § 17, 6 d; JAEGER/HENCKEL § 13 Rn 22 f; **aA** vTUHR § 58 Fn 22). Daher entgeht der Haftungsmasse durch das Fortgelten des Verfügungsverbots nichts, so daß es trotz § 13 HS 1 KO seine gewöhnliche Schutzwirkung im Verhältnis zwischen Verbotsgeschütztem und verbotswidrigem Dritterwerber beibehält; eine durch den Konkurs veranlaßte Konvaleszenz des verbotswidrigen Drittgeschäfts zugunsten eines im Sinne des § 135 Abs 2 bösgläubigen Erwerbers wäre eine grundlose Drittbegünstigung (JAEGER/HENCKEL § 13 Rn 23). Der schließliche Erwerb des Verbotsgesicherten ist praktisch auch nicht wegen der fortwährenden Anwendbarkeit des § 17 KO gefährdet, da sich der Konkursverwalter regelmäßig für die Erfüllung des verbotsgesicherten Anspruchs entscheiden wird. Die Erfüllungsablehnung führt nämlich zur Konvaleszenz des Dritterwerbs, trägt also nicht zur Stärkung der Masse bei; im Verhältnis zum Verbotsgesicherten begründet sie einen Schadensersatzanspruch gemäß § 26 S 2 KO (vgl § 105 S 1 InsO), der die Gemeinschaft der Konkursgläubiger meist stärker belastet als die Haftung gegenüber dem gemäß § 135 Abs 2 als bösgläubig vorauszusetzenden verbotswidrigen Dritterwerber, weil dessen Ansprüchen auf Schadensersatz wegen Nichterfüllung nach Durchsetzung des verbotsgesicherten Rechts häufig der Einwand des § 439 entgegengesetzt werden kann (Kohler 131 f). Von Rechts wegen bleibt allerdings die Befugnis des Konkursverwalters unberührt, sich entgegen diesen Erwägungen für die Erfüllungsablehnung zu entscheiden; der verbotsgeschützte Anspruch ist dann bloße Konkursforderung (Flume § 17, 6 d).

d) Hat eine **verbotswidrige Verfügung** stattgefunden, bevor der **Erwerber in Konkurs** fiel, bleibt die Wirkung des Verfügungsverbots unberührt. Die Konkursmasse des Erwerbers kann nicht stärker sein als der Erwerber vor Konkurs (Flume § 17, 6 d). **76**

6. Zuschlag in der Zwangsversteigerung

Der Zuschlag im Zuge der Zwangsversteigerung einer verbotsbetroffenen Sache führt **entgegen § 135 Abs 1 S 2** und **ohne Rücksicht auf Gutgläubigkeit** des Ersteigerers zum **Eigentumserwerb**. **77**

Dies folgt für Grundstücksversteigerungen aus § 90 Abs 1 ZVG; der für die Vormerkung geltende **§ 48 ZVG ist nicht entsprechend anzuwenden** (Kohler 191 ff; C Paulus 80). Eine surrogatweise **Erlösbeteiligung** findet **nicht** statt (Anm Arnheim zu KG JW 1932, 2441, 2442; aA C Paulus 105 f). Auf der Grundlage der öffentlich-rechtlichen Theorie vom Eigentumserwerb kraft Zuschlags in der Mobiliarvollstreckung geht das Verfügungsverbot ebenfalls mit dem Zuschlag unter (OLG Hamburg MDR 1966, 515, 516; MünchKommZPO/K Schmidt § 772 Rn 16; kritisch G Paulus, in: FS Nipperdey Bd 1, 918 ff, C Paulus 104 f). Die damit erreichte Suspendierung des § 135 Abs 1 S 2 macht die **öffentlich-rechtliche Konzeption des Eigentumsübergangs kraft Zuschlags fraglich**, ist aber auf deren Grundlage folgerichtig und wohl unvermeidlich (aA Larenz, AT § 23 IV; MünchKomm/Mayer-Maly Rn 38), wenn verhindert werden soll, daß die Veräußerung einer schuldnerfremden Sache größere Bestandskraft hat als die Veräußerung einer schuldnereigenen, jedoch von einem Verfügungsverbot betroffenen Sache. Wird mit der Gegenansicht § 135 Abs 1 S 2 im Fall der Zwangsversteigerung angewendet, so ist ein gutgläubig-verbotsbefreiter Erwerb gemäß § 135 Abs 2 auch nicht aufgrund der systematischen Stellung der Gutglaubensschutzregel zuzulassen (bestr; s o Rn 64); die Ausführungen zur Zwangshypothek (vgl Rn 65) gelten entsprechend. **78**

§ 772 ZPO, im Liegenschaftsrecht ferner die §§ 28, 37 Nr 5 ZVG, enthalten daher den **alleinigen**, und zwar **verfahrensbezogenen Schutz** des Verfügungsverbots in Zwangsversteigerungsfällen (näher unten Rn 97). Die Aufwertung dieser Vorschriften zur einzigen Sicherung des Verfügungsverbots infolge der Funktionslosigkeit des § 135 Abs 1 S 2 ist zwar planwidrig, da ihr Zweck entfallen ist, dem wegen § 135 Abs 1 S 2 sonst zu erwartenden Zuschlag zu einem übermäßig niedrigen Gebot vorzubeugen (Motive Allgemeiner Teil 215 = Mugdan Allgemeiner Teil 471; Kohler 189; Gerhardt, in: FS Flume I [1978] 530). Die mit dem normativen Zweck des § 772 ZPO nicht übereinstimmende Bedeutungssteigerung dieser Vorschrift rechtfertigt jedoch nicht, **79** den Schutz des Verfügungsverbots auch verfahrensrechtlich entfallen zu lassen und es damit völlig schutzlos zu stellen (KOHLER 198 f).

7. Konkurrierendes Verfügungsverbot

80 Die Wirksamkeit eines Verfügungsverbots wird durch ein **konkurrierendes** zweites **Verfügungsverbot nicht** berührt (so aber WEILAND 147 ff; WIELING JZ 1982, 839, 842 ff und JZ 1983, 592 f; dagegen KOHLER JZ 1983, 586 ff; ders, Verfügungsverbot 393 f; FOERSTE AcP 193 [1993] 274, 277; SOERGEL/HEFERMEHL Rn 26). Zwar ist richtig, daß zwischen Verfügungsverboten kein Rangverhältnis etwa im Sinne der §§ 879 f besteht, und daß das Bürgerliche Gesetzbuch kein ius ad rem kennt. Das spätere Verbot ist jedoch im Verhältnis zum früheren Verbot als eine gemäß § 135 Abs 1 S 1 (FOERSTE AcP 193 [1993] 274, 277) oder S 2 (KOHLER JZ 1983, 586 ff) unwirksame Verfügung anzusehen. Es ist der Sinn des Verfügungsverbots, das Prinzip der Gleichberechtigung konkurrierender Forderungen zu durchbrechen, indem die über die Kollision entscheidende Konkurrenz um die Erfüllung auf den den Prätendenten offenstehenden Wettbewerb um das erfüllungssichernde Verfügungsverbot vorgezogen wird (BGHZ 28, 182, 187 f = NJW 1958, 2013, 2014 f mwN; BGH JZ 1966, 526; BayObLG NJW 1954, 1120 f; C PAULUS 26; SCHÖNFELD NJW 1959, 1417 f; vTUHR § 69 II 2 Fn 82 und § 94 III; **aA** OLG Rostock OLGE 29, 272). Wechselseitige Paralysierung führt zur praktischen Absurdität des Verfügungsverbots als Sicherungsmittel (FOERSTE AcP 193 [1993] 274, 277). Ein unzulässiges ius ad rem wird durch die Anerkennung eines solchen Sicherungserfolgs nicht geschaffen (so auch WEILAND 82), da sich das Verbot des ius ad rem nicht gegen die Rechtssicherung als Ergebnis wendet, sondern gegen die diesem Recht eigene Rechtstechnik, einen eigenständigen Erwerbsanspruch gegen den Dritterwerber zu begründen (s Rn 89).

IV. Rechtsfolgen

81 Verbotswidrige Verfügungen sind nur den Personen gegenüber unwirksam, zu deren Schutz das Verfügungsverbot bestimmt ist. Im übrigen ist die verbotswidrige Verfügung wirksam. Zur Beschreibung dieses Wirkungsbildes dient der Terminus der relativen Unwirksamkeit und der Begriff der relativen Beschränkung der Verfügungsmacht.

1. Relative Beschränkung der Verfügungsmacht

82 Die Beschreibung der Verbotsfolge als **relative Beschränkung der Verfügungsmacht** ist wegen der in dieser Terminologie enthaltenen Bezugnahme auf das vom Verfügungsverbot betroffene Subjekt **irreführend**. Sie deutet auf eine subjektbezogen beschränkte Wirkung des Verfügungsverbots hin, die jedoch nicht verifizierbar ist. Relativ unwirksam ist nämlich auch die Zweitverfügung desjenigen, der seinerseits einen Gegenstand verbotswidrig in Kenntnis des Verfügungsverbots erwarb und ihn an einen bösgläubigen Vierten weiterübertrug, obwohl sich die Anordnung des Verfügungsverbots nur an den Ersterwerber wandte. Der Begriff der relativen Beschränkung der Verfügungsmacht ist daher lediglich als Versuch der Beschreibung einer Ursache für den Eintritt bzw Ausfall bestimmter Rechtswirkungen einer Verfügung zu verstehen, nicht aber als adäquate Beschreibung der technischen Rechtsfolgen eines Verfügungsverbots.

2. Kein tatsächliches Verhaltensgebot

Die begriffliche Erfassung der Verfügungsverbotswirkung als Beschränkung der Verfügungsmacht rechtfertigt es auch **nicht**, das Verfügungsverbot als **Handlungsverbot** bzw **Verhaltensgebot** in einem **tatsächlichen** Sinne zu verstehen. § 135 Abs 1 S 1 deutet gerade das Verbot der Verfügung in eine Handlungsgestattung um, die durch Anordnung einer spezifischen Form materieller Unwirksamkeit hinreichend schadlos gestellt wird (vgl o Rn 6). **83**

3. Relative Unwirksamkeit

Eine Verfügung entgegen einem gesetzlichen Verfügungsverbot, das nur den Schutz bestimmter Personen bezweckt, führt zu einer **subjektiv-relativen Unwirksamkeit**. Die Formulierung deutet auf eine personalbezogene Teilung der Rechtszuständigkeit an einem mit einheitlichem Inhalt bestehenden Recht. Die Art dieser Teilung präzise zu erfassen, bereitet seit jeher Schwierigkeiten (vgl übersichtsweise BEER 132 ff; C PAULUS 18 ff; KOHLER 19 ff; OERTMANN JherJb 66, 250 ff; WOLF, AT § 10 B II, hält die Konstruktion sogar für unmöglich). **84**

a) Vorwiegend wird von einer **Duplizität des Rechtssubjekts** ausgegangen, indem eine subjektbezogene Spaltung der Rechtszuständigkeit in einer solchen vom Schutzzweck gebotenen Weise angenommen wird, daß der verbotswidrige Erwerber gegenüber jedermann mit Ausnahme des Geschützten und des Verfügenden der neue Rechtsinhaber ist, jedoch der Verfügende im Verhältnis zum Geschützten und zum Erwerber weiterhin als Berechtigter gilt, soweit dies das gesicherte Recht erfordert (vTUHR 327 ff; ENNECCERUS/NIPPERDEY § 144 II 2 und § 202 III). Gegen dieses Wirkungsmodell spricht allerdings die ihm eigene Verletzung des Prinzips des geringsterforderlichen Eingriffs, weil zur Sicherung des Verbotserfolgs die Zurückbehaltung des Rechts in der Hand des Verbotsbetroffenen nicht erforderlich ist, sondern die Retention der Verfügungsmacht genügt. Im übrigen führt das Bild der Eigentumsspaltung zu Zuordnungsschwierigkeiten bei den Nutzungen im Rahmen des § 953. **85**

Vorzugswürdig erscheint daher die Annahme, daß die verbotswidrige Verfügung allgemein wirksam sei, aber der verbotswidrig Verfügende die **Rechtsmacht zur Verfügung** über das Recht des Dritterwerbers im Rahmen des durch das Verfügungsverbot gewährten Schutzes behält (RAAPE 49 f; MEHRTENS 24 ff; LARENZ § 23 IV wohl auch FLUME § 17, 6 d). Allerdings kann auch dieses Modell, das auf den Schutz von Verschaffungsansprüchen durch Verfügungsverbote zugeschnitten ist, den gesamten Wirkungsbereich des § 135 Abs 1 nicht decken. Dies zeigt sich etwa bei widerspruchsvertretenden Verfügungsverboten zum Schutz des Grundbuchberichtigungsanspruchs, da sich hier die Funktion des § 135 Abs 1 S 1 darauf beschränkt, den gutgläubigen Erwerb im Verhältnis zum Verbotsgeschützten auszuschließen (wie hier Motive Allgemeiner Teil 214 = MUGDAN Allgemeiner Teil 471; KOHLER 139 ff). **86**

Die von § 135 Abs 1 S 1 angeordnete Rechtsfolge ist daher eine **eigenartige**, mit Bezugnahmen auf anderweit bekannte Rechtsmodelle allenfalls teilweise erklärbare. Die Wirkung des Verfügungsverbots mag daher, ohne daß damit inhaltlich Konkretes gewonnen wäre (so auch MAYER-MALY JZ 1991, 40, 41), als **Absicherungsrecht eigener Art** beschrieben werden (BEER 164; MünchKomm/MAYER-MALY Rn 30), wenngleich das **87**

Verfügungsverbot nicht selbst ein Recht ist, sondern lediglich ein rechtliches Mittel zum Schutz eines rechtlichen Interesses. Allerdings greift diese Bezeichnung den Umstand auf, daß § 135 Abs 1 S 1 als Rechtsfolge lediglich eine Funktionsbeschreibung enthält: Ein Verfügungsverbot ist „nicht ein der Veräußerung anhaftender Mangel, welcher die Gültigkeit des Aktes in Frage stellen könnte. Es hat seinem Zwecke nach nur die Folge, daß derjenige, zu dessen Schutz es dient, die Veräußerung ignorieren darf ohne Rücksicht darauf, ob dieselbe gültig ist oder nicht; gegen ihn hat sie die gesetzliche Wirkung nicht." (Redaktorenvorlage Sachenrecht Bd 1, 535) Die Rechtsfolge des § 135 Abs 1 S 1 ist daher unter rechtstechnischem Aspekt **offen** und nicht doktrinär festgelegt (vgl FLUME § 17, 6 d; wohl auch SOERGEL/HEFERMEHL Rn 18); die konkrete Rechtsfolge und die Schutztechnik werden vielmehr allein durch die Schutzaufgabe im Einzelfall bestimmt. Die Rechtsfolge der Norm ist also charakterisiert durch eine rechtstechnische Variabilität, die anhand der jeweils gestellten Sicherungsaufgabe mit Rücksicht auf das Leitprinzip des geringsterforderlichen Eingriffs zu konkretisieren ist.

88 b) Der bloß sichernden Aufgabe des Verfügungsverbots entsprechend beschränkt sich die Verbotswirkung auf die **Negation** nachteiliger Verfügungen. Es ordnet den Verfügungsgegenstand nicht positiv zu, sondern verhindert nur die Störung bereits anderweitig vorgegebener Rechtspositionen. Dieser funktionalen Wirkungsgrenze entsprechend entstehen im Zustand der verbotswidrigen Verfügung nur insoweit eigenständige Rechte aufgrund des § 135 Abs 1 S 1, als dies unabweisbar ist, um den Verbotsschutz zu verwirklichen. Die verbotsspezifischen Rechte im Störungszustand sind daher allein ergänzende Hilfsansprüche, deren Gewährung je nach Notwendigkeit von dem Grundsatz bestimmt wird, daß das gesicherte Recht das primär inhaltsbestimmende und leitende Recht ist.

89 c) Von einem **ius ad rem** (WIELING JZ 1982, 839 ff) kann demgemäß allenfalls ergebnisorientiert gesprochen werden, weil der Verbotsschutz ähnlich wie bei dem historisch bekannten ius ad rem zur Durchsetzung eines obligatorischen Erwerbsanspruchs gegenüber einem Erwerbskonkurrenten führt. Seinem juristischen Gehalt nach ist der Verbotsschutz jedoch andersartig, weil der Gesicherte sein Recht gegenüber dem Dritten nicht aufgrund eines selbständig im Drittverhältnis erwachsenden Rechts durchsetzt, sondern er weiterhin primär an die Verfolgung seines Rechts in dem ursprünglichen obligatorischen Verhältnis gebunden wird (BEER 144 f; C PAULUS 34 f; WEILAND 80; KOHLER JZ 1983, 586 ff). Auch der Vergleich mit der **actio in rem scripta** (KNOKE 419; PREDARI Gruchot 55, 688) befriedigt nicht. Diese bietet nämlich das Bild mehrerer einander ablösender Obligationen von gleichem Gehalt, indem sie voraussetzt, daß der Dritte zumindest gleichstufig neben den Verbotsbetroffenen oder sogar an dessen Stelle in die ursprüngliche Obligation eintritt. Dagegen geht das Modell des § 135 Abs 1 S 1 primär von einem Fortgelten des gesicherten Rechts und seiner Durchsetzung gegenüber dem ursprünglich Verbotsbetroffenen aus (vgl ablehnend Protokolle 4785 = MUGDAN Sachenrecht 570; so schon RAAPE 74). Ein auf Gleichsetzung ausgerichteter Rückgriff auf solche Figuren ist daher nicht nur ohne Erklärungswert, sondern verdunkelt vielmehr die Einsicht in die vom modernen Gesetzgeber erstrebte, dem jeweiligen Sicherungszweck genau angepaßte Konstruktion (vgl DUBISCHAR JuS 1970, 6, 12).

90 **Nicht** beizutreten ist dem Versuch, dennoch den Verfügungsverbotsschutz im Sinne eines ius ad rem oder einer actio in rem scripta in der Weise weiterzuentwickeln, daß dem Geschützten **ein unmittelbarer, als solcher hinreichender Anspruch gegen den verbotswidrigen Dritterwerber** auf Realisierung des verbotsgesicherten Interesses eingeräumt wird (so aber MAYER-MALY JZ 1991, 40, 41). Das Verfügungsverbot zum Schutz eines schuldrechtlichen Leistungsanspruchs verteidigt diesen, und zwar seinem Schutzzweck entsprechend nur vor Nachteilen infolge von Verfügungen. Hingegen gehört es nicht zum Schutzbereich des Verfügungsverbots, den Gläubiger von nicht verfügungsbedingten obligationstypischen Nachteilen zu befreien, beispielsweise von der Schwierigkeit, den Aufenthaltsort des Vertragspartners zwecks klageweiser Durchsetzung des schuldrechtlichen Erfüllungsanspruchs zu ermitteln. Der Verzicht darauf, die relative Unwirksamkeit und das aus ihr folgende Rechtsschutzmodell an der Figur des ius ad rem oder der actio in rem scripta zu orientieren oder sonst einen unmittelbaren, hinreichenden Leistungsanspruch im Drittverhältnis zu gewähren, dient mithin der sachgerechten Beschränkung des verfügungsverbotseigenen Schutzes auf den spezifisch verfügungsbezogen begrenzten Schutzbereich, den das Verfügungsverbot schafft.

d) Der **Vollzug** des verbotsgesicherten rechtlichen Interesses entzieht dem verbotswidrig erwerbenden Dritten in der Regel die von ihm erworbene Rechtsposition vollständig; insoweit tritt schließlich **im Ergebnis** im Verhältnis zum Dritterwerber eine der **absoluten Unwirksamkeit** ähnliche Rechtslage ein (vgl OERTMANN ZZP 33, 27 f). Dieses Ergebnis mag die Deutung nahelegen, daß das Verfügungsverbot eine durch Geltendmachung des verbotsgesicherten Interesses **resolutiv bedingte** Wirksamkeit verbotswidriger Verfügungen zur Folge habe (STROHAL 799 f; FRAEB ZBlFG 12, 623; PLANCK/FLAD II 1 d; kritisch Voss JherJb 60, 315 ff; OERTMANN JherJb 66, 259 f). Ähnlich wird das Wirkungsbild gedacht, wenn § 135 Abs 1 im Ergebnis mit Rücksicht auf den Eintritt absoluter Nichtigkeit verbotswidriger Verfügungen infolge der Geltendmachung des verbotsspezifischen Schutzes als Fall einer **Anfechtung** gedeutet wird (WÜNSCHMANN Gruchot 54, 217; vgl auch RAAPE 47; OERTMANN JherJb 66, 192; GERHARDT, Die systematische Einordnung der Gläubigeranfechtung [1969] 146 ff; G PAULUS AcP 155 [1955] 277, 288 ff; kritisch SCHMIDT 47 ff; MEHRTENS 23; MünchKomm/MAYER-MALY Rn 5). Diese Parallelen sind jedoch ebenso **eng** wie die Parallele zum Genehmigungsvorbehalt (zu diesen MEHRTENS 102 ff) oder, umfassender, zur **Zustimmungsbedürftigkeit** zu ziehen (so auch MünchKomm/MAYER-MALY Rn 5). Diese Fälle sind nämlich durch das Bild einer schwebenden, jedoch allseits wirkenden Unwirksamkeit charakterisiert, die bei Eintritt der auflösenden Bedingung, mit der Anfechtung oder bei der Versagung der erforderlichen Zustimmung vermittels absoluter Negation der gescheiterten Verfügung zu einer Rückordnung des betroffenen Gegenstands in das Vermögen des Verfügenden führt, während die Geltendmachung des verfügungsverbotsgesicherten Interesses dies gerade vermeidet und unmittelbar das geschützte Interesse verwirklicht.

4. Rechtsmängelhaftung

Verpflichtungsgeschäfte, die verbotswidrigen Verfügungen zugrunde liegen, werden in ihrer **Wirksamkeit** durch § 135 Abs 1 S 1 **nicht berührt**. Die Durchsetzung des verbotsgesicherten Interesses kann daher **Rechtsmängelansprüche**, insbesondere gemäß § 440, im Verhältnis zwischen dem Dritterwerber und dem verbotswidrig Verfügenden auslösen. Diese werden allerdings häufig gemäß **§ 439 eingeschränkt** sein (vgl RGZ

132, 145, 148), da das Verfügungsverbot Drittwirkung nur unter den Voraussetzungen des § 135 Abs 2 bzw, im Liegenschaftsrecht, des § 892 Abs 1 S 2 entfaltet.

5. Verfahrensrechtliche Folgen

93 a) Die **grundbuchrechtliche** Behandlung verbotswidriger Verfügungen hat nach herrschender Meinung zwischen verbotswidrigen Verfügungen vor und nach Eintragung des Verfügungsverbots zu unterscheiden. Dem ist nicht beizutreten. Das liegenschaftsbezogene Verfügungsverbot gemäß § 135 Abs 1 hat **keine Grundbuchsperre** zur Folge. Dies ist unstreitig, **soweit** das Verfügungsverbot **eingetragen** ist und damit der gutgläubig-verbotsbefreite Dritterwerb gemäß den §§ 135 Abs 2, 892 Abs 1 S 2 ausgeschlossen ist (Motive Sachenrecht 219 f = MUGDAN Sachenrecht 121 f; KGJ 44, 174, 179). **Vor Eintragung** des Verfügungsverbots im Grundbuch nimmt die herrschende Ansicht eine Grundbuchsperre an (KG JW 1938, 3122 f mwN; BayObLG NJW 1954, 1120 f = DNotZ 1954, 394; KG NJW 1973, 56, 58 = DNotZ 1973, 301, 304), jedoch zu Unrecht (HABSCHEID ZZP 90, 200 f; KOHLER 108 ff; KUNTZE/ERTL/HERRMANN/EICKMANN, GBO § 19 Rn 113 iVm 98 ff; unentschieden RGZ 105, 71, 76 und RGZ 132, 145, 149). Die dagegen anzuführenden Gründe sind vielfältig:

94 Die Grundbuchsperre läßt sich weder aus dem **Begriff** des Verfügungsverbots noch der Verfügungsbeschränkung ableiten; das Verfügungsverbot als Handlungsanweisung wird durch § 135 gerade aufgehoben, und der Terminus der Verfügungsbeschränkung ist lediglich die ins Rechtssubjekt rückverlagerte begriffliche Erklärung des Phänomens der relativen Unwirksamkeit verbotswidriger Verfügungen eines an sich Berechtigten. Vielmehr führt die Grundbuchsperre zu einer mit den Intentionen des § 135 Abs 1 S 1 nicht zu vereinbarenden **vollständigen** Herausnahme des verbotsbetroffenen Liegenschaftsrechts aus dem Rechtsverkehr. Die Grundbuchsperre ist überdies auf dem Hintergrund der §§ 892 Abs 1 S 2, Abs 2 als ein **Unterlaufen** des grundbuchrechtlich in den §§ 17, 45 GBO gewährleisteten **Prinzips** der Behandlung von Grundbuchanträgen nach **der Reihenfolge** der Antragstellung zu werten. Die ungehinderte Eintragung verstößt auch nicht gegen die grundbuchrechtliche Pflicht des Grundbuchamts, tunlichst für ein **richtiges Grundbuch** zu sorgen; denn der durch die Eintragung bewirkte gutgläubig-verbotsbefreite Erwerb führt gerade zu einem richtigen Grundbuchinhalt, während im Falle der Bösgläubigkeit der Grundbuchinhalt nicht falsch, sondern lediglich ebenso wie vor der verbotswidrigen Verfügung nur unvollständig ist. Der grundbuchmäßige Vollzug einer verbotswidrigen Verfügung ist in den Fällen gerichtlicher Verfügungsverbote auch **keine Störung der gerichtlichen Tätigkeit**, da § 941 ZPO zeigt, daß die Sicherung des Verfügungsverbots von dessen Anordnung zu trennen und gerade nicht unmittelbarer Gegenstand gerichtlicher Tätigkeit ist. Schließlich spricht gegen die Grundbuchsperre auch die Auffassung des Gesetzgebers (Motive Sachenrecht 219 f = MUGDAN Sachenrecht 121 f), die **Zügigkeit des Grundbuchverfahrens** nicht dadurch zu beeinträchtigen, daß dem Grundbuchbeamten die Prüfung auferlegt werde, ob eine bestimmte beantragte Grundbucheintragung mit einem Verfügungsverbot kollidiere.

95 b) Ein Verfügungsverbot gemäß § 135 behindert die **Zwangsvollstreckung** in wesentlichen Bereichen. Gemäß § 772 ZPO soll der Gegenstand, auf den sich ein Verfügungsverbot gemäß den §§ 135 f bezieht, wegen eines persönlichen Anspruchs oder aufgrund eines infolge des Verbots unwirksamen Rechts nicht im Wege der

Zwangsvollstreckung veräußert oder überwiesen werden. Die Verletzung dieser Sollvorschrift berechtigt zu einer Widerspruchsklage des Verbotsgeschützten gemäß § 771 ZPO. Für die Liegenschaftsvollstreckung wird die Regelung des § 772 ZPO durch die §§ 28, 37 Nr 5 ZVG ergänzt. Der Geschützte kann überdies Erinnerung gemäß § 766 ZPO und sofortige Beschwerde, § 793 ZPO, einlegen (G Paulus, in: FS Nipperdey Bd 1, 919, 927).

96 § 772 ZPO gilt nur für die **Zwangsvollstreckung wegen Geldforderungen**. Auch insoweit ist die Vorschrift nicht auf den Erwerb einer Zwangs- oder Arresthypothek als solchen anwendbar; hier ist der Verbotsgeschützte allein durch § 135 gesichert, im übrigen steht jedoch der Verwertung dieser Hypothek § 772 ZPO entgegen (Kohler 184 ff). Dasselbe gilt für die Zwangsverwaltung, soweit sich das Verfügungsverbot auf die Nutzungen erstreckt; erst die Nutzungsverteilung steht prozessual unter der Einschränkung des § 772 ZPO (Stein/Jonas/Münzberg, ZPO § 772 Fn 21) und materiell unter dem Vorbehalt des § 135 (Kohler 187). In der Zwangsversteigerung ist § 772 ZPO der allein wirksame Schutz, da § 135 Abs 1 S 2 insoweit entgegen dem Gesetzestext und der Gesetzesintention gegenüber dem Zuschlag versagt (Kohler 187 ff; o Rn 79).

97 Im Zuge des Zwangsversteigerungsverfahrens **hindert** § 772 ZPO nicht schon die Verfahrenseinleitung und die Beschlagnahme, die als Vollstreckungsakte auch materiellrechtlich rechtmäßig sind (MünchKommZPO/K Schmidt § 772 Rn 16), sondern erst den **Zuschlag**. Dies folgt aus der Funktion der Norm, im Interesse des Vollstreckungsschuldners für ein möglichst vorteilhaftes Gebot zu sorgen, mit dem nicht zu rechnen wäre, wenn der Zwangsversteigerungserwerber – wie dies § 135 Abs 1 S 2 voraussetzt – nicht mit einem sicheren Erwerb rechnen kann. Allerdings hat § 90 ZVG für die Grundstücksversteigerung sowie die öffentlichrechtliche Theorie des Erwerbs in der Mobiliarvollstreckung zur Folge, daß der **trotz Verfügungsverbots** stattfindende Zuschlag zu **vollwirksamem Erwerb** führt (dazu o Rn 78). § 772 ZPO verliert daher zwar seine ursprüngliche Funktion; die Norm wird dadurch jedoch nicht gegenstandslos, sondern zur **alleinigen Schutznorm** des Verbotsgesicherten in der Zwangsversteigerung aufgewertet (Kohler 187 ff).

98 c) Im **Konkurs** des Verbotsbetroffenen hebt § 13 KO die Wirksamkeit des gegen den Gemeinschuldner bestehenden Verfügungsverbots im Verhältnis zu den Konkursgläubigern auf, sofern es sich nicht um ein Verfügungsverbot infolge der bei der Zwangsvollstreckung in das unbewegliche Vermögen erfolgten Beschlagnahme handelt (vgl auch § 80 Abs 2 S 2 InsO). Der Konkurs- bzw Insolvenzverwalter ist daher zu jedweder Veräußerung freigestellt, § 135 Abs 1 S 2 hindert den vollwirksamen Dritterwerb nicht (s o Rn 71 f). § 24 KO und § 106 InsO sind nicht entsprechend anwendbar (s o Rn 73).

V. Verwirklichung des verbotsgesicherten Rechts

1. Grundlagen

99 Der Offenheit der verfügungsverbotseigenen Rechtsfolgen, die je nach der Art der Beeinträchtigung des verbotsgesicherten Interesses unter Berücksichtigung des Gebots des geringsterforderlichen Eingriffs zu konkretisieren sind, entspricht die

Offenheit hinsichtlich **der** zur Durchsetzung des verbotsgeschützten Interesses einzusetzenden **Rechtstechnik**. Die variabel gehaltene Rechtsfolgenanordnung des Verfügungsverbots muß sich allerdings dem Rationalitätsprinzip der Kodifikation unterordnen, zu dem der Grundsatz der Orientierungssicherheit durch sparsamen Einsatz möglichst homogener Rechtsformen gehört. Dem entspricht das Bemühen, die **Formen**, in denen das verbotsgeschützte Interesse durchgesetzt wird, **mit den bekannten Rechtsgestaltungen** des Zivilrechts zu **verbinden**.

100 Da das Verfügungsverbot dem Schutz verschiedener Rechte dienen kann und der Kreis der durch Verfügungsverbot sicherbaren Rechte prinzipiell offen ist, sind auch die konkreten Formen, in denen sich der durch die relative Unwirksamkeit vermittelte Schutz realisiert, vielfältig und nicht abschließend zu beschreiben. Die Darstellung ist daher auf die Fälle der **Sicherung eines Erwerbsanspruchs** zu beschränken; dabei ist nach dem verbotsbetroffenen **Objekt** zu differenzieren.

101 Aus dem Modell der relativen Unwirksamkeit einer verbotswidrigen Verfügung und aus dem Grundsatz des geringsterforderlichen Eingriffs folgt **einheitlich** als Prinzip, daß sich der Verbotsschutz in diesen Fällen auf die bloße **Verteidigung des obligatorischen Erwerbsanspruchs** beschränkt, indem es den Einwand der Erfüllungsunmöglichkeit ausschließt. Das Verfügungsverbot schützt daher nur das Erwerbsinteresse, **ersetzt** aber **nicht den** ohne dieses erforderlichen **Erwerbsvorgang** und nimmt auch den Rechtserwerb als solchen nicht vorweg. Daraus folgt der Grundsatz, daß der geschützte Anspruch trotz verbotswidriger Verfügung **weiterhin in dem Verhältnis mit dem Schuldner zu realisieren** ist (aA MAYER-MALY JZ 1991, 40, 41; dagegen o Rn 90), während der verbotswidrige Dritterwerber nicht oder nur im rechtlich unvermeidbaren Maße an der Rechtsdurchsetzung beteiligt wird.

2. Verfügungsverbot betreffend Forderungen und Rechte

102 a) Sichert das Verfügungsverbot den **Erwerb** einer Forderung oder eines Rechts, ist ein vollwirksamer Dritterwerb kraft guten Glaubens mangels einer durch § 135 Abs 2 in Bezug zu nehmenden Gutglaubensschutznorm nicht möglich (BÜLOW JuS 1994, 1, 3). Infolgedessen behält der verbotsbetroffene Schuldner trotz relativ wirksamen Dritterwerbs die Rechtsmacht, über das betroffene Recht zugunsten des Geschützten zu verfügen (OLG Hamburg MDR 1958, 432; RUHWEDEL JuS 1980, 161, 167; MünchKomm/MAYER-MALY § 135 Rn 34; SOERGEL/HEFERMEHL Rn 28). Mit Vollzug dieser Verfügung wird der verbotswidrige Dritterwerb mit Wirkung ex nunc absolut unwirksam. Dies gilt auch für inhaltsändernde Verfügungen, namentlich für die Stundung, aber auch für forderungs- bzw rechtsaufhebende Verfügungen, namentlich für den Erlaß (SOERGEL/HEFERMEHL Rn 28).

103 Hat der Schuldner nach verbotswidriger Abtretung an einen Dritten analog §§ 407, 408 befreiend geleistet, wird ein **Direktanspruch gegen den Dritten** auf Herausgabe des Erlangten angenommen (MünchKomm/MAYER-MALY Rn 34; ders JZ 1991, 40, 41 generell für Verfügungsgeschäfte bezüglich jeglicher verbotsbetroffener Objekte). Dem ist nicht beizutreten. Aus dem Begriff des Absicherungsrechts ist diese Rechtsfolge nur aufgrund eines überwundenen begriffsjuristischen Verständnisses zu entnehmen. Allenfalls kommt eine Analogie zu § 816 Abs 2 als Anspruchsgrundlage in Betracht, doch erscheint auch dies verfehlt. Das Verfügungsverbot zur Sicherung eines gegenständ-

lichen Leistungsanspruchs ist kein Mittel zur indirekten Verbesserung der insolvenzrechtlichen Lage des Verbotsgeschützten, indem diesem für den Fall der Beeinträchtigung des Verbotsschutzes sekundär Geldansprüche gegen Dritte zugewiesen werden (vgl näher unten Rn 124 ff).

b) Verstößt die **Einziehung** einer Forderung gegen ein Verfügungsverbot, so kann der Schuldner die Leistungen verweigern, da er nicht vollwirksam erfüllen kann (vTuhr § 69 II 2). Leistet der Schuldner, so bleibt er dem Verbotsgesicherten gegenüber zur Leistung verpflichtet, sofern nicht der **gute Glaube des Schuldners** analog §§ 407, 408 **geschützt** wird (s o Rn 69). Findet ein Gutglaubensschutz statt, ist der Verbotsgesicherte auf die Geltendmachung von Ansprüchen gegen den Verbotsbetroffenen verwiesen, die sich aus dem gesicherten Recht ergeben; in der Regel wird ein Anspruch gemäß § 281 bestehen. Ob der Verbotsbetroffene daneben wegen der fehlenden Empfangsberechtigung auch analog § 816 Abs 2 haftet, kann dann im Verhältnis zu diesem praktisch dahinstehen. Die **Aufrechnung** kann allerdings wegen ihrer Rückwirkung den Verbotsschutz unabhängig von gutem Glauben vereiteln, wenn die Aufrechnungslage bereits bei Wirksamwerden des Verfügungsverbots bestand (Ruhwedel JuS 1980, 161, 167 f). 104

3. Verfügungsverbot betreffend Liegenschaftsrechte

Bei Verfügungsverboten zum Schutz eines liegenschaftsrechtlichen Anspruchs wird die zur Verwirklichung des gesicherten Rechts eingesetzte Technik vom Gesetz selbst deutlich vorgezeichnet. Der Geschützte verfolgt seinen obligatorischen Anspruch trotz zwischenzeitlicher verbotswidriger Verfügung weiterhin in dem ursprünglichen obligatorischen Verhältnis, insbesondere bleibt der Schuldner zur Abgabe der **zum Verfügungstatbestand erforderlichen Willenserklärungen** verpflichtet. Insoweit schließt § 135 Abs 1 S 1 den Unmöglichkeitseinwand aus; einer entsprechenden Anwendung des § 883 Abs 2 bedarf es dazu nicht (aA Mehrtens 30; MünchKomm/Mayer-Maly Rn 32). 105

Zur Eintragung ist **grundbuchrechtlich** nach Maßgabe der §§ 19, 29, 39 GBO die Eintragungsbewilligung des eingetragenen verbotswidrigen Dritterwerbers nötig; einen Anspruch gegen diesen auf Abgabe der formgerechten Eintragungsbewilligung gewährt § **888 Abs 2**. Hierbei handelt es sich um einen lediglich formalrechtlich nötigen **Hilfsanspruch**, der nichts an dem Grundsatz ändert, daß der Geschützte primär darauf verwiesen ist, sein materielles Recht im Verhältnis zu seinem ursprünglichen Obligationspartner zu verfolgen. Für diesen Anspruch, namentlich auch im Falle des Erfüllungsverzugs, gelten die für den vormerkungseigenen Anspruch gemäß § 888 Abs 1 anerkannten Grundsätze (Staudinger/Gursky[12] § 888 Rn 2), auf den die Rechtsfolgenbestimmung des § 888 Abs 2 vollständig verweist. Eine Grundbuchsperre zum Nachteil verbotswidrigen Dritterwerbs löst weder das eingetragene noch das nichteingetragene Verfügungsverbot als solches aus (s o Rn 93 f). § **894 BGB** ist nur ausnahmsweise zur Durchsetzung des verbotsgesicherten Rechts heranzuziehen, wenn das Verfügungsverbot dem Schutz einer dinglichen Berechtigung dient und gutgläubigen Dritterwerb verhindert hat (RGZ 132, 145, 149; Kohler 139 ff; MünchKomm/ Mayer-Maly Rn 32). 106

4. Verfügungsverbot betreffend Mobiliarrechte

107 a) Bei einem Verfügungsverbot zum Schutz eines Anspruchs auf Erwerb einer beweglichen Sache oder eines Rechts an einer solchen gilt ebenfalls der Grundsatz, daß das verbotsgesicherte Recht primär im Verhältnis zum Schuldner des obligatorischen Leistungsanspruchs zu verfolgen ist. Die gemäß § 135 Abs 1 S 1 eintretende relative Unwirksamkeit der Verfügung schließt auch insoweit den Einwand der Erfüllungsunmöglichkeit aus; der verbotsbetroffene Veräußerer behält die Verfügungsmacht. Er kann daher die zum Erwerbstatbestand gehörenden **rechtsgeschäftlichen Erklärungen** mit Wirkung auch gegenüber dem Dritterwerber abgeben.

108 b) Problematisch ist der zum Eigentumserwerb grundsätzlich erforderliche **Vollzug der Übergabe** im Sinne des § 929 S 1. Die Frage der Konstruktion ist kontrovers. Mit Recht im wesentlichen unstreitig ist nur, daß eine **Analogie zu § 888 Abs 2 nicht** zulässig ist (MEHRTENS 30; ENNECCERUS/NIPPERDEY § 144 II 2 Fn 18 f; FLUME § 17, 6 d; MünchKomm/MAYER-MALY Rn 33; SOERGEL/HEFERMEHL Rn 26; PALANDT/HEINRICHS Rn 7; aA SCHACHIAN 16), weil diese für den Erwerb von Liegenschaftsrechten geltende Vorschrift eine nur grundbuchrechtlich bedingte Hilfsfunktion erfüllt. Der Hinweis auf die Anerkennung eines **Herausgabeanspruchs kraft „Absicherungsrechts"** (BEER 164 ff; MünchKomm/MAYER-MALY Rn 33; dagegen BGHZ 111, 364, 368 = NJW 1990, 2459, 2460; KOHLER Jura 1991, 349) überzeugt ebenfalls **nicht**, da es sich um eine strukturell dem § 888 Abs 2 nachgebildete Hilfskonstruktion handelt, die ohne Notwendigkeit auf die Einordnung in bekannte liegenschaftsrechtliche Modelle verzichtet und statt dessen auf begrifflich abgeleitete Postulate rekurriert.

109 aa) Die **Rechtsprechung** läßt für den Vollzug der Übereignung genügen, daß der verbotsbetroffene Schuldner die ihm aufgrund der relativen Unwirksamkeit noch zustehende Rechtsmacht dem geschützten Gläubiger übertrage und demgemäß zum Ausdruck bringe, daß dieser die Rechtsstellung haben solle, die ihm zustünde, wenn zu seinen Gunsten in Erfüllung des verbotsgesicherten Verschaffungsanspruchs nicht verbotswidrig zugunsten des Dritten über die Sache verfügt worden wäre (BGHZ 111, 364, 369 = NJW 1990, 2459, 2460). Dies bedeutet einen Verzicht auf die Einordnung des Übereignungsvorgangs in die Dogmatik der §§ 929 ff und wendet sich insbesondere gegen die herrschende Ansicht, der gemäß die Übereignung mit Hilfe des in § 931 angegebenen Übergabesurrogats, also durch Abtretung eines Herausgabeanspruchs des verbotswidrigen Veräußerers gegen den Dritterwerber, zu vollziehen sei (LARENZ, AT § 23 IV; FLUME § 17, 6 d; SOERGEL/HEFERMEHL Rn 26; ERMAN/BROX Rn 9 f; AK-BGB/DAMM Rn 14; JAUERNIG/JAUERNIG Anm 3; unentschieden BGB-RGRK/KRÜGER-NIELAND/ZÖLLER Rn 15). Dieser Weg ist aus Gründen der kodifikatorisch-konstruktiven Rationalität und, damit zusammenhängend, der Sparsamkeit der Rechtsformen nur dann einzuschlagen, wenn dies unabweisbar ist, weil das sonstige Instrumentarium des Gesetzes keine Lösung bietet. Dies ist indes nicht der Fall. Daher gebührt der herkömmlichen, auf § 931 zurückgreifenden herrschenden Ansicht der Vorzug (KOHLER Jura 1991, 349, 350 ff). Zu einem Verzicht auf die Anwendung gesetzlich vorgesehener Übereignungsformen besteht kein Anlaß, auch wenn richtig sein sollte, daß die bloße Einigung über den Eigentumsübergang nicht ebenso wie in anderen Fällen, in denen der Veräußerer keine besitzrechtliche Beziehung zu der zu übereignenden Sache hat (BAUR/STÜRNER, Sachenrecht § 51 V 4 b und § 51 VI 1 b; H WESTERMANN/H P WESTERMANN, Sachenrecht § 42 II 3), zur Übereignung genügt.

bb) Die **Übereignung** nach verbotswidriger Veräußerung läßt sich **gemäß den §§ 929,** **110**
931 wie folgt darstellen: Die nach § 929 S 1 erforderliche Übergabe der Sache ist
durch Abtretung eines Herausgabeanspruchs des verbotswidrigen Veräußerers
gegen den Dritterwerber gemäß § 931 zu ersetzen. Nach § 135 Abs 1 S 1 ist die Verfügung des Verbotsbetroffenen im Verhältnis zu dem verbotsgesicherten Recht als
unwirksam anzusehen; zum Zwecke der Durchsetzung des verbotsgesicherten
Rechts gilt daher der verbotswidrige Veräußerer auch im Verhältnis zum Dritterwerber als Berechtigter. In Bezug auf den Verbotsgeschützten ist daher auch dem
verbotswidrigen Veräußerer die **Vindikation** im Verhältnis zum Dritterwerber zuzubilligen, deren Abtretung, wird sie entgegen der wohl herrschenden Ansicht als
zulässig unterstellt (dagegen statt vieler STAUDINGER/GURSKY [1993] § 985 Rn 3 mwN; offenlassend BGH NJW 1989, 895, 896), oder deren ermächtigungsweise Überlassung zur
Ausübung als abtretungsersetzender Vorgang für die Übereignung gemäß § 931
genügt (zur Zulässigkeit der Legitimationszession STAUDINGER/GURSKY [1993] § 985 Rn 3).

Für die Übereignung gemäß § 931 kommt es jedoch nicht entscheidend auf die Über- **111**
tragung eines fiktiven **Vindikationsanspruchs** des verbotswidrig Verfügenden oder auf
eine auf diesen Anspruch gestützte Legitimationszession an. Vielmehr erfüllt die
Abtretung eines **obligatorischen** Herausgabeanspruchs des verbotswidrig Veräußernden gegen den Dritterwerber die Übergabeersatzfunktion im Rahmen der Übereignung gemäß §§ 929, 931. Im Zuge der berechtigten Durchsetzung des verbotsgesicherten Rechts wird nämlich der dem verbotswidrigen Recht immanente Rechtsmangel aktualisiert und dabei das zeitweilig relativ wirksame Geschäft in ein absolut
unwirksames umgesteuert. Dies löst die **Rechtsmängelhaftung** des verbotswidrigen
Veräußerers im Verhältnis zum Dritterwerber aus. Dieser hat auch als bösgläubiger
Erwerber, der das **Verfügungsverbot kannte**, nach herrschender Ansicht die nach den
§§ 440, 320 bis 323 begründeten Rechte; dem Eintritt der schuldbefreienden Wirkung gemäß § 323 Abs 1 bzw dem Entstehen des Anspruchs auf Rückgewähr der
erbrachten Leistung gemäß § 323 Abs 3 entspricht aber das Entstehen eines Rückforderungsanspruchs bezüglich der vom Gewährleistungspflichtigen, dh vom Verbotsbetroffenen seinerseits erbrachten Leistungen aufgrund von **§ 812 Abs 1 S 2,**
1. Fall (STAUDINGER/OTTO[12] § 323 Rn 5; im Ergebnis ebenso, wenn § 439 zur Unanwendbarkeit
auch der §§ 320 bis 323 führt, SOERGEL/HUBER § 439 Rn 24 iVm 21). Ein solcher abtretbarer
Anspruch genügt im Rahmen des Übereignungstatbestands des § 931, weil dort die
Zession eines künftigen Anspruchs ausreicht (STAUDINGER/WIEGAND[12] § 931 Rn 26) und
dieser nicht aus einem ein Besitzmittlungsverhältnis begründenden Rechtsverhältnis
stammen muß (STAUDINGER/WIEGAND[12] § 931 Rn 6, 12; SOERGEL/MÜHL § 931 Rn 4). War der
Dritterwerber nur **grobfahrlässig** hinsichtlich des Bestehens des Verfügungsverbots,
führt die Unanwendbarkeit des § 439 auch zur Anwendung der §§ 325 f. Wählt der
Dritterwerber hier unter dem Eindruck der Geltendmachung des Verbotsschutzes
den **Rücktritt**, besteht ohnehin ein im Rahmen des § 931 abtretbarer Rückgewähranspruch des Veräußerers aufgrund der **§§ 327 S 1, 346 S 1**. Bei der in Verfügungsverbotsfällen allein sinnvollen Berechnung von **Schadensersatz** auf der Basis der
Rückgewähr des erlangten verbotsbelasteten Eigentums gilt gemäß den §§ 280 Abs 2
S 2, 325 Abs 1 S 2, 326 Abs 1 S 3 nichts anderes (KOHLER, Die gestörte Rückabwicklung
gescheiterter Austauschverträge [1989] 64 ff); der Anspruch auf Schadensersatz steht im
übrigen ohnehin unter dem Vorbehalt des § 440 Abs 2, erfordert also die Aufgabe
der Sache durch den Schadensersatzgläubiger.

112 **Einwendungen und Einreden** des verbotswidrigen Dritterwerbers aus seinem Verhältnis zum verbotswidrigen Veräußerer hindern die Abtretung und mit ihr den Eigentumsübergang gemäß §§ 929, 931 nicht. Mit der Verwirklichung dieses Übereignungstatbestands entsteht der Vindikationsanspruch in der Person des Verbotsgeschützten, der auf dieser Grundlage die Herausgabe der Sache verlangen kann (SOERGEL/HEFERMEHL Rn 26). Das relativ erworbene Recht des Dritterwerbers ist damit vollständig entzogen. Ein gemäß § 986 Abs 2 einwendbares Recht zum Besitz aufgrund des Rechtsverhältnisses zwischen dem verbotswidrigen Dritterwerber und dem verbotswidrig Veräußernden besteht nicht, da die durch § 986 Abs 2 ausnahmsweise vermittelte Drittwirkung eines fremden Schutzverhältnisses in Beziehung zum Verbotsgesicherten mit Rücksicht auf die Schutzfunktion des Verfügungsverbots nicht anzuerkennen ist (vgl dazu oben Rn 7, 81 ff).

113 cc) Die beschriebene konstruktive Lösung vermeidet nicht nur eine freie Rechtsschöpfung unter Verstoß gegen das rationale Prinzip tunlichst sparsamer Entwicklung von Rechtsformen. Sie hilft auch überzeugend bei der Entscheidung, unter welchen Voraussetzungen ein **gutgläubiger Erwerb** des Verbotsgeschützten für den Fall möglich ist, daß der verbotsbetroffene Veräußerer ein Nichtberechtigter ist. Der Gutglaubenserwerb vollzieht sich solchenfalls gemäß den §§ 929, 931, 934, 2. Fall. Er hängt also mangels Besitzmittlungsverhältnisses davon ab, daß der Verbotsgeschützte Besitzer der Sache wird. Dies entspricht dem durch die §§ 929 S 1, 932 Abs 1 S 1 geschaffenen Verkehrsschutz, dessen Eingreifen der Verbotsgeschützte vor der verbotswidrigen Verfügung grundsätzlich erwarten konnte und mußte; die Maßgeblichkeit allein dieser Situation für den Eintritt gutgläubigen Erwerbs ist auch mit der bloß negativen Wirkung des Verfügungsverbots vereinbar. Läßt man hingegen mit der höchstrichterlichen Rechtsprechung für die Übereignung die bloße Einigung über die Verschaffung der zum Eigentumserwerb erforderlichen Rechtsmacht genügen, blieben die Bedingungen für einen gutgläubigen Eigentumserwerb offen.

5. **Beweislast**

114 Die **Verbotswidrigkeit** der Verfügung wird nicht von Amts wegen berücksichtigt, vielmehr muß sie der Verbotsgeschützte behaupten und beweisen (MEHRTENS 30; RUHWEDEL JuS 1980, 161, 166; BGB-RGRK/KRÜGER-NIELAND/ZÖLLER Rn 13; MünchKomm/MAYER-MALY Rn 31; und früher BLUM [1906] 60; KUHLMANN [1936] 23; aA ERMAN/BROX Rn 10; SOLON [1908] 40f). Soweit ein **gutgläubig-verbotsbefreiter Erwerb** materiell in Betracht kommt, gelten die für die in Bezug genommenen Gutglaubensschutzregeln maßgeblichen Beweislastgrundsätze; in der Regel hat daher auch insoweit der Verbotsgeschützte den Beweis der Bösgläubigkeit zu führen.

VI. **Sekundärrechte**

1. **Thematik**

115 Sekundärrechte **des Verbotsgeschützten** können Ansprüche auf **Schadensersatz** bei **rechtlich oder tatsächlich nachteiligen Einwirkungen** auf den verbotsbetroffenen Gegenstand, ferner **bereicherungsrechtliche** Ansprüche umfassen. Daneben kommen Ansprüche auf **Nutzungsherausgabe** in Betracht. Sekundäransprüche **gegen den Verbotsbegünstigten** können den Ausgleich von **Verwendungen** auf den verbotsbetroffe-

nen Gegenstand zum Inhalt haben. In allen Fällen ist danach zu unterscheiden, ob die genannten Rechte im **ursprünglichen** verbotsgesicherten **Rechtsverhältnis** verfolgt werden, oder ob sie gegen den bzw von dem verbotswidrigen **Dritterwerber**, der nicht gutgläubig-verbotsbefreit erwarb, erhoben werden.

2. Grundlagen

a) Die spezifisch durch das Verfügungsverbot geschaffene Rechtslage bewirkt **116 keine Verdinglichung** oder **anwartschaftsrechtsähnliche Vorwegnahme** des geschützten Interesses mit der Folge, daß die verbotseigene Rechtslage als absolute Rechtsposition oder als Vorwegnahme des geschützten Interesses angesehen werden dürfte, die als solche die analoge Anwendung der für den geschützten Rechtserwerb selbst geltenden Regelungen rechtfertigen könnte (KOHLER 99 ff). Das Verfügungsverbot verschafft dem gesicherten Recht zwar ein gewisses Maß an Verdinglichung, indem es dieses rechtsnachfolgefest macht. Ihm fehlt allerdings die für Sachenrechte in der Regel zu fordernde Publizität; es ist daher auch nicht grundsätzlich gutglaubensschutzfest. Der Sukzessionsschutz wird überdies in der Einzelzwangsvollstreckung für den wichtigsten Fall der Zwangsversteigerung auf den bloß verfahrensrechtlichen Schutz unter Verzicht auf die materielle Verteidigung des Verfügungsverbots zurückgenommen. Überdies gibt § 13 HS 1 KO bzw § 80 Abs 2 InsO das Verfügungsverbot im Konkurs bzw der Insolvenz in der Regel preis. Damit fehlt es gerade auch im Vergleich zur Vormerkung (STAUDINGER/GURSKY[12] § 883 Rn 205 f) an wesentlichen Voraussetzungen einer Verdinglichung ebenso wie am Charakter einer anwartschaftsrechtlichen Position. Dies **schließt** Ansprüche gemäß **§ 823 Abs 1** (KOHLER 100 f; **aA** vTUHR § 69 II 2; Voss JherJb 60, 357; STAUDINGER/DILCHER[12] Rn 17) und Rechte in **Analogie zu den §§ 987 ff** grundsätzlich aus.

b) Dieses Ergebnis wird durch den Umstand unterstützt, daß das Verfügungsverbot **117** bloß negativ wirkend die Folgen nachteiliger Verfügungen ausschließen soll, ihm aber die positive Zuordnungswirkung als Vorwegnahme einer Realisierung des gesicherten Rechts fremd ist. Der Verbotsschutz kann demgemäß auch **nicht mit der Rechtshängigkeitshaftung gleichgesetzt** werden, die zu einer Haftung gemäß § 292 mit Weiterverweisung auf die §§ 987 ff führt (KOHLER 101 ff).

c) Ansprüche aus **§ 823 Abs 2** sind bei Beeinträchtigung des Verbotserfolgs nicht **118** begründet (KOHLER 100 f; **aA** vTUHR § 69 II 2; Voss JherJb 60, 357; STAUDINGER/DILCHER[12] Rn 17). Das gemäß § 135 Abs 1 S 1 wirkende Verfügungsverbot verliert gerade durch diese materielle Regelung den Charakter als Verhaltensanweisung (s o Rn 6). Die Haftung aufgrund des § 823 Abs 2 schafft jedoch keine Verhaltensregel, sondern setzt eine solche als anderweitig gegeben voraus und zieht bloß die schadensersatzrechtliche Konsequenz aus deren Mißachtung.

d) Zur **positiven** Bestimmung der durch das Verfügungsverbot etwa geschaffenen **119** Sekundärrechte trägt im wesentlichen die Erkenntnis bei, daß das Verfügungsverbot ein akzessorisches, mithin ein **geführtes Recht zum Schutz eines anderweit gegebenen Rechts vor spezifisch verfügungsbedingten Nachteilen** ist. Aus dieser Zweckbestimmung ergeben sich zwei Begrenzungen für Sekundärrechte kraft Verfügungsverbots. Zum einen folgt aus der Rechtsverteidigungsfunktion des Verfügungsverbots, daß es **keine Rechtserweiterung** zum Vorteil des Verbotsgeschützten zur Folge haben kann. Die sekundären Rechtsfolgen des Verfügungsverbots sind daher inhaltlich immer auf den Rechtsgehalt des geschützten Rechts selbst beschränkt. Zum anderen gewährleistet das Verfügungsverbot dem gesicherten Interesse nur insoweit Schutz, als es gerade durch Verfügungen bedroht wird; denn das Verfügungsverbot beschränkt sich auf die Abwehr von Rechtseingriffen, so daß die sekundären Rechtsfolgen kraft Verfügungsverbots auf den Bereich eines Schutzes vor **spezifisch verfügungsbedingten Nachteilen** zu beschränken sind.

3. Rechte zwischen Verbotsgeschütztem und Verbotsbetroffenem

120 a) Wirkt der Verbotsbetroffene in **tatsächlicher** Weise auf den Gegenstand ein, richten sich die Rechte des Verbotsgeschützten ausschließlich nach dem Inhalt des geschützten Rechts selbst. Das Verfügungsverbot begründet weder ein absolutes Recht im Sinne des § 823 Abs 1, noch nimmt es den geschützten Erwerb vorweg, so daß auch eine Analogie etwa zu den §§ 989 ff, 292 ausgeschlossen ist. Der bloßen Sicherungsfunktion des Verfügungsverbots entspricht es, den Verbotsgeschützten auf die Geltendmachung etwaiger sekundärer Rechte aus dem geschützten Rechtsverhältnis zu verweisen. Dieses Ergebnis wird auch dadurch unterstützt, daß das Verfügungsverbot nicht den Schutz vor tatsächlichen Maßnahmen bezweckt. Aus diesen Gründen bietet das Verfügungsverbot als solches auch keine Grundlage für einen gegen den Verbotsbetroffenen gerichteten Anspruch auf Unterlassen drohender tatsächlicher Veränderungen des verbotsbetroffenen Gegenstands.

121 b) Bei **rechtlicher** Einwirkung auf das verbotsgeschützte Interesse durch Ermöglichung eines gutgläubig-verbotsbefreiten Dritterwerbs ist der Verbotsgeschützte ebenfalls auf die dem geschützten Interesse eigenen Sekundärrechte gegenüber dem verbotsbetroffenen Partner angewiesen. Hinsichtlich der **schadensersatzrechtlichen** Grundlagen gilt das für die tatsächlichen Einwirkungen Gesagte entsprechend. Auch ein Anspruch gemäß **§ 816 Abs 1 S 1** ist nicht begründet (KOHLER 104 f; anders STAUDINGER/DILCHER[12] Rn 17; FLUME § 17, 6 d). Die Vorschrift gewährt einen Ersatz für den eingriffsbedingten Verlust eines dem Anspruchsinhaber zugeordneten Gegenstands. Ungeachtet der Frage, ob das Verfügungsverbot den betroffenen Gegenstand dem Geschützten bereits zuordnet, ist eine Zuweisung des durch die Verfügung Erlangten zur Person des Verbotsgeschützten mit Rücksicht auf den Zweck des Verfügungsverbots als solchem nicht zuzulassen. Das Verfügungsverbot soll nämlich das gesicherte Recht lediglich erfüllbar halten und bezieht bloß sekundäre Wertteilhaberechte nicht in seinen Schutzbereich ein. Ansprüche aus **Geschäftsführung ohne Auftrag** scheitern wegen der bloß negativen Wirkung des Verfügungsverbots schon an der objektiven Fremdheit der Verfügung zugunsten eines Dritten; im übrigen fehlt dem Verbotsbetroffenen im allgemeinen der Wille zur Fremdgeschäftsführung oder, im Falle des § 687 Abs 2, das Wissen um seine mangelnde Geschäftsführungsbefugnis, zumal das Verfügungsverbot durch § 135 Abs 1 S 1 gerade materiellrechtlich in eine Verfügungserlaubnis umzudeuten ist (s o Rn 6).

122 c) Die aus einem verbotsbetroffenen Gegenstand gezogenen **Nutzungen** nehmen an dem Verbotsschutz nur teil, wenn sich der Verbotsschutz ausdrücklich oder nach dem Sinn der Verbotsanordnung auch auf die Nutzungen erstreckt (BEER 132 f, 167 mwN; C PAULUS 32; KOHLER 106 f). Ist dies der Fall und respektiert der Verbotsbetroffene den auf Nutzungen erstreckten Verbotsschutz nicht, so gelten die vorgenannten

Grundsätze entsprechend, wenn die Durchsetzung des auf die Nutzungen erstreckten Verbotsschutzes gegenüber dem Dritterwerber rechtlich nicht möglich ist.

d) Gegenansprüche wegen **Verwendungen** kann der Verbotsbetroffene nicht aufgrund des Verfügungsverbots gegen den Geschützten geltend machen (KOHLER 107). Das Verfügungsverbot ist ein Sicherungsmittel zum Vorteil des Geschützten, das den Gegenstand noch nicht neu zuordnet und überdies seiner Funktion gemäß auch nicht Rechte des Verbotsbetroffenen zum Nachteil des Gesicherten begründet. Die Ansprüche des Verbotsbetroffenen bestimmen sich ausschließlich nach dem Gehalt des gesicherten Rechts. 123

4. Rechte zwischen Verbotsgeschütztem und Dritterweber

Sekundäre Rechte im Verhältnis von Verbotsgesichertem und verbotswidrigem Dritterwerber können nicht in einem begrifflichen Sinne aus der mit dem Verbotsschutz verbundenen begrenzten Verdinglichung entwickelt werden, die ohnedies schwächer ausgebildet ist als bei der Vormerkung (zu dieser STAUDINGER/GURSKY[12] § 883 Rn 203). Vielmehr müssen die sekundären Rechte auch in diesem Verhältnis mit Rücksicht auf den **Zweck** und auf die **Funktionsweise** des Verfügungsverbotes begründet werden. In diesen Hinsichten ist für das Verfügungsverbot charakteristisch, daß es in der Regel Rechtssicherung bezweckt, es also **Verteidigungscharakter** hat und **nicht** zu einer **inhaltlichen Erweiterung** des gesicherten Rechts führt. Aus der verbotseigenen Aufgabe einer bloßen Rechtsverteidigung folgt ferner zum einen, daß eine Vorwegnahme der Zuweisung des gesicherten Objekts selbst – dies belegt die nur negative Wirkung des Verfügungsverbots – nicht stattfindet. Zum anderen zeigt sich, daß die Zuwendung oder der Schutz sekundärer Rechte aus dem Rechtsverhältnis zwischen dem Verbotsgeschützten und dem Verbotsbetroffenen grundsätzlich nicht zum Regelungsbereich des Verfügungsverbots gehört, weil es seiner Aufgabe gemäß gerade das Entstehen sekundärer Leistungsstörungsrechte verhindern soll. Schließlich ergibt sich aus der Funktionsweise des Verbotsschutzes, das gesicherte Recht trotz verbotswidriger Verfügung weiterhin im Verhältnis zum Verbotsbetroffenen durchsetzbar zu halten und daß dem Verfügungsverbot die Begründung unmittelbar im Verhältnis zum verbotswidrigen Dritterwerber geltender materiellrechtlicher Ansprüche fremd ist. Auf dieser Grundlage ergeben sich die folgenden Rechte (vgl zu Einzelheiten KOHLER 150 ff): 124

a) Schäden infolge **rechtlicher** Einwirkungen des Dritterwerbers auf den verbotsbetroffenen Gegenstand kann der Geschützte bei liegenschaftsbezogenen Verfügungsverboten durch Betreiben der **Grundbucheintragung** oder durch Eintragung eines **Widerspruchs entgegenwirken**, in anderen Fällen dadurch, daß er in geeigneter Weise für den Ausschluß gutgläubig-verbotsbefreiten Viertwerbs sorgt. Ein gemäß § 890 ZPO vollstreckbarer Unterlassungsanspruch besteht nicht, da sich dieser nicht mit der Grundentscheidung des § 135 Abs 1 S 1 vereinbaren läßt, den verbotsbetroffenen Gegenstand nicht allein wegen des Verfügungsverbots aus dem rechtsgeschäftlichen Verkehr zu nehmen. 125

Hat der verbotswidrige **Dritterwerber zugunsten eines gutgläubigen Vierten verfügt** und dadurch den Verbotsschutz vereitelt, wird die analoge Anwendung des § 816 Abs 1 vorwiegend befürwortet (FLUME § 17, 6 d; SOERGEL/HEFERMEHL Rn 26). Wird die durch 126

Verfügungsverbot erzielbare Verdinglichung des gesicherten Anspruchs betont, erscheint auch ein Anspruch gemäß 823 Abs 1 erwägenswert, sofern dieser nicht durch den Vorrang der etwa analog anzuwendenden §§ 989 f verdrängt wird. Sämtliche derartigen Ansprüche sind jedoch nicht anzuerkennen (KOHLER 158 ff). Der Schutzzweck des Verfügungsverbots ist auf die Sicherung des primären Erfüllungsinteresses beschränkt. Die Durchsetzung von Sekundäransprüchen gegen den verbotswidrigen Dritterwerber in Fällen einer mit der Vereitelung des Verbotsschutzes verbundenen Leistungsstörung hat praktisch nur den Sinn, dem Verbotsgeschützten bei Insolvenz seines vom Verfügungsverbot betroffenen Partners eine weitere Haftungsmasse, nämlich das Vermögen des verbotswidrigen Dritterwerbers, zu erschließen; der Schutz vor Insolvenzrisiken des Partners durch Eröffnung auf die Haftungsmasse Dritter gehört jedoch nicht zur Funktion des Verfügungsverbots, wie § 13 HS 1 KO zeigt.

127 b) Bei nachteiligen **tatsächlichen** Einwirkungen des Dritterwerbers auf den verbotsbetroffenen Gegenstand gilt dasselbe (KOHLER 162 ff); bei einer Sachbeschädigung ist der Dritterwerber nicht nach § 823 schadensersatzpflichtig (aA SOERGEL/ HEFERMEHL Rn 26; STAUDINGER/DILCHER[12] Rn 17), und bei einem Verbrauch haftet er nicht nach § 812 Abs 1 (aA SOERGEL/HEFERMEHL Rn 26). Dies gilt auch, wenn die Störung des gesicherten Rechts infolge Beschädigungen der verbotsbetroffenen Sache im Verhältnis zum primär Verbotsbetroffenen überhaupt Schadensersatzansprüche auslösen sollte. Die Gewährung von Schadensersatzansprüchen im Drittverhältnis ist nämlich auch hier mit den Funktionsgrenzen des Verbotsschutzes nicht vereinbar, weil solche Ansprüche entgegen § 13 HS 1 KO nur den Zweck haben, dem Verbotsgeschützten im Konkurs des Verbotsbetroffenen durch Erschließung einer weiteren Haftungsmasse gegenstandsübergreifend Deckung für sein Geldinteresse zu bieten.

128 **Vorbeugend** kann jedoch das Verfügungsverbot Ansprüche auf **Unterlassen** drohender Veränderungen des verbotsbetroffenen Gegenstands tragen (näher KOHLER 164 ff). Dieser Anspruch stimmt mit dem regelmäßigen Inhalt des Verbotsschutzes überein, die Erfüllung des Primärrechts als solche zu sichern. Der Unterlassungsanspruch gegen den Dritterwerber geht allerdings nur soweit, wie der Verbotsgesicherte von dem zunächst verbotsbetroffenen Partner Unterlassung verlangen könnte, wenn dieser die drohende Veränderung vornähme; der Verbotsschutz ist auch insoweit akzessorisch. Zur Sicherung dieser Rückbindung der Ansprüche im Drittverhältnis an die Ansprüche in der ursprünglichen Rechtsbeziehung zwischen Verbotsgeschütztem und Verbotsbetroffenem, aber auch in der Konsequenz der verbotstypisch fortgesetzten Verweisung des Verbotsgesicherten auf seine Ansprüche gegen den primär Verbotsbetroffenen liegt es, daß der Verbotsgesicherte zunächst aufgrund der ihm gegenüber dem Verbotsbetroffenen etwa zustehenden Unterlassungsansprüche die Abtretung der Unterlassungsansprüche verlangen muß, die diesem fiktiv zum Vorteil des Verbotsgesicherten gegenüber dem Dritterwerber aus dem verbotswidrig veräußerten absoluten Recht zustehen.

129 c) **Verwendungsersatzansprüche des Dritterwerbers** (näher KOHLER 167 ff) sind ebenso begründet wie in Fällen absolut unwirksamen Dritterwerbs. Die Anordnung bloß relativer Unwirksamkeit bezweckt im Vergleich zur Anordnung absoluter Unwirksamkeit eine Besserstellung des Dritten, so daß dieser erwarten kann, hinsichtlich

seiner Rechte nicht schlechter als ein absolut unberechtigter Erwerber gestellt zu werden (HARTMANN NJW 1956, 899; SCHWERDTNER BWNotZ 1972, 148 f; aA MEYER NJW 1971, 1318). Der indirekten Konstruktion des Verbotsschutzes folgend, aber auch zur sachgerechten Beschränkung der Verwendungsersatzhaftung des Verbotsgesicherten auf das Maß der im Innenverhältnis zwischen Dritterwerber und verbotswidrig Verfügendem infolge der Geltendmachung des Verbotsschutzes entstehenden internen Ausgleichsansprüche, ist ein Direktanspruch des Dritterwerbers gegen den Verbotsgeschützten ausgeschlossen. Statt dessen ist der im Verhältnis zwischen Dritterwerber und verbotswidrig Veräußerndem in dem angenommenen Fall der absoluten Unwirksamkeit des Dritterwerbs zu gewährende Verwendungsersatzanspruch maßgeblich, der als ein solcher aus dem Eigentümer-Besitzer-Verhältnis nach Maßgabe des **§ 999 Abs 2** nach Realisierung des verbotsgesicherten Rechtes gegen den Verbotsgeschützten durchsetzbar ist. Der aufgrund des Eigentümer-Besitzer-Verhältnisses entwickelte Verwendungsersatzanspruch ist **in der Regel** auf Ansprüche gemäß **§ 994 Abs 2** beschränkt; Ausnahmen können in seltenen Fällen in Betracht kommen, wenn der Dritterwerber aufgrund besonderer Umstände redlicherweise damit rechnen durfte, daß der Verbotsgeschützte den Erwerb bestehen lassen werde.

Ansprüche aufgrund **Geschäftsführung ohne Auftrag** scheitern gewöhnlich am Eigengeschäftsführungswillen (LEGART Gruchot 73, 311 ff; SCHWERDTNER BWNotZ 1972, 150). Ansprüche gemäß **§§ 946, 951 Abs 1 S 1** sind wegen Fehlens eines sich unmittelbar mit dem Einbau vollziehenden dinglichen Rechtszuwachses in der Person des Verbotsgeschützten nicht begründet. Ansprüchen unmittelbar aufgrund von **§ 812 Abs 1 S 1** steht entgegen, daß die Verwendung keine Leistung des Dritterwerbers ist und im übrigen eine abschöpfbare Bereicherung in sonstiger Weise nicht vorliegt, weil sich der Vermögenszuwachs in der Person des Verbotsgeschützten erst durch Vollzug des verbotsgeschützten Interesses und daher nicht in bereicherungsrechtlichem Sinne unmittelbar auf Kosten des Dritterwerbers vollzieht. **130**

§ 136

Ein Veräußerungsverbot, das von einem Gericht oder von einer anderen Behörde innerhalb ihrer Zuständigkeit erlassen wird, steht einem gesetzlichen Veräußerungsverbote der im § 135 bezeichneten Art gleich.

Materialien: E I § 107 Abs 1; II § 102; III § 132; Mot I 212; Prot I 124.

Schrifttum

Siehe bei § 135.

Systematische Übersicht

I.	**Anwendungsbereich**		2. Gerichtliche Verfügungsverbote	5
1.	Schutzbereich des gerichtlichen oder behördlichen Verfügungsverbots	1	3. Behördliche Verfügungsverbote	16

II. Rechtsfolgen

1. Grundsatz 17
2. Gutgläubig-verbotsbefreiter Erwerb 18

III. Erwerbsverbot

1. Regelungszweck und Sicherungsgrundlage 19
2. Zulässigkeitsbedenken 22
3. Rechtsfolgenbedenken 23

Alphabetische Übersicht

Anwartschaftsrecht	8
Aufgebotsverfahren	13
Beschlagnahme	10, 14 f
Einstweilige Verfügung	6, 7, 20
Eintragungshindernis	20
Enteignungsbeschluß	16
Erkenntnisverfahren	6
Erwerbsverbot	19 ff
– Grundbuchsperre	23
– Sicherungswirkung	25
– Zulässigkeit	22
– Zweck	19
Forderungspfändung	9
Grundstücksbeschlagnahme	10
Grundbuchsperre	3
Gutglaubensschutz	10, 18
Immobiliarvollstreckung	10
Kettenverkauf	7
Konkursverfahren	12
Mobiliarpfändung	11
Pfändungspfandrecht	11
Rechtsfolgenverweisung	17
Rechtspfändung	9
Restitutionsanspruch	7
Schutzzweck	4
Schwarzkauf	19
Unterlassen	
– Anspruch auf	8
Verfügungsverbot	5 ff
– Behördliches	16
– Gerichtliches	6 ff
Vergleichsverfahren	12
Verkehrsschutz	18
Vermögensbeschlagnahme	15
Verstrickung	18
Veräußerungsverbot	1
Vormerkung	7
Widerspruch	7
Zahlungssperre	13
Zugewinnausgleich	8
Zwangsversteigerung	10
Zwangsverwaltung	10
Zwangsvollstreckung	9

I. Anwendungsbereich

1. Schutzbereich des gerichtlichen oder behördlichen Verfügungsverbots

1 a) Die auf § 135 verweisende Vorschrift **gilt** für die von einem Gericht oder von einer anderen Behörde innerhalb ihrer Zuständigkeit erlassenen Veräußerungsverbote und sonstigen Verfügungsverbote (§ 135 Rn 28), wenn diese **nur den Schutz bestimmter Personen** bezwecken. Dies ergibt sich aus der Normgeschichte. Das gerichtliche Veräußerungsverbot wurde in § 107 E I, dem Vorläufer des heutigen § 135, zusammen mit dem gesetzlichen Veräußerungsverbot zum Schutze bestimmter

Personen geregelt; den gerichtlichen Verfügungsverboten stellte Art 7 des Einführungsgesetzes zum ersten Entwurf des BGB die behördlichen Verfügungsverbote gleich. Die zweite Kommission faßte die Regelung des gerichtlichen und des behördlichen Veräußerungsverbots zusammen und trennte sie zugleich von der Regelung des nachmaligen § 135, indem sie – in der Zählung des ersten Entwurfs – den § 107 a, den Vorläufer des heutigen § 136, schuf. Eine sachliche Änderung gegenüber der inhaltlichen Regelung des ersten Entwurfs war mit dieser redaktionellen Neufassung nicht beabsichtigt. Die Beschränkung der Vorschrift auf Verfügungsverbote zum Schutze bestimmter Personen ist daher normgeschichtlich als ungeschriebenes Tatbestandsmerkmal anzusehen. Die **Verweisung allein auf § 135** ist demgemäß system- und zweckgerecht.

b) Gerichtliche oder behördliche Verfügungsverbote zum **Schutz der Allgemeinheit** 2 werden daher **von § 136 nicht erfaßt**. Die Lücke ist durch eine **entsprechende Anwendung des § 134** in der Weise zu schließen, daß gerichtliche oder behördliche Verfügungsverbote zum Schutz der Allgemeinheit gesetzlichen Verfügungsverboten der in § 134 bezeichneten Art gleichstehen (RGZ 105, 71, 75; FAHLAND 17; MEHRTENS 31 f; MünchKomm/MAYER-MALY Rn 1; SOERGEL/HEFERMEHL Rn 5; BGB-RGRK/KRÜGER-NIELAND/ ZÖLLER Rn 1). Dementsprechend sind absolute gerichtliche oder behördliche Verfügungsverbote grundsätzlich ohne Rücksicht auf Gutgläubigkeit des Erwerbers wirksam, eine verbotswidrige Verfügung absolut unwirksam (KGJ 50 A 170; KG JFG 15, 208; SOERGEL/HEFERMEHL Rn 7).

Mit Rücksicht auf das grundbuchrechtliche Prinzip, daß das Grundbuchamt nicht 3 beim Zustandekommen eines unrichtigen Grundbuchs mitwirken darf, hat das absolut wirkende gerichtliche oder behördliche Verfügungsverbot eine **Grundbuchsperre** zur Folge (RGZ 105, 71, 76). Mangels Gefahr eines gutgläubigen Dritterwerbs sind derartige liegenschaftsbezogene Verfügungsverbote prinzipiell **weder grundbuchbedürftig noch grundbuchfähig** (SOERGEL/HEFERMEHL Rn 7). Ausnahmen können gesetzlich vorgesehen sein; dies gilt für § 75 BVersG (vgl BGHZ 19, 355, 359 zu § 77 RVersG), für § 35 des preußischen Ausführungsgesetzes zum RSiedlG vom 15. 12. 1919 (PrGS 1920, 31), ferner für den früheren § 6 KapAbfG vom 3. 7. 1916 (RGBl 680) (RGZ 105, 71, 75). Für diese gelten die beim relativen Verfügungsverbot bestehenden Regeln über den gutgläubigen Erwerb, die Eintragung des Verfügungsverbotes und die Offenheit des Grundbuchs für verbotswidrige Verfügungen entsprechend.

c) Die **Feststellung, ob** ein gerichtliches oder behördliches Verfügungsverbot nur 4 **dem Schutz bestimmter Personen oder dem Schutz der Allgemeinheit** dient, ist durch Auslegung der gerichtlichen oder behördlichen Anordnung unter Zugrundelegung der Prinzipien zu treffen, die für die Ermittlung des Inhalts gerichtlicher oder behördlicher Entscheidungen nach prozeßrechtlichen oder verwaltungsrechtlichen Gesichtspunkten gelten. Wesentlich ist dabei auch der Inhalt der das gerichtliche oder behördliche Verfügungsverbot tragenden gesetzlichen Ermächtigungsgrundlage, der erforderlichenfalls im Wege der Auslegung, dabei namentlich unter Berücksichtigung des Schutzzwecks des Gesetzes, festzustellen ist. Ein absolutes Verfügungsverbot ist anzunehmen, wenn das Gesetz den Schutz öffentlicher Interessen zum Ziel hat; beschränkt sich die Aufgabe des Gesetzes auf die Sicherung privater Interessen einzelner Personen, ist in der Regel ein nur relativ wirkendes Verfügungsverbot im Sinne des § 135 anzunehmen.

2. Gerichtliche Verfügungsverbote

5 Gerichtliche Verfügungsverbote zum Schutze bestimmter Personen sichern dem § 135 unter Vermittlung des § 136 einen praktisch wesentlichen Anwendungsbereich (MünchKomm/MAYER-MALY Rn 1; SOERGEL/HEFERMEHL Rn 17). In Betracht kommen die folgenden Fälle:

6 a) In einem **Erkenntnisverfahren**, nämlich als Inhalt einer **einstweiligen Verfügung** kann gemäß § 938 ZPO ein Verfügungsverbot angeordnet werden. § 938 Abs 2 ZPO benennt diesen Inhalt einer einstweiligen Verfügung für Grundstücke ausdrücklich (dazu FOERSTE 46 f; KOHLER, Verfügungsverbot 57 ff; C PAULUS 26 f). Die Möglichkeit ihrer Eintragung in das Grundbuch und die damit verbundene Verhinderung der Gefahr gutgläubig-verbotsbefreiten Dritterwerbs macht diese Sicherung praktisch sinnvoll; dem Sicherungserfolg dient auch, daß § 135 Abs 1 S 1 in Verbindung mit § 888 Abs 2 bei liegenschaftsbezogenen Verfügungsverboten ein klares Modell zur Durchsetzung des rechtlich geschützten Interesses bereitstellt (§ 135 Rn 106).

7 Das Verfügungsverbot aufgrund einer einstweiligen Verfügung im Liegenschaftsrecht kann anstelle einer **Vormerkung** oder eines **Widerspruchs** eingesetzt werden (KOHLER 221 ff). Dies gilt auch zur Verteidigung nicht vormerkbarer, auf Grundstücksbenutzung zielender **Obligationen mit verdinglichter Wirkung** vor Eintritt dieser Wirkungen; das trifft namentlich bei Vermietung und Verpachtung vor der Besitzeinräumung mit Rücksicht auf die §§ 571 ff zu (KOHLER 322 ff). Ein Verfügungsverbot ist ferner, anders als nach herrschender Ansicht die Vormerkung (BGHZ 12, 115, 120; RGZ 145, 343, 352 ff; KGJ 25 A 166, 167 f; OLG Hamm NJW 1965, 2303, 2304 u NJW-RR 1990, 272; BAUR/STÜRNER, Sachenrecht § 20 II 1 c), zulässig zur Sicherung des Schlußerwerbers im Verhältnis zu seinem Verkäufer, der seinerseits das betreffende Grundstück selbst gekauft und es noch nicht zu Eigentum erworben hat – Fall des **Kettenverkaufs** –; kommt jedoch entgegen der herrschenden Meinung (vgl MünchKomm/WACKE § 883 Rn 17) in diesem Fall auch eine Vormerkung zugunsten des Schlußerwerbers in Betracht, hat das Verfügungsverbot kaum praktische Bedeutung (näher KOHLER 260 ff). Das gerichtliche Verfügungsverbot dient ferner der Sicherung des nicht vormerkbaren **Restitutionsanspruchs** auf der Grundlage des **Gesetzes zur Regelung offener Vermögensfragen**; der Verfügungsanspruch ergibt sich aus § 3 Abs 3 S 1 VermG (KG DtZ 1991, 191, 191 f; BezG Erfurt DtZ 1991, 252, 253; BezG Magdeburg DNotZ 1991, 743, 744; KOHLER NJW 1991, 465 ff; ders DNotZ 1991, 699 ff).

8 Hingegen sind verfahrensrechtlich hinreichend gesicherte, sogenannte **Anwartschaftsrechte** mangels obligatorischer Basis weder vormerkbar noch durch Verfügungsverbot gegen Zufallsrisiken aus dem Bereich der grundbuchamtlichen Behandlung schwebender Eintragungsanträge zu sichern (KOHLER 247 ff; aA KG JW 1925, 643; KG JW 1926, 2701; KG OLGE 18, 20 f). Der **Anspruch auf bloßes Unterlassen** einer Verfügung gemäß **§ 137 S 2** ist, entgegen der wohl noch herrschenden Meinung, nicht durch Verfügungsverbot mit Tatbestandswirkung im Sinne des § 136 zu schützen (§ 137 Rn 39). Das gerichtliche Verfügungsverbot mit Tatbestandswirkung bei § 136 kann ferner nicht zur Sicherung der **ehegüterrechtlichen Mitwirkungsrechte** gemäß den **§§ 1365 ff** eingesetzt werden. Dies gilt ebenso mit Rücksicht auf den Vorrang des Arrests für die Sicherung von Geldwertinteressen; das in § 7 AnfG gewährte **Anfechtungsrecht** ist entgegen der hA (RGZ 67, 39, 41; OLG Köln NJW 1955, 717, 718; OLG

Koblenz ZIP 1992, 1754 m Anm Pape EWiR § 7 AnfG 1/93, 9; Bülow JuS 1994, 1, 3; Böhle-Stamschräder/Kilger, Vergleichsordnung § 2 Anm VII) deshalb nicht durch Verfügungsverbot, sondern durch Arrest zu sichern (Kohler 353 ff). Gleiches trifft für den Schutz des Anspruchs auf **Zugewinnausgleich** zu (Kohler 379 ff; **aA** die hM, KG OLGZ 1974, 450, 452 f = FamRZ 1974, 310, 311 = MDR 1974, 755; OLG Hamburg FamRZ 1982, 284, 284 f mwN und Nachweise Palandt/Diederichsen § 1389 Rn 4).

b)   Im Zuge der **Zwangsvollstreckung** werden ebenfalls relative gerichtliche Verfügungsverbote angeordnet. Dies gilt bei der **Forderungspfändung** (Fahland 38 ff, 49, 58, 86, 89) gemäß § 829 Abs 1 S 2 ZPO, ferner gemäß § 857 ZPO für sonstige **Rechtspfändungen**. Das Verfügungsverbot steht primär der Einziehung der Forderung entgegen, aber auch jeder sonstigen Verfügung zum Nachteil des Vollstreckungsgläubigers. Einwendungen des Drittschuldners gegen die gepfändete Forderung werden durch das Verfügungsverbot und durch eine verbotswidrige Zahlung nicht berührt (BGHZ 58, 25, 27 f = NJW 1972, 428; Beer 189 f; Werner NJW 1972, 1697; MünchKomm/Mayer-Maly Rn 5; BGB-RGRK/Krüger-Nieland/Zöller Rn 4; Palandt/Heinrichs Rn 9; **aA** Reinicke NJW 1972, 793, 796).

Bei der **Immobiliarvollstreckung** zum Zweck der **Zwangsversteigerung** wird ein Verfügungsverbot gemäß den §§ 20, 23 Abs 1 ZVG durch die Grundstücksbeschlagnahme in Kraft gesetzt (RGZ 90, 335, 340; AK-BGB/Damm Rn 4; Palandt/Heinrichs Rn 4). § 23 Abs 2 ZVG enthält eine partiell eigenständige Gutglaubensschutzregelung, indem die Vorschrift anordnet, daß der Kenntnis der Beschlagnahme, der die Wirkung eines Veräußerungsverbotes durch § 23 Abs 1 S 1 ZVG zuerkannt wird, die Kenntnis des Versteigerungsantrags gleichsteht. Wie sich aus § 146 Abs 1 ZVG und zusätzlich im Rückschluß aus § 148 Abs 1 S 2 ZVG ergibt, ist auch mit der Anordnung der **Zwangsverwaltung** von Grundstücken die Beschlagnahme und damit ein Verfügungsverbot in Bezug auf die der Zwangsverwaltung unterliegenden Gegenstände verbunden.

Bei der **Mobiliarpfändung** sieht die Zivilprozeßordnung ein mit der Pfändung verbundenes Verfügungsverbot nicht ausdrücklich vor. Da dies auffällig von den §§ 829, 857 ZPO abweicht, nimmt die hM ein mit der Pfändung verbundenes Verfügungsverbot auch hier an (Fahland 94; Gaul RPfleger 1971, 1, 7; Münzberg ZZP 78, 287, 297 f; Rosenberg/Schilken, Zwangsvollstreckungsrecht § 50 III 2 b; Brox/Walker, Zwangsvollstreckungsrecht Rn 361, 370; Stein/Jonas/Münzberg, ZPO § 804 Rn 43; **ablehnend** Lüke JZ 1955, 484, 486 f). Die grundsätzliche Parallelität aller Zwangsveräußerungsfälle legt deren **Gleichordnung auch hinsichtlich der Annahme eines** mit der Vollstreckungsbeschlagnahme bzw Pfändung verbundenen **Verfügungsverbots** nahe. Zwingend erscheint dies allerdings nicht. Bei der Mobiliarpfändung genügt nämlich das Pfändungspfandrecht, um die Rechte zwischen den Beteiligten zu regeln und insbesondere den Schutz des gutgläubigen Drittschuldners gemäß § 936 zu gewährleisten; die Sicherung des gutgläubigen Drittschuldners gemäß § 135 Abs 2 (Fahland 107; Münzberg ZZP 78, 298 ff) ist daneben entbehrlich.

c)   Im **Konkurs- bzw Insolvenzverfahren** ist das an den Schuldner gerichtete allgemeine Veräußerungsverbot des Konkurs- bzw Insolvenzgerichts gemäß den §§ 106 Abs 1 S 3, 113 KO (Gerhardt, in: FS Flume I [1978] 527, 536 ff) sowie gemäß §§ 21 Abs 2 Nr 2, 32, 33 InsO ein Verfügungsverbot im Sinne des § 136 (OLG-Rp Oldenburg 1994, 268, 269). In der Sache gilt dies auch im **Vergleichsverfahren** für allgemeine und besondere Veräußerungsverbote gemäß § 59 VerglO, jedoch sieht § 59 S 3 VerglO vor, daß sich die Rechtsfolgen ausschließlich nach den §§ 62 ff VerglO als leges speciales richten (MEHRTENS 100 ff; MünchKomm/MAYER-MALY Rn 6; SOERGEL/HEFERMEHL Rn 17; BGB-RGRK/KRÜGER-NIELAND/ZÖLLER Rn 8; AK-BGB/DAMM Rn 4).

13 d) Die Zahlungssperre, die während des zur Kraftloserklärung eines verlorenen Inhaberpapiers führenden **Aufgebotsverfahrens** gemäß § 1019 ZPO angeordnet wird, beinhaltet ebenfalls ein gerichtliches Verfügungsverbot im Sinne des § 136 (BÜLOW JuS 1994, 1, 3; MünchKomm/MAYER-MALY Rn 6; SOERGEL/HEFERMEHL Rn 17; BGB-RGRK/KRÜGER-NIELAND/ZÖLLER Rn 5).

14 e) **Strafverfahrensrechtlich** angeordnete Sicherstellungen durch Beschlagnahme aufgrund des § 111 b StPO haben nach Maßgabe des § 111 c Abs 5 StPO die Wirkung eines Veräußerungsverbots im Sinne des § 136; § 111 g Abs 3 StPO erstreckt die Schutzwirkung vom Zeitpunkt der Beschlagnahme an auch auf solche Verletzte, die während der Dauer der Beschlagnahme die Zwangsvollstreckung in den beschlagnahmten Gegenstand betreiben oder den Arrest vollziehen. Strafgerichtliche Verfügungsverbote mit ausdrücklichem Verweis auf § 136 enthalten auch die zur Sicherung des Fiskus getroffenen, noch nicht rechtskräftigen Anordnungen des Verfalls und der Einziehung auf der Grundlage der §§ 73 d Abs 2 und 74 e Abs 3 StGB (trotz der Verweisung für absolute Wirkung RÜTHERS, AT Rn 373, SOERGEL/HEFERMEHL Rn 6).

15 Strafgerichtliche Veräußerungsverbote infolge einer Beschlagnahme ergehen jedoch häufig **im Allgemeininteresse.** Hierher zählen beispielsweise die Vermögensbeschlagnahme gemäß § 290 StPO, die nicht nur zum Schutz von fiskalischen Belangen stattfindet (BÜLOW JuS 1994, 1, 3; RÜTHERS Rn 373; SOERGEL/HEFERMEHL Rn 6); hat die Vermögensbeschlagnahme nur die Wirkung einer unabhängig von einem Veräußerungsverbot eintretenden Entziehung der Verfügungsmacht (so MünchKomm/MAYER-MALY § 135 Rn 9), tritt dieselbe Rechtsfolge, nämlich absolute Unwirksamkeit einer beschlagnahmewidrigen Verfügung ein. Dasselbe gilt für die Vermögensbeschlagnahme aufgrund von § 443 StPO (aA BÜLOW JuS 1994, 1, 3; SOERGEL/HEFERMEHL Rn 17).

3. Behördliche Verfügungsverbote

16 Behördliche Verfügungsverbote zum Schutz bestimmter Personen sind selten. In den meisten Fällen ist der Schutz der Allgemeinheit bezweckt, so daß die Rechtsfolgen einer verbotswidrigen Verfügung durch § 134 bestimmt werden. Ein Beispiel für ein relatives behördliches Verfügungsverbot ist der Enteignungsbeschluß (RGZ 62, 215, 218; MünchKomm/MAYER-MALY Rn 6).

II. Rechtsfolgen

1. Grundsatz

17 Die Rechtsfolgen von Verstößen gegen gerichtliche oder behördliche Verfügungsverbote zum Schutze bestimmter Personen werden von § 135 bestimmt. § 136 enthält im Ergebnis eine **Rechtsfolgenverweisung**, indem die Vorschrift derartige Verfügungsverbote mit gesetzlichen Verfügungsverboten zum Schutze bestimmter Personen tatbestandlich gleichstellt. Die Rechtsfolgen von Verstößen gegen gerichtliche und

behördliche Verfügungsverbote zum Schutze der Allgemeinheit richten sich nach § 134.

2. Gutgläubig-verbotsbefreiter Erwerb

In den Fällen relativ wirkender gerichtlicher oder behördlicher Verfügungsverbote **18** ist die Geltung der Gutglaubensschutzregel des § 135 Abs 2 im Gegensatz zur Anwendbarkeit des § 135 Abs 1 nicht unstreitig (vgl Lüke JZ 1955, 484, 486 f). Die **Möglichkeit gutgläubig-verbotsbefreiten Erwerbs** ist jedoch auch bei Verstößen gegen gerichtliche oder behördliche Verfügungsverbote zu gewährleisten (Münzberg ZZP 78, 287, 300 f; Pawlowski AcP 175 [1975] 189, 195; MünchKomm/Mayer-Maly Rn 7). Gesetzessystematisch ergibt sich dies schon aus § 23 Abs 2 ZVG, der die prinzipielle Möglichkeit gutgläubig-verbotsbefreiten Erwerbs auch bei einem richterlichen Verfügungsverbot voraussetzt. Die Ermöglichung gutgläubig-verbotsbefreiten Erwerbs ist auch trotz der damit verbundenen Vereitelung gerichtlicher oder behördlicher Anordnungen sachlich nicht verfehlt, weil der damit erzielte Verkehrsschutz ebenfalls ein berechtigtes Anliegen der Rechtsordnung ist und Vorrang vor dem öffentlichen Interesse an der Aufrechterhaltung des Verbotsschutzes genießen kann (Münzberg ZZP 78, 287, 300 f; Pawlowski AcP 175 [1975] 189, 195; MünchKomm/Mayer-Maly Rn 7). In Beschlagnahmefällen insbesondere im Zuge von Zwangsvollstreckungsmaßnahmen kann demgemäß der Verbotsschutz durch gutgläubigen Erwerb beendet werden, die Verstrickung jedoch fortgelten (Fahland 111 f; **aA** MünchKomm/Mayer-Maly Rn 7).

III. Erwerbsverbot

1. Regelungszweck und Sicherungsgrundlage

Das Reichsgericht (RGZ 117, 287, 291; RGZ 120, 118, 120) entwickelte in Schwarzkauf- **19** fällen praeter legem relativ wirkende Erwerbsverbote in Anlehnung an § 136 iVm § 135. Das aufgrund einstweiliger Verfügung verhängte Erwerbsverbot bezweckt in der Regel, den infolge Vollzugs des Veräußerungsgeschäfts drohenden dauernden **Rechtsverlust abzuwenden**, der durch den bevorstehenden **Verlust des Kondiktionsanspruchs infolge einer Heilung** des dem Verpflichtungsgeschäft anhaftenden Unwirksamkeitsgrundes zu befürchten ist. Diese Rechtslage findet sich wegen § 313 S 2 insbesondere bei formnichtigen Verträgen über die Verpflichtung zur Veräußerung oder zum Erwerb eines Grundstücks; daneben kann aber etwa auch der Fall des formnichtigen Schenkungsversprechens in Betracht kommen.

Die den Grundstückserwerb verbietende einstweilige Verfügung, die dem Erwerber **20** gemäß den §§ 929, 936 ZPO **zugestellt** werden muß, sichert den Veräußerer nach herrschender Auffassung primär dadurch, daß das selbst mangels Voreintragung des betroffenen Erwerbers nicht eintragbare Erwerbsverbot als **Eintragungshindernis** im Sinne des § 18 GBO gilt (BGH FamRZ 1969, 151, 152; OLG Hamm DNotZ 1970, 661, 662; MünchKomm/Mayer-Maly Rn 8; BGB-RGRK/Krüger-Nieland/Zöller Rn 10). Wird der infolge Zustellung des Erwerbsverbots bösgläubige Erwerber verbotswidrig eingetragen, weil das Grundbuchamt keine Kenntnis von dem Erwerbsverbot hat oder es dieses fehlerhaft nicht beachtet hat, ist der verbotene **Erwerb** in Analogie (Palandt/ Heinrichs Rn 5) zu den §§ 136, 135 Abs 1 S 1 **relativ unwirksam**; infolgedessen konvalesziert das dem Erwerbsgeschäft zugrundeliegende **Verpflichtungsgeschäft** nicht. Zur Verhinderung eines vollwirksamen Erwerbs eines hinsichtlich des Erwerbsverbots gutgläubigen Vierten ist alsdann das Erwerbsverbot zu Lasten des nun voreingetragenen Erwerbers eintragbar.

21 Die materiellrechtliche Sicherungswirkung läßt sich begrifflich damit erklären, daß das Erwerbsverbot einen materiellrechtlichen Eingriff in die Befugnis des Erwerbers enthält, sich das angebahnte Sachenrecht zu verschaffen (MünchKomm/MAYER-MALY Rn 8). Unter verfahrensrechtlichem Aspekt läßt sich dieses Ergebnis durch die Erwägung stützen, daß das Verbot, den Antrag auf Eintragung des begehrten Sachenrechts zu stellen, bzw das Gebot, einen bereits gestellten Antrag zurückzunehmen, den gestellten Antrag relativ unwirksam und ihn damit als Grundlage eines Rechtserwerbs ungeeignet macht.

2. Zulässigkeitsbedenken

22 Die **Zulässigkeit** richterlicher Erwerbsverbote ist umstritten; die wohl herrschende Ansicht hält sie für gerechtfertigt (BEER 172 ff; FOERSTE 116 ff, 122; HABSCHEID, in: FS Schiedermair [1976] 245 ff; OSTERMANN, Das Erwerbsverbot [Diss Bonn 1930] 42, 83 ff; BAUR/STÜRNER, Sachenrecht § 15 IV c; MünchKomm/MAYER-MALY Rn 9; ERMAN/BROX Rn 15; ERMAN/H P WESTERMANN § 819 Rn 7; SOERGEL/HEFERMEHL § 135 Rn 31), und zwar trotz beachtlichen Widerspruchs (FLUME § 17 6 e; LARENZ, AT § 23 IV; MEDICUS, AT Rn 665; GIESEN, AT Rn 346). Die hier nicht im einzelnen darzustellenden (dazu eingehend STAUDINGER/GURSKY[12] § 888 Rn 71; MünchKomm/WACKE § 888 Rn 24 f) **Bedenken** sind **vielfältig.** Schon grundsätzlich ist zweifelhaft, ob es eine durch Gerichtsverbot einzuschränkende Erwerbsmacht überhaupt gibt (LARENZ, AT § 23 IV; ähnlich schon MÜNZEL DNotV 1928, 288, 288 f; E WOLF, Sachenrecht S 246 Fn 10). Bezüglich des zu sichernden Anspruchs aus Leistungskondiktion (RGZ 108, 329, 331 ff; HABSCHEID, in: FS Schiedermair 252), welcher die Auflassung oder das Anwartschaftsrecht (BAUR/STÜRNER, Sachenrecht § 19 B I 2 c bb ß) zum Gegenstand hat, ist fraglich, ob er nicht schon vor der Eigentumsumschreibung durch Heilung des Formmangels entfallen ist (BÜLOW JuS 1994, 1, 6; FLUME § 17, 6 e) oder ob ihm § 814 als Sonderfall des allgemeinen Arglistseinwands entgegensteht (vgl RGZ 108, 329, 333 ff und RG JW 1928, 2462, 2463 f; HABSCHEID, in: FS Schiedermair 252 f; WENG 5 f; MünchKomm/WACKE § 888 Rn 24 f; anders RGZ 117, 287, 295). Auch der Rechtsgedanke des § 878 BGB kann das Erwerbsverbot als Sicherungsmittel des Veräußerers disqualifizieren, wenn die Funktion dieser Vorschrift betont wird, den Erwerber nicht den Nachteil aus der Dauer des Eintragungsverfahrens tragen zu lassen (MÜNZEL DNotV 1928, 290; HÄSEMEIER, Die gesetzliche Form der Rechtsgeschäfte [1971] 255; HUBERNAGEL Gruchot 73, 47 f; OSTERMANN 47 f; MünchKomm/WACKE § 878 Rn 25 und § 888 Rn 24; zweifelnd HABSCHEID, in: FS Schiedermair 251; aA RGZ 120, 118, 120 und KG JFG 1, 379, 382 ff; WENG 40 ff).

3. Rechtsfolgenbedenken

23 Zweifel an den Rechtsfolgen des Erwerbsverbots ergänzen die grundsätzlichen Zulässigkeitsprobleme. Die von der herrschenden Ansicht angenommene **Grundbuchsperre widerspricht** dem Regelungsbild der §§ 135, 136 (HUBERNAGEL Gruchot 73, 41 ff; KOHLER 133 Fn 369; MÜNZEL DNotV 1928, 291 f). Die Grundbuchsperre steht überdies nicht im Einklang mit dem Grundsatz des geringsterfordernichen Eingriffs, dem das Erwerbsverbot als Maßnahme des einstweiligen Rechtsschutzes ebenfalls Genüge tun muß. Vielmehr gefährdet die Grundbuchsperre den Erwerber erheblich, indem sie diesem den Schutz vor anderweitiger Verfügung seitens des Veräußerers und vor dessen Konkurs für den Fall, daß sich das Erwerbsverbot schließlich als unberechtigt herausstellt, grundlos vorenthält.

Dem vom Veräußerer mit dem Erwerbsverbot verfolgten **Sicherungszweck genügt** 24 nämlich, eine relative Unwirksamkeit der erwerbsverbotswidrigen Verfügung ausschließlich mit der Folge einer **Suspendierung der** sonst mit dem Verfügungsgeschäft verbundenen **Heilungswirkung**, namentlich gemäß § 313 S 2, anzunehmen. Der durch das Verfügungsverbot Geschützte mag alsdann das zugunsten des Erwerbers gebuchte Eigentum bereicherungsrechtlich zurückfordern (HUBERNAGEL Gruchot 73, 43, 48 ff). Daneben ist § 894 nicht anzuwenden, sofern nur die Rückbuchung des Eigentums auf den durch das Erwerbsverbot Geschützten verlangt wird, weil der Anspruch gemäß § 894 die materielle Lage nicht ändert, der Erwerber also auch nach dessen Durchsetzung das Eigentum relativ wirksam erlangt hätte und damit das Grundbuch entgegen dem Zweck des § 894 falsch würde (HUBERNAGEL Gruchot 73, 49 f; **aA** WENG 117 f). Bei der Durchsetzung des Rückforderungsanspruchs bedarf es der analogen Anwendung des § 888 Abs 2 im übrigen nur, soweit sich ein Dreipersonenverhältnis infolge einer Verfügung des verbotswidrigen Erwerbers zugunsten eines Dritten entwickelt hat (HUBERNAGEL Gruchot 73, 50; **aA** WENG 116 f).

Die hier vorgeschlagene **Sicherungswirkung** des Erwerbsverbots ist hinsichtlich der 25 Rechtsfolgen **unmittelbar aus den §§ 135, 136 abgeleitet**; einer Analogie bedarf es insoweit nicht (**aA** FOERSTE 132). Die damit gewonnene Gleichordnung der Rechtsfolgen mit den Regeln, die für das Verfügungsverbot gelten, ist wegen der damit erzielbaren Verwirklichung des Prinzips des geringsterforderlichen Eingriffs, dessen Geltung schon die Grundsätze des einstweiligen Rechtsschutzes gebieten, durchaus zu begrüßen. Es empfiehlt sich daher, das Erwerbsverbot, sofern es dem Grunde nach überhaupt als zulässig angesehen wird, in Parallele zum Verfügungsverbot zu konstruieren (HABSCHEID, in: FS Schiedermair 254), insoweit jedoch mit aller Konsequenz.

§ 137

Die Befugnis zur Verfügung über ein veräußerliches Recht kann nicht durch Rechtsgeschäft ausgeschlossen oder beschränkt werden. Die Wirksamkeit einer Verpflichtung, über ein solches Recht nicht zu verfügen, wird durch diese Vorschrift nicht berührt.

Materialien: E I § 796; II § 102 a; III § 133;
Mot III 77; Prot III 76 und 257.

Schrifttum

ASSFALG, Der Schutz des Treuhandbegünstigten gegen abredewidrige Verfügungen des Treuhänders in rechtsvergleichender Sicht, NJW 1970, 1902 ff

BAUMGÄRTEL, Anmerkung zu BGH MDR 1960, 39, MDR 1960, 296 ff
BRÜTT, Das rechtsgeschäftliche Veräußerungsverbot nach Gemeinem Recht und Bürgerlichem Gesetzbuch (Diss Berlin 1900)
BÜLOW, Zu den Vorstellungen des historischen Gesetzgebers über die absolute Wirkung rechtsgeschäftlicher Abtretungsverbote, NJW 1993, 901 ff
ders, Grundfragen der Verfügungsverbote, JuS 1994, 1 ff
COING, Die Treuhand kraft privaten Rechtsgeschäfts (1973)
DÄUBLER, Rechtsgeschäftlicher Ausschluß der Veräußerlichkeit von Rechten?, NJW 1968, 1117 ff
ERMAN, Verwaltung der Rechte eines Kommanditisten durch einen persönlich haftenden Gesellschafter der Kommanditgesellschaft, in: FS Nipperdey Bd 1 (1965) 277 ff
FURTNER, Sicherung eines künftigen Rechtserwerbs durch einstweilige Verfügung, NJW 1964, 745 ff
ders, Die rechtsgeschäftlichen Verfügungsbeschränkungen und ihre Sicherung, NJW 1966, 182 ff
GROSSFELD/GERSCH, Zeitliche Grenzen von privaten Schuldverträgen, JZ 1988, 937 ff
JAKOBS, Die Verlängerung des Eigentumsvorbehalts und der Ausschluß der Abtretung der Weiterveräußerung, JuS 1973, 152 ff
KOHLER, Das Verfügungsverbot gemäß § 938 Abs 2 ZPO im Liegenschaftsrecht (1984)
ders, Vormerkbarkeit eines durch abredewidrige Veräußerung bedingten Rückerwerbsanspruchs, DNotZ 1989, 339 ff
KNOKE, Zur Lehre vom relativen Veräußerungsverbot, in: FG Güterbock (Berlin 1910) 401 ff
KÖTZ, Anm BGH 4. 4. 68, II ZR 26/67, NJW 1968, 1471 ff
LANGE, Bindung des Erblassers an seine Verfügungen, NJW 1963, 1571 ff
LIEBS, Die unbeschränkbare Verfügungsbefugnis, AcP 175 (1975) 1 ff
MERREM, Sicherung vertraglicher Verfügungsverbote, JR 1993, 53 ff

OERTMANN, Rechtsgeschäftliches Veräußerungsverbot als dingliche Dispositionsbeschränkung nach gegenwärtigem und künftigem Rechte, SeuffBl 64, 353 ff u 369 ff
OSTERMANN, Das Erwerbsverbot (Diss Bonn 1930)
PIKALO, § 137 BGB in der Praxis des Rechtslebens, DNotZ 1972, 644 ff
RAIBLE, Vertragliche Beschränkung der Übertragung von Rechten (Diss Tübingen 1969)
ROSE, Anmerkung zu BGH NJW 1970, 699, NJW 1970, 1501 ff
SCHLOSSER, Außenwirkungen verfügungshindernder Abreden bei der rechtsgeschäftlichen Treuhand, NJW 1970, 681 ff
SCHOLZ, Die verbotswidrige Abtretung, NJW 1960, 1837 ff
SCHOTT, Über Veräußerungsverbote und Resolutivbedingungen im bürgerlichen Recht, in: Breslauer FG Dahn III (1905) 305 ff
SEIFERT, Verfügungsfreiheit und rechtsgeschäftliches Veräußerungsverbot (Diss Frankfurt 1965)
TEICHMANN, Gestaltungsfreiheit in Gesellschaftsverträgen (1970)
ders, Anmerkung zu BGH JZ 1974, 30, JZ 1974, 32 ff
THIELE, Die Zustimmungen in der Lehre vom Rechtsgeschäft (1966)
TIMM, Außenwirkungen vertraglicher Verfügungsverbote?, JZ 1989, 13 ff
WEITNAUER, Die unverzichtbare Handlungsfreiheit, in: FS F Weber (1975) 429 ff
WESTERMANN, Vertragsfreiheit und Typengesetzlichkeit im Recht der Personengesellschaften (1970)
WIEDEMANN, Die Übertragung und Vererbung von Mitgliedschaftsrechten bei Handelsgesellschaften (1965)
WIEGAND, Numerus clausus der dinglichen Rechte, in: FS Kroeschell (1987) 635 ff
WOLANY, Bedingte Einziehbarkeit gepfändeter GmbH-Geschäftsanteile, in: FS Nipperdey Bd 1 (1965) 975 ff
ZÖLLNER, Vertragsfreiheit und Bindung an den Typus im ehemaligen Güterrecht, FamRZ 1965, 113 ff.

2. Titel.
Willenserklärung

§ 137

Systematische Übersicht

I. Grundlagen

II. Normzwecke
1. Freiheitsschutz — 5
2. Sicherung der Zivilrechtsstruktur — 7

III. Allgemeiner Anwendungsbereich (Satz 1 und 2)
1. Veräußerliches Recht — 11
2. Ausschluß oder Beschränkung der Verfügungsbefugnis — 21
3. Rechtsgeschäftliche Grundlage des Ausschlusses oder der Beschränkung — 28

IV. Gegenstandsbezogene Rechtsfolgen (Satz 1)
1. Grundsatz — 29
2. Verfügung entgegen gegenstandsbindender Verfügungsbeschränkung — 30

V. Verpflichtung zum Unterlassen einer Verfügung (Satz 2)
1. Voraussetzungen — 31
2. Verfügung entgegen obligatorischer Unterlassungspflicht — 35
3. Vorbeugende Sicherungen — 37

Alphabetische Übersicht

Abtretbarkeit von Forderungen — 16
Abtretungsausschluß — 16
Anwendungsbereich — 11 ff
auflösende Bedingung — 22 ff
aufschiebende Bedingung — 40 f
Ausschluß der Verfügungsbefugnis — 21 ff, 28 ff

Befristung — 2, 8, 34

Dienstbarkeit — 12
Dienstleistung — 12
dingliche Sicherung — 9
Dritterwerber — 36, 41

Ehegattenverhältnis — 12
Eigentum — 19 f
Eigentumsanwartschaft — 19 f
einstweilige Verfügung — 38
Eltern-Kind-Verhältnis — 12
Erbbaurecht — 15
Erwerbsanspruch — 40 f
Erwerbssicherheit — 7, 23, 40

Forderungen — 16
Forderungsvinkulierung — 16, 18, 30

gerichtliches Veräußerungsverbot — 38 f
Geschmacksmusterrecht — 19
Gesellschaftsverhältnis — 12
Gestaltungsfreiheit — 1
Grundschuld — 17, 31

Grundbuch — 29, 33
Grundbucheintragung — 33
Gutglaubensschutz — 7, 23, 29

höchstpersönliche Rechte — 12
Hypothek — 17, 31, 38

Ius ad rem — 9
Inhaltsbestimmung eines Rechts — 18, 30

Kapitalgesellschaft — 12
konkurrierende Verfügungsmacht — 25

Marktfreiheit — 6, 23
Miete — 12

Nacherbfolge — 28
Nießbrauch — 12
Normzwecke — 3 ff
numerus clausus — 7 f

Obligationen — 1
Orientierungssicherheit — 7, 20, 23

Pacht — 12
Patentrecht — 19
Pfändbarkeit eines Rechts — 10, 16
Personengesellschaft — 12, 27

Reallast — 12
Rechtsklarheit — 7

Rechtssicherheit	7	– obligatorische	1 f, 31 ff
Rechtsvereinfachung	7, 10	– dingliche	1 f, 7 ff, 20, 24, 29 ff
relativ-dingliche Rechte	8, 39	Verfügungsgeschäft	1, 3
rules against perpetuities	2	Verfügungsmacht	11, 21 ff, 26
		Verjährung	34
Schutz der persönlichen Freiheit	5, 23	verlängerter Eigentumsvorbehalt	16
Schadensersatz	5, 35 f, 40	Verlagsrecht	12, 15
		Verpfändbarkeit eines Rechts	11
Teilungsanordnung	28	Verpflichtung zum Unterlassen einer	
Testament	28	Verfügung	1, 22, 31 ff, 38, 40 f
Treuhand	20, 24	Verpflichtungsgeschäft	1, 3
		Vertragsstrafe	38
Übertragbarkeit	10 ff, 16 f	Vertragsvereinbarungen	28
Unterlassungspflicht	34	Vorkaufsrecht	12, 34
		Vormerkung	41
Veräußerlichkeit	11 ff, 18, 22		
verbotswidrige Verfügung	40	Wettbewerbsrecht	6, 31
verdrängende Vollmacht	26 f	Wirksamkeit verbotswidriger Verfügungen	29 f
Vereitelung der Zwangsvollstreckung	39, 41	Wohnungseigentum	15
Verfügung von Todes wegen	28, 31		
Verfügungsbeschränkung		Zessionsausschluß	16
– rechtsgeschäftliche	1 f, 7 ff, 18, 20, 24, 28 ff, 29 ff		

I. Grundlagen und Regelungsbereich

1 Die Vorschrift beruht auf der für das Bürgerliche Gesetzbuch charakteristischen **scharfen Trennung von Verpflichtungs- und Verfügungsgeschäft**. Indem die Regelung im ersten Satz rechtsgeschäftlich begründete Verfügungsbeschränkungen für unwirksam erklärt, hingegen im zweiten Satz die rechtsgeschäftlich begründete Pflicht zum Unterlassen einer Verfügung als wirksam akzeptiert, betont die Norm die Eigenart von Verpflichtungs- und Verfügungsgeschäft hinsichtlich der vom rechtsgeschäftlichen **Grundsatz der privatautonomen Gestaltungsfreiheit** gestellten Frage nach der Zulässigkeit und Wirkung verfügungsbeschränkender rechtsgeschäftlicher Akte. Die Antwort ist eine differenzierende, weil die rechtsgeschäftliche **Regelungsmacht**, soweit diese die Beschränkung der Verfügbarkeit von Gegenständen betrifft, **nur für** das Gebiet der **Obligationen anerkannt** wird.

2 Die Regelung ist **kein selbstverständlicher Inhalt** einer Zivilrechtsordnung (so aber RAIBLE 82; dagegen auch MünchKomm/MAYER-MALY Rn 3, 7). Ihr stehen historische Beispiele entgegen, etwa das preußische Allgemeine Landrecht, dort I 4 §§ 15 ff. Auch ausländische Rechtsordnungen wie die englische lassen dingliche Verfangenschaft kraft rechtsgeschäftlicher Verfügungsbeschränkung zu und mildern nur deren freiheitsbegrenzende und verkehrshemmende Wirkung, indem sie durch rules against perpetuities für Befristungen der beschränkenden rechtsgeschäftlichen Regelungen sorgen. Dank der grundsätzlichen Versagung dinglich wirkender rechtsgeschäftlicher Verfügungsverbote sind solche sekundären Beschränkungen der Wirksamkeit derartiger Verfügungsverbote im deutschen Recht weitgehend entbehrlich (s Rn 34).

II. Normzwecke

Die Norm wird als eine **Grundvorschrift** des Zivilrechts angesehen (Soergel/Hefer- 3
mehl Rn 1; AK-BGB/Damm Rn 1; MünchKomm/Mayer-Maly Rn 3). Ihre schon durch den
Kontrast ihrer beiden Sätze verdeutlichte Funktion, die Trennung und Verschiedenheit von Verpflichtungs- und Verfügungsgeschäften herauszustellen sowie die **gesetzliche Typisierung der verfügbaren Rechte** gegen rechtsgeschäftliche Modifikationen zu **sichern**, stützt diese Einschätzung. Schon diese Aufgabe genügt, um der Norm elementare Bedeutung beizumessen.

Der Vorschrift werden indessen **weitere**, über die gesetzliche Strukturbildung und 4
-sicherung hinausgehende **Sinngehalte** zuerkannt. Die umfassende Ermittlung der Normzwecke ist bedeutsam für die Beurteilung rechtsgeschäftlicher Gestaltungen unterschiedlicher Art, die im Ergebnis bewirken sollen, daß der Inhaber eines Rechtes über dieses nicht dinglich frei in der Weise verfügen kann, daß er das betroffene Recht einem von ihm ausgewählten Dritten übertragen oder es zu dessen Gunsten belasten kann. Die folglich **notwendige Diskussion** um die Funktionen des § 137 hat allerdings nur teilweise zu Einmütigkeit geführt. Erörtert werden die folgenden Zwecke:

1. Freiheitsschutz

a) Der **Schutz der persönlichen Freiheit** wird nicht selten als Aufgabe des § 137 5
angesehen, die Vorschrift damit als Schutz der Persönlichkeit gedeutet (BayObLG NJW 1978, 700, 701; OLG Düsseldorf OLGZ 1984, 90, 91; OLG Zweibrücken OLGZ 1981, 167, 168; Baur JZ 1961, 334, 335; Bülow JuS 1994, 1, 4; Liebs AcP 175 [1975] 25, 39 f; Raible 77 ff; Schlosser NJW 1970, 181, 683 ff; Seifert 75 ff; Weitnauer, in: FS Weber 429, 431, 434; Palandt/Heinrichs Rn 1, 4; zurückhaltend Medicus, AT Rn 678; ähnlich Jauernig/Jauernig Anm 2). Freiheitsschutz zugunsten des Einzelnen ist jedoch nicht Primärzweck der Norm, sondern nur **Rechtsreflex** (Däubler NJW 1968, 1117, 1118 f; Kohler, Verfügungsverbot 298 ff; MünchKomm/Mayer-Maly Rn 3; Soergel/Hefermehl Rn 2; vorausgesetzt auch von KGJ 40, 123, 124 ff; Timm JZ 1989, 13, 16; Westermann, Vertragsfreiheit 421; Larenz, AT § 18 II c; AK-BGB/Damm Rn 1 ff). § 137 S 2 nimmt nämlich die Freiheit, die der vorangegangene Satz zu gewähren vorgibt (so insbesondere auch Seifert 97 ff; Medicus, AT Rn 678; Westermann 423; MünchKomm/Mayer-Maly Rn 3; Jauernig/Jauernig Anm 2). Gegen diese Einschätzung spricht das praktisch häufige Fehlen einer Sanktion bei Verstößen gegen die Unterlassungspflicht nicht grundsätzlich. Mit Recht wird nämlich der Gebrauch der Freiheit zur Verfügung als rechtswidrig vorausgesetzt, wenn und weil der Pflichtverstoß, Vorhandensein eines materiellen Schadens vorausgesetzt, schadensersatzpflichtig macht.

b) Die Sicherung der **Marktfreiheit** wird zur Aufgabe der Norm erklärt, wenn die 6
Gewährleistung von freiem Güterumsatz als Aufgabe der Norm angesehen wird (BGHZ 56, 275, 278 f; KG NJW 1973, 428, 429; Däubler NJW 1968, 1117, 1121; Kegel, in: FS Lange 938; Liebs AcP 175 [1975] 23 f, 37 f; Ruhwedel JuS 1980, 161, 162; Weitnauer, in: FS Weber 432 f; Bülow JuS 1994, 1, 4; Soergel/Hefermehl Rn 1; MünchKomm/Mayer-Maly Rn 4; AK-BGB/Damm Rn 4; [insbesondere Verhinderung privater Fideikommißbildung: Müller-Freienfels 130; Weitnauer, in: FS Weber 430, 432; RGZ 90, 232]; Medicus, AT Rn 678; **aA** Timm JR 1989, 13, 17). Umsatz- und damit Marktfreiheit werden jedoch wegen § 137 S 2 eben-

falls nur unvollkommen **reflexweise und partiell** geschützt (KOHLER 300 ff; RAIBLE 74 f; SEIFERT 93 f; THIELE, Die Zustimmung in der Lehre vom Rechtsgeschäft [1966] 195 f; TIMM JR 1989, 13, 17; SCHLOSSER NJW 1970, 681, 683). Die Sicherung der Marktdynamik ist in Anbetracht des § 137 S 2 vielmehr maßgebliche Aufgabe des Gesetzes gegen Wettbewerbsbeschränkungen; im Zusammenwirken mit den dortigen Regelungen trägt allerdings § 137 S 1 durch den Ausschluß dinglich wirkender Vertriebsbindungen zum Funktionieren des Marktes durchaus bei (LIEBS AcP 175 [1975] 37 f; SOERGEL/HEFERMEHL Rn 15; BÜLOW JuS 1994, 1, 4 zur Verhinderung privater Fideikommisse).

2. Sicherung der Zivilrechtsstruktur

7 a) Die Sicherung des **numerus clausus der güterzuordnenden Rechte**, namentlich der Sachenrechte, wird mit Recht als Aufgabe des § 137 S 1 angesehen (CANARIS, in: FS Flume I [1978] 371, 419 f; DÄUBLER NJW 1968, 1117, 1120 f; FURTNER NJW 1966, 182, 185; LIEBS AcP 175 [1975] 23, 26, 32 ff; RAIBLE 75, 106 ff; SEIFERT 89 f; THIELE 195, 201; FLUME § 17, 7; MünchKomm/MAYER-MALY Rn 5; einschränkend SCHLOSSER NJW 1970, 681, 683). Diese Deutung kann sich auf die Gesetzesmaterialien stützen (Motive Sachenrecht 77 = MUGDAN Sachenrecht 42 f und Protokolle 3797 = MUGDAN Sachenrecht 500 f; deutlich auch Redaktorenvorlage Sachenrecht Bd 1, 536 iVm 501; KOHLER 302 ff; WIEGAND 623, 635 f). Durch § 137 S 1 wird die dauernde Spaltung der Verfügungs- von der Nutzungsbefugnis verhindert und damit die Rückkehr einer feudalrechtlichen **Trennung in Verfügungs- und Nutzungseigentum** (so auch FLUME § 17, 7; SOERGEL/HEFERMEHL Rn 1) bzw Ober- und Untereigentum **ausgeschlossen**. Neben dieser durch § 137 S 1 erreichten Sicherung des sachenrechtlichen numerus-clausus-Prinzips dient die Vorschrift dem ebenfalls mit dem Grundsatz des numerus clausus der Sachenrechte verbundenen Ziel, durch Beschränkung auf wenige gesetzlich bestimmte güterzuordnende Rechtsfiguren **Orientierungssicherheit** für den Rechtsverkehr und damit **Rechtssicherheit durch Rechtsklarheit** zu schaffen (BayOLG NJW 1978, 700, 701; KOHLER 305 ff; RAIBLE 106 ff; SEIFERT 94 f; WANK JuS 1979, 402, 403; MEDICUS, AT Rn 678; ERMAN/BROX Rn 1; PALANDT/HEINRICHS Rn 1; JAUERNIG/JAUERNIG Anm 2; BGB-RGRK/KRÜGER-NIELAND/ZÖLLER Rn 7; aA SCHLOSSER NJW 1970, 681, 683). Allerdings hätte die nötige Erwerbssicherheit, die zu gewährleisten das Ideal der Orientierungssicherheit bezweckt, bei Zulassung rechtsgeschäftlicher Verfügungsbeschränkungen mit dinglicher Wirkung auch durch Vorhalten einer Gutglaubensschutzregelung, etwa nach dem Vorbild des § 135 Abs 2, erhalten werden können. Der Verzicht auf solche dingliche Wirkungen erübrigt allerdings im Interesse der **Rechtsvereinfachung** einen nur sekundären Schutz des redlichen Verkehrs durch Gutglaubensschutzregeln.

8 b) Die **Vermeidung** unerwünscht **relativ-dinglicher Rechte mit Dauerwirkung** (KOHLER 311 ff; SCHOTT, in: FG Dahn III [1905] 309; vgl auch RAIBLE 19 ff, 72 f) trägt ebenfalls zur Wahrung des numerus clausus der Sachenrechte bei. Die Regelung des § 137 S 1 erspart zumindest das aus Rechtsordnungen mit dinglich wirkenden rechtsgeschäftlichen Verfügungsbeschränkungen bekannte Regelwerk zur Befristung derartiger Beschränkungen.

9 c) Der Wahrung zivilrechtlicher Stukturprinzipien im Schnittpunkt von Schuld- und Sachenrecht dient auch die bislang nicht beachtete Funktion des § 137 S 1, zur **Vermeidung** des unerwünschten **ius ad rem** beizutragen. Diese rechtstechnisch namentlich aus dem Preußischen Allgemeinen Landrecht bekannte Rechtsfigur

führt zu einer quasi – dinglichen Sicherung obligatorischer Erwerbsansprüche, indem sie diesen Ansprüchen Rechtsverfolgungsfunktion in Bezug auf Dritte beilegt, die die zu leistende Sache vor der Erfüllung des obligatorischen Leistungsanspruchs erwarben. Ein dinglich wirkendes rechtsgeschäftliches Verfügungsverbot würde einen gleichartigen, unerwünschten Sachverfolgungscharakter annehmen, wenn es begleitend zu einem obligatorischen Erwerbsanspruch hinzutritt. Die Kombination des ius ad rem im preußischen ALR I 2 § 124, 132 ff, I 10 § 25 und I 19 § 5 f mit einem dinglich wirkenden rechtsgeschäftlichen Verfügungsverbot im preußischen ALR I 4 §§ 15 ff ist daher stimmig; umgekehrt fordert die Verwerfung des ersteren durch das Bürgerliche Gesetzbuch konsequent auch die Verwerfung des letzteren (KOHLER 243 f; BÜLOW JuS 1994, 1, 8).

d) Mit Recht anerkannt ist die **vollstreckungssichernde Funktion** des § 137 S 1 **10** (Motive Sachenrecht 77 = MUGDAN Sachenrecht 43; KOHLER 315 ff; ders DNotZ 1989, 339, 348 f; WIEDEMANN 184 f; LIEBS AcP 175 [1975] 12, 17 ff, 23, 36 f; OERTMANN Recht 1916 Sp 57; SCHOTT, in: FG Dahn III 331; TIMM JZ 1989, 13, 17 f; FURTNER NJW 1966, 182, 185; WANK JuS 1979, 402, 403; BÜLOW JuS 1994, 1, 4; FLUME § 17, 7; MünchKomm/MAYER-MALY Rn 6; SOERGEL/HEFERMEHL Rn 1; ERMAN/BROX Rn 1; AK-BGB/DAMM Rn 3; BGB-RGRK/KRÜGER-NIELAND/ZÖLLER Rn 7; aA RAIBLE 73 f; DÄUBLER NJW 1968, 1117, 1118; SCHLOSSER NJW 1970, 681, 683). Diese Normfunktion ergibt sich de lege lata aus § 851 Abs 1 ZPO, indem diese Vorschrift zeigt, daß die Pfändbarkeit eines Rechts grundsätzlich von dessen Übertragbarkeit abhängt. Allerdings kann die Sicherstellung der Pfändbarkeit die Regelung des § 137 S 1 nur **im Sinne einer Rechtsvereinfachung legitimieren**, weil gesetzgebungstechnisch bei Anerkennung dinglich wirkender rechtsgeschäftlicher Verfügungsbeschränkungen auch der in § 851 Abs 2 ZPO beschrittene Weg gangbar gewesen wäre, die Pfändbarkeit des Rechts unabhängig von seiner Übertragbarkeit zuzulassen.

III. Allgemeiner Anwendungsbereich (Satz 1 und 2)

1. Veräußerliches Recht

Die Vorschrift regelt nur rechtsgeschäftliche Verfügungsbeschränkungen in Bezug **11** auf Rechte, die kraft Gesetzes veräußerlich sind; dabei umfaßt die Veräußerlichkeit jede Form der Verfügung, beispielsweise auch die Verpfändbarkeit (BGHZ 32, 151, 155 = NJW 1960, 1053; BGHZ 37, 203, 207 = NJW 1962, 1613; MünchKomm/MAYER-MALY Rn 8 f). Die Vorschrift knüpft mithin differenzierend an die **Unterscheidung** zwischen der **objektiven Eigenschaft eines Rechts**, veräußerlich zu sein, und der **subjektbezogenen Verfügungsmacht des jeweiligen Rechtsinhabers** an (MünchKomm/MAYER-MALY Rn 9; aA DÄUBLER NJW 1968, 1117, 1118). Nur deren Beschränkung regelt die Vorschrift. Ihrem Inhalt nach unübertragbare Rechte werden hingegen von der Vorschrift nicht erfaßt (RGZ 136, 395, 399; SOERGEL/HEFERMEHL Rn 3).

a) Aufgrund Gesetzes ihrem Inhalt nach unübertragbar sind **im vermögensrecht- 12 lichen Bereich** das Vorkaufsrecht (§ 514), die miet- oder pachtrechtliche Gebrauchsüberlassung (§ 549), der Nießbrauch (§ 1059), die beschränkte persönliche Dienstbarkeit (§ 1092 Abs 1) und die Reallast nach Maßgabe des § 1111 Abs 2. Namentlich die Rücksichtnahme auf persönliche oder sonstige besondere soziale Bindung ist ein wichtiges Motiv für die Unübertragbarkeit von Rechten aus **Rechtsbeziehungen mit personalem Einschlag**. Hierher gehören höchstpersönliche Rechte zwischen Ehegatten und im Eltern-Kind-Verhältnis (ZÖLLNER FamRZ 1965, 113, 117; SOERGEL/HEFERMEHL Rn 4 f; BGB-RGRK/KRÜGER-NIELAND/ZÖLLER Rn 17; MünchKomm/MAYER-MALY Rn 12) und Ansprüche auf eine persönliche Dienstleistung (§ 613 S 2), ferner die Vereinsmitgliedschaft (§ 38), mit der Gesellschafterstellung verbundene Ansprüche aus dem Gesellschaftsverhältnis (§ 717 S 1) und Anteile am Gesellschaftsvermögen einer Personengesellschaft (§ 709 Abs 1). Eine gesetzliche Verfügungsbindung enthält auch § 17 GmbHG betreffend die Veräußerung von Teilen eines Geschäftsanteils, und zwar im Unterschied zur grundsätzlichen, allerdings nach § 15 Abs 5 GmbHG beschränkbaren Veräußerlichkeit des gesamten Geschäftsanteils gemäß § 15 GmbHG (dazu BGHZ 32, 151, 155; SOERGEL/HEFERMEHL Rn 4; AK-BGB/DAMM Rn 5; Münch-Komm/MAYER-MALY Rn 23 f); gleiches gilt auch für den Fall des § 28 Abs 1 S 2 VerlagsG.

13 § 399 1. Fall ordnet die Unübertragbarkeit kraft Gesetzes unter der Voraussetzung an, daß die Verfügung zu einer Inhaltsänderung des betroffenen Rechtes führen würde. Diese Vorschrift enthält eine **Blankettregelung**. Ihre Voraussetzungen liegen allerdings in der Regel bei besonderer Prägung des Schuldverhältnisses durch die Person des Gläubigers oder des Schuldners vor.

14 b) Aufgrund gesetzlicher Einzelermächtigung können veräußerliche Rechte in einigen Fällen bei der Konstituierung des Rechtes durch den Begründer des Rechtes oder durch Vereinbarung zwischen dem Rechtsinhaber und dem rechtseinräumenden Teil **kraft Rechtsgeschäfts zu unveräußerlichen Rechten** gemacht werden. Dies kann auch nachträglich geschehen.

15 § 5 ErbbauVO gestattet, als Inhalt des Erbbaurechts zu vereinbaren, daß der Erbbauberechtigte zur Veräußerung und grundpfandrechtlichen Belastung des Rechts der Zustimmung des Grundstückseigentümers bedarf. § 12 WEG sieht für das Wohnungseigentum vor, daß als Inhalt des Sondereigentums vereinbart werden kann, daß ein Wohnungseigentümer zur Veräußerung seines Wohnungseigentums der Zustimmung anderer Wohnungseigentümer oder eines Dritten bedarf (BGHZ 37, 203, 204 ff; 49, 250, 257). Gleiches gilt aufgrund von § 35 WEG für das Dauerwohnrecht. Eine nach der ErbbauVO und dem WEG erforderliche Zustimmung zur Verfügung kann jedoch nur aus wichtigem Grund verweigert werden; mangels eines solchen ist sie durch gerichtliche Entscheidung zu ersetzen. § 28 Abs 1 S 1 VerlagsG läßt auch den vertraglichen Ausschluß der Übertragbarkeit der Rechte des Verlegers zu.

16 Bei **Forderungen** kann die Abtretbarkeit durch Vereinbarung zwischen Gläubiger und Schuldner gemäß § 399 2. Fall ausgeschlossen werden. Der mit einem Dritten vereinbarte Zessionsausschluß hingegen wird von § 137 erfaßt (BÜLOW JuS 1994, 1, 4 f; SOERGEL/HEFERMEHL Rn 6; PALANDT/HEINRICHS Rn 5). Die nach § 399, 2. Fall gegenständlich wirkende rechtsgeschäftliche Forderungsvinkulierung schließt allerdings in Abweichung von dem Grundsatz, daß die Übertragbarkeit über die **Pfändbarkeit** entscheidet, die Pfändung ausnahmsweise gemäß § 851 Abs 2 ZPO nicht aus (BGHZ 56, 228, 232; 56, 274, 279; BÜLOW 1994, 1, 5). Die Forderungsvinkulierung kann insbesondere dazu führen, daß ein **verlängerter Eigentumsvorbehalt** nicht wirksam wird (BGHZ 56, 173, 175; BÜLOW JuS 1994, 1, 5) und deshalb die Einwilligung des Eigentumsvorbehaltsverkäufers in die Verfügung über das unter Eigentumsvorbehalt gelieferte Gut oder zu einer eigentumsentziehenden Maßnahme nach Maßgabe der §§ 946 ff fehlt;

in solchen Fällen ist der Abtretungsausschluß auch nicht aufgrund des § 138 Abs 1 als sittenwidrig unwirksam, da § 399, 2. Fall das Interesse des Schuldners am Ausschluß eines Gläubigerwechsels anerkennt (BGHZ 51, 113, 116; BÜLOW JuS 1994, 1, 6; SOERGEL/ HEFERMEHL Rn 7; aA MUMMENHOFF JZ 1979, 425 ff; METTHIES WM 1981, 1042, 1045).

Wegen § 413 ist die Verfügungsbeschränkung auch bei sonstigen Rechten grundsätzlich möglich, deren Übertragbarkeit nicht eigenständig geregelt ist. Dies trifft namentlich auf die **Grundschuld** zu (OLG Stuttgart OLGZ 1965, 96, 97; MünchKomm/ MAYER-MALY Rn 20). Bei der Hypothek ergibt sich die Möglichkeit einer Vinkulierung bereits aus Akzessorietätsgründen infolge des Ausschlusses der Übertragbarkeit der gesicherten Forderung. 17

Ohne praktische Bedeutung ist die Frage, ob die genannten Fälle, in denen das Gesetz rechtsgeschäftliche Verfügungsbeschränkungen zuläßt, als Ausnahme von der Regel des § 137 anzusehen sind (so MünchKomm/MAYER-MALY Rn 20 mwN), oder ob es sich um eine **gesetzlich zugelassene Inhaltsbestimmung des Rechts** handelt (BGHZ 19, 355, 359 = NJW 1956, 463; BGHZ 40, 156, 160; 70, 299, 303; FLUME § 17, 7; SOERGEL/HEFERMEHL Rn 6). Letzteres ist zutreffend, obwohl Gläubiger und Schuldner die Vinkulierungsvereinbarung auch nach Begründung des Rechtes wirksam treffen können. Den rechtsgeschäftlichen Ausschluß der Verfügbarkeit eines Rechtes als Inhaltsbestimmung anzusehen ist stets dann möglich, wenn das der Vinkulierung unterliegende Recht nicht originär, sondern durch freien rechtsgeschäftlichen Dispositionsakt entstand, oder wenn die Rechtsaufhebung der Vertragsfreiheit unterliegt. 18

c) Ein **veräußerliches Recht** iS der Norm ist das **Eigentum**. Ihm steht das als wesensgleiches Minus verstandene **Eigentumsanwartschaftsrecht** gleich (BGH NJW 1970, 699; LIEBS AcP 175 [1975] 4, 41; BGB-RGRK/KRÜGER-NIELAND/ZÖLLER Rn 19; SOERGEL/HEFERMEHL Rn 7; MünchKomm/MAYER-MALY Rn 12; ERMAN/BROX Rn 2). Übertragbar ist ferner das Geschmacksmusterrecht gemäß § 3 GeschMG und das Patentrecht nach § 9 PatG. 19

Auch bei **treuhänderischer Übertragung** des Eigentums oder des Eigentumsanwartschaftsrechts ist eine dingliche Wirkung verfügungsbeschränkender Abreden nicht zulässig (RGZ 99, 142, 143; 153, 366, 369; BGHZ 11, 37, 43 = NJW 1954, 190; BGH JZ 1968, 791; BÜLOW JuS 94, 1, 4; MünchKomm/MAYER-MALY Rn 18; so auch BGH NJW 1968, 1471; BGH BB 1982, 890, 891; SOERGEL/HEFERMEHL Rn 9; BGB-RGRK/KRÜGER-NIELAND/ZÖLLER Rn 20; PALANDT/HEINRICHS Rn 2; ERMAN/BROX Rn 5; AK-BGB/DAMM Rn 7). Dies ist allerdings nicht unbestritten (SCHLOSSER NJW 1970, 681, 684 f; ASSFALG NJW 1970, 1902; COING 164 ff mwN), zumindest für bestimmte Treuhandgestaltungen wie etwa für die Liquidationstreuhand wird sie in Erwägung gezogen (LIEBS AcP 175 [1975] 40). Für eine dingliche Bindung von Treugut ist zwar ein Sicherungsinteresse des Treugebers anzuerkennen (so auch MünchKomm/MAYER-MALY Rn 18). Der Anerkennung dinglich wirkender Verfügungsbeschränkungen in diesen Fällen steht jedoch das durch § 137 Abs 1 geschützte Interesse des allgemeinen Rechtsverkehrs an Orientierungssicherheit (MünchKomm/ MAYER-MALY Rn 18; SOERGEL/HEFERMEHL Rn 9) und die im Vergleich zum Verkehrsinteresse geringe Schutzwürdigkeit des Treugebers entgegen, der den Gegenstand eigenverantwortlich dem Treunehmer überlassen hat. 20

2. Ausschluß oder Beschränkung der Verfügungsbefugnis

21 Unter Verfügungsbefugnis ist die Macht des Inhabers eines veräußerlichen Rechts zu verstehen, eine Verfügung durch ordnungsgemäße Vornahme aller zum Verfügungstatbestand gehörenden Rechtsakte wirksam vorzunehmen. Ein Ausschluß der Verfügungsbefugnis liegt vor, wenn jegliche Verfügung, insbesondere auch die Veräußerung unstatthaft und unwirksam sein soll. Eine Beschränkung der Verfügungsmacht liegt vor, wenn nur ein Teil der von der Rechtsordnung vorgesehenen Verfügungsgeschäfte unstatthaft und unwirksam sein soll. Dabei macht es **keinen Unterschied**, ob **Verfügungsmacht** durch Rechtsgeschäft **schlicht negiert** wird, oder ob die Wirksamkeit des verfügenden Rechtsgeschäfts eines Rechtsinhabers **positiv von** der **Zustimmung** des Schuldners oder eines Dritten **abhängig gemacht** wird (SOERGEL/HEFERMEHL Rn 7; einschränkend BÜLOW JuS 1994, 1, 2 mwN in Fn 2, aber 5).

22 a) Die Verfügung über ein veräußerliches Recht unter der **auflösenden Bedingung**, daß der Erwerber über das erlangte Recht weiterverfüge, ist keine Beschränkung der Verfügungsbefugnis gemäß § 137 S 1 im unmittelbaren Sinne, da die Vereinbarung einer derartigen auflösenden Bedingung nicht die Erlaubtheit einer bedingungswidrigen Verfügung berührt, sondern gemäß § 158 Abs 2 nur deren Wirksamkeit. Die analoge Anwendung des § 137 S 1 auf diesen Fall der auflösenden Bedingung ist allerdings zu erwägen, weil es sich um eine Rechtsgestaltung mit dem Ziel und der Folge handelt, daß einer auf Unterlassen einer Verfügung gerichteten Vereinbarung eine dingliche Wirkung, allerdings in den Grenzen des § 161 Abs 3, beigelegt wird. Eine solche auflösende Bedingung wird daher nicht selten als Verstoß gegen § 137 S 1 und mithin als unwirksam angesehen (SCHOTT, in: FG Dahn III [1905] 303 ff; RAIBLE 75; FLUME § 17, 7; ERMAN/BROX Rn 5; JAUERNIG/JAUERNIG Anm 2; MünchKomm/MAYER-MALY Rn 15; differenzierend, nämlich bei Treuhandverhältnissen für zulässig haltend, SOERGEL/HEFERMEHL Rn 14).

23 Mit der wohl herrschenden Ansicht (BayObLG NJW 1978, 700, 701; OLG Düsseldorf OLGZ 1984, 90, 91; BÜLOW JuS 1994, 1, 5; FURTNER NJW 1966, 181, 185; SCHLOSSER NJW 1970, 681, 682; PIKALO DNotZ 1972, 644, 651; TIMM JZ 1989, 13 ff; KOHLER DNotZ 1989, 339 ff; PALANDT/HEINRICHS Rn 3; wohl auch BGB-RGRK/KRÜGER-NIELAND/ZÖLLER Rn 29) ist die Verfügung unter der auflösenden Bedingung einer Weiterverfügung als **zulässig** und wirksam anzusehen. Sie verstößt nicht gegen Zwecke des § 137 S 1. Freiheitsschutz und Gewährleistung des Güterumsatzes gehören nämlich nicht zu den primären Aufgaben der Norm, sondern sind allenfalls Rechtsreflexe (s o Rn 5). Die auflösende Bedingung der genannten Art führt auch nicht zu einer Trennung der Verfügungsmacht von dem Nutzungsrecht, weil die Ausübung der Verfügungsmacht durch den Rechtsinhaber im Verhältnis zum gutgläubigen Dritterwerber bei Anwendbarkeit des § 161 Abs 3 zum Verfügungserfolg führt, anderenfalls aber im Unterschied zum Regelfall des § 137 zur Rückordnung des betroffenen Gegenstands in das Vermögen des durch die auflösende Bedingung Begünstigten. Die verfügungsbeschränkende Wirkung der Bedingung endet daher stets mit der Ausübung der Verfügungsmacht; deren Wahrnehmung hat in allen Fällen eine rechtsumordnende Wirkung. Die Rechtsgestaltung beeinträchtigt auch nicht die Orientierungssicherheit; Gewißheit über die Rechtslage ist anhand der §§ 158 ff zu gewinnen, und die Möglichkeit gutgläubigen Erwerbs gemäß § 161 Abs 3 vervollständigt den formalen Aspekt der Orientierungssicherheit, indem dem gutgläubigen Dritten überdies Erwerbssicherheit gegeben wird. Schließlich findet auch keine unzulässige Schaffung dauernd relativer dinglicher Rechte statt, da die auflösende Bedingung auch nicht vorübergehend zu einer auf das Rechtssubjekt bezogenen Spaltung der Rechtszuständigkeit führt.

Wegen der vom Sicherungszweck unabhängigen Zulässigkeit einer Verfügung unter **24** der auflösenden Bedingung anderweitiger Verfügung ist **kein Raum** dafür, dinglich wirkende verfügungsbeschränkende Abreden **nur** in **Treuhandverhältnissen** zu gestatten, weil dort im Unterschied zu schlicht verfügungshindernden Vereinbarungen ein vertraglicher oder gesetzlicher Anspruch auf Rückübertragung des Treuguts bestehe (SOERGEL/HEFERMEHL Rn 14; BÜLOW JuS 1994, 1, 4 mwN in Fn 38 zum hiermit verbundenen Risiko der Kreditsicherung durch Sicherungstreuhand). Die Unterscheidung nach dem Maß des Sicherungsbedürfnisses, das durch begleitende obligatorische Leistungsansprüche bestimmt werden soll, führt überdies zu einer nicht tragbaren Rechtsunsicherheit hinsichtlich der Anwendungsgrenzen des § 137 S 1. Dieses Kriterium erlaubt nämlich auch obligatorische Erwerbsansprüche durch eine zusätzliche verfügungsbeschränkende Vereinbarung zwischen Veräußerer und Erwerber in den Kreis der durch Rechtsgeschäft dinglich sicherbaren Rechtslagen einzubeziehen.

b) Eine Beschränkung der Verfügungsbefugnis im unmittelbaren Sinne des § 137 **25** S 1 liegt ebenfalls nicht bei der **Überlassung von konkurrierender Verfügungsmacht** vor (MünchKomm/MAYER-MALY Rn 16 mwN). Die Überlassung als solche nimmt nämlich dem Rechtsinhaber selbst die Verfügungsmacht nicht.

c) Die Überlassung der Verfügungsbefugnis zur ausschließlichen Ausübung durch **26** einen anderen liegt im Ergebnis bei der **verdrängenden Vollmacht** vor. Auf diese ist § 137 S 1 analog anzuwenden, so daß diese unwirksam ist (BGH WM 1971, 957 mwN; THIELE 199, 202; WEITNAUER 433; LIEBS AcP 175 [1975] 41; BÜLOW JuS 1994, 1, 4 f; FLUME § 53, 6 Fn 36; MünchKomm/MAYER-MALY Rn 17; SOERGEL/HEFERMEHL Rn 10; BGB-RGRK/KRÜGER-NIELAND/ZÖLLER Rn 21; ERMAN/BROX Rn 5; PALANDT/HEINRICHS Rn 4; zT abw OLG Hamm OLGZ 1975, 294, 300; **aA** MÜLLER-FREIENFELS, Die Vertretung beim Rechtsgeschäft [1955] 129 ff). Das gilt auch für eine **verdrängende Ermächtigung** gemäß § 185 Abs 1 (SOERGEL/HEFERMEHL Rn 10). Eine verdrängende Vollmacht bzw Ermächtigung verstößt gegen den Zweck des § 137 S 1, die Trennung der Verfügungszuständigkeit von der Rechtsinhaberschaft und die Zuweisung der Verfügungsmacht zu einem auf die Mitwirkung des Rechtsinhabers nicht angewiesenen Dritten zu verhindern. Die verdrängende Vollmacht bzw Ermächtigung hat im Unterschied zur Verfügung unter der auflösenden Bedingung anderweitiger Verfügung des Rechtsinhabers eine derartige unerlaubte Wirkung zur Folge.

Eine Ausnahme von der Unzulässigkeit der verdrängenden Vollmacht bzw Ermäch- **27** tigung ist **auch in Sonderfällen nicht** anzuerkennen. Sie wird für Verwaltungsrechte eines Kommanditisten gelegentlich befürwortet (KRÜCKMANN JW 1930, 3799; ders LZ 1931, 1169; ERMAN, in: FS Nipperdey Bd 1 [1965] 277, 280 ff; MÖHRING JurJb Bd 7 [1966/7] 123, 134). Dieser Auffassung ist nicht beizutreten (BGHZ 3, 354, 357; 20, 363 ff; WIEDEMANN, Übertragung und Vererbung von Mitgliedschaftsrechten [1965] 276 ff; MünchKomm/MAYER-MALY Rn 17; SOERGEL/HEFERMEHL Rn 10). Zu dem grundsätzlichen Einwand des Verstoßes gegen Funktionen des § 137 S 1 tritt das Bedenken, daß die Trennung des Mitgliedschaftsrechts von mitgliedschaftsrechtlichen Verwaltungsrechten mit dem Wesen einer Personengesellschaft nicht zu vereinbaren ist (SOERGEL/HEFERMEHL Rn 10).

3. Rechtsgeschäftliche Grundlage des Ausschlusses oder der Beschränkung

28 Als rechtsgeschäftliche Grundlage von Verfügungsbeschränkungen kommen **Vertragsvereinbarungen** in Betracht. Praktisch wichtig ist die Anwendung der Norm auf **einseitige rechtsgeschäftliche Akte**, namentlich auf **Testamente**. Aufgrund von Verfügungen von Todes wegen kann eine gewisse dingliche Bindung des Erben durch **Anordnung** einer **Nacherbfolge** gemäß den §§ 2113 ff oder einer **Testamentsvollstreckung** gemäß den §§ 2211 ff erreicht werden (BGHZ 57, 84, 87; Soergel/Hefermehl Rn 8; BGB-RGRK/Krüger-Nieland/Zöller Rn 18; MünchKomm/Mayer-Maly Rn 21). Neben diesen erbrechtlich vorgesehenen Formen einer Verfügungsbeschränkung zum Nachteil des Erben sind weitere dinglich wirkende Beschränkungen nicht möglich, jedoch können diese im Einzelfall als Anordnung einer Einsetzung als bloßer Vorerbe oder einer Testamentsvollstreckung verstanden werden (KG HRR 1925 Nr 146; KG OLGRspr 44 [1925] 92, 93; Soergel/Hefermehl Rn 4; Erman/Brox Rn 4). Allerdings kann im Wege einer **Teilungsanordnung** in zulässiger Weise eine verdinglichte Bindung von Miterben erreicht werden, indem die Verfügung über einen Nachlaßgegenstand von der Zustimmung einer bestimmten Zahl von Miterben abhängig gemacht wird (RGZ 110, 270, 274; Soergel/Hefermehl Rn 8). Der mit dem Entzug der Verfügungsmacht zum Nachteil des Erblassers mit der Testamentsvollstreckung verbundene Übergang der Verfügungsmacht auf den Testamentsvollstrecker kann seinerseits nicht mit dinglicher Wirkung dadurch beschränkt werden, daß der Testamentsvollstrecker durch letztwillige Verfügung gemäß § 2208 Abs 1 von der Verfügung über bestimmte Nachlaßgegenstände ausgeschlossen wird (BGHZ 40, 115, 117; 56, 275, 278; Soergel/Hefermehl Rn 8; BGB-RGRK/Krüger-Nieland/Zöller Rn 18, Erman/Brox Rn 4).

IV. Gegenstandsbezogene Rechtsfolgen (Satz 1)

1. Grundsatz

29 In dem Anwendungsbereich des § 137 S 1 ist eine **Verfügung** unter Verstoß gegen ein rechtsgeschäftliches Verfügungsverbot **uneingeschränkt wirksam** (Bülow JuS 1994, 1, 6). Auf Gutgläubigkeit des Erwerbers hinsichtlich des Nichtbestehens einer rechtsgeschäftlich begründeten Verfügungsbeschränkung kommt es nicht an. Mangels eines sachenrechtlichen Erfolgs ist eine liegenschaftsrechtliche Verfügung auch dann im Grundbuch zu vollziehen, wenn den Beteiligten und den Grundbuchbeamten das Bestehen einer verfügungsbeschränkenden rechtsgeschäftlichen Regelung mit intendiert dinglicher Wirkung bekannt ist (BGH NJW 1968, 1471; BGB-RGRK/Krüger-Nieland/Zöller Rn 1). Das rechtsgeschäftliche Verfügungsverbot kann seinerseits mangels Erheblichkeit für den Erfolg grundstücksrechtlicher Erwerbsvorgänge auch nicht im Grundbuch vermerkt werden; ist es irrig eingetragen, so ist es wirkungslos und von Amts wegen zu löschen.

2. Verfügung entgegen gegenstandsbindender Verfügungsbeschränkung

30 Verfügungen unter Verstoß gegen eine zulässige rechtsgeschäftliche Vinkulierung mit dinglicher Wirkung sind durch Aufhebung der verfügungsbeschränkenden Vereinbarung oder durch Zustimmung des von der Verfügung betroffenen Schuldners oder sonst Passivbeteiligten **heilbar**; insoweit kann von schwebender Unwirksamkeit gesprochen werden (Soergel/Hefermehl Rn 6 mwN). Ohne Zustimmung ist die Verfügung nicht nur relativ (BEER 180; CANARIS, in: FS Serick [1992] 9 Fn 32; JAKOBS JuS 1973, 152, 156), sondern **absolut unwirksam** (BÜLOW NJW 1993, 901 f; FURTNER NJW 1966, 182, 186; ERMAN/BROX Rn 4; MünchKomm/MAYER-MALY Rn 20; SOERGEL/HEFERMEHL Rn 6). Für eine Analogie zu den §§ 135 f **fehlt** es an der **planwidrigen Regelungslücke**; dies gilt auch für vinkulierte Forderungen. Rechtsgeschäftliche Verfügungsbeschränkungen mit dinglicher Wirkung sind nämlich dort auffälligerweise nicht geregelt. Dies erscheint nicht als verfehlte Auslassung; denn das Gesetz setzt auch in anderen Fällen, in denen es nur den Schutz von Einzelinteressen bezweckt, die absolute Unwirksamkeit als Rechtsfolge ein. Der Verzicht auf die Analogie zu den §§ 135 f bestätigt im übrigen konsequent, daß in den genannten Fällen weder tatbestandlich ein Verfügungsverbot iS der §§ 135 f noch eine analog zu behandelnde Verfügungsbeschränkung des Rechtsinhabers vorliegt, sondern eine **Inhaltsbestimmung des Rechts selbst**.

V. Verpflichtung zum Unterlassen einer Verfügung (Satz 2)

1. Voraussetzungen

Mit **obligatorischer** Wirkung kann die Pflicht, eine Verfügung zu unterlassen, durch 31 Rechtsgeschäft grundsätzlich **wirksam** begründet werden. In den Grenzen des Schuldrechts wird damit der **Vertragsfreiheit** der Vorrang **vor** der **Verfügungsfreiheit** eingeräumt (SOERGEL/HEFERMEHL Rn 11). Damit wird die durch § 137 S 1 gewährleistete dingliche Verfügungsfreiheit indirekt eingeschränkt. **Ausnahmsweise** ist auch die **schuldrechtliche Verpflichtung** zum Unterlassen einer Verfügung unzulässig und **unwirksam** im Fall des § 1136, der die Verpflichtung zum Unterlassen einer hypothekarischen oder, gemäß § 1192 Abs 1, einer grundschuldrechtlichen Belastung zum Gegenstand hat (RGZ 55, 78, 79 f; FURTNER NJW 1966, 181, 185; BÜLOW JuS 1994, 1, 4; MünchKomm/MAYER-MALY Rn 25; ERMAN/BROX Rn 7), und im Falle des § 2302, der die Verpflichtung zur Errichtung oder zum Unterlassen der Errichtung einer Verfügung von Todes wegen regelt (RGZ 75, 34, 35; MünchKomm/MAYER-MALY Rn 25; ERMAN/BROX Rn 7). Auch aus dem Wettbewerbsrecht kann sich die Unwirksamkeit schuldrechtlicher Bindungsklauseln ergeben.

Die Pflicht zum Unterlassen kann auch **durch schlüssiges Verhalten** rechtsgeschäftlich 32 begründet werden (BGH FamRZ 1967, 470, 471; BGB-RGRK/KRÜGER-NIELAND/ZÖLLER Rn 23; zurückhaltend MünchKomm/MAYER-MALY Rn 25 mwN). Die Verpflichtung, eine Verfügung zu unterlassen, ist grundsätzlich **formfrei** (BGH NJW 1963, 1602, 1602; BGH FamRZ 1967, 470, 471; BGH DNotZ 1969, 759, 760; MünchKomm/MAYER-MALY Rn 25; BGB-RGRK/KRÜGER-NIELAND/ZÖLLER Rn 24; SOERGEL/HEFERMEHL Rn 12, 15; ERMAN/BROX Rn 6; kritisch PIKALO DNotZ 1972, 644, 655 f), auch wenn sich die Verpflichtung gegen eine Grundstücksübereignung wendet. Anders verhält es sich allerdings, wenn die Verpflichtung, nicht zu verfügen, eine rechtliche Einheit mit einem formbedürftigen Geschäft bildet; dies kann insbesondere bei einem Erbvertrag der Fall sein (BGHZ 36, 65, 71; BGB-RGRK/KRÜGER-NIELAND/ZÖLLER Rn 24; SOERGEL/HEFERMEHL Rn 12, 15).

Als bloß schuldrechtlich wirkende rechtsgeschäftliche Regelung kann das Recht, von 33 dem Berechtigten die Unterlassung einer Verfügung zu verlangen, **nicht** durch **Grundbucheintragung** gesichert werden (RGZ 73, 16, 18; 90, 232, 237; SOERGEL/HEFERMEHL Rn 12). Dies gilt auch für eine in einem Prozeßvergleich begründete Unterlassungspflicht (OLG Koblenz DRiZ 1949, 234 f mit Anm BAUR; SOERGEL/HEFERMEHL Rn 12). Eine dennoch erfolgte Eintragung ist unwirksam (RG SeuffA 85 Nr 95; SOERGEL/HEFERMEHL Rn 12) und als gegenstandslos gemäß § 53 Abs 1 S 2 GBO von Amts wegen zu löschen.

34 Der obligatorische Anspruch auf Unterlassen einer Verfügung **verjährt** gemäß § 195 zwar nach dreißig Jahren, jedoch beginnt der Lauf der Verjährungsfrist mit Rücksicht auf § 198 S 2 erst mit der Zuwiderhandlung. Aufgrund des Verbots übermäßiger Beschränkung der Freiheit des Rechtsinhabers wird daher eine **Unwirksamkeit unbefristeter Unterlassungsverpflichtungen** gemäß § 138 Abs 1 angenommen und eine solche auf der Grundlage der §§ 139, 140 in eine **zeitlich befristete Unterlassenspflicht umgedeutet**; mit Rücksicht auf eine im Bürgerlichen Gesetzbuch wiederholt, beispielsweise in § 567 und in den §§ 2044 Abs 2 S 1, 2109 Abs 1 S 1, 2162 Abs 1 und 2210 S 1, vorgesehene Befristung von verfügungsbeschränkenden rechtsgeschäftlichen Regelungen wird eine dreißigjährige Frist befürwortet (GROSSFELD/GERSCH JZ 1988, 937, 943 f; PALANDT/HEINRICHS Rn 3; MünchKomm/MAYER-MALY Rn 25). Eine zeitliche Begrenzung mittelbar verfügungsbeschränkender rechtsgeschäftlicher Regelungen ist im Interesse der Freiheit des rechtsgeschäftlichen Verkehrs in der Tat wünschenswert. Allerdings verzichtet das Gesetz, wie die Verjährungsregel zeigt, auf die Festlegung einer bestimmten Frist, innerhalb deren der Unterlassungsanspruch durchsetzbar ist; auch das dingliche Vorkaufsrecht, dem ebenfalls im Ergebnis verfügungsausschließende Wirkung zukommt, ist unbefristet. Eine **starre zeitliche Limitierung** des Anspruchs auf Unterlassung einer Verfügung ist deshalb **abzulehnen**. Vorzugswürdig ist eine **bewegliche Lösung**, die aufgrund von Treu und Glauben zu einer Anspruchsbegrenzung jeweils mit Rücksicht darauf führt, ob dem Untersagungsanspruch noch ein **anerkennenswertes Interesse** zugrunde liegt. Die Entscheidung nach Maßgabe des § 242 fügt sich damit den Grundsätzen ein, die für die Begrenzung unverjährbarer dinglicher Rechte gelten, beispielsweise für Ansprüche auf Aufhebung einer nach Ansicht des betroffenen Grundeigentümers gegenstandslos gewordenen Grunddienstbarkeit. Der Ablauf einer Frist von **dreißig Jahren** seit Entstehung des Unterlassungsanspruchs kann in diesem Zusammenhang allenfalls eine **Vermutung** für den Fortfall des Untersagungsinteresses begründen.

2. Verfügung entgegen obligatorischer Unterlassungspflicht

35 a) Im **Verhältnis zum Unterlassungspflichtigen** kann die Nichtbeachtung der Pflicht, eine Verfügung nicht vorzunehmen, **Schadensersatzansprüche** des Geschützten gemäß **§ 280** begründen (BGHZ 31, 13, 19; BÜLOW JuS 1994, 1, 4; TEICHMANN JZ 1974, 32, 34; SOERGEL/HEFERMEHL Rn 2; BGB-RGRK/KRÜGER-NIELAND/ZÖLLER Rn 26; MünchKomm/MAYER-MALY Rn 31; AK-BGB/DAMM Rn 11; ERMAN/BROX Rn 9). Eine Haftung aufgrund positiver Vertragsverletzung (so BGB-RGRK/KRÜGER-NIELAND/ZÖLLER Rn 28; MünchKomm/MAYER-MALY Rn 31) ist wegen des Vorrangs des Unmöglichkeitsrechts ausgeschlossen. Auch eine Haftung gemäß **§ 823 Abs 2 iVm mit § 266 StGB** kommt in Betracht (BGB-RGRK/KRÜGER-NIELAND/ZÖLLER Rn 28). In vielen Fällen schützt das rechtsgeschäftliche Verfügungsverbot jedoch nur ein ideelles Interesse, so daß es an einem ersatzfähigen Schaden fehlt.

36 b) Im **Verhältnis zum Dritterwerber** kann die Mitwirkung an der Verletzung der schuldrechtlichen Pflicht zum Unterlassen einer Verfügung einen **schadensersatzrechtlichen** Anspruch aufgrund des **§ 826** begründen (MünchKomm/MAYER-MALY Rn 1;

BGB-RGRK/Krüger-Nieland/Zöller Rn 1; Soergel/Hefermehl Rn 11; Erman/Brox Rn 9). Eine vorsätzliche sittenwidrige Schädigung liegt allerdings nicht schon dann vor, wenn der Erwerber vom Bestehen der rechtsgeschäftlichen Verfügungsbeschränkung weiß. Grundsätzlich fordert die Anwendung des § 826, daß der Erwerber den Veräußerer zur abredewidrigen Verfügung verleitet hat. Die Voraussetzungen können ferner bei einer Untreue des Veräußerers oder bei der Beihilfe dazu vorliegen (BGH NJW 1968, 1471; BGB-RGRK/Krüger-Nieland/Zöller Rn 1). Vorzugswürdig ist es jedoch, § 826 in diesen Fällen mit Rücksicht auf die vorrangige Spezialregelung in § 137 S 1 (so tendenziell auch Soergel/Hefermehl Rn 11) auch in diesen Fällen **ebensowenig anzuwenden**, wie dies – entgegen der herrschenden Meinung – im Falle konkurrierender obligatorischer Leistungsansprüche im Verhältnis der Erwerbskonkurrenten zueinander geschehen sollte. Dafür spricht vorliegend erst recht, daß der Vollzug der gemäß § 826 geschuldeten dinglichen Rückgewähr (Soergel/Hefermehl Rn 11; Palandt/Heinrichs Rn 3) wegen der Erforderlichkeit einer diesbezüglichen dinglichen Einigung zwischen dem Veräußerer und dem Erwerber rechtstechnisch unklar und wegen der Gefahr mangelnden tatsächlichen Vollzugs praktisch oft erfolglos ist.

3. Vorbeugende Sicherungen

a) Im **Verhältnis zum Unterlassungspflichtigen** stehen mehrere Sicherungsmaßnahmen zur Verfügung. 37

aa) Primär kommt die zusätzliche Ausbedingung einer **Vertragsstrafe** für den Fall 38 der Verletzung der Pflicht zur Unterlassung einer Verfügung in Betracht (RGZ 55, 78, 80; 73, 16, 17; Merrem JR 1993, 53, 54; MünchKomm/Mayer-Maly Rn 31 mwN; Soergel/Hefermehl Rn 13; BGB-RGRK/Krüger-Nieland/Zöller Rn 30; Palandt/Heinrichs Rn 3). Dieses Sicherungsmittel ist praktisch vor allem in den Fällen bedeutsam, in denen ein ersatzfähiger materieller Schaden nicht vorliegt. Eine Sicherung des Vertragsstrafeanspruchs durch eine Hypothek (RGZ 73, 16, 18; MünchKomm/Mayer-Maly Rn 31 a; Erman/Brox Rn 9) ist zulässig (MünchKomm/Mayer-Maly Rn 31 a; BGB-RGRK/Krüger-Nieland/Zöller Rn 30 mwN; Soergel/Hefermehl Rn 13).

bb) Ein durch **einstweilige Verfügung** erwirkbares Verfügungsverbot auf der Grund- 39 lage des § 938 Abs 2 ZPO mit den Rechtsfolgen des **§ 136** ist entgegen der herrschenden Meinung (BGH LM § 137 Nr 2; BayObLG NJW 1978, 700, 701; Seifert 94; Däubler NJW 1968, 1117, 1119; Pikalo DNotZ 1972, 651; Teichmann JZ 1974, 32, 34; Bülow JuS 1994, 1, 8; Baur/Stürner, Sachenrecht § 20 VII; Erman/Brox Rn 9; MünchKomm/Mayer-Maly Rn 30; Palandt/Heinrichs Rn 3; BGB-RGRK/Krüger-Nieland/Zöller Rn 27; Soergel/Hefermehl Rn 13; Jauernig/Jauernig Anm 3; Stein/Jonas/Gursky, ZPO § 935 Rn 5) **abzulehnen** (eingehend Kohler 293 ff; Raible 180; Merrem JR 1993, 53, 55; Oertmann Recht 1916 Sp 57 ff; Schott, in: FG Dahn III [1905] 319 ff; MünchKomm/Wacke § 883 Rn 6; unentschieden Furtner NJW 1966, 282; 183). Die herrschende Ansicht stützt sich (so BayObLG NJW 1978, 700, 701) auf ein obiter dictum (BGH LM § 137 Nr 2), das seinerseits beiläufig auf lediglich behauptende und offensichtlich verfehlte Kommentierungen zurückgreift (dazu Kohler 295, Fn 311). Ein gerichtliches Verfügungsverbot mit Tatbestandswirkung bei § 136 zur Sicherung des Verfügungs- und Unterlassungsanspruchs verträgt sich nicht mit dem Prinzip der bloßen Vorläufigkeit des einstweiligen Rechtsschutzes, da es kein zugehöriges Hauptsacheverfahren gibt, nach dessen Durchführung das Bedürfnis für den einstweiligen Rechtsschutz entfällt (Kohler 295 ff; Merrem JR 1993, 53, 54 f). Ein derartiges gerichtliches Verfügungsverbot widerspricht auch dem materiellen Recht, weil es zu einem Schutz von der Art führt, die § 137 S 1 gerade verwehrt. Im Ergebnis entstehen unerwünscht dauernde relativ-dingliche Rechte, die überdies mit Rücksicht auf § 772 ZPO die Gefahr einer nachhaltigen Vereitelung der Zwangsvollstreckung in Schuldnervermögen mit sich bringen (KOHLER 297 ff). Ein gerichtliches Verfügungsverbot kann daher in diesen Fällen nur mit der Wirkung einer Vollstreckbarkeit gemäß **§ 890 ZPO** angeordnet werden (wohl auch insoweit abl MERREM JR 1993, 53, 55).

40 cc)   Zur Verstärkung des Anspruchs auf Unterlassung einer Verfügung kann dem Geschützten auch ein obligatorischer **Erwerbsanspruch** eingeräumt werden, der **aufschiebend bedingt durch eine verbotswidrige Verfügung** entsteht. Die Zulässigkeit einer derartigen Regelung mit schuldrechtlicher Wirkung ist als solche wohl unstreitig. Allerdings kann im Einzelfall ein Scheingeschäft im Sinne des § 117 S 1 mit der Folge der Nichtigkeit des Rechtsgeschäfts vorliegen, wenn die Parteien die mit der Einräumung des Erwerbsanspruchs verbundenen Rechtsfolgen in Wirklichkeit nicht wünschten. Ein derartig bedingter Erwerbsanspruch verschafft jedoch keine Erwerbssicherheit im Verhältnis zu Dritterwerbern; die Verletzung der Unterlassungspflicht führt mittels des dadurch wirksam werdenden Erwerbsanspruchs lediglich zu einer Schadensersatzpflicht des Unterlassungspflichtigen gemäß § 280 oder, wenn der Erwerbsanspruch aus einem gegenseitigen Vertrag erwächst, gemäß § 325. Der Inhalt dieses Schadensersatzanspruchs kann, da die Nichterfüllung des Erwerbsinteresses des Geschützten zu liquidieren ist, von dem Schadensumfang abweichen, der bei Verletzung des schlichten Anspruchs auf Unterlassung einer Verfügung zu berechnen ist.

41 b)   Im **Verhältnis zu Dritterwerbern** wirkt der Erwerbsanspruch, der durch die Verletzung einer rechtsgeschäftlich ausbedungenen Pflicht zur Unterlassung einer Verfügung aufschiebend bedingt ist, wenn er mit einer **Vormerkung** zugunsten des durch die Unterlassungspflicht und den bedingten Erwerbsanspruch Geschützten versehen wird. Die Zulässigkeit und Wirksamkeit eines Vormerkungsschutzes zur Sicherung eines solchermaßen auflösend bedingten Erwerbsanspruchs ist zwar bestritten (OLG Hamm DNotZ 1956, 151, 151 f; ablehnend TIMM JZ 1989, 13, 21 f; ERMAN/BROX Rn 9; wohl auch MünchKomm/MAYER-MALY Rn 33 aE; ZIEGLER 93 ff; differenzierend wie bei entsprechend bedingten Verfügungen [s o Rn 35] SOERGEL/HEFERMEHL Rn 13), jedoch **anzuerkennen** (BayObLG NJW 1978, 700, 701; OLG Zweibrücken OLGZ 1981, 167, 169 f; OLG Düsseldorf OLGZ 1984, 90, 91; OLG Hamm DNotZ 1978, 356 ff; LG Bad Kreuznach DNotZ 1965, 301 f; KOHLER DNotZ 1989, 339 ff; BÜLOW JuS 1994, 1, 6; MERREM JR 1993, 53, 57 ff; STAUDINGER/GURSKY[12] § 883 Rn 23). Die Vormerkung vertritt im Liegenschaftsrecht die dort wegen § 925 Abs 2 bei der Auflassung nicht zugelassene bedingte Verfügung; funktionsbezogen ist daher nicht anders als bei der außerhalb der Grundstücksübertragung möglichen Verfügung unter der auflösenden Bedingung einer absprachewidrigen Veräußerung zugunsten eines Dritten zu entscheiden. Anzuerkennende Aufgaben des § 137 S 1 werden durch eine derartige Vormerkungsgestaltung nicht vereitelt. Insbesondere wird nicht einer unangemessenen Beeinträchtigung der Vollstreckbarkeit in schuldnereigenes Vermögen Vorschub geleistet. Der Vormerkungsschutz hindert nämlich wegen § 48 ZVG die Vollstreckung rechtlich nicht. Soweit die Vormerkung ein tatsächliches Vollstreckungshemmnis darstellt, handelt es sich nicht nur um eine von Rechts wegen hingenommene vormerkungstypische Folge. Vielmehr ist auch das Maß der tatsächlichen Einwirkung auf den Vollstreckungswillen des Gläubigers gering, weil ihm durch Auslösung der obligatorischen Leistungsansprüche zugunsten des Vormerkungsgeschützten entweder Zahlungsansprüche des Schuldners gegen diesen als neues Haftungsobjekt zur Verfügung gestellt werden oder aber der Dritterwerber in den kritischen Fällen der Überschuldung des Vollstreckungsschuldners der Haftung gemäß § 419 ausgesetzt wird.

§ 138

[1] **Ein Rechtsgeschäft, das gegen die guten Sitten verstößt, ist nichtig.**

[2] **Nichtig ist insbesondere ein Rechtsgeschäft, durch das jemand unter Ausbeutung der Zwangslage, der Unerfahrenheit, des Mangels an Urteilsvermögen oder der erheblichen Willensschwäche eines anderen sich oder einem Dritten für eine Leistung Vermögensvorteile versprechen oder gewähren läßt, die in einem auffälligen Mißverhältnis zu der Leistung stehen.**

Materialien: E I § 106; II § 103; III § 134; Mot I 211; Prot I 123; BT-Drucks 7/3441 S 40 ff.

Schrifttum

ABRAHAM, Die Doktrin der Public Policy, AcP 150 (1949) 385

ADOMEIT, Die gestörte Vertragsparität – ein Trugbild, NJW 1994, 2467

ALTHAUS, Die Konstruktion der herrschenden Meinung in der juristischen Kommunikation (Diss München 1994)

ARZT, Die Ansicht aller billig und gerecht Denkenden (Diss Tübingen 1962)

BALDUS, Die Einheit der Rechtsordnung (1995)

BARKHAUSEN, Das Verhältnis der Nichtigkeit wegen Knebelung zur Gläubigergefährdung bei der Sicherungsübertragung, NJW 1953, 1412

BARTHOLOMEYCZIK, Äquivalenzprinzip, Waffengleichheit und Gegengewichtsprinzip in der modernen Rechtsentwicklung, AcP 166 (1966) 68

ders, Der maßgebende Zeitpunkt für die Bestimmung der Sittenwidrigkeit nichtiger Verfügungen von Todes wegen, in: FS OLG Zweibrücken (1969) 26

BAUER, Arbeitsrechtliche Aufhebungsverträge (4. Aufl 1995)

BAUER/DILLER, Zur Inhaltskontrolle von Aufhebungsverträgen, DB 1995, 1810

BAUER-MENGELBERG, Knebelungsverträge (1929)

BEER, Die „unmoralische" Zimmerbestellung, JuS 1977, 374

BEHM, Zur Wirksamkeit von Rechtsgeschäften über „Telefonsex", NJW 1990, 1822

BENDA, Humangenetik und Recht – eine Zwischenbilanz, NJW 1985, 1730

BENDER, Das „Sandhaufentheorem", in: Gedschr Rödig (1978) 34

BENGEL, Gestaltung letztwilliger Verfügungen bei Vorhandensein behinderter Abkömmlinge, ZEV 1994, 29

BIHLER, Rechtsgefühl, System und Wertung (1979)

BINDSEIL, Die Absichtsanfechtung außerhalb und innerhalb des Konkurses im Verhältnis zu den §§ 138 I, 823, 826 BGB (Diss Heidelberg 1965)

BIRK, Der Zeitpunkt für die Beurteilung der Sittenwidrigkeit von Testamenten und Erbverträgen, FamRZ 1964, 120

BIRKE, Richterliche Rechtsanwendung und gesellschaftliche Auffassungen (1968)
BITTNER, Zivilrechtliche Folgen von Handelsbeschränkungen, ZVglRWiss 93 (1994) 268
BLECKMANN, Sittenwidrigkeit wegen Verstoßes gegen den ordre public international, ZaöRV 34 (1974) 112
BÖCKENFÖRDE, Mittelbare/repräsentative Demokratie als eigentliche Form der Demokratie, in: FS Eichenberger (Basel 1982) 301
BÖRNER, Die Rechtsfolgen des Wärmelieferungsvertrages (1971)
BÖTTICHER, Die „sozial ungerechtfertigte Kündigung" im Sinne des KSchG vom 10. 8. 1951, MDR 1952, 260
ders, Zur Ausrichtung der Sanktion nach dem Schutzzweck der verletzten Privatrechtsnorm, AcP 158 (1959/60) 404 ff
BOSCH, Unterhaltsverzichtsvereinbarungen, in: FS Habscheid (1989) 23
BREITHAUPT, Die guten Sitten, JZ 1964, 283
BROCKER/KNOPS, Die Präjudizienvermutung als methodologisches Prinzip, Jura 1993, 300
DE BRONNET, Der Bierlieferungsvertrag als Beispiel vertraglicher Monopole im deutschen, französischen und belgischen Recht (Diss Köln 1970)
BROX, Fragen der rechtsgeschäftlichen Privatautonomie, JZ 1966, 761
BRÜGGEMANN, Die rechtliche Begründungspflicht (1971)
BÜRGE, Rechtsdogmatik und Wirtschaft; Das richterliche Moderationsrecht beim sittenwidrigen Rechtsgeschäft im Rechtsvergleich BRD, Schweiz, Österreich, Frankreich (1987)
BÜRGER, Über das Wesen der guten Sitten als Erscheinung der Rechtspraxis (Diss München 1957)
BÜTTNER, Flexible Grenzen der Durchsetzbarkeit von Abfindungsbeschränkungen in Personengesellschaftsverträgen, in: FS Nirk (1992) 119
F BYDLINSKI, Privatautonomie und objektive Grundlagen des verpflichtenden Rechtsgeschäfts (Wien 1967)
ders, Rechtsgesinnung als Aufgabe, in: FS Larenz (1983) 1
ders, Möglichkeiten und Grenzen der Präzisierung aktueller Generalklauseln, in: Rechtsdogmatik und praktische Vernunft, Symposion zum 80. Geburtstag von Franz Wieacker (1990) 189 ff
ders, Zulässigkeit und Schranken „ewiger" und extrem lang dauernder Vertragsbindungen (1991)
ders, Juristische Methodenlehre und Rechtsbegriff (2. Aufl 1991)
ders, Über das Verständnis der „guten Sitten" im österreichischen Recht, in: FS Gernhuber (1993) 827
CAHN, Ehrenwort und Reichsgericht, BayZ 1912, 275
CANARIS, Systemdenken und Systembegriff in der Jurisprudenz (1969)
ders, Schutzgesetze – Verkehrspflichten – Schutzpflichten, in: FS Larenz (1983) 27
ders, Grundrechte und Privatrecht, AcP 184 (1984) 201
ders, Grundrechtswirkungen und Verhältnismäßigkeitsprinzip in der richterlichen Anwendung und Fortbildung des Privatrechts, JuS 1989, 161
ders, Gesamtunwirksamkeit und Teilgültigkeit rechtsgeschäftlicher Regelungen, in: FS Steindorff (1990) 519
COESTER-WALTJEN, Rechtliche Probleme der für andere übernommenen Mutterschaft, NJW 1982, 2528
dies, Die Inhaltskontrolle von Verträgen außerhalb des AGBG, AcP 190 (1990) 1
dies, Künstliche Fortpflanzung und Zivilrecht, FamRZ 1992, 369
dies, Verbraucherschutz und Abschlußkontrolle, Jura 1994, 534
COING, Allgemeine Rechtsgrundsätze in der Rechtsprechung des Reichsgerichts zu dem Begriff „gute Sitten", NJW 1947/48, 213
CUSTODIS, Architektenbindungsklausel nach altem und neuem Recht, DNotZ 1973, 526
DAMM, Kontrolle von Vertragsgerechtigkeit durch Rechtsfolgenbestimmung. Nichtigkeit und Nichtigkeitsbeschränkung bei Gesetzes- und Sittenverstoß, JZ 1986, 913
DAUNER, Der Konditionsausschluß gemäß § 817 Satz 2 BGB, JZ 1980, 495
DAUNER-LIEB, Verbraucherschutz durch Ausbildung eines Sonderprivatrechts für Verbraucher (1983)

dies, Abfindungsklauseln bei Personengesellschaften, ZHR 158 (1994) 271
dies, Angemessenheitskontrolle privatautonomer Selbstbindung des Gesellschafters?, GmbHR 1994, 836
DERLEDER, Privatautonomie, Wirtschaftstheorie und Ethik des rechtsgeschäftlichen Handelns, in: FS Wassermann (1985) 643
DETHLOFF, Die einverständliche Scheidung – Eine rechtsvergleichende und rechtshistorische Untersuchung zu Umfang und Grenzen der Privatautonomie im Scheidungsrecht (1994)
DEUTSCH, Die künstliche Befruchtung beim Menschen – Zulässigkeit und zivilrechtliche Folgen, NJW 1986, 1971
DICK, Der „Verstoß gegen die guten Sitten" in der gerichtlichen Praxis, ArchBürgR 33, 74
DIEDERICHSEN, Die Flucht des Gesetzgebers aus der politischen Verantwortung im Zivilrecht (1974)
DIETERICH, Grundgesetz und Privatautonomie im Arbeitsrecht, RdA 1995, 129
ders, Erwiderung (auf BAUER/DILLER DB 1995, 1810), DB 1995, 1813
DREIER, Gesellschaft, Recht, Moral, Universitas 1993, 247
DRESSLER, Der Zeitpunkt für die Beurteilung der Sittenwidrigkeit von auf die Zukunft ausgerichteten Sicherungsgeschäften (Diss Heidelberg 1974)
DEMPEWOLF, Sittenwidriger Akzeptaustausch, NJW 1959, 229
DROSDECK, Die herrschende Meinung – Autorität als Rechtsquelle – Funktionen einer juristischen Argumentationsfigur (1989)
DÜRIG, Der Grundrechtssatz von der Menschenwürde, AöR 81 (1956) 117
ECKHOLD-SCHMIDT, Legitimation durch Begründung – Eine erkenntniskritische Analyse der Drittwirkungskontroverse (1974)
ECKSTEIN, Zur Lehre von der Nichtigkeit des Vertrages wegen Unsittlichkeit, ArchBürgR 38, 195
ders, Studien zur Lehre von den unsittlichen Handlungen, Rechtshandlungen und Rechtsgeschäften, insbesondere Verträge, ArchBürgR 41, 178
ENGEL, Wird der Rechtsbestand des dinglichen Erfüllungsgeschäftes durch ein gegen § 138

BGB verstoßendes Kausalgeschäft beeinflußt (Diss Marburg 1911)
ERNST, Aufhebungsverträge zur Beendigung von Arbeitsverhältnissen (1993)
ESCH, Gesellschaftsvertragliche Buchwertabfindung im Falle der Ausschließungskündigung, NJW 1973, 1390
ESSER, § 138 BGB und die Bankpraxis der Globalzession, ZHR 135 (1971) 320
EVERS, Die Nichtigkeit von Handelsvertreterverträgen wegen zu geringer Verdienstmöglichkeiten und ihre Rückabwicklung, BB 1992, 1365
FASTRICH, Richterliche Inhaltskontrolle im Privatrecht (1992)
FIKENTSCHER, Präjudizienbindung, ZfRV 1985, 163
FIKENTSCHER/WAIBL, Ersatz im Ausland gezahlter Bestechungsgelder, IPRax 1987, 86
FISCHER, Sittlichkeit und Billigkeit im deutschen bürgerlichen Recht, ArchRWPhil 11, 296
FLUME, Rechtsgeschäft und Privatautonomie, in: FS DJT (1960) Bd I S 135
ders, Die Abfindung nach der Buchwertklausel für den Gesellschafter minderen Rechtes einer Personengesellschaft, NJW 1979, 902
FUCHS, Die drohende Revisionsverstümmelung vom Standpunkt der soziologischen Rechtslehre, JW 1910, 209
FUTTER, Energieversorgungsverträge und Monopolmißbrauch, BB 1978, 935
GANTER, Die nachträgliche Übersicherung eines Kredites, ZIP 1994, 257
GEILER, Die Konkretisierung des Rechtsgebots der guten Sitten im modernen Wirtschaftsrecht, in: FS Pinner (1932) 254
GERNHUBER, Testierfreiheit, Sittenordnung und Familie, FamRZ 1960, 326
GILLES, Zur neueren Verbraucherschutzgesetzgebung in ihrem Verhältnis zum klassischen Privatrecht, JurA 1980, 1
GODBERSEN, Das Verhältnis der §§ 138 Abs. 1, 826 BGB zu den Vorschriften über die Gläubigeranfechtung innerhalb und außerhalb des Konkurses (Diss Göttingen 1968)
GRAEF, Zur Zulässigkeit von Erfolgshonoraren im englischen Recht, RIW 1995, 549
GROSSMANN-DOERTH, Selbstgeschaffenes

Recht der Wirtschaft und staatliches Recht (1933)
GRUNEWALD, Der Ausschluß aus Gesellschaft und Verein (1987)
GRUNWALD, Sittenwidrigkeit, Rechtswidrigkeit und dolus malus (Diss Göttingen 1974)
GUSY, Sittenwidrigkeit im Gewerberecht, DVBl 1982, 984
HABERSACK, Vertragsfreiheit und Drittinteressen (1992)
HABERSTUMPF, Die Formel vom Anstandsgefühl aller billig und gerecht Denkenden in der Rechtsprechung des Bundesgerichtshofs (1976)
J HAGER, Gesetzes- und sittenkonforme Auslegung und Aufrechterhaltung von Rechtsgeschäften (1983)
ders, Die gesetzeskonforme Aufrechterhaltung übermäßiger Vertragspflichten, JuS 1985, 264
HART, Zur konzeptionellen Entwicklung des Vertragsrechts, AG 1984, 66
HATTENHAUER, Die Privatisierung der Ehe, ZRP 1985, 200
ders, Über ehestabilisierende Rechtstechniken, FamRZ 1989, 225
HAUBELT, Die Konkretisierung von Generalklauseln (Diss München 1978)
HECKELMANN, Abfindungsklauseln im Gesellschaftsrecht (1973)
HEDEMANN, Die Flucht in die Generalklauseln (1933)
HEERDT/VAUGHEL, Nochmals: Zur Scheck-Wechsel-Deckung, DB 1969, 1592
HELDRICH, Die Bedeutung der Rechtssoziologie für das Zivilrecht, AcP 186 (1986) 74
HELM, Zulässigkeit von Wettbewerbsverboten beim Unternehmenskauf, in: FS Hefermehl (1972) 299
HERB, Vereinbarung des Schuldprinzips in Ehe- und Scheidungsverträgen, FamRZ 1988, 123
HERSCHEL, Nachträgliche Sittenwidrigkeit, JW 1938, 545
B HERZOG, Quantitative Teilnichtigkeit (Diss Göttingen 1926)
H HERZOG, Zum Begriff der guten Sitten im BGB (1910)
HIDDEMANN, Die Rechtsprechung des BGH zum Bierlieferungsvertrag, WM 1975, 942
ders, Die Rechtsprechung des BGH zu den Energieversorgungsverträgen, WM 1976, 1294

HILDENBRAND, Time-Sharing-Verträge in der Rechtspraxis, NJW 1994, 1992
HILLE, Die Inhaltskontrolle der Gesellschaftsverträge von Publikums-Personengesellschaften (1986)
vHIPPEL, Das Problem der rechtsgeschäftlichen Privatautonomie (1936)
HIRTE, Zivil- und kartellrechtliche Schranken für Wettbewerbsverbote im Zusammenhang mit Unternehmensveräußerungen, ZHR 154 (1990) 443
HÖLDER, Das gegen die guten Sitten verstoßende Rechtsgeschäft, DJZ 1908, 46
HÖNN, Kompensation gestörter Vertragsparität. Ein Beitrag zum inneren System des Privatrechts (1982)
ders, Wirksamkeitskontrolle als Instrument des allgemeinen Privatrechts zur Bewältigung von Ungleichgewichtslagen, JZ 1983, 677
ders, Inhaltskontrolle von Gesellschaftsverträgen, JurA 1987, 337
ders, Nicht-nationale Normen als Grenzen der Gültigkeit von Rechtsgeschäften nach nationalem Recht, in: Verfassungsrecht und Völkerrecht, Gedschr Geck (1989) 321
HONSELL, Die Rückabwicklung sittenwidriger oder verbotener Geschäfte (1974)
ders, Die zivilrechtliche Sanktion der Sittenwidrigkeit, JZ 1975, 439
ders, Die zivilrechtliche Sanktion der Sittenwidrigkeit, JurA 1986, 573
ders, Die Abwicklung sittenwidriger Darlehensverträge in rechtsvergleichender Sicht, in: FS Giger (1989) 287
N HORN, Die Verwendung von Scheckkarten für Kreditzwecke, NJW 1974, 1481
vHOYNINGEN-HUENE, Die Billigkeit im Arbeitsrecht (1978)
U HUBER, Der Ausschluß des Personengesellschafters ohne wichtigen Grund, ZGR 1980, 177
HUCKO, Die kombinierte Scheck- und Wechselreiterei, BB 1968, 1179
HÜBNER, Schutzmittelverkauf aus Warenautomaten, FamRZ 1960, 335
G HUECK, Gleichbehandlung und Inhaltskontrolle, in: Gedschr Dietz (1973) 243
HUPPERTZ, Die Grenzen zulässiger Bindung

der wirtschaftlichen Bewegungsfreiheit (Diss Köln 1935)
HUSMANN, Die Testierfreiheit im Lichte der Grundrechte und des Sittengesetzes, NJW 1971, 404
ILLEDITS, Teilnichtigkeit im Privatrecht (Wien 1991)
JACOBI, Recht, Sitte und Sittlichkeit, JherJb 41 (1900) 68
JOERGES, Verbraucherschutz als Rechtsproblem (1981)
JOSEF, Ausländisches Recht und Sittenwidrigkeit des Vertrages, NiemZ 1921, 27
KÄSSER, Der fehlerhafte Arbeitsvertrag (1979)
KARAKATSANES, Die Widerrechtlichkeit in § 123 BGB (1974)
KAUFMANN, Recht und Sittlichkeit (1964)
KEMPERMANN, Unlautere Ausnutzung von Vertrauensverhältnissen im englischen, französischen und deutschen Recht(1975 = Diss Bonn 1974)
KEUK, Der Erblasserwille post testamentum. Zur Unzulässigkeit der testamentarischen Potestativbedingung, FamRZ 1972, 9
KIMMINICH, Fluchthilfe und Flucht aus der DDR in die Bundesrepublik Deutschland (1974)
KLAAS, Zur Dauer von Bierlieferungsverträgen unter besonderer Berücksichtigung der neueren Rechtsprechung des Bundesgerichtshofes, BB 1974, 1098
KLEBAU, Die richterliche Inhaltskontrolle von Klauseln in notariellen Individualverträgen (Diss Augsburg 1992)
KNÖCHLEIN, Abfindungsvereinbarungen bei Personalhandelsgesellschaften, DNotZ 1960, 452
H KÖHLER, Möglichkeiten richterlicher Monopolpreiskontrolle, ZHR 137 (1973) 237
W KOEHLER, Die Anwendung des § 138 zum Schutz sozialer Interessen der Allgemeinheit, SJZ 1946, 165
KÖNDGEN, Selbstbindung ohne Vertrag (1981)
KÖTZ, Die Ungültigkeit von Verträgen wegen Gesetz- und Sittenwidrigkeit, RabelsZ 58 (1994) 209
KOLLER, Sittenwidrigkeit der Gläubigergefährdung und Gläubigerbenachteiligung, JZ 1985, 1013

KOLLHOSSER, Kaufzwangklauseln in Erbbaurechtsverträgen, NJW 1974, 1302
KOHTE, Die Rechtsfolgen der Mietpreisüberhöhung. Ein Beitrag zur Differenzierung der Rechtsfolgen unerlaubter Rechtsgeschäfte, NJW 1982, 2803
ders, Rechtsschutz gegen die Vollstreckung des wucherähnlichen Rechtsgeschäfts nach § 826 BGB. Ein Beitrag zur Normzwecklehre bei sittenwidriger Schädigung, NJW 1985, 2217
KOZIOL, Die Beeinträchtigung fremder Forderungsrechte (1967)
KRAFT, Interessenabwägung und gute Sitten im Wettbewerbsrecht (1963)
KRAMER, Die „Krise" des liberalen Vertragsdenkens (1972)
KRAMPE, Testamentsgestaltung zugunsten eines Sozialhilfeempfängers – Überlegungen zum „Behindertentestament"-Urteil des BGH vom 21. 3. 1990, AcP 191 (1991) 526
ders, Aufrechterhaltung von Verträgen und Vertragsklauseln, AcP 194 (1994) 1
KRASSER, Der Schutz vertraglicher Rechte gegen Angriffe Dritter (1971)
KREFT, Privatautonomie und persönliche Verschuldung, WM 1992, 1425
KREJCI, Bewegliches System und kombinatorisch gestaltete Anfechtungs- und Nichtigkeitstatbestände, in: Das Bewegliche System im geltenden und künftigen Recht, FS Wilburg (Wien 1986) 127
KREUZER, Ausländisches Wirtschaftsrecht vor deutschen Gerichten (1986)
KRIELE, Theorie der Rechtsgewinnung (2. Aufl 1976)
ders, Recht und praktische Vernunft (1979)
KÜHNE, Prostitution als bürgerlicher Beruf?, ZRP 1975, 184
KÜNSTLER, Der Bierlieferungsvertrag (1967)
KUHLMANN, Übertragung einer Arztpraxis und ärztliche Schweigepflicht, JZ 1974, 670
LAMBRECHT, Die Lehre vom faktischen Vertragsverhältnis (1994)
LAMMEL, Vertragsfreiheit oder Wirtschaftsfreiheit – Zur Teilnichtigkeit von Wettbewerbsabreden, AcP 189 (1989) 244
LARENZ, Grundsätzliches zu § 138 BGB, JurJb 7 (1966/67) 98

LORITZ, Vertragsfreiheit und Individualschutz im Gesellschaftsrecht, JZ 1986, 1073
LAUFS, Krankenpapiere und Persönlichkeitsschutz, NJW 1975, 1433
LAUTERBURG, Recht und Sittlichkeit (1918)
LEHMANN, Nachträgliches Unsittlichwerden von Verträgen (Diss Jena 1934)
LEONHARD, Der Verstoß gegen die guten Sitten, in: FS Bekker (1907) 87
LERCHE/vPESTALOZZA, Altverträge unter neuem Richterrecht, BB 1986 Beil 14 S 3
LIEB, Sonderprivatrecht für Ungleichgewichtslagen? Überlegungen zum Anwendungsbereich der sog Inhaltskontrolle privatrechtlicher Verträge, AcP 178 (1978) 196
LIESEGANG, Zur Frage der Sittenwidrigkeit sogenannter Fluchthilfeverträge, JZ 1977, 87
LIMBACH, Der verständige Rechtsgenosse (1977)
LINDACHER, Grundsätzliches zu § 138 BGB, AcP 173 (1973) 124
LÖWISCH, Der Deliktsschutz relativer Rechte (1970)
LOTMAR, Der unmoralische Vertrag (1896)
MAST, Die Einwirkung der beiderseitigen Sittenwidrigkeit des Grundgeschäfts auf das abstrakte Verfügungsgeschäft in der Rechtsprechung des Reichsgerichts und des Bundesgerichtshofs (Diss Freiburg 1957)
MATTERN, Die Rechtsprechung des BGH zur Testamentsaushöhlung, DNotZ 1964, 196
MAYER-MALY, Der liberale Gedanke und das Recht, in: FS Merkel (1970) 247
ders, Die politische Funktion der Rechtsprechung in einer pluralen Gesellschaft, DRiZ 1971, 325
ders, Das Bewußtsein der Sittenwidrigkeit (1971)
ders, Der Jurist und die Evidenz, in: 2. FS Verdross (1971) 259
ders, Der gerechte Preis, in: FS Demelius (1973) 139
ders, Handelsrechtliche Verbotsgesetze, in: 2. FS Hefermehl (1976) 103
ders, Wertungswandel und Privatrecht, JZ 1981, 801
ders, Renaissance der laesio enormis?, in: FS Larenz (1983) 395
ders, Über die der Rechtswissenschaft und der richterlichen Rechtsfortbildung gezogenen Grenzen, JZ 1986, 557
ders, Die guten Sitten als Maßstab des Rechts, JuS 1986, 596
ders, Bewegliches System und Konkretisierung der guten Sitten, in: Das Bewegliche System im geltenden und künftigen Recht, FS Wilburg (1986) 117
ders, Was leisten die guten Sitten?, AcP 194 (1994) 105
MEDICUS, Vergütungspflicht des Bewucherten?, in: Gedschr Dietz (1973) 61
ders, Abschied von der Privatautonomie im Schuldrecht? (1994)
MELULLIS, Zu Zulässigkeit und Wirksamkeit von Wettbewerbsverboten anläßlich von Vereinbarungen über das Ausscheiden eines Gesellschafters, WRP 1994, 686
MEYER-CORDING, Gute Sitten und ethischer Gehalt des Wettbewerbs. Grundätzliches zu § 1 UWG, JZ 1964, 273
MICHALSKI/RÖMERMANN, Wettbewerbsbeschränkungen zwischen Rechtsanwälten, ZIP 1994, 433
dies, Die Wirksamkeit der salvatorischen Klausel, NJW 1994, 886
MIKAT, Gleichheitsgrundsatz und Testierfreiheit, in: FS Nipperdey (1965) Bd I 597
MITTEIS, Zur Auslegung von BGB § 138 I, in: Aus römischem und bürgerlichem Recht, FS Wach (1918) 1–41
MÖLDERS, Nichtigkeit von Grund- und Erfüllungsgeschäft (Diss Münster 1959)
MÜHL, Sittenwidrigkeit und Leistungsgeschäft (Diss Göttingen 1947)
MÜLLER, Der Plausibilitätsgedanke in der Rechtsprechung, in: Für Staat und Recht (1994) 61
MÜLLER-FREIENFELS, Zur Rechtsprechung beim sogenannten „Mätressen-Testament", JZ 1968, 441
MUTIUS, Zulässigkeit und Grenzen verwaltungsrechtlicher Verträge über kommunale Folgekosten, VerwArch 65 (1974) 201
NIEDER, Das Behindertentestament, NJW 1994, 1264
E vOLSHAUSEN, Zivil- und wirtschaftsrechtliche Instrumente gegen überhöhte Preise, ZHR 146 (1982) 259

H vOLSHAUSEN, Menschenwürde im Grundgesetz: Wertabsolutismus oder Selbstbestimmung?, NJW 1982, 2221

OSWALD, Kaufverträge mit Steuerhinterziehung, Frage der Rechtswirksamkeit, Wpg 1969, 695

OTT, Systemwandel im Wettbewerbsrecht – Die Generalklausel des § 1 UWG und ihre Rückwirkung auf Rechtsprechung und Dogmatik, in: FS L Raiser (1974) 403

OTTE, Die Nichtigkeit letztwilliger Verfügungen wegen Gesetzes- oder Sittenwidrigkeit, JurA 1985, 192

OVERATH, Die Stimmrechtsbindung (1973)

PAULUS, Sittenwidrige Rechtsgeschäfte des bürgerlichen Rechts (Diss Erlangen 1937)

PEHLE/STIMPEL, Richterliche Rechtsfortbildung (1969)

PHILIPP, Der Bordellverkauf (§§ 138, 817 BGB), BayZ 1905, 382

PIEHL, Bestechungsgelder im internationalen Wirtschaftsverkehr. Korruption in Schuldverträgen mit Auslandsberührung (1991)

PICKER, Richterrecht oder Rechtsdogmatik – Alternativen der Rechtsgewinnung?, JZ 1988, 1 u 62

PIERER VESCH, Teilnichtige Rechtsgeschäfte (1968)

PIEROTH, Grundgesetzliche Testierfreiheit, Sozialhilferechtliches Nachrangprinzip und das sogenannte Behindertentestament, NJW 1993, 173

PIEROTH/KAMPMANN, Außenhandelsbeschränkungen für Kunstgegenstände, NJW 1990, 1385

PORTZ, Das Gebot sittlichen Verhaltens im deutschen Privatrecht (Diss Würzburg 1973)

PREIS, Grundfragen der Vertragsgestaltung im Arbeitsrecht (1993)

RAISCH, Zur Rechtsnatur des Automatenaufstellungsvertrages, BB 1968, 526

G H RAISER, Sittenwidriges Behindertentestament und unerträgliche Belastung der Allgemeinheit, MDR 1995, 237

L RAISER, Das Recht der Allgemeinen Geschäftsbedingungen (1935)

ders, Vertragsfunktion und Vertragsfreiheit, in: FS DJT (1960) Bd I 101

RAMM, Abschied vom Mätressentestament, JZ 1970, 129

RASNER, Abfindungsklauseln in OHG- und KG-Verträgen, NJW 1983, 2903

ders, Abfindungsklauseln bei Personengesellschaften, ZHR 158 (1994) 292

RAWLS, Ein Entscheidungsverfahren für die normative Ethik, in: BIRNBACHER/HOERSTER (Hrsg), Texte zur Ethik (1976) 124

REBE, Privatrecht und Wirtschaftsordnung – Zur vertragsrechtlichen Relevanz der Ordnungsfunktion dezentraler Interessenkoordination in einer Wettbewerbswirtschaft (1978)

REHBINDER, Fragen an die Naturwissenschaften zum sog. Rechtsgefühl, JZ 1982, 1

REICH, „Leasing-Verträge", Abzahlungsrecht und Sittenwidrigkeit, JuS 1973, 480

REINKING/NIESSEN, Sittenwidrigkeit von Kfz-Leasing-Verträgen, NZV 1993, 49

REUTER, Freiheitsethik und Privatrecht, in: FS Hoppmann (1994) 349 = DZWir 1993, 45

RITTNER, Der Beitrag zur Restschuld-Lebensversicherung und der Darlehensvertrag – § 138 BGB, Synallagma und Preisangabenverordnung, DB 1980 Beil 16 S 1

ders, Über das Verhältnis von Vertrag und Wettbewerb, AcP 188 (1988) 101

ders, Die gestörte Vertragsparität und das Bundesverfassungsgericht, NJW 1994, 3330

H ROTH, Geltungserhaltende Reduktion im Privatrecht, JZ 1989, 411

ROTHER, Sittenwidriges Rechtsgeschäft und sexuelle Liberalisierung, AcP 172 (1972) 498

ROTH-STIELOW, Die guten Sitten als aktuelles Auslegungsproblem, JR 1965, 210

ders, Verträge, unerlaubte Handlung und Sozialstaatsprinzip, JR 1973, 185

RUDLOFF, Zur Sittenwidrigkeit der Verfügungen von Todes wegen (Diss Marburg 1962)

RÜTHERS, Die unbegrenzte Auslegung (3. Aufl 1988)

ders, Richterrecht – rechtswidrig oder notwendig?, AöR 1988, 268

SACK, Sittenwidrigkeit, Sozialwidrigkeit und Interessenabwägung, GRUR 1970, 493

ders, Gibt es einen spezifischen kartellrechtlichen Lauterkeitsbegriff?, BB 1970, 1511

ders, Unlauterer Wettbewerb und Folgevertrag, WRP 1974, 445

ders, Der rechtswidrige Arbeitsvertrag, RdA 1975, 171

ders, Das Anstandsgefühl aller billig und gerecht Denkenden und die Moral als Bestimmungsfaktoren der guten Sitten, NJW 1985, 761

ders, Die lückenfüllende Funktion der Sittenwidrigkeitsklauseln, WRP 1985, 1

ders, Wettbewerbsrechtliche Folgen von Richtlinien der Europäischen Union, VersR 1994, 1383

SAMBUC, Folgenerwägungen im Richterrecht (1977)

SANDROCK, Subjektive und objektive Gestaltungskräfte bei der Teilnichtigkeit von Rechtsgeschäften – ein Beitrag zur Auslegung des § 139 BGB, AcP 159 (1960) 481

SCHACHTSCHNEIDER, Das Sittengesetz und die guten Sitten, in: FS Thieme (1993) 195

SCHAPP, Grundfragen der Rechtsgeschäftslehre (1986)

SCHEUERLE, Juristische Evidenzen, ZZP 1984, 241

SCHEUING, Der Knebelvertrag (Diss Tübingen 1930)

SCHEYHING, Pluralismus und Generalklauseln (1976)

J SCHMID, Die richterliche Kontrolle des Inhalts von Gesellschaftsverträgen (1979)

H SCHMIDT, Die Lehre von der Sittenwidrigkeit der Rechtsgeschäfte in historischer Sicht (1971)

SCHMIDT-FUTTERER, Die neuen Vorschriften über den Mietwucher in straf- und zivilrechtlicher Sicht, JR 1972, 133

SCHMIDT-RIMPLER, Grundfragen einer Erneuerung des Vertragsrechts, AcP 147 (1941) 130

ders, Zum Vertragsproblem, in: FS L Raiser (1974) 3

R SCHNEIDER, Der Rechtsanwalt, ein unabhängiges Organ der Rechtspflege (1976)

U H SCHNEIDER, Wettbewerbsverbot für Aufsichtsratsmitglieder einer Aktiengesellschaft?, BB 1995, 356

SCHOTT, Der Mißbrauch der Vertretungsmacht, AcP 171 (1971) 385

SCHOLZ, Sind Restschuldversicherungsprämien Kreditkosten?, MDR 1976, 281

ders, Fiktive Preiserrechnung im Teilzahlungskredit, NJW 1981, 323

SCHRICKER, Gesetzesverletzung und Sittenverstoß (1970)

SCHUHMACHER, Sittenwidrige Testamente, FamRZ 1956, 261

SCHULTE, Zur Aushöhlungsnichtigkeit nach § 138 BGB, AgrarR 1973, 388

SCHURIG, Das Vorkaufsrecht im Privatrecht (1975)

SCHWABE, Die sogenannte Drittwirkung der Grundrechte (1971)

SCHWADORF-RUCKDESCHEL, Rechtsfragen des grenzüberschreitenden rechtsgeschäftlichen Erwerbs von Kulturgütern (1995)

SCHWERDTNER, Anmerkung zu BGH vom 28. 9. 1972 (betr Sittenwidrigkeit einer Kündigung) JZ 1973, 377

SCHWINTOWKSI, Die wirtschaftliche Leistungsfähigkeit des Schuldners als Maßstab der Wirksamkeit von Verbraucherkreditverträgen, ZBB 1989, 91

SEIBERT, Ein Urteil des Pariser Kassationshofes zu Ansprüchen der Geliebten, NJW 1970, 985

SEIDL/WANK, Richterliche Rechtsfortbildung und Verfassungsrecht, ZGR 1988, 296

SENDLER, Überlegungen zu Richterrecht und richterlicher Rechtsfortbildung, DVBl 1988, 828

SIEGERS, Die Sittenwidrigkeit von letztwilligen Verfügungen eines Vaters an sein nichteheliches Kind, FamRZ 1965, 594

SIEMENS, Wandel in der Rechtsprechung zur Sittenwidrigkeit von „Mätressentestamenten" unter Berücksichtigung soziologischer Gesichtspunkte (Diss Münster 1974)

K SIMITIS, Gute Sitten und ordre public (1960)

SIMSHÄUSER, Zur Sittenwidrigkeit der Geliebten-Testamente (1971)

SMID, Rechtliche Schranken der Testierfreiheit aus § 138 I BGB, NJW 1990, 409

SÖLLNER, Der Richter als Ersatzgesetzgeber, ZG 1995, 1

SPECKMANN, Terminologisches zur Rechtsprechung in der Frage der Sittenwidrigkeit letztwilliger Zuwendungen bei ehebrecherischen Beziehungen, JZ 1969, 733

ders, Nochmals: Testierfreiheit und Nichtigkeit bzw Teilnichtigkeit des „Geliebtentestaments", NJW 1971, 924

ders, Aushöhlungsnichtigkeit und § 2287 BGB bei Erbverträgen und gemeinschaftlichen Testamenten, NJW 1974, 341

ders, Zur Frage der Beeinträchtigungsabsicht im § 2287 BGB, JZ 1974, 543
SPIESS, Inhaltskontrolle von Verträgen – Das Ende privatautonomer Vertragsgestaltung?, DVBl 1994, 1222
vSTEBUT, Der soziale Schutz als Regelungsproblem des Vertragsrechts (1982)
STEFFEN, Neues vom Bundesgerichtshof zum Geliebtentestament, DRiZ 1970, 347
STEINBACH, Die Moral als Schranke des Rechtserwerbs und der Rechtsausübung (1898)
ders, „Die guten Sitten" im Rechte, DJZ 1899, 47
STEINDORFF, Die guten Sitten als Freiheitsbeschränkung, in: Summum ius summa iniuria (1963) 58
SUNDER-PLASSMANN, Das Verhältnis arbeitsvertraglicher Unwirksamkeitsgründe zu § 138 Abs 1 BGB (Diss Münster 1964)
TAUPITZ, Zur Sittenwidrigkeit einer Vereinbarung zwischen Anwalt und Nichtanwalt über die Zahlung von Provisionen für die Vermittlung von Mandanten, NJW 1989, 2871
ders, Die Standesordnungen der freien Berufe (1991)
TEUBNER, Standards und Direktiven in Generalklauseln (1971)
ders, Generalklauseln als sozionormative Modelle, in: Generalklauseln als Gegenstand der Sozialwissenschaften (1978) 13
THIELMANN, Sittenwidrige Verfügungen von Todes wegen (1973)
TIEDTKE, Teilnichtigkeit eines sittenwidrigen Rechtsgeschäfts, ZIP 1987, 1089
TIEFENBACHER, Ist der Verkauf einer Anwaltspraxis zulässig?, BB 1959, 473
TRAUB, „Geltungserhaltende Reduktion" bei nichtigen vertraglichen Wettbewerbsverboten?, WRP 1994, 714 u 802
TROCKEL, Die Rechtfertigung ärztlicher Eigenmacht, NJW 1970, 489
ULMER, Wirksamkeitsschranken gesellschaftsvertraglicher Abfindungsklauseln, NJW 1979, 81
ders, Wettbewerbsverbote in Unternehmensveräußerungsverträgen, NJW 1979, 1585
ders, Teilunwirksamkeit von teilweise unangemessenen AGB-Klauseln, NJW 1981, 2024
ders, Abfindungsklauseln in Personengesellschafts- und GmbH-Verträgen – Plädoyer für die Ertragswertklausel, in: FS Quack (1991) 477
ULMER/SCHÄFER, Die rechtliche Beurteilung vertraglicher Abfindungsbeschränkungen bei nachträglich eintretendem grobem Mißverhältnis, ZGR 1995, 134
VEELKEN, Bindungen des Revisionsgerichts bei der Beurteilung der Sittenwidrigkeit von Rechtsgeschäften nach § 138 BGB, AcP 185 (1985) 46
VOGEL, Der Begriff des gegen die guten Sitten verstoßenden Rechtsgeschäfts nach § 138 Abs. 1 BGB (Diss Leipzig 1906)
VOGT, Bedeutungsgehalt und Funktion der guten Sitten im Wettbewerbsrecht, NJW 1976, 729
WÄLDE, Juristische Folgenorientierung (1979)
H J WEBER, Sicherungsgeschäfte (1973)
R WEBER, Gedanken zur Konkretisierung von Generalklauseln durch Fallgruppen, AcP 192 (1992) 516
WEDEMEYER, Wettbewerbswidrige Kaffeefahrten – Nichtige Kaufverträge, WRP 1972, 117
WEIMAR, Der Mietwucher in seinen zivilrechtlichen Folgen, DB 1963, 439
ders, Nach welchem Zeitpunkt ist die Sittenwidrigkeit eines Rechtsgeschäfts zu beurteilen?, MDR 1968, 110
WELLER, Die Bedeutung der Präjudizien im Verständnis der deutschen Rechtswissenschaft (1979)
H P WESTERMANN, Das Verhältnis von Standesregeln und guten Sitten im Wettbewerbsrecht, in: FS Barz (1974) 545
ders, Die geltungserhaltende Reduktion im System der Inhaltskontrolle im Gesellschaftsrecht, in: FS Stimpel (1985) 69
H WESTERMANN, Interessenkollisionen und ihre richterliche Wertung bei den Sicherungsrechten an Fahrnis und Forderungen (1954)
WESTERWELLE, Die Sittenwidrigkeit von Sicherungsübereignungen unter besonderer Berücksichtigung der Gläubigergefährdung (Diss Köln 1960)
WESTHOFF, Die Inhaltskontrolle von Arbeitsverträgen (1975)
WIEACKER, Rechtsprechung und Sittengesetz, JZ 1961, 337
ders, Recht und Sittlichkeit – Über die Bezie-

hungen der Rechtsordnung zu den ethischen Normen, Zeitwende 1969, 244
WIEDEMANN, Rechtsethische Maßstäbe im Unternehmens- und Gesellschaftsrecht, ZGR 1968, 147
WIEGAND/BRUNNER, Übersicherung und Freigabeanspruch, NJW 1995, 2513
WILBURG, Zusammenspiel der Kräfte im Aufbau des Schuldrechts, AcP 163 (1963) 346
M WOLF, Rechtsgeschäftliche Entscheidungsfreiheit und vertraglicher Interessenausgleich (1970)
ders, Inhaltskontrolle von Sicherungsgeschäften, in: FS F Baur (1981) 147
ders, Inhaltskontrolle von Arbeitsverträgen, RdA 1988, 270
WÜST, Vom ungebundenen Individualgläubiger zum rücksichtsvollen Mitgläubiger, in: FS Wilburg (1965) 257
REINHARD ZIMMERMANN, Richterliches Moderationsrecht oder Totalnichtigkeit? Die rechtliche Behandlung anstößig-übermäßiger Verträge (1979)
ders, Sittenwidrigkeit und Abstraktion, JR 1985, 48
RITA ZIMMERMANN, Die Relevanz einer herrschenden Meinung für Anwendung, Fortbildung und wissenschaftliche Erforschung des Rechts (1983)
ZIPPELIUS, Legitimation durch Verfahren? in: FS Larenz (1973) 293
ders, Zur Funktion des Konsenses in Gerechtigkeitsfragen, in: FS H-J Bruns (1978) 1
ZÖLLNER, Privatautonomie und Arbeitsverhältnis. Bemerkungen zu Parität und Richtigkeitsgewähr beim Arbeitsvertrag, AcP 176 (1976) 221
ders, Inhaltsfreiheit bei Gesellschaftsverträgen, in: FS 100 Jahre GmbH-Gesetz (1992) 85
ders, Vermögensrechtliche Folgenvereinbarungen für den Scheidungsfall, in: FS Hermann Lange (1992) 973
ZWANZIGER, Arbeitsrechtliche Aufhebungsverträge und Vertragsfreiheit, DB 1994, 982
ZWEIGERT, Verbotene Geschäfte, in: FS Riese (1964) 213.

Siehe auch die Angaben zu Spezialschrifttum zum Wucher und zu wucherähnlichen Geschäften (zu Rn 172), zur Mithaftung von Angehörigen (zu Rn 314) sowie zur Globalzession und zum verlängerten Eigentumsvorbehalt (zu Rn 340).

Systematische Übersicht

I. Der Anwendungsbereich von § 138	
1. Sittenwidrigkeit des Inhalts von Rechtsgeschäften	1
2. Sittenwidrige Umstände des Zustandekommens von Rechtsgeschäften	6
II. Rechtsgeschäfte	10
III. Die guten Sitten	11
1. Das Anstandsgefühl aller billig und gerecht Denkenden (sog Anstandsformel)	13
2. Ethik, Moral und Sittlichkeit als Bestimmungsfaktoren der guten Sitten	18
3. Die Funktion umfassender Lückenfüllung als Zweck des § 138	23
a) Die lückenfüllende Funktion des § 138	23
b) Die Funktion umfassender Lückenfüllung	25
c) Mögliche Gründe für eine enge Auslegung des Begriffs der Sittenwidrigkeit	29
aa) Der „Makel" der Sittenwidrigkeit	29
bb) Historische Gründe	31
cc) Die starre Rechtsfolge des § 138	34
d) Überforderung der Gerichte	35
e) Sittenwidrigkeitsklauseln als gesetzliche Legitimation zur Rechtsfortbildung	36
4. Interessenabwägung	37
a) Rechtsfortbildung durch Interessenabwägung	37
b) Gesetzliche Wertmaßstäbe	39
aa) Verfassungsrechtliche Wertungen	40
bb) Wertentscheidungen einfacher Gesetze	41
cc) Europarechtliche Richtlinien	44
c) Allgemeine Rechtsüberzeugungen	45
d) Vorhandenes Richterrecht	48

e)	Richterliches Rechtsgefühl und „Legitimation durch Begründung"	51	a)	Arbeitsverträge	107
f)	Summenwirkung und bewegliches System	57	b)	Gesellschaftsverträge	108
5.	Der subjektive Tatbestand der Sittenwidrigkeit	61	4.	Geltungserhaltende Reduktion bei Sittenwidrigkeit wegen Übermaßes („Quantitative Teilnichtigkeit")	109
6.	Die Einheit der guten Sitten	67	a)	Überlange Bezugsbindungen in Bierlieferungsverträgen	110
a)	Einheitliche lückenfüllende Funktion	68	b)	Sonstige sittenwidrig lange zeitliche Bindungen	116
b)	Einheitliche Wertordnung	69	c)	Gesellschaftsvertragliche Ausschlußklauseln	117
c)	Unterschiedliche Regelungsbereiche der Sittenwidrigkeitsklauseln	70	d)	Geliebtentestament	118
d)	Überschneidungen der Regelungsbereiche der Sittenwidrigkeitsklauseln	73	e)	Abstrakte Schuldanerkenntnisse	119
7.	Tatfragen und Rechtsfragen	74	f)	Mietwucher	120
8.	Beweislast	75	g)	Lohnwucher	121
			h)	Kreditwucher	122
IV.	**Der Wandel der guten Sitten und der für die Feststellung der Sittenwidrigkeit maßgebliche Zeitpunkt**		aa)	Die Rechtsprechung und hL	
			bb)	Kritik an der hM	123
			cc)	Anderweitige Lösungsmöglichkeiten	125
1.	Der Wandel der guten Sitten	77	dd)	Einwendungen gegen Vergütungsansprüche des Wucherers	128
2.	Sittenwidrigkeit bei Vornahme des Rechtsgeschäfts	79	ee)	Die Höhe der Vergütungsansprüche	132
3.	Sittenwidrigkeit nach Vornahme des Rechtsgeschäfts	82	ff)	Folgerung	134
4.	Wegfall der Sittenwidrigkeit nach Vornahme des Rechtsgeschäfts	85	i)	Verallgemeinerung	135
5.	Speziell: Der Wandel der guten Sitten bei letztwilligen Verfügungen	86	5.	Verpflichtungs- und Erfüllungsgeschäfte	139
			a)	Nichtigkeit nach § 138 Abs 2	139
V.	**Rechtsfolgen**		b)	Nichtigkeit nach § 138 Abs 1	140
1.	Nichtigkeit	89			
2.	Die Nichtigkeitssanktion und der Normzweck der verletzten Sittennorm	92	VI.	**Das Verhältnis von § 138 zu anderen Vorschriften**	
			1.	§ 134	146
a)	Restriktive Auslegung des § 138	93	2.	§ 157	148
b)	Die teleologische Reduktion des § 138 durch einen Normzweckvorbehalt	94	3.	§ 123	149
c)	Argumente aus dem Verhältnis von § 138 zu § 134	96	4.	§ 242	154
aa)	§ 134 als lex specialis	96	a)	Der unterschiedliche Unrechtsgehalt iSv § 242 und § 138	154
bb)	Das Verhältnis von Sittenwidrigkeit und Gesetzwidrigkeit	98	b)	Treuwidrige Berufung auf die Nichtigkeit iSv § 138	156
cc)	Der unterschiedliche Wortlaut von § 134 und § 138 in bezug auf den Normzweckvorbehalt	99	c)	Treuwidrige Berufung auf die Wirksamkeit eines Rechtsgeschäfts	159
dd)	Der Risikogedanke	104	5.	§ 826	160
ee)	Zwischenergebnis	105	6.	Die §§ 9 ff AGBG	161
3.	Nichtigkeit ex nunc bei Arbeits- und Gesellschaftsverträgen	106	7.	AnfG und KO	166
			8.	Das HausTWG	168
			9.	Wettbewerbs- und Kartellrecht	169
			10.	Weitere Konkurrenzen	171
			VII.	**Das Wucherverbot des § 138 Abs 2**	172

1. Auffälliges Mißverhältnis von Leistung und Gegenleistung — 175
a) Allgemeine Anmerkungen — 175
b) Konsumentenkreditverträge mit Kreditinstituten — 181
c) Sonstige Kreditverträge — 185
d) Sonstige Verträge — 191
2. Der subjektive Tatbestand des § 138 Abs 2 — 194
a) Ausbeutung einer Zwangslage — 195
b) Unerfahrenheit — 205
c) Mangelndes Urteilsvermögen — 209
d) Erhebliche Willensschwäche — 210
e) Kenntnis und Absicht der Ausbeutung — 212
f) Vermutung für das Vorliegen des subjektiven Tatbestandes — 215
g) Das „Sandhaufentheorem" — 217
3. Rechtsfolgen — 218
a) Geltungserhaltende Reduktion (Mindermeinung) — 218
b) Rechtsfolgen bei Gesamtnichtigkeit iSd hM — 220
aa) Die Verpflichtungsgeschäfte — 220
bb) Erfüllungsgeschäfte und Sicherheiten — 224

VIII. Sittenwidrigkeit gegenüber dem Geschäftspartner
1. Wucherähnliche Verträge — 227
a) Das Verhältnis von § 138 Abs 2 zu § 138 Abs 1 — 227
b) Keine Sittenwidrigkeit allein wegen eines auffälligen Mißverhältnisses — 230
c) Die objektiven und subjektiven Voraussetzungen der Sittenwidrigkeit — 231
d) Rechtsfolgen — 240
aa) Geltungserhaltende Reduktion — 240
bb) Nichtigkeit — 241
2. Folgeverträge nach Umschuldung („Kettenkreditverträge") — 243
a) Folgeverträge nach nichtigen Erstverträgen — 243
b) Folgeverträge nach wirksamen Erstverträgen — 248
c) Schadensersatzansprüche wegen Verletzung von Aufklärungspflichten — 249
3. Ausnutzung einer Macht- und Monopolstellung — 250
4. Ausnutzung einer Vertrauensstellung — 258

5. Sittenwidrige Knebelungsverträge — 259
a) Allgemeine Vorbemerkungen — 259
b) Eingriffs- und Kontrollbefugnisse des Gläubigers — 260
c) Stille Geschäftsinhaberschaft — 261
d) „Aussaugung" — 262
e) Die Übersicherung von Kreditgebern — 263
f) Knebelnde Zeitvereinbarungen — 272
aa) Vorbemerkungen — 272
bb) Langfristige Bezugsbindungen in Bierlieferungsverträgen — 273
cc) Tankstellen-Stationärverträge — 283
dd) Automatenaufstellverträge — 286
ee) Managementverträge — 287
ff) Miet- und Pachtverträge — 288
gg) Ankaufsverpflichtungen in Erbbauverträgen — 289
hh) Internats- und Direktunterrichtsverträge — 290
ii) Optionsrecht eines Verlags — 291
kk) Treuhandverträge auf Lebenszeit — 292
ll) Abführung von Einnahmen aus Nebentätigkeiten — 293
mm) Wärmeversorgungsverträge — 294
nn) Handelsvertreterverträge — 295
oo) Haarpflegevertrag — 296
6. Wettbewerbsverbote und Kundenschutzklauseln — 297
a) Kartellrechtliche Grenzen — 299
b) Grenzen durch die §§ 74 ff HGB (analog) und § 133 f GewO — 300
c) Grenzen durch § 138 — 304
7. Die Mithaftung von Familienangehörigen für Kredite — 314
8. Sonstige Fälle der Beeinträchtigung des Geschäftspartners — 330

IX. Sittenwidrigkeit gegenüber Dritten und der Allgemeinheit — 333
1. Täuschung Dritter — 334
a) Täuschung über die Kreditwürdigkeit — 335
b) Speziell: Globalzession und verlängerter Eigentumsvorbehalt — 340
c) Wechsel- und Scheckreiterei — 344
d) Sonstige Fälle der Täuschung Dritter — 347
2. Sittenwidrige Gläubigergefährdung und Gläubigerbenachteiligung — 348
3. Rechtsgeschäfte zu Lasten Dritter — 354
a) Mißbrauch der Vertretungsmacht — 354

2. Titel.
Willenserklärung

§ 138

b)	Vereitelung fremder Forderungsrechte	356	6.	Verträge über Leihmutterschaft und heterologe Insemination	450
c)	Bietungsabkommen (pactum de non licitando)	358	**XIV.**	**Verstöße gegen die Sexualmoral**	452
d)	Rechtsgeschäfte zu Lasten der Sozialhilfe	359	1.	Vorbemerkungen	452
aa)	Unterhaltsverzicht in Eheverträgen und Scheidungsvereinbarungen	359	2.	Vertragliche Verpflichtungen zu sexuellen Leistungen	453
bb)	Testamente zu Lasten der Sozialhilfe	363	3.	Zuwendungen zwischen nichtehelichen Geschlechtspartnern	456

X. Gesellschaftsrechtliche Beziehungen

1.	Kündigungsbeschränkungen	366
2.	Abfindungsklauseln	367
3.	Kündigungs- und Ausschlußklauseln	378
4.	Sonstige Regelungen	382

4. Sittenwidrige Raumüberlassungsverträge ... 457
5. Rechtsgeschäfte mit Bezug auf Bordelle („Bordellverträge") ... 458
6. Verträge über Pornographie und Pornofilme ... 460
7. Verträge über Empfängnisverhütung ... 461

XI. Arbeitsverhältnisse

1.	Sittenwidrige Lohnabreden	387
2.	Sittenwidrige Arbeitsleistungen	396
3.	Sonstige Abreden in Arbeitsverträgen	401
4.	Sittenwidrige Kündigung	407
a)	Kündigungen im Regelungsbereich des KSchG	407
b)	Kündigungen außerhalb des Regelungsbereichs des KSchG	410
c)	Die praktische Bedeutung des § 138 beim Kündigungsschutz	411

XV. Rechtsgeschäfte über nicht kommerzialisierbare Güter

1.	Rechtsgeschäfte über höchstpersönliche Güter	463
2.	Schmiergeldvereinbarungen	469
3.	Sonstige Fälle sittenwidriger Kommerzialisierung	476

XII. Standeswidrigkeit ... 416

XVI. Verletzung ausländischer Gesetze

1.	Vorbemerkungen	481
2.	Ausländische Ausfuhrbeschränkungen	485
3.	Ausländische Zoll- und Einfuhrbestimmungen	487
4.	Bestechung ausländischer Amtsträger	490
5.	Fluchthelferverträge	492

XIII. Ehe- und Familienordnung ... 429

1.	Ehewidrige Vereinbarungen	429
2.	Scheidungsvereinbarungen	434
3.	Letztwillige Verfügungen	437
a)	Vorbemerkungen	437
b)	Das sog Geliebtentestament	438
c)	Erbeinsetzung eines gleichgeschlechtlichen Lebenspartners	446
4.	„Aushöhlung" von Erbverträgen und gemeinschaftlichen Testamenten durch Zuwendungen unter Lebenden	447
5.	Vereinbarungen über nichteheliche Kinder	448

XVII. Fälle zwischen § 138 und § 134

1.	Verträge zur Förderung und Ausnutzung von Straftaten	493
2.	Verletzung von Grundrechtsnormen	496
3.	Die Verletzung allgemeiner Rechtsgrundsätze	497
4.	Umgehungsgeschäfte	498

Alphabetische Übersicht

Abfindungsklauseln	83, 367 ff, 381
Ablösesummen	428
Abstraktionsprinzip	140
Additionsklausel	178

Ärzte —————— 306 f, 418, 427, 479
Allgemeine Geschäftsbedingungen ——
—————— 161 ff, 231, 250, 252, 281
Allgemeine Rechtsgrundsätze —— 497
Anfechtbarkeit —————— 6, 149 ff, 166 f
Anstandsgefühl —————— 13 ff, 66
Anwendungsbereich —————— 1 ff, 70 ff
Apotheker —————— 307, 312, 419
Arbeitsverträge —————— 107, 387 ff
Architektenbindungsklausel —— 420
Aufhebungsverträge —————— 415
Ausfuhrbeschränkungen, ausländische —— 485
Aushöhlungsnichtigkeit —————— 447
Ausländische Gesetze —————— 481 ff
Aussaugung —————— 262
Ausschlußklauseln in Gesellschaftsverträgen —————— 117, 378 ff
Automatenaufstellverträge —————— 286

Begründungszwang —————— 51, 55
Behindertentestament —————— 363 ff
Berufsausübungsbeschränkungen —— 297 ff, 467
Bestechung ausländischer Amtsträger —— 490 f
Bewegliches System —————— 57 ff, 217
Beweislast —————— 75 ff, 441
Bierlieferungsverträge —————— 110 ff, 273 ff
Bietungsabkommen —————— 358
Bordellverträge —————— 458 ff
Bezugsbindungen —————— 273 ff
Buchwertklauseln —————— 371, 381
Bündeltheorie —————— 282, 285
Bürgschaft von Familienangehörigen —— 314 ff

culpa in contrahendo —————— 160

Direktunterrichtsverträge —————— 290
Dispositive Gesetze —————— 43
Doppelverkauf —————— 357
Drittschädigung —————— 333 f
Drittwirkung der Grundrechte s Grundrechte

Effektiver Jahreszins —————— 181
Ehelichkeitsanfechtung —————— 448 f, 465
Ehescheidungsbeschränkung —— 431 f, 436, 466
Ehescheidungsgebot —————— 466
Ehescheidungsvereinbarungen s Scheidungsvereinbarungen
Eheverträge —————— 359, 429 ff

Ehrenwortklauseln —————— 406, 467
Eigentumsvorbehalt —————— 267 f, 340 ff
Einfuhrbestimmungen, ausländische —— 487
Einheit der guten Sitten —————— 67 ff
Embargobestimmungen, ausländische —— 486
Empfängnisverhütung —————— 461 f, 465
Energielieferungsverträge —————— 294
Erbbauverträge —————— 289
Erfolgshonorar —————— 422 ff
Erfüllungsgeschäfte —————— 139 ff, 224 ff
Ethik —————— 18 ff
Europarecht ——
41, 44, 165, 170, 257, 282, 285, 299, 304, 313

Finanzierungsleasing —————— 189 f
Fluchthilfeverträge —————— 197, 239, 492
Folgeverträge —————— 6 f, 243 ff
Forderungsabtretung —————— 262 ff
Forderungsrechte, Vereitelung fremder —— 356
Freigabeklauseln —————— 263 ff, 266 ff
– qualifizierte —————— 267
Freizeichnungsklauseln —————— 252
Freizügigkeit —————— 435, 467

Geliebtentestament —————— 118, 438 ff
Geltungserhaltende Extension —— 121, 373
Geltungserhaltende Reduktion ——
—————— 90, 94 f, 109 ff, 218, 240 ff, 279 f
Gerechtigkeit —————— 21
Gesellschafterbeschlüsse —————— 383
Gesellschaftsverträge ——
—————— 28, 41, 108, 117, 260 f, 293, 309, 366 ff
Gesetzwidrigkeit —————— 96 ff, 146 f
– ausländische Gesetze —————— 481 ff
Getrenntleben —————— 430
Gewaltenteilungsprinzip —————— 31
Gläubigergefährdung —— 271, 334 ff, 348 ff, 377
Gleichgeschlechtliche Lebenspartner —— 446
Globalzession —————— 267 f, 340 ff
Gratifikation s Rückzahlungsklauseln
Grundrechte —————— 40 f, 412, 464 f, 496
Gute Sitten —————— 11 ff
– Auslegung —————— 12
– Begriff —————— 11 ff
– Einheit der —————— 67 ff
– Funktion der —————— 23 ff
– Konkretisierung —————— 12
– Rechtsbegriff —————— 11
– Wandel der —————— 57

2. Titel.
Willenserklärung

§ 138

Haarpflegeverträge	296
Handelsvertreterverträge	295
Handgelder im Sport	428
Heilpraktiker, Werbeverbot	428
Heiratsklauseln	465
Hilfsgeneralklauseln	27
HOAI	428
Höchstpersönliche Güter	463 ff
Hungerlohn, Hungerprovision	121, 191, 387 ff, 392
Inhaltssittenwidrigkeit	1 f
Insemination, heterologe	450
Interessenabwägung	37 ff, 76
– außergesetzliche Maßstäbe	38, 45 ff
– gesetzliche Maßstäbe	38, 39 ff
– kombinierende Methode	38
Internatsverträge	290
iustum pretium	230
Kaffeefahrten	6, 8, 211
Kartellrecht	41, 169 f, 257, 282, 285, 299, 304, 312 f, 358
Kettenkreditverträge	243 ff
Kollusion	335, 354, 356
Knebelungsverträge	259 ff
Kommerzialisierung, sittenwidrige	463 ff
Konfessionswechsel	467
Konkurrenzverbote s Wettbewerbsverbote	
Konkursverschleppung	269, 336, 351
Konsens, Konsensfähigkeit	55
Konsumentenkreditverträge	181 ff
Kontaktanzeigen	453
Kreditverträge	181 ff, 185 f
Kreditwucher	122 ff, 218
Kündigung des Arbeitsverhältnisses	407 ff
Kündigungsbeschränkungen in Gesellschaftsverträgen	366, 378 ff
Kulturgut, ausländisches	485
Kundenschutzklauseln	297 ff, 301, 306
laesio enormis	230
Lebensversicherung	188
Leihmutterschaft	450
Letztwillige Zuwendungen s Testamente	
Liberalismus	32
Liebhaberpreis	192
Lohnabreden	387 ff
Lohnabtretung	266

Lohnwucher	121, 191, 218, 387 ff
Lückenfüllung	23 ff, 68
Machtmißbrauch	250 ff, 352
– der öffentlichen Hand	255 f
Mätressentestament s Geliebtentestament	
„Makel" der Sittenwidrigkeit	29, 64
Maklerprovision	191, 193, 425 f
Managementverträge	287
Mandantenschutzklauseln	306, 312
Mankoabreden	402
Meinungsumfragen	15, 56
Mietkauf	191
Mietwucher	120, 218
Miet- und Pachtverträge	191, 288
Mißverhältnis von Leistung und Gegenleistung	17, 175 ff, 230, 232
Monopolmißbrauch	250 ff
Moral	18 ff
– autonome Moral	19, 21, 66
– heteronome Moral	20, 22
Nichteheliche Kinder	448 f
Nichteheliche Lebensgemeinschaft	456
Nichtigkeit	34, 89 ff, 143 ff
– ex nunc	82, 92, 94, 106 ff
– ex tunc	34, 82, 107 f, 396
– quantitative Nichtigkeit	109 ff
– Teilnichtigkeit	92, 94, 109 ff, 218 f
– Vollnichtigkeit	34
Normzweckvorbehalt	92 f, 94 ff, 138
Notare	425
pactum de non licitando	358
pactum de non petendo	326
Partnervermittlungsvorschläge	191
Peepshows	397
Pornographie	460
Präjudizienbindung	48 f
Praxisverkauf	306, 418, 427
Prostitution	396, 453
Psychischer Kaufzwang	6, 211
quota litis	422 ff
Raumüberlassungsverträge	457
Rechtsanwälte	306 f, 312, 418, 421 ff
Rechtsfolgen der Sittenwidrigkeit	34
Rechtsfortbildung	16, 24, 36, 37 ff

- Legitimation zur —————— 36
Rechtsfrage, Sittenwidrigkeit als —— 74
Rechtsgefühl —————————— 14, 51
Rechtsmittel, Verzicht auf ————— 480
Rechtsmoral ———————————— 18
Rechtsüberzeugungen ————— 45 ff, 53
„res extra commercium" —————— 463 ff
Restschuldversicherung —————— 183
Richtlinienkonforme Auslegung ——— 44, 165
Risikogedanke — 104, 109, 113, 130, 132, 136 f
Richterrecht ——————————— 16
Rückzahlungsklauseln —————— 404

Salvatorische Klauseln ———— 136, 138, 312
Sandhaufentheorem ——————— 217
Scheckreiterei ———————— 141, 344 ff
Scheidungsvereinbarungen ———————
————————— 359 ff, 431 f, 434 ff, 466
Scheinehe —————————— 433
Schmiergeldvereinbarungen ——— 469 ff, 490 f
Schmuggel —————————— 487
Schuldanerkenntnis, abstraktes ——— 119
Schweigegeld ————————— 476
Schwerpunktzins ———————— 181
Sexualmoral ———— 396 ff, 438 ff, 446, 452 ff
Sicherungsübereignung ————————
————————— 262 ff, 266, 335, 338, 348
Sittlichkeit ————————— 18 ff, 66
Sorgerecht, elterliches —————— 434, 465
Sozialhilfe, Rechtsgeschäfte zu Lasten
der ———————————— 359 ff, 363 ff
Sozialmoral —————————— 18
Spielleidenschaft ———————— 210, 331
Sportrecht —————————— 428, 476
Staatsangehörigkeitswechsel ————— 467
Standesauffassungen, Standeswidrigkeit —
——————————— 46, 416 ff, 479
Steuerberater, steuerlicher Berater ————
——————————— 307, 426, 479
Stimmbindungsvertrag —————— 385
Straftaten —————————— 493
Striptease —————————— 398, 454
Studienplatztausch ———————— 480
Subjektiver Tatbestand ————————
————————— 17, 21, 61 ff, 194 ff, 237
Substraktionsmethode ——————— 59
Summenwirkung ———————— 57 ff, 315

Täuschung Dritter ———————— 333 ff

Tankstellenverträge ——————— 283 ff
Teilamortisationsverträge —————— 190
Telefonsex —————————— 454
Testament ———— 86, 363 ff, 437 ff, 446 ff, 466
Testierfreiheit ————————— 437
Time-sharing ————————— 191
Titelhandel —————————— 478
Toleranzgebot ————————— 52
Treuhandverträge ———————— 292, 382
Treuwidrigkeit ————————— 83,
85, 87 f, 107, 114 f, 142, 154 ff, 317, 371, 375

Übererlösklauseln ———————— 193
Übersicherung ————————— 263 ff
Umdeutung —————————— 112, 122
Umgangsrecht, elterliches ————— 434, 465
Umgehungsgeschäfte ——————— 42, 498
Umstandssittenwidrigkeit —————— 2, 61
Unterhaltsabreden ————— 359, 434, 448 f
Unternehmensveräußerungsverträge —— 305
Verfallklauseln ————————— 403
Verfassungsrecht s Grundrechte
Verfügungsgeschäfte —————— 139 ff, 224
Vergütungsansprüche des Wucherers ———
——————————— 128 ff, 220 ff
Verhaltenskontrolle — 4, 65, 70, 438, 446, 452
Verlagsverträge ———————— 291
Verlöbnis —————————— 429, 433
Verlustbeteiligung im Arbeitsverhältnis — 390 ff
Verpflichtungsgeschäfte ————— 139 ff, 220 ff
Vertragsstrafe ————————— 193
Vertrauensstellung, Mißbrauch einer ———
——————————— 258, 354 f, 470
Vertretungsmacht, Mißbrauch der ——— 354 f
Verwertungsvertrag ——————— 191
Vorkaufsrecht
– Vereitelung —————————— 357
– Verzicht auf —————————— 477

Wärmeversorgungsverträge ————— 294
Wandel der guten Sitten ——————— 77
Wechselreiterei ————————— 344 ff
Wertepluralismus ———————— 53
Wettbewerbsrecht ———— 7 ff, 44, 70 ff, 211
Wettbewerbsverbote ——————— 297 ff
– Angestellte —————————— 300 ff
– Dirigent ——————————— 310
– Freiberufler ————————— 303, 306

2. Titel. **§ 138**
Willenserklärung 1–4

- Gesellschafter — 302, 309
- Karenzentschädigung — 300 f, 308
- nachvertragliche — 300
- Organmitglieder — 302, 309
- in Unternehmensveräußerungsverträgen 305
- Willensmängel — 5 ff, 70 ff, 149 ff
- Wirtschaftsprüfer — 307, 312
- Wohnsitzverbot — 435, 467
- Wucher — 5, 17, 120 ff, 175 ff, 387
  - Ausbeutung — 5, 195 ff
  - Kreditwucher — 123 ff
  - Lohnwucher — 121, 387
  - Mangel an Urteilsvermögen — 5, 209
  - Mietwucher — 120
  - Mißverhältnis — 17, 175 ff
  - Rückzahlungsansprüche des Wucherers — 127
  - Unerfahrenheit — 5, 205 ff
  - Vergütungsansprüche des Wucherers — 127 ff
  - Willensschwäche — 5, 210 ff
  - Zeitpunkt — 180
  - Zwangslage — 5, 195 ff
- Wucherähnliche Verträge — 227 ff
- Zeitpunkt der Bewertung — 79 ff, 180
- Zeitvereinbarungen, überlange — 272 ff
- Zeugenaussage — 476
- Zölibatsklauseln — 465
- Zollbestimmungen, ausländische — 487

I. Der Anwendungsbereich von § 138

1. Sittenwidrigkeit des Inhalts von Rechtsgeschäften

a) Der Anwendungsbereich des § 138 deckt sich mit dem des § 134. § 138 Abs 1 ist **1** anwendbar, wenn ein Rechtsgeschäft wegen seines **Inhalts** sittenwidrig ist (BGHZ 110, 156, 174 aE). Damit dient diese Vorschrift, ebenso wie § 134, der Inhaltskontrolle von Rechtsgeschäften.

Ergibt sich die Sittenwidrigkeit eines Rechtsgeschäfts unmittelbar aus seinem Inhalt, **2** zB bei einem Vertrag über die Begehung sittenwidriger Handlungen, so bezeichnet man diese Form der Sittenwidrigkeit als **Inhaltssittenwidrigkeit**. Wenn die Sittenwidrigkeit des Inhalts eines Rechtsgeschäfts hingegen nicht unmittelbar aus seinem Inhalt als solchem, sondern erst aus den besonderen hinzutretenden Umständen folgt, die den Gesamtcharakter des Rechtsgeschäfts prägen, liegt sogenannte **Umstandssittenwidrigkeit** vor (BGHZ 86, 82, 88; 107, 92, 97; BGH NJW 1990, 703, 704). Beispiele hierfür sind die Fälle der wucherähnlichen Geschäfte, der Übersicherung oder der Mithaftung einkommens- und mittelloser Angehöriger eines Kreditnehmers.

Die gebräuchliche Formel, daß ein Rechtsgeschäft nach § 138 nichtig sei, wenn es **3** nach seinem aus „**Inhalt, Zweck und Beweggrund**" zu entnehmenden Gesamtcharakter gegen die guten Sitten verstößt (vgl RGZ 114, 339, 341; RGZ 150, 1, 3; BGHZ 53, 369, 375 aE; BGHZ 43, 46, 50 = NJW 1965, 580; NJW 1968, 932, 934; BGHZ 60, 28, 33; BGHZ 86, 82, 88; BGHZ 107, 92, 97; BGH WM 1995, 1331, 1332; BGH BB 1995, 2288, 2289; BAG NJW 1976, 1958), ist mißverständlich. Zutreffend ist sie nur, soweit sie besagen soll, daß sich die Sittenwidrigkeit des **Inhalts** eines Rechtsgeschäfts nicht nur aus dem objektiven Inhalt als solchem, sondern auch aus den Begleitumständen, insbesondere aus dem Zweck und den Beweggründen, ergeben kann (ähnlich RGZ 114, 339, 341; BGH WM 1995, 1331, 1332; SOERGEL/HEFERMEHL § 138 Rn 27, 29). Denn § 138 dient nur der Inhaltskontrolle von Rechtsgeschäften.

Nach § 138 ist nur zu überprüfen, ob der Inhalt eines **Rechtsgeschäfts** mit den guten **4** Sitten vereinbar ist. Das **Verhalten** der Vertragsparteien als solches ist hingegen nicht nach § 138 zu beurteilen. Die Art des Verhaltens kann allerdings für die Bewertung eines darauf beruhenden Rechtsgeschäfts von Bedeutung sein (BGHZ 53, 369, 375; BGH NJW 1973, 1645, 1646; 1983, 674, 675; 1984, 2150, 2151; BARTHOLOMEYCZIK, in: FS OLG Zweibrücken [1969] 26, 66; BGB-RGRK/KRÜGER-NIELAND/ZÖLLER § 138 Rn 30; FLUME, AT § 18, 2 u 6 S 368, 375, 379; LINDACHER AcP 173 [1973] 124, 135; MEDICUS, AT Rn 685; OTTE JurA 1985, 192, 196; SOERGEL/HEFERMEHL § 138 Rn 29, 37).

5 b) Auch beim **Wuchertatbestand** des § 138 Abs 2 geht es der Sache nach um Inhaltskontrolle. Zwar knüpft diese Vorschrift auch an rechtlich zu mißbilligendes Verhalten beim Zustandebringen von Verträgen an: Ausbeutung der Zwangslage, der Unerfahrenheit, des Mangels an Urteilsvermögen oder der erheblichen Willensschwäche eines anderen. Diese Kriterien dienen jedoch nur der Feststellung, ob der durch ein Mißverhältnis von Leistung und Gegenleistung gekennzeichnete **Inhalt** eines Vertrages rechtlichen Bestand hat (zB als gemischte Schenkung), oder ob sein Inhalt wegen der Verwirklichung dieser Kriterien als Wucher rechtlich zu mißbilligen ist (SACK WRP 1974, 445, 448, 449; ders NJW 1974, 564).

2. Sittenwidrige Umstände des Zustandekommens von Rechtsgeschäften

6 Ebenso wie § 134 ist auch § 138 nicht schon dann ohne weiteres anwendbar, wenn nicht der Inhalt eines Rechtsgeschäfts, sondern die Art und Weise seines Zustandebringens gegen die guten Sitten verstößt (BGHZ 110, 156, 174 f; SACK WRP 1974, 445, 448; ders NJW 1974, 564; LEHMANN NJW 1981, 1232, 1237; PALANDT/HEINRICHS § 138 Rn 18; SOERGEL/ HEFERMEHL § 138 Rn 65; kritisch GITTER SAE 1981, 174; **aA** wohl BGB-RGRK/KRÜGER-NIELAND/ ZÖLLER § 138 Rn 25). Deshalb ist zB ein Vertrag, der unter Verstoß gegen die guten Sitten iSv § 1 UWG, etwa durch psychischen Kaufzwang bei Kaffeefahrten, zustande gebracht worden ist, nicht schon deshalb auch ohne weiteres sittenwidrig und nichtig nach § 138 (BGHZ 110, 156, 174 f; LG Trier NJW 1974, 151; BGB-RGRK/KRÜGER-NIELAND/ ZÖLLER § 138 Rn 17, § 134 Rn 138; KÖRNER GRUR 1968, 348; SACK WRP 1974, 445, 448; ders NJW 1974, 564 f; SOERGEL/HEFERMEHL § 138 Rn 65; **aA** AG Trier NJW 1972, 160; LG Mainz BB 1967, 1180). Selbst wenn ein Rechtsgeschäft in grob sittenwidriger Weise zustandegebracht worden ist, zB durch arglistige Täuschung oder durch widerrechtliche Drohung mit Gewalt, ist es nicht ohne weiteres nach § 138 nichtig, sondern „nur" anfechtbar nach § 123 (RGZ 115, 378, 383; BGH WM 1966, 585, 589; WM 1972, 766, 767; BGHZ 60, 102, 104, 105 = NJW 1973, 465; WM 1977, 394, 395; NJW 1988, 902, 903; 1988, 2599, 2601; MünchKomm/ KRAMER § 123 Rn 28; SACK WRP 1974, 445, 448; STAUDINGER/DILCHER[12] § 138 Rn 120; kritisch GITTER SAE 1981, 174; vgl auch § 134 Rn 5). Der Grund dafür liegt nicht darin, daß § 123 gegenüber § 138 eine Spezialvorschrift ist (so jedoch wohl RGZ 114, 342), sondern weil das sittenwidrige Zustandebringen von Verträgen nicht vom Regelungsbereich des § 138 erfaßt wird (SACK WRP 1974, 445, 448; SOERGEL/HEFERMEHL § 138 Rn 65). Wegen desselben Regelungsbereichs ist auch § 134 bei einem unter Verstoß gegen § 1 UWG zustande gebrachten Vertrag nicht anwendbar (oben § 134 Rn 5 f, 304).

7 Es müssen vielmehr besondere Umstände hinzukommen, die auch die Sittenwidrigkeit des **Inhalts** eines Vertrags begründen (LG Trier NJW 1974, 151 m Anm SACK NJW 1974, 564 f; **aA** AG Trier NJW 1972, 160). So verstößt zwar nach Ansicht des I. Zivilsenats des BGH der Abschluß eines Gruppenversicherungsvertrags zwischen einer Gewerkschaft als Versicherungsnehmerin und einem Rechtsschutzversicherer, durch den die Gewerkschaft ihren Mitgliedern als Versicherten auch ohne deren Zustimmung allein kraft der Satzung Familien- und Wohnungsrechtsschutz nach den §§ 25, 29 ARB mit Mitteln des Beitragsaufkommens verschafft, in mehrfacher Hinsicht gegen § 1 UWG (BGHZ 110, 156, 161 ff). Daraus folgt jedoch nicht ohne weiteres die Sittenwidrigkeit und Nichtigkeit des Gruppenversicherungsvertrags nach § 138 (BGHZ 110, 156, 174 f). Der BGH hat dieses zutreffende Ergebnis damit begründet, daß der Rechtsbegriff der guten Sitten in § 1 UWG nicht dieselbe Bedeutung habe, wie in § 138. Während § 138 der autonomen Rechtsgestaltung beim Abschluß von Verträgen Grenzen setze und Mißbräuchen der Privatautonomie damit entgegenwirke, schütze § 1 UWG die guten Sitten des Wettbewerbs und knüpfe an einen Verstoß – anders als § 138 – gerade nicht die Rechtsfolge der Nichtigkeit, sondern die Verpflichtung zur Unterlassung und – bei Verschulden – zum Schadensersatz. Das schließe es aus, in einem nach § 1 UWG zu mißbilligenden wettbewerbswidrigen Verhalten, möge dieses auch in einem Rechtsgeschäft seinen Niederschlag finden, ohne weiteres einen Verstoß gegen § 138 zu erblicken (BGHZ 110, 156, 174 mwNw). Diese Argumentation läßt den Grund der Nichtanwendbarkeit von § 138 nicht so deutlich erkennen, wie die anschließenden und zutreffenden Ausführungen des BGH zu § 134: Die Anwendbarkeit von § 134 bzw § 138 erfordert, daß der **Inhalt** eines Vertrags sittenwidrig ist. Dies ist nicht ohne weiteres der Fall, wenn die Art des Zustandebringens eines Vertrags gegen die guten Sitten (iSv § 1 UWG) verstößt (Sack WRP 1974, 445, 447).

Desgleichen ist ein bei einer Kaffeefahrt unter Verstoß gegen § 1 UWG zustande **8** gebrachter Kaufvertrag nicht ohne weiteres auch nach § 138 sittenwidrig und nichtig; so im Ergebnis zutreffend das LG Trier (NJW 1974, 151), jedoch mit der unzutreffenden Begründung, daß der Begriff der guten Sitten in § 1 UWG anders zu bestimmen sei als in § 138. Vielmehr ist der **Gegenstand** der sittlich-rechtlichen Bewertung nach § 1 UWG ein anderer als nach § 138 BGB: Nach § 1 UWG sind Wettbewerbshandlungen zu bewerten, nach § 138 ist es der Inhalt von Rechtsgeschäften.

Dies schließt nicht aus, daß im Einzelfall dieselben Umstände, die die Anwendung **9** von § 1 UWG rechtfertigen, auch die Voraussetzungen des § 138 erfüllen. Wer durch arglistige Täuschung im Wettbewerb den Abschluß eines Vertrags herbeiführt, in dem Leistung und Gegenleistung in einem auffälligen Mißverhältnis stehen, verstößt nicht nur gegen § 1 UWG, sondern zugleich auch gegen den Wuchertatbestand des § 138 Abs 2, der einen besonderen Anwendungsfall des § 138 Abs 1 regelt.

II. Rechtsgeschäfte

Der Begriff des Rechtsgeschäfts hat in § 138 dieselbe Bedeutung wie in § 134. Des- **10** halb kann auf die dortigen Ausführungen verwiesen werden; oben § 134 Rn 10 ff.

III. Die guten Sitten

Die Nichtigkeit eines Rechtsgeschäfts nach § 138 Abs 1 erfordert einen Verstoß **11** gegen die guten Sitten. Der Begriff der guten Sitten ist ein **Rechtsbegriff** (Staudinger/ Dilcher[12] § 138 Rn 5).

Bei der Anwendung von § 138 ist zu unterscheiden zwischen der **Auslegung** und der **12** **Konkretisierung** des Begriffs der guten Sitten. In einer ersten Stufe ist durch Auslegung zu ermitteln, welche Maßstäbe und Kriterien den Inhalt der guten Sitten im rechtlichen Sinne bestimmen: Das Anstandsgefühl aller billig und gerecht Denkenden? Die geltende Rechts- und Sozialmoral? Durch Meinungsumfragen zu ermittelnde herrschende Meinungen? Zur Auslegung gehört auch die Frage, ob ein Sittenverstoß die Verwirklichung eines subjektiven Tatbestandes erfordert. Erst wenn auf diese Weise der Rahmen des Begriffs der guten Sitten bzw des Sittenverstoßes durch Auslegung bestimmt ist, beginnt die **Konkretisierung**, dh die Entwicklung von Fallgruppen sittenwidriger Rechtsgeschäfte anhand der durch Auslegung ermittelten Maßstäbe und Kriterien.

1. Das Anstandsgefühl aller billig und gerecht Denkenden (sog Anstandsformel)

13 Über den Inhalt der guten Sitten entscheidet nach stRspr und hL das „Anstandsgefühl aller billig und gerecht Denkenden" (so bereits zu § 826 das RG vom 11. 4. 1901 RGZ 48, 114, 124; ebenso zu § 138 RGZ 80, 219, 221; BGHZ 10, 228, 232 = NJW 1953, 1665; BGHZ 17, 327, 332, 333 = NJW 1955, 1274; BGHZ 20, 71, 74; BGHZ 27, 172, 178; BGHZ 67, 119, 121 aE; BGH NJW 1982, 1455; BAG NJW 1976, 1958; ausführlich dazu insbesondere ARZT, Die Ansicht aller billig und gerecht Denkenden [Diss Tübingen 1962]; HABERSTUMPF, Die Formel vom Anstandsgefühl... [1976]; SACK NJW 1985, 761). Diese sogenannte **Anstandsformel** stammt aus den Motiven zu § 826, wo es heißt, daß derjenige, der einem anderen vorsätzlich einen Schaden zufüge, mißbräuchlich handle und auf Schadensersatz hafte, „wenn seine Handlungsweise den in den guten Sitten sich ausprägenden Auffassungen und dem Anstandsgefühl aller billig und gerecht Denkenden widerspricht" (Mot II 727 = MUGDAN II 406). Diese Formulierung läßt allerdings zweifeln, ob die Verfasser des § 826 die Anstandsformel wirklich als Interpretationsbehelf für den Begriff der guten Sitten verstanden haben. Sie wird heute jedoch so verstanden, und dies nicht nur für § 826, sondern für alle anderen Sittenwidrigkeitsklauseln unseres Rechts (erstmals zu § 138 RGZ 80, 219, 221).

14 Die Anstandsformel warf die naheliegende Frage auf, wer die billig und gerecht **Denkenden** seien und wie man deren Anstands**gefühl** feststelle (LARENZ, AT § 22 III a S 435; MEDICUS, AT Rn 682; SACK NJW 1985, 761; SOERGEL/HEFERMEHL § 138 Rn 5). Dazu gibt es vor allem im Wettbewerbsrecht eine umfangreiche Diskussion, die wegen ihrer wettbewerbsrechtlichen Spezifika allerdings nicht auf § 138 übertragen werden kann (ausführlich dazu MEYER-CORDING JZ 1964, 273 ff; SACK NJW 1985, 761 f).

15 Das Anstandsgefühl bzw die Ansicht aller billig und gerecht Denkenden läßt sich nicht einfach durch **Meinungsumfragen** feststellen (BREITHAUPT JZ 1964, 283, 284; ERMAN/BROX § 138 Rn 30; HELDRICH AcP 186 [1986] 74, 94, 97; MünchKomm/MAYER-MALY § 138 Rn 12; STAUDINGER/DILCHER[12] § 138 Rn 7; TEUBNER 11, 33 f, 112; THIELMANN 31 f; aA OVG Berlin JZ 1955, 272, 275; BIRKE 45, 50 f; RHEINFELS WuW 1956, 785, 787; vgl dazu auch BVerwG GewArch 1996, 19, 21). Denn es entscheidet nicht das Anstandsgefühl **aller**, sondern nur das der billig und gerecht Denkenden, und Mehrheitsmeinungen sind nicht unbedingt identisch mit dem, was ein billig und gerecht Denkender für anständig hält (SACK NJW 1985, 761, 763; SOERGEL/HEFERMEHL § 138 Rn 4). Entscheidend kann auch nicht das Anstandsgefühl all derer sein, die normalerweise billig und gerecht denken; denn sie können im konkreten Einzelfall mit ihrem Urteil fehl gehen (SACK NJW 1985, 761, 763). In diesem Sinne zutreffend hat WIEDEMANN zur Anwendbarkeit der Anstandsformel im Wettbewerbsrecht ausgeführt: „Der Kaufmann ist befangen, der Laie nicht

kompetent" (WIEDEMANN, Rechtsethische Maßstäbe im Unternehmens- und Gesellschaftsrecht [1979] 34 = ZGR 1980, 147, 168; vgl jedoch zB auch BGHZ 20, 43, 50 = NJW 1956, 706: „Anstandsgefühl aller billig und gerecht denkenden Bankkaufleute"). Diese Aussage läßt sich auf alle wirtschaftlich relevanten Probleme des § 138 übertragen und auch darüber hinaus verallgemeinern. Deshalb kann es nur auf das Anstandsgefühl bzw die Ansicht derer ankommen, die **im konkreten Einzelfall** gerecht und billig denken (SACK GRUR 1970, 493, 497; ders NJW 1985, 761, 763). Um diesen Personenkreis feststellen zu können, muß man allerdings bereits wissen, was im konkreten Einzelfall gerecht und billig ist. Wer jedoch dies weiß, der weiß auch, was im konkreten Fall den guten Sitten entspricht, so daß sich eine Befragung der im konkreten Einzelfall billig und gerecht Denkenden erübrigt (SACK GRUR 1970, 493, 496 f; ders NJW 1985, 761, 763 f). Eine Interpretation des Wortlauts der Anstandsformel führt also zu keinen Ergebnissen, die bei der Konkretisierung der Sittenwidrigkeitsklauseln unmittelbar hilfreich sein könnten.

Aufgrund der historischen Gegebenheiten, unter denen die Anstandsformel geschaffen wurde, wird man jedoch davon ausgehen dürfen, daß der **Richter als Repräsentant der gerecht und billig Denkenden** verstanden wurde (SACK NJW 1985, 761, 763 f; vgl auch ARZT 5, 63 ff, 74 ff; DICK ArchBürgR 33 [1909] 74, 103; MEYER-CORDING JZ 1964, 273, 274; NORDEMANN GRUR 1975, 625, 627; OTT, in: FS L Raiser [1974] 403, 414; SIEMENS 7, 60; TEUBNER 19). Ihn ermächtigen die Sittenwidrigkeitsklauseln zur **Rechtsfortbildung**; sie weisen ihm die Aufgabe zu, sich im konkreten Einzelfall um eine billige und gerechte Entscheidung zu bemühen. Übereinstimmend damit heißt es in den Motiven zum BGB: „Dem richterlichen Ermessen wird ein Spielraum gewährt, wie ein solcher großen Rechtsgebieten bisher unbekannt ist. Fehlgriffe sind nicht ausgeschlossen. Bei der Gewissenhaftigkeit des deutschen Richterstandes darf indessen unbedenklich darauf vertraut werden, daß die Vorschrift nur in dem Sinne angewendet werden wird, in dem sie gegeben ist." (Mot I 211). Verfehlt ist die viel zitierte polemische Äußerung von BAUMBACH, über den Inhalt der guten Sitten entscheide nicht das Anstandsgefühl aller billig und gerecht Denkenden, sondern letztlich nur „das Anstandsgefühl älterer Richter in hoher Stellung, die das praktische Geschäftsleben überwiegend nie kennengelernt haben" (BAUMBACH, Wettbewerbsrecht [1. Aufl 1929] 175; ders JW 1930, 1643, 1644; wörtlich oder sinngemäß übereinstimmend EMMERICH, Das Recht des unlauteren Wettbewerbs [4. Aufl 1995] 47; R vGODIN MuW 1930, 42, 45; KIRCHBERGER, Unlauterer, sittenwidriger und unerlaubter Wettbewerb [1931] 40 Fn 25; NORDEMANN, Wettbewerbsrecht [7. Aufl 1993] 50 Rn 41; SCHRICKER, Gesetzesverletzung und Sittenverstoß [1970] 220; kritisch zu dieser Äußerung NERRETER, Allgemeine Grundlagen eines deutschen Wettbewerbsrechts [1936] 36 f; SACK NJW 1985, 761, 764). Denn es sind gerade die „älteren Richter in hoher Stellung", die in einem Verfahren, das Berufungen und Revisionen zuläßt, als zuletzt entscheidende Richter am besten die billig und gerecht Denkenden iS der Anstandsformel repräsentieren. Dabei kommt ihnen zugute, daß sie in einer Vielzahl von Verfahren, in denen sie mitgewirkt haben, meist einen besseren Überblick über die rechtlich relevanten Umstände des Geschäftslebens haben, als der einzelne Geschäftsmann, der häufig nur die Verhältnisse seiner Branche überblickt und außerdem interessengebunden und befangen ist (WIEDEMANN ZGR 1980, 147, 168; SACK NJW 1985, 761, 764; vgl auch RITTNER AcP 188 [1988] 101, 135). Soweit dem Richter jedoch entscheidungserhebliche – zB branchenspezifische – Kenntnisse tatsächlicher Gegebenheiten fehlen, bleibt es den betroffenen Parteien unbenommen, ihm diese Kenntnisse im Verlaufe eines Verfahrens zu vermitteln und deren rechtliche Relevanz für die Entscheidung zu verdeutlichen. In diesem Sinne repräsentieren „höhere Richter" iSv JOHN RAWLS die unabhängigen und „kompetenten Beurteiler" (WIEDEMANN ZGR 1980, 168 mit Hinweis auf JOHN RAWLS, Ein Entscheidungsverfahren für die normative Ethik, in: BIRNBACHER/ HOERSTER [Hrsg], Texte zur Ethik [1976] 124, 125 ff).

17 Gegen die Anwendung der Anstandsformel wurde eingewendet, sie sei eine **Leerformel** (EMMERICH, Das Recht des unlauteren Wettbewerbs [4. Aufl 1995] 47; HABERSTUMPF 12, 74, 113; HELDRICH AcP 186 [1986] 74, 94; SAMBUC 33, 34; TEUBNER 20 f, 23, 51), die keinen eigenständigen Erkenntniswert für die Feststellung der guten Sitten habe, nichtssagend und deshalb unbrauchbar sei (EMMERICH 47 f; SAMBUC 31; aA MünchKomm/MAYER-MALY § 138 Rn 12; SACK NJW 1985, 761, 764). Daran ist zutreffend, daß die Anstandsformel insofern leerformelhaft und nichtssagend ist, als man aus ihr nicht unmittelbar ableiten kann, ob ein bestimmtes Verhalten mit den guten Sitten vereinbar ist. Es gibt jedoch unterschiedliche Grade von Leerformelhaftigkeit. Eine Leerformel kann durchaus den **Rahmen** abstecken, in dem sich eine bestimmte Entscheidung zu halten hat (SACK NJW 1985, 761, 765). So ist es auch bei der Anstandsformel. Sie steht zB der Ansicht entgegen, daß der Vorwurf der Sittenwidrigkeit nur gegenüber **„grob rechtswidrigen"** Verhaltensweisen erhoben werden könne bzw einen Verstoß gegen „fundamentale" oder „jedermann einsichtige" Normen erfordere. Denn es gibt auch nicht-fundamentale und nicht jedermann einsichtige Normen der Rechts- und Sozialmoral, die auf einen gerechten und billigen Interessenausgleich zielen und damit nach der Anstandsformel zu den guten Sitten gehören. Aus der Anstandsformel ergibt sich ferner, daß ein Sittenverstoß nicht generell die Verwirklichung eines **subjektiven** Tatbestandes voraussetzt. Denn es gibt auch Normen der Gerechtigkeit und Billigkeit, die ein rein objektives Fehlverhalten mißbilligen. Nach der Anstandsformel kommt es nicht darauf an, wie ein gerecht und billig Denkender gehandelt hätte, wenn er sich in der Lage des Handelnden befunden hätte (so jedoch E ULMER/ D REIMER 43 Rn 65; zust vGAMM WRP 1974, 1, 3), sondern wie ein gerecht und billig Denkender das betreffende Verhalten als solches bewertet (SACK NJW 1985, 761, 765). Die Anstandsformel gibt also keinerlei Anhaltspunkte dafür, daß ein Verstoß gegen die guten Sitten in jedem Fall die Verwirklichung eines subjektiven Tatbestandes voraussetze.

2. Ethik, Moral und Sittlichkeit als Bestimmungsfaktoren der guten Sitten

18 Nach nahezu einhelliger Meinung verweisen die Sittenwidrigkeitsklauseln mit dem Begriff der guten Sitten auf die Maßstäbe der Ethik, Moral und Sittlichkeit. Maßgeblich sei die **herrschende Rechts- und Sozialmoral** (BGB-RGRK/KRÜGER-NIELAND/ ZÖLLER § 138 Rn 21; LARENZ JurJb 7 [1966/67] 98, 105; SOERGEL/HEFERMEHL § 138 Rn 2, 3; STAUDINGER/DILCHER[12] § 138 Rn 6). Diese Ansicht erstaunt. Denn die Verfasser des BGB haben es **ausdrücklich abgelehnt**, den Begriff „gegen die guten Sitten" durch den Begriff „gegen die Sittlichkeit" zu ersetzen; der Begriff „gegen die guten Sitten" sichere der Vorschrift „einen umfassenderen Geltungsbereich und enthalte den richtigen objektiven Maßstab" (Prot I 258 = MUGDAN I 725).

19 Ob diese Argumentation zutrifft, hängt allerdings davon ab, was man unter den – meist synonym gebrauchten – Begriffen der Sittlichkeit, Ethik und Moral versteht. Die Diskussion dazu leidet vor allem darunter, daß diese Begriffe in sehr unklaren und auch unterschiedlichen Bedeutungen gebraucht werden. Vor allem unterscheidet man nicht ausreichend zwischen der **autonomen** Moral und den **heteronomen**

Moralordnungen (dazu COING, Grundzüge der Rechtsphilosophie [3. Aufl 1976] 106; KIRCHBERGER, Unlauterer, sittenwidriger und unerlaubter Wettbewerb [1931] 16 f; SACK GRUR 1970, 493, 495 f und NJW 1985, 761, 767; ähnlich die Unterscheidung von autonomer Moral, Hochethik der religiösen und weltanschaulichen Systeme und Sozialmoral [einfache Sittlichkeit], HENKEL, Einführung in die Rechtsphilosophie [2. Aufl 1977] 67 ff; LARENZ JurJb 7 [1966/67] 107, 121 f). Die Normen der autonomen Moral entstammen der Gesinnung bzw dem Gewissen des Einzelnen, dessen Handeln zu beurteilen ist (HENKEL 68 f, 78 f; KRAFT, Interessenabwägung und gute Sitten im Wettbewerbsrecht [1963] 106, 107 f, 109, 115, 139; SACK GRUR 1970, 495 f und NJW 1985, 767). Diese Moralnormen sind für die Konkretisierung der zivilrechtlichen Sittenwidrigkeitsklauseln unbrauchbar (KRAFT 107, 109; LARENZ JurJb 7 [1966/67] 98, 105, 106; SACK GRUR 1970, 493, 496; ders NJW 1985, 761, 767 mwNw in Fn 90 – 93; SOERGEL/ HEFERMEHL § 138 Rn 3). Denn die Wirksamkeit von Rechtsgeschäften nach § 138 bzw die Haftung für Schäden nach § 826 oder für Wettbewerbshandlungen nach § 1 UWG kann nicht von der individuellen moralischen Einschätzung des einzelnen abhängen. Sonst wäre dem moralisch Abgestumpften erlaubt, was dem moralisch sensibel Empfindenden verwehrt ist. Außerdem wäre niemals sichergestellt, ob das, was der einzelne als Ergebnis seiner Gewissensprüfung dartut, auch tatsächlich dieses Ergebnis ist.

Das Gegenstück zur autonomen Moral ist die Gruppe der **heteronomen Moralordnungen**, dh der fremd gesetzten Moralnormen. Nur solche heteronomen Moralnormen kommen als gute Sitten iS der Sittenwidrigkeitsklausel in Betracht. Mit dieser Feststellung ist jedoch wegen der Vielzahl von Quellen heteronomer Moralnormen für die Konkretisierung der guten Sitten im Einzelfall nur wenig gewonnen. Denn es gibt eine Vielzahl solcher heteronomer Moralen, die sich gegenseitig ergänzen können, nicht selten aber auch einander widersprechen, zB die Rechts- und Staatsmoral, die Kirchenmoral, die Vereinsmoral usw. Soweit man es allerdings schon begrifflich ablehnt, solche heteronomen Normen zu den Moralnormen zu zählen, ist es folgerichtig, in den Sittenwidrigkeitsklauseln keine Vorschriften zu sehen, die auf die Normen der Ethik, Moral und Sittlichkeit Bezug nehmen. 20

Zu den heteronomen Moralnormen gehören **alle** Normen, die bei Interessenkonflikten auf einen gerechten Interessenausgleich zielen und damit **Gerechtigkeitsnormen** sind (ausführlicher SACK GRUR 1970, 493, 496; ders NJW 1985, 761, 768). Denn ein zentrales Anliegen der Ethik, Moral und Sittlichkeit ist die Verwirklichung von Gerechtigkeit, woher auch immer die Maßstäbe dafür stammen. Einen gerechtigkeitsneutralen bzw ethisch neutralen Interessenausgleich gibt es nicht (SACK aaO). Deshalb ist es nicht möglich, aus dem (angeblichen) Verweis der Sittenwidrigkeitsklauseln auf die Maßstäbe der Ethik, Moral und Sittlichkeit zu folgern, daß sie nur bei Verstößen gegen **fundamentale Normen** anwendbar seien, ein Handeln von gesteigertem Unrechtsgehalt bzw eine gesteigerte Rechtswidrigkeit mit subjektiver Färbung erfordern (so jedoch DEUTSCH, Fahrlässigkeit und erforderliche Sorgfalt [1963] 149; ders JZ 1963, 385, 389) und nur einen „auf Extremfälle beschränkten Minimalschutz" geben (so jedoch CANARIS AcP 184 [1984] 201, 236). Außerdem gehört es nicht zum Wesen heteronomer Moralnormen, Verstöße generell von der Verwirklichung eines **subjektiven Tatbestandes** abhängig zu machen (SACK NJW 1985, 761, 768). Die Ansicht, daß der Vorwurf der Sittenwidrigkeit die Verwirklichung eines subjektiven Tatbestandes erfordere, weil die Sittenwidrigkeitsklauseln auf die Normen der Moral verweisen, beruht auf einer Verwechslung von autonomer und heteronomer Moral und wäre nur zutreffend, 21 wenn der Inhalt der guten Sitten iSd Sittenwidrigkeitsklauseln unseres Rechts unmittelbar durch Normen der autonomen Moral bestimmt würde.

22 **Zwischenergebnis:** Die Sittenwidrigkeitsklauseln verweisen mit dem Begriff der guten Sitten auf Normen der heteronomen Moral. Dazu gehören nicht nur fundamentale Normen, sondern alle, die die vom jeweiligen Regelungsbereich der Sittenwidrigkeitsklauseln erfaßten Interessenkonflikte in irgendeiner Weise lösen. Aus der ethischen Natur der guten Sitten läßt sich nicht ableiten, daß der Vorwurf der Sittenwidrigkeit die Verwirklichung eines subjektiven Tatbestandes erfordere. Darüberhinaus liefert die These bzw Feststellung, daß die Sittenwidrigkeitsklauseln auf die Normen der Moral verweisen, keine weitere Handhabe für die Feststellung, ob bestimmte Rechtsgeschäfte oder Handlungen gegen die guten Sitten iSd Sittenwidrigkeitsklauseln unseres Rechts verstoßen.

3. Die Funktion umfassender Lückenfüllung als Zweck des § 138

a) Die lückenfüllende Funktion des § 138

23 Über die Auslegung des Begriffs der guten Sitten in § 138 entscheidet die Funktion dieser Vorschrift. Während bei anderen Gesetzen die Auslegung nach Sinn und Zweck seit Jahrzehnten eine Selbstverständlichkeit ist, wurde diese Auslegungsmethode bei der Auslegung der Sittenwidrigkeitsklauseln und des Begriffs der guten Sitten bemerkenswert wenig beachtet (vgl jedoch LINDACHER AcP 173 [1973] 124 f; TEUBNER 60 ff; SACK GRUR 1970, 493, 494 aE; ders WRP 1985,1, 2; **aA** offenbar HAUBELT 58). Wesentlich mehr konzentrierte man sich auf die Interpretation der Anstandsformel und auf die Frage, welche Normen ethischer, moralischer oder sittlicher Natur seien.

24 Einigkeit besteht im wesentlichen noch insoweit, daß § 138, wie alle anderen Sittenwidrigkeitsklauseln auch, eine **lückenfüllende** Funktion hat. Es geht hierbei freilich nicht um Lücken iSv planwidriger Unvollständigkeit, sondern um bewußte Lücken, dh um ein Stück vom Gesetzgeber bewußt „offen gelassener Gesetzgebung" (HEDEMANN, Die Flucht in die Generalklauseln [1933] 58; vgl auch HELDRICH AcP 186 [1986] 74, 97; SACK WRP 1985, 1, 2; AK-BGB/DAMM § 138 Rn 3; dies im Gegensatz zu sog „planwidrigen" Lücken, dazu CANARIS, Die Feststellung von Lücken im Gesetz [2. Aufl 1983] 16, 26 ff, 39; MAYER-MALY AcP 194 [1994] 105, 175). Sittenwidrigkeitsklauseln legitimieren die Gerichte, Lücken im Rechtsschutz zu schließen, die die Sonderregelungen sowie Gesetzwidrigkeitsblankette, zB § 134 oder § 823 Abs 2, lassen (vgl MAYER-MALY AcP 194 [1994] 105, 131 f). Sie legitimieren ihn zur **Rechtsfortbildung** (SOERGEL/HEFERMEHL § 138 Rn 5; TEUBNER 59, 60 ff).

b) Die Funktion umfassender Lückenfüllung

25 Offen und wenig diskutiert ist hingegen bisher die Frage nach der **Reichweite** der Lückenschließung durch die Sittenwidrigkeitsklauseln. Nach einer verbreiteten Ansicht bietet § 138 nur einen „auf Extremfälle beschränkten Minimalschutz" (CANARIS AcP 184 [1984] 201, 236, 241, 244; ders, in: FS Larenz [1983] 27, 49, 50; vgl auch WIEACKER JZ 1961, 337, 339 f). § 138 Abs 1 definiere lediglich eine „äußerste Toleranzgrenze" (FASTRICH 20; vgl auch ZIMMERMANN 83); er habe eine „relativ hohe Eingriffsschwelle" und erfasse nur „schwerwiegende" konkrete Einzelfälle (COESTER-WALTJEN AcP 190 [1990] 1, 15, 31). Das **BAG** beschränkte den Vorwurf der Sittenwidrigkeit auf „besonders krasse Fälle" (BAG JZ 1975, 737, 738). Noch in einer Entscheidung vom 19. 10. 1993

machte der **BGH** den Vorwurf der Sittenwidrigkeit nach § 826 von „schwerwiegenden Verstößen gegen das Anstandsgefühl" abhängig (BGH ZIP 1994, 121 LS 1).

Nach der mE zutreffenden Gegenansicht enthalten Sittenwidrigkeitsklauseln eine **26** **umfassende Regelung aller rechtlich zu mißbilligenden** Handlungen und Rechtsgeschäfte, für die es keine Spezialregelungen oder Gesetzwidrigkeitsblankette gibt (SACK WRP 1985, 1, 2 ff; ders RdA 1975, 171, 176 f; ders GRUR 1970, 493, 498; DAMM JZ 1986, 913, 918; AK-BGB/DAMM § 138 Rn 3, 83; tendenziell auch REUTER ZGR 1987, 489, 498; aus rechtshistorischer Sicht wohl auch H SCHMIDT, Die Lehre von der Sittenwidrigkeit des Rechtsgeschäfts in historischer Sicht [1973] 150; dezidiert aA CANARIS AcP 184 [1984] 201, 236; MAYER-MALY AcP 194 [1994] 105, 159; ders JuS 1986, 596, 600). Der Vorwurf der Sittenwidrigkeit ist nicht erst bei „Unerträglichkeit", sondern schon bei „Ungerechtigkeit" begründet (AK-BGB/DAMM § 138 Rn 82, 92; vgl auch SACK NJW 1985, 761, 768). Für eine **umfassende** lückenfüllende Funktion sprechen sowohl der Wortlaut als auch die systematische Stellung der Sittenwidrigkeitsklauseln im Gesetz. Der Begriff „gut" iSd Sittenwidrigkeitsklauseln bedeutet soviel wie **rechtlich gesollt** (KELSEN, Reine Rechtslehre [2. Aufl 1960] 69; SACK GRUR 1970, 493, 495; ders WRP 1985, 1, 3). Gute Sitten sind rechtlich gesollte Sitten. Alle rechtlich zu mißbilligenden Handlungen und Rechtsgeschäfte verstoßen gegen das rechtlich Gesollte und damit zunächst rein **begrifflich** auch gegen die guten Sitten. Diese Wortlautinterpretation wird bestätigt durch die **systematische** Stellung der Sittenwidrigkeitsklauseln im Gesetz. Meist stehen sie neben Spezialregelungen und/ oder Blankettvorschriften, die auf andere Gesetze verweisen. Am vollständigsten ist dieses System im Vertragsrecht und Deliktsrecht: Neben der Spezialregelung des § 138 Abs 2 findet sich das Gesetzwidrigkeitsblankett des § 134 und die Sittenwidrigkeitsklausel des § 138 Abs 1. Auch im Deliktsrecht stehen mit den §§ 823 Abs 1, 824, 825 Spezialregelungen neben dem Gesetzwidrigkeitsblankett des § 823 Abs 2 und der Sittenwidrigkeitsklausel des § 826. Im Bereicherungsrecht stehen Gesetzwidrigkeitsblankette und Sittenwidrigkeitsklauseln nebeneinander, so § 817 und § 819. Im Wettbewerbsrecht findet sich neben den Spezialregelungen der §§ 3 ff UWG, des RabG und der ZugabeVO nur noch die Sittenwidrigkeitsklausel des § 1 UWG, jedoch kein Gesetzwidrigkeitsblankett.

Allen einschlägigen Regelungskomplexen ist **gemeinsam**, daß sie neben den Sitten- **27** widrigkeitsklauseln nicht noch weitere **Hilfsgeneralklauseln** vorsehen, mit denen man die „kleinen Rechtswidrigkeiten" erfassen könnte. Würde man die Sittenwidrigkeitsklauseln nur auf Extremfälle bzw auf Fälle „gesteigerter Rechtswidrigkeit" beschränken, so blieben zwangsläufig vom Gesetzgeber nicht gewollte Lücken, soweit es die Fälle der „einfachen Rechtswidrigkeiten" betrifft. Diese systematische Betrachtung führt dazu, den Sittenwidrigkeitsklauseln eine **umfassende** lückenfüllende Funktion beizumessen, so daß sich mit ihnen **alle rechtlich zu mißbilligenden** Handlungen und Rechtsgeschäfte, die in den Regelungsbereich von Sittenwidrigkeitsklauseln fallen, erfassen lassen (SACK WRP 1985, 1, 3; AK-BGB/DAMM § 138 Rn 83; speziell zu § 1 UWG SACK GRUR 1970, 493, 498). Mit dieser Feststellung ist allerdings noch keine Aussage darüber getroffen, **welche** Handlungen rechtlich zu mißbilligen sind.

Die Ansicht, daß mit den Sittenwidrigkeitsklauseln **alle** rechtlich zu mißbilligenden **28** Handlungen bzw Rechtsgeschäfte zu erfassen sind, soweit keine gesetzlichen Spezialregelungen oder Gesetzwidrigkeitsblankette vorliegen, entspricht seit langem der Praxis bei der Anwendung von § 1 UWG, auch wenn die Theorie dazu noch nachhinkt. Man benötigt im Wettbewerbsrecht keine „Hilfsgeneralklauseln", um alle rechtswidrigen Wettbewerbshandlungen unterbinden zu können; dies leistet lückenlos § 1 UWG. Anders verlief die Entwicklung in der Dogmatik der Sittenwidrigkeitsklauseln des BGB. Hier wendete man die Sittenwidrigkeitsklauseln meist nur auf Fälle „**gesteigerter Rechtswidrigkeit**" an (ENNECCERUS/NIPPERDEY, AT I 203; AT II 1164; CANARIS AcP 184 [1984] 201, 236, 241, 244; ders, in: FS Larenz [1983] 27, 29, 40; COESTER-WALTJEN AcP 190 [1990] 1, 15, 31; DEUTSCH, Haftungsrecht I [1976] 232; ders JZ 1963, 385, 389; FASTRICH 20; LARENZ JurJb 7 [1966/67] 98, 104; MAYER-MALY JuS 1986, 596, 600; MERTENS ZHR 143 [1979] 174, 181; WIEACKER JZ 1961, 337, 339 f; gegen diese Beschränkung MEES WRP 1985, 373, 375; SACK WRP 1985, 1). Auf dem Gebiet der rechtlich zu mißbilligenden **Rechtsgeschäfte** schloß man die so verbleibenden Schutzlücken durch Anwendung des § 242 oder durch analoge Anwendung des § 315 Abs 3. Dies geschah ursprünglich vor allem auf dem Gebiet der Inhaltskontrolle von Allgemeinen Geschäftsbedingungen (BGHZ 22, 90, 96; 22, 164 ff; 37, 94, 99; 38, 183; 41, 151, 154; 54, 106, 109; BGH DB 1973, 1341 f u 1343; NJW 1983, 99), das jetzt in den §§ 9 ff AGBG eine Sonderregelung erfahren hat. Im **Gesellschaftsrecht** hat der BGH sogar in einer Entscheidung vom 13. 7. 1981 bei der Beurteilung einer gesellschaftsvertraglichen Ausschlußklausel unterschieden zwischen einem Verstoß gegen „die **allgemeinen** Grundsätze der Rechtsordnung", der nach § 138 die Nichtigkeit begründet, und einem Verstoß gegen „die Grundprinzipien des **Gesellschaftsrechts**", der nach Ansicht des BGH offenbar einen – neben § 138 und § 134 – selbständigen Nichtigkeitsgrund darstellt (BGH NJW 1981, 2565 aE; für die Anwendung von § 138 hingegen in diesen Fällen GRUNEWALD, Der Ausschluß aus Gesellschaft und Verein [1987] 126 ff; SACK WRP 1985, 1, 2; wieder § 138 anwendend BGH NJW 1985, 2421 f = WM 1985, 772 f). Auch der Vorschlag, § 134 bei der Verletzung „ungeschriebener gesetzlicher Verbote" anzuwenden (so CANARIS AcP 184 [1984] 201, 236 in bezug auf aus Art 3 GG ableitbare ungeschriebene gesetzliche Verbote), ist ein Versuch, Lücken infolge einer zu engen Auslegung des § 138 zu schließen.

c) **Mögliche Gründe für eine enge Auslegung des Begriffs der Sittenwidrigkeit**
aa) **Der „Makel" der Sittenwidrigkeit**

29 Die Beschränkung der Sittenwidrigkeitsklauseln auf Fälle „gesteigerter Rechtswidrigkeit" oder gar auf „Extremfälle" wird – wenn überhaupt – damit gerechtfertigt, daß es ein schwerer Vorwurf sei, gegen die guten Sitten verstoßen zu haben. Der Vorwurf der Sittenwidrigkeit enthalte das „Verdikt einer gewissen Unanständigkeit" (CANARIS AcP 184 [1984] 201, 234; ders, in: FS Larenz [1983] 27, 32: „besonders schwerwiegendes Verdikt"). Dieser Vorwurf behafte die Betroffenen mit einem „**Makel**", mit dem Makel der „Unsittlichkeit"; das Wort „Makel" findet sich in einer Vielzahl von Entscheidungen (zB RG JW 1921, 1363, 1364; JW 1932, 938; RGZ 136, 293, 297; 144, 242, 245; 150, 1, 5; BVerfG GRUR 1972, 358, 360; BGHZ 3, 270, 279; 14, 294, 303; 52, 17, 20; NJW 1968, 932 ff [gleich 6mal betr Geliebtentestament]; NJW 1970, 1273, 1275; NJW 1979, 365, 366; ausdrücklich aA FLUME, AT § 18, 1 S 367; SACK NJW 1985, 761, 766; SOERGEL/HEFERMEHL § 138 Rn 19). Der Vorwurf der Sittenwidrigkeit „brandmarke" den Täter vor der Öffentlichkeit als unsittlich (BAUMBACH JW 1930, 1643, 1645). Der Vorwurf der Sittenwidrigkeit sei „der schwerste Makel, der einem Rechtsgeschäft anhaften kann und damit per se superlativ, der sinnvoll nicht weiter steigerungsfähig" sei (ZIMMERMANN JR 1985, 48, 51). Er sei „diskriminierend" (HUBMANN ZHR 117 [1955] 41, 75), „diffamierend" (GALPERIN, in: FS Nipperdey [1965] Bd II 197, 208, 217; HUECK/NIPPERDEY, Lehrbuch des Arbeitsrechts II 2 [1970] 990, 991; NIPPERDEY, in: FS Sitzler [1956] 79, 87, 89), „infamierend" (E FUCHS JW 1910, 209, 210); er enthalte einen „moralischen Bannfluch" (VOGT NJW 1976, 729, 731). Wem der

Vorwurf der Sittenwidrigkeit gemacht wird, der werde „zeitlebens mit einem Schandmal gebrandmarkt"; man könne sich „feinfühlige Menschen denken, denen ein solcher im besten Glauben, es sei das gerechtes Recht, verübter Rechts- und Ehrenmord die gesamte Daseinsfreude, das Lebensglück vergällte" (so E Fuchs JW 1910, 209, 210).

Diese Argumentationen sind nicht haltbar. Der Vorwurf, daß ein Verhalten gegen **30** die guten Sitten verstoße, ist **begrifflich** nicht schwerer als der Vorwurf, gesetzwidrig oder treuwidrig gehandelt zu haben. Auch im allgemeinen Sprachgebrauch ist mit dem Vorwurf der Sittenwidrigkeit kein besonders schwerer Vorwurf verbunden, wie auch ein Blick in die Praxis des Wettbewerbsrechts zeigt; § 1 UWG wird sehr viel häufiger von Gerichten angewendet als § 138. Die Notwendigkeit, die infolge einer restriktiven Auslegung des Begriffs der guten Sitten in § 138 verbleibenden Lücken mit fragwürdigen Konstruktionen zu schließen, insbesondere durch Anwendung des § 134 auf die Verletzung „ungeschriebener gesetzlicher Verbote", durch Anwendung der dafür nicht gedachten Generalklauseln der §§ 242, 315 oder durch Schaffung von gesellschaftsrechtlichen Nichtigkeitsgründen praeter legem, spricht gegen diese Ansicht (Sack WRP 1985, 1, 3; AK-BGB/Damm § 138 Rn 3).

bb) Historische Gründe
(1) Es gibt, soweit ersichtlich, allenfalls historische Erklärungen für die enge Ausle- **31** gung des Begriffs der guten Sitten in § 138. Die enge Auslegung der Sittenwidrigkeitsklauseln stammt aus der Rechtsprechung des **Reichsgerichts** unmittelbar nach Inkrafttreten des BGB und war durch damalige Rechtsvorstellungen geprägt, die heute nicht mehr in gleicher Weise gelten. Seinerzeit folgerte man aus dem **Gewaltenteilungsprinzip**, daß der Richter nur in Ausnahmefällen über die Auslegung von mehr oder minder präzisen Gesetzen hinaus rechtsfortbildend tätig werden dürfe. Die Verfasser des UWG von 1896 hielten in der Amtlichen Begründung die Richter sogar noch für unfähig, mit Generalklauseln umzugehen, weswegen dieses UWG noch keine Generalklausel enthielt.

(2) Auch war der damalige Zeitgeist stark durch die Idee des **Liberalismus** geprägt. **32** Bei Inkrafttreten des BGB war es erst wenige Jahrzehnte her, seit die strengen Zunftordnungen abgeschafft und die Gewerbefreiheit in Deutschland flächendeckend eingeführt worden war. In dieser Zeit kurz nach Inkrafttreten des BGB gehörten zu den „rechtlich zu mißbilligenden" Handlungen bzw Rechtsgeschäften nur diejenigen, die heute als Fälle „gesteigerter Rechtswidrigkeit" bzw als „Extremfälle" angesehen werden. Seinerzeit war § 138 trotz – aus heutiger Sicht! – enger Auslegung geeignet, **alle** Rechtsgeschäfte zu erfassen, die nach damaliger Auffassung rechtlich zu mißbilligen waren; § 138 wurde also damals seiner **umfassenden** lückenfüllenden Funktion zunächst durchaus gerecht. In der Folgezeit änderten sich allerdings die Vorstellungen über die richterliche Rechtsfortbildungsmacht sowie darüber, was rechtlich zu mißbilligen sei. Dieser Wandel der Rechtsvorstellungen hatte jedoch nur einen Wandel der guten Sitten im Wettbewerbsrecht zur Folge, während die Dogmatik zu den Sittenwidrigkeitsklauseln des BGB davon nur wenig berührt wurde, so daß man gezwungen war, den gewandelten Rechtsvorstellungen anderweitig Rechnung zu tragen, insbesondere durch entsprechende Anwendung des § 242, der dafür nicht gedacht war, durch analoge Anwendung des § 315 Abs 3,

durch Anwendung des § 134 auf „ungeschriebene gesetzliche Verbote" und durch die Einführung gesellschaftsrechtlicher Nichtigkeitsgründe praeter legem.

33 Wenn man heute mit den Sittenwidrigkeitsklauseln des BGB nur Extremfälle bzw Fälle gesteigerter Rechtswidrigkeit erfassen zu können glaubt, während man auf dem Gebiet des Wettbewerbsrechts die Sittenwidrigkeitsklausel des § 1 UWG letztlich auf alle Fälle rechtlich zu mißbilligender Wettbewerbshandlungen anwendet, für die es keine Spezialregelungen gibt, so zeigt dies, daß es nicht am **Begriff** der guten Sitten liegt, wenn die Sittenwidrigkeitsklauseln des BGB nur bei gesteigerter Rechtswidrigkeit angewendet werden.

cc) Die starre Rechtsfolge des § 138

34 Einen weiteren Grund dafür, den Vorwurf der Sittenwidrigkeit iSv § 138 auf die Fälle gesteigerter Rechtswidrigkeit zu beschränken, wird man in der Regelung der **Rechtsfolge** dieser Vorschrift zu sehen haben. Anders als nach § 134, der einen Normzweckvorbehalt vorsieht, ist zumindest nach dem Wortlaut von § 138 ein sittenwidriges Rechtsgeschäft **voll nichtig** mit Wirkung **ex tunc**. Diese Rechtsfolge führt nicht selten zu unangemessenen Ergebnissen. Dem wollte man durch eine Reduzierung des Anwendungsbereichs von § 138 entgehen, um die danach verbleibenden Lücken mit der flexiblen **Supergeneralklausel** des § 242 zu schließen. Gegen dieses Verfahren spricht zum einen, daß § 242 für diesen Anwendungsfall nicht vorgesehen war. Außerdem ist die Vorstellung unzutreffend, daß bei gesteigerter Rechtswidrigkeit **immer** die Nichtigkeitssanktion des § 138 passe. Vielmehr ist der Fehler des Gesetzgebers, bei der Sanktion des § 138 auf einen Normzweckvorbehalt verzichtet zu haben, durch richterliche Rechtsfortbildung zu korrigieren, indem die Rechtsfolgenregelung des § 138 der des § 134 angeglichen wird.

d) Überforderung der Gerichte

35 Gegen die Ansicht, daß § 138 in seinem Regelungsbereich eine umfassende lückenfüllende Funktion habe, ist eingewendet worden, daß damit dem Richter häufig die Lösung von Ordnungsproblemen aufgebürdet werde, die ihn ihrer Natur nach überfordern. Bei Ordnungsproblemen sei einer gesetzgeberischen Lösung der Vorzug zu geben (MAYER-MALY AcP 194 [1994] 105, 157 f, 159). Ein Beispiel für die fehlende Eignung des § 138, Ordnungsprobleme zu lösen, biete das der Mithaftung vermögensloser Kinder und Ehegatten als Bürgen für hohe Schulden eines anderen Familienangehörigen (MAYER-MALY AcP 194 [1994] 105, 151 ff, 159). An dieser Argumentation ist sicher zutreffend, daß in vielen Fällen einer klaren gesetzgeberischen Entscheidung der Vorzug vor der Rechtsfortbildung mit den Sittenwidrigkeitsklauseln zu geben wäre. Daraus zu folgern, daß in diesen Fällen – in welchen Grenzen? – die Sittenwidrigkeitsklauseln nicht lückenfüllend seien, hieße jedoch, insoweit den Schutz gegen rechtlich zu mißbilligende Rechtsgeschäfte iSv § 138, Schädigungshandlungen iSv § 826 oder Wettbewerbshandlungen iSv § 1 UWG **pauschal zu verweigern**, solange der Gesetzgeber keine klare Regelung getroffen hat. Auch die Anwendung anderer Generalklauseln, zB des § 242, müßte in vielen Fällen an dem Hinweis auf die vorzugswürdige Lösung von Ordnungsproblemen durch den Gesetzgeber scheitern. Genau dieses Ergebnis, dh die **Schutzlosigkeit** beim Fehlen einer speziellen gesetzlichen Regelung, sollen jedoch die Sittenwidrigkeitsklauseln vermeiden helfen.

e) Sittenwidrigkeitsklauseln als gesetzliche Legitimation zur Rechtsfortbildung

Aus der umfassenden Lückenfüllungsfunktion der Sittenwidrigkeitsklauseln folgt **36** allerdings nicht, daß der richterlichen Rechtsfortbildung mit diesen Vorschriften keine Grenzen gesetzt seien. Vielmehr gelten die allgemeinen Grundsätze über Reichweite und Grenzen richterlicher Rechtsfortbildung (vgl dazu allgemein MAYER-MALY JZ 1986, 557 ff; PICKER JZ 1988, 1 ff u 62 ff; RÜTHERS AöR 1988, 268; SEIDL/WANK ZGR 1988, 296; SENDLER DVBl 1988, 828 ff), wobei die Sittenwidrigkeitsklauseln ausdrücklich zur Rechtsfortbildung ermächtigen. Mit der Formel der umfassenden Lückenfüllungsfunktion ist gesagt, daß sich die Sittenwidrigkeitsklauseln nicht nur gegen Verhaltensweisen richten, die „gesteigert rechtswidrig" sind bzw grob gegen das Rechtsgefühl verstoßen. Vielmehr unterliegen sie keinen Beschränkungen, die über die allgemeinen Grenzen zulässiger richterlicher Rechtsfortbildung hinausreichen.

4. Interessenabwägung

a) Rechtsfortbildung durch Interessenabwägung

Aus der umfassenden Lückenfüllungsfunktion des § 138 folgt, daß die Gerichte **37** durch diese Vorschrift aufgerufen und legitimiert sind, **rechtsfortbildend** Sittennormen zu entwickeln, mit deren Hilfe alle rechtlich zu mißbilligenden Rechtsgeschäfte zu erfassen sind, für die es (noch) keine speziellen gesetzlichen Regelungen gibt (MünchKomm/MAYER-MALY § 138 Rn 3; SACK WRP 1985, 1, 3, 4 mwNw in Fn 28; TEUBNER 99 ff, 106 ff). Der Richter hat sich bei der Wahrnehmung der ihm mit § 138 übertragenen Rechtsfortbildungsbefugnis so zu verhalten wie der Gesetzgeber (KRAFT 43, 61; OTT, in: FS L Raiser [1974] 403, 417, 419; ebenso für das österreichische Recht KREJCI, in: RUMMEL, ABGB 1. Band [1983] § 879 Rn 54). Die Feststellung, ob ein Rechtsgeschäft rechtlich zu mißbilligen ist, muß durch eine umfassende Interessenabwägung erfolgen (SACK WRP 1985, 1, 3 mwNw zu § 1 UWG in Fn 28; ebenso zu § 826 BGHZ 38, 391, 395 – Industrieböden; ERMAN/BROX § 138 Rn 30; ÖstOGH JBl 1966, 364, 367). § 138 enthält ebenso wie die anderen Sittenwidrigkeitsklauseln unseres Recht eine methodische Anweisung zur Interessenabwägung (KRAFT 43).

Bei der Interessenabwägung zur Feststellung der Sittenwidrigkeit ist eine Gesamt- **38** würdigung aller Umstände vorzunehmen. Es sind **alle** Interessen zu berücksichtigen, die unmittelbar oder mittelbar, aktuell oder potentiell durch das zu bewertende Rechtsgeschäft berührt werden. Auch die rechtlichen und tatsächlichen Folgen von Entscheidungen sind in die Interessenabwägung einzubeziehen (zum Erfordernis von Folgenerwägungen HABERSTUMPF, Die Formel vom Anstandsgefühl aller billig und gerecht Denkenden in der Rechtsprechung [1976] 115 ff; SAMBUC, Folgenerwägungen im Richterrecht [1977] 53 ff, 90 ff, 108 ff). Die einschlägigen Wertmaßstäbe finden sich sowohl in **Gesetzen** als auch im **außergesetzlichen** Bereich. Insofern ist eine diese Ansätze **kombinierende** Abwägung geboten (F BYDLINSKI, in: FS Gernhuber [1993] 827, 830 ff; ERMAN/BROX § 138 Rn 32; LARENZ, AT § 22 III a S 437 ff; ders JurJb 7 [1966/67] 98 ff, 109 ff passim; SACK WRP 1985, 1, 4 ff; SOERGEL/HEFERMEHL § 138 Rn 5, 7 f, 10; vgl auch MAYER-MALY AcP 194 [1994] 105, 174 f; MünchKomm/MAYER-MALY § 138 Rn 11; **gegen die „Kombinationstheorie"** SCHACHTSCHNEIDER, in: FS Thieme [1993] 195, 215; für eine Beschränkung des § 138 auf Analogien zu gesetzlichen Verboten PAWLOWSKI, AT Rn 498 b).

b) Gesetzliche Wertmaßstäbe

Bei der Interessenabwägung ist der Anwender des § 138 in erster Linie an Wertun- **39** gen gebunden, die in den Regelungen des gesetzten Rechts zum Ausdruck kommen (BVerfGE 7, 198, 206; 13, 153, 164; 21, 73, 82; BGHZ 80, 153, 157, 158; 106, 336, 338; ERMAN/BROX § 138 Rn 32; KÖHLER, AT 224; KOZIOL AcP 188 [1988] 183, 191 mit Fn 38; LARENZ, AT § 22 III a S 439; ders JurJb 7 [1966/67] 98, 118; MAYER-MALY AcP 194 [1994] 105, 175; PALANDT/HEINRICHS § 138 Rn 3; SACK WRP 1985, 1, 4 m Fn 37; SOERGEL/HEFERMEHL § 138 Rn 7, 10). Er darf seine persönlichen oder sonstigen Wertvorstellungen nicht an die Stelle vorhandener Wertvorstellungen des Gesetzgebers setzen (SACK WRP 1974, 247, 250; ders WRP 1985, 1, 4).

aa) Verfassungsrechtliche Wertungen

40 Zu den gesetzlichen Wertentscheidungen unserer Rechtsordnung, die den Inhalt der guten Sitten beeinflussen, gehören vor allem und in erster Linie die der Verfassung, insbesondere die **objektive Wertordnung** der Grundrechtsnormen (BVerfGE 7, 198, 205 f; 13, 153, 164; 21, 73, 82; 24, 251; 42, 143, 148; NJW 1990, 1469, 1470; NJW 1994, 36, 38; BGHZ 80, 153, 157; 106, 336, 338; aus dem Schrifttum vgl CANARIS JuS 1989, 161, 164 ff; ERMAN/BROX § 138 Rn 32; KÖHLER, AT 224; LARENZ, AT § 22 III a; ders JurJb 7 [1966/67] 98, 119; MünchKomm/ MAYER-MALY § 138 Rn 16; SACK WRP 1985, 1, 5; SOERGEL/HEFERMEHL § 138 Rn 10). Auf diesem Wege wirken die Grundrechtsnormen unserer Verfassung ins Zivilrecht hinein; man bezeichnet dies als die **„mittelbare Drittwirkung"** der Grundrechte (ausf dazu § 134 Rn 36 u Rn 241 f). Allerdings erlauben die Grundrechtsnormen nur selten eine abschließende Feststellung darüber, ob ein bestimmtes Verhalten mit den guten Sitten vereinbar ist. Denn sie stecken nur einen **rechtlichen Rahmen** ab, der dem Gesetzgeber bzw Richter bei der Rechtsfindung einen relativ weiten Entscheidungsspielraum beläßt (GÖLDNER, Verfassungsprinzip und Privatrechtsnorm in der verfassungskonformen Auslegung und Rechtsfortbildung [1969] 143 f). Außerdem ist unsere Verfassung gekennzeichnet durch Wertkonkurrenzen und Wertgegensätze (ISENSEE NJW 1977, 545, 549), die im Einzelfall durch entsprechende Verfassungsinterpretation aufzulösen sind, wobei die jeweils herrschenden gesellschaftlichen Wertentscheidungen erhebliche Bedeutung haben. So besteht eine Wechselwirkung zwischen Verfassungsnormen und gesellschaftlichem Konsens (ISENSEE NJW 1977, 545, 550; SACK WRP 1985, 1, 5).

bb) Wertentscheidungen einfacher Gesetze

41 Auch die Wertentscheidungen **einfacher** Gesetze sind bei der Interessenabwägung zu berücksichtigen (KOZIOL AcP 188 [1988] 183, 191 m Fn 38 zum Verhältnis von § 138 Abs 2 zu § 138 Abs 1; SACK WRP 1985, 1, 5). So sind zB bei der Bewertung von Wettbewerbsverboten nach § 138 auch die Wertungen des GWB und des Art 85 EG-Vertrag zu berücksichtigen (P ULMER NJW 1979, 1585, 1586). Zu den gesetzlichen Wertentscheidungen gehört auch das in den §§ 1025 Abs 2, 1032 ZPO zum Ausdruck kommende Gebot überparteilicher Rechtspflege sowie die rechtliche Mißbilligung des Richtens in eigener Sache; diese allgemeinen Rechtsgrundsätze gelten auch für Schiedsgerichte, so daß dagegen verstoßende Schiedsvereinbarungen nach § 138 nichtig sind (ebenso im Ergebnis, jedoch nach § 134 BGHZ 51, 255, 262 [ausdrücklich § 138 ablehnend]; BGHZ 54, 392, 400; s auch § 134 Rn 308). Auch ein Verstoß gegen das aus den Wertungen des Haushaltsrechts abgeleitete Verbot, Mittel der öffentlichen Hand zu verschenken, wenn dies nicht durch besondere öffentliche Interessen gerechtfertigt ist (BGHZ 36, 395, 398 f; BGHZ 47, 30, 39; aA BVerwG NJW 1959, 1098, 1099), ist sittenwidrig und führt zur Anwendung von § 138 (zutreffend BGHZ 36, 395, 398 f). Aus den §§ 34 BGB, 136 Abs 1 AktG, 47 Abs 4 GmbHG, 43 Abs 6 GenG ist der allgemeine Rechtsgrundsatz abzuleiten, daß im Gesellschaftsrecht die Stimmabgabe in eigener Sache unzulässig ist;

soweit diese Vorschriften nicht unmittelbar eingreifen, sind dagegen verstoßende Rechtsgeschäfte nach § 138 sittenwidrig (RGZ 136, 236, 245; BGH WM 1980, 649, 650; BGHZ 108, 21, 26 f; s auch § 134 Rn 21). Für gesellschaftsvertragliche Klauseln, zB Ausschlußklauseln, die gegen „Grundprinzipien" des Gesellschaftsrechts verstoßen, bedarf es neben § 138 keines selbständigen ungeschriebenen gesellschaftsrechtlichen Verbots- und Nichtigkeitstatbestandes praeter legem (so jedoch zu Ausschlußklauseln BGH NJW 1981, 2565 aE; nicht eindeutig insoweit BGHZ 68, 212; dagegen SACK WRP 1985, 1, 3; die „Grundprinzipien des Gesellschaftsrechts" und § 138 werden nebeneinander erwähnt in BGH NJW 1985, 2421 = WM 1985, 772 f). Abzulehnen ist die Ansicht des BGH in einer Entscheidung vom 13. 7. 1981, soweit er bei der Beurteilung einer gesellschaftsvertraglichen Ausschlußklausel unterschieden hat zwischen einem Verstoß gegen „die **allgemeinen** Grundsätze der Rechtsordnung", der nach § 138 die Nichtigkeit begründet, und einem Verstoß gegen die „Grundprinzipien des **Gesellschaftsrechts**", der nach Ansicht des BGH offenbar einen – neben § 138 – selbständigen Nichtigkeitsgrund darstellt (BGH NJW 1981, 2565 aE). Zutreffend hat der BGH hingegen Abfindungsklauseln, die ohne sachlichen Grund von der gesetzlichen Regelung abweichen, nach § 138 für sittenwidrig und nichtig erklärt (BGH NJW 1979, 104; dazu ESCH NJW 1979, 1390, 1392; H WESTERMANN, in: FS Larenz [1983] 723, 729; zur Anwendung der Sittenwidrigkeitsklauseln auf Typusabweichungen im Gesellschaftsrecht SACK DB 1974, 369, 372 f), obwohl auch bei diesen nicht Verstöße gegen die allgemeinen Grundsätze der Rechtsordnung, sondern Verstöße gegen spezielle gesellschaftsrechtliche Prinzipien vorlagen.

Echte **Umgehungsgeschäfte**, die nicht unmittelbar ein spezielles Verbotsgesetz verletzen, so daß § 134 nicht anwendbar ist, sondern die nur gegen die Wertungen eines Verbotsgesetzes verstoßen, sind ebenfalls nach § 138 sittenwidrig (RGZ 63, 143, 145; 84, 304, 305; 155, 138, 146 f; BGH WM 1968, 918; NJW 1968, 2286, 2287 zu cc; WM 1977, 1044, 1046; NJW 1983, 2873; OLG Köln NJW-RR 1994, 1540, 1541; ausdrücklich dagegen MünchKomm/ MAYER-MALY § 134 Rn 19); ausführlicher zu der Streitfrage, ob und wann auf Umgehungsgeschäfte § 134 oder § 138 anwendbar ist, oben § 134 Rn 144 ff. **42**

Auch Wertungen **dispositiver** Gesetze können den Inhalt der guten Sitten bestimmen (BGH NJW 1969, 230, 231 [insoweit nicht in BGHZ 51, 55]; AK-BGB/DAMM § 138 Rn 54; ENNECCERUS/NIPPERDEY, AT § 49 III S 301; SACK WRP 1985, 1, 5; ebenso zu § 242 BGHZ 41, 151, 154 = NJW 1964, 1123). Mit Recht hat sich die Erkenntnis durchgesetzt, daß dispositive Gesetze, soweit sie nicht nur auf reinen Zweckmäßigkeitsvorstellungen, sondern auf einem für den Durchschnittsfall konzipierten Gerechtigkeitsgebot beruhen, **nicht beliebig disponibel** sind. Soweit kein sachlich gerechtfertigter Grund für die Abweichung von rechtlichen Wertvorstellungen besteht, die in dispositivem Recht zum Ausdruck gekommen sind, verleihen ihnen die Generalklauseln eine gewisse Verbindlichkeit. In § 9 Abs 2 Nr 2 AGBG, der aus einer entsprechenden Rechtsprechung zu § 242 hervorgegangen ist (vgl BGHZ 41, 151, 154; 54, 106, 109 f; BGH DB 1973, 1341 f u 1343 f), hat dem der Gesetzgeber ausdrücklich Rechnung getragen. Dieser Rechtsgedanke gilt jedoch auch für die Auslegung anderer Generalklauseln, insbesondere für die Auslegung der Treuwidrigkeitsklausel des § 242, für die dies anerkannt ist (BGH aaO), sowie für die Sittenwidrigkeitsklausel des § 138. **43**

cc) **Europarechtliche Richtlinien**
Auch europarechtliche Richtlinien können den Inhalt von Sittenwidrigkeitsklauseln **44**

beeinflussen (so zu § 1 UWG Sack VersR 1994, 1383, 1385 f). Soweit Richtlinien der EU den Inhalt von Verträgen regeln und soweit keine richtlinienkonformen Spezialregelungen existieren, sind die guten Sitten iSv § 138 richtlinienkonform auszulegen.

c) Allgemeine Rechtsüberzeugungen

45 Bei der Konkretisierung des Begriffs der guten Sitten sind nicht nur gesetzliche Wertmaßstäbe zu berücksichtigen, sondern auch **außergesetzliche**, die im positiven Recht (noch) keinen Niederschlag gefunden haben (Larenz JurJb 7 [1966/67] 98, 109; Sack WRP 1985, 1, 7). Die Wertmaßstäbe des positiven Rechts haben zwar Vorrang, bestimmen jedoch nicht ausschließlich den Inhalt der guten Sitten (aA Kraft, in: FS Bartholomeyczik [1973] 223, 234; Pawlowski ARSP 1964, 503, 504, 513; ders, AT Rn 498 d). (Dem Begriff „gesetzlich" wird hier der Vorzug vor dem in diesem Zusammenhang häufig verwendeten Begriff „rechtlich" eingeräumt, um dem unfruchtbaren begrifflichen Streit auszuweichen, ob auch **außergesetzliche** Wertmaßstäbe, die den Inhalt des Rechtsbegriffs der guten Sitten mitbestimmen, zu den rechtlichen oder außerrechtlichen gehören.) Die reiche Kasuistik der Rechtsprechung zu den Sittenwidrigkeitsklauseln zeigt, daß bei der Konkretisierung des Begriffs der guten Sitten ohne außergesetzliche Wertmaßstäbe nicht auszukommen ist. Andererseits ist es unhaltbar, daß der Inhalt der guten Sitten ausschließlich durch außergesetzliche Maßstäbe bestimmt werde (vgl jedoch Gusy DVBl 1982, 984, 987).

46 Zu den außergesetzlichen Wertmaßstäben gehören vor allem **allgemeine Rechtsüberzeugungen** (vgl BAG NJW 1976, 1958; Sack WRP 1974, 247, 252, 254; ders WRP 1985, 1, 7; vgl auch Zippelius, in: FS Larenz [1973] 300; BGHZ 80, 153, 158 ["herrschende Rechts- und Sozialmoral"]; zur Bedeutung der „herrschenden Meinung" Althaus [Diss München 1994]; gegen die Brauchbarkeit dieses Kriteriums AK-BGB/Damm § 138 Rn 58, 61). Sofern sie gewohnheitsrechtlich verfestigt sind, sind sie ohnehin Rechtsnormen iSv Art 2 EGBGB und damit Gesetze iSv § 134. Aber auch allgemeine Rechtsüberzeugungen ohne gewohnheitsrechtliche Verfestigung sind bei der Konkretisierung der Sittenwidrigkeitsklauseln zu berücksichtigen. Dies gilt insbesondere für einheitliche und gefestigte **Standesauffassungen** (so zu § 138 BGHZ 22, 347, 356, 357; ebenso zu § 1 UWG BGH GRUR 1972, 709, 710 – Patentmark; GRUR 1969, 474, 476 – Bierbezug; GRUR 1965, 690, 693 – Facharzt; WuW/E BGH 905 – Grabsteinaufträge; GRUR 1960, 558 – Eintritt in Kundenbestellungen; OLG Hamm WRP 1979, 151, 152 f), soweit diesen keine vorrangigen Interessen der Allgemeinheit entgegenstehen. Selbstverständlich ist nicht jedes standeswidrige Verhalten ohne weiteres sittenwidrig (BGH NJW 1980, 2407 betr Honorarverzicht u § 138; BGH NJW 1973, 315 f; vgl auch Krasser GRUR 1980, 191; H P Westermann, in: FS Barz [1974] 545 ff). Wenn ein nicht unerheblicher Teil der beteiligten Verkehrskreise ein Verhalten für unbedenklich hält, rechtfertigt eine entgegenstehende Mehrheitsmeinung oder die Meinung der Standesvertretung nicht den Vorwurf der Sittenwidrigkeit (BGH GRUR 1972, 709, 710 – Patentmark; Sack WRP 1985, 1, 7).

47 Im Gegensatz zu allgemeinen Rechtsüberzeugungen sind bloße **Mehrheitsmeinungen** kein verbindlicher Maßstab für die Konkretisierung der guten Sitten (Sack WRP 1985, 1, 8). Weder rechtfertigt eine strenge Mehrheitsmeinung, nach der in einem konkreten Anwendungsfall ein Sittenverstoß vorliegt, ohne weiteres den Vorwurf der Sittenwidrigkeit in rechtlichem Sinne. Noch erlaubt eine Mehrheitsmeinung, die im konkreten Fall einen Sittenverstoß ablehnt, ohne weiteres die Feststellung der Vereinbarkeit des betreffenden Verhaltens mit den guten Sitten. Mit Recht wurde es als ein „plebiszitäres Mißverständnis" bezeichnet, in demoskopisch ermittelten Mehrheitsmeinungen eine für den Richter verbindliche Entscheidungsgrundlage finden zu wollen (TEUBNER 112 mwNw; RÖHL AcP 172 [1972] 555, 557, 558 f; SACK WRP 1985, 1, 8).

d) Vorhandenes Richterrecht

Wenn weder normgewordene politische Wertungen des Gesetzgebers noch allgemeine Rechtsüberzeugungen Anhaltspunkte dafür bieten, ob ein bestimmtes Verhalten sittenwidrig oder sittengemäß ist, dann ist auf vorhandenes Richterrecht und auf die in ihm enthaltenen Wertungen zurückzugreifen (ARZT 79; SACK WRP 1974, 2, 47, 252; ders WRP 1985, 1, 8). In seiner Rechtsprechung zu den Sittenwidrigkeitsklauseln hat sich der BGH mit Recht immer auch maßgeblich an den vorhandenen Präjudizien orientiert (vgl die aufschlußreiche Analyse von HABERSTUMPF 45, 47, 49 f). Richterrecht hat zwar im deutschen Recht als Rechtsquelle nicht denselben Rang wie gesetztes Recht und allgemeine Rechtsüberzeugungen, und es ist sogar streitig, ob es in unserem Rechtssystem überhaupt als (selbständige) Rechtsquelle anerkannt werden kann. Manche bejahen dies (so ADOMEIT, Rechtsquellenfragen im Arbeitsrecht [1969] 21, 37 ff, 53 ff; F BYDLINSKI, Juristische Methodenlehre und Rechtsbegriff[2] [1991] 512 ff; FIKENTSCHER, Methoden des Rechts, Band IV [1977] 222 f; ders ZfRvgl 1985, 163 ff; KRIELE, Theorie der Rechtsgewinnung[2] [1976] 243 ff, 258 ff, 269 ff, 326 ff; RÜTHERS, Die unbegrenzte Auslegung[1] 445 ff, 457 ff; ZIPPELIUS NJW 1964, 1981, 1986; zur historischen Entwicklung der Präjudizienbindung in Deutschland instruktiv WELLER, Die Bedeutung der Präjudizien im Verständnis der deutschen Rechtswissenschaft [1979]). Andere lehnen dies ab (so CANARIS, Systemdenken und Systembegriff in der Jurisprudenz [1969] 69; ENECCERUS/NIPPERDEY, AT § 42 I 1 S 275; ESSER, in: FS F vHippel [1967] 95, 113 f, 118 ff).

Auch wenn man den Rechtsquellencharakter des Richterrechts leugnet – und dies hängt letztlich auch davon ab, wie man den Begriff der „Rechtsquelle" definiert –, so ist es doch zumindest als **„Rechtserkenntnisquelle"** für die Beurteilung gleich gelagerter Fälle weitgehend anerkannt (ESSER, in: FS F vHippel [1967] 95, 113 f; LARENZ, Methodenlehre der Rechtswissenschaft[5] [1983] 415; MAYER-MALY AcP 194 [1994] 105, 135; SCHOLZ DB 1972, 1771, 1772; E ULMER, Sinnzusammenhänge im modernen Wettbewerbsrecht [1932] 33, der in Präjudizien „Überzeugungsgründe" sieht; P ULMER NJW 1982, 1975, 1977; vgl auch BROCKER/KNOPS Jura 1993, 300 ff). Es ist davon auszugehen, daß Richterrecht eine gewisse **Vermutung der Richtigkeit** in sich trägt (KRIELE 243, 247 „präsumptive Verbindlichkeit"; HAUBELT, Die Konkretisierung der Generalklauseln [Diss München 1978] 84; LARENZ, Methodenlehre ... 416; SACK WRP 1974, 247, 252; ders WRP 1985, 1, 8). Wie stark die Vermutungswirkung ist, hängt wesentlich ab vom Rang des Gerichts, von dem das Präjudiz stammt; von der Anzahl sachlich übereinstimmender Entscheidungen desselben Gerichts und anderer Gerichte zur selben Rechtsfrage, wobei eine ständige Rechtsprechung zu einer bestimmten Rechtsfrage ein anderes Gewicht hat als ein einzelnes Präjudiz; vom Grad der Anerkennung der Entscheidung durch die Lehre sowie vom Grad der Bekanntheit des Präjudizes.

Mit Recht haben mehrere Senate des BAG betont, daß obere Bundesgerichte von ihrer eigenen Rechtsprechung nicht abweichen sollen, wenn sowohl für die eine wie für die andere Ansicht gute Gründe sprechen (BAGE 12, 278, 284; BAG DB 1964, 265; DB 1967, 778; vgl auch MAYER-MALY RdA 1970, 293; ders AcP 194 [1994] 105, 135; SACK WRP 1974, 247, 252). Von höchstrichterlichen Entscheidungen sollten aber auch und erst recht Instanzgerichte nur dann abweichen, wenn **gewichtige** Bedenken gegen deren Richtigkeit bestehen (KRIELE, Theorie der Rechtsgewinnung[2] 247, 328; ders, Recht und praktische Vernunft [1979] 91 ff, 93 f, 108, 109; BAUDENBACHER GRUR 1981, 19, 20; ENNECCERUS/NIPPERDEY, AT I 275; SACK WRP 1974, 247, 252; ders WRP 1985, 1, 8). Derartige Bedenken können sich ergeben, wenn sich seit dem Erlaß einschlägiger Entscheidungen relevante rechtliche, wirtschaftliche oder soziale Veränderungen vollzogen haben. Auch **neue** Gesichtspunkte und Erkenntnisse von Gewicht erlauben das Abweichen von Präjudizien. Eine entgegenstehende **allgemeine** Rechtsüberzeugung fordert sogar das Abweichen von Richterrecht (PEHLE, in: PEHLE/STIMPEL, Richterliche Rechtsfortbildung [1969] 1, 6; SACK WRP 1974, 247, 252; ders WRP 1985, 1, 8).

e) **Richterliches Rechtsgefühl und „Legitimation durch Begründung"**

51 Lassen sich weder dem gesetzten Recht noch vorhandenen allgemeinen Rechtsüberzeugungen noch dem Richterrecht ausreichende Anhaltspunkte für die Anwendbarkeit von Sittenwidrigkeitsklauseln auf einen konkreten Einzelfall entnehmen, dann ist der Richter letztlich weitgehend auf sein Rechtsgefühl angewiesen (HABERSTUMPF 85 ff, 94 ff; KRAFT 89; PETERS NJW 1975, 1890; PORTZ 56 ff; SACK WRP 1974, 247, 252; **aA** BGB-RGRK/KRÜGER-NIELAND/ZÖLLER § 138 Rn 19; DAUNER-LIEB GmbHR 1994, 836, 840; Münch-Komm/MAYER-MALY § 138 Rn 12; STAUDINGER/DILCHER[12] § 138 Rn 8; ausf zum Rechtsgefühl BIHLER, Rechtsgefühl, System und Wertung [1979]; M REHBINDER, Fragen an die Nachbarwissenschaften zum sog Rechtsgefühl, JZ 1982, 1). Vor allem bei divergierenden Ansichten über die Anforderungen der Rechts- und Sozialmoral muß sich der Richter zwangsläufig um ein **eigenständiges Urteil** bemühen.

52 Die Gegenansicht lautet, daß zu den guten Sitten nur solche Normen und Wertungen der Sollensordnungen gehören, deren Geltung auf **allgemeiner Überzeugung der Gesellschaft** beruht (BGB-RGRK/KRÜGER-NIELAND/ZÖLLER § 138 Rn 19). Aus der Anstandsformel folge, daß das Sittenwidrigkeitsurteil nur auf Wertungen gestützt werden dürfe, die sich bei den beteiligten Verkehrskreisen durchgesetzt haben (DAUNER-LIEB GmbHR 1994, 836, 840). Ähnlich ist das **„Toleranzgebot"** zu verstehen, wonach ein Rechtsgeschäft bzw Handeln nur dann als sittenwidrig bewertet werden darf, wenn es auf die (nahezu) einhellige Ablehnung aller billig und gerecht Denkenden stößt (BREITHAUPT JZ 1964, 283, 285 [zu § 226 a StGB]; ders NJW 1968, 932 f [zum Geliebtentestament]; PORTZ 61; ähnlich BVerwGE 10, 164, 167 f = NJW 1960, 1407, 1409; BGHSt 4, 24 ff = JZ 1953, 244 ff; ARTHUR KAUFMANN JZ 1963, 137, 148; WIEACKER JZ 1961, 339 f). Nach WIEACKER (JZ 1961, 339 f) handelt es sich bei den guten Sitten um Grundgebote der praktisch von niemandem in Frage gestellten Sittlichkeit.

53 Diese Ansichten werden dem bestehenden **Wertepluralismus** in unserer Gesellschaft nicht gerecht, der ua dadurch gekennzeichnet ist, daß es zu den meisten Lebenssachverhalten, mit denen sich die Gerichte bei der Anwendung von Sittenwidrigkeitsklauseln zu befassen haben, unterschiedliche Wertvorstellungen gibt, hinter denen mehr oder weniger große Personen- und insbesondere Interessengruppen stehen (SACK NJW 1985, 761, 767 f; AK-BGB/DAMM § 138 Rn 18). Den Vorwurf der Sittenwidrigkeit von einem Verstoß gegen eine allgemeine Rechtsüberzeugung abhängig zu machen bzw nach dem Toleranzgebot zu verfahren, steht auch im Widerspruch zur ständigen Praxis der Gerichte. Denn diese haben in vielen Entscheidungen auch dann Sittenverstöße angenommen, wenn keine entsprechende allgemeine Rechtsüberzeugung in unserer Gesellschaft bestand. Dürfte ein Sittenverstoß nur dann bejaht werden, wenn dies einer allgemeinen Rechtsüberzeugung entspricht, so würden sich bei unterschiedlichen Wertvorstellungen letztlich immer die **liberalsten** durchsetzen. Denn sobald in bezug auf bestimmte Formen von Rechtsgeschäften neben strengen Wertvorstellungen auch besonders laxe bestehen, würde es an der **allgemeinen** Rechtsüberzeugung fehlen, wie sie von der hier kritisierten Ansicht für den Vorwurf der Sittenwidrigkeit gefordert wird. Dh letztlich wären besonders laxe Wertvorstellungen maßgeblich. Auch die Verfasser des BGB haben den Richter nicht auf die rechtliche Umsetzung allgemeiner Überzeugungen der Gesellschaft beschränkt. Vielmehr heißt es in den Motiven: „Dem richterlichen Ermessen wird ein Spielraum gewährt, wie ein solcher großen Rechtsgebieten bisher unbekannt ist." (Mot I 211).

Bei der Bildung einer eigenständigen Entscheidung ist der Richter allerdings – auch soweit die eben erörterten Bewertungskriterien nicht vorliegen – nicht völlig frei und ungebunden. So müssen rechtsschöpferische Entscheidungen eines Richters von seiner Rechtsüberzeugung getragen sein, daß er unter gleichen tatsächlichen Umständen wieder zur gleichen Entscheidung gelangen würde. Er muß überzeugt sein, daß seine Entscheidungen, wenn nicht singuläre Umstände vorliegen, **verallgemeinerungsfähig** sind und als Präjudizien für künftige eigene oder auch fremde Entscheidungen geeignet sein können (KRIELE, Recht und praktische Vernunft [1979] 97 f; RAWLS 130; SACK WRP 1974, 247, 252; ders WRP 1985, 1, 8; STEINDORFF, in: Summum ius summa iniuria [1963] 59, 64; vgl auch SOERGEL/HEFERMEHL § 138 Rn 8).

Bei der Rechtsfortbildung mit Hilfe von Sittenwidrigkeitsklauseln muß sich der Richter auch um die **Konsensfähigkeit** und **Gemeinverträglichkeit** seiner Entscheidungen bemühen, dh er muß zumindest versuchen, durch seine Argumentation die Zustimmung des Gesetzgebers, anderer Gerichte und der betroffenen Verkehrskreise zu gewinnen (ARZT 79, 99; BREITHAUPT JZ 1964, 283, 285; HILGER, in: FS Larenz [1973] 109, 114 f; LARENZ, AT § 22 III a S 435; REDEKER NJW 1972, 409, 411; SACK WRP 1974, 247, 252; ders WRP 1985, 1, 8; SAMBUC 119, 121 ff; STEINDORFF, in: FS Larenz [1973] 217, 218, 228 f; TEUBNER 105, 118; zur Konsensbildung ausführlich AK-BGB/DAMM § 138 Rn 67 ff). Konsens kann er nur erwarten, wenn er „plausible, rational nachvollziehbare und einsichtige Argumente zur Begründung seiner Wertentscheidung" anzubieten vermag (ECKHOLD-SCHMIDT 21, 92 ff; HABERSTUMPF 82, 123; PORTZ 60; SACK WRP 1985, 1, 8; SAMBUC 133; SOERGEL/HEFERMEHL § 138 Rn 8 aE; ESSER, Vorverständnis und Methodenwahl in der Rechtsfindung [Ausgabe 1972] 26; vgl auch MÜLLER, Der Plausibilitätsgedanke in der Rechtsprechung, in: Für Staat und Recht [1994] 61 ff). Er muß sich deshalb um eine **„Legitimation durch Begründung"** bemühen (zum Begründungszwang ECKHOLD-SCHMIDT 22, 92 ff; BRÜGGEMANN, Die richterliche Begründungspflicht; OTT, in: FS L Raiser [1974] 403, 417 ff, 420; SACK WRP 1985, 1, 9 mwNw in Fn 100; vgl auch AK-BGB/DAMM § 138 Rn 75). Beim Bemühen um Plausibilität sind vor allem auch die besonderen Umstände des Einzelfalles zu berücksichtigen. So können zB auf dem Land andere Maßstäbe gelten als in einer Großstadt (SOERGEL/HEFERMEHL § 139 Rn 4). Nicht ohne weiteres im Rahmen des § 138 zu berücksichtigen sind hingegen konfessionelle Gebote (BGHZ 21, 340, 350 mwNw; SOERGEL/HEFERMEHL § 138 Rn 4).

Aus dem Gebot des Bemühens um konsensfähige Entscheidungen folgt, daß besonders **laxe** Moralauffassungen und bestehende **Unsitten** nicht maßgebend sein können, auch wenn sie verbreitet sind (RGZ 58, 214, 217; 120, 144, 148; 135, 385, 395; BGHZ 10, 228, 232; BGHZ 16, 4, 12; BAG NJW 1976, 1958; ERMAN/BROX § 138 Rn 30; KÖHLER, AT 224; PALANDT/HEINRICHS § 138 Rn 2; ROTHER AcP 172 [1972] 498, 501 aE; STAUDINGER/DILCHER[12]

§ 138 Rn 7, 17). Andererseits bestimmen jedoch auch **besonders strenge** Moralauffassungen nicht die guten Sitten im rechtlichen Sinne (RGZ 55, 367, 373; 58, 214, 217, 218; 58, 219, 220; 145, 396, 398; BGHZ 21, 340, 350 betreffend die Sittenordnung einer Glaubensgemeinschaft; BGHZ 60, 28, 33 betreffend strenge Standesordnungen; BGB-RGRK/KRÜGER-NIELAND/ ZÖLLER § 138 Rn 20; ERMAN/BROX § 138 Rn 30; LARENZ JurJb 7 [1966/67] 105; PORTZ 60; SIEMENS 84 f; STAUDINGER/DILCHER[12] § 138 Rn 7). § 138 dient nicht der Durchsetzung der Normen der Hochethik (MEDICUS, AT Rn 680). Vielmehr ist im Interesse der Konsensfähigkeit ein **durchschnittlicher** Maßstab anzulegen (BGHZ 10, 228, 232; ERMAN/BROX § 138 Rn 30; MEDICUS, AT 680, 683; PALANDT/HEINRICHS § 138 Rn 2; ROTHER AcP 172 [1972] 498, 502; SOERGEL/HEFERMEHL § 138 Rn 4). Dieser kann allerdings nicht durch Meinungsumfragen festgestellt werden (s o Rn 15).

f) Summenwirkung und bewegliches System

57 Die unter III 4 (o Rn 37 ff) dargestellte Hierarchie von Wertmaßstäben und Kriterien darf nicht verabsolutiert werden. Denn die Kriterien und Argumente auf den verschiedenen Stufen können, jede auf ihrer Stufe, von unterschiedlichem Gewicht sein. Vielfach werden erst mehrere Kriterien aus den verschiedenen Stufen zusammen eine abschließende Bewertung erlauben (MAYER-MALY, in: FS Wilburg [1986] 117, 122 f).

58 Auch in **tatsächlicher** Hinsicht wird sich der Vorwurf der Sittenwidrigkeit häufig nicht aus einem einzigen Umstand ergeben, sondern aus einer Kumulation negativer Tatumstände, von denen jeder für sich allein den Vorwurf der Sittenwidrigkeit vielleicht noch nicht trägt (BGHZ 51, 55, 56 = NJW 1969, 220, 231; BGH NJW 1983, 159, 161 [vor 4]; MünchKomm/MAYER-MALY § 138 Rn 21), zB aus dem Mißbrauch einer Machtstellung oder Vertrauensstellung, aus der Ausnutzung einer Zwangslage oder der Unerfahrenheit des Vertragspartners (vgl § 138 Abs 2), aus Äquivalenzstörungen, aus der übermäßigen Knebelung der wirtschaftlichen Freiheit des Vertragspartners, aus der Täuschung von Personen, aus der Schädigung Dritter, aus der Verletzung von Interessen der Allgemeinheit, aus Verstößen gegen allgemein anerkannte Wert- und Moralvorstellungen und Ordnungen, aus der Kommerzialisierung höchstpersönlicher Güter, aus dem Zweck eines Rechtsgeschäfts usw. In einer Entscheidung zu einem Automatenaufstellvertrag nahm der BGH an, daß die vereinbarten Eingriffsbefugnisse und Rechte des Klägers zwar für sich betrachtet noch nicht gegen die guten Sitten verstoßen; jedoch engten die Vertragsbestimmungen **in ihrer Gesamtheit** die Bewegungsfreiheit des betroffenen Gastwirts in unvertretbarem Maße ein (BGHZ 51, 55, 56 = NJW 1969, 230).

59 In solchen Fällen wäre es verfehlt, in einem konkreten Fall nach der „**Substraktionsmethode**" (KÖNDGEN NJW 1991, 2018) jeden einzelnen Umstand gesondert für sich zu würdigen und aus der Feststellung, daß keiner der Umstände **für sich allein** den Vorwurf der Sittenwidrigkeit rechtfertigt, zu folgern, daß auch insgesamt keine Sittenwidrigkeit vorliege. Denn es geht hier nicht um die Summierung sittlich völlig neutraler oder gar positiv zu bewertender Umstände, sondern um solche Umstände, deren negative Bewertung je für sich allein **noch nicht** ausreicht, um sie allein als sittenwidrig anzusehen. Wenn genügend solcher Umstände zusammenkommen, kann auch die Summe dieser für sich allein gesehen „noch nicht" sittenwidrigen Umstände zum Gesamturteil der Sittenwidrigkeit führen (OLG Stuttgart NJW 1979, 2409, 2412; MAYER-MALY, in: FS Wilburg [1986] 117, 123 ff). Es kommt also darauf an fest-

zustellen, wieviele solcher Umstände und in welcher Stärke sie verwirklicht sind. Letztlich entscheidet dann die **Summenwirkung** der im Einzelfall erfüllten Kriterien (so zu § 1 UWG SCHRAMM, Die Summenwirkung GRUR 1974, 369). Dies wurde auch als „Sandhaufentheorem" bezeichnet (BGHZ 80, 153, 159; OLG Stuttgart NJW 1979, 2409, 2412; BENDER, in: Gedschr Rödig [1980] 38 ff; ders NJW 1980, 1129, 1133; vgl auch unten Rn 217).

Deshalb erlaubt häufig erst ein „bewegliches Zusammenspiel" der einzelnen Tatumstände und Maßstäbe die gesuchte sittlich-rechtliche Bewertung (MAYER-MALY, in: Das Bewegliche System im geltenden und künftigen Recht, in: FS Wilburg [1986] 117, 122 f; ders, in: MünchKomm § 138 Rn 23 ff; SACK WRP 1985, 1, 9; SOERGEL/HEFERMEHL § 138 Rn 8). § 138 bietet einen klassischen Anwendungsfall eines **beweglichen Systems** iS WILBURGS (WILBURG, Entwicklung eines beweglichen Systems im bürgerlichen Recht [1951]; zu Anwendungsfällen des beweglichen Systems F BYDLINSKI/KREJCI/SCHILCHER/STEININGER [Hrsg], Das Bewegliche System im geltenden und künftigen Recht, in: FS Wilburg [1986]). 60

5. Der subjektive Tatbestand der Sittenwidrigkeit

Der Vorwurf der Sittenwidrigkeit erfordert nach wohl noch hM neben einem objektiven Sittenverstoß immer auch die Verwirklichung eines subjektiven Tatbestandes. Man hält den Vorwurf der Sittenwidrigkeit nur für gerechtfertigt, wenn die Beteiligten zumindest alle sittenwidrigen Tatumstände gekannt oder sich deren Kenntnis bewußt verschlossen oder entzogen haben (RGZ 97, 253, 255; 120, 144, 148; BGH NJW 1980, 2407, 2408; BB 1981, 78, 79; BGHZ 80, 153, 160 f; NJW 1982, 1455; WM 1984, 1044, 1046 sub IV 3; BGH NJW 1988, 1373, 1374; WM 1993, 1189, 1191; NJW 1994, 187, 188; BAG NJW 1991, 860, 861; ERMAN/BROX § 138 Rn 36; HÜBNER, AT Rn 496; KÖHLER, AT 225). Ein Bewußtsein der Sittenwidrigkeit oder eine Schädigungsabsicht wird hingegen von der neueren Rechtsprechung nicht für erforderlich gehalten (BGHZ 94, 268, 272 f; BGH NJW 1988, 1373, 1374; WM 1993, 1189, 1191; BAG NJW 1991, 860, 861; BGB-RGRK/KRÜGER-NIELAND/ZÖLLER § 138 Rn 73, 30; ERMAN/BROX § 138 Rn 36; LARENZ, AT § 22 III c S 448; MAYER-MALY, Das Bewußtsein der Sittenwidrigkeit [1971] 11; MünchKomm/MAYER-MALY § 138 Rn 111 f; SOERGEL/HEFERMEHL § 138 Rn 31, 33, 37; aA ENNECCERUS/NIPPERDEY, AT § 191 II 2 a S 1167 für den Fall der sog Umstandssittenwidrigkeit). Das RG hatte demgegenüber den Vorwurf der Sittenwidrigkeit sogar noch von einer verwerflichen Gesinnung abhängig gemacht (RGZ 150, 1, 5; dagegen ERMAN/BROX § 138 Rn 30; SOERGEL/HEFERMEHL § 138 Rn 19). Zum Teil wird aber auch die Ansicht vertreten, daß nur für Inhaltssittenwidrigkeit die Kenntnis der sittenwidrigkeitsbegründenden Tatumstände genüge, während für Umstandssittenwidrigkeit die Kenntnis der Sittenwidrigkeit erforderlich sei (ENNECCERUS/NIPPERDEY, AT § 191 II 2 a S 1167). Eine weitere Meinung verlangt für Inhaltssittenwidrigkeit keine Kenntnis der sittenwidrigkeitsbegründenden Tatumstände, während sie bei Umstandssittenwidrigkeit erforderlich sei (PALANDT/HEINRICHS § 138 Rn 7, 8). 61

Demgegenüber genügt nach einer sich in der Lehre durchsetzenden und mE zutreffenden Ansicht ein objektiver Sittenverstoß, wenn nicht im konkreten Einzelfall die Sittenwidrigkeit gerade (auch) auf der Verwirklichung eines subjektiven Tatbestandes beruht, zB auf der mit einem Rechtsgeschäft verfolgten sittenwidrigen Zielsetzung (AK-BGB/DAMM § 138 Rn 80; ERMAN/BROX § 138 Rn 30, 34, 36, 37; ESSER ZHR 135 [1971] 320, 330 ff; FLUME, AT § 18, 3 S 373; LARENZ, AT § 22 III c S 447; ders JurJb 7 [1966/67] 98, 119 f, 122; LINDACHER AcP 173 [1973] 124, 126 ff; MAYER-MALY, Das Bewußtsein der Sittenwidrigkeit [1971] 25 ff; ders, in: FS Wilburg [1986] 117, 125; MünchKomm/MAYER-MALY § 138 Rn 111 ff; SACK 62

GRUR 1970, 493, 502; ders NJW 1985, 761, 765, 768; ders WRP 1985, 1, 12 f). Dieser Ansicht hat sich auch der IV a-Zivilsenat des BGH in einer Entscheidung von 1985 unter Hinweis auf die hL angeschlossen (BGHZ 94, 268, 272 f betr Schmiergeldzahlungen an ausländische Beamte; vgl auch OLG Stuttgart NJW 1979, 2409 ff). In ihr hat er dezidiert erklärt, daß „Rechtsgeschäfte, die schon nach ihrem **objektiven** Inhalt sittlich-rechtlichen Grundsätzen widersprechen, ... ohne Rücksicht auf die Vorstellungen der das Rechtsgeschäft vornehmenden Personen nichtig" seien. Soweit die Rechtsprechung des BGH das Vorliegen subjektiver Voraussetzungen verlangt habe, handle es sich „entweder um Fälle, in denen sich die Sittenwidrigkeit nicht ohne weiteres aus dem objektiven Inhalt des Rechtsgeschäfts ergab, oder um solche, in denen auch bei Zugrundelegung der im Schrifttum herrschenden Ansicht nicht anders zu entschieden gewesen wäre" (BGHZ 94, 268, 272 aE). Außerdem seien in den Fällen, in denen ein Rechtsgeschäft schon seinem Inhalt nach sittenwidrig ist, den Parteien die die Sittenwidrigkeit begründenden Tatumstände bekannt (BGHZ 94, 268, 273; ebenso ERMAN/BROX § 138 Rn 36).

63 Der objektiven Theorie, wonach ein Rechtsgeschäft allein aufgrund der objektiven Umstände sittenwidrig sein **kann**, ohne daß ein subjektiver Tatbestand hinzukommen muß, ist der Vorzug zu geben. Dies schließt freilich nicht aus, daß es im Einzelfall auch einmal gerade erst die Verwirklichung eines subjektiven Tatbestands durch einen Vertragspartner oder durch beide den Vorwurf der Sittenwidrigkeit rechtfertigt, zB der sittenwidrige Zweck eines Rechtsgeschäfts (MünchKomm/MAYER-MALY § 138 Rn 112, 113). Die objektive Theorie ist vom **Begriff** der guten Sitten gedeckt; gute, dh gesollte Sitten sind objektive Verhaltensnormen. Auch der umfassenden lückenfüllenden Funktion der Sittenwidrigkeitsklauseln und speziell der des § 138 wird nur die objektive Theorie gerecht. Denn andernfalls blieben Lücken im Rechtsschutz oder es müßten dafür nicht vorgesehene Vorschriften als Hilfsgeneralklauseln eingreifen, wenn ein Verhalten bzw Rechtsgeschäft zwar rechtlich zu mißbilligen ist, jedoch der subjektive Tatbestand durch die Parteien nicht verwirklicht wurde. Auch in den Materialien zu § 138 wird die Verwirklichung eines subjektiven Tatbestandes nicht (generell) für erforderlich gehalten. In Mot I 211 heißt es dazu: „Die Grenze ist dahin zu ziehen, daß Nichtigkeit eintritt, wenn der Inhalt eines Rechtsgeschäfts unmittelbar, in objektiver Hinsicht und unter Ausscheidung der subjektiven Seite, die guten Sitten verletzt". Nach Prot I 124 = MUGDAN I 725 wurde der Antrag, den Ausdruck „gegen die guten Sitten" zu ersetzen durch den Ausdruck „gegen die Sittlichkeit" mit der Begründung abgelehnt, der Ausdruck „gegen die guten Sitten" sichere „der Vorschrift einen umfassenderen Geltungsbereich und enthalte den **richtigen objektiven Maßstab** für die Handhabung des Gesetzes".

64 Die Gegenansicht, dh die subjektive Theorie, wird zum einen damit begründet, daß das Urteil, ein Rechtsgeschäft sei sittenwidrig, einen (persönlichen) **Vorwurf** enthalte (vgl H WESTERMANN, Interessenkollisionen ... [1954] 29), den Vorwurf der unmoralischen Handlungsweise. Er behafte die Betroffenen mit einem „Makel"; er sei diskriminierend, diffamierend, infamierend (Nachweise oben in Rn 29 zu den Funktionen der guten Sitten). Von diesem Verständnis ausgehend glaubten die Rechtsprechung und ein Großteil des Schrifttums, den Vorwurf der Sittenwidrigkeit nur erheben zu können, wenn das Verhalten der Parteien beruht auf „Gewissenlosigkeit" (RG JW 1914, 83 Nr 14; BGH DB 1962, 1003, 1004; NJW 1972, 678, 680; WM 1975, 559, 560), auf einem „Gesinnungsmangel" oder auf „verwerflicher Gesinnung" (RGZ 150, 1, 5; REIMER MuW 29

[1929] 208 ff passim), auf „niederer Sinnesart" (RGZ 150, 1, 5), auf „niederer Gesinnung" (RGZ 58, 219, 220, 223) oder gar auf „Gesinnungsgemeinheit" (RGZ 58, 219, 220, 223).

Dieser Interpretation wurde mit Recht entgegengehalten, daß sie auf einer unbegründeten sprachlichen Empfindlichkeit beruhe (SCHRICKER, Gesetzesverletzung und Sittenverstoß [1970] 204, 206; ders AcP 172 [1972] 203, 209; vgl auch MAYER-MALY AcP 194 [1994] 105, 172). Diese sprachliche Empfindlichkeit sollte man im Interesse der umfassenden lückenfüllenden Funktion der Sittenwidrigkeitsklausel nicht etwa noch pflegen, sondern nach Kräften abzubauen versuchen. Weder begrifflich noch durch den allgemeinen Sprachgebrauch ist die subjektive Interpretation des Begriffs der guten Sitten vorgegeben (SACK WRP 1985, 1, 13). Die Bewertung eines Lebenssachverhalts als sittenwidrig umfaßt nicht in jedem Fall einen persönlichen sittlichen Vorwurf (MAYER-MALY AcP 194 [1994] 105, 172; SOERGEL/HEFERMEHL § 138 Rn 31, 37). Denn bei der Anwendung von § 138 geht es nicht um die Bewertung des **Verhaltens** einer Person, sondern um die Bewertung eines Rechtsgeschäfts (vgl oben Rn 4 mwNw).

Auch aus der **sittlichen** Implikation des Vorwurfs der Sittenwidrigkeit wollte man das Erfordernis der Verwirklichung eines subjektiven Tatbestandes rechtfertigen. Dies wäre nur zutreffend, wenn die **autonome** Moral über den Inhalt der guten Sitten entscheiden würde. Daß dies nicht so ist, wurde oben dargelegt (oben Rn 21; vgl auch MAYER-MALY, Das Bewußtsein der Sittenwidrigkeit [1971] 27; SACK NJW 1985, 761, 768; vgl ferner LARENZ JurJb 7 [1966/67] 98, 108). Außerdem haben es die Verfasser des BGB ausdrücklich abgelehnt, in § 138 den Begriff der guten Sitten durch den der Sittlichkeit zu ersetzen, und dies ua damit begründet, der Begriff der guten Sitten „enthalte den richtigen objektiven Maßstab für die Handhabung des Gesetzes" (Prot I 124 = MUGDAN I 725). Schließlich beruht die subjektive Theorie auch auf einer Fehlinterpretation der **Anstandsformel**. Diese knüpft nicht an das Anstandsgefühl der „Täter" an (vgl jedoch E ULMER/D REIMER, Unlauterer Wettbewerb III [1968] 43 Rn 65; ebenso vGAMM WRP 1974, 1, 3; **aA** SACK WRP 1985, 1, 15), sondern an das Anstandsgefühl der – wie auch immer zu bestimmenden – gerecht und billig Denkenden in bezug auf das zu beurteilende Verhalten.

6. Die Einheit der guten Sitten

Die Frage, ob es eine „Einheit der guten Sitten" gebe, ist, gerade auch in Zusammenhang mit § 138, heftig umstritten (bejahend AG Trier NJW 1972, 160; LG Mainz BB 1967, 1180; KOHTE NJW 1985, 2217, 2220 [zu § 138 u § 826]; SACK BB 1970, 1511, 1514; verneinend zB LG Trier NJW 1975, 151; MAYER-MALY JuS 1986, 596, 600; MünchKomm/MAYER-MALY § 138 Rn 19). Die Diskussion darüber leidet vor allem daran, daß unterschiedliche Fragestellungen nicht ausreichend getrennt und anschließend die Antworten verallgemeinert werden (vgl zB MAYER-MALY, in: FS Wilburg [1986] 117; MünchKomm/MAYER-MALY § 138 Rn 19).

a) Einheitliche lückenfüllende Funktion

Alle Sittenwidrigkeitsklauseln mitsamt dem Begriff der guten Sitten haben eine **umfassende lückenfüllende** Funktion (SACK WRP 1985, 1, 4). Mit ihnen sollen in ihrem jeweiligen Regelungsbereich alle rechtlich zu mißbilligenden Lebenssachverhalte erfaßt werden, für die es keine Spezialtatbestände oder auf solche verweisende Gesetzwidrigkeitsblankette (zB §§ 134, 823 Abs 2) gibt. Die praktische Bedeutung dieser Aussage besteht darin, daß es ua nicht angeht, die Sittenwidrigkeitsklauseln des BGB nur auf Fälle „gesteigerter Rechtswidrigkeit" oder gar nur auf „Extremfälle" anzuwenden, während zB mit § 1 UWG – so die zutreffende Praxis der Gerichte – **alle rechtlich zu mißbilligenden** Wettbewerbshandlungen erfaßt werden, für die es keine Spezialregelungen gibt (für eine solche Differenzierung jedoch MAYER-MALY JuS 1986, 596, 600; aA MERTENS ZHR 143 [1979] 174, 179).

b) Einheitliche Wertordnung

69 Aus dem Prinzip der Einheit der Rechtsordnung folgt, daß bei der Konkretisierung des Begriffs der guten Sitten idealiter von einer **einheitlichen und widerspruchsfreien Wertordnung** auszugehen ist, die den Inhalt der guten Sitten bestimmt. Ein und dieselbe Rechtsordnung kann nicht ein und dasselbe Verhalten an einer Stelle als sittenwidrig mißbilligen und an einer anderen Stelle als den guten Sitten entsprechend billigen (SACK BB 1970, 1511, 1514; ders NJW 1974, 564; ders WRP 1974, 445, 447 f; ders WRP 1985, 1, 4; vgl auch AG Trier NJW 1972, 160 aE; aA LG Trier NJW 1974, 151, 152; MünchKomm/MAYER-MALY § 138 Rn 19; aA wohl auch BGH WM 1995, 112, 115).

c) Unterschiedliche Regelungsbereiche der Sittenwidrigkeitsklauseln

70 Das Prinzip der Einheit der guten Sitten führt selbstverständlich nur dann zu einheitlichen Ergebnissen im Einzelfall, wenn sich die Regelungsbereiche der Sittenwidrigkeitsklauseln überschneiden. Soweit sie sich unterscheiden, beschränkt sich die praktische Bedeutung des Prinzips der Einheit der guten Sitten auf die unter a) und b) gemachten Aussagen.

Deshalb sind zB Verträge, die durch sittenwidrige Wettbewerbshandlungen iSv § 1 UWG, etwa durch irreführende Werbung oder psychischen Kaufzwang, zustande gebracht worden sind, nicht schon aus diesem Grunde sittenwidrig und nichtig nach § 138 (SACK WRP 1974, 445, 447 f). Denn in diesem Fall haben beide Vorschriften unterschiedliche Regelungsbereiche: § 1 UWG bewertet ein Handeln, nämlich die Art und Weise des Zustandebringens von Verträgen; § 138 ist hingegen nur anwendbar, wenn ein **Rechtsgeschäft** als solches, dh sein Inhalt als solcher rechtlich zu mißbilligen ist (vgl BGH WM 1995, 112, 115; zur Unterscheidung zwischen der Bewertung eines Handelns einerseits und eines Rechtsgeschäfts andererseits äußerte sich der BGH auch besonders deutlich in seiner Geliebtentestament-Rechtsprechung, vgl BGHZ 53, 369, 375, 377; NJW 1973, 1645, 1646; 1983, 674, 675; 1984, 2150, 2151; vgl auch BARTHOLOMEYCZIK, in: FS OLG Zweibrücken [1969] 26, 66; FLUME, AT § 18, 2 S 368; LARENZ, AT § 22 III a S 440; MEDICUS, AT Rn 681, 685; OTTE JurA 1985, 192, 196). Der **Inhalt** eines Vertrags ist nicht schon deshalb rechtlich zu mißbilligen, weil ein Vertragspartner mit unlauteren Methoden angelockt worden ist. Wurde der Vertragspartner mit arglistiger Täuschung zum Vertragsschluß veranlaßt, so kann er ihn nach § 123 anfechten, während weder § 138 noch § 134 iVm § 263 StGB ohne weiteres anwendbar sind.

71 Unzutreffend hat daher zB das AG Trier in einer Entscheidung von 1971 (NJW 1972, 160 f) einen anläßlich einer sog Kaffeefahrt abgeschlossenen Kaufvertrag schon deshalb nach § 138 für sittenwidrig und nichtig erklärt, weil er unter Verstoß gegen § 1 UWG mit sittenwidrigem psychischem Kaufzwang zustande gebracht worden war (krit dazu SACK NJW 1974, 564; ders WRP 1974, 445, 447; ders WRP 1985, 1, 4; nach MünchKomm/MAYER-MALY § 138 Rn 20 ist die sittenwidrige Herbeiführung eines Vertrags ein starkes Indiz für die Sittenwidrigkeit des Vertrags). Dem AG Trier ist zwar darin zuzustimmen, daß in einer

einheitlichen Rechtsordnung der Inhalt der guten Sitten gleichsinnig bestimmt werden müsse. Da jedoch unterschiedliche Sachverhalte nach § 1 UWG und § 138 zu beurteilen waren, konnten auch trotz einer einheitlichen Rechtsordnung keine einheitlichen Ergebnisse erwartet werden. Die Sittenwidrigkeit des Zustandebringens von Verträgen nach § 1 UWG erlaubt keine unmittelbaren Rückschlüsse auf die Vereinbarkeit des **Inhalts** der betreffenden Rechtsgeschäfte mit den guten Sitten iSv § 138. Deshalb ist dem LG Trier (NJW 1974, 151) im Ergebnis zuzustimmen, wenn es ablehnte, von der Sittenwidrigkeit der **Vertragsanbahnung** nach § 1 UWG auf die Sittenwidrigkeit des **Vertragsinhalts** nach § 138 zu schließen. Dieser Rückschluß verbot sich jedoch entgegen dem LG nicht deshalb, weil über die guten Sitten iS des **§ 138 BGB** das Anstandsgefühl „aller billig und gerecht Denkenden", über die guten Sitten iSv **§ 1 UWG** hingegen das der „verständigen Durchschnittsgewerbetreibenden" entscheidet (gegen diese Differenzierung SACK NJW 1974, 564). Vielmehr unterschieden sich insoweit die Regelungsbereiche des § 138 und des § 1 UWG. Mit § 1 UWG war eine Aussage über die Zulässigkeit der Vertragsanbahnung getroffen worden; die Anwendbarkeit des § 138 hing hingegen von der Sittenwidrigkeit des Vertragsinhalts ab.

Wegen der unterschiedlichen Regelungsbereiche von § 138 und § 1 UWG hat es der BGH in seiner Entscheidung „HBV-Familien- und Wohnrechtsschutz" vom 25. 1. 1990 abgelehnt, aus der Tatsache, daß der **Abschluß** des zu beurteilenden Gruppenversicherungsvertrags zwischen einem Rechtsschutzversicherer und einer Gewerkschaft gegen § 1 UWG verstieß, zu folgern, daß der Vertrag auch nach § 138 sittenwidrig und nichtig sei. Zutreffend stellte der BGH klar, daß die Sittenwidrigkeit nach § 1 UWG nicht zwangsläufig zur Sittenwidrigkeit und Nichtigkeit der abgeschlossenen Verträge nach § 138 führt (BGHZ 110, 156, 174; zustimmend MAYER-MALY AcP 194 [1994] 105, 138; ebenso SACK WRP 1974, 445, 447). Dies erlaubt jedoch nicht den weiterreichenden Schluß, daß es keine Einheit der guten Sitten gebe (so jedoch wohl MAYER-MALY AcP 194 [1994] 105, 138 unter unzutreffendem Hinweis auf eine angeblich abweichende Meinung von mir BB 1970, 1511, 1514, wo aber nur zu dem unter b) [Rn 69] behandelten Aspekt Stellung genommen wurde; vgl auch MAYER-MALY, in: FS Wilburg [1986] 117; MünchKomm/MAYER-MALY 138 Rn 18 – 20; so wohl auch BGH WM 1995, 112, 115).

d) Überschneidungen der Regelungsbereiche der Sittenwidrigkeitsklauseln

Von praktischer Bedeutung kann die Einheit der guten Sitten werden, soweit sich die Regelungsbereiche von Sittenwidrigkeitsklauseln überschneiden. So ist zB eine Wettbewerbshandlung iSv § 1 UWG, die auch eine vorsätzliche Schädigungshandlung iSv § 826 darstellt, einheitlich als sittenwidrig oder sittengemäß zu bewerten (SACK WRP 1985, 1, 4); dies kann wegen der unterschiedlichen Verjährungsfristen des § 21 UWG und des § 852 von praktischer Bedeutung sein, wenn man der – mE allerdings unzutreffenden – Ansicht des BGH folgt, daß zwischen Ansprüchen aus § 1 UWG und § 826 Anspruchskonkurrenz bestehe und jeder dieser Ansprüche der für ihn im Gesetz vorgesehenen Verjährungsfrist unterliege (vgl BGHZ 36, 252, 256 – Gründerbildnis). Ein Vertrag, der die Begehung sittenwidrigen Wettbewerbs zum **Inhalt** hat, ist damit auch ohne weiteres nach § 138 sittenwidrig (oben § 134 Rn 300; **aA** jedoch offenbar BGH WM 1995, 112, 115); allerdings hat in diesem Fall § 134 iVm § 1 UWG Vorrang vor dem ebenfalls tatbestandsmäßig erfüllten § 138.

7. Tatfragen und Rechtsfragen

74 Die Feststellung der Sittenwidrigkeit eines Rechtsgeschäfts umfaßt Tatfragen und Rechtsfragen. Soweit es die objektiven und subjektiven Voraussetzungen betrifft, auf die das Sittenwidrigkeitsurteil gegründet wird, handelt es sich um Tatfragen, die nicht revisibel sind. Eine Rechtsfrage ist es hingegen, ob ein Rechtsgeschäft aufgrund der vorgetragenen objektiven und subjektiven Tatumstände gegen die guten Sitten verstößt (RGZ 128, 92, 95; 160, 52, 56; BGH WM 1969, 1255, 1257; NJW 1991, 353, 354; BGB-RGRK/Krüger-Nieland/Zöller § 138 Rn 41; Erman/Brox § 138 Rn 55; MünchKomm/Mayer-Maly § 138 Rn 130; Palandt/Heinrichs § 138 Rn 23; Soergel/Hefermehl § 138 Rn 19). Diese Rechtsfrage ist revisibel (BGH NJW 1991, 353, 354).

8. Beweislast

75 Nach hM trägt die Beweislast für die objektiven und subjektiven Voraussetzungen der Sittenwidrigkeit entsprechend den allgemeinen Beweislastregeln grundsätzlich derjenige, der sich auf die Sittenwidrigkeit und Nichtigkeit eines Rechtsgeschäfts beruft (BGHZ 53, 369, 379 f = NJW 1970, 1273, 1275; NJW 1974, 1821; BGHZ 95, 81, 85; NJW 1979, 2089; BGB-RGRK/Krüger-Nieland/Zöller § 138 Rn 42; Erman/Brox § 138 Rn 55; MünchKomm/Mayer-Maly § 138 Rn 131; Palandt/Heinrichs § 138 Rn 23). Es wurden jedoch auch Ausnahmen zugelassen. So hat zB der BGH in seiner früheren Rechtsprechung zum Geliebtentestament dem **Kläger**, der sich auf § 138 berief, nicht die volle Beweislast für das Vorliegen der objektiven und subjektiven Voraussetzungen der Sittenwidrigkeit aufgebürdet, sondern Sittenwidrigkeit ua nur dann verneint, wenn die **beklagte** Erbin den Nachweis achtenswerter Motive des Erblassers erbringen konnte (OGHZ 1, 249, 252; BGH FamRZ 1954, 195, 196; FamRZ 1963, 287, 289; NJW 1964, 764 f; BGB-RGRK/Krüger-Nieland/Zöller § 138 Rn 42; kritisch Heldrich AcP 186 [1986] 74, 83 f). Die Beweislastverteilung beim Geliebtentestament hat der BGH allerdings inzwischen aufgegeben (so im praktischen Ergebnis BGHZ 53, 369, 379 ff).

76 Es bestehen Bedenken, demjenigen, der sich auf die Sittenwidrigkeit beruft, die volle Beweislast aufzubürden, wenn man die Sittenwidrigkeit durch eine **Interessenabwägung** feststellt. Für das Vorliegen von Sittenwidrigkeit ist dann nicht derjenige beweislastpflichtig, der sich auf sie beruft. Vielmehr ist jeder nur für das Vorliegen derjenigen tatsächlichen Voraussetzungen der Sittenwidrigkeit beweispflichtig, die zu seinen Gunsten gehen, dh der sich auf § 138 Berufende für das Vorliegen der tatsächlichen Voraussetzungen, die **für** die Sittenwidrigkeit, die Gegenseite für das Vorliegen der Tatsachen, die **gegen** die Sittenwidrigkeit und für die Gültigkeit des Rechtsgeschäfts sprechen.

IV. Der Wandel der guten Sitten und der für die Feststellung der Sittenwidrigkeit maßgebliche Zeitpunkt

1. Der Wandel der guten Sitten

77 Ebenso wie Gesetze unterliegen auch die guten Sitten einem ständigen Wandel (BGH NJW 1983, 2692, 2693; BGHZ 92, 213, 219; BVerwG NVwZ 1990, 668; aus dem Schrifttum statt vieler Müller-Freienfels JZ 1968, 441, 442 f; Rother AcP 172 [1972] 498, 501 f; K Simitis 12). Der Wandel der guten Sitten wird durch die verschiedensten Gründe verursacht.

Gesetze und gesetzliche Wertungen, die den Inhalt der guten Sitten mitbestimmen, können sich ändern. Aus dem europarechtlichen Gebot der richtlinienkonformen Auslegung nationaler Gesetze folgt, daß die guten Sitten auch durch die Richtlinien der EU beeinflußt werden können (vgl SACK VersR 1994, 1383, 1385 f zur entsprechenden Problematik bei § 1 UWG). Eine bessere Erkenntnis von wirtschaftlichen und sozialen Zusammenhängen kann sich ebenfalls auf die sittlich-rechtlichen Bewertungen auswirken. Auch können sich im Verlaufe öffentlicher Diskussionen allgemeine Rechtsüberzeugungen wandeln. Rechtsüberzeugungen können ferner durch ausländisches Recht beeinflußt werden, das auf diese Weise Einfluß auf den Inhalt der guten Sitten des deutschen Rechts nehmen kann. Darin liegt die Bedeutung der Rechtsvergleichung für die deutschen guten Sitten.

Auf dem Gebiet des **Wirtschaftsrechts** sind die guten Sitten im Laufe der letzten **78** Jahrzehnte tendenziell strenger geworden. Strenger als früher beurteilt man zB Ratenkreditverträge (vgl vor allem BGH NJW 1983, 2692) oder Vereinbarungen über Bürgschaften und Schuldbeitritte einkommens- und vermögensloser Familienangehöriger eines Kreditnehmers mit dem Kreditinstitut (BGHZ 125, 206, 216). Demgegenüber hat auf dem Gebiet der **Familien- und Sexualmoral** eine deutliche Liberalisierung stattgefunden (vgl ROTHER AcP 172 [1972] 498). Man denke an Mietverträge mit nichtverheirateten Paaren (BGHZ 92, 213, 219; BGHZ 84, 36, 38 f; LG Bonn NJW 1976, 1690, 1691; strenger hingegen AG Emden NJW 1975, 1363), insbesondere Mietverträge mit Dirnen (BGH NJW 1970, 1179 f), Verträge im Zusammenhang mit Bordellen (BGHZ 63, 365) oder Geliebten- bzw Mätressentestamente (BGHZ 53, 369, 375).

2. Sittenwidrigkeit bei Vornahme des Rechtsgeschäfts

Die Anwendbarkeit von § 138 setzt in zeitlicher Hinsicht voraus, daß das zu beurtei- **79** lende Rechtsgeschäft im **Zeitpunkt seiner Vornahme** sittenwidrig war*. Bei Verträgen entscheidet der Zeitpunkt des Vertrags**abschlusses**, nicht der vereinbarte Zeitpunkt der Vertrags**erfüllung** (BGH WM 1966, 585, 589). Etwas anderes kann nur gelten, wenn ein Rechtsgeschäft nachträglich geändert oder durch Zusatzvereinbarungen ergänzt wurde (BGHZ 100, 353, 359 = NJW 1987, 1878; BGH WM 1977, 399, 400; BAG NJW 1991, 860, 861).

a)   Dies bedeutet zum einen, daß allein auf die **tatsächlichen** Umstände im Zeit- **80** punkt der Vornahme des Rechtsgeschäfts abzustellen ist (RGZ 63, 390, 391; JW 1927, 119, RGZ 152, 251, 253 f; BGH NJW 1983, 2692; BGHZ 107, 92, 96 f = NJW 1989, 1276; BGH NJW 1992, 896, 898; BGHZ 120, 272, 276; BGHZ 125, 206, 209; NJW 1994, 1441, 1442). Spätere

---

* RGZ 128, 1, 5; 150, 1, 2; 153, 294, 303; BGHZ 7, 111, 114; 20, 71, 73, 75; BGH WM 1977, 399; NJW 1983, 1420, 1422; NJW 1983, 2692 aE; WM 1984, 88, 90; NJW 1986, 2568, 2569; BGHZ 100, 353, 359 f; BGHZ 107, 92, 96 f; NJW 1991, 913, 914; BGHZ 120, 272, 276; ZIP 1995, 1021, 1026; BAG NJW 1991, 860, 861; BUNTE NJW 1983, 2674, 2675; ERMAN/BROX § 138 Rn 50; FLUME, AT § 18, 6 S 377; MEDICUS, AT Rn 691 (einschränkend 692);

MünchKomm/MAYER-MALY § 138 Rn 17, 114; PALANDT/HEINRICHS § 138 Rn 9, 10; SOERGEL/HEFERMEHL § 138 Rn 40, 41, 43, 75, 102; STAUDINGER/DILCHER[12] § 138 Rn 18 (einschränkend Rn 19); aA OLG Stuttgart BB 1972, 1202; aA in bezug auf letztwillige Verfügungen RG DR 1943, 91; DR 1944, 494; aA in bezug auf Bierlieferungsverträge RG JW 1910, 62; aA auch VEELKEN AcP 185 (1985) 46, 53.

Änderungen der tatsächlichen Umstände, die zu einer anderen sittlich-rechtlichen Bewertung des Rechtsgeschäfts führen würden, sind bei der Anwendung von § 138 nicht zu berücksichtigen.

81 b)   Außerdem entscheiden allein die im Zeitpunkt der Vornahme des Rechtsgeschäfts maßgeblichen **Wertanschauungen** über seine Vereinbarkeit mit den guten Sitten (BGH NJW 1983, 2692; PALANDT/HEINRICHS § 138 Rn 9, 10). Ein späterer Wandel dieser Maßstäbe berührt das Sittenwidrigkeitsurteil nicht. Stellt die Rechtsprechung einen Wandel der guten Sitten fest, der im Zeitpunkt der Vornahme des Rechtsgeschäfts bereits abgeschlossen war, so gelten ebenfalls nur die zu diesem Zeitpunkt neuen guten Sitten (BGH NJW 1983, 2692; BVerfG NJW 1984, 2345 sub 2 a). So nahm der BGH zB in einer Entscheidung von 1983 an, daß seine Ende 1978 beginnende Rechtsprechung zur Sittenwidrigkeit von Ratenkreditverträgen nicht erst den Wandel der maßgebenden Wertanschauungen geschaffen habe, sondern den im Zeitpunkt des jeweiligen Vertragsabschlusses bereits **vollzogenen** Wertungswandel nur feststellte (BGH NJW 1983, 2692 [LS 2], 2693 mwNw). Mit dieser Begründung erklärte er einen 1976 abgeschlossenen Ratenkreditvertrag nach § 138 für nichtig, der den erst in der Zeit danach vom BGH präzisierten Bewertungskriterien nicht gerecht wurde (BGH NJW 1983, 2692).

3.   Sittenwidrigkeit nach Vornahme des Rechtsgeschäfts

82 Wenn ein Rechtsgeschäft im Zeitpunkt der Vornahme aufgrund der zu dieser Zeit gegebenen Umstände und Wertanschauungen mit den guten Sitten vereinbar war, während es aufgrund eines Wandels der Wertanschauungen oder der tatsächlichen Umstände im Zeitpunkt der Erfüllung als sittenwidrig zu bewerten wäre, bleibt es bei der Unanwendbarkeit des § 138, dh die Gültigkeit des Rechtsgeschäfts wird durch § 138 nicht berührt (BGHZ 7, 111, 114 = NJW 1952, 1169; BGHZ 20, 71, 73; WM 1966, 585, 589; NJW 1983, 2692 aE; NJW 1988, 2362, 2363; NJW 1993, 3193; ZIP 1995, 1021, 1026; BGB-RGRK/KRÜGER-NIELAND/ZÖLLER § 138 Rn 24; ENNECCERUS/NIPPERDEY, AT § 191 I 3 S 1165; ERMAN/BROX § 138 Rn 15, 51; FLUME, AT § 18, 6 S 377; KÖHLER, AT S 225; MAYER-MALY JZ 1981, 801, 804; MünchKomm/MAYER-MALY § 138 Rn 114; PAWLOWSKI, AT Rn 499 b; SOERGEL/ HEFERMEHL § 138 Rn 40, 41, 43; ULMER/SCHÄFER ZGR 1995, 134, 139 f; differenzierend zwischen abgewickelten und noch nicht abgewickelten Verträgen STAUDINGER/DILCHER[12] § 138 Rn 19). Es gibt **keine rückwirkende Sittenwidrigkeit** (BGH WM 1966, 585, 589; BGB-RGRK/KRÜGER-NIELAND/ZÖLLER § 138 Rn 24; SOERGEL/HEFERMEHL § 138 Rn 41 ff). Ein Wandel der tatsächlichen Umstände oder der Wertanschauungen führt nicht rückwirkend zur Nichtigkeit eines ursprünglich wirksam geschlossenen Rechtsgeschäfts (BGH NJW 1983, 2692 aE). Dies gilt nicht nur für bereits **erfüllte Verpflichtungsgeschäfte** sowie **Erfüllungsgeschäfte** (ERMAN/BROX § 138 Rn 50; STAUDINGER/DILCHER[12] § 138 Rn 19). Auch noch **nicht erfüllte Verpflichtungsgeschäfte** bleiben wirksam, wenn sich nach ihrer Vornahme die Bewertung aufgrund veränderter Tatumstände oder aufgrund einer strengeren sittlich-rechtlichen Bewertung (zB im Falle der wucherähnlichen Kreditgeschäfte) ändert. Die noch nicht erfüllten Verpflichtungsgeschäfte werden **weder rückwirkend noch ex nunc** nichtig, wenn sich die tatsächlichen Umstände oder die Wertvorstellungen so ändern, daß die Rechtsgeschäfte inzwischen als sittenwidrig zu bewerten wären (SOERGEL/HEFERMEHL § 138 Rn 43; aA OLG Stuttgart BB 1972, 1020; BUNTE NJW 1985, 705, 706; STAUDINGER/DILCHER[12] § 138 Rn 19).

Wenn bei einem noch nicht erfüllten Rechtsgeschäft der Wandel der tatsächlichen **83** Umstände oder der Wertanschauungen zur Folge hätte, daß die vom Schuldner noch zu erbringende Leistung im Zeitpunkt der Erfüllung gegen die guten Sitten verstieße, so ist er jedoch nach § 242 berechtigt, die Erfüllung zu verweigern; das Bestehen auf der Erfüllung eines inzwischen als sittenwidrig zu bewertenden Rechtsgeschäfts wäre unzulässige Rechtsausübung (BGH NJW 1983, 2692 f; BGHZ 20, 71, 75; BGB-RGRK/Krüger-Nieland/Zöller § 138 Rn 24, 66; Erman/Brox § 138 Rn 27, 51; Hübner, AT Rn 494; Larenz, AT § 22 III c S 448; Palandt/Heinrichs § 138 Rn 10; Soergel/Hefermehl § 138 Rn 43, 75; Ulmer/Schäfer ZGR 1995, 134, 145). Wenn eine im Zeitpunkt des Geschäftsabschlusses sittengemäße Vereinbarung aufgrund des Wandels der tatsächlichen Umstände oder der Wertanschauungen die Rechte des **Gläubigers** in sittenwidriger Weise verkürzt, dann bleibt die Vereinbarung zwar wirksam; sie ist jedoch entsprechend den §§ 157, 242 den veränderten Umständen anzupassen (BGH NJW 1994, 2536, 2539 aE, 2540; NJW 1993, 2101, 2102; 1993, 3193, 3194; Möhring, in: FS Barz [1974] 49, 58, 62). Haben zB die Gesellschafter einer BGB-Gesellschaft für den Fall der Kündigung durch einen Gesellschafter eine Abfindungsvereinbarung getroffen, in der der vereinbarte Übernahmepreis (zB der Buchwert) und der tatsächliche Verkehrswert der Anteile zwar im Zeitpunkt der Vereinbarung in einem vertretbaren Verhältnis standen, während im Zeitpunkt der Kündigung aufgrund der Änderung der Umstände nach Vertragsabschluß ein grobes Mißverhältnis bestand, so bleibt zwar die ursprünglich sittengemäße Abfindungsklausel wirksam; der ausscheidende Gesellschafter hat jedoch nach § 242 einen Anspruch auf eine den veränderten Umständen angepaßte Abfindung (BGH NJW 1994, 2536, 2539; NJW 1993, 2101, 2102; 1993, 3193, 3194). Bei der Feststellung des angepaßten Übernahmepreises sind neben den Interessen des Ausscheidenden einschließlich der Dauer seiner Mitgliedschaft auch die Unternehmensinteressen zu berücksichtigen, so daß der angepaßte Betrag idR nicht den tatsächlichen Verkehrswert erreichen, sondern zwischen Verkehrswert und Buchwert liegen wird (BGH NJW 1993, 3193, 3195).

Im Falle des Wandels der Wertanschauungen wird allerdings die Rechtsprechung dennoch **84** häufig zur Anwendung von § 138 gelangen, und dies damit rechtfertigen, daß sie im Zeitpunkt der Entscheidung die bereits bei Vornahme des Rechtsgeschäfts maßgebenden Wertanschauungen nur **nachvollzogen** habe (vgl BGH NJW 1983, 2692, 2693; NJW 1986, 2568, 2569; Soergel/Hefermehl § 138 Rn 42, 102; kritisch zu dieser Praxis mit Recht Bunte NJW 1983, 2674, 2675; ders NJW 1985, 705, 709; Koziol AcP 188 [1988] 183, 208 ff; Medicus NJW 1995, 2577; MünchKomm/Mayer-Maly § 138 Rn 17; Veelken AcP 185 [1985] 46, 53 ff; Weber WM 1996, 49). Dies sei weder eine rückwirkende Sittenwidrigkeit noch eine rückwirkende Rechtsprechungsänderung (Soergel/Hefermehl § 138 Rn 42; aA MünchKomm/Mayer-Maly § 138 Rn 17). Der Unterschied zur Anwendung des § 242 besteht in diesem Fall darin, daß diese Vorschrift nur der Durchsetzung noch nicht erfüllter Verträge entgegenstünde, während § 138 auch bereits erfüllte Verträge berühren würde, die nach den §§ 812 ff rückabzuwickeln wären (vgl BGH NJW 1983, 2692, 2693).

4. Wegfall der Sittenwidrigkeit nach Vornahme des Rechtsgeschäfts

Ein Rechtsgeschäft, das bei der Vornahme nach den zu diesem Zeitpunkt gegebenen **85** Tatumständen und Wertanschauungen sittenwidrig war, **bleibt** nach § 138 grundsätzlich nichtig, auch wenn inzwischen eine Liberalisierung der guten Sitten stattgefunden hat und der Vorwurf der Sittenwidrigkeit im Zeitpunkt der Erfüllung des Rechtsgeschäfts nicht mehr begründet wäre (BGH GRUR 1984, 298, 300 [betr Änderung der Tatumstände bei einem Bierlieferungsvertrag]; BGB-RGRK/KRÜGER-NIELAND/ZÖLLER § 138 Rn 24; FLUME, AT § 18, 6 S 377; PALANDT/HEINRICHS § 138 Rn 10; STAUDINGER/DILCHER[12] § 138 Rn 18; aA ERMAN/BROX § 138 Rn 52; HÜBNER, AT Rn 494; MAYER-MALY JZ 1981, 801, 804 f; PAWLOWSKI, AT Rn 499 b; SOERGEL/HEFERMEHL § 138 Rn 44 [anders wohl Rn 75]; WEIMAR MDR 1968, 110, 111). Wirksam ist es hingegen, wenn es nach dem entscheidenden Wandel der tatsächlichen Umstände oder Wertanschauungen rechtswirksam nach § 141 **bestätigt** worden ist, wobei allerdings bestehende Formvorschriften zu beachten wären (PALANDT/HEINRICHS § 138 Rn 10). Außerdem kann die Berufung auf die Sittenwidrigkeit und Nichtigkeit eines Rechtsgeschäfts **treuwidrig** sein, wenn im Zeitpunkt der Erfüllung die tatsächlichen oder sittlich-rechtlichen Gründe für den Vorwurf der ursprünglichen Sittenwidrigkeit weggefallen sind.

5. Speziell: Der Wandel der guten Sitten bei letztwilligen Verfügungen

86 Streitig ist, ob die Regel, daß sich die Sittenwidrigkeit und Wirksamkeit eines Rechtsgeschäfts nach den tatsächlichen Umständen und Wertanschauungen im Zeitpunkt seiner Vornahme bestimmt, auch bei letztwilligen Verfügungen gilt (ausf dazu BARTHOLOMEYCZIK, in: FS OLG Zweibrücken [1969] 26 ff). Träfe dies zu, so wären heute viele letztwillige Verfügungen, insbesondere sog Geliebtentestamente, nichtig, die zwar im Zeitpunkt ihrer Errichtung sittenwidrig waren, heute jedoch aufgrund der inzwischen stattgefundenen Liberalisierung der guten Sitten als sittengemäß zu bewerten wären. Die Rechtsprechung zu dieser Frage war schwankend. Ursprünglich erklärte das RG den Zeitpunkt der Errichtung des Testaments für maßgeblich (vgl RGZ 166, 395, 400). Später stellte es auf den Zeitpunkt des Erbfalls ab (RG DR 1943, 91, 93; DR 1944, 494). Der BGH kehrte zur ursprünglichen Auffassung des RG zurück, wonach auch eine letztwillige Verfügung, ebenso wie andere Rechtsgeschäfte, grundsätzlich nach den guten Sitten zZ ihrer Errichtung zu beurteilen ist (so unter ausdrücklicher Abweichung vom RG der BGH in BGHZ 20, 71, 73 passim; NJW 1969, 1343; LM Nr 11 zu § 138 BGB [Cd]; OLG Celle NJW 1956, 265; OLG Frankfurt/M NJW-RR 1995, 265, 266; KG FamRZ 1967, 226 f; OLG Köln OLGZ 1968, 489 f). Wolle der Erblasser ein im Zeitpunkt der Errichtung sittenwidriges Testament nach einem Wandel der Wertanschauungen aufrechterhalten, so müsse er ein neues errichten (BGHZ 20, 71, 75; **kritisch** dazu BARTHOLOMEYCZIK, in: FS OLG Zweibrücken [1969] 26, 63; JOHANNSEN WM 1971, 923; MünchKomm/MAYER-MALY § 138 Rn 114; THIELMANN 154 ff; WEIMAR MDR 1968, 110, 111). Der BGH hat diese Ansicht allerdings nur in einem obiter dictum geäußert, da er davon ausging, daß das 1945 errichtete Geliebtentestament „zu keiner Zeit als gültig anerkannt werden" könne und deshalb auch noch im Zeitpunkt des Erbfalls 1954 sittenwidrig und nichtig war (BGHZ 20, 71, 74).

87 Demgegenüber hält die heute wohl **hL** bei letztwilligen Verfügungen nicht die tatsächlichen Umstände und Wertanschauungen im Zeitpunkt der Errichtung, sondern die im Zeitpunkt des Erbfalles für entscheidend (OLG Hamm OLGZ 1979, 425, 427 f; BARTHOLOMEYCZIK, in: FS OLG Zweibrücken [1969] 26, 63, 68; BROX, AT Rn 286; ERMAN/BROX § 138 Rn 52; FLUME, AT § 18, 6 S 378 f; GERNHUBER FamRZ 1960, 326, 334; KIPP/COING, Erbrecht[14] § 16 III 1 a; LARENZ, AT § 22 III c S 448; MEDICUS, AT Rn 692; MünchKomm/MAYER-MALY § 138 Rn 17, 114; OTTE JurA 1985, 192, 201; SIMSHÄUSER 22 f; SOERGEL/HEFERMEHL § 138 Rn 44; THIELMANN 154 ff; WEIMAR MDR 1968, 110, 111; ausdrücklich aA BGB-RGRK/KRÜGER-NIELAND/ ZÖLLER § 138 Rn 24; SMID NJW 1990, 409, 410). Dieser Ansicht ist zwar im praktischen

Ergebnis zuzustimmen. Es besteht kein anerkennenswertes Interesse der Rechtsgemeinschaft, einer letztwilligen Verfügung, die heute mit den guten Sitten vereinbar ist, nur deshalb die Wirksamkeit zu versagen, weil sie im Zeitpunkt der Errichtung, die uU viele Jahre zurückliegt, sittenwidrig war. Denn auf diese Weise würden Personen bedacht, die der Erblasser nicht bedenken wollte und umgekehrt. Probleme bereitet jedoch die dogmatische Begründung des rechtspolitisch wünschenswerten Ergebnisses, bei letztwilligen Verfügungen die Bewertung im Zeitpunkt des Erbfalles für maßgeblich zu halten. Vielfach wird keine dogmatische Begründung gegeben. Nach BARTHOLOMEYCZIK ist das Tatbestandsmerkmal „Rechtsgeschäft" in § 138 idR erst mit dem Tode des Erblassers voll erfüllt (FS OLG Zweibrücken [1959] 26, 63; aA MünchKomm/MAYER-MALY § 138 Rn 114). In der kurzen Zeit, in der das RG diese Ansicht vertrat, nahm es an, daß der Erblasser seine letztwillige Verfügung fortlaufend aufrechterhalte und formlos **bestätige**, solange er von einem Widerruf absehe (RG DR 1943, 91; aA BIRK FamRZ 1964, 120; GERNHUBER FamRZ 1960, 326, 334). Diese Ansicht widerspricht zwar nicht „natürlichem Denken", wie der BGH meinte (BGHZ 20, 71, 74). Eine **Bestätigung** iSv § 141 wird allerdings idR an den Formerfordernissen für letztwillige Verfügungen scheitern (gegen die Wirksamkeit einer formlosen Bestätigung BGHZ 20, 71, 74; PALANDT/HEINRICHS § 138 Rn 9). Man wird jedoch letztwillige Verfügungen dahingehend **auslegen** können, daß sie unter der **aufschiebenden Bedingung** ihrer Gültigkeit im Zeitpunkt des Erbfalles getroffen worden sind (zu ähnlichen Konstruktionen bei gesetzwidrigen Rechtsgeschäften s o § 134 Rn 56). Außerdem erscheint es als **treuwidrig** und im Widerspruch zum (inzwischen) zulässigen letzten Willen des Erblassers, sich auf die anfängliche Sittenwidrigkeit eines Testaments zu berufen, wenn seit dessen Errichtung die tatsächlichen oder sittlich-rechtlichen Gründe für den Vorwurf der Sittenwidrigkeit weggefallen sind und der Inhalt auch noch im Zeitpunkt des Erbfalles dem Willen des Erblassers entspricht (PALANDT/HEINRICHS § 138 Rn 9).

Wenn hingegen die letztwillige Verfügung im Zeitpunkt der Errichtung mit den guten Sitten vereinbar war, während sie heute aufgrund einer Änderung der tatsächlichen Umstände oder Wertanschauungen gegen diese verstößt, so ist und bleibt sie zwar gültig (LARENZ, AT § 22 III c S 448). Eine Berufung auf sie ist jedoch nach den allgemeinen Grundsätzen des § 242 unter dem Gesichtspunkt unzulässiger Rechtsausübung unwirksam (BGHZ 20, 71, 75; vgl auch LARENZ, AT § 22 III c S 448 aE).

V. Rechtsfolgen

1. Nichtigkeit

Nach § 138 ist ein sittenwidriges Rechtsgeschäft grundsätzlich nichtig mit Wirkung ex tunc. Verstoßen in einem Vertrag nur einzelne Klauseln oder abtrennbare Teile gegen die guten Sitten, so sind nur diese nach § 138 nichtig (MünchKomm/MAYER-MALY § 138 Rn 135; vgl auch BGHZ 44, 158, 162 = NJW 1965, 2147); ob die Teilnichtigkeit eines Vertrages seine Gesamtnichtigkeit zur Folge hat, ist dann nach § 139 zu entscheiden. Wegen der Doppelnatur des Prozessvergleichs ist dieser auch als Prozesshandlung unwirksam, wenn er nach § 138 materiell nichtig ist (BGHZ 16, 388, 390 = NJW 1955, 705; BGHZ 28, 171, 172 = NJW 1958, 1970; BGHZ 51, 141, 143 f).

Nach der Terminologie des BGB bedeutet Nichtigkeit, daß das sittenwidrige Rechtsgeschäft bzw die sittenwidrige Vertragsklausel **insgesamt** nichtig ist. Soweit einzelne

Klauseln eine **einheitliche Regelung** darstellen, kann diese nach hM nicht in ihre einzelnen Teile zerlegt werden; vielmehr ist dann die gesamte Regelung nichtig (BGHZ 44, 158, 162 betr die Sittenwidrigkeit von Gesellschafterrechten; BGH NJW 1987, 2014, 2015). Nach hM ist eine Vertragsklausel auch dann insgesamt nichtig, wenn sie wegen **Übermaßes** in zeitlicher, örtlicher oder gegenständlicher Hinsicht sittenwidrig ist (KÖHLER, AT 227). Die Möglichkeit einer **geltungserhaltenden Reduktion** bestehe bei einem Verstoß gegen § 138 nicht (BGHZ 44, 158, 162; BGHZ 68, 204, 207; NJW 1979, 1605, 1606; NJW 1983, 1420, 1423; FLUME, AT § 18, 9 S 389; KÖHLER, AT 227; LARENZ, AT § 23 II b; MünchKomm/MAYER-MALY § 138 Rn 4, 132, 133, 134; SANDROCK AcP 159 [1960] 514; P ULMER NJW 1981, 2025, 2028; ZIMMERMANN 80 ff; ebenso SOERGEL/HEFERMEHL § 138 Rn 46, 47, jedoch einschränkend in Rn 49). Dies ergebe sich eindeutig aus dem Wortlaut von § 138 (HONSELL ZHR 148 [1984] 298, 299).

91 Die Sittenwidrigkeit und Nichtigkeit nach § 138 begründet nicht bloß eine Einrede, sondern ist **von Amts wegen** zu beachten (RGZ 78, 347, 354; RGZ 160, 52, 55 f; BGH WM 1969, 1256, 1257; NJW 1981, 1439 aE). Sie kann grundsätzlich von **jedermann** geltend gemacht werden (RGZ 150, 181, 186; 160, 52, 56; BGHZ 27, 172, 180 aE; BGHZ 60, 102, 105; BAG NJW 1976, 1958, 1959). Bei sittenwidrigen Verträgen sind dies nicht nur die beiden Vertragspartner, sondern gegebenenfalls auch Dritte. Grundsätzlich kann sich auch ein Vertragspartner, der selbst sittenwidrig gehandelt hat, auf die Nichtigkeit nach § 138 berufen (RGZ 150, 181, 186; RGZ 160, 52, 56; BGHZ 27, 172, 180 aE = NJW 1958, 989; BGHZ 60, 102, 105 = NJW 1973, 465; BAG NJW 1976, 1958, 1959), da andernfalls eine rechtliche Pflicht zur Fortsetzung des sittenwidrigen Vertragsverhältnisses bestünde; so zB ein an Wechselreiterei beteiligter Vertragspartner auf die Nichtigkeit des mit ihm zu diesem Zweck geschlossenen Vertrags (BGHZ 27, 172, 180) oder ein Ehepaar, das sich vertraglich zur öffentlichen Darbietung von Geschlechtsverkehr verpflichtet hat (BAG NJW 1976, 1958, 1959). In besonders gelagerten Ausnahmefällen kann allerdings die Berufung auf die Nichtigkeit nach § 138 unzulässige Rechtsausübung iSv § 242 sein (s u Rn 156 ff).

2. Die Nichtigkeitssanktion und der Normzweck der verletzten Sittennorm

92 In neuerer Zeit setzen sich zunehmend Ansichten durch, die bei der Anwendung von § 138 das **Alles-oder-Nichts-Prinzip** (entweder voll wirksam oder voll nichtig ex tunc) ablehnen und die Art der Sanktion vom Normzweck der verletzten Sittennorm abhängig machen, mit dem Ergebnis, daß in manchen Fällen zB nur Nichtigkeit **ex nunc** (Arbeitsverträge; Gesellschaftsverträge), in anderen Fällen nur quantitative Teilnichtigkeit bzw eine geltungserhaltende Reduktion übermäßiger Entgeltvereinbarungen oder zeitlicher Bindungen dem Normzweck der verletzten Sittennorm entspricht und die Sanktion nach § 138 bestimmt (vgl vor allem AK-BGB/DAMM § 138 Rn 87 ff; J HAGER, Gesetzes- und sittenkonforme Auslegung und Aufrechterhaltung von Rechtsgeschäften [1983]; ders JuS 1985, 264; H HÜBNER, in: FS Wieacker [1978] 399; KOHTE NJW 1982, 2803, 2804 f; LINDACHER AcP 173 [1973] 124, 131; H ROTH JZ 1989, 411; SACK RdA 1975, 171, 176 f; zu Bierlieferungsverträgen vgl auch schon HERZOG, Quantitative Teilnichtigkeit [Diss Göttingen 1926]).

a) Restriktive Auslegung des § 138

93 Die Ansicht, daß der Wortlaut des § 138 die Sanktion der Gesamtnichtigkeit eines sittenwidrigen Vertrags bzw einer sittenwidrigen Vertragsklausel mit Wirkung ex

tunc vorschreibe (HONSELL ZHR 148 [1984] 298, 299), ist nicht zwingend. Man kann bereits den **Wortlaut** dieser Vorschrift auch so lesen, daß ein Rechtsgeschäft nichtig ist, **soweit** es gegen die guten Sitten verstößt (vgl LINDACHER AcP 173 [1973] 124, 131; ähnlich schon BERTOLD 58 ff); bei Sittenwidrigkeit wegen Übermaßes verstößt nur der übermäßige Teil gegen die guten Sitten, so daß zumindest der Wortlaut des § 138 auch die Interpretation deckt, daß nur der übermäßige Teil des Vertrags bzw der Vertragsklausel nichtig ist. Es ist dann eine Frage des § 139, ob diese quantitative Teilnichtigkeit die gesamte Vertragsklausel bzw das gesamte Rechtsgeschäft erfaßt.

b) Die teleologische Reduktion des § 138 durch einen Normzweckvorbehalt
Falls man dieser Auslegung des Wortlauts von § 138 nicht folgt, stellt sich die Frage, ob man dem Normzweck der verletzten Sittennorm auf anderem Wege Rechnung tragen kann. Denn die vom Wortlaut des § 138 vorgesehene Sanktion der vollen Nichtigkeit sittenwidriger Rechtsgeschäfte mit Wirkung ex tunc führt nicht immer zu angemessenen Entscheidungen. Einig ist man sich zB, daß sittenwidrige Arbeitsverträge und sonstige sittenwidrige Dauerschuldverhältnisse nicht in jedem Falle mit Wirkung ex tunc, sondern gelegentlich auch nur mit Wirkung **ex nunc** nichtig sind. Zumindest im praktischen Ergebnis ist man sich auch einig, daß sittenwidrig lange **zeitliche Bindungen** in Bierlieferungsverträgen, Automatenaufstellverträgen, Geschäftsführerverträgen usw nicht insgesamt mit Wirkung ex tunc nichtig, sondern durchaus eine bestimmte (angemessene bzw höchstzulässige) Zeit wirksam sind (BGH NJW 1972, 1459; WM 1973, 357; WM 1974, 1042, 1043; WM 1975, 850, 851; BGHZ 68, 1, 5; BGHZ 68, 204, 206 f; NJW 1979, 865, 866; WM 1984, 88, 90; NJW 1985, 2693, 2695; ebenso auch schon NIPPERDEY JW 1927, 119, 120; ECKSTEIN ArchBürgR 38, 195 ff; **aA** RGZ 76, 78, 80). Sittenwidrige testamentarische Zuwendungen an eine „Geliebte" hielt der BGH nicht ohne weiteres und in jedem Fall für insgesamt nichtig, sondern nur für „teilweise unwirksam"; im übrigen blieben sie in der Höhe wirksam, in der sie der Erblasser rechtswirksam hätte testamentarisch anordnen können (BGH FamRZ 1963, 287, 289 f; BGHZ 52, 17, 23 f; BGHZ 53, 369, 383). Die Gerichte sind nicht gehindert, letztwillige Verfügungen, die lediglich durch das **Übermaß** der Zuwendung gegen die guten Sitten verstoßen, nur hinsichtlich dieses Übermaßes für nichtig zu erklären (BGHZ 52, 17, 24).

Diese Ergebnisse, über die im wesentlichen Einigkeit besteht, sind mE nur zu erzielen, wenn man die Sanktion dieser Vorschrift – in Anlehnung an § 134 – unter einen Normzweckvorbehalt stellt: Nichtig ist ein sittenwidriges Rechtsgeschäft nur dann und nur insoweit, wenn und wie dies dem Normzweck der verletzten Sittennorm entspricht (AK-BGB/DAMM § 138 Rn 87 ff; DAMM JZ 1986, 913, 919; J HAGER 87 ff, 145 ff; ders JuS 1985, 264; KOHTE NJW 1982, 2803, 2804 f; LINDACHER AcP 173 [1973] 125, 131; H ROTH JZ 1989, 411; RÜHLE, Das Wucherverbot [1978] 66 ff; SACK RdA 1975, 171, 176 ff; ders WRP 1985, 1, 11 f; ebenso in Österreich zum Gesetzwidrigkeits- und Sittenwidrigkeitsblankett des § 879 ABGB, das weder für gesetzwidrige noch für sittenwidrige Rechtsgeschäfte einen Normzweckvorbehalt ausdrücklich regelt, KREJCI in: RUMMEL, ABGB [1983] § 879 Rn 27, 247 ff). Im Gegensatz zu § 134 enthält allerdings der Wortlaut des § 138 keinen ausdrücklichen Normzweckvorbehalt. Deswegen ist § 138 dahingehend **teleologisch zu reduzieren**, daß ein sittenwidriges Rechtsgeschäft nur dann nichtig ist, wenn sich aus der verletzten Sittennorm nicht ein anderes ergibt (SACK RdA 1975, 171, 177). Bei sittenwidrigen Arbeitsverträgen wird idR nicht Nichtigkeit ex tunc, sondern nur Nichtigkeit ex nunc dem Normzweck der verletzten Sittennorm entsprechen (BAG BB 1973, 291 = AP Nr 18 zu § 611 BGB – Faktisches Arbeitsverhältnis; SACK RdA 1975, 171, 177; ders WRP 1985, 1, 12). Bei sittenwidrig langen Vertragsbindungen entspricht nicht die Nichtigkeit der gesamten Laufzeitregelung, sondern nur die Nichtigkeit nach Ablauf der höchstzulässigen Laufzeit dem Normzweck der verletzten Sittennorm; ihm entspricht eine geltungserhaltende Reduktion der Zeitvereinbarung auf die höchst zulässige Zeitdauer (SACK WRP 1985, 1, 11 f). Bei einem Geliebtentestament, bei dem die Zuwendung an die Geliebte der Höhe nach teilweise gerechtfertigt ist, entspricht nur die Nichtigkeit des darüberhinausgehenden Teils dem Normzweck der verletzten Sittennorm (BGHZ 52, 17, 24).

c) Argumente aus dem Verhältnis von § 138 zu § 134
aa) § 134 als lex specialis

96 § 134 ist lex specialis gegenüber § 138 Abs 1 (BGH NJW 1983, 868, 869 f; BAG NJW 1993, 2701, 2703; AK-BGB/DAMM § 138 Rn 101; § 134 Rn 19 ff; BGB-RGRK/KRÜGER-NIELAND/ZÖLLER § 138 Rn 9; ERMAN/BROX § 138 Rn 8; JAUERNIG[7] § 134 Rn 4 a; MAYER-MALY, in: FS Hefermehl [1976] 103, 108; MünchKomm/MAYER-MALY § 134 Rn 4; § 138 Rn 4; vOLSHAUSEN ZHR 146 [1982] 259, 288 ff; H ROTH JZ 1989, 411, 416; SACK WRP 1985, 1, 11; TAUPITZ VersR 1991, 1213, 1221; SOERGEL/HEFERMEHL § 138 Rn 63; **aA**, dh § 134 neben § 138, BGHZ 53, 152, 160; HÜBNER, AT Rn 505; STAUDINGER/DILCHER[12] § 138 Rn 121). Dies folgt aus der lückenfüllenden Funktion des § 138; die Konsequenz davon wäre allerdings, daß auf ein Rechtsgeschäft, das wegen der Art der Gesetzwidrigkeit zugleich gegen die guten Sitten verstößt, nur § 134 anzuwenden ist (BAG NJW 1993, 2701, 2703; MünchKomm/MAYER-MALY § 134 Rn 4; vOLSHAUSEN ZHR 146 [1982] 259; **aA** BGHZ 53, 152, 160; HÜBNER, AT Rn 505). Auch wenn in diesem Fall das Rechtsgeschäft wegen des Normzweckvorbehalts nicht nach § 134 nichtig ist, würden § 138 und dessen Nichtigkeitssanktion nicht ohne weiteres eingreifen (BGB-RGRK/KRÜGER-NIELAND/ZÖLLER § 138 Rn 9; **aA** MünchKomm/MAYER-MALY § 134 Rn 4; RGZ 115, 320, 325). Nur wenn über die Gesetzwidrigkeit hinaus besondere die Sittenwidrigkeit begründende Tatumstände hinzukommen, ist § 138 anwendbar (BGB-RGRK/KRÜGER-NIELAND/ZÖLLER § 138 Rn 9).

97 Der Vorrang von § 134 vor § 138 ist allerdings nur dann unproblematisch, wenn man – wie hier vertreten – die Nichtigkeitssanktion nach § 138 ebenso unter einen Normzweckvorbehalt stellt wie die des § 134. Denn andernfalls läßt sich nicht erklären, warum die Verletzung einer – gesetzlich (noch) nicht geregelten – Sittennorm durch ein Rechtsgeschäft unabhängig von ihrem Normzweck **immer** die Nichtigkeit zur Folge hat, während die Verletzung derselben Norm, sobald sie einmal Gesetz geworden ist, nicht mehr zur Nichtigkeit führt, wenn sich aus ihrem Zweck ein anderes ergibt. Diese unannehmbare Konsequenz ist nur vermeidbar, wenn man entweder entgegen der herrschenden Meinung, wonach § 134 lex specialis ist, beide Vorschriften nebeneinander für anwendbar hält oder wenn man – wie hier vertreten – auch die Nichtigkeitssanktion des § 138 im Wege einer teleologischen Reduktion unter einen Normzweckvorbehalt stellt.

bb) Das Verhältnis von Sittenwidrigkeit und Gesetzwidrigkeit

98 Ein Verstoß gegen ein Verbotsgesetz iSv § 134 begründet nach hM nicht ohne weiteres den Vorwurf der Sittenwidrigkeit iSv § 138 (RGZ 115, 319, 325; BAG NJW 1993, 2701, 2703; HÜBNER, AT Rn 505; SOERGEL/HEFERMEHL § 138 Rn 63; STAUDINGER/DILCHER[12] § 138 Rn 13, 121; ebenso zu § 1 UWG BAUMBACH/HEFERMEHL, Wettbewerbsrecht[18] [1995] § 1 UWG Rn 610; DOEPNER WRP 1980, 473; MEES WRP 1985, 373, 375). Dies wird meist ohne nähere

Begründung aus dem Verhältnis von § 134 zu § 138 Abs 1 abgeleitet. In der Tat würde der Normzweckvorbehalt des § 134 leerlaufen, wenn jedes gesetzwidrige Rechtsgeschäft immer auch sittenwidrig nach § 138 Abs 1 wäre und die Sanktion dieser Vorschrift entsprechend ihrem Wortlaut keinem Normzweckvorbehalt unterläge (BAG NJW 1993, 2701, 2703). Zwar könnte man diesem Argument **formal** mit der Begründung entgehen, daß § 134 lex specialis gegenüber § 138 sei (BAG aaO). Der Sache nach wäre dies jedoch nicht überzeugend. Denn viele Gesetze iSv § 134, bei denen der Normzweckvorbehalt dieser Vorschrift greift, waren einmal gesetzlich nicht geregelte Sittennormen iSv § 138. In diesen Fällen gibt es keinen überzeugenden Grund für die Annahme, daß der Gesetzgeber die Rechtsfolge eines Verstoßes gegen die guten Sitten durch die Kodifizierung in der Weise einschränken wollte, daß nun § 134 einschlägig ist und nun der Normzweckvorbehalt dieser Vorschrift gilt. Vielmehr ist davon auszugehen, daß auch die Sanktion des § 138 einem Normzweckvorbehalt unterliegt. Dann entfällt allerdings auch der Haupteinwand gegen die Gleichsetzung von Gesetzwidrigkeit und Sittenwidrigkeit. Im Verhältnis von § 138 zu § 134 wird diese Gleichsetzung nicht relevant, wenn man nicht nur die Sanktion des § 134, sondern auch die des § 138 unter einen Normzweckvorbehalt stellt. In anderen Rechtsgebieten, die zwar eine Sittenwidrigkeitsklausel, jedoch kein Gesetzwidrigkeitsblankett vorsehen, wie zB das UWG, hat diese Gleichsetzung von Gesetzwidrigkeit und Sittenwidrigkeit hingegen praktische Bedeutung.

cc) Der unterschiedliche Wortlaut von § 134 und § 138 in bezug auf den Normzweckvorbehalt

(1) Gegen eine teleologische Reduktion der Rechtsfolge des § 138 kann eingewendet werden, daß sich der Wortlaut dieser Vorschrift in diesem Punkt deutlich von dem des § 134 unterscheidet. Im Gegensatz zu § 134 enthält der Wortlaut des § 138 keinen Normzweckvorbehalt (so BGH NJW 1958, 1772). Während gesetzwidrige Rechtsgeschäfte nach dem Wortlaut des § 134 nur nichtig sind, wenn sich aus den verletzten Gesetzen nicht ein anderes ergibt, erklärt der Wortlaut des § 138 sittenwidrige Rechtsgeschäfte sowie speziell auch Wuchergeschäfte ohne Normzweckvorbehalt für nichtig. Aus dem Wortlaut der Rechtsfolgenregelung des § 138 und aus dem Unterschied zum Wortlaut des § 134 wurde ua abgeleitet, daß ein sittenwidriges Rechtsgeschäft **in jedem Fall** nichtig sei, dh voll nichtig mit Wirkung ex tunc (Münch-Komm/MAYER-MALY § 138 Rn 132; vgl auch HONSELL ZHR 148 [1984] 298, 299).

(2) Diesem Einwand aus den unterschiedlichen Formulierungen der Rechtsfolgen in § 134 und § 138 könnte man in der Weise zu entgehen versuchen, daß man den Vorwurf der **Sittenwidrigkeit** nur dann für berechtigt hält, wenn die Nichtigkeitssanktion des § 138 dem Normzweck der verletzten Sittennorm entspricht (so wohl Münch-Komm/MAYER-MALY § 138 Rn 132; diese Ansicht ist auch schon zur Sittenwidrigkeitsklausel des § 1 UWG vertreten worden, vgl SCHRICKER 251; dagegen SACK WRP 1985, 1, 11). Gegen diese Ansicht spricht vor allem, daß sie in vielen Fällen zu keinen brauchbaren Ergebnissen führt. Als Beleg dafür können wieder die Fälle der sittenwidrig langen Vertragsbindungen, der Geliebtentestamente oder der sittenwidrigen Arbeitsvertragsklauseln angeführt werden. Lehnt man in diesen Fällen Sittenwidrigkeit ab, weil volle Nichtigkeit der Zeitvereinbarung, der testamentarischen Verfügung oder Nichtigkeit des Arbeitsvertrags ex tunc keine annehmbare Lösung ist, dann bliebe es bei der sittenwidrig langen zeitlichen Vertragsbindung, bei der uneingeschränkten Zuwen-

dung an die Geliebte oder bei der Pflicht, den sittenwidrigen Arbeitsvertrag auch in Zukunft zu erfüllen.

101 (3) ME zwingt die Tatsache, daß § 138 im Gegensatz zu § 134 keinen Normzweckvorbehalt vorsieht, nicht dazu, von einer teleologischen Reduktion der Rechtsfolge des § 138 abzusehen. Denn im Ergebnis ist die Notwendigkeit einer Beschränkung der Rechtsfolgen des § 138 ohnehin allgemein anerkannt, wie die erwähnten Beispiele gezeigt haben. Aber auch ein Blick zB in das Allgemeine Deliktsrecht, in dem nur die Vorschrift des § 823 Abs 2 einen **ausdrücklichen** Normzweckvorbehalt kennt, relativiert die Argumentation mit den Unterschieden in den Formulierungen des Gesetzeswortlauts der verschiedenen Vorschriften. Aus der Tatsache, daß nur der Wortlaut des § 823 Abs 2 ausdrücklich einen Normzweckvorbehalt vorsieht, wurde im Allgemeinen Deliktsrecht nicht etwa abgeleitet, daß die Schadensersatzsanktionen der übrigen Vorschriften nicht unter einem Normzweckvorbehalt stehen. Vielmehr ist schon lange anerkannt, daß auch die Erfüllung aller Tatbestandsmerkmale des § 823 Abs 1 nur dann Schadensersatzansprüche des Verletzten begründet, wenn dies dem Schutzzweck bzw Normzweck des verletzten Rechts oder Rechtsgutes entspricht (BGH NJW 1968, 2287 = JZ 1969, 702 m Anm von HUBER auf S 677 ff), so bei Schäden infolge unfallbedingter Renten- oder Konversionsneurosen, für die es nach dem Schutzzweck des § 823 Abs 1 keinen Schadensersatz gibt (BGHZ 20, 137, 140; BGHZ 39, 313, 317; NJW 1986, 777, 779; weitere Nachweise bei SACK VersR 1988, 439, 451); ebenso im Falle eines Einkommensverlustes infolge einer Frühpensionierung, nachdem bei einer unfallbedingten Untersuchung eine zur Frühpensionierung führende Gehirngefäßsklerose festgestellt worden war, da – so der BGH – die Haftung für Körperverletzungen nach § 823 Abs 1 nicht davor schützen soll, daß bei einer ärztlichen Untersuchung bis dahin verborgen gebliebene Erkrankungen entdeckt werden, die zur Frühpensionierung führen (BGH NJW 1968, 2287). In einigen Entscheidungen hat der BGH unter Hinweis auf den Schutzzweck einer (möglicherweise) verletzten Amtspflicht Ansprüche aus § 839 abgelehnt (BGHZ 109, 380, 389 ff, 393 ff; 111, 272, 276; 113, 367, 372; 117, 83, 90; 117, 363, 372; 123, 191, 198; VersR 1995, 334, 336).

102 Auch zur **Sittenwidrigkeitsklausel** des § 826 ist inzwischen mit Recht entschieden worden, daß sie gegen eine sittenwidrige vorsätzliche Schädigung nur Schutz gewährt, wenn dies dem Schutzzweck der verletzten Sittennorm entspricht (BGHZ 57, 137, 142 = NJW 1972, 36; BGHZ 96, 231, 236 f = NJW 1986, 837, 838; BGH NJW 1991, 634, 635 sub II 2 mwNw; BGB-RGRK/STEFFEN § 826 Rn 40; DEUTSCH VersR 1993, 1, 3 [m Fn 31], 5; ders, Unerlaubte Handlungen, Schadensersatz und Schmerzensgeld[2] S 125 f Rn 235; MünchKomm/MERTENS[2] § 826 Rn 52 ff; SACK WRP 1985, 1, 12 mwNw in Fn 133). Die Tatsache, daß die Sittenwidrigkeitsklausel des § 826 im Gegensatz zum Gesetzwidrigkeitsblankett des § 823 Abs 2 keinen ausdrücklichen Normzweckvorbehalt vorsieht, hat den BGH nicht zum Umkehrschluß veranlaßt, daß bei der Haftung aus § 826 ein Normzweckvorbehalt ausscheide. Die Parallele zwischen den §§ 134, 138 und den §§ 823 Abs 2, 826, soweit es die Regelung bzw Nichtregelung eines Normzweckvorbehalts betrifft, ist offensichtlich. Wenn es die Unterschiede im **Wortlaut** des § 823 Abs 2 und des § 826 nicht ausschließen, die Haftung aus § 826 unter einen Normzweckvorbehalt zu stellen, so ist auch bei den §§ 134, 138 der unterschiedliche Wortlaut der Sanktionenregelung kein ausreichendes Argument gegen eine teleologische Reduktion der Nichtigkeitsfolge des § 138 mit Hilfe des Normzwecks der verletzten Sittennorm.

(4) Den Unterschieden in der Formulierung der Rechtsfolgen des § 134 und des **103**
§ 138 ist auch deshalb keine große Bedeutung beizumessen, weil sie in den gesetzgeberischen Materialien nicht thematisiert worden ist. Entweder haben die Verfasser des BGB den Begriff der Nichtigkeit seinerzeit sehr viel weiter verstanden und auch die Teilnichtigkeit, die quantitative Nichtigkeit, die Nichtigkeit ex nunc oder die relative Nichtigkeit darunter subsumiert. Oder sie sind – unzutreffend – davon ausgegangen, daß bei einem sittenwidrigen Rechtsgeschäft die volle Nichtigkeit ex tunc **immer** die angemessene Rechtsfolge darstelle. Daß letzteres nicht zutrifft, zeigen die obengenannten Beispiele der sittenwidrig langen zeitlichen Bindungen, der Geliebtentestamente und der sittenwidrigen Arbeitsverträge bzw Gesellschaftsverträge. Der Unterschied zwischen gesetzwidrigen und sittenwidrigen Verträgen liegt **nicht in der Schwere** des Verstoßes, sondern im Unterschied zwischen geschriebenen und ungeschriebenen rechtlichen Verhaltensnormen (Sack RdA 1975, 171, 176 f; AK-BGB/ Damm § 138 Rn 83). Viele Gesetze sind aus urprünglich ungeschriebenen Sittennormen hervorgegangen.

dd) Der Risikogedanke
Unzutreffend in ihrer Allgemeinheit ist auch die Ansicht, daß es im Widerspruch zu **104** Sinn und Zweck des § 138 stünde, wenn das Gericht eine andere Sanktion als volle Nichtigkeit ex tunc festsetzen könnte, weil sonst das sittenwidrige Rechtsgeschäft das von der Nichtigkeitssanktion ausgehende **Risiko** verlöre (so jedoch BGH NJW 1986, 2944, 2945; 1984, 48, 49 sub 1 a bb; 1979, 1605, 1606 aE; BGHZ 68, 204, 207; ebenso zu § 817 S 2 BGH NJW 1983, 1420, 1423). Denn zum einen würde dieses Risikoargument ebenso bei § 134 passen, der jedoch ausdrücklich einen Normzweckvorbehalt vorsieht. Außerdem hat sich der BGH in vielen Entscheidungen zu § 138 selbst nicht an diese Vorgabe gehalten, insbesondere in seiner Rechtsprechung zu den sittenwidrig langen Bierlieferungsverträgen, Managementverträgen, Automatenaufstellverträgen usw sowie in seiner Rechtsprechung zu den Geliebtentestamenten.

ee) Zwischenergebnis
Als Zwischenergebnis ist festzuhalten, daß ein sittenwidriges Rechtsgeschäft nur **105** dann nichtig ist, wenn sich aus dem Normzweck der verletzten Sittennorm nicht ein anderes ergibt. Ebenso wie in § 134 ist auch in § 138 die Nichtigkeitsregelung nur ein Auslegungsbehelf: Wenn sich aus dem Normzweck der verletzten Sittennorm nicht ein anderes ergibt, ist davon auszugehen, daß volle Nichtigkeit ex tunc dem Zweck der durch ein Rechtsgeschäft bzw eine einzelne Vertragsklausel verletzten Sittennorm entspricht.

3. Nichtigkeit ex nunc bei Arbeits- und Gesellschaftsverträgen

Die folgenden Ausführungen sollen zeigen, daß die Rechtsprechung bereits in einer **106** Vielzahl von Fällen mit recht unterschiedlichen Konstruktionen die vom Wortlaut des § 138 an sich vorgesehene Sanktion eingeschränkt hat.

a) Arbeitsverträge
Da bei sittenwidrigen Arbeitsverträgen bzw sittenwidrigen Klauseln in Arbeits- **107** verträgen die Rechtsfolge der Nichtigkeit ex tunc und eine bereicherungsrechtliche Rückabwicklung nicht immer zu befriedigenden Ergebnissen führen (BAG AP Nr 2 zu § 138 = MDR 1960, 612; Sack RdA 1975, 171, 177; **aA** Beuthien RdA 1969, 161, 173; Münch-

Komm/Mayer-Maly § 138 Rn 138), hält die hM sittenwidrige Arbeitsverträge, sobald sie in Vollzug gesetzt worden sind, grundsätzlich nur mit Wirkung **ex nunc** für nichtig (BAGE 5, 58 ff = AP Nr 2 zu § 125 BGB; BAG AP Nr 2 zu § 138 sub III 2 = MDR 1960, 612; BAGE 8, 47 f = AP Nr 1 zu § 611 BGB Doppelarbeitsverhältnis; BAG AP Nr 18 zu § 611 BGB Faktisches Arbeitsverhältnis = BB 1973, 291; BGB-RGRK/Krüger-Nieland/Zöller § 138 Rn 38; Erman/Brox § 138 Rn 49; Sack RdA 1975, 171, 177; Soergel/Hefermehl § 138 Rn 15; Staudinger/Dilcher[12] § 138 Rn 116; vgl auch BAG NJW 1976, 1958, 1959; aA Beuthien RdA 1969, 161 ff; MünchKomm/Mayer-Maly § 138 Rn 138). Nur in besonders gelagerten Ausnahmefällen ist rückwirkende Nichtigkeit die angemessene Rechtsfolge (vgl BAG NJW 1976, 1958, 1959; Hueck/Nipperdey, Lehrbuch des Arbeitsrechts I[7] S 191, 192), insbesondere wenn die geschuldete Tätigkeit nach ihrem Inhalt und Zweck **grob sittenwidrig** ist (Erman/Brox § 138 Rn 49), zB wenn das Arbeitsverhältnis die öffentliche Vorführung von Geschlechtsverkehr zum Gegenstand hat (BAG NJW 1976, 1958, 1959 = AP Nr 34 zu § 138). Soweit Nichtigkeit ex tunc für unangemessen und Nichtigkeit ex nunc für die passende Sanktion gehalten wurde, bediente man sich der Konstruktion des **faktischen bzw fehlerhaften Arbeitsverhältnisses** (BAG AP Nr 2 zu § 138 sub III 2 = MDR 1960, 612; Soergel/Hefermehl § 138 Rn 15; Staudinger/Dilcher[12] § 138 Rn 116; vgl auch BAG NJW 1976, 1958, 1959; zu den verschiedenen Konstruktionen vgl die Zusammenstellung bei Sack RdA 1975, 171 ff). Andere hielten in solchen Fällen eine Berufung auf rückwirkende Nichtigkeit für treuwidrig. Für diese Konstruktionen gilt jedoch: Entweder entspricht Nichtigkeit ex tunc dem Normzweck der verletzten Sittennorm; dann darf diese Rechtsfolge nicht bzw nur bei Vorliegen ganz besonderer Umstände mit der Konstruktion des faktischen Arbeitsvertrages oder mit § 242 verhindert werden. Oder die Rechtsfolge der Nichtigkeit ex tunc ist nicht von der verletzten Sittennorm bezweckt; dann ist die Sanktion des § 138 **teleologisch zu reduzieren**.

b) **Gesellschaftsverträge**

108 Nach § 138 sittenwidrige Gesellschaftsverträge und sittenwidrige Beitrittserklärungen hält die Rechtsprechung grundsätzlich nicht rückwirkend, sondern nur mit Wirkung ex nunc für nichtig (RGZ 123, 102, 107 f; 124, 279, 287 f; 142, 98, 102 f; BGH WM 1973, 900, 902; BGB-RGRK/Krüger-Nieland/Zöller § 138 Rn 39; Soergel/Hefermehl § 138 Rn 13, 14; Staudinger/Dilcher[12] § 138 Rn 115; aA Erman/Brox § 138 Rn 49; ausführlicher zu den fehlerhaften Gesellschaften § 134 Rn 128 ff, 133). Für sie gelten die Grundsätze über die **fehlerhafte Gesellschaft** (BGHZ 55, 5 = WM 1971, 127; WM 1973, 900, 901, jeweils betr Stille Gesellschaften). Dies kann zB der Fall sein, wenn zwischen der Einlage eines Gesellschafters und seinem vertraglich festgelegten Beteiligungsverhältnis ein besonders grobes Mißverhältnis besteht und wenn der begünstigte Gesellschafter nach diesem Beteiligungsverhältnis an Gewinn und Verlust beteiligt ist, der Verlust jedoch auf seine Einlage begrenzt wird (BGH DB 1976, 2106). Rückwirkende Nichtigkeit wurde nur ausnahmsweise bei Verletzung **gewichtiger Interessen** der Allgemeinheit oder einzelner schutzwürdiger Personen bejaht (BGHZ 3, 285, 288; BGHZ 26, 330, 335; BGH LM Nr 3 zu § 138 [Cd] BGB; BGB-RGRK/Krüger-Nieland/Zöller § 138 Rn 39; Erman/Brox § 138 Rn 49; Staudinger/Dilcher[12] § 138 Rn 115). Rückwirkende Gesamtnichtigkeit des Gesellschaftsvertrags nimmt der BGH (auch) an, wenn der vertragsmäßig verfolgte **Gesellschaftszweck** sittenwidrig ist (BGH NJW-RR 1988, 1379; DB 1976, 2106; WM 1973, 900, 902; NJW 1970, 1540, 1541; Erman/Brox § 138 Rn 49; MünchKomm/Mayer-Maly § 138 Rn 138; Palandt/Heinrichs § 138 Rn 11; Soergel/Hefermehl § 138 Rn 30). Falls der BGH damit zum Ausdruck bringen wollte, daß ein Gesellschaftszweck nur dann sittenwidrig ist, wenn gewichtige Interessen der Allgemeinheit oder einzelner Personen verletzt werden bzw daß ein Sittenverstoß immer gewichtige Interessen der Allgemeinheit oder Dritter verletzt, ist dies nach der hier vertretenen Ansicht zur umfassenden lückenfüllenden Funktion der Sittenwidrigkeitsklauseln abzulehnen. Nicht jeder sittenwidrige Gesellschaftszweck verletzt so gewichtige Interessen der Allgemeinheit oder sonstiger Personen, daß er zur rückwirkenden Nichtigkeit des Gesellschaftsvertrags führen müßte. Wie bei gesetzwidrigen Gesellschaftsverträgen sollten auch bei sittenwidrigen Gesellschaftsverträgen generell die Grundsätze über die fehlerhafte Gesellschaft angewendet werden. Wenn dies damit gerechtfertigt wird, daß eine bereicherungsrechtliche Rückabwicklung ex tunc auf unüberbrückbare Schwierigkeiten stoße und nicht sachgerecht sei, dann gilt dies in gleicher Weise für alle gesetzwidrigen und sittenwidrigen Gesellschaftsverträge (ausführlicher dazu oben § 134 Rn 128 ff, 133).

4. Geltungserhaltende Reduktion bei Sittenwidrigkeit wegen Übermaßes („Quantitative Teilnichtigkeit")

Wenn ein Vertrag wegen **Übermaßes** sittenwidrig ist, stellt sich die Frage, ob die Nichtigkeitssanktion den gesamten Vertrag bzw die gesamte übermäßige Vertragsklausel erfaßt, oder ob der Vertrag nur hinsichtlich des Übermaßes nichtig ist („quantitative Teilnichtigkeit"), im übrigen aber fortbesteht. Nach wohl noch hM ist eine **geltungserhaltende Reduktion des Übermaßes** grundsätzlich nicht möglich (BGH NJW 1958, 1772; BGHZ 44, 158, 162; BGHZ 68, 204, 207; ERMAN/BROX § 138 Rn 45; FLUME, AT § 18, 9 S 389; MünchKomm/MAYER-MALY § 138 Rn 136, 137; SOERGEL/HEFERMEHL § 138 Rn 29; STAUDINGER/DILCHER[12] § 138 Rn 108). Denn eine einheitliche Regelung könne nicht in einzelne – gültige und ungültige – Teile zerlegt werden (BGHZ 44, 158, 162). Außerdem verliere ein sittenwidriges Rechtsgeschäft für die begünstigte Partei das **Risiko**, wenn sie damit rechnen könnte, durch gerichtliche Festsetzung das zu bekommen, was gerade noch vertretbar und sittengemäß ist (BGHZ 68, 204, 207; BGH NJW 1979, 1605, 1606 aE; 1983, 1420, 1423; 1984, 48, 49; 1986, 2944, 2945; 1987, 2014, 2015; CANARIS, in: FS Steindorff [1990] 519, 523; HONSELL ZHR 148 [1984] 298, 300; KRAMPE JZ 1975, 574, 576; MEDICUS, in: GedSchr Dietz [1973] 61, 72; TIEDTKE ZIP 1987, 1089, 1092, 1094). Inzwischen häufen sich jedoch die Ausnahmen von diesem Grundsatz, so daß wohl inzwischen die quantitative Nichtigkeit des Übermaßes bei Fortgeltung der übrigen Teile des Rechtsgeschäfts den tatsächlichen Grundsatz bildet.

a) Überlange Bezugsbindungen in Bierlieferungsverträgen
Bierlieferungsverträge enthalten idR Bezugsbindungen mit einer bestimmten Laufzeit. Die Vereinbarung einer sittenwidrig langen Laufzeit ist nach nahezu einhelliger Ansicht nicht insgesamt nichtig, sondern nur, soweit sie die Grenze der höchst zulässigen Laufzeit überschreitet (vgl die Nachweise in den folgenden Zitaten; ausf dazu HERZOG, Quantitative Teilnichtigkeit [Diss Göttingen 1926]; aA RG JW 1910, 62; TIEDTKE ZIP 1987, 1089, 1095).

aa) Diese geltungserhaltende Reduktion sittenwidrig langer Zeitvereinbarungen stützt die Rechtsprechung vorwiegend auf eine **Analogie zu § 139** (RGZ 82, 124, 125; BGH NJW 1962, 734; BGHZ 68, 1, 5; BGHZ 68, 204, 207; BGH NJW 1972, 1459 f; WM 1973, 357, 358; NJW 1974, 2089, 2090; WM 1975, 850, 851; NJW 1979, 865, 866; BGHZ 74, 293, 268 f; NJW 1979, 2149, 2150; WM 1984, 88, 90; NJW 1985, 2693, 2695; NJW-RR 1990, 816; NJW 1992, 2145, 2146). Derartige Verträge seien in Zeitabschnitte derart zu zerlegen, daß diese sich als Teile eines ganzen Vertrages iSd § 139 darstellen, mit der Folge, daß sie bei einem entsprechend bestehenden oder zu vermutenden Parteiwillen mit einer kürzeren, nicht zu beanstandenden Laufzeit aufrechterhalten bleiben (RGZ 82, 124, 125; BGH NJW 1972, 1459). Diese Analogie zu § 139 stößt jedoch auf Bedenken (vgl RG JW 1910, 62; RGZ 76, 78, 80; CANARIS, in: FS Steindorff [1990] 519, 541; HONSELL ZHR 148 [1984] 298, 302; MAYER-MALY AcP 194 [1994] 105, 167 f Fn 302; H ROTH JZ 1989, 411, 416; P ULMER NJW 1981, 2024, 2028), da sie bereits voraussetzt, was sie erst bewirken soll. Denn § 139 regelt, unter welchen Voraussetzungen Teilnichtigkeit zur Vollnichtigkeit eines Rechtsgeschäfts führt, während es bei den überlangen Zeitvereinbarungen um die vorgreifliche und umgekehrte Frage geht, ob eine nach dem Gesetzeswortlaut an sich insgesamt nichtige Regelung durch Beschränkung der Nichtigkeitsfolge als nur teilnichtige aufrecht erhalten werden kann (vgl HONSELL ZHR 148 [1984] 298, 302; ders JurA 1986, 573). Weder für diese umgekehrte Fragestellung noch für die Beantwortung der Frage, ob in Abweichung vom Wortlaut des § 138 eine geltungserhaltende Reduktion möglich ist, bietet § 139 ein Argument. Erst wenn man – mit welcher rechtlichen Konstruktion auch immer – zum Ergebnis gelangt ist, daß eine wegen Übermaßes sittenwidrige Zeitvereinbarung nur teilnichtig ist, stellt sich die nach § 139 zu beantwortende Frage, ob die Teilnichtigkeit zur Gesamtnichtigkeit führt.

112 bb) Auch mit Hilfe einer **Umdeutung iSv § 140** können sittenwidrig lange Bindungen nicht mit höchstzulässiger Bindungsdauer aufrechterhalten werden (BGH NJW 1986, 2944, 2945; BGHZ 68, 204, 206 f; aA OLG Stuttgart JZ 1975, 572; vgl auch O FISCHER, in: FS Wach I [1913] 202, 263). Zwar entspricht die auf das zulässige Maß reduzierte zeitliche Bindung den Erfordernissen eines „anderen Rechtsgeschäfts" iSd § 140, das zulässig wäre (so OLG Stuttgart JZ 1975, 572, 573). Eine Umdeutung nach § 140 setzt jedoch voraus, daß nicht der von den Parteien erstrebte Erfolg, sondern nur das von ihnen gewählte rechtliche Mittel von der Rechtsordnung mißbilligt wird (BGH NJW 1986, 2944, 2945; BGHZ 68, 204, 206; BGHZ 19, 269, 273 f). Bei sittenwidrig langen Vertragsbindungen richtet sich der Vorwurf nicht gegen das von den Parteien gewählte Mittel, sondern gegen den erstrebten Erfolg, nämlich gegen die Zeitdauer der vertraglichen Bindung. Wenn das wirtschaftliche Ziel der Parteien nicht auf einem anderen rechtlichen Weg möglichst vollständig zu erreichen ist, sondern der wirtschaftliche Gehalt des sittenwidrigen Rechtsgeschäfts rechtsgestaltend verändert werden müßte, ist für § 140 kein Raum (BGHZ 68, 204, 206 f). Dies wäre aber der Fall bei der Reduktion überlanger Bezugsbindungen.

113 Der BGH hat die Nichtanwendbarkeit von § 140 auf Rechtsgeschäfte, die wegen Unverhältnismäßigkeit sittenwidrig sind, ferner damit begründet, daß das sittenwidrige Rechtsgeschäft für den dadurch Begünstigten das Risiko verlöre, mit dem es durch die vom Gesetz angedrohte Nichtigkeitsfolge behaftet sein soll, wenn er damit rechnen könnte, schlimmstenfalls durch gerichtliche Festsetzung das zu bekommen, was gerade noch vertretbar und damit sittengemäß ist (BGH NJW 1986, 2944, 2945; BGHZ 68, 204, 207). Das ist in dieser Allgemeinheit nicht haltbar. Die Beispiele sittenwidrig langer Bierlieferungsverträge und anderer Verträge, die die Rechtsprechung – ungeachtet der gewählten rechtlichen Konstruktion – auf eine angemessene Zeitdauer reduziert hat, zeigen, daß es durchaus Fälle gibt, in denen eine gerichtliche Reduzierung des Übermaßes auf das gerade noch vertretbare und sittengemäße Maß zumindest nicht generell durch den Zweck des § 138 ausgeschlossen wird (nicht überzeugend der Differenzierungsversuch in BGHZ 68, 204, 207; zutreffend hingegen schon NIPPERDEY JW 1927, 119, 120).

cc) Das Dilemma, das die starre Rechtsfolgenregelung des § 138 verursacht, hat 114 man auch durch Anwendung des § 242 aufzulösen versucht. Dies geschah in unterschiedlicher Weise. Manche verneinten zwar Sittenwidrigkeit iSv § 138, versagten jedoch dem durch die Zeitvereinbarung Begünstigten die Berufung auf die Zeitvereinbarung, wenn sie vom Gebundenen nach Ablauf einer angemessenen zeitlichen Bindung verletzt wurde. Nach aA sind sittenwidrig lange zeitliche Bindungen nach § 138 zwar insgesamt nichtig; dem Gebundenen wurde jedoch vor Ablauf der rechtlich noch hinnehmbaren Zeitdauer die Berufung auf die Nichtigkeit nach § 242 versagt. Keine dieser auf § 242 gestützten Ansichten überzeugt. Denn wenn volle Nichtigkeit ex tunc dem Zweck der verletzten Sittennorm iSv von § 138 entspricht, dann darf diese angeblich bezweckte Rechtsfolge grundsätzlich nicht mit Hilfe von § 242 verhindert werden. Nur bei Vorliegen ganz besonderer Umstände, dh in ganz besonders gelagerten, atypischen Ausnahmefällen, kann gegen die Berufung auf die Nichtigkeit nach § 138 der Einwand der unzulässigen Rechtsausübung erhoben werden (BGH NJW 1981, 1439, 1440; NJW 1986, 2944, 2945). Solche ganz besonders gelagerten Ausnahmefälle liegen bei der Berufung auf die Nichtigkeit sittenwidrig langer zeitlicher Bezugsbindungen in Bierlieferungsverträgen idR nicht vor. Eine ganz andere Frage ist es, ob bei Vertragsschluß **nicht vorhergesehene** Auswüchse eine Fortführung des Vertrags als nicht mehr sinnvoll und nicht mehr zumutbar erscheinen lassen und nach § 242 ein Kündigungsrecht aus wichtigem Grunde rechtfertigen (BGH NJW 1970, 2243).

dd) Eine weitere Ansicht hält es für möglich, daß sittenwidrig lange Vertragsbin- 115 dungen durch eine **an § 242 orientierte Auslegung** auf ein vertretbares Maß zurückgeführt werden (BGH NJW 1983, 159, 160 sub II 2; BGHZ 51, 55, 56 f = NJW 1969, 230, 231 aE; **aA** RGZ 76, 78, 80). Auch diese Konstruktion stößt auf Bedenken (so schon NIPPERDEY JW 1927, 119, 120). Wenn die Parteien eine exakte Zeitvereinbarung getroffen haben, erlaubt die „Auslegung" dieser Zeitvereinbarung keine Verkürzung der vereinbarten Vertragsbindung (RGZ 76, 78, 80; NIPPERDEY JW 1927, 119, 120). Das vermeintlich Geringere ist vom Standpunkt der Parteien aus, der allein entscheidet, nicht etwas Geringeres, sondern etwas anderes (so schon RGZ 76, 78, 80). Man könnte allenfalls in den Vertrag die **stillschweigende Vereinbarung** hinein interpretieren, daß im Falle rechtlicher Bedenken gegen die Länge der Vertragsbindung zumindest die **höchstzulässige Bezugsdauer** von den Parteien gewollt war. Derartige Vereinbarungen werden nicht selten ausdrücklich getroffen, so daß eine dahingehende Vermutung bezüglich des Parteiwillens nicht unrealistisch ist. Eine zwingende Konsequenz solcher „Auslegung" von Verträgen wäre allerdings, daß zB auch bei wucherischen Preis- und Zinsabreden eine **stillschweigende Vereinbarung** des Inhalts in den Vertrag hinein zu interpretieren wäre, daß zumindest der höchstzulässige Preis oder Zins von den Parteien gewollt war.

b) Sonstige sittenwidrig lange zeitliche Bindungen
Auch bei anderen Vertragstypen ist anerkannt, daß eine übermäßig lange vertrag- 116 liche Bindung auf das höchstzulässige zeitliche Maß zu reduzieren ist, so zB bei Dienstbarkeiten zur Absicherung von Bierbezugsverpflichtungen (BGHZ 74, 293, 298 f), bei Miet- und Pachtverträgen (RGZ 82, 124, 125; BGH NJW 1962, 734; BGH NJW

1972, 1459), bei Automatenaufstellverträgen (BGHZ 51, 55, 56 f = NJW 1969, 230, 231; WM 1971, 243, 244; NJW 1971, 1034, 1035; vgl auch BGH NJW 1983, 159, 161 sub d) oder bei einem Managementvertrag über 50 Jahre (BGH WM 1982, 394, 399). Auch in diesen Fällen wurde die geltungserhaltende Reduktion gestützt auf eine Analogie zu § 139 (RGZ 82, 124, 125; BGH NJW 1962, 734 [Zerlegung des Vertrags in einzelne Zeitabschnitte]) oder auf eine „einengende Auslegung nach § 242" (BGHZ 51, 55, 56 f; BGH NJW 1971, 1034, 1035).

c) Gesellschaftsvertragliche Ausschlußklauseln

117 Ein in einem Gesellschaftsvertrag unbefristet vereinbartes und nach § 138 sittenwidriges Ausschlußrecht gegen bestimmte Gesellschafter hat der BGH als – an ein bestimmtes Ereignis anzuknüpfendes – zeitlich begrenztes Ausschlußrecht aufrechterhalten (BGHZ 105, 213, 220). Eine gesellschaftsvertragliche Bestimmung, die einem Gesellschafter das Recht einräumt, einen oder mehrere Mitgesellschafter nach freiem Ermessen aus der Gesellschaft auszuschließen, verstößt wegen dieses Inhalts zwar gegen die guten Sitten (BGHZ 68, 212, 215; BGHZ 81, 263, 266 f; WM 1985, 772, 773; BGHZ 105, 213, 216 f; BGHZ 107, 351, 353), ist jedoch insoweit nach dem hypothetischen Parteiwillen aufrechtzuerhalten, als sie den Ausschluß aus wichtigem Grund zuläßt (BGHZ 107, 351, 355 f). Auch in diesen Fällen stützte der BGH die geltungserhaltende Reduktion der sittenwidrigen Klausel auf eine entsprechende Anwendung des § 139 (BGHZ 105, 213, 220 f; BGHZ 107, 351, 355).

d) Geliebtentestament

118 Testamentarische Zuwendungen an eine „Geliebte", die Verwandte in sittenwidriger Weise benachteiligen, sind nicht in jedem Fall insgesamt nichtig, sondern in der Höhe wirksam, in der sie der Erblasser rechtswirksam hätte testamentarisch anordnen können. Sie sind nur hinsichtlich des Übermaßes sittenwidrig und nichtig (BGH FamRZ 1963, 287, 289 f; BGHZ 52, 17, 23 f; BGHZ 53, 369, 383; OLG Düsseldorf FamRZ 1970, 105, 107; ebenso schon zu § 48 TestG aF RGZ 168, 177, 182 f; GERNHUBER FamRZ 1960, 326, 334; ebenso auch OTTE JurA 1985, 192, 200 mwNw; aA RAMM JZ 1970, 129 ff; REINICKE NJW 1969, 1343 ff; SIMSHÄUSER 59). Letztwillige Verfügungen, die lediglich durch das **Übermaß** der Zuwendungen gegen die guten Sitten verstoßen, darf der Richter hinsichtlich des Übermaßes für nichtig erklären (so ausdrücklich BGHZ 52, 17, 24). Der BGH stützt auch diese Ansicht auf § 139 (BGHZ 52, 17, 25 aE; vgl auch BGH NJW 1987, 2014, 2015) und rechtfertigt sie im Ergebnis damit, daß der Erblasser die Geliebte jedenfalls in der zulässigen Höhe als Erbin eingesetzt hätte, wenn er gewußt hätte, daß er sie nicht zur Alleinerbin machen könne (BGHZ 52, 17, 23). Dieser Ansicht ist nur ein Teil des Schrifttums gefolgt (CANARIS, in: FS Steindorff [1990] 519, 566 f; HAGER 93). Gegen eine geltungserhaltende Reduktion spreche der Risiko- bzw Präventionsgedanke (TIEDTKE ZIP 1987, 1089, 1094).

e) Abstrakte Schuldanerkenntnisse

119 Ein abstraktes Schuldanerkenntnis anläßlich eines Nachtclubbesuches, das wegen der Höhe der versprochenen Leistung sittenwidrig ist, bleibt in dem Umfang rechtswirksam, in dem es hätte wirksam abgegeben werden können (BGH NJW 1987, 2014, 1015; aA TIEDTKE ZIP 1987, 1089, 1095 f). Die Nichtigkeit kann nach Ansicht des BGH betragsmäßig begrenzt werden, denn die Parteien hätten auch Teilschuldanerkenntnisse über Teilbeträge vereinbaren können (BGH NJW 1987, 2014, 2015; zutreffend gegen diese Begründung CANARIS, in: FS Steindorff [1990] 519, 567 f). Wegen dieser Teilbarkeit des

Geschäfts könne man es nicht mit anderen vergleichen, bei denen es der BGH abgelehnt habe, sie auf das gerade noch tragbare Maß zurückzuführen (BGH NJW 1987, 2014, 2015). Offenbar sieht der BGH in § 139 die Rechtsgrundlage dafür, daß das wucherische Schuldanerkenntnis nur teilnichtig ist.

f) Mietwucher
Bei den Rechtsfolgen wucherischer Rechtsgeschäfte unterscheiden die Rechtsprechung und die hL ua zwischen Mietwucher, Lohnwucher und Kreditwucher. Wucherische **Mietverträge** sind nach nahezu einhelliger Meinung nicht insgesamt nichtig. Auch die wucherische **Mietzins**vereinbarung ist nicht insgesamt nichtig, sondern geltungserhaltend zu reduzieren (ausf oben § 134 Rn 93 ff), nach Ansicht des BGH auf den **höchstzulässigen** Mietzins (grundlegend BGHZ 89, 316, 320 f; ebenso OLG Hamm WuM 1982, 302; LG Mannheim NJW 1977, 1729, 1731; LG Stuttgart NJW-RR 1993, 279; ERMAN/BROX § 134 Rn 4; LARENZ, AT § 22 II S 432; MünchKomm/MAYER-MALY § 134 Rn 90; SOERGEL/HEFERMEHL § 134 Rn 62, 63; krit dazu CANARIS, in: FS Steindorff [1990] 519, 529; HAGER JuS 1985, 264 ff), nach **aA** auf die ortsübliche Vergleichsmiete (OLG Stuttgart NJW 1981, 2365 aE; OLG Karlsruhe NJW 1982, 1161; OLG Hamburg ZMR 1983, 100, 102; LG Köln NJW 1965, 157; krit dazu oben § 134 Rn 94). Der BGH hat seine Auffassung zu § 5 WiStG iVm § 134 damit begründet, daß die Teilnichtigkeit nicht weiterreichen könne als die tatbestandliche Erfüllung des Verbotsgesetzes; was das Gesetz nicht verbiete, sei rechtmäßig, so daß für eine weiterreichende Nichtigkeitsfolge kein Anlaß bestehe (BGHZ 89, 316, 321). Geltungserhaltende Reduktion auf den höchstzulässigen Mietzins ist bei Zugrundelegung der Rechtsprechung des BGH auch dann die richtige Rechtsfolge, wenn der Mietwucher gegen die guten Sitten verstößt. Würde man hingegen den Mietwuchervertrag nach § 134 oder § 138 für nichtig erklären, so könnte der Wucherer die Mietsache sofort nach § 985 herausverlangen, ohne durch § 817 S 2 analog daran gehindert zu sein, der nach hM nur bereicherungsrechtlichen Ansprüchen, nicht jedoch Ansprüchen aus § 985 entgegensteht. Der Mietwucherer könnte nach Realisierung seiner Ansprüche aus § 985 einen erneuten Wucherversuch unternehmen. Der Bewucherte, dessen Schutz das Wucherverbot bezweckt, befände sich wieder in derselben Zwangslage, die ihn zuvor schon zum Abschluß eines Wuchervertrags veranlaßt hat.

g) Lohnwucher
Auch sittenwidriger Lohnwucher („Hungerlohn") führt nach hM weder zur Nichtigkeit des gesamten Arbeitsvertrags (BAG AP Nr 2 zu § 138 BGB = MDR 1960, 612, 613; LAG Bremen AP Nr 33 zu § 138 BGB; LAG Düsseldorf DB 1978, 165; ERMAN/BROX § 138 Rn 26; BERTOLD 9) noch zur Nichtigkeit der Lohnabrede (BAG AP Nr 2 zu § 138 BGB). Vielmehr ist diese **geltungserhaltend zu „extendieren"**, dh zu erhöhen, diesmal jedoch – abweichend vom Mietwucher – nach hM nicht auf das **gerade noch zulässige** Maß (so jedoch SACK RdA 1975, 171, 178), sondern auf die **übliche** Vergütung (BAG AP Nr 2 zu § 138 BGB = MDR 1960, 612, 613; LAG Bremen AP Nr 33 zu § 138 BGB; LAG Düsseldorf DB 1978, 165; BERTOLD 9; CANARIS, in: FS Steindorff [1990] 519, 530 f). Es werden die Grundsätze über das fehlerhafte Arbeitsverhältnis angewendet; die Festlegung der Lohnhöhe auf die übliche Vergütung wird mit § 612 Abs 2 gerechtfertigt (BAG AP Nr 2 zu § 138 BGB sub III 2; LAG Bremen AP Nr 33 zu § 138 BGB; LAG Düsseldorf DB 1978, 165). Sofern ein die gleiche Arbeit regelnder Tarifvertrag besteht, sei die übliche Vergütung – auch bei nichttarifgebundenen Arbeitnehmern – grundsätzlich diesem Tarifvertrag zu entnehmen (LAG Düsseldorf DB 1978, 165, 166).

h) Kreditwucher

122 Noch anders ist nach stRspr und hL die Rechtsfolge beim sittenwidrigen Kreditwucher und bei sonstigen wucherischen Verträgen, zB Kaufverträgen.

aa) Die Rechtsprechung und hL

Wucherische Kreditverträge sind nach ganz hM insgesamt nichtig mit Wirkung ex tunc (BGH NJW 1958, 1772; NJW 1962, 1148; BGHZ 44, 158, 162; BGHZ 68, 204, 207; NJW 1983, 1420, 1421; NJW 1983, 2692; NJW 1994, 1275 [zu § 138 Abs 2]; CANARIS WM 1981, 978, 979; HONSELL ZHR 148 [1984] 298, 299, 301; LINDACHER AcP 173 [1973] 124, 138; ZIMMERMANN 177 ff). Eine Aufrechterhaltung solcher Wucherverträge zu marktüblichen oder höchstzulässigen Preisen bzw Zinsen ist nach hM ausgeschlossen (BGHZ 44, 158, 162; BGHZ 68, 204, 207; NJW 1958, 1772; OLG Oldenburg NJW-RR 1986, 857, 858; LG Aachen NJW-RR 1987, 741, 742; vgl auch BGH NJW 1990, 384; CANARIS aaO; ZIMMERMANN 177 ff). Dies folge aus dem „Auch-Pönalcharakter der Nichtigkeitsfolge des § 138 BGB" (LINDACHER AcP 173 [1973] 124, 130). Eine analoge Anwendung von § 139 ist nach Ansicht des BGH nicht möglich, weil die Preis- bzw Zinsvereinbarung eine **einheitliche Regelung** darstelle (BGHZ 44, 158, 162; ebenso TIEDTKE ZIP 1987, 1089, 1092). Auch eine Umdeutung nach § 140 komme nicht in Betracht, da damit nicht ein annähernd gleicher wirtschaftlicher Erfolg auf anderem Wege erzielt, sondern der Inhalt des Rechtsgeschäfts rechtsgestaltend verändert würde (BGHZ 68, 204, 206 f; TIEDTKE ZIP 1987, 1089, 1093). Bereicherungsrechtlichen Ansprüchen setzt § 817 S 2 analog Grenzen. „Leistung" iSv § 817 S 2 analog ist allerdings nicht die Überlassung des Darlehenskapitals als solchem, sondern nur die Einräumung der zeitweiligen Nutzung (grundlegend RGZ 161, 52, 56 f; BGH WM 1969, 857, 858; NJW 1983, 1420, 1422; NJW 1995, 1152, 1153). Daraus leitet die hM ab, daß der Darlehensgeber das Darlehen erst nach der vertraglich vereinbarten Zeit nach § 812 zurückverlangen könne (RGZ 161, 52, 53, 56 f, 58; BGH NJW 1962, 1148; WM 1969, 857, 858; NJW 1983, 1420, 1422; BGHZ 99, 333, 338 f; NJW 1989, 3217 aE; NJW 1993, 2108; NJW 1995, 1152, 1153). Für die Zeit der Nutzungsüberlassung gewährt man jedoch dem Darlehensgeber – ebenfalls analog § 817 S 2 – keine Ansprüche aus § 812 iVm § 818 Abs 1 oder 2 auf Zinsen, auch nicht auf die höchstzulässigen oder nur marktüblichen Zinsen (RGZ 161, 52, 57 f; BGH NJW 1962, 1148; WM 1969, 857, 858; NJW 1983, 1420, 1422, 1423; BGHZ 99, 333, 338; NJW 1989, 3217 aE; NJW 1993, 2108; NJW 1995, 1152, 1153). Nach Ablauf der vereinbarten Laufzeit kann der Wucherer sein Darlehenskapital zurückverlangen; § 817 S 2 analog steht dem nicht entgegen (heute einhellige Meinung; grundlegend RGZ 161, 52, 53, 56 f, 58; **aA** noch RGZ 151, 70). Für die Anwendbarkeit von § 817 S 2 analog ist allerdings in subjektiver Hinsicht ein vorsätzlicher oder zumindest leichtfertiger Verstoß gegen das Wucherverbot erforderlich (RGZ 161, 52, 57; BGH NJW 1983, 1420, 1423 sub V 1 b; NJW 1993, 2108). Diese Rechtsfolgen greifen nach hM nicht nur bei Wucher iSv § 138 Abs 2 ein, sondern auch bei wucherähnlichen sittenwidrigen Kreditgeschäften iSv § 138 Abs 1 (RGZ 161, 52, 53, 59 f; BGH NJW 1983, 1420, 1423 sub V 1 b; BGH NJW 1989, 3217 aE; PALANDT/THOMAS § 817 Rn 23).

bb) Kritik an der hM

123 Das Ergebnis der Rechtsprechung und der wohl noch hL, dem Bewucherten das Darlehen für die vereinbarte Laufzeit zinslos, dh **unentgeltlich** zu überlassen, stößt zunehmend und berechtigt auf Kritik (BUNTE NJW 1983, 2674, 2676; ders WM 1984 Sonderbeil 1 S 24; CANARIS WM 1981, 978, 985 f; DAUNER JZ 1980, 495, 503; FLUME, AT § 18, 10; J HAGER 97 ff; ders JuS 1985, 264 ff; KOPPENSTEINER/KRAMER, Ungerechtfertigte Bereicherung² [1988] 65 f; LARENZ, Schuldrecht II¹² § 69 III b S 562 Fn 3; MEDICUS, in: Gedschr Dietz [1973] 61, 71, 74;

2. Titel. § 138
Willenserklärung 124, 125

MünchKomm/Lieb § 817 Rn 17; Reich JZ 1980, 334; Rühle 70; Staudinger/Lorenz [1994] § 817 Rn 12; Zimmermann 173 f). Es erscheint nicht als gerechtfertigt, den Bewucherten besser zu stellen als andere, die einen angemessenen oder sogar überhöhten Preis bzw Zins zahlen müssen, solange dieser nicht die höchstzulässige Grenze überschreitet. Zwar müsse man den Bewucherten schützen. Es darf sich jedoch nicht lohnen, sich bewuchern zu lassen (Bunte NJW 1983, 2674, 2676). Insoweit geht die hM über den Schutzzweck des Wucherverbots hinaus. Auch die unterschiedliche Behandlung des Miet- und Lohnwuchers einerseits und des Darlehens- und sonstigen Wuchers andererseits läßt sich sachlich nicht rechtfertigen. Es wäre ein Wertungswiderspruch, den strafbar handelnden Mietwucherer, dem der höchstzulässige oder jedenfalls marktübliche Mietzins belassen wird, besser zu stellen, als den Kreditwucherer und sonstige Wucherer, die sich mit ihren Wucherverträgen nicht strafbar gemacht haben (Koziol AcP 188 [1988] 183, 222; vgl auch Hager JuS 1985, 264, 267).

Nicht überzeugend ist ferner die vom BGH für die unterschiedliche Behandlung der **124** Wuchergeschäfte iSv § 138 und der Verstöße gegen Höchstpreisgesetze gegebene Begründung, daß letztere die Versorgung der Bevölkerung mit Ware zu erträglichen Preisen sichern sollen (BGH NJW 1958, 1772). Denn auch das Wucherverbot wendet sich nicht gegen die Wuchergeschäfte als solche, sondern will die Versorgung der Bevölkerung zu angemessenen Preisen durchsetzen. Gegen die Gesamtnichtigkeit des Kreditwuchervertrags ergeben sich schließlich auch deshalb Bedenken, weil dann der Bewucherte vor der Vertragserfüllung durch den Wucherer keinen Anspruch auf **Auszahlung** des Darlehens hätte, auch nicht für die vereinbarte Laufzeit (Hager JuS 1985, 264, 268); erst wenn er das Darlehen erhalten hat, darf er es nach hM für die vereinbarte Zeit zinslos behalten. Diese unterschiedliche Behandlung des Bewucherten vor und nach der Gewährung des Darlehens enthält einen Wertungswiderspruch. Das Wucherverbot, das an sich den Schutz des Kreditnehmers bezweckt, würde sich vor der Auszahlung des Darlehens gegen ihn wenden. Hat der Bewucherte aus einer Zwangslage heraus gehandelt, so würde diese Zwangslage durch Anwendung des § 138 vor der Auszahlung des Darlehens wieder hergestellt (vgl Medicus, in: Gedschr Dietz [1973] 61, 69).

cc) Anderweitige Lösungsmöglichkeiten
Aus der Kritik lassen sich unterschiedliche dogmatische Konsequenzen ziehen.   **125**

(1) Man könnte daran denken, die wucherische Entgeltabrede geltungserhaltend zu reduzieren, dh nur für teilnichtig anzusehen und im übrigen den Wuchervertrag für wirksam zu halten (Bunte WM 1984 Sonderbeil 1 S 24; J Hager 94 ff; MünchKomm/Lieb § 817 Rn 17; H Roth JZ 1989, 413, 418 f). Soweit es den **Umfang** der Teilnichtigkeit betrifft, kommen zumindest zwei Alternativen in Betracht. Zum einen könnte man die wucherische Entgeltabrede auf das **höchstzulässige** Maß reduzieren, wie dies die Rechtsprechung beim Mietwucher, bei der Verletzung von Höchstpreisvorschriften, bei überlangen Bierbezugsbindungen oder bei „Geliebtentestamenten" getan hat. Denn was das Wucherverbot nicht verbietet, ist rechtmäßig, so daß für eine weiterreichende Nichtigkeitsfolge kein Anlaß besteht (so zu § 134 iVm § 5 WiStG BGHZ 89, 316, 321). In diesem Falle bliebe der Kreditvertrag wirksam, jedoch mit der auf das höchstzulässige Maß reduzierten Entgeltabrede (vgl Koziol AcP 188 [1988] 183, 219 aE). Eine zweite Form der geltungserhaltenden Reduktion wäre, die wucherische Entgeltabrede auf das **marktübliche** Maß zu reduzieren (Bunte WM 1984 Sonderbeil 1 S 24;

MünchKomm/Lieb § 817 Rn 17; aA ausdrücklich BGHZ 44, 158, 162; Soergel/Hefermehl § 138 Rn 101).

126 (2) Anstelle einer geltungserhaltenden Reduktion kommt als zweite Möglichkeit in Betracht, zwar nur die Entgeltabrede, diese jedoch insgesamt nach § 138 für nichtig zu erklären. Die Entgeltabrede ist allerdings ein **essentiale negotii**, und Vereinbarungen, in denen eine Abrede über ein essentiale negotii fehlt oder nichtig ist, sind grundsätzlich insgesamt nichtig. Von diesem Grundsatz macht das Gesetz allerdings Ausnahmen: Nach § 612 und § 632 **gilt** in Dienst- und Werkverträgen bei fehlender Entgeltabrede eine solche als stillschweigend vereinbart, und wenn die Höhe der Vergütung nicht bestimmt ist, gilt die taxmäßige bzw übliche Vergütung als vereinbart. In **Analogie zu den §§ 612, 632** könnte man auch bei Wucherverträgen, bei denen die Entgeltabrede nach § 138 nichtig ist, fingieren, daß das übliche Entgelt als vereinbart gilt. Gegen diese Analogie spricht jedoch, daß – anders als in den Fällen der §§ 612, 632 – ein entgegenstehender Wille des Wucherers in bezug auf das Entgelt im Vertrag zum Ausdruck gekommen ist.

127 (3) Ein dritter Lösungsansatz wäre, den Wuchervertrag wegen der nichtigen Entgeltabrede zwar insgesamt für nichtig zu erklären, die Ansprüche des Wucherers aus § 812 iVm § 818 Abs 2 jedoch nicht insgesamt nach § 817 S 2 analog zu blockieren, sondern nur dessen **Rückzahlungsansprüche** vor Ablauf der vereinbarten Vertragslaufzeit. Dann dürfte der Bewucherte das Darlehen zwar in der vereinbarten Laufzeit nutzen; er hätte jedoch nach § 812 iVm § 818 Abs 2 den marktüblichen Zins zu bezahlen. Auf die Vergütungsansprüche aus § 812 iVm § 818 Abs 2 wegen Unmöglichkeit der Herausgabe der zeitlichen Nutzung des Darlehenskapitals wäre § 817 S 2 analog nicht anzuwenden (Bunte NJW 1983, 2674, 2676 f; ders WM 1984 Sonderbeil 1 S 24; Larenz, Schuldrecht II[12] § 69 III b S 562 Rn 3; Medicus, in: Gedschr Dietz [1973] 61, 73 f; MünchKomm/Lieb § 817 Rn 17; Soergel/Hefermehl § 138 Rn 85; Staudinger/Lorenz [1994] § 817 Rn 12; Zimmermann 173 f; ausdrücklich aA BGH NJW 1983, 1420, 1422 f). Der analogen Anwendung von § 817 S 2 auch auf die **Vergütungsansprüche** aus § 818 Abs 2 stünde der Normzweck des Wucherverbots entgegen, der sich nicht gegen den Wuchervertrag insgesamt, sondern nur gegen die Entgeltabrede wendet, soweit sie die Höchstgrenze überschreitet. Der Mechanismus des § 818 Abs 2 erlaubt allerdings nicht Wertersatzansprüche in Höhe des höchstzulässigen Entgelts, sondern nur in Höhe des **marktüblichen** Wertes.

dd) **Einwendungen gegen Vergütungsansprüche des Wucherers**

128 (1) Gegen eine geltungserhaltende Reduktion der Entgeltabrede auf das höchstzulässige oder marktübliche Maß könnte man einwenden, daß § 138 sittenwidrige und wucherische Rechtsgeschäfte für nichtig erkläre und im Gegensatz zu § 134 keinen Normzweckvorbehalt vorsehe. Der Hinweis darauf, daß § 134 im Gegensatz zu § 138 ausdrücklich einen Normzweckvorbehalt kenne, ist jedoch nur ein formales Argument, das die inhaltlichen Bedenken gegen die unterschiedliche Behandlung verschiedener Wucherverträge nicht widerlegt. Gegen die Ansicht, daß die Regelung eines Normzweckvorbehalts in § 134 und das Fehlen einer entsprechenden Regelung in § 138 einen Umkehrschluß rechtfertige, wurde bereits oben unter Rn 99 ff Stellung genommen.

129 (2) Ein zweiter Einwand gegen Vergütungsansprüche des Wucherers lautet, daß

§ 138 und § 817 S 2 einen **Strafzweck** verfolgen (RGZ 95, 347, 349; LINDACHER AcP 173 [1973] 124, 130; allgem zum Strafzweck des § 817 S 2 BGHZ 39, 87, 91; BGHZ 62, 365, 369). Dem ist zu widersprechen. Denn dem Vertragsrecht und dem Bereicherungsrecht sind Strafzwecke grundsätzlich fremd (BÜRGE 88 ff; BUFE AcP 157 [1958] 252, 253 f; BUNTE NJW 1983, 2674, 2676; CANARIS, in: FS Steindorff [1990] 519, 523; FLUME, AT § 18, 10 S 390; HONSELL, Die Rückabwicklung ... 58 f; KÖTZ RabelsZ 58 [1994] 209, 225 m Fn 57; KOZIOL AcP 188 [1988] 183, 218; LARENZ, Schuldrecht II^{12} § 69 III a S 560; MEDICUS, in: Gedschr Dietz [1973] 61, 67, 75 f; H ROTH JZ 1989, 411, 417; ZIMMERMANN 61, 162; aA BGHZ 39, 87, 91; BGHZ 63, 365, 369). Außerdem hat die Rechtsprechung nicht einmal bei der Verletzung der Straftatbestände des § 302 a StGB und des § 5 WiStG aus dem Strafzweck dieser Vorschriften abgeleitet, daß ihre zivilrechtlichen Rechtsfolgen nach § 134 Mietzinsansprüche insgesamt ausschließen. Ferner würde ein Strafzweck wegen des strafrechtlichen Analogieverbots der **analogen** Anwendung von § 817 S 2 auf Ansprüche aus § 812 iVm § 818 Abs 2 entgegenstehen (vgl BGHZ 63, 365, 369 zur analogen Anwendung von § 817 S 2 auf Ansprüche aus § 987); unmittelbar paßt § 817 S 2 in den vorliegenden Fällen ohnehin nicht. Schließlich würde eine Strafe eine verwerfliche Gesinnung voraussetzen (BUNTE WM 1984 Sonderbeil 1 S 24; ders NJW 1983, 2674, 2677; KOZIOL AcP 188 [1988] 183, 219; vgl auch BT-Drucks 10/307 S 4).

(3) Gegen reduzierte Vergütungsansprüche des Wucherers wurde drittens der sog Risikogedanke und der damit korrespondierende Zweck der Generalprävention eingewendet: Das wucherische bzw sittenwidrige Rechtsgeschäft verlöre für den Wucherer das **Risiko**, mit dem es durch die von § 138 angedrohte Nichtigkeitsfolge behaftet sein soll, wenn derjenige, der seinen Vertragspartner in wucherischer bzw sittenwidriger Weise übervorteilt hat, damit rechnen müßte, schlimmstenfalls durch gerichtliche Festsetzung das zu bekommen, was gerade noch vertretbar und damit sittengemäß ist (Nw o in Rn 104, 109, 113). Wer überhöhte Preise versucht, soll riskieren, gar kein Entgelt für seine Leistung zu erhalten. Mit dem Risikoargument hat der BGH auch eine geltungserhaltende Reduktion mit Hilfe einer Umdeutung nach § 140 ausgeschlossen (BGH NJW 1986, 2944, 2945; BGHZ 68, 204, 207). Es sei nicht Aufgabe des Richters, für den Wucherer das höchstzulässige Entgelt herauszufinden und ihm dazu zu verhelfen (MEDICUS, in: Gedschr Dietz [1973] 61, 72). Der Risikogedanke findet indes im Gesetz keine Stütze. Außerdem gilt auch hier, daß kein Grund besteht, beim Kreditwucher anders zu verfahren als beim Mietwucher oder Lohnwucher. Auch die Tatsache, daß der Mietwucherer ein Bußgeld riskiert, rechtfertigt im Ergebnis keine unterschiedlichen zivilrechtlichen Konsequenzen bei der Anwendung von § 138 bzw § 134 (aA BGHZ 89, 316, 324; so § 134 Rn 94). Ferner ist das Risikoargument auch in **empirischer** Hinsicht zweifelhaft; obwohl das österreichische und das Schweizer Recht nur Teilnichtigkeit vorsehen, sind keine Anhaltspunkte dafür ersichtlich, daß der Wucher gefördert werde, weil er ohne Risiko versucht werden könne (KOZIOL AcP 188 [1988] 183, 219; vgl auch BÜRGE 233).

(4) Ein vierter Einwand gegen die geltungserhaltende Reduktion einer wucherischen Entgeltabrede lautet, daß der Wuchervertrag bzw die Entgeltabrede eine **einheitliche** Regelung sei, die keinen rechtsanpassenden Eingriff erlaube, weil sie durch eine Reduzierung einen anderen Inhalt erhielte (BGHZ 68, 204, 207 f; CANARIS WM 1981, 978, 979; SOERGEL/HEFERMEHL § 138 Rn 101; ZIMMERMANN 76; vgl auch SANDROCK AcP 159 [1960] 481, 539). Wäre dies zutreffend, dann hätte die Rechtsprechung auch beim Mietwucher, beim Lohnwucher, beim Verstoß gegen Höchstpreisvorschriften, bei

überlangen Bierbezugsbindungen oder bei Geliebtentestamenten keine – wie auch immer dogmatisch begründete – geltungserhaltende Reduktion vornehmen dürfen (BUNTE NJW 1983, 2674, 2677; KOZIOL AcP 188 [1988] 183, 221). Außerdem ist die völlige Versagung eines Entgelts ein viel größerer Eingriff in den Vertrag und in die Vertragsfreiheit als die Beschränkung der Entgeltansprüche auf das höchstzulässige oder marktübliche Maß (KOZIOL AcP 188 [1988] 183, 220).

ee) **Die Höhe der Vergütungsansprüche**
132 Da es mE keine überzeugenden Argumente gegen Vergütungsansprüche des Wucherers gibt, lautet die nächste Frage, ob er die **höchstzulässige** oder nur die **marktübliche** (bzw angemessene) Vergütung verlangen kann. Für eine Beschränkung der Vergütungsansprüche auf die marktübliche Vergütung (vgl MEDICUS, in: Gedschr Dietz [1973] 61, 72) spricht, daß sie wesentlich **einfacher festzustellen** ist als die höchstzulässige. Zugunsten der marktüblichen Vergütung spricht auch wiederum der **Risikogedanke** und als Pendant dazu der Präventivgedanke (KOZIOL AcP 188 [1988] 183, 221 f). Es wird verhindert, daß es der Wucherer letztlich dem Richter überläßt, ihm den höchstzulässigen Preis bzw Zins zu sichern (MEDICUS, in: Gedschr Dietz [1973] 61, 72). Auch der – allerdings im Zivilrecht zweifelhafte – Strafgedanke ließe sich anführen, wonach der Wucherer jedenfalls insoweit einen Nachteil erleiden soll, als er nicht in den Genuß des Entgelts gelangt, das zwischen dem marktüblichen und dem höchstzulässigen Betrag liegt.

133 Für eine Beschränkung der Vergütungsansprüche auf das höchstzulässige Maß spricht hingegen, daß das Wucherverbot und das Verbot wucherähnlicher Verträge sich nur gegen das **Übermaß** der Entgeltabrede wenden, soweit diese die Höchstgrenze überschreitet. Es erscheint auch als unbillig, wenn der Bewucherte nur das marktübliche Entgelt bezahlt, während andere Kreditnehmer, die ein gerade noch zulässiges Entgelt zwischen dem marktüblichen und dem höchstzulässigen Betrag, dh ein niedrigeres Entgelt vereinbart haben, letztlich ein höheres als der Bewucherte bezahlen müssen. Es ist kein Grund ersichtlich, der es rechtfertigen könnte, daß der Bewucherte weniger zu zahlen hat als der nur „fast Bewucherte". Außerdem überzeugt es nicht, daß der **Mietwucherer**, der sich strafbar gemacht hat, dennoch die höchstzulässige Vergütung erhält, während dem Kreditwucherer – falls überhaupt – nur marktübliche Zinsen zugestanden werden.

ff) **Folgerung**
134 ME ist beim Kreditwucher ebenso wie beim Mietwucher oder Lohnwucher der wucherische Vertrag zwar wirksam, jedoch die Entgeltvereinbarung teleologisch zu reduzieren (ebenso BÜRGE 217 ff; KOZIOL AcP 188 [1988] 183, 223; RÜHLE 70; vgl auch LINDACHER AcP 173 [1973] 124, 131). Sie ist auf den höchstzulässigen Preis bzw Zins zu reduzieren. Dies folgt aus dem Zweck des Wucherverbots: Was es nicht verbietet, nämlich Preis- oder Zinsvereinbarungen bis zur höchstzulässigen Grenze, ist rechtmäßig, so daß für eine über diesen Zweck hinausreichende Nichtigkeitsfolge kein Anlaß besteht (so zu § 5 WiStG iVm § 134 BGHZ 89, 316, 321).

i) **Verallgemeinerung**
135 Bei Verträgen bzw Vertragsklauseln, die wegen eines **Übermaßes** in zeitlicher oder gegenständlicher Hinsicht sittenwidrig waren, hat die Rechtsprechung in einer Vielzahl von Fällen eine geltungserhaltende Reduktion auf das (gerade noch) zulässige

Maß vorgenommen. Es handelte sich dabei um überlange Bierbezugsbindungen, sonstige zeitliche überlange Vertragsbindungen, Geliebtentestamente, abstrakte Schuldanerkenntnisse und letztlich auch – wenngleich im Rahmen des § 134 iVm § 5 WiStG – um strafbaren und deshalb auch sittenwidrigen Mietwucher. Neben den eben genannten Fällen, in denen die Rechtsprechung und die hL – auf welchem dogmatischen Weg auch immer – der Sache nach eine geltungserhaltende Reduktion anerkennen, gibt es jedoch auch andere Fälle, in denen dies von der hM abgelehnt wird. Dies gilt insbesondere für den Darlehenswucher und für den Wucher bei Kauf- und Werkverträgen. Die Argumente, die in diesen Fällen gegen eine geltungserhaltende Reduktion vorgebracht werden, würden allerdings in den anderen Fällen, in denen die geltungserhaltende Reduktion zumindest im Ergebnis anerkannt ist, ebenso gut passen (zutreffend J Hager JuS 1985, 264, 267). Es gibt keine überzeugenden Argumente, die die unterschiedliche Behandlung der verschiedenen Fallgruppen tragen könnte, dh es besteht ein Wertungswiderspruch in der Rechtsprechung zu den verschiedenen Fallgruppen (so zum Verhältnis von Mietwucher und Darlehenswucher zutreffend J Hager S 94 ff, 101 ff; ders JuS 1985, 264; Honsell ZHR 148 [1984] 298, 301; ders JurA 1986, 573, 575; ders, in: FS Giger [1989] 287, 295). Speziell auch der Unterschied zwischen § 134 iVm § 5 WiStG betr Mietwucher und § 138 betr Darlehenswucher vermag die unterschiedliche Behandlung beider Fallgruppen wertungsmäßig nicht zu erklären.

Der beim Darlehenswucher vorgetragene **Sanktionsgedanke** paßt auch in den Fällen, in denen eine geltungserhaltende Reduktion anerkannt ist. Er ist ferner wegen seiner pönalen Ausrichtung ein Fremdkörper im Zivilrecht. Schließlich ist gegen den Sanktionsgedanken einzuwenden, daß er ohne weiteres umgangen werden kann. Denn die Parteien können eine **salvatorische Klausel** des Inhalts in den Vertrag aufnehmen, daß im Falle der Sittenwidrigkeit und Nichtigkeit einer Klausel wegen übermäßiger zeitlicher, örtlicher oder gegenständlicher Beschränkungen einer Vertragspartei die Reduktion dieser Klausel auf das höchstzulässige Maß dem Willen der Parteien entspreche (vgl Hager JuS 1985, 264, 269 f; MünchKomm/Mayer-Maly § 139 Rn 5; H Roth JZ 1989, 411, 412; Michalski/Römermann NJW 1994, 886; Traub WRP 1994, 802, 805; P Ulmer, in: FS Steindorff [1990] 799, 804 f). Diese Möglichkeit hat der BGH in entsprechender Anwendung des § 139 mehrfach zugelassen (BGHZ 72, 308, 315; BGH DB 1989, 1620, 1621; WM 1996, 22, 24); dem steht nicht entgegen, daß diese Vorschrift der Sache nach dafür nicht geeignet ist (zutr H Roth JZ 1989, 411, 416).

Auch der **Risikogedanke**, mit dem man die Gesamtnichtigkeit wucherischer Darlehensverträge rechtfertigt, würde in gleicher Weise beim Mietwucher, beim Geliebtentestament, bei übermäßigen abstrakten Schuldanerkenntnissen oder bei übermäßig langen Vertragsbindungen passen.

Deshalb ist es gerechtfertigt, Verträge und Vertragsklauseln, die wegen **Übermaßes** in zeitlicher, örtlicher oder sachlicher Hinsicht sittenwidrig sind, grundsätzlich einheitlich zu behandeln. Dem kann man mit folgenden Konstruktionen Rechnung tragen: (1) § 138 ist dahingehend auszulegen, daß ein wegen Übermaßes sittenwidriger Vertrag **nur insoweit** nichtig ist, als er – nämlich in Höhe des Übermaßes – gegen die guten Sitten verstößt (vgl Lindacher AcP 173 [1973] 124, 131; ähnlich schon Bertold 58 ff). (2) Bei einem wegen Übermaßes sittenwidrigen Vertrag könnte man auch argumentieren, daß eine Reduzierung auf das höchstzulässige Maß implizit gewollt und der Vertrag daher in diesem Sinne **auszulegen** sei. Da es den Parteien durch entsprechende **ausdrückliche salvatorische Klauseln** ohnehin möglich wäre, die wegen Übermaßes sittenwidrigen Klauseln in einem reduzierten Maße aufrechtzuerhalten, sei eine Verallgemeinerung dahingehend gerechtfertigt, daß dies auch beim Fehlen ausdrücklicher Klauseln **implizit gewollt** sei (so andeutungsweise BGHZ 72, 309, 316 betr Globalzession; ähnlich HAGER JuS 1985, 264, 270). Wenn sich der benachteiligte Vertragspartner auf das Übermaß eingelassen hat, so hätte er es auch – und erst recht – auf das gerade noch zulässige Maß. (3) Schließlich kommt noch in Betracht, daß bei Sittenwidrigkeit wegen Übermaßes eine **geltungserhaltende Reduktion** in Höhe des Übermaßes die vom Normzweck der verletzten Sittennorm gewollte Rechtsfolge ist. § 138 wäre dahingehend teleologisch zu reduzieren, daß er – wie § 134 – einen **Normzweckvorbehalt** erhält (so HONSELL JurA 1986, 573, 574, 576; ebenso für übermäßige Wettbewerbsverbote TRAUB WRP 1994, 802). Dementsprechend wäre bei sittenwidrig niedrigen Preisen bzw Zinsen eine geltungserhaltende Extension vorzunehmen (vgl SACK RdA 1975, 171, 178). ME bietet diese geltungserhaltende Reduktion bzw Extension den richtigen Weg, um bei Verträgen, die wegen Übermaßes sittenwidrig sind, zu angemessenen Ergebnissen zu gelangen. Abzulehnen ist die Anwendung von § 139 (analog) sowie der §§ 140, 141. Auch bereicherungsrechtliche Lösungen überzeugen nicht.

5. Verpflichtungs- und Erfüllungsgeschäfte

a) Nichtigkeit nach § 138 Abs 2

139 Bei Verstößen gegen das Wucherverbot des § 138 Abs 2 trifft die Nichtigkeitssanktion nicht nur die Verpflichtungsgeschäfte, sondern auch die Erfüllungsgeschäfte. Die Nichtigkeit erfaßt ferner die Bestellung von Sicherheiten durch den Bewucherten (BGH NJW 1982, 2767, 2768; NJW 1994, 1275) und seine Leistungen erfüllungshalber, zB die Hingabe eines Schecks oder Wechsels (BGH NJW 1990, 384, 385; NJW 1982, 2767; WM 1974, 774, 775; WM 1968, 651, 654 sub V). Ausführlicher zu den Sanktionen u Rn 218 ff.

b) Nichtigkeit nach § 138 Abs 1

140 aa) Wenn ein Verpflichtungsgeschäft sittenwidrig ist, so erfaßt die Nichtigkeitssanktion des § 138 Abs 1 grundsätzlich nur dieses Verpflichtungsgeschäft, nicht jedoch ohne weiteres und in jedem Fall – anders als bei § 138 Abs 2 – auch die **Erfüllungsgeschäfte** (RGZ 68, 97, 100; 109, 201, 202; BGH NJW 1973, 613, 615; NJW 1985, 3006, 3007; NJW 1988, 2362 u 2364; NJW-RR 1989, 519; NJW 1990, 384, 385; ENNECCERUS/NIPPERDEY, AT § 191 II 3; ERMAN/BROX § 138 Rn 44; FLUME, AT § 18, 8 a S 383; HONSELL, Die Rückabwicklung ... 57; LARENZ, AT § 22 III c S 449 ff; MünchKomm/MAYER-MALY § 138 Rn 140; PALANDT/HEINRICHS § 138 Rn 11, 20; STAUDINGER/DILCHER[12] § 138 Rn 110; SOERGEL/HEFERMEHL § 138 Rn 12, 50; aA RUMPF AcP 117 [1919] 315). Bei einem sittenwidrigen Grundstückskaufvertrag erfaßt die Nichtigkeit nicht ohne weiteres auch die in derselben notariellen Urkunde vorgenommene Auflassung (SOERGEL/HEFERMEHL § 138 Rn 59; vgl auch RGZ 104, 102, 104). Dies folgt aus dem **Abstraktionsprinzip** (ERMAN/BROX § 138 Rn 44; LARENZ, AT § 22 III c S 449; SOERGEL/HEFERMEHL § 138 Rn 50; STAUDINGER/DILCHER[12] § 138 Rn 110; ZIMMERMANN JR 1985, 48, 51; gegen diese Begründung FLUME, AT § 18, 8 S 303; krit auch MünchKomm/MAYER-MALY § 138 Rn 140) bzw aus der im Regelfall bestehenden Neutralität oder sittlichen Indifferenz der Verfügungsgeschäfte (ERMAN/BROX § 138 Rn 34; MünchKomm/MAYER-MALY § 138 Rn 140), die allerdings die Geltung des Abstraktionsprinzips zur Voraussetzung hat (zutr ZIMMERMANN JR 1985, 48, 51). In der Regel besteht keine Feh-

leridentität. Die Nichtigkeit des Verpflichtungsgeschäfts erstreckt sich auch nicht nach § 139 oder wegen Wegfalls der Geschäftsgrundlage auf das Verfügungsgeschäft. Auch wird die Gültigkeit des Verfügungsgeschäfts idR nicht an die Bedingung der Wirksamkeit des Verpflichtungsgeschäfts geknüpft. Vielmehr bedarf die Annahme der Sittenwidrigkeit von Verfügungsgeschäften einer eigenständigen Begründung (ERMAN/BROX § 138 Rn 44; FLUME, AT § 18, 8 S 383 aE; MünchKomm/MAYER-MALY § 138 Rn 140).

Auch Leistungen **erfüllungshalber** sind nicht ohne weiteres nichtig, wenn das Grundgeschäft sittenwidrig und nichtig ist. Die Nichtigkeit des sittenwidrigen Verpflichtungsgeschäfts erfaßt ferner nicht ohne weiteres die Bestellung von **Sicherheiten**. Die erfüllungshalber oder zur Sicherung eines nach § 138 sittenwidrigen und nichtigen Vertrags abgeschlossenen Wechsel- oder Scheckbegebungsverträge sind wegen der abstrakten Rechtsnatur von Wechsel- und Scheckerklärungen nicht ohne Hinzutreten besonderer Umstände nichtig (BGH NJW 1990, 384, 385 sub I 2). Bei Scheckreiterei ist hingegen auch der Begebungsvertrag sittenwidrig und deshalb nichtig (BGHZ 27, 172, 178 f; BGB-RGRK/KRÜGER-NIELAND/ZÖLLER § 138 Rn 34). Die Sittenwidrigkeit einer Getränkelieferungsvereinbarung bewirkt nicht ohne weiteres auch die Nichtigkeit der zur Sicherung des Verbots, Getränke anderer Lieferanten zu vertreiben, eingetragenen Dienstbarkeit (BGH NJW-RR 1992, 593, 594). **141**

bb) Der Durchsetzung von Rechten aus an sich abstrakten Erfüllungsgeschäften, Leistungen erfüllungshalber und Sicherheitsbestellungen kann jedoch der **Einwand des Rechtsmißbrauchs** entgegenstehen (BGH NJW 1990, 384, 385). So berührt zB bei einem sittenwidrigen Verpflichtungsgeschäft die Nichtigkeit nach § 138 Abs 1 zwar nicht die Wirksamkeit von Scheckbegebungsverträgen (BGH NJW 1990, 384, 385). Dennoch gewährt die Rechtsprechung der die Scheckeinlösung garantierenden Bank idR jedenfalls gegen den ersten Schecknehmer und unmittelbar Garantiebegünstigten den Einwand des Rechtsmißbrauchs gegen die Geltendmachung der Rechte aus der Garantie, da die Bank nicht auf dem Umweg über die Einlösungsgarantie zur Mitwirkung an einem sittenwidrigen Geschäft gezwungen werden darf (BGH NJW 1990, 384, 385). **142**

cc) Das Erfüllungsgeschäft kann jedoch nichtig sein, wenn es seinerseits sittenwidrig ist, insbesondere wenn die Sittenwidrigkeit gerade im Vollzug der Erfüllungsleistung liegt oder wenn mit dem Erfüllungsgeschäft ein sittenwidriger Zweck verfolgt wird (RGZ 81, 175, 176; RGZ 145, 152 ff; BGHZ 19, 12, 18; BGHZ 27, 111, 114 f; BGH NJW 1973, 613, 615; WM 1984, 1545, 1547; NJW 1985, 3006, 3007; ERMAN/BROX § 138 Rn 44; FLUME, AT § 18, 8 a; LARENZ, AT § 22 III c S 449; PALANDT/HEINRICHS § 138 Rn 20; SOERGEL/HEFERMEHL § 138 Rn 51, 52; **aA** ZIMMERMANN JR 1985, 48, 50). Nichtig wegen eines sittenwidrigen Zwecks ist ein Erfüllungsgeschäft, das die Täuschung Dritter bezweckt (BGHZ 10, 228, 233; STAUDINGER/DILCHER[12] § 138 Rn 112), das Ansprüche Dritter gefährden soll (RGZ 81, 175 betr Forderungsabtretung; RGZ 111, 151 ff betr Schenkung; BGH 7, 111, 114 f) oder die Allgemeinheit belasten soll (BGH LM Nr 3 a zu § 138 [Ca] BGB betr Erschleichung des Armenrechts). Sittenwidrig und nichtig sind danach zB Globalzessionen und Sicherungsübereignungen eines Unternehmens, durch die seine gegenwärtigen oder künftigen Gläubiger über die Kreditwürdigkeit getäuscht werden; in diesem Falle sind nicht nur die Sicherungsversprechen, sondern die Erfüllungsgeschäfte sittenwidrig und nichtig (BGHZ 19, 12, 18; BGHZ 30, 149, 153; BGHZ 32, 361, 366). Sittenwidrig und **143**

nichtig sind auch Erfüllungsgeschäfte, durch die der Schuldner geknebelt wird (BGHZ 19, 12, 18). Das Erfüllungsgeschäft kann ferner dann nichtig sein, wenn Grund- und Erfüllungsgeschäft von den Parteien in einer Einheit iSv § 139 zusammengefaßt werden (BGH NJW 1985, 3006, 3007) oder wenn die Gültigkeit des Erfüllungsgeschäfts in Form einer Bedingung von der des Verpflichtungsgeschäfts abhängig gemacht worden ist und letzteres gegen die guten Sitten verstößt (RG JW 1930, 907; STAUDINGER/DILCHER[12] § 138 Rn 110); eine solche bedingungsweise Verknüpfung von Verpflichtungs- und Verfügungsgeschäft erfaßt jedoch nicht bedingungsfeindliche Verfügungsgeschäfte, dh zB nicht eine Auflassung (BGH NJW 1985, 3006, 3007).

144 Auch **abstrakte** Rechtsgeschäfte sind nach § 138 nichtig, wenn sie sittenwidrigen Zwecken dienen (BGH NJW 1987, 2014 f; TIEDTKE ZIP 1987, 1089 ff), zB ein abstraktes Schuldanerkenntnis (BGH WM 1976, 907, 909; NJW 1987, 2014, 2015; HONSELL, Die Rückabwicklung ... 55 m Fn 22) oder ein zum Zwecke der Wechselreiterei durchgeführter Austausch von Finanzwechseln (BGHZ 27, 172, 176; BGH WM 1973, 66; HÜBNER, AT Rn 498; SOERGEL/HEFERMEHL § 138 Rn 54, 201 f).

145 dd) Wenn das Erfüllungsgeschäft wegen Sittenwidrigkeit nach § 138 nichtig ist, so ist idR auch ein auf ein solches Erfüllungsgeschäft gerichtetes Verpflichtungsgeschäft sittenwidrig und nach § 138 nichtig (aA SOERGEL/HEFERMEHL § 138 Rn 59 aE).

VI. Das Verhältnis von § 138 zu anderen Vorschriften

1. § 134

146 Die Bestimmung des Verhältnisses von § 138 zu § 134 hängt davon ab, ob man eine teleologische Reduktion des § 138 durch das Anfügen eines Normzweckvorbehalts anerkennt, wie ihn § 134 ausdrücklich vorsieht (ausf insoweit zum Verhältnis von § 138 zu § 134 o Rn 96 ff).

a) Ergänzt man mit der hier vertretenen Ansicht § 138 um einen Normzweckvorbehalt, dann ist der hM zu folgen, daß § 134 **lex specialis** gegenüber § 138 ist (o Rn 96). Das bedeutet zum einen, daß auf ein gesetzwidriges Rechtsgeschäft nur § 134 anwendbar ist, auch wenn die Gesetzesverletzung zugleich ohne weiteres die Voraussetzungen eines Sittenverstoßes erfüllt. Auch wenn die Nichtigkeitssanktion des § 134 wegen des Normzweckvorbehalts dieser Vorschrift nicht eingreift, wäre § 138 nicht anzuwenden, da diese Vorschrift aufgrund der teleologischen Reduktion durch Anfügen eines Normzweckvorbehalts zum selben Ergebnis führen würde wie § 134. Nur wenn über die Gesetzesverletzung iSv § 134 hinaus besondere **sittenwidrigkeitsbegründende Tatumstände** hinzutreten, ist aus diesem Grunde neben § 134 auch § 138 anwendbar. Dies wird praktisch relevant, wenn zwar die Gesetzesverletzung als solche wegen eines abweichenden Normzweckes des Gesetzes nach § 134 nicht zur Nichtigkeit führt, die über die Gesetzesverletzung hinausreichenden sittenwidrigkeitsbegründenden Tatumstände jedoch nach § 138 eine Sanktion rechtfertigen, die über die des § 134 hinausgeht.

147 b) Lehnt man hingegen eine Ergänzung des § 138 um einen Normzweckvorbehalt ab, dann wird man in jedem Fall beide Vorschriften **nebeneinander** anwenden müssen, wenn deren Tatbestandsvoraussetzungen erfüllt sind. Praktisch relevant wird dies, wenn folgende beiden Umstände zusammentreffen: Ein gesetzwidriges Rechtsgeschäft ist wegen der Art der Gesetzesverletzung ohne Hinzutreten weiterer Tatumstände auch sittenwidrig; außerdem steht der Normzweck des verletzten Gesetzes der Nichtigkeitssanktion des § 134 entgegen. Wenn es – entgegen der hier vertretenen Ansicht – zutrifft, daß § 138 keine teleologische Reduktion durch einen Normzweckvorbehalt erlaubt, dann darf die von § 138 angeblich gewollte uneingeschränkte Nichtigkeitssanktion nicht vereitelt werden, indem man § 134 zur lex specialis erklärt. Dh auch wenn bei einem Zusammentreffen von Gesetzwidrigkeit und Sittenwidrigkeit der Nichtigkeitssanktion des § 134 der Normzweck des verletzten Gesetzes entgegenstünde, würde dennoch die Nichtigkeitssanktion nach § 138 voll zur Geltung kommen (vgl BGHZ 53, 152, 160; HÜBNER, AT Rn 505). Die Nichtanwendung von § 138 unter Berufung auf die Spezialität von § 134 wäre in diesem Falle des Zusammentreffens von Gesetzwidrigkeit und Sittenwidrigkeit ein **formales** Argument auf der Konkurrenzebene, das dem (angeblichen) Zweck des § 138 nicht gerecht würde. Vor allem könnte die Annahme von Spezialität des § 134 in diesem Fall nicht erklären, warum bei einem Sittenverstoß, der zugleich gesetzwidrig ist, der Normzweckvorbehalt des § 134 eingreift, so daß im praktischen Ergebnis die Nichtigkeitssanktion des § 138 ohne Wirkung bleibt, während bei einem Sittenverstoß, der nicht zugleich gesetzwidrig iSv § 134 ist, die Nichtigkeitssanktion des § 138 uneingeschränkt zum Tragen kommt.

2. § 157

Eine den guten Sitten entsprechende **Auslegung** eines Rechtsgeschäfts nach § 157 hat Vorrang vor der Anwendung von § 138. Wenn ein auslegungsfähiges Rechtsgeschäft nach § 157 so ausgelegt werden kann, daß es nicht gegen die guten Sitten verstößt, dann muß es auch so ausgelegt werden, so daß für § 138 insoweit kein Raum bleibt (BGB-RGRK/KRÜGER-NIELAND/ZÖLLER § 138 Rn 11; ERMAN/BROX § 138 Rn 29; LEENEN MDR 1980, 353, 356; PALANDT/HEINRICHS § 138 Rn 14).

3. § 123

Nach wohl hM ist § 123 **lex specialis** gegenüber § 138 (RGZ 114, 338, 342; RGZ 115, 378, 383; BGH WM 1966, 585, 589; BGHZ 60, 102, 104 = NJW 1973, 465; BGH WM 1977, 394, 395; ebenso wohl auch noch BGH NJW 1988, 2599, 2601, sub II 2; NJW-RR 1990, 1521, 1522; ebenso im Schrifttum AK-BGB/DAMM § 138 Rn 102; BGB-RGRK/KRÜGER-NIELAND/ZÖLLER § 138 Rn 10, 28; ERMAN/BROX § 138 Rn 5; HÜBNER, AT Rn 472, 505; KARAKATSANIS 52 ff; KRAMPE JZ 1974, 574 f; MünchKomm/MAYER-MALY § 138 Rn 5; SOERGEL/HEFERMEHL § 123 Rn 60; § 138 Rn 64). Daraus wird zT gefolgert, daß ein Rechtsgeschäft, das die Voraussetzungen beider Vorschriften erfüllt, dennoch nicht ohne weiteres nichtig nach § 138, sondern nur anfechtbar nach § 123 sei (KRAMPE JZ 1974, 574; AK-BGB/DAMM § 138 Rn 102; ebenso wohl auch HÜBNER, AT Rn 472; SOERGEL/HEFERMEHL § 123 Rn 60; nicht einschlägig ist die für diese Ansicht häufig zitierte Entscheidung RGZ 115, 378, 383; nicht eindeutig insoweit auch RGZ 114, 338, 342). Denn der Getäuschte könne ein Interesse daran haben, am Rechtsgeschäft festzuhalten (KRAMPE JZ 1974, 574, 575). Andererseits soll sich jedoch der Getäuschte bzw Bedrohte nach Ablauf der Anfechtungsfrist des § 124 nicht mehr auf die Nichtigkeit nach § 138 berufen können (KRAMPE JZ 1974, 574, 575).

150 Nach einer davon möglicherweise abweichenden Ansicht kann § 138 neben § 123 anwendbar sein, wenn besondere Umstände hinzukommen, die das Rechtsgeschäft nach seinem Gesamtcharakter als sittenwidrig erscheinen lassen (RGZ 115, 378, 383; BGHZ 60, 102, 104; BGH WM 1977, 394, 395; NJW 1988, 2599, 2601; NJW-RR 1990, 1521, 1522; BAG SAE 1981, 171, 172; BGB-RGRK/KRÜGER-NIELAND/ZÖLLER § 123 Rn 84; § 138 Rn 10; ERMAN/BROX § 138 Rn 5; HÜBNER, AT Rn 472; MünchKomm/MAYER-MALY § 138 Rn 5; SOERGEL/ HEFERMEHL § 123 Rn 60; § 138 Rn 64; vgl auch BGH NJW 1988, 902, 903). Unklar bleibt bei dieser Ansicht, ob es Fälle gibt, in denen § 123 auch dann als lex specialis vorgeht, wenn die Tatbestandsvoraussetzungen des § 138 erfüllt sind, dh wenn der Inhalt des betreffenden Rechtsgeschäfts sittenwidrig ist.

151 Die Stellungnahmen zum Verhältnis von § 123 zu § 138 leiden darunter, daß sie die **unterschiedlichen Regelungsbereiche** beider Vorschriften nicht ausreichend trennen. § 123 regelt bestimmte Mängel beim Zustandebringen von Rechtsgeschäften; § 138 ist hingegen nur dann tatbestandsmäßig erfüllt, wenn der **Inhalt** eines Rechtsgeschäfts sittenwidrig ist. Ein mit den sittenwidrigen Methoden der arglistigen Täuschung oder der widerrechtlichen Drohung iSv § 123 zustandegebrachtes Rechtsgeschäft ist nicht zwangsläufig auch inhaltlich sittenwidrig iSv § 138. (Ausführlich zum Regelungsbereich der – insoweit übereinstimmenden – §§ 134, 138 oben § 138 Rn 1 ff u § 134 Rn 1 ff). Insofern ist die Ansicht zutreffend, daß eine sittenwidrige Willensbeeinflussung iSv § 123 nicht für die Anwendung von § 138 genüge (RGZ 72, 216, 217 f; BGH WM 1966, 585, 589; WM 1972, 766, 767; BGHZ 60, 102, 104, 105 = NJW 1973, 465; WM 1977, 394, 395; NJW 1988, 902, 903; NJW 1988, 2599, 2601; BAG SAE 1981, 171, 172; MünchKomm/KRAMER[3] § 123 Rn 28; SACK WRP 1974, 445, 448; STAUDINGER/DILCHER[12] § 138 Rn 120; krit GITTER SAE 1981, 174).

152 Aus den unterschiedlichen Regelungsbereichen von § 123 und § 138 folgt: Wenn ein Rechtsgeschäft mit arglistiger Täuschung oder widerrechtlicher Drohung zustandegebracht worden ist, ist es zunächst nur nach § 123 anfechtbar. Wenn nicht besondere Umstände hinzukommen, die auch die Sittenwidrigkeit des **Inhalts** eines solchen Rechtsgeschäfts begründen, scheidet die Anwendbarkeit des § 138 schon deshalb aus, weil seine Tatbestandsvoraussetzungen nicht erfüllt sind (BGH NJW 1988, 2599, 2601). Die Frage nach der Konkurrenz beider Vorschriften stellt sich in diesem Fall nicht. Relevant wird die Konkurrenzfrage, ob § 123 lex specialis gegenüber § 138 ist, erst dann, wenn die Voraussetzungen beider Vorschriften tatbestandsmäßig erfüllt sind, dh wenn ein Rechtsgeschäft, das mit den Mitteln der arglistigen Täuschung oder widerrechtlichen Drohung iSv § 123 zustandegebracht worden ist, zugleich auch **inhaltlich** gegen die guten Sitten iSv § 138 verstößt. In diesem Fall ist jedoch kein überzeugender Grund ersichtlich, § 138 nicht anzuwenden (MünchKomm/ KRAMER[3] § 123 Rn 28; STAUDINGER/DILCHER[12] § 123 Rn 43; Einl 80 zu §§ 104 ff). Der Wuchertatbestand des § 138 Abs 2 zeigt, daß der Gesetzgeber bei **inhaltlicher** Sittenwidrigkeit eines Rechtsgeschäfts auch dann die Nichtigkeitssanktion und nicht nur die Anfechtbarkeit vorsieht, wenn das Rechtsgeschäft durch rechtswidrige Willensbeeinflussung bzw durch Ausnutzung von Willensmängeln zustandegebracht worden ist. Dem Interesse des nach § 123 Getäuschten bzw Bedrohten, im Einzelfall am Rechtsgeschäft festhalten zu können (vgl HÜBNER, AT Rn 472; KRAMPE JZ 1974, 574, 575; SOERGEL/HEFERMEHL § 123 Rn 60), kann mit § 242 Rechnung getragen werden: Wer ein inhaltlich sittenwidriges Rechtsgeschäft durch Täuschung oder Drohung zustandegebracht hat, darf sich nach Treu und Glauben nicht auf die Nichtigkeit nach § 138 berufen. Außerdem würde die Ansicht, daß § 123 lex specialis gegenüber § 138 sei, die Rechte des Getäuschten bzw Bedrohten verkürzen; denn das Anfechtungsrecht nach § 123 unterläge der Frist des § 124, während die Nichtigkeitssanktion nach § 138 nicht befristet ist.

Dh, sobald sich das Konkurrenzproblem stellt, weil neben den Tatbestandsvoraussetzungen des § 123 zugleich auch die des § 138 erfüllt sind, ist § 123 entgegen der hM nicht lex specialis gegenüber § 138. Die Ansicht der hM, daß § 138 nur dann neben § 123 anwendbar sei, wenn besondere Umstände hinzukommen, ist nur dann zutreffend, wenn man sie wie folgt interpretiert: Ein Rechtsgeschäft, das unter Verstoß gegen § 123 zustandegebracht wurde, ist nicht ohne weiteres auch sittenwidrig und nichtig nach § 138. Sobald jedoch besondere Umstände zur Täuschung oder Drohung hinzukommen, die auch die Sittenwidrigkeit des **Inhalts** des Rechtsgeschäfts zur Folge haben, ist neben § 123 auch § 138 anwendbar; beide Vorschriften sind **nebeneinander** anwendbar. Neben § 138 kann § 123 allerdings wohl nur dann Bedeutung erlangen, wenn die Nichtigkeitssanktion des § 138 nicht dem Normzweck der verletzten Sittennorm entspricht.

4. § 242

a) Der unterschiedliche Unrechtsgehalt iSv § 242 und § 138

Nach hM ist ein Verstoß gegen Treu und Glauben iSv § 242 ein geringerer Verstoß als ein Sittenverstoß iSv § 138 (so ausdrücklich BAGE 16, 21, 25). § 138 stelle strengere Anforderungen als § 242; denn § 138 verlange ein sittlich vorwerfbares Verhalten (BAGE 16, 21, 25). Zwar sei jeder Verstoß gegen die guten Sitten auch ein Verstoß gegen Treu und Glauben, aber nicht jeder Verstoß gegen Treu und Glauben sei auch ein Verstoß gegen die guten Sitten (BAGE 16, 21, 25). Danach wäre es möglich, daß ein Rechtsgeschäft bereits im Zeitpunkt seiner Vornahme zwar treuwidrig, jedoch nicht sittenwidrig ist. Wenn der Inhalt eines Rechtsgeschäfts gegen Treu und Glauben verstößt, so ist zwangsläufig auch die Durchsetzung von Rechten aus diesem Rechtsgeschäft treuwidrig; § 242 eignet sich auf diese Weise mittelbar zur Inhaltskontrolle von Rechtsgeschäften.

Nach der hier vertretenen Ansicht ist diese Unterscheidung von § 242 und § 138 nicht gerechtfertigt. Denn die Sittenwidrigkeitsklausel des § 138 hat eine **umfassende** lückenfüllende Funktion, so daß sich mit ihr **alle** rechtlich zu mißbilligenden Rechtsgeschäfte erfassen lassen, die nicht schon am Gesetzwidrigkeitsblankett des § 134 scheitern. Jedes Rechtsgeschäft, das bereits bei der Vornahme gegen Treu und Glauben verstößt, ist rechtlich zu mißbilligen. Damit verstößt es auch gegen die guten Sitten. Auch **begrifflich** bereitet es Schwierigkeiten, einen Verstoß gegen Treu und Glauben als mit den guten Sitten vereinbar zu bewerten. Sieht man hingegen in der Sittenwidrigkeit iSv § 138 nur eine „gesteigerte Form der Rechtswidrigkeit", dann bedarf es für die Fälle **einfacher Rechtswidrigkeit**, die nicht von anderen Vorschriften erfaßt werden (§ 134; § 9 ff AGBG usw) der mittelbaren Inhaltskontrolle durch § 242. Diese Flucht in § 242 als Hilfsgeneralklausel wäre jedoch in diesem Fall nur die konsequente Folge einer unnötig restriktiven Auslegung des Begriffs der guten Sitten, dh einer Fehlinterpretation des § 138.

b) Treuwidrige Berufung auf die Nichtigkeit iSv § 138

156 Auf die Nichtigkeit nach § 138 kann sich grundsätzlich jedermann berufen, dh sowohl die am Rechtsgeschäft Beteiligten als auch Dritte (oben Rn 91). Die Berufung auf die Nichtigkeit nach § 138 kann jedoch treuwidrig sein, wenn sich seit der Vornahme eines Rechtsgeschäfts die tatsächlichen Umstände oder die Wertanschauungen in einer Weise geändert haben, daß dieses Rechtsgeschäft heute nicht mehr als sittenwidrig erscheint (vgl oben Rn 85). Streitig ist, ob darüber hinaus auch bei unveränderten Tatumständen und Wertanschauungen die Berufung auf die Sittenwidrigkeit und Nichtigkeit eines Rechtsgeschäfts treuwidrig sein kann. Die hM bejaht diese Möglichkeit (BGH WM 1957, 1158; NJW 1981, 1439 aE; NJW 1986, 2944, 2945; BAG NJW 1968, 1647, 1648; vgl auch BAG NJW 1976, 1958, 1959; SOERGEL/HEFERMEHL § 138 Rn 61; aA RGZ 160, 52, 56; RGZ 162, 323, 329; MünchKomm/MAYER-MALY § 138 Rn 130; STAUDINGER/DILCHER[12] § 138 Rn 107; differenzierend BGB-RGRK/KRÜGER-NIELAND/ZÖLLER § 138 Rn 40).

157 Insbesondere bei **einseitiger** Sittenwidrigkeit kann es treuwidrig sein, wenn der durch die Sittenwidrigkeit begünstigte Vertragspartner die Nichtigkeit nach § 138 geltend macht (BGH WM 1957, 1158; WM 1972, 486, 488; BGB-RGRK/KRÜGER-NIELAND/ZÖLLER § 138 Rn 40; SOERGEL/HEFERMEHL § 138 Rn 61; aA STAUDINGER/DILCHER[12] § 138 Rn 107; grundsätzlich aA auch MünchKomm/MAYER-MALY § 138 Rn 130; RGZ 160, 52, 56). In sehr seltenen Ausnahmefällen kann es aber auch bei **beiderseitiger** Sittenwidrigkeit treuwidrig sein, wenn sich ein Vertragspartner auf die Sittenwidrigkeit und Nichtigkeit nach § 138 beruft (BGH NJW 1981, 1439; BAG NJW 1968, 1647, 1648; SOERGEL/HEFERMEHL § 138 Rn 61; aA RGZ 150, 181, 186; RGZ 162, 323, 329), zB bei einem Vertrag, der sittenwidrig und nichtig ist, weil er einen Verleih pornographischer Spielfilme zum Gegenstand hat (BGH NJW 1981, 1439 f). Nach Ansicht des BAG handelt ein Arbeitgeber, der seinem Buchhalter gestattet hat, als Schweigegeld bestimmte Beträge der Kasse zu entnehmen, rechtsmißbräuchlich, wenn er unter Berufung auf die Sittenwidrigkeit des Vertrags im Wege der Schadensersatzklage Rückzahlung des Schweigegelds verlangt (BAG NJW 1968, 1647, 1648; SOERGEL/HEFERMEHL § 138 Rn 61).

158 Der Einwand der unzulässigen Rechtsausübung muß allerdings auf besonders gelagerte Ausnahmefälle beschränkt bleiben (BGH NJW 1981, 1439, 1440; NJW 1986, 2944, 2945; BAG NJW 1976, 1958, 1959; vgl auch RGZ 160, 52, 56). Denn andernfalls würden sittenwidrige Rechtsgeschäfte auf dem Umweg über Treu und Glauben im praktischen Ergebnis doch wieder entgegen dem Zweck des § 138 Wirksamkeit erlangen (BGH aaO; BAG aaO; SOERGEL/HEFERMEHL § 138 Rn 61). Vor allem darf die Berufung auf § 242 nicht dazu führen, ein sittenwidriges Rechtsgeschäft auch **für die Zukunft** aufrechtzuerhalten (RGZ 150, 181, 186; RGZ 160, 52, 56; BGH NJW 1981, 1439, 1440; BAG NJW 1968, 1647, 1648; NJW 1976, 1958, 1959; MünchKomm/MAYER-MALY § 138 Rn 130; SOERGEL/HEFERMEHL § 138 Rn 61), dh sittenwidrige Erfüllungshandlungen auch in Zukunft noch verlangen zu können, zB Prostitution oder die öffentliche Vorführung von Geschlechtsverkehr in einem Nachtlokal (BAG NJW 1976, 1958, 1959).

c) Treuwidrige Berufung auf die Wirksamkeit eines Rechtsgeschäfts

159 An § 242 scheitert die Durchsetzung von Rechten aus Rechtsgeschäften, wenn dies gegen Treu und Glauben verstoßen würde. Das ist vor allem der Fall, wenn sich seit der Vornahme eines wirksamen Rechtsgeschäfts die tatsächlichen oder rechtlichen Umstände so **verändert** haben, daß die Geltendmachung von Rechten aus diesem Rechtsgeschäft treuwidrig wäre.

5. § 826

§ 138 und § 826 haben unterschiedliche Regelungsbereiche. Während § 138 Rechtsgeschäfte für nichtig erklärt, wenn ihr Inhalt sittenwidrig ist, sanktioniert § 826 sittenwidrige Schädigungen. Schon daraus folgt, daß ein Verstoß gegen § 138 **nicht ohne weiteres** Schadensersatzansprüche aus § 826 begründet (BGH NJW 1970, 657, 658; MünchKomm/MAYER-MALY § 138 Rn 19). Bei **einseitiger** Sittenwidrigkeit können jedoch beide Vorschriften nebeneinander anwendbar sein, wenn sich die Sittenwidrigkeit nach § 138 aus einem Verhalten ergibt, das zugleich eine sittenwidrige vorsätzliche Schädigungshandlung iSv § 826 darstellt (RGZ 72, 61, 69 f; BGH NJW 1970, 657, 658; vgl auch BGHZ 99, 101, 107). In diesen Fällen werden meist auch Ansprüche aus **culpa in contrahendo** begründet sein (BGHZ 99, 101, 106 f); diese reichen noch insofern über solche aus § 826 hinaus, als Fahrlässigkeit genügt, nach § 278 auch für Erfüllungsgehilfen gehaftet wird, Beweislastvorteile bestehen und die Verjährungsfrist länger ist als die deliktsrechtliche (BGHZ 99, 101, 107, 108). Schadensersatzansprüche aus cic und § 826 können zB begründet sein bei Wucherverträgen oder Knebelungsverträgen (BGHZ 99, 101, 105 f). Die Rechtsfolge dieser Schadensersatzansprüche kann sein, daß dem sittenwidrig Geschädigten die Vorteile aus dem nach § 138 nichtigen Rechtsgeschäft ganz oder teilweise erhalten bleiben (PALANDT/HEINRICHS § 138 Rn 17). Bei beiderseitiger Sittenwidrigkeit werden hingegen idR keine Schadensersatzansprüche eines Vertragspartners gegen den anderen begründet sein.

6. Die §§ 9 ff AGBG

a) § 138 und die §§ 9 – 11 AGBG sind nebeneinander anwendbar, wenn ihre Voraussetzungen erfüllt sind (BRANDNER, in: ULMER/BRANDNER/HENSEN, AGB-Gesetz [6. Aufl 1990] § 9 Rn 32; SOERGEL/HEFERMEHL § 138 Rn 66; SOERGEL/STEIN vor § 8 AGBG Rn 11; WOLF, in: WOLF/HORN/LINDACHER, AGB-Gesetz [3. Aufl 1994] § 9 Rn 22). Bei der dem AGBG unterliegenden Inhaltskontrolle von Verträgen sind die §§ 9 – 11 AGBG auch dann nicht leges speciales gegenüber § 138, wenn es um die Beurteilung von AGB-Klauseln geht, die eine unangemessene Benachteiligung des Vertragspartners zum Gegenstand haben (**aA** BGB-RGRK/KRÜGER-NIELAND/ZÖLLER § 138 Rn 18; BRUSE BB 1986, 478, 482 ff; BUNTE WM 1984 Sonderbeil 1 S 3, 10 f; ERMAN/BROX § 138 Rn 7; ERMAN/HEFERMEHL vor §§ 8, 9 AGBG Rn 5; HÜBNER, AT Rn 497; MünchKomm/Mayer-Maly § 138 Rn 8; PALANDT/HEINRICHS § 138 Rn 16; STAUDINGER/DILCHER[12] § 138 Rn 10). Dies folgt zum einen aus dem unterschiedlichen Schutzzweck dieser Regelungen: Die §§ 9 – 11 AGBG bezwecken nur den Schutz des Vertragspartners (besonders deutlich BGH NJW 1994, 1798; ebenso BGH NJW 1987, 837, 838 sub 3 b; NJW 1991, 353, 354; BB 1995, 1554, 1555; M WOLF, in: FS Baur [1981] 147, 153 ff, 168; PALANDT/HEINRICHS § 9 AGBG Rn 7; SOERGEL/HEFERMEHL § 138 Rn 66; **aA** HABERSACK, Vertragsfreiheit und Drittinteressen [1992] 172 ff, 176 ff), während § 138 Abs 1 einen umfassenden Schutz aller schutzwürdigen Interessen, dh auch aller schutzwürdigen Interessen Dritter und der Allgemeinheit ermöglicht (WOLF, in: WOLF/ HORN/LINDACHER, AGBG [3. Aufl 1994] § 9 Rn 18; BRANDNER, in: ULMER/BRANDNER/HENSEN, AGBG [6. Aufl 1990] § 9 Rn 32). Außerdem würde die Annahme von Spezialität der §§ 9 – 11 AGBG unnötige und unauflösbare Schwierigkeiten bereiten, wenn ein Vertrag sowohl Interessen des Vertragspartners als auch solche der Allgemeinheit und Dritter verletzt.

Das bedeutet: Soweit die Regelungen des AGBG strenger sind, setzen sich diese im

Ergebnis durch. So kennt zB das AGBG nach hM keine geltungserhaltende Reduktion von Vertragsklauseln, die wegen Übermaßes gegen die §§ 9 ff verstoßen (BGHZ 84, 109, 114 ff; NJW 1983, 1320, 1321; WM 1985, 31, 32; BGHZ 98, 303, 311). Wenn ein Bierlieferungsvertrag, der die Voraussetzungen des § 1 AGBG erfüllt, eine sittenwidrige und treuwidrig lange Bezugsbindung vorsieht, so ist nach dem AGBG die **gesamte** Zeitvereinbarung nichtig; die Tatsache, daß der gleichzeitig verwirklichte Verstoß gegen § 138 nur eine geltungserhaltende Reduktion der sittenwidrig langen zeitlichen Bindung zur Folge hätte, wirkt sich neben der strengeren Regelung des AGBG nicht aus. Zur wirksamen Bekämpfung von Verstößen gegen die §§ 9 ff AGBG sieht § 13 AGBG eine besondere Verbandsklagebefugnis vor.

163 b) Wenn man mit einem Teil der Meinungen in der Sittenwidrigkeit iSv § 138 nur eine Form gesteigerter Rechtswidrigkeit sieht und die Inhaltskontrolle nach den §§ 9 ff AGBG für strenger hält (so BGHZ 94, 105, 112 = NJW 1985, 1836; BGHZ 120, 300, 303; BGHZ 124, 380, 384; BRANDNER, in: ULMER/BRANDNER/HENSEN, AGBG § 9 Rn 32; ERMAN/HEFERMEHL vor §§ 8, 9 AGBG Rn 5; GRABA, in: SCHLOSSER/COESTER-WALTJEN/GRABA, AGBG [1977] § 9 Rn 8; SOERGEL/HEFERMEHL § 138 Rn 66; M WOLF, in: FS Baur [1981] 147, 148 f, 168; ders, in: WOLF/HORN/LINDACHER, AGBG § 9 Rn 16; aA AK-BGB/DAMM § 138 Rn 111; HÖNN JZ 1983, 677, 683), dann haben diese Vorschriften bei der Inhaltskontrolle von AGB-Verträgen auch eine **lückenfüllende** Funktion. Diese enge Interpretation des § 138 ist allerdings abzulehnen. AGB-Verträge, die den Vertragspartner des Klauselverwenders entgegen den Geboten von Treu und Glauben unangemessen benachteiligen, verstoßen nicht nur gegen § 9 AGBG, sondern entsprechen auch nicht den guten Sitten iSv § 138. Schon aus **begrifflichen** Gründen ist es abzulehnen, eine iSd Rechts treuwidrige Benachteiligung eines Vertragspartners als vereinbar mit den guten Sitten iS derselben Rechtsordnung anzusehen. Außerdem hat die Sittenwidrigkeitsklausel des § 138 in ihrem Anwendungsbereich eine umfassende lückenfüllende Funktion, die keine Lücken läßt, die mit § 9 AGBG gefüllt werden müßten. Soweit die Ansicht, daß § 9 AGBG einen strengeren Prüfungsmaßstab enthalte, als § 138, auf die Begr RegE zum AGBG gestützt wird, ist dies ein Mißverständnis. Dort heißt es, daß „für AGB **verschärfte** Inhaltskontrollen notwendig (seien), weil der Verwender vorformulierter Vertragsbedingungen bei der Gestaltung des Vertragsinhaltes die Vertragsfreiheit regelmäßig für sich allein in Anspruch nimmt und den anderen Vertragsteil auf die bloße Abschlußfreiheit beschränkt" (BT-Drucks 7/3919 S 22 zu § 7). Daraus folgt jedoch nur, daß AGB wegen der besonderen Beziehungen der Vertragspartner einer verschärften Inhaltskontrolle bedürfen. Dies ist selbstverständlich auch bei der Konkretisierung der guten Sitten iSv § 138 zu berücksichtigen. Die Tatsache, daß AGB einer verschärften Inhaltskontrolle bedürfen, erlaubt hingegen nicht den Schluß, daß dies nur bei der Anwendung von § 9 AGBG relevant werde, während die Gründe für die verschärfte Inhaltskontrolle von AGB bei der Anwendung von § 138 nicht zu berücksichtigen wären.

164 c) § 138 reicht in vielen Punkten weiter als die §§ 9 ff AGBG. Denn § 138 ist auf **alle Individualvereinbarungen** sowie auf **einseitige** Rechtsgeschäfte anwendbar. Außerdem ist § 9 AGBG nicht anwendbar, wenn ein Vertrag bzw eine Vertragsklausel nicht die Interessen des Vertragspartners, sondern nur solche der Allgemeinheit oder Dritter verletzt; denn § 9 AGBG bezweckt nur den Schutz des Vertragspartners eines Klauselverwenders, was auch in den Worten „Treu und Glauben" und „unangemessene Benachteiligung" zum Ausdruck kommt (s o Rn 161). Ferner unterliegt die

Anwendung des § 138 nicht den Beschränkungen, die § 23 AGBG für die Anwendung des AGBG auf dem Gebiet des Arbeits-, Erb-, Familien- und Gesellschaftsrechts vorsieht. Auch die in § 8 AGBG (Art 4 Abs 2 EG-Richtlinie) vorgesehene Beschränkung der Inhaltskontrolle von AGB-Verträgen gilt nur für die Anwendung der §§ 9 – 11 AGBG und läßt insoweit für die Anwendung von § 138 Raum.

Schließlich **war** nur § 138 Abs 1 auf AGB-Verträge anwendbar, wenn im Einzelfall aufgrund der besonderen Beziehungen der Parteien sittenwidrige Tatumstände vorlagen, die bisher bei der nach hM **generell-typisierenden** Anwendung von § 9 AGBG nicht berücksichtigt werden konnten (ERMAN/HEFERMEHL § 9 AGBG Rn 7; MünchKomm/KÖTZ § 9 AGBG Rn 5; SOERGEL/STEIN § 9 AGBG Rn 8 ff). Insoweit hat jedoch die AGB-Richtlinie der EG (ABlEG 1993 L 94/29 ff), die bis zum 31. 12. 1994 in nationales Recht umzusetzen war, zu einer Änderung geführt. Denn die Richtlinie schreibt in Art 4 Abs 1 eine **konkret-individuelle** Inhaltskontrolle vor. Der RegE eines G zur Änderung des AGBG trägt dem in der geplanten Regelung des § 24 Abs 3 Rechnung (Begr RegE BR-Drucks 528/95 vom 1. 9. 1995). Für die zwischen dem 1. 1. 1995 bis zum Inkrafttreten des AGB-ÄndG abgeschlossenen AGB-Verbraucherverträge sind die §§ 9 – 11 AGBG **richtlinienkonform** auszulegen (PALANDT/HEINRICHS § 9 AGBG Rn 4; vgl auch RefE zur Änderung des AGBG BB 1995, 110, 112). Außerdem kann man mit § 138 den Anforderungen der Richtlinie Rechnung tragen, wenn man in der Sittenwidrigkeit nicht nur eine gesteigerte Form der Rechtswidrigkeit sieht, sondern § 138 auf alle Rechtsgeschäfte anwendet, deren Inhalt rechtlich zu mißbilligen ist.

7. AnfG und KO

§ 3 AnfG und die §§ 29 ff KO sind leges speciales gegenüber § 138. Nach § 3 AnfG und nach den §§ 29 ff KO wegen Gläubigerbenachteiligung anfechtbare Rechtsgeschäfte sind deshalb nicht ohne weiteres nach § 138 nichtig, sondern nach den genannten Vorschriften nur anfechtbar (RGZ 56, 229, 230; RGZ 69, 143, 146 f; BGHZ 53, 174, 180; BGH BB 1968, 1057; BGHZ 60, 102, 104; NJW 1973, 513, 514; NJW-RR 1987, 1401; NJW-RR 1990, 143; NJW 1993, 2041 f; BGB-RGRK/KRÜGER-NIELAND/ZÖLLER § 138 Rn 13; ERMAN/BROX § 138 Rn 6; HÜBNER, AT Rn 498; MünchKomm/MAYER-MALY § 134 Rn 51; § 138 Rn 5; SOERGEL/HEFERMEHL § 138 Rn 67; ebenso zum Verhältnis von § 3 AnfG, §§ 29 KO zu § 823 Abs 2 und § 826 BGHZ 56, 339, 355; s auch o § 134 Rn 202, 256, 294). Denn andernfalls wären die Bestimmungen des AnfG und der KO über die Anfechtung wegen Gläubigerbenachteiligung überflüssig, weil § 138 einerseits nicht nur wirksamere Hilfe böte (Nichtigkeit statt Anfechtbarkeit) und andererseits weniger Voraussetzungen, nämlich nicht den Nachweis der tatsächlich eingetretenen Benachteiligung, erfordern würde (BGH NJW-RR 1987, 1401). Deshalb kommt die Anwendung von § 138 neben § 3 AnfG oder den §§ 29 ff KO nur in Betracht, wenn weitere **besondere Umstände** hinzutreten, die über den Normaltatbestand der Absichtsanfechtung wegen Gläubigerbenachteiligung hinausgehen (BGH WM 1968, 1057, 1068; BGHZ 53, 174, 180; NJW 1973, 513, 514; NJW-RR 1987, 1401; NJW-RR 1990, 142; NJW 1993, 2041 aE; NJW 1995, 1668; aA H WESTERMANN, Interessenkollisionen und ihre richterliche Wertung bei den Sicherungsrechten an Fahrnis und Forderungen [1956] 25 f).

Dies ist zB grundsätzlich dann der Fall, wenn ein Schuldner sein letztes zur Gläubigerbefriedigung taugliches Vermögen einem bestimmten Gläubiger überträgt und dadurch gegenwärtige oder künftige Gläubiger über seine Kreditwürdigkeit täuscht und wenn dabei die Vertragspartner zusammengewirkt haben oder der Begünstigte mit der Möglichkeit des bevorstehenden Zusammenbruchs des Schuldners gerechnet, sich jedoch über diese Erkenntnis grob fahrlässig hinweggesetzt hat (BGH NJW 1995, 1668). § 138 ist auch dann anwendbar, wenn ein unterhaltspflichtiger geschiedener Ehegatte durch eine Reihe planmäßiger, in sich zusammenhängender Maßnahmen seine Erwerbstätigkeit aufgibt, sich seines gesamten greifbaren Vermögens entäußert und es einem mit dem Sachverhalt vertrauten Dritten zuwendet, um auf diesem Wege den Zugriff der geschiedenen Ehefrau wegen ihres Unterhaltsanspruchs zu vereiteln (BGH NJW 1973, 513). Für die Anwendung von § 138 ist es hingegen nicht ausreichend, wenn der Gläubiger, zu dessen Benachteiligung das Rechtsgeschäft abgeschlossen worden ist, zum Schuldner in nahen Familienbeziehungen stand und deshalb seine vom Schuldner beabsichtigte Benachteiligung besonders verwerflich erscheinen mag (BGH WM 1958, 1278; WM 1968, 1057; NJW 1973, 513).

8. Das HausTWG

168 Haustürgeschäfte, die die Voraussetzungen des HausTWG erfüllen, sind nicht ohne weiteres auch sittenwidrig. Soweit sie jedoch auch die Voraussetzungen des § 138 BGB erfüllen, ist diese Vorschrift neben dem HausTWG anwendbar (ERMAN/BROX § 138 Rn 7a). Danach ist § 138 auf sittenwidrige „Haustürgeschäfte" nicht nur dann anwendbar, wenn nicht alle Tatbestandsvoraussetzungen des HausTWG erfüllt sind oder – umgekehrt – wenn über das HausTWG hinaus besondere Umstände hinzutreten, sondern in jedem Fall, dh zB auch dann, wenn die Widerrufsfrist des HausTWG abgelaufen ist.

9. Wettbewerbs- und Kartellrecht

169 Bei Wettbewerbsverboten sind § 138 und § 1 GWB nebeneinander anwendbar, wenn die Voraussetzungen beider Vorschriften erfüllt sind (BGH NJW 1979, 1605, 1606; NJW-RR 1989, 900; NJW 1994, 384, 386; BGB-RGRK/KRÜGER-NIELAND/ZÖLLER § 138 Rn 15; HEINZE NJW 1973, 492 f; P ULMER NJW 1979, 1585, 1586). Denn diese Vorschriften haben unterschiedliche Schutzzwecke (BGH NJW 1994, 384, 386; ausführlicher unter Rn 299). Wenn ein Vertrag wegen Mißbrauchs einer marktbeherrschenden Stellung sittenwidrig ist, dann ist § 138 neben den §§ 22, 26, 104 GWB anwendbar (BGH BB 1971, 1177 f). Verlangt ein Stromlieferant von einem Abnehmer überhöhte Strompreise, die diesen gegenüber anderen Stromabnehmern in sachlich nicht gerechtfertigter Weise diskriminieren, dann bestehen neben den Rechtsbehelfen aus § 138 auch solche aus § 26 Abs 2 iVm § 35 GWB (BGH NJW 1976, 710, 711).

170 Bei wettbewerbsbeschränkenden Vereinbarungen, die gegen Art 85 EG-Vertrag verstoßen, hat Art 85 Abs 2 EG-Vertrag Vorrang vor § 138, soweit die Sittenwidrigkeit auf der tatbestandsmäßigen Erfüllung des Art 85 Abs 1 EG-Vertrag beruht. Vereinbarungen, die unter Mißbrauch einer marktbeherrschenden Stellung iSv Art 86 EG-Vertrag geschlossen worden sind, werden von § 134 erfaßt; sie sind nach § 134 nichtig, soweit sich aus dem Zweck des Mißbrauchsverbots nicht ein anderes ergibt (o § 134 Rn 227); daneben ist für § 138 kein Raum.

Zum Verhältnis des § 138 zum allgemeinen Wettbewerbsrecht vgl o § 138 Rn 7 ff, 44, 70 ff und § 134 Rn 298 ff.

10. Weitere Konkurrenzen

§ 4 und § 16 iVm §§ 17 – 21 **EheG** sind leges speciales zu § 138 (ERMAN/BROX § 138 Rn 2). **171**
§ 241 Nr 4 **AktG** ist lex specialis zu § 138 (BGHZ 15, 382, 384 f); § 241 Nr 4 AktG ist analog auf GmbH-Beschlüsse anwendbar (BGHZ 15, 382, 384). Zum Verhältnis von § 138 zum **KSchG** vgl unten Rn 407 ff.

VII. Das Wucherverbot des § 138 Abs 2*

Einen Sonderfall der Sittenwidrigkeit regelt der Wuchertatbestand des § 138 Abs 2, **172**

---

* **Schrifttum:** BECKER, Die Lehre von der laesio enormis in der Sicht der heutigen Wucherproblematik. Ausgewogenheit als Vertragsinhalt und § 138 BGB (1993); BENDER, Probleme des Konsumentenkredits, NJW 1980, 1129; BLODIG, Der Wucher und seine Gesetzgebung (1892); BRANDAU, Die Sittenwidrigkeit des Konsumenten-Teilzahlungskredites wegen eines überhöhten Entgeltes (1982); BRUSE, Zur Berücksichtigung Allgemeiner Geschäftsbedingungen bei der Sittenwidrigkeitskontrolle von Konsumentenkreditverträgen, BB 1986, 478; BUNTE, Probleme der Ratenkreditverträge, WM 1984 Sonderbeil 1 S 3; ders, Rechtsanwendungsprobleme im Bereich des Konsumentenkredits, NJW 1985, 705; ders, Rückabwicklung sittenwidriger Ratenkreditverträge, NJW 1983, 2674; P BYDLINSKI, Die Stellung der laesio enormis im Vertragsrecht, JBl 1983, 410; CANARIS, Der Zinsbegriff und seine rechtliche Bedeutung, NJW 1978, 1891; ders, Schranken der Privatautonomie zum Schutze des Kreditnehmers, ZIP 1980, 709; ders, Der Bereicherungsausgleich bei sittenwidrigen Teilzahlungskrediten, WM 1981, 978; ders, Die Auswirkungen der Sittenwidrigkeit von Ratenkreditverträgen auf Folgekreditverträge, WM 1986, 1453; DERLEDER, Der Marktvergleich beim Konsumentenratenkredit als Mittel der Sittenwidrigkeitsprüfung, NJW 1982, 2401; GÖBEL, Übersicherung und Freigabeklauseln in vorformulierten Kreditsicherungsverträgen (1993); GRUNWALDT, Sittenwidriger Ratenkreditvertrag: Kurze Verjährung und vertragsgemäße Verrechnung der Zahlungen, MDR 1995, 125; HACKL, Äquivalenzstörung und Sittenwidrigkeit, BB 1977, 1412; ders, Die guten Sitten als Kontrollinstrument für Kreditgeschäfte, DB 1985, 1327; HADDING, Welche Maßnahmen empfehlen sich zum Schutz des Verbrauchers auf dem Gebiet des Konsumentenkredits? Gutachten zum 53. Deutschen Juristentag (1980); HAMMEN, Der Maßstab des Doppelten bei der Sittenwidrigkeit von Zinsvereinbarungen, ZBB 1991, 87; HARENBERG, Kontrolle sittenwidriger, wucherischer und unangemessen hoher Preise durch die Rechtsprechung (Diss Göttingen 1981); ders, Sittenwidrige Höhe von Darlehenszinsen, NJW 1981, 99; JOOS, Zur Sittenwidrigkeit von Ratenbarkrediten an Konsumenten wegen fehlender Leistungsäquivalenz (1986); KOCHENDÖRFER, Sittenwidrige Höhe von Darlehenszinsen, NJW 1980, 215; KOZIOL, Sonderprivatrecht für Konsumentenkredite?, AcP 188 (1988) 183; MARTINEK, Der Maklervertrag als wucherähnliches Geschäft? Vorschlag für einen Paradigmawechsel bei der Sittenwidrigkeitskontrolle von Maklerverträgen, JZ 1994, 1048; MÜNSTERMANN, Zur Frage der Sittenwidrigkeit von Konsumenten-Ratenkredit-Verträgen, WM 1982, 1070; MÜSSIGBRODT, Sittenwidrigkeit und Wucher beim Darlehensvertrag, JurA 1980, 697; NÜSSGENS, Zum Verhältnis zwischen § 138 Abs. 1 BGB und den Regelungen des AGBG im Bereich des sog. Konsumentenkredits (Finanzierter Abzahlungskauf), in: FS Werner (1984) 591; ders, Einzelne Fragen aus dem Bereich des Konsumentenkredits, insbesondere unter Berücksichtigung der neueren Rechtsprechung des Bundesgerichts-

wonach Rechtsgeschäfte „insbesondere" bei Wucher nichtig sind (RGZ 64, 181, 182; BGH WM 1981, 404; BGHZ 125, 135, 137 = NJW 1994, 1475; LG Trier NJW 1974, 151, 152). Deshalb verdrängt § 138 Abs 2 die Regelung des § 138 Abs 1 (RGZ 72, 61, 69; RGZ 93, 27, 28 f; BGB-RGRK/Krüger-Nieland/Zöller § 138 Rn 44). Nur wenn ein Tatbestandsmerkmal des § 138 Abs 2 nicht erfüllt ist oder wenn besondere über den Wuchertatbestand hinausgehende Tatumstände hinzukommen, kann § 138 Abs 1 zur Anwendung kommen. Wenn über das Wucherverbot des § 138 Abs 2 hinaus besondere sittenwidrigkeitsbegründende Tatumstände hinzukommen, sind beide Vorschriften nebeneinander anwendbar.

173 In seiner ursprünglichen Fassung schützte § 138 Abs 2 nur gegen das Ausbeuten einer Notlage, des Leichtsinns oder der Unerfahrenheit. Nach seiner Novellierung durch Art 3 des Ersten Gesetzes zur Bekämpfung der Wirtschaftskriminalität (1. WiKG) im Jahre 1976 (BGBl I 2043, dazu BT-Drucks 7/3441 S 40 ff) erfaßt § 138 Abs 2 nunmehr die Ausbeutung der Zwangslage, der Unerfahrenheit, des Mangels an Urteilsvermögen oder der erheblichen Willensschwäche des Bewucherten; statt einer „Notlage" ist jetzt nur noch eine „Zwangslage" erforderlich, und statt Leichtsinns genügen jetzt der Mangel an Urteilsvermögen oder eine erhebliche Willensschwäche.

174 Infolge der Angleichung der Formulierungen durch das 1. WiKG deckt sich der Wortlaut des § 138 Abs 2 mit den entsprechenden Regelungen des § 302 a StGB, der ein „Gesetz" iSv § 134 darstellt. Nach wohl hL sind § 138 Abs 2 und § 134 iVm § 302 a StGB nebeneinander anwendbar (Erman/Brox § 138 Rn 8; Palandt/Heinrichs § 138 Rn 76; Soergel/Hefermehl § 138 Rn 70 aE; Staudinger/Dilcher[12] § 138 Rn 106; § 134 Rn 20). Nach aA hat § 134 Vorrang vor § 138 Abs 2 (Jauernig/Jauernig § 138 Anm 4 a; ebenso wohl auch BGB-RGRK/Krüger-Nieland/Zöller § 138 Rn 50). ME verdrängt jedoch genau umgekehrt § 138 Abs 2 als zivilrechtliche Sonderregelung des Wuchers die Anwendung des Gesetzwidrigkeitsblanketts des § 134 iVm § 302 a StGB (Scherner, AT 232). Demgegenüber geht die Regelung des Mietwuchers durch § 5 WiStG über den Wuchertatbestand des § 138 Abs 2 hinaus; § 134 iVm § 5 WiStG und § 138 Abs 2 sind nebeneinander anwendbar. Vorrang hat das Gesetzwidrigkeitsblankett des § 134 nur vor der lückenfüllenden Sittenwidrigkeitsklausel des § 138 Abs 1, nicht vor der Spezialregelung des § 138 Abs 2 (MünchKomm/Mayer-Maly § 138 Rn 122; Soergel/Hefermehl § 138 Rn 76). Neben § 134 iVm § 302 a StGB oder § 5 WiStG ist für den lückenfüllenden Tatbestand des § 138 Abs 1 nur Raum, wenn besondere Tatumstände hinzutreten, die über diese Spezialregelungen hinausreichen.

hofs, FLF 1986, 90; Reich, Reform des Rechts des Konsumentenkredits, JZ 1980, 329; Reinhardt, Der gerechte Preis, ein Bestandteil unserer Rechtsordnung?, in: FS Lehmann (1937) 221; Rellermeyer, Objektive Bezugsgrößen für die Bewertung von Kreditsicherheiten, WM 1994, 1009 u 1053; Rühle, Das Wucherverbot – effektiver Schutz des Verbrauchers vor überhöhten Preisen? (1978); Scholz, Zur persönlichen Schwächesituation des Kreditnehmers bei der Anwendung von § 138 Abs. 1 BGB, MDR 1987, 529; Schwark, Rechtsfragen des Konsumentenkredits (1986); Sturm, Die Neufassung des Wuchertatbestandes und die Grenzen des Strafrechts, JZ 1977, 84; Weber, Die Nichtigkeit von Teilzahlungsverträgen, NJW 1980, 2062; H P Westermann, Die Bedeutung der Privatautonomie im Recht des Konsumentenkredits, in: FS Hermann Lange (1992) 995; Zwanziger, Sondermarkt für Teilzahlungsbanken im Konsumentenratenkredit, BB 1980, 1282.

1. Auffälliges Mißverhältnis von Leistung und Gegenleistung

a) Allgemeine Anmerkungen

Wucher iSv § 138 Abs 2 erfordert ein auffälliges Mißverhältnis von Leistung und Gegenleistung. Dies setzt Verträge voraus, die auf einen **Leistungsaustausch** gerichtet sind (BGH NJW 1982, 2767), sei es zwischen den Parteien, sei es zugunsten Dritter. Da § 138 Abs 2 auf alle Verträge anwendbar sein kann, die einen Leistungsaustausch zum Gegenstand haben, ist deren Rechtsnatur für die Anwendung dieser Vorschrift unerheblich.

Nicht vom Wuchertatbestand erfaßt werden unentgeltliche Geschäfte, zB Bürgschaftsverpflichtungen, die wegen einer Zwangslage des Hauptschuldners übernommen werden, da zwischen dem Bürgen und dem Gläubiger kein Leistungsaustausch stattfindet (BGHZ 106, 269, 271 f = NJW 1989, 830, 831), eine vorweggenommene Erbfolge (ERMAN/BROX § 138 Rn 11; SOERGEL/HEFERMEHL § 138 Rn 74) oder eine Schenkung.

Ob ein Mißverhältnis zwischen Leistung und Gegenleistung **auffällig** ist, muß anhand einer Gesamtwürdigung aller Umstände des Einzelfalles festgestellt werden. Von erheblicher Bedeutung sind dabei vor allem auch die Risiken, die eine Partei zu tragen hat (BGHZ 69, 295, 300 f = NJW 1977, 2356; NJW 1982, 2767; BB 1990, 1509, 1510), zB das Risiko der Zahlungsunfähigkeit des Vertragspartners oder des Wertes der bestellten Sicherheiten (BGH NJW 1982, 2767), das Risiko von Preis- und Wertschwankungen während der Vertragslaufzeit oder – bei Fluchthelferverträgen – das Lebensrisiko (BGHZ 69, 295, 300 f). Maßgeblich sind immer nur die **objektiven** Werte von Leistung und Gegenleistung (BGH WM 1969, 1255, 1257; WM 1984, 874, 875; NJW 1988, 130, 131 aE; NJW-RR 1990, 950; NJW-RR 1993, 198, 199); ein Affektionsinteresse bleibt außer Betracht (BGH NJW-RR 1993, 198, 199).

Zu berücksichtigen sind auch die Vermögensvorteile, die nicht dem Vertragspartner, sondern **einem Dritten** versprochen bzw gewährt worden sind (BGH NJW 1980, 1155, 1156). Die Tatsache, daß eine solche „**Additionsklausel**" durch das 1. WiKG zwar in den Wortlaut des § 302 a StGB, nicht jedoch in den des § 138 Abs 2 aufgenommen worden ist (dazu RITTNER DB 1980 Beil 16 S 8) und entsprechende Gesetzesvorschläge erfolglos blieben (vgl Begr RegE BT-Drucks 9/132 und 10/307), erlaubt keinen Umkehrschluß, da man davon ausging, daß die Rechtsprechung § 138 Abs 2 iS der Additionsklausel auslegen werde (ERMAN/BROX § 138 Rn 12). Deshalb sind zB beim finanzierten Abzahlungskauf ungeachtet der formalen Trennung von Kauf- und Darlehensvertrag wegen der wirtschaftlichen Einheit alle Leistungen des Käufers/Darlehensnehmers einerseits und alle Leistungen des Verkäufers und des Darlehensgebers andererseits einander gegenüberzustellen (BGH NJW 1980, 1155, 1156; MünchKomm/MAYER-MALY § 138 Rn 118; SOERGEL/HEFERMEHL § 138 Rn 74).

Miteinander zu vergleichen sind die **marktüblichen** Preise bzw Zinsen mit den **vertraglich** vereinbarten Preisen bzw Zinsen (BGHZ 125, 135, 137). Als Faustregel gilt, daß ein auffälliges Mißverhältnis zwischen Leistung und Gegenleistung besteht, sobald der Wert einer vertraglich vereinbarten Leistung und deren marktüblicher Wert im Verhältnis von 1 zu 2 und mehr stehen (BGH NJW 1992, 899, 900; NJW 1994, 1344, 1347; MünchKomm/MAYER-MALY § 138 Rn 119; vgl auch HACKL BB 1977, 1412, 1413; BENDER NJW 1980, 1129, 1133). Auch speziell beim Lohnwucher sind der vertraglich vereinbarte

Lohn und der marktübliche miteinander zu vergleichen, wobei der letztere nicht ohne weiteres mit dem bestehenden Tariflohn gleichgesetzt werden kann (Münch-Komm/Mayer-Maly § 138 Rn 123), weil manchmal auch nennenswerte außertarifliche Zuschläge zum Tariflohn marktüblich sind. Der Vergleich kann ergeben, daß das vereinbarte Entgelt sowohl wucherisch hoch als auch wucherisch niedrig ist. Wucherisch hoch ist das vereinbarte Entgelt (Preis, Zins), wenn es ca 100% über dem marktüblichen Entgelt liegt; wucherisch niedrig ist es, wenn es nur ca 50% des marktüblichen Entgelts ausmacht (BGH WM 1980, 597; NJW-RR 1991, 589). Beim Vorliegen besonderer Umstände kann jedoch auch eine kleinere Differenz für den Wuchervorwurf genügen bzw – bei hohen Risiken – eine größere Differenz gerechtfertigt sein. Wenn das vereinbarte Entgelt um das Mehrfache vom üblichen abweicht, so kann dennoch ein auffälliges Mißverhältnis zu verneinen sein, wenn für die Berechtigung des Entgelts besondere Gründe dargelegt werden können (BGHZ 125, 135, 138). Je weniger ein marktüblicher Preis für die betreffende Leistung feststellbar ist, um so mehr sind alle Umstände des Einzelfalles zu würdigen.

180 Für die Feststellung, ob ein auffälliges Mißverhältnis zwischen Leistung und Gegenleistung besteht, ist der **Zeitpunkt** des Vertragsabschlusses entscheidend (BGH WM 1966, 585, 589; WM 1977, 399, 400; BGHZ 107, 92, 96 f), nicht der Zeitpunkt der gerichtlichen Entscheidung (so jedoch OLG Stuttgart BB 1972, 1202). Ein **nachträglich** entstehendes Mißverhältnis zwischen Leistung und Gegenleistung ist für § 138 nicht relevant, es sei denn, es ist durch ein zusätzliches Rechtsgeschäft entstanden (BGB-RGRK/Krüger-Nieland/Zöller § 138 Rn 47; Palandt/Heinrichs § 138 Rn 66; Soergel/Hefermehl § 138 Rn 75). Sind hingegen nach Vertragsabschluß die Marktpreise bzw Zinssätze gesunken, so führt ein **dadurch** nachträglich entstandenes Mißverhältnis zwischen Leistung und Gegenleistung nicht zur Anwendbarkeit von § 138 Abs 2. Dementsprechend gilt umgekehrt, daß ein Steigen der marktüblichen Preise und Zinsen nach Vertragsabschluß mit der Folge des nachträglichen Wegfalls des Mißverhältnisses einen im Zeitpunkt des Vertragsabschlusses nach § 138 Abs 2 nichtigen Vertrag nicht nachträglich „heilt" (Erman/Brox § 138 Rn 27; Palandt/Heinrichs § 138 Rn 66). Auch durch eine Änderung der Rechtsanschauung zu den Voraussetzungen eines auffälligen Mißverhältnisses bzw zu den subjektiven Tatbestandsvoraussetzungen des § 138 Abs 2 kann ein im Zeitpunkt der Vornahme gültiges Rechtsgeschäft nicht nichtig bzw ein nichtiges Rechtsgeschäft nicht gültig werden. Wenn allerdings ein im Zeitpunkt der Vornahme gültiger Vertrag ein Entgelt vorsieht, das nach der gegenwärtigen Rechtsanschauung wucherisch ist, so steht dem Anspruch auf Leistung der Einwand der unzulässigen Rechtsausübung nach § 242 entgegen (BGH NJW 1983, 2692, 2693; Erman/Brox § 138 Rn 27; Soergel/Hefermehl § 138 Rn 75 aE, 102). Soweit jedoch das Entgelt bereits bezahlt worden ist, kann es nicht nach § 812 zurückgefordert werden (Soergel/Hefermehl § 138 Rn 75).

b) Konsumentenkreditverträge mit Kreditinstituten

181 Ob ein auffälliges Mißverhältnis vorliegt, ergibt sich aus einem Vergleich des geforderten Zinses, dh des **Vertragszinses**, mit dem **Marktzins** im Zeitpunkt des Vertragsabschlusses (BGH NJW 1983, 1420, 1422). Als Vertragszins gilt der **effektive Jahreszins** (BGH BB 1975, 1129, 1130). Bei der Marktzinsberechnung ist vom sog **Schwerpunktzins** auszugehen. Das ist der in den Monatsberichten der Deutschen Bundesbank angegebene durchschnittliche Monatszinssatz für Ratenkredite (BGH ZIP 1995, 383, 385, 387; NJW 1991, 832, 833 und 834, 835; WM 1990, 1322, 1323; NJW 1988, 1661, 1662; NJW 1988, 818;

2. Titel. § 138
Willenserklärung

NJW 1987, 2220, 2221 sub II 1 b; NJW 1987, 181; BGHZ 98, 174, 176 f = NJW 1986, 2564, 2565; NJW 1986, 2568; NJW 1983, 1420, 1421; NJW 1982, 2433, 2434 und 2436, 2437; BGHZ 80, 153, 162 = NJW 1981, 1206; zu Besonderheiten beim Finanzierungsleasing BGH NJW 1995, 1146, 1147 f). Dieser ist auch bei der Bewertung eines Kontokorrentkredits oder ähnlicher Kredite mit variablem Zinssatz und festen Rückzahlungs(mindest)raten zugrunde zu legen (BGH NJW 1991, 832, 833). Die Zinsstatistik der Bundesbank für Hypothekenkredite kann nicht generell einen Anhalt für die Bestimmung des angemessenen Zinssatzes bieten (BGH NJW 1994, 1275). Denn sie bezieht sich nur auf langfristige Bankkredite, die durch erstrangige Grundpfandrechte innerhalb der banküblichen Beleihungsgrenzen abgesichert sind. Anders ist hingegen die Angemessenheit bei kurzfristigen Darlehen zu bestimmen, für die nur nachrangige Sicherheiten bestehen, die den zunächst angesprochenen Banken nicht mehr ausreichend erschienen (BGH NJW 1994, 1275; WM 1990, 1322, 1323 sub II 2 b).

Ein auffälliges Mißverhältnis zwischen Leistung und Gegenleistung besteht idR **182** dann, wenn der als effektiver Jahreszins berechnete Vertragszins rund doppelt so hoch ist wie der Marktzins (iS des Schwerpunktzinses), dh bei einem **relativen** Unterschied von ca 100% (BGH NJW 1988, 818; NJW 1988, 1661, 1662; BGHZ 104, 102, 105 = NJW 1988, 1659; BGHZ 110, 336, 338 f = NJW 1990, 1595, 1596; BGH NJW 1995, 1019; BGH NJW 1995, 1146, 1148). Da es sich jedoch nicht um eine starre Grenze handelt, kann die Anwendung von § 138 Abs 1 auch dann gerechtfertigt sein, wenn die relative Zinsdifferenz zwischen Vertragszins und Marktzins zwar nur zwischen 90 und 100% liegt, jedoch sonstige den Kreditnehmer unbillig belastende Umstände hinzukommen (BGH NJW 1982, 2433, 2435; NJW 1982, 2436, 2437; NJW 1987, 183 = WM 1986, 1517, 1518; NJW 1988, 696; NJW 1988, 1661, 1662 aE; BGHZ 104, 102, 105 = NJW 1988, 1659, 1660; BGHZ 110, 336, 338 = NJW 1990, 1595), zB eine Verzugsregelung, die den Kreditnehmer übermäßig belastet, sofern eine gewisse Wahrscheinlichkeit für einen Verzug besteht (BGH NJW 1982, 2436, 2437), oder wenn durch die Ablösung eines Fremdkredits erhebliche Umschuldungsnachteile entstanden sind (BGH NJW 1988, 818, 819; NJW 1990, 1048, 1049; NJW 1990, 1597, 1598). Andererseits kann auch bei einem Vertragszins, der den Schwerpunktzins um 110% überschreitet, ein auffälliges Mißverhältnis zu verneinen sein, wenn der Kredit in einer **Niedrigzinsphase** langfristig ohne Zinsanpassungsklausel gewährt wurde (BGH NJW 1991, 834, 835).

Bei einem **relativen** Zinsunterschied von weniger als 90% hat der BGH hingegen ein auffälliges Mißverhältnis grundsätzlich verneint (BGH NJW 1982, 2433, 2434; NJW 1982, 2436 f; BGHZ 99, 333, 336 = NJW 1987, 941, 944; NJW 1988, 1661, 1662 aE [81 u 84%]; BGHZ 104, 102, 105 = NJW 1988, 1659, 1660; BGHZ 110, 336, 338 = NJW 1990, 1595), es sei denn, es liegt ein außergewöhnlich hoher **absoluter** Zinsunterschied vor und es kommen besondere Umstände hinzu (BGHZ 104, 102, 105 f = NJW 1988, 1659, 1660; BGHZ 110, 336, 338 aE = NJW 1990, 1595). Insoweit mißt der BGH einem absoluten Zinsunterschied von etwa **zwölf Prozentpunkten** zwischen Vertragszins und Marktzins eine Richtwertfunktion für ein auffälliges Mißverhältnis bei (BGHZ 110, 336, 339 f mwNw = NJW 1990, 1595 [12,66%]; vgl auch BGHZ 104, 102, 106 [13,58%]; nicht ausreichend 11,5% nach BGH WM 1989, 1675, 1676 sub II 2; PALANDT/HEINRICHS § 138 Rn 27; SOERGEL/HEFERMEHL Ergbd § 138 Rn 97). Als überholt anzusehen und abzulehnen ist die bis etwa 1978 hM, die bei der Frage nach einem auffälligen Mißverhältnis von Leistung und Gegenleistung **generell** auf eine feste Zinshöhe abgestellt und die Grenze zuletzt bei etwa 28 bis 30% gezogen hat (MünchKomm/MAYER-MALY § 138 Rn 103, 120). Denn die marktüblichen Zinsen schwanken ständig und zT recht erheblich; Hochzinsphasen und Niedrigzinsphasen wechseln einander ab.

183 Bei der Prüfung eines auffälligen Mißverhältnisses zwischen Leistung und Gegenleistung beim Ratenkreditvertrag sind nach Ansicht des BGH die Kosten einer **Restschuldversicherung** weder bei der Berechnung des Vertrags- noch des Marktzinses zu berücksichtigen, da sie grundsätzlich beiden Seiten gleiche Vorteile bringt (BGH NJW 1982, 2433, 2434; NJW 1982, 2436, 2437 [in Abgrenzung zu BGHZ 80, 153]; BGHZ 99, 333, 336 = NJW 1987, 944; NJW 1988, 818; NJW 1988, 1661, 1662 sub 2 d; BGHZ 104, 102, 104 = NJW 1988, 1659; NJW 1989, 3217; NJW 1990, 1048, 1049; anders wohl noch BGHZ 80, 153, 167 f = NJW 1981, 1206; **aA** auch MünchKomm/MAYER-MALY § 138 Rn 121). Die **Vermittlerkosten** sind insgesamt grundsätzlich nicht beim Marktzins, sondern nach ständiger Rechtsprechung des BGH beim Vertragszins zu berücksichtigen, da die Einschaltung eines Kreditvermittlers im allgemeinen im weitaus überwiegenden Interesse der Banken liegt (BGH NJW 1986, 376; NJW 1986, 2568; NJW 1987, 181; NJW 1987, 2220, 2221; NJW 1988, 1659, 1660; NJW 1988, 1661, 1662; BGHZ 104, 102, 104 = NJW 1988, 1659; NJW 1990, 1048, 1049; PALANDT/ HEINRICHS § 138 Rn 26; SOERGEL/HEFERMEHL § 138 Rn 74, 89; **aA** CANARIS ZIP 1980, 709, 714; KOZIOL AcP 188 [1988] 183, 214 f; STAUDINGER/DILCHER[12] § 138 Rn 99). Von diesem Grundsatz wird nur dann eine Ausnahme gemacht, wenn sich aus den Umständen des Einzelfalles ergibt, daß die Tätigkeit des Vermittlers nicht so sehr im Interesse der Bank, sondern des Kreditnehmers lag oder ihm besondere Vorteile gebracht hat (BGH NJW 1987, 181, 182; SOERGEL/HEFERMEHL § 138 Rn 89; STAUDINGER/DILCHER[12] § 138 Rn 99). Eine Ausnahme gilt ferner dann, wenn der Kreditgeber von der Vermittlung nichts wußte (BGH WM 1987, 1331 f). Beim Vertragszins zu berücksichtigen sind auch einmalige **Bearbeitungsgebühren** und ähnliche Gebühren (BGH NJW 1982, 2433, 2434).

184 Unterschiede der internen Kostenstruktur der einzelnen Typen von Kreditinstituten rechtfertigen es nicht, dem Schwerpunktzins die Eignung für die Wertbemessung abzusprechen (BGHZ 80, 153, 163 f = NJW 1981, 1206; NJW 1982, 2433, 2434; NJW 1983, 1420, 1421 sub III 1; BGHZ 98, 174, 177 = NJW 1986, 2564; BENDER NJW 1980, 1129; REICH JZ 1980, 329, 334; HACKL DB 1985, 1327, 1329; PALANDT/HEINRICHS § 138 Rn 26; SOERGEL/HEFERMEHL § 138 Rn 93; krit KOZIOL AcP 188 [1988] 183, 195 ff; **aA** MünchKomm/MAYER-MALY § 138 Rn 120). Denn den unterschiedlichen Kostenstrukturen wird bereits dadurch Rechnung getragen, daß sie den Schwerpunktzins um ca 100% überschreiten dürfen (PALANDT/ HEINRICHS § 138 Rn 26).

c) **Sonstige Kreditverträge**
185 Die zu den Konsumentenkreditverträgen mit Kreditinstituten entwickelten Regeln sind nur beschränkt auf andere Typen von Kreditverträgen übertragbar.

186 aa) Bei Krediten **an Gewerbetreibende** zu einem Zinssatz – je nach dem Zeitpunkt der Rückzahlung – zwischen 94% und 180% besteht – auch bei wertlosen Sicherheiten – ein auffälliges Mißverhältnis; jedoch greift die Vermutung, daß der subjektive Tatbestand vorliegt, nicht ein (BGH NJW 1982, 2767; NJW 1991, 1810).

187 bb) Die 100%-Regel und die Vermutung des subjektiven Tatbestandes gilt nicht für Gelegenheitskredite von **nichtgewerbsmäßigen Darlehensgebern** (BGH NJW-RR 1990, 1199 = BB 1990, 1509, 1510; NJW 1994, 1056, 1057). Bei einem risikoreichen Darlehen für etwa 6 Wochen besteht kein auffälliges Mißverhältnis bei einem Auszahlungsbetrag von 72.000,– DM und einem Rückzahlungsbetrag von 90.000,– DM; bei einem kurzfristigen Darlehen kann die Vergütung nicht ohne weiteres auf einen Jahresbetrag hochgerechnet und mit dem marktüblichen Zinssatz von Banken verglichen werden (BGH NJW 1994, 1056).

cc) Die Kombination von **Lebensversicherung** und Konsumentenkredit ist nach ihrem wirtschaftlichen Zweck mit einem üblichen Ratenkredit vergleichbar (BGHZ 111, 117, 120; WM 1989, 665; vgl auch WM 1988, 364). Deshalb kann die Gesamtbelastung des Verbrauchers aus Kreditzinsen und Versicherungsprämie beim Effektivzinsvergleich der marktüblichen Belastung aus einem Ratenkredit mit Restschuldversicherung gegenübergestellt werden (BGHZ 111, 117, 121; REIFNER ZIP 1988, 817, 819; aA KOHTE ZBB 1989, 130, 139). Belastungsmindernd zu berücksichtigen ist die Gewinnbeteiligung (BGHZ 111, 117, 122 f; WM 1988, 364, 366; aA SCHMELZ/KLUTE NJW 1988, 3113, 3116 f; KOHTE ZBB 1989, 130, 138; OLG Celle WM 1989, 847, 849) und ein etwaiger mit der Versicherung verbundener Steuervorteil (BGH WM 1988, 364, 366; REIFNER ZIP 1988, 817, 821 f; offengelassen in BGHZ 111, 117, 123; aA REIFNER VuR 1986, 6, 10 f; KOHTE ZBB 1989, 130, 138). Wenn die Vertragskombination aus Lebensversicherung und Kredit für den Kunden ungünstiger ist als ein üblicher Ratenkredit, bedarf dies der Rechtfertigung (BGHZ 111, 117, 120).

dd) Streitig ist die Anwendbarkeit der zum Darlehenswucher entwickelten Kriterien für die Feststellung eines auffälligen Mißverhältnisses auf das **Finanzierungsleasing**. ZT wird die Ansicht vertreten, diese Kriterien seien wegen der „Finanzierungsfunktion" des Finanzierungsleasing ohne weiteres übertragbar (OLG Karlsruhe NJW-RR 1986, 217). Gegen die Übertragbarkeit wird hingegen eingewendet, daß der Leasingvertrag kein Darlehensvertrag, sondern ein atypischer Mietvertrag sei und die Leistungen des Leasinggebers wegen höherer Aufwendungen umfangreicher seien als die eines Darlehensgebers (OLG München NJW 1981, 1104; OLG Saarbrücken NJW-RR 1988, 243; OLG Celle NdsRpfl 1990, 249; OLG Hamm NJW-RR 1994, 1467; BUNTE EWiR 1986, 115; REINKING/NIESSEN NZV 1993, 49). Zustimmung verdient die Ansicht, daß nicht in erster Linie die Rechtsnatur des Leasingvertrages maßgeblich ist (BGH NJW 1995, 1019, 1020), sondern daß – wie auch bei Ratenkreditverträgen – ein Vergleich der konkret vereinbarten Leasingrate („Vertragspreis") mit den auf dem Markt üblichen Leasingraten für entsprechende Objekte (Marktpreis) vorgenommen werden muß (BGH NJW 1995, 1019, 1020; NJW 1995, 1146, 1147). Ein objektives Mißverhältnis liegt vor, wenn der Vertragspreis den Marktpreis um 100% übersteigt (BGH NJW 1995, 1019, 1020 f).

Wenn sich ein übliches Entgelt mangels aussagekräftiger Vergleichsvorgänge und Vergleichsobjekte nicht feststellen läßt, ist hilfsweise von den für Ratenkreditverträge entwickelten Kriterien auszugehen (BGH NJW 1995, 1019, 1021; NJW 1995, 1146, 1147). Dabei können höhere Aufwendungen, die der Leasinggeber nachweisbar im Vergleich zum Geldkreditgeber hat, durch einen entsprechenden Zuschlag zum Schwerpunktzins berücksichtigt werden, zB Gewerbesteuer oder höhere Refinanzierungskosten (BGH NJW 1995, 1019, 1021; NJW 1995, 1146, 1147). Eine Abwandlung ist notwendig bei **Teilamortisationsverträgen** (vgl dazu BGH NJW 1995, 1146, 1147 f unter Bezugnahme auf SCHMIDT/SCHAMM DB 1989, 2109, 2112).

d) Sonstige Verträge

191 aa) Ein auffälliges Mißverhältnis wurde **bejaht** in folgenden Fällen: beim Verkauf eines **Grundstücks** im Wert von ca 80.000,– DM zum Preis von 45.000,– DM, ohne daß mit dem Geschäft ein wirtschaftliches Risiko verbunden war (BGH WM 1980, 597 f), im Wert von 400.000,– DM zum Preis von 220.000,– DM (BGH NJW-RR 1991, 589), im Wert von 300.000,– DM zu ca 125.000,– DM (BGH NJW-RR 1993, 198, 199) oder – diesmal zu teuer – beim Verkauf eines Grundstücks im Wert von 164.000,– DM zum Preis von 300.000,– DM (BGH WM 1984, 874, 875), im Wert von ca 64.500,– DM zum Preis von 138.000,– DM (BGH NJW-RR 1990, 950); beim Verkauf mangelhafter **Eigentumswohnungen** im Wert von zusammen 30.000,– DM zum Preis von 160.000,– DM (BGH NJW 1992, 899, 900 sub II 2); beim Verkauf eines Anteils an einer Eigentumswohnung im sog **Time-sharing-Modell**, wenn der dabei zu bezahlende Quadratmeterpreis bei etwa dem 7–10fachen des für solche Eigentumswohnungen in der betreffenden Gegend üblichen Preises liegt (BGHZ 125, 218, 227 f = NJW 1994, 1344, 1347; LG Berlin NJW-RR 1995, 754, 755; LG Duisburg NJW-RR 1995, 883, 884; vgl auch LG Detmold NJW 1994, 3301; LG Tübingen NJW-RR 1995, 1142), auch wenn in Time-sharing-Modellen noch höhere Preise verlangt werden; beim Kauf von Chemikalien für eine Galvanisierungsanlage zu einem Preis, der über 1.000% über dem angemessenen liegt (BGH WM 1982, 849); bei einem **Pachtvertrag** über Gewerberäume, wenn der Pachtzins rund 145% über dem marktüblichen liegt (OLG Stuttgart NJW-RR 1993, 654); bei der Bewertung einer Einlage eines Gesellschafters in der Eröffnungsbilanz mit weniger als 30% ihres Wertes (BGH WM 1975, 325, 327 [zu § 826]; bei einem um 220% überhöhten Kaufpreis für einen **GmbH-Anteil** OLG München BB 1995, 2235); der BGH hat die Annahme der Revision abgelehnt (Hinweis in ZIP 1995, A 110 Nr 270); bei einem Vergleich über die Abfindung einer **Versorgungsanwartschaft** im Wert von 110.000,– DM gegen Zahlung von 5.000,– DM (BAG DB 1986, 548); bei einem zinslosen Darlehen in Höhe von 175.200,– DM mit 40jähriger Rückzahlungsfrist in Raten gegen die vertraglich nicht festgelegte und fehlgeschlagene Hoffnung auf eine Beteiligung oder Beschäftigung im Betrieb des Darlehensnehmers (BGH WM 1988, 195, 196); bei einem **Werklohn**, der mit 499,50 DM fast das Dreifache des üblichen und angemessenen Werklohns in Höhe von höchstens 187,– DM betrug (LG Nürnberg BB 1973, 777); bei einer **Maklerprovision** in Höhe des 4–8fachen des Üblichen, da dadurch der Bruttogewinn des Kunden sinkt und der Makler Herr des Geschäfts wird, ohne die Risiken zu übernehmen (BGH WM 1976, 289, 290 [eine Million DM an Provision für die Vermittlung eines Kredits in Höhe von sechs Millionen DM]; BGHZ 125, 135, 137 f); bei einer Provision von 6% zuzüglich 13% MWSt für die Vermittlung eines Kredits in Höhe von 1,2 Millionen DM bei ortsüblichen Provisionen in Höhe von 1% (OLG Oldenburg NJW-RR 1986, 857 f; vgl auch BGH WM 1976, 289); bei einer Provision von 50.000,– DM für die Vermittlung eines Kredits in Höhe von 4.500,– DM (LG Aachen NJW-RR 1987, 741); bei einem durch Schuldanerkenntnis „abgesicherten" Entgelt in Höhe von rund 80.000,– DM für einen Nachtclubbesuch (BGH NJW 1987, 2014, 2015; der BGH anerkannte jedoch einen Betrag in Höhe von 4.675,– DM; krit dazu TIEDTKE ZIP 1987, 1089 ff, 1095 f); bei einem Entgelt von 116.000,– DM für 40jährige Grabpflege bei einem Wert der Grabpflege von 65.000,– DM (LG München NJW-RR 1989, 197); bei einer Vergütung von 4.985,– DM für 4 **Partnervermittlungsvorschläge** (AG Eltville FamRZ 1989, 1299 f; anders bei Vergütung von 3.075,– DM für 25 Partnervermittlungsvorschläge, LG Krefeld MDR 1984, 491 f); bei einer Vergütung von 9.120,– DM für wertloses Adressenmaterial bei einem Partnerschaftsvermittlungsvertrag (OLG Celle NJW-RR 1988, 1516); bei Aufwendungen des Käufers für einen **finanzierten Kauf** einer Heißmangel in Höhe von 10.520,– DM im Vergleich mit nur ca 4.330,– DM zu marktüblichen Bedingungen (BGH NJW 1980, 1155, 1156); bei einem **Mietkauf** eines Spielgeräts zu Gesamtkosten in Höhe des 2 1/2fachen gegenüber dem Marktüblichen (BGH NJW 1979, 758); bei einem Zweijahresmietzins für Zigarettenautomaten, der die tatsächlichen Aufwendungen des Wucherers um mehr als das 3fache übersteigt (LG Frankfurt NJW 1964, 255, 256); bei vollständiger Überbürdung der Produktionskosten auf einen Künstler in einem **Verwertungsvertrag** über Unterhaltungsmusik (BGH NJW-RR 1989, 746, 747 sub II 1 a); bei einem Zuschlag von 13,41% durch ein E-Werk mit örtlicher Monopolstellung ohne eigene Marktleistung für die Stromlieferungen eines anderen Werks (BGH LM Nr 4 zu § 138 [Cc] BGB); bei der Vereinbarung einer „**Hungerprovision**" in einem Vertrag mit einem Einfirmenvertreter (dazu EVERS BB 1992, 1365); zum Lohnwucher vgl u Rn 387 ff.

bb) Ein auffälliges Mißverhältnis wurde **verneint** in folgenden Fällen: bei einem **192** Kaufpreis von 2/3 des objektiven Wertes (BGH LM Nr 4 zu § 138 [Ba] BGB); idR bei einem ungewöhnlich hohen **Liebhaberpreis** für ein Grundstück in einem Naturschutzgebiet (BGH DNotZ 1977, 102, 104); bei einer Vergütung von 3.075,– DM für 25 Partnervorschläge (LG Krefeld MDR 1984, 491). Nach einer Verordnung vom 1. 6. 1976 über den Geschäftsbetrieb der Pfandleiher ist wegen der idR geringen Kreditbeträge, der kurzen Laufzeiten und des Arbeitsaufwands ein Zinssatz bis 1.080 Prozent pa zulässig, obwohl wegen der Pfandbestellungen kaum Risiken bestehen (vgl den Hinweis durch KOZIOL AcP 188 [1988] 183, 186).

cc) **Weitere Fälle:** Auf einem „grauen Markt" für ausverkaufte Eintrittskarten zum **193** Endspiel der Fußball-WM in Rom 1990 ist ein Preis in Höhe von 3.250,– DM, der den offiziellen in Höhe von ca 355,– DM um ein Mehrfaches übersteigt, nicht wucherisch; denn es ist nicht ungewöhnlich, daß sich für knappe Güter – zB Gemälde oder am Postschalter nicht mehr erhältliche Briefmarken – ein Marktpreis herausbildet, der ein Vielfaches des ursprünglichen Abgabepreises beträgt (OLG Köln OLGZ 1993, 193, 194; PALANDT/HEINRICHS § 138 Rn 67). Bei **Übererlösklauseln**, die einem Makler eine bestimmte Provision vom Übererlös sichern, kommt es darauf an, wie sicher der Übererlös vorhersehbar ist und auf Leistungen des Maklers beruht (SOERGEL/HEFERMEHL § 138 Rn 104). Ist ein bestimmter Übererlös mit einer gewissen Sicherheit vorhersehbar, so besteht bei einer Provision von 27,77% des Übererlöses im Vergleich zu einer üblichen Provision von 3% bzw der eines Doppelmaklers von kaum einmal 6% ein auffälliges Mißverhältnis (BGHZ 125, 135, 138 f = NJW 1994, 1475, 1476). Ein Mißverhältnis besteht hingegen nicht, wenn offen ist, ob und in welcher Höhe der Übererlös erzielt werden kann (BGH NJW-RR 1994, 559; WM 1969, 886 u 1628). Das Versprechen einer unverhältnismäßig hohen **Vertragsstrafe** ist nicht ohne weiteres sittenwidrig und insgesamt nichtig; vielmehr kann sie nach § 343 herabgesetzt werden (RGZ 114, 304, 307; SOERGEL/HEFERMEHL § 138 Rn 106). Anderes gilt jedoch für eine Vertragsstrafe, die einem Kaufmann versprochen wird, da insoweit die Herabsetzung nach § 343 durch § 348 HGB ausgeschlossen ist.

2. Der subjektive Tatbestand des § 138 Abs 2

Der Wuchertatbestand des § 138 Abs 2 verlangt neben einem auffälligen Mißverhält- **194** nis von Leistung und Gegenleistung auch die Verwirklichung eines subjektiven Tatbestandes, nämlich die Ausbeutung der Zwangslage, der Unerfahrenheit, des Mangels an Urteilsvermögen oder der erheblichen Willensschwäche des Bewucherten. Diese subjektiven Tatbestandsmerkmale werden wegen der weitreichenden Rechtsfolgen des § 138 Abs 2 – auch die Erfüllungsgeschäfte sind nichtig! – verhältnismäßig eng ausgelegt. Verbleibende Schutzlücken schließt die Rechtsprechung mit § 138 Abs 1 unter dem Gesichtspunkt „wucherähnliche" Verträge (zur Problematik dieses Vorgehens unten Rn 228 f).

a) Ausbeutung einer Zwangslage

195 In der Neufassung des § 138 Abs 2 von 1976 ist der Begriff der Notlage durch den der Zwangslage ersetzt worden. Nach den Materialien zu § 138 Abs 2 nF liegt eine Zwangslage vor, wenn durch wirtschaftliche Bedrängnis oder durch Umstände anderer Art für den Betroffenen ein dringendes Bedürfnis nach einer Geld- oder Sachleistung besteht (BT-Drucks 7/3441 S 40 aE; ERMAN/BROX § 138 Rn 19; STURM JZ 1977, 84, 86). Dieser neue Begriff der Zwangslage umfaßt zwar den der Notlage iS des § 138 Abs 2 aF, so daß auf die Rechtsprechung dazu zurückgegriffen werden kann; der Begriff reicht jedoch weiter (BGH NJW 1982, 2767, 2768). Über eine Notlage hinaus umfaßt der (neue) Begriff der Zwangslage auch jede andere drohende Gefahr schwerer **wirtschaftlicher** Nachteile (BGH NJW 1994, 1275, 1276; MünchKomm/MAYER-MALY § 138 Rn 124; PALANDT/HEINRICHS § 138 Rn 70; SOERGEL/HEFERMEHL § 138 Rn 78).

196 Eine Zwangslage iSv § 138 Abs 2 besteht bei **existenzgefährdender** wirtschaftlicher Geldnot (BGH NJW 1957, 1274). Ein Darlehensnehmer befindet sich in einer solchen Zwangslage, wenn infolge seiner Geldnot seine wirtschaftliche Existenz bedroht ist (BGH NJW 1994, 1275, 1276; ebenso die Rechtsprechung zu § 138 Abs 2 aF, vgl BGH NJW 1982, 2767, 2768). Das ist der Fall, wenn ihm ein empfindlicher Verlust seines inländischen oder ausländischen Vermögens droht, falls er keinen Kredit erhält und deshalb nicht in einer bestimmten Zeit eine bestimmte Zahlung leisten kann (BGH NJW 1982, 2767, 2768). Dazu gehört auch eine drohende Konkursgefahr (BGH NJW 1982, 2767, 2768).

197 Auch **nicht primär wirtschaftliche** Gründe können ein zwingendes Bedürfnis nach Geld- oder Sachleistungen und damit eine wirtschaftliche Zwangslage iSv § 138 Abs 2 auslösen (Begr RegE BT-Drucks 7/3441 S 40 aE). Dazu gehören gesundheitliche Gründe, zB Pflegebedürftigkeit (BGH WM 1981, 1050, 1051). Eine Zwangslage besteht auch, wenn jemand aus **gesundheitlichen** Gründen überteuerte Sachleistungen, zB Medikamente, akzeptiert (BGH WM 1981, 1050, 1051) oder aufgrund einer besonderen psychischen Zwangslage zu einer unwiderruflichen Erbeinsetzung veranlaßt wird (BGHZ 50, 63, 71). Eine Zwangslage ist danach auch anzunehmen, wenn das zwingende Bedürfnis nach einer Geld- oder Sachleistung die Folge von Alkohol- oder Drogenabhängigkeit ist. Eine Zwangslage wird auch bejaht, wenn immaterielle Güter, zB der gute Ruf, bedroht sind (BGH BB 1958, 1153; BGB-RGRK/KRÜGER-NIELAND/ZÖLLER § 138 Rn 57; MünchKomm/MAYER-MALY § 138 Rn 124; SOERGEL/HEFERMEHL § 138 Rn 78). Auch **politische** Gründe können eine Zwangslage auslösen. Wer aus politischen Gründen fliehen muß und dafür finanzielle Hilfe benötigt, befindet sich in einer solchen Zwangslage (BGHZ 69, 295, 299 = NJW 1977, 2358 f betr Fluchthelfervertrag; BGH NJW 1980, 1574; BB 1954, 175).

198 An einer Zwangslage fehlt es hingegen, wenn jemand wegen seiner Ablehnung der bestehenden politischen Verhältnisse freiwillig flieht und dafür Geld benötigt (BGH NJW 1977, 2358 f; NJW 1980, 1574, 1575 f). Der Wunsch nach einem höheren Lebensstan-

dard begründet als solcher keine Zwangslage (PALANDT/HEINRICHS § 138 Rn 70; differenzierend SOERGEL/HEFERMEHL § 138 Rn 78).

Eine Zwangslage kann auch durch die Notwendigkeit, **schnell** handeln zu müssen, **199** begründet werden; so kann sich zB bei einem Wasserrohrbruch der Hauseigentümer in der Zwangslage befinden, schnell – und übertetert – mit einem Unternehmen einen Reparaturvertrag abschließen zu müssen (LG Nürnberg-Fürth BB 1973, 777, 778). Eine Zwangslage kann außerdem bei nur **vorübergehender** Geldverlegenheit bestehen (BGH NJW 1982, 2767, 2768). In einer solchen kann sich auch ein Kreditnehmer befinden, der an sich vermögend ist, wenn er zB wegen anderweitiger finanzieller Dispositionen kurzfristig nicht zahlen bzw einen Wechsel nicht einlösen kann (BGH NJW 1982, 2767, 2768; WM 1959, 566, 567).

Von einer individuellen Zwangslage iSv § 138 Abs 2 zu unterscheiden ist eine **ungün- 200 stige Marktlage**, die für alle davon Betroffenen in gleicher Weise besteht, zB Wohnungsnot (BGH NJW 1957, 1274; STAUDINGER/DILCHER[12] § 138 Rn 101). Eine ungünstige Marktlage **als solche** ist noch keine Zwangslage iSv § 138 Abs 2, kann jedoch bei Vorliegen einer Zwangslage der Grund für ein Mißverhältnis von Leistung und Gegenleistung sein.

Eine Zwangslage liegt grundsätzlich nur vor, wenn **Bestehendes gefährdet** wird (BGH **201** NJW 1994, 1275, 1276). Es genügt nicht, wenn ohne Kredit **bloße Zukunftspläne** scheitern würden (BGH NJW 1994, 1275, 1276; vgl auch BGH NJW 1957, 1274 = LM Nr 2 zu § 138 [Ba] BGB), wenn Projektplanungen eingeschränkt oder zeitlich verschoben werden müssen (BGH NJW 1994, 1275, 1276) oder wenn Gewinnchancen nicht realisiert werden können. Ein Abfindungsvertrag, den ein Unternehmen mit einem Anwohner schließt, um ihn zur Rücknahme seines Widerspruchs gegen die nach dem BImSchG erteilte Genehmigung einer gewerblichen Anlage zu veranlassen, wird nicht aufgrund einer Zwangslage geschlossen, auch wenn der Widerspruch den Beginn der Bauarbeiten verzögert; hier bieten die verwaltungsrechtlichen Vorschriften ausreichenden Schutz (BGHZ 79, 131, 137 f). An einer Zwangslage fehlt es auch, solange der Kunde aufgrund funktionierenden Wettbewerbs die Möglichkeit hat, ohne unzumutbaren Suchaufwand den Kreditbedarf zu angemessenen Bedingungen zu decken (KOZIOL AcP 188 [1988] 183, 203 mwNw).

Ein anderweitig nicht zu befriedigender Kreditbedarf begründet nicht ohne weiteres **202** und in jedem Fall eine Zwangslage iSv § 138 Abs 2 (BGH NJW 1994, 1275, 1276). Vielmehr müssen besondere Umstände hinzukommen. Dabei kommt es insbesondere darauf an, wofür der Kredit benötigt wird und welche Gefahren drohen, wenn der Bedarf nicht befriedigt wird (BGH NJW 1994, 1275, 1276).

In einer Zwangslage können sich nicht nur natürliche, sondern auch juristische Per- **203** sonen befinden (RGZ 93, 27, 28; BGB-RGRK/KRÜGER-NIELAND/ZÖLLER § 138 Rn 56; ERMAN/ BROX § 138 Rn 19; SOERGEL/HEFERMEHL § 138 Rn 78; STAUDINGER/DILCHER[12] § 138 Rn 101). Unerheblich für die Annahme einer wirtschaftlichen Zwangslage ist, ob sie vom Betroffenen verschuldet worden ist.

Wenn der Betroffene **irrtümlich** eine wirtschaftliche Zwangslage annimmt, genügt **204** dies für die Anwendung von § 138 Abs 2 (aA die hL, vgl BGB-RGRK/KRÜGER-NIELAND/

ZÖLLER § 138 Rn 54; ERMAN/BROX § 138 Rn 19; MünchKomm/MAYER-MALY § 138 Rn 124; SOERGEL/HEFERMEHL § 138 Rn 78; STAUDINGER/DILCHER[12] § 138 Rn 101; zurückhaltender PALANDT/HEINRICHS § 138 Rn 70). Für die Anwendung von § 138 Abs 2 kann auch die Zwangslage eines **Dritten**, insbesondere eines Angehörigen, genügen (RG JW 1915, 574; BGH NJW 1980, 1574, 1575 sub III 1 b).

b) Unerfahrenheit

205 Unerfahrenheit ist ein Mangel an Lebenserfahrung und Geschäftskenntnis, allgemein oder auf bestimmten Gebieten (BGH DB 1958, 1241; einhellige Lehre), so daß der Bewucherte die Vor- und Nachteile des Geschäfts nicht erkennen kann. Dieser Mangel an Erfahrung kann vor allem vorliegen bei Jugendlichen (BGH NJW 1966, 1451 aE), bei geistig Beschränkten (RGZ 67, 393 f; RGZ 72, 61, 68), aber auch bei Personen, die aus anderen Staaten mit anderen Rechts- und Wirtschaftssystemen in die Bundesrepublik gekommen sind, insbesondere bei Ausländern und Aussiedlern (OLG Hamm JMBl NRW 1974, 32, 33; MünchKomm/MAYER-MALY § 138 Rn 125; MEYER/WEHLAU VuR 1991, 141, 143) sowie wegen der vergleichbaren Situation auch bei Bürgern der neuen Bundesländer, solange sie das westliche Rechts- und Wirtschaftssystem noch nicht ausreichend kennen (BGHZ 125, 135, 140 = NJW 1994, 1475, 1476). Auch bei Personen, die mit dem Geschäftsleben kaum (mehr) in Berührung kommen, zB bei manchen Pensionären, kann geschäftliche Unerfahrenheit vorliegen (BGB-RGRK/KRÜGER-NIELAND/ZÖLLER § 138 Rn 61; STAUDINGER/DILCHER[12] § 138 Rn 102).

206 Unerfahrenheit ist zu **vermuten**, wenn der Bewucherte nicht die bestehenden und durchaus naheliegenden Möglichkeiten genutzt hat, sich die benötigten Mittel auf weit günstigere Art zu verschaffen (BGB-RGRK/KRÜGER-NIELAND/ZÖLLER § 138 Rn 63).

207 Unerfahrenheit iSv § 138 Abs 2 ist nach Ansicht des BGH grundsätzlich nur gegeben, wenn sich der Mangel an Erfahrung auf das Geschäftsleben **insgesamt** bezieht (BGH BB 1966, 226; WM 1982, 849; LARENZ, AT § 22 III d S 452; SOERGEL/HEFERMEHL § 138 Rn 79). Sie liege hingegen nicht vor bei mangelnder Rechtskenntnis (LAG München DB 1986, 2191; krit MünchKomm/MAYER-MALY § 138 Rn 125) oder bei mangelnden Erfahrungen und Geschäftskenntnissen auf einem bestimmten Lebens- oder Wirtschaftsgebiet (BGH NJW 1957, 1274; NJW 1979, 758 sub 1; WM 1982, 849; BB 1966, 226; BGB-RGRK/KRÜGER-NIELAND/ZÖLLER § 138 Rn 62; ERMAN/BROX § 138 Rn 20; MünchKomm/MAYER-MALY § 138 Rn 125; SOERGEL/HEFERMEHL § 138 Rn 79; STAUDINGER/DILCHER[12] § 138 Rn 102; aA LG Trier NJW 1974, 151, 152 betr Kaffeefahrt). Ein Kaufmann, der bisher mit Bürobedarfsartikeln gehandelt hat, sei nicht unerfahren, wenn er eine Strumpfwirkerei erwerbe; deshalb liege kein Wucher vor, wenn er aufgrund seiner ungenügenden Fachkenntnis einen weit überhöhten Preis bezahlt habe, denn er habe das Risiko bewußt in Kauf genommen, wenn er sich nicht ausreichend erkundigt habe (BGH BB 1966, 226). Ein Gastwirt, der den Marktpreis und die Rentabilität eines Billardgeräts nicht kenne, könne sich nicht auf Unerfahrenheit berufen, wenn er das Gerät überteuert gekauft habe (BGH NJW 1979, 758). Unerfahrenheit iSv § 138 Abs 2 wird insbesondere dann verneint, wenn dem Bewucherten die ausreichenden **technischen** Kenntnisse auf dem Gebiet fehlen, auf das sich der Vertrag bezieht, und er deshalb den sachlich nicht gerechtfertigten Preis nicht feststellen kann (BGH WM 1982, 849).

208 Diese Beschränkung des Schutzes gegen Wucher überzeugt allerdings nicht. Der Wortlaut des § 138 Abs 2 verlangt keine **generelle** geschäftliche Unerfahrenheit des

Opfers. Wem nur in bezug auf das konkrete Rechtsgeschäft die erforderlichen Kenntnisse fehlen, ist in diesem konkreten Falle ebenso gefährdet und schutzbedürftig wie der generell Unerfahrene. Deshalb genügt für die Anwendung von § 138 Abs 2 auch eine **partielle Unerfahrenheit** auf rechtlichem, wirtschaftlichem oder technischem Gebiet, sofern auf deren Ausnutzung das betreffende Rechtsgeschäft beruht (so in bezug auf überteuerte Geschäftsabschlüsse bei Kaffeefahrten LG Trier NJW 1974, 151, 152; SACK NJW 1974, 564 aE; vgl auch MünchKomm/MAYER-MALY § 138 Rn 125 aE). Wenn der Geschäftsabschluß mit dem Ergebnis eines auffälligen Mißverhältnisses von Leistung und Gegenleistung auf täuschender Werbung beruht, erfüllt das Geschäft nicht nur die Anfechtungsvoraussetzungen des § 119 oder § 123, sondern es kann auch nach § 138 Abs 2 wegen Ausnutzung partieller geschäftlicher Unerfahrenheit nichtig sein. In solchen Fällen wird allerdings idR auch das Tatbestandsmerkmal „mangelndes Urteilsvermögen" erfüllt sein. Außerdem böte auch § 138 Abs 1 als Auffangtatbestand Schutz.

c) **Mangelndes Urteilsvermögen**
Ein Mangel an Urteilsvermögen besteht ganz allgemein dann, wenn dem Bewucherten in erheblichem Maße die Fähigkeit fehlt, sich durch vernünftige Beweggründe leiten zu lassen (Begr RegE zu § 302 a StGB u § 138 Abs 2 nF, BT-Drucks 7/3441 S 41; ERMAN/ BROX § 138 Rn 21; SOERGEL/HEFERMEHL § 138 Rn 80; STURM JZ 1977, 84, 86). Der Mangel an Urteilsvermögen umfaßt insbesondere die Unfähigkeit, die beiderseitigen Leistungen und die wirtschaftlichen Folgen des Geschäftsabschlusses, dh die Vor- und Nachteile richtig zu bewerten (Begr RegE S 41; OLG Köln OLGZ 1993, 193, 195). Nicht erforderlich ist, daß es dem Betroffenen generell an Urteilsvermögen mangelt oder daß er an Verstandesschwäche leidet. Entscheidend ist vielmehr, daß der Betroffene das **konkrete** Rechtsgeschäft nicht ausreichend beurteilen konnte und dieser Mangel für den Vertragsabschluß ausgenutzt worden ist (ERMAN/BROX § 138 Rn 21; SOERGEL/ HEFERMEHL § 138 Rn 80). Danach kann es bei einem komplizierten Rechtsgeschäft auch einem normal Begabten und Erfahrenen am erforderlichen Urteilsvermögen fehlen (OLG Stuttgart FamRZ 1983, 498, 499 aE). Ein Mangel an Urteilsvermögen besteht allerdings nicht, wenn sich der Betroffene in bezug auf Gewinnchancen verspekuliert hat, zB wenn er in der Hoffnung auf die Bebaubarkeit eines Grundstücks in einem Naturschutzgebiet einen überhöhten Kaufpreis vereinbart hat (BGH WM 1976, 926, 927). Wer aufgrund täuschender Werbung einen Vertrag abgeschlossen hat, der durch ein auffälliges Mißverhältnis von Leistung und Gegenleistung gekennzeichnet ist, braucht diesen nicht nach § 119 oder § 123 anzufechten; dieser Vertrag ist wegen Ausnutzung des Mangels an Urteilsvermögen im konkreten Einzelfall nach § 138 Abs 2 nichtig (oben Rn 5, 8, 71, 208).

d) **Erhebliche Willensschwäche**
Eine erhebliche Willensschwäche liegt vor, wenn der Betroffene zwar den Inhalt und die Nachteile des Rechtsgeschäfts durchschaut, jedoch wegen verminderter psychischer Widerstandsfähigkeit, die in der Persönlichkeit und dem Wesen des Bewucherten ihre Ursache hat, dem Geschäftsabschluß nicht widerstehen kann (Begr RegE zu § 302 a StGB u § 138 Abs 2 nF, BT-Drucks 7/3441 S 41; OLG Köln OLGZ 1993, 193, 195; ERMAN/ BROX § 138 Rn 22; STURM JZ 1977, 84, 86). Sie kann auf einem krankhaften Zustand beruhen; ein solcher ist jedoch nicht erforderlich (Bericht des Sonderausschusses zum 1. WiKG BT-Drucks 7/5291 S 20). Eine erhebliche Willensschwäche kann bei Jugendlichen oder bei alten Menschen vorliegen. Sie kann auch die Folge von Alkohol- und Drogen-

abhängigkeit oder von Spielleidenschaft sein (Bericht des Sonderausschusses zum 1. WiKG, BT- Drucks 7/5291 S 20).

211 Wenn ein Fußballfan eine Eintrittskarte zu einem überhöhten Preis kauft, so liegt nicht ohne weiteres die Ausnutzung einer erheblichen Willensschwäche vor (OLG Köln OLGZ 1993, 193). Es wird vertreten, daß eine erhebliche Willensschwäche auch dann nicht schon ohne weiteres anzunehmen sei, wenn jemand das Opfer **verführerischer Werbung** geworden ist (Bericht des Sonderausschusses zum 1. WiKG, BT-Drucks 7/5291 S 20). ME wird eine erhebliche Willensschwäche zumindest dann ausgebeutet, wenn eine **psychische Zwangslage** für den Geschäftsabschluß ausgenutzt wurde (BGHZ 50, 63, 71 = NJW 1968, 1571). Dies ist zB der Fall, wenn bei Kaffeefahrten psychischer Kaufzwang ausgeübt wird, um den Teilnehmern unter Appell an ihre Dankbarkeitsgefühle völlig übertouerte Waren zu verkaufen (LG Trier NJW 1977, 151; dazu Sack NJW 1974, 564 f; vgl auch dens WRP 1974, 445, 449 f). Auch in diesen Fällen fehlt – ob selbst verschuldet oder nicht – die Freiheit der Entscheidung des Vertragspartners, auf die § 138 Abs 2 auch mit seinen übrigen Tatbestandsmerkmalen abstellt.

e) Kenntnis und Absicht der Ausbeutung

212 Für den Wuchertatbestand des § 138 Abs 2 ist es in subjektiver Hinsicht außerdem erforderlich, aber auch ausreichend, daß der Wucherer **Kenntnis** von dem auffälligen Leistungsmißverhältnis und von der Ausbeutungssituation hat und er sich diese Situation **vorsätzlich** zunutze macht (RGZ 60, 9, 11; BGH NJW 1982, 2767, 2768; NJW 1985, 3006, 3007; WM 1990, 1322, 1323; NJW 1994, 1275, 1276). Fahrlässigkeit, auch grobe Fahrlässigkeit, allein genügt nicht (BGH NJW 1985, 3006, 3007). Allerdings ist § 138 Abs 1 anwendbar, wenn sich der Wucherer im Zeitpunkt des Vertragsabschlusses **leichtfertig der Einsicht verschließt**, daß sich der andere Vertragsteil nur unter dem Zwang der Verhältnisse auf den ungünstigen Vertrag eingelassen hat (BGHZ 80, 153, 160 f = NJW 1981, 1206; NJW 1985, 3006, 3007). Nicht erforderlich ist hingegen eine besondere Absicht der Ausbeutung (RGZ 60, 9, 11; BGH NJW 1982, 2767, 2768; NJW 1985, 3006, 3007; NJW-RR 1990, 1199). Über eine vorsätzliche Ausnutzung der Ausbeutungssituation hinaus hat der BGH auch noch – mE unzutreffend – verlangt, daß sich der Wucherer die Zwangslage usw des Bewucherten in arglistiger oder sonstiger **verwerflicher Weise** zunutze gemacht hat (BGH NJW 1974, 1275, 1276; NJW-RR 1990, 1199).

213 Wenn ein Verkäufer die Verhandlungen und den tatsächlichen Vertragsabschluß vollständig einer mit der Sachlage allein vertrauten Hilfsperson überläßt, muß er sich deren Wissen im Rahmen des § 138 Abs 1 **entsprechend § 166 Abs 1 zurechnen** lassen (BGH WM 1992, 441, 442; vgl auch zur Zurechnung beim finanzierten Abzahlungskauf BGH NJW 1980, 1155, 1156 f). Dies gilt auch dann, wenn die Hilfsperson ohne Abschlußvollmacht tätig wurde, jedoch der Verkäufer ihr Handeln später genehmigt hat (BGH WM 1992, 441, 442).

214 Eine Ausbeutung des Mangels an Urteilsvermögen oder einer erheblichen Willensschwäche kann auch dann vorliegen, wenn das **Angebot** zum Geschäftsabschluß von der benachteiligten Partei ausgegangen ist (BGH NJW 1985, 3006, 3007). Ausbeutung iSv § 138 Abs 2 kann ferner dann vorliegen, wenn sich der Bewucherte aus Dankbarkeit auf das Geschäft eingelassen hat (RG HRR 1930 Nr 693).

2. Titel. § 138
Willenserklärung 215–217

f) Vermutung für das Vorliegen des subjektiven Tatbestandes
Für das Vorliegen (eines) der subjektiven Tatbestandsmerkmale des § 138 Abs 2 **215**
spricht bei **Konsumentenkrediten** eine tatsächliche Vermutung, wenn objektiv ein auffälliges Mißverhältnis zwischen Leistung und Gegenleistung vorliegt (BGH BB 1990, 1509, 1510 = WM 1990, 1322, 1323). Bei vollkaufmännischen Geschäftspartnern wird hingegen umgekehrt vermutet, daß die persönlichen Voraussetzungen des Wuchertatbestandes nicht vorliegen. Bei minderkaufmännischen Geschäftspartnern gilt die allgemeine Beweislastregel, daß derjenige, der sich auf die Nichtigkeit des Geschäfts beruft, die subjektiven Voraussetzungen der Sittenwidrigkeit darlegen und notfalls beweisen muß (BGH NJW 1995, 1019, 1022 zu § 138 Abs 1).

Wenn allerdings ein **besonders grobes** Mißverhältnis zwischen Leistung und Gegen- **216**
leistung vorliegt, dann spricht auch bei Geschäften unter Kaufleuten eine Vermutung für das Vorliegen des subjektiven Tatbestandes des § 138 Abs 2 (BGH NJW 1979, 758; BGHZ 80, 153, 159 f; NJW 1982, 2767, 2768; WM 1990, 1322, 1323; NJW-RR 1991, 589; NJW 1994, 1275). Ein besonders grobes Mißverhältnis wurde bei Krediten bei einer relativen Marktzinsüberschreitung ab etwa 200% angenommen (BGH WM 1990, 1322, 1323).

g) Das „Sandhaufentheorem"
Wenn ein Tatbestandsmerkmal des § 138 Abs 2 „übererfüllt" ist – zB bei einem **217**
besonders groben Mißverhältnis von Leistung und Gegenleistung –, so ist dies nach hM nicht geeignet, Defizite bei den anderen Tatbestandsmerkmalen dieser Vorschrift – zB bei der Unerfahrenheit des Bewucherten – auszugleichen (BGHZ 80, 153, 159; Canaris ZIP 1980, 709, 717; Erman/Brox § 138 Rn 16; Müssigbrodt JurA 1980, 697, 700; Rittner DB 1980 Beil 16 S 13; Soergel/Hefermehl § 138 Rn 72; aA OLG Stuttgart NJW 1979, 2409, 2412 sub B I; Bender NJW 1980, 1129 ff). Es gelte beim Wuchertatbestand des § 138 Abs 2 nicht das sog „Sandhaufentheorem" (BGHZ 80, 153, 159 aE; Canaris aaO; Erman/Brox aaO; Müssigbrodt aaO; Rittner aaO; Soergel/Hefermehl § 138 Rn 72; krit Koziol AcP 188 [1988] 183, 188; vgl auch Mayer-Maly, in: FS Larenz [1983] 395, 406 f; allgemein zum „Sandhaufentheorem" Bender, in: Gedschr Rödig [1978] 34). Dem ist insoweit zuzustimmen, daß ein wucherisches Rechtsgeschäft iSv § 138 Abs 2 nur vorliegt, wenn **alle** Tatbestandsmerkmale dieser Vorschrift erfüllt sind (BGHZ 80, 153, 159 aE; Koziol AcP 188 [1988] 183, 188). Andererseits bezeichnen jedoch die Tatbestandsmerkmale „auffälliges Mißverhältnis", „Zwangslage" usw keine exakten Größen; vielmehr sind es „quantitativ abstufbare Tatbestandsmerkmale", so daß es als ausreichend anzusehen ist, wenn nach der Idee eines **beweglichen Systems** iSv W Wilburg ein „übererfülltes" Tatbestandsmerkmal Defizite bei einem anderen Tatbestandsmerkmal ausgleicht, das nur in geringerem Maße erfüllt ist (Koziol AcP 188 [1988] 183, 187 f, 207 f; Krejci, in: Rummel, ABGB § 879 Rn 230; ebenso OLG Stuttgart NJW 1979, 2409, 2412; ausdrücklich aA BGHZ 80, 153, 159 zu § 138 Abs 2, während er nach § 138 Abs 1 eine Gesamtwürdigung aller Umstände zuläßt). Außerdem kann ein grobes Mißverhältnis von Leistung und Gegenleistung die Annahme nahelegen, daß der Vertragspartner, der aus diesem groben Mißverhältnis Vorteile zieht, bewußt oder grob fahrlässig irgendeinen den anderen Vertragspartner beeinträchtigenden Tatumstand **sittenwidrig** ausgenutzt hat, so daß ein **wucherähnliches** sittenwidriges Rechtsgeschäft vorliegt (BGHZ 80, 153, 160; WM 1969, 1255, 1257).

3. Rechtsfolgen

a) Geltungserhaltende Reduktion (Mindermeinung)

218 Wucherische Verträge sind nach der hier vertretenen Ansicht nicht insgesamt nichtig, sondern bezüglich der wucherischen Entgeltvereinbarung auf das höchstzulässige Maß **geltungserhaltend zu reduzieren.** Bei **Mietwucher** nimmt die Rechtsprechung nach § 134 iVm § 5 WiStG eine geltungserhaltende Reduktion der Mietzinsklausel in der Weise vor, daß der Mietvertrag zum höchstzulässigen Mietzins wirksam bleibt (vgl vor allem BGHZ 89, 316, 320 f; vgl auch o Rn 120 sowie § 134 Rn 92 ff, 269). Dies gilt beim Mietwucher nicht nur unter den Voraussetzungen des § 134 iVm § 5 WiStG, sondern auch dann, wenn die Voraussetzungen des § 138 Abs 2 erfüllt sind. Auch dann sind wucherische Mietverträge nicht nach § 138 Abs 2 insgesamt nichtig. Denn andernfalls würde die geltungserhaltende Reduktion nach § 134 iVm § 5 WiStG nur selten zur Wirkung kommen. Auch wenn der Wuchervertrag gegen (sonstige) preisrechtliche Vorschriften verstößt, wird er zum höchstzulässigen Preis aufrechterhalten (s § 134 Rn 269). Das zum Mietwucher Gesagte gilt in gleicher Weise auch für **andere Wucherverträge.** Bei **Lohnwucher,** dh bei der Vereinbarung eines Hungerlohns, ist der Arbeitsvertrag weder insgesamt nichtig, noch hat der bewucherte Arbeitnehmer nach den Grundsätzen über das fehlerhafte Arbeitsverhältnis analog § 612 Abs 2 einen Anspruch auf die übliche Vergütung (so jedoch die hM, BAG AP Nr 2 zu § 138 BGB = MDR 1960, 613; LAG Düsseldorf DB 1978, 165); vielmehr hat er einen Anspruch auf den niedrigstzulässigen Lohn. Abweichend von der ständigen Rechtsprechung sollte auch bei wucherischen Darlehensverträgen, Kaufverträgen und sonstigen Verträgen der wucherische Preis bzw Zins geltungserhaltend auf das höchstzulässige Maß reduziert werden (ausf o Rn 122 ff). Die Rechtsfolgen davon sind: Der Wuchervertrag ist in der reduzierten Form wirksam. Bei Miet- und Darlehenswucher hat der Bewucherte einen Anspruch auf Erfüllung, dh auf Einräumung des Mietgebrauchs bzw auf Auszahlung des Darlehens. Er darf die Sachen vertragsgemäß und für den vereinbarten Zeitraum nutzen. Für die Zeit der Nutzung muß er den höchstzulässigen Miet- bzw Darlehenszins bezahlen. Bei Mietwucher kann der Wucherer die Mietsache nicht vorzeitig nach § 985 herausverlangen; dem steht § 986 entgegen.

219 Auch beim Kaufwucher haben beide Parteien Erfüllungsansprüche. Der Käufer kann die Übereignung der Kaufsache verlangen. Die Wirksamkeit der Übereignung und – bei unbeweglichen Sachen – der Auflassung scheitert nicht an § 138 Abs 2. Der Käufer hat den höchstzulässigen Kaufpreis zu bezahlen, wenn er bewuchert worden ist, und – umgekehrt – den niedrigstzulässigen Kaufpreis, wenn der Verkäufer das Opfer des Wuchers war.

b) Rechtsfolgen bei Gesamtnichtigkeit iSd hM
aa) Die Verpflichtungsgeschäfte

220 Sehr kompliziert sind die Rechtsfolgen, wenn man mit der (noch) hM, dh mit der ständigen Rechtsprechung und einem Teil des Schrifttums, annimmt, daß ein Wuchervertrag insgesamt nach § 138 Abs 2 nichtig und eine geltungserhaltende Reduktion ausgeschlossen sei (BGHZ 44, 158, 162; BGHZ 68, 204, 207; NJW 1994, 1275; Canaris WM 1981, 978, 979; Erman/Brox § 138 Rn 23; Zimmermann 177 ff; aA Medicus, in: Gedschr Dietz [1973] 61, 74 ff). Auf die Nichtigkeit nach § 138 Abs 2 kann sich grundsätzlich jedermann berufen, dh auch der Wucherer oder ein Dritter (RGZ 78, 347, 354; RGZ 150, 181, 186; RGZ 160, 52, 56; Staudinger/Dilcher[12] § 138 Rn 107). Die Geltendmachung der Nichtigkeit durch den Wucherer gegenüber dem Bewucherten kann jedoch im Einzelfall nach § 242 treuwidrig sein, wenn der Bewucherte – aus welchen Gründen auch immer – am Vertrag festhalten will (aA STAUDINGER/DILCHER[12] § 138 Rn 107).

Der **Bewucherte** kann das von ihm Geleistete nach § 812 (ggf iVm § 818) zurückverlangen. Beim Darlehenswucher hat er nach § 812 Anspruch auf Rückgewähr aller im Zusammenhang mit dem Darlehen erbrachten Leistungen, dh auf Rückzahlung von bereits gezahlten Zinsen, Bearbeitungsgebühren oder Vermittlungskosten, auf Rückübertragung von Geschäftsanteilen (BGH NJW 1983, 1420, 1422 sub IV 2; NJW 1983, 2692, 2693 f sub III; NJW 1984, 2292; NJW 1986, 2564, 2565; NJW 1986, 2568; NJW 1987, 181; PALANDT/THOMAS § 817 Rn 12; SOERGEL/HEFERMEHL § 138 Rn 103; aA BUNTE NJW 1983, 2674) sowie auf Rückgewähr der gestellten Sicherheiten. Von einer bezahlten Restschuldversicherung kann der Bewucherte die Hälfte zurückverlangen (BGH NJW 1983, 2692, 2694; SOERGEL/HEFERMEHL § 138 Rn 103). Diese Ansprüche auf Rückzahlung geleisteter Zinsen und sonstiger Kosten verjähren nach § 197 in vier Jahren (grundlegend BGHZ 98, 174, 179 = NJW 1986, 2564, 2566 f mwNw; ebenso BGH NJW 1986, 2568, 2569; NJW 1987, 181, 182; NJW 1987, 183 f; BUNTE NJW 1985, 705, 711; CANARIS WM 1981, 978, 989; REUTER/MARTINEK, Ungerechtfertigte Bereicherung 763, 764; SOERGEL/HEFERMEHL § 138 Rn 103 mwNw). Soweit die Kapitalschuld noch nicht voll getilgt ist, kann der Kreditnehmer eine Verrechnung seiner Restkapitalschuld mit den von ihm bereits – ohne Rechtsgrund – gezahlten Kostenbeträgen verlangen, auch und gerade insoweit, als seine Ansprüche auf Rückzahlung dieser Kostenbeträge bereits verjährt wären (BGH NJW 1987, 181, 182). **221**

Den Bereicherungsansprüchen des **Wucherers** setzt § 817 S 2 analog Schranken (ausf dazu DAUNER JZ 1980, 495 ff; HONSELL 17 ff). In subjektiver Hinsicht erfordert allerdings die Anwendbarkeit von § 817 S 2 analog, daß dem Wucherer ein vorsätzlicher Verstoß gegen das Wucherverbot oder zumindest ein leichtfertiges Sichverschließen in die Einsicht der Gesetzwidrigkeit bzw Sittenwidrigkeit vorgeworfen werden kann (RGZ 161, 52, 57; BGH NJW 1983, 1420, 1423; NJW 1993, 2108; CANARIS WM 1981, 978, 985). Beim **Darlehenswucher** steht allerdings § 817 S 2 analog der Rückforderung des Darlehens durch den Wucherer nicht generell und für immer entgegen (grundlegend RGZ 161, 52 ff; aA noch RGZ 151, 70 ff). Denn „Leistung" iSv § 817 S 2 analog ist nicht die endgültige Überlassung des Darlehens, sondern nur die **Einräumung zeitweiliger Nutzung** (RGZ 161, 52, 56 f; BGH WM 1969, 857, 858; NJW 1983, 1420, 1422; NJW 1995, 1152, 1153; CANARIS, in: FS Steindorff [1990] 519, 527; PALANDT/THOMAS § 817 Rn 23; STAUDINGER/LORENZ [1994] § 817 Rn 12; ablehnend dazu HONSELL 21 ff, 152). Diese „Leistung" kann der Wucherer analog § 817 S 2 nicht zurückverlangen. Daraus folgt: Der Wucherer muß das Darlehenskapital dem Darlehensnehmer so lange belassen, wie dieser es bei Gültigkeit des Darlehensvertrags hätte nutzen dürfen (RGZ 161, 52, 53, 56 f, 58; BGH NJW 1962, 1148; WM 1969, 857, 858; NJW 1983, 1420, 1422; BGHZ 99, 333, 338 f; NJW 1989, 3217 aE; NJW 1993, 2108; NJW 1995, 1152, 1153; ebenso die hL; krit J HAGER 96 ff, 124; ders JuS 1985, 264, 268; HONSELL ZHR 148 [1984] 298, 301; ders JurA 1986, 573, 574 f; ders, in: FS Giger [1989] 287, 294; H ROTH JZ 1989, 411, 413). Für diese Zeitbestimmung bleibt also der an sich nichtige Darlehensvertrag von Bedeutung (auch deshalb krit HONSELL JurA 1986, 573, 575; ders, in: FS Giger 294). Nach ständiger Rechtsprechung hat der Darlehensgeber außerdem wegen § 817 S 2 analog für die Zeit der Nutzung des Kapitals weder aus Vertrag noch **222** aus § 812 iVm § 818 Abs 1 oder Abs 2 einen Anspruch auf Darlehenszinsen*; er kann nach stRspr weder die vereinbarten Zinsen noch die höchstzulässigen Zinsen noch marktüblichen Zinsen verlangen. Nach Ablauf der vereinbarten Laufzeit des Darlehens kann der Wucherer das Darlehen zurückverlangen; § 817 S 2 analog steht dem nicht entgegen (RGZ 161, 52, 53, 56 f, 58; BGH NJW 1962, 1148 f; WM 1969, 857, 858; WM 1989, 3217; NJW 1993, 2108; NJW 1995, 1152, 1153; aA noch RG LZ 1916, 461; RGZ 85, 293; RGZ 151, 70, 74 [jedoch insoweit § 817 S 2 kritisierend]; aA auch zB für die Schweiz BGE 102 II 401, 411 f). Wurde der Wuchervertrag unbefristet abgeschlossen, hat der Wucherer das Recht, den Vertrag nach der gesetzlichen oder der vereinbarten Kündigungsfrist zu kündigen (MEDICUS, in: Gedschr Dietz [1973] 61, 63; SOERGEL/HEFERMEHL § 138 Rn 85; STAUDINGER/LORENZ [1994] § 817 Rn 12).

223 Der Darlehensgeber kann nach der Laufzeit das Darlehen auch dann nach § 812 zurückfordern, ohne an § 817 S 2 analog zu scheitern, wenn es **sittenwidrigen Zwecken** dienen sollte, zB der Finanzierung eines Bordellbetriebs oder Spielzwecken (BGH NJW 1995, 1152, 1153). Denn andernfalls würde der von der Rechtsordnung mißbilligte Zweck auch noch gleichsam legalisiert (BGH NJW 1995, 1152, 1153). Da der Darlehensnehmer weiß, daß er das Darlehen nach der vereinbarten Nutzungsdauer zurückgeben muß, kann er sich analog § 819 in bezug auf das Darlehenskapital nicht nach § 818 Abs 3 auf den Wegfall der Bereicherung berufen (BGH NJW 1995, 1152, 1153; NJW 1985, 1828, 1829; NJW 1982, 1585; WM 1969, 857, 858; RGZ 151, 123, 127; ebenso im Ergebnis, jedoch analog § 820 CANARIS WM 1981, 978, 981).

bb) Erfüllungsgeschäfte und Sicherheiten

224 Die Nichtigkeit nach § 138 Abs 2 erfaßt auch die Erfüllungsgeschäfte des Bewucherten (RGZ 109, 201, 202; RGZ 162, 302, 306; BGHZ 50, 112 = NJW 1968, 1379; NJW 1973, 613, 615; WM 1974, 774; NJW 1982, 2767, 2768; NJW 1990, 384, 385; NJW 1994, 1275 und 1470). Dies folgert man für Wuchergeschäfte iSv § 138 Abs 2 aus dem Tatbestandsmerkmal „oder gewähren läßt" (RGZ 109, 201, 202; BGH NJW 1982, 2767, 2768 sub II 1; BGB-RGRK/KRÜGER-NIELAND/ZÖLLER § 138 Rn 36; ENNECCERUS/NIPPERDEY, AT § 192 III 1; LARENZ, AT § 22 III d; beachtliche Kritik an diesem Argument übt ZIMMERMANN JR 1985, 48, 49). Der Bewucherte kann daher zum Zwecke der Erfüllung des Wuchervertrags übergebene Sachen nach § 985 zurückverlangen (ENNECCERUS/NIPPERDEY, AT § 192 III 1; ERMAN/BROX § 138 Rn 24; SOERGEL/HEFERMEHL § 138 Rn 84). Nichtig nach § 138 Abs 2 sind auch alle Rechtsgeschäfte **erfüllungshalber**, zB eine Forderungsabtretung zur Tilgung eines Darlehens (RGZ 93, 74; SOERGEL/HEFERMEHL § 138 Rn 56), eine Scheckbegebung (BGH NJW 1990, 384, 385; MünchKomm/MAYER-MALY § 138 Rn 139; PALANDT/HEFERMEHL § 138 Rn 75; SOERGEL/HEFERMEHL Ergänzungsband § 138 Rn 56), eine Wechselbegebung (BGH NJW 1982,

---

* RGZ 161, 52, 57 f; BGH NJW 1962, 1148; WM 1969, 857, 858; NJW 1983, 1420, 1422 f; BGHZ 99, 333, 338; NJW 1989, 3217 aE; NJW 1993, 2108; NJW 1995, 1152, 1153; **gegen unentgeltliche** Nutzung des Kapitals durch den Bewucherten hingegen BROX, Besonderes Schuldrecht Rn 229; BÜRGE 217; BUNTE NJW 1983, 2674, 2676; ders WM 1984 Sonderbeil 1 S 24; CANARIS WM 1981, 978, 985 f; DAUNER JZ 1980, 503; FLUME, AT § 18, 10 S 394; J HAGER 97 ff; U HÜBNER ZIP 1984, 1185; KOPPENSTEINER/KRAMER, Ungerechtfertigte Bereicherung (2. Aufl 1988) 66; KOZIOL AcP 188 (1988) 183, 223; LARENZ, Schuldrecht II^{12} § 69 III b; LINDACHER AcP 173 (1973) 124, 131; MEDICUS, in: Gedschr Dietz (1973) 61, 71, 74 ff; MünchKomm²/LIEB § 817 Rn 16, 17; REICH JZ 1980, 334; RÜHLE 70; STAUDINGER/LORENZ (1994) § 817 Rn 12 mit ausf Nachw; ZIMMERMANN 174.

2767; WM 1974, 774; RGZ 162, 302, 306; STAUDINGER/DILCHER[12] § 138 Rn 111). Deshalb erwirbt zB der erste Wechsel- oder Schecknehmer kein Eigentum am Wechsel oder Scheck (RGZ 162, 302, 306; BGH NJW 1990, 384, 385). Dies kann die Bank auch bei der Scheckkartengarantie oder bei einer Scheckeinlösungsgarantie dem Schecknehmer entgegenhalten, weil die Garantie nur dem materiell berechtigten Schecknehmer gewährt wird (BGH NJW 1990, 384, 385). Soweit nach einem wucherischen Grundstücksgeschäft ein Wucherer im Grundbuch als Eigentümer eingetragen worden ist, hat der Veräußerer einen Grundbuchberichtigungsanspruch nach § 894 (BGH WM 1984, 1545, 1546); außerdem hat er einen Bereicherungsanspruch auf Herausgabe der Buchberechtigung, nicht jedoch einen Rückübereignungsanspruch, da er wegen § 138 Abs 2 noch Eigentümer ist (RG Recht 1915 Nr 439; SOERGEL/HEFERMEHL § 138 Rn 56; vgl auch zu den §§ 104, 105 BGH NJW 1973, 613). Nichtig nach § 138 Abs 2 sind ferner alle Rechtsgeschäfte des Bewucherten, durch die dieser zur Sicherung des wucherischen Verpflichtungsgeschäfts **Sicherheiten** bestellt hat, zB Grundpfandrechte (BGH NJW 1982, 2767, 2768; NJW 1994, 1275 sub II 1); auch insoweit hat der Bewucherte einen Grundbuchberichtigungsanspruch nach § 894 sowie einen Bereicherungsanspruch nach § 812.

Die Nichtigkeitsfolge des § 138 Abs 2 erstreckt sich hingegen nach hM nicht auf Erfüllungsgeschäfte des **Wucherers** (BGB-RGRK/KRÜGER-NIELAND/ZÖLLER § 138 Rn 36; ERMAN/BROX § 138 Rn 25; FLUME, AT § 18, 7d S 382; LARENZ, AT § 22 III d S 453; PALANDT/ HEINRICHS § 138 Rn 20, 75; SOERGEL/HEFERMEHL § 138 Rn 57; STAUDINGER/COING[11] § 138 Rn 37 ff; aA ENNECCERUS/NIPPERDEY, AT § 192 III 1; JAKOBY JherJb 60 [1912] 229 ff). Sie sind auch nicht nach § 138 Abs 1 nichtig (aA STAUDINGER/DILCHER[12] § 138 Rn 112) oder weil sie mit den dazugehörenden Kausalgeschäften eine Einheit bildeten; letzteres verbietet sich schon deshalb, weil dadurch das Abstraktionsprinzip in diesen Fällen generell in Frage gestellt würde. Deshalb hat der Wucherer nur Bereicherungsansprüche, die jedoch an § 817 S 2 analog scheitern können. **225**

Soweit man hingegen auch die Verfügungsgeschäfte des **Wucherers** für nichtig hält, stellt sich die Frage, ob Ansprüche, die er aus § 985 oder § 894 hat, an § 817 S 2 analog scheitern. Die hM verneint dies (BGH NJW 1951, 643; BGHZ 39, 87, 91; BGHZ 41, 341, 349; vgl auch BGHZ 63, 365, 369; aA ZIMMERMANN JR 1985, 48, 49 f). **226**

VIII. Sittenwidrigkeit gegenüber dem Geschäftspartner

1. Wucherähnliche Verträge

a) Das Verhältnis von § 138 Abs 2 zu § 138 Abs 1
aa) An die Voraussetzungen zur Verwirklichung des subjektiven Tatbestands des § 138 Abs 2 stellt die Rspr verhältnismäßig strenge Anforderungen (BGH NJW 1994, 1275 sub II 1). Dies wird mit den strengen Rechtsfolgen des § 138 Abs 2 begründet, die darin bestehen, daß die Nichtigkeit nicht nur das wucherische Verpflichtungsgeschäft, sondern auch die Erfüllungsgeschäfte des Bewucherten, Leistungen erfüllungshalber sowie die von ihm bestellten Sicherheiten erfasse (BGH NJW 1994, 1275). Die enge Auslegung von § 138 Abs 2 läßt allerdings Schutzlücken. Diese kann man mit § 138 Abs 1 schließen. Rechtsgeschäfte können, auch wenn die Voraussetzungen des Wuchertatbestands des § 138 Abs 2 nicht erfüllt sind, als sog wucherähnliche **227**

Rechtsgeschäfte nach § 138 Abs 1 sittenwidrig und nichtig sein*. § 138 Abs 2 steht der lückenfüllenden Anwendung von § 138 Abs 1 auf wucherähnliche Verträge nicht entgegen. Denn § 138 Abs 2 enthält nach hM **keine abschließende** Regelung für Verträge, bei denen ein auffälliges Mißverhältnis zwischen Leistung und Gegenleistung besteht (zum Verhältnis zwischen § 138 Abs 2 und § 138 Abs 1 Koziol AcP 188 [1988] 183 ff, 187). Einer analogen Anwendung des § 138 Abs 2 bedarf es daneben nicht (**aA** MünchKomm/ Mayer-Maly § 138 Rn 128).

228 bb) Die lückenfüllende Anwendung von § 138 Abs 1 auf wucherähnliche Verträge ist allerdings auf Kritik gestoßen (Koziol AcP 188 [1988] 183, 191 f). Sie stützt sich auf die „Basiswertung" des § 138 Abs 2, nach der Rechtsgeschäfte, die durch ein auffälliges Mißverhältnis von Leistung und Gegenleistung gekennzeichnet sind, nur unter den subjektiven Voraussetzungen des § 138 Abs 2 nichtig sein sollen (Koziol aaO). Diese Basiswertung sei auch bei der Konkretisierung des Begriffs der guten Sitten iSv § 138 Abs 1 zu berücksichtigen. Soweit ein Schutzbedürfnis bestehe, sei dies durch eine entsprechend weite Auslegung des § 138 Abs 2 zu befriedigen.

229 cc) Die richtige Lösung dürfte in der Mitte liegen. Soweit ein bestehendes Schutzbedürfnis durch eine **weite** Auslegung des subjektiven Tatbestands von § 138 Abs 2 befriedigt werden kann, sollte dies geschehen. In diesen Fällen sind auch keine sachlich gerechtfertigten Bedenken gegen die weiten Rechtsfolgen des § 138 Abs 2 erkennbar, dh dagegen, daß nicht nur das wucherische Verpflichtungsgeschäft, sondern auch die Erfüllungsgeschäfte des Bewucherten einschließlich der Geschäfte erfüllungshalber und der Rechtsgeschäfte zur Bestellung von Sicherheiten nichtig sind (**aA** jedoch wohl BGH NJW 1994, 1275). Soweit durch eine weite Auslegung von § 138 Abs 2 nicht alle Schutzlücken zu schließen sind, ist jedoch § 138 Abs 1 lückenfüllend anzuwenden. ME ist § 138 Abs 2 keine dahingehende Wertung zu entnehmen, daß bei einem auffälligen Mißverhältnis von Leistung und Gegenleistung ein über diese Vorschrift hinausgehender Schutz mit § 138 Abs 1 ausgeschlossen sei.

b) Keine Sittenwidrigkeit allein wegen eines auffälligen Mißverhältnisses
230 Allerdings ist ein Vertrag nicht schon dann ohne weiteres sittenwidrig, wenn zwischen Leistung und Gegenleistung kein angemessenes Verhältnis besteht (BGHZ 87, 309, 318; WM 1982, 849 aE). Ein **iustum pretium** ist ohnehin vielfach gar nicht feststellbar (vgl L Raiser, in: DJT-FS [1960] 130; Rittner AcP 188 [1988] 101, 128; ders DB 1980 Beil 16 S 12; Bunte WM 1984 Sonderbeil 1 S 3, 5 f; zum gerechten Preis ausführlich Mayer-Maly, in: FS Demelius [1973] 139; Reinhardt, in: FS H Lehmann [1937] 221). Außerdem wäre er keine verbindliche Sittennorm iSv § 138. Auch soweit **marktübliche** Preise bestehen, ist ein Abweichen von ihnen nicht ohne weiteres sittenwidrig. Selbst bei einem besonders groben Mißverhältnis von Leistung und Gegenleistung ist der Vorwurf der Sittenwid-

---

* Aus der umfangreichen Rspr vgl BGH NJW 1979, 805; NJW 1980, 2301; WM 1980, 597; WM 1981, 404 aE; BGHZ 80, 153, 160 f = NJW 1981, 1206; NJW 1982, 2433 und 2436; NJW 1983, 1420, 1421 und 2692; NJW 1984, 2292, 2294; NJW 1986, 2564 und 2568; NJW 1987, 181 f und 183 f; BGHZ 99, 333, 335 = NJW 1987, 944; NJW 1988, 818; BGHZ 110, 336, 337 f = NJW 1990, 1595; BGHZ 125, 135, 137; NJW 1995, 1019 und 1152; KG NJW-RR 1995, 1422; zust BGB-RGRK/Krüger-Nieland/Zöller § 138 Rn 45; vOlshausen ZHR 146 (1982) 287, 296 f; Soergel/Hefermehl § 138 Rn 73, 83, 86; Staudinger/Dilcher[12] § 138 Rn 105.

rigkeit nicht ohne weiteres begründet (BGHZ 80, 153, 155, 156, 158; BGH NJW 1984, 2292, 2293 f; BGHZ 125, 135, 137; RGZ 93, 27, 28 f; Canaris ZIP 1980, 709, 714; Koziol AcP 188 [1988] 183, 193; Krejci, in: FS Wilburg [1986] 127, 134 f; Palandt/Heinrichs § 138 Rn 34; Rittner DB 1980 Beil 16 S 5, 13; Soergel/Hefermehl § 138 Rn 73, 97; aA OLG Stuttgart NJW 1979, 2409, 2410, 2412; Bender NJW 1980, 1129, 1133 f; Hackl BB 1977, 1412, 1415; aA für Arbeitsverträge Richardi, in: MünchArbR § 14 Rn 59; § 44 Rn 19). Sogar gröbste Inäquivalenz kann, wie die Beispiele der (gemischten) Schenkung bzw des Freundschaftskaufs zeigen, in voller Freiwilligkeit akzeptiert und unbedenklich sein (Koziol AcP 188 [1988] 183, 193 ff; Mayer-Maly, in: FS Larenz [1983] 395, 405; Soergel/Hefermehl § 138 Rn 87). Deshalb ist ein Darlehensvertrag bzw eine Zinsvereinbarung nicht schon deshalb ohne weiteres sittenwidrig, weil der vom Darlehensgeber verlangte effektive Jahreszins den üblichen Marktzins um mehr als 100% überschreitet (BGHZ 88, 153, 155). Im geltenden Recht gibt es nicht (mehr) das gemeinrechtliche – zB in Österreich in § 934 f ABGB fortgeführte – Verbot der **laesio enormis** (Mot II 321 = Mugdan II 178; BGHZ 80, 153, 156; MünchKomm/Mayer-Maly § 138 Rn 99, 119; L Raiser, in: DJT-FS [1960] 130; Rittner DB 1980 Beil 16 S 11 f; Staudinger/Dilcher¹² § 138 Rn 42; aA OLG Stuttgart NJW 1979, 2409, 2410; WM 1985, 349, 354 f; ausf zur laesio enormis P Bydlinski ÖstJBl 1983, 410 ff; Mayer-Maly, in: FS Larenz [1983] 395 ff). Zwar hätte die Festlegung bestimmter Preis- und Zinsgrenzen den Vorteil der einfacheren Handhabung. Dennoch hat sich der deutsche Gesetzgeber in Kenntnis des österreichischen und des gemeinen Rechts ausdrücklich gegen eine entsprechende Regelung entschieden (Mot II 322 = Mugdan II 178; RGZ 64, 181, 182; BGHZ 80, 153, 156; Mayer-Maly, in: FS Larenz [1983] 395, 403; Kochendörfer NJW 1980, 215, 216; Weber NJW 1980, 2062, 2063). Ein entsprechender Gesetzentwurf des Bundesrats vom 18. 8. 1983, § 138 um einen Abs 3 zu ergänzen, der bei Kreditgeschäften die Nichtigkeitssanktion unmittelbar an ein auffälliges Mißverhältnis von Leistung und Gegenleistung anknüpfen wollte (BT-Drucks 10/307 S 3), ist nicht Gesetz geworden.

c) Die objektiven und subjektiven Voraussetzungen der Sittenwidrigkeit
aa) Ob ein Konsumentenkreditvertrag als wucherähnliches Rechtsgeschäft sittenwidrig ist, läßt sich nur aufgrund einer **Gesamtwürdigung** aller objektiven und subjektiven Geschäftsumstände feststellen (BGH NJW 1979, 805; NJW 1979, 808; NJW 1980, 2301; BGHZ 80, 153, 165 f, 171 f = NJW 1981, 1206; NJW 1982, 2433, 2434, 2435; NJW 1982, 2436; NJW 1983, 1420, 1421 und 2692; NJW 1984, 2292, 2294; NJW 1987, 2014, 2015 und 3256, 3258; NJW 1988, 818; BGHZ 110, 336, 341 = NJW 1990, 1595; Nüssgens, in: FS Werner [1984] 591; Soergel/Hefermehl § 138 Rn 73, 86, 87). Handelt es sich bei den besonderen Umständen, die die Sittenwidrigkeit begründen, ua um unbillige und deshalb **unwirksame AGB**, so will der BGH diese trotz ihrer Unwirksamkeit bei der nach § 138 Abs 1 erforderlichen Gesamtwürdigung des Vertrags mitberücksichtigen (BGH NJW 1980, 2301, 2302; BGHZ 80, 153, 172 = NJW 1981, 1206; WM 1981, 516, 517; NJW 1982, 2433, 2435; NJW 1982, 2436, 2437; BGHZ 98, 174, 177 = NJW 1986, 2564; BGHZ 99, 333, 335 = NJW 1987, 944; BGHZ 110, 336, 341 f = NJW 1990, 1595; Soergel/Hefermehl § 138 Rn 96). Diese Ansicht unterscheidet mE nicht ausreichend zwischen dem Anwendungsbereich des § 138 und des § 139. Auch die nach § 138 gebotene Gesamtwürdigung sollte zunächst nur die Entgeltvereinbarung betreffen. Unwirksame andere Klauseln belasten den Bewucherten nicht oder nur dann, wenn er irrtümlich erfüllt (aA Soergel/Hefermehl § 138 Rn 96). Mit einer Mindermeinung sollte man daher unwirksamen Klauseln bei der erforderlichen Gesamtwürdigung nach § 138 kein oder allenfalls ein geringes Gewicht beimessen (so Bunte WM 1984 Sonderbeil 1 S 3, 11 ff; Canaris ZIP 1980, 709, 713; ders WM 1986, 1453, 1464; Koziol AcP 188 [1988] 183, 190 f; Löwe NJW 1980, 2078, 2079; für eine

etwas geringere Gewichtung unwirksamer AGB NÜSSGENS, in: FS Werner [1984] 591, 595, 597; ders FLF 1986, 90, 91; ausdrücklich aA BGH WM 1981, 516, 517 sub II 2).

232 bb) Bei der Gesamtwürdigung ist von besonderem Gewicht, ob und in welchem Maße zwischen Leistung und Gegenleistung ein **auffälliges Mißverhältnis** besteht (RGZ 161, 52, 59 f; BGH NJW 1979, 805; NJW 1980, 2301; BGHZ 80, 153, 160 = NJW 1981, 1206; NJW 1982, 2436; NJW 1983, 1420, 1421 und 2692; NJW 1984, 2292, 2294; BGHZ 98, 174, 176 = NJW 1986, 2564; NJW 1988, 818 und 1659, 1660 und 1661 f; BGHZ 110, 336, 338; BGHZ 125, 135, 137; ZIP 1995, 1021, 1025 aE; zum Finanzierungsleasing BGH NJW 1995, 1019 und 1146, 1147). Insoweit gelten für § 138 Abs 1 dieselben Regeln wie oben zu § 138 Abs 2 dargelegt (Rn 175 ff).

233 cc) Über ein auffälliges Mißverhältnis von Leistung und Gegenleistung hinaus erfordert der Vorwurf der Sittenwidrigkeit auch die Verwirklichung eines **subjektiven Tatbestandes** in der Person des **Bewucherten** (BGHZ 87, 309, 318). Es müssen besondere Umstände in der Person dessen vorliegen, der überhöhte Preise akzeptiert hat (BGHZ 80, 153, 158; NJW 1984, 2292, 2294; BGHZ 98, 174, 178 = NJW 1986, 2564). Entscheidungserheblich ist ua, ob der Kunde geschäftlich unerfahren ist (BGHZ 80, 153, 158, 161; NJW 1984, 2292, 2294; BGHZ 98, 174, 178 = 1986, 2564, 2565; NJW 1987, 153; BGHZ 104, 102, 107 = NJW 1988, 1659, 1661; BGHZ 125, 135, 137), ob er rechtsunkundig ist (BGHZ 80, 153, 158; NJW 1983, 1420, 1421 f; NJW 1984, 2292, 2294; BGHZ 98, 174, 178 = NJW 1986, 2564; NJW 1987, 183; BGHZ 104, 102, 107 = NJW 1988, 1659, 1661), ob er sich in einer schwierigen Lage befand (BGHZ 125, 135, 137) oder ob er den Vertrag aus Mangel an Urteilsvermögen oder wegen erheblicher Willensschwäche abgeschlossen hat (BGH NJW 1985, 3006, 3007; vgl auch BGH NJW 1987, 183). Zu berücksichtigen ist auch, ob der Vertragspartner eine wirtschaftliche, organisatorische oder intellektuelle Überlegenheit ausnutzen konnte (BGH NJW 1979, 805; NJW 1980, 2301; BGHZ 80, 153, 158 f, 160 f; WM 1982, 849; NJW 1984, 2292, 2294; NJW 1985, 3006, 3007; BGHZ 98, 174, 178 = NJW 1986, 2564, 2565; NJW 1987, 183; BGHZ 104, 102, 107 = NJW 1988, 1659, 1661; BGHZ 125, 135, 137; BAG NJW 1985, 2661, 2662; DB 1986, 548), zB einen Informationsvorsprung (BGHZ 80, 153, 158) oder die Tatsache, daß die Vertragsbedingungen in ihrer Gesamtheit unübersichtlich und ihre Folgen unüberschaubar waren (BGHZ 80, 153, 158).

234 dd) Außerdem muß nach hM in der Person des **Wucherers** ein subjektiver Tatbestand zukommen, nämlich die Ausnutzung der genannten Umstände für das eigene übermäßige Gewinnstreben (BGHZ 125, 135, 137; WM 1980, 597 aE), die Ausnutzung einer Monopolstellung (BGH LM Nr 4 zu § 138 [Cc] BGB; SOERGEL/HEFERMEHL § 138 Rn 100, 108; STAUDINGER/DILCHER[12] § 138 Rn 20, 29) oder eine **verwerfliche Gesinnung** des Gläubigers derart, daß er sich böswillig oder grob fahrlässig der Erkenntnis der mißlichen Situation des anderen Teils verschließt, aufgrund derer sich dieser zum Abschluß des für ihn ungünstigen Darlehensvertrags entschlossen hat (RGZ 161, 52, 60; BGH NJW 1979, 258; NJW 1980, 2301; BGHZ 80, 153, 156; WM 1981, 1050, 1051; WM 1982, 849 aE; NJW 1984, 2292, 2294; NJW 1985, 3006, 3007; BGHZ 104, 102, 107 = NJW 1988, 1659; NJW 1992, 899 f; BGHZ 125, 135, 140 = NJW 1994, 1475; NJW 1995, 1019; ZIP 1995, 1021, 1025 f; OLG München BB 1995, 2235; BAG NJW 1985, 2661, 2662; DB 1986, 548).

235 Auch bei wucherähnlichen Rechtsgeschäften scheitert die Anwendbarkeit von § 138 Abs 1 nicht daran, daß die **Initiative** zum Geschäftsabschluß vom Benachteiligten ausgegangen ist (BGH NJW 1985, 3006, 3007).

ee) Bei einem auffälligen Mißverhältnis von Leistung und Gegenleistung erlangt **236**
§ 138 Abs 1 praktische Bedeutung, wenn die Voraussetzungen des § 138 Abs 2 nicht erfüllt sind, weil die besonderen Umstände in der Person des **Bewucherten**, dh eine Zwangslage, Unerfahrenheit, Mangel an Urteilsvermögen oder eine erhebliche Willensschwäche, nicht vorliegen, oder weil der **Wucherer** nur aus Leichtfertigkeit – nach § 138 Abs 2 ist Vorsatz erforderlich – das Vorliegen des objektiven Mißverhältnisses von Leistung und Gegenleistung oder die Ausbeutungssituation in der Person des Bewucherten nicht zur Kenntnis genommen hat.

ff) Liegt der objektive Tatbestand eines wucherähnlichen Vertrags vor, so wird **237** das Vorliegen der subjektiven Voraussetzungen des § 138 Abs 1 allerdings vermutet (BGH NJW 1984, 2292, 2294; BGHZ 98, 174, 178 = NJW 1986, 2564; NJW 1987, 181, 182; NJW 1987, 183; BGHZ 1988, 818, 819 sub IV; BGHZ 104, 102, 107, 108 = NJW 1988, 1659; NJW 1992, 899, 900; BGHZ 125, 135, 140 = NJW 1994, 1475; NJW 1995, 1019; BAG DB 1986, 548; BGB-RGRK/Krüger-Nieland/Zöller § 138 Rn 45; Steinmetz NJW 1976, 2569; Soergel/Hefermehl § 138 Rn 73, 99; **aA** MünchKomm/Mayer-Maly § 138 Rn 98, 107; ders, in: FS Larenz [1983] 395, 400, 403 ff), dh der Kreditgeber hat die Beweislast für das Nichtvorliegen dieser Umstände (BGHZ 98, 174, 178 f). Denn nach der Lebenserfahrung werden, wie auch der Begünstigte idR weiß, solche außergewöhnlichen Zugeständnisse nicht ohne besondere, den Benachteiligten in seiner Entscheidungsfreiheit hemmenden Umstände gemacht (BGH NJW 1992, 899, 900). Die Vermutung, daß bei einem auffälligen Mißverhältnis die subjektiven Voraussetzungen erfüllt sind, kann durch Darlegung besonderer Umstände widerlegt werden, dh der subjektive Tatbestand wird nicht (unwiderleglich) **fingiert** (BGHZ 98, 174, 178 = NJW 1986, 2564; diesbezügliche Bedenken äußern hingegen Bunte WM 1984 Sonderbeil 1 S 3, 9 f; Hackl DB 1985, 1327, 1329, 1330; Koziol AcP 188 [1988] 183, 185, 187; Mayer-Maly, in: FS Larenz [1983] 395, 400, 403 f; ders, in: MünchKomm § 138 Rn 102 mit Fn 321; krit auch BGH WM 1983, 1134, 1136 sub III 3).

Wie beim Wucher iSv § 138 Abs 2 (oben Rn 216) hatte der BGH diese Vermutung **238** ursprünglich nur bei einem **besonders groben** Mißverhältnis von Leistung und Gegenleistung aufgestellt (BGH WM 1966, 832, 835; WM 1969, 1255, 1257; WM 1976, 322 und 2106, 2107; NJW 1979, 758; WM 1981, 404, 405; WM 1981, 1050, 1051; vgl auch BAG NJW 1985, 2661, 2662; OLG München BB 1995, 2235). In seiner neueren Rspr zu § 138 Abs 1 läßt er hingegen jedes auffällige Mißverhältnis dafür genügen. Dies ist kein Widerspruch, da der BGH den speziellen Wuchertatbestand des § 138 Abs 2 wegen der strengeren Rechtsfolgen verhältnismäßig eng auslegt (vgl den Hinweis darauf in BGH NJW 1994, 1275; vgl auch BGH NJW-RR 1993, 198, 199; NJW 1988, 130, 131).

gg) Wenn die Zwangslage, die Unerfahrenheit, das mangelnde Unvermögen oder **239** weitere persönliche Schwächen eines Vertragspartners ausgenutzt werden, es jedoch an einem auffälligen Mißverhältnis von Leistung und Gegenleistung fehlt, so kann der Vorwurf der Sittenwidrigkeit nur bei Hinzutreten weiterer besonderer Umstände begründet sein (BGHZ 50, 63, 70 f betr Erbvertrag). Es ist jedoch nicht in jedem Fall anstößig, eine Hilfeleistung, selbst für einen Menschen in einer Notlage, von einer Vergütung abhängig zu machen (BGHZ 69, 295, 299 betr Fluchthelfervertrag).

d) Rechtsfolgen
aa) Geltungserhaltende Reduktion
Auch bei wucherähnlichen Rechtsgeschäften ist einer geltungserhaltenden Vertrags- **240**

anpassung, wie sie bei Mietwucher und Lohnwucher anerkannt ist, der Vorzug zu geben.

bb) Nichtigkeit

241 Nach hM decken sich bei wucherähnlichen Rechtsgeschäften die Rechtsfolgen für die **Verpflichtungsgeschäfte** mit denen von Wuchergeschäften. Dies gilt insbesondere auch für die Anwendung von § 817 S 2 analog (RGZ 161, 52, 59 f; BGH NJW 1983, 1420, 1423 sub V 1b; NJW 1989, 1217 aE; SOERGEL/HEFERMEHL § 138 Rn 103).

242 Anders als § 138 Abs 2 erfaßt jedoch die Nichtigkeit nach § 138 Abs 1 nicht ohne weiteres auch die **Erfüllungsgeschäfte** (BGH NJW 1973, 613, 615; NJW 1985, 3006, 3007; MünchKomm/MAYER-MALY § 138 Rn 140). Das (dingliche) Erfüllungsgeschäft kann jedoch seinerseits sittenwidrig und nach § 138 Abs 1 nichtig sein, wenn die Unsittlichkeit gerade im Vollzug des sittenwidrigen Verpflichtungsgeschäfts besteht (BGH aaO), dh wenn mit dem Erfüllungsgeschäft sittenwidrige Zwecke verfolgt werden (BGH NJW 1985, 3006, 3007). Das Erfüllungsgeschäft kann auch nach § **139** nichtig sein, wenn die Parteien das sittenwidrige Verpflichtungsgeschäft und das Erfüllungsgeschäft bewußt zu einer Einheit zusammengefügt haben (BGH NJW 1985, 3006, 3007; NJW 1979, 1495, 1496; OLG Frankfurt NJW 1981, 876, 877). Ein solcher Parteiwille ist jedoch grundsätzlich nicht zu unterstellen (BGH NJW 1985, 3006, 3007), auch wenn – wie beim Grundstückskauf üblich – der Kaufvertrag und die Auflassung in derselben Urkunde enthalten sind (BGH NJW 1985, 3006, 3007; vgl auch BGH NJW 1967, 1128, 1130; BGHZ 30, 321, 323 = NJW 1960, 621; NJW 1952, 60, 61).

2. Folgeverträge nach Umschuldung („Kettenkreditverträge")

a) Folgeverträge nach nichtigen Erstverträgen

243 Kreditverträge werden häufig durch neue Kreditverträge abgelöst, um den Kreditzeitraum zu verlängern, das Kreditvolumen zu erhöhen oder um durch den Wechsel des Kreditgebers die Konditionen zu verbessern. In diesen Fällen stellt sich die Frage, ob es sich auf den Folgevertrag auswirkt, wenn der Erstvertrag wucherisch oder wucherähnlich und damit nach § 138 nichtig – bzw nach der hier vertretenen Ansicht teilnichtig – war (ausführlich dazu CANARIS WM 1986, 1453).

244 **aa)** Wenn ein Wuchervertrag zum Zwecke der Umschuldung durch einen neuen Kreditvertrag abgelöst wird, unterliegt der Folgevertrag einer **eigenständigen** Beurteilung. Die Nichtigkeit des Erstvertrags nach § 138 wegen Wuchers oder Sittenwidrigkeit bewirkt nicht ohne weiteres auch die Nichtigkeit des Folgevertrags (BGHZ 99, 333, 336 f = NJW 1987, 944; NJW-RR 1987, 679, 681; NJW-RR 1988, 363, 364; NJW 1990, 1597, 1598; OLG Köln NJW-RR 1991, 1456, 1457; CANARIS WM 1986, 1453, 1456; ERMAN/BROX § 138 Rn 72 d; PALANDT/HEINRICHS § 138 Rn 31; aA wohl MünchKomm/MAYER-MALY § 138 Rn 104). Denn andernfalls wäre jeder zur Deckung **zusätzlichen** Kreditbedarfs geschlossene Folgevertrag nichtig, was nach hM zugleich bedeutete, daß auch der aus dem Folgevertrag bereits gewährte Kredit nicht zu verzinsen wäre. Diese Konsequenz wäre unannehmbar (BGHZ 99, 333, 337; NJW-RR 1987, 679, 681; CANARIS WM 1986, 1453, 1458). Außerdem hätte der Kreditnehmer keinen Anspruch auf die Gewährung noch nicht ausgezahlter Kreditbeträge. Dies gilt nicht nur bei externer Umschuldung, dh wenn der Folgevertrag mit einem anderen Kreditgeber abgeschlossen wurde als der

Erstvertrag, sondern grundsätzlich auch bei interner Umschuldung zwischen denselben Vertragspartnern (BGHZ 99, 333, 336).

bb) Wenn – bei interner oder externer Umschuldung – beide Parteien den Erstvertrag **irrtümlich** für gültig gehalten haben, ist es erforderlich und ausreichend, den Folgevertrag nach § 242 wegen Fehlens der Geschäftsgrundlage anzupassen (BGHZ 99, 333, 337 = NJW 1987, 944; NJW-RR 1987, 679, 681; NJW-RR 1988, 363, 364 f; NJW 1990, 1597, 1599; OLG Köln NJW-RR 1991, 1456, 1457; OLG Hamm WM 1985, 1143; WM 1986, 1246; ebenso bei interner Umschuldung CANARIS WM 1986, 1453, 1460 ff; ERMAN/BROX § 138 Rn 72 a; **aA** bei externer Umschuldung CANARIS WM 1986, 1456 f).

Eine Vertragspartei handelt treuwidrig, wenn sie nach Aufklärung des beiderseitigen Rechtsirrtums den Vorteil behalten will, der ihr im Widerspruch zur wirklichen Rechtslage aus dem Vertrag zufließen würde, insbesondere wenn sie der durch den Irrtum benachteiligten Vertragspartei die falsche rechtliche Bewertung als die richtige hingestellt hat (BGH NJW-RR 1987, 679, 681). Danach hat der Kreditgeber nur Ansprüche, die ihm bei Kenntnis und Berücksichtigung der Nichtigkeit des Erstvertrags billigerweise eingeräumt worden wären (BGHZ 99, 333, 338 = NJW 1987, 944; NJW 1987, 679, 681; NJW-RR 1988, 363, 364; OLG Köln NJW-RR 1991, 1456, 1457; PALANDT/HEINRICHS § 138 Rn 31; krit MÜNSTERMANN WM 1987, 745; H P WESTERMANN WuB I E 2 b-6.87 S 769; ders EWiR § 242 BGB 6/87 S 345). Das bedeutet, daß dem Kreditgeber nach § 242 keine Zinsansprüche zustehen, soweit der Folgevertrag dem Kreditnehmer solche Rechte einräumte, die er aufgrund der Nichtigkeit des Erstvertrags ohnehin schon hatte, nämlich – nach hM – das Recht der **zinslosen** Nutzung des Darlehenskapitals in der für den Erstvertrag maßgeblichen Laufzeit (BGH NJW-RR 1987, 679, 681; NJW-RR 1988, 363, 364; OLG Köln NJW-RR 1991, 1456, 1457; enger OLG Hamm WM 1985, 1143; WM 1986, 1246). Nach der hier vertretenen Ansicht, nach der wucherische und wucherähnliche Verträge geltungserhaltend auf das höchstzulässige Maß zu reduzieren sind, wäre die Zinsbelastung des Folgevertrags nach § 242 entsprechend zu reduzieren. Außerdem ist bei **interner** Umschuldung die Kreditsumme des Folgevertrags um den Gegenanspruch zu kürzen, der dem Kreditnehmer bereicherungsrechtlich wegen der Zuvielzahlungen aufgrund des sittenwidrigen und nichtigen Erstvertrags zustand (BGHZ 99, 333, 338; NJW-RR 1988, 363, 364). Bei **externer** Umschuldung ist diese Kürzung der Kreditsumme des Folgevertrags um den Gegenanspruch gegen den Erstkreditgeber hingegen nicht möglich; insoweit bleibt der Kreditnehmer auf seine Bereicherungsansprüche gegen den Erstkreditgeber verwiesen (BGH NJW 1990, 1597, 1599).

cc) Ein Folgevertrag, der bei isolierter Betrachtung weder wucherisch noch sittenwidrig iSv § 138 ist, kann jedoch gegen die guten Sitten verstoßen, wenn nur der Kreditgeber des Folgekredits positiv weiß, daß der Erstvertrag nach § 138 nichtig ist. Sittenwidrigkeit liegt vor, wenn bei interner Umschuldung der Kreditgeber in Kenntnis der Nichtigkeit des Erstvertrags mit dem Folgevertrag den übermäßigen Gewinn aus dem Erstvertrag zu sichern versucht (BGHZ 99, 333, 337; NJW 1990, 1597, 1598; NJW-RR 1987, 679, 681). Der BGH hält Sittenwidrigkeit auch für denkbar, wenn die Kreditkonditionen des Folgevertrags bei isolierter Betrachtung an der Grenze des nach § 138 Abs 1 Erlaubten liegen und in denen dann der Umstand, daß der Vertrag teilweise auch der Ablösung eines sittenwidrigen älteren Vertrags dient, im Rahmen der Gesamtwürdigung den Ausschlag geben kann (BGH NJW-RR 1987, 679, 681; vgl auch OLG Stuttgart NJW-RR 1988, 427, 429).

b) Folgeverträge nach wirksamen Erstverträgen

248 Auch bei Ablösung eines **wirksamen** Erstvertrags kann der Folgevertrag sittenwidrig und nichtig sein (OLG Stuttgart NJW-RR 1988, 427). Ein Kreditnehmer schließt einen Folgevertrag zum Zwecke der Umschuldung nur dann, wenn er sich davon eine Verbesserung seiner Situation erwartet, insbesondere eine Senkung der Zinslast oder eine Verlängerung oder Erhöhung des Kredits. Deshalb darf eine Bank ihr Interesse an der Umschuldung nicht ohne Rücksicht auf die wirtschaftlichen Belange des Kunden durchzusetzen suchen (BGH NJW 1990, 1597, 1598; NJW 1988, 818, 819; ERMAN/BROX § 138 Rn 120). Danach liegt Sittenwidrigkeit vor, wenn die Ablösung **wirtschaftlich unvertretbar** ist, weil die Konditionen des Folgevertrags wesentlich ungünstiger sind als die des Erstvertrags (BGH NJW 1990, 1597, 1598; BGHZ 104, 102, 107 = NJW 1988, 1659; NJW 1988, 818, 819; OLG Stuttgart NJW-RR 1988, 427), sei es, daß die Zinsen des Erstvertrags wesentlich niedriger waren als die des Folgevertrags, sei es, daß die Umschuldungskosten unverhältnismäßig hoch sind (OLG Stuttgart NJW-RR 1988, 427).

c) Schadensersatzansprüche wegen Verletzung von Aufklärungspflichten

249 Vergleiche dazu BGH NJW 1990, 1597, 1598 vor 3; NJW 1990, 1048, 1049 = WM 1990, 136, 138 sub IV.

3. Ausnutzung einer Macht- und Monopolstellung

250 Mit der Fallgruppe der Wucher- und wucherähnlichen Geschäfte überschneidet sich die weitere Fallgruppe der sittenwidrigen Ausnutzung einer Macht- und Monopolstellung zur Durchsetzung eines übermäßigen Entgelts oder unbilliger Geschäftsbedingungen. Ein sittenwidriger Mißbrauch einer Monopolstellung liegt vor, wenn sie dazu ausgenutzt wird, dem Vertragspartner unangemessene Bedingungen aufzuerlegen und überhöhte Entgelte abzuverlangen (RGZ 62, 264, 266; BGHZ 19, 85, 94). Unerheblich ist, ob die Initiative vom Inhaber der Machtstellung oder von seinem Vertragspartner ausgegangen ist (MünchKomm/MAYER-MALY § 138 Rn 78). Die Verwirklichung eines subjektiven Tatbestandes muß idR nicht nachgewiesen werden (SOERGEL/HEFERMEHL § 138 Rn 109), weder ein Sittenwidrigkeitsbewußtsein oder eine verwerfliche Gesinnung (BGH BB 1971, 1177 = GRUR 1972, 718) noch die Kenntnis der sittenwidrigkeitsbegründenden Tatumstände (aA BGH aaO); Kenntnis der sittenwidrigkeitsbegründenden Tatumstände wird ohnehin idR vorliegen.

251 Eine marktbeherrschende Stellung ist anzunehmen, wenn ein Gewerbetreibender in räumlicher, sachlicher oder zeitlicher Hinsicht keinem nennenswerten Wettbewerb ausgesetzt ist und sich deshalb in der Lage befindet, den Vertragsinhalt in Abweichung von üblichen Entgelten und Geschäftsbedingungen einseitig zu diktieren. In räumlicher Hinsicht hat ein Gewerbetreibender eine marktbeherrschende Stellung, wenn – wie bei Wasser- und Energieversorgungsunternehmen – ein Ausweichen auf Mitbewerber nicht möglich ist oder wenn dem Kunden, gemessen am Anlaß, ein Ausweichen auf einen räumlich entfernten Mitbewerber nicht zugemutet werden kann. In zeitlicher Hinsicht hat zB ein Reparaturunternehmen bei einem Rohrbruch eine marktbeherrschende Stellung, wenn nicht schnell genug ein anderes Reparaturunternehmen gerufen werden kann (vgl LG Nürnberg-Fürth BB 1973, 777). In Anlehnung an § 22 Abs 2 GWB sind auch marktbeherrschende Oligopole denkbar, die ihre Marktmacht sittenwidrig ausnutzen.

Unter dem Gesichtspunkt der mißbräuchlichen Ausnutzung einer Monopolstellung **252**
erklärte das RG ursprünglich **unbillige AGB** von marktbeherrschenden Unternehmen
für sittenwidrig und nichtig (RGZ 62, 264, 266; 79, 224, 229; 81, 316, 320; 83, 9, 14; 99, 107,
109; 106, 386, 388; 115, 218, 219 f; 115, 253, 258; 128, 92, 96; 133, 388, 391; 143, 24, 28; ebenso auch
noch BGH NJW 1956, 1065). Die AGB-Kontrolle wurde jedoch später in die Vorschrift
des § 242 verlagert (RG DR 1941, 1726, 1727; RGZ 168, 321, 329; BGH NJW 1956, 909; NJW
1956, 1065, 1066; BGHZ 65, 359, 363), was den Vorteil hatte, daß auch AGB, die nicht auf
Marktmacht beruhten, kontrolliert werden konnten und man auch solche AGB
untersagen konnte, von denen man annahm, daß sie zwar nicht sittenwidrig, jedoch
treuwidrig waren. Die Rechtsprechung zu § 242 war schließlich die Basis für das
heute geltende AGB-Gesetz. Daneben bleibt jedoch auch für § 138 Raum (vgl o
Rn 161 ff). Sittenwidrig sind insbesondere sachlich nicht berechtigte **Freizeichnungsklauseln**, die unter Ausnutzung einer Monopolstellung ohne sachlich gerechtfertigten
Grund von der gesetzlichen Haftungsregelung abweichen (BGH NJW 1956, 1065; KG
NJW 1977, 854 f). Sittenwidrig ist auch ein Verzicht auf rechtmäßig begründete
Ansprüche, wenn kein sachlich gerechtfertigter Grund für diesen Verzicht besteht
(RGZ 62, 264, 266; 115, 253, 258; 128, 92, 96; 133, 388, 391).

Sittenwidrig ist ferner die Ausnutzung einer Machtstellung, um **überhöhte Gegenlei-** **253**
stungen durchzusetzen (RGZ 62, 264, 266; BGHZ 19, 85, 94; BGH NJW 1958, 1772; BGHZ 41,
271, 278; BB 1971, 1177; BGHZ 65, 284, 289 = NJW 1976, 709 f; NJW 1976, 710, 711). Ob ein
Preis als überhöht anzusehen ist, richtet sich nach den gesamten Umständen (BGH
NJW 1976, 710, 711). Überhöht ist ein Preis grundsätzlich dann, wenn er nicht unerheblich über dem Preis in vergleichbaren Fällen liegt (BGH NJW 1976, 710, 711). Das ist
grundsätzlich immer der Fall, wenn ein auffälliges Mißverhältnis zwischen Leistung
und Gegenleistung iS des Wuchertatbestandes besteht (BGHZ 65, 284, 289 = NJW 1976,
709; vgl auch LG Nürnberg-Fürth BB 1973, 777). Insoweit handelt es sich um einen Anwendungsfall wucherähnlicher Verträge; häufig sind auch zugleich die Voraussetzungen
des § 138 Abs 2 erfüllt. Sittenwidrig wegen Ausnutzung einer Monopolstellung ist
danach zB die Erhöhung des Standgeldes für Straßenhändler durch eine Gemeinde
auf das 12fache (BGHZ 19, 85, 94) oder die Vereinbarung einer Vergütung von 4 Prozent des Jahresumsatzes für die Vermietung eines Grundstücks an einen Straßenhändler, der im Straßenhandel Verkaufsfahrzeuge einsetzen wollte (BGH NJW 1958,
1772). Überhöht kann jedoch im Einzelfall auch ein deutlich unter der Wuchergrenze
liegendes Entgelt sein, zB ein um 13,41 Prozent überhöhter Gewinn eines Elektrizitätswerks mit Gebietsschutz (BGH BB 1971, 1177).

Stets ist zu prüfen, ob der höhere Preis des Monopols im Verhältnis zum Vergleichs- **254**
preis durch besondere Umstände gerechtfertigt ist oder nur mit seiner marktbeherrschenden Stellung erklärt werden kann (BGH NJW 1976, 710, 711). Bei der
Überprüfung der Angemessenheit des Vertragspreises sind insbesondere zu berücksichtigen die Marktpreise in anderen Regionen (insbesondere bei Elektrizitäts- und
Wasserwerken mit Gebietsschutz), strukturelle Besonderheiten des Monopolgebiets
und die Abnahmemenge des einzelnen Kunden (BGH NJW 1958, 1772; BGHZ 65, 284,
289; BB 1971, 1177 f). Unterschiedliche Abnahmemengen können auch unterschiedliche Preise, dh eine unterschiedliche Behandlung der Kunden des marktbeherrschenden Unternehmens rechtfertigen (BGHZ 65, 284, 289; BGB-RGRK/KRÜGER-
NIELAND/ZÖLLER § 138 Rn 68).

255 Ein **Hoheitsträger** darf eine Leistung nicht von einer Gegenleistung abhängig machen, wenn kein ausreichender sachlicher Zusammenhang zwischen Leistung und Gegenleistung besteht (BGHZ 26, 84, 87; BGH NJW 1972, 1657; BGHZ 94, 125, 127, 129 = NJW 1985, 1825). Wegen Ausnutzung einer Machtstellung sittenwidrig und nichtig ist zB die Abtretung eines Grundstücksanteils an eine Gemeinde, wenn diese davon die Erteilung einer Ausnahmegenehmigung abhängig gemacht hat und kein innerer sachlicher Zusammenhang zwischen der Genehmigung und der Abtretung besteht (BGHZ 26, 84, 87; BGH NJW 1972, 1657; NJW 1975, 1019, 1020 aE; BGHZ 94, 125, 127 = NJW 1985, 1825; NJW 1985, 1892 f; HÜBNER, AT Rn 497; MünchKomm/MAYER-MALY § 138 Rn 80; vgl auch § 134 Rn 289). Aus dem selben Grund darf ein Finanzamt eine steuerliche Unbedenklichkeitsbescheinigung iS der VOB/A nicht zur Sicherung künftiger Steuerforderungen von einer Forderungsabtretung durch den Antragsteller abhängig machen (BGHZ 94, 125, 129, 131 = NJW 1985, 1825). Ablösungsverträge im Zusammenhang mit einer öffentlich-rechtlichen Stellplatzverpflichtung sind nur unbedenklich, wenn die geforderten Beträge dazu bestimmt sind, die vom Bauvorhaben des Bauwilligen ausgehende Verkehrsgefährdung auszuräumen (BGHZ 94, 125, 127 = NJW 1985, 1825; vgl auch BGH NJW 1979, 642; WM 1981, 179; WM 1983, 713; NJW 1983, 2823). Die Erteilung einer Ausnahmegenehmigung von einer Bausperre darf nur dann von einer Gegenleistung des Bauherrn abhängig gemacht werden, wenn dies im inneren Zusammenhang mit den Zwecken der Bausperre steht (BGHZ 26, 84; BGHZ 94, 125, 127 = NJW 1985, 1825). Auch Folgekostenverträge, in denen sich ein Privater zur Zahlung eines bestimmten Betrages verpflichtet, um eine Gemeinde zur Aufstellung eines Bebauungsplans oder zur einvernehmlichen Mitwirkung am Baugenehmigungsverfahren zu veranlassen, sind nur wirksam, soweit der Gemeinde voraussichtlich anteilige Kosten entstehen werden (BGH NJW 1975, 1019, 1020; BGHZ 94, 125, 127 f). Verträge mit der öffentlichen Hand, die im Ergebnis eine unzulässige Erweiterung der Steuerpflicht vorsehen, sind nicht nur sittenwidrig (vgl MünchKomm/MAYER-MALY § 138 Rn 80), sondern auch wegen Gesetzwidrigkeit nach § 134 nichtig (BGHZ 66, 199, 202 = NJW 1976, 1500 f; PALANDT/HEINRICHS § 134 Rn 23; SOERGEL/HEFERMEHL § 134 Rn 67; s auch o § 134 Rn 289).

256 Nicht sittenwidrig ist ein Rücktrittsvorbehalt in einem Kaufvertrag mit einer Gemeinde für den Fall, daß auf dem Grundstück keine Kurpension betrieben wird (BGH WM 1984, 1252, 1254). Zulässig ist auch die dem Erwerber eines Grundstücks von der veräußernden Gemeinde auferlegte zivilrechtliche Verpflichtung, sich bei der Errichtung eines Bauvorhabens an einen noch nicht bestandskräftigen Bebauungsplan zu halten (BGH NJW 1985, 1892 f [zu § 134 und § 242]).

257 Rechtsgeschäfte, die auf einem Mißbrauch marktbeherrschender Stellungen beruhen, unterliegen auch der kartellrechtlichen Kontrolle nach den §§ 22, 26 Abs 2 und 104 GWB. Die Kartellbehörde kann nach § 22 Abs 5 GWB Verträge für unwirksam erklären, wenn sie Entgelte oder sonstige Geschäftsbedingungen enthalten, die sich bei wirksamem Wettbewerb mit hoher Wahrscheinlichkeit nicht ergeben hätten (BGH BB 1971, 1177, 1178 = GRUR 1972, 718 [mit Anm LEHMPFUHL ua zu § 104 GWB]; BGH NJW 1976, 710, 711; BGHZ 65, 284, 291). Soweit durch den Machtmißbrauch der grenzüberschreitende Handel in der EU beeinträchtigt wird, unterliegen Verträge nach Art 86 EGV der kartellrechtlichen Kontrolle durch die EG-Kommission in Brüssel. Wenn der benachteiligte Vertragspartner einen Schaden erlitten hat, stehen ihm Schadensersatzanprüche nach § 823 Abs 2 iVm Art 86 EGV zu.

4. Ausnutzung einer Vertrauensstellung

Ein Rechtsgeschäft kann sittenwidrig sein, wenn ein Vertragspartner seine Vertrauensstellung zu seinem Vorteil ausgenutzt hat. So erklärte zB der BGH einen Erbvertrag zwischen einem 23jährigen geistig beschränkten Erblasser und seiner älteren Schwester für sittenwidrig, weil diese die Pflege für das geistige und körperliche Wohl des Erblassers übernommen hatte und ihn unter Ausnutzung dieser Stellung im Bewußtsein, daß er die Tragweite des Vertrages nicht überblicke, und in dem planmäßigen Bestreben, erhebliche Teile seines Vermögens an sich zu bringen, veranlaßt hatte, sie in dem Erbvertrag als Erbin einzusetzen (BGH LM Nr 1 zu § 138 [Bc] BGB; FLUME, AT § 18, 2 S 371 f). 258

5. Sittenwidrige Knebelungsverträge

a) Allgemeine Vorbemerkungen

Ein Vertrag ist sittenwidrig, wenn er die wirtschaftliche Entfaltung einer Vertragspartei in einem Maße beschneidet, daß diese ihre Selbständigkeit im ganzen oder zumindest in einem wesentlichen Teil einbüßt (RGZ 130, 1, 3; RGZ 130, 143, 145; RGZ 143, 48, 51; BGHZ 19, 12, 18 = NJW 1956, 337; BGHZ 22, 347; BGH NJW 1962, 102, 103; BGHZ 44, 158, 161; WM 1976, 181, 182 f; BGHZ 83, 313, 316; NJW 1993, 1587, 1588; LARENZ, AT § 22 III b S 440, 441; MEDICUS, AT Rn 698; PALANDT/HEINRICHS § 138 Rn 39; SOERGEL/HEFERMEHL § 138 Rn 26, 116 ff). Man bezeichnet solche Verträge als **Knebelungsverträge**. Zwar gehört es zum Wesen von Wirtschaftsverträgen, daß sie die wirtschaftliche Betätigungsfreiheit der Vertragspartner in irgendeiner Weise beschränken (RGZ 165, 1, 15; BGH NJW 1967, 1042, 1043). Deshalb ist nicht jede Beschränkung der wirtschaftlichen Betätigungsfreiheit eines Vertragspartners ohne weiteres rechtlich zu mißbilligen. Das **Ausmaß** der Beschränkungen kann jedoch den Vorwurf der Sittenwidrigkeit rechtfertigen. Eine sittenwidrige Knebelung liegt vor, wenn ein Vertragspartner aufgrund des Vertrags seine wirtschaftliche Selbständigkeit nahezu völlig verliert und in sittlich-rechtlich zu mißbilligender Weise vom anderen Vertragspartner abhängig wird. Die Verwirklichung eines subjektiven Tatbestandes ist nicht erforderlich (SOERGEL/HEFERMEHL § 138 Rn 117). Der Knebelnde muß weder in Knebelungs- noch in Schädigungsabsicht gehandelt haben (RG JW 1919, 443; PALANDT/HEINRICHS § 138 Rn 39; SOERGEL/HEFERMEHL § 138 Rn 117; aA SERICK, Eigentumsvorbehalt und Sicherungsübertragung IV § 31 VII 4 S 91). Der Vorwurf der Sittenwidrigkeit erfordert auch nicht, daß der Knebelnde die sittenwidrigkeitsbegründenden Tatumstände gekannt oder sich deren Kenntnis grob fahrlässig entzogen hat (SOERGEL/HEFERMEHL § 138 Rn 117; aA SERICK III § 30 I 2, VII 3). 259

b) Eingriffs- und Kontrollbefugnisse des Gläubigers

Eine sittenwidrige Knebelung liegt grundsätzlich vor, wenn ein Geschäftsinhaber seinem Gläubiger umfassende Eingriffs- und Kontrollbefugnisse oder gar umfassende Mitwirkungsrechte bei der Geschäftsführung einräumt. Deshalb ist es sittenwidrig, wenn eine effektive wirtschaftliche Betätigung des Darlehensnehmers vollständig von der Mitwirkung eines Darlehensgebers abhängig gemacht wird (BGH NJW 1993, 1587, 1588). Auch ein Mietvertrag zwischen einem Einzelhändler als Mieter und einem Großhändler als Vermieter, in dem sich dieser durch die Vereinbarung einer Bezugsbindung und eines Rechts auf regelmäßige Büchereinsicht eine umfassende **Geschäftsaufsicht** über alle Geschäfte des Einzelhändlers sicherte, auch soweit sie nicht die Geschäfte mit dem Großhändler betrafen, ist wegen Knebelung sitten- 260 widrig (OLG Hamm BB 1970, 374). Sittenwidrig ist grundsätzlich auch eine Vereinbarung, nach der der Gläubiger jederzeit die Fortführung des Betriebs unterbinden kann, insbesondere wenn er die dem Schuldner eingeräumte Verfügungsbefugnis über Sicherungsgut widerrufen oder die ihm zur Sicherheit übereigneten Gegenstände in Besitz nehmen kann (SOERGEL/HEFERMEHL § 138 Rn 120). Ein Sittenverstoß ist hingegen zu verneinen, wenn der Gläubiger diese Rechte nur bei Vorliegen eines wichtigen Grundes hat, insbesondere bei wirtschaftlichen Schwierigkeiten des Schuldners (BGH WM 1961, 1297, 1299).

c) Stille Geschäftsinhaberschaft

261 Sittenwidrigkeit liegt auch vor, wenn der Inhaber eines Geschäfts in seiner Handlungsfreiheit so beschnitten wird, daß er nur noch die Stellung eines abhängigen Verwalters hat und der Vertragspartner faktisch zum **stillen Geschäftsinhaber** wird, dem letztlich auch der Gewinn zufließt (RGZ 136, 247, 253 f; BGH NJW 1976, 181, 182 f). Wegen Knebelung sittenwidrig ist danach eine Vereinbarung über die Übernahme einer Filiale durch einen Gewerbetreibenden, wenn dieser zwar das volle unternehmerische Risiko tragen muß, jedoch weitgehend nur die Stellung eines Filialleiters hat, ohne indessen einen Gehalts- oder sonstigen Vergütungsanspruch gegen den Vertragspartner zu haben, während sich dieser durch eine überhöhte Umsatzbeteiligung von 20 Prozent ein risikoloses Einkommen sichert (BGH WM 1976, 181, 182 f; vgl auch BGH NJW 1967, 1043). Es ist hingegen nicht sittenwidrig, wenn ein Schuldner einem Treuhänder vorübergehend weitreichende Geschäftsführungsbefugnisse einräumt, damit dieser das Unternehmen mit Fremdmitteln saniert (BGH WM 1959, 626, 628; zurückhaltender OLG Frankfurt NJW 1967, 1043 ff).

d) „Aussaugung"

262 Eine sittenwidrige Knebelung liegt ferner vor, wenn ein Geschäftsinhaber durch die Stellung von Sicherheiten so in seiner wirtschaftlichen Bewegungsfreiheit beschränkt wird, daß die Existenz seines Geschäfts gefährdet ist (RGZ 136, 247, 253; MünchKomm/ MAYER-MALY § 138 Rn 66; SOERGEL/HEFERMEHL § 138 Rn 119). Das RG bezeichnete dies als „Aussaugung" (RGZ 136, 247, 253). Danach sind zB Forderungsabtretungen und Sicherungsübereignungen an eine Bank, die das gesamte pfändbare Vermögen eines Unternehmers erfassen, sittenwidrig und nichtig, wenn es ihm dadurch unmöglich gemacht wird, weiteres betriebsnotwendiges Fremdkapital aufzunehmen und Gläubiger zu befriedigen (BGHZ 19, 12, 18 = NJW 1956, 337; BGH NJW 1967, 1043). Der BGH erklärte mit Recht die Abtretung der Forderungen eines Bauunternehmens gegen seinen Auftraggeber an die kreditgewährende Bank, die die vom Bauunternehmen durchgeführten Arbeiten finanziert hat, für sittenwidrig und nichtig, wenn die Bank bereits vor Abschluß des Finanzierungsvertrages unter Ausnutzung ihrer wirtschaftlichen Machtstellung das ganze pfändbare Vermögen des Bauunternehmens an sich gebracht hatte und dadurch dem Bauunternehmen jegliche Freiheit für eigene wirtschaftliche und kaufmännische Entschließungen genommen wurde, weil es kein weiteres Fremdkapital mehr aufnehmen und Gläubiger nicht mehr befriedigen konnte (BGHZ 19, 12, 18). Wirtschaftliche Bewegungsfreiheit würde dem Bauunternehmer hingegen in ausreichendem Maße verbleiben, wenn der eingeräumte Kredit so hoch war, daß es ihm möglich war, seine aus dem Auftrag erwachsenen Verbindlichkeiten, seinen Lebensunterhalt und auch alte Gläubiger zu befriedigen (BGHZ 19, 12, 18; NJW 1962, 102, 103). Eine sittenwidrige Knebelung liegt auch dann nicht ohne weiteres vor, wenn der Schuldner Verpflichtungen übernommen hat, die sein Lei-

stungsvermögen übersteigen und er deshalb seine wirtschaftliche Betätigungsfreiheit weitgehend einbüßt. Eine sittenwidrige Knebelung scheidet auch aus, wenn der Schuldner ermächtigt ist, über wesentliche Teile des von ihm gestellten Sicherungsgutes zu verfügen (SOERGEL/HEFERMEHL § 138 Rn 120).

e) **Die Übersicherung von Kreditgebern**
Mit der Fallgruppe der „Aussaugung" wird sich häufig die weitere Fallgruppe der Übersicherung überschneiden. Sicherungsübereignungen, Globalzessionen, verlängerte und erweiterte Eigentumsvorbehalte sowie Lohnabtretungen sind wegen Knebelung sittenwidrig, wenn sie den Sicherungsgeber in seiner wirtschaftlichen Betätigungsfreiheit unangemessen einschränken, weil dieser wegen **Übersicherung** eines Gläubigers nicht mehr in der Lage ist, die für weitere geschäftsnotwendige Kredite erforderlichen Sicherheiten zu bieten (BGHZ 94, 105, 112; 98, 303, 309 f; 108, 98, 104 f; 117, 374, 377 f; 120, 300, 302; 124, 371, 377; 124, 380, 387; 125, 83, 85). Soweit diese Sicherheiten formularmäßig vereinbart werden, ist idR § 9 AGBG anwendbar. Daneben greift jedoch auch § 138 ein. Das ist vor allem bei Individualvereinbarungen sowie bei der Verletzung von Interessen der Allgemeinheit oder Dritter, die durch § 9 AGBG nicht geschützt werden, von praktischer Bedeutung. Die im folgenden zitierten Entscheidungen sind zwar zu § 9 AGBG ergangen, passen jedoch nach der hier zum Begriff der Sittenwidrigkeit vertretenen Ansicht in gleicher Weise auch für die Anwendung des § 138.

Eine Übersicherung führt nicht in jedem Fall zur Sittenwidrigkeit und Nichtigkeit der gesamten Sicherungsvereinbarung. Vielmehr ist nach der neueren Rechtsprechung des VII., VIII. und IX. Zivilsenats des BGH zu unterscheiden zwischen Sicherungsvereinbarungen über im Zeitpunkt der Vereinbarung **bestimmte** Forderungen bzw Sachen und solchen über zukünftige Forderungen und Sachen des Sicherungsgebers, die zwar bestimmbar sind, deren Volumen sich aber **ändern** kann (vgl insbesondere BGHZ 109, 240, 247; BGHZ 124, 371, 378 ff; BGHZ 124, 380, 387 f). Außerdem kann es darauf ankommen, ob gesetzliche oder vertragliche Freigabeansprüche des Sicherungsgebers bestehen.

aa) Eine Sicherungsvereinbarung über **bestimmte** Forderungen oder Sachen ist grundsätzlich auch bei Übersicherung wirksam (BGHZ 124, 371, 380; BGHZ 124, 380, 388; NJW 1994, 1796, 1797; BB 1995, 1556, 1557 f; OLG Hamm NJW 1994, 2623), zB bei der Sicherungsübereignung bestimmter Sachen (BGHZ 124, 380, 385 = NJW 1994, 864), einer Sachgesamtheit, wenn ihr Bestand – vom Austausch einzelner entwerteter Stücke abgesehen – bereits bei Vertragsschluß feststeht (BGHZ 124, 371, 378 f = NJW 1994, 861), einer Grundschuld (BGH NJW 1994, 1796; BGHZ 110, 241, 246; BGHZ 109, 240, 247; WM 1980, 1306) sowie bei einer kombinierten Abtretung des Darlehens- und Lebensversicherungsanspruchs beim Berlin-Darlehen (OLG Celle NJW-RR 1994, 937). Denn der Sicherungsgeber hat entweder nach § 157 einen vertraglichen oder nach § 242 einen gesetzlichen Freigabeanspruch, der bei deutlicher Übersicherung entsteht (BGHZ 124, 371, 375; BGHZ 124, 380, 385 f; BGH BB 1995, 1556, 1558). Dadurch sind er und seine Gläubiger idR hinreichend geschützt. Soweit der gesetzlich begründete Freigabeanspruch durch eine vertragliche Klausel eingeschränkt wird, ist diese unwirksam (BGHZ 124, 371, 376; BGHZ 124, 380, 389); die Wirksamkeit der Sicherungsübereignung, Abtretung oder Bestellung einer Grundschuld wird davon jedoch nicht berührt (BGHZ 124, 380, 389).

265 bb) Bei Sicherheiten mit **wechselndem** Bestand unterscheidet die neuere Rechtsprechung zwischen der Übersicherung infolge **Zunahme** der Sicherheiten und der Übersicherung infolge der **Abnahme** der gesicherten Forderung wegen der teilweisen Rückzahlung des Kredits durch den Sicherungsgeber (besonders deutlich BGHZ 124, 371, 379). Eine Sicherungsvereinbarung verstößt nicht gegen § 9 AGBG oder § 138, wenn sie keine Freigabeklausel für den Fall enthält, daß es zu einer Übersicherung wegen der **Abnahme** der Kreditsumme kommt, weil der Schuldner einen Teil des Kredits zurückgezahlt hat (BGHZ 124, 371, 379 f = NJW 1994, 861, 863, in ausdrücklicher Abweichung von BGHZ 117, 374, 379). Denn mit einer Übersicherung infolge der Abnahme der gesicherten Forderung rechnet jeder Sicherungsgeber (BGHZ 124, 371, 379).

266 Demgegenüber forderte der BGH, insbesondere der VII., VIII. und IX. ZS, bislang **ausdrückliche Freigabeklauseln** für den Fall der Übersicherung infolge der **Zunahme** von Sicherheiten mit wechselndem Bestand, dh bei Globalzessionen mit wechselndem Forderungsbestand (BGHZ 98, 303, 316; BGHZ 109, 240, 245 ff, 247 = NJW 1990, 716; NJW 1991, 2144, 2147; NJW 1991, 2768; BGHZ 117, 374, 377; WM 1993, 213, 216; NJW 1994, 445; BGHZ 124, 371, 376; BGHZ 124, 380, 387; BGHZ 125, 83, 87; NJW 1994, 1798), bei der Sicherungsübereignung eines Warenlagers mit wechselndem Warenbestand (BGHZ 117, 374, 377 f; BGHZ 124, 371, 376; BGHZ 124, 380, 387; BGHZ 125, 83, 87; OLG Hamm WM 1995, 1834 f), beim erweiterten und verlängerten Eigentumsvorbehalt (BGHZ 26, 185, 190; BGH NJW 1974, 942; NJW 1977, 2261, 2262; BGHZ 94, 105, 112, 113 ff; BGHZ 98, 303, 308, 310 ff; BGHZ 120, 300, 302; BGHZ 124, 380, 387; BGHZ 125, 83, 87 f = NJW 1994, 1154) und bei der Lohnabtretung (BGHZ 98, 303 ff; BGHZ 108, 98, 104 ff; vgl auch BGHZ 20, 43 ff; BGHZ 124, 371, 376). Denn in diesen Fällen ist die Entwicklung der Belastung für den Sicherungsgeber nicht ausreichend überschaubar (BGHZ 124, 371, 377). Auch die Ermittlung des Wertes der Sicherheiten im Zeitpunkt des Sicherungsfalles ist bei Sicherheiten mit wechselndem Bestand mit erheblichen Schwierigkeiten verbunden (BGHZ 124, 371, 377 f). Außerdem ist ein Anwachsen der Sicherheiten und damit eine Übersicherung vorgegeben (BGHZ 108, 98, 106 f; BGHZ 124, 371, 377). Unerheblich ist, ob eine konkrete Übersicherung besteht; entscheidend ist vielmehr, ob aufgrund der Vertragsgestaltung eine unverhältnismäßige Übersicherung nicht ausgeschlossen ist (BGHZ 98, 303, 308; 109, 240, 248 f; 117, 374, 379; NJW 1991, 2768, 2769; BGHZ 124, 371, 374; BGHZ 125, 83, 88 f; deshalb krit der XI. ZS des BGH NJW 1994, 1798, 1799). Die Aufrechterhaltung des Vertrags durch eine entsprechende Vertragsauslegung nach § 157 oder einen gesetzlichen Freigabeanspruch nach § 242 hielt der BGH bei wechselndem Umfang der Sicherheiten – anders als bei wertmäßig festen Sicherheiten – nicht für möglich.

267 Die Freigabevereinbarung muß nach der (bisherigen) Rechtsprechung des VII., VIII. und IX. ZS des BGH zu § 9 AGBG eine sog **qualifizierte Freigabeklausel** enthalten (BGHZ 117, 374, 377 ff; BGHZ 120, 300, 302; NJW 1994, 445; BGHZ 124, 371, 376 f = NJW 1994, 861; BGHZ 124, 380, 387 = NJW 1994, 864; BGHZ 125, 83, 89 = NJW 1994, 1154; BB 1996, 14; zu einem Ausnahmefall BGH NJW 1996, 253). Damit ist gemeint, daß die Freigabevereinbarung die Freigabe von Sicherheiten nicht ins billige Ermessen des Gläubigers stellen darf, sondern zahlenmäßig bestimmte Berechnungsgrößen nennen muß, die es ermöglichen, unschwer festzustellen, ob die Deckungsgrenze überschritten ist (BGHZ 108, 98, 104 ff; 109, 240, 245 f; 117, 374, 377 ff, 379; 120, 300, 302; NJW 1991, 2768, 2769; WM 1993, 213, 216; NJW 1994, 445; BGHZ 124, 380, 387; BGHZ 125, 83, 89; vgl auch BGH NJW 1994, 1798, 1799; **aA** OLG Hamm NJW 1994, 2623, 2624). Beim **erweiterten und verlän-**

gerten **Eigentumsvorbehalt** liegt nach der bisherigen Rechtsprechung des BGH die Grenze der Freigabepflicht in bezug auf den realisierbaren Wert der Sicherheiten (**Normalwert**) bei einer Übersicherung von 20 Prozent (zu § 9 AGBG vgl BGHZ 94, 105, 114 ff; BGHZ 109, 240, 246; BGHZ 120, 300, 302, 304; WM 1993, 213, 216; vgl auch BGH BB 1995, 1554, 1555) bzw 25 Prozent (betr § 138 vgl BGHZ 26, 185; 10 Prozent werden für ausreichend gehalten ua von M Wolf, in: FS Baur [1981] 147, 166 f) und bei 50 Prozent über dem **Nennwert** der abgetretenen Forderungen (BGHZ 98, 303, 317; 109, 240, 246; 120, 300, 302 f, 304; WM 1993, 213, 216). Soweit es die Frage der Übersicherung betrifft, ist für den Wert von Sicherheiten nicht deren Nennbetrag, sondern der bei ihrer Verwertung realisierbare Erlös maßgebend, der bei Sicherungszessionen nicht selten weit unter dem Nennbetrag liegen wird (BGHZ 98, 303, 317 f; M Wolf, in: FS Baur [1981] 147, 165 ff). Bei Sicherungsgut, das wechselnder Mode und Saisonbedürfnissen unter Worten ist, ist eine höhere Sicherungsgrenze zulässig als bei Sicherungsgütern, die im Wert beständig sind (LG Essen WM 1995, 1835 ff, 1837). Bei der Interpretation einer Sicherungsvereinbarung ist hingegen unter dem Begriff „Wert einer Forderung", wenn die Parteien nichts anderes vereinbart haben, der Nennwert und nicht der realisierbare Wert zu verstehen (BGHZ 98, 303, 316, 318; NJW 1994, 445 f; NJW 1994, 1798, 1799). Soweit Freigabevereinbarungen **Sachen** betreffen, muß eine Bezugsgröße für die Berechnung des Warenwertes genannt werden (BGHZ 117, 374, 379; 124, 371, 376 f; 125, 83, 89). Wenn Freigaberegelungen diesen Anforderungen nicht entsprechen, ist nicht nur die gesamte Sicherungsvereinbarung, sondern auch die Bestellung der Sicherheiten unwirksam (BGHZ 117, 374, 377; 120, 300, 304; 125, 83, 89; vgl aber auch BGH NJW 1994, 1798; krit Früh DB 1994, 1860; Neuhof NJW 1994, 1763; Weber WM 1994, 1549). Soweit bei einem **erweiterten und verlängerten Eigentumsvorbehalt** keine wirksame Freigabeklausel vorliegt, wird allerdings nur die schuldrechtliche Vereinbarung davon berührt, nicht hingegen die dingliche Wirksamkeit des einseitigen Vorbehalts des Vorbehaltsverkäufers (BGHZ 104, 129, 136 f; BGHZ 125, 83, 89 f). Bei **Globalzessionen** künftiger Kundenforderungen an Banken verlangt der BGH eine dingliche Freigabeklausel, während er im Verhältnis zwischen Lieferanten und Abnehmern eine schuldrechtliche Freigabeklausel genügen läßt (BGHZ 94, 105, 115).

Die vor allem vom VII., VIII. und IX. ZS des BGH vertretene Ansicht, daß Globalzessionen und Sicherungsübereignungen mit wechselndem Volumen gegen § 9 AGBG verstoßen, wenn sie keine ausdrücklichen qualifizierten Freigabeklauseln enthalten, ist neuerdings vom XI. ZS in Frage gestellt worden (BGH NJW 1994, 1798, 1799; NJW 1995, 1085, 1086; BB 1995, 1556, 1557; NJW 1996, 388; BB 1996, 344, 345; krit auch OLG Hamm NJW 1994, 2623, 2624; Früh DB 1994, 1860; Neuhof NJW 1994, 1763; Rellermeyer WM 1994, 1009 u 1053; Serick ZIP 1995, 789; ders WM 1995, 2017; ders, in: FS Trinkner [1995] 407; H Weber WM 1994, 1549; M Wolf EWiR 1990, 215; Ulmer/Brandner/Hensen, AGBG[7] Anh §§ 9 bis 11 Rn 658). Denn Nutznießer der Anwendung des § 9 AGBG, der zur Unwirksamkeit formularmäßiger Globalzessionen auch dann führt, wenn eine Übersicherung des Sicherungsnehmers nie eingetreten ist, sondern eine Unterdeckung seiner Forderungen feststeht, seien in der Praxis fast ausschließlich Dritte, vor allem die ungesicherten Gläubiger im Konkurs des Sicherungsgebers (BGH NJW 1994, 1798, 1799; BB 1995, 1554, 1555; vgl auch schon Wüst, in: FS Wilburg [1965] 257, 264). Deren Schutz werde jedoch von § 9 AGBG nicht bezweckt (BGH NJW 1994, 1798, 1799; BB 1995, 1554, 1555 = JZ 1995, 1178 m krit Anm Weber).

Gegen diese Argumentation spricht allerdings, daß sie sich zu einseitig auf den Konkursfall beschränkt. Sie berücksichtigt nicht ausreichend, daß der Knebelungseffekt einer Übersicherung **vor** dem Konkursfall den Sicherungsgeber unangemessen benachteiligen kann und möglicherweise erst dadurch der Konkursfall ausgelöst wird. Bei der Anwendung von § 9 ABGB und § 138 ist der Zeitpunkt des Vertragsabschlusses, dh ein Zeitpunkt vor dem möglichen Konkurs maßgeblich. Soweit § 9 ABGB eingreift, ist eine geltungserhaltende Reduktion ausgeschlossen. Bei der Anwendung von § 138 ist hingegen nach der hier vertretenen Ansicht nur die Übersicherung nichtig, dh dem Sicherungsnehmer verbleiben die zur Sicherung seiner Forderungen notwendigen Sicherheiten.

270 Dennoch ist dem XI. ZS des BGH zumindest im Ergebnis zuzustimmen. Die Differenzierung zwischen Übersicherungen durch Sicherheiten mit festem Bestand einerseits und mit wechselndem Bestand andererseits ist nicht überzeugend. Es gibt keinen sachlich gerechtfertigten Grund, im Falle fehlender Freigabeklauseln dem übersicherten Gläubiger die volle Sicherung zu belassen, wenn die Sicherheiten einen festen Bestand aufweisen, während bei wechselndem Bestand der Sicherheiten der übersicherte Gläubiger nur, wie alle anderen – ungesicherten – Gläubiger auch, einen Anteil am Vermögen des Schuldners erhält. Wenn man dem Sicherungsgeber bei Sicherungsvereinbarungen, die einen festen Bestand von Sicherheiten betreffen, bei Übersicherung entweder nach § 157 einen vertraglichen oder nach § 242 einen gesetzlichen Freigabeanspruch einräumt (BGHZ 124, 371, 375; BGHZ 124, 380, 385 f; BB 1995, 1556, 1558), dann gibt es keinen erkennbaren Grund, bei Sicherungsvereinbarungen über einen wechselnden Bestand an Sicherheiten die Anwendung der §§ 157, 242 zu versagen. Da eine ausdrückliche Freigabeklausel die erforderliche Rechtsklarheit schaffen kann, ist es auch möglich, eine Sicherungsvereinbarung ohne Freigabeklausel entweder nach § 157 dahingehend zu interpretieren, daß im Falle einer Übersicherung eine solche Freigabeklausel gewollt ist, oder aus § 242 einen gesetzlichen Freigabeanspruch abzuleiten. Das ist keine – im ABG-Recht unzulässige – geltungserhaltende Reduktion (**aA** jedoch BGH NJW 1987, 487, 489).

271 Soweit eine Übersicherung geeignet ist, weitere Gläubiger über die Kreditwürdigkeit des Sicherungsgebers zu **täuschen**, und sich der Sicherungsnehmer dieser Erkenntnis leichtfertig verschließt, ist § 138 auf Sicherungszessionen und Sicherungsübereignungen auch unter dem Gesichtspunkt der **Gläubigergefährdung** anwendbar (dazu unten Rn 334 ff).

f) Knebelnde Zeitvereinbarungen
aa) Vorbemerkungen

272 Knebelnd können auch Zeitvereinbarungen sein. Dies gilt insbesondere für übermäßig lange Vertragsbindungen. Zwar sind Verträge, die eine sehr lange Laufzeit vorsehen oder gar auf ewig geschlossen sind, nicht schon aus diesem Grunde insgesamt oder auch nur in bezug auf die Zeitvereinbarung nichtig (BGH NJW-RR 1993, 1460 f; F Bydlinski, Zulässigkeit und Schranken „ewiger" und extrem langer Vertragsbindung [1991]; Mayer-Maly AcP 194 [1994] 105, 167). In der Regel trägt die Möglichkeit der Kündigung aus wichtigem Grunde den berechtigten Interessen der Parteien ausreichend Rechnung (Mayer-Maly aaO). Anders ist dies bei Verträgen, die ohne Kündigungsmöglichkeit die Wettbewerbsfreiheit des Gebundenen übermäßig beschränken (Mayer-Maly aaO), insbesondere bei Zeitvereinbarungen in Bierlieferungsverträgen mit Bezugsbindungen, in Miet- und Pachtverträgen oder in Automatenaufstellver-

trägen. Auch die Ankaufsverpflichtung in einem Erbbauvertrag kann sittenwidrig sein, wenn die Ankaufspflicht vor Ablauf einer bestimmten Schonfrist besteht (BGHZ 68, 1, 4 f; BGHZ 75, 15, 16; BGH WM 1980, 877 f).

bb) Langfristige Bezugsbindungen in Bierlieferungsverträgen
In Bierlieferungsverträgen finden sich meist längerfristige Bezugsbindungen. Daran sind die liefernden Brauereien im Hinblick auf eine vorausschauende Produktions- und Investitionsplanung interessiert. Sie gewinnen Gastwirte für langfristige Bezugsbindungen vor allem durch Gewährung von (günstigen) Krediten und sonstigen Zuwendungen für die Ausstattung, Renovierung und den Ausbau ihrer Betriebe (BGH NJW 1972, 1459; NJW 1985, 2693, 2695). Trotz dieser anfänglichen zT recht erheblichen Vorteile laufen Gastwirte bei langfristigen Bindungen Gefahr, daß sie sich in Zukunft nicht mehr die für sie günstigsten Vertragspartner aussuchen können, dh sie begeben sich durch langfristige Bezugsbindungen ihrer wirtschaftlichen Bewegungsfreiheit (BGH NJW 1972, 1459; NJW 1974, 2089, 2090).

Im Hinblick auf die Vertragsfreiheit verstoßen Bezugsbindungen in Bierlieferungsverträgen nicht ohne weiteres gegen die guten Sitten (BGH NJW 1970, 2243; NJW 1972, 1459; NJW 1974, 2089, 2090; WM 1981, 687, 688). Sittenwidrigkeit liegt vielmehr erst dann vor, wenn die wirtschaftliche Bewegungsfreiheit und die Selbständigkeit des Gastwirts in unvertretbarer Weise eingeengt werden und er dadurch in eine mit den Anschauungen des redlichen Verkehrs nicht mehr vereinbare Abhängigkeit zur Brauerei gerät (RGZ 63, 390, 392; RGZ 152, 251, 253; BGH WM 1970, 99; BGHZ 54, 145, 156 = NJW 1970, 2157; NJW 1970, 2243; NJW 1972, 1459; WM 1973, 357 und 1360; NJW 1974, 2089, 2090; WM 1975, 850; NJW 1979, 2149, 2150; WM 1981, 687, 688; NJW 1985, 2693, 2694 aE). Je länger der Zeitraum ist, für den sich ein Gastwirt zum Bezug bei einer bestimmten Brauerei verpflichtet hat, um so näher liegt der Schluß auf eine sittenwidrige Knebelung (BGH WM 1970, 99, 101). Erforderlich ist allerdings eine Würdigung des Gesamtcharakters des Bierlieferungsvertrags (BGH NJW 1970, 2243; NJW 1972, 1459; WM 1975, 307, 309; GRUR 1984, 298, 299 aE; NJW 1985, 2693, 2694 f). Ob eine langfristige Bezugsbindung mit den Anschauungen des redlichen Verkehrs unvereinbar ist, hängt ua auch vom wirtschaftlichen **Wert der Leistungen der Brauerei** ab (BGH NJW 1970, 2243; NJW 1972, 1459; WM 1973, 357; NJW 1974, 2089, 2090; WM 1975, 850 f; WM 1981, 687, 688; NJW 1985, 2393, 2395), dh auch von folgenden Umständen: Betreibt der Gastwirt sein Lokal in eigenen bzw von Dritten gepachteten Räumen oder hat er sie von der ihn beliefernden Brauerei gepachtet? Hat der Gastwirt bei der Brauerei ein langfristiges Darlehen aufgenommen (BGH WM 1970, 99, 101; NJW 1970, 2243; NJW 1972, 1459; WM 1973, 357; WM 1975, 850, 851; WM 1971, 687, 688 f)? Wurde das Inventar von der beliefernden Brauerei gestellt? Wie hoch war sein Wert (BGH NJW 1970, 2243; NJW 1972, 1459; WM 1973, 357; NJW 1979, 865)? Je höher die Gegenleistungen der Brauerei sind, um so eher kann eine langfristige Bezugsbindung gerechtfertigt sein (BGH NJW 1974, 2089, 2090; WM 1975, 850, 851; NJW 1979, 2149, 2150; WM 1984, 88; krit OLG München NJW 1968, 650). Auch der **Grad der Abhängigkeit** des Gastwirts von der Brauerei ist zu berücksichtigen: Darf er auch Biere anderer Brauereien, zB Spezialbiere, vertreiben, um sich dem Publikumsgeschmack laufend anpassen zu können (BGH NJW 1970, 2243; NJW 1974, 2089, 2090)? Sind Mindestabnahmepflichten pro Jahr vereinbart, die die Möglichkeit des Vertriebs anderer Biere einschränken?

Zeitlich **unbegrenzte** Bezugsbindungen in einem Bierlieferungsvertrag sind nach stRspr des RG und des BGH, der zu folgen ist, sittenwidrig (RG JW 1927, 119; WM 1970, 99, 101; NJW 1970, 2243; NJW 1972, 1459; BGHZ 68, 1, 5; NJW 1979, 2150, 2151). Als unbegrenzt ist eine Bezugspflicht auch anzusehen, wenn sie für einen auf bestimmte Zeit abgeschlossenen Pachtvertrag eingegangen wird, der sich jedoch automatisch verlängert, wenn er nicht innerhalb einer bestimmten Frist gekündigt wird (BGH NJW 1988, 2362, 2363). Eine Bindung von 20 Jahren ist grundsätzlich die äußerste Grenze und nur bei Vorliegen besonderer Umstände gerechtfertigt (BGH NJW 1970, 2243; NJW 1972, 1459; WM 1973, 357; NJW 1974, 2089, 2090; WM 1975, 307, 308 und 850, 851; NJW 1979, 865; BGHZ 74, 293, 298 = NJW 1979, 2150, 2151; WM 1981, 687, 688; WM 1984, 88, 89; NJW 1985, 2693, 2695; NJW 1989, 2362 aE; NJW-RR 1990, 816; NJW 1992, 2145 aE). Letzteres ist zB der Fall, wenn sich die Bindung nur auf einen Teil des Bedarfs bezieht, so daß die Abhängigkeit des Gastwirts von der Brauerei von Anfang an lockerer war (BGH NJW 1979, 865). Eine zwanzigjährige Bindung kann ferner bei ungewöhnlich hohen Gegenleistungen der Brauerei gerechtfertigt sein (BGH NJW 1979, 865). Sobald jedoch die Bindungsdauer einen Zeitraum von 20 Jahren übersteigt, ist eine Bezugsbindung in aller Regel sittenwidrig (BGH NJW 1970, 2243; NJW 1972, 1459; WM 1973, 357; NJW 1974, 2089; WM 1975, 850, 851 f; BGHZ 68, 1, 5; NJW 1979, 865, 866; NJW 1979, 2149, 2150; BGHZ 74, 293, 298 = NJW 1979, 2150, 2151; WM 1981, 687, 688; NJW-RR 1992, 816). Nur wegen des Vorliegens ganz besonderer Umstände hat der BGH höchst ausnahmsweise auch länger andauernde Bezugsbindungen für zulässig erklärt, zB 23 Jahre (BGH WM 1973, 924; vgl auch BGH NJW 1979, 865) oder 36 Jahre (BGH WM 1975, 307).

276 Manche Senate des BGH halten für den „Normalfall" eine Bezugsbindung für die Dauer von 15 Jahren für zulässig (BGH NJW 1979, 2149, 2150; BGHZ 74, 293, 298 = NJW 1979, 2150, 2151; WM 1981, 687, 688; NJW 1992, 2145, 2146). Demgegenüber hält der VIII. Zivilsenat auch in diesem Fall eine Gesamtwürdigung des Vertrags für erforderlich (BGH WM 1984, 88, 89 aE).

277 Die Vereinbarung einer sittenwidrig langen Bezugsbindung bleibt, soweit sie die Höchstgrenze überschreitet, auch dann nichtig, wenn auf seiten des Gastwirts ein **Nachfolger** in den Vertrag eintritt (BGH NJW 1988, 2362 aE). Unter den genannten Umständen sind auch Bierbezugsverpflichtungen in Verträgen zugunsten Dritter sittenwidrig und nichtig (BGHZ 54, 145, 156 = NJW 1970, 2157). Die Vereinbarung einer Gesamtmindestabnahmemenge in einem auf 20 Jahre geschlossenen Bierlieferungsvertrag steht einer Kündigung des Gastwirts zum Vertragsende nicht entgegen, auch wenn er die Gesamtmenge nicht abgenommen hat; beruht die nicht vollständige Abnahme auf einer Pflichtverletzung des Gastwirts, hat die Brauerei Schadensersatzansprüche (BGH NJW 1979, 865 f).

278 Für sittenwidrig hielt der BGH ursprünglich auch entsprechend lange dingliche Dienstbarkeiten zur Absicherung der Bierbezugsverpflichtung (BGH NJW 1979, 2149, 2150; BGHZ 74, 293, 298 f = NJW 1979, 2150, 2151; offengelassen in BGH NJW 1985, 2474). Diese Ansicht hat er jedoch wegen des Abstraktionsprinzips, dh wegen der Abstraktheit dinglicher Rechtsgeschäfte gegenüber Verpflichtungsgeschäften, aufgegeben (BGH NJW 1988, 2362, 2363; NJW 1988, 2364; NJW-RR 1992, 593, 594 f; dazu auch WALTER/MAIER NJW 1988, 377).

279 Bei sittenwidrig langen Bezugsbindungen ist die sittenwidrige Zeitvereinbarung nicht insgesamt nichtig, sondern nur insoweit, als sie den höchstzulässigen Zeitraum

überschreitet. Sie wird geltungserhaltend auf das **höchstzulässige** Maß reduziert (ausf oben Rn 110 ff); bis zur Grenze der höchstzulässigen Zeitdauer der Bindung bleibt die Zeitvereinbarung wirksam (BGH NJW 1972, 1459; WM 1973, 357 f; WM 1974, 1042, 1043; WM 1975, 850, 851; BGHZ 68, 1, 5 und 204, 206 f; NJW 1979, 865, 866; WM 1984, 88, 90; NJW 1985, 2693, 2695; MünchKomm/MAYER-MALY § 138 Rn 68; NIPPERDEY JW 1927, 119, 120; SOERGEL/ HEFERMEHL § 138 Rn 129; aA RGZ 76, 78, 80; STAUDINGER/DILCHER[12] § 138 Rn 37; ZIMMERMANN 44 ff). Wenn im konkreten Anwendungsfall eine Bindungsdauer bis zu 15 Jahren zulässig gewesen wäre und diese in der Vereinbarung überschritten wurde, so ist der betreffende Gastwirt 15 Jahre gebunden. Verletzt er vor Ablauf dieser Frist seine Bezugsbindung, dann haftet er auf Schadensersatz und Unterlassung wegen Verletzung der Bezugsbindung (BGH NJW 1979, 865, 866; WM 1975, 850, 851; NJW 1974, 2089, 2090). Die unter Abwägung der beiderseits zu erbringenden und bereits erbrachten Leistungen vorgenommene Reduzierung der Bindungsdauer ist **unter unveränderter Aufrechterhaltung** der übrigen Teile der beiderseitigen vertraglichen Verpflichtungen, insbesondere auch der Gegenleistungen der Brauerei, vorzunehmen (BGH NJW 1992, 2145, 2146; NJW 1985, 2693, 2695; PALANDT/HEINRICHS § 138 Rn 81; aA MEILICKE/WEYDE DB 1994, 821). Nur die **einseitige** Vertragsanpassung in bezug auf die Bindungsdauer kann in diesem Fall das Mißverhältnis der Verpflichtungen der Vertragsteile ausgleichen (BGH NJW 1992, 2145, 2146). Die Brauerei kann sich insoweit nicht auf einen Wegfall der Geschäftsgrundlage berufen (BGH NJW 1985, 2693, 2695).

In manchen Entscheidungen heißt es, daß die sittenwidrig lange Zeitvereinbarung **280** „mit einer kürzeren, angemessenen Laufzeit" aufrechtzuerhalten sei (BGHZ 68, 1, 5). Aus dieser Formulierung könnte man entnehmen, daß die Zeitvereinbarung nicht mit der höchstzulässigen, sondern mit einer uU kürzeren, angemessenen Zeitdauer aufrechtzuerhalten sei. Dies wäre jedoch eine Überinterpretation der zitierten Formulierung des BGH. Tatsächlich hat er in allen einschlägigen Entscheidungen die Zeitvereinbarung mit der nach seiner Ansicht höchstzulässigen Bindungsdauer aufrechterhalten. Ein paralleles Problem ist aus dem Preisrecht, insbesondere zum Mietwucher, wohl bekannt. Dort hat sich die Rspr zu § 134 zutr dafür ausgesprochen, überhöhte Preisvereinbarungen nicht auf den marktüblichen, sondern auf den höchstzulässigen Preis zu reduzieren (BGHZ 89, 316, 320; weitere Nachw in § 134 Rn 92 ff, 269 ff). Denn die Teilnichtigkeit könne nicht weiterreichen, als die tatbestandliche Erfüllung des Verbotsgesetzes; was das Gesetz nicht verbietet, ist rechtmäßig, so daß für Nichtigkeit insoweit kein Anlaß besteht (BGHZ 89, 316, 321 betr Mietwucher). Diese Argumentation zu § 134 iVm § 5 WiStG ist auf § 138 übertragbar, wenn man – wie hier – die Vorfrage nach der Möglichkeit einer geltungserhaltenden Reduktion bejaht. In dem Maße, in dem eine Zeitvereinbarung nicht gegen das sittlich-rechtliche Verbot übermäßiger zeitlicher Bindungen verstößt, ist sie rechtmäßig, und für die Nichtigkeitssanktion besteht insoweit kein Anlaß. Dh, die Zeitvereinbarung bleibt bis zur höchstzulässigen Grenze wirksam. Dies entspricht im praktischen Ergebnis auch der Rspr und der hL, die mit § 242 oder mit § 139 analog nur eine Überschreitung der höchstzulässigen Zeitdauer unterbinden (BGH NJW 1972, 1459; NJW-RR 1990, 816). Für eine weiterreichende Reduktion, zB aus generalpräventiven Gründen, besteht kein Anlaß. Sie hätte außerdem Strafcharakter, wofür im Zivilrecht grds kein Raum ist.

Wenn die Zeitdauer der vereinbarten Bezugsbindung (auch) gegen das AGBG ver- **281** stößt, ist allerdings eine geltungserhaltende Reduktion nach hM nicht möglich.

Dann ist die gesamte Zeitvereinbarung nichtig (BGH NJW 1984, 48, 49; vgl auch BGH NJW 1994, 2693, 2695 aE und 2696), auch beim Individualprozeß (BGH NJW 1984, 48, 49).

282 Wettbewerbsbeschränkende Vereinbarungen in Bierlieferungsverträgen, insbes Bierbezugsverpflichtungen, unterliegen auch der kartellrechtlichen Mißbrauchskontrolle nach § 18 GWB. Außerdem bedürfen sie nach § 34 GWB der Schriftform (vgl BGHZ 54, 145, 148; WM 1981, 687 f; WM 1984, 88, 89; NJW 1988, 2364, 2365). Alleinbezugsbindungen in Bierlieferungsverträgen eines Gastwirts an eine Brauerei können außerdem als wettbewerbsbeschränkende Vereinbarungen die Voraussetzungen von Art 85 Abs 1 EG-Vertrag erfüllen, wenn sie nach der sog „Bündeltheorie" insgesamt – also nicht nur der einzelne Vertrag – die kartellrechtliche Spürbarkeitsgrenze überschreiten (EuGH Slg 1967, 543 = WuW/E EWG/MUV Brasserie de Haecht; EuGH Slg 1991, I-936 Delimitis; BGHZ 54, 145, 149 ff = NJW 1970, 2157; OLG Stuttgart WRP 1986, 119; vgl auch BGH NJW 1992, 2145 mwNw; NJW-RR 1992, 593, 595; OLG Karlsruhe EuZW 1990, 102; dazu auch JEHLE EuZW 1991, 372). Nach Art 85 Abs 2 EG-Vertrag sind sie nichtig, wenn keine Freistellung iSv Art 85 Abs 3 EG-Vertrag vorliegt. Durch die VO (EWG) Nr 1984/83 hat die EG-Kommission eine **Gruppenfreistellung** iSv Art 85 Abs 3 EG-Vertrag für Alleinbezugsvereinbarungen vorgenommen (ABlEG 1983 L 173/5), die in den Art 6 ff Sonderregelungen für Alleinbezugsbindungen in Bierlieferungsverträgen enthält. Die Gruppenfreistellung gilt allerdings nur, wenn sie die Bindungsdauer von 10 Jahren bei Bierbezugsbindungen und von 5 Jahren, wenn neben Bier auch andere Getränke von der Bezugsbindung erfaßt werden, nicht überschreitet, Art 6 iVm Art 8 lit c, d. Bei längerer Bindungsdauer ist eine Individualfreistellung durch die EG-Kommission iSv Art 85 Abs 3 EG-Vertrag erforderlich. Wenn diese nicht eingeholt wurde, sind alle wettbewerbsbeschränkenden Klauseln einschließlich der gesamten Zeitvereinbarung der Alleinbezugsabrede nach Art 85 Abs 2 EG-Vertrag nichtig.

283 cc) Auch **Tankstellen-Stationärverträge** dürfen eine zeitliche Bezugsbindung und entsprechende Verbote des Vertriebs von Konkurrenzprodukten für eine gewisse zeitliche Dauer vorsehen (BGHZ 52, 171, 176, 181; vgl auch BGHZ 83, 313 ff). Denn die Mineralölgesellschaften setzen idR zugunsten der Tankstellen erhebliches Kapital, Baumaßnahmen, Einrichtungen, zinsgünstige Darlehen usw ein (BGHZ 52, 171, 176). Bei zu kurzer Bindungsdauer wären sie wohl nicht zu einem solchen Kapitaleinsatz bereit. Dies ginge zu Lasten potentieller Tankstelleninhaber, die am Abschluß von Tankstellenverträgen interessiert sind (BGHZ 52, 171, 176; KÖTZ RabelsZ 58 [1994] 209, 214).

284 In aller Regel bestehen gegen Bezugsbindungen von 5 Jahren keine Bedenken (BGHZ 52, 171, 176). Sittenwidrig ist hingegen eine Klausel, die einer Mineralölgesellschaft das unwiderrufliche Recht vorbehält, nach einer Vertragszeit von mehr als 25 Jahren die Vertragsbeziehungen mit dem Tankstelleninhaber zu den Bedingungen des Angebots eines Dritten fortzusetzen (BGHZ 83, 313, 318 f = NJW 1982, 1692). Das House of Lords hat eine Bindungsdauer von 21 Jahren für zu lang gehalten (Esso Petroleum Co Ltd v Harper's Garage ... Ltd [1968] A C 269; rechtsvergleichende Hinweise bei KÖTZ RabelsZ 58 [1994] 214 Fn 17). Solche Vertragsbindungen beschränken die wirtschaftliche Selbständigkeit und berufliche Bewegungsfreiheit des Tankstelleninhabers in nicht hinnehmbarer Weise (BGHZ 83, 313, 319). Andererseits ist es der

Mineralölgesellschaft nicht unzumutbar, wenn der Tankstelleninhaber nach Ablauf der von der Gesellschaft selbst bestimmten Dauer des Vertrags und der Amortisation des von ihr eingesetzten Kapitals das Vertragsverhältnis beendet (BGHZ 83, 313, 319). Eine Bindungsdauer von über 20 Jahren wurde vom OLG Düsseldorf (WM 1985, 727, 728) bei einem Tankstellenpächter, der 80 Tankstellen hatte, hingegen für wirksam erklärt.

Bezugsbindungen von Tankstelleninhabern verstoßen gegen Art 85 Abs 1 EG-Vertrag, wenn sie geeignet sind, den zwischenstaatlichen Handel iSd „Bündeltheorie" spürbar zu beeinträchtigen. Die GruppenfreistellungsVO (EGW) Nr 1984/83 über die Anwendung von Art 85 Abs 3 EG-Vertrag auf Gruppen von Alleinbezugsvereinbarungen enthält in Art 10 ff spezielle Regeln über die Freistellung wettbewerbsbeschränkender Tankstellenverträge (ABlEG 1983 L 173/5).

dd) Eine zehnjährige Mindestlaufzeit in einem **Automatenaufstellvertrag** mit einem Gastwirt ist keine unangemessene Beschränkung der wirtschaftlichen Bewegungsfreiheit des Gastwirts (BGHZ 51, 55, 56 f = NJW 1969, 230, 231; WM 1971, 243, 244; NJW 1971, 1034; NJW 1983, 159, 161; vgl auch BGH WM 1977, 112 f; zur Rechtsnatur des Automatenaufstellvertrags BGHZ 47, 202, 203). Unangemessen und sittenwidrig ist hingegen in einem solchen Vertrag die Vereinbarung einer zweijährigen bzw zweieinhalbjährigen Kündigungsfrist, nach deren Verstreichen sich der Vertrag um jeweils drei bzw fünf Jahre verlängert (BGH NJW 1983, 159, 161; vgl auch BGH NJW 1969, 230, 231 [insoweit nicht in BGHZ 51, 55]). Sie birgt für den Gastwirt die Gefahr, daß er wegen der noch weit entfernt liegenden Zeit der Vertragsbeendigung den Kündigungstermin übersieht, während auf seiten des Geräteaufstellers, der alle 6 bis 9 Monate die Geräte austauscht, kein Interesse erkennbar ist, das diese Gefahr für den Gastwirt rechtfertigen könnte (BGH NJW 1983, 159, 161; da noch eine größere Anzahl weiterer Klauseln des Vertrags sittenwidrig war, erklärte der BGH den gesamten Vertrag für nichtig, BGH NJW 1983, 162).

ee) Ein **Managementvertrag** betreffend den Betrieb eines Hotels enthielt ua die Vereinbarung einer Vertragsdauer von 20 Jahren sowie das Recht des Managers, durch einseitiges Gestaltungsrecht dreimal um je 10 Jahre zu verlängern. Der BGH hatte keine Bedenken gegen die zeitliche Bindung von 20 Jahren, hielt jedoch die weitergehende Bindung von bis zu 50 Jahren für übermäßig und sittenwidrig. Im Vertrag war ausdrücklich vorgesehen, daß nichtige Klauseln – hier die Verlängerungsklauseln – als nicht geschrieben gelten (BGH WM 1982, 394, 399).

ff) **Miet- und Pachtverträge** können grds für eine lange Zeitdauer abgeschlossen werden; dies ergibt sich aus § 567. Werden sie für eine längere Zeit als 30 Jahre geschlossen, besteht nach § 567 (iVm § 581 Abs 2) für beide Seiten grds das Recht, unter Einhaltung der gesetzlichen Frist zu kündigen. Wenn in langfristigen Mietoder Pachtverträgen ausnahmsweise die Vereinbarung der Bindungsdauer unwirksam ist, sind sie mit der höchstzulässigen Laufzeit aufrechtzuerhalten (RGZ 82, 124, 125; BGH NJW 1962, 734). Sittenwidrig ist eine Abrede in einem Pachtvertrag, nach der der Pächter durch Aufwendungen mit vertragsverlängernder Wirkung dem Verpächter die Verfügungsmacht über sein Grundstück nehmen kann (OLG Nürnberg BB 1958, 812).

gg) **Ankaufsverpflichtungen in Erbbauverträgen** können sittenwidrig sein, wenn dem

Erbbauberechtigten keine angemessene **Schonfrist** bis zur Ankaufspflicht eingeräumt wird. Zwar ist es nicht ohne weiteres sittenwidrig, in einem Erbbauvertrag zu vereinbaren, daß der Erbbauberechtigte auf Verlangen des Grundstückseigentümers zur käuflichen Übernahme des Grundstücks verpflichtet ist (BGHZ 68, 1, 3; BGHZ 75, 15, 16; BGH WM 1980, 877; MünchKomm/MAYER-MALY § 138 Rn 64; aA KOLLHOSSER NJW 1974, 1302). Die Ankaufsverpflichtung ist vor allem nicht schon dann ohne weiteres nichtig, wenn sie den Erbbauberechtigten, der auf dem Wege der Erbpacht zu einem günstigen Preis ein Haus erwerben wollte, finanziell überfordert. Es ist durchaus auch denkbar, daß der Erbbauberechtigte von Anfang an den Kauf vorgezogen hätte, wenn der Eigentümer dazu bereit gewesen wäre (BGHZ 68, 1, 3 f). Die Ankaufsverpflichtung kann jedoch sittenwidrig sein, wenn besondere Umstände hinzukommen (BGHZ 68, 1, 4 f; BGHZ 75, 15, 16). Insbesondere wegen der Regelung des Zeitraums, in dem die Ankaufsverpflichtung besteht, kann diese nichtig sein (BGHZ 68, 1, 5; BGHZ 75, 15, 19; BGH WM 1980, 877 f). Eine Ankaufsverpflichtung über die gesamte Vertragsdauer von 99 Jahren ist sittenwidrig lang (BGH WM 1980, 877). Außerdem muß dem Erbbauberechtigten eine angemessene, seine wirtschaftlichen Verhältnisse und die Höhe des Kaufpreises berücksichtigende Zeitspanne zur Beschaffung der erforderlichen Geldmittel zugestanden werden (BGH WM 1980, 877, 878). Der BGH hat eine Schonfrist von 10 Jahren, in der die Ankaufsverpflichtung noch nicht wirkt, für angemessen gehalten (BGHZ 68, 1, 5; BGHZ 75, 15, 19; BGH WM 1980, 877 f). Wurde eine zeitlich unbegrenzte Ankaufsverpflichtung vereinbart, so ist diese nicht insgesamt nichtig, sondern geltungserhaltend in der Weise zu reduzieren, daß dem Erbbauberechtigten eine angemessene Schonfrist zur Beschaffung der erforderlichen Geldmittel eingeräumt wird, bevor er zum Ankauf verpflichtet ist (so in analoger Anwendung von § 139 BGHZ 68, 1, 5; BGHZ 75, 15, 19 aE; BGH WM 1980, 877, 878).

290 hh) Längerfristige Bindungen von Schülern durch **Internats- und Direktunterrichtsverträge** können aufgrund der typischen Interessenlage der Parteien unter Berücksichtigung der Berufs- und Ausbildungsfreiheit sittenwidrig sein (BGHZ 120, 108, 115, 118 f mwNw; BGH WM 1985, 780, 781 sub III 4; vgl auch BGH DB 1995, 1560).

291 ii) **Optionsrecht eines Verlags:** Wegen übermäßiger Einengung der wirtschaftlichen und persönlichen Freiheit ist eine Vereinbarung nach § 138 sittenwidrig, durch die sich ein Schriftsteller gegenüber einem Verleger verpflichtet, diesem **ohne zeitliche Begrenzung alle** zukünftigen Werke zuerst anzubieten, ohne daß dem eine Pflicht des Verlegers zur Übernahme der Werke gegenübersteht (BGHZ 22, 347, 356 f; MünchKomm/MAYER-MALY § 138 Rn 64). Demgegenüber hatte das RG eine zeitlich unbegrenzte und unentgeltlich übernommene Verpflichtung eines Operettenkomponisten, seinem Verleger alle seine künftigen Kompositionen zuerst zum Erwerb anzubieten, für rechtswirksam erachtet (RGZ 79, 156 ff). Der BGH rechtfertige diese Diskrepanz der Entscheidungen nicht nur mit dem unterschiedlichen Verlegerrisiko, das bei der Vervielfältigung und Werbung für Operetten viel größer sei als bei Büchern, sondern auch mit dem Wandel der wirtschaftlichen Gegebenheiten und der Rechtsauffassungen über das Verleger-Autorenverhältnis (BGHZ 22, 347, 355). Nur die zuletzt genannte Begründung überzeugt. Grundsätzlich **nicht sittenwidrig** ist eine Vereinbarung, durch die sich ein Verleger für ein bestimmtes Werk das Verlagsrecht nicht nur für eine Auflage, sondern für **sämtliche Auflagen** einräumen läßt und durch die der Autor sich verpflichtet, das Werk gegebenenfalls zu aktualisieren (RGZ 112, 173, 175 ff; RGZ 140, 264, 266 f; STRAUS, in: Urhebervertragsrecht, FS Schricker [1995] 291, 321 f).

Auf wirtschaftliche und persönlichkeitsrechtliche Bedenken stoßen solche Vereinbarungen jedoch, wenn für sämtliche weiteren Auflagen dieselben Konditionen, zB in bezug auf die Berechnung des Honorars, gelten sollen und wenn der Autor, der zu einer Neubearbeitung nicht mehr willens oder fähig ist, sein Werk an einen Bearbeiter verliert (überzeugend dazu STRAUS 322 f). Insoweit sind die Umstände des Einzelfalles entscheidend.

kk) **Treuhandvertrag auf Lebenszeit:** Sittenwidrig ist die Vereinbarung eines Gesellschafters einer OHG mit den anderen Gesellschaftern, die Ausübung aller ihm nach Gesetz und Vertrag zustehenden Gesellschafterrechte auf Lebenszeit einem sog Treuhänder zu übertragen, wenn der Gesellschafter bei der Auswahl des Treuhänders nicht mitwirken, ihm keine Weisungen erteilen und ihn nicht jederzeit abberufen kann (BGHZ 44, 158, 161). Eine geltungserhaltende Reduktion der Beschränkungen hat der BGH in diesem Fall abgelehnt (BGHZ 44, 162).

ll) Ein Vertrag, durch den sich der geschäftsführende Gesellschafter einer Personenhandelsgesellschaft dieser gegenüber verpflichtet, Einnahmen aus anderweitiger Tätigkeit jeder Art zu einem Teil an die für einen Zeitraum von 30 Jahren eingegangene Gesellschaft abzuführen, ist sittenwidrig und nichtig (BGHZ 37, 381, 385 = NJW 1961, 1811). Insbesondere wegen der Bindungsdauer bringt sie den Gesellschafter in persönliche und wirtschaftliche Abhängigkeit. Auch ist es nicht zu rechtfertigen, wenn sich jemand ohne entsprechende Gegenleistung die Arbeitskraft eines anderen so dienstbar machen will, daß er an den Erträgnissen jedweder Art teilhat (BGHZ 37, 381, 385). Eine solche Klausel läßt sich auch nicht damit rechtfertigen, daß sie den vollen Einsatz der Arbeitskraft des Geschäftsführers für die Belange der Gesellschaft sichern soll (BGHZ 37, 381, 384 f).

mm) Der Ausschluß der ordentlichen Kündigung in einem zeitlich nicht begrenzten **Wärmeversorgungsvertrag** zwischen einem Hauseigentümer und einem Fernheizwerk ist nicht sittenwidrig (so BGHZ 64, 288, 290 ff; BGHZ 100, 1, 3). Wenn die Abgabe von Wärme und warmem Wasser zu angemessenen Preisen erfolgt und sichergestellt ist, daß der Abnehmer bei Ausfall der Wärmeversorgung seine eigene Heizanlage in Betrieb nehmen darf, so besteht idR kein überzeugender Grund, ihm neben dem Recht zur außerordentlichen Kündigung aus wichtigem Grunde noch das Recht zur ordentlichen Kündigung überhaupt oder nach einer gewissen Laufzeit einzuräumen (BGHZ 64, 288, 291). Diese Dauerbindung ist – ebenso wie die Einräumung eines Versorgungsmonopols –, damit zu rechtfertigen, daß hohe Investitions- und laufende Unterhaltungskosten eine überschaubare Kalkulation des Fernheizwerks erfordern (BGHZ 64, 288, 292; zur Rechtfertigung des Versorgungsmonopols vgl BGHZ 24, 148, 150). Ein Heizwerk, das in einer Wohnanlage mit Eigentumswohnungen mit hohen Investitionen die Voraussetzungen zum Bezug von Fernwärme geschaffen hat, kann die Verpflichtung, ausschließlich bei ihm die Fernwärme zu beziehen, durch eine Reallast sichern (OLG Celle JZ 1979, 268).

nn) Wenn die ordentliche Kündigung eines **Handelsvertretervertrags** ausgeschlossen oder unzumutbar erschwert wird, hängt die Anwendung des § 138 entscheidend von der wirtschaftlichen Stellung und den wirtschaftlichen Beziehungen der Vertragspartner zueinander ab (BGH DB 1995, 1560 f betr das Verhältnis zwischen Muttergesellschaft und Tochtergesellschaft; SOERGEL/HEFERMEHL § 138 Rn 134).

296 oo) **Nicht sittenwidrig** ist eine Bindungsdauer von 15 Jahren in einem Ratenkreditvertrag (OLG Hamm NJW-RR 1992, 685) und von 7 Jahren in einem Haarpflegevertrag (BGH NJW-RR 1986, 982).

6. Wettbewerbsverbote und Kundenschutzklauseln

297 Wegen ihrer knebelnden Wirkung können auch Wettbewerbsverbote sowie Kundenschutzklauseln sittenwidrig sein, wenn sie die wirtschaftliche Betätigungsfreiheit des Betroffenen nach Art, Dauer und räumlicher Reichweite in unangemessener Weise einschränken. Es gibt im Wirtschaftsleben eine große Vielfalt von Wettbewerbsverboten, zB Wettbewerbsverbote für Arbeitnehmer, für Gesellschafter und Geschäftsführer von Gesellschaften (dazu ausf in neuerer Zeit MELULLIS WRP 1994, 686; TRAUB WRP 1994, 802; OLG Karlsruhe WM 1986, 1473, 1475) und Wettbewerbsverbote für Veräußerer von Unternehmen bzw Praxen von Freiberuflern (BGH NJW 1979, 1605, 1606; NJW 1986, 2944; dazu auch HIRTE ZHR 154 [1990] 443). Diese Wettbewerbsverbote können den Wettbewerb während der Vertragslaufzeit betreffen oder auch als nachvertragliche Wettbewerbsverbote vereinbart sein, vgl §§ 74 ff, 90 a HGB, § 133 f GewO.

298 Viele Wettbewerbsverbote finden ihre Rechtfertigung in speziellen gesetzlichen Regelungen und sind als solche zulässig, zB Wettbewerbsverbote für Gesellschafter nach §§ 112, 113 HGB (iVm § 161 Abs 2 HGB) und § 284 AktG, Wettbewerbsverbote für Vorstandsmitglieder von Aktiengesellschaften nach § 88 AktG und Geschäftsführer von GmbHs, die zT aus § 43 GmbHG abgeleitet werden, sowie das Wettbewerbsverbot für kaufmännische Angestellte nach § 60 HGB.

a) Kartellrechtliche Grenzen

299 Eine erste enge Schranke erfahren vertragliche Wettbewerbsverbote durch das Kartellverbot des § 1 GWB bzw durch Art 85 Abs 1, 2 EG-Vertrag, soweit dadurch der Handel zwischen den Mitgliedstaaten der EU beeinträchtigt wird (ausf HIRTE ZHR 154 [1990] 443, 461 ff; MELULLIS WRP 1994, 686 ff). Diese Kartellverbote regeln Wettbewerbsbeschränkungen zwischen Unternehmen. Zu den „Unternehmen" iS dieser Vorschriften gehören auch Freiberufler. Kartellrechtlich zulässig sind Wettbewerbsverbote zwischen Unternehmen nur dann, wenn sie als Nebenbestimmungen im übrigen kartellrechtsneutraler Verträge erforderlich sind, um deren Zwecke zu erreichen und zu gewährleisten (so zu § 1 GWB BGHZ 68, 6, 9 – Fertigbeton I; NJW 1980, 185 = WuW/E BGH 1597, 1599 – Erbauseinandersetzung; NJW 1982, 2000, 2001 = WuW/E BGH 1898, 1899 – Holzpaneele; WuW/E BGH 2085, 2086 – Strohgäu-Wochenjournal; NJW-RR 1986, 1486 = WuW/E BGH 2285, 2288 – Spielkarten; BGHZ 96, 1, 7 = NJW 1986, 1107; BGHZ 120, 161, 166 = NJW 1993, 1710 – Taxigemeinschaft; NJW 1994, 384; OLG München NJW-RR 1995, 1191; zu Art 85 EGV vgl EG-Kommission WuW/E EV 678, 679; 1020, 1022; EuGH WuW/E EWG/MUV 690, 691). Bei Unternehmensveräußerungen muß ein Wettbewerbsverbot nach Zeit, Ort und Gegenstand auf das Maß beschränkt werden, das erforderlich ist, damit der Erwerber bzw Pächter die ihm bei der Unternehmensübertragung überlassenen Kundenbeziehungen festigen kann (BGH NJW 1979, 1605 – Ausscheidungsvereinbarung; NJW 1980, 185 – Erbauseinandersetzung; NJW 1982, 2000, 2001 – Holzpaneele; NJW-RR 1989, 2000, 2001; EG-Kommission WuW/E EV 678, 679 und 1020, 1022; EuGH Slg 1985, 2545, 2571 = WuW/E EWG-MUV 690, 691). Insoweit werden **immanente** Schranken der weiten Kartellverbote des § 1 GWB bzw des Art 85 Abs 1 EG-Vertrag anerkannt. Wettbewerbsverbote sind nicht nur gerechtfertigt bei Unternehmensveräußerungsverträgen und Unternehmenspacht (BGH NJW-RR 1989, 900; NJW 1982, 2000, 2001; EuGH Slg 1985, 2545, 2571), sondern auch beim Ausscheiden eines Gesellschafters oder Geschäftsführers aus einer Gesellschaft (BGHZ 96, 1, 7 = NJW 1986, 1107), bei der Aufteilung eines Geschäftsbetriebs einer Kapitalgesellschaft anläßlich des Ausscheidens eines Gesellschafters zwischen diesem und der Gesellschaft (BGH NJW 1994, 384) sowie bei Lizenz- und Know-How-Verträgen (BGH WuW/E BGH 2090). IdR wird beim Ausscheiden von Gesellschaftern oder Geschäftsführern aus einer Gesellschaft oder bei Unternehmensveräußerungsverträgen in zeitlicher Hinsicht ein zweijähriges Wettbewerbsverbot genügen (BGH NJW 1994, 384, 385; BGHZ 96, 1, 7 = NJW 1986, 1107; EG-Kommission WuW/E EV 678, 679 und 1020, 1022; EuGH Slg 1985, 2545 = WuW/E EWG/MUV 690, 691). Soweit ein Wettbewerbsverbot in zeitlicher oder räumlicher Hinsicht über das zur Erreichung des Vertragszwecks Erforderliche hinausgeht, kann es auf ein angemessenes Maß **reduziert** werden (BGH WuW/E BGH 2090, 2095 – Stadler-Kessel; BGH NJW 1994, 384, 386 sub IV 1; Hirte ZHR 154 [1990] 443, 465; Melullis WRP 1994, 686, 691).

b) Grenzen durch die §§ 74 ff HGB (analog) und § 133 f GewO

aa) Nachvertraglichen Wettbewerbsverboten für kaufmännische Angestellte setzen **300** die §§ 74 ff HGB Grenzen. Für gewerbliche Angestellte ist die Sonderregelung des § 133 f GewO einschlägig, wonach die Beschränkung nur insoweit verbindlich ist, als sie nicht nach Zeit, Ort und Gegenstand die Grenzen überschreitet, durch welche eine **unbillige** Erschwerung des Fortkommens des Angestellten ausgeschlossen wird. Die Konkretisierung des Begriffs „unbillig" erfolgt anhand der Kriterien der §§ 74 ff HGB (grundlegend BAG AP Nr 23 zu § 133 f GewO; vgl auch Richardi, in: MünchArbR § 44 Rn 17). Eine entsprechende Regelung enthält § 5 BBiG für Lehrlinge. Sonstige Wettbewerbsverbote zu Lasten von Arbeitnehmern, die nicht unter die §§ 74 ff HGB, 133 f GewO, 5 BBiG fallen, hat die Rechtsprechung ursprünglich mit § 138 kontrolliert und dabei den Inhalt der guten Sitten anhand der Maßstäbe der §§ 74 ff HGB konkretisiert (BAG BB 1958, 1245; AP Nr 1 zu § 611 BGB Abwerbung; AP Nr 21 zu § 611 BGB Konkurrenzklausel; AP Nr 22 zu § 611 BGB Konkurrenzklausel; Hueck/Nipperdey, Lehrbuch I § 38; ebenso auch Sandrock AcP 159 [1960] 481, 521). Dies gilt insbesondere für Wettbewerbsverbote zu Lasten von Angestellten freiberuflich Tätiger (BAG aaO). Für nichtig nach § 138 erklärte das BAG auch zB ein nachvertragliches Wettbewerbsverbot, das einem gewerblichen Arbeitnehmer nach dem Ausscheiden aus dem Betrieb des Arbeitgebers die Verwertung der im Betrieb erworbenen Kenntnisse als selbständiger Unternehmer für immer und als Arbeitnehmer für 5 Jahre untersagte, ohne daß er dafür eine Karenzentschädigung erhielt (BAG NJW 1961, 748 f).

In seiner neueren Rechtsprechung wendet das BAG statt § 138 die **§§ 74 ff HGB** **301** **analog** an (grundlegend BAG vom 13. 9. 1969 AP Nr 24 zu § 611 BGB Konkurrenzklausel; ebenso BAGE 22, 6; 22, 125; 22, 324; BB 1974, 1531; Staudinger/Richardi[12] § 611 Rn 393). Auch speziell bei Taxifahrern sind anstelle von § 138 (so noch BAG MDR 1966, 446; dazu Soergel/Hefermehl § 138 Rn 164) die Vorschriften der §§ 74 ff HGB analog anzuwenden; den mit einem Wettbewerbsverbot verbundenen Nachteilen des Taxifahrers stehen grundsätzlich keine berechtigten Interessen des Taxiunternehmens gegenüber, wenn diese sich in der Abwehr von Wettbewerb erschöpfen. Auch auf **Kundenschutzklauseln** sind die §§ 74 ff HGB analog anzuwenden. Danach sind auch sie ohne Vereinbarung einer Karenzentschädigung unwirksam (BAGE 23, 382, 386 ff).

bb) Eine analoge Anwendung der §§ 74 ff HGB auf nachvertragliche Wettbewerbs- **302**

verbote zu Lasten ehemaliger **Organmitglieder** von Gesellschaften, dh auf ehemalige Geschäftsführer, hat der BGH hingegen abgelehnt, auch wenn sie wie andere Angestellte wirtschaftlich abhängig sind (BGHZ 91, 1, 3 ff; NJW 1968, 1717; vgl auch OLG Karlsruhe WM 1986, 1473, 1475). Auch auf nachvertragliche Wettbewerbsverbote zu Lasten von **Gesellschaftern**, die aus einer Gesellschaft ausgeschieden sind, werden nicht die §§ 74 ff HGB analog angewendet. Insoweit greift die Rechtsprechung auf § 138 iVm Art 2, 12 GG zurück. Dabei berücksichtigt sie allerdings die in den §§ 74 ff HGB zum Ausdruck gekommenen Rechtsgrundsätze; solche Wettbewerbsverbote sind wirksam, die dem Schutz eines berechtigten Interesses der Gesellschaft dienen und nach Ort, Zeit und Gegenstand die Berufsausübung und wirtschaftliche Betätigung des ausgeschiedenen Gesellschafters bzw Geschäftsführers nicht unbillig erschweren (BGHZ 91, 1, 5; WM 1974, 74).

303 cc) Streitig ist, ob auch bei nachvertraglichen Wettbewerbsverboten für Rechtsanwälte und andere **Freiberufler** nach Beendigung eines **Angestelltenverhältnisses** statt des § 138 die §§ 74 ff HGB analog anzuwenden sind. Die hM gibt bei Wettbewerbsverboten zu Lasten von Freiberuflern generell § 138 den Vorzug, auch wenn es sich um ein nachvertragliches Wettbewerbsverbot aus einem früheren Angestelltenverhältnis handelt. Demgegenüber befürwortet eine abweichende Ansicht auch insoweit eine analoge Anwendung von § 74 a HGB (CANARIS JuS 1989, 161, 164 f). Der Vorteil der Analogie zu § 74 a HGB wird darin gesehen, daß – anders als nach § 138 – die Unwirksamkeit eines übermäßigen Wettbewerbsverbots auf das durch das berechtigte Interesse nicht gedeckte bzw den anderen Teil unbillig behindernde Übermaß beschränkt wäre (CANARIS JuS 1989, 161, 164 f). Nach der hier vertretenen Ansicht erlaubt hingegen auch § 138 bei Sittenwidrigkeit wegen Übermaßes eine Beschränkung der Nichtigkeitssanktion auf das Übermaß. Ein weiterer Unterschied wäre, daß ein nachvertragliches Wettbewerbsverbot nach den §§ 74 ff HGB analog ohne Vereinbarung einer angemessenen Karenzentschädigung nichtig wäre, während dies für den Vorwurf der Sittenwidrigkeit nach § 138 nicht für ausreichend gehalten wird.

c)   Grenzen durch § 138
304 Soweit die §§ 74 ff HGB unmittelbar oder analog anwendbar sind, ist für § 138 kein Raum. Mit § 138 sind jedoch die verbleibenden Lücken zu füllen, dh § 138 kann anwendbar sein auf Wettbewerbsverbote zu Lasten des Erwerbers eines Unternehmens sowie auf nachvertragliche Wettbewerbsverbote zu Lasten von Gesellschaftern, Geschäftsführern und Freiberuflern. Bei der Konkretisierung von § 138 zu berücksichtigen sind sowohl die Wertungen der §§ 74 ff HGB als auch die des § 1 GWB und des Art 85 EG-Vertrag (P ULMER NJW 1979, 1585, 1586). Bei der Interessenabwägung zur Feststellung, ob ein Wettbewerbsverbot nach Art, Dauer und räumlichem Geltungsbereich angemessen ist, sind zum einen die wirtschaftlichen und persönlichen Belange des Verpflichteten zu berücksichtigen, insbesondere auch sein Alter, die beruflichen Chancen nach Ablauf des Wettbewerbsverbots, die Möglichkeit, andernorts im bisherigen Beruf weiterarbeiten zu können usw. Andererseits ist in Anlehnung an § 74 a HGB auch zu prüfen, ob ein Wettbewerbsverbot nach Zeit oder Gegenstand über das Maß hinausgeht, das zum Schutze der berechtigten Interessen des Begünstigten erforderlich ist (BGH NJW 1964, 2203; NJW 1979, 1605, 1606; BGHZ 91, 1, 5; DB 1989, 1620, 1621; NJW 1991, 699; OLG Karlsruhe WM 1986, 1473, 1475; MELULLIS WRP 1994, 686, 690; MünchKomm/MAYER-MALY § 138 Rn 72; SOERGEL/HEFERMEHL

§ 138 Rn 164). Die Interessen der Parteien müssen gegeneinander abgewogen werden.

aa) Ein in einem **Unternehmensveräußerungsvertrag** vereinbartes unbefristetes und 305 örtlich unbegrenztes Wettbewerbsverbot ist nach Ansicht des BGH wegen Übermaßes grundsätzlich sittenwidrig (BGH WM 1989, 954 ff [anders, wenn der Veräußerer die Altersgrenze erreicht hat]; MünchKomm/Mayer-Maly § 138 Rn 72; Soergel/Hefermehl § 138 Rn 166; dazu Lammel AcP 189 [1989] 244, 286). Auch ein zehnjähriges Wettbewerbsverbot nach einem Unternehmenskauf ist wegen Übermaßes sittenwidrig, wenn es nicht zur Konsolidierung der Kundenbeziehungen erforderlich ist (BGH NJW 1979, 1605, 1606 – Frischbeton). Bei einer Betriebsübernahme zur Abwendung eines Konkurses ist ein auf Deutschland beschränktes Wettbewerbsverbot für die Dauer von 5 Jahren nicht sittenwidrig (OLG München NJW-RR 1995, 1191).

bb) Wesentlich strenger wurden früher Wettbewerbsverbote zu Lasten von **Freibe-** 306 **ruflern** beurteilt. Wettbewerbsverbote in Verträgen mit Rechtsanwälten oder Ärzten hat das RG ursprünglich generell für sittenwidrig und nichtig erklärt, da diese Berufe fundamentale, allgemeine öffentliche Zwecke unter einer besonderen Verantwortung zu erfüllen haben und die Ausübung dieser Berufe deshalb kraft der ihnen innewohnenden sittlichen Würde im öffentlichen Interesse von allen Beschränkungen im Privatinteresse und zum Privatnutzen eines anderen zu Lasten der Allgemeinheit frei bleiben müssen. Der BGH hat sich diese rigide Untersagung von Wettbewerbsverboten zwischen Freiberuflern jedoch mit Recht nicht zu eigen gemacht (BGH NJW 1986, 2944, 2945; BGHZ 91, 1, 7). Allerdings sind Wettbewerbsverbote nach wie vor nur in begrenztem Maße mit dem Berufszweck von Freiberuflern vereinbar. Sie sind nur sittengemäß, wenn **besondere Umstände** vorliegen, die ein anerkennenswertes Bedürfnis begründen, den Vertragspartner vor illoyaler Verwertung des Erfolgs seiner Arbeit zu schützen (BGH NJW 1986, 2944, 2945; BGHZ 91, 1, 6). Anzuerkennen sind **Kundenschutzklauseln**, die verhindern sollen, daß der aus einer Praxis Ausscheidende Mandanten, Klienten, Patienten usw abzieht, die er nur aufgrund seiner Tätigkeit in der Praxis gewinnen konnte (BGH NJW 1968, 1717, 1718; NJW 1986, 2944, 2945). Entsprechend ist es beim Praxistausch und bei der Praxisveräußerung gerechtfertigt, durch Mandanten- bzw Patientenschutzklauseln in angemessener Weise zu verhindern, daß der Tauschende bzw Veräußernde seine Kunden „mitnimmt". Zulässig ist auch ein maßvolles zeitlich und örtlich begrenztes **Wettbewerbsverbot** (BGHZ 16, 71, 81), wenn es letztlich den Begünstigten davor schützen soll, daß ihm bisherige Klienten, Patienten usw abgezogen werden.

In bezug auf die zeitliche Dauer wurden für zulässig gehalten ein Rückkehrverbot für 307 zwei bis drei Jahre im Falle eines Praxistauschs zweier Ärzte (BGHZ 16, 71, 81), ein nachvertragliches Wettbewerbsverbot zu Lasten eines Apothekers für ca drei Jahre nach Ende einer Apothekenpacht (BGH NJW 1964, 2203) oder eine Mandantenschutzklausel, die es einem ehemaligen Bürogehilfen einer Steuerberatungspraxis für zwei Jahre untersagte, unter Inanspruchnahme der relativ wenigen Mandanten seines bisherigen Arbeitgebers eine eigene Steuerberatungspraxis aufzubauen (BAG NJW 1966, 1677 f). Ein zeitlich und örtlich **unbegrenztes** Wettbewerbsverbot ist hingegen grundsätzlich sittenwidrig und nichtig, weil es die Berufsfreiheit nach Art 12 GG zu sehr beschränkt, so im Falle der Übernahme einer Anwaltspraxis (BGH NJW 1986, 2944). Auch ein Wettbewerbsverbot, durch das eine Wirtschaftsprüfungsgesellschaft ihren ehemaligen geschäftsführenden Wirtschaftsprüfer für mehrere Jahre als Konkurrenten ausschalten soll, ist nicht durch schutzwürdige Interessen der Gesellschaft gerechtfertigt und deshalb sittenwidrig und in diesem Umfange nichtig (BGH NJW 1968, 1717). Die zeitliche Grenze ist bei etwa 2 bis 3 Jahren anzusetzen, vorausgesetzt, es bestehen schutzwürdige Interessen des Berechtigten, die sich nicht nur in der Abwehr eines Konkurrenten erschöpfen.

308 Die Wirksamkeit von Mandantenschutzklauseln bzw entsprechenden Wettbewerbsverboten zu Lasten von Freiberuflern wird nicht von einer **Karenzentschädigung** abhängig gemacht (BGHZ 91, 1, 4).

309 cc) Ein fünfjähriges Wettbewerbsverbot für einen ausscheidenden **GmbH-Gesellschafter** oder **Geschäftsführer** ist sittenwidrig (OLG Karlsruhe WM 1986, 1473, 1475; vgl auch BGH NJW 1991, 699, 700).

310 dd) Keinen Sittenverstoß sah das RG in einem nachvertraglichen Wettbewerbsverbot, das einem **Dirigenten** untersagte, innerhalb von fünf Jahren in einem räumlich begrenzten Gebiet tätig zu werden (RGZ 80, 219, 223 ff). Anders als bei Ärzten und Rechtsanwälten seien bei einem Dirigenten durch ein solches Wettbewerbsverbot keine öffentlichen Interessen berührt (RG aaO). Zweifel an dieser Ansicht ergeben sich heute aus den Wertungen der Art 5 Abs 3 und Art 12 Abs 1 GG (LARENZ, AT § 22 III b S 442) sowie aus § 1 GWB bzw Art 85 Abs 1 EG-Vertrag.

311 ee) In besonders gelagerten Fällen kann einem zeitlich unbegrenzten Wettbewerbsverbot die knebelnde Wirkung fehlen und deshalb der Vorwurf der Sittenwidrigkeit unbegründet sein, zB wenn sich der davon Betroffene wegen seines Alters (hier: 64 Jahre) ohnehin zur Ruhe setzen wollte (BGH NJW 1982, 2000, 2001).

312 ff) Anders als bei Verstößen gegen das Kartellrecht hat der BGH Wettbewerbsverbote, die in zeitlicher oder räumlicher Hinsicht wegen Übermaßes sittenwidrig sind, sofern eine salvatorische Klausel fehlt (dies zulassend BGH DB 1989, 1620, 1621 = GRUR 1989, 534, 535 – Reinigungsbetrieb; dazu MICHALSKI/RÖMERMANN NJW 1994, 886; P ULMER, in: FS Steindorff [1990] 799, 804 f), nicht auf das zulässige Maß reduziert, sondern insgesamt für nichtig erklärt (BGH NJW 1986, 2944, 2945 sub 4; NJW-RR 1989, 900 = DB 1989, 1620, 1621; LARENZ, AT § 22 III b S 442; SOERGEL/HEFERMEHL § 138 Rn 166; aA jedoch wohl jetzt BGH NJW 1991, 699, 700; aA wohl auch BGH NJW 1964, 2203; offengelassen in BGH NJW 1979, 1605, 1606). Denn es sei nicht Aufgabe der Gerichte, ein wegen Übermaßes sittenwidriges Rechtsgeschäft in ein eben noch zulässiges umzugestalten (BGH NJW 1986, 2944, 2945; LARENZ, AT § 22 III b S 442). Diese Begründung ist in Anbetracht der Rechtsprechung zu anderen Rechtsgebieten, in denen der BGH durchaus geltungserhaltende Reduktionen vorgenommen hat, allerdings nicht mehr überzeugend. Der BGH hat bei kartellrechtswidrigen Wettbewerbsverboten in zeitlicher Hinsicht eine geltungserhaltende Reduktion in Erwägung gezogen (BGH NJW 1994, 384, 386 sub IV 1). Auch bei einem sittenwidrig langen Wettbewerbsverbot zu Lasten eines ausgeschiedenen BGB-Gesellschafters hat er in zeitlicher Hinsicht eine geltungserhaltende Reduktion für möglich gehalten (BGH NJW 1991, 699, 700). Ein Wettbewerbsverbot „für immer" nach Ende einer Apothekenpacht zu Lasten des Pächters wurde dahingehend „ausgelegt", daß ein zeitlich begrenztes Verbot gemeint gewesen sei (BGH NJW 1964, 2203). Es ist kein Grund ersichtlich, bei Wettbewerbsverboten, die wegen

eines **zeitlichen** Übermaßes sittenwidrig sind, eine geltungserhaltende Reduktion abzulehnen (MELULLIS WRP 1974, 686, 692; TRAUB WRP 1994, 802, 805 f mit Fn 30; vgl auch OLG Hamm NJW-RR 1993, 1314). Desgleichen ist bei einem **räumlich** übermäßigen Wettbewerbsverbot eine geltungserhaltende Reduktion vorzunehmen. Ferner hat der BGH in einer Entscheidung von 1968, die ein Wettbewerbsverbot zu Lasten des aus einer Wirtschaftsprüfungsgesellschaft ausscheidenden geschäftsführenden Wirtschaftsprüfers betraf, erwogen, ob die Gesellschaft nicht eine **Mandantenschutzklausel** hingenommen hätte, wenn sie gewußt hätte, daß das mehrjährige Wettbewerbsverbot nichtig ist (BGH NJW 1968, 1717, 1718). ME ist es zulässig, in Übereinstimmung mit dem Willen der Parteien das wegen Übermaßes sittenwidrige Wettbewerbsverbot auf eine Mandantenschutzklausel zu reduzieren.

gg) § 138 ist neben den **Kartellverboten** des § 1 GWB und des Art 85 EG-Vertrag anwendbar (BGH NJW 1979, 1605, 1606; NJW-RR 1989, 900; NJW 1994, 384, 386). Denn § 138 und die Kartellverbote haben unterschiedliche Schutzzwecke (BGH NJW 1994, 384, 386): Das Kartellrecht schützt im Interesse der Allgemeinheit die Funktionsfähigkeit des Wettbewerbs; § 138 schützt, soweit es Wettbewerbsverbote betrifft, neben den Interessen der Allgemeinheit auch die individuelle wirtschaftliche Betätigungsfreiheit von Wettbewerbsteilnehmern gegen unangemessene Beschränkungen. Ein weiterer Unterschied besteht darin, daß das deutsche und das europäische Kartellrecht auf dem Verbotsprinzip beruhen, wonach wettbewerbsbeschränkende Vereinbarungen zwischen Unternehmen grundsätzlich verboten und nur bei Vorliegen besonderer Umstände – einschließlich der sog immanenten Schranken – gerechtfertigt sind. Demgegenüber ist das Verbot des § 138 nur bei Vorliegen besonderer Umstände anwendbar. Kartellrechtlich sind Wettbewerbsverbote untersagt, wenn sie nicht in zeitlicher und räumlicher Hinsicht ausnahmsweise gerechtfertigt sind. § 138 greift hingegen erst ein, wenn Wettbewerbsverbote in zeitlicher oder räumlicher Hinsicht übermäßig und deshalb sittenwidrig sind. Praktische Bedeutung kann § 138 neben den Kartellverboten des § 1 GWB und des Art 85 EG-Vertrag vor allem dann erlangen, wenn ein Wettbewerbsverbot zwar wegen Übermaßes sittenwidrig ist, jedoch **den Wettbewerb nicht spürbar** beeinflußt (BGH NJW-RR 1989, 900; vgl auch BGH NJW 1982, 2000, 2001; NJW 1994, 384, 386) sowie wenn sich das Wettbewerbsverbot auch auf nichtselbständige nachvertragliche Tätigkeit erstreckt. Praktische Bedeutung hat die Anwendung von § 138 auf Wettbewerbsverbote, die wegen Übermaßes sittenwidrig sind, ferner dann, wenn man insoweit eine geltungserhaltende Reduktion ablehnt, während sie bei Verstößen gegen § 1 GWB oder Art 85 EG-Vertrag möglich ist.

7. Die Mithaftung von Familienangehörigen für Kredite*

Banken und andere Kreditgeber sichern die gewährten Kredite nicht selten in der

---

* **Schrifttum:** BECKER, Wirkungslose Bürgschaften und andere persönliche Sicherheiten naher Angehöriger, DZWir 1994, 397; GERNHUBER, Ruinöse Bürgschaften als Folge familiärer Verbundenheit, JZ 1995, 1086; GRÜN, Die Generalklauseln als Schutzinstrumente der Privatautonomie am Beispiel der Kreditmithaftung von vermögenslosen nahen Angehörigen, WM 1994, 713; HEINRICHSMEIER, Die Einbeziehung des Ehegatten in die Haftung für Geldkredite (1993); HERGENRÖDER, Vertragsimparität und richterliche Inhaltskontrolle, DZWir 1994, 485; HONSELL, Die Mithaftung mittelloser Angehöriger, JuS 1993, 817; ders, Bürgschaft und Mithaftung einkommens- und vermögensloser Familienmitglieder, NJW 1994, 565; HORN, Bürg-

Weise, daß Familienangehörige des Kreditnehmers eine „**Mithaftung**" in Form einer Bürgschaft oder eines Schuldbeitritts übernehmen. Solche Vereinbarungen sind häufig das Ergebnis eines Abhängigkeitsverhältnisses unter den Familienangehörigen. Eine Vielzahl von Gerichtsentscheidungen aus neuerer Zeit hat gezeigt, daß das Kreditvolumen die Einkommens- und Vermögensverhältnisse der mithaftenden Verwandten häufig bei weitem überstieg. Andererseits sind es nicht selten auch die mithaftenden Angehörigen, denen der Kredit in irgendeiner Weise zugute kommt. Außerdem kann ihre Einbeziehung in die Haftung häufig die Gewähr dafür bieten, daß der Kreditnehmer nicht leichtfertig Schulden macht und daß er sich um Rückzahlung bemüht. Schließlich verhindert die Mithaftung von Familienangehörigen, daß der Kreditgeber deshalb leer ausgeht, weil der Hauptschuldner sein pfändbares Vermögen diesen Familienangehörigen wirksam übertragen hat.

315 Ob in solchen Fällen die Übernahme der Bürgschaft bzw der Schuldbeitritt gegen die guten Sitten verstößt, hängt von einer **Gesamtwürdigung** aller Umstände beim Vertragsschluß ab (BGH NJW 1989, 1665, 1666, 1667; 1992, 896, 898; BGHZ 120, 272, 275 = NJW 1993, 322; BGHZ 125, 206 ff; NJW 1994, 1341, 1342). Nach dem Prinzip der „Summenwirkung" können Umstände, die je für sich allein den Vorwurf der Sittenwidrigkeit nicht tragen, in ihrer Gesamtheit diesen Vorwurf rechtfertigen.

316 Sittenwidrig ist eine Vereinbarung der Mithaftung als Bürge oder Mitschuldner nicht schon deshalb, weil dadurch einseitig nur der Mithaftende belastet wird. Denn dies gehört zum Wesen dieser rechtlich anerkannten Formen der Kreditsicherung (BGHZ 125, 206, 209 = NJW 1994, 1278; NJW 1994, 1341, 1342). Die Sittenwidrigkeit ergibt sich nach ständiger Rechtsprechung auch nicht ohne weiteres daraus, daß das Kreditvolumen die Einkommens- und Vermögensverhältnisse des Mithaftenden erheblich übersteigt (BGH NJW 1991, 2015, 2016; BGHZ 125, 206, 209; NJW 1994, 1341, 1342; NJW 1995, 592; LG Zweibrücken NJW-RR 1995, 311, 312). Denn die Privatautonomie erlaubt auch **Risikogeschäfte** und die Verpflichtung zu Leistungen, die nur unter günstigen Bedingungen, gegebenenfalls unter dauernder Inanspruchnahme des pfändungsfreien Einkommens, erbracht werden können (BGHZ 106, 269, 272 = NJW 1989, 830; BGHZ 107, 92, 98 = NJW 1989, 1276; NJW 1989, 1665, 1666; 1991, 2015, 2017; 1992, 896, 898; BGHZ 120, 272, 274; NJW 1974, 1341, 1342; BGHZ 125, 206, 209 f; aA H HONSELL JZ 1989, 495, 496; WOCHNER BB

schaften und Garantien, RWS-Skript 94 (6. Aufl 1995); KIETHE/GROESCHKE, Vertragsdisparität und strukturelle Unterlegenheit als Wirksamkeits- und Haftungsfalle, BB 1994, 2291; KNÜTEL, Befreite Ehefrauen? Zur Mithaftung für Bankkredite von Angehörigen, ZIP 1991, 493; LÖWE, Bürgen in Sippenhaft dürfen aufatmen, ZIP 1993, 1759; MEDICUS, Leistungsfähigkeit und Rechtsgeschäft, ZIP 1989, 817; PAPE, Die neue Bürgschaftsrechtsprechung – Abschied vom „Schuldturm"?, ZIP 1994, 515; ders, Zur Regelung der Insolvenz privater Verbraucher nach der Insolvenzordnung (InsO), Rpfleger 1995, 133; PREIS/ROLFS, Gestörte Vertragsparität und richterliche Inhaltskontrolle, DB 1994, 261; REHBEIN, Zur Mithaftung vermögensloser Angehöriger, JR 1995, 45; REIFNER, Die Mithaftung der Ehefrau im Bankkredit – Bürgschaft und Gesamtschuld im Kreditsicherungsrecht, ZIP 1990, 427; REINICKE/TIEDTKE, Zur Sittenwidrigkeit hoher Verpflichtungen vermögens- und einkommensloser oder einkommensschwacher Bürgen, ZIP 1989, 613; SCHWARZ, Die Bürgschaft des Ehegatten zur Sicherung betrieblicher Ruhegehaltsansprüche, NJW 1993, 2916; WOCHNER, Die neue Schuldknechtschaft, BB 1989, 2354; zum öst Recht vgl MARWAN-SCHLOSSER, Sittenwidrigkeit der Haftungsübernahme durch mittellose Angehörige, RdW 1995, 373.

1989, 1354, 1355). Dies gilt grundsätzlich auch dann, wenn der Mithaftende dem Hauptschuldner verwandtschaftlich eng verbunden ist (BGHZ 106, 269, 272; NJW 1991, 2015, 2016; NJW 1992, 896, 898; BGHZ 125, 206, 210; NJW 1994, 1341, 1342; NJW 1995, 592).

Sittenwidrig kann die Vereinbarung einer Mithaftung jedoch sein, wenn zu einem **317** groben Mißverhältnis zwischen dem Verpflichtungsumfang und der Leistungsfähigkeit des Mithaftenden besondere Umstände hinzutreten (BVerfG NJW 1994, 2749, 2750; BGH NJW 1991, 923, 925; BGHZ 125, 205, 210; NJW 1994, 1341, 1342; NJW 1994, 1726, 1728; NJW 1995, 592; zum öst Recht vgl OGH ecolex 1995, 638 f; krit zur Entwicklung der Rechtsprechung MEDICUS, Abschied von der Privatautonomie im Schuldrecht? [1994] 33 f). Das ist der Fall, wenn ein besonders grobes Mißverhältnis zwischen dem Verpflichtungsumfang und der Leistungsfähigkeit des Mithaftenden besteht und dieser **geschäftlich unerfahren** ist (BVerfGE 89, 214 = NJW 1994, 36, 39; BVerfG NJW 1994, 2749, 2750; BGHZ 125, 206, 210 aE = NJW 1994, 1278; NJW 1994, 1341, 1342; NJW 1994, 1726, 1727; NJW 1995, 592, 593; OLG Karlsruhe WM 1994, 2152 f; OLG Köln BB 1995, 2081; LG Zweibrücken NJW-RR 1995, 311, 312). Über die Fähigkeit des Mithaftenden, aufgrund seiner Vermögens- und Einkommensverhältnisse die Mithaftungsverpflichtung notfalls in nennenswertem Umfang erfüllen zu können, ist eine Zukunftsprognose erforderlich. Für diese Zukunftsprognose ist der Zeitpunkt des Vertragsabschlusses maßgeblich (BGHZ 120, 272, 276). Wenn in diesem Zeitpunkt der Verpflichtungsumfang die gegenwärtige Leistungsfähigkeit des Mithaftenden weit überschreitet, sind bei der Zukunftsprognose alle im Zeitpunkt des Vertragsabschlusses erkennbaren zukünftigen Umstände zu berücksichtigen, die einen Kreditgeber bei realistischer Betrachtung veranlassen könnten, mit einer Besserung der finanziellen Verhältnisse des mithaftenden Familienangehörigen zu rechnen (BGHZ 120, 272, 276; BGH NJW 1994, 1726, 1727). Die abstrakte Möglichkeit, irgendwann irgendwie, zB durch eine unerwartete Erbschaft oder durch Lottogewinn, zu Vermögen zu kommen, genügt nicht, um den Vorwurf der Sittenwidrigkeit auszuräumen (BGHZ 120, 272, 276). Aber auch die durchaus realistische Chance, einmal **Erbe des Kreditnehmers** zu werden, genügt idR nicht als Einwand gegen den Vorwurf der Sittenwidrigkeit (BGHZ 120, 272, 278; 125, 206, 211). Dies gilt auch bei kreditfinanzierten Objekten, die wertbeständig sind oder bei denen sogar Wertsteigerungen erwartet werden können, zB bei Immobilien. Denn die im Laufe der Jahre anfallende Zinsbelastung kann dazu führen, daß die Haftungssumme insgesamt erheblich über dem Wert des geerbten kreditfinanzierten Objekts liegt. Das bedeutet zugleich, da § 138 nur bei Sittenwidrigkeit im Zeitpunkt der Vornahme eines Rechtsgeschäfts anwendbar ist, daß die Nichtigkeit der Bürgschaft oder des Schuldbeitritts auch dann fortbesteht, wenn der Mithaftende nachträglich durch Erbschaft, Lottogewinn, Erbschaft usw zu Vermögen gekommen ist. Seiner Berufung auf § 138 kann in diesen Fällen allerdings der Einwand des § 242 entgegenstehen.

Bei einem groben Mißverhältnis zwischen dem Verpflichtungsumfang und der Lei- **318** stungsfähigkeit des Mithaftenden ist Sittenwidrigkeit idR auch dann anzunehmen, wenn die Verpflichtung aufgrund der familiären Beziehungen nicht in freier eigener Entscheidung, sondern aus familiärer Hilfsbereitschaft und aus Anstand in einer **„seelischen Zwangslage"** eingegangen worden ist (BGHZ 120, 272, 277; BGHZ 125, 206, 214 = NJW 1994, 1278; NJW 1974, 1341, 1342; 1994, 1726, 1728; 1994, 2749, 2750; 1995, 592, 593; WM 1996, 53, 54; GERNHUBER JZ 1995, 1086 ff; PALANDT/HEINRICHS § 138 Rn 38; REIFNER ZIP 1990, 427, 434; SCHWINTOWSKI ZBB 1989, 91, 92; H P WESTERMANN, in: FS Lange [1992] 995, 1007;

WOCHNER BB 1989, 1354, 1357; aA noch BGH NJW 1991, 2015, 2016, 2017 mit abl Anm von KÖNDGEN 2018 f; BGHZ 106, 269, 272 = NJW 1989, 830). Diese seelische Zwangslage besteht bei **Kindern**, die gerade volljährig geworden und von ihren Eltern noch abhängig sind, idR mehr als bei **Ehegatten**, die in einer Partnerschaft gleichen Rechts und gleicher Pflichten leben (BGH NJW 1995, 592, 593 [IX. ZS]; zurückhaltender in bezug auf Ehegatten der XI. ZS NJW 1994, 1726, 1727). Beim Ausnutzen von familiärer Hilfsbereitschaft und Abhängigkeit verstößt der von der Mithaftung profitierende Familienangehörige auch gegen die rechtliche Pflicht zu gegenseitiger Rücksicht innerhalb einer Familie iSv § 1618 a (BGHZ 125, 206, 213, 214; NJW 1994, 1341, 1342 f). Diese Pflicht bindet zwar nur die Familienangehörigen untereinander; die Ausnutzung der Verletzung dieser Rechtspflicht durch den Kreditgeber rechtfertigt es jedoch, eine darauf beruhende Mithaftungsvereinbarung als sittenwidrig zu bewerten (BGHZ 125, 206, 215 f; NJW 1994, 1341, 1343). Das Ausnutzen einer seelischen Zwangslage oder der geschäftlichen Unerfahrenheit von Familienangehörigen durch den Kreditgeber sind – ähnlich wie in § 138 Abs 2 (vgl BVerfG NJW 1994, 36, 39) – besondere Umstände, die es rechtfertigen, die Vereinbarung einer Mithaftung grundsätzlich als sittenwidrig zu bewerten, wenn ein grobes Mißverhältnis zwischen dem Verpflichtungsumfang und der Leistungsfähigkeit des Mithaftenden besteht (BGHZ 125, 206, 210; ebenso im Ergebnis HONSELL JZ 1989, 495 f; ders JuS 1993, 817; vgl auch DERLEDER NJW 1993, 2401 ff). Denn erst die Freiheit, sich für oder gegen eine vertragliche Bindung zu entscheiden, sowie die Erkenntnismöglichkeit, mit welchen Rechtsfolgen die in Frage stehende Verpflichtung verbunden sein kann, ergeben die Rechtfertigung dafür, den Mithaftenden trotz der ihn außergewöhnlich belastenden Rechtsfolgen an der selbstverantwortlich getroffenen Entscheidung festzuhalten (BGHZ 125, 206, 210, 213; NJW 1994, 1341, 1342 sub 4; BVerfG NJW 1994, 36, 38 f). In manchen Entscheidungen werden **nichteheliche Lebenspartner** ebenso wie Ehegatten geschützt (OLG Köln NJW-RR 1995, 1197).

319 Die freie Willensentscheidung ist auch wesentlich beeinträchtigt, wenn der Familienangehörige mit dem Ansinnen der Mithaftung **überrumpelt** wurde, zB wenn ein Bankvertreter einen Ehegatten in der ehelichen Wohnung unvorbereitet mit dem Ansinnen konfrontiert, er solle die Mithaftung für Schulden des anderen übernehmen (BGHZ 120, 272, 276 f). Gegen solche Überrumpelung bot ursprünglich § 56 Abs 1 Nr 6 GewO Schutz (BGH NJW 1991, 923, 924). Die Tatsache, daß diese Vorschrift nach ihrer Neufassung im Jahre 1990 (BGBl I 2840) nur noch die entgeltliche **Vermittlung** von Krediten im Reisegewerbe untersagt, nicht mehr jedoch den **Abschluß** von Bankgeschäften im Reisegewerbe, rechtfertigt nicht zugleich auch eine Einschränkung des Schutzes nach § 138 (BGHZ 120, 272, 277).

320 Die Entscheidungsfreiheit des Mithaftenden wird ferner unlauter beeinflußt, wenn der unzutreffende Eindruck erweckt wird, seine Unterschriftsleistung sei eine bloße Formalität, oder wenn in anderer Weise die Tragweite **verharmlost** wird (BGHZ 120, 272, 277 = NJW 1993, 322; NJW 1994, 1341, 1343, 1344; BVerfG NJW 1994, 36, 39; PALANDT/ HEINRICHS § 138 Rn 38; H P WESTERMANN, in: FS Lange [1992] 995, 1005 f).

321 Als sittenwidrig ist die Verpflichtung zur Mithaftung von einkommens- und vermögenslosen Familienangehörigen ferner anzusehen, wenn bürgschaftsrechtliche Schutzvorschriften abbedungen werden (OLG Köln NJW 1994, 2553, 2555), wenn eine betragsmäßige Begrenzung der Mithaftung fehlt (PALANDT/HEINRICHS § 138 Rn 38) oder wenn der Hauptschuldner bereits völlig überschuldet ist (OLG Frankfurt NJW-RR 1992, 1009).

In besonders gelagerten, krassen Ausnahmefällen ist eine Mithaftungsvereinbarung auch schon allein wegen des Mißverhältnisses des Haftungsvolumens und der Leistungsfähigkeit des Mithaftenden sittenwidrig. Dies ist der Fall, wenn bereits im Zeitpunkt des Vertragsschlusses feststeht, daß der Mithaftende auch bei günstigster Prognose der Entwicklung seiner Einkommens- und Vermögensverhältnisse die Schuld mit an Sicherheit grenzender Wahrscheinlichkeit nicht einmal zu großen Teilen tilgen kann (BGHZ 125, 206, 211; vgl auch LG Lübeck NJW 1987, 959). **322**

Hingegen ist Sittenwidrigkeit zu **verneinen**, wenn die Höhe der Verpflichtung auf das zu erwartende künftige Einkommen des Angehörigen abgestimmt ist (BGHZ 125, 206, 211 = NJW 1994, 1728). Der Vorwurf der Sittenwidrigkeit kann auch entfallen, wenn die Haftungssumme nicht übermäßig hoch ist (OLG Koblenz NJW-RR 1995, 1260). Auch wenn der Mithaftende ein eigenes wirtschaftliches Interesse an den Krediten hat, dh wenn er an den Vorteilen des Kredits rechtlich oder wirtschaftlich wesentlich beteiligt ist, kann der Vorwurf der Sittenwidrigkeit unbegründet sein (BGHZ 120, 272, 278; BGHZ 125, 205, 211; NJW 1994, 1726, 1727; NJW 1995, 592, 593; OLG Karlsruhe WM 1994, 2152, 2153; LG Zweibrücken NJW-RR 1995, 311, 312). Dies ist der Fall, wenn er an dem Objekt, zB an einem Grundstück, das mit dem betreffenden Kredit finanziert wird, als Miteigentümer beteiligt ist (BGHZ 120, 272, 278), wenn der Kredit der Finanzierung eines Gewerbebetriebs dient, aus dessen Einkünften der wesentliche Familienunterhalt auch für den mithaftenden Ehegatten erwirtschaftet wird (BGH NJW 1992, 896, 898; OLG Karlsruhe WM 1994, 2152, 2153), wenn der Mithaftende in dem kreditfinanzierten Objekt die Hausverwaltung übernimmt und die Zwischenvermietung durchführt (BGHZ 125, 206, 216), wenn der Kredit für ein zwar risikoreiches Projekt aufgenommen worden ist, an dem sich der Angehörige jedoch beteiligt hat, um Gewinne zu erzielen (BGHZ 125, 205, 211) oder wenn der Hauptschuldner nur beschränkt haftet (zB als GmbH) und der Mithaftende Mitgesellschafter oder Geschäftsführer ist (LG Zweibrücken NJW-RR 1995, 311, 312). Ein wirtschaftliches Eigeninteresse wird häufig beim Ehegatten des Kreditnehmers vorliegen (BGH NJW 1995, 592, 593; anders aber zB im Fall BGH NJW 1994, 1726, 1727 aE betr die Mithaftung der Ehefrau für ein privat genutztes Kfz des Ehemannes). Diese Rechtfertigungsgründe greifen mE allerdings nicht durch, wenn die **geschäftliche Unerfahrenheit** des Mithaftenden ausgenutzt wurde (BGH NJW 1995, 592, 593), wenn die Rechtsfolgen der Mithaftung ihm gegenüber verharmlost wurden oder wenn er mit dem Ansinnen der Mithaftung überrumpelt wurde. Sittenwidrigkeit der Mithaftung eines Ehegatten wurde auch verneint, wenn die Kreditaufnahme auf einem gemeinsamen Entschluß der Ehegatten beruhte (OLG Hamburg FamRZ 1993, 957). **323**

Der Vorwurf der Sittenwidrigkeit ist auch dann nicht begründet, wenn der Kreditgeber **ohne eigenes Verschulden** die sittenwidrigkeitsbegründenden Tatumstände (grobes Mißverhältnis von Verpflichtungsumfang und Leistungsfähigkeit des Mithaftenden; geschäftliche Unerfahrenheit; seelische Zwangslage usw) nicht gekannt bzw irrtümlich rechtfertigende Umstände angenommen hat, zB daß der Mithaftende an dem kreditfinanzierten Objekt wirtschaftlich angemessen beteiligt sei (BGHZ 125, 206, 217; OLG Karlsruhe WM 1994, 2152, 2153; vgl auch MAYER-MALY AcP 194 [1994] 105, 157). Dieser Einschränkung des § 138 kommt allerdings kaum praktische Bedeutung zu, denn **324** auch aus den in der Entscheidung BVerfGE 89, 214 genannten Gründen ist es Aufgabe des Kreditgebers, sich über die genannten sittenwidrigkeitsbegründenden Tatumstände zu informieren. Wenn der Kreditgeber davon absieht, kann angenommen werden, daß ihm die sittenwidrigkeitsbegründenden Tatumstände entweder schon bekannt waren oder daß er sich der Kenntnis bewußt verschlossen hat (BGHZ 125, 206, 212 f = NJW 1994, 1278; NJW 1994, 1341, 1343; NJW 1995, 592).

325 Der IX. und auch der III. Zivilsenat des BGH haben ursprünglich der Gefahr, daß ein Familienangehöriger aus geschäftlicher Unerfahrenheit oder in einer Zwangslage die Mithaftung für einen Kredit übernimmt, dessen Vornahme seine eigene Leistungsfähigkeit weit übersteigt und an dem er auch kein eigenes Interesse hat, keine entscheidende Bedeutung für die Anwendbarkeit des § 138 beigemessen (BGHZ 106, 269, 272; BGH NJW 1991, 2015, 2017; vgl auch BGH NJW 1989, 1665; ebenso KNÜTEL ZIP 1991, 493 ff; KREFT WM 1992, 1425 ff; REHBEIN JR 1989, 468, 471 f; krit dazu GRÜN NJW 1991, 925; HONSELL JZ 1989, 494; ders JuS 1993, 817; ders NJW 1994, 565; KÖNDGEN NJW 1991, 2018; PALANDT/HEINRICHS § 138 Rn 37; PAPE ZIP 1994, 515; REIFNER ZIP 1990, 427; REINICKE/TIEDTKE ZIP 1989, 613; SCHWINTOWSKI ZBB 1989, 91; H P WESTERMANN, in: FS Lange [1992] 995; WOCHNER BB 1989, 1354). Diese Ansicht hat der IX. Zivilsenat in zwei Entscheidungen vom 24. 2. 1994 ausdrücklich aufgegeben (BGHZ 125, 206, 216 = NJW 1994, 1298; NJW 1994, 1341, 1343). In einer Entscheidung vom 5. 1. 1995 will nun der IX. Zivilsenat zwischen Ehegatten oder Lebenspartnern des Bürgen einerseits und den meist gerade erst knapp volljährigen Kindern andererseits unterscheiden (BGH NJW 1995, 592, 593). Er hält eine Bürgschaft, die ein geschäftsunerfahrener Ehegatte oder Lebenspartner auf Veranlassung der Bank erteilt hat, idR nicht schon allein deshalb für nichtig, weil zwischen dem Verpflichtungsumfang und der Leistungsfähigkeit des Bürgen ein großes Mißverhältnis besteht. Wenn allerdings die Bürgschaft des einkommens- und vermögenslosen Ehegatten oder Lebenspartners lediglich verhindern sollte, daß der Gläubiger durch **Vermögensverlagerungen** Nachteile erleidet, dann könne er nach Treu und Glauben ganz oder teilweise gehindert sein, den Bürgschaftsanspruch geltend zu machen, sobald feststeht, daß sich die Gefahr nicht realisiert hat, vor der er sich schützen wollte (BGH NJW 1995, 592, 593). Und umgekehrt gilt: Wenn der Hauptschuldner nicht zuletzt auch deshalb mittellos ist, weil er die kreditfinanzierten Objekte oder einen Teil davon auf den als Bürgen oder Mitschuldner mithaftenden Familienangehörigen verlagert hat, so verstieße dessen Berufung auf die Sittenwidrigkeit und Nichtigkeit der Bürgschaft oder des Schuldbeitritts gegen § 242.

326 Im Schrifttum wurde vertreten, die Verpflichtungserklärung eines Vermögenslosen impliziere ein **pactum de non petendo**, solange der leistungsunfähige Partner kein Vermögen erworben hat (so H P WESTERMANN, in: FS Lange [1992] 995, 1014; neuerdings auch BGH NJW 1995, 592, 593). Damit soll der Tatsache Rechnung getragen werden, daß Ehegatten oder in einer eheähnlichen Lebensgemeinschaft verbundene Personen häufig Teile des Vermögens auf den am Betrieb, der mit dem Kredit finanziert wird, nicht beteiligten Partner verlagern, weil sich dies als steuerlich oder haftungsrechtlich günstiger erweist (BGH NJW 1995, 592, 593). Dieser Ansicht wurde jedoch mit Recht entgegengehalten, daß die Annahme eines stillschweigend abgeschlossenen pactum de non petendo eine Fiktion sei, die die Grenzen zulässiger Rechtsgeschäftsauslegung sprenge (MAYER-MALY AcP 194 [1994] 105, 151 Fn 218).

327 Das OLG Stuttgart hielt § 310 (**analog**) für anwendbar, weil die Mithaftungserklärung

eines Vermögenslosen der Übertragung eines Bruchteils oder des gesamten künftigen Vermögens gleichkomme (OLG Stuttgart NJW 1988, 833; vgl auch BENDER BGH EWiR § 765 BGB I/89, 239, 240; SCHWINTOWSKI ZBB 1989, 91; aA BGHZ 107, 92, 100 f, 103 = NJW 1989, 1276; NJW 1989, 1665, 1666; NJW 1991, 2015, 2016; MEDICUS ZIP 1989, 817, 818). Gegen diese Analogie spricht der Unterschied zwischen den Mithaftungsfällen und den in § 310 geregelten, der darin besteht, daß derjenige, der sich nur zur Abführung einer bestimmten Summe **verpflichtet** hat, zumindest durch die Pfändungsschutzbestimmungen der §§ 850 ff ZPO geschützt bleibt und deshalb nicht in gleichem Maße den Antrieb zum Erwerb verliert (vgl Mot II 186 zu § 310), wie derjenige, der durch die **Verfügung** über sein Vermögen als Ganzes oder über einen Vermögensteil jedweden künftigen Erwerb schlechterdings oder zu einer festen Quote einbüßt und deshalb um so mehr verliert, je mehr er erwirbt (BGHZ 107, 92, 100 f; NJW 1991, 2015, 2016; MAYER-MALY AcP 194 [1994] 105, 155; MEDICUS ZIP 1989, 817, 818; ders AcP 188 [1988] 489, 502; REINICKE/TIEDTKE ZIP 1989, 613, 614).

Die Nichtigkeit blanko abgegebener Willenserklärungen von Familienangehörigen, **328** die einen Kreditvertrag mit abschließen sollen, wurde auch aus § 4 Abs 1 und § 6 Abs 1 VerbrKrG abgeleitet (DERLEDER NJW 1993, 2401 ff). Diese Vorschriften enthalten jedoch keine Regelungen, die auf die speziellen Probleme der Mithaftung vermögens- und einkommensloser Familienangehöriger zugeschnitten sind (MAYER-MALY AcP 194 [1994] 105, 151 Fn 218).

Andererseits wurde gegen die Anwendung von § 138 der Schutz des Mithaftenden durch die Pfändungsfreigrenzen eingewendet (so BGH NJW 1989, 1665, 1666; NJW 1991, 2015, 2017; ähnlich MEDICUS ZIP 1989, 817, 823 f; ders, AT Rn 706 c, 706 e; aA BVerfG NJW 1994, 36; BGHZ 125, 206 ff).

Zusammenfassend ist festzuhalten, daß bei der sittlich-rechtlichen Beurteilung der **329** Mithaftung von Familienangehörigen keine Einheitslösungen möglich sind, sondern in jedem Einzelfall eine Gesamtwürdigung aller Umstände vorzunehmen ist, von denen grds keiner allein den Vorwurf der Sittenwidrigkeit rechtfertigen kann, sondern die ein bewegliches System bilden. Es sind vor allem folgende Kriterien von Bedeutung: (1) Bestand eine realistische Chance, daß der Kreditnehmer den Kredit begleichen kann? Wie hoch war die Wahrscheinlichkeit einer Inanspruchnahme des mithaftenden Familienangehörigen? (2) Wie hoch ist der Betrag, für den der Familienangehörige potentiell mithaftet? Je höher er ist, desto eher ist § 138 anwendbar. (3) Besteht ein Mißverhältnis zwischen dem Umfang der Verpflichtung und der Leistungsfähigkeit des Mithaftenden? Wie groß ist das Mißverhältnis? Wie sind die aktuellen bzw realistischerweise zu erwartenden Vermögens- und Einkommensverhältnisse des Mithaftenden jetzt und im Zeitpunkt der Haftung? (4) Wie hoch ist das Eigeninteresse des Mithaftenden? Wer ist Nutznießer des Kredits? Wer partizipiert an dem finanzierten Objekt, zB an einer Immobilie oder an einem teuren Sportwagen? Erwirbt auch der Mithaftende Eigentum? Bei der Kreditfinanzierung eines Betriebs: Zieht der Mithaftende als Gesellschafter, Geschäftsführer oder Angestellter des Betriebs Nutzen aus der Kreditfinanzierung? (5) Der subjektive Tatbestand auf seiten des Mithaftenden: Erfolgte die Zusage der Mithaftung des Familienangehörigen aufgrund einer Zwangslage, aufgrund von Unerfahrenheit, aufgrund eines Mangels an Urteilsvermögen oder aufgrund einer erheblichen Willensschwäche? Befand sich der Mithaftende in einer psychischen Abhängigkeit vom Kreditnehmer?

Traf er eine überlegte Entscheidung oder wurde er, zB bei einem „Haustürgeschäft", überrumpelt? (6) Relevant ist auch der subjektive Tatbestand auf seiten des Kreditgebers: Kannte er die oben genannten Umstände auf seiten des Kreditnehmers und des Mithaftenden? Hat er sich deren Kenntnis bewußt verschlossen? (7) Die bloße Eigenschaft als Ehepartner oder als Kind des Kreditnehmers hat als solche zwar keinen unmittelbaren Einfluß auf die Bewertung der Mithaftung. Die oben genannten Kriterien werden jedoch die Mithaftung eines Ehepartners oder Lebensgefährten häufiger rechtfertigen als die eines Kindes des Kreditnehmers.

8. Sonstige Fälle der Beeinträchtigung des Geschäftspartners

330 Sittenwidrig ist ein Vertrag, wenn ein Vertragspartner ohne weiteres erkennen kann, daß der vom anderen Vertragspartner mit dem Vertrag bezweckte Erfolg mit Sicherheit nicht erreicht werden kann.

331 Ein Darlehensvertrag ist sittenwidrig und nichtig, wenn der Darlehensgeber mit dem Darlehen fremde **Spielleidenschaft** aus eigenem Gewinnstreben ausnutzt, zB wenn das Darlehen einem Spieler die Fortsetzung des Glücksspiels ermöglichen soll und der Darlehensgeber, der selbst am Glücksspiel beteiligt ist, in gewinnsüchtiger Absicht handelt (RGZ 67, 355, 358; BGH LM Nr 1 zu § 762 BGB; BGH NJW 1974, 1821; LARENZ, AT § 22 III b S 445; SOERGEL/HEFERMEHL § 138 Rn 162).

332 Ein Vertrag ist nicht schon dann ohne weiteres sittenwidrig, wenn er das Leistungsvermögen eines Vertragspartners überfordert (BGH NJW 1986, 1665, 1666). Deshalb ist ein auf eine objektiv unmögliche Leistung gerichteter Vertrag nicht ohne weiteres nach § 138, sondern nur nach § 306 nichtig. Ein auf eine subjektiv unmögliche Leistung gerichteter Vertrag ist nicht schon wegen der subjektiven Unmöglichkeit der Leistung nichtig. Ein Vertrag ist auch nicht schon allein deshalb sittenwidrig und nichtig, weil er den Schuldner finanziell überfordert, dh weil er die übernommenen Verpflichtungen voraussichtlich nicht oder allenfalls unter Einsatz seines gesamten pfändbaren Arbeitseinkommens erfüllen kann (BGH NJW 1989, 1665, 1666; aA LG Münster NJW 1990, 1668, 1669 betr die Mithaftung mittelloser Familienangehöriger). Bei finanzieller Überforderung ist ein Vertragspartner ausreichend geschützt durch das Wucherverbot, durch das sittlich-rechtliche Verbot wucherähnlicher Verträge sowie durch die Pfändungsschutzvorschriften (BGH NJW 1989, 1665 f; PALANDT/HEINRICHS § 138 Rn 36). Eine analoge Anwendung von § 310 kommt in diesen Fällen nicht in Betracht (BGHZ 107, 92, 100 f, 103 = NJW 1989, 1276; BGH NJW 1989, 1665, 1666; NJW 1991, 2015, 2016).

IX. Sittenwidrigkeit gegenüber Dritten und der Allgemeinheit

333 Rechtsgeschäfte, die Dritten oder der Allgemeinheit Schaden zufügen, sind nicht schon aus diesem Grunde ohne weiteres sittenwidrig (MAYER-MALY AcP 194 [1994] 105, 147, 148). Es müssen dafür besondere Umstände hinzukommen.

1. Täuschung Dritter

334 Sittenwidrig sind Verträge, die auf die Täuschung eines Dritten gerichtet sind (BGHZ 60, 102, 104 f = NJW 1973, 465; NJW 1985, 2953, 2954; MünchKomm/MAYER-MALY § 138 Rn 85; PALANDT/HEINRICHS § 138 Rn 44; SOERGEL/HEFERMEHL § 138 Rn 168). Für den Vorwurf der

Sittenwidrigkeit genügt bereits das Verschweigen wesentlicher Umstände (BGH NJW 1985, 2953, 2954). Vielfach werden in diesen Fällen **Gesetze** verletzt sein, die zur Anwendbarkeit von § 134 führen, vgl oben § 134 Rn 287 ff (betr Steuerhinterziehung) und Rn 294 (betr Betrug).

a) Täuschung über die Kreditwürdigkeit

Verträge können sittenwidrig sein, wenn sie geeignet sind, gegenwärtige oder künftige Gläubiger eines Schuldners über dessen Kreditwürdigkeit zu täuschen. Sittenwidrig ist ein Vertrag, durch den ein Schuldner sein letztes zur Gläubigerbefriedigung taugliches Vermögen einem bestimmten Gläubiger überträgt, wenn dadurch andere gegenwärtige oder künftige Gläubiger über die Kreditwürdigkeit des Schuldners getäuscht werden und beide Vertragspartner zusammengewirkt haben (RGZ 118, 361, 363; RGZ 127, 337, 340; BGH NJW 1956, 417, 418; BGHZ 20, 43, 50 = NJW 1956, 706; NJW 1995, 1668). Nicht erforderlich ist, daß die Täuschung und Gefährdung der anderen Gläubiger der Zweck der Vermögensübertragung war (BGH NJW 1995, 1668); es genügt, daß beide Partner mit der Möglichkeit der Gläubigertäuschung gerechnet haben (BGH NJW 1995, 1668). Darüber hinaus ist § 138 auch dann anwendbar, wenn der begünstigte Gläubiger die Umstände kannte, die den Schluß auf einen bevorstehenden Zusammenbruch des Schuldners aufdrängen und er sich mindestens leichtfertig, dh **grob fahrlässig** über diese Erkenntnis hinweggesetzt hat (RGZ 143, 48, 51 f; BGHZ 10, 228, 233 f; BGHZ 20, 43, 50 ff; NJW 1995, 1668). Je größer und konkreter die Gefahr des Zusammenbruchs ist, desto sorgfältiger muß der Sicherungsnehmer die Auswirkungen der Übertragung von Sicherheiten durch den Schuldner auf dessen Vermögen prüfen (BGHZ 10, 228, 233; NJW 1995, 1668; KOLLER JZ 1985, 1013, 1017 f). Unterläßt er in diesem Fall die gebotene Prüfung, so trifft ihn der Vorwurf, sich leichtfertig über die Gefahr hinweggesetzt zu haben, daß andere Gläubiger über die Kreditwürdigkeit des Schuldners getäuscht werden (BGHZ 10, 228, 233; NJW 1995, 1668).

Sicherungsvereinbarungen sind auch unter dem Gesichtspunkt der **Konkursverschleppung** sittenwidrig, wenn der begünstigte Gläubiger um eigener Vorteile willen den unvermeidlichen Konkurs eines Schuldners hinausschiebt, indem er diesem Kredite gewährt, die nicht zur Sanierung geeignet sind, sondern nur den Zusammenbruch hinauszögern sollen, wenn dadurch andere Gläubiger über die Kreditwürdigkeit des Schuldners getäuscht und dadurch geschädigt werden und der Kreditgeber sich dieser Erkenntnis zumindest leichtfertig verschließt (RGZ 136, 247, 253; BGHZ 10, 228, 233; 20, 43, 50; 75, 96, 114 f; 90, 381, 399 [zu § 826]; NJW 1995, 1668, 1669; MünchKomm/MAYER-MALY § 138 Rn 92; PALANDT/HEINRICHS § 138 Rn 86; SOERGEL/HEFERMEHL § 138 Rn 172; WÜST, in: FS Wilburg [1965] 257, 261, 263). Demgegenüber ist es nicht ohne weiteres sittenwidrig, wenn ein konkursreifes Unternehmen fortgeführt wird, um die Sanierungsmöglichkeit zu überprüfen und zu diesem Zweck Kredite gegen Sicherheiten gewährt werden (BGHZ 90, 381, 399 [zu § 826]; BGHZ 75, 96, 110 [zu § 92 AktG]; vgl auch BGHZ 10, 228, 234; BGHZ 20, 43, 49 f). In den Fällen der Sittenwidrigkeit nach § 138 haftet der Kreditgeber den dadurch geschädigten Gläubigern idR auch nach § 826 auf Schadensersatz (BGH NJW 1970, 657, 658 f; BGHZ 90, 381, 399 = NJW 1984, 1893).

Wegen der Gefährdung der Ansprüche eines Frachtführers ist die Abtretung aller Ansprüche des Spediteurs gegen die Versender an eine kreditgebende Bank sittenwidrig (OLG Hamm NJW-RR 1987, 235, 236).

338 Mangels Täuschung nicht sittenwidrig ist die Übereignung des Warenlagers eines Flüchtlingsbetriebs an die öffentliche Hand zur Sicherung von Krediten, da andere Gläubiger mit einer ungenügenden Kapitalausstattung rechnen müssen (BGH BB 1966, 12; PALANDT/HEINRICHS § 138 Rn 86; SOERGEL/HEFERMEHL § 138 Rn 172; dazu auch WÜST, in: FS Wilburg [1965] 257, 261 f).

339 Ein auf Kredittäuschung gerichtetes Rechtsgeschäft ist **insgesamt** nichtig. Die Nichtigkeit nach § 138 erfaßt nicht nur das Verpflichtungsgeschäft, sondern auch das Erfüllungsgeschäft, da auch mit diesem ein Täuschungszweck verfolgt wird (SOERGEL/ HEFERMEHL § 138 Rn 174).

b) Speziell: Globalzession und verlängerter Eigentumsvorbehalt*

340 Eine Globalzession, mit der ein Bankkunde seine gesamten gegenwärtigen und künftigen Forderungen aus Geschäften mit Dritten zur Sicherung von Bankkrediten abtritt, kann im kaufmännischen Verkehr grundsätzlich wirksam vereinbart werden, wenn dadurch nicht die wirtschaftliche Bewegungsfreiheit des Zedenten übermäßig beeinträchtigt wird und keine Gefährdung berechtigter Interessen künftiger Gläubiger des Zedenten eintritt (BGHZ 30, 149, 152; BGHZ 72, 308, 310; NJW 1977, 2261; BGHZ 98, 303, 314). Die Gefahr der Gläubigergefährdung und einer übermäßigen Beeinträchtigung der wirtschaftlichen Bewegungsfreiheit des Zedenten besteht, wenn eine Globalzession mit einem verlängerten Eigentumsvorbehalt zugunsten von Warenlieferanten desselben Kreditnehmers kollidiert. In diesem Fall gilt das **Prioritätsprinzip**

---

* **Schrifttum:** BÄHR, Verlängerter Eigentumsvorbehalt und Factoring-Globalzession, NJW 1979, 1281; BETTE/MARWEDE, Neuere Entwicklungen der Kollisionsproblematik bei Mehrfachabtretungen, BB 1980, 23; BEUTHIEN, Verlängerter Eigentumsvorbehalt und Globalabtretung, BB 1971, 375; ERMAN, Die Globalzession im Verhältnis zum verlängerten Eigentumsvorbehalt (1960); ESSER, Globalzession und verlängerter Eigentumsvorbehalt, JZ 1968, 281; FINGER, Verlängerter Eigentumsvorbehalt und Globalzession, JZ 1970, 642; ders, Globalzessionsklauseln in den Allgemeinen Geschäftsbedingungen der Banken, DB 1982, 475; HIEMSCH, Die Kollision von Vorausabtretungen bei Globalzession, verlängertem Eigentumsvorbehalt und Factoring (Diss Gießen 1991); JORK, Factoring, verlängerter Eigentumsvorbehalt und Sicherungsglobalzession in Kollisionsfällen, JuS 1994, 1019; KALOMIRIS, Verlängerter Eigentumsvorbehalt und Globalzession im deutschen und französischen Recht (1995); KOPPENSTEINER, Abtretungsverbote gegenüber dem Kreditnehmer im Spannungsfeld zwischen Globalzession und verlängertem Eigentumsvorbehalt, JuS 1972, 373; LAMBSDORFF/SKORA, Globalzession und Lieferantenvorausabtretung – kein Ende, NJW 1977, 701; dies, Die Doppelsicherung des Warenlieferanten, BB 1977, 922; NIRK, Interessenwiderstreit der Waren- und Geldgeber, NJW 1971, 1913; PFEIFFER, Übersicherung, Freigabeanspruch, Freigabeklauseln, WM 1995, 1565; REICH, Funktionsanalyse und Dogmatik bei der Sicherungsübereignung, AcP 169 (1969) 247; E SCHMID, Die Rücksichtsnahmepflicht bei Sicherungsübereignungen (Diss Tübingen 1961); K SCHMIDT, Factoring, Globalzession und verlängerter Eigentumsvorbehalt, DB 1977, 65; SCHWEIGER, Die Sittenwidrigkeit der Sicherungsübereignung, MDR 1953, 707; SCHWERDTNER, Globalzession und verlängerter Eigentumsvorbehalt, NJW 1974, 1785; SERICK, Eigentumsvorbehalt und Sicherungsübertragung Bd I-IV (1963–1976); ders, Verlängerter Eigentumsvorbehalt und Globalzession, BB 1960, 141; ders, Die Globalzession der Vorlieferanten: Ende oder Anfang?, BB 1974, 845; ders, Neuere Entwicklungen beim Factoring-Geschäft, BB 1979, 845; WUNSCHEL/NEUBECK, Globalzession und verlängerter Eigentumsvorbehalt, NJW 1959, 1953.

mit der Folge, daß im praktischen Ergebnis idR die Globalzession Vorrang vor der Abtretung der Kundenforderungen an die Lieferanten im Rahmen des verlängerten Eigentumsvorbehalts genießt. Das Prioritätsprinzip erfaßt auch die (zulässige) Abtretung zukünftiger Forderungen (BGHZ 30, 149, 151). Dies bringt den Kreditnehmer in das Dilemma, entweder auf den üblichen und auch wirtschaftlich benötigten Lieferantenkredit zu verzichten und so wirtschaftliche Nachteile zu erleiden oder unter Verschweigen der Globalzession einen verlängerten Eigentumsvorbehalt zu vereinbaren und so gegen das Betrugsverbot zu verstoßen, weil der verlängerte Eigentumsvorbehalt wegen der vorrangigen Globalzession unwirksam ist (BGHZ 30, 149, 152 f; 55, 34, 35 f; 98, 303, 314 f).

Diesem Dilemma wollten manche in der Weise begegnen, daß der verlängerte Eigentumsvorbehalt **Vorrang** habe vor der Globalzession, wenn und soweit die zukünftigen Kundenforderungen des Kreditnehmers als Surrogat an die Stelle des vorbehaltenen Eigentums treten; eine andere Begründung lautete, daß der Lieferant diesen Forderungen „näher" stehe. Diese Ansicht ist jedoch mit dem gesetzlich vorgegebenen Prioritätsprinzip nicht vereinbar. Außerdem wird die Geschäftstätigkeit des Kreditnehmers nicht nur durch den Warenkredit des Lieferanten, sondern auch durch den Geldkredit der Bank ermöglicht (vgl BGHZ 30, 149, 152; KOLLER JZ 1985, 1014, 1021, 1022; PALANDT/HEINRICHS § 398 Rn 24). Ein weiterer Vorschlag wollte die Kundenforderungen auf die kreditgewährende Bank und auf die Warenlieferanten aufteilen, sei es nach Wertquoten (FRANKE JuS 1978, 373), sei es nach den jeweiligen Kreditsummen (BEUTHIEN BB 1971, 375). Dieses Teilungsprinzip ist ebenfalls mit dem Prioritätsprinzip unvereinbar und außerdem wegen der ständig wechselnden Kreditbeträge bei den Banken und Warenlieferanten praktisch kaum durchführbar (FINGER DB 1982, 475 f; KOLLER JZ 1985, 1014, 1021). **341**

Solange keine spezialgesetzliche Regelung dieses Problems erfolgt (vgl MAYER-MALY AcP 194 [1994] 105, 149; MünchKomm/MAYER-MALY § 138 Rn 87 aE), wird folgende Lösung den Interessen der beteiligten Parteien noch am besten gerecht. Danach ist eine zur Kreditsicherung vereinbarte Globalzession idR sittenwidrig und nach § 138 nichtig, wenn sie nach dem Willen der Vertragspartner auch solche Forderungen umfassen soll, die der Schuldner zur Erlangung von Lieferantenkredit seinen Lieferanten aufgrund eines verlängerten Eigentumsvorbehalts abtreten muß und abtritt (grundlegend BGHZ 30, 149, 153; ebenso BGHZ 32, 361, 365 f; 51, 118; 55, 34, 35; NJW 1968, 1516; NJW 1969, 318; NJW 1974, 942; NJW 1977, 2261; BGHZ 72, 308, 310 = NJW 1979, 365; NJW 1983, 2502, 2504; BGHZ 98, 303, 315; NJW 1991, 2144, 2147; FLUME NJW 1950, 841, 847; HÜBNER, AT Rn 498; MünchKomm/MAYER-MALY § 138 Rn 88; SOERGEL/HEFERMEHL § 138 Rn 175; vgl auch BGHZ 109, 240 ff; krit dazu MEDICUS, AT Rn 699). Denn sie zwingt den Zedenten, entweder auf betriebsnotwendigen Lieferantenkredit zu verzichten, oder sie verleitet ihn zur Täuschung des Lieferanten über die Abtretbarkeit der Forderungen und zum Vertragsbruch (BGHZ 30, 149, 153; BGH NJW 1977, 2261). Der Vorwurf der Sittenwidrigkeit erfordert kein Sittenwidrigkeitsbewußtsein oder eine verwerfliche Gesinnung (ESSER ZHR 135 [1971] 320, 330 ff; MünchKomm/MAYER-MALY § 138 Rn 86; SOERGEL/HEFERMEHL § 138 Rn 175; **aA** BGHZ 32, 361, 366 = NJW 1960, 1716; OLG Düsseldorf WM 1977, 405, 406; offengelassen in BGH NJW 1969, 318, 320; vgl auch BGH WM 1987, 1172, 1173). Die Globalzession ist jedoch wirksam, wenn die Parteien eine **dingliche Teilverzichtsklausel** vereinbaren (BGH NJW 1974, 942 f; BGHZ 72, 308, 310 = NJW 1979, 365; BGHZ 98, 303, 314; NJW 1991, 2144, 2147; BGHZ 109, 240, 245; NJW 1994, 445; MünchKomm/MAYER-MALY § 138 Rn 89; SERICK **342**

BB 1979, 845, 850; SOERGEL/HEFERMEHL § 138 Rn 175); denn sie eröffnet dem Schuldner die Möglichkeit, Lieferantenkredit in Anspruch zu nehmen und für dessen Sicherung einen verlängerten Eigentumsvorbehalt zu vereinbaren, ohne den Lieferanten zu täuschen und Vertragsbruch zu begehen. Eine nur **schuldrechtliche** Teilverzichtsklausel genügt hingegen nicht, um dem Vorwurf der Sittenwidrigkeit zu begegnen (BGHZ 72, 308, 311 = NJW 1979, 365; SERICK, Eigentumsvorbehalt und Sicherungsübertragung IV § 49 II 5 b; ders BB 1974, 845, 849; LARENZ, AT § 22 III S 445; PALANDT/HEINRICHS § 138 Rn 97 b; SOERGEL/HEFERMEHL § 138 Rn 175). Denn der nur schuldrechtliche Anspruch verschafft dem Lieferanten nicht denselben Schutz wie eine aufgrund des verlängerten Eigentumsvorbehalts vereinbarte Abtretung zukünftiger Kundenforderungen; sie verschafft ihm insbesondere beim Konkurs der Bank keinerlei Vorzugsrecht, dh nicht die erwartete Sicherung (BGHZ 72, 308, 311). Auch ein **nachträglicher** Verzicht des Globalzessionars auf seine Rechte kann eine Globalzession, die mit einem verlängerten Eigentumsvorbehalt kollidiert, nicht retten (BGH NJW 1974, 942, 943). Der Vorrang künftiger Vorausabtretungen an Warenlieferanten kann jedoch wirksam auf die Fälle des **branchenüblichen** verlängerten Eigentumsvorbehalts beschränkt werden (BGHZ 98, 303, 314 f). Mit einem nicht branchenüblichen verlängerten Eigentumsvorbehalt braucht die Bank nicht zu rechnen, und der Zedent ist auch üblicherweise nicht gezwungen, zu solchen Konditionen abzuschließen, so daß seine wirtschaftliche Bewegungsfreiheit nicht unangemessen eingeschränkt ist und er insoweit auch nicht zur Täuschung zukünftiger Warenkreditgeber genötigt ist (BGHZ 98, 303, 315).

343 Diese Grundsätze gelten auch bei Globalzessionen zugunsten von Warenlieferanten (BGH WM 1974, 368; WM 1977, 480; SERICK BB 1979, 845; SOERGEL/HEFERMEHL § 138 Rn 175). Denn der Käufer gerät beim Warenbezug von anderen Lieferanten in dieselbe Dilemmasituation wie bei Globalzessionen zugunsten von Banken.

c) Wechsel- und Scheckreiterei

344 Wegen Täuschungsgefahr sittenwidrig sind Verträge, die sog **Wechselreiterei**, dh den Austausch von Finanzwechseln zum Zwecke der Kreditbeschaffung zum Gegenstand haben. Denn sie gefährden unter Mißbrauch der Institution des Wechsels nicht nur die Tauschpartner, sondern täuschen auch künftige Kreditgeber (BGHZ 27, 172, 176; BGH WM 1960, 1381; 1970, 633, 635; 1973, 66; NJW 1980, 931). Obwohl sie nur Finanzwechsel zum Zwecke der Kreditbeschaffung sind, bieten sie das äußere Bild von Waren- und Dienstleistungswechseln (MünchKomm/MAYER-MALY § 138 Rn 96). Gleiches gilt für die **Scheckreiterei**, dh für den von beiden Vertragspartnern planmäßg betriebenen Austausch von Schecks, denen keine Warenumsätze zugrunde liegen, zum Zwecke einer verdeckten Kreditbeschaffung; damit mißbrauchen solche Verträge die für Zahlungsvorgänge gedachte Institution des Schecks (BGH WM 1969, 334, 335; BGHZ 121, 279, 280 = NJW 1993, 1068 f). Sittenwidrig ist schließlich auch eine kombinierte Scheck-/Wechselreiterei (vgl BGH NJW 1980, 931 aE).

345 Da bei Wechsel- und Scheckreiterei nicht nur die entsprechenden Verpflichtungsgeschäfte, sondern auch die Begebungsverträge selbst gegen die guten Sitten verstoßen, sind auch diese nichtig (BGHZ 27, 172, 178 f; WM 1960, 1381; 1969, 334, 335; 1970, 633, 635; BGHZ 121, 279, 280 = NJW 1993, 1068, 1069). Die Sittenwidrigkeit des Systems begründet zugleich die Sittenwidrigkeit der in seinem Rahmen abgeschlossenen einzelnen Tauschgeschäfte (BGHZ 27, 172, 178 f). Trotz Nichtigkeit der Begebungsverträge kann allerdings eine scheck- bzw wechselrechtliche Haftung wegen zurechen-

bar veranlaßten Rechtsscheins in Betracht kommen (BGH NJW-RR 1989, 1207 = WM 1989, 1009, 1010; BGHZ 121, 279, 281).

Eine sittenwidrige Wechsel-/Scheckreiterei liegt nicht vor, wenn der Wechselnehmer **346** dem Akzeptanten für den Wechsel einen gedeckten und sofort fälligen Scheck gibt (BGH NJW 1980, 931). Die Begebung von sog **Finanzwechseln,** dh lediglich zu Kreditzwecken geschaffener Wechsel, die nicht mit einem Waren- oder Dienstleistungsgeschäft in Zusammenhang stehen, sowie die ihr zugrundeliegende Vereinbarung sind nicht grundsätzlich sittenwidrig (BGH NJW 1980, 931, 932; MünchKomm/MAYER-MALY § 138 Rn 96 Fn 299; PALANDT/HEINRICHS § 138 Rn 104; SOERGEL/HEFERMEHL § 138 Rn 201). Dies zeigt schon die Zulässigkeit des eigenen Wechsels iSv Art 75 WG, der typischerweise ein Finanzwechsel ist (BGH NJW 1980, 931, 932). Grundsätzlich nicht sittenwidrig ist auch die Ausstellung und Diskontierung eines sog Akzeptantenwechsels oder „umgedrehten" Wechsels, dh solcher Wechsel, die der Bank vom Akzeptanten eingereicht werden (BGHZ 56, 264, 265 f; NJW 1984, 728; OLG Frankfurt WM 1993, 1710, 1712). Denn dabei wird kein zugrundeliegendes Waren- oder Dienstleistungsgeschäft vorgetäuscht. Die Diskontierung von Akzeptantenwechseln ist auch dann nicht sittenwidrig, wenn die diskontierende Bank weiß, daß ihr Kunde sein Geschäftsvermögen soweit sicherungsübereignet hat, daß bei ihm für einen Regreß des Ausstellers kein vollstreckungsfähiges Vermögen vorhanden ist (BGH NJW 1984, 728).

d) Sonstige Fälle der Täuschung Dritter

Verträge sind sittenwidrig und nichtig, die auf die Täuschung von Behörden zielen, **347** um rechtswidrige Vorteile zu erlangen (BGH NJW 1985, 2953, 2954; NJW-RR 1992, 949). Wenn zB eine privatschriftliche Zusatzvereinbarung zu einem notariellen Grundstückskaufvertrag den Zweck hat, eine Gemeinde über die Höhe des Kaufpreises zu täuschen, um sie von der Ausübung eines Wiederkaufsrechts abzuhalten, dann ist diese Zusatzvereinbarung wegen des Täuschungszwecks sittenwidrig und nichtig (BGH NJW 1985, 2953, 2954).

2. Sittenwidrige Gläubigergefährdung und Gläubigerbenachteiligung

a)   Ein Rechtsgeschäft kann nach § 138 wegen Gläubigergefährdung oder Gläubi- **348** gerbenachteiligung sittenwidrig und nichtig sein (BGH NJW 1995, 1668; BGHZ 10, 228 ff; ausführlicher dazu KOLLER JZ 1985, 1014; M WOLF, in: FS Baur [1981] 147; WÜST, in: FS Wilburg [1965] 257). Dies ist allerdings nicht schon dann ohne weiteres der Fall, wenn ein Gläubiger durch Entgegennahme von Erfüllungsleistungen und Sicherheiten die Befriedigung anderer Gläubiger gefährdet (BGH LM Nr 13 zu § 138 [Bb] BGB; SOERGEL/ HEFERMEHL § 138 Rn 171). Nicht ohne weiteres sittenwidrig ist danach zB die Sicherungsübereignung nahezu des ganzen Warenlagers (BGH NJW 1962, 102, 103), eines ganzen Maschinenparks (BGHZ 20, 43, 49 f) oder eine Globalzession (dazu o Rn 340 ff).

Auch wenn die Voraussetzungen des § 3 AnfG oder der §§ 29 ff KO erfüllt sind, ist **349** § 138 nicht ohne weiteres anwendbar; denn die Anfechtungstatbestände dieser Vorschriften haben für den Normaltatbestand einer Absichtsanfechtung Vorrang vor § 138 (RGZ 69, 143, 146 f; BGH WM 1968, 1057, 1058; BGHZ 56, 339, 355; NJW 1973, 513; NJW-RR 1987, 1401; NJW-RR 1990, 142; NJW 1993, 2041 aE; NJW 1995, 1668). Es müssen zur bloßen Gläubigergefährdung besondere Umstände hinzutreten, damit der Vorwurf der Sittenwidrigkeit begründet ist (BGH NJW 1993, 2041 f; NJW 1995, 1668).

350 b) Sittenwidrig sind insbesondere Verträge, die geeignet sind, Gläubiger über die Kreditwürdigkeit eines gegenwärtigen oder zukünftigen Schuldners zu **täuschen**. In diesem Punkt überschneidet sich der Tatbestand der Gläubigergefährdung mit dem der Kredittäuschung (o Rn 335 ff).

351 c) Auch in der **Konkursverschleppung** als solcher zur Sicherung der eigenen Forderungen wird man einen selbständigen sittenwidrigkeitsbegründenden Tatumstand sehen müssen. Der BGH hatte Konkursverschleppung als sittenwidrig bewertet, wenn damit eine Täuschung anderer Gläubiger verbunden war (BGHZ 10, 228, 233; 20, 43, 50; 90, 381, 399; NJW 1995, 1668, 1669). Darüber hinaus ist jedoch auch eine Konkursverschleppung als solche unter dem Gesichtspunkt der Gläubigergefährdung negativ zu bewerten. Denn das rechtliche Gebot der rechtzeitigen Konkurseröffnung bezweckt den Schutz aller gegenwärtigen Gläubiger; ihre Deckungsmasse soll nicht weiter verkürzt und ein Eigentumsvorbehalt an gelieferten Waren nicht mehr vereitelt werden (zutreffend Wüst, in: FS Wilburg [1965] 257, 261; vgl auch Soergel/Hefermehl § 138 Rn 169 mwNw). Der Vorwurf der sittenwidrigen Konkursverschleppung entfällt nur, wenn die Sanierungsfähigkeit zuvor sorgfältig geprüft worden und ein angemessener Eigenkapitaleinsatz geleistet worden ist (Wüst 262 f; Soergel/Hefermehl § 138 Rn 172).

352 d) Ein sittenwidrigkeitsbegründender Tatumstand ist es auch, wenn sich ein Großgläubiger unter Ausnutzung seiner wirtschaftlichen **Machtstellung** sämtliche Werte eines konkursreifen Unternehmens übertragen läßt, so daß ein später zu eröffnendes Konkursverfahren wegen Mangels an Masse eingestellt werden müßte und die übrigen Gläubiger unbefriedigt blieben (BGH NJW 1956, 417; Palandt/Heinrichs § 138 Rn 86; Wüst 261; krit Barkhausen NJW 1956, 417 f, der § 419 für einschlägig hält). Soweit diese durch das Verhalten des Großgläubigers geschädigt worden sind, kann er ihnen gegenüber nach § 826 zum Schadensersatz verpflichtet sein (BGH NJW 1956, 417).

353 e) Auf Bedenken stößt ferner die **nachträgliche** Absicherung eines ursprünglich nicht (ausreichend) gesicherten Kredits bei der Gewährung eines Zusatzkredits. Denn der Gläubiger dieses Kredits verschafft sich dadurch ein Vorrecht vor anderen Altgläubigern und verkürzt so deren Vollstreckungschancen (Wüst 264).

3. Rechtsgeschäfte zu Lasten Dritter

a) **Mißbrauch der Vertretungsmacht**
354 Ein Vertrag kann unter bestimmten Voraussetzungen bei Mißbrauch der Vertretungsmacht sittenwidrig und nichtig sein. Zwar hat grundsätzlich der Vertretene das Risiko des Mißbrauchs der Vertretungsmacht zu tragen, und den Vertragspartner trifft keine besondere Prüfungspflicht, ob und inwieweit der Vertreter im Innenverhältnis gebunden ist, von einer nach außen unbeschränkten Vertretungsmacht nur beschränkten Gebrauch zu machen (BGH NJW 1966, 1911; NJW-RR 1989, 642). Wenn jedoch ein Treuebruch des Bevollmächtigten und eine bewußte Ausnutzung des Treuebruchs durch den Vertragsgegner zusammenkommen, ist der Vertrag nach

§ 138 nichtig (BGH NJW-RR 1989, 642). Danach ist zB ein Kaufvertrag sittenwidrig und nach § 138 nichtig, wenn bei dessen Abschluß der Vertreter der einen Partei mit dem Vertragspartner **kollusiv** zum Nachteil des Vertretenen zusammenwirkt (BGH NJW-RR 1989, 642; BGHZ 50, 112, 114). Kaufverträge, bei denen der Testamentsvollstrecker und ein Käufer bewußt zum Nachteil des Nachlasses zusammenwirken, sind nach § 138 nichtig (BGH NJW-RR 1989, 642). Der Vorwurf der Sittenwidrigkeit hängt nicht davon ab, daß der Bevollmächtigte aus dem Treuebruch Vorteile zieht.

Auch wenn kein Vorsatz des Vertragsgegners vorliegt, kann sich der Vertretene ausnahmsweise bei Vorliegen besonderer Umstände auf einen Mißbrauch der Vertretungsmacht durch den Bevollmächtigten berufen (BGH NJW 1966, 1911; BGHZ 50, 112, 114 = NJW 1968, 1379; NJW-RR 1989, 642). Das ist zB der Fall, wenn der Vertreter in ersichtlich verdächtiger Weise zum Nachteil des Vertretenen gehandelt hat und dies dem Vertragspartner in schuldhafter Weise nicht bekanntgeworden ist (BGH NJW 1966, 1911; BGHZ 50, 112, 114; NJW-RR 1989, 642). In diesem Fall ist zwar der Vertrag nicht nach § 138 nichtig; der Vertragsgegner kann sich jedoch nach § 242 nicht auf den Vertrag berufen (BGHZ 50, 112, 114; NJW 1966, 1911). 355

b) Vereitelung fremder Forderungsrechte

Ein Vertrag ist grds sittenwidrig, wenn die Beteiligten mit ihm den Zweck verfolgen, in bewußtem und gewolltem Zusammenwirken schuldrechtliche Rechte Dritter zu vereiteln (RGZ 81, 86, 89, 90; BGHZ 60, 102, 104, 105 = NJW 1973, 465; NJW 1981, 2184, 2185; 1988, 1716, 1717 aE; 1988, 902, 903; HÜBNER, AT Rn 498; MEDICUS, AT Rn 706; MünchKomm/MAYER-MALY § 138 Rn 85; PALANDT/HEINRICHS § 138 Rn 104; SOERGEL/HEFERMEHL § 138 Rn 184). Die Relativität von Forderungsrechten hindert nicht daran, ihre Verletzung als sittenwidrig zu bewerten. In diesem Falle sind auch evtl Freistellungsvereinbarungen, durch die eine Vertragspartei die andere von Schadensersatzansprüchen des geschädigten Dritten freizustellen verspricht, nach § 138 nichtig (BGHZ 60, 102, 104 f). 356

Sittenwidrig können Vereinbarungen mit einem Vorkaufsverpflichteten sein, die den Zweck haben, das Vorkaufsrecht des Vorkaufsberechtigten zu vereiteln (BGHZ 23, 293, 301; BGHZ 25, 174; NJW 1962, 1908 = WM 1962, 1091, 1094; NJW 1964, 540, 541). Zwar genügt die Absicht oder auch nur das Bewußtsein, ein Vorkaufsrecht zu vereiteln, nicht ohne weiteres für den Vorwurf der Sittenwidrigkeit (aA wohl HÜBNER, AT Rn 498). Sittenwidrigkeit liegt jedoch vor, wenn die Vereitelung des Vorkaufsrechts aus verwerflichen Gründen oder in Schädigungsabsicht geschieht oder durch unlautere Mittel erfolgt (BGH NJW 1964, 540, 541). 357

ME ist auch beim **Doppelverkauf** ein und derselben Sache der zweite Kaufvertrag nach § 138 nichtig, wenn der Zweitkäufer und der Verkäufer in bewußtem und gewolltem Zusammenwirken die schuldrechtlichen Rechte des Erstkäufers aus seinem Kaufvertrag vereiteln. Nichtig wäre auch in diesem Fall eine evtl Freistellungszusage des Zweitkäufers. Der BGH hat in den Doppelverkaufsfällen allerdings bisher nur sehr zurückhaltend den Vorwurf der Sittenwidrigkeit bejaht, und auch dies nur in bezug auf Schadensersatzansprüche des geschädigten Erstkäufers gegen den Verkäufer und den Zweitkäufer nach § 826 (vgl BGHZ 12, 308, 318; NJW 1981, 2184, 2185). Sittenwidrigkeit nahm er an, wenn das Verhalten des Verkäufers „sittlich besonders verwerflich" war (BGHZ 12, 308, 318). Für sittenwidrig erklärte er auch einen Grundstückskaufvertrag zwischen der Bundesbahn und einem Verkäufer, der dasselbe Grundstück zuvor Landwirten, die von einem Flughafenbau betroffen waren, als Ersatzland verkauft hatte. Die Bundesbahn hatte dem Verkäufer eine Freistellungszusage für den Fall von Schadensersatzansprüchen der Landwirte gemacht (BGH NJW 1981, 2184).

Das RG bewertete mit Recht die Abtretung von GmbH-Anteilen als sittenwidrig und nichtig, wenn damit das Vorkaufsrecht eines Mitgesellschafters vereitelt werden sollte (RG JW 1934, 1412). Sittenwidrig ist auch die Abtretung einer Forderung an eine vermögenslose Person, wenn dies für den Fall eines ungünstigen Ausgangs eines Prozesses nur zu dem Zweck geschieht, daß diese Person sie für den Abtretenden einzieht und daß dadurch dem obsiegenden Prozeßgegner des Abtretenden die Erstattung seiner Kosten unmöglich gemacht werden soll (RGZ 81, 175, 176).

c) Bietungsabkommen (pactum de non licitando)

358 Nach stRspr und hL ist ein sog Bietungsabkommen, durch das sich jemand verpflichtet, bei einer Versteigerung nicht mitzubieten oder den Vertragspartner nicht zu überbieten, nicht ohne weiteres sittenwidrig, sondern nur, wenn besondere Umstände hinzutreten (RGZ 18, 219, 222 [1887]; RGZ 58, 393, 400; RG JW 1907, 201; JW 1933, 425; BGH NJW 1961, 1012, 1013 = WM 1961, 447; WM 1965, 203; OLG Celle NdsRpfl 1961, 12, 13; OLG Celle NJW 1969, 1764, 1765 [m Anm FRANZEN NJW 1970, 662 f]; OLG Köln BB 1963, 1280; OLG Köln NJW 1978, 47; OLG Frankfurt/M WM 1989, 1102, 1104; ERMAN/BROX § 138 Rn 70; MünchKomm/MAYER-MALY § 138 Rn 95; SOERGEL/HEFERMEHL § 138 Rn 187; STAUDINGER/ COING[11] § 138 Anm 18 oo). Sittenwidrig ist es, durch ein Bietungsabkommen den Zweck einer Versteigerung zu vereiteln (BGH NJW 1961, 1012 f; OLG Frankfurt/M WM 1989, 1102, 1104; MünchKomm/MAYER-MALY § 138 Rn 95). Dieser Zweck besteht vor allem darin, auf dem relevanten Markt den Wettbewerbspreis zu erzielen, dh auf dem Versteigerungsmarkt von den potentiellen Nachfragern den höchsten Preis geboten zu bekommen. Deshalb ist ein Bietungsabkommen grds dann sittenwidrig, wenn dadurch potentielle Bieter ausgeschaltet werden sollen, die bereit und in der Lage wären, mehr zu bieten als die anderen, damit der Begünstigte infolge der beseitigten oder geschmälerten Konkurrenz den Versteigerungsgegenstand selbst günstiger erwerben kann (so zutr BGH NJW 1961, 1012, 1013 = WM 1961, 447; WM 1965, 203, 204; OLG Köln NJW 1978, 47 f; ERMAN/BROX § 138 Rn 70; SOERGEL/HEFERMEHL § 138 Rn 187). Sittenwidrig ist es zB, bei einer Grundstücksversteigerung 4 weitere Interessenten gegen Bezahlung zum Verzicht auf das Mitbieten zu veranlassen, um dann als einziger Bieter das Grundstück weit unter dem Wert zu erhalten, den er selbst zu bieten bereit war und den er aufgrund des Bietungsabkommens insgesamt zu zahlen hatte (BGH NJW 1961, 1012, 1013). Ein Verstoß gegen die guten Sitten liegt hingegen nicht vor, wenn das Bietungsabkommen nicht geeignet ist, Dritte zu schädigen (BGH NJW 1961, 1012, 1013; OLG Celle NJW 1969, 1764; MünchKomm/MAYER-MALY § 138 Rn 95). Letztlich läßt sich als **Grundsatz** formulieren, daß ein Bietungsabkommen gegen die guten Sitten verstößt, wenn es geeignet ist, durch Beeinflussung des Versteigerungsverfahrens den Anbieter des Versteigerungsgegenstandes zu schädigen. Bietungsabkommen sind nicht erst dann als sittenwidrig anzusehen, wenn sie alle in Betracht kommenden Bieter ausschalten (BGH NJW 1961, 1012, 1013; WM 1965, 203, 204; SOERGEL/HEFERMEHL § 138 Rn 187). Soweit ein Bietungsabkommen sittenwidrig ist, sind Zahlungsverpflichtungen daraus nichtig, auch wenn der Versprechende den Gegenstand der Versteigerung günstig erwerben konnte (OLG Köln NJW 1978, 47, 48). Soweit er bereits die vereinbarte Zahlung erbracht hat, scheitern Rückzahlungsansprüche aus § 812 an § 817 S 2 analog. Wer entsprechend der sittenwidrigen Vereinbarung dennoch mitbietet, haftet nicht wegen Vertragsverletzung. Im Geltungsbereich des § 270 preußStGB wird nach dieser Vorschrift bestraft, „wer andere vom Mitbieten oder Weiterbieten bei den von öffentlichen Behörden oder Beamten vorgenommenen Versteigerungen durch Zusicherung oder Gewährung eines Vorteils abhält"; entsprechende Bietungsvereinbarungen sind nach § 134 iVm § 270 preußStGB nichtig (zu den Streitfragen, ob § 270 preußStGB noch in Kraft ist und ein Verbotsgesetz iSv § 134 darstellt, ausführlich o § 134 Rn 312 mwNw). Wenn ein Bietungsabkommen **zwischen Unternehmen** geschlossen wird, kann es gegen § 1 GWB oder Art 85 EG-Vertrag verstoßen und nach diesen Vorschriften nichtig sein (OLG Frankfurt/M WM 1989, 1102, 1105; MünchKomm/Mayer-Maly § 138 Rn 95). Außerdem begründen Bietungsabkommen **Schadensersatzansprüche** gegen die Beteiligten aus § 826 (BGH NJW 1961, 1012 f; OLG Frankfurt/M WM 1989, 1102; RGZ 58, 393; RG JW 1907, 201; HRR 1929 Nr 1096; JW 1933, 425) bzw aus § 823 Abs 2 iVm § 270 preußStGB (RG JW 1911, 291; LZ 1912 Sp 72) sowie bei Kartellverstößen aus § 35 iVm § 1 GWB (OLG Frankfurt/M WM 1989, 1102, 1105) bzw aus § 823 Abs 2 iVm Art 85 Abs 1 EG-Vertrag.

d) Rechtsgeschäfte zu Lasten der Sozialhilfe
aa) Unterhaltsverzicht in Eheverträgen und Scheidungsvereinbarungen

Rechtsgeschäfte, die nach Inhalt, Zweck und Beweggrund in erster Linie darauf **359** angelegt sind, Vermögensverhältnisse zum Schaden der Sozialhilfeträger und damit auf Kosten der Allgemeinheit zu regeln, verstoßen grds gegen die guten Sitten iSv § 138, wenn nicht besondere Rechtfertigungsgründe vorliegen (vgl BGHZ 86, 82, 86 ff; NJW 1985, 1835, 1836; BGHZ 111, 36, 40 ff; NJW 1991, 913, 914; NJW 1992, 3164, 3165; VGH Mannheim NJW 1993, 2953). Diese Voraussetzungen können **Unterhaltsabreden** in Eheverträgen und Scheidungsvereinbarungen erfüllen. Nach § 1585 c können Ehegatten Vereinbarungen über die Unterhaltspflicht für die Zeit der Scheidung treffen. Danach können sie grds wirksam auch auf zukünftige Unterhaltsansprüche verzichten (BGH NJW 1985, 1833; 1985, 1835, 1836; 1991, 913, 914; 1992, 3164, 3165). Ein Unterhaltsverzicht kann jedoch sittenwidrig sein, wenn er zur Sozialbedürftigkeit und zur Belastung der Sozialhilfe führt.

Grds ist davon auszugehen, daß Sozialhilfe nach § 2 BSHG, § 9 SGB I **subsidiärer 360** Natur ist und erst dann nachrangig eingreift, wenn keine privaten Unterhaltsquellen zur Verfügung stehen (BGHZ 86, 82, 87 f; vgl auch BGHZ 111, 36, 41; BGHZ 123, 368, 378; FamRZ 1992, 1403 aE). Verträge „zu Lasten Dritter" – hier der Sozialhilfe – verdienen grds keine Anerkennung. Andererseits können aber auch besondere Umstände vorliegen, die einen Unterhaltsverzicht in einem Ehevertrag oder einer Scheidungsvereinbarung rechtfertigen. Das bedeutet: Nicht der Vorwurf der Sittenwidrigkeit, sondern die Rechtfertigung einer Scheidungsvereinbarung oder eines Ehevertrags mit Unterhaltsverzicht bedarf näherer Begründung.

Ein Unterhaltsverzicht in einer Scheidungsvereinbarung ist immer dann sittenwidrig, wenn er in der Absicht oder aus dem wesentlich mitbestimmenden Beweggrund abgeschlossen worden ist, den dadurch begünstigten Ehegatten auf Kosten des Sozialhilfeträgers zu entlasten (BGHZ 86, 82, 86; vgl auch BGHZ 111, 36, 41; MünchKomm/Mayer-Maly § 138 Rn 38, 57). Eine Unterhaltsvereinbarung kann auch sittenwidrig und nach § 138 nichtig sein, wenn die Vertragschließenden dadurch **bewußt** eine Unterstützungsbedürftigkeit zu Lasten der Sozialhilfe herbeiführen, auch wenn eine Schädigung des Trägers der Sozialhilfe nicht bezweckt ist (BGHZ 86, 82, 88; NJW 1992, 3164; NJW 1994, 248, 250; MEDICUS, AT Rn 706 a). Dies ist der Fall, wenn der verzichtende Ehegatte weder erwerbsfähig ist noch über nennenswertes Vermögen verfügt.

361 Andererseits kann ein Unterhaltsverzicht gerechtfertigt sein, wenn der verzichtende Ehegatte auf andere Weise wirtschaftlich ausreichend gesichert erscheint (BGHZ 86, 82, 87). Durch besondere Umstände gerechtfertigt sind häufig auch Verzichtsvereinbarungen, die unter der Geltung des früheren Scheidungsrechts abgeschlossen worden sind. Das ist der Fall, wenn bei einer Scheidung nach früherem Recht ein Unterhaltsverzicht des ohne (überwiegendes) Verschulden geschiedenen Ehegatten vereinbart wird, damit der andere Ehegatte, der die Scheidung aus dem (überwiegenden) Verschulden des verzichtenden Ehegatten hätte erreichen können, von der Geltendmachung seiner Scheidungsgründe absieht und diesem eine sog „ritterliche" Scheidung ermöglicht (BGHZ 86, 82, 86 f). In diesen Fällen waren Unterhaltsverzichtsvereinbarungen nach § 72 EheG aF idR von dem Bestreben der Eheleute geprägt, die als notwendig erkannte Scheidung auf anständige Weise durchzuführen (BGHZ 86, 82, 85). Außerdem hätte der Sozialhilfeträger in solchen Fällen bei Unterstützungsbedürftigkeit des (überwiegend) schuldig geschiedenen Ehegatten auch dann eintreten müssen, wenn der andere Ehegatte seine Scheidungsgründe geltend gemacht hätte (BGHZ 86, 82, 85, 86 f).

362 Einen Unterhaltsverzicht, den Eheleute vor oder während der Ehe in einem Ehe- und Erbvertrag vereinbart haben, hat der BGH in zwei neueren Entscheidungen nicht für sittenwidrig erklärt, da er das Unterhaltsrisiko des Verzichtenden nicht erhöht habe; vielmehr sei durch die Eheschließung für die Zeit der Ehe eine bis dahin nicht bestehende Sicherung des Unterhalts überhaupt erst geschaffen worden (BGH NJW 1991, 913, 914; NJW 1992, 3164, 3165; aA BOSCH, in: FS Habscheid [1989] 23, 34 ff). Die Reichweite dieser Entscheidungen ist schwer abzuschätzen. Sie decken wohl nur die konkreten Anwendungsfälle ab. In einem Fall war die nach der Ehescheidung unterhaltsbedürftige Ehefrau bereits vor der Eheschließung schwanger, und die Bereitschaft des Ehemannes zur Eheschließung war auch von einem Ehe- und Erbvertrag dieses Inhalts abhängig gemacht worden. Nach Treu und Glauben kann sich der geschiedene Ehegatte jedoch nicht auf den Unterhaltsverzicht des anderen berufen, wenn und soweit das Wohl eines gemeinschaftlichen, von dem anderen Ehegatten betreuten Kindes den Bestand der Unterhaltspflicht fordert (BGH NJW 1992, 3164, 3165; NJW 1991, 913, 914 aE).

bb) Testamente zu Lasten der Sozialhilfe

363 Auch Testamente, die nach Inhalt, Zweck und Beweggrund darauf zielen, Vermögensverhältnisse zum Schaden der Sozialhilfe und damit auf Kosten der Allgemeinheit zu regeln, sind grds sittenwidrig, wenn sie bewußt durch Enterbung die Sozialbedürftigkeit eines gesetzlichen Erben herbeiführen wollen (VGH Mannheim NJW 1993, 2953 mwNw; wesentlich zurückhaltender der BGH, vgl BGHZ 111, 36, 41; BGHZ 123, 368 ff; NJW 1994, 248 ff). Klärungsbedürftig sind allerdings noch die Fälle, in denen solche Testamente zu Lasten der Sozialhilfe gerechtfertigt sein können. Insbesondere ist noch nicht abschließend geklärt, ob und inwieweit das BSHG dem § 138 Grenzen setzt.

Praktische Bedeutung hat die Streitfrage vor allem bei sog **Behindertentestamenten** erlangt. Nach Ansicht des BGH verstößt eine Verfügung von Todes wegen, mit der Eltern ihr behindertes, auf Kosten der Sozialhilfe in einem Heim untergebrachtes Kind nur als nicht befreiten Vorerben auf einen den Pflichtteil kaum übersteigenden Erbteil einsetzen, bei seinem Tod ein anderes Kind als Nacherben berufen und dieses zum Vollerben auch des übrigen Nachlasses bestimmen, nicht gegen § 138, auch soweit dadurch der Sozialhilfeträger keinen Kostenersatz erlangt (BGHZ 111, 36, 42 = NJW 1990, 2055; BGHZ 123, 368; NJW 1994, 248, 250; zust Krampe AcP 191 [1991] 526, 559; Otte JZ 1990, 1027, 1028; Pieroth NJW 1993, 173, 177 f; Schubert JR 1991, 106, 107; aA mit beachtlichen Argumenten G H Raiser MDR 1995, 237 f; krit auch MünchKomm/Mayer-Maly § 138 Rn 38). Nicht sittenwidrig nach § 138 sei ein Testament, durch das der Vater eines schwerbehinderten Kindes ein bescheidenes Vermögen im Interesse des Kindes so an eine Gesellschaft zur Unterstützung Behinderter weiterleitet, daß die Sozialbehörde keine Möglichkeit hat, wegen ihrer Aufwendungen für das Kind auf den Nachlaß zurückzugreifen (BGHZ 111, 36, 40 ff; BGHZ 123, 368). Anders sei möglicherweise zu entscheiden, wenn der Erblasser ein beträchtliches Vermögen hinterlasse und der Pflichtteil des Behinderten so hoch ist, daß daraus seine Versorgung (zu einem erheblichen Teil) sichergestellt wäre (noch offen gelassen in BGHZ 111, 36, 41; NJW 1994, 248, 249; vgl auch BGHZ 123, 368, 371).

Die unterschiedliche Beurteilung des Behindertentestaments und des Unterhaltsverzichts in einer Vereinbarung für Scheidungsfälle hat der BGH ua damit gerechtfertigt, daß beim freiwilligen Unterhaltsverzicht der Unterhaltsberechtigte bestehende Unterhaltsquellen aufgebe, während beim Behindertentestament das unterhaltsbedürftige Kind keinen Einfluß auf seine Unterhaltsquellen genommen habe (BGHZ 111, 36, 41; krit Mayer-Maly AcP 194 [1994] 105, 146). Außerdem erfolgten derartige letztwillige Verfügungen im Behindertentestament zugunsten des behinderten Kindes, während der Unterhaltsverzicht zu Lasten des Verzichtenden gehe. Die Eltern seien nicht verpflichtet, die sie in erster Linie treffende Verantwortung für das Wohl des Kindes dem Interesse der öffentlichen Hand an einer (teilweisen) Kostendeckung hintanzusetzen (BGHZ 111, 36, 42; BGHZ 123, 368, 374). Der Grundsatz der Subsidiarität der Sozialhilfe nach § 2 BSHG und § 9 SGB I genieße nicht generell Vorrang vor anderen Prinzipien, zB vor dem Grundsatz der Testierfreiheit (BGHZ 111, 36, 39 f; BGHZ 123, 368, 377; NJW 1994, 248, 250). Eine Durchbrechung des Grundsatzes der Testierfreiheit durch Anwendung des § 138 zugunsten des Grundsatzes der Subsidiarität der Sozialhilfe sei nicht gerechtfertigt, denn der Gesetzgeber habe den Grundsatz der Subsidiarität der Sozialhilfe selbst mehrfach in erheblichem Maße durchbrochen (BGHZ 111, 36, 42; BGHZ 123, 368, 376, 378; NJW 1994, 248, 250).

Die Ansicht des BGH hat nicht nur Zustimmung erfahren, sondern ist auch auf heftige und mE zumindest im Ergebnis zutreffende Kritik gestoßen. Denn Zweck des § 92 c BSHG ist es, die Allgemeinheit vor Kosten zu schützen, die der Kostenverursacher bzw dessen „Verantwortungskreis" zumutbar selbst tragen kann. Vermögen, auf das der Hilfeempfänger einen Anspruch hat – nämlich den Pflichtteilsanspruch – und das einen bestimmten Sockelbetrag übersteigt, muß spätestens mit dem Tod des Hilfeempfängers im wohlverstandenen Interesse der Allgemeinheit dem Sozialhilfeträger zufallen, statt vermögensvermehrend auf dritte, bislang nicht einmal belastete Personen (Nacherben) verteilt zu werden (so G H Raiser MDR 1995, 237, 238). Die vom BGH gebilligten Konstruktionen sind Umgehungen des im Sozialhilferecht bestehenden Subsidiaritätsprinzips, das den Schutz der Allgemeinheit bezweckt. Die Tatsache, daß der Gesetzgeber selbst gewisse Ausnahmen davon zuläßt, ist kein ausreichendes Argument, weitere Ausnahmen durch bestimmte Gestaltungen letztwilliger Verfügungen zu schaffen. Es sind Umgehungen des Subsidiaritätsprinzips, soweit es den Pflichtteilsanspruch betrifft, durch den der Gesetzgeber auch die Testierfreiheit eingeschränkt hat. Es gibt auch keine als vorrangig anzuerkennenden Interessen der Nacherben vor dem Interesse der Allgemeinheit, nur subsidiär helfend eingreifen zu müssen.

X. Gesellschaftsrechtliche Beziehungen

1. Kündigungsbeschränkungen

366 Nach § 723 Abs 3 ist eine Vereinbarung, durch die das Kündigungsrecht eines BGB-Gesellschafters ausgeschlossen oder dem § 723 zuwider beschränkt wird, nichtig. Die Vorschrift des § 723 beruht auf dem allgemeinen Rechtsgedanken, daß es mit der persönlichen Freiheit von Vertragschließenden unvereinbar ist, persönliche und wirtschaftliche Bindungen ohne zeitliche Begrenzung und ohne Kündigungsmöglichkeiten einzugehen. Der zwingende Charakter des § 723 Abs 3 schließt auch die freiwillige Vereinbarung derartiger Kündigungsbeschränkungen aus (BGHZ 126, 226 = BGH NJW 1994, 2536, 2537; dazu DAUNER-LIEB GmbHR 1994, 836; BGH NJW 1954, 106). Diese Regelung gilt nach § 105 HGB auch für die OHG (BGH NJW 1954, 106; BGHZ 23, 10, 12; NJW 1985, 192 f, 193; NJW 1993, 2101, 2102) und nach den §§ 105, 161 Abs 2 HGB für die KG (BGHZ 123, 281 = NJW 1993, 3193 betr den Kommanditisten einer KG; BGH NJW 1954, 106 betr den Komplementär einer KG); ihr Rechtsgedanke trifft ferner auch die stille Gesellschaft (BGHZ 23, 10, 12 ff, 15 = NJW 1957, 461; NJW 1954, 106; aA RGZ 156, 129) und die GmbH (BGHZ 116, 359, 369). Gegen diesen Rechtsgedanken verstoßen Vereinbarungen über die **vermögensrechtlichen Folgen** einer Kündigung, die zwar das Kündigungsrecht formal nicht berühren, faktisch aber dazu führen, daß ein Gesellschafter wegen der ihm im Falle der Kündigung drohenden Vermögensnachteile nicht mehr frei entscheiden kann, ob er von seinem Kündigungsrecht Gebrauch macht oder nicht (BGHZ 126, 226 = NJW 1994, 2536, 2537; NJW 1993, 2101, 2102). Vereinbarungen über derartige an die Kündigung geknüpfte Folgen kommen einem faktischen Ausschluß des Kündigungsrechts gleich und sind nichtig (BGH NJW 1985, 192, 193; NJW 1989, 3272; BGHZ 126, 226 = NJW 1994, 2536, 2537; HECKELMANN, Abfindungsklauseln in Gesellschaftsverträgen [1973] 142; STAUDINGER/KESSLER[12] § 723 Rn 41 ff; differenzierend MÖHRING, in: FS Barz [1974] 49, 60 ff). Die Nichtigkeit ergibt sich, sofern nicht § 723 Abs 3 (iVm § 105 Abs 2, § 161 Abs 2 HGB) anwendbar ist, aus § 138, wobei der Rechtsgedanke des § 723 Abs 3 den Inhalt der guten Sitten mitbestimmt.

Eine sittenwidrige Beschränkung des Kündigungsrechts kann sich insbesondere aus Abfindungsklauseln ergeben, die den kündigungswilligen Gesellschafter bei der Abfindung erheblich benachteiligen; dazu im folgenden.

2. Abfindungsklauseln

367 Nach § 738 ist einem Gesellschafter beim Ausscheiden aus einer BGB-Gesellschaft sowie nach § 105 HGB und § 161 Abs 2 HGB aus einer OHG oder KG dasjenige zu zahlen, das er bei der Auseinandersetzung der Gesellschaft erhalten würde, wenn

die Gesellschaft im Zeitpunkt seines Ausscheidens aufgelöst würde. Dies kann allerdings mit einem erheblichen Kapitalabfluß verbunden sein, der den Bestand und die Fortführung der Gesellschaft gefährden könnte. Aus diesem Grunde, aber auch ua zur Vermeidung von Streitigkeiten über die Höhe des Abfindungsanspruchs, enthalten Gesellschaftsverträge meist Abfindungsregeln, die von der dispositiven Regelung des § 738 abweichen. Sie sind grds zulässig (BGHZ 116, 359, 368; NJW 1993, 2101, 2102). Sofern diese jedoch beim Ausscheiden eines Gesellschafters zu einem erheblichen Mißverhältnis zwischen dem Abfindungsanspruch und dem tatsächlichen Verkehrswert des Gesellschaftsanteils führen würden, stünde dies im praktischen Ergebnis im Widerspruch zum Verbot des § 723 Abs 3, das Kündigungsrecht auszuschließen oder erheblich zu beschränken bzw zum Rechtsgedanken dieses Verbots.

Bei gesellschaftsvertraglichen Abfindungsklauseln ist in Übereinstimmung mit der neueren Rspr des BGH zunächst zu unterscheiden zwischen dem Zeitpunkt der Vornahme des Rechtsgeschäfts und dem Zeitpunkt des Ausscheidens des betreffenden Gesellschafters. Nur so läßt sich vermeiden, daß ein und dieselbe Abfindungsklausel je nach der Entwicklung des Verhältnisses zwischen dem Wert des vereinbarten Abfindungsanspruchs und dem tatsächlichen Anteilswert einmal wirksam und einmal unwirksam ist (vgl den zutr Hinweis darauf in BGHZ 123, 281, 284; ebenso BÜTTNER, in: FS Nirk [1992] 119, 124 f, 127 f; RASNER NJW 1983, 2905, 2908; K SCHMIDT, Gesellschaftsrecht § 50 IV 2 c cc; ULMER/SCHÄFER ZGR 1995, 134, 136; unklar insoweit noch BGH NJW 1989, 3272).

a) Von Anfang an unwirksam wegen unzulässiger Beschränkung des Kündigungsrechts eines Gesellschafters sind Abfindungsklauseln, wenn die vorgesehene Abfindung schon **im Zeitpunkt der Vereinbarung** der Abfindungsklausel in einem erheblichen Mißverhältnis zum tatsächlichen Verkehrswert des Gesellschaftsanteils des ausscheidenden Gesellschafters steht (BGH NJW 1985, 192, 193; NJW 1989, 2685, 2686; NJW 1989, 3272; BGHZ 116, 359, 369; NJW 1993, 2101, 2102; BGHZ 123, 281; BGHZ 126, 226, 230 f).

Die Nichtigkeit stützt man zT unmittelbar auf § 723 Abs 3, soweit es BGB-Gesellschaften betrifft (so wohl BGH NJW 1985, 192 f, 193; dagegen BGH NJW 1989, 3272) oder auf eine analoge Anwendung von § 723 Abs 3 (BGH NJW 1989, 3272; BGHZ 123, 281), und dies nicht nur wegen der §§ 105, 161 HGB auch bei der OHG und KG, sondern auch bei anderen Gesellschaftstypen. Auch mit einem Verstoß gegen § 138 (BGH NJW 1989, 2685, 2686; BGHZ 116, 359, 368; K SCHMIDT, Gesellschaftsrecht § 50 IV 2 c cc; BÜTTNER, in: FS Nirk [1992] 119, 121 f; PALANDT/HEINRICHS § 138 Rn 85; ULMER/SCHÄFER ZGR 1995, 134 ff passim; krit zur Anwendung von § 138 DAUNER-LIEB ZHR 158 [1994] 271, 288; dies GmbHR 1994, 836, 840; MünchKomm/ULMER § 738 Rn 32) oder mit einem Verstoß gegen das Umgehungsverbot wird sie begründet (HECKELMANN, Abfindungsklauseln in Gesellschaftsverträgen 142; MünchKomm/ULMER § 738 Rn 33; K SCHMIDT, Gesellschaftsrecht aaO). In der Tat liegt in der faktischen Beschränkung der Kündigungsfreiheit durch nachteilige Abfindungsklauseln eine Umgehung des § 723 Abs 3 bzw ein Verstoß gegen den Rechtsgedanken dieser Vorschrift, was nach der hier vertretenen Ansicht sittenwidrig und nach § 138 nichtig ist (K SCHMIDT, Gesellschaftsrecht § 50 IV 2 c cc; vgl auch H P WESTERMANN, in: FS Stimpel [1985] 69, 73, 81, 90 f); der Rechtsgedanke des nicht unmittelbar auf Abfindungsklauseln anwendbaren § 723 Abs 3 bestimmt den Inhalt der guten Sitten iSv

§ 138 mit. Da es sich um einen allgemeinen Rechtsgedanken handelt, der seinem Wesen nach nicht nur auf die BGB-Gesellschaft und die Personenhandelsgesellschaften beschränkt ist, wird er über § 138 auch bei den übrigen Gesellschaftsformen relevant, zB bei der GmbH (BGHZ 116, 359, 368 f, 372, 374). Nicht nur für die Anwendung des § 138, sondern auch für die des § 723 Abs 3 (analog) ist nicht der Zeitpunkt des Ausscheidens aus der Gesellschaft, sondern der der Vornahme des Rechtsgeschäfts maßgeblich (BGHZ 123, 281, 284; BÜTTNER, in: FS Nirk [1992] 119, 120, 125, 126 f; ULMER/SCHÄFER ZGR 1995, 134, 139, 154).

371 Für nichtig nach § 138 wegen unzumutbarer Beschränkung der Kündigung erklärte der BGH Abfindungsklauseln, wenn ein **erhebliches Mißverhältnis** zwischen der vertraglich vereinbarten Abfindungshöhe und dem nach dem Verkehrswert zu bemessenden Abfindungsanspruch („Anteilswert") besteht, sofern diese Beschränkung des Abflusses von Gesellschaftskapital vollkommen außer Verhältnis zu der Beschränkung steht, die erforderlich ist, um im Interesse der verbleibenden Gesellschafter den Fortbestand der Gesellschaft und die Fortführung des Unternehmens zu sichern (BGH NJW 1985, 192, 193; NJW 1989, 3272; BGHZ 116, 359, 368, 369 f = NJW 1992, 892). Von Anfang an unwirksam ist zB eine Vereinbarung, wonach der kündigende Gesellschafter **keine** Abfindung erhält(RG Recht 1909 Nr 2387; KNÖCHLEIN DNotZ 1960, 452, 455; MünchKomm/MAYER-MALY § 138 Rn 74; STAUDINGER/KESSLER[12] § 723 Rn 42 b), aber auch zB die Beschränkung der Abfindung auf den halben Buchwert und die Streckung der Auszahlung auf 15 Jahre (BGH NJW 1989, 2685, 2686; BÜTTNER, in: FS Nirk [1992] 119; MünchKomm/MAYER-MALY § 138 Rn 74; PALANDT/HEINRICHS § 138 Rn 85). Demgegenüber hält die Rspr bislang sog **Buchwertklauseln** für grds zulässig (BGH NJW 1975, 1835; 1985, 192, 193; NJW 1989, 2685, 2686; NJW 1989, 3272; BGHZ 116, 359, 368 f = NJW 1992, 892, 894; GRUNEWALD, Gesellschaftsrecht 1. A. Rn 131; RASNER NJW 1983, 2905, 2907 ff; K SCHMIDT, Gesellschaftsrecht § 50 IV 2 c ee; ULMER NJW 1979, 81, 86). Von diesem Grundsatz wurden jedoch Ausnahmen gemacht, wenn Buchwertklauseln zur Folge haben, daß der Abfindungsanspruch des Gesellschafters erheblich unter dem tatsächlichen Anteilswert liegt (BGH NJW 1979, 104; 1985, 192, 193). Diese Ansicht verkennt, daß für die Anwendung des § 138 der Zeitpunkt des Abschlusses des Gesellschaftsvertrags bzw des Gesellschaftsbeitritts maßgeblich ist. Eine Abfindungsklausel kann nicht, je nach der Entwicklung der Gesellschaft und dem aktuellen Anteilswert im Zeitpunkt des Ausscheidens des Gesellschafters, sittenwidrig oder nicht sittenwidrig iSv § 138 sein. Wenn die vereinbarte Abfindung im Zeitpunkt des Ausscheidens aus der Gesellschaft nicht mehr angemessen ist, muß nach § 242 angepaßt werden (unten Rn 375 f).

372 Eine Satzungsbestimmung, wonach die Abfindung ohne Ansatz des Firmenwertes oder der stillen Reserven berechnet werden soll, ist grds wirksam (BGH NJW 1979, 104). Sie ist auch wirksam, wenn sie für den Fall der Ausschließung eines Gesellschafters aus wichtigem Grunde vorgesehen ist (BGH NJW 1975, 1835 f).

373 Soweit eine Abfindungsklausel von Anfang an nach § 723 Abs 3 (analog) oder § 138 unwirksam ist, tritt an ihre Stelle nicht die dispositive Regelung des § 738 (so jedoch BGH NJW 1979, 104; BÜTTNER, in: FS Nirk [1992] 119, 127; ERMAN/BROX § 138 Rn 56; MünchKomm/ULMER § 738 Rn 49; ULMER NJW 1979, 81, 86). Denn dies stünde im Widerspruch zum Parteiwillen (RASNER ZHR 158 [1994] 292, 297 f). Vielmehr ist wegen des **Übermaßes** der Beschneidung der Rechte des ausscheidenden Gesellschafters eine – bezogen auf

das Übermaß – geltungserhaltende Reduktion vorzunehmen, die im praktischen Ergebnis zu einer **geltungserhaltenden Extension** des Abfindungsanspruches führt (vgl K SCHMIDT, Gesellschaftsrecht § 50 IV 2 c dd; dazu auch H P WESTERMANN, in: FS Stimpel [1985] 69 ff; **aA** BÜTTNER, in: FS Nirk [1992] 119, 127). Dies wurde vom BGH auch als „ergänzende Vertragsauslegung" bezeichnet (BGH NJW 1985, 192, 193; BGHZ 123, 281, 284, 286 = NJW 1993, 3193); dieser Begriff paßt jedoch nicht, da für eine ergänzende Vertragsauslegung, dh für ein Zuendedenken des Vertrags unter maßgeblicher Berücksichtigung des Parteiwillens nur Raum ist, wenn das von den Parteien Gewollte Zweifel läßt, während hier in Wirklichkeit in Abweichung vom Parteiwillen eine Vertragskorrektur vorgenommen wird (zutr DAUNER-LIEB ZHR 158 [1994] 271, 277 f; RASNER ZHR 158 [1994] 292, 306; ULMER/SCHÄFER ZGR 1995, 134, 141 aE, 144). Der Abfindungsanspruch des ausscheidenden Gesellschafters darf nicht weiter unter dem normalen Auseinandersetzungsguthaben liegen, als ihn die Parteien unter Berücksichtigung der Wertung des § 723 Abs 3 hätten vereinbaren dürfen. Er hat einen Anspruch auf eine **angemessene Abfindung**. Bei der Feststellung der Abfindungshöhe muß allerdings ein angemessener Ausgleich zwischen dem Interesse des ausscheidenden Gesellschafters und den Interessen der Gesellschafter gefunden werden. Einerseits darf das Kündigungsrecht des Gesellschafters nicht durch eine allzu ungünstige Abfindung unzumutbar eingeschränkt werden. Andererseits ist auf Interessen der Gesellschafter am Bestand und an der Fortführung der Gesellschaft Rücksicht zu nehmen (BGH NJW 1993, 2101, 2102). Demgemäß muß sich die angemessene Abfindung nicht unbedingt mit dem aktuellen Verkehrswert des Anteils decken. Vielmehr sind auch die berechtigten Interessen der Gesellschafter, insbesondere am Bestandsschutz durch Einschränkung des Kapitalabflusses, sowie der wirkliche oder mutmaßliche Wille der Parteien zu berücksichtigen (BGH NJW 1993, 2101, 2102; BGHZ 123, 281, 284 f = NJW 1993, 3193; vgl auch BGHZ 116, 359, 368; BÜTTNER, in: FS Nirk [1992] 119, 130 ff; K SCHMIDT, Gesellschaftsrecht § 50 IV 2 c cc). Maßgeblich ist nicht nur die prozentuale Differenz zwischen Abfindungshöhe und Anteilswert, sondern auch die Differenz in absoluten Zahlen (RASNER ZHR 158 [1994] 292, 303 f). Ferner ist zu berücksichtigen, ob der Gesellschafter freiwillig kündigt, ob ihm wegen Vorliegens eines wichtigen Grundes gekündigt wurde oder ob ihm – sofern ausnahmsweise zulässig – ohne Vorliegen eines besonderen Grundes gekündigt wurde (vgl BGH NJW 1979, 104; NJW 1989, 2685, 2686; ULMER/ SCHÄFER ZGR 1995, 134, 153).

Für von Anfang an sittenwidrig und insgesamt unwirksam hielt der ÖstOGH die **374** Zusicherung eines **über** dem Betrag der Einlage liegenden festen Abfindungsguthabens, das unabhängig von den Vermögensverhältnissen der Gesellschaft gewährt wird (ÖstOGH RdW 1995, 217, 218). Er begründete diese Ansicht damit, eine solche Zusicherung führe im Regelfall dazu, daß die ausscheidenden Gesellschafter zu Lasten der verbleibenden Gesellschafter und der Gesellschaftsgläubiger abgefunden werden, wenn die Zusage über einen längeren Zeitraum gegeben werde, so daß eine seriöse Voraussage nicht möglich sei, ob das Vermögen der Gesellschaft zu jenem Zeitpunkt einen Abfindungsanspruch in der zugesagten Höhe rechtfertige (ÖstOGH aaO).

b) Wenn eine Abfindungsklausel im Zeitpunkt des Vertragsabschlusses wirksam **375** war und erst **nachträglich** ein nicht vorhersehbares Mißverhältnis zwischen vereinbarter Abfindung und tatsächlichem Wert des Gesellschaftsanteils entstanden ist, wird sie nicht nachträglich unwirksam (so neuerdings zutr BGH NJW 1993, 2101, 2102; BGHZ 123,

281, 284 = NJW 1993, 3193; ebenso Rasner ZHR 158 [1994] 292, 297; Ulmer NJW 1979, 81, 82; ders, in: FS Quack [1991] 477, 486; Ulmer/Schäfer ZGR 1995, 134, 139, 144 f; krit G Müller ZIP 1995, 1561). Dasselbe gilt bei einer Änderung der sittlich-rechtlichen Vorstellungen über die Grenzen der noch bzw nicht mehr hinzunehmenden Differenz zwischen der vereinbarten Abfindung und dem tatsächlichen Wert des Gesellschaftsanteils. Da die **Inhaltskontrolle** nach § 723 (analog) oder § 138 nicht eingreift, muß im Wege der **Ausübungskontrolle** nach § 242 eine Vertragsanpassung an die veränderten Umstände erfolgen (BGHZ 116, 359, 371; NJW 1993, 2101, 2102; BGHZ 123, 281, 284 = NJW 1993, 3193; BGHZ 126, 226 = NJW 1994, 2536, 2539; Büttner, in: FS Nirk [1992] 119, 126, 127 f, 135 f; Möhring, in: FS Barz [1974] 49, 58, 62; K Schmidt, Gesellschaftsrecht § 50 IV 2 c ee; Ulmer/ Schäfer ZGR 1995, 134, 144 f, 154; H P Westermann AcP 175 [1975] 414, 423 f; krit Grunewald, Gesellschaftsrecht 1. A. Rn 131 S 65 f). Die Wertung des § 723 Abs 3 bestimmt auch die Ausübungskontrolle nach Treu und Glauben. Dem ausscheidenden Gesellschafter muß trotz entgegenstehender Abfindungsklausel eine angemessene Abfindung gezahlt werden (BGHZ 123, 281, 285). Auch in diesen Fällen ist allerdings die Anwendung der dispositiven Regelung des § 738 abzulehnen (Rasner ZHR 158 [1994] 292, 297 f; aA Büttner, in: FS Nirk [1992] 119, 127; Flume DB 1986, 629, 634), mit der man zu anderen Ergebnissen gelangen würde, da dies dem Parteiwillen nicht gerecht würde. Unerheblich ist, ob die Gesellschafter einen anderen Abfindungswert vereinbart hätten, wenn sie die tatsächliche Entwicklung des Wertes der Gesellschaft vorausgesehen hätten. Denn nach § 723 Abs 3 bzw nach der Wertung dieser Vorschrift kommt es nicht darauf an, ob eine Kündigungsbeschränkung freiwillig vereinbart wurde und ob sie vorhersehbar war (aA Rasner ZHR 158 [1994] 292, 298).

376 c)   Im praktischen Ergebnis führt die **Inhaltskontrolle** nach § 723 Abs 3 (analog) oder § 138 zum selben Ergebnis wie die an der Wertung des § 723 Abs 3 orientierte **Ausübungskontrolle** nach § 242 bei einer unvorhersehbaren Entwicklung des tatsächlichen Wertes der Gesellschaft (aA Rasner ZHR 158 [1994] 292, 298 f). Denn bei der Ausübungskontrolle ist ein Verstoß gegen Treu und Glauben immer und nur dann anzunehmen, wenn im Falle eines vorhersehbaren Mißverhältnisses zwischen der Abfindung und dem tatsächlichen Wert des Gesellschaftsanteils die Abfindungsvereinbarung gegen § 723 Abs 3 verstoßen hätte bzw unter Berücksichtigung der Wertung des § 723 Abs 3 nach § 138 sittenwidrig gewesen wäre (Ulmer/Schäfer ZGR 1995, 134, 145 f, 147 f). Deshalb kann in aller Regel dahingestellt bleiben, ob die tatsächliche Entwicklung des Wertes der Gesellschaft vorhersehbar war oder nicht.

377 d)   Nichtig nach § 138 wegen **Gläubigergefährdung** ist auch eine Abfindungsbeschränkung, die nur für den Fall des Gesellschafterkonkurses bzw eines Zugriffs von persönlichen Gläubigern eines Gesellschafters auf das Gesellschaftsvermögen gilt (K Schmidt, Gesellschaftsrecht § 50 IV 2 c aa; vgl auch BGHZ 65, 22, 28). Die Regelungen der §§ 29 KO und der §§ 2 ff AnfG bieten insoweit keinen ausreichenden Schutz (K Schmidt aaO).

3. Kündigungs- und Ausschlußklauseln

378 Eine gesellschaftsvertragliche Bestimmung, die die Möglichkeit eines Ausschlusses eines Gesellschafters – zB durch die Gesellschafterversammlung – ohne Vorliegen sachlich gerechtfertigter Gründe vorsieht, ist grds nichtig (BGHZ 68, 212, 215; 81, 263, 266 ff; 84, 11, 14 f; NJW 1985, 2421, 2422; BGHZ 104, 50, 57 ff; 105, 213, 216 f; 107, 351, 353; NJW

1994, 1156, 1157; WM 1996, 133, 135; Palandt/Heinrichs § 138 Rn 85; Soergel/Hefermehl § 138 Rn 140; vgl auch Grunewald, Der Ausschluß aus Gesellschaft und Verein [1987] 132 f; anders noch zB BGHZ 34, 80; zum Wandel der Rspr durch BGHZ 68, 212 vgl U Huber ZGR 1980, 177, 187, 198). Nichtig ist auch eine Satzungsbestimmung, die einen Gesellschafter berechtigt, die gesamte Gesellschaft nach freiem Ermessen zu kündigen und das Geschäft ohne Liquidation mit Aktiven und Passiven zu übernehmen (BGH NJW 1985, 2421, 2422; MünchKomm/Mayer-Maly § 138 Rn 74; Soergel/Hefermehl § 138 Rn 140; krit Flume JZ 1985, 1106 f; Loritz JZ 1986, 1073 ff; Weber/Hikel NJW 1986, 2752 ff). Damit sollen die Gesellschafter einerseits davor geschützt werden, daß sie die Gefahr eines nicht näher zu begründenden Ausschlusses als Disziplinierungsmittel empfinden, das ihre Entschließungsfreiheit bei der Wahrnehmung gesellschaftsvertraglicher Rechte beeinträchtigt (BGHZ 81, 263, 266 f; BGH NJW 1985, 2421, 2422; BGHZ 105, 213, 217; NJW 1994, 1156, 1157; U Huber ZGR 1980, 177, 199; Soergel/Hefermehl § 138 Rn 140). Außerdem soll verhindert werden, daß Gesellschafter nur das Risiko der Gesellschaft tragen, jedoch durch Gesellschaftsausschluß um die Früchte einer erfolgreichen Tätigkeit ihrer Gesellschaft gebracht werden können (BGHZ 84, 11, 14 f; 104, 50, 58 f; BGH NJW 1994, 1156, 1157). Der Nichtigkeit solcher Ausschlußklauseln kann nicht dadurch begegnet werden, daß der ausgeschlossene Gesellschafter eine volle oder jedenfalls angemessene Abfindung beanspruchen kann (BGHZ 81, 263, 268 aE; 84, 11, 15; 104, 50, 58 f; BGH NJW 1994, 1156, 1157; Soergel/Hefermehl § 138 Rn 140; Wiedemann ZGR 1980, 147, 153). Denn damit würde die einseitige Benachteiligung der Anleger nicht beseitigt, die daraus folgt, daß sie Gefahr laufen, ihre Beteiligung nur dann zu verlieren, wenn die Gesellschaft erfolgreich arbeitet (BGHZ 84, 11, 15 f; 104, 50, 59).

Nur bei Vorliegen **außergewöhnlicher** Umstände ist es denkbar, daß eine Gesellschaftsvertragsklausel, die die Möglichkeit der Hinauskündigung ohne Begründung nach freiem Ermessen vorsieht, als gerechtfertigt erscheint (BGHZ 68, 212, 215; 81, 263, 269; 105, 213, 217 aE; 107, 351, 353; Soergel/Hefermehl § 138 Rn 140). Dies kann zB der Fall sein, wenn der Gesellschaftsvertrag für den Fall des Todes eines Gesellschafters ein Kündigungsrecht gegenüber den Erben vorsieht (BGHZ 105, 213, 217 aE; BGH WM 1971, 1338, 1340; Soergel/Hefermehl § 138 Rn 140). Ein bedingungsloses Ausschlußrecht ist auch dann ausnahmsweise wirksam, wenn dem betreffenden Gesellschafter die Beteiligung an der Gesellschaft unentgeltlich eingeräumt worden ist (BGHZ 34, 80, 83; MünchKomm/Mayer-Maly § 138 Rn 74; Soergel/Hefermehl § 138 Rn 140). 379

Soweit für die Nichtigkeit von Ausschlußklauseln überhaupt eine Rechtsgrundlage genannt wird, stützt man sie auf „Grundprinzipien des Gesellschaftsrechts", die der „Vertragsfreiheit immanente Grenzen" setzen (so BGHZ 81, 263, 266 = NJW 1981, 2565 aE; der Sache nach auch BGH NJW 1994, 1156 ff; vgl auch BGH NJW 1985, 2421), auf § 138 (BGH NJW 1985, 2421, 2422; BGHZ 105, 213, 216 f, 218, 220; BGHZ 107, 351, 353; U Huber ZGR 1980, 177, 199), auf beide Rechtsgrundlagen (BGHZ 81, 263, 266) oder wegen Abweichens vom gesetzlichen Leitbild auf § 242 (BGHZ 84, 11, 13, 14; 104, 50, 52, 58; vgl auch Wiedemann ZGR 1980, 147, 150 [grundsätzlich nur „Ausübungskontrolle"]). 380

Soweit die Ausschließung eines Gesellschafters ohne wichtigen Grund ausnahmsweise zulässig ist, ist eine **Abfindungsregelung**, zB eine Buchwertklausel, grundsätzlich nach § 138 nichtig bzw nach § 242 anzupassen, wenn sie wesentlich vom aktuellen Verkehrswert des Gesellschaftsanteils abweicht (BGH NJW 1979, 104; NJW 1989, 2685, 2686; krit Flume NJW 1979, 902, 904; K Schmidt, Gesellschaftsrecht § 50 IV 2 c bb). 381

Nur bei Vorliegen besonderer Umstände kann eine solche Abweichung gerechtfertigt sein.

4. Sonstige Regelungen

382 Überträgt ein Gesellschafter einer OHG durch Vereinbarung mit den anderen Gesellschaftern auf Lebenszeit die Ausübung aller ihm nach Gesetz und Vertrag zustehenden Gesellschafterrechte einem sog **Treuhänder**, so ist diese Vereinbarung wegen sittenwidriger Knebelung nach § 138 nichtig, wenn der Gesellschafter bei der Auswahl des Treuhänders nicht mitwirken, ihm keine Weisungen erteilen und ihn nicht jederzeit abberufen kann (BGHZ 44, 158, 161; BGH MDR 1966, 101 m Anm WIEDEMANN; PALANDT/HEINRICHS § 138 Rn 85; SOERGEL/HEFERMEHL § 138 Rn 139). Sittenwidrig ist eine solche Bindung deshalb, weil sich der Gesellschafter in einem weiten Bereich seiner wirtschaftlichen Betätigung seiner freien Selbstbestimmung entäußert und sich insoweit auf Lebenszeit der Entscheidung eines Dritten unterworfen hat, der nicht einmal eine Person seines Vertrauens zu sein braucht. Hinzu kommt sein Risiko infolge seiner unbeschränkten persönlichen Haftung nach § 128 HGB (BGHZ 44, 158, 161).

383 Auf inhaltlich sittenwidrige Beschlüsse von Aktiengesellschaften ist § 241 Nr 4 AktG anwendbar, der als lex specialis die Sittenwidrigkeitsklausel des § 138 verdrängt (BGHZ 15, 382, 384 f zu § 195 Nr 4 AktG aF). Auf inhaltlich sittenwidrige Beschlüsse der Gesellschafterversammlung einer GmbH ist nicht § 138, sondern § 241 Nr 4 AktG analog anzuwenden (RGZ 166, 129, 131; BGHZ 11, 231, 235; BGHZ 15, 382, 384 f).

384 Eine Satzungsbestimmung, die bei **Pfändung** eines Geschäftsanteils dessen Einziehung gegen ein Entgelt zuläßt, das nicht dem aktuellen Verkehrswert entspricht, ist nur wirksam, wenn die Satzung auch eine entsprechende und wirksame Berechnung von Abfindungen vorsieht (BGH NJW 1975, 1735 f; PALANDT/HEINRICHS § 138 Rn 85).

385 Auf eine Satzungsbestimmung, die gegen das **Stimmenthaltungsgebot** verstößt, hat der BGH § 138, das RG neben § 138 auch § 134 angewendet (RGZ 136, 236, 245; BGH WM 1980, 649, 650; BGHZ 108, 21, 27; s o § 134 Rn 21). Stimmbindungsverträge sind idR nicht sittenwidrig (RGZ 161, 300; BGH NJW 1951, 268).

386 Sittenwidrig ist die Vereinbarung mit dem geschäftsführenden Gesellschafter einer auf 30 Jahre eingegangenen Personenhandelsgesellschaft, alle Einnahmen aus anderweitiger Tätigkeit an die Gesellschaft abzuführen (BGHZ 37, 381, 385; o Rn 293). Zu den gesellschaftsrechtlichen Wettbewerbsverboten s o Rn 297 ff; zu den Rechtsfolgen eines Gesellschaftsvertrags, der auf einen sittenwidrigen Gesellschaftszweck gerichtet ist, s o Rn 108.

XI. Arbeitsverhältnisse

1. Sittenwidrige Lohnabreden

387 Für einen Großteil der Arbeitnehmer sind die Löhne in Tarifverträgen geregelt. Soweit ein Tarifvertrag einen Arbeitgeber bindet und zugunsten eines Arbeitnehmers gilt, ist diesem der Tariflohn zu zahlen, auch wenn die Parteien einen untertariflich niedrigen Lohn vereinbart haben (BAG DB 1990, 2023; HANAU, in: MünchArbR I § 60 Rn 48, 49). Im außertarifvertraglichen Bereich ist eine Lohnvereinbarung nicht schon dann ohne weiteres sittenwidrig, wenn der marktübliche Lohn für vergleichbare Arbeit unterschritten wird; es müssen für den Vorwurf der Sittenwidrigkeit besondere Umstände hinzutreten (ERMAN/BROX § 138 Rn 65; PALANDT/HEINRICHS § 138 Rn 79). Auch eine Unterschreitung des Tariflohns des betr Wirtschaftszweiges macht eine Lohnvereinbarung nicht ohne weiteres sittenwidrig (BAG AP Nr 30 zu § 138 BGB).

a) Eine Lohnvereinbarung ist nichtig, wenn zwischen dem vereinbarten Lohn und der zu erbringenden Arbeitsleistung ein auffälliges **Mißverhältnis** besteht und der Ausbeutungstatbestand des § 138 Abs 2 erfüllt ist (dazu RICHARDI, in: MünchArbR I § 14 Rn 57, § 44 Rn 19; vgl auch HANAU, in: MünchArbR I § 61 Rn 4 ff). Ob Leistung und Gegenleistung in einem auffälligen Mißverhältnis stehen, wird sich in aller Regel weniger nach dem Nutzen der Arbeit für den Arbeitgeber als vielmehr danach beurteilen, ob die Arbeitsleistung nach Dauer, Schwierigkeitsgrad, körperlicher oder geistiger Beanspruchung sowie hinsichtlich der Arbeitsbedingungen schlechthin noch ausreichend entlohnt wird (BAG AP Nr 30 zu § 138 BGB; MünchKomm/MAYER-MALY § 138 Rn 123). Es genügt nicht, sich auf einen Vergleich des vereinbarten Lohns mit den Tariflöhnen des betr Wirtschaftszweiges zu beschränken (BAG AP Nr 30 zu § 138 BGB; ArbG Essen BB 1978, 255, 256). Ein auffälliges Mißverhältnis wurde bejaht im Jahre 1973 bei einem Arbeitslohn des Fahrers eines Brötchendienstes von 1,04 DM pro Stunde abzüglich der Kosten für die Fahrt mit dem eigenen PKW des Arbeitnehmers (LAG Bremen AP Nr 33 zu § 138 BGB) oder bei einem Monatslohn von 450,– DM bzw später 550,– DM bei einem Tariflohn von 883,– DM (ArbG Essen BB 1978, 255 f). Verneint wurde ein auffälliges Mißverhältnis zwischen dem vereinbarten Lohn von 2,50 DM und einem Tariflohn von 3,44 DM im Jahre 1969 (BAG AP Nr 30 zu § 138 BGB mit krit Anm KONZEN; weitere Beispiele bei RICHARDI, in: MünchArbR I § 61 Rn 3 ff). Eine Zwangslage iSv § 138 Abs 2 kann sich aus Arbeitslosigkeit ergeben, wenn Arbeitslosengeld oder -hilfe nicht gewährt werden (RICHARDI, in: MünchArbR I § 44 Rn 22).

b) Fehlt es am Ausbeutungstatbestand des § 138 Abs 2, kann bei einem auffälligen Mißverhältnis von Leistung und Gegenleistung eine verwerfliche Gesinnung den Vorwurf der Sittenwidrigkeit iSv § 138 Abs 1 rechtfertigen (BAG AP Nr 1 u 30 zu § 138 BGB; KÄSSER 136; RICHARDI, in: MünchArbR I § 44 Rn 19). Ein „auffälliges" Mißverhältnis als solches ohne Verwirklichung eines subjektiven Tatbestandes genügt hingegen nicht für den Vorwurf der Sittenwidrigkeit (RICHARDI, in: MünchArbR I § 14 Rn 58, 59; § 44 Rn 19); dies folgt aus der Wertung des § 138 Abs 2, der zusätzlich zu einem auffälligen Mißverhältnis einen Ausbeutungstatbestand voraussetzt. Ein Sittenverstoß iSv § 138 Abs 1 liegt jedoch vor bei einem **besonders groben Mißverhältnis** von Leistung und Gegenleistung, wenn es dafür keine besonderen Rechtfertigungsgründe gibt (RICHARDI, in: MünchArbR I § 14 Rn 59; § 44 Rn 19). Lohnwucher kann nicht nur bei zu niedrigen, sondern auch bei **überhöhten** Entgeltabreden vorliegen (BAG AP Nr 1 zu § 138 BGB).

c) Eine arbeitsvertragliche Vergütungsregelung wird auch dann für sittenwidrig gehalten, wenn der Arbeitnehmer mit dem **Betriebs- und Wirtschaftsrisiko des Arbeitgebers** belastet wird (BAG NJW 1991, 860, 861; LAG Hamm ZIP 1990, 880, 883 f, 886; GAUL ZIP 1990, 889, 890; HANAU, in: MünchArbR I § 61 Rn 7; PALANDT/HEINRICHS § 138 Rn 79;

RICHARDI, in: MünchArbR I § 44 Rn 18; zurückhaltender SOERGEL/HEFERMEHL § 138 Rn 155). Es verstoße gegen das **duale System** der Erwerbstätigkeit, nämlich entweder als Arbeitnehmer oder als selbständiger Unternehmer tätig zu sein, eine Person zwar als Arbeitnehmer im Rahmen eines Angestelltenverhältnisses zu beschäftigen, die Vergütung jedoch an dem für selbständige Unternehmer geltenden Werkvertragsrecht auszurichten (LAG Hamm ZIP 1990, 880, 884). Dieses duale System sei rechtlich verbindlich. Der durch arbeitsrechtliche Sondergesetze und richterliche Rechtsfortbildung besonders ausgeformte Typ des Arbeitsvertrags befreie den abhängig Beschäftigten von den nicht von ihm beeinflußbaren Marktschwankungen und gewährleiste einen weitgehenden Existenz- und Kontinuitätsschutz (LAG Hamm ZIP 1990, 880, 885).

391 Diesen Folgerungen aus dem dualen System der Erwerbstätigkeit kann in ihrer Allgemeinheit nicht gefolgt werden. Ein Sittenverstoß ist zwar gegeben, wenn die Vergütungsabrede eine **Verlustbeteiligung** des Arbeitnehmers vorsieht, ohne daß dem eine nennenswerte Gegenleistung des Arbeitgebers gegenübersteht (BAG NJW 1991, 860, 861; HANAU, in: MünchArbR I § 61 Rn 7; RICHARDI ibid § 44 Rn 18; MünchKomm/MAYER-MALY § 138 Rn 82). Nach Ansicht des BAG ist es auch sittenwidrig, wenn sich ein Arbeitnehmer die Weiterbeschäftigung für ein Jahr dadurch „erkaufen" muß, daß er sich im Gegenzuge verpflichtet, für die während seiner Tätigkeit unvermeidbar eintretenden Verluste einzustehen (BAG NJW 1991, 860, 861; MünchKomm/MAYER-MALY § 138 Rn 82; RICHARDI, in: MünchArbR I § 44 Rn 18; zutreffende Kritik durch WANK EWiR § 138 BGB 5/91, 341, weil die Beschäftigung auf Wunsch und im Interesse des Arbeitnehmers erfolgte). Sittenwidrigkeit liege in diesem Fall auch dann vor, wenn die Anregung zu dieser Vertragsgestaltung vom Arbeitnehmer ausgegangen ist; denn in diesem Falle ziehe der Arbeitgeber aus der schwächeren Position des Arbeitnehmers übermäßige Vorteile (BAG NJW 1991, 860, 861). Sittenwidrig ist ferner eine Vereinbarung, nach der der Arbeitnehmer nur bei einem nicht ohne weiteres zu erreichenden Mindesterfolg eine Vergütung erhält (LAG Hamm ZIP 1990, 880, 881; PALANDT/HEINRICHS § 138 Rn 79).

392 Ein Sittenverstoß ist hingegen zu verneinen, wenn einem Arbeitnehmer neben einer angemessenen Grundvergütung noch eine **Gewinnbeteiligung** zugesagt wird, obwohl auch in diesem Fall sein Gesamteinkommen vom wirtschaftlichen Erfolg seines Arbeitgebers abhängt und er damit auch das Betriebs- und Wirtschaftsrisiko des Arbeitgebers mitträgt. Je mehr ein Arbeitnehmer durch seinen Einsatz auf das Betriebsergebnis Einfluß nehmen kann, um so eher ist es ihm zumutbar und mit den guten Sitten vereinbar, sein Gesamteinkommen zu einem mehr oder weniger großen Teil vom Betriebsergebnis abhängig zu machen. Es ist auch nicht ohne weiteres sittenwidrig, wenn ein Außendienstangestellter **kein festes Gehalt**, sondern nur eine umsatzabhängige Provision erhalten soll (RAG ARS 7, 317; LAG Berlin AP Nr 14 zu § 65 HGB; HANAU, in: MünchArbR I § 61 Rn 7; RICHARDI ibid § 44 Rn 18; **aA** LAG Hamm ZIP 1990, 880, 884 ff). Bedenken bestehen gegen die Ansicht, daß eine Abrede generell sittenwidrig sei, nach der Servierpersonal nur insoweit Anspruch auf Umsatzprozente, die einen wesentlichen Lohnanteil ausmachen, habe, als die Gäste zahlungsfähig und zahlungswillig seien, dh tatsächlich bezahlen (so jedoch LAG Hamm BB 1980, 105 f; MünchKomm/MAYER-MALY § 138 Rn 82); dies widerspreche dem Wesen des auf den Austausch von Dienstleistungen und Vergütung gerichteten Arbeitsverhältnisses (LAG Hamm BB 1980, 105 f). Sittenwidrig kann jedoch die Vereinbarung einer **„Hungerprovision"** sein, dh einer Provision, die auch bei erfolgreicher Tätigkeit in keinem

angemessenen Verhältnis zur Leistung steht und zu einem unangemessen niedrigen Einkommen führt (EVERS BB 1992, 1365 [betr Einfirmenvertreter]; PALANDT/HEINRICHS § 138 Rn 79; RICHARDI, in: MünchArbR I § 44 Rn 18).

Bei der Vereinbarung eines umsatzabhängigen Lohns kann sich die Sittenwidrigkeit **393** ferner aus zusätzlichen besonderen Umständen ergeben. Dies ist zB der Fall, wenn ein minderjähriger Arbeitnehmer durch einen für zwei Jahre unkündbaren Vertrag, der einen umsatzabhängigen Lohn sowie weitere drückende Vertragsbedingungen vorsieht, an einen Arbeitgeber gebunden wird (LAG Berlin AP Nr 23 zu § 138 BGB; ERMAN/BROX § 138 Rn 65; MünchKomm/MAYER-MALY § 138 Rn 82; PALANDT/HEINRICHS § 138 Rn 79).

d) Die Sittenwidrigkeit der Lohnabrede führt nicht zur Nichtigkeit des ganzen **394** Arbeitsvertrags, sondern nur zur Nichtigkeit der Lohnabrede (ArbG Essen BB 1978, 255, 256 = DB 1978, 165; bestätigend LAG Düsseldorf ibid). Aus § 612 Abs 2 wird abgeleitet, daß der für vergleichbare Arbeit **übliche** Lohn zu zahlen sei (BAG AP Nr 2 zu § 138 BGB = MDR 1960, 612; LAG Bremen AP Nr 33 zu § 138 BGB; LAG Düsseldorf BB 1978, 265 = DB 1978, 165 f; für „angemessenen" Lohn ArbG Essen BB 1978, 255, 256; RICHARDI, in: MünchArbR I § 44 Rn 76; ablehnend und ausführlich dazu KÄSSER, Der fehlerhafte Arbeitsvertrag [1979] 133 ff); bestehe ein entsprechender Tarifvertrag, auch wenn er nicht unmittelbar zugunsten des Arbeitnehmers anwendbar ist, so gelte der Tariflohn (LAG Düsseldorf BB 1978, 256 = DB 1978, 165, 166; krit GUMPERT BB 1978, 256 f); sofern außertarifliche Bezahlung in dem betreffenden Betrieb üblich ist, sei unter Gleichbehandlungsgesichtspunkten diese maßgeblich.

ME ist ein Arbeitsvertrag, der wegen eines zu niedrigen Lohnes wucherisch oder **395** sittenwidrig ist, weder ex tunc noch ex nunc nichtig, sondern geltungserhaltend zu reduzieren bzw „extendieren". Die Lohnvereinbarung ist nur insoweit nichtig, als sie sittenwidrig bzw wucherisch ist; bei wucherisch niedrigem Lohn hat der Arbeitnehmer Anspruch auf den gerade noch zulässigen, dh den **niedrigstzulässigen**, bei wucherisch hohem Lohn auf den **höchstzulässigen** Lohn (SACK RdA 1975, 171, 178). Im übrigen ist der Arbeitsvertrag wirksam.

2. Sittenwidrige Arbeitsleistungen

Ein Arbeitsvertrag ist nichtig, wenn er eine sittenwidrige Arbeitsleistung zum **396** Gegenstand hat, zB **Prostitution** (BGH AP Nr 35 zu § 138 BGB; BGHZ 67, 119, 122 = NJW 1976, 1883; OLG Düsseldorf NJW 1970, 1852; PALANDT/HEINRICHS § 138 Rn 79; RICHARDI, in: MünchArbR I § 44 Rn 15; vgl auch BGHZ 53, 369, 376; BGH NStZ 1987, 7; BayVerfGH NJW 1983, 2188, 2190; BFH NJW 1965, 79, 80) oder die öffentliche Darbietung von Geschlechtsverkehr, auch wenn dafür Nachtbars vorgesehen sind (BAG NJW 1976, 1958 = AP Nr 34 zu § 138 BGB; ERMAN/BROX § 138 Rn 65; MünchKomm/MAYER-MALY § 138 Rn 52; PALANDT/HEINRICHS § 138 Rn 52; RICHARDI, in: MünchArbR I § 44 Rn 15, 76; SOERGEL/HEFERMEHL § 138 Rn 209; ebenso zu § 33 a GewO BVerwGE 64, 280 = NJW 1982, 665; BVerwG NVwZ 1990, 668, 669; krit dazu KÄSSER 139). In diesen Fällen des groben Verstoßes gegen die Sexualmoral sind die Arbeitsverträge **ex tunc** nichtig; es gelten nicht die Grundsätze des fehlerhaften (faktischen) Arbeitsvertrags (BAG NJW 1976, 1958, 1959; BGH AP Nr 35 zu § 138 BGB; RICHARDI, in: MünchArbR I § 44 Rn 76). Ansprüche aus § 812 sind nach § 817 S 2 analog ausgeschlossen (BGH NJW 1976, 1958, 1959).

397 **Peepshows** verstoßen nach ständiger Rechtsprechung des BVerwG und hL gegen die guten Sitten iSv § 33 a GewO (grundlegend BVerwGE 64, 274 = NJW 1982, 664 f; NJW 1982, 665 f; ebenso BVerwG NVwZ 1987, 411; NVwZ 1990, 668; GewArch 1996, 19 [dort auch zur Vereinbarkeit der Rspr mit Art 59 EG-Vertrag]). Unerheblich ist die örtliche Lage der Peepshows (zB in Vergnügungsvierteln) oder die Tageszeit der Darbietungen (BVerwG NVwZ 1990, 668, 669). Das BVerwG hat dies damit begründet, daß den zur Schau gestellten Frauen eine ihre Menschenwürde iSv Art 1 Abs 1 GG mißachtende objekthafte Rolle zugewiesen werde; die Frauen werden durch den Veranstalter den in Einzelkabinen befindlichen Zuschauern wie eine der sexuellen Stimulierung dienende Sache zur entgeltlichen Betrachtung dargeboten (BVerwG NVwZ 1990, 668). Diese Ansicht ist zwar in einem Teil des Schrifttums auf heftige Kritik gestoßen. Die Kritik richtete sich jedoch, wie das BVerwG feststellte, in erster Linie gegen die aus Art 1 Abs 1 GG hergeleitete Begründung, während nur wenige Stimmen Peepshows sittlich-rechtlich billigen (BVerwG NVwZ 1990, 668, 669; zur Diskussion vgl GERN NJW 1983, 1585; GRONIMUS JuS 1985, 174; GUSY DVBl 1982, 984, 988 f; ders GewArch 1984, 155; HÖFLING NJW 1983, 1582; HOERSTER JuS 1983, 93, 95 f; KIRCHBERG NVwZ 1983, 142; vMÜNCH, GG I [3. Aufl 1985] Art 1 Rn 32; vOLSHAUSEN NJW 1982, 2221; SCHATZSCHNEIDER NJW 1985, 2793, 2796; STAROSTA GewArch 1985, 290). Wenn und soweit man Peepshows gewerberechtlich nach § 33 a GewO mißbilligt, verstoßen auch entsprechende Verträge mit Darstellerinnen gegen die guten Sitten iSv § 138. Solche Verträge sind nach § 138 nichtig (MEDICUS, AT Rn 701; PALANDT/HEINRICHS § 138 Rn 52; SOERGEL/HEFERMEHL § 138 Rn 209). Entsprechend den Grundsätzen vom fehlerhaften Arbeitsverhältnis hat jedoch die Nichtigkeit keine rückwirkende Kraft; diese Fälle sind nicht mit den eben erörterten Fällen besonders grober Sittenwidrigkeit gleichzustellen (Prostitution; öffentlicher Geschlechtsverkehr), in denen rückwirkende Nichtigkeit als die angemessene Rechtsfolge erscheint.

398 Demgegenüber verstoßen Arbeitsverträge, die **Striptease** zum Gegenstand haben, nicht ohne weiteres gegen die guten Sitten (BVerwG NJW 1982, 664; ERMAN/BROX § 138 Rn 65; ebenso zu 33 a GewO BVerwGE 71, 29 = NVwZ 1985, 826; BVerwG NVwZ 1990, 668, 669; differenzierend MünchKomm/MAYER-MALY § 138 Rn 52; RICHARDI, in: MünchArbR I § 44 Rn 15; vgl auch BAG BB 1973, 291 = [ausführlicher] AP Nr 18 zu § 611 BGB – Faktisches Arbeitsverhältnis = Ufita 70 [1974] 337). Dies gilt nicht nur für Striptease mit Anspruch auf künstlerische Qualität oder im Rahmen mehr oder weniger anspruchsvoller Theateraufführungen. Auch der übliche Striptease ohne künstlerischen Anspruch in Nachtlokalen ist mit den guten Sitten iSv § 138 vereinbar (insoweit aA MünchKomm/MAYER-MALY § 138 Rn 52; RICHARDI, in: MünchArbR I § 44 Rn 15). Das BAG hat diese Frage in einer Entscheidung von 1972 offengelassen, jedoch zutreffend festgestellt, daß ein Stripteasevertrag, auch wenn er sittenwidrig wäre, jedenfalls für den Zeitraum, in dem er in Vollzug gesetzt worden ist, wie ein mangelfrei zustandegekommener zu behandeln wäre; eine Berufung auf rückwirkende Nichtigkeit wäre treuwidrig nach § 242 (BAG BB 1973, 291 = AP Nr 18 zu § 611 BGB – Faktisches Arbeitsverhältnis = Ufita 70 [1974] 337 f; krit KÄSSER 138). Die Übergänge von Striptease zu Peepshows sind allerdings fließend. Die unterschiedliche Bewertung ist dennoch gerechtfertigt, da bei Peepshows das System der Einzelkabinen mit der Möglichkeit der Selbstbefriedigung hinzukommt und durch sexuell aufreizendes Posieren auch der Intimbereich der Frau in entwürdigender Weise zur Ware gemacht und gewerblich ausgebeutet wird (zutr BVerwGE 64, 274 = NJW 1982, 664 aE; BVerwG NVwZ 1990, 668, 669).

Der Arbeitsvertrag einer **Bardame** verstößt nicht ohne weiteres gegen die guten Sitten (RICHARDI, in: MünchArbR I § 44 Rn 16). **399**

Ein Arbeitsvertrag ist ferner nicht schon deshalb nichtig, weil zwischen den Vertragsparteien sexuelle Beziehungen bestehen und der Arbeitsvertrag ohne dieses Verhältnis nicht abgeschlossen worden wäre, sofern die zugesagte Entlohnung keine solche für geschlechtliche Hingabe, sondern nur den angemessenen Gegenwert für die geleistete Arbeit darstellt (BAG AP Nr 15 zu § 612 BGB; RICHARDI, in: MünchArbR I § 44 Rn 16). **400**

3. Sonstige Abreden in Arbeitsverträgen

Sittenwidrig und nichtig können auch einzelne arbeitsvertragliche Nebenabreden sein, zB die Vereinbarung einer übermäßigen Verpflichtung zur Verschwiegenheit über betriebliche Tatsachen, die durch betriebliche Belange nicht mehr gerechtfertigt ist (LAG Hamm DB 1989, 783 f; PALANDT/HEINRICHS § 138 Rn 79), die Vereinbarung unangemessen hoher Vertragsstrafen, zB bei Verstößen gegen Wettbewerbsverbote (RGZ 68, 229; RGZ 90, 181), die Abbedingung der Haftungsvergünstigung für Arbeitnehmer ohne Vereinbarung einer angemessenen Gegenleistung (ArbG Marburg BB 1969, 1479; ERMAN/BROX § 138 Rn 65; MünchKomm/MAYER-MALY § 138 Rn 82), eine Delkrederehaftung bei unzureichender Provision (LG Heidelberg BB 1958, 7; ERMAN/BROX § 138 Rn 65; MünchKomm/MAYER-MALY § 138 Rn 82), ein Ausschluß der Vergütung für Ausschußarbeit (ERMAN/BROX § 138 Rn 65). **401**

Mankoabreden, dh die Übernahme einer schuldunabhängigen Mankohaftung durch einen Verkäufer ohne wirtschaftlichen Ausgleich durch ein Mankogeld, sind grds sittenwidrig (BAG AP Nr 4 u 54 zu § 611 BGB – Haftung des Arbeitnehmers; BAG NJW 1974, 1155 = AP Nr 67 zu § 626 BGB; BAG AP Nr 1 zu § 305 BGB; ERMAN/BROX § 138 Rn 65; PALANDT/HEINRICHS § 138; ausf zur Mankohaftung RICHARDI, in: MünchArbR § 57 Rn 73 ff, § 44 Rn 20). Trotz Zahlung eines Mankogeldes ist eine Mankovereinbarung sittenwidrig, nach der eine Verkäuferin unabhängig vom Verschulden für einen Fehlbetrag haften soll, der in einer Verkaufsstelle festgestellt wird, in der neben ihr noch weitere Verkäuferinnen in Wechselschicht tätig sind, wenn die Verkäuferin die nicht in ihrer Schicht eingesetzten Kolleginnen nicht in zumutbarer Weise überwachen kann und dem Arbeitgeber dieser Umstand bekannt ist (BAG NJW 1974, 1155; BAG AP Nr 77 zu § 611 BGB – Haftung des Arbeitnehmers; RICHARDI, in: MünchArbR I § 57 Rn 75). **402**

Grds zulässig sind sog **Verfallklauseln**, wonach alle Ansprüche aus dem Arbeitsverhältnis verfallen, wenn sie nicht innerhalb einer bestimmten Frist oder in bestimmter Form geltend gemacht werden (BAG BB 1989, 223, 224; LAG Düsseldorf DB 1981, 590). Sie sind nur bei Vorliegen besonderer Umstände sittenwidrig. Ihre Vereinbarkeit mit § 138 hängt vor allem davon ab, ob sie auf beide Parteien des Arbeitsverhältnisses Anwendung finden und ob sie inhaltlich angezeigt sind oder die Rechte des Arbeitnehmers einseitig beschneiden (BAG BB 1989, 223, 224). **403**

Sog **Rückzahlungsklauseln**, dh Vereinbarungen über die Rückzahlung freiwillig an den Arbeitnehmer gezahlter Gratifikationen bei Auflösung des Arbeitsvertrags, sind grds wirksam (stRspr seit BAGE 9, 250 = NJW 1960, 1926, 1927; BAGE 13, 129 = NJW 1962, 1537, 1538; BAG AP Nr 106 zu § 611 BGB – Gratifikation; BAG NJW 1993, 3345). Sie können **404** jedoch sittenwidrig sein, wenn besondere Umstände hinzutreten, insbesondere eine unzumutbare Erschwerung der Kündigung durch den Arbeitnehmer und eine Verletzung der Fürsorgepflicht des Arbeitgebers (ausf PALANDT/PUTZO § 611 Rn 89). Ihre Vereinbarkeit mit den guten Sitten hängt vor allem ab von der Höhe der Gratifikation, gemessen am Monatsgehalt (BAGE 13, 129 = NJW 1962, 1537, 1539; NJW 1973, 1247 f; NJW 1983, 67; AP Nr 106 zu § 611 BGB – Gratifikation; NJW 1993, 3345 = BB 1993, 1809, 1810); bei einer Gratifikation bis zu 100,– DM ist eine Rückzahlungsabrede generell unwirksam. Ihre Zulässigkeit ist ferner abhängig von der Dauer der Betriebsbindung (BAG NJW 1993, 3345) sowie davon, wofür und wann die Gratifikation gewährt wurde (BAG NJW 1962, 1538 f; AP Nr 99 zu § 611 BGB – Gratifikation), von wem der Arbeitsvertrag aufgelöst wurde und weswegen er aufgelöst wurde.

405 Sittenwidrig ist der Ausschluß des Kündigungsrechts eines minderjährigen Arbeitnehmers für zwei Jahre, wenn dem keine angemessene Gegenleistung gegenübersteht (LAG Berlin AP Nr 23 zu § 138 BGB).

406 Für grds sittenwidrig hat das RG auch sog **Ehrenwortklauseln** erklärt (RGZ 68, 229, 231; 74, 332, 333 f; 78, 258, 260, 263; ebenso MünchKomm/MAYER-MALY § 138 Rn 63; PALANDT/HEINRICHS § 138 Rn 82; dazu SANDROCK AcP 159 [1960] 481, 516 f). Denn die Ehre bilde als ideales Gut einen Teil des Persönlichkeitsrechts des Menschen und sei die Grundlage seiner Existenz, die nicht ohne weiteres in vermögensrechtlichen Beziehungen zugunsten anderer verwendet werden könne (RGZ 68, 229, 231; 74, 332, 333; 78, 258, 260). Nach § 138 nichtig seien nicht nur die Ehrenwortklauseln als solche, sondern auch die Verpflichtungen – meist Wettbewerbsverbote –, auf die sich das Ehrenwort beziehe (RGZ 74, 332, 334; 78, 258, 260; MünchKomm/MAYER-MALY § 138 Rn 63). Denn Ehrenwortklauseln seien keine selbständigen Nebenabreden, die zum Vertrag hinzutreten, sondern sie seien untrennbar mit den Verpflichtungen verbunden, auf die das Ehrenwort gegeben wurde (RGZ 74, 332, 334; 78, 258, 260). Darüber hinaus sei nach § 139 der gesamte Vertrag nichtig, da er ohne Verpfändung des Ehrenworts nicht zustande gekommen wäre (RGZ 74, 332, 334 f; 78, 258, 260). Eine Sonderregelung für Ehrenwortklauseln zur Absicherung von Wettbewerbsverboten enthält § 74 a Abs 2 S 2 HGB, der so abgesicherte Wettbewerbsverbote ausdrücklich für nichtig erklärt.

Zu **nachvertraglichen Wettbewerbsverboten** für Arbeitnehmer vgl oben Rn 297 ff.

4. Sittenwidrige Kündigung

a) Kündigungen im Regelungsbereich des KSchG

407 Zum Schutz gegen ungerechtfertigte Kündigungen enthält das KSchG Sonderregelungen. Die Unwirksamkeit sozial nicht gerechtfertigter Kündigungen iSv § 1 KSchG kann nach § 4 KSchG nur vor Arbeitsgerichten geltend gemacht werden. Nach § 13 Abs 2 KSchG kann jedoch die Nichtigkeit einer gegen die guten Sitten verstoßenden Kündigung grds unabhängig von den Vorschriften des KSchG geltend gemacht werden. Aus § 13 Abs 2 KSchG folgt, daß auch Kündigungen, die in den Anwendungsbereich des KSchG fallen, zusätzlich noch der Kontrolle nach § 138 unterliegen, wenn über die Sozialwidrigkeit iSv § 1 KSchG hinaus **besondere Umstände** hinzutreten, die den Vorwurf der Sittenwidrigkeit rechtfertigen (BAGE 16, 21, 26, 28; AP Nr 1 zu § 1 KSchG; ERMAN/BROX § 138 Rn 4; HUECK, KSchG § 13 Rn 40; MAYER-MALY RdA 1979, 356 ff; MünchKomm/MAYER-MALY § 138 Rn 7; krit BÖTTICHER MDR 1952, 260, 263 f). Dies müssen allerdings **keine besonders schwerwiegenden** Gründe sein (aA BAGE 16, 21, 26; AP Nr 1 zu § 1 KSchG ["dem Anstandsgefühl ... gröblich widersprechendes Gesamtverhalten"; „ausgesprochen verwerfliche Motive"]; KONZEN Anm zu BAG AP Nr 1 zu § 1 KSchG); vielmehr wird § 138 vom KSchG nur insoweit verdrängt, als es sich ausschließlich um sozial ungerechtfertigte Kündigungen iS des KSchG handelt. Denn das KSchG wollte den nach § 138 bestehenden Kündigungsschutz nicht einschränken, sondern ihn durch Sonderregelungen verbessern. Deshalb ist § 13 Abs 2 KSchG wie folgt zu lesen: Verstößt eine Kündigung **über § 1 KSchG hinaus** gegen die guten Sitten, so ist neben dem KSchG auch § 138 anwendbar.

Zwar wird man davon ausgehen können, daß die Verfasser des § 13 Abs 2 KSchG bei der Freistellung der **sittenwidrigen** Kündigung von den Regeln des KSchG in Übereinstimmung mit einem Teil der Lehre an besonders schwerwiegende Fälle gedacht haben. Inzwischen wird man diese Ansicht zum Begriff der guten Sitten jedoch als überholt ansehen dürfen; nur ein Teil der Lehre vertritt sie noch, und die Gerichte legen den Begriff der guten Sitten inzwischen wesentlich weiter aus. Es wäre eine Überinterpretation des § 13 Abs 2 KSchG, aus dieser Vorschrift abzuleiten, daß eine Kündigung nur sittenwidrig sei, wenn besonders schwerwiegende Gründe den Vorwurf der Sittenwidrigkeit rechtfertigen. Der Zweck des § 13 Abs 2 KSchG beschränkt sich vielmehr auf folgende Aussagen: (1) Für Kündigungen, die vom KSchG erfaßt werden und die iSv § 1 KSchG sozial ungerechtfertigt sind, gelten nur die Regelungen des KSchG. Insoweit enthält das KSchG eine Spezialregelung gegenüber § 138 oder § 242. (2) Soweit über die Sozialwidrigkeit iSv § 1 KSchG hinaus noch **andere** Tatumstände vorliegen, nach denen eine Kündigung gegen die guten Sitten verstößt, ist § 138 nach Maßgabe des § 13 Abs 2 KSchG anwendbar. (3) § 138 ist auch anwendbar, wenn nicht die Voraussetzungen der Sozialwidrigkeit iSv § 1 KSchG, sondern ausschließlich andere sittenwidrigkeitsbegründende Tatumstände erfüllt sind.

Aufgrund seiner umfassenden lückenfüllenden Funktion erfaßt § 138 tatbestandsmäßig **alle** sozial nicht gerechtfertigten Kündigungen iSv § 1 KSchG; denn sie sind rechtlich zu mißbilligen. § 138 wird jedoch insoweit durch die Spezialregelungen des KSchG verdrängt. Auch § 242 bietet in den vom KSchG erfaßten Fällen keinen zusätzlichen Rechtsbehelf neben § 1 KSchG und § 138; zwischen § 1 KSchG und § 138 ist kein Raum für § 242 (BAGE 16, 21, 26; BAG NJW 1973, 77, 78).

b) Kündigungen außerhalb des Regelungsbereichs des KSchG

§ 138 ist uneingeschränkt anwendbar, wenn eine Kündigung nicht in den Regelungsbereich des KSchG fällt, weil die Sechsmonatsfrist des § 1 KSchG noch nicht verstrichen ist (BAG NJW 1973, 77, 78) oder weil vom KSchG nicht geschützte Arbeitnehmer betroffen sind. Aus dem KSchG wurde allerdings abgeleitet, daß es in diesen Fällen nicht angehe, die Grenzen der Sittenwidrigkeit weiter zu fassen als bei den vom KSchG erfaßten Kündigungen. Eine solche Auslegung von § 138 sei nicht mit dem Zweck des KSchG vereinbar, das in diesen Fällen außerhalb des KSchG absichtlich den Schutz gegen „bloß sozialwidrige" Kündigungen versagt habe (so HUECK/NIPPERDEY, Lehrbuch des Arbeitsrechts I[7] § 56 IX 1 S 558). Dem ist entgegenzuhalten, daß das KSchG nur den Kündigungsschutz in denjenigen Fällen, die von diesem Gesetz erfaßt werden, regeln und verbessern, nicht jedoch in den Fällen außerhalb des KSchG den Schutz nach § 138 einschränken wollte. In den vom KSchG nicht erfaßten Fällen ist deshalb § 138 uneingeschränkt anwendbar; das KSchG hat insoweit keine Beschränkung des Kündigungsschutzes bezweckt, sondern für diese Fälle **keine** Regelung getroffen. Das KSchG erlaubt deshalb nicht den Schluß, daß Kündigungen von Arbeitsverträgen nur in besonders schwerwiegenden Fällen sittenwidrig seien und dies auch für die vom KSchG nicht erfaßten Arbeitsverhältnisse gelte. Eine andere – mE zu bejahende – Frage ist es, ob eine sozial ungerechtfertigte Kündigung immer auch die Voraussetzungen eines Sittenverstoßes iSv § 138 erfüllt. Soweit es Arbeitnehmer betrifft, die nicht unter das KSchG fallen, oder soweit Kündigungsgründe in Betracht kommen, die bei der Prüfung der Sozialwidrigkeit iSv § 1 KSchG nicht zu berücksichtigen sind, kann nach hM § 242 anwendbar sein (BAGE 16, 21, 26 f; BAG NJW 1973, 77, 78; WANK, in: MünchArbR II § 116 Rn 149); nach der hier vertretenen Ansicht wäre – wenn die Voraussetzungen des § 242 erfüllt sind – in jedem Fall auch § 138 erfüllt und vorrangig vor § 242 anwendbar.

c) Die praktische Bedeutung des § 138 beim Kündigungsschutz

411 Wegen der verhältnismäßig engen Auslegung des Begriffs der Sittenwidrigkeit durch die Gerichte, soweit es Kündigungen betrifft, und wegen der Existenz des KSchG hatte der Kündigungsschutz nach § 138 keine große praktische Bedeutung (HUECK/ NIPPERDEY, Lehrbuch des Arbeitsrechts I § 56 IX 1 S 558; WANK, in: MünchArbR II § 116 Rn 145). Eine Kündigung ist sittenwidrig und nichtig, wenn sie auf verwerflichen Motiven beruht oder wenn mit ihr ein sittenwidriger Zweck verfolgt wird (BAG MDR 1962, 337; BAGE 16, 21, 28; BAG AP Nr 46 zu § 138 BGB = NZA 1989, 936; WANK, in: MünchArbR II § 116 Rn 141). Die Sittenwidrigkeit kann sich aber auch aus den Folgen der Kündigung für den Arbeitnehmer ergeben. Sittenwidrig ist eine Kündigung aus Rachsucht oder Vergeltung (BAG MDR 1962, 337; BAGE 16, 21, 28; BAG NJW 1990, 142; PALANDT/HEINRICHS § 138 Rn 91; vgl auch BGH NJW 1970, 855 f [Kündigung eines Tankstellenverwaltervertrags]; nach LARENZ, AT § 22 III b S 446 ist die Kündigung nicht wegen Sittenwidrigkeit, sondern wegen schikanöser Rechtsausübung nichtig), aus sexuellen Gründen, insbesondere aus Vergeltung für zurückgewiesene Annäherungsversuche (WANK, in: MünchArbR II § 116 Rn 146; vgl auch HUECK/NIPPERDEY 558) oder wegen der Weigerung des Arbeitnehmers, an strafbaren Handlungen mitzuwirken (ArbG Göttingen DB 1961, 1296; WANK, in: MünchArbR II § 116 Rn 146). Als sittenwidrig wurden Kündigungen auch bewertet, wenn sie die Reaktion des Arbeitgebers auf berechtigte Forderungen des Arbeitnehmers waren; insoweit enthält jedoch nun das Maßregelungsverbot des § 612a iVm § 134 eine Sonderregelung (WANK, in: MünchArbR II § 116 Rn 146; vgl auch RICHARDI, in: MünchArbR I § 44 Rn 6; MünchKomm/MAYER-MALY § 134 Rn 69). Als sittenwidrig wurde eine Kündigung bewertet, wenn sie deshalb ausgesprochen wurde, weil der Arbeitnehmer Ansprüche infolge eines Arbeitsunfalls gegen den Arbeitgeber geltend machte, den dieser bedingt vorsätzlich verursacht hatte (BAG AP Nr 1 zu § 1 KSchG 1969 m krit Anm KONZEN; WANK, in: MünchArbR II § 116 Rn 146).

412 Wegen der **mittelbaren Drittwirkung der Grundrechte** (ausf dazu § 134 Rn 241 ff) ist eine Kündigung auch sittenwidrig nach § 138, wenn sie wegen der Mitgliedschaft in einer Partei oder wegen politischer Betätigung für eine Partei im Wahlkampf erfolgt (so nach § 134 iVm Art 3 GG BAG NJW 1973, 77, 78 in bezug auf die DKP; **aA** SCHWERDTNER JZ 1973, 375), oder wenn sie ausgesprochen wird, weil ein Arbeitnehmer unter Nichtbeachtung einer arbeitsvertraglichen Zölibatsklausel geheiratet hat (BAGE 4, 274, 279 f, 285 [zu § 134]; MünchKomm/MAYER-MALY § 134 Rn 31; PALANDT/HEINRICHS § 134 Rn 15).

Eine Kündigung ist hingegen nicht sittenwidrig, wenn sie erklärt wurde, weil der der **413** DKP angehörende Arbeitnehmer noch innerhalb der Sechsmonatsfrist im Landtagswahlkampf durch Verteilen eines Extrablattes ua auch seinen Arbeitgeber kämpferisch angegriffen und in der öffentlichen Meinung herabgesetzt hat (BAGE 24, 438 = NJW 1973, 77, 78). Der Vorwurf der Sittenwidrigkeit ist auch nicht ohne weiteres begründet, wenn die **Art und Weise**, in der die Kündigung erfolgte, zu mißbilligen ist (HUECK/NIPPERDEY § 56 IX 1; WANK, in: MünchArbR II § 116 Rn 147). Deshalb ist zB eine Kündigung nicht schon deshalb sittenwidrig und nichtig nach § 138, weil sie dem Arbeitnehmer am Heiligen Abend zugegangen ist (BAG AP Nr 88 zu § 626 BGB = NZA 1986, 97 f).

Unter denselben Voraussetzungen, unter denen eine Kündigung sittenwidrig wäre, **414** sind auch **auflösende Bedingungen**, bei deren Eintritt der Arbeitsvertrag endet, sittenwidrig und nichtig, zB entsprechende Zölibatsklauseln (BAGE 4, 274, 279 f, 285 [zu § 134]).

Sittenwidrig ist auch ein **Aufhebungsvertrag**, wenn er auf Überrumpelung beruht, **415** offensichtlich keinen angemessenen Interessenausgleich herbeiführt und das Ergebnis unterschiedlicher Handlungsstärke der Partner ist (DIETERICH RdA 1995, 129 ff; ders DB 1995, 1813; PALANDT/HEINRICHS § 138 Rn 79; ZWANZIGER DB 1994, 982, 983; aA BAG DB 1994, 279 = AP Nr 37 zu § 123 BGB; BAUER/DILLER DB 1995, 1810 ff). In solchen Fällen führen die rechtlich zu mißbilligenden Umstände beim Zustandebringen des Aufhebungsvertrags, da er dem Arbeitnehmer erhebliche Nachteile bringt, auch zur **inhaltlichen** Mißbilligung (aA BAG DB 1994, 279). Demgegenüber meinte das BAG in einer Entscheidung vom 30. 9. 1993, es müßten über die Voraussetzungen des § 123 hinaus besondere Umstände hinzutreten, damit die Voraussetzungen des § 138 Abs 1 erfüllt sind (BAG DB 1994, 279). Dabei wird nicht ausreichend gewürdigt, daß der Aufhebungsvertrag, in dem keine Abfindung vorgesehen war, für den Arbeitnehmer ausschließlich **nachteilig** war. Die Vorschrift des § 138 Abs 2 zeigt, daß für die inhaltliche Mißbilligung von Verträgen solchen Inhalts auch eine Einflußnahme auf die Entscheidungsfreiheit genügen kann, die unter der Intensitätsschwelle des § 123 (arglistige Täuschung; Drohung) liegt. Im konkreten Anwendungsfall ist dem BAG allerdings im Ergebnis zu folgen, weil auch eine **Kündigung** gerechtfertigt gewesen wäre und besondere Umstände vorlagen, aufgrund derer die Berufung auf die Nichtigkeit des Aufhebungsvertrags gegen Treu und Glauben verstieß (BAG DB 1994, 279, 280 aE).

XII. Standeswidrigkeit

Ein Vertrag, mit dem eine an Standesregeln gebundene Partei standeswidrig handelt, **416** ist nicht schon aus diesem Grunde ohne weiteres sittenwidrig und nichtig (BGHZ 39, 142, 148; BGHZ 60, 28, 33 = NJW 1973, 315, 316; NJW 1967, 873; NJW 1980, 2407; BGHZ 78, 263, 267 = NJW 1981, 399; WM 1995, 1064, 1066; ebenso schon RGZ 83, 109, 114; 142, 70, 81; 144, 242, 244; 146, 190, 194 aE; 153, 294, 302; ebenso im Schrifttum MünchKomm/MAYER-MALY § 138 Rn 40; PALANDT/HEINRICHS § 138 Rn 57; SACK WRP 1985, 1, 7; SOERGEL/HEFERMEHL § 138 Rn 233; STAUDINGER/DILCHER[12] § 138 Rn 72; TAUPITZ NJW 1989, 2871, 2872). Ein solcher Vertrag ist auch nicht „in der Regel" nichtig (so jedoch TROCKEL NJW 1971, 1057, 1059 Fn 24). Die gegenteilige Ansicht läßt sich nicht damit rechtfertigen, daß der die Standesregeln nicht Beachtende sonst einen ungerechtfertigten Vorsprung vor seinen sich standesgerecht verhaltenden Konkurrenten erhielte (so jedoch MEDICUS, AT Rn 700). Auch Verstöße gegen Richtlinien der maßgeblichen Standesvertretungen sind weder ohne weiteres noch idR sittenwidrig (BGHZ 78, 263, 267; BGH NJW-RR 1989, 1385, 1386; BGH WM 1990, 1250, 1252 aE; KG NJW 1989, 2893, 2894; OLG Stuttgart NJW 1980, 1583, 1584; PALANDT/HEINRICHS § 138 Rn 57; TAUPITZ NJW 1989, 2871, 2872; anders wohl noch BGHZ 22, 347, 356 f; aA auch OLG Hamm NJW 1985, 679, 680; BGB-RGRK/KRÜGER-NIELAND/ZÖLLER § 138 Rn 198; SOERGEL/ HEFERMEHL § 138 Rn 233).

417 Sittenwidrig sind jedoch Verstöße gegen eine **einheitliche und gefestigte Standesauffassung** (BGHZ 22, 347, 356 f; BAUMBACH/HEFERMEHL, Wettbewerbsrecht[18] Einl UWG Rn 87, § 1 UWG Rn 673 ff; SACK WRP 1985, 1, 7; vgl auch BGHZ 51, 290, 293 f; ebenso zu **§ 1 UWG** BGH GRUR 1972, 709, 710 – Patentmark; GRUR 1969, 474, 476 – Bierbezug; GRUR 1965, 690, 693 – Facharzt; WuW/E BGH 905 – Grabsteinaufträge; GRUR 1960, 558 – Eintritt in Kundenbestellungen; OLG Hamm WRP 1979, 151, 152 f), jedenfalls soweit ihr keine vorrangigen Interessen der Allgemeinheit entgegenstehen (BAUMBACH/HEFERMEHL, Wettbewerbsrecht[18] Einl UWG Rn 88 aE; vgl auch BGHZ 34, 64, 71; H P WESTERMANN, in: FS Barz [1974] 545, 555 f). Wenn hingegen ein „nicht unerheblicher Teil" der beteiligten Berufskreise" ein Verhalten für unbedenklich hält, genügt eine entgegenstehende Mehrheitsmeinung oder die Meinung der Standesvertretung nicht für den Vorwurf der Sittenwidrigkeit (BGH GRUR 1972, 709, 710 – Patentmark [zu § 1 UWG]; SACK WRP 1985, 1, 7; vgl auch BGHZ 22, 162, 165).

418 Als standes- und sittenwidrig wurde früher der **Verkauf einer Anwalts- oder Arztpraxis** bewertet (RGZ 66, 139; 75, 120; 153, 280; 161, 153). Die neuere Rspr hält solche Verkäufe hingegen nur für sittenwidrig, wenn besondere Umstände hinzutreten (betr Ärzte BGHZ 16, 71, 74; BGH NJW 1989, 763; betr Rechtsanwälte BGHZ 43, 46, 47, 50; NJW 1973, 98, 100; betr Steuerberater BGH BB 1958, 496; vgl auch SOERGEL/HEFERMEHL § 138 Rn 235, 238; STAUDINGER/DILCHER[12] § 138 Rn 74). Ein sittenwidrigkeitsbegründender Umstand ist es, wenn dadurch der Erwerber übermäßig belastet wird und deshalb die Gefahr überhöhter Honorarforderungen oder – bei Arztpraxen – von Verstößen gegen das Gebot der Wirtschaftlichkeit bei der Behandlung von Patienten bestünde (BGH NJW 1989, 763; BGHZ 43, 46, 49; RGZ 115, 172, 174; SOERGEL/HEFERMEHL § 138 Rn 235, 238; STAUDINGER/ DILCHER[12] § 138 Rn 74). Außerdem setzt die Schweigepflicht gem § 203 StGB iVm § 134 Praxisverkäufen erhebliche Grenzen (BGHZ 119, 268, 272; ausf oben § 134 Rn 292). Nach Ansicht des BGH liegt bei der Veräußerung einer Anwaltspraxis Sittenwidrigkeit vor, wenn die Gefahr besteht, daß der Erwerber die Praxis in einer Weise fortführt, die die Belange der Rechtspflege beeinträchtigt (BGHZ 43, 46, 50; BGH NJW 1973, 98, 100). Zu **Wettbewerbsverboten** anläßlich eines Praxiskaufs oder Praxistauschs s o Rn 306 f.

419 Die stille Beteiligung eines Nichtapothekers an einer **Apotheke** ist wegen Verstoßes gegen das ApothekenG iVm § 134 nichtig, wenn der stille Gesellschafter Einfluß auf die Betriebsführung hat (BGHZ 75, 214, 215 f; BGH NJW 1972, 338; NJW 1979, 2351; ausf o § 134 Rn 203). Die Vereinbarung eines von einem Apotheker für seine Miete zu zahlenden Umsatzmietzinses verstößt weder gegen das ApothekenG noch gegen § 138 (BGH NJW 1979, 2351).

420 Streitig war, ob sog **Architektenbindungsklauseln**, durch die sich der Erwerber eines Grundstücks im Zusammenhang mit dem Erwerb verpflichtet, bei der Planung oder

Ausführung eines Bauwerks auf dem Grundstück die Leistung eines bestimmten Architekten oder Ingenieurs in Anspruch zu nehmen, gegen die guten Sitten verstößt. Dies ist inzwischen in Art 10 § 3 MRVerbG geregelt; dagegen verstoßende Verträge sind nach § 134 nichtig (BGHZ 60, 28, 33 = NJW 1973, 315 f; NJW 1978, 1434 f; PALANDT/HEINRICHS § 138 Rn 57; SOERGEL/HEFERMEHL § 138 Rn 144; vgl o § 134 Rn 264).

Sittenwidrig ist ein Kaufvertrag über eine Sache (Grundstück) zwischen einem **421** Rechtsanwalt und seinem Auftraggeber, wenn dieser von jenem zum Verkauf veranlaßt worden ist, obwohl der Verbleib der Sache beim Auftraggeber zur erfolgversprechenden Durchführung des von diesem erteilten Auftrags unbedingt erforderlich war; denn damit verletzte der Rechtsanwalt seine Pflicht zur Wahrung der Interessen seines Mandanten (BGH NJW 1967, 873; MünchKomm/MAYER-MALY § 138 Rn 43; PALANDT/ HEINRICHS § 138 Rn 58; SOERGEL/HEFERMEHL § 138 Rn 237). Die Übereignung von Hausrat des Auftraggebers zur Sicherung des Gebührenanspruchs eines Rechtsanwalts ist grds zulässig (OLG Braunschweig MDR 1962, 303).

Erfolgshonorare für Rechtsanwälte oder andere Rechtsvertreter hatte das RG für **422** standeswidrig, nicht jedoch ohne weiteres für sittenwidrig iSv § 138 gehalten; für den Vorwurf der Sittenwidrigkeit mußten besondere Umstände hinzutreten, wie zB rücksichtsloses Ausnutzen des Klienten, Garantie eines Mindestbetrages, zeitliche Unbegrenztheit oder Abbedingen der Ursächlichkeit (RGZ 83, 109, 111; 115, 141; 142, 70, 74). Demgegenüber hielt der BGH die Vereinbarung eines **Erfolgshonorars** oder einer **quota litis** für einen deutschen Rechtsanwalt grds für sittenwidrig (BGHZ 22, 162, 165; 34, 64, 71; 39, 142, 146, 148 f; 51, 290, 293; BGH NJW 1981, 998; NJW 1987, 3203, 3204; WM 1990, 1250, 1253; NJW 1992, 681, 682; vgl auch GRAEF RIW 1995, 549). Denn das finanzielle Interesse des Rechtsanwalts am Prozeßausgang gefährde seine Unabhängigkeit und Stellung als Organ der Rechtspflege, der **deswegen** in der Allgemeinheit besonderes Vertrauen genieße (RGZ 115, 141, 142; BGHZ 22, 162, 165 f; 51, 290, 293 f; 34, 64, 72; 39, 142, 146 f; NJW 1981, 998). Seit 1994 untersagt § 49 b BRAO die Vereinbarung eines Erfolgshonorars oder einer quota litis; entsprechende Verträge sind nach § 134 nichtig (vgl oben § 134 Rn 223).

Anders ist die Rechtslage zu beurteilen, wenn Vereinbarungen mit **ausländischen** **423** Rechtsanwälten **ausländischem** Recht unterliegen und diesen Anwälten nicht die Stellung eines Organs der **deutschen** Rechtspflege zukommt. Die Anwendung ausländischen Rechts auf solche Verträge ist mit dem deutschen ordre public iSv Art 6 EGBGB (= Art 30 EGBGB aF) vereinbar (BGHZ 22, 162 f, 165 f, 166 f; BGHZ 44, 183, 187 ff = NJW 1966, 296; NJW 1981, 998, 999; rechtsvergleichend BGHZ 22, 162, 164 f; GRAEF RIW 1995, 549 zum englischen Recht).

Sittenwidrig und inzwischen nach § 49 b Abs 3 BRAO auch gesetzwidrig und nichtig **424** ist die Abgabe oder Entgegennahme eines Teils der Gebühren oder sonstiger Vorteile für die Vermittlung von Aufträgen (so zu § 138 BGH NJW 1980, 2407). Sittenwidrig ist auch eine Vereinbarung, durch die ein Rechtsanwalt im Rahmen einer für einen Mandanten übernommenen Hausverwaltung Renovierungsarbeiten vergibt und sich dafür von dem Handwerker eine Provision versprechen läßt; denn die Provisionsvereinbarung dient nicht der Wahrnehmung der Interessen des Mandanten, sondern geht zu dessen Lasten und ist damit Parteiverrat (OLG Frankfurt NJW 1990, 2131, 2132). Auch Vereinbarungen eines Rechtsanwalts mit einem Nichtanwalt über die Zahlung von Provisionen für vermittelte Mandate sind sittenwidrig (KG NJW 1989, 2893, 2894; krit dazu, jedoch im Ergebnis zustimmend TAUPITZ NJW 1989, 2871, 2872). Solche Provisionsabreden sind außerdem nach § 203 StGB iVm § 134 (KG NJW 1989, 2893) und seit 1994 auch nach § 49 b Abs 3 BRAO iVm § 134 nichtig. Die Sittenwidrigkeit der Honorarabrede führt nur zu deren Nichtigkeit, nicht jedoch zur Nichtigkeit des gesamten Anwaltsvertrages; denn sonst würden etwaige Ansprüche des Auftraggebers wegen Vertragsverletzung entfallen (BGHZ 18, 340, 348 f; SOERGEL/HEFERMEHL § 138 Rn 234).

425 Die Vereinbarung einer **Maklerprovision** zwischen einem Rechtsanwalt und einem Grundstückskäufer ist nicht sittenwidrig, wenn der Rechtsanwalt für eine ihm familiär verbundene Person vereinbarungsgemäß unentgeltlich tätig wird und ihm diese gestattet, den Verkauf ihres Grundstücks gegen eine Maklerprovision zu vermitteln (BGH NJW 1992, 681, 682; PALANDT/HEINRICHS § 138 Rn 58). Denn in einem solchen Fall wird der Rechtsanwalt nicht in dieser Funktion, sondern nur als Makler tätig. Im Gegensatz zu **Notaren** ist ihm eine Maklertätigkeit nicht untersagt, und im Gegensatz zu Steuerberatern ist ihm auch gewerbliche Tätigkeit nicht generell verboten. Eine Interessenkollision ist nicht zu befürchten. Nur eine regelmäßige Tätigkeit als Makler wäre einem Rechtsanwalt nicht erlaubt (BGH NJW 1992, 681, 682).

426 Gegen die guten Sitten verstößt ein Vertrag, durch den einem **steuerlichen Berater** von einem Unternehmen eine Provision dafür versprochen wird, daß er seine Mandanten zu einer bestimmten Vermögensanlage veranlaßt (BGH NJW 1985, 2523; Münch-Komm/MAYER-MALY § 138 Rn 44). Dasselbe gilt für ein Provisionsversprechen an eine Gesellschaft, an der der steuerliche Berater maßgeblich beteiligt ist (BGH NJW 1985, 2523). Denn es besteht generell die Gefahr, daß ein steuerlicher Berater bei der Empfehlung steuergünstiger Kapitalanlagen nicht mit der gebotenen und vom Mandanten erwarteten Objektivität berät, sondern sich durch persönliche Vermögensvorteile, zB durch die ihm von einem Dritten für die Zuführung von Kunden zugesagte Provision, leiten läßt (BGH NJW 1985, 2523). Auf Bedenken stößt deshalb die Ansicht des BGH, daß ein Provisionsversprechen eines Baubetreuers an einen Steuerberater für die Zuführung von Klienten nicht sittenwidrig und nichtig sei, obwohl auch hier die Gefahr bestehe, daß der Steuerberater seine Mandanten nicht mehr unvoreingenommen berät und deshalb die Standesrichtlinien solche Provisionen für Vermittlungstätigkeit untersagen (so BGHZ 78, 263, 268; MünchKomm/MAYER-MALY § 138 Rn 44; SOERGEL/HEFERMEHL § 138 Rn 242). In diesem Fall hielt der BGH trotz eines Verstoßes gegen das Verbot der gewerblichen Tätigkeit von Steuerberatern nach § 57 StBerG den Vertrag auch nicht nach § 134 für nichtig, weil die Nichtigkeit nicht dem Normzweck des verletzten Gesetzes entspreche und berufsrechtliche Maßnahmen ausreichten (BGHZ 78, 263, 266 f; BGH NJW 1985, 2523; MünchKomm/MAYER-MALY § 138 Rn 44; aA mit Recht CANARIS, Gesetzliches Verbot und Rechtsgeschäft [1983] 18, 43; STOBER GewArch 1981, 313, 318; dazu auch o § 134 Rn 286).

427 Der ein Grundstück kaufende Arzt kann sich wirksam dazu verpflichten, dem Verkäufer nicht nur eine lebenslängliche Rente zu zahlen (vgl RG JW 1938, 370; SOERGEL/HEFERMEHL § 138 Rn 237, 238), sondern ihn auch im Krankheitsfall unentgeltlich zu behandeln (BGH NJW 1965, 2005; MünchKomm/MAYER-MALY § 138 Rn 44; SOERGEL/HEFERMEHL § 138 Rn 238; STAUDINGER/DILCHER[12] § 138 Rn 75).

428 Nicht sittenwidrig trotz Standeswidrigkeit sind Verstöße gegen das Werbeverbot für

Heilpraktiker (BGH NJW-RR 1989, 1385, 1386 zu § 1 UWG) sowie gegen das Verbot, die HOAI zu unterbieten (OLG Stuttgart NJW 1980, 1583, 1584). Nicht sittenwidrig sind auch Verstöße gegen die Statuten von Sportverbänden, in denen bestimmte Spielerzuwendungen („Handgelder") untersagt werden; denn durch solche Verstöße werden keine Interessen der Allgemeinheit verletzt (BAG NJW 1971, 855 f betr das Bundesligastatut des DFB; OLG Köln NJW 1971, 1367, 1369; LAG Saarland AP Nr 1 zu § 611 BGB – Berufssport mit Anm von K H Schmidt; OLG Hamm NJW 1976, 331, 332; MünchKomm/Mayer-Maly § 138 Rn 45; Palandt/Heinrichs § 138 Rn 98; Staudinger/Dilcher[12] § 138 Rn 82). Auf sittlichrechtliche Bedenken stoßen hingegen die im Berufssport üblichen Ablösesummen beim Vereinswechsel von Spielern (vgl LAG Berlin NJW 1979, 2582; Füllgraf, Der Lizenzfußball [1981] 86 ff; aA OLG Karlsruhe NJW 1978, 324; Buchner RdA 1982, 12; Reuter NJW 1983, 649 ff mwNw; Staudinger/Dilcher[12] § 138 Rn 82; zur Vereinbarkeit mit Art 48 EG-Vertrag EuGH v 15. 12. 1995 NJW 1996, 505 – Bosman).

XIII. Ehe- und Familienordnung

1. Ehewidrige Vereinbarungen

Vereinbarungen, die gegen das durch Art 6 GG geschützte Wesen der Ehe verstoßen, sind sittenwidrig und nichtig (RGZ 158, 294, 298; BayObLG NJW 1983, 831, 832). Deshalb ist ein Verlöbnis oder Eheversprechen bei (noch) bestehender Ehe eines Partners nach § 138 nichtig, da es mit der bestehenden Ehe unvereinbar ist (RGZ 170, 72, 76; OLG Karlsruhe NJW 1988, 3023, 3024; MünchKomm/Mayer-Maly § 138 Rn 57; Palandt/Heinrichs § 138 Rn 46; Soergel/Hefermehl § 138 Rn 20, 221; ebenso zum Verlöbnis iSv § 52 Abs 1 Nr 1 StPO BGHSt 3, 215; VRS 36 [1969] 20, 21 f; BayObLG NJW 1983, 831, 832; aA Staudinger/Dietz[10/11] Vorbem 51 zu § 1297). Dies folgt aus dem Wesen der Ehe und der in Art 6 GG getroffenen Wertentscheidung (OLG Karlsruhe NJW 1988, 3023; BayObLG NJW 1983, 831, 832). Aus diesem Grunde ist es unerheblich, ob sich beide Partner der Sittenwidrigkeit bewußt gewesen sind (OLG Karlsruhe NJW 1988, 3023). Unerheblich ist auch, ob die verheiratete Partei die Scheidung verlangen kann und das gerichtliche Scheidungsverfahren schon eingeleitet hat (BayObLG NJW 1983, 831 f; aA BGB-RGRK/Roth-Stielow[12] § 1297 Rn 6; offengelassen von BGH VRS 36 [1969] 20, 22). Denn eine rechtliche Anerkennung eines solchen Verlöbnisses bzw Eheversprechens würde einer Wiederherstellung der noch bestehenden Ehe im Wege stehen und der Ehescheidung in Abweichung von dem dafür vorgesehenen Verfahren vorgreifen (BayObLG NJW 1983, 831, 832).

Mit dem Wesen einer bestehenden Ehe unvereinbar und daher sittenwidrig ist auch eine Vereinbarung, nach der der Ehemann keine Verwandten in seinen Betrieb aufnehmen darf (RGZ 158, 294, 298, 300), keine Geschäftsreisen allein, dh ohne Überwachungsperson, unternehmen darf (RGZ 158, 294, 298, 300; MünchKomm/Mayer-Maly § 138 Rn 58), oder die Vereinbarung über ein dauerndes Recht zum Getrenntleben (OLG Düsseldorf FamRZ 1981, 545, 546; Palandt/Heinrichs § 138 Rn 46; Soergel/Hefermehl § 138 Rn 216).

Zum Wesen der Ehe iSd Wertentscheidungen, die aus Art 6 GG sowie aus den §§ 1564 S 3, 1565 f, 1568 Abs 1 abzuleiten sind, gehört ferner, daß Ehegatten nach den vom Gesetz normierten Voraussetzungen **geschieden** werden können (BGHZ 97, 304, 307 f = NJW 1986, 2046; vgl auch BVerfGE 31, 58, 82 f; 53, 224, 245; vgl auch o § 134 Rn 241).

Damit unvereinbar und deshalb sittenwidrig und nichtig nach § 138 sind Vereinbarungen über den Ausschluß der Scheidung (BGHZ 97, 304, 306 f; BGH NJW 1990, 703 [zu § 134]; KNÜTEL FamRZ 1985, 1089, 1090 f; MünchKomm/MAYER-MALY § 138 Rn 59; PALANDT/ HEINRICHS § 138 Rn 46; SOERGEL/HEFERMEHL § 138 Rn 216 aE; aA HATTENHAUER FamRZ 1989, 225, 232; ders ZRP 1985, 200, 201 f; vgl auch o § 134 Rn 241), sei es generell, sei es vor einem bestimmten Zeitpunkt (BGHZ 97, 304, 307), sowie Vereinbarungen, die die Scheidung in Abweichung von der gesetzlichen Regelung erheblich erschweren, zB eine Abrede über die Geltung des Schuldprinzips bei der Scheidung (HERB FamRZ 1988, 123; MünchKomm/MAYER-MALY § 138 Rn 59; PALANDT/HEINRICHS § 138 Rn 46; krit WALTER NJW 1981, 1409, 1412), eine Vereinbarung, nach der im Falle der Scheidung von einem Ehepartner eine Abfindung in existenzvernichtender Höhe zu zahlen ist (BGH NJW 1990, 703, 704; OLG Hamm FamRZ 1991, 443), oder ein Vertragsstrafeversprechen zur Sicherung ehegemäßen Verhaltens (BGH NJW 1990, 703, 704; RGZ 158, 294, 300).

432 Wirksam ist hingegen der Verzicht auf ein bereits **entstandenes** Scheidungsrecht, mit der Folge, daß es erlischt, soweit es erwachsen ist, aber neu entsteht, wenn einer der im Gesetz vorgesehenen Scheidungstatbestände aufgrund einer neuen Tatsachenlage erfüllt wird (BGHZ 97, 304, 308 f). Wirksam ist auch die Verpflichtung zur Zahlung einer Abfindung im Falle der Scheidung, wenn diese eine angemessene wirtschaftliche Sicherung des Begünstigten bezweckt und die Grenzen der Leistungsfähigkeit des Verpflichteten nicht überschreitet (BGH NJW 1990, 703, 704) sowie die Verpflichtung zu einer angemessenen finanziellen Wiedergutmachung zwischen Ehegatten, auch wenn keine Rechtspflicht zu Schadensersatz besteht (BGH WM 1974, 967, 968).

433 Mit dem Wesen der Ehe unvereinbar und sittenwidrig ist auch die Vereinbarung eines Entgelts oder Darlehens für das Eingehen einer **Scheinehe** (OLG Düsseldorf FamRZ 1983, 1023). Sittenwidrig ist ferner ein Eheversprechen eines bereits mit einer anderen Person **Verlobten** (RGZ 105, 245; SOERGEL/HEFERMEHL § 138 Rn 221).

2. Scheidungsvereinbarungen

434 Ehegatten können nach § 1585 c für die Zeit nach der Ehescheidung Unterhaltsvereinbarungen treffen. Nach hM können sie grds auch wirksam auf Unterhalt verzichten (BGH NJW 1985, 788, 789; 1990, 703; 1991, 913, 914; 1992, 3164; PALANDT/HEINRICHS § 138 Rn 47; krit BOSCH, in: FS Habscheid [1989] 23, 34 ff; aA MünchKomm/MAYER-MALY § 138 Rn 57 [wegen der unabwendbaren Gefahr von Manipulationen zu Lasten der Sozialhilfe]). Solche Vereinbarungen können grds auch schon vor der Eheschließung für den Fall der Scheidung wirksam getroffen werden (BGH NJW 1991, 913; NJW 1992, 3164). Sie sind nicht sittenwidrig, wenn sie die Scheidung ermöglichen oder erleichtern sollen (BGHZ 28, 45, 50; LARENZ, AT § 22 III b 8 S 447; SOERGEL/HEFERMEHL § 138 Rn 217; anders noch RGZ 145, 152, 153; vgl auch RGZ 159, 157, 165). Auch eine Vereinbarung, durch die ein Ehegatte den anderen anläßlich der Scheidung von **Unterhaltsansprüchen gemeinschaftlicher Kinder** freistellt, ist grds wirksam (BGH NJW 1986, 1167, 1168). Er wird auch nicht dadurch nach § 138 unwirksam, daß der freigestellte Ehegatte in derselben Vereinbarung der Übertragung der elterlichen Sorge auf den freistellenden Ehegatten zugestimmt hat (BGH NJW 1986, 1167, 1168 sub II 3). Sittenwidrig ist jedoch eine Unterhaltsfreistellung, wenn ein damit verbundener Elternvorschlag zur Regelung der elterlichen Sorge über gemeinschaftliche Kinder sich über deren Wohl bewußt hinwegsetzt (BGH NJW 1986, 1167, 1168; SOERGEL/HEFERMEHL § 138 Rn 228). Sittenwidrig ist insbesondere eine Unterhaltsfreistellungsvereinbarung, wenn sie einen ständigen Anreiz bieten kann, ohne Rücksicht auf das Wohl des Kindes aus finanziellen Gründen von der Ausübung des generell unverzichtbaren **Umgangsrechts** abzusehen (BGH NJW 1984, 1951, 1952; NJW 1986, 1167, 1168; anderes gilt nach OLG Frankfurt FamRZ 1986, 596, wenn der Ausschluß des Umgangsrechts dem Kindeswohl entspricht). Außerdem kann die Berufung des Freigestellten auf den Unterhaltsverzicht des anderen wegen der besonderen Umstände zum aktuellen Zeitpunkt gegen Treu und Glauben verstoßen, zB wenn dies schutzwürdige Interessen der gemeinschaftlichen Kinder beeinträchtigt (BGH NJW 1991, 913, 914; 1987, 776; 1985, 1833). In diesem Fall kann die Berufung auf den an sich wirksam vereinbarten Unterhaltsverzicht ganz oder zumindest zeitweise ausgeschlossen sein (BGH NJW 1991, 913, 914 f). Zum Unterhaltsverzicht in einer Scheidungsvereinbarung, der **zu Lasten der Sozialhilfe** geht, vgl BGH NJW 1992, 3164 ff und o Rn 359 ff.

Eine Scheidungsvereinbarung, die die **Freizügigkeit** eines geschiedenen Ehegatten **435** durch ein Wohnsitzverbot beschränkt, ist idR nach § 138 iVm Art 11 GG sittenwidrig und nichtig (BGH NJW 1972, 1414 f; MünchKomm/MAYER-MALY § 138 Rn 58; krit MERTEN NJW 1972, 1799; SCHWABE NJW 1973, 229; vgl auch o § 134 Rn 242).

In einem Scheidungsrechtsstreit können sich beide Parteien durch Vertrag grds wirk- **436** sam verpflichten, auf ein Rechtsmittel gegen ein demnächst etwa ergehendes Scheidungsurteil zu verzichten (BGHZ 28, 45, 50; SOERGEL/HEFERMEHL § 138 Rn 218; anders noch RGZ 70, 59). Darin ist keine rechtlich zu mißbilligende Verfügung über die Ehe zu sehen, auch wenn das Scheidungsurteil die Scheidung zu Unrecht aussprechen sollte (BGHZ 28, 45, 50). Ein solcher Rechtsmittelverzicht kann nur bei Vorliegen besonderer Umstände sittenwidrig sein, zB wenn die Parteien den Inhalt des Scheidungsurteils in unlauterer Weise beeinflussen, etwa mit dem Vorbringen fingierter oder nicht mehr bestehender Scheidungsgründe (BGHZ 28, 45, 50).

3. Letztwillige Verfügungen

a) Vorbemerkungen

Bei der Inhaltskontrolle letztwilliger Verfügungen nach § 138 ist vom **Grundsatz der** **437** **Testierfreiheit** auszugehen, der grundrechtlichen Schutz genießt (BGHZ 53, 369, 374; NJW 1968, 932, 934; NJW 1983, 674; BGHZ 111, 36, 39; BGHZ 123, 368, 371). Dieser Grundsatz darf nur bei Vorliegen besonderer Umstände eingeschränkt werden. Ein solcher besonderer Umstand liegt nicht schon vor, wenn durch eine letztwillige Verfügung Erbansprüche eines an sich erbberechtigten Angehörigen eingeschränkt oder ausgeschlossen werden. Der Gesetzgeber geht davon aus, daß erbberechtigte Angehörige durch das Pflichtteilsrecht bzw durch Ansprüche auf Zugewinnausgleich grds ausreichend geschützt sind (BGH FamRZ 1954, 195, 197; BGHZ 52, 17, 19 f; BGHZ 53, 369, 374; BGH NJW 1968, 932, 934; BayObLG NJW 1987, 910, 911; FLUME, AT § 18, 5 S 376; GERNHUBER FamRZ 1960, 326, 333; OTTE JurA 1985, 192, 197). Sittenwidrig kann also ein Testament nur sein, wenn über die testamentarische Beschränkung oder den Ausschluß des gesetzlichen Erbanspruchs hinaus besondere Umstände hinzukommen. Dieser Grundsatz der Testierfreiheit darf durch Anwendung des § 138 nur eingeschränkt werden, wenn sich der Vorwurf der Sittenwidrigkeit auf eine klare, deutlich umrissene Wertung des Gesetzgebers oder auf eine allgemeine Rechtsauffassung stützen könnte (BGHZ 123, 368, 378).

b) Das sog Geliebtentestament

438 Die Beurteilung von testamentarischen Zuwendungen eines Mannes an eine Geliebte – sog Geliebtentestamente oder „Mätressentestamente" – nach § 138 Abs 1 unterlag mehrfachen Änderungen. Ursprünglich scheint es einer verbreiteten Ansicht entsprochen zu haben, daß außereheliche sexuelle Beziehungen ein unsittliches Verhalten seien und deshalb ein Geliebtentestament generell gegen die guten Sitten verstoße. Diese Ansicht wurde später jedoch dahingehend geändert, daß es bei der Beurteilung eines Geliebtentestaments nach § 138 nicht entscheidend um die Beurteilung des **Verhaltens** einer Person und um Sanktionen für unsittliches Verhalten gehe, sondern allein um die Beurteilung eines **Rechtsgeschäfts**, bei der allerdings die Art des Verhaltens Bedeutung erlangen kann (BGHZ 53, 369, 375, 377; BGH NJW 1973, 1645, 1646; 1983, 674, 675; 1984, 2150, 2151; ebenso BARTHOLOMEYCZIK, in: FS OLG Zweibrücken [1969] 26, 66; FLUME, AT § 18, 2 u 6 S 368, 375, 379; OTTE JurA 1985, 192, 196; MEDICUS, AT Rn 685; SOERGEL/HEFERMEHL § 138 Rn 222; vgl auch OLG Frankfurt/M NJW-RR 1995, 265, 266). Offen ist dabei natürlich die Frage, in welcher Weise die Art des Verhaltens der Parteien bei der Bewertung des mit dem Geliebtentestament vorgenommenen Rechtsgeschäfts von Bedeutung ist.

439 Soweit es die Berücksichtigung des Verhaltens der Parteien betrifft, war ursprünglich die Ansicht herrschend, daß ein Geliebtentestament **immer** sittenwidrig sei, wenn sexuelle Motive für die Zuwendung bestimmend oder auch nur **mitbestimmend** waren. Diese Ansicht ist in der neueren Rspr dahingehend eingeschränkt worden, daß Geliebtentestamente nur dann sittenwidrig und insgesamt nichtig seien, wenn sie **ausschließlich** den Zweck haben, die Geliebte für geschlechtliche Hingabe zu belohnen oder die Fortsetzung der sexuellen Beziehungen zu fördern (BGH FamRZ 1963, 287, 288; NJW 1964, 764 f; NJW 1968, 932, 934, 936; BGHZ 52, 17, 20; BGHZ 53, 369, 376, 386; NJW 1983, 674; NJW 1984, 797; NJW 1984, 2150; BGHZ 112, 259, 262; ebenso im Schrifttum MünchKomm/MAYER-MALY § 138 Rn 53; OTTE JurA 1985, 192, 195 f; PALANDT/HEINRICHS § 138 Rn 50; SOERGEL/HEFERMEHL § 138 Rn 222). Unter diesen Voraussetzungen wendete der BGH § 138 auf Geliebtentestamente nicht nur an, wenn der Erblasser bei der Errichtung des Testaments verheiratet war, sondern auch, wenn dieser zwar unverheiratet war, jedoch die Geliebte in gültiger Ehe lebte (BGH NJW 1968, 932).

440 Ein Sittenverstoß wird demgegenüber grds abgelehnt, wenn der Erblasser die Verfügung auch ohne geschlechtliche Hingabe der Bedachten getroffen haben würde und das Liebesverhältnis für die Zuwendung nur mitbestimmend gewesen ist, der Erblasser sich aber auch aus anderen achtenswerten Gründen der Bedachten habe dankbar zeigen wollen, zB wenn er sie für die von ihr erbrachten außergeschlechtlichen Leistungen und Opfer, insbesondere für Krankenpflege oder finanzielle Aufwendungen, habe schadlos halten wollen (BGH FamRZ 1954, 195; NJW 1968, 932, 934, 936; BGHZ 52, 17, 20; BGHZ 53, 369, 376 f). Auch wenn das Geliebtentestament ohne die mißbilligte „Lebens- und Liebesbeziehung" des Erblassers zur Bedachten nicht gemacht worden wäre, sei es nicht ohne weiteres sittenwidrig und ganz oder teilweise nichtig (BGHZ 53, 369, 376 f). Nur bei Vorliegen besonderer Umstände, die zu den sexuellen Motiven hinzukommen, kann das Testament sittenwidrig und nichtig sein. Zu den besonderen Umständen, die den Vorwurf der Sittenwidrigkeit begründen, gehört es, wenn die Zuwendung an die Geliebte den an sich erbberechtigten Kindern und Ehegatten **unzumutbar** war (BGH NJW 1983, 674, 675 f).

2. Titel.   § 138
Willenserklärung   441, 442

Auch zu der Frage, wer die **Beweislast** dafür trägt, daß eine testamentarische Zuwen- **441** dung an eine Geliebte nicht ausschließlich sexuelle, sondern auch andere Motive hatte, hat sich die Rspr geändert. Ursprünglich galt die **Vermutung**, daß ein Geliebtentestament eine Belohnung für geschlechtliche Hingabe sein und deren Fortsetzung fördern sollte (BGH NJW 1964, 764, 765; NJW 1968, 932, 935 [unter Berufung auf „allgemeine Beweisregeln"]; krit dazu FLUME, AT § 18, 8c; GERNHUBER FamRZ 1960, 326, 329; HELDRICH AcP 186 [1986] 74, 83; MÜLLER-FREIENFELS JZ 1968, 441, 445). Dementsprechend trug die Geliebte die Beweislast dafür, daß dies nicht zutreffe und daß – andere – achtenswerte Motive für die Verfügung des Erblassers maßgeblich waren. In diesem Sinne ist es auch wohl noch zu deuten, wenn der BGH es für sittenwidrig erklärte, die unmittelbar erbberechtigten Angehörigen durch Enterbung und Beschränkung auf den Pflichtteil in ihrer persönlichen und wirtschaftlichen Stellung zurückzusetzen, wenn sich dies nicht durch Leistungen der Geliebten, die über die geschlechtliche Hingabe hinausgehen, sittlich rechtfertigen lasse (BGH FamRZ 1963, 287, 289). Nach neuerer Rspr trägt hingegen hierfür die Beweislast, wer sich auf die Sittenwidrigkeit wegen dieses Zwecks beruft (BGHZ 53, 369, 379; BGH FamRZ 1971, 638, 639; ebenso MünchKomm/MAYER-MALY § 138 Rn 53; OTTE JurA 1985, 192, 196; SOERGEL/HEFERMEHL § 138 Rn 222, 224). Es besteht **keine Vermutung** dahingehend, daß die Zuwendung an eine(n) Geliebte(n) ausschließlich den Zweck verfolgt, die geschlechtliche Hingabe zu belohnen oder zu fördern. Das praktische Ergebnis dieser Entwicklung der Rspr ist, daß Geliebtentestamente jedenfalls nicht mehr wegen angeblich ausschließlich sexueller Motive an § 138 Abs 1 scheitern. Zu weit geht es hingegen wohl, aus dieser Änderung der Beweislastverteilung verallgemeinernd zu schließen, daß Geliebtentestamente **nicht mehr** nach § 138 Abs 1 nichtig sind (so jedoch PALANDT/HEINRICHS § 138 Rn 50). Denn es erscheint durchaus als möglich, daß die durch das Testament benachteiligten Angehörigen den Beweis erbringen, aus anderen Gründen in **unzumutbarer** Weise benachteiligt worden zu sein.

Die Tendenz der neueren Rspr verdient Zustimmung. Auszugehen ist vom Grund- **442** satz der Testierfreiheit; sie darf nur bei Vorliegen ganz besonderer Umstände eingeschränkt werden (o Rn 437). Zu diesen besonderen Umständen gehört nicht ohne weiteres die testamentarische Benachteiligung des Ehegatten oder der Kinder des Erblassers. Denn zu deren Schutze hält das Gesetz das Pflichtteilsrecht bzw den Anspruch auf Zugewinnausgleich für grds ausreichend. Deshalb kann nur ausnahmsweise bei Vorliegen besonderer Umstände, die über die Benachteiligung der Angehörigen hinausgehen, ein Geliebtentestament gegen die guten Sitten verstoßen (BGH NJW 1983, 674, 675). Sexuelle Motive, die den Erblasser zur Abweichung von der gesetzlichen Erbfolge veranlaßt haben, sind dabei mE grds nicht von Bedeutung (BGHZ 53, 369, 374). Nachdem nichteheliche Lebensgemeinschaften inzwischen soziale Anerkennung gefunden haben und höchste Repräsentanten des Staates ihre Gleichstellung mit ehelichen Lebensgemeinschaften ernsthaft in Erwägung ziehen, sind Zuwendungen an Geliebte nicht mehr ohne weiteres mit einem sittlich-rechtlichen „Makel" behaftet. Sittenwidrigkeit kann nur noch angenommen werden, wenn ein Geliebtentestament den Benachteiligten **unzumutbar** ist (vgl BGH NJW 1968, 932, 934; OTTE JurA 1985, 192, 197). Bei der Feststellung einer etwaigen Unzumutbarkeit ist eine **Gesamtwürdigung** aller Umstände vorzunehmen (BGH NJW 1964, 764; BGHZ 52, 17, 20). Dabei sind vor allem folgende Umstände zu berücksichtigen: War der Erblasser im Zeitpunkt der Zuwendung an die Geliebte (noch) verheiratet? Wenn nicht, dann ist das Testament grds nicht sittenwidrig (**aA** BGH NJW 1968, 932 ff; dagegen mit

Recht Breithaupt NJW 1968, 932 f; Müller-Freienfels JZ 1968, 441), es sei denn, es wurden Kinder aus einer früheren Ehe in unzumutbarer Weise übergangen. In welchem Umfang war die Ehefrau des Zuwendenden am Erwerb des Vermögens, das der (dem) Gebliebten zugewendet wurde, beteiligt (BGHZ 53, 369, 378; BayObLG NJW 1987, 910, 912; Otte JurA 1985, 192, 197)? Lebte der Zuwendende mit der Geliebten in einer eheähnlichen Lebensgemeinschaft zusammen? Wenn ja: Wie lange (Soergel/Hefermehl § 138 Rn 224)? Sind aus dieser Lebensgemeinschaft Kinder hervorgegangen? Hat der Erblasser von der Geliebten über die geschlechtliche Hingabe hinaus in nennenswertem Umfang Dienst- und Hilfsleistungen, finanzielle Zuwendungen usw erhalten? Bestehen – bei einer längeren nichtehelichen Lebensgemeinschaft – gegenüber der Geliebten und eventuellen nichtehelichen Kindern moralische Verpflichtungen, die über gesetzliche Ansprüche hinausreichen? Und aus der Sicht der Angehörigen: Ist der Lebensunterhalt des Ehepartners und der gemeinsamen Kinder ohne die Erbschaft gesichert? Führt ein Vermächtnis an die Geliebte zu einer Überschuldung des Nachlasses (vgl BGH NJW 1983, 674, 676)? In welchem rechtlichen und persönlichen Verhältnis standen die Benachteiligten zum Erblasser?

443 Unzumutbar und sittenwidrig ist ein Geliebtentestament, wenn es die Ehepartner oder die ehelichen Kinder faktisch zu laufenden persönlichen Kontakten mit der als Allein- oder Miterbin eingesetzten Geliebten zwingt (Otte JurA 1985, 192, 197, 200 f), zB wenn die Angehörigen darauf angewiesen sind, in dem ganz oder teilweise an die Geliebte vererbten Haus zu wohnen oder in dem hinterlassenen Unternehmen mitzuarbeiten. Sittenwidrigkeit liegt auch vor, wenn die testamentarische Übergehung von Kindern nur den Schlußpunkt einer fortgesetzten krassen Vernachlässigung der elterlichen Sorge darstellt (OGHZ 3, 158, 162; BGH LM Nr 7 zu § 138 [Cd] BGB; vgl auch Soergel/Hefermehl § 138 Rn 222 aE, 223; **aA** Otte JurA 1985, 192, 198) oder wenn die Kinder trotz des Pflichtteilsanspruchs infolge der Übergehung bedürftig sind oder werden (Otte JurA 1985, 192, 198). Der Gegenansicht, die sich auf das Bestehen eines Pflichtteilsrechts stützt (Gernhuber FamRZ 1960, 326, 329; Ramm JZ 1970, 129, 132; Simshäuser 49), ist in diesem Fall entgegenzuhalten, daß dieses Recht die Normalfälle in pauschalierender Weise regelt, während Bedürftigkeit ein besonderer Umstand ist, der rechtliche Ausnahmeregelungen erlaubt (Otte JurA 1985, 192, 198). Sittenwidrig ist es ferner, Dritten Gegenstände zuzuwenden, die einen besonderen familiären Erinnerungswert haben, zB Fotos, Familienschmuck oder Briefe der enterbten Angehörigen (Otte JurA 1985, 192, 198).

444 Wenn ein Geliebtentestament gegen die guten Sitten verstößt, kann es, je nach den Umständen, insgesamt nichtig oder auch nur teilweise nichtig, im übrigen aber gültig sein; die Tatsache, daß es sich um eine einheitliche Verfügung handelt, steht dem nicht entgegen (BGH FamRZ 1963, 287, 289 f; NJW 1964, 764, 765; BGHZ 52, 17, 23 f; BGHZ 53, 369, 383). Denn da der Wille des Erblassers nach Möglichkeit zu beachten ist, kann eine letztwillige Verfügung, die auch auf achtenswerten Motiven beruht, nicht insgesamt für nichtig erklärt werden. Andererseits geht es nicht an, eine teilweise sittenwidrige Verfügung insgesamt als gültig anzuerkennen (BGHZ 52, 17, 24). Sowohl die volle Gültigkeit als auch die Gesamtnichtigkeit können in manchen Fällen zu unzumutbaren Ergebnissen führen (BGHZ 52, 17, 24).

445 Da zwischen der Errichtung eines Testaments und dem Erbfall ein langer Zeitraum liegen kann, in dem sich die guten Sitten erheblich geändert haben können, ist der

c) Erbeinsetzung eines gleichgeschlechtlichen Lebenspartners

Für die Erbeinsetzung eines gleichgeschlechtlichen Lebenspartners gelten dieselben **446** Grundsätze wie für die Geliebtentestamente (aA MünchKomm/MAYER-MALY § 138 Rn 53; LIEBL-WACHSMUTH MDR 1983, 988 ff). Sie verstößt nicht gegen § 138, wenn nicht besondere Umstände hinzutreten (OLG Frankfurt/M NJW-RR 1995, 265, 266; BayObLG NJW 1987, 910 = FamRZ 1986, 1248 m abl Anm von BOSCH; aA RG LZ 1922, 556). Denn auch insoweit geht es im Rahmen des § 138 nicht um die Unsittlichkeit eines Verhaltens, sondern um die Sittenwidrigkeit eines Rechtsgeschäfts (OLG Frankfurt/M NJW-RR 1995, 265, 266). Da dem Grundsatz der Testierfreiheit überragende Bedeutung zukommt, kann Sittenwidrigkeit nur in besonders hervorstechenden Ausnahmefällen angenommen werden. Die Rspr nimmt solche Ausnahmefälle an, wenn die testamentarische Zuwendung **ausschließlich** die geschlechtliche Hingabe belohnen oder den Empfänger zur Fortsetzung der sexuellen Beziehungen bestimmen will (OLG Frankfurt/M NJW-RR 1995, 265, 266).

d) Zum Behindertentestament zu Lasten der Sozialhilfe vgl o Rn 363 ff.

4. „Aushöhlung" von Erbverträgen und gemeinschaftlichen Testamenten durch Zuwendungen unter Lebenden

Ein Rechtsgeschäft, durch das ein durch gemeinschaftliches Testament oder Erbver- **447** trag an die Anordnung eines Vermächtnisses gebundener Erblasser über den Gegenstand des Vermächtnisses unter Lebenden verfügt, ist grds rechtswirksam (BGHZ 26, 274, 277; BGHZ 59, 343, 347). Die Rechtsprechung hat ursprünglich angenommen, daß Zuwendungen unter Lebenden nach § 138 nichtig sein können, wenn der Zuwendende dadurch einen mit ihm geschlossenen Erbvertrag oder ein gemeinschaftliches Testament „aushöhlt" und dadurch § 2271 Abs 1 S 2 bzw § 2289 Abs 1 S 2 umgangen wird. Man sprach von „Aushöhlungsnichtigkeit". Diese im Schrifttum heftig kritisierte Ansicht hat der BGH 1972 ausdrücklich und mit Recht aufgegeben (BGHZ 59, 343, 346 mit ausf Nw zum Schrifttum; ebenso BGH WM 1973, 680, 681). Denn nach der Regelung des § 2286 kann der durch Erbvertrag gebundene Erblasser zu Lebzeiten frei über sein Vermögen verfügen (BGHZ 59, 343, 347). Grenzen setzt § 2287, der auch auf wechselbezügliche gemeinschaftliche Testamente anwendbar ist, erst bei Schenkungen (BGHZ 59, 343, 348). Selbst Schenkungen, die in der Absicht getätigt wurden, den Vertragserben zu beeinträchtigen, sind wirksam und begründen nach § 2287 nur nach Anfall der Erbschaft einen Bereicherungsanspruch des Vertragserben gegen den Beschenkten (BGH WM 1973, 680, 681). Sittenwidrig sind Vermögensverfügungen zu Lebzeiten nur dann, wenn zur Testamentsaushöhlung besondere Umstände hinzukommen, zB anstößiges Zusammenwirken des Verfügenden und des Begünstigten, um die in einem entgeltlichen Erbvertrag übernommene Bindung im Ergebnis wirkungslos zu machen (BGHZ 59, 343, 348).

5. Vereinbarungen über nichteheliche Kinder

Auch die entgeltliche Vereinbarung zwischen der Mutter eines nichtehelichen Kin- **448** des und dessen Vater, die Nichtehelichkeit zu verschweigen, ist sittenwidrig

(PALANDT/HEINRICHS § 138 Rn 48). Soweit es die Vereinbarung betrifft, den Namen des leiblichen Vaters zu verschweigen, verstößt dies gegen das aus Art 6 GG abzuleitende Recht des Kindes auf Kenntnis des Vaters (vgl BVerfG NJW 1988, 3010). Die Vereinbarung zwischen der Mutter eines nichtehelichen Kindes und dessen Vater, ihn vor Unterhaltsansprüchen dieses Kindes freizuhalten und selbst keine Unterhaltsansprüche für das Kind geltend zu machen, ist idR sittenwidrig (OLG Hamm FamRZ 1977, 556; PALANDT/HEINRICHS § 138 Rn 48). Sittenwidrig sind entgeltliche Geschäfte über die Anfechtung der Ehelichkeit (OLG Celle NdsRpfl 1962, 188; PALANDT/ HEINRICHS § 138 Rn 48).

449 Der Vater eines nichtehelichen Kindes kann sich wirksam zu Unterhaltsleistungen an dieses verpflichten, auch wenn der Ehemann der Mutter die Ehelichkeit nicht nach § 1593 f angefochten hat (BGHZ 46, 56, 59 f). Wenn der Ehemann die Unterhaltsansprüche gegen den nichtehelichen Vater geltend macht, so wird damit nicht dem Verbot des § 1593 zuwider auch die Nichtehelichkeit des Kindes geltend gemacht. Vielmehr sollte mit der Unterhaltsvereinbarung die Geltendmachung der Nichtehelichkeit gerade vermieden werden (BGHZ 46, 56, 59 f).

6. Verträge über Leihmutterschaft und heterologe Insemination

450 Ein sog Leihmuttervertrag („womb leasing"), in dem sich eine Frau gegen Entgelt verpflichtet, nach künstlicher Befruchtung ein eigenes Kind zur Welt zu bringen und dem Vertragspartner herauszugeben, ist sittenwidrig und nichtig (OLG Hamm NJW 1986, 781; AK-BGB/DAMM § 138 Rn 206 f; KOLLHOSSER JZ 1986, 446; MünchKomm/MAYER-MALY § 138 Rn 60 a; PALANDT/HEINRICHS § 138 Rn 48; SOERGEL/HEFERMEHL § 138 Rn 214; vgl auch BENDA NJW 1985, 1730, 1733; aA COESTER-WALTJEN NJW 1982, 2528, 2533, die eine „unvollkommene Verbindlichkeit" für gegeben hält). Dasselbe gilt für einen Vertrag über „Leihmutterschaft" auf dem Wege natürlicher Zeugung (zu dieser Fallgestaltung mit haftungsrechtlichen Problemen LG Freiburg NJW 1987, 1486, 1488). Zwar ist der Wunsch von Ehepartnern nach einem Kind nicht zu mißbilligen. Die „Erfüllung" des Leihmuttervertrags hat jedoch erhebliche statusrechtliche und vertragsrechtliche Auswirkungen zu Lasten des geplanten Kindes (dazu AK-BGB/DAMM § 138 Rn 206; COESTER-WALTJEN NJW 1982, 2528 ff): Es ist nichtehelich, auch wenn es später vom Vater adoptiert wird. Es gehört letztlich zwei Müttern, der leiblichen und der adoptierenden. Es besteht die realistische Gefahr, daß die Leihmutter das Kind nicht herausgeben will, mit der Folge von Sorgerechtsstreitigkeiten (vgl die Komplikationen im Falle LG Freiburg NJW 1987, 1486 ff). Einem solchen Vertrag mit vorhersehbaren Wirkungen zu Lasten des Kindes ist die Wirksamkeit zu versagen. Er steht auch im Widerspruch zu den Wertungen des Art 6 GG und des geltenden Familienrechts. Wenn Ehepartnern der Wunsch nach eigenen gemeinsamen Kindern versagt bleibt, haben sie die Möglichkeit der Adoption eines fremden Kindes (DEUTSCH NJW 1986, 1971, 1974; SOERGEL/HEFERMEHL § 138 Rn 214). Die **Vermittlung** von Leihmüttern ist in jedem Fall sittenwidrig und seit 1989 durch § 13 a–d AdoptVermG verboten (BGBl 1989 I 2094; vgl dazu LÜDERITZ NJW 1990, 1633); entsprechende Vermittlungsverträge sind nach § 134 nichtig.

451 Grundsätzlich sittenwidrig wegen Verletzung der Menschenwürde sind auch Verträge über die heterologe Insemination (vgl BENDA NJW 1985, 1730, 1732; MünchKomm/ MAYER-MALY § 138 Rn 60 a mwNw; SOERGEL/HEFERMEHL § 138 Rn 214; vgl auch DÜRIG, in: MAUNZ/DÜRIG, GG Art 1 Abs 1 Rn 39; ders AöR 81 [1956] 117, 130), es sei denn, das Recht

des Kindes auf Kenntnis der eigenen Abstammung (dazu BVerfG NJW 1988, 3010) ist gewährleistet, und ein möglicher Konflikt zwischen genetischer und sozialer Elternschaft ist ausgeräumt (AK-BGB/Damm § 138 Rn 203; Palandt/Heinrichs § 138 Rn 48). Nach Ansicht des **BGH** enthält allerdings eine Vereinbarung zwischen Eheleuten, mit welcher der Ehemann sein Einverständnis zu einer heterologen Insemination erteilt, regelmäßig einen wirksamen, von familienrechtlichen Besonderheiten geprägten Vertrag zu Gunsten des aus der heterologen Insemination hervorgehenden Kindes, aus dem sich für den Ehemann dem Kind gegenüber die Pflicht ergibt, für dessen Unterhalt wie ein ehelicher Vater zu sorgen (BGH FamRZ 1995, 861 ff, 863). Der Ehemann kann jedoch die Zustimmung zur heterologen Insemination bis zum Zeitpunkt ihrer Durchführung frei widerrufen und auf diese Weise die mit der Zustimmung verbundenen Vereinbarungen kündigen (BGH FamRZ 1995, 861 ff, 863). In diesem Fall treffen ihn nach Ansicht des BGH aus der Zustimmungsvereinbarung nur solche Verbindlichkeiten, die bis zu dem Widerruf bereits entstanden waren, zB die Haftung für Klinikkosten (BGH FamRz 1995, 861 ff, 863). In jedem Fall unwirksam ist ein Verzicht des Ehemannes auf das Recht, die Ehelichkeit eines während der Ehe geborenen, nicht von ihm gezeugten Kindes anzufechten, auch wenn es aus einer mit seiner Zustimmung vorgenommenen heterologen Insemination hervorgegangen ist; aus dem Anfechtungsverzicht ist nicht ohne weiteres abzuleiten, daß eine spätere Anfechtung der Ehelichkeit des Kindes treuwidrig sei (BGHZ 87, 169 ff; BGH FamRZ 1995, 1272 ff, 1275).

XIV. Verstöße gegen die Sexualmoral

1. Vorbemerkungen

Die Rechtsprechung hat Rechtsgeschäfte, die gegen die Sexualmoral verstoßen, ursprünglich sehr weitgehend für sittenwidrig und nichtig erklärt. In den vergangenen Jahrzehnten hat jedoch eine erhebliche Liberalisierung der Vorstellungen über die Sexualmoral stattgefunden (ausf dazu schon Rother AcP 172 [1972] 498 ff). Aber auch soweit Rechtsgeschäfte gegen Standards der (noch) herrschenden Sexualmoral verstoßen, ist es bedenklich, daran ohne weiteres den **rechtlichen** Vorwurf der Sittenwidrigkeit mit der Nichtigkeitssanktion des § 138 zu knüpfen. Vor allem ist zu berücksichtigen, daß es im Rahmen des § 138 nicht um die Beurteilung des **Verhaltens** einer Person und um Sanktionen für unsittliches Verhalten geht, sondern um die Frage der Sittenwidrigkeit eines **Rechtsgeschäfts**, bei der allerdings die Art des Verhaltens der Beteiligten von Bedeutung sein kann (BGHZ 53, 369, 375; NJW 1973, 1645, 1646; NJW 1984, 2150, 2151; Lindacher AcP 173 [1973] 124, 135; MünchKomm/Mayer-Maly § 138 Rn 50; Soergel/Hefermehl § 138 Rn 206).

2. Vertragliche Verpflichtungen zu sexuellen Leistungen

Sittenwidrig sind nach hM Verträge, die die geschlechtliche Hingabe oder sonstige sexuelle Dienste gegen Bezahlung zum Gegenstand haben (BGH NJW 1970, 1179; BGHZ 63, 365, 366; BGHZ 67, 119, 122, 124 f; OLG Düsseldorf NJW 1970, 1852; LG Mannheim NJW 1995, 3398; Erman/Brox § 138 Rn 34; Larenz, AT § 22 III d S 446; Medicus, AT Rn 701; MünchKomm/Mayer-Maly § 138 Rn 50, 51; Palandt/Heinrichs § 138 Rn 52; gegen diese pauschale Aussage wohl mit Recht Rother AcP 172 [1972] 498, 502 f, 504 f, 519; Soergel/Hefermehl § 138 Rn 22, 207 ff). Dies gilt unabhängig davon, ob diese Leistungen beruflich oder außerberuflich gegen Entgelt erbracht werden sollen (MEDICUS, AT Rn 702). Denn um der Menschenwürde willen muß die Bereitschaft zu geschlechtlichem Verhalten jederzeit widerruflich bleiben (MünchKomm/MAYER-MALY § 138 Rn 50; SOERGEL/HEFERMEHL § 138 Rn 208). Sittenwidrig und nichtig ist daher die vertragliche Verpflichtung zur sexuellen Hingabe, insbesondere zur **Prostitution** (BGHZ 67, 119, 122, 124 f; OLG Düsseldorf NJW 1970, 1852; ERMAN/BROX § 138 Rn 71; MEDICUS, AT Rn 701; MünchKomm/ MAYER-MALY § 138 Rn 50; PALANDT/HEINRICHS § 138 Rn 52; SOERGEL/HEFERMEHL § 138 Rn 208; aA KÜHNE ZRP 1975, 184, 185; ROTHER AcP 172 [1972] 503). An dieser Bewertung ändert auch die Tatsache nichts, daß es sich bei der Prostitution um das älteste Gewerbe der Welt handelt, daß in großer Zahl gegen das sittlich-rechtliche Verbot verstoßen wird (vgl jedoch KÜHNE ZRP 1975, 184, 185), daß die Einnahmen aus Prostitution zu versteuern sind (BFHE 80, 73 = NJW 1965, 79) und daß eine Prostituierte, die verletzt wurde, unter dem Schutze des Rechts nach § 252 Schadensersatz wegen entgangener Einnahmen geltend machen kann (BGHZ 67, 119 ff; OLG Düsseldorf NJW 1970, 1852). Für wirksam hält man hingegen die **Übereignung** des Dirnenlohns nach § 929 (BGHSt 6, 379; OLG Düsseldorf NJW 1970, 1852; MünchKomm/MAYER-MALY § 138 Rn 50; PALANDT/HEINRICHS § 138 Rn 52; SOERGEL/HEFERMEHL § 138 Rn 208), was vor allem strafrechtlich relevant werden kann; allerdings ist diese Ansicht trotz des Abstraktionsprinzips, auf das man sich für sie beruft, kaum vereinbar mit der ganz hM, zB zum Geliebtentestament (vgl zB BGHZ 53, 369, 376; MünchKomm/MAYER-MALY § 138 Rn 50; SOERGEL/HEFERMEHL § 138 Rn 207), nach der Zuwendungen, durch die ausschließlich die geschlechtliche Hingabe belohnt werden soll, sittenwidrig und nichtig sind. „**Kontaktanzeigen**" in Zeitungen und Zeitschriften, in denen mehr oder weniger verdeckt für Prostitution geworben wird, sind sittenwidrig sowie nach § 134 iVm § 120 Abs 1 Nr 2 OWiG nichtig (BGHZ 118, 182, 185 f, 188 ff; dazu o § 134 Rn 266; zweifelnd PALANDT/HEINRICHS § 138 Rn 52; aA LG Frankfurt NJW 1985, 1639, 1641; OLG Hamburg MDR 1985, 319; SOERGEL/HEFERMEHL § 138 Rn 213 aE).

454 Sittenwidrig ist auch die Verpflichtung, in einem Nachtlokal öffentlich Geschlechtsverkehr vorzuführen (BAG NJW 1976, 1958, 1959; SOERGEL/HEFERMEHL § 138 Rn 209) oder die Verpflichtung, in Peep-Shows aufzutreten (ausf o Rn 397). Sittenwidrig sind auch Verträge über **Telefonsex**, dh sowohl der Vertrag zwischen der Telefonsexanbieterin und dem Kunden, als auch der Anzeigenvertrag über Werbung für Telefonsex (OLG Hamm NJW 1989, 2551; LG Mannheim NJW 1995, 3398 f [„Wortbordelle"]; AG Essen NJW 1989, 3162; AG Garmisch-Partenkirchen NJW 1990, 1856 f; AG Dortmund MDR 1991, 535; AG Halle NJW-RR 1993, 1016; ERMAN/BROX § 138 Rn 85; MEDICUS, AT Rn 701; MünchKomm/MAYER-MALY § 138 Rn 52; vgl auch zu § 134 iVm § 120 OWiG LG Bonn NJW 1989, 2544, o § 134 Rn 266; aA AG Düsseldorf NJW 1990, 1856; AG Offenbach NJW 1988, 1097; BEHM NJW 1990, 1822 ff; PALANDT/HEINRICHS § 138 Rn 52; aA in bezug auf Anzeigenverträge auch OLG Stuttgart NJW 1989, 2551; aA zu § 1 UWG betr Werbung für Telefonsex OLG Hamm NJW 1995, 2797). Verträge über **Striptease** sind hingegen grundsätzlich nicht sittenwidrig (BAG BB 1973, 291; ausführlicher o Rn 398).

455 In Anbetracht der sexuellen Liberalisierung wurde folgende Differenzierung vorgeschlagen: Das Zahlungsversprechen ist nicht sittenwidrig; es besteht jedoch kein rechtlicher Anspruch auf Erbringung der vereinbarten sexuellen Dienste (so ROTHER AcP 172 [1972] 498, 505 ff, 507; aA MünchKomm/MAYER-MALY § 138 Rn 50).

3. Zuwendungen zwischen nichtehelichen Geschlechtspartnern

Zuwendungen an eine(n) Geliebte(n) sind nach Ansicht des BGH idR sittenwidrig **456** nach § 138, wenn sie **ausschließlich** die geschlechtliche Hingabe belohnen oder deren Fortsetzung fördern sollen (BGH NJW 1984, 797; NJW 1984, 2150, 2151; NJW 1973, 1645, 1646; MDR 1961, 128; vgl auch BGHZ 53, 369, 376; MünchKomm/Mayer-Maly § 138 Rn 51; Soergel/Hefermehl § 138 Rn 206, 225). Diese Voraussetzungen sind nicht erfüllt bei Zuwendungen in einer **nichtehelichen Lebensgemeinschaft**, die auf Dauer angelegt und von innerer Bindung getragen ist; sie sind nicht sittenwidrig, wenn nicht besondere Umstände hinzukommen (BGH WM 1965, 793; NJW 1973, 1645, 1646; BGHZ 77, 55, 59; NJW 1984, 797; NJW 1984, 2150, 2151; BGHZ 112, 259, 262; Soergel/Hefermehl § 138 Rn 210, 225). Eine Zuwendung ist auch dann grundsätzlich nicht sittenwidrig, wenn einer der Partner verheiratet ist (BGHZ 77, 55, 59; BGH NJW 1984, 2150, 2151; BGHZ 112, 259, 262). Eine unter Lebenden gemachte unentgeltliche Zuwendung an den Partner einer außerehelichen Geschlechtsbeziehung kann jedoch dann sittenwidrig sein, wenn dies für die Benachteiligten **unzumutbar** ist, insbesondere wenn dies zur Gefährdung von Unterhaltsansprüchen oder zur Aushöhlung eines Erbvertrags mit einem nahen Angehörigen führt (BGHZ 77, 55, 59; BGH NJW 1984, 2150, 2151; Soergel/Hefermehl § 138 Rn 225). Die **Beweislast** für das Vorliegen der sittenwidrigkeitsbegründenden Tatumstände liegt bei demjenigen, der sich auf die Nichtigkeit beruft (BGH NJW 1973, 1645, 1646).

4. Sittenwidrige Raumüberlassungsverträge

Soweit es Rechtsgeschäfte betrifft, die Verstöße gegen die Sexualmoral zwar ermöglichen **457** oder fördern sollen, die jedoch in sich selbst wertneutral sind, wird deren Sittenwidrigkeit zunehmend verneint (BGHZ 67, 119, 124; Medicus, AT Rn 701). Nicht mehr haltbar ist die Ansicht, daß die Vermietung eines Doppelzimmers an Nichtverheiratete ohne weiteres sittenwidrig sei*. Auch ein Mietvertrag mit einer Dirne ist nicht in jedem Falle nach § 138 nichtig (BGH NJW 1970, 1179; BGHZ 63, 365, 367 = NJW 1975, 638; BGH NJW-RR 1988, 1379; Erman/Brox § 138 Rn 71; MünchKomm/Mayer-Maly § 138 Rn 55; Palandt/Heinrichs § 138 Rn 6; Soergel/Hefermehl § 138 Rn 211). Denn damit wird verhindert, daß Dirnen auf die Straße, in die Familie oder in nicht überwachbare Schlupfwinkel getrieben werden. Diese auf § 180 StGB aF aufbauende Argumentation des BGH paßt auch jetzt noch. Das Vertragsrecht muß diesen Überlegungen durch Anerkennung der Mietverträge Rechnung tragen (BGH NJW 1970, 1179 f). Sittenwidrigkeit ist erst anzunehmen, wenn besondere Umstände hinzukommen, zB eine weit überhöhte Miete (BGHZ 63, 365, 367; 67, 119, 124 f; NJW 1970, 1179; Soergel/Hefermehl § 138 Rn 212).

---

* So jedoch noch in einem viel diskutierten Urteil das AG Emden NJW 1975, 1363 f; ebenso LG Bonn MDR 1958, 920; LG Essen ZMR 1961, 44; LG Köln WuM 1974, 242; Händel NJW 1976, 521; krit zu dieser Ansicht jedoch BGHZ 84, 36, 38 f; BGHZ 92, 213, 219 f mwNw; LG Bonn NJW 1975, 1690, 1691; Beer JuS 1977, 374; Berg NJW 1976, 2166; Bergfelder WuM 1977, 45; Erman/Brox § 138 Rn 85; Leenen MDR 1980, 353; Lindacher JR 1976, 60 f; Medicus, AT Rn 702; MünchKomm/Mayer-Maly § 138 Rn 55; Peters NJW 1975, 1890; Schickedanz NJW 1975, 1890 f; Schneider ZMR 1977, 131; Soergel/Hefermehl § 138 Rn 212; Staudinger/Dilcher[12] § 138 Rn 94.

5. Rechtsgeschäfte mit Bezug auf Bordelle („Bordellverträge")

458 Ein Wandel der sittlich-rechtlichen Bewertung hat auch in bezug auf Bordellkäufe, Bordellverpachtungen, Bordellhypotheken und andere Rechtsgeschäfte mit Bezug auf Bordelle stattgefunden. Früher wurden sowohl diesbezügliche Verpflichtungsgeschäfte als auch die dazugehörenden Erfüllungsgeschäfte für sittenwidrig und nichtig erklärt, weil diese Geschäfte nur mit Dirnenlohn finanziert werden können und damit ihrem Wesen nach Prostitution voraussetzen (RGZ 63, 365, 366 f; 68, 97, 99; 71, 192; 71, 433; BGHZ 41, 341, 343; BGH WM 1969, 1083). Der BGH beurteilt dies inzwischen nicht mehr so streng (BGHZ 63, 365, 367; BGH NJW-RR 1990, 750). Ebenso wie Mietverträge mit Prostituierten sind auch Bordellpachtverträge und sonstige Verträge mit Bordellen bzw Verträge, die einen Bordellbetrieb in irgendeiner Weise zum Gegenstand haben, grundsätzlich nicht sittenwidrig, da sie im Interesse der Allgemeinheit eine gewisse Ordnung der Prostitution, eine bessere Kontrolle von Geschlechtskrankheiten und einen besseren Schutz der Dirnen vor Zuhältern bewirken (BGHZ 63, 365, 366 f; BGH NJW-RR 1990, 750; OLG Hamm NJW 1975, 653; ERMAN/BROX § 138 Rn 71; HÜBNER, AT Rn 499; SOERGEL/HEFERMEHL § 138 Rn 211). Auch ein Bauvertrag über den Wiederaufbau eines Gebäudes, welches in Zukunft, ebenso wie schon früher, Bordellzwecken dienen soll, ist nicht in jedem Fall sittenwidrig (RGZ 71, 192, 194; anders noch RGZ 63, 367, 370). Ferner sind Werkverträge mit Handwerkern über normale bauliche Leistungen, Reparaturen usw an Häusern, in denen ein Bordellbetrieb stattfindet, nicht sittenwidrig (BGH NJW-RR 1987, 999, 1000; ROTHER AcP 172 [1972] 498, 509). Ein Bierlieferungsvertrag mit einem Bordell ist selbst dann nicht sittenwidrig, wenn der Bordellbetrieb ordnungswidrig ist (BGH NJW-RR 1987, 999, 1000). Auch eine Feuerversicherung eines Bordellgebäudes ist nicht sittenwidrig (STAUDINGER/COING[11] § 138 Anm 19 aa). Wirksam ist auch ein Gesellschaftsvertrag mit dem Zweck, ein Hausgrundstück durch Zimmervermietung an Prostituierte zu nutzen (BGH WM 1974, 749, 750; NJW-RR 1988, 1379; ERMAN/BROX § 138 Rn 71; MEDICUS, AT Rn 701; SOERGEL/HEFERMEHL § 138 Rn 211). Die Verpflichtung zur Bezahlung hoher Zechschulden ist nicht schon deshalb sittenwidrig, weil sie in einem Animierlokal entstanden sind; ebensowenig ist die Begebung von Schecks zur Bezahlung solcher Schulden oder ein entsprechendes Schuldanerkenntnis ohne weiteres unwirksam (BGH NJW 1980, 1742; NJW 1987, 2014). Auch Darlehen zum Erwerb von Bordellen und zur Finanzierung ihres Betriebs sind grundsätzlich nicht sittenwidrig (BGH NJW-RR 1990, 750 f).

459 Sittenwidrig sind jedoch Rechtsgeschäfte, die ein Bordell fördern, in dem die Voraussetzungen des **§ 180 a StGB** erfüllt werden, dh in denen die Prostituierten in wirtschaftlicher oder persönlicher Abhängigkeit gehalten werden oder in denen die Prostitution durch Maßnahmen gefördert wird, welche über die bloße Gewährung von Wohnung, Unterkunft oder Aufenthalt und die damit überlicherweise verbundenen Nebenleistungen hinausgehen (dazu BGH NJW 1987, 3209; BGH NJW-RR 1990, 750 f). Danach sind zB sittenwidrig und nichtig Darlehensverträge zum Erwerb eines Bordells, in dem gegen § 180 a StGB verstoßen wird, sowie die zur Sicherung bestellten Grundschulden (BGH NJW-RR 1990, 750 f). Sittenwidrig sind auch Bordellpachtverträge, wenn der Betrieb gegen § 180 a StGB verstößt (BGH NJW-RR 1990, 750). Bei einem „bloß untergeordneten Hilfsgeschäft, das nur einen entfernten Zusammenhang mit dem verbotenen Unrecht aufweist", will der BGH hingegen § 138 nicht anwenden. Dies sei zB der Fall bei Getränkelieferungsverträgen (BGH NJW-RR 1990, 750, 751, unter Bezugnahme auf BGH NJW-RR 1987, 999). Sittenwidrig sind auch Bordellpachtverträge, wenn der Pachtzins in einem auffälligen Mißverhältnis zum Pachtwert steht (BGHZ 63, 365, 367; OLG Hamm NJW 1975, 653 f; ERMAN/BROX § 138 Rn 71; SOERGEL/ HEFERMEHL § 138 Rn 211; krit HONSELL JZ 1975, 439). In solchen Fällen ergibt sich jedoch die Sittenwidrigkeit nicht aus einem Verstoß gegen die Sexualmoral, sondern aus dem allgemeinen Verbot wucherischer bzw wucherähnlicher Rechtsgeschäfte.

6. Verträge über Pornographie und Pornofilme

Kaufverträge über pornographische Publikationen sind nach hM nicht mehr ohne **460** weiteres sittenwidrig (BGH NJW 1981, 1439; OLG Hamburg MDR 1975, 226, 227; SOERGEL/ HEFERMEHL § 138 Rn 213; STAUDINGER/DILCHER[12] § 138 Rn 94; aA jedoch mit gewichtigen Argumenten LG Landau MDR 1977, 840; vgl auch AG Hagen MDR 1959, 756). Dasselbe gilt für die straflose öffentliche Vorführung pornographischer Filme (BGH NJW 1981, 1439 aE; OLG Hamburg GRUR 1980, 998, 999; OLG Hamburg GRUR 1984, 663, 664; STAUDINGER/DILCHER[12] § 138 Rn 94; ebenso zu § 33 a GewO BVerwG NVwZ 1990, 668, 669; BVerwGE 71, 34 = NVwZ 1985, 827). Verträge über die Herstellung pornographischer Aufnahmen werden ebenfalls nicht ohne weiteres für sittenwidrig gehalten (OLG Stuttgart NJW-RR 1987, 1435; PALANDT/HEINRICHS § 138 Rn 54). Sittenwidrig sind solche Verträge jedoch zB, wenn sie den sexuellen Mißbrauch von Kindern zum Gegenstand haben (OLG Hamburg MDR 1975, 226, 227; GRUR 1980, 998, 999; BGB-RGRK/KRÜGER-NIELAND/ZÖLLER § 138 Rn 192; MünchKomm/MAYER-MALY § 138 Rn 56; SOERGEL/HEFERMEHL § 138 Rn 213).

7. Verträge über Empfängnisverhütung

Verträge zum Zwecke der Empfängnisverhütung sind nach den heute herrschenden **461** und auch rechtlich maßgeblichen Moralvorstellungen nicht (mehr) sittenwidrig. Wirksam sind daher Kaufverträge über Präservative, Antibabypillen uä (LG Itzehoe VersR 1969, 265; vgl auch BGHSt 24, 318; PALANDT/HEINRICHS § 138 Rn 55; STAUDINGER/DILCHER[12] § 138 Rn 94). Auch ein Vertrag mit einem Arzt über **Sterilisation** ist heute nicht mehr als sittenwidrig zu bewerten, auch soweit sie nicht medizinisch indiziert ist (BGHZ 67, 48, 51; PALANDT/HEINRICHS § 138 Rn 10, 55, 98; SOERGEL/HEFERMEHL § 138 Rn 215; vgl auch OLG Bamberg NJW 1978, 1685 [zur Haftung eines Arztes nach fehlgeschlagener Sterilisation aus positiver Vertragsverletzung und aus den §§ 823 ff]; anders noch RGZ 108, 87; anders auch die wohl herrschende Lehre im Strafrecht zu den §§ 223, 226 a StGB, vgl die Nachweise bei SCHÖNKE/SCHRÖDER, Strafgesetzbuch[23] § 223 Rn 60 ff; gegen Strafbarkeit hingegen BGHSt 20, 81 – Axel Dohrn). Denn nach den heute herrschenden Moralvorstellungen ist in den Grenzen des § 218 StGB weder die Empfängnisverhütung noch die ärztliche Mithilfe sittlich-rechtlich zu mißbilligen (BGHZ 67, 48, 51). Die durch Art 6 GG geschützten sittlichen Werte von Ehe und Familie werden durch Empfängnisverhütung nicht angetastet (BGHZ 67, 48, 51). Ein Vertrag einer Frau mit einem Arzt über ihre Sterilisation ist auch ohne Zustimmung des Ehemannes und sogar gegen dessen Willen wirksam (SOERGEL/HEFERMEHL § 138 Rn 215). Überholt sind Entscheidungen noch aus den 60er Jahren, die die Sterilisation einer Frau generell als Körperverletzung und deren Einwilligung als sittenwidrig iSv § 226 a StGB bewerteten.

Man kann sich jedoch nicht rechtswirksam verpflichten, regelmäßig bzw während **462** der Dauer eines Arbeitsverhältnisses empfängnisverhütende Mittel zu benutzen (BGH NJW 1986, 2043, 2045; MünchKomm/MAYER-MALY § 138 Rn 16; SOERGEL/HEFERMEHL § 138 Rn 21). Dies verstößt gegen das durch Art 1 Abs 1 und Art 2 Abs 1 GG geschützte persönliche Selbstbestimmungsrecht, das der Frau die freie Entscheidung darüber sichert, ob sie empfängnisverhütende Mittel gebrauchen will (BGH NJW 1986, 2043, 2045; LAG Hamm DB 1969, 2353, 2354, das § 134 iVm Art 1, 2, 6 GG anwenden will). Auf Bedenken stößt hingegen die Ansicht des BGH (NJW 1986, 2043), daß eine Frau sich nicht rechtsverbindlich verpflichten könne, ihrem Partner mitzuteilen, wenn sie zur Empfängnisverhütung nicht mehr bereit ist, weil dadurch ihre Intimsphäre unzumutbar berührt werde.

XV. Rechtsgeschäfte über nicht kommerzialisierbare Güter

1. Rechtsgeschäfte über höchstpersönliche Güter

463 Es gibt Güter und Interessen, die ihrem Wesen nach nicht kommerzialisierbar sind (MünchKomm/Mayer-Maly § 138 Rn 109 f; Palandt/Heinrichs § 138 Rn 56). Man könnte sie in einem abgewandelten Sinne als res extra commercium bezeichnen. In diesen Fällen ergibt sich die Sittenwidrigkeit vor allem aus der Verknüpfung der Verpflichtung zu einem Tun oder Unterlassen **gegen Bezahlung** eines Entgelts. Entgeltliche Verträge über sie sind, sofern sie nicht schon gegen spezielle Gesetze verstoßen, sittenwidrig.

464 Zu den „res extra commercium" gehören vor allem **höchstpersönliche** Güter und Interessen. So gibt es höchstpersönliche **Verhaltensweisen**, die nach allgemeiner Rechtsüberzeugung schon ihrem Wesen nach einer rechtsgeschäftlichen Bindung nicht zugänglich sind (Flume, AT § 18, 2b S 368 f; Larenz, AT § 22 III b 6 S 446; Scherner, AT S 229; Soergel/Hefermehl § 138 Rn 21). Zum Teil wurde die Ansicht vertreten, daß Verträge über solche höchstpersönlichen Verhaltensweisen schon deshalb nichtig sind, weil dieser gesamte Bereich bereits seinem Wesen nach rechtsgeschäftlicher Bindung verschlossen sei (Eckstein ArchBürgR 38, 195, 213; Flume, AT § 18, 2 b S 369). Nach dem System unserer Rechtsgeschäftslehre ist jedoch der Anwendung von § 138 Abs 1 der Vorzug zu geben. Meist verstoßen solche Rechtsgeschäfte auch gegen die objektive Wertordnung des **Grundgesetzes** (vgl dazu o § 134 Rn 241).

465 Sittenwidrig wegen des Verstoßes gegen die objektive Wertung des Art 6 GG und nach § 138 nichtig sind **Zölibatsklauseln**, dh die Verpflichtung, (in einer bestimmten Zeit) nicht zu heiraten (s o § 134 Rn 241; BAGE 4, 275, 279 f, 285 [zu § 134]; Flume, AT § 18, 2 S 368, 369; Soergel/Hefermehl § 138 Rn 21, 22, 23) sowie die Verpflichtung, eine bestimmte Person nicht zu heiraten (Soergel/Hefermehl § 138 Rn 21), außerdem – umgekehrt – die Verpflichtung, zu heiraten bzw eine bestimmte Person zu heiraten (Flume, AT § 18, 2 S 368; Larenz, AT § 22 III b S 446; Soergel/Hefermehl § 138 Rn 21, 22). Sittenwidrig ist auch der entgeltliche Verzicht auf Ehelichkeitsanfechtung (OLG Celle NdsRpfl 1962, 188), auf die elterliche Sorge (OLG Hamburg FamRZ 1984, 1223) oder auf das elterliche Umgangsrecht (BGH NJW 1984, 1952). Sittenwidrig ist ferner die arbeitsvertragliche Verpflichtung, empfängnisverhütende Mittel zu benutzen (BGH NJW 1986, 2043, 2045; s o Rn 462).

466 Sittenwidrig ist ferner die vertragliche Verpflichtung, eine Ehescheidungsklage zu erheben bzw sich vor dem Vorliegen eines Scheidungsgrundes generell zu verpflichten, ihre Erhebung zu unterlassen (BGHZ 97, 304, 306 betr Scheidungsverbot; BGH FamRZ 1978, 881, 883; s auch oben Rn 431). Im Widerspruch dazu steht wohl die Ansicht des

BGH, daß die Erbeinsetzung der Söhne eines Bauern unter der **Bedingung**, daß sie sich von ihren Frauen scheiden lassen, weil diese während der Kriegsgefangenschaft der Söhne nicht treu gewesen und deshalb nicht würdig seien, Bäuerinnen auf seinem Hof zu werden, mit den guten Sitten vereinbar sei (BGH LM Nr 5 zu § 138 [Cd] BGB). Diese Entscheidung ist allerdings auf Kritik gestoßen, da sie die Söhne mit der Alternative „Frau oder Hof" zwingen wolle, sich scheiden zu lassen (FLUME, AT § 18, 2 cc S 370; MEDICUS, AT Rn 687). Die Ansicht des BGH ist schon wegen der Wertung des Art 6 GG abzulehnen (FLUME, MEDICUS aaO). Die Bedingung, daß die Söhne nur erben sollen, wenn sie sich von ihren jetzigen Frauen scheiden lassen, ist sittenwidrig und nichtig (FLUME, AT § 18, 2 S 370 m Fn 27). Im übrigen ist die Erbeinsetzung der Söhne wirksam.

Sittenwidrig ist ferner die unmittelbare oder mittelbare rechtsgeschäftliche oder testamentarische Klausel, die Konfession zu wechseln bzw beizubehalten (RG JW 1913, 1100; OLG Braunschweig OLGZ 1976, 52; FLUME, AT § 18, 2 S 368 f; LARENZ, AT § 22 III b S 446; SCHERNER, AT 229 f; SOERGEL/HEFERMEHL § 138 Rn 21, 22; STAUDINGER/DILCHER[12] § 138 Rn 86), in den geistlichen (katholischen) Stand einzutreten (BayObLG SeuffA 50 Nr 95; SOERGEL/HEFERMEHL § 138 Rn 23), die Staatsangehörigkeit zu wechseln bzw beizubehalten (FLUME, AT § 18, 2 S 368; SOERGEL/HEFERMEHL § 138 Rn 21), bestimmte Berufe auszuüben bzw nicht auszuüben (FLUME, AT § 18, 2 S 369) sowie eine Beschränkung der Freizügigkeit durch ein Wohnsitzverbot (BGH NJW 1972, 1414 f; zurückhaltender SOERGEL/ HEFERMEHL § 138 Rn 167; krit MERTEN NJW 1972, 1799; SCHWABE NJW 1973, 229 f; dazu ferner CANARIS AcP 184 [1984] 217 ff; für die Anwendung von § 888 ZPO CANARIS JuS 1989, 161, 164). Zu sog **Ehrenwortklauseln** s o Rn 406.

Bei Vorliegen besonderer Umstände können Verträge über höchstpersönliche Güter allerdings ausnahmsweise **gerechtfertigt** sein. In gemeinschaftlichen Testamenten und Erbverträgen zwischen Eheleuten gilt eine auflösende Bedingung nicht als sittenwidrig, nach der sich der Überlebende im Falle der Wiederverheiratung mit den Kindern nach den Regeln der gesetzlichen Erbfolge auseinanderzusetzen hat (RGZ 156, 171, 181; dazu THIELMANN 257 ff). Nicht gerechtfertigt ist hingegen, wie bereits erwähnt, die Erbeinsetzung von Söhnen unter der Bedingung, daß sie sich scheiden lassen, weil die Ehefrauen nicht treu gewesen sind (aA in einem allerdings etwas komplizierter gelagerten Fall BGH LM Nr 5 zu § 138 [Cd] BGB).

2. Schmiergeldvereinbarungen

a) Nichtig sind sog Schmiergeldvereinbarungen, dh Vereinbarungen mit **Vertretern** eines Vertragspartners, über die Zahlung von Entgelt (Provision, Gratifikation, Schmiergeld usw), wenn sie einen Vertragsabschluß mit diesem ermöglichen oder inhaltlich beeinflussen sollen. Der Vertreterbegriff ist hier in einem sehr weiten Sinne zu verstehen, umfaßt also neben Angestellten eines Unternehmens und unmittelbaren Stellvertretern auch mittelbare Stellvertreter, gesetzliche Vertreter oder Organe von Gesellschaften sowie Amtsträger der öffentlichen Hand. Sofern solche Vertreter gegen das Bestechungsverbot der §§ 331 ff StGB oder des § 12 UWG verstoßen, folgt die Nichtigkeit der Schmiergeldvereinbarungen aus § 134 iVm diesen Vorschriften (vgl o § 134 Rn 296, 299; vgl auch BGH NJW 1962, 1099; OLG Hamburg MDR 1970, 47 zu § 12 UWG iVm § 138). Im übrigen sind sie nach § 138 sittenwidrig und nichtig (RGZ 86, 146, 148; RGZ 136, 359, 360; RGZ 161, 229, 230, 233 f; BGH NJW 1962, 1099; NJW 1989, 26 f;

OLG Köln NJW-RR 1992, 623, 624; BGB-RGRK/Krüger-Nieland/Zöller § 138 Rn 177; Hübner, AT Rn 498; Larenz, AT § 22 III b 4 S 444; MünchKomm/Mayer-Maly § 138 Rn 110; Palandt/Heinrichs § 138 Rn 63; Soergel/Hefermehl § 138 Rn 180). Sittenwidrig sind auch Schmiergeldvereinbarungen mit **sonstigen Personen**, denen die Pflicht obliegt, fremde Interessen zu wahren (BGH NJW 1973, 363; BGHZ 95, 81, 83 ff; NJW-RR 1987, 42; NJW 1991, 1819 f; OLG Hamburg MDR 1970, 47; OLG Köln NJW-RR 1988, 144), auch wenn diese Personen unentgeltlich tätig geworden sind (BGH NJW-RR 1987, 42). Sittenwidrig sind zB Entgeltzusagen an Berater des Vertragspartners (BGH NJW 1973, 363; NJW-RR 1987, 42; NJW 1991, 1819 f), Entgeltzusagen an den künftig für die Anschaffung von Inventar entscheidungsbefugten Hotelpächter (OLG Köln NJW-RR 1988, 144), an den Angestellten eines Unternehmens zum Zwecke der Förderung oder Veranlassung der Übernahme seines Unternehmens durch den anderen Unternehmer (OLG Hamm ZIP 1993, 468) oder Entgeltzusagen durch einen Bauunternehmer an einen Architekten für die Vermittlung von Bauaufträgen (OLG Hamburg MDR 1970, 47).

470 Unerheblich ist, ob die Schmiergelder unmittelbar der mit der Interessenwahrung bedachten Person oder an Dritte geleistet werden sollen, zB an nahe Angehörige (BGH NJW 1989, 26, 27). Der Vorwurf der Sittenwidrigkeit ergibt sich aus der Gefahr einer mißbräuchlichen Ausnutzung einer **Vertrauensstellung** zur heimlichen Erlangung von Vorteilen (RGZ 161, 229, 230; BGH NJW 1962, 1099; BGH NJW 1973, 363; OLG Köln NJW-RR 1988, 144; Palandt/Heinrichs § 138 Rn 63; Soergel/Hefermehl § 138 Rn 180; ähnlich OLG Hamm ZIP 1993, 468). Unerheblich ist es deshalb, ob mit der vereinbarten Zuwendung Nachteile für den Arbeitgeber bzw Auftraggeber verbunden oder beabsichtigt waren (RGZ 161, 229, 231; BGH NJW 1962, 1099; NJW 1973, 363; WM 1986, 206; OLG Hamburg MDR 1970, 47). Die Schmiergeldvereinbarung ist selbst dann sittenwidrig, wenn sie sich nicht nachteilig auf den Geschäftsherrn auswirken kann (MünchKomm/Mayer-Maly § 138 Rn 110; Soergel/Hefermehl § 138 Rn 180).

471 Nicht nichtig sind hingegen die zur Erfüllung der Schmiergeldvereinbarung getätigten Geschäfte (Körner WRP 1979, 774, 775). Ansprüchen aus § 812 auf Rückgewähr erbrachter Leistungen steht § 817 S 2 analog entgegen (OLG Hamburg MDR 1970, 47). Eigentumsherausgabeansprüche nach § 985 scheitern am wirksamen Eigentumserwerb des Schmiergeldempfängers. Dieser hat das Empfangene seinerseits nach § 675 iVm § 667 bzw nach § 687 Abs 2 iVm §§ 681, 667 an den Geschäftsherrn herauszugeben.

472 b) Problematisch ist die Wirksamkeit derjenigen Verträge, deren Zustandekommen oder Inhalt durch Schmiergeldzusagen an Vertreter oder sonstige Interessenwahrer beeinflußt werden sollte („Hauptverträge"). Ein Vertrag ist nicht schon dann sittenwidrig und nichtig, wenn er mit sittenwidrigen Mitteln zustande gebracht wurde, sondern nur dann, wenn sein **Inhalt** gegen die guten Sitten verstößt (RGZ 86, 146, 148). Deshalb ist ein Vertrag nicht schon deshalb ohne weiteres nichtig, weil sein Abschluß oder Inhalt durch Schmiergeldzusagen beeinflußt worden ist (**aA** jedoch wohl Larenz, AT § 22 III b 4 S 443 f; Palandt/Heinrichs § 138 Rn 63). Das RG hat ursprünglich angenommen, daß ein durch Schmiergeldzusagen vermittelter Vertrag erst dann sittenwidrig sei, wenn das Mittel der Bestechung zu einem höchst unbilligen Vertrag geführt habe, bei dem zB der bedungene Preis in einem auffälligen Mißverhältnis zu der vereinbarten Leistung steht (RGZ 86, 146, 148; vgl auch RGZ 132, 131, 134). In späteren Entscheidungen des RG sowie vom BGH wurde der Hauptvertrag hingegen schon dann für sittenwidrig erachtet, wenn er für den Geschäftsherrn des Schmiergeldempfängers **nachteilig** war (RGZ 134, 43, 56; RGZ 136, 359, 360; BGH NJW 1989, 26, 27; NJW-RR 1990, 442, 443; OLG Köln NJW-RR 1992, 624; Soergel/Hefermehl § 138 Rn 183 hält die Möglichkeit eines Nachteils für den Geschäftsherrn für ausreichend), so zB bei Vereinbarung eines überhöhten Kaufpreises durch einen geschmierten Komplementär zum Nachteil einer KG (BGH NJW 1989, 26 f). Nach dem Beweis des ersten Anscheins sind Verträge, bei deren Zustandekommen Schmiergeld gezahlt wurde, nachteilig zu Lasten der Vertragspartei, deren Vertreter oder Interessenwahrer geschmiert worden ist (RGZ 161, 229, 232, 233; RGZ 136, 359, 360 f; BGH NJW 1962, 1099, 1100; NJW 1989, 26, 27; Soergel/Hefermehl § 138 Rn 183). Dagegen entfällt nach Ansicht des BGH der Vorwurf der Sittenwidrigkeit, wenn die Schmiergeldzahlung wegen der Umstände des Einzelfalles auf den Hauptvertrag keinen Einfluß gehabt haben kann (BGH NJW-RR 1990, 442, 443). In diesem Fall führe die Sittenwidrigkeit und Nichtigkeit der Schmiergeldvereinbarung nicht nach § 139 zur Nichtigkeit des Hauptvertrags, da beide Vereinbarungen kein einheitliches Vertragswerk bilden (BGH NJW-RR 1990, 442, 443).

Die Feststellung, ob eine Schmiergeldvereinbarung auf den Abschluß und den Inhalt des Hauptvertrages Einfluß hatte und ob dieser Einfluß für den Geschäftsherrn nachteilig war, bereitet erhebliche Schwierigkeiten. Ob der Vertrag für den Geschäftsherrn nachteilig war, ist nicht zuletzt von seinen subjektiven Vorstellungen abhängig. Deshalb vertritt ein Teil des Schrifttums mit Recht die Ansicht, interessengerecht sei nicht die Nichtigkeit des Hauptvertrags nach § 138, sondern die Genehmigungsmöglichkeit durch den **Vertretenen analog § 177** (Enneccerus/Nipperdey, AT § 191 II 1 Fn 14; Erman/Brox § 138 Rn 68; AK-BGB/Damm § 138 Rn 176; Palandt/Heinrichs § 138 Rn 63; vgl auch o § 134 Rn 299). Diese Ansicht vermeidet auch, daß durch Schmiergeld geförderte Verträge aufgrund vermuteter Nachteiligkeit nichtig sind, auch wenn sie dem Vertretenen nützlich erscheinen, oder daß Rechtsunsicherheit besteht, weil es sehr verschiedene Gründe dafür geben kann, ob ein Vertrag für den Vertretenen vorteilhaft oder nachteilig ist.

c) Schmiergeldzahlungen an Angestellte können auch den Zweck haben, daß diese unbefugt **dienstliches Wissen** weitergeben. Soweit es sich um eine verbotene Weitergabe von Betriebs- und Geschäftsgeheimnissen iSv § 17 UWG oder von Vorlagen iSv § 18 UWG handelt, sind die Vereinbarungen nach § 134 nichtig. Wenn die §§ 17, 18 UWG nicht erfüllt sind, folgt die Nichtigkeit aus § 138 (BGH WM 1976, 1306 = BB 1977, 264; BGB-RGRK/Krüger-Nieland/Zöller § 138 Rn 178; MünchKomm/Mayer-Maly § 138 Rn 110; Palandt/Heinrichs § 138 Rn 63; Soergel/Hefermehl § 138 Rn 181).

d) Durch sittenwidrige Schmiergeldvereinbarungen bzw -zahlungen verursachte Schäden begründen Schadensersatzansprüche des hintergangenen Geschäftsherrn nach § 826 (BGH NJW 1962, 1099; NJW-RR 1987, 42) und gegebenenfalls nach den §§ 17, 18 iVm § 19 UWG. Der Schmiergeldempfänger hat empfangene Schmiergelder seinem Geschäftsherrn herauszugeben, wenn ein Dienstvertrag mit dem Geschäftsherrn bestand nach den §§ 675, 667, ansonsten nach § 687 Abs 2 iVm §§ 681, 667 (RGZ 99, 31, 33; RGZ 164, 98, 102 f; BGHZ 39, 1, 2 f; BGH NJW-RR 1991, 483; BAGE 11, 208; BGB-RGRK/Krüger-Nieland/Zöller § 138 Rn 181; Soergel/Hefermehl § 138 Rn 182). Zu Schmiergeldvereinbarungen mit Vertretern und Beratern **ausländischer** Vertragspartner vgl u Rn 490 f.

3. Sonstige Fälle sittenwidriger Kommerzialisierung

476 Wegen der Verknüpfung mit einem Entgelt sittenwidrig und nach § 138 nichtig ist eine Entschädigungszusage bzw ein Schuldenerlaß gegen Rücknahme oder Nichterstattung einer Strafanzeige wegen Vergewaltigung, wenn damit eine psychische Zwangslage ausgenutzt wird (BGH NJW 1991, 1046, 1047; BGB-RGRK/KRÜGER-NIELAND/ ZÖLLER § 138 Rn 187; MünchKomm/MAYER-MALY § 138 Rn 109; STAUDINGER/DILCHER[12] § 138 Rn 84; ebenso für den Fall eines überhöhten Entgelts PALANDT/HEINRICHS § 138 Rn 56), sowie das Versprechen eines Entgelts für die Nichtausübung des Zeugnisverweigerungsrechts bzw für eine bestimmte Zeugenaussage (RGZ 79, 371, 374). Sittenwidrig ist auch die Vereinbarung eines **Schweigegelds** über einen Ehebruch (BGH LM Nr 18 zu § 134 BGB; MünchKomm/MAYER-MALY § 138 Rn 109 m Fn 333; PALANDT/HEINRICHS § 138 Rn 56), über das Unterlassen einer Strafanzeige oder Disziplinaranzeige, zB wegen Unzucht mit dem 7jährigen Sohn (RGZ 58, 204, 206; vgl auch BAG NJW 1968, 1647, 1648), oder dafür, daß über einen Meineid bis zur Verjährung der Strafverfolgung geschwiegen wird, wenn dies zu dem Zwecke geschieht, sich oder einen anderen der Strafe zu entziehen (SOERGEL/HEFERMEHL § 138 Rn 22). Sittenwidrig ist auch das Versprechen eines Entgelts für die Nichtbeteiligung bzw für die Erbringung minderer Leistungen bei einem sportlichen Wettkampf, um dem Versprechenden den Sieg zu ermöglichen (RGZ 138, 137, 141 f; FLUME, AT § 18, 2 S 369; MünchKomm/MAYER-MALY § 138 Rn 109; PALANDT/HEINRICHS § 138 Rn 98; SOERGEL/HEFERMEHL § 138 Rn 30, 205; STAUDINGER/DILCHER[12] § 138 Rn 82, 83 aE).

477 Sittenwidrig ist ein Vertrag, in dem ein Siedlungsunternehmen auf Ausübung seines gesetzlichen Vorkaufsrechts **gegen Entgelt** verzichtet. Denn das Vorkaufsrecht soll der Beschaffung von Siedlungsland dienen und nicht als Mittel zur Geldbeschaffung (RGZ 120, 144, 149).

478 Sittenwidrig sind auch entgeltliche Geschäfte über die Verschaffung von **öffentlichen Ämtern, Titeln, Orden oder staatlichen Auszeichnungen** (BGH NJW 1994, 187 f [Ehrenkonsul]; RGZ 86, 98 f [Hoflieferant]; RG JW 1919, 447, 448; RG JW 1931, 1924, 1925; LG Bonn MDR 1992, 125; OLG Köln NJW-RR 1994, 1540, 1541). Denn die Anerkennung solcher Geschäfte würde zu einer Sinnentleerung von Titeln und Auszeichnungen bzw zu einer wesentlichen Beeinträchtigung der Funktionsfähigkeit öffentlicher Ämter führen (BGH NJW 1994, 187, 188; LG Bonn MDR 1992, 125). Die Tatsache, daß sich auf diesem Gebiet bereits mißbräuchliche Praktiken in erheblichem Umfange herausgebildet haben, steht dieser Ansicht nicht entgegen (BGH NJW 1994, 187, 188; vgl auch BGHZ 10, 228, 232; BGHZ 16, 4, 12). Ein diesbezüglicher Wandel der guten Sitten im rechtlichen Sinne hat nicht stattgefunden. Sittenwidrig ist danach zB die Zahlung eines Entgelts (125.000,- Dollar), um zum Honorarkonsul von Sierra Leone in Ungarn ernannt zu werden (BGH NJW 1994, 187). Soweit der Handel mit Titeln usw durch spezielle gesetzliche Regelungen untersagt wird, zB durch § 141 wissHG NRW der Handel mit akademischen Graden, ist der Vertrag nach § 134 nichtig (vgl o § 134 Rn 310; § 138 wurde angewendet vom OLG Köln NJW-RR 1994, 1540, 1541).

479 Schließlich gibt es Leistungen, die aus **standesrechtlichen** Gründen nicht Gegenstand entgeltlicher Verträge sein dürfen, zB die entgeltliche Vermittlung von Patienten (OLG Hamm NJW 1985, 679), von Mandanten eines Rechtsanwalts (KG NJW 1989, 2893)

oder Provisionsversprechen an einen Steuerberater, wenn er seine Mandanten zu einer bestimmten Kapitalanlage veranlaßt (BGHZ 95, 84; BGH NJW-RR 1987, 1108).

Nicht sittenwidrig sind Verträge über einen **Studienplatztausch**, auch wenn einer der **480** Vertragspartner eine Zuzahlung leistet (OLG München NJW 1978, 701, 702 f; ERMAN/BROX § 138 Rn 129; MünchKomm/MAYER-MALY § 138 Rn 109; SOERGEL/HEFERMEHL § 138 Rn 188). Grundsätzlich wirksam ist auch der entgeltliche Verzicht einer Bürgerinitiative auf ein Rechtsmittel gegen einen Kraftwerksbau (BGHZ 79, 131, 135; aA MEDICUS, AT Rn 705; KNOTHE JuS 1983, 18; dazu o § 134 Rn 243).

XVI. Verletzung ausländischer Gesetze

1. Vorbemerkungen

Bei Rechtsgeschäften, die gegen ausländische Gesetze verstoßen, ist zunächst die **481** kollisionsrechtliche Frage zu beantworten, ob sie nach deutschem oder ausländischem Recht zu beurteilen sind (vgl o § 134 Rn 47 ff). Wenn ausländisches Recht anwendbar ist, entscheidet dieses über die Wirksamkeit und die Rechtsfolgen des betreffenden Rechtsgeschäfts. Ist hingegen kollisionsrechtlich deutsches Recht anzuwenden, zB weil es die Parteien wirksam vereinbart haben, so ist nicht § 134 einschlägig; denn zu den Verbotsgesetzen iSv § 134 gehören nur **deutsche** Gesetze (vgl o § 134 Rn 47 ff). Von einer dem Art 7 Abs 1 EuSchVÜ entsprechenden Regelung, wonach ausländische „Eingriffsnormen" unter bestimmten Voraussetzungen im Inland zu beachten sind, hat der deutsche Gesetzgeber bei der Neufassung der IPR-Vorschriften des EGBGB bewußt abgesehen (BT-Drucks 10/504 S 100 = BR-Drucks 224/1/83 S 2).

Gegen ausländische Gesetze verstoßende Rechtsgeschäfte können nach § **306** nichtig **482** sein, wenn die Erfüllung wegen der ausländischen Gesetze von Anfang an objektiv unmöglich ist (RGZ 93, 182, 184; RGZ 161, 296, 300; ERMAN/BROX § 134 Rn 8). Ein Vertrag, der dem deutschen Recht unterliegt, kann auch nach § 138 sittenwidrig und nichtig sein, wenn er ausländisches Recht verletzt*. Zwar prägen ausländische Rechtsgrundsätze nicht unmittelbar und ohne weiteres die deutschen guten Sitten (BGH NJW 1965, 2005). Eine ganz andere Frage ist jedoch, ob und unter welchen Voraussetzungen die Verletzung ausländischen Rechts **zugleich** einen Verstoß gegen die deutschen guten Sitten darstellen kann. Ausländische Gesetze können Argumente für eine entsprechende Fortentwicklung der deutschen guten Sitten auf rechtsvergleichender Basis abgeben.

Sittenwidrig ist ein gegen ein ausländisches Gesetz verstoßender Vertrag nach **483**

---

* So § 134 Rn 50; vgl auch BGHZ 34, 169, 177; 59, 82, 85; 69, 295, 297 f; 94, 268, 270, 272; RGZ 96, 282, 283; 108, 241, 243 f; 161, 296, 300; OLG Hamburg RIW 1994, 686, 687; ebenso zu § 826 BGH NJW 1991, 634, 635; ebenso im Schrifttum ERMAN/BROX § 134 Rn 8; FIKENTSCHER/WAIBL IPRax 1987, 86; MEDICUS, AT Rn 658; MünchKomm/MAYER-MALY § 134 Rn 37, § 138 Rn 14; PIEHL, Bestechungsgelder im internationalen Wirtschaftsverkehr (1991) 40 ff, 43; SOERGEL/HEFERMEHL § 134 Rn 9, 197; für ungeeignet hält § 138 KREUZER, Ausländisches Wirtschaftsrecht vor deutschen Gerichten (1986) 86 f; vgl auch den kollisionsrechtlichen Ansatz von E LORENZ RIW 1987, 569, 580 ff und KREUZER 88 ff.

nahezu einhelliger Meinung, wenn die Beachtung des verletzten ausländischen Gesetzes auch **im deutschen Interesse** liegt (BGHZ 34, 169, 177; 59, 82, 85; 69, 295, 298; BGH VersR 1982, 92, 93; BGHZ 94, 268, 270, 272; BGH NJW 1991, 634, 635; RGZ 161, 296, 299; OLG Hamburg RIW 1994, 686, 687; KG NJW 1976, 197, 198; FIKENTSCHER/WAIBL IPRax 1987, 86; PALANDT/HEINRICHS § 134 Rn 2; SOERGEL/HEFERMEHL § 138 Rn 197), wenn ihre Mißachtung allgemein zu achtenden Interessen der Völker zuwiderhandelt (BGHZ 69, 295, 298; KG NJW 1976, 197, 198), wenn das verletzte ausländische Gesetz **fundamentalen** deutschen Rechts- und Gerechtigkeitsvorstellungen entspricht (vgl MANKOWSKI RIW 1994, 688, 690; MAYER-MALY AcP 194 [1994] 105, 145; ähnlich BGH GRUR 1980, 858, 860, wo Sittenwidrigkeit iSv § 1 UWG angenommen wurde bei der im Ausland erfolgten Verletzung von „Anforderungen, die an jede menschliche und staatliche Ordnung zu richten sind.") oder auch wenn es auf gemeinsamen sittlich-rechtlichen Vorstellungen aller Kulturstaaten beruht (RGZ 108, 241, 243 f; BGHZ 59, 82, 85 f; 69, 295, 298; 94, 268, 271 f; OLG Hamburg RIW 1994, 686, 687; KG NJW 1976, 197, 198; ausdrücklich **aA** RGZ 161, 296, 300). Darüber hinaus hält der BGH in neuerer Zeit die Verletzung ausländischer Rechtsnormen auch dann für sittenwidrig iSd deutschen Sittenwidrigkeitsklauseln, wenn diese ausländischen Rechtsnormen „nach den in Deutschland herrschenden rechtlichen und sittlichen Anschauungen anzuerkennen sind" (BGHZ 94, 268, 271; ähnlich schon RGZ 161, 296, 300; dies wurde noch im Fall RGZ 108, 241, 244 verneint). Dem ist zuzustimmen, wenn dies ein Grundsatz ist, der Ausnahmen zuläßt. Ausnahmen können insbesondere aufgrund der örtlichen Gegebenheiten im Ausland gerechtfertigt sein, dh bei der Feststellung, ob die Verletzung ausländischen Rechts gegen die guten deutschen Sitten verstößt, ist auch die Vielfalt der ausländischen Rechts- und Lebensverhältnisse zu beachten, an die keine inländischen Maßstäbe angelegt werden dürfen (zutreffend BGH VersR 1982, 93, 94 betr Schmiergeldzahlungen in Form überhöhter Preise an Schutenvermieter in ausländischen Häfen zum Zwecke bevorzugter Abfertigung).

484 Nicht anzuerkennen und nicht über die deutschen Sittenwidrigkeitsklauseln mit Sanktionen zu versehen sind vor allem ausländische Gesetze, die mit inländischen Rechtsvorstellungen in Widerspruch stehen (RGZ 108, 241, 244 unter Hinweis darauf, daß die staatssozialistischen Rechtsgrundsätze Rußlands bzw der Sowjetunion den deutschen Rechtsanschauungen widersprechen; BGHZ 69, 295, 298 betr Fluchthelfervertrag; ebenso für Österreich OGH JBl 1981, 273 f). Keine Anerkennung verdienen außerdem ausländische Gesetze ua dann, wenn sie aus handelspolitischen Gründen zum Zwecke der Schädigung der deutschen Wirtschaft erlassen sind (BGHZ 34, 169, 176 f; RG JW 1927, 2288) oder wenn sie auf unsachlichen Gründen beruhen. Die Anwendbarkeit der deutschen Sittenwidrigkeitsklauseln wegen Verletzung ausländischen Rechts ist hingegen nicht schon dann ohne weiteres ausgeschlossen, wenn das verletzte ausländische Recht ausschließlich **außenpolitische**, **handelspolitische** oder **fiskalische** Ziele verfolgt (so jedoch zu § 826 BGH NJW 1991, 633, 635; **aA** OLG Hamburg RIW 1994, 686, 687; RG JW 1927, 2288 – Kokain).

2. Ausländische Ausfuhrbeschränkungen

485 Sittenwidrig und nach § 138 nichtig ist ein Vertrag, der ein ausländisches Ausfuhrverbot verletzt, das den Schutz **nationalen Kulturguts** bezweckt (BGHZ 59, 82, 85 f – Nigerianische Masken; vgl auch BGH VersR 1976, 678; dazu BLECKMANN ZaöRV 34 [1974] 112; HÖNN, in: Gedschr Geck [1989] 321, 332 f; MünchKomm/MAYER-MALY § 138 Rn 14; PIEROTH/KAMPMANN NJW 1990, 1385; SOERGEL/HEFERMEHL § 138 Rn 197; dazu auch KREUZER, Ausländisches Wirtschaftsrecht vor deutschen Gerichten [1986] 19 ff; SCHWADORF-RUCKDESCHEL, Rechtsfragen des grenzüberschreitenden rechtsgeschäftlichen Erwerbs von Kulturgütern [1995]; SACK GRUR IntT 1988, 320, 338 [zu § 1 UWG]). Denn nach heutiger Auffassung besteht ein allgemein zu achtendes Interesse aller Völker an der Erhaltung ihrer Kulturwerke an Ort und Stelle, dh im Ursprungsland. Anzuerkennen ist zB ein Interesse Nigerias an der Verhinderung der Ausfuhr afrikanischer Masken und Figuren (BGHZ 59, 82, 85). Eine Bestätigung für eine solche Überzeugung der Völkergemeinschaft fand der BGH in einem UN-Übereinkommen, auch wenn dieses damals in Deutschland noch nicht in Kraft getreten war (BGHZ 59, 82, 85 f). In diesem Fall war nicht nur der Kaufvertrag, der gegen das ausländische Ausfuhrverbot verstieß, sondern auch ein dazugehörender Transportversicherungsvertrag nach § 138 nichtig (BGHZ 59, 82).

Für sittenwidrig wurde auch ein Kaufvertrag erklärt, der gegen **US-amerikanische** **486** **Embargobestimmungen** verstieß, die die Ausfuhr einer bestimmten Chemikalie (Rasurit bzw Borax) beschränkten, um zu verhindern, daß diese als Rohstoff oder die daraus hergestellten Fertigfabrikate der Erhöhung des Rüstungspotentials des Ostblocks zugute kommen (BGHZ 34, 169, 177; NJW 1962, 1436, 1437; zu Ansprüchen aus § 826 wegen Verletzung ausländischer Embargobestimmungen, jedoch mit völlig anderer Begründung, nämlich unter Hinweis auf die Gefährdung von Vermögensinteressen unbeteiligter Dritter, BGH NJW 1991, 634, 635; WM 1973, 73 ff). Der Zweck der amerikanischen Embargobestimmungen, zu verhindern, daß mit westlichen Wirtschaftsgütern das Kriegspotential des Ostblocks vermehrt würde, diente der Aufrechterhaltung des Friedens und der freiheitlichen Ordnung des Westens und damit auch deutschen Interessen (BGHZ 34, 169, 177 f; BGH NJW 1962, 1436, 1437; krit dazu HÖNN, in: Gedschr Geck [1983] 321, 332; MünchKomm/MAYER-MALY § 138 Rn 14; vgl auch RG Recht 1922 Beil Nr 87 betr Kaufvertrag über Vieh in Holland zur Einfuhr nach Deutschland unter Verletzung eines holländischen Ausfuhrverbots). Eine Sonderregelung findet sich in § 31 AWG (dazu HÖNN aaO).

3. Ausländische Zoll- und Einfuhrbestimmungen

Sittenwidrig ist auch eine Vereinbarung, die unter Verletzung ausländischer Zoll- oder **487** Einfuhrbestimmungen unmittelbar auf die Förderung gewerbsmäßigen **Schmuggels** abzielt (RGZ 96, 282 f; RG JW 1920, 1027; 1924, 1359; 1926, 2169; 1927, 2287; 1929, 244; 1931, 928, 930; OLG Köln MDR 1957, 34; vgl dazu auch KREUZER, Ausländisches Wirtschaftsrecht vor deutschen Gerichten [1986] 13 ff; SCHRICKER, Gesetzesverletzung und Sittenverstoß [1970] 62 f, 71 ff; MünchKomm/MAYER-MALY § 138 Rn 14); so das RG in einem Fall, in dem ein hoher russischer Einfuhrzoll umgangen werden sollte. Den Vorwurf der Sittenwidrigkeit begründete das RG damit, daß der gewerbsmäßige Schmuggel eine dem Gemeinwohl gefährliche Verwirrung und Verwilderung der sittlichen Begriffe erzeuge (RGZ 96, 282, 283). Im gegenteiligem Sinne hat allerdings in neuerer Zeit das OLG Hamburg entschieden. In der Verletzung ausländischer Zoll- oder Einfuhrbestimmungen sei kein Sittenverstoß zu sehen, wenn diese allein **handelspolitischen** Beschränkungen des freien Warenverkehrs, **fiskalischen** Interessen an der Erlangung von Einfuhrzoll sowie der Verhinderung verschleierten Devisentransfers ins Ausland dienen (OLG Hamburg RIW 1994, 686, 687 m Anm MANKOWSKI 688 ff; ebenso SOERGEL/HEFERMEHL § 138 Rn 198; aA zu § 826 BGH NJW 1991, 634, 635). Denn ausländische Zoll- und Einfuhrbestimmungen, so das OLG, schützen weder deutsche Interessen noch beruhen sie auf allgemein anerkannten rechtlichen Erwägungen (OLG Hamburg RIW 1994, 686, 687). Dem zweiten Argument ist zu widersprechen, da alle Staaten in irgendeiner Weise

Zoll- und Einfuhrbestimmungen vorsehen. Nur bei exzeptionellen ausländischen Regelungen, die in anderen Staaten keine Entsprechung finden, ist von der Anwendung des § 138 abzusehen.

488 Sittenwidrig sind Verträge über den Transport und die Lagerung von Schmuggelware (RGZ 42, 295, 296 f [noch zum ALR]; RGZ 56, 179, 181; Recht 1917 Beil Nr 155, 156; RGZ 96, 282), die Darlehensgewährung zur Ermöglichung von Schmuggelgeschäften (RG JW 1927, 2287; SOERGEL/HEFERMEHL § 138 Rn 198) sowie Verträge über die Lieferung von Kokain nach Indien unter Verletzung indischer Einfuhrbeschränkungen, die dem Gesundheitsschutz dienen sollen (RG JW 1927, 2288).

489 Demgegenüber begründet die bloße Kenntnis des Verkäufers von der Absicht des Käufers, die gekaufte Ware zum Schmuggel zu verwenden, nicht den Vorwurf der Sittenwidrigkeit, wenn sich das Interesse des Verkäufers auf den normalen Vertragsabschluß beschränkt (RG JW 1924, 1359; 1929, 244; 1931, 928 f). Für nicht sittenwidrig hielt das RG das Anheuern von Schiffen für sog „Spritfahrten" in die skandinavischen Länder (RG JW 1926, 2169; 1929, 244).

4. Bestechung ausländischer Amtsträger

490 Eine kollisionsrechtlich nach deutschem Recht zu beurteilende Vereinbarung eines deutschen Unternehmens mit einem ausländischen Amtsträger, durch die dieser unter Verstoß gegen ausländisches Strafrecht gegen Zahlung eines Schmiergeldes die Vornahme einer bestimmten Amtshandlung verspricht, ist nach Ansicht des BGH nach § 138 sittenwidrig und nichtig (BGHZ 94, 268, 272 f; ebenso OLG Hamburg NJW 1992, 635; zustimmend HÖNN, in: Gedschr Geck [1989] 321, 336; PALANDT/HEINRICHS § 138 Rn 43; SOERGEL/HEFERMEHL § 138 Rn 181; vgl jedoch auch BGH VersR 1982, 93 f; krit dazu FIKENTSCHER/WAIBL IPRax 1987, 86 ff; KNAPP RIW 1986, 999, 1000; ausf dazu PIEHL, Bestechungsgelder im internationalen Wirtschaftsverkehr [1991] 67 ff). Ebenso beurteilt der BGH einen Vertrag zwischen einem deutschen Unternehmen und einem Vermittler, wenn dessen Hauptaufgabe darin besteht, eine Schmiergeldvereinbarung mit dem zuständigen Amtsträger herbeizuführen und das Schmiergeld an diesen weiterzuleiten (BGHZ 94, 268, 273; vgl auch BGH VersR 1982, 93, 94). Nach Ansicht des BGH soll dies auch dann gelten, wenn in dem betr Land staatliche Aufträge nur durch Bestechung der zuständigen Staatsorgane zu erlangen sind, so daß von einem deutschen Unternehmen nicht erwartet werden könne, auf dieses Mittel zu verzichten und das Geschäft weniger gewissenhaften Konkurrenten zu überlassen (BGHZ 94, 268, 272). Das schließe allerdings nicht aus, daß das deutsche Unternehmen seinem Angestellten oder Handelsvertreter uU die verauslagten Schmiergelder nach den §§ 670, 675 BGB, 87 d HGB ersetzen müsse (BGHZ 94, 268, 272).

491 ME wird diese pauschale Betrachtung den Unterschieden ausländischer Verhältnisse nicht ausreichend gerecht. Zutreffend hat der BGH an anderer Stelle darauf hingewiesen, daß an die Vielfalt ausländischer Rechts- und Lebensverhältnisse keine inländischen Maßstäbe angelegt werden dürfen (BGH VersR 1982, 93 f, 94; NJW 1968, 1572, 1574 – Bierexport). Soweit in einem ausländischen Staat „Schmiergeldzahlungen" von den staatlichen Behörden geduldet werden (so seinerzeit offenbar im Hafen von Abadan im Iran), sollten schon aus Gründen der wettbewerblichen Chancengleichheit bei der Anwendung von § 138 nicht die strengeren inländischen Maßstäbe angewendet werden (so zu Schmiergeldzahlungen, die das Be- und Entladen im Hafen beschleunigen sollen, BGH VersR 1982, 93, 94; ebenso als Vorinstanz OLG Hamburg VersR 1982, 92, 93).

5. Fluchthelferverträge

Vor der Wiedervereinigung verstießen sog Fluchthelferverträge, wenn nicht besondere Umstände hinzukamen, nicht schon deshalb gegen § 138, weil das Recht der ehemaligen DDR die Flucht untersagte (BGHZ 69, 295, 297 ff; BGHZ 69, 302; NJW 1980, 1574; KG NJW 1976, 197; ebenso ERMAN/BROX § 138 Rn 83; JAUERNIG/OTTO JuS 1977, 109; LIESEGANG JZ 1977, 87; MünchKomm/MAYER-MALY § 138 Rn 15; SOERGEL/HEFERMEHL § 138 Rn 197; ebenso auch der ÖstOGH JBl 1981, 273 für Flucht aus der ehemaligen DDR; aA KG NJW 1976, 1211 mit Anm CREZELIUS NJW 1976, 1639; vgl dazu ferner WENGLER JZ 1978, 64 ff; HEIMESHOFF ZRP 1978, 97 ff). Auch Fluchthelferverträge, die die Flucht **aus anderen Staaten** zum Gegenstand haben, sind nicht schon dann ohne weiteres sittenwidrig, wenn sie **ausländisches** Recht verletzen. Soweit sie jedoch gegen inländisches Recht verstoßen, sind sie nach § 134 nichtig (ÖstOGH JBl 1981, 273 für die Flucht aus der DDR nach Österreich; MünchKomm/MAYER-MALY § 138 Rn 15). Sie sind auch dann nicht sittenwidrig, wenn der Fluchtweg außer dem Herkunfts- und dem Bestimmungsland weitere Länder berührt und die Flucht gegen dortige Einreise- und Ausreisebestimmungen verstößt (KG NJW 1976, 197, 198). Denn Ein- und Ausreisebestimmungen liegen allein im Interesse der sie erlassenden Länder; allgemein anerkannte Wertanschauungen werden dabei ebensowenig verletzt wie völkerrechtlich anerkannte Regeln (KG NJW 1976, 197, 198). Der Vorwurf der Sittenwidrigkeit kann auch nicht darauf gestützt werden, daß es – unabhängig von der Höhe des vereinbarten Entgelts und dem Risiko – generell verwerflich sei, aus der persönlichen Bedrängnis anderer Kapital zu ziehen und uU Angehörige der Flüchtenden und weitere Personen in dessen Herkunftsland zu gefährden (so jedoch der Senat 20 U des KG NJW 1976, 1211 im Gegensatz zum Senat 18 U des KG NJW 1976, 197, 198). Der Vorwurf der Sittenwidrigkeit kann jedoch begründet sein, wenn besondere Umstände hinzutreten, zB weit überzogene Entgelte unter Ausnutzung der Notlage des Flüchtenden oder der Mißbrauch von Vertrauensstellungen (KG NJW 1976, 197, 198; ERMAN/BROX § 138 Rn 83; MünchKomm/MAYER-MALY § 138 Rn 15).

XVII. Fälle zwischen § 138 und § 134

1. Verträge zur Förderung und Ausnutzung von Straftaten

a) Sittenwidrig nach § 138 sind Vereinbarungen, die die Begehung von Straftaten zum Inhalt haben (FLUME, AT § 18, 2 b S 368; MünchKomm/MAYER-MALY § 138 Rn 36). Auch strafrechtlich an sich indifferente Verträge, zB Kaufverträge oder Darlehensverträge, sind sittenwidrig, wenn die Vertragsparteien damit in Form der strafrechtlichen Mittäterschaft oder Teilnahme ein Verhalten fördern wollen, dessen Strafbarkeit sie kennen (RGZ 100, 39, 42; BGHZ 53, 152, 160; BGH NJW-RR 1990, 750 f; NJW 1992, 310), zB ein Kaufvertrag über Hehlerware (BGH NJW 1992, 310) oder die Gewährung eines Darlehens zum Betrieb eines gegen § 180 a StGB verstoßenden Bordells (BGH NJW-RR 1990, 750 f). Wenn beide Parteien damit die Voraussetzungen der Täterschaft oder Teilnahme an der geplanten Straftat erfüllen, ergibt sich die Nichtigkeit des Rechtsgeschäfts auch aus § 134 (oben § 134 Rn 290 ff). Nicht anwendbar auf strafrechtlich an sich indifferente Rechtsgeschäfte ist § 138 hingegen, wenn das Verhalten eines

Vertragspartners nicht als gewollte Unterstützung strafbaren Verhaltens gewertet werden kann (BGH NJW 1992, 310; RG JW 1931, 928 betr Kaufvertrag über ein Schiff, das der Käufer zum Schmuggel benutzen wollte). **Nachträgliche** Kenntnis vom strafbaren Ziel eines Rechtsgeschäfts berührt dessen Wirksamkeit nicht (BGH NJW 1955, 586; PALANDT/ HEINRICHS § 138 Rn 44). Wenn es noch nicht erfüllt worden ist, kann und muß jedoch der ursprünglich gutgläubige Vertragspartner die Erfüllung verweigern. Erfüllt der bösgläubig gewordene Vertragspartner, sind die Erfüllungshandlungen sittenwidrig nach § 138.

494 Das Zusammentreffen von § 134 und § 138 in den eben genannten Fällen kann praktisch relevant werden, wenn man mit der hM und entgegen der hier vertretenen Ansicht annimmt, daß die Nichtigkeitssanktion des § 138 keinem Normzweckvorbehalt unterliegt. Zu Verträgen, die die Verletzung ausländischer Straftatbestände zum Gegenstand haben, s o Rn 481 ff.

495 b)   Sittenwidrig nach § 138 sind auch Verträge, die der Vorbereitung, Förderung oder Ausnutzung von Straftaten dienen sollen, ohne daß das vereinbarte Handeln in Form von Täterschaft oder Teilnahme strafbar ist (BGH WM 1990, 1324, 1325; NJW 1992, 310; FLUME, AT § 18, 2 b S 368; MünchKomm/MAYER-MALY § 138 Rn 36; PALANDT/HEINRICHS § 138 Rn 43). In diesen Fällen ist § 134 nicht anwendbar, weil die vereinbarten Handlungen nicht unmittelbar gesetzwidrig sind, obwohl sie Straftaten in irgendeiner Weise vorbereiten, fördern oder ausnutzen. Solche Verträge sind nur sittenwidrig, wenn alle Beteiligten den strafbaren Zweck kennen oder sich dieser Kenntnis grob fahrlässig entziehen (BGH NJW 1992, 310). Sittenwidrig ist danach zB der Verkauf von Diebesgut, wenn der Käufer und Verkäufer die Herkunft der Ware kennen oder grob fahrlässig nicht kennen (BGH NJW 1992, 310). Auch Rechtsgeschäfte zur Vorbereitung eines Betrugs sind sittenwidrig (BGH DB 1971, 39; BGH NJW-RR 1990, 1521, 1522), zB der Kauf von wertlosen Aktien zur Vorbereitung eines Betrugs (BGH DB 1971, 39). Sittenwidrig sind ferner Verträge, die auf Bestechung zielen. Auch ein Kaufvertrag über ein Kfz-**Radarwarngerät** ist sittenwidrig (AG Berlin-Neukölln NJW 1995, 2173 f). Denn solche Verträge fördern eine Übertretung von Geschwindigkeitsbeschränkungen iSd StVO und auch des § 315 c Abs 1 Nr 2 d StGB (AG Berlin-Neukölln aaO). Unabhängig davon ergibt sich die Sittenwidrigkeit solcher Kaufverträge daraus, daß sie im praktischen Ergebnis zur Gefährdung von Leben und Gesundheit anderer Verkehrsteilnehmer beitragen können (AG Berlin-Neukölln aaO). Zur Steuerhinterziehung vgl o § 134 Rn 162, 287 f.

2. Verletzung von Grundrechtsnormen

496 Sittenwidrig sind Rechtsgeschäfte, die gegen die objektive Wertordnung der Grundrechte des GG verstoßen. Grundrechte sind zwar im Verhältnis zwischen Privatpersonen nicht unmittelbar anwendbar; deshalb scheidet insoweit auch die Anwendung von § 134 im Verhältnis zwischen Privatpersonen aus. Die Grundrechte sind jedoch andererseits nicht nur Abwehrrechte gegen den Staat, sondern enthalten darüber hinaus eine objektive Wertordnung, die ua auch bei der Konkretisierung zivilrechtlicher Generalklauseln zu berücksichtigen ist und auf diesem Wege, zB auch über § 138, in das Zivilrecht hineinwirkt (ausf dazu § 134 Rn 39 ff, 241 ff).

3. Die Verletzung allgemeiner Rechtsgrundsätze

Ungeklärt ist, ob Rechtsgeschäfte, die gegen allgemeine Rechtsgrundsätze versto- **497** ßen, unter § 134 oder § 138 fallen, zB bei Verstößen gegen den haushaltsrechtlichen Grundsatz, daß die öffentliche Hand nichts zu verschenken hat, oder gegen das zivilprozeßrechtliche Gebot überparteilicher Rechtspflege (ausf dazu o § 134 Rn 18 ff, 308) oder gegen gesellschaftsrechtliche Grundsätze. Allgemeine Rechtsgrundsätze wurden von der Rechtsprechung gelegentlich als „Gesetze" iSv § 134 bewertet (BGHZ 51, 255, 262; 54, 392, 400; vgl auch BGHZ 47, 30, 40). Vorzuziehen ist jedoch die Ansicht, daß allgemeine Rechtsgrundsätze bei der Konkretisierung der guten Sitten iSv § 138 zu berücksichtigen sind (so BGHZ 36, 395, 398 f betr Haushaltsgrundsätze; BGHZ 108, 21, 27; PALANDT/HEINRICHS § 138 Rn 13, 44).

4. Umgehungsgeschäfte

Schließlich ist auch bei Rechtsgeschäften, die gesetzliche Verbote umgehen sollen, **498** die Zuordnung zu § 134 oder § 138 umstritten (ausf o § 134 Rn 144 ff). ME ist auch in diesen Fällen der Anwendung von § 138 der Vorzug zu geben (vgl o § 134 Rn 152 ff).

§ 139

Ist ein Teil eines Rechtsgeschäfts nichtig, so ist das ganze Rechtsgeschäft nichtig, wenn nicht anzunehmen ist, daß es auch ohne den nichtigen Teil vorgenommen sein würde.

Materialien: E I § 114; II § 112; III § 135; MUGDAN I 474 f; 728 ff; 735; Mot I 222; Prot I 134; SCHUBERT, AT II 214 f.

Schrifttum

ANDRÉ, Einfache, zusammengesetzte, verbundene Rechtsgeschäfte, in: Marburger FG Enneccerus (1913)
BÜRGE, Rechtsdogmatik und Wirtschaft – Das richterliche Moderationsrecht beim sittenwidrigen Rechtsgeschäft im Rechtsvergleich – Bundesrepublik Deutschland-Schweiz-Österreich-Frankreich (1987)
BEYER, Salvatorische Klauseln (1988)
CANARIS, Gesamtunwirksamkeit und Teilgültigkeit rechtsgeschäftlicher Regelungen, in: FS Steindorff (1990) 519
EISENHARDT, Die Einheitlichkeit des Rechtsgeschäfts und die Überwindung des Abstraktionsprinzips, JZ 1991, 271
FASTRICH, Unwirksame Hinauskündigungsklausel und geltungserhaltende Reduktion, ZGR 1991, 306
FINGER, Zu den Folgen einer Mietzinsvereinbarung unter Überschreitung der ortsüblichen Vergleichsmiete, ZMR 1983, 37
W GERHARDT, Teilweise Unwirksamkeit beim Vertragsschluß durch falsus procurator – BGH NJW 1970, 240, JuS 1970, 326
J HAGER, Gesetzes- und sittenkonforme Auslegung und Aufrechterhaltung von Rechtsgeschäften (1983)
ders, Die gesetzeskonforme Aufrechterhaltung übermäßiger Vertragspflichten – BGHZ 89, 316 und 90, 69, JuS 1985, 264
HÄSEMEYER, Zur Anwendung des § 139 BGB auf Erbverträge, FamRZ 1967, 30

HELM, Teilnichtigkeit nach Kartellrecht, GRUR 1976, 496
HERSCHEL, Teilnichtigkeit kollektiver Regelungen, BB 1965, 791
HERZOG, Quantitative Teilnichtigkeit (1926)
KOHLER, Teilunwirksamkeitsklauseln, DNotZ 1961, 195
KOHTE, Unwirksame Bestätigung eines wucherähnlichen Kreditvertrags – BGH NJW 1982, 1981, JuS 1984, 509
KRAMPE, Aufrechterhaltung von Verträgen und Vertragsklauseln, AcP 194 (1994) 1
LAMMEL, Vertragsfreiheit oder Wirtschaftsfreiheit – Zur Teilnichtigkeit von Wettbewerbsabreden, AcP 189 (1989) 244
MAYER-MALY, Über die Teilnichtigkeit, in: Gedschr Gschnitzer (1969) 265
ders, Die Bedeutung des tatsächlichen Parteiwillens für den hypothetischen, in: FS Flume I (1978) 621
MEILICKE/WEYDE, Ist der Fall der Teilnichtigkeit von Verträgen vertraglich nicht mehr regelbar?, DB 1994, 821
OERTMANN, Subjektive Teilnichtigkeit, ZHR 101 (1935) 119
PAWLOWSKI, Rechtsgeschäftliche Folgen nichtiger Willenserklärungen (1966)
PIERER vESCH, Teilnichtige Rechtsgeschäfte (1968)
H ROTH, Geltungserhaltende Reduktion im Privatrecht, JZ 1989, 411
ders, Zinszahlungspflichten bei wucherischen und wucherähnlichen Darlehensverträgen, ZHR 153 (1989) 423

ders, Vertragsänderung bei fehlgeschlagener Verwendung von Allgemeinen Geschäftsbedingungen (1994)
SANDROCK, Subjektive und objektive Gestaltungskräfte bei der Teilnichtigkeit von Rechtsgeschäften, AcP 159 (1960/61) 481
H-H SEILER, Utile per inutile non vitiatur, Zur Teilunwirksamkeit von Rechtsgeschäften im römischen Recht, in: FS Kaser (1976) 127
SKOURIS, Teilnichtigkeit von Gesetzen (1973)
SOMMER/WEITBRECHT, Salvatorische Klauseln in GmbH-Verträgen, GmbH-Rdsch 1991, 449
STEINDORFF, Teilnichtigkeit kartellrechtswidriger Vereinbarungen in der Rechtsprechung des Bundesgerichtshofs, in: FS Hefermehl (1971) 177
TIEDTKE, Teilnichtigkeit eines sittenwidrigen Rechtsgeschäfts, ZIP 1987, 1089
P ULMER, Offene Fragen zu § 139 BGB, Vorteilsregel und „Politik des Gesetzes", in: FS Steindorff (1990) 799
WERNICKE, Die Rückführung überlanger Wettbewerbsverbote in der BGH-Rechtsprechung, BB 1990, 2209
H P WESTERMANN, Die geltungserhaltende Reduktion im System der Inhaltskontrolle im Gesellschaftsrecht, in: FS Stimpel (1985) 69
WUFKA, Rechtseinheit zwischen Kausalgeschäft und Einigung bei Erbbaurechtsbestellungen, DNotZ 1985, 651
ZIMMERMANN, Richterliches Moderationsrecht oder Teilnichtigkeit (1979).

Systematische Übersicht

I. Normzweck	1
II. Subsidiarität des § 139	3
III. Abweichende gesetzliche Regelungen	
1. Regelungsmöglichkeiten	5
2. Bewertung	8
3. Weitere Sonderregelungen	9
a) Wahlschuld	9
b) Mietrecht	10
c) Kartellrecht; Kapitalgesellschaften	11
d) Sonstiges	12
IV. Zwingende schutzgesetzliche Normen	13
1. Arglistiges Verschweigen von Mängeln ua	14
2. Miet-, Arbeits- und Dienstvertragsrecht	15
3. Sonderprivatrechte ua	16
V. Gesetzliche Verbote (§ 134)	17
VI. Normen und normähnliche Regelungen	
1. Gesetze; Bebauungspläne	18

2. Titel. § 139
Willenserklärung

2.	Satzungen	19
3.	Tarifverträge	20
4.	Betriebsvereinbarungen	21

VII. **Vorrangige privatautonome Regelungen**
1. Salvatorische Klauseln — 22
2. Gesamtunwirksamkeitsklauseln — 23
3. Kenntnis von der Teilunwirksamkeit — 24
4. Geltungserhaltende ergänzende Vertragsauslegung — 25

VIII. **Voraussetzungen des § 139** — 26
1. Rechtsgeschäft — 27
 a) Öffentlich-rechtliche Verträge — 28
 b) Verwaltungsakte; Sonstiges — 29
 c) Prozeßhandlungen — 30
2. Nichtigkeit — 31
3. Einheitlichkeit des Rechtsgeschäfts — 36
 a) Einheitlichkeitswille und objektiver Sinnzusammenhang — 37
 b) Einheitlichkeitswille und Indizien — 39
 c) Verschiedenheit der Geschäftstypen — 42
 d) Verschiedenheit der Personen — 43
 e) Objektiver Sinnzusammenhang und Indizien — 45
 f) Sonstige Vertragsverbindungen — 46
 g) Prozessuales — 47
 h) Einzelfälle — 48
 i) Insbesondere: Grund- und Erfüllungsgeschäft — 54
4. Teilbarkeit des Rechtsgeschäfts — 60
 a) Zusammenhänge mit der Geschäftseinheit — 60
 b) Teilbarkeit einheitlicher Regelungen und ergänzende Vertragsauslegung — 61
 c) Verbundene Rechtsgeschäfte — 62
 d) Einzelbestimmungen des Rechtsgeschäfts — 63
  aa) Objektive Teilbarkeit — 64
  bb) Subjektive Teilbarkeit — 65
  cc) Quantitative Teilbarkeit — 68

IX. **Rechtsfolgen des § 139** — 74
1. Hypothetischer Parteiwille — 75
 a) Objektive Wertung und Standpunkt der Parteien — 75
 b) Maßgebender Zeitpunkt — 77
 c) Ersetzende Regelungen — 78
2. Prozessuales; Beweislast — 79
3. Einzelfälle — 80
 a) Kartellrecht; Wettbewerbsbeschränkungen — 81
 b) Gesellschafts- und Arbeitsverträge — 83
 c) Gerichtsstands- und Schiedsgerichtsklauseln — 85
 d) Wertsicherungsklauseln — 86
 e) Grundstücksverkehr — 87
 f) Sonstiges — 88

X. **Rechtsmißbrauchsschranken**
1. Vorteilsregel — 89
2. Bedeutungslos gebliebene Bestimmungen — 90
3. Sonstige unzulässige Rechtsausübung — 91

Alphabetische Übersicht

Abstraktionsprinzip	54
Aktiengesellschaft	12
Allgemeine Geschäftsbedingungen	7
Arglisteinwand	89
Auflassungsvollmacht	87
Ausgeführtes Dauerschuldverhältnis	84
Auslegung des Verbotsgesetzes	17
Auslegungsregel	2
Beherrschungsvertrag	83
Beispielcharakter von Einzelfällen	48ff
Besitzkonstitut	63
Beweislastregel	2
Bierlieferungsverträge	69
Bruchteilsgemeinschaft	65
Eheleute	44
Ehrengerichtsordnung	19
Einheit des Zustandekommens	40
Einheitlichkeitswille (Gesetzgebungsgeschichte)	37
Ende des Vertragsverhältnisses	35
Erbrecht	6
Ergänzende Vertragsauslegung	8, 61, 75, 78

Erhaltungsklauseln	22	Parteivortrag	79
Ersetzungsklauseln	22	Privatautonomie	1
		Prozeßaufrechnung	30
Fallgruppen des hypothetischen Parteiwillens	80	Scheidungsfolgenvereinbarung	88
Finanzierter Kaufvertrag	43	Schutznormen	13
		Selbständige Rechtsgeschäfte	36
Gegenseitiger Vertrag	63	Sicherungsabtretung	56
Geliebtentestament	72	Sicherungsübereignung	56
Gemeines Recht	1	Sittenwidrige Verträge	70
Gemischte Schenkung	64	Spezielle Regelungen	4
Gesamtwille	66	Standpunkt der Parteien	75
Gesetzesänderung	32		
Getrennte Beurkundung	41	Teilanfechtung	31
Gewährleistungsausschluß	14	Totalnichtigkeit	5
GmbH	12		
Grundbuchverfahren	58	Überflüssige Rechtsgeschäftsteile	44
		Unternehmensverträge	27
Kartellbehörde	11	Unwirksamkeitsarten	33
Kartellrechtliche Verbote	81		
Kündigung (Gesellschaftsrecht)	61	Verbraucherkreditgesetz	46
		Verkehrssitte	39
Lohnwucher	70	Versammlungsbeschlüsse	27
		Vollmacht	56
Mietvertrag über Grundstück	10		
Mietwucher	70	Wertsicherungsklausel	8
Mitbürgschaft	43	Wettbewerbsverbote	69
Miterben	65	Wucherähnliches Darlehen	70
		Wucherdarlehen	70
Nachteilsregel	91	Wucherkauf	70
Nachträgliche Teilunmöglichkeit	34		
Neuverhandlungspflicht	78	Zeitliche Teilbarkeit	68
Nichtigkeitsvermutung	2		

I. Normzweck

1 § 139 regelt den Fall, daß ein Unwirksamkeitsgrund bloß einen Teil eines Rechtsgeschäfts berührt. Im Zweifel soll dann die Unwirksamkeit des Vertragsteils auch diejenige des Restes des Rechtsgeschäfts nach sich ziehen. Damit weicht das BGB von der hM im *Gemeinen Recht* ab, wonach bei Teilnichtigkeit die Aufrechterhaltung des Geschäfts im übrigen angenommen wurde (etwa WINDSCHEID, Pandektenrecht I § 82 Fn 12; REGELSBERGER, Pandekten § 175 II; zur Gesetzgebungsgeschichte MAYER-MALY, in: Gedschr Gschnitzer [1969] 265, 275 f; KUHLENBECK, Von den Pandekten zum Bürgerlichen Gesetzbuch I [1898] 328; BÜRGE 60 ff; zurückhaltend die Mot [MUGDAN I 475 = Mot I 222]; mit überzogenen Schlußfolgerungen freilich PIERER vESCH 68; zu abweichenden Regeln in Auslandsrechten SANDROCK AcP 159 [1960/61] 481, 488; zum österreichischen Recht insbes MAYER-MALY, in: Gedschr Gschnitzer [1969] 265, 270 ff). Nach einer zutreffenden Formulierung des RG (RG JW 1908, 445) beruht § 139 auf der Erwägung, daß den Beteiligten, die einen einheitlichen umfassenden Rechtserfolg zu verwirklichen bezweckten, eine nur teilweise Verwirklichung dieses Erfolges nicht gegen ihren Willen aufgedrängt werden dürfe (wohl ebenso FLUME, AT II 570). Die Norm soll damit der **Durchsetzung der Privatautonomie** dienen (BGH NJW 1986, 2576, 2577; H ROTH, Vertragsänderung 3; SANDROCK AcP 159 [1960/61] 481, 491; H-H SEILER, in: FS Kaser [1971] 127, 145 f; einschränkend LARENZ AT⁷ 463 [Gedanke der „richtigen Regelung"]; u Rn 75 ff).

§ 139 ist keine Auslegungsregel, weil es bei der Ermittlung des maßgeblichen hypo- 2 thetischen Parteiwillens (u Rn 74 ff) nicht um eine Vertragsauslegung im eigentlichen Sinn geht (dazu u § 157 Rn 3; ebenso MünchKomm/MAYER-MALY³ Rn 3; LARENZ AT⁷ 462; anders aber BGH NJW 1994, 720, 721; WM 1964, 1125, 1126; BGHZ 85, 315, 318 [dort wird aber gleichbedeutend von einer „Vermutung" gesprochen]; KG KTS 1968, 117, 120; LG Düsseldorf WuW 1962, 446, 448; ERMAN/BROX⁹ Rn 1, 11). Auch bedeutet die Norm keine Beweislastregel, weil es sich bei der in erster Linie maßgeblichen Wertungsfrage (u Rn 75) nicht um eine Tatsache handelt, die allein einer beweisrechtlichen Regelung zugänglich ist (FLUME, AT II 581; anders wohl die Materialien, MUGDAN I 475 = Mot I 222 [Regelung der „Beweislage"]; zur Beweislast u Rn 79). Nach richtiger Auffassung spricht § 139 eine **Nichtigkeitsvermutung** aus, wenn die Feststellung des hypothetischen Parteiwillens ausnahmsweise zu keinem Ergebnis führt (FLUME, AT II 581; wohl auch P ULMER, in: FS Steindorff [1990] 799, 815; MEDICUS, Rechtsfolgen für den Vertrag bei Unwirksamkeit von Allgemeinen Geschäftsbedingungen, in: Zehn Jahre AGB-Gesetz [1987] 83, 84; dagegen J HAGER 153 f mit der unrichtigen Behauptung 152, es gäbe keine „widerlegbaren Rechtsvermutungen"; dagegen auch H-H SEILER, in: FS Kaser [1976] 127, 147; ferner u Rn 76).

II. Subsidiarität des § 139

Die Norm hat in der Praxis nicht den ihr wohl ursprünglich zugedachten weiten 3 Anwendungsbereich erfahren. Vielmehr ist die Rspr in vielen Fallgruppen zu einer größtmöglichen Aufrechterhaltung der restlichen Teilregelung gelangt (dazu H ROTH JZ 1989, 411 ff; J HAGER, insbes 31 ff). Bisweilen wird übertreibend geradezu von einer „Derogation" des § 139 gesprochen (WIEDEMANN AP § 4 TVG Effektivklausel Nr 8 Bl 514; H-H SEILER, in: FS Kaser [1976] 127, 147 [„überflüssig"]). Auch findet sich in der neueren Gesetzgebung insbes zum Recht der allgemeinen Geschäftsbedingungen in § 6 AGBG die umgekehrte Tendenz, wie sie in § 139 BGB angedeutet ist (u Rn 7). Deshalb läßt sich sagen, daß in § 139 keineswegs ein übergreifendes Prinzip der bürgerlichen Rechtsordnung zum Ausdruck kommt (richtig HERSCHEL BB 1965, 791). Weitgehende Einigkeit herrscht deshalb darüber, daß der Anwendungsbereich des § 139 in dem Sinne subsidiär ist, daß der **Schutzzweck von Nichtigkeitsnormen** vorgeht. Aus ihnen kann sich nach Sinn und Zweck statt Totalnichtigkeit bloße Teilnichtigkeit ergeben (u Rn 17; FLUME, AT II 576; PIERER VESCH 147; H ROTH, Vertragsänderung 4; AK-BGB/DAMM Rn 3; MünchKomm/MAYER-MALY³ Rn 3).

Heute wird daher mit Recht zunehmend daran gezweifelt, ob die für die Gesamtnichtigkeit sprechende Vermutung des § 139 überzeugend ist (insbes H-H SEILER, in: FS Kaser [1976] 127, 147; MEDICUS AT⁶ Rn 510; MünchKomm/MAYER-MALY³ Rn 2 „verunglückte Regelung"). Die Entscheidung zwischen Totalnichtigkeit und Teilnichtigkeit läßt sich gleichwohl nicht hinreichend deutlich durch das Zusammenspiel von Generalprävention einerseits und Verhältnismäßigkeitsgrundsatz andererseits begründen (anders die Konzeption von CANARIS, in: FS Steindorff [1990] 519, 567 ff). Auch scheint mir die von

CANARIS in den Mittelpunkt gestellte „subjektive Komponente" als allzu unscharf (dagegen auch KRAMPE AcP 194 [1994] 1, 34). KRAMPE verfolgt freilich keinen eigenen Ansatz und gibt sich weitgehend mit den vielfach widersprüchlich entschiedenen Fallgruppen der höchstrichterlichen Rspr zufrieden. Gänzlich unhaltbar ist es, daß er eine „gut kalkulierbare Aufrechterhaltungsrechtsprechung" nicht einmal für wünschenswert hält (so aber KRAMPE AcP 194 [1994] 1, 41). Entgegengesetzt zu der hier verfolgten Tendenz wird heute nur noch vereinzelt einer **Totalnichtigkeit** das Wort geredet (insbes ZIMMERMANN 199 ff). Nach meiner Auffassung sollte durchgängig **geltungserhaltende Reduktion** iSe offenen Rechtsprinzips angenommen werden, wonach übermäßige Rechtsfolgen zur Vermeidung der Totalnichtigkeit durch richterliche Abmilderung vermieden werden (H ROTH JZ 1989, 411 ff; J HAGER 419 ff; dagegen vor allem ZIMMERMANN 199 ff; BÜRGE 124; KRAMPE AcP 194 [1994] 1, 41). Doch geht es dabei in erster Linie um die Reichweite des durch die §§ 134, 138 sowie sonstiges zwingendes Recht zu verwirklichenden Interessenschutzes (dazu u Rn 13 ff und die Erl zu § 134 und zu § 138). § 139 enthält der Sache nach eine ähnliche Einschränkung, wie sie sich in § 134 ausdrücklich ausgesprochen findet (HÖNN AcP 183 [1983] 368).

4 Der dargestellten **Subsidiarität** des § 139 hat auch der Aufbau der vorliegenden Kommentierung Rechnung zu tragen. Deshalb müssen die speziellen Regelungen, die den § 139 verdrängen, an der Spitze der Darstellung und nicht an ihrem Ende stehen. Zunächst geht es um abweichende gesetzliche Regelungen (u Rn 5 ff) sowie um einzelne zwingende schutzgesetzliche Normen (u Rn 13 ff). Verdrängt wird § 139 nach dem Gesagten auch dann, wenn Sinn und Zweck von gesetzlichen Regelungen ohne Rücksicht auf einen hypothetischen Parteiwillen das übrige Rechtsgeschäft aufrechterhalten wollen (u Rn 17). Es treten noch weitere Einschränkungen des Anwendungsbereichs der Norm hinzu (u Rn 18 ff). Ausgeschaltet wird § 139 auch durch abweichende privatautonome Regelungen, da § 139 selbst Ausdruck der Privatautonomie ist (o Rn 1). Zu nennen ist in erster Linie die Vereinbarung von salvatorischen Klauseln (u Rn 22). Dazu kommt die Anwendung einer geltungserhaltend wirkenden ergänzenden Vertragsauslegung (u Rn 25). Nach dem Befund der Rspr kann im Ergebnis ohne weiteres von einer Wiederkehr nicht überwundener gemeinrechtlicher Vorstellungen gesprochen werden (MAYER-MALY, in: Gedschr Gschnitzer [1969] 265, 282).

III. Abweichende gesetzliche Regelungen

1. Regelungsmöglichkeiten

5 Der Gesetzgeber kann im Falle der bloßen Teilnichtigkeit eines Rechtsgeschäfts bezüglich des Schicksals des gesamten Rechtsgeschäfts verschiedene *Modellvorstellungen* verwirklichen (MEDICUS AT[6] Rn 497 ff). Mit der Regelung des § 139 wird im Zweifel Totalnichtigkeit angeordnet: Ist ein Teil des Rechtsgeschäfts nichtig, so ergibt sich daraus auch die Nichtigkeit des von der Teilnichtigkeit an sich nicht betroffenen Restes (u Rn 74 ff).

6 Umgekehrt kann im Zweifelsfall die Teilnichtigkeit einer Regelung an der Gültigkeit des Vertragsrestes nichts ändern wollen. Es gilt dann das übrige Rechtsgeschäft ohne den unwirksamen Teil. Diese Regelung ist für das *Erbrecht* gewählt worden (favor testamenti). Zu nennen sind die §§ 2085 (Testament), 2195 (Auflage) und § 2279

Abs 1 (Erbvertrag). Bezogen auf das Gesamtrechtsgeschäft liegt bereits eine Inhaltsänderung vor. Zwar fällt der unwirksame Teil ersatzlos weg. Doch handelt es sich dann bei dem aufrechterhaltenen Rechtsgeschäft nicht mehr um dasjenige, das der Erblasser mit seiner ursprünglichen Regelung angestrebt hat (zur Abgrenzung von § 139 etwa OLG Hamm JMBlNRW 1964, 272, 273; BGB-RGRK/KRÜGER-NIELAND/ZÖLLER[12] Rn 23 mwNw).

Eine noch weiterreichende Aufrechterhaltungsmöglichkeit kennt für das **Recht der** 7 **Allgemeinen Geschäftsbedingungen** § 6 Abs 2 AGBG. Nicht nur ordnet § 6 Abs 1 AGBG unabhängig von einem hypothetischen Parteiwillen die Gültigkeit des Vertragsrestes an. Vielmehr fällt die teilnichtige Regelung darüber noch hinausreichend nicht einfach ersatzlos weg (o Rn 6), sondern es treten an deren Stelle die gesetzlichen Vorschriften. Das gemeinte dispositive Gesetzesrecht (s Erl zu § 6 AGBG) bedeutet eine noch weitergehende Änderung des Geschäftsinhaltes als schon vorhin in Rn 6 erwähnt. Zudem kann auch im Bereich des § 6 Abs 2 AGBG eine weitgehende Nähe zur Privatautonomie erreicht werden, wenn der nichtige Vertragsteil ausnahmsweise nach dem hypothetischen Parteiwillen ergänzt wird, weil kein dispositives Gesetzesrecht zur Verfügung steht (BGHZ 90, 69 [Tagespreisklausel]). In diesen Fällen wird der gültige Vertragsrest wegen § 6 Abs 1 AGBG durch das Gesetz aufrechterhalten und der unwirksame Vertragsteil nach § 6 Abs 2 AGBG aufgrund des vermuteten Parteiwillens ergänzt. In seinem Anwendungsbereich genießt § 6 AGBG den Vorrang vor § 139 BGB (vgl ZOLLER WuB I F 4 – Sicherungsabtretung 3. 93 zu BGH NJW 1993, 1640; offengelassen von BGH NJW 1995, 722, 724). Einzelheiten dazu finden sich in den Erl zu § 6 AGBG.

2. Bewertung

In § 6 AGBG hat sich das durch § 139 BGB abgelehnte gemeinrechtliche Prinzip 8 „**utile per inutile non vitiatur**" (o Rn 1, 4) in der modernen Gesetzgebung wieder Durchbruch verschafft. Die Abkehr des § 6 Abs 1 AGBG von der Privatautonomie (o Rn 7) erklärt sich daraus, daß die Norm dem Kunden auch bei der Beanstandung unangemessener Klauseln den Vertrag erhalten will, selbst wenn der Verwender der allgemeinen Geschäftsbedingungen nach seinem Willen den Vertrag ohne die unwirksamen Klauseln nicht abgeschlossen hätte. Diese Motivation fällt im Bereich der allgemeinen Rechtsgeschäftslehre weg, so daß über die Totalnichtigkeit aufgrund eines hypothetischen Parteiwillens entschieden werden kann. Sachgerecht ist zudem die Umkehr der Vermutungsrichtung gegenüber der in § 139 BGB ausgedrückten Tendenz (o Rn 3). Der Wertung des § 139 BGB überlegen ist nach dem Vorbild des § 6 Abs 2 AGBG auch die Bevorzugung der Ersetzung des nichtigen Vertragsteils durch dispositives Gesetzesrecht oder durch eine am hypothetischen Parteiwillen orientierte ergänzende Vertragsauslegung. So wird von der Rspr in beifallswerter Weise auch im eigentlichen Anwendungsbereich des § 139 verfahren: In BGHZ 63, 132 (ferner BGH WM 1993, 1759, 1760) hatten die Parteien eines Mietvertrages eine genehmigungsbedürftige, aber nicht genehmigungsfähige *Wertsicherungsklausel* vereinbart. Jedenfalls eine der Vertragsparteien hätte die Mietverträge ohne Wertsicherungsklausel nicht geschlossen. Die Regel des § 139 schien daher die Unwirksamkeit des Gesamtvertrages nahezulegen. Demgegenüber hatte der BGH durch eine ergänzende Vertragsauslegung bereits die durch § 139 vorausgesetzte Teilnichtigkeit des Vertrages vermieden (zust K SCHMIDT JuS 1975, 118; BRAXMAIER LM § 3 WährG Nr 26; krit dagegen zur Methode zu Unrecht MünchKomm/MAYER-MALY[3] Rn 19). Danach hätten die Parteien, um den Vertrag wirksam abschließen und durchführen zu können, eine genehmigungsfreie Wertsicherungsklausel vereinbart. Diese gelte dann von Anfang an (BGHZ 63, 132, 136; u Rn 25). Der BGH geht weiter mit Recht davon aus, daß für die Anwendung des § 139 von vornherein kein Raum und der Vertrag insgesamt wirksam sei. Der Sache nach bedeutet das eine **Änderung des Geschäftsinhalts**, wie sie sonst nur in § 6 AGBG für den Bereich des Sonderprivatrechts vorgesehen ist (o Rn 7). Da der hypothetische Parteiwille das Zentrum des § 139 bildet (u Rn 75 ff) und die Norm überdies dispositiv ist (u Rn 22), liegt in der Entscheidung kein Verstoß gegen § 139 (auch u Rn 61). In Fortführung dieser Gedanken läßt sich sagen, daß § 6 AGBG einen verallgemeinerungsfähigen Rechtsgedanken für das allgemeine Privatrecht enthält (ebenso CANARIS, in: FS Steindorff [1990] 519, 539).

3. Weitere Sonderregelungen

a) Wahlschuld

9 Für den Bereich der Wahlschuld wird § 139 durch die Sonderregelung des § 265 verdrängt. Ohne Rücksicht auf den hypothetischen Parteiwillen beschränkt sich das Schuldverhältnis auf die übrigen Leistungen, wenn eine der Leistungen unmöglich ist (dazu vTUHR, AT II 1 S 286). Der wahlberechtigte Schuldner kann sich dann nicht mehr durch die Wahl der unmöglichen Leistung seiner Leistungspflicht entledigen.

b) Mietrecht

10 Im Mietrecht scheidet die Anwendbarkeit des § 139 bei einem Mietvertrag über ein *Grundstück* für länger als ein Jahr wegen § 566 S 2 aus, wenn er nur mündlich geschlossen wird. Der Vertrag gilt als für unbestimmte Zeit geschlossen, auch wenn dieses Ergebnis nicht dem hypothetischen Willen der Parteien entspricht (MünchKomm/MAYER-MALY[3] Rn 3; vTUHR, AT II 1 S 286 mN der Gegenauffassung).

c) Kartellrecht; Kapitalgesellschaften

11 Im Kartellrecht ermöglicht § 19 Abs 2 GWB die Aufrechterhaltung des Restgeschäfts im Wege der kartellbehördlichen Verfügung (dazu HELM GRUR 1976, 496). Die Norm dient der Rechtssicherheit. Die Verfügung darf nach § 19 Abs 2 S 2 GWB nur erlassen werden, soweit dies zur Vermeidung einer unbilligen Härte für einen Vertragsbeteiligten erforderlich ist und nicht überwiegende Belange eines anderen Vertragsbeteiligten entgegenstehen. Im übrigen richten sich im Bereich der Preisbindung oder einer der in § 18 GWB aufgeführten Beschränkungen wegen § 19 Abs 1 GWB die Rechtsfolgen nach § 139 BGB (u Rn 81). Die Regelung des § 19 GWB gilt samt den dort angeführten Unterscheidungen nach § 22 Abs 5 S 1 HS 2 GWB entsprechend, wenn die **Kartellbehörde** marktbeherrschenden Unternehmen ein mißbräuchliches Verhalten untersagt und Verträge für unwirksam erklärt. Darüber hinaus wurde § 139 auf Massenverträge, betreffend Preisbindungen, nicht angewendet (KG WuW 1970, 237, 244). Außerhalb der genannten Spezialregelungen ist jedoch § 139 einschlägig (u Rn 81). § 19 Abs 2 GWB kann dagegen im gerichtlichen Verfahren nicht zum Tragen kommen (HELM GRUR 1976, 496, 498).

Im Recht der **AG** und der **GmbH** beschränken § 275 AktG und § 75 GmbHG die Nichtigkeitsfolgen eines Gesellschaftsvertrages. Dort kann die Klage auf Nichtigkeit einer Kapitalgesellschaft nur in den aufgeführten bestimmten Fällen auf die Unwirksamkeit von Satzungsbestimmungen gestützt werden. Aus diesen Regelungen geht hervor, daß eine Anwendung des § 139 bei Nichtigkeit anderer Satzungsbestimmungen ausgeschlossen ist (RGZ 73, 431; SOERGEL/HEFERMEHL[12] Rn 59; zum Normcharakter von Satzungsbestimmungen u Rn 19 sowie SOMMER/WEITBRECHT GmbH-Rdsch 1991, 449, 450 [zur GmbH]).

d) Sonstiges
Nach Art 10 § 3 S 2 MRVerbG bleibt die Wirksamkeit des auf den Erwerb des Grundstücks gerichteten Vertrages von der Nichtigkeit des mit dem **Architekten** geschlossenen Vertrages unberührt. Im Rahmen des § 139 ist also der Wille des Verkäufers zur Koppelung beider Geschäfte unbeachtlich. Dagegen findet § 139 Anwendung, soweit andere Koppelungsverträge, wie Bauwerksverträge, betroffen sind (KG SCHÄFER/FINNERN/HOCHSTEIN Art 10 § 3 MRVG Nr 8).

IV. Zwingende schutzgesetzliche Normen

Einzelne schutzgesetzliche Regelungen mit zwingendem Charakter ersetzen die gegen sie verstoßenden Teile des Rechtsgeschäfts, indem sie an deren Stelle treten. Sie bilden dann die „richtige" Regelung und schließen überdies Totalnichtigkeit aus (FLUME, AT II 576 f). Damit wird für die allgemeine Rechtsgeschäftslehre für das zwingende Recht im Ergebnis eine vergleichbare Technik verfolgt, wie sie § 6 Abs 2 AGBG im Sonderprivatrecht der allgemeinen Geschäftsbedingungen für das dispositive Recht kennt (o Rn 7). Dem durch das Gesetz geschützten Vertragsteil wird der Vertrag unter Abänderung seines Inhaltes erhalten. Anders als bei § 139 kommt es nicht auf einen abweichenden (hypothetischen) Parteiwillen an. § 139 ist damit im Ergebnis ausgeschaltet. Dem Schwerpunkt nach handelt es sich um Schutznormen aus dem *Miet-, Arbeits- und Dienstvertragsrecht* (u Rn 15). Vergleichbar liegt es, wenn das Gesetz sonst die Wirksamkeit rechtsgeschäftlicher Regelungen beschränkt (sogleich u Rn 14).

1. Arglistiges Verschweigen von Mängeln ua

Nach einer Reihe von Vorschriften (§§ 443, 476, 540, 637) wird der vertragliche Ausschluß der Gewährleistung ua für nichtig erklärt, wenn der betreffende Mangel arglistig verschwiegen wird. In diesen Fällen tritt an die Stelle der nichtigen die gesetzliche Regelung (RGZ 62, 122 [zu § 476]; BGB-RGRK/KRÜGER-NIELAND/ZÖLLER[12] Rn 6; FLUME, AT II 576; dagegen ANDRÉ 36 ff). Diese Vorschriften bezwecken den Schutz eines Vertragsteiles vor bestimmten Vertragsklauseln, wollen ihm den Vertrag aber im übrigen erhalten.

2. Miet-, Arbeits- und Dienstvertragsrecht

Auf den genannten Gebieten tritt das zwingende Gesetzesrecht gleichfalls an die Stelle des teilnichtigen Geschäfts. Zu nennen sind vor allem die Normen der §§ 556 a Abs 7, 556 b Abs 1 S 2, 557 Abs 4, 557 a Abs 2, 565 Abs 2 S 3 und S 4, 565 a Abs 3, 611 a, 612 Abs 3, 612 a, 616 Abs 2 S 1, 619 BGB [vTUHR, AT II 1 S 286]; §§ 74 ff HGB [nachvertragliches Wettbewerbsverbot für Handlungsgehilfen]; 86 a ff HGB, insbes § 89 HGB [BGHZ 40, 235, 239]. Auf einen abweichenden Parteiwillen kommt es nicht an. Für den Bereich des **Arbeitsrechts** gilt der Grundsatz, daß das Arbeitsverhältnis bestehen bleibt, die nichtige Einzelbestimmung entfällt und an ihre Stelle die gesetzliche Regelung tritt (RGZ 146, 119; BAG NJW 1957, 1688 [Zölibatsklausel]; BGB-RGRK/ KRÜGER-NIELAND/ZÖLLER[12] Rn 43). Ist eine Abrede nichtig, wonach eine Anwesenheitsprämie nicht weiter gezahlt werden soll, so wird die Wirksamkeit der Prämienzusage im übrigen nicht berührt (BAG NJW 1979, 2119). § 139 ist im Bereich der Abdingungsverbote nicht anwendbar. Ebenso liegt es etwa für das Schutzgesetz des § 5 Abs 1 BBiG, da dem Auszubildenden nicht das Recht auf Weiterbeschäftigung genommen werden darf. Das entspricht der Regel des allgemeinen Zivilrechts, wonach die Anwendung einer Schutznorm nicht durch die Anwendung des § 139 zum Nachteil desjenigen ausschlagen soll, der durch die Norm geschützt wird (BAG BB 1975, 883; AP § 5 BBiG Nr 1 im Anschluß an BGHZ 40, 235, 239). Vergleichbares gilt, wenn der **Mieter** in einem Räumungsvergleich einen (nichtigen) Verzicht auf Mieterschutz erklärt (BGH MDR 1968, 43). Bei Verstößen gegen § 10 MHRG bleibt der Mietvertrag unter Wegfall der nichtigen Bestimmung im übrigen wirksam (Einzelheiten bei OLG Koblenz OLGZ 1981, 459 [Wertsicherungsklausel]; OLG Schleswig OLGZ 1981, 375 [Vergleichsmiete bei vereinbarter Staffelmiete]; OLG Celle OLGZ 1982, 219 [Wertsicherungsklausel]). In RGZ 146, 116 ff wurde ein **Dienstvertrag** trotz eines nichtigen Wettbewerbsverbotes aufrechterhalten.

3. Sonderprivatrechte ua

16 Der Vorrang der Teilnichtigkeit vor der Totalnichtigkeit gilt auch bei Verstößen gegen zwingende Vorschriften des *HausTWG* (P ULMER, in: FS Steindorff [1990] 799, 804) oder gegen § 651 k BGB (PALANDT/HEINRICHS[55] Rn 18). Ebenso liegt es bei einem Verstoß gegen 276 Abs 2, wonach eine Freizeichnungsklausel nicht die Haftung für den eigenen Vorsatz ausschließen darf (FLUME, AT II 577). Das Gesagte gilt auch für Verstöße gegen zwingende Normen des VerbrKrG.

V. Gesetzliche Verbote (§ 134)

17 Die Subsidiarität des § 139 (o Rn 3) zeigt sich am deutlichsten bei Verstößen gegen Schutzgesetze iSd § 134 (dazu MAYER-MALY, in: Gedschr Gschnitzer [1969] 265, 277 ff). Danach ist ein Rechtsgeschäft, das gegen ein gesetzliches Verbot verstößt, nichtig, „wenn sich nicht aus dem Gesetz ein anderes ergibt". Über die Aufrechterhaltung des Rechtsgeschäfts entscheidet hier nicht der hypothetische Parteiwille (u Rn 75 ff), sondern der **Schutzzweck des betreffenden Verbotsgesetzes** (ausführlich H ROTH JZ 1989, 411, 413; DAMM JZ 1986, 913, 914 f; H-H SEILER, in: Gedschr W Martens [1987] 719, 732; o Rn 3). In diesem Bereich zeichnet sich die Tendenz ab, Rechtsgeschäfte soweit als möglich aufrechtzuerhalten (dazu die Erl zu den §§ 134, 138, etwa MünchKomm/MAYER-MALY[3] § 134 Rn 86 ff; ferner KRAMPE AcP 194 [1994] 1, 28 ff). So kommt es etwa im Falle des Mietwuchers mit einem Verstoß gegen § 5 WiStG zu einer geltungserhaltenden Reduktion des überhöhten auf den ortsüblichen Mietzins (H ROTH JZ 1989, 411, 413; J HAGER JuS 1985, 264; CANARIS, in: FS Steindorff [1990] 519, 529 f [„halbseitige Teilnichtigkeit"]; richtig auch OLG Stuttgart NJW 1981, 2365 mit zu Unrecht abl Anm ZIMMERMANN JR 1982, 96; OLG Karlsruhe NJW 1982, 1161 [zust dazu KOHTE NJW 1982, 2803; FINGER ZMR 1983, 37 ff]; anders und unrichtig BGHZ 89, 316, 320 ff [mit dem Gesetz noch vereinbarer Betrag]). Auf diese Weise bleiben dem Mieter die Ansprüche aus dem weiterbestehenden Mietvertrag erhalten. § 134 HS 2 ermöglicht damit eine Teilnichtigkeit iSd Herabsetzung einer übermäßigen Pflicht. Nicht etwa ist im Rahmen dieser Norm lediglich die Alternative zwischen

Nichtigkeit und Nicht- Nichtigkeit eröffnet (H ROTH ZHR 153 [1989] 423, 434; aA ZIMMERMANN 113 f). Ausschlaggebend für die genannte Rechtsfolge ist jeweils die **Auslegung des betreffenden Verbotsgesetzes** und nicht das Abstellen auf den hypothetischen Parteiwillen. Einzelheiten gehören daher zu den Erl zu § 134. Insbes führen auch sonstige Preisverstöße nicht zur Gesamtnichtigkeit des Rechtsgeschäfts. Dieses bleibt vielmehr mit dem zulässigen Preis aufrechterhalten (allgM, weitere Beispiele bei PALANDT/HEINRICHS[55] § 134 Rn 26; SOERGEL/HEFERMEHL[12] Rn 53). Nach dem Gesagten führt auch eine nichtige Wertsicherungsklausel über eine Wohnungsmiete nicht zur Gesamtnichtigkeit des Mietvertrages. Zu beachten ist der Schutzzweck von § 10 MHRG (OLG Celle OLGZ 1982, 219, 220; vgl ferner o Rn 8 zu BGHZ 63, 132).

Verstößt eine Gemeinde gegen ihre Verpflichtung zur Beteiligung an den Erschließungskosten nach § 129 BBauG, so ist nur der Ausschluß der Selbstbeteiligung nichtig. Im übrigen ist nach dem Zweck des § 129 BBauG (BauGB) der Vertrag wirksam. Die Anwendung des § 139 ist ausgeschlossen (BGH NJW 1976, 415). Auch macht ein unwirksam vereinbarter Baukostenzuschuß nicht den gesamten Mietvertrag nichtig (LG Hamburg WuM 1965, 103). Bei einem Verstoß gegen § 22 Abs 3 GüKG aF wurde der einzelne Beförderungsvertrag zu den tarifmäßigen Bedingungen aufrechterhalten (dazu BGH MDR 1969, 731). Ein unwirksam vereinbartes *anwaltliches Erfolgshonorar* führt nicht zur Unwirksamkeit des ganzen Anwaltsvertrags (BGHZ 18, 340, 349; BGH BB 1962, 2 [LS]). Anstelle des sonst eingreifenden § 612 Abs 2 durfte aber nicht mehr als das (niedrigere) unwirksam vereinbarte Honorar gefordert werden. Der unwirksame Vertragsteil wirkt in diesem Falle also zugunsten des durch die Unwirksamkeitsnorm Geschützten. Es kommt zu einer Vertragsänderung (auch o Rn 8). In vergleichbarer Weise gebietet der Schutzzweck von § 15 GWB und Art 85 EG-Vertrag keine Gesamtnichtigkeit des Rechtsgeschäfts (BGH NJW 1994, 1651, 1653). Im Gegenteil kann ohne die unzulässigen Abreden sogar ein wettbewerbsfördernder Effekt eintreten. Das bedeutet in der Sache eine Absage an generalpräventive Überlegungen im Bereich des *Kartellrechts* (entgegen der Tendenz von STEINDORFF, in: FS Hefermehl [1971] 177 ff).

VI. Normen und normähnliche Regelungen

1. Gesetze; Bebauungspläne

§ 139 ist unanwendbar auf Normen und normähnliche Regelungen, auch soweit diese durch Rechtsgeschäft geschaffen worden sind (u Rn 20). Bei Gesetzen führt die Nichtigkeit einzelner Vorschriften in der Regel daher nicht zur Nichtigkeit des ganzen Gesetzes (BVerfGE 8, 301 gegen BVerwGE 4, 24). Gesamtnichtigkeit ist nur ausnahmsweise anzunehmen, wenn die verbleibenden Bestimmungen keine selbständige Bedeutung haben (heute wohl hL, MünchKomm/MAYER-MALY[3] Rn 10; SOERGEL/HEFERMEHL[12] Rn 14). § 139 findet nach richtiger Auffassung auch auf Bebauungspläne keine Anwendung. Diese bleiben im übrigen wirksam, soweit sie trotz bestehender Teilnichtigkeit eine sinnvolle städtebauliche Ordnung enthalten (BVerwG NVwZ 1990, 160). Bei *fehlender Abtrennbarkeit* kommt es freilich zur Nichtigkeit des gesamten Bebauungsplanes (BVerwG ZfBR 1993, 238, 239). Deshalb führt die Nichtigkeit einzelner Festsetzungen eines Bebauungsplanes immer dann zur Gesamtnichtigkeit des Plans, wenn diese mit den übrigen Festsetzungen in einem untrennbaren Zusammenhang stehen (BVerwG DVBl 1993, 661, 662). Trotz durchweg sinnvoller Ergebnisse stellt die

Rspr gleichwohl dem Grundsatz nach in fehlerhafter Weise auf die Anwendbarkeit des § 139 ab (BVerwG ZfBR 1993, 238, 239). Auch im übrigen kann nicht zugegeben werden, daß der dem § 139 „zugrunde liegende Rechtsgedanke" auch im **öffentlichen Recht** gilt (aA BGHZ 16, 192, 198). § 139 entfaltet noch nicht einmal für das klassische Privatrecht ein tragendes Rechtsprinzip (o Rn 3). Im Gegensatz zu der hier vertretenen Tendenz wird etwa für formnichtige Satzungen die Anwendbarkeit „des Rechtsgedankens" des § 139 unter bestimmten Voraussetzungen bejaht (etwa HessVGH DVBl 1993, 1221 [LS]).

2. Satzungen

19 § 139 kann nicht eingreifen, wenn die Entscheidung über die Fortgeltung der übrigen Teile eines Rechtsgeschäftes nicht von einem hypothetischen Parteiwillen abhängt, sondern nur nach anderen, objektiven Maßstäben getroffen werden kann. Deshalb darf bei Vereinssatzungen nicht auf den hypothetischen Willen der Vereinsgründer abgestellt werden, obwohl es sich dabei um einen Vertrag handelt (BGHZ 47, 172, 179). Der Gründerwille tritt vielmehr mit der Entstehung des Vereins hinter dem in der Satzung **objektivierten Vereinswillen** zurück. Die Aufrechterhaltung des Restes bestimmt sich danach, ob der verbleibende Satzungsteil nach dem Vereinszweck und den satzungsmäßigen Mitgliederbelangen noch eine in sich sinnvolle Regelung des Vereinslebens darstellt. Das Gesagte gilt auch für Satzungen einer Kapitalgesellschaft (AG; KGaA; GmbH; dazu OLG Hamburg Die AG 1970, 230, 231). Doch ist § 139 auf Beschlüsse von Körperschaften anwendbar, soweit sie einen rechtsgeschäftlichen Inhalt haben (BGH NJW 1994, 520, 523; RGZ 118, 218, 221; 140, 174, 177; SOERGEL/HEFERMEHL[12] Rn 12; u Rn 27).

3. Tarifverträge

20 Soweit Tarifverträge Rechtsnormen enthalten, scheidet die Anwendung des § 139 von vornherein aus (SOERGEL/HEFERMEHL[12] Rn 13; MAYER-MALY, in: Gedschr Gschnitzer [1969], 265, 278; HERSCHEL BB 1965, 791, 792). Hinsichtlich des schuldrechtlichen Teils des Tarifvertrages bleibt § 139 aber anwendbar (Nachw bei HERSCHEL BB 1965, 791, 792). Gegen die Tendenz des § 139 zieht die Unwirksamkeit einer Tarifbestimmung nicht die Unwirksamkeit der übrigen tariflichen Vorschriften nach sich (BAGE 1, 258, 272 = AP Art 3 GG Nr 4; AP § 4 TVG Effektivklausel Nr 8 m Anm WIEDEMANN). Vielmehr werden in den angeführten Entscheidungen des BAG die *normativen Bestimmungen* des Tarifvertrages wie Gesetzesbestimmungen behandelt. Es ist unerheblich, daß § 139 in diesem Zusammenhang als „Auslegungsregel" bezeichnet wird (o Rn 2). Vergleichbar entscheidet auch BAG BB 1986, 1776 f. Auf einer anderen Ebene, nämlich derjenigen des Bereichs des zwingenden Rechts (o Rn 13), liegt die Frage, ob einem Tarifvertrag widersprechende Regelungen des Einzelarbeitsvertrags zu dessen Totalnichtigkeit führen. Die Frage ist zu verneinen. Vielmehr werden die widersprechenden Bestimmungen durch die Regelungen des Tarifvertrags ersetzt (FLUME, AT II 577).

4. Betriebsvereinbarungen

21 In vergleichbarer Weise wie bei Tarifverträgen (vorige Rn) kann § 139 auch nicht auf teilnichtige Betriebsvereinbarungen angewendet werden (BAG DB 1984, 723; DIETZ/

RICHARDI BetrVG[6] § 77 Rn 37; PALANDT/HEINRICHS[55] Rn 3; SOERGEL/HEFERMEHL[12] Rn 13; HERSCHEL BB 1965, 791, 792). Das Gesagte folgt gleichfalls aus deren *normativem Charakter*. Die Rspr des BAG kommt ständig zu diesem Ergebnis, auch wenn mit dem Gedanken des § 139 argumentiert wird (BAG AP BetrVG § 56 Akkord Nr 5). Totalnichtigkeit wird nur ausnahmsweise angenommen, wenn der verbleibende Rest der Betriebsvereinbarung einen Wechsel des Sinngehaltes erfährt, weil er mit dem nichtigen Teil in einem unlösbaren Zusammenhang steht. Soweit bei Betriebsvereinbarungen ein schuldrechtlicher Teil geleugnet wird, scheidet die Anwendung des § 139 insgesamt aus (dazu HERSCHEL BB 1965, 791, 792).

VII. Vorrangige privatautonome Regelungen

1. Salvatorische Klauseln

Die Regelung des § 139 steht zur Disposition der Parteien (MAYER-MALY, in: FS Flume [1978] 621, 623; mit je unterschiedlichen Ergebnissen auch OLG München NJW 1974, 1659; LG Memmingen NJW 1975, 451). Häufig werden sog salvatorische Klauseln vereinbart. Sie bestehen meist aus einer Kombination von Erhaltungs- und Ersetzungsklauseln. Die **Erhaltungsklauseln** bezwecken gegen die Tendenz des § 139 die Aufrechterhaltung des Vertragsrestes bei Teilungültigkeit des Rechtsgeschäfts. Daneben bestimmen die darüber hinausgehenden **Ersetzungsklauseln** (dazu etwa KOHLER DNotZ 1961, 195 [Erbrecht]), welche Regelungen an die Stelle von nichtigen oder undurchführbaren Bestimmungen treten sollen. Anders als in § 139 vorgesehen soll der Vertrag dann nicht nur teilweise gelten, sondern mit einem vereinbarten zulässigen Inhalt im ganzen (Beispiel im Beck'schen Formularbuch VIII B 2 § 12). Derartige Klauseln sind überaus häufig und begegnen grundsätzlich sowohl als Erhaltungs- wie als Ersetzungsklauseln keinen Bedenken (BGH NJW 1994, 1651, 1653 [Kartellrecht]; 1995, 2026, 2027 [Kanzleiübernahmevertrag]; WM 1976, 1027, 1029 [Gesellschaftsrecht]; FamRZ 1983, 455, 456; NJW-RR 1989, 800, 801 re Sp; DB 1955, 750; WM 1973, 900, 902; OLG Zweibrücken MDR 1990, 336 [Wettbewerbsverbot]; OLG Saarbrücken NJW 1969, 662; MICHALSKI/RÖMERMANN NJW 1994, 886, 888 [individualvertraglich vereinbarte Ersetzungsklauseln]; H P WESTERMANN, in: FS Möhring [1975] 135 ff; BEYER 92, 102; KOHLER DNotZ 1961, 195). Im **Gesellschaftsrecht** kommt derartigen Klauseln eher eine klarstellende Funktion zu, da dort § 139 ohnehin nicht paßt (SOMMER/WEITBRECHT GmbH-Rdsch 1991, 449 [zur GmbH]; u Rn 83). Doch ergeben sich im Einzelfall Grenzen für formularmäßig vereinbarte salvatorische Klauseln, wenn der unwirksame Klauselteil von so einschneidender Bedeutung ist, daß eine gänzlich neue, von der bisherigen völlig abweichende, Vertragsgestaltung eintritt (BGH NJW 1983, 159, 162; H ROTH, Vertragsänderung 21).

Auch im übrigen werden salvatorische Klauseln mit Unterschieden im einzelnen nicht unbesehen gutgeheißen (OLG Hamburg WuW 1987, 393 [„grundlegende Bedeutung für den Vertragsschluß"]). Ist ein **wesentlicher Vertragsteil** nichtig und wird dadurch das Verhältnis zwischen Leistung und Gegenleistung gestört, so muß der Vertrag trotz der vereinbarten Wirksamkeit wenigstens für die Zukunft beendet werden können (BGH DB 1976, 2106; WM 1976, 1027 [Gesellschaftsvertrag]; BB 1995, 2549, 2550; MEDICUS AT[6] Rn 510). Auch können salvatorische Klauseln bei einem institutionellen Fehlgebrauch nicht wirken (H ROTH, Vertragsänderung 47, 65 ff). Zu weitgehend ist es aber wohl, durchgängig salvatorische Klauseln lediglich iSe Umkehr der Vermutung des § 139 zu interpretieren (so aber FLUME, AT II 575; P ULMER, in: FS Steindorff [1990] 799, 805;

OLG Stuttgart ZIP 1989, 60, 63; OLG Hamm GRUR 1980, 183, 185 [für wesentliche Vertragsbestandteile]; BGH BB 1995, 2549, 2550; wie hier dagegen wohl OLG Celle WM 1993, 888, 889). Auch der BGH mißt salvatorischen Klauseln regelmäßig eine darüber hinausreichende Bedeutung zu. So wird ein Vertrag, der einzelne **kartellrechtswidrige Abreden** enthält (Preisbindung und Marktaufteilung: § 15 GWB; Art 85 EG-Vertrag), nicht schon deshalb im ganzen nichtig, weil der Wegfall dieser Abreden die wirtschaftlichen Vertragsgrundlagen wesentlich verändert hat (BGH NJW 1994, 1651, 1653 [„Pronuptia II"]; anders in der Tendenz BGB-RGRK/KRÜGER-NIELAND/ZÖLLER[12] Rn 8). Anders liegt es nur, wenn der Schutzzweck des Gesetzes einer teilweisen Aufrechterhaltung entgegensteht. Für § 15 GWB und Art 85 EG-Vertrag wurde das mit Recht verneint. Auch kann die salvatorische Klausel ihrerseits gegen ein gesetzliches Verbot verstoßen, wenn sie dessen Umgehung ermöglicht (LG Nürnberg-Fürth VersR 1974, 814, 817 [Art 1 § 1 RBerG] m Anm H FISCHER).

2. Gesamtunwirksamkeitsklauseln

23 Den Parteien bleibt eine Vereinbarung unbenommen, wonach bei Teilnichtigkeit des Rechtsgeschäfts der gesamte Vertrag ungültig sein soll. Damit wird das Abstellen auf einen etwa anders ausgerichteten *hypothetischen Parteiwillen* verhindert (MünchKomm/MAYER-MALY[3] Rn 4). Für die Herbeiführung dieser Wirkung ist es freilich nicht ausreichend, wenn zB eine Wertsicherungsklausel als „integrierender Bestandteil" eines Vertrages bezeichnet wird (BGH BB 1959, 1006).

3. Kenntnis von der Teilunwirksamkeit

24 In der höchstrichterlichen Rspr wird § 139 nicht angewendet, wenn die Parteien wissen, daß ein Teil des Rechtsgeschäfts ungültig ist (BGHZ 45, 376, 379 m Anm MATTERN LM Nr 35; BGH WM 1994, 1711, 1712; WarnR 1969 Nr 151; BAGE 1, 258, 270; RGZ 122, 138, 140 f; ebenso OLG Frankfurt aM MDR 1969, 760; ferner LG Mannheim WuM 1967, 145). In diesem Falle werde das Rechtsgeschäft lediglich von den übrigen Vertragsbestimmungen gebildet (auch u Rn 31). Der andere Teil bedeute wegen eines *fehlenden Rechtsbindungswillens* kein Rechtsgeschäft. Doch müsse das Restgeschäft mit diesem Inhalt von den Parteien für sich allein gewollt werden. Nach richtiger Auffassung ergibt sich freilich der Wille zur Teilgültigkeit bereits daraus, daß die Parteien erkannt Unwirksames in den Vertrag aufgenommen haben (MEDICUS AT[6] Rn 507; MünchKomm/MAYER-MALY[3] Rn 28). Dann ist der tatsächliche Parteiwille auf Restgültigkeit gerichtet, ohne daß es auf den Rechtsbindungswillen im übrigen ankäme (mit Recht JAUERNIG[7] Anm 4 a gegen BGHZ 45, 376; ferner auch BGH NJW 1985, 2423; 1975, 205; ohne die hier gerügte Begründung freilich BGH WM 1973, 41 f).

4. Geltungserhaltende ergänzende Vertragsauslegung

25 Bisweilen schließt die Rspr die durch Teilnichtigkeit entstandene Lücke des Rechtsgeschäfts schon durch eine ergänzende Vertragsauslegung und vermeidet auf diese Weise die Anwendbarkeit des § 139 (BGHZ 63, 132, 136; o Rn 8; ein anderes Verständnis der Entscheidung wohl bei JAUERNIG[7] Anm 4 b). Derartige Fälle bleiben außerhalb des Anwendungsbereichs des § 139.

VIII. Voraussetzungen des § 139

§ 139 findet Anwendung auf Rechtsgeschäfte (u Rn 27), wobei es sich um eine teilweise Nichtigkeit (u Rn 31) handeln muß. Für das Rechtsgeschäft wird Einheitlichkeit idS gefordert, daß es sich um ein einziges Rechtsgeschäft handeln muß (u Rn 36). Schließlich greift § 139 nur ein, wenn das Rechtsgeschäft teilbar ist (u Rn 60). **26**

1. Rechtsgeschäft

§ 139 gilt grundsätzlich für Rechtsgeschäfte aller Art. Es kann sich dabei handeln um „einfache Rechtsgeschäfte" wie Kündigungen (dazu ANDRÉ 6), „zusammengesetzte Rechtsgeschäfte" wie Verträge (ANDRÉ 7) sowie um „verbundene Rechtsgeschäfte" (ANDRÉ 9) iSv u Rn 37. Die Norm findet auch Anwendung auf Geschäfte des Familien- und Erbrechts. Insonderheit ist § 139 auch für Erbverträge einschlägig (Bedenken dagegen bei HÄSEMEYER FamRZ 1967, 30, 31). Dagegen scheidet die Rechtsfolge des § 139 für vollzogene Arbeits- und Gesellschaftsverhältnisse weithin aus. Zum Tragen kommen vielmehr die Grundsätze über die fehlerhafte Gesellschaft (BGH WM 1976, 1027; u Rn 83). Nichtigkeitsgründe können daher nur mit Wirkung ex nunc geltend gemacht werden. Auch auf Unternehmensverträge (Beherrschungs- und Gewinnabführungsverträge) wurde die Norm wegen deren organisationsrechtlichen Charakters mit Recht nicht angewendet. Hier bleibt es im Zweifel bei der bloßen Teilnichtigkeit. Der maßgebliche Gedanke ist hier, daß geschaffene Organisationsstrukturen nicht zerschlagen werden sollen (OLG Hamburg NJW 1990, 3024 m Anm KRIEGER EWiR § 291 AktG 1/91, 217; iE auch OLG Hamburg NJW 1990, 521; MünchKomm/MAYER-MALY[3] Rn 7 c). Dagegen fallen Versammlungsbeschlüsse mit rechtsgeschäftlichem Inhalt unter § 139 (BGH NJW 1994, 520, 523; RGZ 140, 177; OLG Hamm NJW-RR 1986, 501; OLG München WuB II A § 186 AktG 4.93 m Anm HEINSIUS [Hauptversammlungsbeschluß AG]; ferner dazu LUTTER EWiR AktG 2/93, 527; LG Braunschweig WuB II A § 221 AktG 2.93 m Anm MARSCH-BARNER). Deshalb wurde § 139 mit Recht auch auf Beschlüsse des Aufsichtsrates angewendet, wenn diese auf die Begründung, Änderung oder Aufhebung sozial- oder individualrechtlicher Befugnisse gerichtet sind und ihnen bereits deshalb ein rechtsgeschäftlicher Inhalt zuerkannt werden kann (BGH NJW 1994, 520, 523 m Anm CREZELIUS EWiR § 256 AktG 1/94, 9). Das wurde auch für formal selbständig gefaßte Beschlüsse angenommen, die sachlich an vorhergehende Beschlüsse anschließen, deren Gültigkeit sie voraussetzen. Im übrigen wurde offengelassen, ob § 139 auf **Organ- und Versammlungsbeschlüsse** uneingeschränkt paßt. Eine Ablehnung wird insoweit mit Recht erwogen, soweit Beschlüsse nur als „Sozialakte" verstanden werden können, weil sie lediglich interne Wirkung haben (BGH NJW 1994, 520, 523). Entsprechendes gilt für teilweise nichtige Beschlüsse von Hauptversammlungen zu teilweise nichtigen Unternehmensverträgen (OLG Hamburg NJW 1990, 521 [teilweise Nichtigkeit bejaht]). § 139 ist auch einschlägig für die Beurteilung der Aufteilung nach dem WEG (BRINGER MittRhNotK 1987, 269, 276). **27**

a) Öffentlich-rechtliche Verträge

Für öffentlich-rechtliche Verträge gelten der mit § 139 BGB sachlich übereinstimmende § 59 Abs 3 VwVfG sowie die entsprechenden landesrechtlichen Vorschriften. Daher können die Grundsätze des § 139 darauf entsprechend samt den zahlreichen Einschränkungen angewendet werden. § 139 findet auch Anwendung auf gemischt **28** bürgerlich- und öffentlich-rechtliche Verträge (vgl BGH NJW 1980, 826; OLG München OLGZ 1980, 474, 480; MünchKomm/MAYER-MALY[3] Rn 10).

b) Verwaltungsakte; Sonstiges

29 Für teilnichtige Verwaltungsakte gelten § 44 Abs 4 VwVfG sowie die entsprechenden landesrechtlichen Vorschriften der Verwaltungsverfahrensgesetze. Daneben ist ein Rückgriff auf § 139 weder möglich noch auch erforderlich. Der Verwaltungsakt weist nicht einmal annähernd Gemeinsamkeiten mit dem bürgerlich-rechtlichen Rechtsgeschäft auf, so daß § 139 schon deshalb nicht paßt (MünchKomm/MAYER-MALY[3] Rn 9; SOERGEL/HEFERMEHL[12] Rn 14). Die frühere entgegenstehende Rspr (BGHZ 16, 192, 198) ist weithin überholt. Auch sonst ist § 139 nicht auf *öffentlich-rechtliche Willenserklärungen* anwendbar. Für sonstige einseitige Erklärungen des öffentlichen Rechts außerhalb des Verwaltungsaktsbereichs paßt § 139 ebenfalls nicht (PALANDT/HEINRICHS[55] Rn 4 [für § 59 Abs 3 VwVfG analog]; ERMAN/BROX[9] Rn 9).

c) Prozeßhandlungen

30 § 139 kann auch im Zivilprozeß entsprechend angewendet werden. Insbes ist eine Einheit von materiellrechtlichem Rechtsgeschäft und Prozeßhandlung im Falle der Prozeßaufrechnung zu bejahen. Wird die Berufung auf die Aufrechnung als prozessual unzulässig zurückgewiesen, so hat nach § 139 auch die materiellrechtliche Aufrechnung keine Gültigkeit (zutr ROSENBERG/SCHWAB/GOTTWALD, ZPO[15] 596 mN; andere Begründung bei MUSIELAK JuS 1994, 817, 821). Anders liegt es, wenn die Aufrechnung vor dem Prozeß oder außerhalb des Prozesses erklärt worden ist (ROSENBERG/SCHWAB/GOTTWALD, ZPO[15] 597; wN bei SOERGEL/HEFERMEHL[12] Rn 11). § 139 ist auch im Verfahren der freiwilligen Gerichtsbarkeit einschlägig (BayObLG Rpfleger 1962, 178). Bei der analogen Anwendung des § 139 kommt es maßgeblich auf den tatsächlichen oder den hypothetischen Willen des Erklärenden an (STEIN/JONAS/LEIPOLD, ZPO[21] § 145 Rn 57). Angewendet wird § 139 auch auf **Grundbucheintragungen** (RGZ 119, 211, 214), nicht jedoch auf Eintragungen in andere öffentliche Register (RGZ 132, 22, 56; BGB-RGRK/KRÜGER-NIELAND/ZÖLLER[12] Rn 26).

2. Nichtigkeit

31 Erfaßt der Nichtigkeitsgrund das gesamte Rechtsgeschäft, so ist § 139 unanwendbar. Es muß sich vielmehr um eine Teilnichtigkeit handeln. Ein nichtiges Rechtsgeschäft liegt vor, wenn es zwar dem Tatbestand nach gegeben ist, die bestimmungsgemäßen Rechtsfolgen aber von Anfang an nicht eintreten (auch u § 142 Rn 4). Der Grund für die Nichtigkeit ist ohne Belang (vTUHR, AT II 1 S 283; SANDROCK AcP 159 [1960/61] 481, 505; anders der Sache nach aber BGHZ 45, 376, 379 zur Nichtigkeit nach §§ 116 S 2; 117 Abs 1; dagegen JAUERNIG[7] Anm 1 b; o Rn 24). Ausreichend ist etwa auch die rückwirkende Nichtigkeit (§ 142 Abs 1) nach einer **Teilanfechtung** (BGH NJW 1969, 1759; RGZ 62, 184, 186; MEDICUS AT[6] Rn 497). Für zahlreiche Nichtigkeitsgründe bestimmen sich aber die Rechtsfolgen außerhalb von § 139 nach Sinn und Zweck der betreffenden Nichtigkeitsnorm (o Rn 13 ff).

32 Tritt eine nachträgliche Teilnichtigkeit des Rechtsgeschäfts etwa durch eine **Gesetzesänderung** ein, so findet § 139 jedenfalls entsprechende Anwendung (FLUME, AT II 582: direkte Anwendung), wenn das Änderungsgesetz keine eigene Regelung über die Rechtsfolge enthält (BGH NJW 1952, 299; LM Nr 9; PALANDT/HEINRICHS[55] Rn 2; JAUERNIG[7]

Anm 1 b; SOERGEL/HEFERMEHL[12] Rn 7; FLUME, AT II 584 gegen RGZ 146, 366, 368). Zu prüfen ist immer vorrangig der Sinn des nachträglich ergangenen Gesetzes. Erst im Anschluß daran ist auf den hypothetischen Parteiwillen abzustellen (ERMAN/BROX[9] Rn 28 treten für eine ergänzende Vertragsauslegung ein).

Unter § 139 fallen auch **alle Arten der Unwirksamkeit** des Rechtsgeschäfts (BGH WM 1964, 1125, 1126; OLG Zweibrücken NJW-RR 1993, 1478, 1479), so die relative oder schwebende oder nachträgliche Unwirksamkeit (PALANDT/HEINRICHS[55] Rn 2; AK-BGB/DAMM Rn 9). Für die schwebende Unwirksamkeit ist das von der Rspr mehrfach ausgesprochen worden (RGZ 120, 126; 133, 7, 14; BGHZ 53, 174, 179; BGH LM Nr 24; NJW 1962, 734; LM § 105 HGB Nr 19 m Anm FISCHER). Erstreckt sich die schwebende Unwirksamkeit eines Teils eines Rechtsgeschäfts auf das ganze Rechtsgeschäft, so wird das ganze Rechtsgeschäft wirksam, wenn der schwebend unwirksame Teil zB durch Genehmigung wirksam wird. Bei schwebender Unwirksamkeit einer Vertragsabrede (Währungsklausel) wurde § 139 mit dem Ergebnis angewendet, daß der gesamte Vertrag schwebend unwirksam ist. Er bleibt schwebend unwirksam bis zur Erteilung der erforderlichen Genehmigung (OLG Schleswig SchlHA 1961, 52, 53). Doch hilft in diesen Fällen besser die ergänzende Vertragsauslegung, die schon eine Lücke vermeidet (o Rn 8; ferner BayObLG MDR 1980, 757; JAUERNIG[7] Anm 1 b). Bei **schwebend unwirksamen Rechtsgeschäften** bleiben Vereinbarungen von den Nichtigkeitsfolgen unberührt, welche die Parteien gerade mit Rücksicht auf die schwebende Unwirksamkeit des Vertrages schließen (BGH ZIP 1986, 36). § 139 erfaßt auch die durch einen Widerruf nach §§ 7, 9 VerbrKrG oder nach § 1 Abs 1 HausTWG herbeigeführte Unwirksamkeit (BGH NJW 1991, 917 [zu § 1 b AbzG]; 1983, 2027, 2028 [AbzG]). Entsprechendes gilt für die Unwirksamkeit nach § 779 (OLG Köln OLGZ 1972, 49). **33**

Nach dem Gesagten wird von § 139 die endgültige Unwirksamkeit des Rechtsgeschäfts erfaßt, wenn die notwendige Genehmigung, zB nach §§ 108, 177 (zu § 177: BGH WM 1964, 913, 915 im Anschluß an RGZ 146, 366, 367), § 1829 (OLG Zweibrücken NJW-RR 1993, 1478, 1479) ua verweigert wird (BGH LM Nr 24). Wenn die Parteien freilich wissen, daß ein Teil des Rechtsgeschäfts genehmigungsbedürftig ist und sie keine besondere Regelung für die Aufrechterhaltung des übrigen Teils treffen, so kann wohl regelmäßig davon ausgegangen werden, daß bei einer versagten Genehmigung das Gesamtgeschäft hinfällig werden soll (FLUME, AT II 583). Möglich ist die Anwendung des § 139 auch im Falle des **Teilrücktritts** (dazu BGH NJW 1976, 1931). Doch kann bei einem einheitlichen Rechtsgeschäft das Rücktrittsrecht hinsichtlich der verbundenen Geschäfte grundsätzlich auch nur einheitlich ausgeübt werden (BGH NJW 1976, 1931, 1932). Anwendung findet § 139 auch auf die Teilaufhebung (BGH FamRZ 1990, 976) oder auf die Teilgenehmigung (SCHULTE AgrarR 1975, 37 zu OLG Karlsruhe AgrarR 1974, 326). Ist der Vertrag wegen eines Formmangels nichtig, so kann der Vertragsteil bei vorhandenem hypothetischen Parteiwillen aufrechterhalten werden, der für sich gesehen nicht formbedürftig war (BGH NJW 1986, 2642, 2643 [dort § 139 analog]).

Bei einer nachträglichen *Teilunmöglichkeit* gelten nicht die Nichtigkeitsfolgen, sondern es greifen die Normen der §§ 275 ff, 323 ein (PALANDT/HEINRICHS[55] Rn 2). Doch ist § 139 auf eine anfängliche Teilunmöglichkeit anwendbar (RGZ 162, 121, 123; MUGDAN II 97 = Mot II 177; FLUME, AT II 577; PALANDT/HEINRICHS[55] Rn 2). **34**

Endet ein Vertragsverhältnis, das mit einem anderen Rechtsgeschäft verbunden ist, **35** so gilt § 139 ebenfalls, wobei die direkte oder analoge Anwendung der Norm offengelassen wurde (BGHZ 74, 253, 255; SOERGEL/HEFERMEHL[12] Rn 8).

3. Einheitlichkeit des Rechtsgeschäfts

36 § 139 setzt voraus, daß es sich um ein einziges Rechtsgeschäft handelt. Dagegen gilt die Norm nicht für selbständig nebeneinander stehende Rechtsgeschäfte, auch wenn sie sich in irgendeinem Zusammenhang befinden (MünchKomm/MAYER-MALY[3] Rn 11).

a) Einheitlichkeitswille und objektiver Sinnzusammenhang

37 Da § 139 Ausfluß der Privatautonomie ist (o Rn 1), kommt es in erster Linie auf den Willen der Parteien an, ob sie mehrere rechtsgeschäftliche Regelungen („verbundene Rechtsgeschäfte", o Rn 27) als Teile eines einzigen Rechtsgeschäfts iSv § 139 wollen. Entscheidend ist der Einheitlichkeitswille der Parteien zur Zeit der Vornahme des Rechtsgeschäfts. Dieser Wille wird auch von der ständigen Rspr entscheidend betont (BGH NJW 1987, 2004, 2007; 1976, 1931, 1932; DB 1970, 1591; OLG Schleswig NJW-RR 1995, 554; ERMAN/BROX[9] Rn 21). Die Maßgeblichkeit des Parteiwillens scheint auch in den Motiven aufzuscheinen, wenn es dort heißt: „Die Bedeutung, welche der Verbindung von mehreren, in einem Zusammenhange stehenden Willenserklärungen zukommt, kann lediglich dem Willen der Betheiligten entnommen werden;" (Mot I 222; so auch die Interpretation von FLUME, AT II 571 Fn 5). Demgegenüber wird in der Literatur bisweilen nicht in erster Linie auf den Parteiwillen, sondern darauf abgestellt, welcher objektive Sinnzusammenhang zwischen den einzelnen Abreden besteht (insbes MünchKomm/MAYER-MALY[3] Rn 12). In der Tat stehen die Materialien diesem Verständnis wohl nicht entgegen, da dort nicht für den Tatbestand „ein Rechtsgeschäft", sondern für die Rechtsfolge auf den Parteiwillen abgestellt wird (so das Verständnis bei MünchKomm/MAYER-MALY[3] Rn 12). Allerdings räumt auch die Gegenauffassung ein, daß der Parteiwille in „vielen Fällen große Bedeutung hat", so daß die praktischen Unterschiede trotz der verschiedenen Ausgangspunkte nicht allzu groß sein dürften.

38 Auch wenn – wie hier – mit der hL primär auf den **Parteiwillen** abgestellt wird, so ist es doch zutreffend, daß die Parteien sich häufig keine Gedanken gemacht haben, so daß auch keine Erklärung darüber vorliegt, ob die Regelungen als einheitliches Rechtsgeschäft gewollt sind oder nicht. In diesen zahlreichen Fällen kommt es auf den objektiven Sinngehalt der Rechtsgeschäfte an (u Rn 45). Darüber besteht weitgehend Einigkeit (LARENZ AT[7] 458; FLUME, AT II 571; für die Gleichrangigkeit beider Kriterien wohl MEDICUS AT[6] Rn 502).

b) Einheitlichkeitswille und Indizien

39 Die Parteien können nach ihrem Willen auch zeitlich getrennte oder Geschäfte unterschiedlichen Typs iSe einzigen Rechtsgeschäfts zusammenfassen. So liegt es, wenn die betreffenden Vereinbarungen nach dem Willen der Parteien derart voneinander abhängig sind, daß sie miteinander „stehen und fallen" sollen (RGZ 78, 41; 79, 434; BGHZ 112, 288, 293; 50, 8, 13; BGH WM 1994, 1711; NJW 1983, 2026, 2028; 1976, 1931, 1932; WarnR 1977 Nr 8; 1966 Nr 121; SONNENSCHEIN/WEITEMEYER Jura 1993, 30, 34). Der Wille zur lediglich *wirtschaftlichen Verknüpfung* genügt dagegen nicht (BGH NJW 1987, 2004, 2007). Dabei kann ein einheitlicher Vertrag auch dann vorliegen, wenn nur einer der Vertragspartner einen solchen Einheitlichkeitswillen erkennen läßt und der andere

Partner ihn anerkennt oder zumindest hinnimmt (BGHZ 112, 376, 378 [Grundstückskaufvertrag und Bierlieferungsvertrag]; 78, 346, 349; 76, 43, 49; 50, 13; BGH NJW-RR 1993, 1421; NJW 1990, 1473, 1474 [Kauf- und Erlaßvertrag]; BB 1990, 733, 734 [Kaufvertrag und Zusatzzahlung]; NJW-RR 1988, 348; NJW 1987, 1069; 1986, 1983, 1984; WarnR 1971 Nr 84; BFHE 135, 217, 221). Der Einheitlichkeitswille muß sich aus den Erklärungen der Parteien unter Berücksichtigung ihrer Interessen (BGH WM 1993, 1759, 1760) und der Verkehrssitte nach § 157 (BGH WarnR 1966 Nr 121) erschließen lassen. Da dieser Wille selten offen zutage tritt, kommt es oftmals auf äußere Indizien an.

Ein äußeres Indiz für ein „einziges Rechtsgeschäft" iSd § 139 ist die **Einheit des** **40** **Zustandekommens**. So liegt es bei einer einheitlichen mündlichen Absprache oder der Vereinbarung in einer Urkunde. Allerdings wird die Einheitlichkeit durch eine rein äußere Verbindung der Geschäfte in einer Urkunde noch nicht begründet. Auch ein bloß wirtschaftlicher Zusammenhang oder eine wirtschaftliche Motivation genügen nicht (RGZ 103, 298; BGH NJW 1987, 2004, 2007; PALANDT/HEINRICHS[55] Rn 5). Doch hat die Aufnahme in einer Urkunde indizielle Bedeutung. In diesem Falle soll eine „tatsächliche Vermutung" für den erforderlichen Einheitlichkeitswillen bestehen (BGHZ 54, 71, 72; BGH NJW-RR 1988, 348, 351; NJW 1987, 2004, 2007; 1976, 1931, 1932; OLG Stuttgart FamRZ 1987, 1034, 1035). Es handelt sich nach richtiger Auffassung um einen **Anscheinsbeweis**, der nach den für ihn geltenden Regeln entkräftbar ist (JAUERNIG[7] Anm 2 a). Gegen die „Vermutung" kann insbes der Gegenstand der Vereinbarungen sprechen (BGH NJW 1987, 2004, 2007 [kombinierter Vertrag über Hardware und Software]).

Dagegen sind regelmäßig mehrere Verträge anzunehmen, wenn verschiedene **41** Absprachen in einem zeitlichen Abstand oder in mehreren Urkunden getroffen werden. Deshalb bedeutet insbes die **getrennte Beurkundung** einen Anscheinsbeweis für die Selbständigkeit der Geschäfte (BGHZ 104, 18, 22; 78, 346, 349 [„tatsächliche Vermutung"]; BGH NJW-RR 1988, 348; WM 1967, 1131; WarnR 1966 Nr 121; ebenso RGZ 79, 434). Diese „Vermutung" kann schon durch die entsprechende Formulierung des Vertragstextes entkräftet werden (BGH NJW-RR 1993, 1421, 1422). Zu ihrer Widerlegung genügt aber nicht schon der Nachweis eines wirtschaftlichen Zusammenhangs (o Rn 39) und auch nicht der gleichzeitige Abschluß der Geschäfte (BGH WM 1967, 1131, 1132; RdL 1967, 153, 154; RGZ 103, 295, 297 f). Doch kann sich die äußerliche Trennung aus der höchstpersönlichen Natur der Verträge erklären lassen (BGH WarnR 1966 Nr 121). Andererseits scheitert eine Einheit nicht schon an der höchstpersönlichen Natur der Erklärungen (BGH WarnR 1966 Nr 121).

c) **Verschiedenheit der Geschäftstypen**
Die mehreren rechtlichen Vereinbarungen brauchen nicht demselben rechtlichen **42** Geschäftstyp anzugehören (BGH WarnR 1966 Nr 121). So können beispielsweise zusammengefaßt werden ein Kaufvertrag über die Einrichtung und ein Mietvertrag über die Räume (BGH NJW 1983, 2028). Ebenso liegt es für die Kombination von Grundstückskauf- und Baubetreuungsvertrag (BGH NJW 1976, 1931, 1932; 1955, 297 [LS]). Auch können etwa ein Pachtvertrag und die Einräumung eines Vorkaufsrechts zusammengefaßt werden. Auch im übrigen besteht *kein Typenkombinationsverbot*.

d) **Verschiedenheit der Personen**
Nach hL wird die erforderliche Geschäftseinheit nicht dadurch ausgeschlossen, daß **43** an den mehreren Rechtsgeschäften nicht stets dieselben Personen teilgenommen

haben (BGH NJW-RR 1993, 1421, 1422; BB 1990, 733, 734; NJW-RR 1988, 348; NJW 1976, 1931, 1932; WarnR 1966 Nr 121; NJW 1955, 297 [LS]; BFHE 135, 217, 220; KG NJW 1983, 291, 292; OERTMANN ZHR 101 [1934] 119 ff). Fälle dieser Art liegen etwa dann vor, wenn der Käufer bei dem Verkäufer eine Sache kauft und für den Kaufpreis bei einer Bank ein Darlehen aufnimmt. Die Rspr verlangt aber, daß die Einheitlichkeit zur Zeit des Vertragsabschlusses von mindestens einer Vertragspartei erkennbar gewollt und von allen übrigen Parteien hingenommen worden sein muß (BGH BB 1990, 733, 734 [Übergreifen eines sittenwidrigen Vertrages]). Die Literatur ist dieser Auffassung weitgehend gefolgt (PALANDT/HEINRICHS[55] Rn 5; JAUERNIG[7] Anm 2 a; MünchKomm/MAYER-MALY[3] Rn 15; ERMAN/BROX[9] Rn 21; SOERGEL/HEFERMEHL[12] Rn 22). Dagegen hält FLUME, AT II 572 daran fest, daß die rechtsgeschäftlichen Regelungen zwischen denselben Personen getroffen worden sein müssen. Das gelte selbst bei einem zu bejahenden *Sinnzusammenhang* zwischen den einzelnen Regelungen. So soll es selbst dann nicht zur Anwendung des § 139 kommen, wenn die Bevollmächtigung gegenüber einem Dritten geschieht; es handele sich um ein selbständiges Rechtsgeschäft und für § 139 sei kein Raum. Das ist freilich kaum überzeugend.

MEDICUS AT[6] Rn 502 möchte wenigstens für das Beispiel des *finanzierten Kaufvertrages* nicht § 139 anwenden, sondern für die Einheitlichkeit darauf abstellen, ob die Wirksamkeit des einen Geschäfts zur Bedingung oder zur Geschäftsgrundlage für das andere gemacht worden ist. Jedenfalls kommt aber für den *Verbraucherkredit* § 9 VerbrKrG als Sonderregelung zur Anwendung (mit Recht MEDICUS AT[6] Rn 502). § 139 ist nicht einschlägig, wenn sich mehrere Personen gegenüber einem Gläubiger in der Form der selbständigen *Mitbürgschaft* verpflichten (SOERGEL/HEFERMEHL[12] Rn 22; FLUME, AT II 572). Anders liegt es dagegen bei der gemeinschaftlichen Mitbürgschaft (insoweit aA FLUME, AT II 572). Auch ist der gesamte Vertrag nach § 139 nichtig, wenn von zwei einen *Darlehensvertrag* als Gesamtschuldner unterzeichnenden Darlehensnehmern der eine unerkannt geschäftsunfähig ist (OLG Karlsruhe NJW-RR 1991, 947, 948 im Anschluß an RGZ 99, 52, 55; 138, 272). Einheitlichkeit wird nicht dadurch ausgeschlossen, daß zwar dieselben Personen an verschiedenen Rechtsgeschäften, aber nicht in gleicher Weise beteiligt sind. So liegt es bei der Beteiligung einmal im fremden und einmal im eigenen Namen (RGZ 79, 434, 436; SOERGEL/HEFERMEHL[12] Rn 22).

44 § 139 kommt nach allgM zur Anwendung, wenn **mehrere Personen auf einer Seite** eines Rechtsgeschäfts stehen (BGHZ 3, 206, 209; BGH NJW 1994, 1470, 1471; 1991, 39, 40 [Eheleute als Darlehensnehmer]; 1970, 240, 241; WM 1961, 1149, 1151; RGZ 141, 104, 108; FLUME, AT II 573; MEDICUS AT[6] Rn 502; vWESTPHALEN BB 1993 Beil Nr 8, 19 ff [Leasinggeschäfte]). So liegt es etwa, wenn Eheleute oder die Beteiligten von nichtehelichen Lebensgemeinschaften eine Wohnung mieten. Auch kommt § 139 zur Anwendung, wenn jemand einen Vertrag im eigenen Namen und zugleich als vollmachtloser Vertreter für einen anderen abschließt und der Vertretene die Genehmigung verweigert (BGH NJW 1970, 240 f mit iE zust Bespr von W GERHARDT JuS 1970, 326; zur Teilbarkeit u Rn 65). Ein *überflüssiger Teil* eines Rechtsgeschäfts ist kein Teil, dessen Nichtigkeit zur Anwendung des § 139 führte (FLUME, AT II 573 gegen BGHZ 3, 206, 209). Das ist etwa der Fall bei der gegenstandslosen Mitwirkung des Ehepartners an einem Rechtsgeschäft, für das der andere Teil allein verfügungsberechtigt ist. Bei der „belanglosen Erklärung" handelt es sich nicht um eine Teilnichtigkeit iSd § 139.

e) Objektiver Sinnzusammenhang und Indizien

Die erforderliche Geschäftseinheit wird sich häufig aus dem objektiven Sinnzusammenhang mehrerer Geschäfte ergeben, wenn sich ein Einheitlichkeitswille der Parteien nicht feststellen läßt (o Rn 37 f). So liegt es insbes bei Organ- und Versammlungsbeschlüssen (BGH NJW 1994, 520, 523). Ausschlaggebend ist dann der Inhalt der getroffenen Vereinbarungen (BGH NJW 1994, 520, 523), wobei es maßgebend ist, daß bei äußerer Trennung der Geschäfte die getroffenen Regelungen wirtschaftlich so eng miteinander verflochten sind, daß sie nur miteinander als sinnvolle Regelung zu bestehen vermögen (so LARENZ AT[7] 458; im gleichen Sinn FLUME, AT II 571 f). Ist der **wirtschaftliche Zusammenhang** zwischen den Regelungen weniger eng als in dieser Formulierung zugrunde gelegt, so vermag er allerdings für sich allein noch nicht die erforderlichen Voraussetzungen für die Einheit des Rechtsgeschäfts zu schaffen (mit Recht BGH DB 1969, 1591; RGZ 79, 434, 439; MünchKomm/MAYER-MALY[3] Rn 13). Allerdings hat der wirtschaftliche Zusammenhang Indizwirkung für die Annahme einer solchen Einheit (BGH LM Nr 34; FamRZ 1967, 465, 467). 45

f) Sonstige Vertragsverbindungen

Zwischen mehreren Regelungen kann ein rechtlicher Zusammenhang auch durch rechtsgeschäftliche Bedingungen hergestellt werden (§ 158). Dann liegt kein Fall des § 139 vor. Andererseits ist es für die Anwendung des § 139 auch nicht notwendig, daß der *Einheitlichkeitswille* einer derartigen Bedingung entspricht (BGH NJW 1976, 1931, 1932). Eine weitere sondergesetzlich geregelte Art der Vertragsverbindung ergibt sich aus § 9 VerbrKrG. Diese Regelung ist dem § 139 vorrangig (o Rn 43). Auch kann die Wirksamkeit des einen Rechtsgeschäfts zur Geschäftsgrundlage für das andere gemacht werden (MEDICUS AT[6] Rn 503). Die Annahme der Totalnichtigkeit richtet sich dann nicht nach den Voraussetzungen des § 139. 46

g) Prozessuales

Nach hL geht es bei der Frage nach dem Vorliegen eines einheitlichen Rechtsgeschäfts um eine **Tatfrage** (BGH WM 1994, 1711; NJW-RR 1993, 1421, 1422; NJW 1991, 917; NJW-RR 1988, 348; NJW 1976, 1931, 1932; DB 1970, 1591; FamRZ 1967, 465, 467; NJW 1955, 297 [LS]). Die Revision nimmt das Ergebnis dieser tatrichterlichen Würdigung hin (BGHZ 78, 346, 349). Nach richtiger Auffassung handelt es sich dagegen um eine **revisible Rechtsfrage** (MünchKomm/MAYER-MALY[3] Rn 11). Abzustellen ist sowohl auf den Vortrag der Parteien als auch auf die Umstände des Rechtsgeschäfts (OLG Zweibrücken NJW-RR 1993, 1478, 1479). Erschließen sich die maßgebenden Gesichtspunkte allein aus den vorgelegten Vertragswerken und kommen weitere tatsächliche Umstände ersichtlich nicht in Betracht, so prüft und entscheidet der BGH selbst (BGHZ 76, 43, 49; BGH NJW-RR 1993, 1421, 1422; NJW 1987, 2004, 2007). 47

h) Einzelfälle

Die nachfolgende Darstellung der Einzelfälle hat stets **Beispielcharakter**, da es jeweils ausschlaggebend auf die besondere Fallgestaltung ankommt. Schematische Übertragungen auf andere Fälle sind deshalb unzulässig. 48

Die Möglichkeit der Annahme eines einzigen Rechtsgeschäfts wurde **bejaht** für einen Wohnungstauschvertrag und ein Besitzwechselverfahren nach den §§ 68, 126 ZGB-DDR (BGH WM 1993, 1759, 1760 [dort aber ergänzende Vertragsauslegung]; o Rn 8), eine Grundmietenerhöhung und einen Beschaffenheitszuschuß (AG Naumburg WuM 1993, 49

666), formal selbständige Beschlüsse des Aufsichtsrates, soweit sie inhaltlich in einem engen inneren Zusammenhang stehen (BGH NJW 1994, 520, 523), Trennungsvereinbarungen zwischen unverheirateten Lebenspartnern, bestehend aus einer Unterhaltsvereinbarung und sonstigen Regelungen (OLG Zweibrücken DAVorm 1993, 964), sowie für einen Grundstückskaufvertrag und einen Treuhandvertrag (BGH NJW-RR 1993, 1421). Ein einheitliches Rechtsgeschäft bedeuten auch ein Grundstückskaufvertrag und eine Auflassungsvollmacht (BGH DNotZ 1990, 359 m Anm Heckschen) sowie überhaupt Vollmacht und zugrunde liegender Baubetreuungsvertrag (BGHZ 102, 60, 62; BGH NJW 1994, 2095; WM 1992, 1662 m Anm Haug EWiR § 19 BNotO 1/92, 983). Ebenso liegt es bei einem kombinierten Vertrag über Hardware (Kauf eines Computers) und Software (Lizenzvertrag) (BGH NJW 1987, 2004, 2007; 1990, 1312; OLG Köln NJW-RR 1991, 1463; OLG Koblenz NJW-RR 1992, 689; OLG München NJW-RR 1992, 1271). Im Zweifel gilt das aber nicht bei Verträgen über Standardware von verschiedenen Herstellern (BGH NJW 1987, 2007; aA Zahrnt BB 1993, 1675). Ein einheitliches Rechtsgeschäft wurde auch zugrunde gelegt bei einem Ehevertrag und einem Erbvertrag (OLG Stuttgart FamRZ 1987, 1034, 1035; Abgrenzungsentscheidung: BGHZ 29, 129, 132) sowie bei der Vereinbarung eines Gesamthonorars, bestehend aus Anwaltstätigkeit einerseits und notarieller Tätigkeit andererseits (BGH NJW 1986, 2576, 2577). Werden das Geschäft, aus dem die zu sichernde Forderung erwächst, und die Sicherungsabrede durch den Parteiwillen zu einer rechtlichen Einheit verbunden, so hat die Nichtigkeit des ersten Geschäfts auch die Nichtigkeit der Sicherungsabrede zur Folge (BGH WM 1994, 1711, 1712).

50 Ein **einheitliches Rechtsgeschäft** kann sich auch aus einer Vergütungszusage für Maklerprovision und einem Schmiergeldversprechen zusammensetzen (BGH NJW-RR 1986, 346, 348). Mit Recht wurde § 139 auch auf „Kettenverträge" im Rahmen von Umschuldungen angewendet (OLG Frankfurt aM NJW 1985, 745; ferner BGH NJW 1983, 1420 sub II 2 [mehrere Darlehensverträge]). Geschäftseinheit kann auch vorliegen bei einem Getränkelieferungsvertrag und einem Darlehensvertrag (BGH ZIP 1991, 1011 m Anm Thamm/Detzer EWiR § 1 c AbzG 2/91, 833), einem Grundstückskaufvertrag und einem Bierlieferungsvertrag (BGH NJW 1991, 917) sowie einem Bierlieferungsvertrag und einem Maklervertrag (OLG Koblenz WM 1984, 1238, 1239). Ebenso ist zu entscheiden für die verschiedenen Punkte einer Scheidungsfolgenvereinbarung wie Zugewinnausgleich und Unterhalt (OLG Stuttgart FamRZ 1984, 806), die Vereinbarung zwischen geschiedenen Ehegatten über die Freistellung von Ansprüchen auf Kindesunterhalt und den Verzicht auf die Ausübung des Umgangsrechts (OLG Karlsruhe FamRZ 1983, 417), den Abschluß eines Kreditvertrags und einer Restschuldversicherung (KG NJW 1983, 291, 292 [str]; u Rn 53) sowie einen Grundstückskaufvertrag und einen Gebäudeerrichtungsvertrag (BFHE 135, 217, 221).

51 Ein einheitliches Geschäft bilden auch ein Architektenvertrag (Art 10 § 3 S 1 MRVerbG) und der mit ihm verbundene Bauwerkvertrag (KG Schäfer/Finnern/Hochstein Art 10 § 3 MRVG Nr 8), ein Grundstückskaufvertrag und ein Baubetreuungsvertrag (BGH NJW 1976, 1931), die Bestellung eines Fertighauses und die Verpflichtung zum dafür erforderlichen Grundstückserwerb (LG Hamburg AIZ 1974, 252), ein Garagenkauf und der nachfolgende Kauf einer Eigentumswohnung (BFH DStR 1970, 277 [LS]) sowie ein beurkundeter Kaufvertrag und mündliche Abreden über eine Rückübertragungsverpflichtung (BGH FamRZ 1967, 465, 467). Eine rechtliche Einheit bedeuten können auch Auflassung und Nießbrauchsbestellung zugunsten des Verkäufers (OLG Saarbrücken JBlSaar 1967, 164), ein Kaufvertrag und eine Schuldüber-

nahme nach § 415 (OLG Hamburg NJW 1966, 985 m Anm HECKELMANN NJW 1966, 1925) sowie die Provisionszusage gegenüber dem Makler und das Strafversprechen zwischen den Kaufinteressenten (BGH NJW 1970, 709, 711).

Ferner wurde die Annahme eines einzigen Rechtsgeschäfts bejaht für die Verpfändung des Ehrenworts für das zugesagte Unterlassen von Wettbewerb (RGZ 74, 332, 334 f), die Verbindung von Vermietung und Möbelverkauf (BGH LM Nr 29), bei der Unfallfinanzierung für die Gewährung eines Darlehens und die Abtretung einer Forderung (BGH WM 1976, 1350, 1351; OLG München NJW 1974, 1659), eine Grundschuldbestellung und eine Bürgschaft (BGH FamRZ 1983, 455), für einen Franchise-Vertrag und einen Kaufvertrag (BGHZ 112, 288, 293) oder einen sonstigen Nebenvertrag. Das gleiche gilt für einen Darlehensvertrag mit verschiedenen Darlehensnehmern (BGH NJW 1991, 39, 40). Eine rechtliche Einheit kann auch gegeben sein zwischen einem Adoptionsvertrag und Erbverträgen zweier Erblasser (BGH WarnR 1966 Nr 121; abl HÄSEMEYER FamRZ 1967, 30). 52

Die Annahme eines *einzigen Rechtsgeschäfts* wurde **verneint** bei einem Preisbindungsvertrag in Form eines Rahmenvertrages, der einzelne Verpflichtungen bündelt (OLG Stuttgart WuW 1971, 441), sowie einem Vertrag, in dem der Verkäufer dem Käufer die Möglichkeit verkauft, mit einem Dritten einen nach § 1 GWB unwirksamen Kartellvertrag abzuschließen (OLG Stuttgart WuW 1970, 377, 383 [aber mit der unrichtigen Begründung der Beteiligung verschiedener Personen], o Rn 43). Auch wurde die Enterbung der Ehefrau neben der Erbeneinsetzung der Geliebten als selbständige Verfügung von Todes wegen angesehen (OLG Karlsruhe FamRZ 1967, 691, 693 [zu § 2085]). Keine Einheit gegeben ist in der Regel auch bei mehreren Bürgschaften (OLG Frankfurt aM NJW-RR 1988, 496). Verneint wurde die rechtliche Einheit auch für Darlehens- und Pfandbestellung (RGZ 86, 323, 324 [zweifelhaft]; vgl MünchKomm/MAYER-MALY³ Rn 19). Ebenso wurde entschieden für Darlehen und Restschuldversicherung (BGH VersR 1990, 884; OLG Frankfurt aM NJW-RR 1989, 591; vgl aber o Rn 50 aE). Ebensowenig ist der Schiedsvertrag Teil eines einheitlichen, aus Hauptvertrag und Schiedsvertrag bestehenden Rechtsgeschäfts (BGHZ 53, 315, 318). Einheitlichkeit ist auch abzulehnen zwischen der dinglichen Einigung und dem Besitzkonstitut (MICHALSKI AcP 181 [1981] 381, 384; MünchKomm/MAYER-MALY³ Rn 18). 53

i) **Insbesondere: Grund- und Erfüllungsgeschäft**
Das **Abstraktionsprinzip** schließt nach richtiger Auffassung die Annahme einer Geschäftseinheit nach § 139 zwischen Grund- und Erfüllungsgeschäft aus. Abzulehnen ist es insbes, daß sich der Einheitswille aus den Umständen des Falles ergeben soll. Deshalb zieht die Nichtigkeit der Verpflichtung im Zweifel nicht die Nichtigkeit der Verfügung nach sich (MEDICUS AT⁶ Rn 241, 504; LARENZ AT⁷ 459; FLUME, AT II 178; JAUERNIG JuS 1994, 721, 724; abschwächend MünchKomm/MAYER-MALY³ Rn 16; aA EISENHARDT JZ 1991, 271, 277 mwNw; WUFKA DNotZ 1985, 651 [Erbbaurecht]; AK-BGB/DAMM Rn 12). Dagegen hält die Rspr die Zusammenfassung von Verpflichtungs- und Verfügungsgeschäft zu einem einheitlichen Geschäft über § 139 dem Grundsatz nach für möglich. Freilich überwiegen bei weitem die Entscheidungen, in denen eine Geschäftseinheit abgelehnt oder irrtümlich mit einer Geschäftseinheit argumentiert wurde (richtig JAUERNIG JuS 1994, 721, 724; BGH NJW 1991, 917, 918 [„ausnahmsweise"]; NJW-RR 1989, 519 [„höchst selten"]; BB 1986, 1252; BGHZ 31, 321, 323 [„ausnahmsweise"]; BGH NJW 1979, 1495, 1496 [„ausnahmsweise"]). Insbes betraf BGH BB 1986, 1251, 1252 keine Ver- 54

bindung einer Verpflichtung mit einer zugehörigen Verfügung (JAUERNIG JuS 1994, 721, 724). Dagegen geht das BAG in unrichtiger Weise von einer Anwendung des § 139 „in aller Regel" aus (BAG NJW 1967, 751). Richtig ist freilich, daß die Wirksamkeit des zugrunde liegenden Verpflichtungsgeschäfts bei Zweifeln daran als (**uneigentliche**) **Bedingung** für die Verfügung vereinbart werden kann. So liegt es bei der Übertragung von Forderungen und bei der Übereignung beweglicher Sachen. Bei der Auflassung von Grundstücken scheitert diese Möglichkeit an § 925 Abs 2. Doch reicht auch für die Annahme einer derartigen Bedingung eine stillschweigende Vereinbarung nicht aus. Vielmehr müssen konkrete Anhaltspunkte für einen wirklichen Parteiwillen vorliegen (MEDICUS AT[6] Rn 241; JAUERNIG JuS 1994, 721, 724; unrichtig PALANDT/HEINRICHS[55] Rn 7).

55 Die Rspr hat ihren unrichtigen Ausgangspunkt auf verschiedene Weise eingeschränkt. So scheidet eine Zusammenfassung der beiden Geschäfte stets aus, wenn das Erfüllungsgeschäft **bedingungsfeindlich** ist, wie das wegen § 925 Abs 2 bei der Auflassung der Fall ist (vorige Rn). Den Parteien könne hier nicht der Wille zu einer Umgehung des Gesetzes unterstellt werden (BGH NJW 1991, 917, 918; 1985, 3006, 3007; 1979, 1495, 1496; BayObLG Rpfleger 1969, 48 m Anm HAEGELE; OLG Frankfurt aM NJW 1981, 876, 877; LG Dortmund Rpfleger 1962, 444). Das gilt auch dann, wenn Grundgeschäft und Auflassung in einer Urkunde erklärt sind. Eine Zusammenfassung scheidet auch dann aus, wenn das Grundgeschäft als Scheingeschäft nichtig ist, da hier kein einheitlicher Wille bestehe (BGH BB 1994, 2228, 2229 [formnichtiger Verkauf von GmbH-Geschäftsanteilen]; RGZ 104, 104; OLG München NJW-RR 1986, 13; zur zweifelhaften Begründung aber o Rn 24). Drittens schließlich kommt eine Zusammenfassung nicht in Betracht, wenn das Erfüllungsgeschäft das Grundgeschäft heilt, so in den Fällen der §§ 518 Abs 2; 766 S 2 BGB; § 15 Abs 4 S 2 GmbHG. § 313 S 2 bleibt wegen § 925 Abs 2 außer Betracht.

56 Eine Zusammenfassung wurde für möglich gehalten in den Fällen der Sicherungsabtretung (BGH NJW 1982, 275, 276; aber dagegen JAUERNIG JuS 1994, 721, 724: [Verwechslung von Abstraktion und Akzessorietät]; BAG NJW 1967, 751). Doch reicht es entgegen diesen Entscheidungen keineswegs aus, daß Grundgeschäft und Abtretung Teile einer einheitlichen Vereinbarung sind und in einer Vertragsurkunde aufgenommen wurden. Auch der „wirtschaftliche Zweck" des Vertragswerks ist nicht hinreichend, da er naturgemäß stets zu bejahen sein wird. Für die Sicherungsübereignung wird dagegen in Abgrenzung von BGH NJW 1982, 275, 276 vorsichtiger formuliert. Danach gebe es keinen allgemeinen Rechtsgrundsatz, wonach Sicherungsübereignungen stets durch den Sicherungszweck bedingt seien. Auch auf § 139 wurde nicht zurückgegriffen (BGH NJW 1991, 353). Ansonsten wird § 139 für die Fahrnisübereignung für anwendbar gehalten (BGH NJW 1952, 60). In dieser Entscheidung wurde die Norm aber nur am Rande erwähnt. Die Instanzgerichte entscheiden bisweilen anders (OLG Hamm NJW-RR 1988, 628). Einheitlichkeit wurde (ausnahmsweise) ferner bejaht für eine Schuldübernahme (BGHZ 31, 321, 323; auch OLG Hamburg NJW 1966, 985, 986 [§ 415]), die Bestellung eines Nießbrauchs (OLG Celle OLGZ 1974, 170), die Bestellung eines Erbbaurechts (ausführlich WUFKA DNotZ 1985, 651) und einen Erbteilskaufvertrag und die Übertragung eines Erbteils (BGH NJW 1967, 1128, 1130 [mE Sonderfall]; DNotZ 1971, 38; OLG Schleswig SchlHA 1954, 54). Das **äußerliche Zusammentreffen** der Geschäfte soll dabei aber mit Recht nicht ausreichend sein (zu weitgehend BAG NJW 1967, 751; richtig insoweit BGH NJW 1967, 1128, 1130). Eine Geschäftseinheit wird auch zwischen Grundgeschäft und Vollmacht als möglich erörtert (nicht entschieden in BGH DNotZ 1980, 344, 349 m Anm WOLFSTEINER; NJW 1985, 730 [offengelassen]; NJW 1988, 697, 698; RGZ 81, 49, 51; BGH WM 1964, 182, 183; aA MünchKomm/THIELE[3] § 164 Rn 93 f). Wie § 168 zeigt, ist die Innenvollmacht gegenüber dem Grundgeschäft nicht wirklich abstrakt (MEDICUS AT[6] Rn 949). Deshalb sollte die Innenvollmacht bei Nichtigkeit des Grundverhältnisses ebenfalls ungültig sein (vgl BGH NJW 1990, 1721, 1723; aA zB JAUERNIG[7] 167 Anm 1). Die Nichtigkeit des Kreditgeschäfts führt auch zur Nichtigkeit der dabei geschehenen Wechselbegebung (BGH WM 1978, 1349).

Die Rspr zeigt auch weitere beifallswerte **einschränkende Tendenzen**. So müssen für 57 einen entsprechenden Parteiwillen konkrete Anhaltspunkte vorliegen (BGH DNotZ 1990, 170). Ferner wird eine Zusammenfassung nur bei Vorliegen besonderer Umstände vorgenommen (BGH NJW 1952, 60). Wenn diese nicht vorhanden sind, bleiben die beiden Geschäfte selbständig und die Anwendbarkeit des § 139 scheidet aus. So wurde eine Dienstbarkeit als wirksam angesehen, auch wenn die schuldrechtlich vereinbarte Bezugspflicht wegen übermäßiger Länge sittenwidrig war. Die Geschäftseinheit des § 139 käme „höchst selten" vor (BGH NJW 1988, 2364; NJW-RR 1989, 519).

Die einschränkende Handhabung des § 139 ist insbes für das **Grundbuchverfahrens-** 58 **recht** von Bedeutung. Das Grundbuchamt kann in aller Regel davon ausgehen, daß das Erfüllungsgeschäft wirksam ist und von Mängeln des Verpflichtungsgeschäfts nicht berührt wird (PALANDT/HEINRICHS[55] Rn 8; trotz eines anderen Ausgangspunkts auch WUFKA DNotZ 1985, 651, 664). Die Prüfung des hypothetischen Parteiwillens in bezug auf die Geschäftseinheit gehört nicht zu den Aufgaben des Grundbuchamts (vgl auch BayObLG NJW-RR 1995, 209, 211).

Für den Handkauf (Bargeschäft) gilt nichts Abweichendes. Auch hier kann aus § 139 59 regelmäßig keine Geschäftseinheit hergeleitet werden (MEDICUS AT[6] Rn 241; aA PALANDT/HEINRICHS[55] Rn 8). Doch kommt es zu einer Verbindung von mehreren Verfügungen etwa bei Geldwechselgeschäften (MEDICUS AT[6] Rn 241; FLUME, AT II 179).

4. Teilbarkeit des Rechtsgeschäfts

a) Zusammenhänge mit der Geschäftseinheit

Im Anschluß an die Bejahung eines einzigen Rechtsgeschäfts ist die Frage der Teil- 60 barkeit dieses Geschäfts zu prüfen. Die von den Parteien vereinbarte Regelung muß so zerlegt werden können, daß ein Teil verbleibt, der einer selbständigen Geltung fähig ist (RGZ 146, 234, 236; BGH NJW 1962, 913; BGB-RGRK/KRÜGER-NIELAND/ZÖLLER[12] Rn 3; zu Unrecht gegen die selbständige Prüfung der Zerlegbarkeit PAWLOWSKI 175 f). Aus der Annahme eines (einzigen, einheitlichen) Rechtsgeschäfts ergibt sich für den Regelfall noch nicht die Totalnichtigkeit des Gesamtgeschäfts (MünchKomm/MAYER-MALY[3] Rn 19 gegen BGHZ 54, 71, 74). Vielmehr ist vor der Ermittlung des hypothetischen Parteiwillens (u Rn 74 ff) vorrangig die Zerlegbarkeit des Geschäfts zu prüfen. Allerdings ist bei den kraft Parteiwillens zusammengesetzten einheitlichen Rechtsgeschäften (o Rn 37 ff) die Zerlegbarkeit regelmäßig anzunehmen. Wenn eine Zerlegung nicht möglich ist, so führt jede Teilnichtigkeit auch zur Totalnichtigkeit. Als grobe Faustregel wird dabei zu gelten haben, daß eine Teilbarkeit dann möglich ist, wenn der Nichtigkeitsgrund einen **unwesentlichen Bestandteil** des Rechtsgeschäfts betrifft (weitergehende Formulierungen etwa bei BGB-RGRK/KRÜGER-NIELAND/ZÖLLER[12] Rn 3). Derartige Fälle einer Nichtzerlegbarkeit sind aber selten aufgetreten. Es ergibt sich eine „Tendenz zur Teilbarkeit" (AK-BGB/DAMM Rn 23). Meist entscheidet erst der hypothetische Parteiwille über Teil- oder Totalnichtigkeit des Rechtsgeschäfts (richtig MünchKomm/MAYER-MALY[3] Rn 20).

b) Teilbarkeit einheitlicher Regelungen und ergänzende Vertragsauslegung

61 Wenn **eine Regelung** im ganzen unwirksam ist, so wird § 139 analog angewendet, wenn die Parteien bei Kenntnis der Unwirksamkeit eine andere Regelung getroffen hätten, die auf das zulässige Maß beschränkt ist (BGHZ 107, 351, 355; 105, 213, 221). So wurde in BGHZ 107, 351 (dazu FASTRICH ZGR 1991, 306; zust zu den Entscheidungen CANARIS, in: FS Steindorff [1990] 519, 544; GRUNEWALD JZ 1989, 956) eine (nichtige) gesellschaftsvertragliche Bestimmung, die einem Gesellschafter das Recht einräumte, einen oder mehrere Gesellschafter nach freiem Ermessen aus der Gesellschaft auszuschließen, insoweit aufrechterhalten, als sie die Ausschließung aus wichtigem Grund zuläßt. In BGHZ 105, 213 wurde ein vertraglich vereinbartes (nichtiges) unbefristetes Kündigungsrecht als zeitlich begrenztes Ausschließungsrecht aufrechterhalten. In seinem direkten Anwendungsbereich sei in § 139 der Fall nicht getroffen, daß die Parteien anstelle der vereinbarten nichtigen Regelung eine andere, auf das noch zulässige Maß reduzierte Regelung, vereinbart hätten (BGHZ 105, 213, 220 f). In Wirklichkeit geht es aber in beiden Entscheidungen darum, daß schon die vorausgesetzte Teilnichtigkeit durch eine ergänzende Vertragsauslegung vermieden wird (o Rn 8). Im Gesellschaftsrecht wird der Grundsatz des Vorrangs der ergänzenden Vertragsauslegung vor dem **dispositiven Gesetzesrecht** angenommen (BGH NJW 1979, 1705). Bei gesetzes- und sittenwidrigen Verträgen gibt es kein Verbot der ergänzenden Vertragsauslegung (CANARIS, in: FS Steindorff [1990] 518, 540). Doch kann ihre grundsätzliche Anwendbarkeit auch dann nicht verneint werden, wenn das Bedürfnis für die ergänzende Vertragsauslegung erst durch die Nichtigkeit einer Bestimmung entstanden ist (insoweit aA CANARIS 541). Der hypothetische Parteiwille entscheidet in den genannten Fällen nicht über die Frage der Teil- oder Totalnichtigkeit, sondern er kommt schon früher bei der Frage der Lückenfüllung ins Spiel. Diese Entscheidungen bedeuten ein Verlassen des § 139 (insoweit ebenso, aber mit anderer Begründung CANARIS, in: FS Steindorff [1990] 518, 544) und die Anerkennung einer geltungserhaltenden Reduktion (o Rn 3). – Zu den übrigen Fällen einer quantitativen Teilnichtigkeit u Rn 68 ff.

c) Verbundene Rechtsgeschäfte

62 Liegt ein einziges, kraft Parteiwillens verbundenes Rechtsgeschäft vor (o Rn 36 ff), so ist eine Teilung des Rechtsgeschäfts im Hinblick auf die einzelnen selbständigen Geschäfte grundsätzlich immer möglich. So liegt es etwa, wenn von zwei äußerlich getrennten, aber einheitlichen Rechtsgeschäften, der eine Teil sittenwidrig ist und der andere nicht (BGH LM Nr 8; zust SOERGEL/HEFERMEHL[12] Rn 24). Auch kann die vereinbarte Gütertrennung wirksam sein, wenn der gleichzeitig erklärte Verzicht auf Unterhalts-, Zugewinn- und Versorgungsausgleich unwirksam ist (OLG Stuttgart BWNotZ 1990, 168).

d) Einzelbestimmungen des Rechtsgeschäfts

63 § 139 hat seinen genuinen Anwendungsbereich auch bei der Nichtigkeit von Einzelbestimmungen eines Rechtsgeschäfts (SOERGEL/HEFERMEHL[12] Rn 16, 25: Einheitlichkeit „in strengem Sinne"). Keine Selbständigkeit ist dagegen gegeben, wenn bei einem Vertrag

nur der Antrag oder bei einem **gegenseitigen Vertrag** nur die Gegenleistung nichtig sind. Hier bedeutet die jeweilige Erklärung kein selbständiges Rechtsgeschäft und es kommt zur Totalnichtigkeit (MEDICUS AT[6] Rn 505; JAUERNIG[7] Anm 3; FLUME, AT II 574; ANDRÉ 6 ff). Auch paßt etwa bei einem Besitzkonstitut (§ 930) die Rechtsfolge der Nichtigkeit für Tathandlungen wie die Übergabe nicht (MICHALSKI AcP 181 [1981] 384, 388 ff; FLUME, AT II 574 Fn 17). Im übrigen haben sich die Fallgruppen der objektiven (sogleich u Rn 64), der subjektiven (u Rn 65 ff) und der quantitativen Teilbarkeit (u Rn 68) herausgebildet.

aa) Objektive Teilbarkeit
Von objektiver Teilbarkeit wird überwiegend gesprochen, wenn nur einzelne **64** Bestimmungen eines Vertrages nichtig sind (SOERGEL/HEFERMEHL[12] Rn 26), und der verbleibende Rest als sinnvolles Rechtsgeschäft Bestand haben kann (ERMAN/BROX[9] Rn 15). So liegt es etwa bei nichtigen Gewährleistungsabreden (doch o Rn 14). Die Zerlegung in selbständige Teile ist auch denkbar, wenn zusammengehörige teilbare Gegenstände veräußert werden, wie zB Hof- und Forstabschnitte und dies zu einem Gesamtpreis geschieht (RGZ 146, 234). Hier kommt es maßgebend darauf an, ob die Gegenleistung nach objektiven Kriterien entsprechend aufgeteilt werden kann (BGH BB 1957, 164; 1983, 1812). Auch lassen sich gemischte Schenkungen in einen nichtigen (§§ 518, 125) entgeltlichen und einen unentgeltlichen Teil aufspalten (RGZ 148, 236, 240; BGH NJW 1953, 501; zust SOERGEL/HEFERMEHL[12] Rn 26; krit ERMAN/BROX[9] Rn 15). Ein Fall der objektiven Teilbarkeit ist auch gegeben, wenn etwa in einem Alleinvertriebsvertrag nach Kartellrecht nichtige Preisbindungsabreden enthalten sind (BGH GRUR 1976, 101 „EDV-Zubehör"; 1971, 272 „Blitzgeräte"). Handelt ein Vertreter unter Überschreitung seiner Vertretungsmacht, so kann sich das Geschäft wohl in einen durch die Vollmacht gedeckten und im übrigen ungedeckten Teil aufspalten lassen (SOERGEL/HEFERMEHL[12] Rn 26). Vergleichbar liegt es, wenn jemand in eigenem Namen und zugleich als vollmachtloser Vertreter handelt und die Genehmigung verweigert wird (o Rn 44). Zustimmungsbeschlüsse von Hauptversammlungen sind uU teilbar, auch wenn sie in einer einzigen Erklärung bestehen (OLG Hamburg NJW 1990, 3024, 3025). Teilbar war auch der Kreditvertrag im Rahmen der Schadensregulierung von Unfallschäden (aA LG Nürnberg-Fürth VersR 1974, 814, 816). Die Totalungültigkeit ergab sich aus dem Schutzzweck des RBerG (zutr MünchKomm/MAYER-MALY[3] Rn 20; wie hier wohl in der Tendenz OLG München NJW 1974, 1659).

bb) Subjektive Teilbarkeit
Von subjektiver Teilbarkeit wird gesprochen, wenn mehrere Personen auf einer oder **65** beiden Seiten des Rechtsgeschäfts beteiligt sind (o Rn 44; BGHZ 53, 174, 179; 24, 345, 349; 3, 206, 209; BGH NJW 1991, 39, 40; WM 1961, 1149; RGZ 59, 174, 175; 141, 104, 108), und das Rechtsgeschäft im Verhältnis zu einer der Parteien nichtig ist. Die Art der gemeinschaftlichen Beteiligung, ob anteilige oder gesamtschuldnerische Haftung, ist unerheblich (RGZ 99, 52; SOERGEL/HEFERMEHL[12] Rn 27). Doch bedeutet die Verfügung von **mehreren Miteigentümern** einer Bruchteilsgemeinschaft oder von Miterben über einen gemeinschaftlichen Gegenstand keine koordinierte Verfügung aller Teilhaber über die betreffenden Anteile, so daß die Anwendbarkeit des § 139 ausscheidet (BGH NJW 1994, 1470, 1471; u § 140 Rn 65).

Teilbarkeit besteht insbes bei **Gesamtschuldverhältnissen** (RGZ 99, 55; 138, 272; OLG **66** Karlsruhe NJW-RR 1991, 947). Sie liegt auch vor bei einer Bürgschaftsübernahme durch

Mitbürgen (RGZ 138, 270), einer Hypothekenbestellung an mehreren Miteigentumsanteilen (BGH DNotZ 1975, 152), uU auch bei einer Forderungsabtretung durch Gesamtgläubiger (BGH NJW-RR 1987, 1260). Auch konnte bei einer gemeinschaftlichen Adoption durch Ehegatten nach früherem Recht in Einzeladoptionen aufgespalten werden (BGHZ 24, 345, 349). Teilbarkeit ist ausgeschlossen, wenn die Erklärung eines Gesamtvertreters nichtig ist, weil die Erklärungen der anderen Vertreter für sich allein keinen Bestand haben können (RGZ 145, 155, 160; BGHZ 53, 210, 215). Sie kommt dagegen bei einem Vertrag mit Ehegatten in Betracht, wenn einer davon geschäftsunfähig ist (BGH WM 1987, 1038). Eine Verfügung von Todes wegen wurde aufgespalten, wenn mehrere Erben durch ein Geldvermächtnis beschwert werden, die Belastung eines Miterben aber unwirksam ist (RG SeuffA 75 Nr 36; SOERGEL/HEFERMEHL[12] Rn 27). Ebenso liegt es, wenn die angeordnete Testamentsvollstreckung für einen von mehreren Erben nach § 2306 oder nach § 2289 unwirksam ist (KG Recht 1915 Nr 573), oder wenn für den ganzen Nachlaß Testamentsvollstreckung angeordnet wurde, die Anordnung aber für einen Miterben unwirksam ist (BGH LM § 2085 Nr 3; auch BayObLG FamRZ 1991, 231).

67 Teilbarkeit wurde auch angenommen bei einem Pachtvertrag mit Geschäftsunfähigkeit eines der Pächter (RGZ 99, 55) oder bei einem Prozeßvergleich (RGZ 141, 108).

cc) **Quantitative Teilbarkeit**

68 Die Rspr wendet § 139 seit langem auch bei Dauerrechtsverhältnissen iSe **zeitlichen Teilbarkeit** an (RGZ 82, 124; PIERER VEsch 56 ff; BÜRGE 16 ff [wucherische Darlehenszinsen], 31 ff [überlange Bezugsverpflichtungen]; J HAGER 94 ff [Wucher], 104 ff [überlange Bindungszeiträume]; ZIMMERMANN 60 ff, 200 [abl]). Es handelt sich dabei allenfalls um eine analoge Anwendung des § 139, da die Vorschrift den Fall nicht trifft, daß die Parteien anstelle der vereinbarten nichtigen Regelung eine andere, auf das noch zulässige Maß reduzierte Regelung, vereinbart hätten (SOERGEL/HEFERMEHL[12] Rn 29; o Rn 61). Im Kern geht es nicht um eine Teilbarkeits-, sondern um eine Schutzzweckproblematik iSd von der betreffenden Nichtigkeitsnorm selbst angeordneten Beschränkung der Nichtigkeitsfolge (AK-BGB/DAMM Rn 16; o Rn 17). In diesem Sinne wurde ein Pachtvertrag, der wegen seiner langen Laufzeit nach § 1822 Nr 5, § 1643 Abs 1 genehmigungsbedürftig war, bei verweigerter Genehmigung für die höchst zulässige, genehmigungsfreie Laufzeit aufrechterhalten (RGZ 82, 124; 114, 35, 39). Ebenso wurde entschieden für einen Mietvertrag (oder Pachtvertrag) ohne die dazu erforderliche vormundschaftsgerichtliche Genehmigung (BGH NJW 1962, 734 = LM Nr 24). Vergleichbar liegt es für einen ohne vormundschaftsgerichtliche Genehmigung abgeschlossenen Lebensversicherungsvertrag, wo die objektive Zerlegbarkeit zu bejahen war (BGHZ 28, 78, 83 f; PIERER VEsch 57; MünchKomm/MAYER-MALY[3] Rn 21; JAUERNIG[7] Anm 3 e bb). In der Entscheidung wurde nur der erforderliche hypothetische Parteiwille verneint. Der Schwerpunkt der Rspr liegt jedoch in der Beurteilung von Verträgen, die sich wegen einer **überlangen Laufzeit** als sittenwidrig darstellen. Auch hier kommt es zu einer Aufrechterhaltung des Rechtsgeschäfts mit der zulässigen Dauer, soweit sonstige Bedenken nicht zu erheben sind (BGH NJW 1979, 1605, 1606). Folgt dagegen die Sittenwidrigkeit noch aus anderen Gründen und kann deshalb der sittenwidrige Vertragsteil nicht eindeutig ausgeschieden werden, so soll eine Teilung und Herabsetzung der Bindungsdauer ausgeschlossen sein (BGH NJW 1986, 2944, 2945).

69 So wurde etwa ein überlanger Bierlieferungsvertrag mit einer daraus folgenden nach

§ 138 Abs 1 sittenwidrigen Bindung in analoger Anwendung des § 139 auf den längsten sittengemäßen Zeitraum von maximal zwanzig Jahren begrenzt (BGH NJW 1974, 2089; 1972, 1459 [gegen RGZ 76, 78]; 1970, 2243; NJW-RR 1990, 816; iE zust CANARIS, in: FS Steindorff [1990] 519, 542). Im Einzelfall wurde die Geltungsdauer auch von 20 auf 15 Jahre verkürzt (BGH NJW 1992, 2145). Diese Rückführung der Vertragslaufzeit unterliegt in ihrer Dauer weitgehend der freien **tatrichterlichen Würdigung** (BGH NJW 1992, 2145, 2146; 1985, 2693). Die Laufzeitverringerung führt allein zur Verkürzung der Vertragsdauer unter unveränderter Aufrechterhaltung der übrigen Teile der beiderseitigen vertraglichen Verpflichtungen (BGH NJW 1992, 2145, 2146; krit dazu MEILICKE/WEYDE DB 1994, 821). Der Rspr muß man die Befugnis zur Setzung derartiger „gegriffener" Größen im Interesse der Rechtssicherheit zuerkennen (G HAGER AcP 181 [1981] 447, 450 gegen ZIMMERMANN 177 ff; dagegen wiederum ZIMMERMANN AcP 184 [1984] 505, 510). Dabei kann man nicht von einer Unschärfe der juristischen Technik sprechen (so aber BÜRGE 71).

In gleicher Weise wurde quantitative Teilbarkeit auch bei übermäßig lange bindenden Ankaufsverpflichtungen in Erbbaurechtsverträgen angenommen (BGHZ 68, 1, 6 [94 Jahre]; 75, 15, 19; zust CANARIS, in: FS Steindorff [1990] 519, 544). Ebenso entschieden wurde für einen übermäßig lange andauernden Betriebsführungsvertrag (BGH ZIP 1982, 584). Eine entsprechende Laufzeitbegrenzung muß dann konsequenterweise auch gelten für die übermäßige Dauer eines vertraglichen Wettbewerbsverbotes (OLG Stuttgart NJW 1978, 2340 [abgelaufener Apothekenpachtvertrag]; offengelassen in BGH NJW 1979, 1605; abgelehnt dagegen in BGH NJW-RR 1989, 800, 801 [dort aber zeitlich unbefristetes, örtlich unbegrenztes und entschädigungsloses Wettbewerbsverbot]; krit OLG Zweibrücken NJW-RR 1990, 482, 483 [dort Reduzierung auf 5 Jahre, freilich unter Beachtung einer salvatorischen Klausel], o Rn 22). Eine **geltungserhaltende Reduktion** wird für unzulässig gehalten durch BGH WM 1990, 2121 m Anm G H ROTH EWiR § 112 HGB 1/91, 73 („Mandantenschutzklausel"). BGH NJW 1986, 2944, 2945 lehnt die Verkürzung eines zeitlich, örtlich und gegenständlich unbeschränkten Wettbewerbsverbotes zwischen den Kaufvertragsparteien einer Anwaltspraxis ab, weil das umfassende Wettbewerbsverbot eine einheitliche Regelung sei, die nicht in mehrere Teile zerlegt werden könne (aber wohl nicht vereinbar mit BGH NJW 1987, 2014 [sittenwidriges Schuldanerkenntnis]; dazu LAMMEL AcP 189 [1989] 244, 246).

In der Tendenz will die Rspr wohl nur reduzieren, wenn die überlange Dauer den einzigen Grund für die Annahme der Sittenwidrigkeit bildet. Die Zurückführung scheitert deshalb, wenn noch weitere erschwerende Gesichtspunkte hinzukommen (so die Wertung der Rspr durch WERNICKE BB 1990, 2209). Nach den in BVerfGE 81, 242, 256 (= NJW 1990, 1469) aufgestellten Grundsätzen wirken die §§ 138, 242, 315 iSv Übermaßverboten. Deshalb liegt eine geltungserhaltende Reduktion gegen die restriktive Tendenz des BGH ganz allgemein nahe (dazu CANARIS, in: FS Steindorff [1990] 519, 539; ebenso für vertikale Beschränkungen unter Abstellen auf die – unklare – Unterscheidung von Individual- und Sozialbereich LAMMEL AcP 189 [1989] 244 ff).

Dagegen verneint die Rspr in der Regel ganz allgemein eine Teilbarkeit, wenn der Vertrag nur wegen der **übermäßigen Höhe** einer der beiden Leistungen gegen § **138** verstößt. Hier wird die Leistung nicht in einen angemessenen, nicht zu beanstandenden, und einen sittenwidrigen Teil geteilt. Das Geschäft dürfe für denjenigen, der seinen Vertragspartner übervorteile, nicht das Risiko verlieren, mit dem es durch die gesetzlich angeordnete Nichtigkeitsfolge behaftet sei (BGHZ 68, 204, 207 [zu § 140]). Es sei nicht Aufgabe des Richters, für die Parteien anstelle des sittenwidrigen Rechtsgeschäfts eine Vertragsgestaltung zu finden, die den beiderseitigen Interessen gerecht wird und die Folge der Sittenwidrigkeit vermeidet (BGHZ 107, 351, 358; zust MEDICUS AT[6] Rn 505 gegen H ROTH ZHR 153 [1989] 423). Das Gesagte bedeutet das Verbot der geltungserhaltenden Reduktion im Bereich des Sittenwidrigkeitsurteils. Dahinter liegt auch die Befürchtung, der Richter greife unbefugterweise in das von den Parteien zu bestimmende Äquivalenzverhältnis ein (PALANDT/HEINRICHS[55] Rn 10). Im wesentlichen geht es hier freilich nicht um Probleme des § 139 (zutr JAUERNIG[7] Anm 3 e; o Rn 3). Im einzelnen ist zu unterscheiden (dazu vor allem die Erl zu § 138 und zu § 134): Die Rspr hält **Wuchergeschäfte** und **wucherähnliche Geschäfte** nicht mit einer angemessenen Gegenleistung aufrecht (BGHZ 68, 207; ebenso LARENZ AT[7] 460; FLUME, AT II 574; ZIMMERMANN 76 ff; aA J HAGER 88 ff; H ROTH JZ 1989, 411, 417). ME fordern Sinn und Zweck des Wucherverbotes (§ 302 a StGB iVm § 134 BGB) lediglich Teilnichtigkeit. Das Rechtsgeschäft ist jedenfalls dann zum angemessenen Preis aufrechtzuerhalten, wenn dieser gesetzlich festgelegt oder sonst hinreichend sicher ermittelbar ist (im Grundsatz ebenso JAUERNIG[7] Anm 3 e aa). Deshalb ist wohl auch der **Wucherkauf** nicht stets totalnichtig (aA JAUERNIG[7] Anm 3 e; H HONSELL ZHR 148 [1984] 298, 303), weil sich für die verkaufte Sache meistens ein objektiver Marktwert ermitteln lassen wird. Darum besteht auch keineswegs immer eine Vielzahl von Reduktionsmöglichkeiten. Geltungserhaltende Reduktion wurde wenigstens in dem Sonderfall des Kaufes eines Eigenheims von einem gemeinnützigen Wohnungsunternehmen anerkannt (BGH NJW 1972, 1189, 1190 [2. BerechnungsVO 1 Nr 1, 3]).

Das gleiche gilt für den **Mietwucher**. Dort mindert BGHZ 89, 321 bis zur Wesentlichkeitsgrenze des § 5 WiStG. Richtig ist aber auch hier das Abstellen auf den angemessenen Preis (o Rn 17). Ebenso ist zu entscheiden für den **Lohnwucher**, wo der nichtige „Hungerlohn" durch § 612 Abs 2 ersetzt wird. § 139 scheidet hier schon wegen des Vorrangs der Auslegung des Schutzgesetzes (o Rn 17) aus (KOHTE NJW 1982, 2086; JAUERNIG[7] Anm 3 e aa; mit Abweichungen BAG MDR 1960, 612 f; ferner BAGE 14, 185). Bei einem **Wucherdarlehen** soll der Bewucherte das Darlehen wegen § 817 S 2 unentgeltlich bis zum unwirksam vereinbarten Rückzahlungstermin behalten dürfen (BGH WM 1989, 170 mN). Richtig ist es auch bei Wucherdarlehen (§ 138 Abs 2), den Vertrag zum Schwerpunktzins der Bundesbank aufrechtzuerhalten (Streitstand bei H ROTH ZHR 153 [1989] 423 ff; JAUERNIG[7] Anm 3 e aa tritt für den sich aus § 246 ergebenden Zins ein). Bei den häufigeren **wucherähnlichen Darlehen** des § 138 Abs 1 sollte ebenfalls nicht § 139 angewendet werden (aA JAUERNIG[7] Anm 3 e aa), sondern eine geltungserhaltende Reduktion auf den angemessenen Zins stattfinden (ie H ROTH ZHR 153 [1989] 423, 440 ff mwNw).

71 Vergleichbar einer geltungserhaltenden Reduktion wirkt die **Billigkeitsprüfung** nach § 315 Abs 3 S 2, welche der Prüfung der Sittenwidrigkeit vorangeht und diese verdrängt (BGH NJW-RR 1990, 1204 [Monopolpreiskontrolle]; KOHTE ZHR 137 [1973] 237, 253 ff; KRONKE AcP 183 [1983] 124 ff).

72 Schließlich wurden auch „Geliebtentestamente" von ihrem sittenwidrigen Übermaß befreit (BGHZ 52, 17, 22 ff). Auch wurden umfassende und sittenwidrige **Globalabtretungen** an Lieferanten im Rahmen eines Eigentumsvorbehalts im Wege einer „vernünftigen Auslegung" reduziert (BGHZ 26, 178, 182 f; 79, 16, 18; skeptisch BGHZ 98, 303,

311 ff; zur weiteren Entwicklung der Rspr BGH WM 1994, 1283 ff; LG Stuttgart BB 1995, 2026 mwNw). Abgetreten sein sollte danach nur ein sittenkonformer Teil der Kundenforderungen.

Eine Teilbarkeit wurde auch bejaht im Falle der Einsetzung zum Alleinerben des 73 Gesamtvermögens, wo geteilt wurde in die Einsetzung zum Miterben eines Vermögensteils (BGHZ 53, 369, 381). Das ist fraglich, weil sich wegen der §§ 2033 Abs 2, 2034, 2038 ff die Stellung des Miterben von derjenigen des Alleinerben wesentlich unterscheidet (JAUERNIG[7] Anm 3 d). Für möglich gehalten wurde auch die Aufteilung einer unwirksamen Testamentsvollstreckung für den ganzen Nachlaß in eine Testamentsvollstreckung für einen Erbteil (BGH NJW 1962, 912; BayObLG FamRZ 1991, 231; dazu vPREUSCHEN FamRZ 1993, 1390 ff). In gleicher Weise reduziert wurde ein in voller Höhe sittenwidriges Schuldanerkenntnis (BGH ZIP 1987, 519; krit dazu TIEDTKE ZIP 1987, 1089; CANARIS, in: FS Steindorff [1990] 519, 568). Diese Annahme ist aber kaum mit der sonstigen angeführten Rspr vereinbar. Ich selbst möchte die Teilbarkeit nach der hier vertretenen Konzeption freilich bejahen.

IX. Rechtsfolgen des § 139

„Die Bedeutung, welche der Verbindung von mehreren, in einem Zusammenhange 74 stehenden Willenserklärungen zukommt, kann lediglich dem Willen der Beteiligten entnommen werden" (Mot I 222). Heute wird dazu überwiegend auf den **hypothetischen Parteiwillen** und nicht so sehr auf den zur Zeit des Geschäftsabschlusses vorhandenen Willen der Parteien abgestellt (SOERGEL/HEFERMEHL[12] Rn 34; MünchKomm/MAYER-MALY[3] Rn 24; aA noch ENNECCERUS/NIPPERDEY[15], AT I 2 1219; zur Entwicklung der Auslegung PAWLOWSKI 207). Gleichwohl ist ein (ausnahmsweise) vorhandener **realer Wille** der Parteien beachtlich und geht der Auslegung nach dem hypothetischen Willen vor (o Rn 22 ff; DEUBNER JuS 1996, 106). Im Regelfall ist aber ein derartiger Wille von den Parteien nicht gebildet worden. Dann ist auf den anderen Maßstab des hypothetischen Parteiwillens abzustellen (ausführlich SANDROCK AcP 159 [1960/61] 481, 483 ff).

1. Hypothetischer Parteiwille

a) Objektive Wertung und Standpunkt der Parteien

Die Rspr wendet zur Ermittlung des hypothetischen Parteiwillens die Grundsätze 75 der ergänzenden Vertragsauslegung an (§ 157). Maßgebend soll sein, welche Entscheidung die Parteien bei Kenntnis der Sachlage nach Treu und Glauben und bei vernünftiger Abwägung der beiderseitigen Interessen getroffen hätten (RGZ 118, 218, 222; BGH NJW 1986, 2576, 2577; u § 157 Rn 30 ff). Dabei ist die Feststellung nicht ausreichend, wonach die Parteien in jedem Fall, aber vielleicht mit anderem Inhalt, abgeschlossen hätten. Vielmehr muß feststehen, daß das Rechtsgeschäft so abgeschlossen worden wäre, wie es sich ohne den nichtigen Teil darstellt (RGZ 146, 118; LG Düsseldorf WuW/E LG/AG 186 [„Gummistecker"]). Nach dem Gesagten wird in der Regel das **objektiv Vernünftige** als Parteiwille angenommen (RGZ 107, 40; 118, 218, 222; PALANDT/HEINRICHS[55] Rn 14; SANDROCK AcP 159 [1960/61] 481). In gleichem Sinne wird auch von einer „Wertung" (FLUME, AT II 580) oder einer „Bewertung" (LARENZ AT[7] 462 f) gesprochen. Dabei wird die präzisierende Frage vorgeschlagen, ob die Parteien des Rechtsgeschäfts als verständige Personen das Geschäft hinsichtlich des nicht von dem Nichtigkeitsgrund betroffenen Teils hätten gelten lassen, wenn sie unmittelbar nach Abschluß des Geschäftes vor die Alternative gestellt gewesen wären, ob das Geschäft zum Teil oder überhaupt nicht gelten solle (RGZ 146, 116; FLUME, AT II 581; BGB-RGRK/KRÜGER-NIELAND/ZÖLLER[12] Rn 38). Das ist nur mit der Einschränkung richtig, daß ein **tatsächlicher Wille** der Parteien nicht ermittelt werden kann (o Rn 74). Zutreffend ist es aber, die Frage nach dem hypothetischen Parteiwillen so zu stellen, daß die Behebbarkeit des Nichtigkeitsgrundes außer Betracht gelassen wird. Deshalb ist zu fragen, ob die Parteien das Rechtsgeschäft ohne den von dem Nichtigkeitsgrund betroffenen Teil abgeschlossen hätten, wenn sie bei behebbaren Mängeln den Mangel als nichtbehebbar angesehen hätten (FLUME, AT II 579).

Entgegen der von LARENZ und FLUME vertretenen Tendenz darf es freilich nicht um eine rein objektive Wertung gehen, weil damit der Ausgangspunkt verlassen würde, wonach § 139 der Durchsetzung des Parteiwillens dienen will (o Rn 1; zutr SOERGEL/ HEFERMEHL[12] Rn 34; MEDICUS AT[6] Rn 508). Vielmehr kommt es für die anzustellende Wertung in erster Linie auf den **Standpunkt der Parteien** selbst an und nicht auf denjenigen eines vernünftigen Dritten oder denjenigen des Richters (MAYER-MALY, in: FS Flume [1978] 621, 622 f; MEDICUS AT[6] Rn 508). Der Unterschied zur Vertragsauslegung besteht darin, daß auch bloß einseitige Interessen zu beachten sind (MEDICUS AT[6] Rn 508; auch W GERHARDT JuS 1970, 326). Man kann hier von einem „individuellen hypothetischen Parteiwillen" sprechen (MünchKomm/MAYER-MALY[3] Rn 24; SANDROCK, Zur ergänzenden Vertragsauslegung im materiellen und internationalen Schuldvertragsrecht [1966] 93 ff). In diesem Zusammenhang ist es nicht von Bedeutung, daß sich die (auch) auf objektive Merkmale gestützte Wertung von dem „historischen Grundgedanken" entfernt (dazu H-H SEILER, in: FS Kaser [1976] 127, 146 Fn 79). In der praktischen Anwendung werden objektive Wertung und Rücksichtnahme auf den Standpunkt der Parteien oftmals in wechselnder Intensität zusammenspielen. So muß zwangsläufig die Objektivierung des Rechtsgeschäfts im Vordergrund stehen, wenn sich der Standpunkt der Parteien nicht feststellen läßt. Auch die Motive erwähnen die objektive Wertung, wenn formuliert wird: „...; die Verbindung selbst spricht aber zunächst für die innere Zusammengehörigkeit" (MUGDAN I 475 = Mot I 222).

76 Das Abstellen auf den **hypothetischen Parteiwillen** bedeutet, daß die anzustellende Wertung oder Bewertung in der dargestellten Weise oftmals zu einem Ergebnis in dem Sinne führen wird, daß das Rechtsgeschäft, abgesehen von seinem ungültigen Teil, als wirksam angesehen wird (zutr FLUME, AT II 581). Die Tendenz des § 139 zur Totalnichtigkeit greift also wiederum nur subsidiär ein, wenn die vorzunehmende Wertung nicht zu einer eindeutigen Entscheidung führt (FLUME, AT II 581; o Rn 2). Bisweilen wird sogar (übertreibend) angenommen, daß § 139 überhaupt entbehrlich ist, weil sich der hypothetische Parteiwille immer ermitteln ließe (so H-H SEILER, in: FS Kaser [1976] 127, 147). Doch muß das nicht immer der Fall sein (BayObLG MDR 1980, 756; BGB-RGRK/KRÜGER-NIELAND/ZÖLLER[12] Rn 38; o Rn 2).

b) Maßgebender Zeitpunkt

77 Maßgebend ist bereits nach dem Wortlaut des § 139 und auch nach dem Sinn der Regelung der hypothetische Wille der Parteien zur Zeit des Vertragsabschlusses (BGHZ 17, 41, 59; BGH NJW-RR 1989, 800, 801; RGZ 146, 366, 369; JAUERNIG[7] Anm 4 b). – Zum Fall der nachträglichen Gesetzesänderung o Rn 32.

c) Ersetzende Regelungen

Die Regelung des § 139 geht an sich davon aus, daß der nichtige Teil des Rechtsgeschäfts ersatzlos wegfällt. Deshalb wird bisweilen vertreten, daß der Richter im Rahmen des § 139 nicht an die Stelle des nichtigen Teils eines Rechtsgeschäfts eine andere Regelung setzen könne (SOERGEL/HEFERMEHL[12] Rn 38 im Anschluß an FLUME, AT II 582). Das bedeute die „Garantiefunktion" des Vertrages. Doch werden von diesem Grundsatz ohnehin weitreichende Ausnahmen anerkannt, wie etwa bei einem Verstoß gegen zwingendes Gesetzesrecht (o Rn 13 ff). Darüber hinaus kommt es zu einer Inhaltsänderung des Vertrages auch dann, wenn die durch Teilnichtigkeit entstandene Lücke durch ergänzende Vertragsauslegung gefüllt wird (o Rn 8). § 139 BGB nähert sich dann den Möglichkeiten des § 6 AGBG an (o Rn 7). Insoweit kann nicht davon gesprochen werden, daß den Parteien ein Vertragsinhalt aufgedrängt werde (so aber MünchKomm/MAYER-MALY[3] Rn 30). Auch wird den Parteien bei nichtigen Wertsicherungsklauseln von der Rspr eine Neuverhandlungspflicht in dem Sinne auferlegt, daß sie einer Änderung der vereinbarten Wertsicherungsklausel in eine solche mit genehmigungsfähigem oder nichtgenehmigungsbedürftigem Inhalt zustimmen (BGH DB 1979, 1790, 1791). Auch das bedeutet eine Inhaltsänderung des Vertrages über die Stoßrichtung des § 139 hinaus.

2. Prozessuales; Beweislast

Wer die Gültigkeit des Restgeschäftes in Anspruch nimmt, trägt für diejenigen Tatsachen die **Beweislast**, aus denen sich ergeben soll, daß das Rechtsgeschäft auch ohne den nichtigen Teil abgeschlossen worden wäre (BGHZ 45, 376, 380; BGH NJW-RR 1986, 346, 348; undeutlich BGH NJW 1995, 722, 724; OLG München NJW-RR 1987, 1042; LG Düsseldorf WuW/E LG/AG 186; MünchKomm/MAYER-MALY[3] Rn 29; PALANDT/HEINRICHS[55] Rn 14). Soweit es um die objektive Wertung geht, kann von einer Beweislast nur in bezug auf diejenigen Tatsachen die Rede sein, aufgrund derer die erforderliche Wertung vorgenommen werden soll. Die Wertung selbst ist einer Beweislastentscheidung nicht zugänglich. Da aber auch ein etwa vorhandener tatsächlicher Parteiwille ermittelt werden muß, kommt im Hinblick auf die betreffenden Tatsachen sehr wohl eine **Beweislastentscheidung** in Betracht (insoweit anders FLUME, AT II 581). Führt die anzustellende Wertung nicht zum Erfolg, so greift die Regel des § 139 mit der Folge der Totalnichtigkeit ein (o Rn 76). Insoweit ist es freilich nicht ganz korrekt, von einem „non liquet" zu sprechen. Vielmehr greift hier die dem hypothetischen Parteiwillen nachrangige Wertung des Gesetzes mit § 139 ein. Die Gesamtnichtigkeit wirkt gegenüber jedermann. Das Gericht hat sie **von Rechts wegen** (nicht: von Amts wegen) zu berücksichtigen, auch wenn sich keine der Parteien darauf beruft. Doch gibt es dazu Ausnahmen (u Rn 89). Wenn tatsächliche Feststellungen nicht mehr zu erwarten sind, kann auch das Revisionsgericht die erforderliche Wertung vornehmen (BGH NJW 1994, 720, 721).

Über den Vortrag der Parteien oder einer der Parteien, was sie im Falle der Teilnichtigkeit vereinbart haben würden, ist Beweis zu erheben, wenn der Vortrag nicht unstreitig wird (zB OLG Frankfurt aM ZIP 1993, 1488, 1490 m Anm KREITNER EWiR § 372 BGB 2/93, 963; OLG Stuttgart FamRZ 1987, 1034, 1037). Das ergibt sich daraus, daß bei Vorhandensein eines beachtlichen tatsächlichen Parteiwillens für eine Orientierung am hypothetischen Parteiwillen kein Raum ist (besonders klar MAYER-MALY, in: FS Flume [1978] 621, 623). Wird zur Anwendung des § 139 wesentliches Parteivorbringen außer

Acht gelassen, so liegt darin ein **Revisionsgrund** (BGH WuB VIII A. § 19 BNotO 2. 93 m Anm LANGENFELD). Der Vortrag einer Bank im Prozeß, sie verzichte auf den unwirksamen Teil einer Zweckbestimmungserklärung einer Bürgschaft, ist in Wahrheit ein tatsächlicher Umstand, der für die Aufrechterhaltung des Restvertrages nach dem hypothetischen Parteiwillen spricht (übersehen von OLG Zweibrücken WuB I F 1 a Bürgschaft 1. 93 m Anm von BECKER-EBERHARD). Für die Prüfung der Voraussetzungen des § 139 kommt es nicht allein entscheidend auf die Vertragsurkunde an. Vielmehr sind alle für die Ermittlung des Parteiwillens in Betracht kommenden Umstände, auch solche außerhalb des Vertragstextes, heranzuziehen (BGH NJW 1986, 2576, 2577). Zu der Anwendung der Regel des § 139 genügt es, wenn nach den unstreitig gegebenen Umständen nicht anzunehmen wäre, daß die Vertragsparteien das Rechtsgeschäft auch ohne den nichtigen Teil vorgenommen hätten (BGH NJW 1994, 1470, 1471).

3. Einzelfälle

80 Die Rspr hat den hypothetischen Parteiwillen für viele Fallgruppen typisiert. Dabei handelt es sich um die typische Bewertung von Parteiinteressen, wo davon ausgegangen wird, daß das Rechtsgeschäft auch ohne den nichtigen Teil vorgenommen worden wäre. Eine schematische Übertragung auf andere Fälle ist unzulässig, weil stets vorrangig der Standpunkt der betreffenden Parteien zu berücksichtigen ist (o Rn 75).

a) Kartellrecht; Wettbewerbsbeschränkungen

81 Im Kartellrecht ist Teilnichtigkeit bei der Anwendung kartellrechtlicher Verbote insbes bei Austauschverträgen eine häufige Erscheinung. Abgesehen von gesetzlichen Spezialregelungen (o Rn 11) beurteilt sich die Frage nach Total- oder Teilnichtigkeit nach § 139 (dazu HELM GRUR 1976, 496). Maßgebend ist der hypothetische Parteiwille (o Rn 74 ff). Der auf der Verletzung von Kartellrechtsvorschriften beruhende Verstoß gegen den **ordre public** führt nicht etwa dazu, daß dieser auf Aufrechterhaltung des Vertrages gerichtete Parteiwille unbeachtlich wäre (richtig P ULMER, in: FS Steindorff [1990] 798, 810 f gegen STEINDORFF, in: FS Hefermehl [1971] 177, 186 f). Überhaupt darf die Aufrechterhaltung des Rechtsgeschäfts bei einem entsprechenden hypothetischen Parteiwillen nicht aus Gründen der Generalprävention scheitern. Die ständige Rspr beurteilt Vereinbarungen, die nach europäischem oder nationalem Kartellrecht unwirksam sind, nach § 139 (Nachw bei HELM GRUR 1976, 496, 497). ME sollte die Tendenz hier noch mehr von der Gesamtnichtigkeit weggehen, ohne daß dem Ziele des GWB widersprächen (jetzt auch BGH NJW 1994, 1651, 1653 [„Pronuptia – II"]).

Totalnichtigkeit ist nur anzunehmen, wenn die aus kartellrechtlichen Gründen unwirksame Regelung aus dem Gesamtzusammenhang des Vertrages nicht herausgebrochen werden kann, ohne daß dieser als wirtschaftliche Einheit in sich zusammenfällt (richtig HELM GRUR 1976, 496, 501). Für möglich gehalten wurde die Aufrechterhaltung des restlichen Kaufvertrags bei Nichtigkeit eines Wettbewerbsverbotes (BGH NJW-RR 1989, 800, 801). Die nach **Art 85 Abs 1 EG-Vertrag** nichtige Verpflichtung des Franchisegebers, dem Franchisenehmer in einem bestimmten Bezirk die ausschließliche Benutzung der ihm überlassenen Bezeichnung zu sichern, in Verbindung mit der Verpflichtung des Franchisenehmers, die Vertragswaren nur in dem festgelegten Geschäftslokal zu verkaufen, führte nicht zur Nichtigkeit des gesamten Franchisevertrages. Die Gebietsklausel war für das Funktionieren des gesamten Systems nicht erforderlich (OLG Hamburg WuW 1987, 393). In gleicher Weise führten nach Art 85 EG-Vertrag, § 15 GWB nichtige Preisbindungen und Marktaufteilungen nicht zur Gesamtnichtigkeit eines Franchisevertrages (BGH NJW 1994, 1651, 1653 [„Pronuptia – II"]). Die kartellrechtliche Nichtigkeit einiger Bestimmungen eines Vertriebsbindungsvertrages erfaßte nicht den Vertragsrest (OLG Düsseldorf WuW 1984, 84 [„Grundig-Vertriebsbindungssystem"]).

Gegen § 15 GWB verstoßende Regelungen in einem Gaststättenpachtvertrag führen **82** nicht notwendigerweise zur Nichtigkeit des gesamten Pachtvertrages (OLG Hamm GRUR 1980, 183, 185 [im Ergebnis hier aber Totalnichtigkeit]). Im Einzelfall wurde bei einem Verstoß gegen § 15 GWB wegen einer Preisbindungsvereinbarung auch die Totalnichtigkeit des Alleinvertriebsvertrages angenommen (BGH GRUR 1976, 101, 103 m Anm KROITZSCH [„EDV-Zubehör"]; ausführlich STEINDORFF, in: FS Hefermehl [1971] 177 ff). Im übrigen wird eher großzügig verfahren. So sollen nach § 15 GWB nichtige Bestimmungen über vertikale Bindungen in Alleinvertriebsverträgen nicht zur Totalnichtigkeit führen (OLG Frankfurt aM NJW 1974, 2239). Zudem wurde § 139 auf Massenverträge über die Preisbindung gewerblicher Leistungen beim Vertrieb von Markenwaren nicht angewendet (KG WuW 1970, 237 [zu § 16 GWB aF]). Doch kann Preis- und Konditionenabsprachen eine solche Bedeutung zukommen, daß es bei einer Patentgemeinschaft zur Totalnichtigkeit kommt (LG Düsseldorf WuW/E LG/AG 186 „Gummistecker").

b) Gesellschafts- und Arbeitsverträge
§ 139 paßt nicht auf **ausgeführte Dauerrechtsverhältnisse** wie insbes im Falle von **83** Gesellschafts- und Arbeitsverträgen (CANARIS, in: FS Steindorff [1990] 519, 542; AK-BGB/ DAMM Rn 3). Sind einzelne Bestimmungen eines Gesellschaftsvertrages nichtig, so bleibt deshalb der Vertrag in der Regel im übrigen gültig (BGHZ 49, 364, 365 f; 107, 351 ff; SOMMER/WEITBRECHT GmbH-Rdsch 1991, 449 [zur GmbH]). Selbst wenn sich im Einzelfall die Teilnichtigkeit auf den gesamten Vertrag auswirkt, gelten die Grundsätze über die **fehlerhafte Gesellschaft** (BGH WM 1976, 1027, 1029; OLG Stuttgart WuW 1970, 377, 384). Die Gesellschaft ist dann nur mit Zukunftswirkung auflösbar (vgl auch SOERGEL/ HEFERMEHL[12] Rn 58; PIERER vESCH 118 ff). Für das Gesellschaftsrecht bietet sich demnach die geltungserhaltende Reduktion in besonderem Maße an (ausführlich dazu H P WESTERMANN, in: FS Stimpel [1985] 69 ff). Im Arbeitsrecht wird ganz allgemein Totalnichtigkeit vermieden, soweit die Teilnichtigkeit auf einem Verstoß gegen ein arbeitsrechtliches Schutzgesetz beruht (o Rn 15; BAG BB 1975, 883).

Die Teilnichtigkeit des Hauptversammlungsbeschlusses von Aktionären einer **84** Aktiengesellschaft zu einem in unzulässiger Weise vereinbarten Beherrschungsvertrag mit rückwirkender Kraft führt nicht zur Totalnichtigkeit. Abgestellt wurde auf den Standpunkt von vernünftig urteilenden Aktionären (OLG Hamburg NJW 1990, 3024, 3025 unter Hinweis auf BGHZ 36, 121, 140 m zust Anm KRIEGER EWiR § 291 AktG 1/91, 217; auch OLG Hamburg NJW 1990, 521). Doch sind hier Beweisangebote darüber nicht zu erheben, wie die Mehrheit der Aktionäre hypothetisch abgestimmt haben würde. Ein auf Totalnichtigkeit gerichteter Wille ist nicht notwendigerweise bei der Übernahme einer Stammeinlage einer GmbH und einem Baggerkauf gegeben (komplizierter Sachverhalt in BGH WarnR 1977 Nr 26). Auch sonst bleibt die Anwendung des § 139 auf Hauptversammlungsbeschlüsse meist folgenlos (OLG Hamburg Die AG 1970, 230; für Beschlüsse des Aufsichtsrates BGH NJW 1994, 520).

c) Gerichtsstands- und Schiedsgerichtsklauseln

85 Die Nichtigkeit des Hauptvertrages berührt in der Regel nicht die Gerichtsstandsklausel (RGZ 87, 10; BGH LM ZPO Nr 38; KG BB 1983, 218). Ebenso liegt es für eine Schiedsabrede (BGHZ 53, 315, 318; BGH LM Nr 6; NJW 1979, 2567, 2568; 1977, 1397, 1398). Ist die Gerichtsstandsklausel ungültig, so bleibt die Gültigkeit des Hauptvertrages erhalten (BGHZ 22, 90). Die Ungültigkeit der Schiedsgerichtsklausel läßt die gleichzeitig vereinbarte Gerichtsstandsklausel unberührt (BGH DB 1984, 825).

d) Wertsicherungsklauseln

86 Der Mietvertrag bleibt insgesamt wirksam, wenn im Falle der Wohnungsmiete eine Wertsicherungsklausel unwirksam ist (OLG Celle OLGZ 1982, 219 ff). Die Nichtigkeit von Wertsicherungsklauseln führt allgemein zur Aufrechterhaltung des Vertrages unter Ersetzung der unwirksamen Klausel im Wege der ergänzenden Vertragsauslegung (BGHZ 63, 132; o Rn 8). Hier wird § 139 von vornherein vermieden.

e) Grundstücksverkehr

87 Ist eine Nebenabrede, wonach auf den für den Kauf des Erbbaurechts zu zahlenden Preis eine schon geleistete Zahlung anzurechnen ist, formnichtig, so wurde der beurkundete Kaufvertrag für wirksam angesehen, wenn der Käufer die Vorauszahlung ohne weiteres zu belegen vermag (BGH NJW 1994, 720, 721; BGHZ 85, 315, 318). Die Formnichtigkeit eines Grundstückskaufvertrages führt nicht zur Unwirksamkeit der in diesem Vertrag dem Käufer vom Verkäufer erteilten Auflassungsvollmacht, wenn die Vollmacht unwiderruflich zur Sicherung des Vertrags erteilt ist (BGH DNotZ 1990, 359 m Anm HECKSCHEN). Bei Unwirksamkeit einer Grundschuldbestellung ist nicht auch eine Bürgschaftsverpflichtung unwirksam (BGH FamRZ 1983, 455, 456), wenn der Kredit schon ausgezahlt ist. Wurde in einem Grundstückskaufvertrag eine Abrede, die der Käufer als verbindliche Zusicherung verstehen durfte, nicht mitbeurkundet, so wird freilich grundsätzlich von der Nichtigkeit des Vertrages ausgegangen (BGH WM 1976, 1111). Totalnichtigkeit wurde auch angenommen, wenn einheitliche Grundstücksgeschäfte willkürlich in formbedürftige und nichtformbedürftige Teilvereinbarungen aufgespalten wurden (OLG Stuttgart BWNotZ 1970, 23).

f) Sonstiges

88 Bei einer Scheidungsfolgenvereinbarung im Rahmen des familiengerichtlichen Verbundverfahrens scheidet ein auf Restgültigkeit gerichteter hypothetischer Wille der Parteien wegen des engen Zusammenhangs der Scheidungsfolgen in aller Regel aus (OLG Stuttgart FamRZ 1984, 806, 808). Das gleiche gilt für zusammenhängende Vereinbarungen von geschiedenen Ehegatten über die Freistellung von Ansprüchen auf Kindesunterhalt mit dem Verzicht auf Ausübung des Umgangsrechts (OLG Karlsruhe FamRZ 1983, 417).

X. Rechtsmißbrauchsschranken

1. Vorteilsregel

89 Einer Vertragspartei wird es nach § 242 verwehrt, sich unter Berufung auf § 139 ihrer Vertragspflichten insgesamt zu entledigen, wenn lediglich eine einzelne abtrennbare Regelung unwirksam ist, die allein den anderen Vertragspartner begünstigt, und dieser unbeschadet des Fortfalls dieser Regelung am Vertrag festhalten will (BGH

NJW 1993, 1587, 1589 m Anm LANGENFELD WuB VIII A. § 19 BNotO 2. 93; NJW-RR 1989, 998; 1989, 800, 802; WM 1985, 993, 994; FamRZ 1983, 455, 456; GRUR 1971, 272, 273; NJW 1967, 245 [Unterwerfungsklausel]; krit STEINDORFF, in: FS Hefermehl 1971, 177 ff mit unzulässiger Überbetonung des ordre-public Gedankens; gegen ihn mit Recht P ULMER, in: FS Steindorff [1990] 799 ff). Die Hauptanwendungsfälle finden sich im **Kartellrecht**, wo die Vorteilsregel aber in gleicher Bedeutung gilt, ohne durch Erwägungen der Generalprävention ausgeschaltet zu werden. Im übrigen kann es sich handeln um die Unterwerfung unter die Zwangsvollstreckung, die Bestellung von Sicherheiten, die Einräumung von Kontrollrechten usw (PALANDT/HEINRICHS[55] Rn 16). Ebenso liegt es etwa bei der Unwirksamkeit einer Sicherungszession zugunsten des Verkäufers (RG JW 1916, 390). FLUME, AT II 588 will diese Rspr nicht mit dem Arglisteinwand begründen. Vielmehr handele es sich um eine Einschränkung des § 139 für den Fall, daß der nichtige Teil des Rechtsgeschäfts ausschließlich im Interesse eines der am Rechtsgeschäft Beteiligten vereinbart ist. Das ist beifallswert. Der benachteiligten Partei ist ein **Wahlrecht** zur einseitigen Herbeiführung der Wirksamkeit des Restgeschäfts zu geben. Diese Wahl ist wegen der §§ 355, 466 befristet vorzunehmen (P ULMER, in: FS Steindorff [1990] 799 ff; zust JAUERNIG[7] Anm 4 b). Maßgebend ist dann nicht der hypothetische, sondern der tatsächliche Wille. Bis zur Ausübung des Wahlrechts ist der Vertrag schwebend unwirksam (P ULMER, in: FS Steindorff [1990] 799, 815). Mit der Fortgeltungsentscheidung tritt volle Wirksamkeit des Vertrages ein. In diesem Sinne ist es sehr wohl möglich, daß die durch eine Vertragsklausel allein begünstigte Partei diese Klausel „verzichtend ausschalten" darf (dagegen STEINDORFF, in: FS Hefermehl [1971] 177 ff).

2. Bedeutungslos gebliebene Bestimmungen

Die Rspr beurteilt die Geltendmachung der Nichtigkeit ferner als Rechtsmißbrauch **90** (§ 242), wenn die Nichtigkeit eines bereits durchgeführten Vertrages aus einer Regelung hergeleitet werden soll, die für die Durchführung des Vertrages ohne Bedeutung geblieben ist (BGHZ 112, 288, 296; RGZ 153, 59, 61; PALANDT/HEINRICHS[55] Rn 16; SOERGEL/HEFERMEHL[12] Rn 45; FLUME, AT II 584 f; RG SeuffA 77 Nr 114). Die Frage nach dem hypothetischen Parteiwillen bleibt in diesem Falle sinnlos. Ist allerdings in dem nichtigen Teil für die vereinbarte, aber nicht zum Zuge gekommene Leistung, eine Gegenleistung vereinbart worden, so ist auch diese Vereinbarung nichtig. Insoweit stellt sich dann das Problem des § 139 (FLUME, AT II 586). Es geht in den entschiedenen Fällen allerdings nicht um den prozessualen Arglisteinwand (anders wohl BGH LM Nr 36), sondern um die ausgeschlossene Anwendung des § 139 (LARENZ AT[7] 465).

3. Sonstige unzulässige Rechtsausübung

Die Rspr beruft sich bisweilen auch in dem umgekehrten Fall auf § 242, wenn der- **91** jenige Vertragsteil, dem der nichtige Teil des Vertrags nur Vorteile gebracht hat, jetzt also durch den Wegfall der Bestimmung benachteiligt wird, sich auf die Nichtigkeit als Vorwand beruft, um sich vom Vertrag loszusagen (OLG Frankfurt aM NJW 1974, 2239 [§ 15 GWB: unzulässige vertikale Bindung]). Doch wird hier der Mißbrauchseinwand gerade in dem gegenteiligen Sinn einer „**Nachteilsregel**" gebraucht. Dagegen kann die Berufung auf die Verschlechterung der eigenen Rechtsstellung wohl nicht an § 242 scheitern (zutr die Kritik von P ULMER NJW 1974, 2240; dagegen für die Nachteilsregel PALANDT/HEINRICHS[55] Rn 16 aE).

§ 140

Entspricht ein nichtiges Rechtsgeschäft den Erfordernissen eines anderen Rechtsgeschäfts, so gilt das letztere, wenn anzunehmen ist, daß dessen Geltung bei Kenntnis der Nichtigkeit gewollt sein würde.

Materialien: VE-AT § 129; E I § 111; II § 111; III § 136; SCHUBERT, AT II 222 ff; MUGDAN I 473, 727; Mot I 218; Prot I 126; JAKOBS/SCHUBERT, AT I 760 f.

Schrifttum

BACH, Die Umdeutung rechtsgestaltender Willenserklärungen im Rahmen des Krankenversicherungsvertrages, VersR 1977, 881
BÜRCK, Umdeutung eines Vertrags bei Ausfall einer Vertragsbedingung – BGH NJW 1971, 420, JuS 1971, 571
ders, Zur Umdeutung von Rechtsgeschäften nach § 140 BGB, SchlHA 1973, 37
FINGER, Die Umgestaltung nichtiger Rechtsgeschäfte (1932)
O FISCHER, Konversion unwirksamer Rechtsgeschäfte, in: FS Wach I (1913) 179 ff
vFRIESEN/REINECKE, Probleme der Umdeutung von außerordentlichen Kündigungen in ordentliche Kündigungen bei schwerbehinderten Arbeitnehmern, BB 1979, 1561
GANDOLFI, La conversione dell' atto invalido, I, Il modello germanico (Milano 1984); II, Il problema in proiezione europea (Milano 1988)
J HAGER, Gesetzes- und sittenkonforme Auslegung und Aufrechterhaltung von Rechtsgeschäften (1983)
ders, Die Umdeutung der außerordentlichen in eine ordentliche Kündigung, BB 1989, 693
HERSCHEL, Der für die Umdeutung von Rechtsgeschäften maßgebende Zeitpunkt, DRiZ 1952, 41
HIEBER, § 140 und das Grundbuchamt, DNotZ 1954, 303
M KAHL, Grenzen der Umdeutung rechtsgeschäftlicher Erklärungen (§ 140 BGB) (Diss Münster 1985)
KESSEL, Keine Umdeutung eines formungültigen Schecks in ein selbständiges Schuldversprechen, einen kaufmännischen Verpflichtungsschein oder einen Garantievertrag, BlfGenossW 1973, 123
KRAMPE, Die Konversion des Rechtsgeschäfts (1980)
ders, Aufrechterhaltung von Verträgen und Vertragsklauseln, AcP 194 (1994) 1, 22 ff
F MÖLLER, Die Umdeutung von Blanko-Wechseln, DB 1961, 159
MOLKENBUR/KRASSHÖFER-PIDDE, Zur Umdeutung im Arbeitsrecht, RdA 1989, 337
MÜHLHANS, Die (verkannten?) Auswirkungen der §§ 116, 117 BGB auf die Umdeutung gem. § 140 BGB, NJW 1994, 1049
PAWLOWSKI, Rechtsgeschäftliche Folgen nichtiger Willenserklärungen (1966)
D REINICKE, Rechtsfolgen formwidrig abgeschlossener Verträge (1969)
ders, Die Umdeutung nichtiger Wechsel, DB 1960, 1028
RÖMER, Zur Lehre von der Konversion der Rechtsgeschäfte überhaupt und ihrer besonderen Anwendung auf das Wechselversprechen, AcP 36 (1853) 66
H ROTH, Geltungserhaltende Reduktion im Privatrecht, JZ 1989, 411
SCHÜTZ, Die Umdeutung einer formnichtigen Bürgschaft in einen Kreditauftrag, WM 1963, 1051
SILLER, Die Konversion (§ 140 BGB), AcP 138 (1934) 144
TIEDTKE, Die Umdeutung eines Vermächtnisses in ein Rechtsgeschäft unter Lebenden, NJW 1978, 2572
ders, Die Umdeutung eines nach den §§ 1365,

2. Titel. Willenserklärung

1366 BGB nichtigen Rechtsgeschäfts in einen Erbvertrag, FamRZ 1980, 1
VEIT/WAAS, Die Umdeutung einer kompetenzwidrigen Betriebsvereinbarung, BB 1991, 1329
W WEIMAR, Die Umdeutung unzulässiger Eintragungen im Grundbuch, WM 1966, 1098
ders, Die Umdeutung wechsel- und scheckrechtlicher Erklärungen, WM 1967, 862
WEYREUTHER, Zur richterlichen Umdeutung von Verwaltungsakten, DÖV 1985, 126
WIEACKER, Zur Theorie der Konversion nichtiger Rechtsgeschäfte, in: FS Herm Lange (1992) 1017 ff
ZEISS, Die Umdeutung einer formnichtigen Bürgschaft in einen Kreditauftrag, WM 1963, 906.

Systematische Übersicht

I.	Normzweck	1
II.	Grenzen	2
III.	Verwandte Rechtsinstitute; Abgrenzungen	
1.	Falsa demonstratio	3
2.	Gesetzliche Sonderregelungen	4
3.	Salvatorische Klauseln	6
4.	Auslegung	7
IV.	Voraussetzungen	
1.	Nichtiges Rechtsgeschäft	9
a)	Rechtsgeschäft	9
b)	Nichtigkeit	14
2.	Ersatzgeschäft	18
a)	Anderes Rechtsgeschäft	19
b)	Kongruenzerfordernis	21
c)	Hypothetischer Parteiwille	24
3.	Normzweck	29
a)	Formvorschriften	30
b)	Gesetzliche Verbote	31
c)	Sittenwidrige Rechtsgeschäfte	32
V.	Prozessuales	33
VI.	Fallgruppen	
1.	Einzelfall und Verallgemeinerung	35
2.	Arbeitsrecht	36
a)	Unwirksame fristlose Kündigung	36
b)	Umdeutung in Aufhebungsvertrag	41
c)	Unwirksame ordentliche Kündigung	42
d)	Unwirksame Kollektivverträge; Sonstiges	43
e)	Andere Dauerschuldverhältnisse	44
f)	Mängel des Vertragsschlusses	45
3.	Miet- und Pachtrecht	46
4.	Erbrecht	49
a)	Typenwahrende Umdeutung	49
b)	Nichtige Verfügung von Todes wegen	52
c)	Nichtiges Rechtsgeschäft unter Lebenden	54
5.	Gesellschaftsrecht	57
6.	Wertpapierrecht	61
7.	Grundstücksverkehr	63
8.	Sicherungsgeschäfte	67
a)	Sicherungsübereignung und -abtretung; Verpfändung	67
b)	Grundschuld; Hypothek	68
c)	Bürgschaft; Sonstiges	69
9.	Gütergemeinschaft	70
10.	Allgemeiner Rechtsverkehr	71

Alphabetische Übersicht

Abberufung nach AGB-DDR	38
Abspaltungsverbot	58
Abtretung	71
Adoptionsvertrag	71
Anfechtung	42, 71
Apothekenmietvertrag	47
Arbeitsrecht	33
Auflage	50
Auseinandersetzungsvertrag	50
Auslegung (und Umdeutung)	24
Ausschließlichkeitsbindung	72
Befreiungsvermächtnis	52
Beibringungsgrundsatz	34
Belegarztvertrag	39
Betriebsrat	37
Betriebsvereinbarungen	13, 43
BGB-Gesellschaft	26

§ 140

1. Buch
3. Abschnitt. Rechtsgeschäfte

Blankowechsel	61	Kreditauftrag	69
Bürgschaft	30		
		Lieferfristvereinbarung	72
Dauerwohnrecht	65		
Dingliches Vor- oder Wiederverkaufsrecht	63	Mutterschutz	42
Dissens	17		
Drohung	15	Nacherbeneinsetzung	5
		Nichtiges Indossament	61
Eigenhändiges Testament	49	Nichtigkeitsgründe	16
Eigenkündigung	41	Nichtigkeitsnormen	29
Eigentumsvorbehalt	72		
Einigungsvertrag	38	Öffentlich-rechtliche Verträge	12
Erbschaftskauf	50	Öffentliches Testament	49
Erbverzicht	51	Offene Handelsgesellschaft	57, 26
Ergänzende Vertragsauslegung	25	Ostdeutsche GmbH	60
Erkennbarkeit der Umdeutung	36		
		Persönliche Dienstbarkeit	66
Falschbezeichnung	3	Personalrat	40
Formgültiger Wechsel	61	Preisbindung	72
Formnichtiger gezogener Wechsel	61	Privatautonomie	24
Formnichtiger eigener Wechsel	61	Privatversicherung	44
Formnichtiger Scheck	62	Prokuraerteilung	72
Formnichtiges Schenkungsversprechen	56	Prozeßhandlungen	11
Fortgesetzte Gütergemeinschaft	70		
		Rechtsgeschäft anderer Art	19
Geltungserhaltende Reduktion	2	Rechtsgeschäfte	9 ff
Gemeinschaftliches Testament	49	Remittentenbezeichnung	61
Geschäftstyp	19	Richterliche Gestaltung	1
Geschäftsunfähige	17		
Gesetzgebungsgeschichte	8	Scheingeschäft	17
Grundbuchrecht	10	Schenkungsforderung und Vermächtnis	5
Grunddienstbarkeit	66	Schiedsgerichtsklausel	58
Grundstücksveräußerungsvertrag	63	Schuldanerkenntnis	56
Gültigkeitsvoraussetzungen	23	Schulderlaß	52
		Schwebend unwirksames Rechtsgeschäft	14
Haftungsausschluß	72	Schwerbehinderte	39
HOAI	72	Schwerpunkte der Rechtsprechung	35
Hypothetischer Parteiwille	7 f	Sicherungsübereignung	22
		Sittenwidrige Rechtsgeschäfte	2
Irrtum	15	Stimmrechtsausschluß	58
		Stimmrechtsübertragung	58
Juristische Qualifikation	26	Stimmrechtsvollmacht	58
Kartellrechtliche Mißbrauchskontrolle	30	Täuschung	15
Kenntnis der Nichtigkeit	28	Tarifverträge	43
Kommanditgesellschaft	57	Teilnichtigkeit	14
Kongruenzerfordernis	21	Testamentsentwurf	49
Konversion	1		
Konversionsklausel	6	Übergabevertrag (§ 1365)	54

Januar 1996

2. Titel. § 140
Willenserklärung 1, 2

Übertragung eines Erbanteils	51	Vertrag zugunsten Dritter	55
Übertragung von Gesellschaftsanteilen	57	Verwaltungsakt	12
Umdeutung	1	Vormundschaftsgerichtliche Genehmigung	56
Unwiderrufliche Vollmacht	73	Vor- und Nacherbschaft	50
Unwirksame Teilungserklärung	64	Vorvertrag	48
Unwirksames Wechselakzept	61		
		Wettbewerbsverbot	74
Verbotsnormen	31	Wirklicher Parteiwille	7f
Verfrühte Erbfolge	54	Wirkungen	22
Verfügungsmacht	17	Wirtschaftlicher Erfolg	1
Verhaltensbedingte Kündigung	42		
Vermögensübertragung	75	Zeitpunkt	27
Verspätete oder abgeänderte Annahme	4	Zurückbehaltungsrecht	67

I. Normzweck

§ 140 (Umdeutung, Konversion) will dem auf einen bestimmten wirtschaftlichen 1
Erfolg gerichteten Willen der Parteien in weitestmöglichem Umfang zum Erfolg verhelfen (vgl MUGDAN I 727 = Prot I 127). Dieser Auffassung hat sich die Rspr unter ausdrücklicher Bezugnahme mit gleichbedeutenden Formulierungen angeschlossen. Danach besteht der Normzweck des § 140 darin, „den von den Parteien erstrebten wirtschaftlichen Erfolg auch dann zu verwirklichen, wenn das rechtliche Mittel, das sie dafür gewählt haben, unzulässig ist, jedoch ein anderer, rechtlich gangbarer Weg zur Verfügung steht, der zum annähernd gleichen wirtschaftlichen Ergebnis führt" (BGHZ 68, 204, 206; 19, 269, 273; BGH NJW 1994, 1785, 1787; LM Nr 4; OVG Münster NJW 1981, 1328 [öffentlich-rechtlicher Vertrag]). Dabei ist es ausreichend, wenn der **wirtschaftliche Zweck** des zunächst beabsichtigten Geschäfts nur teilweise oder in nicht so vollkommener Weise erreicht wird (ENNECCERUS/NIPPERDEY AT[15] I 2 S 1222). Mit § 140 wird das von den Parteien gewählte untaugliche Mittel durch ein anderes **taugliches Mittel** ersetzt (MEDICUS AT[6] Rn 516; D REINICKE 88). Allerdings wird der sich im Verlauf des 19. Jahrhunderts schärfer herausbildende Begriff der „Konversion" (dazu FLUME, AT II 590; RÖMER AcP 36 [1853] 66 ff) vielfach mit Recht als wenig glücklich angesehen, weil die Gültigkeit des Rechtsgeschäfts nicht durch den Richter herbeigeführt wird, sondern vielmehr auf dem Gesetz beruht (zutr vTUHR, AT II 1 287 Fn 52; mit etwas anderer Zielrichtung WINDSCHEID § 82 Fn 15; wie hier JAUERNIG[7] Anm 1; schief BGHZ 19, 269, 273 ["rechtsgestaltende Aufgabe"] im Anschluß an SILLER AcP 138 [1934] 144, 148; offengelassen durch BGH LM Nr 4).

II. Grenzen

Nach höchstrichterlicher Rspr ist eine Umdeutung nach § 140 nur möglich, wenn 2
nicht der mit dem Rechtsgeschäft angestrebte wirtschaftliche Erfolg selbst, sondern nur das von den Parteien gewählte rechtliche Mittel von der Rechtsordnung mißbilligt wird (vorige Rn). Deshalb sollen **sittenwidrige Rechtsgeschäfte** grundsätzlich nicht nach § 140 umgedeutet werden können. In gleicher Weise soll ein nach § 138 Abs 2 wegen Wuchers nichtiges Rechtsgeschäft nicht durch Herabsetzung der überhöhten Leistung aufrechterhalten werden können (BGHZ 68, 204, 206 f). Könnte derjenige, der seinen Vertragspartner in sittenwidriger Weise übervorteilt, damit rechnen,

„schlimmstenfalls durch gerichtliche Festsetzung das zu bekommen, was gerade noch vertretbar und damit sittengemäß ist, verlöre das sittenwidrige Rechtsgeschäft für ihn das Risiko, mit dem es durch die vom Gesetz angedrohte Nichtigkeitsfolge behaftet sein soll" (BGHZ 68, 204, 207 m Anm LINDACHER JR 1977, 410 unter Aufhebung der Vorinstanz OLG Stuttgart JZ 1975, 572; BGH NJW 1986, 2944, 2945; zust die hL: MEDICUS AT[6] Rn 523; LARENZ AT[7] 469; JAUERNIG[7] Anm 2a; KRAMPE AcP 194 [1994] 1, 22 ff; GANDOLFI II 390 ff; einschränkend aber MünchKomm/MAYER-MALY[3] Rn 10; iE abw BGH ZIP 1987, 519 [Reduzierung eines in voller Höhe sittenwidrigen Schuldanerkenntnisses]; krit TIEDTKE ZIP 1987, 1083). ME können sittenwidrige Rechtsgeschäfte aber im Wege einer **geltungserhaltenden Reduktion** iSe richterlichen Abmilderung übermäßiger Rechtsfolgen gerettet werden (H ROTH JZ 1989, 411 ff; o § 139 Rn 3). § 140 ist freilich mit dieser Aufgabe überfordert, weil es nicht um den in der Vorschrift gemeinten hypothetischen Parteiwillen geht (u Rn 24), sondern in erster Linie um die Festlegung des jeweiligen Normzwecks der betreffenden Nichtigkeitsnorm (u Rn 32; H ROTH ZHR 153 [1989] 423 ff). Umgedeutet werden kann (selbstverständlich) nur in ein vom Gesetz anerkanntes Rechtsinstitut (KG DtZ 1994, 285, 287 [Vorkaufsrecht nach §§ 306 ff DDR-ZGB]).

III. Verwandte Rechtsinstitute; Abgrenzungen

1. Falsa demonstratio

3 Die Regeln der Umdeutung finden keine Anwendung, wenn die Parteien das Rechtsgeschäft nur unrichtig bezeichnet hatten (Vorlagen der Redaktoren für die erste Kommission bei SCHUBERT, AT II 224; MünchKomm/MAYER-MALY[3] Rn 4; undeutlich KRAMPE 285). Es handelt sich um einen schlichten Auslegungsfall. Über die rechtliche Einordnung entscheidet die Rechtsordnung nach dem Inhalt des Rechtsgeschäftes, ohne daß § 140 zu bemühen wäre. So liegt kein Fall der Umdeutung vor, wenn die Parteien einen Mietvertrag als Leihe oder einen Pachtvertrag als Mietvertrag bezeichnen (FLUME, AT II 590).

2. Gesetzliche Sonderregelungen

4 In einigen Fällen stellt das Gesetz nicht auf den hypothetischen Willen der Parteien ab (näher dazu u Rn 24 ff), sondern ersetzt das gewollte Rechtsgeschäft ohne Rücksicht auf einen hypothetischen Parteiwillen und auf die Besonderheiten des konkreten Falles durch ein anderes Rechtsgeschäft. So gilt nach **§ 150 Abs 1** die verspätete Annahme eines Antrags als neuer Antrag, nach Abs 2 eine vom Inhalt des Antrags abweichende Annahme als Ablehnung, verbunden mit einem neuen Antrag, ohne daß ein hypothetischer Wille des Annehmenden zu erforschen wäre (vTUHR, AT II 1 291; FLUME, AT II 599). Allerdings kann der Annehmende die Unterstellung seiner Annahmeerklärung unter § 150 verhindern, da es sich um eine bloße Auslegungsregel handelt (MünchKomm/KRAMER[3] § 150 Rn 1 Fn 3) und zudem um dispositives Recht (vTUHR, AT II 1 291 Fn 75).

5 Auch in anderen Fällen sind die Voraussetzungen einer Umdeutung nach § 140 nicht zu prüfen, wenn das Gesetz festlegt, daß ein fehlerhaftes Rechtsgeschäft mit einem bestimmten Inhalt gilt. So liegt es etwa in den Fällen von **§ 566 S 2**. Zu nennen ist ferner § 2301. Abweichend von dem Willen der Parteien entsteht keine Schenkungsforderung, sondern ein Vermächtnis (vTUHR, AT II 1 291 f). Dagegen ist ein spezieller

Fall der Umdeutung in § 2101 enthalten. Die dort vorgesehene Behandlung als Nacherbeneinsetzung tritt nicht ein, wenn dieses Ergebnis dem hypothetischen Willen des Erblassers nicht entspricht (treffend vTuhr, AT II 1 291; undeutlich MünchKomm/ Mayer-Maly³ Rn 4 a).

3. Salvatorische Klauseln

Es bleibt den Parteien unbenommen, durch Rechtsgeschäft zu bestimmen, daß für 6 den Fall der Nichtigkeit eine andere Regelung als Ersatzgeschäft gelten soll (**Konversionsklausel**) (etwa RGZ 125, 209, 212; Flume, AT II 595; Medicus AT⁶ Rn 510, 520; MünchKomm/Mayer-Maly³ Rn 5). Diese Umdeutung kraft Rechtsgeschäftes beurteilt sich nicht nach § 140. Vielmehr handelt es sich um ein bedingtes Rechtsgeschäft (Flume, AT II 594: „Bedingung im weiteren Sinn"). Insbes dürfen die Wirkungen des Ersatzgeschäftes über diejenigen des zunächst vereinbarten Rechtsgeschäfts hinausgehen (demgegenüber u Rn 22). Umgekehrt können die Vertragsparteien aber auch jede Umdeutung ausschließen (MünchKomm/Mayer-Maly³ Rn 5). Das wird aber eher selten der Fall sein (u Rn 26). Maßgebend ist stets ein (feststellbarer) wirklicher Wille der Parteien (u Rn 25, 26). Hauptfall ist die unwirksame fristlose Kündigung im Arbeitsrecht (u Rn 37).

4. Auslegung

Die Auslegung geht der Umdeutung nach richtiger Auffassung stets vor. Häufig 7 ergibt sich erst aus der Auslegung, ob das erklärte Rechtsgeschäft nichtig ist (Soergel/Hefermehl¹² Rn 1; Medicus AT⁶ Rn 517). Die Umdeutung des § 140 folgt dann der Auslegung nach, deren Ergebnisse sie voraussetzt. Auslegung und Umdeutung sind zwar im Einzelfall nicht trennscharf abgrenzbar, doch bleibt für die Umdeutung des § 140 ein eigenständiger Regelungsbereich. Erst das Institut der Umdeutung entscheidet, ob ein Rechtsgeschäft, das nach den allgemeinen Auslegungsgrundsätzen der §§ 133, 157 nichtig ist, doch noch Rechtswirkungen äußern kann (hL, OLG Bremen OLGZ 1987, 10, 11; Medicus AT⁶ Rn 517; Larenz AT⁷ 468 m Fn 40; vTuhr, AT II 1 287; MünchKomm/Mayer-Maly³ Rn 3; Soergel/Hefermehl¹² Rn 1; Palandt/Heinrichs⁵⁵ Rn 1; Erman/Brox⁹ Rn 5). Nicht etwa ist die Umdeutung nur als Unterfall der Auslegung anzusehen (so aber insbes Krampe 284; J Hager 155; Pawlowski AT⁴ Rn 505; Bürck SchlHA 1973, 37, 38). Der typologische Unterschied zwischen Auslegung und Umdeutung ergibt sich daraus, daß die Auslegung in erster Linie auf den wirklichen Willen der Parteien abstellt, wogegen die Umdeutung primär an dem hypothetischen Willen der Parteien orientiert ist (BGHZ 19, 269, 273; Soergel/Hefermehl¹² Rn 1; MünchKomm/Mayer-Maly³ Rn 3).

Zwischen Umdeutung und Vertragsauslegung bestehen allerdings zwei Berührungspunkte. So stellt auch die ergänzende Vertragsauslegung auf den **hypothetischen Parteiwillen** ab (BGHZ 19, 269, 273; s § 157 Rn 30 ff). Doch ist die Umdeutung deshalb noch kein Fall der ergänzenden Vertragsauslegung, da diese eine Vertragslücke voraussetzt, die sich innerhalb der von den Parteien getroffenen Regelung schließen läßt (s § 157 Rn 15 ff). Dagegen greift die Umdeutung erst dann ein, wenn der Vertrag nach geschehener ergänzender Auslegung im ganzen nichtig ist (zutr Soergel/Hefermehl¹² Rn 1). Auf der anderen Seite spielt der **wirkliche Wille** der Parteien auch bei der Umdeutung eine Rolle, da er bei Feststellbarkeit nicht außer acht gelassen werden darf (BGHZ 19, 269, 272 f; u Rn 25). Doch ergeben sich hier Überschneidungen nur ganz ausnahmsweise, weil in aller Regel ein wirklicher Wille für den Fall der Nichtigkeit des gewollten Geschäfts nicht gebildet wird (zu einer Ausnahme o Rn 6). Der Unterschied zwischen Auslegung und Umdeutung scheint auch schon deutlich in den Vorlagen der Redaktoren für die erste Kommission auf (SCHUBERT II 223): „Es würde daher an sich unbedenklich sein, den rechtsgeschäftlichen Tatbestand unter die von den Beteiligten vielleicht übersehenen Rechtssätze zu subsumieren, welche den Absichten derselben am meisten Rechnung tragen. Die Schwierigkeit besteht darin, daß bei der Herleitung der Wirkungen des Rechtsgeschäfts aus anderen, als den von den Beteiligten ins Auge gefaßten Rechtssätzen, auch die Wirkungen zu anderen werden – die vertragsmäßige Bewilligung eines Erbrechts zur Erbeinsetzung, die Wechselverpflichtung zur Schuldverpflichtung – und daß es zweifelhaft wird, ob diese anderen Wirkungen alsdann noch innerhalb des wirklich Gewollten und als gewollt Erklärten liegen und nicht Zutaten enthalten, welche dem Willen der Beteiligten Zwang antun". Die zweite Kommission (MUGDAN I 727 = Prot I 126) lehnte den gestellten Antrag auf Streichung der Norm ab, „weil sonst Mißverständnisse über die Zulässigkeit der Konversion nicht ausgeschlossen seien" (zur Entstehungsgeschichte ausführlich KRAMPE 130 ff mit der unzutreffenden Behauptung [137], GEBHARD folgte der Lehre von WINDSCHEID von der Umdeutung als aufrechterhaltender Auslegung).

IV. Voraussetzungen

1. Nichtiges Rechtsgeschäft

Das erklärte Rechtsgeschäft muß nichtig sein, was ggf durch vorhergehende Auslegung (o Rn 7) zu klären ist.

a) Rechtsgeschäft

9 Es können grundsätzlich Rechtsgeschäfte aller Art umgedeutet werden. Dabei kann es sich um schuldrechtliche wie auch um dingliche Rechtsgeschäfte handeln (RGZ 66, 24, 28; 124, 28; 129, 122, 123; REINICKE 90). Weiter kann es um Rechtsgeschäfte unter Lebenden wie auch um Verfügungen von Todes wegen gehen (BGHZ 40, 218, 224; u Rn 49 ff). § 140 setzt keine gleichartigen Rechtsgeschäfte voraus, so daß etwa ein Rechtsgeschäft unter Lebenden als Erbvertrag aufrechterhalten werden kann (u Rn 54). Umgedeutet werden können auch **gegenseitige Verträge** (BGH NJW 1963, 339 f = LM Nr 4; REINICKE 113 ff), wobei jedoch das Synallagma zu wahren ist. Ausschlaggebend ist der hypothetische Wille derjenigen Vertragspartei, die durch die Umdeutung benachteiligt wird (MünchKomm/MAYER-MALY[3] Rn 6). Ansonsten würde sich die Umdeutungsmöglichkeit in der Hauptsache auf unentgeltliche Zuwendungen beziehen. Diese Einschränkung ist aber nach dem historischen wie auch nach dem systematischen Zusammenhang nicht begründbar. Umdeutbar sind auch Rechtsgeschäfte des Familienrechts (OLG Karlsruhe NJW 1977, 1731 [Vereinbarung über Elternrechte]; aA OLG Stuttgart Die Justiz 1974, 128; u Rn 70).

10 Auch im **Grundbuchrecht** ist eine Umdeutung grundsätzlich nicht ausgeschlossen, wobei aber das Grundbuchverfahrensrecht Einschränkungen erfordert (OLG Bremen OLGZ 1987, 10, 11). Der Grundbuchrichter (Rechtspfleger) ist zur Umdeutung berechtigt und verpflichtet, wenn die vorgelegten Urkunden eine abschließende Würdigung gestatten (BayObLG FamRZ 1983, 1033, 1034; OLG Bremen OLGZ 1987, 10, 11).

Eine Umdeutung ist sonach unter den genannten Voraussetzungen vorzunehmen, wenn zwar die Grundbucherklärung ihrem Wortlaut nach nicht eintragungsfähig ist, jedoch objektiv und nach dem wirtschaftlich mit ihr Gewollten den Erfordernissen eines anderen, eintragungsfähigen Rechts entspricht (BayObLG FamRZ 1983, 1033, 1034). Eine Umdeutung ist dagegen ausgeschlossen, solange sie nur als möglich erscheint (OLG Stuttgart BWNotZ 1979, 17). Eine Umdeutung scheidet ferner aus, wenn eine Beweisaufnahme erforderlich wird (dazu KG NJW 1967, 2358; BayObLG NJW 1953, 1914; HIEBER DNotZ 1954, 303). Ebenso liegt es, wenn die Verhältnisse sonst unklar sind. Keiner Umdeutung zugänglich ist die Eintragung selbst. Andernfalls würde die Publizitätsfunktion des Grundbuchs gestört (MünchKomm/MAYER-MALY[3] Rn 6; KAHL 389 ff; WEIMAR WM 1966, 1098, 1099).

Die Rspr wendet auf **fehlerhafte Prozeßhandlungen** § 140 entsprechend an, um die **11** Annahme einer Unwirksamkeit zu vermeiden. Dann muß die fehlerhafte Parteihandlung den Voraussetzungen einer anderen, den gleichen Zwecken dienenden Handlung entsprechen (BGH NJW 1992, 438, 439; OLG Braunschweig FamRZ 1995, 237). Es gilt sogar eine Umdeutungspflicht des Gerichts, bei deren Verletzung die Revision gerechtfertigt ist (ROSENBERG/SCHWAB/GOTTWALD, ZPO[15] 372). Entscheidend ist der hypothetische Parteiwille, wobei aber ein abweichender tatsächlicher Wille zu respektieren ist. Das entspricht den allgemeinen Grundsätzen der Umdeutung. So kann etwa eine unzulässige Hauptberufung als zulässige Anschlußberufung gerettet werden (BGHZ 100, 383, 387 f; BGH FamRZ 1987, 154). In gleicher Weise darf eine sofortige Beschwerde als Berufung aufgefaßt (BGH NJW 1987, 1204) oder ein wegen des Nichterreichens der Rechtsmittelsumme unzulässiges Rechtsmittel als Anschlußberufung oder -revision umgedeutet werden (BGH ZZP 68 [1955] 212). Auch kann eine Leistungsklage auf Unterhalt in eine Abänderungsklage nach § 323 ZPO umgedeutet werden (BGH NJW 1992, 438), oder die im schriftlichen Vorverfahren verspätete Verteidigungsanzeige mit Klageerwiderung in einen Einspruch gegen ein ergangenes Versäumnisurteil (OLG Braunschweig FamRZ 1995, 237, 238). Eine zur Zeit unbegründete Leistungsklage kann als Feststellungsklage gerettet werden (BGH ZIP 1994, 1846 [Stufenklage]). Für eine Umdeutung besteht auch weithin Bedarf, wenn die betreffende fehlerhafte Prozeßhandlung wegen ihrer Eindeutigkeit und Klarheit einer berichtigenden Auslegung nicht zugänglich ist. In derartigen Fällen ist es ungenau, von einer falsa demonstratio auszugehen (so aber MünchKomm/MAYER-MALY[3] Rn 7). Der Zivilprozeß dient der weitestmöglichen Verwirklichung des materiellen Rechts und nicht der Verhinderung einer Entscheidung über die materielle Rechtslage. Gleichwohl darf eine Parteihandlung nicht in eine einem anderen prozessualen Zweck dienende Prozeßhandlung umgedeutet werden. So liegt es etwa für eine Umdeutung einer wegen fehlender Zulassung unzulässigen Revision in eine Zulassungsbeschwerde (BGH DB 1971, 2256 [Entschädigungsverfahren]). Es wurde dort nur eine Nebenentscheidung angegriffen. Unter den gegebenen Voraussetzungen kann auch ein Vergleichsantrag umgedeutet werden (LG Osnabrück KTS 1962, 126, 127 [dort aber zu Recht abgelehnt]). Ein wegen formeller Mängel unwirksamer Prozeßvergleich kann als außergerichtlicher materiellrechtlicher Vergleich aufrechterhalten werden, wenn dies dem hypothetischen Parteiwillen entspricht (BGH NJW 1985, 1962, 1963; auch BVerwG NJW 1994, 2306, 2307 [aber: Auslegung]).

Öffentlich-rechtliche Verträge können wegen § 59 Abs 1, § 62 S 2 VwVfG grundsätz- **12** lich nach § 140 BGB umgedeutet werden (BGHZ 76, 16, 28; OVG Münster NJW 1981, 1328

[Abführung von Teilen der Liquidationseinnahmen eines beamteten Chefarztes an den Dienstherrn]; SOERGEL/HEFERMEHL[12] Rn 2; LÖWER WissR 26 [1993] 233, 244 [Umdeutung einer formwidrigen Berufungsvereinbarung]). Für **fehlerhafte Verwaltungsakte** enthält § 47 VwVfG eine eigenständige Regelung, die wegen einer fehlenden Gesetzeslücke den Rückgriff auf die analoge Anwendung des § 140 BGB verbietet (zutreffend LÜDEMANN/WINDTHORST BayVBl 1995, 357, 359; MünchKomm/MAYER-MALY[3] Rn 8 gegen REDEKER DVBl 1973, 744, 746; ausführlich zum ganzen WEYREUTHER DÖV 1985, 126). Im übrigen ist streitig, ob § 140 auf öffentlich-rechtliche Willenserklärungen Anwendung findet (Nachw bei OVG Münster NVwZ 1990, 676, 677 [offenlassend]). ME ist das nicht der Fall.

13 Eine unwirksame **Betriebsvereinbarung** kann durch analoge Anwendung des § 140 zum Inhalt der Einzelverträge der Arbeitnehmer werden. Doch werden hierbei strenge Anforderungen an einen Verpflichtungswillen des Arbeitgebers gestellt, weil eine Kündigung der Arbeitsverträge nur unter erschwerten Umständen möglich ist. Liegen die erforderlichen Voraussetzungen vor, so werden insbes gebündelte Vertragsangebote des Arbeitgebers mit stillschweigender Annahme (§ 151) durch die Arbeitnehmer angenommen (BAG BB 1989, 2330; MünchKomm/MAYER-MALY[3] Rn 6). Dagegen sind allerdings mit Recht Bedenken erhoben worden (VEIT/WAAS BB 1991, 1329 f). ME geht hier das Ersatzgeschäft in seinen Wirkungen über diejenigen des wirklich gewollten Geschäfts hinaus (dazu ferner u Rn 43).

b) Nichtigkeit

14 Die Umdeutung setzt die Nichtigkeit des gesamten Rechtsgeschäfts voraus. Gemeint sind nicht nur die vom Gesetz ausdrücklich als nichtig bezeichneten Geschäfte, sondern auch **andere Fälle der Unwirksamkeit**, insbes absolute und endgültige Unwirksamkeit (MATTERN LM Nr 5). Die bloße Teilnichtigkeit beurteilt sich hingegen nach § 139. Erst wenn sie über diese Norm zur Totalnichtigkeit wird, wird das Geschäft umdeutungsfähig (JAUERNIG[7] Anm 2a; MünchKomm/MAYER-MALY[3] Rn 9; aA OLG Stuttgart WuW 1985, 888; u Rn 74). Gültige oder heilbare Rechtsgeschäfte können nicht umgedeutet werden (BGH WM 1972, 461, 462 [formgültiger Wechsel]; 1970, 1022, 1023 [nachholbare Unterschrift des Wechselausstellers]; u Rn 61). Kann nämlich die Unwirksamkeit des Geschäftes noch behoben werden, wie zB durch eine Genehmigung nach § 108 oder durch Vollzug nach § 313 S 2, so muß abgewartet werden, ob es nicht ohne Inhaltsänderung wirksam wird (allgM, etwa MünchKomm/MAYER-MALY[3] Rn 9; MEDICUS AT[6] Rn 518). Doch ist die Umdeutung eines schwebend unwirksamen Rechtsgeschäfts jedenfalls dann möglich, wenn es durch Verweigerung der Genehmigung endgültig unwirksam geworden ist (BGHZ 40, 218, 222 [unter Abweichung von RGZ 79, 306, 308 f]; BGH NJW 1994, 1785 [§ 1365]). § 140 ist auch anwendbar, wenn das nichtige Rechtsgeschäft den Erfordernissen eines heilbaren, unvollendeten (etwa § 313) Rechtsgeschäfts entspricht (RGZ 129, 122; ENNECCERUS/NIPPERDEY AT[15] I 2 S 1223 Fn 75).

15 Nach richtiger Auffassung ist eine Umdeutung auch bei einem wegen Irrtums, Täuschung oder Drohung **angefochtenen Rechtsgeschäfts** möglich, dessen Nichtigkeit nach § 142 Abs 1 eintritt (ENNECCERUS/NIPPERDEY AT[15] I 2 S 1223; SOERGEL/HEFERMEHL[12] Rn l3; PALANDT/HEINRICHS[55] Rn 3; JAUERNIG[7] Anm 2a). Die Gegenauffassung will § 140 nicht anwenden, weil die Willenserklärung als Grundlage einer rechtlichen Regelung „storniert" sei und sie sich daher nicht mehr als Grundlage für ein Ersatzgeschäft eigne (FLUME, AT II 592 f; MEDICUS AT[6] Rn 518; KRAMPE 247 ff; MünchKomm/MAYER-MALY[3] Rn 11; SPIESS JZ 1985, 593, 597 f). Doch ist das angefochtene Rechtsgeschäft nicht etwa

ein Nullum, sondern immer noch ein – wenngleich angefochtenes – Rechtsgeschäft, so daß bei der Ermittlung eines hypothetischen Parteiwillens eine Umdeutung möglich ist (SOERGEL/HEFERMEHL[12] Rn 3). Diese Sicht der Dinge wird insbes in anderen Zusammenhängen stets von FLUME, AT II 547 f betont, so daß seine abweichende Stellungnahme zur Umdeutung dazu widersprüchlich ist. Doch ist § 140 nicht anwendbar auf ein zwar anfechtbares, aber nicht angefochtenes Geschäft, weil die bloße Anfechtbarkeit keine Nichtigkeit begründet.

Grundsätzlich gilt § 140 für alle Nichtigkeitsgründe, wobei aber in jedem Fall zu prüfen ist, ob nicht der **Zweck der jeweiligen Nichtigkeitsnorm** einer Umdeutung entgegensteht (BGH NJW 1994, 1785, 1787 [zu § 1365]; NJW 1980, 2517 [§ 34 GWB; u Rn 29, 72). Da alle Nichtigkeitsgründe gleich zu behandeln sind (insoweit auch FLUME, AT II 592; MünchKomm/MAYER-MALY[3] Rn 10), ist insbes eine die Auslegung übersteigende Umdeutung von formwidrigen, verbotswidrigen, sittenwidrigen oder angefochtenen Verträgen möglich (aA KRAMPE 283). So ist zu entscheiden für formwidrige (BGH LM Nr 4; DB 1980, 1535), gesetzwidrige (RGZ 125, 209, 212; BGHZ 26, 320, 328), sittenwidrige (aber o Rn 2) und auf eine unmögliche Leistung gerichtete Rechtsgeschäfte (BGHZ 19, 269, 272 [zu § 306]). 16

Nicht umgedeutet werden kann das Rechtsgeschäft eines Geschäftsunfähigen, weil dieser zu einer rechtsgeschäftlichen Regelung überhaupt nicht in der Lage ist (FLUME, AT II 592; SILLER AcP 138 [1934] 144, 158). § 140 kommt auch nicht zur Anwendung, wenn das betreffende Rechtsgeschäft infolge eines Dissenses gescheitert ist (MünchKomm/MAYER-MALY[3] Rn 9). Bisweilen wird auch vertreten, daß bei Scheingeschäften § 117 Spezialvorschrift zu § 140 ist (MünchKomm/MAYER-MALY[3] Rn 9; dazu u Rn 28). Mängel in der Verfügungsmacht schließen eine Umdeutung nicht aus (PALANDT/HEINRICHS[55] Rn 3 gegen RGZ 124, 28, 31). Nach § 141 bestätigte Rechtsgeschäfte können ebenfalls nicht umgedeutet werden. Das Gesagte gilt auch für relativ unwirksame Rechtsgeschäfte (JAUERNIG[7] Anm 2 a). 17

2. Ersatzgeschäft

§ 140 stellt für das Ersatzgeschäft, wie es durch die Umdeutung zu ermitteln ist, zwei Voraussetzungen auf: Einmal müssen die Erfordernisse des Ersatzgeschäftes durch das nichtige Rechtsgeschäft gewahrt sein (u Rn 21). Zum anderen wird für das Ersatzgeschäft vorausgesetzt, daß „dessen Geltung bei Kenntnis der Nichtigkeit gewollt sein würde" (u Rn 24). 18

a) Anderes Rechtsgeschäft

Das nichtige Rechtsgeschäft muß den Erfordernissen eines „anderen Rechtsgeschäfts" entsprechen. Damit ist kein Rechtsgeschäft von anderer Art vorausgesetzt (MünchKomm/MAYER-MALY[3] Rn 12; zum umgekehrten Fall o Rn 9). Vielmehr kann es (und wird es häufig) dem von den Parteien vorgestellten Geschäftstyp entsprechen (OLG Stuttgart JZ 1975, 572, 573; O FISCHER, in: FS Wach I [1913] 179). Ausreichend ist daher eine inhaltliche Änderung unter Beibehaltung der Rechtsform, wie etwa die Umdeutung einer unwiderruflichen in eine widerrufliche Vollmacht (SOERGEL/HEFERMEHL[12] Rn 4 [str]; u Rn 73). Auch kann die Umdeutung bloß die Änderung der Rechtsform betreffen. So liegt es, wenn ein formnichtiges öffentliches als ein formgültiges eigenhändiges Testament aufrecht erhalten wird (SOERGEL/HEFERMEHL[12] Rn 4; u Rn 49). Umgekehrt setzt § 140 aber keine gleichartigen Rechtsgeschäfte voraus (o Rn 9). 19

20 Ausreichend ist es, wenn das nichtige Rechtsgeschäft in ein weniger fehlerhaftes Rechtsgeschäft umgedeutet wird, da auch darin eine Annäherung an den wirtschaftlichen Erfolg liegen kann, den die Parteien anstreben (RGZ 129, 122, 124; SOERGEL/HEFERMEHL[12] Rn 4; MünchKomm/MAYER-MALY[3] Rn 12; o Rn 14). So kann umgedeutet werden in ein bloß anfechtbares oder schwebend unwirksames Rechtsgeschäft.

b) Kongruenzerfordernis

21 Nach § 140 muß das nichtige Rechtsgeschäft den Erfordernissen des umgedeuteten Rechtsgeschäfts „entsprechen". Das bedeutet nach zutreffender Auffassung die Kongruenz von nichtigem Geschäft und Ersatzgeschäft (MünchKomm/MAYER-MALY[3] Rn 13; ZEISS WM 1963, 906, 908). Dagegen stellt das Gesetz nicht darauf ab, daß das Ersatzgeschäft in dem wirklich vorgenommenen Geschäft enthalten sein müsse (so aber vor allem FLUME, AT II 592 ff; eine ähnlich ausdeutbare Formulierung in den Motiven, MUGDAN I 473; vielfach auch die Rspr: RGZ 121, 99, 106; BGHZ 19, 269, 275; 20, 363, 370; 26, 320, 329). Mit dieser Auffassung wird der Anwendungsbereich des § 140 zu sehr eingeengt. Es kommt nicht darauf an, ob das als gültig anzusehende Rechtsgeschäft in dem nichtigen Geschäft als dessen Teil schon vollständig enthalten war, sondern auf den **erstrebten wirtschaftlichen Erfolg** der Parteien (LARENZ AT[7] 470). Deshalb kann etwa eine verspätete Kündigung, die von dem Empfänger akzeptiert wird, in einen Antrag auf Abschluß eines Aufhebungsvertrags umgedeutet werden, obgleich wegen der ganz unterschiedlichen rechtlichen Ausgestaltung in der Kündigung kein Vertragsantrag „enthalten" ist (LARENZ AT[7] 471; u Rn 41). Es kommt hinzu, daß in aller Regel eine Voraussetzung des Ersatzgeschäfts nicht vorliegt, da es nicht wirklich gewollt ist (MEDICUS AT[6] Rn 519). Schließlich werden nach der abzulehnenden Auffassung die Grenzen des § 140 zu § 139 fließend, weil danach die Umdeutung nur ein Unterfall des § 139 wäre und es dann der Regelung des § 140 überhaupt nicht mehr bedürfte (LARENZ AT[7] 470; MEDICUS AT[6] Rn 519).

22 Dagegen bedeutet Kongruenz in dem hier verstandenen Sinne, daß das **Ersatzgeschäft in seinen Wirkungen** nicht über diejenigen des wirklich gewollten Geschäfts hinausgehen darf (insoweit auch BGHZ 20, 363, 370 f; BAG DB 1975, 214; MEDICUS AT[6] Rn 519; MünchKomm/MAYER-MALY[3] Rn 14; SOERGEL/HEFERMEHL[12] Rn 5; anders BÜRCK SchlHA 1973, 37, 40). Diese Begrenzungswirkung folgt aus dem Tatbestandsmerkmal „entspricht" (SOERGEL/HEFERMEHL[12] Rn 5), aber auch aus der Beachtung des hypothetischen Parteiwillens (LARENZ AT[7] 471; u Rn 24). Deshalb darf etwa eine wegen fehlender Übergabe nichtige Bestellung eines Mobiliarpfandrechts nicht in eine Sicherungsübereignung nach § 930 umgedeutet werden (LARENZ AT[7] 471; MEDICUS AT[6] Rn 519; u Rn 67). Vergleichbar kann eine ordentliche Kündigung nicht als außerordentliche Kündigung aufrechterhalten werden (u Rn 42).

23 Schließlich meint das Merkmal der Kongruenz, daß alle für das umgedeutete Rechtsgeschäft (Ersatzgeschäft) bestehenden Gültigkeitsvoraussetzungen vorliegen müssen. So müssen etwa gegeben sein Geschäftsfähigkeit, Verfügungsmacht, die Einhaltung von Formen, des Gesetzes und der guten Sitten (LARENZ AT[7] 471; MEDICUS AT[6] Rn 519). Hinzukommen muß ferner das Gewolltsein iSe hypothetischen Parteiwillens (u Rn 24). Über § 140 dürfen daher fehlende Tatbestandsmerkmale nicht fingiert werden (RG JW 1938, 44; PALANDT/HEINRICHS[55] Rn 6).

c) Hypothetischer Parteiwille

Das Ersatzgeschäft gilt nach § 140, wenn anzunehmen ist, daß dessen Geltung bei **24** Kenntnis der Nichtigkeit gewollt sein würde (vergleichbare Formulierung bei BGH BB 1961, 717 m zust Anm GUMPERT). In aller Regel haben die Parteien bei dem Rechtsgeschäft für den Fall der Nichtigkeit einen **realen Parteiwillen** nicht gebildet, da sie die Nichtigkeit nicht bedacht haben (o Rn 6). Der in § 140 gemeinte Wille ist daher nach richtiger Auffassung ein hypothetischer Parteiwille (ganz hL: BGHZ 19, 269, 273; BAG AP § 2 ArbGG 1953 Zuständigkeitsprüfung Nr 18 m Anm POHLE; MEDICUS AT[6] Rn 520; LARENZ AT[7] 467 f; MünchKomm/MAYER-MALY[3] Rn 16; SOERGEL/HEFERMEHL[12] Rn 8; PALANDT/HEINRICHS[55] Rn 8). Vergleichbar wie § 140 stellt auch § 139 auf den hypothetischen Parteiwillen ab (§ 139 Rn 74 ff). § 139 und § 140 dienen daher gleichermaßen der **Durchsetzung der Privatautonomie** (H ROTH, Vertragsänderung bei fehlgeschlagener Verwendung von Allgemeinen Geschäftsbedingungen [1994] 3). Dagegen geht es bei § 140 weder um die Auslegung einer Willenserklärung (aA KRAMPE 280 ff; o Rn 7), noch in erster Linie um die Feststellung eines empirischen Willens (aber u Rn 25). Vielmehr geht die Umdeutung über die der Auslegung gesetzten Grenzen hinaus.

Der hypothetische Parteiwille ist nach den Grundsätzen der **ergänzenden Vertragsaus- 25 legung** zu ermitteln (u § 157 Rn 75 ff; PALANDT/HEINRICHS[55] Rn 8). Entscheidend ist, was die Parteien gewollt hätten, wenn sie die Nichtigkeit des abgeschlossenen Rechtsgeschäftes gekannt hätten. Ein solcher Wille wird regelmäßig anzunehmen sein, wenn durch das andere Rechtsgeschäft derselbe wirtschaftliche Erfolg erreicht wird wie durch das nichtige Rechtsgeschäft (BGHZ 19, 269, 273). Ein nichtiges Beamtenverhältnis kann in der Regel nicht in ein Arbeitsverhältnis umgedeutet werden (BAG AP § 2 ArbGG 1953 Zuständigkeitsprüfung Nr 18). Der hypothetische Wille entspricht also in erster Linie dem, was vernünftige Parteien anstelle der Beteiligten gewollt hätten. Allerdings kann der hypothetische Parteiwille nicht nach rein objektiven Gesichtspunkten ermittelt werden. Die Umdeutung darf die Parteien nicht bevormunden und muß daher einen wirklichen Parteiwillen vorrangig berücksichtigen, wenn er festgestellt werden kann (BGHZ 19, 269, 273; BGH BB 1996, 342 f; MAYER-MALY, in: FS Flume I [1978] 621, 623 f). Ein wirklicher Parteiwille setzt sich gegenüber dem hypothetischen Willen selbst dann durch, wenn er unvernünftig sein sollte (o Rn 8).

Ist etwa die wirksame Errichtung einer **OHG** gescheitert, weil der Gesellschaftszweck **26** nicht auf den Betrieb eines Handelsgewerbes gerichtet war (§ 105 Abs 1 HGB), und das Registergericht deshalb die Eintragung verweigert, so kommt eine Umdeutung in eine BGB-Gesellschaft grundsätzlich in Betracht (BGHZ 19, 269 ff). Anders liegt es aber, wenn eine Partei sich von vornherein gegen die Errichtung einer **BGB-Gesellschaft** verwahrt hat. Hier ist der wirkliche Wille selbst dann beachtlich, wenn ihm die irrige Annahme einer Wahlmöglichkeit zwischen mehreren Gesellschaftsformen zugrunde gelegen haben sollte (insoweit unrichtig BGHZ 19, 269, 275; krit dazu deshalb MEDICUS AT[6] Rn 521; LARENZ AT[7] 468; FLUME, AT II 596; SOERGEL/HEFERMEHL[12] Rn 10; ferner KRAMPE 222 ff; J HAGER 124; BATTES AcP 174 [1974] 429, 444). Die Entscheidung läßt sich auch nicht mit der Erwägung halten, es sei lediglich eine Frage der juristischen Qualifikation, ob sich ein Gesellschaftsvertrag als Vertrag über eine OHG oder eine BGB-Gesellschaft darstelle (so aber PAWLOWSKI AT[4] Rn 506; FLUME, AT I 1 200; krit dazu MEDICUS AT[6] Rn 521). Der wirkliche Parteiwille setzt sich durch (grundsätzlich anders D REINICKE 99; HIEBER DNotZ 1954, 303, 304).

27 Maßgebend ist der hypothetische Wille zum **Zeitpunkt der Vornahme** des nichtigen Rechtsgeschäfts. Dagegen kommt es nicht auf den Umdeutungszeitpunkt an (BGHZ 40, 218, 223; KG DtZ 1994, 285, 287; HERSCHEL DRiZ 1952, 41 f; anders RGZ 79, 306, 308 f). Für diesen Zeitpunkt ist der von den Parteien angestrebte wirtschaftliche Erfolg festzustellen. Später eintretende Änderungen der Verhältnisse kommen nicht in Betracht (MünchKomm/MAYER-MALY[3] Rn 19). Auch sonst kommt es bei einer ergänzenden Vertragsauslegung auf den hypothetischen Willen der Parteien zur Zeit der Vornahme des Rechtsgeschäftes an (Nachw u § 157 Rn 34).

28 Eine Umdeutung ist ausgeschlossen, wenn der Erklärende die Nichtigkeit des Rechtsgeschäftes kannte. In diesem Fall läßt sich die Frage nicht sinnvoll stellen, ob die Geltung des Ersatzgeschäfts „gewollt sein würde" (OLG Hamm VersR 1986, 759; LG Göttingen WM 1992, 1375; PALANDT/HEINRICHS[55] Rn 8; MünchKomm/MAYER-MALY[3] Rn 15; mit einer Begründung aus § 117 Abs 1 MÜHLHANS NJW 1994, 1094). Ein **Kennenmüssen** ist aber nicht gleichbedeutend mit **Kenntnis**. War die Nichtigkeit nicht allen Beteiligten bekannt, so ist eine Umdeutung nicht ausgeschlossen. Doch wird der hypothetische Parteiwille nur für diejenigen Beteiligten ermittelt, denen die Nichtigkeit unbekannt war (MünchKomm/MAYER-MALY[3] Rn 15; im Ergebnis ebenso, aber mit einer Begründung aus § 116 S 1 MÜHLHANS NJW 1994, 1049, 1050).

3. Normzweck

29 Schranken für die Umdeutung können sich aus dem Normzweck der betreffenden Nichtigkeitsnorm ergeben. Neben dem Kongruenzerfordernis (o Rn 21) und dem hypothetischen Parteiwillen (o Rn 24) handelt es sich um das dritte Kriterium, das eine Begrenzung der Umdeutungsmöglichkeiten bezweckt. Der Zweck der Nichtigkeitsnorm darf der Umdeutung nicht entgegenstehen (o Rn 16).

a) Formvorschriften

30 Auch wenn bei einem Verstoß gegen Formvorschriften grundsätzlich umgedeutet werden kann (o Rn 16), so darf doch etwa ein verfolgter **Übereilungsschutz** nicht beeinträchtigt werden. Deshalb scheidet die Umdeutung einer wegen § 766 S 1 formunwirksamen Bürgschaft in einen formfreien Schuldbeitritt aus. Ein Schuldbeitritt darf vielmehr nur dann angenommen werden, wenn ein eigenes unmittelbares wirtschaftliches Interesse des Beitretenden bejaht werden kann (MEDICUS AT[6] Rn 522; SOERGEL/HEFERMEHL[12] Rn 6). Dagegen war ein wegen einer Ausschließlichkeitsbindung formnichtiger Automatenaufstellungsvertrag (§ 18 Abs 1 Nr 2, § 34 GWB iVm § 125 BGB) in einen Vertrag ohne diese Bindung umzudeuten, weil die Mißbrauchskontrolle der Kartellbehörde dadurch nicht verhindert wurde (BGH NJW 1980, 2517; aA EMMERICH NJW 1980, 1367; ausführlich zum formwidrigen Vertrag KRAMPE 226 ff; u Rn 72). Überhaupt bilden Formmängel einen der wichtigsten Anwendungsbereiche des § 140 (ausführlich D REINICKE 88 ff).

b) Gesetzliche Verbote

31 Die Umdeutung eines nach § 134 nichtigen Rechtsgeschäfts ist nicht ausgeschlossen (o Rn 16). Doch ist Voraussetzung der Umdeutung in ein anderes Geschäft, daß der Zweck des Verbotes nicht entgegensteht (LARENZ AT[7] 469; ferner dazu KRAMPE 234 ff). In erster Linie geht es hier aber weniger um den der Privatautonomie verpflichteten § 140, sondern darum, daß **Sinn und Zweck** eines Verbotsgesetzes nach § 134 auf

bloße Teilnichtigkeit unter Aufrechterhaltung des verbliebenen Vertragsrestes zielen (zB BGHZ 89, 316 ff [unzulässig hohe Mietzinsvereinbarung]; H ROTH JZ 1989, 411, 413). Einzelheiten finden sich bei den Erl zu § 134. Abzulehnen ist die Gegenauffassung, wonach in den Fällen des § 134 eine Umdeutung stets ausscheide, weil ansonsten die rechtliche Mißbilligung praktisch wirkungslos bliebe (so aber JAUERNIG[7] Anm 2a).

c) Sittenwidrige Rechtsgeschäfte

Die hL lehnt eine Umdeutung ab, wenn die mit dem Rechtsgeschäft verfolgten **32** Absichten der Parteien nach § 138 mißbilligt werden. Sittenwidrige Geschäfte sollen danach nicht durch Umdeutung in gerade noch sittengemäße Geschäfte gerettet werden können (o Rn 2, 16). Nach richtiger Auffassung bleibt aber auch hier ein Spielraum für Umdeutungsmöglichkeiten (MünchKomm/MAYER-MALY[3] Rn 10). Im Kern dreht es sich freilich nicht um Möglichkeiten des § 140 und damit um die Frage des Vorrangs der Privatautonomie, sondern um den **Sinngehalt des § 138** (H ROTH JZ 1989, 411, 413 ff; ders ZHR 153 [1989] 423 ff), also um die Auslegung gesetzlicher Normen (dazu auch o § 139 Rn 3). § 140 wird denn auch durchgehend nicht als das geeignete Mittel einer (teilweisen) Aufrechterhaltung sittenwidriger Verträge angesehen (KRAMPE AcP 194 [1994] 1, 22; WIEACKER, in: FS Herm Lange [1992] 1017, 1027).

V. Prozessuales

Das Gericht hat **von Rechts wegen** umzudeuten, wenn der vorgetragene Sachverhalt **33** eine ausreichende Basis für eine Umdeutung liefert. Es ist nicht erforderlich und auch nicht ausreichend, daß sich eine Prozeßpartei auf die Umdeutung beruft (BGH NJW 1963, 339, 340; ERMAN/BROX[9] Rn 18; MünchKomm/MAYER-MALY[3] Rn 31; LAG Hamm BB 1982, 2109; KAHL 380 ff; MOLKENBUR/KRASSHÖFER-PIDDE RdA 1989, 337, 340; aA SILLER AcP 138 [1934] 144, 185). Unglücklich ist allerdings der Ausdruck, das Gericht habe „von Amts wegen" umzudeuten. Das Gesagte gilt in vollem Umfang auch für das Gebiet des **Arbeitsrechts** (aA BAG DB 1976, 634; SAE 1976, 31, 33; AP § 13 KSchG 1969 Nr 3; LAG Rheinland-Pfalz NZA 1985, 290, 291; wie hier dagegen MünchKomm/MAYER-MALY[3] Rn 31). Insbes muß für den Fall einer Umdeutung einer außerordentlichen in eine ordentliche Kündigung der Arbeitgeber die Umdeutung im Prozeß nicht geltend machen (ausführlich J HAGER BB 1989, 693, 694 [freilich mit anderem rechtlichen Ausgangspunkt]; u Rn 36 ff). Der Richter hat schlicht das Gesetz anzuwenden. Nach richtiger Auffassung kann auch im arbeitsgerichtlichen Prozeß in der Berufungsinstanz umgedeutet werden, wenn dies in der ersten Instanz nicht geschehen ist. § 6 KSchG steht nicht entgegen (J HAGER BB 1989, 693, 699 gegen LAG Rheinland-Pfalz NZA 1985, 290, 291).

Wenn eine Partei Rechtsfolgen aus einem umgedeuteten Rechtsgeschäft geltend **34** macht, so trägt sie für die von ihr für die Umdeutung vorgetragenen Tatsachen die **Behauptungs- und Beweislast** (ERMAN/BROX[9] Rn 8). Werden aus einem umgedeuteten Rechtsgeschäft Rechtsfolgen hergeleitet, so liegt darin keine Klageänderung nach § 263 ZPO (OLG Celle WuW 1975, 409, 415; MünchKomm/MAYER-MALY[3] Rn 31). Die Umdeutung rechtsgeschäftlicher Erklärungen ist wie die Auslegung in erster Linie Sache des **Tatrichters** und damit in der Revisionsinstanz nur begrenzt nachprüfbar (BGH NJW 1981, 43, 44). Die höchstrichterliche Rspr setzt im Arbeitsrecht dem Arbeitgeber die Rechtskraft des ersten Prozesses entgegen, wenn er sich im Falle einer außerordentlichen Kündigung im Kündigungsschutzprozeß nicht darauf berufen hat, daß die Kündigung zugleich als ordentliche Kündigung anzusehen ist (BAG AP § 615

BGB Bösgläubigkeit Nr 2 m Anm A HUECK; AP § 11 KSchG Nr 12 m Anm HERSCHEL; zum Streitstand J HAGER BB 1989, 693, 696 ff).

VI. Fallgruppen

1. Einzelfall und Verallgemeinerung

35 Die zahlreich von der Rspr entschiedenen Fälle sind als Beispiele anzusehen, die einer systematisierenden Schwerpunktbildung zugänglich sind. Verallgemeinerungen sind dagegen nur schwer möglich, weil die Ermittlung des hypothetischen Parteiwillens (o Rn 24) oftmals von dem *Umständen des Einzelfalles* mit abhängt. Darauf kommt es für die Umdeutung entscheidend an. Die in der Rspr aufgetauchten Schwerpunkte liegen vor allem im Arbeitsrecht und dort wiederum im Bereich des Kündigungsrechts (u Rn 36 ff), im Miet- und Pachtrecht (u Rn 46), im Erbrecht (u Rn 49 ff), im Gesellschaftsrecht (u Rn 57), im Wertpapierrecht (u Rn 61), im Grundstücksrecht (u Rn 63), aber auch in Bereichen des allgemeinen rechtsgeschäftlichen Verkehrs (u Rn 70).

2. Arbeitsrecht

a) Unwirksame fristlose Kündigung

36 Den Schwerpunkt bildet die Rspr zur Umdeutung einer unwirksamen fristlosen außerordentlichen Kündigung aus wichtigem Grund in eine befristete Kündigung zum nächstmöglichen Termin (dazu ausführlich MOLKENBUR/KRASSHÖFER-PIDDE RdA 1989, 337 ff; J HAGER BB 1989, 693 ff; SCHMIDT NZA 1989, 661). Das gilt auch für das Dienstvertragsrecht (OLG München NJW-RR 1995, 740, 741). Die Aufrechterhaltung unwirksamer Kündigungen ist auch im Bereich des *Kündigungsschutzgesetzes* möglich. Die gegen eine Umdeutung gerichtete Auslegungsregel des § 11 Abs 2 S 1 KSchG aF ist weggefallen (BAG NJW 1988, 581; LAG Hamm BB 1982, 2109; LAG Baden-Württemberg DB 1968, 943 [LS] [außerhalb des allgemeinen Kündigungsschutzes]; LAG Hamm DB 1967, 1272 [LS]; zu § 11 KSchG aF auch LAG Bremen DB 1965, 1671 [LS] und LAG Baden-Württemberg BB 1965, 629 [Kündigungsabfindung]). Seit der Neufassung des KSchG v 25. 8. 1969 (BGBl I 1317) spricht keine Vermutung mehr gegen die Umdeutung einer unwirksamen außerordentlichen in eine ordentliche Kündigung (BAG AP § 626 BGB-Druckkündigung Nr 10 m Anm HÖLTERS [aber: Auslegungsfrage]). Gleichwohl werden die Voraussetzungen für eine Umdeutung in den meisten Fällen nicht von § 140 BGB bestimmt (MEDICUS AT[6] Rn 524; anders die Selbstdeutung der Rspr, etwa BAG NJW 1988, 581). Nach der Rspr soll es darauf ankommen, daß für den Kündigungsempfänger eindeutig erkennbar ist, daß die fristlose Kündigung im Falle ihrer Unwirksamkeit als befristete Kündigung gelten soll (BAG NJW 1988, 581; NZA 1985, 286, 288; NJW 1976, 2366; AP § 11 KSchG Nr 11 m Anm A HUECK [allerdings zur alten Fassung]; § 626 BGB-Druckkündigung Nr 10; § 102 BetrVG 1972 Nr 21; auch BGH NJW 1982, 2603 [Dienstvertrag]). Dann handelt es sich aber in Wahrheit um *Auslegung* (o Rn 7), die der Umdeutung vorangeht (zutr LAG Hamm BB 1982, 2109). Einer Umdeutung bedarf es dann nicht mehr (zutr SOERGEL/HEFERMEHL[12] Rn 17; KRAMPE 258). FLUME, AT II 599 meint, es handele sich in diesen Fällen überhaupt nicht um Konversion iSd § 140.

37 Im Arbeitsrecht muß wegen § 102 BetrVG der **Betriebsrat** zu Kündigungen jeder Art angehört werden (etwa EBERT BB 1976, 1132). Die Rspr fordert, daß der Arbeitgeber

den Betriebsrat deutlich darauf hinweist, daß die außerordentliche Kündigung hilfsweise auch als ordentliche gelten solle (BAG NJW 1994, 1891, 1893; 1988, 581, 582; 1979, 76; LAG Düsseldorf BB 1975, 516). Die wirksame Anhörung zur außerordentlichen Kündigung reicht lediglich dann zu einer ordentlichen Kündigung aus, wenn der Betriebsrat der außerordentlichen Kündigung ausdrücklich und vorbehaltlos zugestimmt hat und einer ordentlichen Kündigung erkennbar nicht entgegengetreten wäre (BAG NZA 1985, 286, 287; NJW 1978, 76; abl J Hager BB 1989, 693, 696). Im Ergebnis wird vom Arbeitgeber für das Ersatzgeschäft ein realer Wille gebildet und auch erklärt. Es wird in der Sache hilfsweise eine befristete Kündigung unter der **Rechtsbedingung** erklärt, daß nicht schon die zunächst erklärte formlose Kündigung wirksam geworden ist. Deshalb ist § 140 BGB hier nicht mehr nötig (richtig Medicus AT^6 Rn 524; o Rn 6 [Konversionsklausel]). Eine außerordentliche Kündigung kann nicht in eine ordentliche umgedeutet werden, wenn der Betriebsrat nicht nach § 102 BetrVG zu der außerordentlichen Kündigung angehört worden ist. Die ordnungsgemäße Anhörung des Betriebsrates wegen einer beabsichtigten, dann aber nicht ausgesprochenen ordentlichen Kündigung reicht nicht aus (BAG NJW 1976, 2366, 2368; einschränkend LAG Düsseldorf DB 1977, 121, 123 [keine Widerspruchsgründe nach § 102 Abs 3 BetrVG; krit J Hager BB 1989, 693, 696]).

Scheiterte eine außerordentliche Kündigung aus wichtigem Grund nach Maßgabe **38** der Anl 1 Kap XIX Sachgebiet A Abschn III Nr 1 Abs 5 Ziff 2 zum **Einigungsvertrag**, so sollte sie nicht in eine ordentliche Kündigung umgedeutet werden können, wenn der Personalrat ihr ohne Kenntnis von der Absicht zur ordentlichen Kündigung ausdrücklich zugestimmt hatte (LAG Köln ArbuR 1994, 39 [Sonderkündigungsrecht für Beschäftigte des öffentlichen Dienstes nach dem Einigungsvertrag]). Das entspricht den allgemeinen Grundsätzen. Eine durch Berufung nach § 61 AGB-DDR begründetes Arbeitsverhältnis kann einseitig nur durch Abberufung nach § 62 AGB-DDR beendet werden. Eine danach unwirksame Kündigung läßt sich nicht in eine Abberufung umdeuten (LAG Berlin NZA 1992, 371, 373; ArbG Berlin DB 1991, 2444).

Hat im Falle der Kündigung eines **Schwerbehinderten** die Hauptfürsorgestelle ledig- **39** lich die Zustimmung zu einer außerordentlichen Kündigung erteilt, so kann nicht in eine ordentliche Kündigung umgedeutet werden, weil insoweit eine Zustimmung fehlt (LAG Berlin NZA 1985, 95; ebenso vFriesen/Reinecke BB 1979, 1561). Vergleichbares gilt für Kündigungen nach § 9 MuSchG, § 8 BErzGG oder nach § 103 BetrVG. Auch im Bereich des Dienstvertragsrechts ist die Umdeutung einer außerordentlichen Kündigung in eine ordentliche Kündigung grundsätzlich zulässig (BGH NJW 1982, 2603 [Belegarztvertrag]; OLG München NJW-RR 1995, 740, 741). Doch wird auch hier die Erkennbarkeit für den anderen Teil gefordert. Auch bei einem Handelsvertretervertrag kommt die Umdeutung einer fristlosen in eine ordentliche Kündigung in Betracht (LAG Düsseldorf VersR 1980, 1143).

Eine Umdeutung in eine fristgerechte Kündigung scheidet aus, wenn sich der Perso- **40** nalrat in Kenntnis der richtigen Verhältnisse energisch gegen eine Kündigung gewandt hat und mit Sicherheit anzunehmen ist, daß sich der Arbeitgeber dessen Würdigung nicht verschlossen haben würde (LAG Berlin DB 1960, 1460).

b) Umdeutung in Aufhebungsvertrag

Trotz Schriftformerfordernisses mündlich erklärte Kündigungen können nach § 140 **41** in Anträge zum Abschluß eines Aufhebungsvertrages umgedeutet werden (o Rn 21). Neben nicht formgerechten Kündigungen gilt das auch für verspätete Kündigungen (BAG EzA § 626 BGB nF Nr 13; OLG Hamm BB 1969, 582; KLIEMT DB 1993, 1874, 1876). Doch muß dann die „Annahme" des Empfängers begründet werden können (LAG Baden-Württemberg BB 1975, 1254). Die **unwirksame Eigenkündigung** des Arbeitnehmers kann in ein Vertragsangebot zur Aufhebung des Arbeitsvertrages umgedeutet werden (LAG Berlin NZA 1989, 968 [LS]). Will der Arbeitnehmer erkennbar unter allen Umständen vom Vertrag loskommen, so entspricht es seinem hypothetischen Willen, dies notfalls auch über einen Aufhebungsvertrag erreichen zu wollen (BGH NJW 1981, 43, 44). Das ist gleichermaßen für das Arbeits- wie für das Dienstvertragsrecht anerkannt. Diese Rechtsfolge wird meist auf die genannten Fälle beschränkt, in denen vom kündigenden Vertragspartner persönliche Arbeits- oder Dienstleistungen geschuldet werden (einschränkend auch RGZ 123, 124 ff). Nur unter strengen Voraussetzungen wird eine entsprechende Umdeutung auch bei einer Kündigung durch den Arbeitgeber bejaht (OLG Hamm BB 1969, 582; großzügiger wohl LAG Frankfurt aM BB 1966, 124).

c) Unwirksame ordentliche Kündigung

42 Eine ordentliche Kündigung kann nicht in eine außerordentliche Kündigung umgedeutet werden, weil die Wirkungen des Ersatzgeschäftes nicht weiter gehen dürfen als diejenigen des unwirksamen Geschäftes (o Rn 22; BAG DB 1975, 214; AP § 9 MuSchG 1968 Nr 4; ferner LAG Frankfurt aM BB 1974, 839; LAG Düsseldorf/Köln DB 1968, 753 [mit unrichtiger Begründung]). Auch scheidet die Umdeutung in eine Anfechtungserklärung nach §§ 119, 123 aus, weil auch dieser Rechtsbehelf zur sofortigen Auflösung des Arbeitsverhältnisses führt. Zudem ergeben sich nachteilige Folgen für den Arbeitnehmer durch die Nichtanwendbarkeit der §§ 9, 10 KSchG (BAG AP § 15 KSchG 1969 Nr 12). Doch kann eine außerordentliche Kündigung in eine Anfechtungserklärung umgedeutet werden (K DÖRNER, Anfechtung im Arbeitsrecht, AR-Blattei SD [2. Lfg April 1993, Rn 106]; LAG Saarbrücken DB 1965, 222 [LS]; aA MünchKomm/MAYER-MALY³ Rn 28). Zudem ist es auch möglich, daß sich eine fristlose Kündigung schon als Anfechtung auslegen läßt. Aus den genannten Gründen kann eine wegen Verstoßes gegen § 9 **MuSchG** nichtige fristgemäße Kündigung nicht in eine Anfechtung nach den §§ 119, 123 umgedeutet werden (BAG AP § 9 MuSchG 1968 Nr 4 m Anm K H SCHMIDT). Die Kündigung „zum Ablauf seiner Erkrankung" wurde umgedeutet in eine fristgerechte Kündigung mit der Zusage, den Arbeitnehmer so zu stellen, als ob sein Arbeitsverhältnis bis zum Ablauf der Erkrankung fortbestehen würde (ArbG Solingen DB 1974, 2164). Eine unwirksame verhaltensbedingte Kündigung wurde in eine wirksame betriebsbedingte Kündigung umgedeutet (dazu ArbG Göttingen DB 1965, 366).

d) Unwirksame Kollektivverträge; Sonstiges

43 Formnichtige Tarifverträge können in formfreie Vorverträge umgedeutet werden (WIEDEMANN/STUMPF, TVG [5. Aufl 1977] § 1 Rn 105). Das wird auch für Kollektivvereinbarungen aus der ehemaligen DDR erwogen (DÄUBLER BB 1993, 427, 432). Im übrigen wird aber die Umdeutung nichtiger Tarifverträge oder Betriebsvereinbarungen eher ablehnend erörtert (MOLKENBUR/KRASSHÖFER-PIDDE RdA 1989, 337, 348; aber o Rn 13). Aussperrungen des Arbeitgebers mit unverhältnismäßigem Umfang (zwei Tage) sollen in solche mit verhältnismäßigem Umfang (ein halber Tag) umgedeutet werden können (LÖWISCH AR-Blattei Arbeitskampf III Aussperrung 170.3 Nr 16 gegen BAG ebd).

e) Andere Dauerschuldverhältnisse

Die genannten, im Arbeitsrecht entwickelten Grundsätze werden auch auf andere **44** Dauerschuldverhältnisse wie insbes im *Privatversicherungsrecht* angewendet (AG Garmisch-Partenkirchen VersR 1972, 344 [Hausratsversicherung]). Doch muß der Versicherungskunde zum Ausdruck bringen, daß er das Vertragsverhältnis unter allen Umständen beenden will. Ein Widerspruch der Versicherungsgesellschaft ändert an den dann eintretenden Rechtsfolgen nichts (ausführlich zur Umdeutung im Rahmen des Krankenversicherungsvertrages BACH VersR 1977, 881). Freilich muß eine mit sofortiger Wirkung ausgesprochene unwirksame Kündigung etwa bei einem Lebensversicherungsvertrag nicht in jedem Falle als ordentliche Kündigung aufrecht erhalten werden. So kann es etwa bei Unvernunft des Versicherungsnehmers liegen (OLG Hamm VersR 1984, 958). Eine Kündigung des Versicherungsvertrages kann auch in einen Antrag auf Aufhebung umgedeutet werden (dazu OLG Hamm NJW-RR 1987, 342).

f) Mängel des Vertragsschlusses

Ist ein Arbeitsvertrag wegen Verstoßes gegen das Feiertagsrecht nichtig, so wird in **45** einen gültigen Pauschalabgeltungsvertrag von Zusatzarbeit umgedeutet (LAG Baden-Württemberg DB 1966, 1614). Ein unkündbarer Arbeitsvertrag mit einer Minderjährigen wurde als Vertrag mit gesetzlicher Kündigungsfrist aufrechterhalten (LAG Berlin AP § 138 BGB Nr 23). Der Umdeutung zugänglich ist auch der Antrag des nach § 613a gebundenen neuen Arbeitgebers auf Abschluß eines Arbeitsvertrages in ein Angebot zur Vertragsänderung (BAG DB 1977, 1192).

3. Miet- und Pachtrecht

Weniger großzügig als im Arbeitsrecht wird für das Miet- und Pachtrecht die **46** Umdeutung einer nicht wirksamen außerordentlichen Kündigung in eine ordentliche Kündigung „im Einzelfall nicht ausgeschlossen" (BGH NJW 1981, 976, 977; auch LG Mannheim NJW 1970, 328). In vergleichbarer Weise wird die Umdeutung einer unwirksamen fristlosen Kündigung in einen Antrag auf Aufhebung des Vertrages unter einschränkenden Voraussetzungen für möglich gehalten (BGH NJW 1981, 976, 977; 1981, 42 [dort aber abgelehnt]). Die Einschränkungen begründen sich daraus, daß dem Kündigungsgegner ansonsten *Unklarheiten* drohten. Nach Auffassung der Rspr soll sich grundsätzlich aus der Erklärung selbst ergeben müssen, daß die Kündigung hilfsweise als ordentliche gelten soll. Doch ist das dann kein Fall des § 140 mehr (o Rn 36, 37). Im übrigen werden die genannten Grundsätze nicht unverändert auf eine ordentliche Kündigung mit unrichtig bemessener Kündigungsfrist übertragen (OLG Frankfurt aM NJW-RR 1990, 337). Freilich sollte in aller Regel als hypothetischer Wille angenommen werden, die Kündigung zum nächstzulässigen Kündigungstermin eingreifen zu lassen (OLG Hamm MDR 1994, 56 f; offengelassen durch OLG Frankfurt aM NJW-RR 1990, 337).

Für langfristige Apothekenmietverträge wurde neben den Grundsätzen über den **47** Wegfall der Geschäftsgrundlage auch eine Anpassung nach § 140 erwogen (OLG Oldenburg NJW-RR 1990, 84). Nach bisweilen vertretener Auffassung kann bei einem Mietverhältnis über Wohnraum wegen der Regelung des § 556a Abs 6 S 1 die unwirksame fristlose Kündigung nicht in eine ordentliche Kündigung umgedeutet werden, selbst wenn der Vermieter das Mietverhältnis auf jeden Fall beenden will

(LG Gießen ZMR 1975, 114 m Anm DEMEL; LG Braunschweig BlGBW 1968, 33 [LS]; Bedenken auch bei LG Mannheim NJW 1970, 328 [Pachtvertrag]; aA LG Aachen NJW 1964, 1476; LG Essen ZMR 1969, 309; LG Hannover ZMR 1971, 377). Eine nach § 565 Abs 2 S 4 unwirksame Fortsetzungsklausel wurde in eine Klausel umgedeutet, wonach die Parteien das Mietverhältnis mit einer sechsmonatigen Kündigungsfrist zum Ende jeden Kalendermonats kündigen können (AG Stuttgart ZMR 1972, 274).

48 Wird eine vereinbarte oder gesetzliche Schriftform verfehlt, so können die entsprechenden Verträge nicht ohne weiteres in *Vorverträge* umgedeutet werden, „wenn nicht der geringste Anhaltspunkt besteht, daß Vorverträge gewollt waren" (BGH WM 1963, 172). Eine Erbpacht kann in einen Pachtvertrag umgedeutet werden (RG WarnR 28, 420).

4. Erbrecht

a) Typenwahrende Umdeutung

49 Ein formnichtiges öffentliches Testament kann als eigenhändiges Testament aufrecht erhalten werden (SOERGEL/HEFERMEHL[12] Rn 22). Haben Nichteheleute (§ 2265) ein gemeinschaftliches (nicht wechselbezügliches) Testament verfügt, so ist bei Wahrung der Form des § 2247 eine Umdeutung in Einzeltestamente möglich (OLG Koblenz NJW 1947/1948, 384; KG NJW 1969, 798; D REINICKE 112; SOERGEL/HEFERMEHL[12] Rn 22; aA RGZ 87, 33; KGJ 35 A 98; OLG Neustadt NJW 1958, 1785, 1786). Ebenso liegt es, wenn von *Partnern einer Lebensgemeinschaft* nur der Entwurf eines „gemeinschaftlichen Testaments" vorliegt, weil einer der Partner nicht unterschrieben hat. Dann kann die vom Erblasser eigenhändig geschriebene und unterschriebene Erklärung als einseitiges Testament aufrecht erhalten bleiben (BGH NJW-RR 1987, 1410). Scheitert ein Erbvertrag an der Minderjährigkeit eines Vertragspartners (§ 2275 Abs 1), so kann der Vertrag als Testament aufrecht erhalten werden, wenn der Minderjährige testierfähig ist (§ 2229 Abs 2) (FLUME, AT II 592; MünchKomm/MAYER-MALY[3] Rn 23). Auch kann der von einem Ehegatten eigenhändig geschriebene und unterzeichnete Entwurf eines gemeinschaftlichen Testaments in ein Einzeltestament umgedeutet werden, wenn es dem Willen des Erblassers entsprach, daß seine Verfügungen unabhängig vom Beitritt des anderen Ehegatten gelten sollen (BayObLG NJW-RR 1992, 332, 333).

50 Verkauft ein Miterbe einen Anteil an einem zum Nachlaß gehörenden Grundstück an die anderen Miterben, so ist der Vertrag wegen § 2033 nichtig. Er kann aber als Auseinandersetzungsvertrag über das Nachlaßgrundstück aufrechterhalten werden, wenn alle Miterben mitgewirkt haben und der bezweckte Erfolg eingetreten ist (OLG Bremen OLGZ 1987, 10). Auch kann ein formnichtiger Erbschaftskauf (§ 2371) in einen heilbar nichtigen (o Rn 14) Erbauseinandersetzungsvertrag (RGZ 129, 122, 123; ausführlich KRAMPE 227 f) oder in die Abtretung eines künftigen Auseinandersetzungsanspruches (RGZ 137, 176) umgedeutet werden (SOERGEL/HEFERMEHL[12] Rn 22; PALANDT/ HEINRICHS[55] Rn 10). Wegen § 2302 ist die mit einer letztwilligen Verfügung verbundene Anordnung unwirksam, wonach sich der Bedachte verpflichtete, testamentarische Verfügungen ausschließlich zugunsten der gemeinschaftlichen Kinder zu treffen. Doch kann diese Auflage als Anordnung einer Vor- und Nacherbschaft aufrechterhalten werden (OLG Hamm FamRZ 1974, 48, 50). In vergleichbarer Weise ist eine Erklärung nach § 2302 unwirksam, wonach sich Ehegatten in einem Erbvertrag gegenseitig zu Erben eingesetzt und bestimmt haben, der Längstlebende sei ver-

pflichtet, das bei seinem Tod vorhandene Vermögen auf die aus der Ehe hervorgegangenen Kinder zu übertragen. Die Umdeutung ergibt, daß nach dem Tode des Längstlebenden der beiderseitige Nachlaß an die gesetzlichen Erben fallen soll (OLG Hamm JMBlNRW 1960, 125). Auch wird eine nach § 2302 unwirksame Anordnung des Erblassers, die mit einem Vermächtnis bedachte Ehefrau solle die Werte ihrerseits drei bestimmten Kindern vererben und einem vierten Kind einen ihr als angemessen erscheinenden Ausgleich gewähren, als Nachvermächtnis zugunsten der drei Kinder und als ein diese beschwerendes Untervermächtnis umgedeutet (BGH DRiZ 1966, 398).

Ein **nichtiger Erbvertrag** unter Ehegatten kann in ein gemeinschaftliches oder in ein einfaches Testament umgedeutet werden (BayObLG NJW-RR 1996, 7; SOERGEL/HEFERMEHL[12] Rn 21). Die nach § 312 nichtige Übertragung eines Erbanteils an dem Nachlaß eines noch lebenden Dritten läßt sich als Erbverzicht nach § 2352 aufrechterhalten (BGH NJW 1974, 43, 44). Das Angebot zur Aufhebung eines Erbvertrages kann in einen Rücktritt umgedeutet werden (OLG Hamm Rpfleger 1977, 208).

b)   Nichtige Verfügung von Todes wegen
Ist der Erblasser wegen § 2271 Abs 2 durch ein gemeinschaftliches Testament gebunden, so ist ein Vermächtnis unwirksam, worin in einem Erbvertrag einem Dritten ein Schulderlaß vermacht wird. Diese nichtige Verfügung von Todes wegen kann in einen nach § 2286 zulässigen, auf den Tod des Erblassers befristeten, schenkweisen Erlaßvertrag unter Lebenden umgedeutet werden (§ 397 Abs 1) (BGH NJW 1978, 423 m krit Anm SCHUBERT JR 1978, 289; abl TIEDTKE NJW 1978, 2572). Die vollzogene Schenkung geht hier in ihren Wirkungen nicht spürbar über das *Befreiungsvermächtnis* hinaus, weil aus dem Befreiungsvermächtnis mit dem Erbfall eine Einrede gegen die erlassene Forderung entstanden wäre. Deren Wirkung ist dem vollzogenen Erlaß aber wenigstens kongruent (o Rn 21; MEDICUS AT[6] Rn 528). Anderes gilt nur, wenn der Normzweck des § 2287 verfehlt würde. Die grundsätzliche Zulässigkeit einer Umdeutung einer nichtigen Verfügung von Todes wegen in ein Rechtsgeschäft unter Lebenden kann nicht mit der Behauptung generell verneint werden, der Schuldner werde dadurch stärker belastet (aA D REINICKE 94 f).

Ein nichtiger Erbvertrag zwischen Ehegatten und Kindern kann in einen Vertrag nach § 312 Abs 2 zwischen den Kindern über den künftigen Erbteil umgedeutet werden (RG HRR 1927 Nr 1403).

c)   Nichtiges Rechtsgeschäft unter Lebenden
§ 140 setzt keine gleichartigen Rechtsgeschäfte voraus (BGHZ 8, 23, 34; o Rn 9). Deshalb kann ein wegen **§ 1365** nichtiger Übergabevertrag als Rechtsgeschäft unter Lebenden in einen Erbvertrag als einer Verfügung von Todes wegen umgedeutet werden (BGHZ 40, 218, 224 m Anm MATTERN LM Nr 5; Abgrenzungsentscheidung: BGH NJW 1994, 1785, 1787 [Umdeutung abgelehnt]). Der hypothetische Parteiwille wird anhand der Umstände des Einzelfalles und der Interessenlage der Parteien ermittelt. Die Umdeutung setzt gewichtige Anhaltspunkte voraus, damit die Verweigerung der Genehmigung des anderen Ehegatten nicht unterlaufen und der Schutzzweck des § 1365 (o Rn 29) ausgehöhlt wird (gegen jede Umdeutung in einen Erbvertrag jedoch TIEDTKE FamRZ 1981, 1, 5; einschränkend MünchKomm/GERNHUBER § 1366 Rn 38, 39). Eine Umdeutung ist ferner ausgeschlossen, wenn die Parteien die Nichtigkeit gekannt (o Rn 28)

und gleichwohl bis zum Tode des vertragsschließenden Ehegatten kein Ersatzgeschäft geschlossen haben (BGH NJW 1994, 1785, 1787; TIEDTKE FamRZ 1981, 1, 3). Eine Umdeutung kommt insbes in Betracht, wenn sich die Übertragung als „verfrühte Erbfolge" darstellt (so in BGHZ 40, 218; anders in BGH NJW 1994, 1785). Bei einem Verstoß gegen § 310 kann der Vertrag als Erbvertrag aufrecht erhalten werden (BGHZ 8, 23, 34). FLUME, AT II 598 wendet sich allgemein dagegen, daß ein Geschäft unter Lebenden als Verfügung von Todes wegen aufrecht erhalten wird, weil es „eben kein Geschäft von Todes wegen ist". Doch hängt diese Auffassung damit zusammen, daß nach seiner Meinung das Ersatzgeschäft in dem anderen Geschäft „mit enthalten" sein muß (o Rn 21).

55 Die in einem Scheidungsvergleich eingegangene, wegen § 2302 nichtige Verpflichtung eines Erblassers, ein Testament nicht zu ändern, kann in einen Erbvertrag umgedeutet werden (OLG Stuttgart NJW 1989, 2700; PALANDT/HEINRICHS[55] Rn 10). Die wegen § 2302 nichtige Verpflichtung aus einem gerichtlichen Vergleich, einen Erbvertrag abzuschließen, kann grundsätzlich in einen Vertrag zugunsten Dritter (§§ 328 ff) umgedeutet werden, wenn die Verpflichtung einen hinreichend konkreten Inhalt hat (BGH MDR 1961, 128).

56 Ein schenkweise erteiltes Schuldanerkenntnis, das wegen § 518 Abs 1 S 2 nichtig ist, kann als privatschriftliches Testament aufrechterhalten werden (RG JW 1910, 467). Wird die Formvorschrift des § 2247 gewahrt, so ist es als Vermächtnisanordnung gültig (ebenso FLUME, AT II 598). Überhaupt können **formnichtige Schenkungsversprechen** grundsätzlich in ein Testament mit Vermächtnisanordnung umgedeutet werden (RG Recht 1912 Nr 1884; aA FLUME, AT II 598). Die Umdeutung eines wegen fehlender vormundschaftsgerichtlicher Genehmigung (§ 1795 Abs 1) unwirksamen Darlehensabtretungsvertrages wurde verneint, weil der Zessionar eine Vermögensabgabe vom 18. Lebensjahr an hätte zahlen sollen. Bei einer Umdeutung in eine letztwillige Verfügung wäre diese Verpflichtung entfallen (BGH WM 1962, 788, 790 f).

5. Gesellschaftsrecht

57 Grundsätzlich kann ein OHG-Vertrag in einen BGB-Gesellschaftsvertrag umgedeutet werden (BGHZ 19, 272 ff), es sei denn, eine Partei hat sich von vornherein gegen die Errichtung einer BGB-Gesellschaft gewehrt (o Rn 26). Umgekehrt kann eine BGB-Gesellschaft nicht in eine OHG oder KG umgedeutet werden (SOERGEL/HEFERMEHL[12] Rn 10 aE; MünchKomm/MAYER-MALY[12] Rn 26). Ist § 140 anwendbar, so sind die Grundsätze über die fehlerhafte Gesellschaft (u § 142 Rn 32) nicht anwendbar (SOERGEL/HEFERMEHL[12] Rn 24). Die nichtige Übertragung eines Gesellschaftsanteils kann als eine Abtretung der Ansprüche aus § 717 aufrechterhalten werden (RG Recht 1913 Nr 1424). Die Rspr geht auch von der Umdeutungsfähigkeit einer Kommanditgesellschaft in eine BGB-Gesellschaft aus (BGH WM 1972, 22; BB 1974, 58; krit BATTES AcP 174 [1974] 445).

58 Ist in einer Kommanditgesellschaft eine *Stimmrechtsvereinbarung* unwirksam, so wird in einen gesellschaftsvertraglichen Stimmrechtsausschluß umgedeutet, verbunden mit der Erhöhung des Stimmrechts anderer Gesellschafter (BGHZ 20, 363, 370 f; OLG Koblenz ZIP 1992, 846). Ähnlich wurde eine nach GmbH-Recht unzulässige Stimmrechtsermächtigung als Stimmrechtsvollmacht aufrechterhalten (OLG Hamburg

NJW 1989, 1866). Das ist freilich wegen der drohenden Durchbrechung des Abspaltungsverbotes zweifelhaft (MünchKomm/MAYER-MALY³ Rn 26). In vergleichbarer Weise wurde im Falle einer GmbH eine nichtige *Stimmrechtsübertragung* in eine widerrufliche Stimmrechtsvollmacht für den Nießbraucher umgedeutet (OLG Koblenz EWiR § 1068 BGB 1/92, 259 [PETZOLD]). Nicht entschieden wurde die konkrete Frage, ob ein nichtiger Beschluß der Gesellschafterversammlung über die ersatzlose Streichung eines *Wettbewerbsverbotes* in einen Beschluß über die Befreiung der Gesellschafter von dem Wettbewerbsverbot umgedeutet werden könnte, da dieser Beschluß ebenfalls nichtig gewesen wäre (BGH WM 1983, 862). Eine Schiedsgerichtsklausel in einem Gesellschaftsvertrag, die auf den darüber abgeschlossenen Schiedsvertrag verweist, kann wegen fehlender Konkretisierung nicht in einen Vorvertrag auf Abschluß eines Schiedsvertrages umgedeutet werden (BGH MDR 1973, 1001).

Eine *Anfechtung* kann in eine Kündigung aus wichtigem Grund umgedeutet werden **59** (BGH NJW 1975, 1700 [Kommanditmassengesellschaft]).

Die Teilung und Abtretung des in DM neu festgesetzten einzigen Geschäftsanteils **60** einer ostdeutschen GmbH ist als Teilung und Abtretung des Anteils in Mark der DDR auszulegen, wenn die Kapitalneufestsetzung noch nicht im Handelsregister eingetragen ist (LG Dresden DB 1993, 929). Doch vermengt die Entscheidung Auslegung und Umdeutung (ULBERT EWiR § 15 GmbHG 2/93, 1087). Wird die Forderung einer *Publikumsgesellschaft bürgerlichen Rechts* an einen Gesellschafter unwirksam abgetreten, so kann die Abtretung in eine Einziehungsermächtigung umgedeutet werden (BGH NJW 1987, 3121, 3122 im Anschluß an BGHZ 68, 118, 125).

6. Wertpapierrecht

Die nach **Wechselrecht** unwirksame Annahmeerklärung (Art 26 Abs 1 WG) auf **61** einem gezogenen Wechsel kann in ein abstraktes Schuldversprechen (§ 780 BGB) umgedeutet werden (BGH NJW 1994, 447 unter Aufgabe von BGH WM 1955, 1324; RGZ 136, 207, 210; hL; FLUME, AT II 598; D REINICKE 93; SOERGEL/HEFERMEHL¹² Rn 25; KRAMPE 269 ff; ERMAN/BROX⁹ Rn 29; vgl auch BÜRCK SchlHA 1973, 37, 41; SCHWINTOWSKI EWiR Art 26 WG 1/94, 203; MARLY LM WG Art 26 Nr 1 [4/94]). Ferner ist ein formnichtiger gezogener Wechsel in eine kaufmännische Anweisung (§ 363 Abs 1 S 1 HGB) (WEIMAR WM 1967, 862) oder in eine bürgerlich-rechtliche Anweisung (§ 783 BGB) umdeutbar (OLG Bamberg NJW 1967, 1913 m Nachw der Gegenauffassung; ERMAN/BROX⁹ Rn 29). Ein formnichtiger eigener Wechsel kann in einen kaufmännischen Verpflichtungsschein (§ 363 Abs 1 S 2 HGB) oder in ein abstraktes Schuldversprechen (§ 780 BGB) umgedeutet werden (RGZ 136, 207, 210 [obiter]; BGH ZIP 1988, 18; PALANDT/HEINRICHS⁵⁵ Rn 12; ERMAN/BROX⁹ Rn 29; FLUME, AT II 597 f). Ein formgültiger Wechsel kann nicht in eine andere rechtsgeschäftliche Erklärung umgedeutet werden (o Rn 14; BGH WM 1972, 461; KESSEL BlfGenossW 1972, 159). Das gleiche gilt für einen Wechsel, bei dem lediglich die nachholbare Unterschrift des Ausstellers fehlt (BGH WM 1970, 1023, 1024). Ein nichtiges Indossament (Ladeschein) wurde als Abtretung aufrecht erhalten (RG SeuffA 67 Nr 83). Eine Umdeutung eines Indossaments auf einem nichtigen Wechsel als bestärkende Schuldübernahme (BGH NJW 1957, 1837, 1838; RGZ 130, 82, 84), als abstraktes Schuldversprechen oder als Garantievertrag wurde nicht vorgenommen (BGH NJW 1957, 1837, 1838; MünchKomm/MAYER-MALY³ Rn 25; PALANDT/HEINRICHS⁵⁵ Rn 12). Auch wechselrechtliche Erklärungen des Ausstellers scheiden aus (D REINICKE DB 1960, 1028;

ERMAN/BROX⁹ Rn 29; PALANDT/HEINRICHS⁵⁵ Rn 12). Dagegen tritt FLUME, AT II 598 für die Konversion des Indossaments mit der Begründung ein, es sei als Garantie- oder Schuldmitübernahme zu den Bedingungen eines Indossaments aufrecht zu erhalten. Diese Auffassung halte ich für vorzugswürdig, da damit das Ersatzgeschäft nicht über die Wirkungen des ursprünglichen Geschäfts hinausgeht. Ein Blankowechsel ist nicht umdeutungsfähig, da er kein nichtiger Wechsel ist (D REINICKE DB 1960, 1028 ff; SOERGEL/HEFERMEHL¹² Rn 25 aE; weitgehend auch F MÖLLER DB 1961, 159).

62 Ein formnichtiger **Scheck** kann nach hL in eine Anweisung (AG Springe WM 1987, 309) oder eine Ermächtigung umgedeutet werden (offengelassen durch OLG Karlsruhe NJW 1977, 589; BGH BB 1993, 1031; Nachw bei BAUMBACH/HEFERMEHL¹⁸ Art 2 ScheckG Rn 5). Dagegen wird die Einstandspflicht des Ausstellers nicht in ein Garantieversprechen umgedeutet (Nachw bei HUECK/CANARIS, Wertpapierrecht¹² § 6 V 4 a). Abgelehnt wird auch die Umdeutung eines ungültigen Schecks in ein selbständiges Schuldversprechen oder einen kaufmännischen Verpflichtungsschein (OLG Karlsruhe NJW 1977, 589; OLG Düsseldorf WM 1973, 403; MünchKomm/MAYER-MALY³ Rn 25; KESSEL BlfGenossW 1973, 123). Bei den genannten Rechtsinstituten haftete der Verpflichtete primär, wogegen ein Scheckaussteller nach Art 12 ScheckG nur eine bedingte Rückgriffshaftung auf sich nimmt (offengelassen in BGHZ 3, 238, 239). Doch würde auch die Umdeutung in eine Anweisung keine Garantiehaftung der Bank aus einer ec-Scheckkartengarantie auslösen (CANARIS EWiR Art 1 ScheckG 1/93, 607). Jedenfalls nach Verlust des Rückgriffsrechts kann ein Scheck nicht in ein Schuldversprechen umgedeutet werden, da sonst Art 40 ScheckG dem Aussteller gegenüber ausgehöhlt würde (BGHZ 3, 238, 239).

7. Grundstücksverkehr

63 Ein aufgrund eines Formmangels nichtiger Grundstücksveräußerungsvertrag kann in einen Vertrag über eine Dienstbarkeitsbestellung umgedeutet werden (RGZ 110, 391, 392 [formloses Mitgiftversprechen als lebenslanger Nießbrauch]). Ein Verstoß gegen den Normzweck des § 313 (o Rn 29) liegt darin nicht (aA FLUME, AT II 596). Die nichtige Verpfändung einer Hypothek kann als Einräumung eines persönlichen Zurückbehaltungsrechts am Hypothekenbrief aufrechterhalten werden (RGZ 66, 24, 28; ferner RGZ 124, 28, 30 [Grundschuldbrief]). Ein unwirksam begründetes dingliches Vor- oder Wiederverkaufsrecht kann in eine schuldrechtliche Rückkaufsverpflichtung umgedeutet werden (RGZ 104, 122, 124; BGH WM 1965, 205). Eine nichtige Nießbrauchsbestellung kann als eine nach § 1059 mögliche Ausübungsüberlassung aufrechterhalten werden (RG WarnR 1910 Nr 317). Die nach § 1098 Abs 1, § 505 Abs 2 unzulässige Vereinbarung eines Vorkaufsrechts mit festem Preis wurde in ein durch Auflassungsvormerkung zu sicherndes schuldrechtliches Vorkaufsrecht umgedeutet (RGZ 104, 124).

64 Ein nichtiger Erbbaurechtsvertrag wurde in einen Pachtvertrag umgedeutet unter Übernahme der vorgesehenen zeitlichen Begrenzung (RG Recht 1928 Nr 393). Ein nicht wirksam angenommenes Angebot wurde in ein Angebot mit längerer Annahmefrist (Option) umgedeutet (RGZ 169, 71). Die Abtretung einer als Hypothek eingetragenen vermeintlichen Eigentümergrundschuld kann bei nichtiger Hypothekenbestellung als Grundschuldbestellung aufrechterhalten werden (RG LZ 1931, 839, 841, 842; anders gelagerter Fall in RGZ 70, 353, 358 f). Ein Ersuchen auf Eintragung eines Grundstücks als Eigentum des Volkes kann nicht in einen Antrag des Antragstellers auf Eintragung als Eigentümer umgedeutet werden, wenn diesem zum maßgeblichen

Zeitpunkt das Grundstück nach dem Vermögenszuordnungsgesetz noch nicht zu Eigentum zugeordnet war (BezG Potsdam ZEV 1993, 268). Die unwirksame Bestimmung einer Teilungserklärung, wonach die Außenfenster dem Sondereigentumsbereich zugeordnet werden (§ 5 Abs 2 WEG), kann dahin aufrechterhalten werden, daß der jeweilige Wohnungs- oder Teileigentümer die Instandhaltungspflicht in bezug auf die Außenfenster zu tragen hat (OLG Hamm NJW-RR 1992, 148, 149). Bei der Umdeutung sind die Interessen aller Beteiligten zu berücksichtigen. Verneint wurde im Einzelfall die Umdeutung einer unwirksamen Einräumung von Sondereigentum in ein Sondernutzungsrecht nach § 15 Abs 1 WEG (BayObLG MDR 1981, 145; vgl auch OLG Düsseldorf NJW aktuell 1995 Heft 41 VIII). Dies hätte dem Berechtigten eine umfassendere Rechtsstellung verschafft.

Bei einer Nichtübereinstimmung von Auflassungserklärung und übereinstimmend Gewolltem ist der nichtige Teil der Auflassung in einen wirksamen umzudeuten (OLG Stuttgart BWNotZ 1979, 17). Eine Umdeutung gegen den wirklich erklärten Willen der Parteien ist nicht möglich (o Rn 25). Haben daher die Parteien nur den Kauf einer Bodenfläche unter einer bestimmten Bedingung (Teilungsgenehmigung) gewollt, so ist bei Ausfall dieser Bedingung eine Umdeutung in die Bestellung einer Grunddienstbarkeit an der Fläche nicht möglich. Das gilt selbst dann, wenn hierdurch der letztlich angestrebte Erfolg erzielt würde und die Parteien bei Vertragsschluß diese Möglichkeit nicht erkannt haben, bei deren Kenntnis für den Fall des Ausfalls der Bedingung aber gewollt haben würden (BGH NJW 1971, 420; dazu teils krit BÜRCK JuS 1971, 571). Eine wegen § 93 nichtige Vereinbarung kann grundsätzlich umgedeutet werden (dazu LG Krefeld MDR 1961, 849 [Giebelmauer]). Ein Kaufvertrag über einen wesentlichen Grundstücksbestandteil (Wochenendhaus) wurde als Abstandsvereinbarung aufrechterhalten (LG Hannover MDR 1980, 310). Die formnichtige Zusage von Mit- und Wohnungseigentum kann in ein Dauerwohnrecht umgedeutet werden (BGH NJW 1963, 339 m zust Anm H WESTERMANN JZ 1963, 367), dessen Einräumung formlos gültig ist. Es ist unschädlich, daß der umzudeutenden Vertragsleistung eine Gegenleistung des anderen Vertragspartners gegenübersteht (o Rn 9). Soll das Eigentum bei Bruchteilseigentum oder bei Miterben im Ganzen übertragen werden, und ist einer der Beteiligten geschäftsunfähig, so ist die Verfügung des fehlerfrei handelnden Teilhabers als Verfügung eines Nichtberechtigten schwebend unwirksam. Eine Umdeutung in eine Verfügung über den Bruchteil richtet sich nach § 140 und nicht nach § 139 (BGH NJW 1994, 1470, 1471; o § 139 Rn 65).

Eine Grunddienstbarkeit kann nicht in eine beschränkt persönliche Dienstbarkeit umgedeutet werden (OLG München NJW 1957, 1765). Nach § 1090 muß zugunsten einer individuell bestimmten Person eingetragen werden. Ein Grundstückskaufvertrag mit einer nichtigen Planungszusage der Gemeinde kann uU als Kaufvertrag mit Übernahme des Planungsrisikos aufrechterhalten werden (BGHZ 76, 16, 28 f).

8. Sicherungsgeschäfte

a) Sicherungsübereignung und -abtretung; Verpfändung
Eine nichtige Verpfändung von Mobilien (zB fehlende Übergabe nach § 1205 f) oder von Forderungen (zB fehlende Schuldneranzeige nach § 1280) kann als Bestellung eines Zurückbehaltungsrechts an dem geleisteten Gegenstand bis zur Rückzahlung des Kredits aufrechterhalten werden (schon RGZ 66, 24, 28; OGHBrZ 4, 146). Auf die in

§ 273 Abs 1 vorausgesetzte Konnexität kommt es nicht an. Das gilt auch bei der Verfügung eines Nichtberechtigten (PALANDT/HEINRICHS[55] Rn 12; aA RGZ 124, 31). Dagegen scheidet die Umdeutung in eine Sicherungsübereignung oder in eine Sicherungsabtretung aus, weil deren Wirkungen weiterreichen als das nichtige Rechtsgeschäft (D REINICKE 94; o Rn 22). Die unwirksame Sicherungsübereignung eines Grundstücks kann als Verpflichtung zur Bestellung einer Sicherungshypothek aufrechterhalten werden (RG JW 1929, 70). Eine unwirksame Sicherungsabtretung kann in die Verpfändung einer Forderung umgedeutet werden (BGH VersR 1953, 470). Die Umdeutung der Leihe in ein anderes Besitzmittlungsverhältnis nach § 868 ist möglich (RG JW 1915, 656). Wird der schuldrechtliche, weggefallene Herausgabeanspruch aus einem Sicherungsgeschäft abgetreten, so kann dies in die Abtretung des Bereicherungsanspruches auf Herausgabe des Erlöses umgedeutet werden (OLG Hamm MDR 1962, 985, 986; allgemein zur Umdeutung von Sicherungsgeschäften SERICK II 141 ff).

b) Grundschuld; Hypothek

68 Eine Hypothek mit unwirksamer Kursgarantie wurde in eine Hypothek ohne diese Klausel umgedeutet (RGZ 108, 149). Wird eine für eine Buchhypothek gehaltene Briefhypothek abgetreten, so wurde das Rechtsgeschäft als Abtretung des Anspruches auf Rückübertragung der an einen Dritten abgetretenen Hypothek aufrechterhalten (RG Recht 1909 Nr 3032; zust ERMAN/BROX[9] Rn 26; ferner o Rn 63, 64). Eine blanko abgetretene Hypothekenforderung wurde als Verpfändung aufrechterhalten, wenn die Abtretungsurkunde zu Verpfändungszwecken hingegeben wurde und sich der Name des Pfandgläubigers aus einem weiteren Briefwechsel herleiten ließ (RG JW 1928, 174; SOERGEL/HEFERMEHL[12] Rn 13).

c) Bürgschaft; Sonstiges

69 Eine formnichtige Bürgschaft kann nur in einen Kreditvertrag umgedeutet werden, wenn der Schutzzweck des § 766 gewahrt bleibt (ZEISS WM 1963, 906, 910; ferner dazu SCHÜTZ WM 1963, 1051). Eine Umdeutung in einen Schuldbeitritt ist möglich, wenn dessen Voraussetzungen gegeben sind (o Rn 30). Ein nichtiger Darlehnsvertrag macht auch die Sicherungsabreden unwirksam. Diese dürfen nicht in Sicherungsrechte für einen Bereicherungsanspruch umgedeutet werden (BGH WM 1966, 399, 401 re Sp).

9. Gütergemeinschaft

70 Die unwirksame Verfügung über einen Anteil an einer fortgesetzten Gütergemeinschaft (§ 1497 Abs 2, § 1419 Abs 1) kann in die Übertragung des Anspruches auf dasjenige, was dem Beteiligten bei der Auseinandersetzung zusteht, umgedeutet werden (BGH MDR 1966, 750). Die Abtretung des Anteils des Ehegatten am Grundstück der Gütergemeinschaft kann als Abtretung des Anspruchs auf den Auseinandersetzungserlös aufrechterhalten werden (RG LZ 1929, 575). Die Übereignung eines Grundstücks bei Auseinandersetzung der Gütergemeinschaft kann in die Abtretung des Anspruchs auf Übereignung des Grundstücks gegen die Siedlungsgesellschaft umgedeutet werden (RG WarnR 1931 Nr 45).

10. Allgemeiner Rechtsverkehr

71 Die Umdeutung findet weithin auch im allgemeinen Rechtsverkehr statt. Die Fälle werden in alphabetischer Reihenfolge dargestellt. Eine *Abtretung* kann in eine Einziehungsermächtigung umgedeutet werden (BGHZ 68, 118, 125 [Wandelung]; BGH NJW 1987, 3121, 3122 [Publikumsgesellschaft]; ferner o Rn 67). Die Abtretung eines nicht mehr bestehenden Herausgabeanspruches kann als Abtretung des Anspruchs aus § 816 aufrechterhalten werden (OLG Hamm MDR 1962, 985, 986). Die Umdeutung in einen wirksamen *Adoptionsvertrag* wurde abgelehnt, weil dadurch der Wille der Parteien nicht in rechtlich zulässiger Weise verwirklicht worden wäre (BGH NJW 1971, 428, 429). Eine Anfechtung wegen arglistiger Täuschung kann als Irrtumsanfechtung aufrechterhalten werden (BGH NJW 1979, 160, 161 [dort aber Auslegung] m Anm BERG JuS 1981, 179). Eine *Anfechtung* kann auch als Kündigung umgedeutet werden (BGH NJW 1975, 1700 [Auslegung oder Umdeutung bei einer Kommanditmassengesellschaft]; OLG Hamm VersR 1981, 275). Nicht möglich ist die Umdeutung der Anfechtung (eines Versicherers) in einen Rücktritt (OLG Köln VersR 1993, 29 f; **aA** ERMAN/BROX[9] Rn 21; PALANDT/HEINRICHS[55] Rn 6). Vergleichbar kann umgekehrt ein Rücktritt nicht als Anfechtungserklärung aufrechterhalten werden (BGH BB 1965, 1083; MünchKomm/MAYER-MALY[3] Rn 21).

Im Falle einer vereinbarten Ausschließlichkeitsbindung steht der Zweck des § 34 **72** GWB (o Rn 16, 29, 30) einer Umdeutung des Vertrages in einen der Schriftform nicht unterliegenden Vertrag ohne *Ausschließlichkeitsbindung* nicht im Weg (OLG Düsseldorf WuW 1981, 733 [„Würzburger Hof"] im Anschluß an BGH NJW 1980, 2517 [dieselbe Sache]; im Grundsatz ebenso OLG Hamm NJW-RR 1992, 563, 564 [aber kein entsprechender hypothetischer Wille]; anders OLG Celle WuW 1975, 409). Ein unwirksamer *Haftungsausschluß* kann als Abtretungsverbot aufrechterhalten werden (OLG Bremen OLGZ 1966, 136, 138). Werden in einem Architektenvertrag die Höchstbeträge der HOAI überschritten, so wurde der Vertrag zu den höchstmöglichen Gebühren erhalten (KG NJW-RR 1990, 91, 92). Die Vereinbarung, wonach ein *Eigentumsvorbehalt* auch nach Lieferung der Ware weiter bestehen soll, wurde als Verarbeitungsklausel aufrechterhalten (OLG Frankfurt aM NJW 1959, 578). Der *Kauf der eigenen Sache*, welche der Käufer vorher dem Verkäufer unter Eigentumsvorbehalt verkauft hatte, wurde in den Kauf des Besitzes der Sache oder die Rückgängigmachung des ersten Kaufvertrages umgedeutet (RG JW 1924, 1360 m Anm HECK; SOERGEL/HEFERMEHL[12] Rn 16; dazu KRAMPE 214 f). In einem Einzelfall wurde eine nichtige *Lieferfristvereinbarung* nicht in eine zulässige Fristverkürzung umgedeutet (BGH VersR 1960, 304 f [GüKG aF]). Die Umdeutung einer nach § 15 GWB nichtigen *Preisbindung* wurde in einem Einzelfall abgelehnt (OLG Düsseldorf WuW 1988, 430 [„Betonpumpe"]). Eine unwirksame *Prokuraerteilung* kann als Handlungsbevollmächtigung aufrechterhalten werden (§ 54 HGB) (BUSCH Rpl-Stud 1993, 182, 184).

Die *Übereignung* einer dem Verkäufer nicht gehörenden Sache wurde in die Über- **73** tragung der Anwartschaft umgedeutet (OLG Hamm JW 1931, 550; SOERGEL/HEFERMEHL[12] Rn 16). Doch wird hier schon bisweilen die Auslegung helfen können (o Rn 7). Der unwirksame *Verkauf einer Sache* kann als Verkauf der auf Leistung der Sache gerichteten Forderung aufrechterhalten werden (FLUME, AT II 596). Eine unwiderrufliche *Vollmacht* kann in eine widerrufliche umgedeutet werden (FLUME, AT II 596; PALANDT/HEINRICHS[55] Rn 13; anders RG Gruchot 68, 538, 542). Vergleichbar kann eine verdrängende *Vollmacht* in eine nicht ausschließende Vollmacht umgedeutet werden (OLG Hamburg DB 1989, 618). Eine nichtige *Vermögensübertragung* kann als Übertragung der einzelnen Vermögensgegenstände aufrechterhalten werden (RGZ 76, 3; 82, 277).

Ein wegen § 1 GWB unzulässiges unbeschränktes *Wettbewerbsverbot* wurde in eine **74**

Wettbewerbsbeschränkung von angemessener Dauer umgedeutet (OLG Stuttgart WuW 1985, 888 ["Tanzschule"]). Doch wurde hier § 140 angewendet, obgleich nur ein Teil eines Rechtsgeschäfts nichtig war (o Rn 14; zust aber HÜBNER, AT Rn 512).

§ 141

[1] **Wird ein nichtiges Rechtsgeschäft von demjenigen, welcher es vorgenommen hat, bestätigt, so ist die Bestätigung als erneute Vornahme zu beurteilen.**

[2] **Wird ein nichtiger Vertrag von den Parteien bestätigt, so sind diese im Zweifel verpflichtet, einander zu gewähren, was sie haben würden, wenn der Vertrag von Anfang an gültig gewesen wäre.**

Materialien: VE-AT § 125; E I § 110; II § 110; III § 137; SCHUBERT, AT II 213 f; MUGDAN I 472 f, 727; Mot I 217; Prot I 126; JAKOBS/SCHUBERT, AT I 743 f.

Schrifttum

A BÖHM, Die Bestätigung nichtiger Rechtsgeschäfte (Diss Greifswald 1926)
GRABA, Bestätigung und Genehmigung von Rechtsgeschäften (Diss München 1967)
KOHTE, Unwirksame Bestätigung eines wucherähnlichen Kreditvertrags – BGH NJW 1982, 1981, JuS 1984, 509
M MÜLLER, Die Bestätigung nichtiger Rechtsgeschäfte nach § 141 BGB (1989)
ROSENTHAL, Die rechtliche Natur und die Wirkung der Bestätigung nichtiger und anfechtbarer Rechtsgeschäfte (Diss Jena 1911)

SEIP VENGELBRECHT, Die Bestätigung nichtiger und anfechtbarer Rechtsgeschäfte (Diss Erlangen 1907)
UNTERMANN, Die Bestätigung nichtiger Rechtsgeschäfte (Diss Marburg 1928)
WEIMAR, Die Bestätigung nichtiger Rechtsgeschäfte, DRZ 1940, 109
WURMSTICH, Die Bestätigung nichtiger und anfechtbarer Rechtsgeschäfte nach dem BGB (Diss Jena 1910).

Systematische Übersicht

I.	Normzweck	1	d)	Vorliegen allgemeiner Wirksamkeitserfordernisse	17
II.	Abgrenzungen	2	e)	Äußerer Erklärungstatbestand; Bestätigungswille	20
III.	Bestätigung einer nichtigen Ehe	8	f)	Konkludentes Verhalten	23
IV.	Voraussetzungen		V.	**Rechtsfolgen**	
1.	Nichtiges Rechtsgeschäft	9	1.	Zukunftswirkung	25
2.	Bestätigung	13	2.	Die Auslegungsregel des Abs 2	26
a)	Bedeutung	13			
b)	Rechtsgeschäft	14	VI.	**Prozessuales**	30
c)	Neuvornahme	15			

2. Titel. **§ 141**
Willenserklärung 1

Alphabetische Übersicht

Allgemeine Wirksamkeitserfordernisse	17	Kaufmännisches Bestätigungsschreiben	6
Anfechtbares Rechtsgeschäft	2	Letztwillige Verfügung	10
Angefochtenes Rechtsgeschäft	12	Neuvornahme	1
Aufrechnungserklärung	14	Nichtige Kündigung	10
		Nichtigkeitsgrund	9
Bestätigungswille	20		
Beweislast	30	Öffentlich-rechtliche Verträge	11
Ehenichtigkeit	8	Prozeßhandlungen	11
Eigentümerbeschlüsse	10		
Einseitige Rechtsgeschäfte	29	Ratihabitio	3
Empfangsbedürftige Willenserklärung	14	Rechtsgeschäfte unter Lebenden	10
Erfüllungshandlungen	23	Rückwirkung	25
Ergänzung	5		
Erleichterte Voraussetzungen	1	Scheingeschäft	12
		Sittenwidrigkeit	12,17
Formgebote	16, 19		
Formverstoß	12	Teilbestätigung	15
Fortsetzung eines Mietvertrages	24		
		Umdeutung	7
Genehmigung	3		
Gesetzesverstoß	12	Verbotsgesetz	18
Gesetzgeberische Vorstellungen	1	Vereinfachungszweck	13
Gültigkeitszweifel	20	Vertragsänderung	15
Gutgläubiger Erwerb	25	Verwaltungsakt	11
		Voraussetzungen	9
Heilung	4		
		Weiterbenutzung	23

I. Normzweck

§ 141 findet seinen Grund darin, daß ein nichtiges Rechtsgeschäft auch dann nichtig **1** bleibt, wenn der Nichtigkeitsgrund später wegfällt (dazu Kohte JuS 1984, 509, 511; Mot I 217). Die Norm eröffnet den Parteien die Möglichkeit, dem Rechtsgeschäft unter **erleichterten Voraussetzungen** vom Zeitpunkt der Bestätigung an Wirksamkeit zu verschaffen (u Rn 15). Die Verfasser des BGB gingen allerdings davon aus, aus dem Begriff der Nichtigkeit folge zwingend die Unheilbarkeit des Rechtsgeschäftes, so daß es an sich nicht „bestätigt" werden könne (Mugdan I 472 = Mot I 217; Schubert, AT II 213 f; Enneccerus/Nipperdey AT[15] I 2 1211). Die rechtliche Bedeutung der Bestätigung wurde daher als erneute Errichtung eines Rechtsgeschäfts von gleichem Inhalt gesehen. Doch besteht heute zunehmend Einigkeit darin, daß § 141 Abs 1 nicht schlechthin eine **Neuvornahme** verlangt, weil damit nur Selbstverständliches ausgesprochen werden würde. Die Formulierung des § 141 Abs 1 bedeutet vielmehr nur, daß die wirksame Bestätigung die Folgen einer Neuvornahme habe (Medicus AT[6] Rn 532; M Müller 199 ff, 233 m Nachw des Streitstandes; u Rn 13; krit etwa Luig, IuS Commune 1990, 376 ff). Aus der positiven Entscheidung des Gesetzes (dazu Flume, AT II 551) geht aber deutlich hervor, daß für die Bestätigung alle materiellen Geltungs- und Wirksamkeitsvoraussetzungen gegeben sein müssen. Diese Deutung entspricht dem als Fiktion ausgestaltetem Wortlaut des § 141 Abs 1.

II. Abgrenzungen

2 Das Gesetz spricht von Bestätigung, wenn eine Partei ein von ihr selbst abgeschlossenes Geschäft erst noch in Geltung setzt. So liegt es für das in § 141 geregelte nichtige Rechtsgeschäft und für das in § 144 gemeinte anfechtbare Rechtsgeschäft (u § 144 Rn 1). In unsystematischer Ausdrucksweise spricht § 108 Abs 3 von „Genehmigung". Ist ein Rechtsgeschäft schon wirksam angefochten worden, so kann es wegen § 142 Abs 1 nur nach § 141 bestätigt werden (zu den Unterschieden s auch § 144 Rn 3).

3 Die von der **Bestätigung** zu unterscheidende **Genehmigung** schwebend unwirksamer Geschäfte (§ 184) liegt vor, wenn ein Dritter ein von ihm nicht selbst abgeschlossenes Geschäft in Geltung setzt (§ 182). So liegt es bei der Genehmigung des gesetzlichen Vertreters für das Geschäft des beschränkt Geschäftsfähigen nach § 108 oder bei dem Vertragsschluß durch einen Vertreter ohne Vertretungsmacht nach § 177. Kennzeichnend für die Genehmigung ist die weitreichende Rückwirkung (§ 184), die über die Rückwirkung des § 141 Abs 2 hinausgeht (u Rn 26 ff). Das Gesetz sondert damit Bestätigung und Genehmigung trotz ihrer gemeinsamen Wurzeln in der gemeinrechtlichen *ratihabitio* (GRABA 118 ff; SEUFFERT, Die Lehre von der Ratihabition der Rechtsgeschäfte [1868]).

4 Keine Bestätigung nach § 141 ist die **Heilung durch Erfüllung**, wie sie in den §§ 313 S 2, 518 Abs 2 genannt ist (BGHZ 32, 11, 12 f; MünchKomm/MAYER-MALY[3] Rn 6; JAUERNIG[7] Anm 4 a; HÄSEMEYER, Die gesetzliche Form der Rechtsgeschäfte [1971] 96; aA RGZ 75, 114, 115; HERM LANGE AcP 144 [1937/1938] 149, 156). Die Heilung durch Erfüllung verlangt keinen Bestätigungswillen und setzt überhaupt kein Rechtsgeschäft voraus. Da der Heilung nach § 313 S 2 keine Rückwirkung zukommt (BGHZ 54, 56, 63), kommt aber eine analoge Anwendung des § 141 Abs 2 in Betracht, der schuldrechtlich zwischen den Parteien wirkt. Die Rspr entnimmt dem § 141 Abs 2 die „tatsächliche Vermutung", daß die Parteien des durch Auflassung und Eintragung geheilten Kaufvertrages einander das gewähren wollen, was sie bei Abschluß des Vertrages einander zu gewähren beabsichtigten (RGZ 115, 6, 11 f; BGHZ 32, 11, 13; 54, 56, 63 f; LÜKE JuS 1971, 341, 342; MünchKomm/MAYER-MALY[3] Rn 6). Der Rückgriff auf § 141 Abs 2 wird nicht etwa mit der Begründung entbehrlich, daß der Kaufvertrag durch die Heilung „seinem ganzen Inhalte nach" gelte (so aber FLUME, AT II 553; gegen ihn MünchKomm/MAYER-MALY[3] Rn 6; aA STAUDINGER/DILCHER[12] Rn 13).

5 Die *Ergänzung* eines unvollständigen Rechtsgeschäfts bedeutet keine Bestätigung iSv § 141. So liegt es etwa, wenn ein versteckter Dissens (§ 155) entdeckt wird (RG JW 1929, 575; PALANDT/HEINRICHS[55] Rn 2; JAUERNIG[7] Anm 4 d; MünchKomm/MAYER-MALY[3] Rn 7). Der bei § 141 erforderliche Bestätigungswille (u Rn 20 ff) ist für die Ergänzung nicht erforderlich. Doch kann eine Bestätigung vorliegen, wenn die Parteien den Vertrag im Bewußtsein seiner Fehlerhaftigkeit und in der Absicht ergänzen, dadurch die volle Wirksamkeit herbeizuführen (OLG Celle DNotZ 1980, 414; BGB-RGRK/KRÜGER-NIELAND/ZÖLLER[12] Rn 6).

Das *kaufmännische Bestätigungsschreiben* hat mit der Bestätigung der §§ 141 (144) **6** nichts zu tun, da ihm im Regelfall kein nichtiges Rechtsgeschäft vorausgeht. Zudem sind die Folgen des kaufmännischen Bestätigungsschreibens nicht von der „erneuten Vornahme" im oben erörterten Sinn (Rn 1) abhängig (GRABA 70 ff).

Die Umdeutung (Konversion) des § 140 dient der Durchsetzung des hypothetischen **7** Parteiwillens (o § 140 Rn 24 ff). Dagegen beruht die Bestätigung auf dem ausdrücklichen oder stillschweigenden (u Rn 23) Willen der Parteien (MünchKomm/MAYER-MALY³ Rn 7a; BGB-RGRK/KRÜGER-NIELAND/ZÖLLER¹² Rn 8; RUTENBECK, Der Gegensatz der sogenannten Konversion zur Bestätigung nicht gültiger Rechtsgeschäfte [Diss Erlangen 1907] passim).

III. Bestätigung einer nichtigen Ehe

Im Falle der Ehenichtigkeit gehen die Sonderregeln der §§ 17 Abs 2 und 18 Abs 2 **8** EheG dem § 141 BGB vor. Zwar rückt insbes § 18 Abs 2 EheG mit der Heilungsmöglichkeit durch Bestätigung in die Nähe des § 141 BGB. Doch ist die Regelung zwingend und absolut in dem Sinne, daß sie ihre Rückwirkung nicht auf die Beteiligten beschränkt. Die Wirkung der Heilung besteht also darin, daß die Ehe von Anfang an als gültig anzusehen ist. Davon abweichend ist die Rechtsfolge des § 141 ausgestaltet (u Rn 25; PALANDT/DIEDERICHSEN⁵⁵ § 18 EheG Rn 5; ENNECCERUS/NIPPERDEY AT¹⁵ I 2 S 1212).

IV. Voraussetzungen

1. Nichtiges Rechtsgeschäft

Das zu bestätigende Rechtsgeschäft muß nichtig sein. Der Grund für die Nichtigkeit **9** ist gleichgültig. An der erforderlichen Nichtigkeit des Rechtsgeschäfts fehlt es, wenn etwa ein „Schuldbeitritt" zu einer nicht entstandenen Darlehensschuld ins Leere gegangen ist. Eine Bestätigung ist hier nicht möglich, weil die Ursache für das Nichteintreten der Rechtswirkungen des Schuldbeitritts nicht in diesem selbst liegt, sondern in dem Geschäft, auf das er sich bezieht (BGH NJW 1987, 1698, 1699 f). § 141 ist auch anwendbar, wenn eine erklärte Anfechtung das Rechtsgeschäft nichtig gemacht hat (BGH NJW 1971, 1795, 1800 re Sp).

Das betreffende Rechtsgeschäft kann eines unter Lebenden wie auch eine letztwil- **10** lige Verfügung sein (vgl den Fall von BGHZ 1, 116, 118; MünchKomm/MAYER-MALY³ Rn 2). Es kann sich sowohl um zweiseitige als auch um einseitige Rechtsgeschäfte handeln, so daß auch etwa nichtige Kündigungen bestätigungsfähig sind (BAG DB 1976, 969, 970). Ferner sind nichtige Gesamtakte wie Eigentümerbeschlüsse nach dem WEG nach § 141 bestätigungsfähig, da es sich um Rechtsgeschäfte handelt (vgl BayObLG NJW 1978, 1387 [dort aber § 144 analog]).

Auf **öffentlich-rechtliche Verträge** findet § 141 BGB wegen § 62 S 2 VwVfG entspre- **11** chende Anwendung (dazu LÖWER WissR 26 [1993] 233, 245 f). Zudem soll § 141 auch auf *nichtige Verwaltungsakte* anwendbar sein (BGH WM 1954, 40; BGB-RGRK/KRÜGER-NIELAND/ZÖLLER¹² Rn 3). Das ist freilich zweifelhaft, weil sich Rechtsgeschäfte und Verwaltungsakte nach Voraussetzungen und Wirkungen grundlegend unterscheiden. *Prozeßhandlungen* der Parteien können mit Wirkung ex nunc in der Weise bestätigt werden, daß die betreffende mangelbehaftete Handlung fehlerfrei wiederholt wird (ROSENBERG/SCHWAB/GOTTWALD, ZPO[15] 372).

12 Die Nichtigkeit des Rechtsgeschäfts kann beruhen auf einem Verstoß gegen ein Verbotsgesetz nach § 134 (BGHZ 11, 59, 60), auf Sittenwidrigkeit nach § 138 (BGH NJW 1982, 1981; BGB-RGRK/KRÜGER-NIELAND/ZÖLLER[12] Rn 2), einem Scheingeschäft nach § 117, einem Verstoß gegen ein Formgebot nach § 125 (BGH WM 1977, 387, 389) oder auf § 142 Abs 1 (o Rn 9).

2. Bestätigung

a) Bedeutung

13 Nach dem Wortlaut des § 141 Abs 1 ist „die Bestätigung als erneute Vornahme zu beurteilen". Diese Fiktion bedeutet aber nur, daß die wirksame Bestätigung die Folgen einer *Neuvornahme* hat (o Rn 1; aA ausdrücklich PALANDT/HEINRICHS[55] Rn 4). Entgegen einer weitverbreiteten Formulierung (etwa PALANDT/HEINRICHS[55] Rn 4) geschieht die Bestätigung gerade nicht durch Neuvornahme, da ein fehlgeschlagenes Geschäft selbstverständlich immer neu abgeschlossen werden kann. Damit würde der Vereinfachungszweck (o Rn 1) des § 141 verfehlt.

b) Rechtsgeschäft

14 Die Bestätigung ist ein Rechtsgeschäft, im einzelnen eine empfangsbedürftige Willenserklärung (BGB-RGRK/KRÜGER-NIELAND/ZÖLLER[12] Rn 1; M MÜLLER 208). Bestätigt werden muß durch diejenigen, die das nichtige Geschäft ursprünglich abgeschlossen haben. Ein nichtiger Vertrag kann daher nur durch übereinstimmendes Handeln aller Vertragspartner bestätigt werden (RGZ 52, 161, 164; FLUME, AT II 552). Deshalb reicht in diesem Fall die Erklärung nur durch eine Partei nicht aus. Jedoch genügt eine einseitige Parteierklärung, wenn sich die Nichtigkeit des Vertrages aus der Nichtigkeit der Willenserklärung nur einer der Vertragsparteien ergibt (MünchKomm/MAYER-MALY[3] Rn 9). Wird ein einseitiges nichtiges Rechtsgeschäft bestätigt, wie zB eine bedingte Aufrechnungserklärung, so kann dies durch eine unbedingte, an den Aufrechnungsgegner gerichtete, Erklärung geschehen (vTUHR, AT II 1 S 293).

c) Neuvornahme

15 § 141 verlangt keine Neuvornahme in allen Einzelheiten (M MÜLLER 201; AK-BGB/DAMM Rn 1). Deshalb braucht für die erforderliche neue Einigung bei einem nichtigen Vertrag „nicht über alle einzelnen Abmachungen des ursprünglichen Rechtsgeschäftes erneut eine Willensübereinstimmung hergestellt und erklärt zu werden" (BGH NJW 1982, 1981). Vielmehr reicht es aus, daß sich die Parteien in Kenntnis der Abreden „auf den Boden des Vertrages stellen" (BGH NJW 1982, 1981; WM 1968, 276; MEDICUS AT[6] Rn 532; MünchKomm/MAYER-MALY[3] Rn 10; ERMAN/BROX[9] Rn 2). Mit der Bestätigung kann auch eine Vertragsänderung oder- ergänzung verbunden werden. Auch kann die Bestätigung in der Abänderungsvereinbarung liegen (BGHZ 7, 161, 163; BGH NJW 1982, 1981). Doch können die Vertragsparteien einen abweichenden Willen zum Ausdruck bringen (BGHZ 7, 161, 163). Bei einem teilbaren Rechtsgeschäft (§ 139) ist auch eine teilweise Bestätigung möglich (SOERGEL/HEFERMEHL[12] Rn 4). Ausreichend sind auch Bezugnahmen auf seinerzeit errichtete Urkunden (RG Gruchot 71, 386, 389; MünchKomm/MAYER-MALY[3] Rn 10).

Da die Bestätigung gerade keine vollständige Neuvornahme bedeutet, bedarf sie **16** **keiner Form**, wenn die betreffende Formvorschrift bei dem zu bestätigenden Geschäft eingehalten worden war und dessen Nichtigkeit nicht auf der Verletzung des Formgebotes beruhte. Wortlaut und Gesetzgebungsgeschichte (Mot I 217) treten hinter dem Normzweck zurück (MEDICUS AT[6] Rn 532; M MÜLLER 211; GRABA 60 ff; aA die hL, RGZ 146, 234, 238; BGH NJW 1985, 2579, 2580; BGB-RGRK/KRÜGER-NIELAND/ZÖLLER[12] Rn 13; PALANDT/HEINRICHS[55] Rn 4; SOERGEL/HEFERMEHL[12] Rn 7; JAUERNIG[7] Anm 2 b bb; Münch-Komm/MAYER-MALY[3] Rn 113; FLUME, AT II 551 f; STAUDINGER/DILCHER[12] Rn 5; Streitstand bei K SCHMIDT JuS 1995, 102, 106). Bei einem rechtsgeschäftlich vereinbarten Formgebot genügt stets die formlose Bestätigung (so auch BGB-RGRK/KRÜGER-NIELAND/ZÖLLER[12] Rn 14).

d) Vorliegen allgemeiner Wirksamkeitserfordernisse

Da die Bestätigung als „erneute Vornahme" iSv o Rn 1, 13 beurteilt wird, müssen **17** jetzt alle Wirksamkeitserfordernisse für das zu bestätigende Rechtsgeschäft vorliegen. Deshalb dürfen weder die alten noch auch neue Nichtigkeitsgründe vorliegen. So dürfen die Gründe für die **Sittenwidrigkeit** des Rechtsgeschäfts im Zeitpunkt der Bestätigung nicht mehr fortbestehen (BGHZ 60, 102, 108). So kann es liegen, wenn im Falle des Wuchers (§ 138 Abs 2) die Notlage zwischenzeitlich weggefallen ist. Ein Kreditgeschäft bleibt unwirksam, wenn eine Gesamtwürdigung ergibt, daß trotz weggefallener einzelner Umstände die weiterwirkenden übrigen allein oder zusammen mit hinzutretenden neuen Umständen auch das neu vorgenommene Rechtsgeschäft als sittenwidrig erscheinen lassen (BGH NJW 1982, 1981 mit zust Bespr KOHTE JuS 1984, 509 ff).

Ein seinerzeit verletztes **Verbotsgesetz** (§ 134) darf jetzt nicht mehr entgegenstehen. **18** Eine wirksame Bestätigung ist daher nur möglich, wenn das Verbot jetzt entfallen ist (BGHZ 11, 59, 60; OLG Brandenburg MDR 1995, 30; OLG Düsseldorf NJW 1976, 1638, 1639). Derartige Rechtsgeschäfte werden im übrigen durch Erfüllung nicht wirksam. Werden nach Aufhebung des Verbotsgesetzes Gewinne aus verbotenen Kompensationsgeschäften verteilt, so tritt freilich Wirksamkeit ein (BGH NJW 1960, 1204).

Ein früher nicht eingehaltenes **Formgebot** (§ 125) muß jetzt gewahrt sein. Dabei ist es **19** ausreichend, wenn die neue Urkunde auf die frühere Bezug nimmt (RG Gruchot 71, 386, 389; PALANDT/HEINRICHS[55] Rn 4). Eine formfreie Bestätigung ist möglich, wenn das Formerfordernis im Bestätigungszeitpunkt nicht mehr gilt (BGH NJW 1973, 1367; MünchKomm/MAYER-MALY[3] Rn 8). Eine Einschränkung der Beachtung des Formerfordernisses ergibt sich aus dem o Rn 16 Gesagten.

e) Äußerer Erklärungstatbestand; Bestätigungswille

Die Bestätigung muß nach außen hin sichtbar machen (äußerer Erklärungstatbe- **20** stand), daß das Rechtsgeschäft trotz der von dem Bestätigenden erkannten **Zweifel an der Wirksamkeit** gelten soll (MEDICUS AT[6] Rn 531). Läßt sich aus der Erklärung nicht erkennen, daß solche Zweifel klargestellt und ausgeräumt werden sollen, so ist keine Bestätigung iSd § 141 erklärt worden. Die Rspr spricht in wohl gleichem Sinne, aber in eher mißverständlicher Weise, von einem erforderlichen Bestätigungswillen (BGHZ 110, 220, 222 [§ 144]; BGH ZIP 1990, 314). Entscheidend ist, daß der Wille nach außen hin erkennbar in Erscheinung tritt (auch BGH WarnR 69 Nr 309). Nicht etwa ist ein besonders intensives Erklärungsbewußtsein gefordert (zutreffend MEDICUS AT[6]

Rn 531). Der Bestätigungswille in dem erörterten Sinn setzt voraus, daß der Bestätigende zumindest Zweifel an der Wirksamkeit des Geschäfts hat (BGH NJW 1982, 1981; OLG Hamm JZ 1988, 249 m Anm FINGER; OLG Düsseldorf WuW 1978, 721; LARENZ AT[7] 456; MünchKomm/MAYER-MALY[3] Rn 12). Kenntnis von der Nichtigkeit ist also nicht erforderlich. Auf der anderen Seite brauchen keine „ernsten" Zweifel vorzuliegen; vielmehr genügt jeder Argwohn (MünchKomm/MAYER-MALY[3] Rn 12).

21 Eine Bestätigung iSd § 141 kann nicht angenommen werden, wenn die Parteien das Geschäft als gültig behandeln, weil sie sich seiner Nichtigkeit nicht bewußt sind (BGH NJW 1995, 2290, 2291; LARENZ AT[7] 456). Das Festhalten an **unerkannt nichtigen Geschäften** ist keine Bestätigung und führt daher nicht zur Wirksamkeit des Rechtsgeschäfts (OLG Hamm EWiR § 398 BGB 1/93 [MÜLLER-WÜSTEN]). Allenfalls kommt eine Anerkennung in Betracht, die unter den Voraussetzungen des § 812 Abs 2 beseitigt werden kann (vTUHR, AT II 1 S 293).

22 Es ist nicht erforderlich, daß der vom Gegner behauptete Nichtigkeitsgrund anerkannt wird. Vielmehr genügt eine Beilegung des Streites durch die Verabredung, der ursprüngliche Vertrag solle als gültig behandelt werden (BGH WM 1977, 387, 389; BGB-RGRK/KRÜGER-NIELAND/ZÖLLER[12] Rn 10). Ein Rechtsgeschäft kann auch durch denjenigen bestätigt werden, der es für gültig hält, aber aufgetretene Zweifel an seiner Gültigkeit auf jeden Fall beseitigen will (RGZ 150, 385; BGH WarnR 69 Nr 309). Der Ausdruck „Bestätigung" muß nicht verwendet werden. Auch brauchen sich die Beteiligten über die Folgen eines Unwirksamkeitsgrundes nicht völlig im klaren zu sein (OLG Celle DNotZ 1980, 415 f).

f) Konkludentes Verhalten

23 Die Bestätigung kann ausdrücklich erklärt werden. Es genügt aber auch ein konkludentes Verhalten (o Rn 7). Dazu muß in schlüssiger Weise zum Ausdruck gebracht werden, das nichtige Geschäft solle weiter gelten (BGHZ 11, 59, 60; OLG Brandenburg MDR 1995, 30). So kann es liegen, wenn ein Vertragsteil einen angefochtenen Vertrag fortsetzt, nachdem der Gegner Vergleichsangebote abgelehnt hat (BGH WarnR 69 Nr 309). Schlüssiges Verhalten kommt im Anwendungsbereich der Bestätigung recht häufig vor (etwa RGZ 61, 246, 266; 104, 50, 54; 125, 3, 7; BGHZ 11, 59, 60). Die Rspr stellt freilich scharfe Anforderungen und entnimmt aus einem schlüssigen Verhalten nur dann einen Bestätigungswillen, wenn jeder Beteiligte dieses Verhalten eindeutig als Bestätigung auffassen mußte. Sobald das betreffende Verhalten auch auf anderen Gründen beruhen kann, wird eine Bestätigung grundsätzlich nicht angenommen (RGZ 150, 389; BGH NJW 1971, 1795, 1800 m Anm GIESEN). So soll die *Weiterbenutzung* einer durch einen angefochtenen Kauf erworbenen Sache in der Regel keine Bestätigung bilden, wenn die Benutzung nur bis zur unverzüglichen Beschaffung eines Ersatzstückes geschieht. Ist die alsbaldige Beschaffung eines Ersatzstücks unmöglich, so schadet eine Benutzung zur Abwendung größerer Nachteile gleichfalls nicht (BGH NJW 1971, 1795, 1800). Entsprechendes gilt für Erfüllungshandlungen.

24 Ein ausreichendes konkludentes Verhalten kann etwa die *Veräußerung* der gekauften Sache oder das Weiterzahlen von Raten darstellen. Entsprechendes gilt für die Fortsetzung eines Mietvertrages (LG Berlin GrundE 1993, 1161). Die sog unechte Freigabe im Konkurs durch den Konkursverwalter ist lediglich eine deklaratorisch wirkende Erklärung und bedeutet keine Bestätigung (OLG Düsseldorf BB 1994, 1379, 1380).

V. Rechtsfolgen

1. Zukunftswirkung

Der Bestätigung kommt als „Neuvornahme" (aber o Rn 1, 13) keine Rückwirkung zu. **25** Vielmehr gilt das Rechtsgeschäft erst vom Zeitpunkt der Bestätigung an für die Zukunft (RGZ 75, 115). Bei der Bestätigung einseitiger Rechtsgeschäfte kommt eine Rückwirkung ohnehin nicht in Betracht. Eine **dingliche Drittwirkung** scheidet aus (1. Kommission, JAKOBS/SCHUBERT, AT I 744). Wird etwa eine im Januar vorgenommene nichtige Verfügung im Juli bestätigt, so ist das Recht des Erwerbers im Juli entstanden. Hat der Veräußerer in der Zwischenzeit zugunsten eines Dritten verfügt, so bleibt dessen Recht bestehen, wenn nicht der Erwerber gutgläubig erworben hat (Beispiel nach vTUHR, AT II 1 S 294). Allerdings können Schadensersatzansprüche (§ 434) entstehen. § 141 ist insoweit zwingend, als die Parteien keine Rückwirkung vereinbaren können, die sich auf Dritte bezieht (mit Recht LARENZ AT[7] 456).

2. Die Auslegungsregel des Abs 2

Abs 2 gibt eine auf Verträge beschränkte Auslegungsregel, wonach sich die Parteien **26** im Zweifel so zu stellen haben, wie sie bei anfänglicher Gültigkeit stünden (MUGDAN I 727 = Prot I 126: „Interpretationsregel"). Es handelt sich nur um eine auf die Parteien beschränkte, **schuldrechtliche Rückwirkung**, die nicht durch Vereinbarung auf Dritte ausgedehnt werden kann (vorige Rn). Der Käufer kann etwa die Nutzungen der Kaufsache seit der Übergabe (§ 446 Abs 1 S 2) behalten, und der Verkäufer braucht den schon vor der Bestätigung erhaltenen Kaufpreis nicht nach § 818 Abs 1 zu verzinsen (MEDICUS AT[6] Rn 533). Wird ein im Januar abgeschlossener nichtiger Pachtvertrag im Juli bestätigt, so muß der Pächter den für das abgelaufene Halbjahr anfallenden Pachtzins entrichten. Die Früchte kann er nach § 141 Abs 2 beanspruchen, wenngleich er nicht nach § 956 Eigentümer geworden ist (Beispiel nach vTUHR, AT II 1 S 294).

Die Auslegungsregel des § 141 Abs 2 greift nur „im Zweifel" ein. Es steht den Par- **27** teien daher offen, bei der Bestätigung die Rückwirkung ganz auszuschließen oder sie zu beschränken. § 141 Abs 2 kommt nicht zur Anwendung, wenn ein **abweichender Parteiwille** feststeht (RG JW 1931, 2227; PALANDT/HEINRICHS[55] Rn 8). Auch kann sich aus den Umständen des konkreten Falles eine von § 141 Abs 2 abweichende Rechtsfolge ergeben (RG JW 1911, 187; SOERGEL/HEFERMEHL[12] Rn 11).

Wird ein Vertrag über eine Güterzuordnung bestätigt, wie zB eine Eigentumsüber- **28** tragung oder eine Forderungsabtretung, so begründet die Anwendung des § 141 Abs 2 wohl einen selbständigen Schuldvertrag zwischen den Parteien, auch wenn zwischen ihnen ursprünglich gar kein Schuldverhältnis bestanden hat (so mE mit Recht FLUME, AT II 552).

§ 141 Abs 2 findet auf **einseitige Rechtsgeschäfte** keine Anwendung. Doch kann zB bei **29** der verfrühten Kündigung einer Gesellschaft vereinbart werden, daß die Rechtsfolgen so ausgestaltet werden sollen, wie wenn das einseitige Rechtsgeschäft gültig gewesen wäre (vTUHR, AT II 1 S 294 Fn 95). Doch dürfen niemals Rechtsnachteile für unbeteiligte Dritte entstehen.

VI. Prozessuales

30 Leitet eine Partei aus einem nichtigen Rechtsgeschäft Rechte her, so muß sie die Tatsachen behaupten und beweisen, aus denen sich eine Bestätigung ergibt (BGB-RGRK/Krüger-Nieland/Zöller[12] Rn 18; MünchKomm/Mayer-Maly[3] Rn 17). Doch muß sich der Begünstigte nicht etwa auf die Bestätigung „berufen". Ergibt sich die Bestätigung aus dem Sach- und Streitstand, so ist sie von Rechts wegen (nicht: „von Amts wegen") zu berücksichtigen, ohne daß die begünstigte Partei diesen Umstand noch besonders geltend zu machen brauchte (BGH NJW 1967, 720, 721 [zu § 144]).

§ 142

[1] Wird ein anfechtbares Rechtsgeschäft angefochten, so ist es als von Anfang an nichtig anzusehen.

[2] Wer die Anfechtbarkeit kannte oder kennen mußte, wird, wenn die Anfechtung erfolgt, so behandelt, wie wenn er die Nichtigkeit des Rechtsgeschäfts gekannt hätte oder hätte kennen müssen.

Materialien: VE-AT §§ 126, 128; E I § 112; II § 113; III § 138; Schubert, AT II 218 ff; Mugdan I 473, 727; Mot I 219 ff; Prot I 127; Jakobs/Schubert, AT I 756.

Schrifttum

Beer, Die relative Unwirksamkeit (1975)
Bruck, Die Bedeutung der Anfechtbarkeit für Dritte (1900)
P Bydlinski, Die Übertragung von Gestaltungsrechten (1986)
Coester-Waltjen, Die fehlerhafte Willenserklärung, Jura 1990, 362
Flume, Rechtsakt und Rechtsverhältnis (1990)
Giesen, Grundsätze der Konfliktlösung bei fehlerhaften Rechtsgeschäften, Jura 1980, 23 ff; 1981, 505 ff; 561 ff; 1984, 505 ff; 1985, 1 ff; 57 ff; 1989, 57 ff; 1990, 169 ff
Grundmann, Zur Anfechtbarkeit des Verfügungsgeschäfts, JA 1985, 80
Harder, Die historische Entwicklung der Anfechtbarkeit von Willenserklärungen, AcP 173 (1973) 209
L Jacobi, Die fehlerhaften Rechtsgeschäfte, AcP 86 (1896) 51
Th Kipp, Über Doppelwirkungen im Recht, in: FS vMartitz (1911) 211
Leenen, Die Anfechtung von Verträgen, Jura 1991, 393
Oellers, Doppelwirkungen im Recht?, AcP 169 (1969) 67
Pawlowski, Rechtsgeschäftliche Folgen nichtiger Willenserklärungen (1966)
Schmidt-De Caluwe, Zur Anfechtung privater Willenserklärungen im öffentlichen Recht, insbesondere im Sozialrecht, Jura 1993, 399, 404 ff
Spiess, Zur Einschränkung der Irrtumsanfechtung, JZ 1985, 593
Steinbeck, Die Übertragbarkeit von Gestaltungsrechten (1994)
W Weimar, Die Anspruchsgrundlagen bei Rückwirkung der Anfechtung, JR 1971, 64
ders, Die Bedeutung der Kenntnis des Anfechtungsgrundes gem § 142 Abs 2 BGB für Haftungstatbestände, MDR 1975, 116.

2. Titel. § 142
Willenserklärung

Systematische Übersicht

I. Normzweck — 1
II. Anfechtbarkeit und Nichtigkeit — 4
III. Abgrenzungen — 6
IV. Anfechtungsrecht
1. Gestaltungsrecht — 9
2. Vererblichkeit; Eintritt in ein Vertragsverhältnis — 10
3. Abtretung; Verpfändung — 11
4. Einrede der Anfechtbarkeit — 14
V. Rechtsgeschäft
1. Gegenstand der Anfechtung — 15
2. Geschäftsähnliche Handlungen; Realakte — 16
3. Öffentliches Recht; Prozeßrecht — 17
4. Kausalgeschäft; Erfüllungsgeschäft — 21
5. Akzessorische Rechtsgeschäfte — 23
6. Einseitige Rechtsgeschäfte — 24
7. Teilbarkeit — 26
8. Anfechtung nichtiger Rechtsgeschäfte — 27
VI. Wirkungen
1. Vernichtung zwischen den Parteien (Abs 1) — 31
  a) Rückwirkung — 31
  b) Gesellschaftsverträge; Arbeitsverträge — 32
  c) Sonstige Dauerschuldverhältnisse — 36
  d) Schadenersatzansprüche — 37
  e) Beschränkung auf den fehlerfreien Teil der Willenserklärung — 38
2. Drittwirkungen (Abs 2) — 39
  a) Angefochtene Verfügungsgeschäfte — 40
  b) Angefochtene Verpflichtungsgeschäfte — 42
  c) Angefochtene Vollmachtserteilung — 43

Alphabetische Übersicht

Abstraktionsprinzip — 21
Anfechtung nach dem AnfG — 8
Arbeitsverträge — 34
Arglistige Täuschung und Irrtumsanfechtung — 6, 28

Bereicherungshaftung — 41
Bestätigung — 25
Bürge — 23

Doppelwirkungen — 27 ff
Drohung — 6

Einrede der Anfechtbarkeit — 14
Erbrechtliche Sonderregelungen — 7
Erfüllungsinteresse — 31

Familienrechtliche Sonderregelungen — 7
Fehleridentität — 22
Fiktion — 1

Genehmigung — 24
Gesellschafter — 23
Gesellschaftsverträge — 32

Gesetzesverstöße — 32
Gesetzgeberische Vorstellungen — 1
Gestaltungsrecht — 9
Gutgläubiger Erwerb — 39

Irrtum — 6

Konkursanfechtung — 8
Kündigung — 24, 32

Leistungskondiktion — 31

Mahnung — 16
Mehrere Parteien — 26
Miet- und Pachtverhältnisse — 36
Minderjährige — 29

Negatives Interesse — 31, 37
Nichtigkeit — 4

Öffentlich-rechtlicher Vertrag — 17

Prozeßhandlungen — 18
Prozeßvergleich — 19

Prozeßvertrag	20	Verlöbnis	36
		Vertragsbeitritt	10
Rechtsgeschäft	15	Vertragsnachfolger	10
Ruhestandsverhältnisse	34	Vertrauensschaden	37
		Vollmachtserteilung	42
Schwebende Unwirksamkeit	5		
Sittenwidrigkeit	32	Wirkung auf Dritte	2
Sukzessivlieferungsverträge	36	Wirkung und Tatbestand	3
Tarifvertrag	35	Zahlungsofferte	16
Teilanfechtung	26	Zedent, Zessionar	11, 13
Urlaubserteilung	34		

I. Normzweck

1 § 142 Abs 1 legt in der Formulierung einer Fiktion die Wirkungen der Anfechtung eines Rechtsgeschäftes fest. Die Norm bezweckt die rückwirkende Beseitigung der Mängel, die in der fehlenden Übereinstimmung von Wille und Erklärung bestehen (Spiess JZ 1985, 593, 599). Nach den Vorstellungen des Gesetzgebers sollte das anfechtbare Rechtsgeschäft in die Lage kommen, „als wenn es nicht vorgenommen worden wäre" (so die Formulierung des VE-AT § 126). Das Geschäft hänge ab „von einer auflösend wirkenden Gesetzesbedingung, deren Eintritt kraft positiv gesetzlicher Bestimmung rückwirkende Kraft hat" (Vorlage der Redaktoren für die erste Kommission bei Schubert, AT II 219; zust BGH NJW-RR 1987, 1456; aber u Rn 5). Die Anfechtung beseitigt die zunächst eingetretenen Rechtsfolgen in der Regel **rückwirkend** (ex tunc).

2 § 142 Abs 2 regelt die Wirkung der Anfechtung auf **Dritte** (u Rn 39 ff). Der Dritte wird behandelt, wie wenn er von einem Nichtberechtigten erworben hätte, indem seine Unredlichkeit hinsichtlich der Anfechtbarkeit auf die später eintretende Nichtigkeit des Rechtsgeschäfts bezogen wird. In erster Linie gewinnt Abs 2 Bedeutung für die Beschränkung des **gutgläubigen Erwerbs** durch einen Dritten, dessen Vormann seinerseits aufgrund eines anfechtbaren Rechtsgeschäfts ein Recht erworben hat (Flume, AT II 558; u Rn 38 ff).

3 § 142 bestimmt die Wirkungen der Anfechtung vor deren Tatbestand (§ 143) (MünchKomm/Mayer-Maly[3] Rn 1). Die betreffenden *Anfechtungsrechte* sind anderweitig in den §§ 119 ff geregelt und werden in § 142 vorausgesetzt. Bei der Prüfung der Anfechtung im Fallaufbau ist mit § 142 Abs 1 zu beginnen (Seidl/Zimmermann Jura 1993, 34, 36 Fn 23).

II. Anfechtbarkeit und Nichtigkeit

4 Die Anfechtbarkeit bildet einen Teilausschnitt aus der Lehre von der Wirksamkeit der Rechtsgeschäfte. Sie ist insbes zu unterscheiden von der durch das BGB nicht definierten Nichtigkeit. Die Nichtigkeit bedeutet den stärksten Grad der Unwirksamkeit (Medicus AT[6] Rn 487). Sie verhindert schon ein wirksames Zustandekommen des Rechtsgeschäfts. Im Unterschied dazu läßt die bloße Anfechtbarkeit die

Unwirksamkeit des fehlerhaften Rechtsgeschäfts nicht von selbst eintreten. Die Anfechtbarkeit ist Ausfluß der **Privatautonomie**, da die Unwirksamkeit von der Anfechtung durch den Anfechtungsberechtigten abhängt. Dagegen beruht die Unwirksamkeit der Nichtigkeit auf Gesetz (zB §§ 134, 138, 125, 105).

Solange nicht angefochten ist, ist das anfechtbare Rechtsgeschäft unbeschränkt gültig (etwa BGH NJW-RR 1987, 1456). Es ist daher wenig sachgerecht, das anfechtbare Rechtsgeschäft als „schwebend nichtig" anzusehen, auch wenn die Gesetzesmaterialien eher ein solches Verständnis nahelegen (o Rn 1; wie FLUME, AT II 557 gegen ENNECCERUS/NIPPERDEY AT^{15} I 2 S 1213). Der Übergang von der Wirksamkeit in die Unwirksamkeit durch Anfechtung legte im übrigen eher ein Verständnis iSe „**schwebenden Wirksamkeit**" wie bei einer auflösenden Bedingung (§ 158 Abs 2) nahe. Doch gibt es auch insoweit Unterschiede: Die Entscheidung über die Anfechtung trifft der Urheber der fehlerhaften Erklärung. Dagegen kommt sie bei schwebender Nichtigkeit oder schwebender Wirksamkeit in der Regel von außen (MEDICUS AT^6 Rn 492).

III. Abgrenzungen

Die Anfechtbarkeit des § 142 bezieht sich auf die Tatbestände des Irrtums (§ 119), der Drohung und der arglistigen Täuschung (§ 123). In diesen Fällen ist es sinnvoll, daß die Entscheidung über die Geltung des Rechtsgeschäfts von der privatautonomen Entscheidung des Urhebers der Willenserklärung abhängt. Weitere Anfechtungsmöglichkeiten sind geregelt in den §§ 1954, 1956, 2078 ff, 2281 ff und § 2308. Die §§ 1954 ff bilden lediglich eine spezielle Regelung für *Form und Frist* der Anfechtung. Die Anfechtungsgründe sind dagegen den §§ 119 ff zu entnehmen.

Die Regelung der §§ 142 ff ist nicht maßgeblich für die **familienrechtlichen Sondervorschriften** der §§ 31 ff EheG und der Anfechtung der Ehelichkeit nach den §§ 1593 ff BGB. Zudem wird die Anfechtung hier durch ein Gestaltungsklagerecht ausgeübt. Außerhalb der §§ 142 ff liegt auch die Anfechtung der Vaterschaftsanerkennung nach den §§ 1600 ff. Ebenso liegt es für die Anfechtung des Erbschaftserwerbs wegen Erbunwürdigkeit nach den §§ 2340 ff. Hier soll der Erwerb der schon angefallenen Erbschaft wieder beseitigt werden. Das gilt auch für den Erwerb durch den gesetzlichen Erben. Bei der Adoption liegt wegen des Dekretsystems (§ 1752) schon kein privates Rechtsgeschäft vor, wie es in § 142 vorausgesetzt ist.

Die **Gläubigeranfechtung** nach den §§ 29 ff KO (künftig §§ 129 ff InsO v. 5. 10. 1994, BGBl I 2866, mit Inkrafttreten am 1. 1. 1999) und den §§ 1 ff AnfG hat mit § 142 BGB nichts zu tun. Das gilt sowohl für die Voraussetzungen als auch für die Art der Durchführung. Es geht vielmehr darum, einen anfechtbar weggegebenen Konkursgegenstand wieder in die Konkursmasse zurückzuholen (§ 37 KO) oder darum, einem titulierten Gläubiger die Zwangsvollstreckung in einen derartigen Gegenstand zu gestatten (§ 7 AnfG). Die Anfechtung muß in beiden Fällen klage- oder einredeweise geltend gemacht werden. Im *Strafrecht* gilt § 142 Abs 1 nicht (OLG Hamm NJW 1967, 1344 [LS] gegen OLG Frankfurt aM NJW 1967, 262).

IV. Anfechtungsrecht

1. Gestaltungsrecht

9 Das Anfechtungsrecht ist ein Gestaltungsrecht des Anfechtungsberechtigten. Es handelt sich um eine formfreie empfangsbedürftige Willenserklärung (näher u § 143 Rn 6). Mit der Ausübung wird die anfechtbare Willenserklärung mit Rückwirkung nichtig.

2. Vererblichkeit; Eintritt in ein Vertragsverhältnis

10 Das Anfechtungsrecht ist vererblich. Daneben ist ein Übergang auch in den anderen Fällen einer umfassenden Rechtsnachfolge zu bejahen (MEDICUS AT[6] Rn 714). Tritt eine Partei in ein Vertragsverhältnis ein, so geht das Anfechtungsrecht auf den Eintretenden über, wenn nur er von der Anfechtung betroffen wird (FLUME, AT II 561). Wird ein vermietetes Grundstück veräußert (§ 571), so steht das Anfechtungsrecht Veräußerer und Erwerber nur gemeinsam zu, weil sie beide von der Anfechtung betroffen werden. Der Veräußerer haftet nach § 571 Abs 2 S 1 als Bürge zunächst weiter (MEDICUS AT[6] Rn 714; FLUME, AT II 561). Das Anfechtungsrecht wird also weder bei dem Urheber des Rechtsgeschäfts belassen (so vTUHR, AT II 1 S 307 zu Anm 67), noch geht es allein auf den Vertragsnachfolger über (so HÜBNER, AT Rn 516), noch wird jedem das Anfechtungsrecht zugestanden (so LARENZ AT[7] 479). Die hier vertretene Lösung entspricht dem Rechtsgedanken des § 356.

3. Abtretung; Verpfändung

11 Das Anfechtungsrecht ist an die Person des Erklärenden gebunden, soweit es dessen Entschließungsfreiheit sichern soll. Es kann daher nicht selbständig übertragen oder verpfändet werden (hL, LARENZ AT[7] 479; MEDICUS AT[6] Rn 715; FLUME, AT II 561; dagegen P BYDLINSKI 45 ff; mit ihm sympathisierend MünchKomm/MAYER-MALY[3] Rn 7; STEINBECK 111 f). Da das Anfechtungsrecht nicht abgetreten werden kann, geht es bei der Abtretung (§ 398) von Rechten aus einem Rechtsgeschäft nicht auf den Zessionar über. Es steht aber wohl nichts entgegen, die *Ausübung* des Anfechtungsrechts zu gestatten (so BGB-RGRK/KRÜGER-NIELAND/ZÖLLER[12] Rn 7, str).

12 Das Anfechtungsrecht kann auch nicht selbständig **gepfändet** werden. Übereignet A an B anfechtbar eine Sache, so kann der Gläubiger C des A nichts tun, um diese Sache zum Zweck der Vollstreckung wieder dem Schuldnervermögen des A zuzuführen. Er kann das Anfechtungsrecht des A nicht pfänden und sich zur Ausübung überweisen lassen. Doch ist dieses Ergebnis hinnehmbar (MEDICUS AT[6] Rn 715): Bei einer Irrtumsanfechtung (§§ 119, 120) ist für den Schuldner A wohl regelmäßig schon nach § 121 Fristversäumung eingetreten („unverzüglich"). Bei einem auf § 123 beruhenden Anfechtungsrecht kann C bei A den sich aus der Täuschung oder Drohung ergebenden Deliktsanspruch pfänden und sich überweisen lassen.

13 Aus dem Gesagten ergibt sich ohne weiteres, daß bei Abtretungen alleine der Zedent Anfechtungsgegner bleibt (RGZ 86, 305, 310; MünchKomm/MAYER-MALY[3] Rn 7).

2. Titel. § 142
Willenserklärung 14–18

4. Einrede der Anfechtbarkeit

Es gibt keine „Einrede der Anfechtbarkeit". So kann der Anfechtungsberechtigte **14** nicht etwa die Leistung mit der Begründung verweigern, ihm stehe ein Anfechtungsrecht zu, wenn er nicht anficht. Ist die Anfechtungsfrist versäumt, so bleibt aber die Arglisteinrede aus § 853 (RG JW 1928, 2972). Im übrigen muß sich der Anfechtungsberechtigte für oder gegen die Ausübung seines Anfechtungsrechts entscheiden (zutreffend MünchKomm/MAYER-MALY³; P SCHLOSSER JuS 1966, 257, 266 f).

V. Rechtsgeschäft

1. Gegenstand der Anfechtung

Angefochten wird die fehlerhafte Willenserklärung mit der Folge des § 142 Abs 1, **15** daß dasjenige Rechtsgeschäft, das auf der angefochtenen Willenserklärung beruht, rückwirkend vernichtet wird. Angefochten wird also nicht der Vertrag selbst, sondern die auf den Abschluß des Vertrages gerichtete **Willenserklärung** (FLUME, AT II 421; LARENZ AT⁷ 386). Die Gegenthese sieht dagegen bei einem Vertrag als Gegenstand der Anfechtung nicht die einzelne Willenserklärung an, sondern das Rechtsgeschäft Vertrag (so LEENEN Jura 1991, 393, 398; PALANDT/HEINRICHS⁵⁵ Rn 1). Doch sehe ich bei dieser Betrachtungsweise wenigstens keine praktischen Fortschritte. Die aus dieser Meinung abgeleitete Konsequenz betrifft in erster Linie die Rechtsfolgen einer *Umdeutung* nach § 140. Unrichtig sei danach die hL, wonach die Umdeutung eines infolge einer Anfechtung nichtigen Rechtsgeschäfts ausscheide. Nach ihr sei die Willenserklärung wegen der Anfechtung derartig beseitigt, daß sie sich nicht mehr als Grundlage für ein Ersatzgeschäft eigne (LEENEN Jura 1991, 393, 397). Doch sollte diese anfechtbare Konsequenz der hL nicht von der genannten Unterscheidung abhängig gemacht werden (o § 140 Rn 15; vorsichtig zust aber MünchKomm/MAYER-MALY³ Rn 9 Fn 8 a).

2. Geschäftsähnliche Handlungen; Realakte

§ 142 findet auch auf geschäftsähnliche Willensäußerungen wie Zahlungsaufforde- **16** rungen oder Mahnungen Anwendung, deren Rechtsfolgen an sich durch das Gesetz bestimmt werden (BGHZ 47, 352, 357; PALANDT/HEINRICHS⁵⁵ Rn 1; BGB-RGRK/KRÜGER-NIELAND/ZÖLLER¹² Rn 2). Das Ergebnis beruht auf deren Ähnlichkeit mit Willenserklärungen. Ausgeschlossen ist aber die Anfechtung von *Tathandlungen* (BGH NJW 1952, 417 [Widerruf ehrkränkender Behauptungen]; PALANDT/HEINRICHS⁵⁵ Rn 1).

3. Öffentliches Recht; Prozeßrecht

Auf öffentlich-rechtliche Verträge (§ 59 VwVfG) werden die §§ 119 ff, 142 ff entspre- **17** chend angewendet, auch wenn diese Normen naturgemäß in erster Linie für privatrechtliche Rechtsgeschäfte Geltung beanspruchen wollen (dazu etwa MEYER-BORGS VwVfG § 59 Rn 6). Im übrigen kommen die Anfechtungsregeln des bürgerlichen Rechts im öffentlichen Recht grundsätzlich zur Anwendung. Abweichungen werden erörtert durch SCHMIDT-de CALUWE Jura 1993, 399 ff.

Prozeßhandlungen sind wegen Willensmängeln nicht anfechtbar (RGZ 69, 261; 156, 70, **18**

73; BGH NJW 1963, 957; ROSENBERG/SCHWAB/GOTTWALD, ZPO[15] 361 f; **aA** vor allem ARENS, Willensmängel bei Parteihandlungen im Zivilprozeß [1968] 115 ff; 205 ff). Es kommt auch keine analoge Anwendung der Irrtumsvorschriften in Betracht. Nicht angefochten werden können daher etwa der Klageantrag (BGH NJW 1963, 957), das Anerkenntnis (BGH NJW 1981, 2193), die Klagerücknahme (RG WarnR 1916, 144), die Rechtsmitteleinlegung sowie deren Rücknahme oder Verzicht (OLG Karlsruhe NJW 1975, 1933; BGH NJW 1991, 2839; 1985, 2335).

19 Der **Prozeßvergleich** ist dagegen bei Vorliegen eines Willensmangels anfechtbar, da er nach hL zugleich privatrechtliche und prozeßrechtliche Wirkungen entfaltet. Voraussetzung ist ein Willensmangel in der Person eines Vergleichsschließenden (BGHZ 41, 310, 311; 28, 171, 176; ROSENBERG/SCHWAB/GOTTWALD, ZPO[15] 772). Ausreichend ist eine Drohung durch das Gericht (BGH JZ 1966, 753). Eine Täuschung des Gerichts genügt dagegen nicht (RGZ 153, 56 f).

20 Prozeßverträge können gleichfalls nach den §§ 119 ff angefochten werden, solange nicht eine unverrückbare prozessuale Lage verfestigt ist (ROSENBERG/SCHWAB/GOTTWALD, ZPO[15] 370). Zu nennen sind Prorogationsverträge (§ 38), Schiedsverträge (§ 1025 Abs 1), schiedsvertragliche Vereinbarungen (§ 1034 Abs 2), die Unterwerfung unter die sofortige Zwangsvollstreckung (§ 794 Abs 1 Nr 5) sowie vor allem die gesetzlich nicht geregelten Klage- und Rechtsmittelrücknahmeversprechen (weitere Fälle bei ROSENBERG/SCHWAB/GOTTWALD, ZPO[15] 370 f; SCHIEDERMAIR, Vereinbarungen im Zivilprozeß [1935] 147 ff; ARENS, Willensmängel bei Parteihandlungen im Zivilprozeß [1968] 85 ff; teils weiter einschränkend HENCKEL, Prozeßrecht und materielles Recht [1970] 76 f; 410; BAUMGÄRTEL, Wesen und Begriff der Prozeßhandlung einer Partei im Zivilprozeß [1957] 118 f).

4. Kausalgeschäft; Erfüllungsgeschäft

21 Aufgrund des Trennungs- und *Abstraktionsprinzips* ist das dingliche Erfüllungsgeschäft nicht schon deshalb unwirksam, weil die schuldrechtliche Verpflichtung unwirksam ist. Deshalb bleibt das dingliche Erfüllungsgeschäft bei der Anfechtung des Kausalgeschäfts grundsätzlich unberührt (LARENZ AT[7] 481).

22 Im Falle einer **Fehleridentität** kann aber auch das dingliche Rechtsgeschäft angefochten werden, da dann beide Geschäfte von demselben Anfechtungsgrund betroffen sind. So liegt es etwa, wenn sich der Irrtum über eine wesentliche Eigenschaft (§ 119 Abs 2) sowohl auf das Erfüllungs- wie auf das Verpflichtungsgeschäft bezieht (MEDICUS AT[6] Rn 253). Häufiger liegt Fehleridentität bei einer widerrechtlichen Drohung und bei einer arglistigen Täuschung (§ 123) vor, wenn der durch die Täuschung hervorgerufene Irrtum oder die durch die Drohung bewirkte Zwangslage im Zeitpunkt der Verfügung noch andauern (dazu RGZ 66, 385, 390; 69, 13, 17; OLG Hamm VersR 1975, 814). Vergleichbar kann es liegen, wenn Grund- und Erfüllungsgeschäft aufgrund des Parteiwillens zu einem einheitlichen Rechtsgeschäft zusammengefaßt sind (BGHZ 31, 321, 323 [Schuldübernahmevertrag]; SPELLENBERG/LEIBLE Jura 1993, 656, 661). Doch ist hierbei äußerste Zurückhaltung geboten (o § 139 Rn 54 ff).

5. Akzessorische Rechtsgeschäfte

23 Mit der wirksamen Anfechtung eines Rechtsgeschäfts entfallen auch die Wirkungen akzessorischer Rechtsgeschäfte. Doch kann die Anfechtbarkeit des Hauptgeschäfts eine *dilatorische Einrede* begründen. So entsteht etwa aus der Anfechtbarkeit eine Einrede für den Bürgen (§ 770 Abs 1), den Eigentümer des mit einer Hypothek belasteten Grundstücks (§ 1137 Abs 1 S 1) und den Verpfänder (§ 1211 Abs 1 S 1). Nach § 129 HGB erhält der Gesellschafter eine Einrede wegen des Anfechtungsrechts der Gesellschaft (FLUME, AT II 559; auch H ROTH, Die Einrede des Bürgerlichen Rechts [1988] 223 [zu § 770]). In allen Fällen erlischt die Einrede, wenn eine Anfechtung nicht mehr möglich ist.

6. Einseitige Rechtsgeschäfte

Auch einseitige Rechtsgeschäfte, wie zB eine *Kündigung*, können angefochten werden. Anfechtbares Rechtsgeschäft kann auch die Anfechtung selbst sein. Die wegen des angefochtenen Rechtsgeschäfts zunächst eingetretene Rechtsgestaltung ist dann rückwirkend nicht eingetreten. Der aufgrund der ersten Anfechtung mit Rückwirkung nichtige Kaufvertrag wird jetzt auch für die verflossene Zeit wieder in Geltung gesetzt (LARENZ AT^7 482: „Negation der Negation"). Wird eine Genehmigung (§ 184 Abs 1) angefochten, so wird darin in aller Regel die endgültige Verweigerung der Genehmigung zu sehen sein. Das Rechtsgeschäft wird jetzt endgültig unwirksam (LARENZ AT^7 482).

Ist wirksam angefochten worden und liegt in bezug auf die Anfechtungserklärung kein Anfechtungsgrund vor, so ist keine *einseitige Rücknahme* der Anfechtung mehr möglich (RGZ 74, 1, 3). Es bleibt die Bestätigung nach § 141 mit der für Verträge in dessen Abs 2 ermöglichten schuldrechtlichen Rückwirkung.

7. Teilbarkeit

Bei teilbaren Rechtsgeschäften ist eine Teilanfechtung grundsätzlich zulässig (zur Teilbarkeit o § 139 Rn 60 ff). Voraussetzung ist, daß nur ein Teil durch den Anfechtungsgrund betroffen ist (RGZ 56, 423; 62, 184, 186; 76, 306, 312; BGH MDR 1973, 653). Die Rechtsfolgen ergeben sich aus § 139. Folgt danach aus § 139 Vollnichtigkeit, wogegen der Anfechtende im übrigen auf der Durchführung des Rechtsgeschäfts besteht, so wird man die Anfechtung wohl als unwirksam ansehen müssen (FLUME, AT II 562). Wenn mehrere Parteien an einer Seite des Rechtsgeschäfts beteiligt sind, so kann ein jeder seine Erklärung selbständig anfechten (RGZ 56, 423).

8. Anfechtung nichtiger Rechtsgeschäfte

Es ist bis heute streitig geblieben, ob ein bereits nichtiges Rechtsgeschäft gleichwohl angefochten werden kann, um Rechtsnachteile für den Anfechtenden zu vermeiden. Unabhängig von der Stellungnahme zu der (fälschlich) sog **„Doppelwirkung"** steht es den Parteien im Prozeß frei, sich mit einer auf § 119 oder auf § 123 gestützten Anfechtung zu verteidigen, wenn das Rechtsgeschäft etwa nach §§ 134, 138 nichtig ist, diese Nichtigkeit aber schwerer nachweisbar ist (BGH LM Nr 2; zust BGB-RGRK/ KRÜGER-NIELAND/ZÖLLER^{12} Rn 11; MEDICUS AT^6 Rn 730).

Richtigerweise ist auch eine **Anfechtung wegen Täuschung** (§ 123) möglich, wenn zunächst nur wegen eines Irrtums (§ 119) angefochten worden ist, und der arglistig

Getäuschte die Täuschung erst später entdeckt. Die zweite Anfechtung vermeidet die ungünstige Rechtsfolge des § 122. Doch hilft zu diesem Ergebnis auch schon eine offene Gesetzesauslegung, ohne daß auf die von Kipp begründete Lehre (FS vMartitz [1911] 211 ff) von den Doppelwirkungen im Recht zurückgegriffen werden müßte (iE auch Larenz AT[7] 406; MünchKomm/Mayer-Maly[3] Rn 11; BGB-RGRK/Krüger-Nieland/Zöller[12] Rn 11; Soergel/Hefermehl[12] Rn 7; Oellers AcP 169 [1969] 67).

29 Mit einer offenen Gesetzesauslegung kann auch der folgende von Kipp herangezogene Fall gelöst werden: Der beschränkt geschäftsfähige A veräußert ohne Zustimmung seines gesetzlichen Vertreters eine bewegliche Sache an B, der den A arglistig täuscht. B übereignet die Sache weiter an C, der zwar hinsichtlich der Täuschung bösgläubig ist, hinsichtlich der Minderjährigkeit aber gutgläubig. Die Veräußerung A – B ist hier wegen § 108 nichtig. Da C in bezug auf diesen Nichtigkeitsgrund gutgläubig war, scheint § 932 einen gutgläubigen Erwerb zu ermöglichen. Hält man das nichtige Geschäft für unanfechtbar, so scheint § 142 Abs 2, der die Anfechtung voraussetzt, den gutgläubigen Erwerb nicht verhindern zu können. In diesem Falle stünde C besser, als wenn er von einem voll Geschäftsfähigen erworben hätte. Dieser *Wertungswiderspruch* kann mit Kipp vermieden werden, wenn man die nichtige Veräußerung A – B für anfechtbar hält (dafür Flume, Rechtsakt und Rechtsverhältnis [1990] 12 f; dagegen Pawlowski 104). Zum gewünschten (und allein sinnvollen) Ergebnis kann man auch gelangen, wenn die Redlichkeit für den Erwerb vom Nichtberechtigten schon verneint wird, wenn der Erwerber bloß hinsichtlich eines möglichen Grundes für die Nichtberechtigung des Veräußerers unredlich ist (Medicus AT[6] Rn 729).

30 Jenseits dieser Fälle spricht mE nichts Entscheidendes gegen die Aufstellung des Grundsatzes, daß eine Anfechtung nichtiger Geschäfte möglich ist, wenn der Anfechtende dadurch für ihn ungünstige Rechtsfolgen des nichtigen Geschäfts vermeiden kann (Flume 13; Medicus AT[6] Rn 729 aE; Soergel/Hefermehl[12] Rn 7; Palandt/ Heinrichs[55] Rn 1; Jauernig[7] vor § 104 Anm 3 e; D Giesen, BGB Allgemeiner Teil: Rechtsgeschäftslehre [1991] Rn 202; Brox AT[18] Rn 394; aA MünchKomm/Mayer-Maly[3] Rn 11 ["bedenklich"]).

VI. Wirkungen

1. Vernichtung zwischen den Parteien (Abs 1)

a) Rückwirkung

31 Zwischen den am Rechtsgeschäft Beteiligten führt die Anfechtung zur rückwirkenden Vernichtung des Rechtsgeschäfts, „das auf der angefochtenen Willenserklärung beruht" (so die zutreffende Formulierung von Medicus AT[6] Rn 726; zust MünchKomm/Mayer-Maly[3] Rn 14; ferner LG Wuppertal VerBAV 1969, 27). Sind die Leistungen bereits ausgetauscht worden, so können sie über die *Leistungskondiktion* des § 812 Abs 1 S 1 Alt 1 zurückgefordert werden (BGH NJW-RR 1993, 1463; OLG Hamm VersR 1982, 248). Aus der Wirkung ex tunc ergibt sich die Nichtanwendbarkeit der condictio ob causam finitam (§ 812 Abs 1 S 2 Alt 1). Nach dem Eintritt des Erbfalles kann eine Anfechtung einen Erbverzicht nicht mehr rückwirkend beseitigen. Deshalb kann ein Erb- und Pflichtteilsverzichtsvertrag nach dem Eintritt des Erbfalles nicht mehr angefochten werden (BGH NJW-RR 1993, 708, 709). Nur ganz ausnahmsweise wird die Nichtigkeitsfolge des § 142 Abs 1 nach einer Anfechtung wegen arglistiger Täuschung aufgrund des Ein-

wands der unzulässigen Rechtsausübung (§ 242) vermieden werden können (mit Recht abgelehnt durch BGH NJW 1985, 2579, 2580; aber auch u Rn 38). Bereits aufgelaufene Verpflichtungen wie zB Zinsen fallen durch die Anfechtung weg. Die Nichtigkeit tritt ein, ohne daß es dazu irgendeiner Mitwirkung des Anfechtungsgegners bedarf. Nichtigkeit bedeutet im übrigen nicht die Nichtexistenz eines Rechtsgeschäfts, sondern nur die „Nichtgeltung" im Hinblick auf den Anfechtungsgrund (FLUME, AT II 566). Nach der Anfechtung kann allenfalls noch das **negative Interesse** und nicht das Erfüllungsinteresse geltend gemacht werden (MünchKomm/MAYER-MALY[3] Rn 14). Es geht daher zu weit, dem arglistig getäuschten Käufer trotz der Anfechtung den Geldanspruch auf das Erfüllungsinteresse nach § 463 S 2 zu gewähren (so aber FLUME, AT II 568; BGB-RGRK/KRÜGER-NIELAND/ZÖLLER[12] Rn 23; dagegen MEDICUS AT[6] Rn 806; u Rn 37).

b) Gesellschaftsverträge; Arbeitsverträge
Mit Recht wird heute überwiegend vertreten, daß die Anfechtungsfolgen des Bürgerlichen Rechts wegen ihrer Rückwirkung auf den Abschluß des Rechtsgeschäfts für Gesellschaftsverhältnisse nicht passen, soweit sie auf mangelhafter Vertragsgrundlage durchgeführt worden sind. Voraussetzung für die Einschränkung der Anfechtungswirkungen ist jedoch, daß eine Vereinbarung überhaupt vorliegt. In diesem Fall wird der Anfechtungsgrund für die Vergangenheit nicht voll beachtet, und es wird die Rückwirkung der Anfechtung ausgeschlossen. Die Unwirksamkeitsgründe werden durch **Kündigung aus wichtigem Grund** für die Zukunft (BGHZ 55, 5, 8 [typische Form der stillen Gesellschaft]) oder durch **richterliches Gestaltungsurteil** nach § 133 HGB geltend gemacht (BGHZ 3, 285, 291 [KG]). Die genannten Grundsätze sind angewendet worden auf die Gründergesellschaft einer GmbH (BGHZ 13, 320), die Beitrittserklärung zu einer Genossenschaft (RGZ 68, 344, 348; BGH DB 1976, 861), den Beitritt zu einer KG (BGH NJW 1973, 1604 [fristlose Kündigung]) oder einer BGB-Gesellschaft (OLG Frankfurt aM NJW-RR 1994, 1321) sowie auf die Vereinbarung über das Ausscheiden eines Gesellschafters (BGH LM § 138 Nr 11). Doch finden die Grundsätze der **fehlerhaften Gesellschaft** keine Anwendung, wenn die Abtretung eines GmbH-Anteils wegen arglistiger Täuschung oder Irrtums angefochten wird. Es bleibt hier bei der Rückwirkung des § 142 Abs 1 (BGH NJW 1990, 1915 m zust Anm HEINEMANN EWiR § 16 GmbHG 1/91, 65 gegen BGH WM 1975, 512). Diese Rechtsfolge ergibt sich aus § 16 GmbHG.

Grenzen der Nichtbeachtung des Unwirksamkeitsgrundes werden gezogen, wenn ihr gewichtige **Interessen der Allgemeinheit** oder einzelner **schutzwürdiger Personen** entgegenstehen. Dabei handelt es sich etwa um grobe Sittenwidrigkeiten (§ 138), Gesetzesverstöße (§ 134) oder um Täuschung oder Drohung (§ 123) (BGHZ 55, 5, 9; 3, 285, 288; 26, 330, 334; weiter MünchKomm/MAYER-MALY[3] Rn 15, 17; K SCHMIDT, Gesellschaftsrecht[2] 130 ff; MEDICUS AT[6] Rn 255; FLUME, AT I 1, 13 ff; WIEDEMANN, Gesellschaftsrecht 147 ff; KÜBLER, Gesellschaftsrecht[4] § 25; PALANDT/HEINRICHS[55] § 119 Rn 5).

Vergleichbaren Grundsätzen unterliegt die Anfechtung von **Arbeitsverträgen**. Die Anfechtung wegen Irrtums wirkt bloß für die Zukunft (BAG AP § 119 Nr 3 m Anm G KÜCHENHOFF), wenn das Arbeitsverhältnis schon in Vollzug gesetzt worden ist. Das gleiche wird auch angenommen, wenn wegen Täuschung nach § 123 (BAG AP § 123 Nr 2) oder Drohung (BAG AP § 123 Nr 18) angefochten worden ist. Das ist freilich wegen der Schutzwürdigkeit des Getäuschten oder Bedrohten zweifelhaft (krit mit Recht MünchKomm/MAYER-MALY[13] Rn 16). Begünstigt werden dadurch der Täuschende oder der Drohende. Doch kann die Täuschungsanfechtung wohl auf den Zeitpunkt zurückwirken, zu dem ein zunächst vollzogener Arbeitsvertrag außer Funktion gesetzt wurde (BAG NJW 1984, 446; NZA 1985, 58; vgl auch BAG DB 1987, 1045; Abgrenzungsentscheidung BAG AP § 63 HGB Nr 32 mit abl Anm MAYER-MALY). Offengelassen wurde, ob in den genannten Fällen eine solche Rückwirkung auch bei einer Irrtumsanfechtung eintritt (BAG NZA 1985, 58): Es stünden möglicherweise Gesichtspunkte des Vertrauensschutzes entgegen. Auch angefangene Ruhestandsverhältnisse können nicht mit Rückwirkung außer Kraft gesetzt werden (BAG AP § 119 Nr 2). Entsprechendes gilt für die Anfechtung einer Urlaubserteilung. Bis Urlaubsantritt wirkt die Anfechtung ex tunc; nach Antritt des Urlaubs wirkt sie ex nunc, und nach Beendigung des Urlaubs ist sie ausgeschlossen (BAG NJW 1960, 1734; BGB-RGRK/KRÜGER-NIELAND/ZÖLLER[12] Rn 19).

35 Möglich ist etwa auch die Anfechtung einer *einzelnen Arbeitsbedingung* wegen arglistiger Täuschung des Arbeitgebers. Der restliche Teil des Vertrages kann wirksam bleiben, wenn dieses Ergebnis sinnvoll ist. Der erfolgreich angefochtene Teil des Vertrages soll dann rückwirkend entfallen (BAG NJW 1970, 1941). Rückwirkung wird auch angenommen, wenn ein Vorvertrag zu einem Tarifvertrag angefochten wird (BAG DB 1977, 408; BGB-RGRK/KRÜGER-NIELAND/ZÖLLER[12] Rn 20; MünchKomm/MAYER-MALY[3] Rn 16).

c) **Sonstige Dauerschuldverhältnisse**

36 Der Ausschluß der Rückwirkung des § 142 hat sich nicht für alle in Vollzug gesetzten Dauerrechtsverhältnisse durchgesetzt. So kommt etwa der Anfechtung von **Miet- oder Pachtverhältnissen** nach der zutreffenden hL Rückwirkung zu (KG MDR 1967, 404; LG Kassel ZMR 1967, 133; WEIMAR MDR 1966, 1004; aA LG Nürnberg-Fürth MDR 1966, 1003; BROX, Die Einschränkung der Irrtumsanfechtung [1960] 237). Die Einschränkung der Irrtumsanfechtung für Gesellschafts- und Arbeitsverhältnisse bedeutet in der Sache eine Rechtsfortbildung extra legem, deren Ausdehnung auf weitere Fallgruppen ein jeweils gesondert zu begründendes dringendes Bedürfnis des Rechtsverkehrs voraussetzt (ähnlich MünchKomm/MAYER-MALY[3] Rn 15; aA HORN, in: Gutachten und Vorschläge zur Überarbeitung des Schuldrechts Bd 1 [1981] 628). Auch bei **Sukzessivlieferungsverträgen** wird allgemein von einer Rückwirkung der Anfechtung ausgegangen (so auch BROX 246 f). Vergleichbar wurde entschieden für die Anfechtung der Zustimmungserklärung nach rechtswirksamem Verlöbnis der Minderjährigen (LG Saarbrücken NJW 1970, 327).

d) **Schadenersatzansprüche**

37 Im Irrtumsfall trifft den Anfechtenden nach § 122 eine auf den Ersatz des Vertrauensschadens (negatives Interesse) gerichtete Ersatzpflicht. Im Falle der arglistigen Täuschung (§ 123) muß der Täuschende Schadensersatz nach den Grundsätzen der cic sowie meistens auch nach § 823 Abs 2 BGB iVm § 263 StGB und nach § 826 BGB leisten. Geschuldet wird das negative Interesse (o Rn 31; str, vgl BGH NJW 1960, 237).

e) **Beschränkung auf den fehlerfreien Teil der Willenserklärung**

38 Nach heute hL werden die Wirkungen des § 142 Abs 1 in dem Sinne beschränkt, daß der Irrende an den fehlerfreien Teil seiner Willenserklärung gebunden wird. Er muß seine Erklärung in dem von ihm **gemeinten Sinn** gelten lassen. Ansonsten läge ein

Verstoß gegen Treu und Glauben vor (LARENZ AT⁷ 386; FLUME, AT II 421; MEDICUS AT⁶ Rn 781; LOBINGER AcP 195 [1995] 274; KRAMPE/M BERG Jura 1986, 206; aA SOERGEL/HEFERMEHL¹² Rn 9; SPIESS JZ 1985, 593). Der Anfechtungsgegner kann damit die Nichtigkeitsfolge vermeiden, wenn er dem Anfechtenden unverzüglich erklärt, er wolle die angefochtene Erklärung im gemeinten Sinne gelten lassen (LARENZ AT⁷ 386). Wegen der Anwendbarkeit des § 242 trägt das Gegenargument nicht, diese Rechtsfolge sei nicht vom Gesetz vorgesehen (gegen SOERGEL/HEFERMEHL¹² Rn 9).

2. Drittwirkungen (Abs 2)

§ 142 Abs 2 wurde eingefügt trotz bestehender Zweifel an der Tragweite der Norm und den davon zu machenden Ausnahmen (MUGDAN I 727 f = Prot I 127). Die bestehenden Befürchtungen haben sich freilich in der Praxis nicht bewahrheitet. **39**

a) Angefochtene Verfügungsgeschäfte

§ 142 Abs 2 behandelt einen **Dritten** so, wie wenn er vom Nichtberechtigten erworben hätte (o Rn 2; OLG Hamm VersR 1975, 814 f). Hat der Erwerber einer Sache vor der Anfechtung durch den Veräußerer an einen Dritten weiter verfügt, so war er vor der Anfechtung Berechtigter. Abs 2 trägt der Rechtsfolge des Abs 1 Rechnung, wonach der Erwerber nach geschehener Anfechtung rückwirkend zum Nichtberechtigten wird. Ohne Abs 2 wäre ein gutgläubiger Erwerb zB nach § 932 oder nach § 892 ohne weiteres möglich. Der Dritte kann zur Zeit der Verfügung hinsichtlich der Berechtigung seines Vormanns gar nicht bösgläubig sein. Abs 2 stellt die Kenntnis oder das Kennenmüssen des Dritterwerbers von der Anfechtbarkeit der Kenntnis oder dem Kennenmüssen der Nichtberechtigung gleich. Die **Voraussetzungen der Bösgläubigkeit** ergeben sich aus den jeweils anwendbaren Vorschriften über den Erwerb vom Nichtberechtigten (zB §§ 932, 892, 1138, 1155, 1207 f, 1244). So schadet bei § 892 nur Kenntnis, bei § 932 dagegen auch grobe (nicht aber leichte) Fahrlässigkeit (BGH NJW-RR 1987, 1456, 1457; OLG Hamm VersR 1975, 814 f; PALANDT/HEINRICHS⁵⁵ Rn 4; HÜBNER, AT Rn 519; FLUME, AT II 558; WEIMAR JR 1971, 64). Liegt Bösgläubigkeit nicht vor, so bleibt daher der Dritte trotz der Anfechtung des Vorerwerbs Eigentümer (BGH NJW-RR 1987, 1456, 1457). Gegenstand der Gutgläubigkeit ist die Anfechtbarkeit des später angefochtenen Rechtsgeschäfts. Abs 2 hat (selbstverständlich) keine Funktion, soweit die Verfügung etwa bei Forderungen (§ 398) oder den unter § 413 fallenden Rechten wirkungslos und einem Gutglaubenserwerb nicht zugänglich ist (Ausnahme etwa in § 2366). Ferner hat § 142 Abs 2 Bedeutung für die Haftung aus den §§ 823 ff, 990 (dazu WEIMAR MDR 1975, 116 ff). **40**

Kenntnis oder Kennenmüssen der Anfechtbarkeit beziehen sich auf die die Anfechtbarkeit begründenden Tatsachen (BGH NJW-RR 1987, 1457; LM Nr 1; OLG Hamm VersR 1975, 814 f; FLUME, AT II 558; aA ENNECCERUS/NIPPERDEY AT¹⁵ I 2 S 1225). Die Kenntnis oder das Kennenmüssen der Rechtsfolge der Anfechtung ist daher nicht erforderlich. Auf die **Zurechnung der Bösgläubigkeit** findet § 166 Anwendung (BGH NJW 1989, 2879; 1989, 2881 [Kenntnisse eines Filialleiters]). § 404 enthält gegenüber § 142 Abs 2 eine Sonderregelung (BGH LM Nr 1). Ein gewisser Schutz folgt nur aus § 409. **41**

b) Angefochtene Verpflichtungsgeschäfte

Ist die Leistung bei Anfechtung des obligatorischen Vertrages nach § 812 Abs 1 S 1 Alt 1 zurückzuerstatten, kann der gutgläubige Bereicherungsschuldner nach § 818 **42**

Abs 3 privilegiert oder verneinendenfalls nach § 819 Abs 1 iVm § 818 Abs 4 wie ein anderer Schuldner ohne diese Wohltat haften. Der „Mangel des rechtlichen Grundes" bedeutet hier die Anfechtbarkeit des Grundgeschäfts. § 142 Abs 2 führt dann zur Verschärfung der Bereicherungshaftung (BGHZ 57, 137, 151: keine Anwendung der Saldotheorie). Auf die Feststellung der Anfechtung als begründet kommt es nicht an (WEIMAR JR 1971, 64, 65).

c) **Angefochtene Vollmachtserteilung**

43 Wird eine anfechtbare Vollmachtserteilung angefochten, so hat der Geschäftspartner nach § 179 Abs 3 keinen Anspruch gegen den Bevollmächtigten nach § 179, wenn der Geschäftspartner die Anfechtbarkeit kannte oder kennen mußte (vgl auch BGH NJW 1989, 2879, 2880; SOERGEL/HEFERMEHL[12] Rn 15).

§ 143

[1] **Die Anfechtung erfolgt durch Erklärung gegenüber dem Anfechtungsgegner.**

[2] **Anfechtungsgegner ist bei einem Vertrage der andere Teil, im Falle des § 123 Abs. 2 Satz 2 derjenige, welcher aus dem Vertrag unmittelbar ein Recht erworben hat.**

[3] **Bei einem einseitigen Rechtsgeschäfte, das einem anderen gegenüber vorzunehmen war, ist der andere der Anfechtungsgegner. Das gleiche gilt bei einem Rechtsgeschäfte, das einem anderen oder einer Behörde gegenüber vorzunehmen war, auch dann, wenn das Rechtsgeschäft der Behörde gegenüber vorgenommen worden ist.**

[4] **Bei einem einseitigen Rechtsgeschäft anderer Art ist Anfechtungsgegner jeder, der auf Grund des Rechtsgeschäfts unmittelbar einen rechtlichen Vorteil erlangt hat. Die Anfechtung kann jedoch, wenn die Willenserklärung einer Behörde gegenüber abzugeben war, durch Erklärung gegenüber der Behörde erfolgen; die Behörde soll die Anfechtung demjenigen mitteilen, welcher durch das Rechtsgeschäft unmittelbar betroffen worden ist.**

Materialien: VE-AT §§ 127, 103; E I § 113; II § 114; III § 139; SCHUBERT, AT II 219 f; MUGDAN I 473 ff; 727 ff; Mot I 220 f; Prot I 127; JAKOBS/SCHUBERT, AT I 757 ff.

Schrifttum

DÖRNER, Anfechtung und Vertragsübernahme, NJW 1986, 2916
KLUCKHOHN, Die Person des Anfechtungsgegners bei einer einseitigen, nichtempfangsbedürftigen Willenserklärung, AcP 113 (1915) 35

PROBST, Zur „Eindeutigkeit" von Anfechtungserklärungen, JZ 1989, 878
STÜSSER, Die Anfechtung der Vollmacht nach bürgerlichem Recht und Handelsrecht (1986).

2. Titel. §143
Willenserklärung

Systematische Übersicht

I. Normzweck	1	
II. Anfechtungserklärung		
1. Inhalt	2	
2. Form	6	
3. Bedingung; Eventualanfechtung	8	
4. Begründung	10	
5. Nachschieben von Anfechtungsgründen	13	
III. Anfechtungsberechtigte	14	
IV. Anfechtungsgegner	17	

1. Vertrag (Abs 2) ... 18
   a) Verträge zugunsten Dritter ... 19
   b) Gesellschaftsverträge ... 20
   c) Schuldübernahme ... 21
   d) Vertragsübernahme ... 22
   e) Sonstige Fälle der Mehrbeteiligung ... 23
   f) Vorkaufsfälle ... 25
2. Einseitige empfangsbedürftige Willenserklärungen (Abs 3) ... 26
3. Einseitige Rechtsgeschäfte anderer Art (Abs 4) ... 29
4. Bevollmächtigung und Zustimmung ... 33

Alphabetische Übersicht

Abgetretene Kaufpreisforderung — 18
Anfechtung eines Erbvertrages — 7
Anfechtungsfrist — 1
Annahme einer Erbschaft — 7
Anteilsabtretung — 20
Auslegung der Anfechtungserklärung — 12
Auslegungsregeln — 3
Auslobung — 29
Ausschlagung — 30
Ausschlagung einer Erbschaft — 7
Außenvollmacht — 33 ff

Befristung — 8
Begründungszwang — 10
Bürge — 16

Dereliktion — 29
Dereliktion des Grundeigentums — 30

Empfangsbedürftige Willenserklärung — 1
Erbe — 18
Erkennbarkeit des Anfechtungsgrundes — 11
Externe Zustimmung — 33 ff

Formgebundenes Rechtsgeschäft — 6
Formvereinbarung — 7

Hypothekar — 16

Innenvollmacht — 33 ff
Interne Zustimmung — 33 ff

Kündigung — 26

Leasinggeber, Leasingnehmer — 22
Leistungsbestimmung durch Dritte — 15
Letztwillige Verfügung — 15

Mietverhältnis — 23
Mitteilungspflicht der Behörde — 32

Objektiver Erklärungswert — 2
Okkupation — 29

Potestativbedingung — 8

Rangänderung — 27
Rechtzeitigkeit der Anfechtungserklärung — 13
Rücktritt — 4
Rückwirkende Beseitigung — 5

Schuldübernahme und Grundgeschäft — 21
Stellvertreter — 18
Strafanzeige — 4

Teilbare Leistungen — 24
Testamentsanfechtung — 7, 31

Unmittelbarkeit des Rechtsvorteils — 29
Unteilbare Leistungen — 23
Unzweideutigkeit — 3

| Vaterschaftsanerkenntnis | 7 | Vertreter | 14 |
| Verpfänder | 16 | Verzicht auf die Hypothek | 27 |

I. Normzweck

1 Nach § 143 Abs 1 geschieht die Anfechtung durch eine **empfangsbedürftige Willenserklärung** (Gestaltungsrecht, o § 142 Rn 9) und nicht etwa im Wege einer Klage oder einer Einrede (GEBHARD, in: SCHUBERT, AT II 219 f). Im übrigen legt die Norm fest, an wen die Anfechtungserklärung zu richten ist (u Rn 17 ff). Unterschieden werden die Vertragsanfechtung (Abs 2), die Anfechtung einseitiger empfangsbedürftiger Willenserklärungen (Abs 3) und diejenige nicht empfangsbedürftiger oder nur gegenüber einer Behörde abzugebender Willenserklärungen (Abs 4). Dagegen bestimmt § 143 nicht den Anfechtungsberechtigten (u Rn 14) und auch nicht die Anfechtungsfristen. Für letztere finden sich die wichtigsten Regelungen in § 121 und in § 124 sowie außerhalb des Allgemeinen Teils in den §§ 1600 h, 1954, 2082 und den §§ 2283, 2308 Abs 2. Für die verschiedenen Anfechtungsgründe ergeben sich jeweils unterschiedliche Fristen.

II. Anfechtungserklärung

1. Inhalt

2 Anfechtungserklärung ist jede Willenserklärung, die erkennen läßt, daß der Anfechtungsberechtigte (u Rn 14) seine vorangehende Erklärung nicht gelten lassen will. Es bedarf dazu nicht des ausdrücklichen Gebrauchs des Wortes „anfechten" (BGHZ 91, 324, 331). Ausreichend ist es vielmehr, wenn nach dem **objektiven Erklärungswert** der Willensäußerung die übernommene Verpflichtung „bestritten oder nicht anerkannt oder wenn ihr widersprochen wird" (BGHZ 91, 324, 331).

3 Es genügt, wenn die allgemeinen Auslegungsregeln zu der erforderlichen Verständlichkeit der Anfechtungserklärung führen (MEDICUS AT[6] Rn 717; PROBST JZ 1989, 878; CANARIS NJW 1984, 2281, 2282). Es ist deren Sinn, Zweideutigkeiten zu beseitigen. Demgegenüber verlangt die wohl hL, es müsse sich „unzweideutig" der Wille ergeben, das Geschäft gerade wegen des Willensmangels nicht bestehenlassen zu wollen (BGHZ 91, 324, 332; BGH WM 1975, 1002, 1003; DB 1971, 2302; LM § 119 Nr 5; MünchKomm/ MAYER-MALY[3] Rn 4; BGB-RGRK/KRÜGER-NIELAND/ZÖLLER[12] Rn 2; LARENZ AT[7] 477). Doch überspannt die Rspr die Anforderungen an die geforderte **Unzweideutigkeit** nicht übermäßig. So werden auch außerhalb der Anfechtungserklärung liegende Umstände berücksichtigt, die dem Anfechtungsgegner vor der Anfechtung bekannt geworden sind (BGH WM 1980, 984, 985; BGB-RGRK/KRÜGER-NIELAND/ZÖLLER[12] Rn 3).

4 Eine **wirksame Anfechtung** liegt auch nach den allgemeinen Auslegungsregeln nicht vor, wenn ein Kaufvertrag im Verlaufe eines Minderungsstreites von dem Minderungsberechtigten vorsorglich angefochten, gleichzeitig aber ausschließlich Minderung beantragt wird (LG Aachen NJW 1962, 395 mit abl Anm KUBISCH NJW 1962, 1062). Ferner erfüllt eine Strafanzeige nicht die Voraussetzungen einer Anfechtungserklärung (BGH WM 1975, 1002, 1003). Nicht ausreichend ist auch die Mitteilung, man habe die gelieferte Ware nicht bestellt (BGH DB 1971, 2302). Ebenso genügt es nicht, wenn

mit der Anfechtungserklärung die damit unvereinbare Forderung nach Schadenersatz wegen Nichterfüllung gem § 463 verbunden wird (BGH NJW 1991, 1673, 1674). Ebensowenig reicht ein Rücktritt aus, der auf Umstände nach Vertragsschluß gestützt wird (RGZ 105, 208; PALANDT/HEINRICHS[55] Rn 3). Genügen kann aber die Äußerung, sich an der Erklärung wegen eines Übertragungsfehlers nicht festhalten lassen zu wollen (OLG Karlsruhe VersR 1992, 1121; PALANDT/HEINRICHS[55] Rn 3).

Nach richtiger Auffassung muß die Anfechtungserklärung nicht gerade auf die 5 „**rückwirkende Beseitigung**" der Geltung des Rechtsgeschäfts abgestellt sein. Dem Laien werden etwa die Unterschiede von Anfechtung oder Rücktritt nicht geläufig sein. Es reicht daher aus, daß der Anfechtende erklärt, das Rechtsgeschäft solle nicht gelten (FLUME, AT II 560; MünchKomm/MAYER-MALY[3] Rn 3). Die zT abweichenden Formulierungen der Rspr sind denn auch eher beiläufig ausgesprochen worden (zB BGHZ 91, 324, 331; BGH DB 1971, 2302). Auch nach der allgemeinen Rechtsgeschäftslehre ist es nicht erforderlich, daß die betreffenden Rechtsfolgen mit angesprochen werden.

2. Form

Die Anfechtungserklärung bedarf in der Regel keiner Form. Das gilt auch dann, 6 wenn sie ein formgebundenes Rechtsgeschäft vernichten soll. Insbes findet § 313 keine Anwendung, weil die Anfechtung weder ein Vertrag ist, noch sich aus ihr eine rechtsgeschäftliche Verpflichtung zur Rückübereignung eines Grundstücks ergibt (MEDICUS AT[6] Rn 717). Sie kann auch im Verlaufe eines Rechtsstreits (BGH NJW 1968, 2099) oder in **prozessualer Form** abgegeben werden, wie zB in der Klage, in einem Schriftsatz oder auch in der mündlichen Verhandlung. Die Anfechtung bleibt ein privatrechtliches Rechtsgeschäft und ist daher von dem weiteren Verlauf des Rechtsstreits unabhängig (vTUHR, AT II 1 303).

Es steht den Parteien gleichwohl frei, für die Anfechtung eine **Form zu vereinbaren**. 7 Doch können sich der Drohende oder der Täuschende selbst darauf nicht berufen (FLUME, AT II 559). Im Gesetz finden sich vereinzelte Ausnahmevorschriften, die für die Anfechtungserklärung eine Form vorsehen. Zu nennen sind die Anfechtung eines Vaterschaftsanerkenntnisses (§ 1600 l), der Annahme oder der Ausschlagung einer Erbschaft (§§ 1955 S 2, 1945) und die Anfechtung eines Erbvertrages durch den gesetzlichen Vertreter (§ 2282 Abs 3). Eine Sonderregelung gilt auch für die Anfechtung eines Testaments (§ 2081).

3. Bedingung; Eventualanfechtung

Die Anfechtungserklärung ist als Ausübung eines Gestaltungsrechts **bedingungs- und** 8 **befristungsfeindlich**. Der Anfechtungsgegner soll endgültig wissen, woran er ist, selbst wenn er gedroht oder getäuscht hat (RGZ 66, 153, 154; 146, 234, 240; BGH NJW 1968, 2099). Er muß nicht den Schwebezustand hinnehmen, der infolge einer Bedingung oder einer Befristung eintritt. Auch Potestativbedingungen sind grundsätzlich unwirksam (MünchKomm/MAYER-MALY[3] Rn 5; aA ERMAN/BROX[9] Rn 3).

Zugelassen wird aber mit Recht eine **Eventualanfechtung** idS, daß etwa in erster Linie 9 die vertragliche Gewährleistung wegen des Nichtvorliegens einer zugesicherten

Eigenschaft geltend gemacht und die Anfechtung wegen arglistiger Täuschung für den Fall erklärt wird, daß das Gericht den Gewährleistungsanspruch verneint (BGH NJW 1991, 1673, 1674). Ebenso liegt es, wenn die (unbedingte) Anfechtungserklärung nur für den Fall gelten soll, daß ein Vertrag in einem der Auffassung des Anfechtenden widersprechenden Sinne ausgelegt wird (BGH NJW 1968, 2099; KG WRP 1990, 39, 42). Für diesen Fall will der Anfechtende nicht an den Vertrag gebunden sein. Die genannte Auffassung hat in der Lit allgemeine Zustimmung gefunden (MünchKomm/ MAYER-MALY[3] Rn 6; PALANDT/HEINRICHS[55] Rn 2; ERMAN/BROX[9] Rn 3; SOERGEL/HEFERMEHL[12] Rn 3).

4. Begründung

10 Das Gesetz sieht regelmäßig für die Ausübung von Gestaltungsrechten im allgemeinen und für die Anfechtungserklärung im besonderen keinen **Begründungszwang** vor. Spezialgesetzliche Besonderheiten ergeben sich aber etwa für die Kündigung des Wohnraumvermieters (§§ 564 a Abs 1 S 2, 556 a Abs 1 S 3, 564 b Abs 3) und für die Kündigung des Arbeitgebers (§ 102 BetrVG). Das RG (RGZ 65, 86, 88) hat denn auch konsequent die Auffassung vertreten, daß es auf die Angabe eines Anfechtungsgrundes nicht ankomme. Das gelte sowohl für die Angabe des gesetzlichen Tatbestandes wie auch für das Anführen von konkreten Tatsachen. Im Anschluß daran wird auch heute noch vertreten, daß in der Anfechtungserklärung der Anfechtungsgrund nicht angegeben zu werden braucht (PALANDT/HEINRICHS[55] Rn 3). Der Sache nach wird diese Auffassung heute aber nur für den Fall durchgehalten, daß sich der Anfechtungsgrund klar aus den gegebenen Umständen ergibt, zB aus der sofortigen Anfechtung nach Entdecken eines Betruges (MEDICUS AT[6] Rn 724).

11 Im übrigen wird heute mit Recht gefordert, daß der Anfechtungsgrund für den Anfechtungsgegner wenigstens erkennbar sein muß, damit dieser sich gegen die Anfechtung angemessen verteidigen kann. Ist daher der **Anfechtungsgrund unklar**, so muß er genannt werden (FLUME, AT II 560; MEDICUS AT[6] Rn 724; PALANDT/HEINRICHS[55] Rn 3; SOERGEL/HEFERMEHL[12] Rn 2; HÜBNER, AT Rn 515; offengelassen durch BGH NJW 1966, 39). Umständlicher ist es, zwar keine Erkennbarkeit zu verlangen, aber den Anfechtungsgegner darauf zu verweisen, den Anfechtungsgrund nachzufragen (ERMAN/BROX[9] Rn 1; zu weiteren „Mittelmeinungen" MünchKomm/MAYER-MALY[3] Rn 7). Nach dem Gesagten ist eine Angabe des Anfechtungsgrundes stets überflüssig, wenn dieser dem Gegner bekannt oder erkennbar ist (insoweit ebenso MünchKomm/MAYER-MALY[3] Rn 9).

12 Wird lediglich wegen einer **arglistigen Täuschung** (§ 123) angefochten, so ist es eine Frage der Auslegung, ob darin zugleich eine Anfechtung wegen eines Irrtums über eine verkehrswesentliche Eigenschaft nach § 119 Abs 2 zu sehen ist. In diesem Falle ist eine Berufung des Anfechtenden im Prozeß auf Irrtum entbehrlich (BGHZ 34, 32, 39; 78, 216, 221 mit krit Anm BERG NJW 1981, 2337), da jedenfalls nach der Auslegung der Anfechtungsgrund des Irrtums für den Anfechtungsgegner erkennbar war. Umgekehrt kann eine Auslegung auch ergeben, daß eine auf § 119 Abs 2 gestützte Anfechtung zugleich eine Anfechtung nach § 123 beinhaltet. Ist ein Anfechtungsgrund dagegen weder erkannt noch erkennbar und wird er von dem Anfechtenden auch nicht (fristgerecht) genannt, so ist die Anfechtung unwirksam. Nicht etwa „gilt" die Anfechtung als Irrtumsanfechtung (so aber MünchKomm/MAYER-MALY[3] Rn 9: „Mittellösung"). Dagegen spricht schon die Haftung des Anfechtenden aus § 122. FLUME,

AT II 560 f schlägt ein Fragerecht des Anfechtungsgegners vor, wonach der Anfechtende zur Erklärung verpflichtet sei, ob er auch wegen Irrtums anficht. Erklärt er sich nicht, so soll nur wegen arglistiger Täuschung angefochten worden sein. ME ist allein auf die Auslegung nach den allgemeinen Grundsätzen abzustellen.

5. Nachschieben von Anfechtungsgründen

Nach hL kann der Anfechtende, der die Anfechtung mit einer bestimmten tatsächlichen Begründung erklärt hat, sich zu ihrer Rechtfertigung nicht auf andere Gründe berufen, die zu diesem Zeitpunkt durch Anfechtung nicht mehr geltend gemacht werden können. Dieses Nachschieben von Anfechtungsgründen widerspricht dem berechtigten Interesse des Anfechtungsgegners, der davon ausgehen darf, die Wirksamkeit der Willenserklärung werde nur aus den angegebenen Gründen in Zweifel gezogen (BGH NJW 1966, 39). In derartigen Fällen liegt vielmehr eine neue Anfechtungserklärung vor, deren Rechtzeitigkeit (insbes § 121) nach dem Zeitpunkt ihrer Abgabe zu beurteilen ist (BGH NJW-RR 1993, 948; 1989, 1183; BB 1981, 1156; BAG AP § 119 Nr 5; MEDICUS AT[6] Rn 724; MünchKomm/MAYER-MALY[3] Rn 10; vTUHR, AT II 1 216; LARENZ AT[7] 478; PALANDT/HEINRICHS[55] Rn 3; BETHGE WuB I E 2 b – 10.91). Ausgeschlossen ist danach zwar das Nachschieben eines weiteren gesetzlichen Anfechtungsgrundes. Möglich bleibt es aber, **innerhalb** des erkennbar geltend gemachten gesetzlichen **Anfechtungsgrundes** weitere Tatsachen vorzubringen, welche die erklärte Anfechtung stützen können (LARENZ AT[7] 478).

III. Anfechtungsberechtigte

Anfechtungsberechtigter ist in der Regel derjenige, von dem die anfechtbare Erklärung herrührt (o § 142 Rn 11). Anfechten muß daher der Vertretene und nicht der Vertreter. Anders liegt es, wenn eine erteilte Vollmacht auch die Anfechtung mit umfaßt (FLUME, AT II 561). Im einzelnen ergibt sich das Anfechtungsrecht aus den Normen, welche die Anfechtungsmöglichkeit regeln. So ist in den Fällen des § 119 der Irrende Anfechtungsberechtigter, in den Fällen des § 123 sind es der Getäuschte oder der Bedrohte.

Ausnahmen kennt das Gesetz in **§ 2080**, weil dort der Erklärende selbst an der Anfechtung kein Interesse hat. Bei der Leistungsbestimmung durch Dritte nach **§ 318 Abs 2** steht das Anfechtungsrecht nur den Vertragsschließenden zu und nicht dem Dritten. Dessen Bestimmung ist lediglich eine Ergänzung der Erklärungen der Vertragspartner. Auch bei einem Vertrag zugunsten Dritter sind nur die Vertragsparteien, nicht aber der Dritte anfechtungsberechtigt. Sind an einem Rechtsgeschäft mehrere Personen beteiligt, so steht einer jeden ein selbständiges Anfechtungsrecht zu (RGZ 65, 398, 405). Allerdings kann ein zum Nachlaß gehörendes Anfechtungsrecht nur von der Erbengemeinschaft, nicht aber von den einzelnen Miterben ausgeübt werden (RGZ 107, 238, 239).

Sonstigen an der **Anfechtung Interessierten** wie Bürgen, Hypothekaren und Verpfändern gibt das Gesetz keine eigenen Anfechtungsrechte. Hier wird mit dilatorischen Einreden geholfen, die mit dem Anfechtungsrecht erlöschen (§§ 770 Abs 1, 1137 Abs 1 S 1, 1211 Abs 1 S 1).

IV. Anfechtungsgegner

17 Anfechtungsgegner ist derjenige, an den die Anfechtung zu richten ist. Darüber enthält § 143 Abs 2-4 eine differenzierte Regelung (o Rn 1). Gegenüber einem unbekannten Anfechtungsgegner kann nach § 132 Abs 2 die Anfechtung öffentlich erklärt werden.

1. Vertrag (Abs 2)

18 Bei einem Vertrag ist nach Abs 2 Anfechtungsgegner der „andere Teil". Wird durch Stellvertreter abgeschlossen, so ist der Vertretene der andere Teil und nicht der Vertreter. Eine Sonderregelung enthält für den Fall der arglistigen Täuschung § 143 Abs 2 Alt 2 iVm § 123 Abs 2 S 2 vor allem für den **echten Vertrag zugunsten Dritter**. Dort ist Anfechtungsgegner der Dritte, weil er nach § 328 Abs 1 aus dem Vertrag „unmittelbar" einen Leistungsanspruch erworben hat. In diesem Falle kann nicht angenommen werden, daß auch gegenüber dem ursprünglichen Vertragspartner mit Wirkung für beide angefochten werden kann (**aA** MünchKomm/MAYER-MALY[3] Rn 16). Es ist für die Festlegung des Anfechtungsgegners unerheblich, wenn das aus dem anfechtbaren Rechtsgeschäft herrührende Recht vor der Anfechtung auf einen Dritten übertragen wurde, wie zB im Falle der abgetretenen Kaufpreisforderung aus einem anfechtbaren Kaufvertrag. Obgleich der Dritte das erworbene Recht mit der Anfechtung des Vertrages rückwirkend verliert, ist er als unmittelbar Betroffener (auch o Rn 16) nicht Anfechtungsgegner. Nach dem **Tode des Anfechtungsgegners** muß den Erben gegenüber angefochten werden.

a) Verträge zugunsten Dritter

19 Bei einem echten Vertrag zugunsten Dritter ist nicht der begünstigte Dritte, sondern der Vertragspartner der Anfechtungsgegner (BGH LM PatG § 9 Nr 8; PALANDT/HEINRICHS[55] Rn 5; MünchKomm/MAYER-MALY[3] Rn 13; ERMAN/BROX[9] Rn 6; BGB-RGRK/KRÜGER-NIELAND/ZÖLLER[12] Rn 16). Der Versprechende kann also nur gegenüber dem Versprechensempfänger anfechten. Eine Ausnahme enthält § 143 Abs 2 Alt 2 (o Rn 18).

b) Gesellschaftsverträge

20 Bei einer Anfechtungserklärung, die Mitgesellschafter betrifft, muß die Anfechtung gegenüber allen Gesellschaftern erklärt werden, wenn sie eine Änderung der Grundlage des Gesellschaftsverhältnisses bewirkt. So liegt es etwa bei der Anfechtung der Zustimmung zu einer Anteilsabtretung (BGH WM 1976, 448; MünchKomm/MAYER-MALY[3] Rn 14). Das entspricht der Rechtslage bei den sonstigen Fällen der Mehrbeteiligung (u Rn 23).

c) Schuldübernahme

21 Wird bei einer Schuldübernahme nach § 415 der Übernehmer durch den Schuldner getäuscht und hat der Gläubiger das Geschäft genehmigt, so ist der Schuldner bei einer Anfechtung durch den Übernehmer Anfechtungsgegner. Die Anfechtung des Übernahmevertrags wirkt trotz der **Genehmigung** auch gegenüber dem Gläubiger. Die Anfechtbarkeit setzt nicht voraus, daß der Gläubiger die Täuschung gekannt hat oder hätte kennen müssen. Ein Fall des § 143 Abs 2 Alt 2 iVm § 123 Abs 2 S 2 (o Rn 18) liegt nicht vor (BGHZ 31, 321 ff mNachw des Streitstandes; MünchKomm/MAYER-MALY[3] Rn 13 a; ERMAN/BROX[9] Rn 6; SOERGEL/HEFERMEHL[12] Rn 9; BGB-RGRK/KRÜGER-NIE-

LAND/ZÖLLER[12] Rn 17; PALANDT/HEINRICHS[55] Rn 5; aA NÖRR/SCHEYHING, Sukzessionen [1983] 305; HIRSCH JR 1960, 295 f). Der Übernehmer kann dem Schuldner gegenüber das ganze Geschäft anfechten, das aus Grundgeschäft und Schuldübernahme besteht, aber ein einheitliches Rechtsgeschäft bildet (BGHZ 31, 321 ff).

d) Vertragsübernahme

Bei einer mehrseitigen Vertragsübernahme kann diejenige Partei, die alle Rechte **22** und Pflichten aus dem zwischen den beiden anderen Parteien geschlossenen Vertrag an Stelle einer derselben übernommen hat, ihre Erklärung nur durch eine beiden gegenüber abzugebende Erklärung anfechten. So wurde für den Fall entschieden, daß der *Leasinggeber* anstelle des *Leasingnehmers* alle Rechte und Pflichten aus dem von diesem mit dem Hersteller/Lieferanten abgeschlossenen Kaufvertrag über das Leasingobjekt übernahm (BGHZ 96, 302, 309 ff). Die Anfechtung muß allen Parteien gegenüber erklärt werden, weil sie **alle Beteiligte** berührt (ebenso FLUME, AT II 565 [auch zur Gesetzgebungsgeschichte]; LARENZ AT[7] 477 Fn 69 a; PALANDT/HEINRICHS[55] Rn 5; ERMAN/BROX[9] Rn 6; SOERGEL/HEFERMEHL[12] Rn 8). Dagegen hält DÖRNER (NJW 1986, 2916 ff) die Anfechtung allein gegenüber dem ausgeschiedenen Vertragszedenten für ausreichend (sympathisierend MünchKomm/MAYER-MALY[3] Rn 13 a). Doch muß auch DÖRNER die im Vertrag verbleibende Partei durch eine analoge Anwendung des § 409 schützen. ME fehlt es bei der Anfechtung gegenüber allen Geschäftspartnern an der für eine Analogie erforderlichen Lücke.

e) Sonstige Fälle der Mehrbeteiligung

Auch in sonstigen Fällen der Mehrbeteiligung muß der Anfechtende, dem bei **23** Schuldverhältnissen mit **unteilbarer Leistung** mehrere Vertragspartner gegenüberstehen, die Anfechtung allen gegenüber erklären (BGHZ 96, 302, 309; FLUME, AT II 565 im Anschluß an die Auffassung der 2. Kommission [MUGDAN I 731]; MünchKomm/MAYER-MALY[3] Rn 15; BGB-RGRK/KRÜGER-NIELAND/ZÖLLER[12] Rn 19; aA ENNECCERUS/NIPPERDEY AT[15] I 2 S 1228). So ist etwa auch in den Fällen der außerordentlichen Kündigung eines Mietverhältnisses gegenüber mehreren Vermietern oder Mietern die Kündigung allen beteiligten Mietern oder Vermietern gegenüber auszusprechen (BGHZ 96, 302, 309 f unter Bezugnahme auf BGHZ 26, 102 f und BGH NJW 1972, 249). Das ist zutreffend, weil eine Anfechtung, die nur gegenüber einem von mehreren Vertragspartnern zugelassen würde, die **Umgestaltung des ganzen Schuldverhältnisses** zu Lasten der anderen Beteiligten zur Folge hätte. Für eine Anwendung des § 139 ist nach dem Gesagten kein Raum (FLUME, AT II 565). Eine Einzelanfechtung ist unwirksam (aA STAUDINGER/DILCHER[12] Rn 16). Das gleiche gilt, wenn das Anfechtungsrecht bei unteilbarer Leistung nicht allen Geschäftspartnern gegenüber besteht (FLUME, AT II 565). Deshalb ist es unrichtig, in diesen Fällen die Einzelanfechtung zuzulassen und die Nichtigkeit gegenüber den übrigen Vertragspartnern nach § 139 zu bestimmen. Diese Auffassung verträgt sich nicht mit der Wertung des § 123 Abs 2 (FLUME, AT II 565 f; SOERGEL/HEFERMEHL[12] Rn 8; aA RGZ 65, 399 ff; 405 ff; BGB-RGRK/KRÜGER-NIELAND/ZÖLLER[12] Rn 19; STAUDINGER/DILCHER[12] Rn 16).

Anders liegt es freilich bei **teilbaren Rechtsgeschäften** (SOERGEL/HEFERMEHL[12] Rn 8). **24** Dann kann das Rechtsgeschäft durch Anfechtung gegenüber einem Anfechtungsgegner im Verhältnis zum Anfechtungsberechtigten nichtig, im übrigen aber gültig sein (FLUME, AT II 565; BGB-RGRK/KRÜGER-NIELAND/ZÖLLER[12] Rn 19). Bei teilbaren Rechtsgeschäften ist deshalb auch eine Anfechtung möglich, die sich nur auf einen

Geschäftspartner bezieht, weil nur diesem, nicht aber den übrigen gegenüber, ein Anfechtungsrecht besteht. Das folgt aus der Wertung des § 123 Abs 2 (FLUME, AT II 565).

f) Vorkaufsfälle

25 Im Falle eines Vorkaufsrechts sind die Partner des Kaufvertrages grundsätzlich nicht an einer Anfechtung des Vertrages gehindert (BGH NJW 1987, 890, 893). Doch muß die Nichtigkeit des Grundgeschäfts nicht notwendigerweise auch zur rückwirkenden Nichtigkeit des Vorkaufsverhältnisses führen. So liegt es etwa, wenn der Vorkaufsverpflichtete sein Anfechtungsrecht erst zu einem Zeitpunkt ausübt, nachdem der Vorkaufsberechtigte sein Vorkaufsrecht bereits ausgeübt hat. Der BGH erwägt, daß die Anfechtung des Kaufvertrages das Vorkaufsverhältnis dann nicht berührt, wenn sich etwa die Anfechtung auf Gründe in der Person des Dritten stützt, die für das Vertragsverhältnis mit dem Vorkaufsberechtigten bedeutungslos sind (BGH NJW 1987, 890, 893). Mit Recht wird für andere Fälle vertreten, Anfechtungserklärungen auch gegenüber dem Vorkaufsberechtigten zu fordern, um dem *Gedanken des § 506* Geltung zu verschaffen (so MünchKomm/MAYER-MALY[3] Rn 16 zu BGH NJW 1987, 890; MAYER-MALY, in: FS K Wagner [1987] 283 ff).

2. Einseitige empfangsbedürftige Willenserklärungen (Abs 3)

26 Nach § 143 Abs 3 S 1 muß bei Rechtsgeschäften durch einseitige empfangsbedürftige Willenserklärungen die Anfechtung an denjenigen gerichtet werden, dem gegenüber das Geschäft vorzunehmen war. Hauptfall ist die *Kündigung*, deren Anfechtung durch Erklärung an den Gekündigten auszusprechen ist.

27 Kann die Erklärung wahlweise an eine Privatperson oder an eine Behörde gerichtet werden, so ist nie die **Behörde**, sondern stets die zur Wahl stehende **Privatperson** der einzige Anfechtungsgegner, selbst wenn die Willenserklärung nur der Behörde gegenüber abgegeben wurde (§ 143 Abs 3 S 2). Grund dafür ist, daß die Anfechtung nur die Privatperson in ihren Rechten betrifft und diese daher vorrangig von der Anfechtung erfahren muß (MEDICUS AT[6] Rn 719). Es handelt sich um die Fälle des § 875 Abs 1 S 2 (Aufhebung eines Rechts an einem Grundstück), § 876 S 3 (Aufhebung eines belasteten Rechts), § 880 Abs 2 S 3 (Zustimmung zu einer Rangänderung), § 1168 Abs 2 S 1 (Verzicht auf die Hypothek), § 1180 Abs 2 S 1 (Zustimmung zur Forderungsauswechslung), § 1183 S 2 (Aufhebung der Hypothek) und § 1726 Abs 2 (Einwilligung zur Ehelicherklärung). Die gemeinten Behörden sind hier Grundbuchamt und Vormundschaftsgericht.

28 Von § 143 Abs 3 S 2 zu unterscheiden sind die Fälle des § 143 Abs 4 S 2 (u Rn 30), wenn die Willenserklärung **nur der Behörde** gegenüber abzugeben war. Dorthin gehört etwa auch die Anfechtung eines gerichtlichen Anerkenntnisses (OLG Düsseldorf SJZ 1948, 460 mit Anm RIEZLER; MünchKomm/MAYER-MALY[3] Rn 18).

3. Einseitige Rechtsgeschäfte anderer Art (Abs 4)

29 Einseitige Rechtsgeschäfte anderer Art sind nach § 143 Abs 4 S 1 zunächst diejenigen, die auf einer **nichtempfangsbedürftigen Willenserklärung** beruhen (ausführlich, aber teils veraltet, KLUCKHOHN AcP 113 [1915] 35 ff). Gemeint sind vor allem die Auslobung

nach § 657 und die Dereliktion beweglicher Sachen nach § 659. Die in § 143 Abs 4 S 1 verlangte Unmittelbarkeit des Rechtsvorteils wird weit ausgelegt (ausführlich vTuhr, AT II 1 310). Darunter gehört daher jeder Vorteil, der nicht auf einer Rechtsnachfolge beruht. Ausreichend ist es, daß **keine Zwischenperson** beteiligt war. So ist die *Dereliktion* einer beweglichen Sache demjenigen gegenüber anfechtbar, der sich die Sache nach § 958 angeeignet hat. Die „Mittelbarkeit" des Erwerbs durch die erforderliche Aneignung schadet also nicht (Medicus AT[6] Rn 720; MünchKomm/Mayer-Maly[3] Rn 19; Palandt/Heinrichs[55] Rn 7; Erman/Brox[9] Rn 8; Soergel/Hefermehl[12] Rn 11; Flume, AT II 564). Für die Anfechtung einer Dereliktion vor der Okkupation wird in der Regel kein Bedürfnis bestehen. Doch wird man annehmen müssen, daß die Anfechtung gegenüber einem „Okkupationsinteressenten" dessen Eigentumserwerb durch Okkupation ausschließt (so Flume, AT II 564).

§ 143 Abs 4 S 2 betrifft mit dem einseitigen Rechtsgeschäft anderer Art diejenigen **30** Willenserklärungen, die nur einer Behörde gegenüber abzugeben waren (o Rn 28). Hier kann der Anfechtungsberechtigte **wahlweise** gegenüber der Behörde und der Privatperson des Satz 1 anfechten. Hauptfall ist die *Dereliktion des Grundeigentums* nach § 928 Abs 1. Daneben sind zu nennen § 1109 Abs 2 BGB (Grundstücksteilung) und § 11 ErbbauRVO. Doch kann nach § 1955 die Ausschlagung nur gegenüber dem Nachlaßgericht angefochten werden.

Speziell geregelt ist die Anfechtung eines **Testaments** als des wichtigsten einseitigen **31** nicht empfangsbedürftigen Rechtsgeschäfts. Dort ist in § 2081 die Anfechtungserklärung gegenüber dem Nachlaßgericht und nicht gegenüber dem Bedachten vorgesehen. Die Anwendung des § 143 Abs 4 S 1 ist damit ausgeschlossen (etwa Palandt/ Edenhofer[55] § 2081 Rn 1).

Die im Falle des § 143 Abs 4 S 2 (o Rn 30) in HS 2 vorgesehene **Mitteilungspflicht der** **32** **Behörde** ist lediglich eine Ordnungsvorschrift. Deshalb ist die Anfechtung auch dann wirksam, wenn die Mitteilung unterbleibt (Palandt/Heinrichs[55] Rn 7; MünchKomm/ Mayer-Maly[3] Rn 20).

4. Bevollmächtigung und Zustimmung

Vollmachtserteilung (§ 167) oder Zustimmung (§ 182) können zwei verschiedenen **33** Privatpersonen gegenüber vorgenommen werden. So kann etwa nach § 167 Abs 1 die Vollmacht durch Erklärung dem zu Bevollmächtigenden oder dem Dritten gegenüber erteilt werden, dem gegenüber die Vertretung stattfinden soll. Nach § 143 Abs 3 S 1 scheint dann ausschlaggebend für die Bestimmung des Anfechtungsgegners zu sein, ob eine **Innen- oder eine Außenvollmacht** erteilt worden ist, weil der „andere" iS dieser Vorschrift der wirkliche Empfänger der empfangsbedürftigen Willenserklärung ist (Nachw bei Flume, AT II 870 Fn 33; Stüsser 40 ff). Bei der internen Bevollmächtigung müßte danach der Vertreter der Anfechtungsgegner sein. Heute setzt sich jedoch mit Recht zunehmend die Unterscheidung danach durch, ob auf Grund der Bevollmächtigung (oder Zustimmungserklärung) bereits ein Rechtsgeschäft wirksam abgeschlossen worden ist:

Weithin Einigkeit besteht darin, daß die Anfechtung gegen denjenigen zu richten ist, **34** der die anzufechtende Erklärung tatsächlich empfangen hat, solange auf Grund der

Vollmacht oder der Zustimmung noch kein Geschäft abgeschlossen worden ist. Die Rechtsfolge ergibt sich schon ohne weiteres aus § 143 Abs 1 S 1 (FLUME, AT II 563; MEDICUS AT[6] Rn 721). Ist sowohl intern wie auch extern bevollmächtigt oder zugestimmt worden, so reicht die Anfechtung des internen Akts für sich allein nicht aus (§§ 170–173; FLUME, AT II 563; SOERGEL/HEFERMEHL[12] Rn 10).

35 Ist das betreffende Geschäft bereits abgeschlossen worden und wurde extern bevollmächtigt oder zugestimmt, so folgt wiederum bereits schon aus § 143 Abs 3 S 1, daß nur dem **dritten Geschäftspartner** gegenüber angefochten werden kann (FLUME, AT II 563; STÜSSER 41). Unrichtig ist hier die Annahme der Anfechtungsmöglichkeit auch gegenüber dem **Vertreter** (so aber etwa SOERGEL/HEFERMEHL[12] Rn 10; insoweit wie hier BGB-RGRK/KRÜGER-NIELAND/ZÖLLER[12] Rn 22). Wurde lediglich intern bevollmächtigt oder zugestimmt, so muß gleichwohl dem dritten Geschäftspartner gegenüber angefochten werden, der dann gegen seinen Vertragspartner den Schadensersatzanspruch aus § 122 hat. Dann ist also auch die **Innenvollmacht** nicht dem Vertreter gegenüber, sondern dem Dritten gegenüber anzufechten (so LARENZ AT[7] 622; MEDICUS AT[6] Rn 721; FLUME, AT II 563 und 870; **aA** HÜBNER, AT Rn 646; STÜSSER 43 f; PALANDT/HEINRICHS[55] Rn 3). Der Geschäftsgegner ist in erster Linie der Betroffene der Anfechtung; er ist der Partner des letztlich angestrebten Rechtsgeschäftes. Die dargestellte Auffassung bedeutet eine Durchbrechung des § 143 Abs 1 S 1 unter Abstellen auf die Partner des im Ergebnis beabsichtigten Rechtsgeschäftes.

§ 144

[1] **Die Anfechtung ist ausgeschlossen, wenn das anfechtbare Rechtsgeschäft von dem Anfechtungsberechtigten bestätigt wird.**

[2] **Die Bestätigung bedarf nicht der für das Rechtsgeschäft bestimmten Form.**

Materialien: VE-AT § 127 Abs 2; E I § 113 Abs 3; II § 115; III § 140; SCHUBERT, AT II 219 ff; MUGDAN I 474 f, 731; Mot I 222; Prot I 133; JAKOBS/SCHUBERT, AT I 748.

Schrifttum

S die Angaben zu § 141.

Systematische Übersicht

I. Normzweck 1	a)	Empfangsbedürftige Willenserklärung 4
II. Genehmigung; Verzicht 2	b)	Formfreiheit; konkludentes Verhalten 5
III. Voraussetzungen	c)	Kenntnis der Anfechtbarkeit 7
1. Anfechtbares Rechtsgeschäft ... 3	d)	Teilbarkeit 9
2. Bestätigung 4	e)	Bestätigungsberechtigung 11

2. Titel. § 144
Willenserklärung 1, 2

IV. Rechtsfolgen		**V. Prozessuales**	17
1. Rückwirkung	13		
2. Verzicht auf Schadenersatzansprüche	16		

Alphabetische Übersicht

Anfechtbares Testament	12	Kaufrechtliche Gewährleistung	6
Anfechtungsgründe	9	Kenntnismöglichkeit	7
Annahme der Leistung	6	Konkludentes Verhalten	5
Arglistige Täuschung	3, 6, 10		
Auslegung der Bestätigung	8	Neuvornahme	1
Beweislast	17	Pfandbestellung	6
Drohung	10	Schadensersatzansprüche	16
Empfangsbedürftigkeit	4	Verzicht	2
Erfüllung	6		
		Weiterveräußerung	6
Genehmigung	2	Widerruf der Bestätigung	15
Gültiges Rechtsgeschäft	1	Wirkung gegenüber Dritten	13
Handlungen im Interesse des Gegners	6	Zwischenerwerb	14

I. Normzweck

Die Bestätigung des § 144 betrifft ein gültiges Rechtsgeschäft, da die Anfechtung **1** noch nicht bewirkt ist (BGH WM 1979, 237). Abweichend von § 141 (aber o § 141 Rn 13) sieht das Gesetz in § 144 **keine Neuvornahme** des Rechtsgeschäfts. Gegenüber der Bestätigung eines nichtigen Rechtsgeschäfts nach § 141 bringt § 144 mit der Bestätigung eines anfechtbaren Rechtsgeschäfts noch eine zusätzliche Erleichterung, da § 144 Abs 2 von der Einhaltung eines Formzwanges befreit. Im übrigen braucht das Geschäft nicht unter Vermeidung des Anfechtungsgrundes erneut vorgenommen zu werden. Auch insofern liegen die Dinge bei § 141 anders (§ 141 Rn 1), als sich dort die Parteien weiterhin „auf den Boden des Vertrages" stellen müssen (§ 141 Rn 15). Ausreichend ist die Entscheidung des Anfechtungsberechtigten, das Rechtsgeschäft ungeachtet des Anfechtungsrechts gelten zu lassen (FLUME, AT II 568 f).

II. Genehmigung; Verzicht

§ 113 Abs 3 E I hatte folgende Fassung: „Durch die Genehmigung des Anfechtungs- **2** berechtigten wird das Rechtsgeschäft unanfechtbar". Mit Recht wurde das Wort „Genehmigung" gestrichen, da der Ausdruck „Genehmigung" ansonsten hier in einem anderen Sinne gebraucht würde, als dies an anderen Stellen des BGB der Fall ist (MUGDAN I 731 = Prot I 133 f). Die Gesetzesväter (MUGDAN I 731; JAKOBS/SCHUBERT, AT I 748) hatten in der Bestätigung einen einfachen Verzicht auf das Anfechtungsrecht gesehen. Doch wurde der Ausdruck Verzicht ua vermieden, weil es sich nicht um einen Verzicht auf das „Anfechtungsrecht" iSe subjektiven Privatrechtes handele, sondern nur um die rechtliche Möglichkeit, ein Rechtsgeschäft wegen anhaftender Mängel anzufechten (MUGDAN I 731). In der Sache besteht aber heute weithin Einigkeit, daß zwischen der Bestätigung des § 144 und dem Verzicht keine sachlichen Unterschiede bestehen (RGZ 68, 398, 400; MEDICUS AT[6] Rn 534; JAUERNIG[7] Anm 2 b; PALANDT/HEINRICHS[55] Rn 1; ERMAN/BROX[9] Rn 1; SOERGEL/HEFERMEHL[12] Rn 1; FRÜH JuS 1994, 486, 491; aA FLUME, AT II 568 f; MünchKomm/MAYER-MALY[3] Rn 2). In der Sache führt die Bestätigung des § 144 deshalb zu einer „Rückwirkung" mit Wirkung gegenüber Dritten (u Rn 13). Die Rede von der **„Rückwirkung"** ist allerdings ungenau, da lediglich die Anfechtbarkeit eines bestehenden Rechts beseitigt wird (s die wiedergegebenen Erwägungen bei JAKOBS/SCHUBERT, AT I 748).

III. Voraussetzungen

1. Anfechtbares Rechtsgeschäft

3 Es ist gleichgültig, aus welchem Grunde das betreffende Rechtsgeschäft anfechtbar ist. So ist die Norm insbes auch bei *arglistiger Täuschung* nach § 123 anwendbar (etwa BGHZ 110, 220, 221; BGH NJW-RR 1992, 779). Erforderlich ist aber, daß das Rechtsgeschäft noch nicht angefochten worden ist. Nach der Anfechtung kommt wegen § 142 Abs 1 nur noch eine Bestätigung nach § 141 in Betracht (o § 141 Rn 2).

2. Bestätigung

a) Empfangsbedürftige Willenserklärung

4 Die Bestätigung ist ein Rechtsgeschäft iSe einseitigen formfreien (Abs 2) Willenserklärung. Der Gesetzgebungsgeschichte folgend soll es sich nach hL freilich um eine **nicht empfangsbedürftige Willenserklärung** handeln (MUGDAN I 731; RGZ 68, 398, 399; OLG Nürnberg DAR 1962, 202, 204; MünchKomm/MAYER-MALY[3] Rn 1; PALANDT/HEINRICHS[55] Rn 1; JAUERNIG[7] Anm 2 a; BGB-RGRK/KRÜGER-NIELAND/ZÖLLER[12] Rn 4). Deshalb soll ein Zugang der Erklärung an den Erklärungsempfänger (§ 130) nicht erforderlich sein. Auch ein nicht in Richtung auf den Anfechtungsgegner abgegebener stillschweigender Verzicht müsse das Rechtsgeschäft unanfechtbar machen (MUGDAN I 731 = Prot I 133 f). Dieser Auffassung kann nicht gefolgt werden. Der Gegner des Anfechtungsberechtigten muß wissen, woran er ist, damit er den Schluß auf den entsprechenden Rechtsfolgewillen ziehen kann. Erfährt er von einer „Bestätigung" nur auf Umwegen oder durch Dritte, so kann er sich nicht darauf verlassen (LARENZ AT[7] 480; MEDICUS AT[6] Rn 534). Daraus folgt auch, daß der „Bestätigende" nicht gebunden ist, wenn er die Bestätigung nicht gegenüber dem Anfechtungsberechtigten erklärt hat (MEDICUS AT[6] Rn 534). Es bedarf dann keiner Anfechtung der Bestätigung. Freilich kommt die Rspr zu vergleichbaren Ergebnissen, da sie für konkludent erklärte Bestätigungen strenge Anforderungen stellt (BGH NJW-RR 1992, 779; u Rn 5). Doch handelt es sich dabei um einen überflüssigen Umweg. Ähnlich sieht sich auch die herrschende Literaturmeinung zu der Einschränkung gezwungen, es genüge für § 144 nur ein dem Anfechtungsgegner erkennbares Verhalten (MünchKomm/MAYER-MALY[3] Rn 5).

b) Formfreiheit; konkludentes Verhalten

5 Da die Bestätigung nach Abs 2 formfrei möglich ist, genügt für sie auch ein konkludentes Verhalten. Die Rspr stellt an die Annahme einer Bestätigung durch konklu-

dentes Verhalten **strenge Anforderungen**, da Teilnehmer am Rechtsverkehr erfahrungsgemäß nicht ohne weiteres auf bestehende Befugnisse oder Gestaltungsmöglichkeiten zu verzichten pflegten (BGHZ 110, 220, 222; BGH NJW-RR 1992, 779; WM 1982, 1249, 1251; NJW 1967, 720, 721). Zwar soll ein Verhalten genügen, das den Willen offenbart, trotz Kenntnis der Anfechtbarkeit an dem Rechtsgeschäft festzuhalten (BGHZ 112, 220, 222). Doch darf es nur dann als Bestätigung gewertet werden, wenn „jede andere den Umständen nach einigermaßen verständliche Deutung dieses Verhaltens ausscheidet" (BGHZ 110, 220, 222; BGH NJW-RR 1992, 779, 780). Sobald ein Verhalten auch auf einem anderen Grund beruhen kann, scheidet danach eine Bestätigung grundsätzlich aus.

Strenge Anforderungen werden insbes im Falle einer **arglistigen Täuschung** nach § 123 **6** gestellt, damit die Überlegungsfrist des § 124 nicht durch eine zweifelhafte Bestätigung unterlaufen wird. Deshalb werden Entgegennahme und Gebrauch einer nach dem anfechtbaren Vertrag geschuldeten Leistung nur dann als Bestätigung gewertet, wenn dies nicht nur aus wirtschaftlicher Notwendigkeit oder zur Abwendung eines größeren Verlustes geschieht (BGH NJW-RR 1992, 779, 780). Vergleichbar tritt ein Bestätigungswille nicht schon dadurch eindeutig hervor, daß der Käufer in Kenntnis der Anfechtbarkeit von dem Verkäufer klageweise Gewährleistung verlangt. Ansonsten würde das Wahlrecht des Käufers verkürzt (BGHZ 110, 220, 222 f). Eine Bestätigung wurde auch verneint, wenn der Mieter eines Ladengeschäftes in den Mieträumen den Geschäftsbetrieb aufnimmt und lediglich die Nebenkosten, nicht aber den vereinbarten Mietzins bezahlt (BGH NJW-RR 1992, 779, 780). Ich stimme dieser Rspr zum erforderlichen Schutz des Vertragsgegners im Ergebnis zu (o Rn 4; ebenso LARENZ AT[7] 480; einschränkend MünchKomm/MAYER-MALY[3] Rn 3 aE). Unter den gegebenen Voraussetzungen kann eine Bestätigung im Einzelfall gleichwohl in der Annahme der Leistung, in der freiwilligen Erfüllung der Verbindlichkeit oder in einer Pfandbestellung liegen (s die in JAKOBS/SCHUBERT, AT I 748 wiedergegebenen Erwägungen). Ebenso liegt es, wenn sich der Anfechtungsberechtigte verurteilen läßt, ohne anzufechten (vTUHR, AT II 1 320). Eine Bestätigung wird auch darin zu sehen sein, daß das durch das anfechtbare Geschäft erworbene Recht weiter veräußert wird (ENNECCERUS/NIPPERDEY AT[15] I 2 S 1229). Sie wurde ferner angenommen, wenn trotz Kenntnis von der Anfechtbarkeit eines Vergleiches an diesem festgehalten wird und weiter Zahlungen geleistet werden (OLG Koblenz FamRZ 1983, 720). Keine Bestätigung ist dagegen gegeben, wenn der Anfechtungsberechtigte eine Handlung vornimmt, welche im Interesse des Gegners nötig ist (vTUHR, AT II 1 320 Fn 130 a).

c) Kenntnis der Anfechtbarkeit

Nach hL setzt die Bestätigung nach § 144 notwendig die Kenntnis der Anfechtbarkeit **7** voraus (RGZ 68, 398, 400; BGHZ 110, 220, 222; BGH NJW 1995, 2290, 2291; WM 1961, 785, 787; MünchKomm/MAYER-MALY[3] Rn 4). Abschwächend wird bisweilen formuliert, es genüge das Bewußtsein, daß ein Anfechtungsrecht „möglicherweise" besteht (ENNECCERUS/NIPPERDEY AT[15] I 2 S 1229; SOERGEL/HEFERMEHL[12] Rn 2). Im Falle der arglistigen Täuschung soll der Anfechtungsberechtigte wenigstens mit der Möglichkeit rechnen müssen, daß der Gegner ihn bewußt getäuscht hat (BGH NJW-RR 1990, 817, 819). Neben der Kenntnis der tatsächlichen Umstände, aus denen sich ein Anfechtungsrecht ergibt, muß für den Anfechtungsberechtigten zusätzlich die Vorstellung hinzutreten, daß er etwas gegen das Rechtsgeschäft unternehmen könne (MünchKomm/MAYER-MALY[3] Rn 4 im Anschluß an RGZ 128, 116, 119; ebenso BGH NJW-RR 1990, 817, 819).

Überwiegend wird verneint, daß ein bloßer Argwohn ausreiche (MünchKomm/MAYER-MALY[3] Rn 4).

8 ME kommt es entscheidend darauf an, ob die betreffende Handlung des Anfechtungsberechtigten nach ihrem **äußeren Erscheinungstatbestand** für den Anfechtungsgegner die Bedeutung einer Bestätigung idS hat, daß das Geschäft trotz erkannter Zweifel an der Anfechtbarkeit gelten solle. Ist das der Fall, so kann der Bestätigung ihre Bedeutung nur durch eine Anfechtung nach § 119 genommen werden. Die Dinge liegen also vergleichbar wie bei der Bestätigung nach § 141 (o § 141 Rn 20 ff). Läßt sich aus der Erklärung nicht erkennen, daß bestehende Zweifel ausgeräumt werden sollen, so ist eine Bestätigung nicht erklärt worden. Einer Anfechtung bedarf es dann nicht.

d) Teilbarkeit

9 Ist dem Bestätigenden die Anfechtbarkeit nur aus einem bestimmten Grunde, zB wegen eines Irrtums nach § 119 bekannt, so kann sich aus der Auslegung der Bestätigung ergeben, daß eine Anfechtbarkeit wegen Täuschung nach § 123 nicht ausgeschlossen werden soll (RG HRR 1938 Nr 1004; ENNECCERUS/NIPPERDEY AT[15] I 2 S 1229; MünchKomm/MAYER-MALY[3] Rn 4). Die Bestätigung ist also teilbar idS, daß sie auf **bestimmte Anfechtungsgründe** beschränkt sein kann. Mußte der Anfechtungsgegner die Bestätigung als umfassend verstehen, so hilft dem Bestätigenden nur die Anfechtung (§ 119) hinsichtlich des ihm unbekannten Anfechtungsgrundes. Im Falle der arglistigen Täuschung sind an die Verständnismöglichkeiten des Täuschenden allerdings strenge Anforderungen zu stellen (RG JW 1937, 2651; BGB-RGRK/KRÜGER-NIELAND/ZÖLLER[12] Rn 9).

10 Ist ein Rechtsgeschäft nur wegen **Drohung** anfechtbar, so kommt eine Bestätigung erst nach Wegfall der Zwangslage in Betracht (OGHBrZ SJZ 1949, 470). Ist die **Täuschung** durch einen Dritten (§ 123 Abs 2) verübt worden, so muß der Bestätigende Kenntnis davon haben, daß der andere, dem gegenüber die Erklärung abzugeben war, die Täuschung kannte oder hätte kennen müssen (RG JW 1914, 188; BGB-RGRK/KRÜGER-NIELAND/ZÖLLER[12] Rn 10).

e) Bestätigungsberechtigung

11 Zur Bestätigung befugt ist der Anfechtungsberechtigte oder sein Vertreter. In der Regel handelt es sich um denjenigen, der die anfechtbare Erklärung abgegeben hat. Bei **§ 318 Abs 2** kann jede Vertragspartei bestätigen und damit das Anfechtungsrecht ausschließen. Das Anfechtungsrecht des anderen Teils bleibt bestehen (vTUHR, AT II 1 321).

12 Obgleich bei einem **anfechtbaren Testament** das Anfechtungsrecht nicht dem Erblasser, sondern nach § 2080 den Interessenten zusteht, so kann doch auch der Erblasser bestätigen, wenn er seine Verfügungen aufrechterhalten will (OLG Hamm NJW-RR 1994, 462, 464; **aA** BayObLG Rpfleger 1975, 242). Das dem Erblasser eingeräumte Widerrufsrecht hat dieselben Funktionen wie ein Anfechtungsrecht, wenn der Widerruf auf einem Willensmangel beruht (zutreffend vTUHR, AT II 1 321).

IV. Rechtsfolgen

1. Rückwirkung

Im untechnischen Sinn (o Rn 2) kommt der Bestätigung des § 144 volle Rückwirkung auch gegenüber Dritten zu. Genauer ist es, zu sagen, daß für das bereits jetzt wirksame Rechtsgeschäft die Anfechtungsgefahr endgültig wegfällt. Durch die Bestätigung entstehen daher keine neuen Rechtswirkungen. Vielmehr werden bereits eingetretene Wirkungen unanfechtbar. Daher bedeutet die Bestätigung einer Verpflichtung keine Erweiterung für den *Bürgen* nach § 767 oder nach § 1210 im Falle der *Verpfändung* (RGZ 62, 54; vTuhr, AT II 1 322). 13

Haben **Dritte** in der Zwischenzeit **Rechte** erworben, so können sie durch die Bestätigung nicht verändert werden. Wenn A dem X ein anfechtbares, und später dem Y ein gültiges Pfandrecht bestellt hat und A das Pfandrecht des X bestätigt, so bleibt die Rechtslage des Y unberührt. Er nimmt lediglich den zweiten Rang ein (vgl die Erwägungen bei Jakobs/Schubert, AT I 748). 14

Das Anfechtungsrecht wird durch die Bestätigung endgültig beseitigt. Ein **Widerruf der Bestätigung** ist auch nicht in offener Anfechtungsfrist möglich (MünchKomm/Mayer-Maly[3] Rn 6). Es bleibt unter den gegebenen Voraussetzungen lediglich eine Anfechtung der Bestätigung übrig. 15

2. Verzicht auf Schadenersatzansprüche

Die Bestätigung des § 144 beschränkt sich grundsätzlich auf die Beseitigung des Anfechtungsrechts. Dagegen schließt sie etwaige Schadenersatzansprüche wegen Betruges gegen den Anfechtungsgegner nicht aus (RG JW 1911, 398; Hübner, AT Rn 521). Allerdings kann die Auslegung ergeben, daß die Bestätigung auch einen Verzicht auf einen bestehenden Schadenersatzanspruch enthält (Enneccerus/Nipperdey AT[15] I 2 S 1229; BGB-RGRK/Krüger-Nieland/Zöller[12] Rn 13). Doch erfordert der Verzicht dann die Annahme der entsprechenden Erklärung (Soergel/Hefermehl[12] Rn 7). Es gibt jedenfalls keine Regel des Inhalts, wonach der Wille des Bestätigenden regelmäßig auf die Beseitigung aller aus dem Anfechtungstatbestand folgenden Ansprüche geht (Soergel/Hefermehl[12] Rn 7 Fn 28; aA Erman/Brox[9] Rn 4). 16

V. Prozessuales

Der Anfechtungsgegner trägt die **Behauptungs- und Beweislast** dafür, daß eine Anfechtung wegen der Bestätigung ausgeschlossen ist (BGH NJW 1967, 720 f; MünchKomm/Mayer-Maly[3] Rn 7; Soergel/Hefermehl[12] Rn 4). Dabei reicht es aus, wenn der Anfechtungsgegner nachweist, daß dem Anfechtungsberechtigten die die Anfechtung begründenden Tatsachen bekannt gewesen sind (RGZ 68, 401; BGB-RGRK/Krüger-Nieland/Zöller[12] Rn 12). Ergibt sich eine Bestätigung aus dem Sach- und Streitstand, so ist sie durch das Gericht **von Rechts wegen** zu berücksichtigen, ohne daß sich die begünstigte Partei darauf berufen muß (BGH NJW 1967, 720, 721). 17

Dritter Titel
Vertrag

Vorbemerkungen zu §§ 145–156

Schrifttum

ACHENBACH, Der briefliche und telegraphische Vertrag im vergleichenden und internationalen Privatrecht (1934)
ADLER, Realcontract und Vorvertrag, JherJb 31, 190
vARNIM, Die Option im Waren- und Aktienbereich, AG 1983, 29
BAHNTJE, Gentlemen's Agreement und abgestimmtes Verhalten (1982)
BAILAS, Das Problem der Vertragsschließung und der vertragsbegründende Akt (1962)
BEHREND, Haftung für Gefälligkeitshandlungen, Recht 1919, 291
BELKE, Die Geschäftsverweigerung im Recht der Wettbewerbsbeschränkungen (1966)
BLATZHEIM, Die Unfallhaftung aus der sog Gefälligkeitsfahrt im Kraftfahrzeug (Diss Köln 1952)
BLAUROCK, Der Vorvertrag zur Zeichnung von Aktien, in: FS Rittner (1991) 33
E BÖHMER, Definition des Begriffs der Gefälligkeitsfahrt, VersR 1964, 807
ders, Unbilligkeit der Haftung des Gefälligkeitsfahrers, JR 1970, 135
ders, Zum Begriff der Gefälligkeitsfahrt, JR 1957, 338
BRÜGGEMANN, Causa und Synallagma im Recht des Vorvertrages, JR 1968, 201
BUCHER, Die verschiedenen Bedeutungsstufen des Vorvertrages, in: Berner Festgabe zum Schweizerischen Juristentag (1979) 169
BÜLCK, Vom Kontrahierungszwang zur Abschlußpflicht (1940)
F BYDLINSKI, Kontrahierungszwang und Anwendung des allgemeinen Zivilrechts, JZ 1980, 378
ders, Zu den dogmatischen Grundfragen des Kontrahierungszwangs, AcP 180 (1980) 1
CARTELLIERI, Die Option, BB 1948, 162
CONTZEN, Kontrahlichrungszwang bei marktbeherrschenden Unternehmen (Diss Köln 1965)
DAHMANN, Gefälligkeitsbeziehungen (Diss Erlangen 1935)
DEGENKOLB, Der Begriff des Vorvertrages (1871)
ders, Zur Lehre vom Vorvertrag, AcP 71 (1887) 1
DEITER, Der Verpflichtungsvertrag (pactum de contrahendo) (Diss Marburg 1902)
vDEWITZ, Gefälligkeitsverhältnisse im Bürgerlichen Recht (Diss Tübingen 1939)
DIELE, Haftpflichtrisiko und Schadensverteilung bei sog. Gefälligkeitsfahrten (Diss Freiburg 1959)
EHLERS, Die Problematik des Kontrahierungszwangs in der Wettbewerbsordnung (Diss Hamburg 1979)
vEINEM, Die Rechtsnatur der Option (1974)
ETZBACH, Die Haftung aus erwiesener und empfangener Gefälligkeit unter besonderer Berücksichtigung der Haftung bei Gefälligkeitsfahrten (Diss Erlangen 1935)
EVERS, Zum Problem der Kraftfahrzeug-Gefälligkeitsfahrt (Diss Köln 1936)
EYLERT, Gefälligkeitsbeziehungen (Diss Köln 1955)
FISCHBACH, Vorbereitende Rechtsverhältnisse, ArchBürgR 41, 160
H-D FISCHER, Gefälligkeitsfahrt und vorvertragliche Haftung (1938)
FREUND, Die stillschweigende Vertragsannahme (Diss Breslau 1899)
FRIEDRICH, Die Gefälligkeitsfahrt im Kraftfahrzeug (Diss Göttingen 1939)
GELLER, Der Vorvertrag (Diss Erlangen 1908)
GERNHUBER, Austausch und Kredit im recht-

3. Titel.
Vertrag

lichen Verbund; zur Lehre von der Vertragsverbindung, in: FS Larenz (1973) 455
GEORGIADES, Optionsvertrag und Optionsrecht, in: FS Larenz (1973) 409
GREIB, Der Kontrahierungszwang im geltenden Recht (Diss Würzburg 1960)
GROSSMANN, Die Vertragsfreiheit als ökonomisches und juristisches Ordnungsprinzip (Diss Freiburg 1957)
GRUNEWALD, Vereinsaufnahme und Kontrahierungszwang, AcP 182 (1982) 181
HACKL, Vertragsfreiheit und Kontrahierungszwang im deutschen, im österreichischen und im italienischen Recht (1980)
HEDEMANN, Der Kontrahierungszwang, Erinnerung und Ausblick, in: FS Nipperdey (1955) 251
HENRICH, Vorvertrag, Optionsvertrag, Vorrechtsvertrag (1965)
HERTEL, Rechtsgeschäfte im Vorfeld eines Projekts, BB 1983, 1824
HEYL, Die rechtliche Behandlung der Gefälligkeiten, insbesondere der Gefälligkeitsfahrt, unter besonderer Berücksichtigung der Lehre von den faktischen Vertragsverhältnissen (Diss Köln 1943)
HILLGRUBER, Abschied von der Privatautonomie?, ZRP 1995, 6
E vHIPPEL, Die Haftung bei Gefälligkeitsfahrten, in: FS F vHippel (1969) 233
HOFFMANN, Der Einfluß des Gefälligkeitsmoments auf das Haftungsmaß, AcP 167 (1967) 394
HONSELL/HOLZ-DAHRENSTAEDT, Grundprobleme des Vertragsschlusses, JuS 1986, 969
KALLMEYER, Die Gefälligkeitsverhältnisse (Diss Göttingen 1968)
KILIAN, Kontrahierungszwang und Zivilrechtssystem, AcP 180 (1980) 47
KLIMKE, Rechtsprobleme um die Ersatzpflicht aus Anlaß von Gefälligkeitshandlungen, ZfVersW 1977, 51
KLÜNDER, Die rechtliche Natur der Gefälligkeitsleistungen (Diss Göttingen 1932)
KÖHLER, Vorvertrag, Option und Festofferte, Jura 1979, 465
KÖNDGEN, Selbstbindung ohne Vertrag (1981)
KORTE, Die Vertragslehre im Bürgerlichen Gesetzbuch für das Deutsche Reich (1897)

E A KRAMER, Grundfragen der vertraglichen Einigung (1972)
G KRAMER, Vertragstatbestand, Vertragsinhalt und Wirksamkeitsvoraussetzungen des Vertrages (Diss Heidelberg 1964)
KRÜCKMANN, Die Gefälligkeitsfahrt, JW 1932, 3688
ders, Enteignung, Einziehung, Kontrahierungszwang (1925)
ders, Gefälligkeitsverträge, SeuffBl 74, 113
KÜTTNER, Aufnahmezwang für Gewerkschaften?, NJW 1980, 968
LAMBRECHT, Die Lehre vom faktischen Vertragsverhältnis (1994)
LARENZ, Die rechtliche Bedeutung von Optionsvereinbarungen, DB 1955, 209
LEENEN, Abschluß, Zustandekommen und Wirksamkeit des Vertrages, AcP 188 (1988) 381
LEVINSOHN, Der Vorvertrag (1931)
LIETZ, Über die Rechtsfindung auf dem Gebiet der sog. Gefälligkeitsverhältnisse (Diss Frankfurt 1940)
LORENZ, Vorzugsrechte beim Vertragsschluß, in: FS Dölle I (1963) 103
LUCKE, Ein Beitrag zur Frage der Haftung aus Gefälligkeitsfahrten mit Kraftfahrzeugen (Diss Heidelberg 1931)
LUDWIG, Der Vertragsschluß nach UN-Kaufrecht im Spannungsverhältnis von Common Law und Civil Law (1994)
MAHRZAHN, Die Haftung des Kraftfahrzeughalters aus Gefälligkeit (Diss Göttingen 1921)
MANIGK, Das Wesen des Vertragsschlusses in der neueren Rechtsprechung, JherJb 75, 127
MARKERT, Privatautonomie und Kontrahierungszwang, AG 1991, 288
MERSSON, Zur Haftung bei Gefälligkeitsfahrten, DAR 1993, 87
MERZ, Vertrag und Vertragsschluß (2. Aufl 1992)
METZDORF, Die Grundfragen des Vorvertrages nach deutschem und österreichischem Recht (Diss Breslau 1939)
MEYER, Vertragsvollziehung oder Vertragsproduktion, AcP 87 (1897) 77
MICHAELIS, Gefälligkeitsleistung und Vertrag (Diss Leipzig 1937)
MOLITOR, Zur Theorie des Vertragszwangs, JherJb 73, 1

MÜLLEREISERT, Vertragslehre (1947)
NIPPERDEY, Kontrahierungszwang und diktierter Vertrag (1920)
ders, Stromsperre, Zulassungszwang und Monopolmißbrauch (1929)
ders, Vorhand, Vorkaufsrecht und Einlösungsrecht, ZBlHR 1930, 300
PALLMANN, Rechtsfolgen aus Gefälligkeitsverhältnissen (Diss Regensburg 1971)
PAPPENHEIM, Die Vertragsfreiheit und die moderne Entwicklung des Verkehrsrechts, in: FS G Cohn (1915) 289
PROPACH, Die Gefälligkeiten des täglichen Lebens, insbesondere die Gefälligkeitsfahrt (Diss Erlangen 1935)
RADTKE, Die Kraftfahrzeug-Gefälligkeitsfahrt (Diss Halle 1935)
RATH, Vorverträge nach dem Bürgerlichen Gesetzbuche (Diss Erlangen 1906)
RATH-GLAWATZ, Anzeigenauftrag und Kontrahierungszwang, WRP 1982, 625
REINICKE/TIEDTKE, Heilung eines formnichtigen Vorvertrages und ihre Auswirkungen auf die Vertragsstrafe, NJW 1982, 1430
REUSS, Die Intensitätsstufen der Abreden und die Gentlemen-Agreements, AcP 154 (1955) 485
RITZINGER, Der Vorvertrag in der notariellen Praxis, NJW 1990, 1201
RÖHL, Über außervertragliche Voraussetzungen des Vertrages, in: FS Schelsky (1978) 435
ROLL, Die Verjährung beim Vorvertrag, BB 1978, 69
H ROTH, Der Vorvertrag (1928)
H ROTH, Der faktische Vertrag, JuS 1991, L 89
ROTHER, Der Vertrag als Vertragsgegenstand, in: FS Larenz (1973) 435
F SCHÄFER, Der Darlehensvorvertrag (Diss Freiburg 1902)
SCHLOSSMANN, Der Vertrag (1876)
ders, Über den Vorvertrag und die rechtliche Natur der sog Realkontrakte, JherJb 45, 1
SCHMALZEL, Vorverträge zugunsten Dritter, AcP 164 (1964) 446
K SCHMIDT, Zur Durchsetzung vorvertraglicher Pflichten, DNotZ 1990, 708
SCHUMACHER, Über die rechtliche Natur der Gefälligkeiten des täglichen Lebens und die Haftung aus Gefälligkeiten unter besonderer Berücksichtigung der Haftung bei der Gefälligkeitsfahrt (Diss Marburg 1939)
SIMON, Zum Kontrahierungszwang von Kreditinstituten, ZIP 1987, 1234
STEINDORFF, Vorvertrag zur Vertragsänderung, BB 1983, 1127
STINTZING, Die Vorverpflichtung im Gebiet der Schuldverhältnisse (1903)
SIBER, Die schuldrechtliche Vertragsfreiheit, JherJb 70, 223
W STRAUSS, Gewerbefreiheit und Vertragsfreiheit, in: FS Böhm (1975) 603
THEEGARTEN, Die Schadensersatzpflicht aus Gefälligkeitsverhältnissen (Diss Köln 1949)
TRAUT, Beiträge zur Lehre vom Vorvertrag (Diss Heidelberg 1911)
VAN VENROOY, Vertrag und Unwirksamkeit bei § 18 GWB (1980)
WABNITZ, Der Vorvertrag in rechtsgeschichtlicher und rechtsvergleichender Betrachtung (Diss Münster 1962)
WAGENFÜHR, Die Gefälligkeitsfahrt im Kraftfahrzeug unter besonderer Berücksichtigung der Haftung des gefälligen Fahrers (Diss Frankfurt 1943)
WEBER, Der Optionsvertrag, JuS 1990, 249
WENNER, Vorverhandlungen und Vorvertrag, BB 1966, 669
WILLOWEIT, Abgrenzung und rechtliche Relevanz nicht rechtsgeschäftlicher Vereinbarungen (1969)
ders, Die Rechtsprechung zum Gefälligkeitshandeln, JuS 1986, 96
ders, Schuldverhältnis und Gefälligkeit, JuS 1984, 909
WUNNER, Die Problematik des Grundsatzes der Vertragsfreiheit im Privatrecht (Diss Heidelberg 1957)
ZÖLLNER, Der arbeitsrechtliche Vorvertrag, in: FS Floretta (1983) 455.

Vgl ferner die Schrifttumsangaben bei STAUDINGER/DILCHER[12] Einl zu §§ 104 ff und Vorbem zu §§ 116 ff.

3. Titel.
Vertrag

Vorbem zu §§ 145 ff

Systematische Übersicht

I.	**Überblick**		2.	Vorvertragliches Schuldverhältnis	48
1.	Vertrag	1	a)	Gesetzliches Schuldverhältnis	49
2.	Regelungsgehalt der §§ 145–156	4	b)	Rechtsfolgen	50
3.	Anwendungsbereich der §§ 145–156	5	3.	Vorvertrag	51
4.	Bedeutung des Vertragsschlusses	8	a)	Abgrenzung	51
			b)	Notwendiger Inhalt	56
II.	**Geschichtliche Entwicklung**	9	c)	Form	60
			d)	Genehmigung	63
III.	**Rechtsvergleichende Hinweise**	11	e)	Rechtsfolgen	64
			f)	Bedeutung für den Hauptvertrag	68
IV.	**Abschlußfreiheit und Kontrahierungszwang**		4.	Option	69
			a)	Abgrenzung; Gestaltungsmöglichkeiten	69
1.	Abschlußfreiheit	12	b)	Form	74
a)	Positive Abschlußfreiheit	13	c)	Übertragbarkeit	75
b)	Negative Abschlußfreiheit	14	5.	Vorrechtsverträge	77
2.	Rechtsgrundlagen des Kontrahierungszwangs	15	a)	Arten	77
			b)	Insbesondere: Vorhand	78
a)	Spezialgesetzliche Anordnung	17			
b)	§ 35 iVm § 26 Abs 2 GWB	18	**VII.**	**Gefälligkeitsverhältnis**	79
c)	§ 826 BGB	21	1.	Abgrenzung	80
d)	cic	28	2.	Rechtsfolgen	83
3.	Rechtsfolgen des Kontrahierungszwangs	29	a)	Keine Vertragsansprüche	83
a)	Materiell-rechtliche Abschlußpflicht	29	b)	Haftungsgrundlagen	85
b)	Prozessuale Durchsetzung	33	c)	Haftungsmaßstab	86
4.	Diktierter Vertrag	35			
			VIII.	**Vertragsarten**	
V.	**Vertragsschluß**	36	1.	Unterscheidung nach dem Inhalt	87
1.	Angebot und Annahme	37	a)	Überblick	87
2.	Zustimmung zu einer Vorlage	38	b)	Gegenseitige Verträge	88
3.	Die Lehre vom faktischen Vertrag	39	c)	Typische Verträge	89
4.	Ort, Zeitpunkt, Beweislast	40	2.	Normenverträge	91
a)	Ort	40	3.	Massenverträge	93
b)	Zeitpunkt	41	4.	Öffentlich-rechtliche Verträge	94
c)	Beweislast	42	a)	Arten	94
5.	Beseitigung	43	b)	Abgrenzung	97
			c)	Zustandekommen	98
VI.	**Vorvertragliche Bindungen**				
1.	Vertragsverhandlungen	45	**IX.**	**Sachverhalte mit Auslandsberührung**	99

Alphabetische Übersicht

Abänderungsvorbehalt	145 28	Ablehnung des Angebots	146 9
Abgrenzung des Vertrages		– Verpflichtung zur Ablehnung	146 10
– zum Gefälligkeitsverhältnis	Vorbem 3, 80	Abmahnschreiben	145 13
– zum gentlemen's agreement	Vorbem 3, 80	Abschlußfreiheit	Vorbem 12
– zum Vorvertrag	Vorbem 52 ff	– negative	Vorbem 14

Vorbem zu §§ 145 ff

1. Buch
3. Abschnitt. Rechtsgeschäfte

- positive — Vorbem 13
- Abschlußverbot — Vorbem 13
- accidentalia negotii — 145 17
- AGB
  - beiderseitiges Beharren auf AGB — 150 17
- Anfechtung der Annahmeerklärung — 151 23
- Angebot
  - Ablehnung — 146 9
  - ad incertam personam — 145 19
  - Bestimmtheit — 145 17 ff
  - Definition — 145 1
  - Erlöschen — 146 8, 147 1
  - Wirksamkeit — 145 16
  - Wirkungen für Antragsempfänger — 145 33 ff
- Angebotsempfänger
  - Rechtsposition — 145 34
  - Schadensersatzansprüche — 145 36
  - Übertragbarkeit dieser Rechtsposition — 145 35
- Ankaufsrecht s Option
- Ankündigung, öffentliche — 145 5
- Annahme — 146 1 ff
  - bei Entbehrlichkeit des Zugangs der Erklärung — 151 14 ff
  - durch schlüssiges Verhalten — 151 2
  - modifizierte s modifizierte Annahme
  - verspätete s verspätete Annahme
- Annahmeerklärung — 146 2
  - als nicht empfangsbedürftige Willenserklärung — 152 4
  - Entbehrlichkeit s Entbehrlichkeit des Zugangs
  - Pflicht zur Abgabe — 146 3
  - Wirksamkeit — 146 4
  - zeitliche Grenzen — 146 8
- Annahmefähigkeit des Antrages — 147 1
  - bei Geschäftsunfähigkeit des Antragenden — 153 2
- Annahmefrist (s auch Antrag unter Abwesenden) — 147 5, 10 ff
  - bei Festofferten — 148 7
  - bei Geschäftsunfähigkeit des Antragenden — 153 4
  - bei Sukzessivbeurkundung — 152 8
  - Fristbestimmung in AGB — 148 6
  - gewillkürte Fristen — 148 3
  - Inhalt der Fristsetzung — 148 3 ff
  - Rechtsnatur der Fristsetzung — 148 8
  - spezialgesetzliche Fristen — 148 2
  - Überschreitung der Frist — 148 11
  - Wahrung der Frist — 148 10
  - Zeitpunkt der Fristsetzung — 148 9
- Anpassungsklauseln — Vorbem 55
- Antrag unter Abwesenden
  - Annahmefrist — 147 7
  - Berechnung der Frist — 147 10
  - Fristwahrung — 147 8
  - Überschreiten der Frist — 147 9
- Antrag unter Anwesenden
  - Einschaltung von Hilfspersonen — 147 3
  - sofortige Annahme — 147 5
  - Voraussetzungen — 147 2
- Antrag s auch Angebot
- Antragender
  - Schutz des Antragenden — 145 37
- Anwartschaft — 145 33
- Anwendungsbereich der §§ 145–156 — Vorbem 5
- Aufhebungsvertrag — Vorbem 43 f
- Ausführung des Vertrages vor Kenntnis von der Geschäftsunfähigkeit des Antragenden — 153 8
- Auslagen im Schaufenster — 145 7
- Auslandsberührung — Vorbem 99
- Auslegungsregel für Willen des Antragenden — 153 5
- Bedingung
  - beim Antrag — 145 29
- Beendigungsgrund für Vertrag — 153 7
- Beförderungshindernisse bei Antragsannahme — 147 11
- Benachrichtigungspflicht
  - Anzeige der Verspätung — 149 6 f
  - bei Geschäftsunfähigkeit des Antragenden — 153 4
  - bei Sukzessivbeurkundung — 152 6
  - Erkennbarkeit der Verzögerung — 149 5
  - Rechtsfolge bei rechtzeitiger Anzeige — 149 10
  - Rechtsfolge bei verspäteter Anzeige — 149 11
  - Rechtsfolgen vor Anzeige — 149 9
  - Rechtsnatur der Anzeige — 149 8
  - rechtzeitiges Absenden der Annahmeerklärung — 149 3
  - unregelmäßige Beförderung — 149 4
- Beschlüsse — Vorbem 6
- beschränkt Geschäftsfähiger
  - Annahmeerklärung — 146 4

Januar 1996

3. Titel.
Vertrag

Vorbem zu §§ 145 ff

- beschränkte Geschäftsfähigkeit vor Zustandekommen des Vertrages — 153 14
- Bestimmtheit des Hauptvertrages **Vorbem** 57 ff
- Beurkundung — 152 2
  - Beschlüsse und einseitige Erklärungen — 154 15
  - gesetzlich erforderliche — 154 13
  - vereinbarte — 154 12
  - zu Beweiszwecken — 154 14
- Beweislast
  - Befristung des Angebots — 148 12
  - Behauptung einer konstitutiven Vertragsform — 154 17
  - beim versteckten Dissens — 155 18
  - Entbehrlichkeit des Zugangs der Annahmeerklärung — 151 28
  - Geschäftsunfähigkeit oder Tod des Antragenden — 153 18
  - Rechtzeitigkeit der Antragsannahme 147 16
  - Sukzessivbeurkundung — 152 10
  - Teilabreden — 154 16
  - verspätet zugegangener Annahmeerklärung — 149 13
  - Vorliegen eines Antrages — 145 38
- Bindungswirkung des Angebots — 145 20 ff
  - Ausschluß der Bindung — 145 26
  - Bedeutung des Bindungsausschlusses 145 31
- Btx — 145 9, 147 4

contractus — **Vorbem** 9
culpa in contrahendo — **Vorbem** 28, 48

Dissens, logischer — 154 3
Dissens, offener
- Feststellung durch Auslegung — 154 4
- Lücken in der vertraglichen Regelung — 154 9
- Rechtsfolge — 154 6 ff
- Treu und Glauben — 154 10
- Voraussetzungen — 154 2 f
Dissens, versteckter
- Abgrenzung zum Irrtum — 155 3, 6
- bei mißverständlichen Erklärungen — 155 8
- bei unvollständigen Erklärungen — 155 7
- bei Verwendung mehrdeutiger Begriffe — 155 9
- bei Verwendung von AGB — 155 12
- Ermittlung durch Auslegung — 155 5
- „falsa demonstratio" — 155 10
- geheimer Vorbehalt — 155 11

- Gesetzesgeschichte — 155 2
- Rechtsfolgen — 155 13 ff
- Schadensersatzpflicht des Verursachers — 155 17
- verbliebene Einigungslücke — 155 16

Empfangsbote — 147 3
Empfangsvertreter — 147 3
Entbehrlichkeit des Zugangs
- Anfechtung der Annahmeerklärung — 151 23
- Annahme des Angebots durch einzelne Handlungen — 151 17 f
- Annahme durch Verhalten gegenüber Dritten — 151 21
- Annahme von Dienstleistungen — 151 20
- Anwendbarkeit der §§ 104 ff — 151 22
- Anwendungsbereich — 151 4
- bei Waren oder Dienstleistungsaufträgen — 151 7
- Form der Verzichtserklärung — 151 11
- im Lastschriftverkehr — 151 12
- kraft Verkehrssitte — 151 5
- Stellvertretung bei der Annahmeerklärung — 151 24
- Verzicht auf Zugang — 151 10
Erlöschen
- des Angebots — 146 8, 147 1
- der Anträge gem § 151 S 1 — 151 26
essentialia negotii — 145 17, 154 1, 3, 8

faktischer Vertrag — **Vorbem** 39
- bei Entbehrlichkeit des Zugangs einer Annahmeerklärung — 151 19
Festofferte — 145 24, 148 7
Frist s Annahmefrist

Gaststätten — 145 11
Gebot s Versteigerung
Gefälligkeitsverhältnis — **Vorbem** 79 ff
- Abgrenzung zum Vertrag — **Vorbem** 3, 80 ff
- Haftungsmaßstab — **Vorbem** 86
- Rechtsfolgen — **Vorbem** 83 ff
Geschäftsunfähigkeit des Antragenden
- nach Zugang des Antrags — 153 3
- vor Zugang des Antrags — 153 2
Geschäftsunfähigkeit des Antragsempfängers
- nach Abgabe der Annahmeerklärung 153 13
- nach Zugang des Antrags — 153 11, 12

- vor Zugang des Antrags — 153 10
Gesellschaftsvertrag s Vertragsarten

Haftungsausschluß beim Angebot — 145 32
Hauptvertrag
- bedingter s Optionsvertrag
- Bestimmtheit — Vorbem 59
- Form — Vorbem 60 f
- Heilung eines Formmangels — Vorbem 62
höchstpersönlicher Bedarf — 153 6

inhaltliche Gestaltungsfreiheit — Vorbem 12
invitatio ad offerendum — 145 3, 30
- Abgrenzung zum Angebot — 145 4

Kartellverträge — Vorbem 7
kaufmännisches Bestätigungsschreiben — 146 6
Konkurseröffnung vor Zustandekommen des Vertrages — 153 15 f
Kontrahierungszwang — Vorbem 15 ff
- diktierter Vertrag — Vorbem 35
- Entbehrlichkeit des Zugangs der Annahmeerklärung — 151 8
- Presse — Vorbem 25
- prozessuale Geltendmachung — Vorbem 33 f
- Rechtsfolgen eines Verstoßes — Vorbem 29 ff
- Rechtsgrundlagen — Vorbem 15 ff
- Rechtsnatur — Vorbem 27
- Vereine — Vorbem 26
- Vorvertrag — Vorbem 64
- wegen sittenwidriger Schädigung — Vorbem 21
Kontrahierungszwang im Wettbewerbsrecht
- Gegenstand des Verbots — Vorbem 18
- geschützte Unternehmen — Vorbem 18
- Normadressaten — Vorbem 18
- Rechtsfolgen eines Verstoßes — Vorbem 19
- Rechtsnatur — Vorbem 20
- und Dissens — 154 7
Kreuzofferten — 146 7

Lastschriftverkehr
- Entbehrlichkeit des Zugangs der Annahmeerklärung — 151 12
Leistungsautomaten — 145 8
letter of intent — 145 14
lex contractus — Vorbem 8

Makler — 145 13

Mantelvertrag — Vorbem 54
Massenverträge s Vertragsarten
Mitteilungen innerhalb bestehender Vertragsverhältnisse — 145 12
Modifizierte Annahme — 150 7
- Annahme des neuen Antrages — 150 14
- Art der Modifikation — 150 8 f
- durch Bezugnahme auf AGB — 150 12
- Mengenabweichung — 150 11
- Rechtsfolgen — 150 13
- Verhältnis des § 150 zu §§ 154, 155 — 150 16

Normativer Konsens — 155 3
Normenverträge s Vertragsarten

Öffentliche Verkehrsmittel — 145 10
Option — Vorbem 69 f
- Form — Vorbem 74
- Rechtsnatur — Vorbem 73
- Übertragbarkeit — Vorbem 75 f
Optionsvertrag — Vorbem 71

pactum — Vorbem 9
promissio — Vorbem 9
Prozeßvertrag s Vertragsarten
Punktation — Vorbem 47, 154 11

Rahmenvertrag — Vorbem 54
rassische Diskriminierung — Vorbem 24
Rechtsfolgenwillen — Vorbem 2
Rechtsvergleichung — Vorbem 11
Regelungsgehalt der §§ 145−156 — Vorbem 4

Schenkung auf den Todesfall — 153 3
Schweigen
- als Annahme — 146 5, 151 3
- auf neuen Antrag — 150 15
Selbstbedienungstankstelle — 145 8
sofortige Annahme — 147 5
Störungen bei der Antragsannahme — 147 6
Sukzessivbeurkundung — 152 1, 3

Tankstelle — 145 8
Teildissens — 154 7, 155 14
Telefax — 147 4
telefonischer Antrag — 147 4
Telegramm — 147 4
Teleshopping — 145 9

3. Titel. **Vorbem zu §§ 145 ff**
Vertrag

Tod des Antragenden s Geschäftsunfähigkeit		– Gesellschaftsverträge	Vorbem 90
		– Massenverträge	Vorbem 93
Tod des Antragsempfängers s Geschäftsunfähigkeit		– Normenverträge	Vorbem 91 f
		– Prozeßverträge	Vorbem 96
		Vertragsfreiheit	Vorbem 12
Verfassungsrechtlicher Vertrag	Vorbem 94	Vertragsschluß	
Verfügungsbeschränkungen vor Zustandekommen des Vertrages	153 17	– Bedeutung	Vorbem 8
		– bei einer Versteigerung	156 2 ff
Verfügungssperre	145 25	– Zustandekommen	Vorbem 36 ff
verspätete Annahme	150 2	– Zustimmung zu einer Vorlage	Vorbem 38
– Annahme des neuen Antrages	150 5 f	Vertragsstrafeversprechen	145 13
– geringfügige Überschreitung der Frist	150 3	Vertragsverhandlungen	Vorbem 45 ff
– Rechtsfolge	150 4	Verwaltungsvertrag	Vorbem 95
verspäteter Zugang der Annahmeerklärung	149 1	Verzicht auf Zugang der Annahmeerklärung	151 10
– Gesetzeszweck	149 2	Vorhand	Vorbem 78
Versteigerung		Vorrechtsvertrag	Vorbem 77
– abweichende Versteigerungsbedingungen	156 9	Vorvertrag	Vorbem 51 ff
		– Bedeutung für Hauptvertrag	Vorbem 68
– Auslegung des Gebots	156 3	– Erfüllungsklage	Vorbem 67
– bei formbedürftigen Verträgen	156 7	– Rücktritt	Vorbem 65 f
– Erlöschen des Gebots	156 3	vorvertragliches Schuldverhältnis; s auch	
– Gebot als Vertragsantrag	156 2	culpa in contrahendo	Vorbem 48 ff, 145 36
– im Rahmen der Zwangsvollstreckung	156 8, 11	Warenautomaten	145 8
– Übergebot	156 4	Werbematerial	
– Zuschlag als Annahme	156 5	– Versendung	145 5
Vertrag	Vorbem 1 ff	Widerrufsvorbehalt	145 27
– Abgrenzung	Vorbem 97	Wille des Antragenden	153 5
– Beweislast	Vorbem 40	Zuschlag	
– des bürgerlichen Rechts	Vorbem 5	– im Zwangsversteigerungsverfahren	156 12
– des öffentlichen Rechts	Vorbem 94 ff	– nach Ausschreibung zur Vergabe öffentlicher Aufträge	156 13
– geschichtliche Entwicklung der Dogmatik des Vertrages	Vorbem 9	Zusendung unbestellter Waren	145 6
– Zustimmung zu Vorlage	Vorbem 38	– Haftung des Empfängers	146 13 ff
Vertragsarten		– Vertragsschluß	146 11 ff
– gegenseitige Verträge	Vorbem 88		
– gemischte Verträge	Vorbem 89		

I. Überblick

1. Vertrag

Der 3. Titel des 3. Abschnitts im 1. Buch ist mit „Vertrag" überschrieben. Die **1**
§§ 145 ff regeln zwar – übrigens in Übereinstimmung mit der Titelüberschrift im
1. Entwurf – im wesentlichen nur den Vertrags*schluß*, also das Zustandekommen des
Vertrages. Gleichwohl ist eine Definition des Vertragsbegriffs für das Verständnis
der Vorschriften unerläßlich. Der Vertrag ist die zwei- oder mehrseitige **rechtsge-**

schäftliche Regelung eines Rechtsverhältnisses, die von den Vertragsparteien einverständlich getroffen wird (FLUME § 33, 2). Man muß freilich sehen, daß es sich dabei – dem Wesen des AT entsprechend – um eine eher technische Bestimmung des Vertragsbegriffs handelt. Eine funktionsbezogene Charakterisierung, die über den Topos der privatautonomen Regelung hinausgeht, kann nur nach Maßgabe der Rechtsgebiete erfolgen, auf denen Verträge geschlossen werden. Es ist daher nicht verwunderlich, daß der Vertrag – gemeinrechtlicher Tradition folgend (s Rn 9) – in anderen Ländern überwiegend im Obligationenrecht behandelt wird (s Rn 11), womit einer eher funktionalen Betrachtungsweise gefolgt wird, weil der Vertrag im Schuldrecht seine größte Regelungsbedeutung hat.

2 Ein Vertrag ist ein (mindestens) **zweiseitiges** Rechtsgeschäft. Ein einseitiges Rechtsgeschäft kann niemals ein Vertrag sein, sondern diesem allenfalls gleichgestellt werden (vgl für die Gründung einer Einmann-GmbH im Hinblick auf § 2 GmbHG HÜFFER, in: ROTH [Hrsg], Die Zukunft der GmbH [1983] 167, 168). Als Rechtsgeschäft setzt der Vertrag bei beiden Parteien **Rechtsfolgenwillen** und **Übereinstimmung** in diesem Rechtsfolgenwillen voraus: Die Parteien müssen Rechtsfolgen herbeiführen wollen, und sie müssen dieselben Rechtsfolgen wollen. Die Rechtsfolgen des Vertrages treten nur deshalb ein, weil sie von den Parteien übereinstimmend gewollt sind, und sie treten nur dann ein, wenn sie von den Parteien übereinstimmend gewollt sind. Deshalb kommt diese rechtsgeschäftliche Regelung nur zustande, wenn beide Parteien ausdrücklich oder stillschweigend zum Ausdruck gebracht haben, daß sie diese Rechtsfolgen verbindlich wollen. Der Vertrags*schluß* setzt daher übereinstimmende, auf dieselben Rechtsfolgen gerichtete Willenserklärungen voraus (näher dazu Rn 36).

3 Durch den Rechtsfolgen- bzw Rechtsbindungswillen unterscheidet sich der Vertrag vor allem vom Gefälligkeitsverhältnis (s dazu Rn 79 ff) und vom „**gentlemen's agreement**". Von letzterem spricht man, wenn sich die Parteien Leistungen zusagen, dabei aber rechtliche Unverbindlichkeit zugrundelegen (vgl BAHNTJE 16 ff). Dies kann darauf beruhen, daß die Parteien eine rechtliche Bindung für unnötig halten, weil sie darauf vertrauen, daß auch eine unverbindliche Zusage eingehalten wird. Es kann aber auch darauf beruhen, daß die Parteien wissen (oder meinen), daß das Recht ihre Vereinbarung nicht als wirksam anerkennen würde, zB weil sie gegen ein gesetzliches Verbot verstoßen würde (vgl für § 1 GWB auch unten Rn 7). Ob ein Rechtsbindungswille vorliegt und wie weit er reicht, ist in jedem Einzelfall durch Auslegung zu ermitteln (BGH MDR 1964, 570; REUSS AcP 154 [1955] 485, 490 ff; SOERGEL/WOLF Vor § 145 Rn 95). Keinesfalls darf man von der Verwendung des Begriffes „gentlemen's agreement" auf den fehlenden Rechtsfolgenwillen schließen (vgl aber OLG Hamburg MDR 1953, 482; dagegen BGH MDR 1964, 570; SOERGEL/WOLF aaO). Fehlt er tatsächlich, sind Erfüllungsansprüche ausgeschlossen. In Betracht kommen aber Schadensersatzansprüche aus der Verletzung eines gesetzlichen Schuldverhältnisses, zu dem sich die Parteibeziehungen verdichtet haben können (vgl Rn 85 sowie BAHNTJE 179 ff; MünchKomm/KRAMER Einl § 241 Rn 39).

2. Regelungsgehalt der §§ 145–156

4 Das BGB knüpft den Eintritt von Rechtsfolgen an den verschiedensten Stellen an eine rechtsgeschäftliche Vereinbarung über diese Rechtsfolgen, so in § 305 für die Begründung oder Änderung eines vertraglichen Schuldverhältnisses, in § 873 Abs 1

S 1 und in § 929 S 1 für den Eigentumsübergang, in § 1408 für vertragliche Güterstände oder in § 1941 für die vertragliche Erbfolge. Die §§ 145 ff regeln daher weder, was ein Vertrag ist (s dazu Rn 2), noch, wo ein Vertrag erforderlich ist, sondern sie regeln nur, wie ein Vertrag geschlossen wird, wenn er erforderlich ist. Aber auch die **Regelung über den Vertragsschluß** ist nur fragmentarisch. Das Gesetz sagt zB nicht, daß ein Vertrag regelmäßig durch Annahme eines Angebotes geschlossen wird (s dazu näher Rn 37; anders übrigens noch § 77 des 1. Entwurfs), sondern regelt in §§ 145–153 gleich Detailfragen. §§ 154, 155 befassen sich mit den Rechtsfolgen eines offenen oder versteckten Einigungsmangels, und § 156 enthält eine Sondervorschrift für den Vertragsschluß bei einer Versteigerung. Lediglich § 157 befaßt sich nicht mit dem Zustandekommen, sondern mit der Auslegung, also der Inhaltsermittlung von Verträgen.

3. Anwendungsbereich der §§ 145–156

Die hier zu behandelnden Normen stehen im 1. Buch des BGB und gelten deshalb nach der Methode des „vor-die-Klammer-Ziehens" für alle privatrechtlichen Vereinbarungen, die – außerhalb von Gefälligkeitsverhältnissen (s dazu Rn 79) – auf die Erzielung einer bestimmten Rechtsfolge gerichtet sind (BGH NJW-RR 1994, 1163, 1164). Erfaßt sind damit **alle Verträge des Bürgerlichen Rechts**, also schuldrechtliche, sachenrechtliche (dingliche), familien- und erbrechtliche Verträge gleichermaßen (s zu den Vertragsarten unten Rn 87 ff). Auch im übrigen Privatrecht ist der Vertragsschluß (natürlich nur, soweit autonomes deutsches Recht anzuwenden ist, s Rn 99) nach §§ 145 ff zu beurteilen, sofern nicht Sondervorschriften entgegenstehen. – Zu den *öffentlichrechtlichen* Verträgen s Rn 94.

Es muß sich freilich stets um das Zustandekommen von *Verträgen* handeln. **Beschlüsse**, etwa auf dem Gebiet des Vereins- oder Gesellschaftsrechts, sind zwar mehrseitige Rechtsgeschäfte der internen Willensbildung, aber keine Verträge (grundlegend schon vTuhr Bd I § 36 IV S 514 f, Bd II/1 § 53 IV S 234 f; vgl für die heute ganz hM nur K Schmidt, Gesellschaftsrecht [2. Aufl 1991] § 15 I 2). Demgegenüber meint Ulmer (in: FS Niederländer [1991] 415, 424 ff; zust MünchKomm/Kramer Vor § 145 Rn 22), der Beschluß sei ein Vertrag, wenn es sich um einen den Gesellschaftsvertrag ändernden oder einen sonstigen Grundlagenbeschluß handele und für ihn das Einstimmigkeitsprinzip gelte; §§ 146 ff seien in diesem Fall für die Frage, wie lange jemand an seine Stimmabgabe gebunden sei, direkt, bei Geltung des Mehrheitsprinzips analog anwendbar. Bei anderen als Grundlagenbeschlüssen ergebe sich die Bindung an die Stimmabgabe nicht aus §§ 146 ff, sondern aus § 130. Diese Differenzierung nach dem Beschlußgegenstand vermag nicht zu überzeugen. Freilich ist stets zuerst zu prüfen, ob sich nicht hinter einem vertragsändernden „Beschluß" in Wirklichkeit ein Vertrag verbirgt, der auch durch allseitige Zustimmung zu einer Vorlage („Antrag") zustandekommen kann (s u Rn 36). Ansonsten sind Beschlüsse aber von den Verträgen zu unterscheiden. Beschlüsse können nicht selten mit Stimmenmehrheit gefaßt werden, und das paßt nicht zur Vertragsstruktur, die einen allseitigen Rechtsfolgenwillen voraussetzt (s Rn 1 f). Die Rechtsnatur der Beschlüsse kann aber nicht davon abhängen, ob der Beschluß einstimmig gefaßt werden muß oder nicht. Für die Frage, ob und wie lange jemand an seine Stimmabgabe gebunden ist, bedeutet das indessen nicht, daß auf § 130 BGB zurückgegriffen werden müßte (so aber Messer, in: FS Fleck [1988] 221 ff; Ulmer 421, 428). Vielmehr können §§ 145 ff auf das Zustandekommen von

Beschlüssen, wo es paßt, analog angewandt werden, ohne daß es auf den Beschlußgegenstand oder die erforderliche Mehrheit ankäme. § 130 BGB regelt nur die Wirksamkeit der Willenserklärung, sagt aber nichts über deren Widerruflichkeit. Eine Willenserklärung ist (grundsätzlich) nur dann unwiderruflich, wenn sie Rechtsfolgen herbeigeführt hat (vgl BGH NJW 1987, 1546, 1547). Gerade deshalb bedarf es ja der §§ 145 ff, denen zugrunde liegt, daß ein Antrag noch keine Rechtsfolgen herbeigeführt hat. Auch die einzelne Stimmabgabe hat noch keine Rechtsfolgen, solange sich nicht die übrigen Gesellschafter mit ihrer Stimme angeschlossen haben (aM MESSER 224 ff), so daß eine Analogie zu §§ 145 ff im Einzelfall gerechtfertigt sein kann.

7   Auf **Kartellverträge** iSv § 1 GWB sollen die §§ 145 ff nach hM nur eingeschränkt anwendbar sein. Zwar können Verträge iSd BGB unstreitig auch solche iSv § 1 GWB sein. Der Vertragsbegriff des § 1 GWB geht aber nach herrschender Auffassung weiter als der des BGB: Er setze zwar wie dieser (s Rn 1 f) eine Willenseinigung der Parteien voraus (BGHSt 24, 54, 61 = NJW 1971, 521, 524 = WuW/E BGH 1147, 1153 – „Teerfarben"), verlange aber keinen rechtlichen Bindungswillen. Er begnüge sich vielmehr damit, daß eine tatsächliche Bindung der Beteiligten angestrebt ist, wie sie etwa vorliegt, wenn die Parteien wissen, daß ihre Vereinbarung gegen § 1 GWB verstößt und deshalb nichtig ist, so daß es am Rechtsbindungswillen fehlt, oder wenn sie sich nicht wechselseitig Rechtsansprüche zuwenden wollen, sondern sich auf der Grundlage eines „gentlemen's agreement" (s dazu oben Rn 3) lediglich „moralisch" gebunden fühlen (ausf IMMENGA, in: IMMENGA/MESTMÄCKER, GWB [2. Aufl 1992] § 1 Rn 109 ff mwN). Diese hM verdient keine Gefolgschaft mehr. Sie beruht auf der überholten Diskussion um die „Teerfarben"-Entscheidung des BGH (aaO), die vor der 2. GWB-Novelle von 1973 ergangen ist. Durch diese Novelle ist mit § 25 GWB eine Vorschrift eingefügt worden, die das abgestimmte Verhalten dem vertraglich vereinbarten gleichstellt, so daß es nicht mehr erforderlich ist, den Vertragsbegriff des GWB gegenüber dem des BGB zu erweitern. Bei einem „gentlemen's agreement" liegt mangels Rechtsbindungswillens kein Vertrag (§ 1 GWB), sondern ein abgestimmtes Verhalten (§ 25 GWB) vor (so schon BELKE ZHR 139 [1975] 53 Fn 3; BEUTHIEN, in: FS Hartmann [1976] 51, 59; ausf BAHNTJE 34 ff).

4. Bedeutung des Vertragsschlusses

8   Im Moment des Vertragsschlusses treten die von den Parteien gewollten Rechtsfolgen ein (sofern nicht die Wirksamkeit an Realakte, den Eintritt von Bedingungen, die Genehmigung durch Dritte oä gebunden ist). Die Rechtsbeziehung zwischen den Parteien wird entsprechend der *lex contractus* umgestaltet (Rechte und Pflichten entstehen, ändern sich, wechseln das Zuordnungssubjekt, gehen unter). Nicht selten verdichtet sich durch den Vertragsschluß die allgemeine Rechtsbeziehung der „Rechtsgenossen" zu einem vertraglichen Schuldverhältnis mit konkreten subjektiven Rechten und Pflichten und vor allem der Haftung für Erfüllungsgehilfen nach § 278. Freilich ist dieser Zäsur durch die Anerkennung vorvertraglicher Schuldverhältnisse (dazu s u Rn 48 sowie STAUDINGER/LÖWISCH [1995] Vorbem 52 ff zu §§ 275 ff) die entscheidende Schärfe genommen worden.

II. Geschichtliche Entwicklung

9   Eine allgemeine Dogmatik des Vertrages hat sich erst relativ spät entwickelt (vgl auch

COING, Europäisches Privatrecht Bd I [1985] § 31, Bd II [1989] § 44). Der Vertrag wurde überwiegend als Kategorie des Obligationen- bzw Schuldrechts angesehen, die vom (heutigen) Begriff des Vertragstypus her zu verstehen war (vgl auch Rn 1). Schon im römischen Recht wurden mit den Begriffen *contractus* und *pactum* nur bestimmte Formen der vertraglichen Einigung bezeichnet. Eine allgemeine Vertragsdogmatik stand dahinter nicht. Auch das kanonische Recht stützte seine allgemeine Anerkennung des *pactum* nicht auf eine generelle Konsenslehre (vgl LIPP, Die Bedeutung des Naturrechts für die Ausbildung der Allgemeinen Lehren des deutschen Privatrechts [1980] 76 ff). In der Naturrechtslehre fand zwar der Begriff der *promissio* eine dem heutigen Begriff des Rechtsgeschäfts sich annähernde Ausgestaltung (BAILAS 79 ff; H DILCHER, in: Gedächtnisschrift f H Conrad [1979] 85; LIPP 133 ff), ohne daß damit aber eine allgemeine Vertragstheorie verbunden gewesen wäre. Noch im Vorentwurf von GEBHARD für den AT des BGB gab es keine Normen über den Vertrag. Zur Begründung hieß es, es rechtfertige sich dies aus Gründen der Zweckmäßigkeit; der Vertragsbegriff sei für das Obligationenrecht von größerer Bedeutung als für die übrigen Teile des Privatrechts (GEBHARD, AT Begr II/2 S 8 ff).

Demgegenüber wurde in den §§ 1 ff I 5 ALR eine allgemeine Vertragstheorie zum Gesetz erhoben. Die Vorschriften regelten den Allgemeinbegriff des Vertrages in einer dem heutigen Recht vergleichbaren, wenn auch ungleich ausführlicheren Weise. Es war schließlich SAVIGNY vorbehalten, eine über das Schuldrecht hinausgreifende, allgemeine Vertragslehre zu entwickeln (System III §§ 140 ff), wie sie dann auch mit der Plazierung der Vorschriften über die „Vertragsschließung" in §§ 77 ff des 1. Entwurfs ihren Niederschlag gefunden hat (vgl Mot I 127 = MUGDAN 422), auf die die heutige Regelung zurückgeht (vgl im übrigen zur Genese der §§ 145–156 JAKOBS/ SCHUBERT, Die Beratung des Bürgerlichen Gesetzbuches, AT, 2. Teilband [1985] 779 ff).

III. Rechtsvergleichende Hinweise

In den meisten kontinentaleuropäischen Zivilgesetzbüchern wird der Vertrag auf der Grundlage einer eher funktionalen Betrachtungsweise (s Rn 1) als Erscheinung des Obligationenrechts behandelt, so zB im Common Law im Law of contract, in Frankreich in Art 1101 ff code civil, in Italien in Art 1321 ff codice civile, in Österreich in § 861 ABGB oder in der Schweiz in Art 1 ff SchwOR (vgl aber auch Art 7 SchwZGB: „Die allgemeinen Bestimmungen des Obligationenrechts über die Entstehung, Erfüllung und Aufhebung von Verträgen finden auch Anwendung auf andere zivilrechtliche Verhältnisse."). In Griechenland gibt es hingegen allgemeine Regelungen über den Vertrag in Art 195 ff griechZGB, und auch in den übrigen Ländern kennt die zivilrechtliche Dogmatik heute unabhängig von der konkreten Plazierung im geschriebenen Recht eine allgemeine Vertragslehre (vgl auch ZWEIGERT/ KÖTZ, Einführung in die Rechtsvergleichung Bd 2 [2. Aufl 1984] § 1 II).

IV. Abschlußfreiheit und Kontrahierungszwang

1. Abschlußfreiheit

Es gehört zu den grundlegenden Ordnungsprinzipien einer Privatrechtsordnung, daß das Recht die Möglichkeit gewährleistet, Rechtsbeziehungen vertraglich zu regeln. Dieses Prinzip der **Vertragsfreiheit** ist in diesem Kommentar in der Einl zu

§§ 104–185 ausführlich behandelt, insbesondere in seiner rechtsethischen und verfassungsrechtlichen Grundlegung und mit seinem ersten Hauptaspekt, der **inhaltlichen Gestaltungsfreiheit**. Im Zusammenhang mit den Vorschriften über den Vertragsschluß interessiert an dieser Stelle nur der zweite Hauptaspekt, die **Abschlußfreiheit**, die als positive und als negative Abschlußfreiheit zu betrachten ist.

13 a) **Positive Abschlußfreiheit** meint die von der Rechtsordnung grundsätzlich garantierte Möglichkeit, Privatrechtsverhältnisse durch Verträge regeln zu können: Man muß Verträge abschließen können. Zur Gewährleistung der positiven Abschlußfreiheit gehört, daß der Staat einverständliche Regelungen zwischen Privatrechtssubjekten überhaupt zuläßt, also eine Regelung durch übereinstimmenden Rechtsfolgenwillen der Parteien anerkennt, und daß er das für den Vertragsschluß nötige Instrumentarium zur Verfügung stellt, wie es in §§ 145 ff und den diesen Vorschriften zugrundeliegenden Rechtsprinzipien geschehen ist. Daß es **Abschlußverbote** gibt, wie sie zB in Nichtigkeitsnormen zum Ausdruck kommen, steht dem nicht entgegen. Denn zum einen betreffen solche Verbote idR nur die inhaltliche Gestaltungsfreiheit im Einzelfall, nicht die Abschlußfreiheit als solche. Und zum anderen unterliegt auch die Abschlußfreiheit den Schranken der Rechtsordnung, so daß Einschränkungen durch höherrangige Interessen Dritter oder der Allgemeinheit, aber auch einer der Vertragsparteien selbst gerechtfertigt sein können. Insofern gelten für die Abschlußfreiheit dieselben rechtlichen Garantien und Schranken, die für die Privatautonomie insgesamt bestehen.

14 b) **Negative Abschlußfreiheit** meint die Freiheit, von der Möglichkeit zur vertraglichen Regelung keinen Gebrauch machen zu müssen: Man muß sich dafür entscheiden können, einen angebotenen Vertrag nicht abzuschließen. Diese negative Abschlußfreiheit ist im Vertragsbegriff grundsätzlich mitenthalten, der einen übereinstimmenden Rechtsfolgenwillen verlangt (s Rn 1 f), so daß eben eine vertragliche Regelung nicht zustande kommt, wenn auch nur eine Partei sie nicht will. Das bedeutet indessen nicht, daß ein Vertrag begrifflich einen frei bestimmten Willen voraussetzt. Auch wer sich geirrt hat oder durch Täuschung oder Drohung zum Vertragsschluß bestimmt wurde, hat zunächst einmal einen Vertrag geschlossen, den er freilich durch Anfechtung wieder beseitigen kann.

2. Rechtsgrundlagen des Kontrahierungszwangs

15 Wer von seiner negativen Abschlußfreiheit Gebrauch macht, muß das normalerweise nicht besonders begründen. Ein Willkürverbot gibt es für die Ausübung der Abschlußfreiheit grundsätzlich nicht. Erst wenn zwischen Anbieter und Nachfrager ein gravierendes Machtungleichgewicht besteht, insbesondere wenn der Anbieter eine Monopolstellung innehat, stellt sich die Frage nach dem **Kontrahierungszwang**, der zu verstehen ist als „die aufgrund einer Norm der Rechtsordnung einem Rechtssubjekt ohne seine Willensbildung im Interesse eines Begünstigten auferlegte Verpflichtung, mit diesem einen Vertrag bestimmten oder von unparteiischer Seite zu bestimmenden Inhalts abzuschließen" (NIPPERDEY, Kontrahierungszwang und diktierter Vertrag [1920] 7). Es handelt sich also nicht nur um eine Einschränkung der *Abschlußfreiheit* (und damit zugleich auch der *Beendigungsfreiheit*, s Rn 30), sondern idR zugleich auch um eine Einschränkung der *inhaltlichen Gestaltungsfreiheit*: Es besteht

nicht nur die Verpflichtung, überhaupt einen Vertrag zu schließen, sondern es besteht die Verpflichtung, den Vertrag zu angemessenen und gleichen Bedingungen zu schließen, die dem Berechtigten zumutbar sind (s näher Rn 18), denn anderenfalls könnte die Abschlußverpflichtung durch das Aufstellen unannehmbarer Konditionen, die dem Berechtigten seinen Vertragswunsch austreiben sollen, unterlaufen werden.

16 Im übrigen folgt aber ein Kontrahierungszwang nicht schon von selbst aus einem bestehenden Machtungleichgewicht. Vielmehr bedarf diese Einschränkung der Abschlußfreiheit einer Verankerung in der Rechtsordnung. Es ist daher eine **Rechtsgrundlage** anzugeben, für deren Tatbestand die Marktstärke oder Monopolstellung relevant sein kann und als deren Rechtsfolge sich ein Kontrahierungszwang ergeben kann. Dabei ist an folgende Normen zu denken:

17 a) Ein unmittelbarer Kontrahierungszwang (oder wenigstens eine gesetzliche Ermächtigung dazu) ergibt sich zT aus **spezialgesetzlichen Anordnungen**, die sich im Anschluß an KILIAN (AcP 180 [1980] 47, 53 f) wie folgt systematisieren lassen:

– *Arbeitsrecht*
§ 78 a BetrVG v 15. 1. 1972 (BGBl I 13);
§ 9 BPersvertrG v 15. 3. 1974 (BGBl I 693);
Gesetze über einen Bergmannsversorgungsschein in den Ländern Niedersachsen (v 6. 1. 1949, GVBl I 741, § 2), Nordrhein-Westfalen (idF v 14. 4. 1971, GVBl 125, § 5) und Saarland (idF v 16. 10. 1981, ABl 825, § 5);
mittelbarer Zwang in §§ 5, 11, 68 SchwbG idF v 26. 8. 1986 (BGBl I 1421);

– *Berufsrecht*
§ 15 BNotO v 24. 2. 1961 (BGBl I 98);
freilich wird der Notar auf der Grundlage des gegen ihn gerichteten Justizgewährungsanspruchs, nicht auf der Grundlage eines Vertrages tätig;
§§ 48, 49 BRAO v 1. 8. 1959 (BGBl I 565);
§ 49 a Abs 1 BRAO iVm BerHG v 18. 6. 1980 (BGBl I 689);

– *Energieversorgungsrecht*
§ 6 EnWiG v 13. 12. 1935 (RGBl I 1451);
vgl dazu nur BGH NJW-RR 1991, 408, 409;

– *Gewerblicher Rechtsschutz*
§ 20 GebrMG v 28. 8. 1986 (BGBl I 1455);
§ 24 PatG v 16. 12. 1980 (BGBl 1981 I 1);
Ermächtigung in Art 5 PVÜ v 1883 idF v 14. 7. 1967 (BGBl 1970 II 391);
§ 61 UrhG v 9. 9. 1965 (BGBl I 1273);
§ 26 VerlagsG v 19. 6. 1901 (RGBl I 217);
§ 11 Abs 1 G über die Wahrnehmung von Urheberrechten und verwandten Schutzrechten v 9. 9. 1965 (BGBl I 1294);

– *Kartellrecht*
§ 27 GWB idF v 20. 2. 1990 (BGBl I 235);
ferner § 35 iVm § 26 Abs 2 GWB (dazu u Rn 18);

– *Landwirtschaftsrecht*
Ermächtigung in § 8 GetreideG v 24. 11. 1951 (BGBl I 900);
§ 1 Abs 1 MilchFettG idF v 10. 12. 1952 (BGBl I 811);
§ 16 Vieh- und FleischG v 25. 4. 1951 (BGBl I 272);
§ 9 ZuckerG v 5. 1. 1951 (BGBl I 47);

– *Notstandsrecht*
§ 10 iVm § 13 ArbSichG v 9. 7. 1968 (BGBl I 787);
§ 14 BLG idF v 27. 9. 1961 (BGBl I 1769);

– *Verkehrsrecht*
§ 13 BOKraft v 21. 6. 1975 (BGBl I 1573);
§ 53 EVO v 8. 9. 1938 (RGBl II 663);
§ 453 HGB idF v 4. 9. 1938 (RGBl I 1149, 1188);
§ 21 Abs 2 LuftVG v 14. 1. 1981 (BGBl I 61);
§§ 22, 47 PersBefG v 21. 3. 1961 (BGBl I 241);
§ 8 PostG v 3. 7. 1989 (BGBl I 1449), § 3 TKO v 5. 10. 1992 (BGBl I 1717);

– *Versicherungsrecht*
§§ 1, 5 PflVersG v 5. 4. 1965 (BGBl I 213);
§§ 368 e S 1, 368d Abs 1 und 4, 371 RVO (RGBl I 779).

Daneben gibt es zahlreiche *landesrechtliche Vorschriften*, zB § 10 Abs 2 S 2 bwGemO (Benutzung öffentlicher Gemeindeeinrichtungen durch Einwohner dieser Gemeinde); § 8 nwSparkassenVO (Einrichtung von Girokonten bei Sparkassen).

18 b)   Die vorstehend genannten Vorschriften geben kaum Anlaß zu besonderen Streitigkeiten. Große praktische Bedeutung hat hingegen der mittelbare Kontrahierungszwang, der sich als **Rechtsfolge aus einem Verstoß gegen das kartellrechtliche Behinderungs- und Diskriminierungsverbot** ergeben kann (§ 35 iVm § 26 Abs 2 GWB). *Normadressaten* sind nach § 26 Abs 2 S 1 GWB marktbeherrschende Unternehmen (§ 22 GWB), erlaubte Kartelle und preisbindende Unternehmen, außerdem nach S 2 der Vorschrift marktstarke Unternehmen im Verhältnis zu von ihnen mangels Ausweichmöglichkeit abhängigen kleineren oder mittleren Unternehmen (vgl etwa BGH ZIP 1994, 806, 807 f - „Orthopädisches Schuhwerk"). **Geschützt** werden bei S 1 „Unternehmen in einem Geschäftsverkehr, der gleichartigen Unternehmen üblicherweise zugänglich ist". Das (angeblich) diskriminierte Unternehmen muß sich also auf einem Markt bewegen, der üblicherweise auch anderen Unternehmen zugänglich ist, die – nach unternehmerischer Tätigkeit und wirtschaftlicher Funktion – im Verhältnis zum Verbotsadressaten dieselbe Grundfunktion ausüben (BGHZ 101, 72, 79 – „Krankentransporte"; OLG Hamburg WRP 1988, 465, 468 – „Märklin"). Bei S 2 werden die bereits beschriebenen kleineren oder mittleren Unternehmen geschützt, die (in einem Geschäftsverkehr, der gleichartigen Unternehmen üblicherweise zugänglich ist) als Anbieter oder Nachfrager auf der Marktgegenseite stehen und von dem marktstarken Unternehmen abhängig sind, weil es keine ausreichenden oder zumutbaren Möglichkeiten gibt, auf andere Abnehmer oder Lieferanten auszuweichen (Beispiel: Ein Händler muß eine bestimmte Ware führen, um konkurrenzfähig zu sein; vgl BGH NJW 1979, 2152, 2153 – „Fernsehgeräte I"; 1976, 801, 802 – „Rossignol"; DANELZIK BB 1979, 651 ff; KILIAN ZHR 142 [1978] 453 ff). *Gegenstand des Verbots* ist nach § 26 Abs 2 GWB die (unmittelbare oder mittelbare) unbillige Behinderung oder die gegenüber gleichartigen Unternehmen sachlich nicht gerechtfertigte unterschiedliche Behandlung (Diskriminierung), insbesondere durch Bezugs- oder Liefersperren. Ob eine Behinderung unbillig oder eine Ungleichbehandlung sachlich gerechtfertigt ist oder nicht, ist im Einzelfall unter Abwägung der beteiligten Interessen einschließlich des Allgemeininteresses an einem Offenhalten der Märkte festzustellen (vgl schon BGHZ 38, 90, 102 – „Treuhandbüro"; ferner BGHZ 107, 273, 280 – „Lotterievertrieb"; BGH ZIP 1995, 1114, 1117 – „Importarzneimittel"; OLG Frankfurt NJW-RR 1988, 229, 230 – „Pressegrossist"; OLG Hamburg aaO).

Liegt ein Verstoß gegen das Diskriminierungsverbot des § 26 Abs 2 GWB vor, so **19** ergeben sich die **Rechtsfolgen** nicht aus dieser Vorschrift selbst, sondern im wesentlichen aus § 35 GWB, der zu Schadensersatz und Unterlassung verpflichtet, denn § 26 Abs 2 GWB ist unstreitig eine Vorschrift, die „den Schutz eines anderen bezweckt" (§ 35 Abs 1 S 1 GWB). Kann die verbotswidrige Behinderung oder Diskriminierung anders als durch Abschluß eines (Liefer-)Vertrages nicht beseitigt werden, so ergibt sich als Rechtsfolge ein *Kontrahierungszwang* (vgl nur BGHZ 107, 273, 279 – „Lotterievertrieb"; BGH ZIP 1994, 806, 808 – „Orthopädisches Schuhwerk"). Das marktbeherrschende bzw marktstarke Unternehmen ist – sofern es lieferfähig ist (vgl OLG Koblenz NJW-RR 1991, 944, 946 – „Fernsehwerbung"; idR wird hier aber schon die Ungleichbehandlung sachlich gerechtfertigt sein, vgl Rn 18) – verpflichtet, mit der Gegenseite einen *Vertrag über die begehrte Leistung* zu schließen, und zwar – da der Kontrahierungszwang sonst unterlaufen werden könnte (s o Rn 15) – *zu angemessenen und gleichen Bedingungen* (RGZ 133, 388, 391; Nipperdey, Kontrahierungszwang 31 ff). In der Regel werden das die Bedingungen sein, die den gleichartigen Unternehmen (vgl Rn 18) angeboten werden, da anderenfalls die sachlich nicht gerechtfertigte Ungleichbehandlung fortbestünde (vgl BGH NJW-RR 1991, 408, 409). Insgesamt muß sich der Verpflichtete so verhalten, wie sich ein unter Wettbewerbsbedingungen stehender Marktteilnehmer in dieser Situation im wohlverstandenen Eigeninteresse verhalten würde (vgl Mestmäcker JZ 1964, 441, 444 f).

Umstritten ist die **Rechtsnatur** dieses Kontrahierungszwanges (s zu § 826 BGB auch **20** u Rn 27). Nach wohl hM handelt es sich um einen *Schadensersatzanspruch*: Bestehe die Diskriminierung in einer Vertragsverweigerung, so verpflichte dies das diskriminierende Unternehmen gemäß §§ 35 Abs 1 GWB, 249 BGB zum Schadensersatz im Wege der Naturalrestitution durch Abschluß des verweigerten Vertrages (so zB BGHZ 107, 273, 279 – „Lotterievertrieb"; 49, 90, 98 – „Jägermeister"; 36, 91, 100 – „Gummistrümpfe"; BGH NJW 1976, 801, 802 – „Rossignol"; OLG Celle WRP 1995, 35, 36 – „Taxizentrale"; OLG Koblenz NJW-RR 1991, 944, 946 – „Fernsehwerbung"; Benisch, in: Gemeinschaftskomm z GWB [4. Aufl 1981] § 26 Rn 143; Langen, KartellG [6. Aufl 1982] § 26 Rn 223; Möhring DB 1974, 223 ff; offen BGH GRUR 1988, 642, 644 – „Opel Blitz"). Diese Konstruktion hat indessen den Nachteil, ein Verschulden verlangen zu müssen (vgl instruktiv OLG Koblenz aaO), was nicht paßt, weil die Beseitigung der Diskriminierung kaum davon abhängen kann, ob schuldhaft diskriminiert wurde oder nicht. Außerdem ist zu bedenken, daß es beim Kontrahierungszwang eher um Schadensverhütung als um Schadensbeseitigung geht; der „Angriff" des Diskriminierten zielt eher in die Zukunft als in die Vergangenheit. Es ist daher vorzugswürdig, hier von einem – in § 35 GWB ebenfalls angelegten (vgl § 35 Abs 3 GWB) – verschuldensunabhängigen *quasinegatorischen Unterlassungsanspruch* auszugehen (so zB KG WuW/E OLG 2210, 2212 – „Rote Liste"; OLG

Karlsruhe WRP 1979, 61, 67 – „Multiplex"; WuW/E OLG 2217, 2223 – „Allkauf-Saba"; Bechtold, GWB [1993] § 35 Rn 9; Belke 423 ff; Ehlers 190 ff; Kilian AcP 180 [1980] 47, 82; Markert, in: Immenga/Mestmäcker, GWB [2. Aufl 1992] § 26 Rn 301; Möschel, Recht der Wettbewerbsbeschränkungen [1983] Rn 667; K Schmidt DRiZ 1977, 97, 98; Westrick/Loewenheim, GWB [1981] § 26 Rn 211). Daß es dabei um das Unterlassen eines Unterlassens (der Vertragsverweigerung) und damit im Ergebnis um den Anspruch auf ein positives Tun (den Vertragsabschluß) geht, nötigt nicht dazu, dem quasinegatorischen Unterlassungsanspruch als zusätzliches Rechtsinstitut einen „positiven Handlungsanspruch" auf „Naturalpraestation" zur Seite zu stellen (so aber Bydlinski AcP 180 [1980] 1, 13; MünchKomm/Kramer Vor § 145 Rn 13; Nipperdey, Kontrahierungszwang 96 f/99).

21 c)   Der Abschlußzwang nach § 35 iVm § 26 Abs 2 GWB beschränkt sich auf Rechtsverhältnisse zwischen Unternehmen (bzw zwischen Unternehmen und Vereinigungen von Unternehmen). Im Verhältnis der Unternehmen zu den Endverbrauchern hat das Reichsgericht einen mittelbaren Kontrahierungszwang auf **§ 826 BGB** gestützt, wenn die Verweigerung des Vertragsschlusses zu den für alle geltenden oder zu den angemessenen Bedingungen nach den Umständen des Einzelfalles eine sittenwidrige Schädigung darstellte (vgl nur RGZ 148, 326, 334; 133, 388, 392; 132, 273, 276). Dieser Kontrahierungszwang war aber im wesentlichen beschränkt auf *Monopolbetriebe* (vgl heute noch BGH ZIP 1994, 1274, 1276; Flume § 33, 6 spricht daher von einem auf Monopolbetriebe bezogenen selbständigen Rechtssatz) und auf *lebensnotwendige Leistungen*. Daß in diesen Fällen ein Kontrahierungszwang besteht, ist unbestritten; die Frage ist nur, ob es bei diesen engen Voraussetzungen bleiben muß und ob § 826 BGB die richtige Anspruchsgrundlage ist (so zB Erman/Hefermehl Vor § 145 Rn 18; Jauernig Vor § 145 Anm 4 a bb; Soergel/Wolf Vor § 145 Rn 106; vgl auch LG Oldenburg NJW-RR 1992, 53, 54). Teilweise wird die Auffassung vertreten, ein Kontrahierungszwang müsse in Rechtsanalogie zu den hier in Rn 17 ff behandelten Vorschriften jedenfalls dann angenommen werden, wenn das verweigernde Unternehmen mit einer öffentlichen Versorgungsaufgabe betraut sei (Larenz, SchR I [14. Aufl 1987] § 4 I a; zust MünchKomm/Kramer vor § 145 Rn 14). Andere wollen anstelle der Monopolstellung Marktstärke (Bydlinski AcP 180 [1980] 1, 35; Kilian AcP 180 [1980] 47, 60 f; MünchKomm/Kramer vor § 145 Rn 13; vgl auch BGH NJW 1980, 186; abl BGH NJW 1990, 761, 763) oder den Umstand genügen lassen, daß jemand lebenswichtige Güter öffentlich anbietet (vgl etwa Palandt/Heinrichs Einf v § 145 Rn 10; offen BGH ZIP 1994, 1274, 1276; NJW 1990, 761, 763). Nach der weitestgehenden Ansicht besteht Kontrahierungszwang bereits bei jeder Bedarfsdeckung im Rahmen einer normalen Lebensführung eines Durchschnittsmenschen („Normalbedarf"; so Bydlinski 37; Medicus, SchR I [7. Aufl 1993] § 11 IV).

22 *Stellungnahme*: Da unsere Rechtsordnung grundsätzlich von der Abschlußfreiheit ausgeht, muß für einen Kontrahierungszwang dargelegt werden, daß die Ausübung dieser grundsätzlich gewährten Freiheit im Einzelfall mit der Rechts- und Sittenordnung unvereinbar, also rechts- bzw sittenwidrig ist (so grds auch Larenz aaO). Bedenkt man, daß es sich beim Kontrahierungszwang auch hier nicht um einen Schadensersatzanspruch, sondern um einen vorbeugenden Unterlassungsanspruch handelt (s Rn 27), und daß es bei dieser „Sittenwidrigkeit" nicht um den Vorwurf moralisch verwerflichen Fehlverhaltens, sondern um die Durchsetzung von Rechtsprinzipien im Wirtschaftsleben geht, dann ist es im Grundsatz richtig, an den objektiven Tatbestand des § 826 BGB anzuknüpfen. Die Frage nach der Sittenwidrigkeit muß dann aber offengehalten werden und darf nicht von vornherein auf eine einzige Fallgruppe beschränkt werden. Vielmehr müssen alle Umstände des Einzelfalles darauf untersucht werden, ob es ausnahmsweise gerechtfertigt ist, die Abschlußfreiheit einzuschränken. Dabei ist die Bedeutung der Grundrechte (zB Art 1 und 2 GG bei der Versorgung mit anders nicht erreichbaren lebensnotwendigen Gütern) und tragender Wertentscheidungen der Verfassung (zB des Sozialstaatsprinzips) zu berücksichtigen. In aller Regel wird es auf drei Grundfragen hinauslaufen:

– Besteht für den Kunden **keine zumutbare Ausweichmöglichkeit**, oder kann er die begehrte Leistung auch von jemand anders erhalten?
– Ist der Kunde **auf die Leistung angewiesen**, oder ist ihm ein Verzicht zumutbar?
– Ist die **Ablehnung sachlich nicht begründet**, handelt es sich also um eine willkürliche oder um eine gerechtfertigte Entscheidung?

Zumeist wird ein Kontrahierungszwang nur in Betracht kommen, wenn alle diese Kriterien erfüllt sind. Zwingend erforderlich ist das aber nicht (vgl auch BGH NJW 1990, 761, 762 f). Vielmehr muß, wie gesagt, stets die Gesamtabwägung im Einzelfall entscheiden.

Einige wenige **Beispiele** mögen das verdeutlichen. In der berühmten und bis heute **23** umstrittenen **Theaterkritiker**-Entscheidung hat es das Reichsgericht gebilligt, daß ein Stadttheater einem mißliebigen Theaterkritiker den Zutritt verweigerte (RGZ 133, 388, 392; zust EIDENMÜLLER NJW 1991, 1439, 1441; wohl auch JAUERNIG aaO). Aus dem Kritikerberuf folgt, daß es für den Kritiker keine Ausweichmöglichkeit gab und daß er auf den mehr der Berufsausübung als der Unterhaltung dienenden Besuch des Theaterstücks angewiesen war, anders als der „normale" Besucher. Im Hinblick auf die Berufs-, Meinungs- und Pressefreiheit (Art 5, 12 GG), die gegen die Vertragsfreiheit (Art 2 Abs 1 GG) abzuwägen sind, wird man die Vertragsverweigerung durch das Stadttheater heute als sachlich nicht gerechtfertigt ansehen müssen (so auch LARENZ, MEDICUS, MünchKomm/KRAMER und PALANDT/HEINRICHS aaO; für Sportreporter auch LG Münster NJW 1978, 1329). Das Reichsgericht (aaO) hat übrigens sehr wohl gesehen, daß § 826 BGB eine Handhabe bieten könne, „unparteiischer Berichterstattung und sachlicher Kritik den nötigen Schutz zu gewähren", hat aber gemeint, daß das Stadttheater nicht willkürlich gehandelt habe, weil es mit dem Anliegen, eine Schädigung des Theaters durch nach dessen Ansicht unsachliche, unrichtige und schädigende Kritik zu vermeiden, berechtigte Belange verfolgt habe.

Unklar ist die Rechtslage auch bei der Vertragsverweigerung, die sich als **rassische** **24** **Diskriminierung** darstellt, etwa der Weigerung, Ausländer oder Farbige in eine Gaststätte oder Diskothek zu lassen. Gaststätten und Diskotheken haben keine Monopolstellung, und ihr Besuch ist auch nicht lebensnotwendig. Gleichwohl kann man hier einen Kontrahierungszwang dann begründen, wenn man aus den Wertentscheidungen des Grundgesetzes (Art 1 und 3 Abs 3 GG) ableitet, daß die diskriminierende Ablehnungsentscheidung nicht nur unsachlich und intolerant, sondern selbst in einer die Vertragsfreiheit garantierenden Rechtsordnung sittenwidrig und deshalb nicht hinnehmbar ist (so zB LARENZ, SchR I § 4 IV; PALANDT/HEINRICHS aaO; ferner OTTO, Personale Freiheit und soziale Bindung [1978] 139 ff, 147 f). Andere wollen den Diskriminierten auf Schmerzensgeldansprüche und die Ahndung durch Strafverfolgungsbehörden und Gewerbeaufsicht vertrösten (so zB KÜHNER NJW 1986, 1397, 1401; MEDICUS aaO;

vgl auch CANARIS AcP 184 [1984] 201, 243). Daran ist zwar richtig, daß der Kontrahierungszwang nicht die einzige denkbare zivilrechtliche „Sanktion" ist. Es geht aber gar nicht um Sanktion, sondern um Prävention. Geht man nämlich von einem quasinegatorischen Unterlassungsanspruch aus (s u Rn 27), dann erscheint es kaum akzeptabel, die geschehene Diskriminierung mit Schmerzensgeld und Strafurteil wegen Beleidigung zu ahnden, dem Betroffenen aber die zivilrechtliche Möglichkeit zu versagen, künftige Eingriffe dieser Art zu verhindern. Im Ergebnis wird man daher einen Kontrahierungszwang bejahen müssen. Das bedeutet nicht, daß ein Kontrahierungszwang schon für jeden bestünde, der gegenüber der Allgemeinheit einen Rechtsverkehr eröffnet hat und die Vertragsablehnung sachlich nicht begründen kann (dafür aber TILMANN ZHR 141 [1977] 32, 74 ff; vgl für die Ausübung des Hausrechts BGHZ 124, 39 = ZIP 1993, 1798, 1799; zutr dagegen OLG Celle OLGZ 1972, 281, 282: kein Kontrahierungszwang für einen Lebensmittelhändler ohne Monopolstellung; vgl für Spielbanken auch BGH ZIP 1994, 1274, 1276). Es ist nicht jede Unsachlichkeit gleich schon sittenwidrig; eine sachlich nicht begründete Ungleichbehandlung reicht für sich genommen nicht. Bei der rassischen Diskriminierung ist die Grenze aber überschritten, weil mit der Vertragsablehnung ein die Menschenwürde in ganz erheblicher Weise negierendes Unwerturteil verbunden ist (Wertungen der Art 1, 3 Abs 3 GG, der über Abs 1 hinausgeht) und sich das Verhalten des Ablehnenden deshalb als sittenwidrig darstellt.

25 Für die **Presse** ist heute anerkannt, daß für sie – auch bei einer Monopolstellung – kein Zwang besteht, *politische* Anzeigen abzudrucken (BVerfGE 42, 53, 62 = NJW 1976, 1627; LG Nürnberg-Fürth AfP 1984, 174, 175; aM KÜBLER, Pflicht der Presse zur Veröffentlichung politischer Anzeigen? [1976]). Insoweit geht das Recht der Presse zur „Unausgewogenheit" vor. Bei *sonstigen* Anzeigenaufträgen, insbesondere bei Klein- oder Familienanzeigen, kommt hingegen ein Kontrahierungszwang nach Maßgabe des zu Rn 22 Gesagten in Betracht, wenn eine örtliche oder regionale Monopolstellung vorliegt, für den Inserenten keine zumutbare Ausweichmöglichkeit besteht und der Verleger keine stichhaltigen publizistischen oder wirtschaftlichen Gründe zur Vertragsablehnung hat, wie sie etwa in einer Konterkarierung der redaktionellen Linie oder in einer Gefährdung des Anzeigengeschäfts liegen können (OLG Karlsruhe NJW 1988, 341; LG Braunschweig NJW 1975, 782, 784; LG Karlsruhe NJW-RR 1986, 1250; RATH-GLAWATZ WRP 1982, 625 mwN; vgl auch [zu § 26 GWB] KG WuW/E OLG 2903 ff; OLG Stuttgart NJW-RR 1986, 1488; weitergehend – aber zu § 26 GWB – OLG Schleswig NJW 1977, 1886).

26 Von großer praktischer Bedeutung ist die Frage, unter welchen Voraussetzungen **Vereine** Interessenten aufnehmen müssen. Für die Aufnahme eines Unternehmens in eine Wirtschafts- oder Berufsvereinigung enthält § 27 GWB eine Sonderregel, die das Kartellamt unter bestimmten Voraussetzungen zu einer Aufnahmeanordnung ermächtigt. Als Schutzgesetz begründet die Vorschrift zugleich einen privatrechtlichen Aufnahmeanspruch des Unternehmens (BGHZ 29, 344, 347 ff). Im übrigen gilt auch hier (vgl schon oben Rn 22), daß ein Aufnahmezwang nur besteht, wenn der Verein eine Monopolstellung oder eine überragende Machtstellung innehat, eine zumutbare Ausweichmöglichkeit also nicht besteht, wenn die Mitgliedschaft für den Interessenten aus beruflichen, wirtschaftlichen oder sozialen Gründen objektiv wichtig, er darauf angewiesen ist und wenn sich der Ausschluß mangels rechtfertigender Gründe als ungerechtfertigte und unbillige Ungleichbehandlung darstellt (BGHZ 102, 265, 276 [Gewerkschaft]; 101, 193, 200 f [politische Partei]; 93, 151, 152 ff [Gewerk-

schaft]; BGH NJW 1980, 186 [Anwaltverein]; OLG Celle WRP 1995, 35 [Taxizentrale]; zu den Einzelheiten s GRUNEWALD AcP 182 [1982] 181 ff sowie STAUDINGER/WEICK [1994] § 35 Rn 28 ff).

Für die **Rechtsnatur** dieses Kontrahierungszwangs kann auf die Ausführungen zu §§ 26, 35 GWB (oben Rn 20) verwiesen werden. Auch hier handelt es sich nicht um einen verschuldensabhängigen Naturalrestitutionsanspruch (so aber zB RGZ 155, 257, 276, 284; 148, 326, 334; 132, 273, 276; LG Oldenburg NJW-RR 1992, 53 f mwN; JAUERNIG Vor § 145 Anm 4 a cc; SOERGEL/WOLF Vor § 145 Rn 106), sondern um einen verschuldensunabhängigen quasinegatorischen Unterlassungsanspruch (so vor allem LARENZ, SchR I § 4 I a; ferner ERMAN/HEFERMEHL Vor § 145 Rn 19). 27

d) Bricht ein Verhandlungspartner die Vertragsgespräche grundlos ab, so kann das zu Schadensersatzansprüchen aus **culpa in contrahendo** führen. Das hat aber selbst dann keinen Kontrahierungszwang zur Folge, wenn der Gegner nach Klärung aller relevanten Vertragspunkte die berechtigte Erwartung haben durfte, der Vertrag werde nicht mehr scheitern, und sich hierauf eingerichtet hat (so aber SOERGEL/WOLF Vor § 145 Rn 108). Denn auch in diesem Falle ist nur das negative Interesse zu ersetzen (BGH JZ 1984, 745, 746; WOLF beruft sich freilich auf diese Entscheidung), so daß ein Erfüllungsanspruch – auch als quasinegatorischer Anspruch – nicht in Betracht kommt (s auch unten Rn 50). 28

3. Rechtsfolgen des Kontrahierungszwangs

a) Es ist bereits dargelegt worden, daß bei bestehendem Kontrahierungszwang der Verpflichtete mit dem Berechtigten einen Vertrag zu gleichen und angemessenen Bedingungen schließen muß (s Rn 19). Um das durchzusetzen, muß der Vertragswillige der Gegenseite ein annahmefähiges **Angebot** unterbreiten, das diese annehmen muß. Der Kontrahierungszwang fingiert also nicht etwa ein Angebot des Verpflichteten, was zur Folge hätte, daß der Berechtigte das fingierte Angebot nur noch anzunehmen brauchte und dann direkt Leistung verlangen könnte (so aber SOERGEL/ WOLF Vor § 145 Rn 103; wie hier ERMAN/HEFERMEHL Vor § 145 Rn 17; PALANDT/HEINRICHS Einf v § 145 Rn 11). Eine solche Fiktion scheitert regelmäßig schon an der hinreichenden Konkretisierung der Details. Dazu ist vielmehr erforderlich, daß der Berechtigte eine Offerte unterbreitet, die (wenigstens) die essentialia negotii enthält, sich also über die zu erbringende Leistung (zB Waren nach Gegenstand und Zahl) und den Preis verhält. Ist dem Berechtigten eine solche Spezifikation nicht möglich, muß er die Gegenseite auffordern, ein Angebot zu unterbreiten, die ihrerseits aus dem Kontrahierungszwang zu einem solchen Angebot verpflichtet ist (vgl für die Durchsetzung eines Vorvertrages auch unten Rn 64). 29

Liegt ein rechtlich annahmefähiges Angebot vor, ist dessen Empfänger zur **Annahme** verpflichtet, soweit sich das Angebot im gesetzlichen Rahmen hält (BYDLINSKI JZ 1980, 378, 384). *Schweigen* des Verpflichteten reicht für das Zustandekommen des Vertrages – auch bei einem gesetzlichen Kontrahierungszwang (aM insoweit OGHZ 2, 352, 356 f; ERMAN/HEFERMEHL Vor § 145 Rn 17; MünchKomm/KRAMER § 151 Rn 4a; BGH LM Nr 1 zu § 284 BGB betraf hingegen eine konkludente Annahme durch Lieferung) – nur in Ausnahmefällen, wenn der Anbietende darauf vertrauen durfte, der Gegner werde, wenn er nicht annehmen wolle, protestieren (BYDLINSKI JZ 1980, 378 f), oder wenn das Gesetz es 30 ausdrücklich vorsieht (vgl zB § 5 Abs 3 S 1 PflVersG). Hingegen kann in diesen Fällen nach der Verkehrssitte von der Erklärung der Annahme gegenüber dem Antragenden regelmäßig gemäß § 151 S 1 BGB abgesehen werden (OGHZ 1, 253, 256; BYDLINSKI JZ 1980, 378, 379).

31 Verzögert der aus dem Kontrahierungszwang Verpflichtete die Annahme, so ist er der Gegenseite zum **Schadensersatz** verpflichtet. Der Anspruch ergibt sich nicht (nur) aus §§ 826 BGB, 35 GWB, was den Nachteil hätte, daß – jedenfalls bei § 826 BGB (anders § 35 Abs 1 GWB) – Vorsatz erforderlich wäre, der bei einem Irrtum über den Kontrahierungszwang (generell oder bezogen auf diesen Gegner) ausgeschlossen sein könnte. Vielmehr folgt der Anspruch (auch) aus cic sowie unter den Voraussetzungen des § 284 BGB aus § 286 BGB, so daß Fahrlässigkeit reicht (§ 276 BGB). Zwischen den Beteiligten besteht von dem Moment eines hinreichend konkreten Leistungsbegehrens des Vertragswilligen an (BYDLINSKI JZ 1980, 378, 384) ein vorvertragliches gesetzliches Schuldverhältnis, aus dem der Angesprochene zur Annahme des Angebotes und zur Rücksichtnahme auf die Interessen des Berechtigten verpflichtet ist (BGH NJW 1974, 1903, 1904 – „Luft-Taxi"; LG Oldenburg NJW-RR 1992, 53, 54; ERMAN/HEFERMEHL Vor § 145 Rn 21; MünchKomm/KRAMER Vor § 145 Rn 12; SOERGEL/WOLF Vor § 145 Rn 104).

32 Für bereits geschlossene Verträge führt der Kontrahierungszwang zu einer Fortsetzungspflicht und damit auch zu einer **Kündigungssperre** (vgl nur BGHZ 107, 273, 279 f – „Lotterievertrieb"). Wer sogleich nach Beendigung des bestehenden Vertragsverhältnisses zum Neuabschluß verpflichtet wäre, darf die bestehende Rechtsbeziehung gar nicht erst beenden. Möglich ist freilich eine „Änderungskündigung", wenn mit ihr die Anpassung an die mittlerweile veränderten üblichen Vertragsbedingungen (s Rn 19) oder an veränderte Umstände erreicht werden soll (vgl auch BGH GRUR 1988, 642, 644 – „Opel-Blitz").

33 b) **Prozessual** sind die Vertragsansprüche aus dem Kontrahierungszwang in erster Linie durch eine *Klage auf Annahme des Angebotes* durchzusetzen. Die Vollstreckung eines der Klage stattgebenden Urteils erfolgt dann nach § 894 ZPO. Freilich müssen das Angebot (s Rn 29) und der Klageantrag (§ 253 Abs 2 Nr 2 ZPO) hinreichend bestimmt sein. Ist dem Kläger eine solche Konkretisierung nicht möglich, weil er zB die zu liefernden Waren nach Gegenstand, Zahl und Preis allein nicht genau genug zu bezeichnen vermag oder weil er die sonst üblichen Vertragsbedingungen (s Rn 19) nicht kennt, so läßt die Praxis anstelle der Leistungsklage eine *Feststellungsklage* zu (BGH NJW 1985, 2135, 2136 – „Technics"; 1981, 644, 645 – „Dispositionsrecht"; OLG Hamburg WRP 1988, 465, 467 – „Märklin"; OLG Karlsruhe BB 1977, 1112). Da der Beklagte in diesen Fällen seinerseits zur Offerte verpflichtet ist (s Rn 29), ist auch eine *Klage auf Abgabe eines Angebotes* denkbar, die gemäß § 888 ZPO vollstreckt werden kann und deshalb der Feststellungsklage vorgehen muß. Dasselbe gilt für eine *Klage auf Unterlassen der Nichtbelieferung*, die gemäß § 890 ZPO zu vollstrecken ist (SCHOCKENHOFF NJW 1990, 152, 154 f). Eine solche Klage ist grundsätzlich zulässig (aM WEBER WuW 1986, 26, 29), da sie dem negatorischen Charakter des Anspruchs entspricht (s oben Rn 20, 27). Schließlich gebietet es der effektive Rechtsschutz, mit der Klage auf Annahme eines Angebotes die *Klage auf Leistung* aus dem erst noch abzuschließenden Vertrag verbinden zu können (PALANDT/HEINRICHS Einf v § 145 Rn 11; SOERGEL/WOLF Vor § 145 Rn 104; vgl etwa BGH NJW-RR 1991, 408). Das gilt jedenfalls dann, wenn der Kontrahierungszwang unmittelbar auf Gesetz beruht (s Rn 17) und das Gesetz nicht nur den Vertragsschluß erreichen will, sondern dem Begünstigten die daraus folgende Leistung zukommen lassen will (vgl BYDLINSKI AcP 180 [1980] 1, 25). – Vgl zu den entsprechenden Überlegungen für die Durchsetzung eines Vorvertrages unten Rn 67.

Darüber hinaus ist es zulässig, die Ansprüche aus dem Kontrahierungszwang im 34
Wege des **einstweiligen Rechtsschutzes** durchzusetzen, sofern die essentialia negotii feststehen (vgl OLG Karlsruhe GRUR 1980, 811, 812 – „Lesezirkel", ferner den Tatbestand von BGH NJW-RR 1991, 408). Ein Verfügungsgrund (§§ 935, 940 ZPO) ist gegeben, wenn dem Antragsteller ohne die sofortige Belieferung erhebliche (Wettbewerbs-)Nachteile drohen würden (OLG Koblenz NJW-RR 1991, 944 – „Fernsehwerbung" mwN; OLG Stuttgart WuW/E 4829, 4832 – „Katalysatornachrüstsätze"; NJW-RR 1990, 940 – „Hörfunkwerbung"; SCHOCKENHOFF NJW 1990, 152, 155). Geht der Streit allerdings nur um einzelne Vertragsbedingungen, so kann es dem Berechtigten im Einzelfall zumutbar sein, zunächst unter Vorbehalt zu den ungünstigeren Bedingungen zu beziehen und den Streit dann im ordentlichen Erkenntnisverfahren auszutragen (MARKERT, in: IMMENGA/ MESTMÄCKER, GWB [2. Aufl 1992] § 26 Rn 305).

4. Diktierter Vertrag

In einigen wenigen Fällen kann ein Vertragsverhältnis durch privatrechtsgestalten- 35
den Verwaltungsakt oder durch gerichtliche Entscheidung begründet werden. So war zB die Wohnungsbehörde gemäß § 16 WohnRBewG befugt, durch Verwaltungsakt einen Zwangsmietvertrag festzusetzen. Nach §§ 5 Abs 2, 6 Abs 2 HausratsVO kann der Scheidungsrichter Mietverhältnisse an der Ehewohnung begründen; vgl ferner § 97 Abs 2 BauGB. In diesen Fällen kommt aber das Mietrechtsverhältnis direkt durch den Verwaltungsakt oder die richterliche Entscheidung, nicht durch Vertragsschluß zustande (vgl OGHZ 2, 352, 355). §§ 145 ff sind daher nicht einschlägig. Nur soweit es nicht das Zustandekommen, sondern die Durchführung des Vertrages betrifft, sind hier die Normen des Privatrechts heranzuziehen (BGH LM Nr 1 zu § 284 BGB = MDR 1952, 155; HEDEMANN, in: FS Nipperdey [1955] 251, 252 ff; SIEBERT, in: FS Niedermeyer [1953] 215, 232; **aM** SOERGEL/WOLF Vor § 145 Rn 109: öffentlich-rechtliche Rechtsbeziehung).

V. Vertragsschluß

Das Gesetz regelt nicht ausdrücklich, *wie* ein Vertrag geschlossen wird. In § 77 des 36
1. Entwurfs hieß es noch: „Zur Schliessung eines Vertrages wird erfordert, daß die Vertragschliessenden ihren übereinstimmenden Willen sich gegenseitig erklären." Die 1. Kommission hatte aber selbst schon Zweifel daran, ob diese Vorschrift angebracht sei (vgl Mot I 161 = MUGDAN I 441). Von der 2. Kommission wurde sie als überflüssig gestrichen, da sich die wesentlichen Elemente der Vertragsschließung auch aus dem (heutigen) § 145 entnehmen ließen (Prot 156 = MUGDAN I 688). Demzufolge liegt dem Gesetz als Regelfall der sukzessive Vertragsschluß durch Annahme eines vorausgehenden Angebotes zugrunde (s Rn 37). Entscheidend für die Vertragsbindung ist aber nicht diese Technik, sondern der Konsens der Parteien als deren Resultat. Dieser Konsens, der übereinstimmende Rechtsfolgenwille, kann auch auf andere Weise herbeigeführt werden, etwa dadurch, daß der Vertragsvorschlag eines

Dritten mit gleichlautenden, parallelen Zustimmungserklärungen der Parteien angenommen wird (s Rn 38).

1. Angebot und Annahme

37 In den §§ 145 ff geht das Gesetz vom Vertragsschluß durch Angebot und Annahme aus, was noch am deutlichsten in den ersten Wörtern des § 151 S 1 zum Ausdruck kommt. Die eine Partei muß der anderen den Vertragsschluß ausdrücklich oder stillschweigend in annahmefähiger Weise anbieten, dh so, daß der andere den Vertrag durch eine bloße (ebenfalls ausdrücklich oder stillschweigend mögliche) Zustimmung zustande bringen kann. Das setzt voraus, daß das Angebot alle wesentlichen Vertragsbestandteile, die sog essentialia negotii, in bestimmbarer Weise umfaßt. Der Vertrag kommt zustande, wenn sich die andere Partei mit diesem Angebot vorbehaltlos einverstanden erklärt. Die Erklärungen der Parteien sind dabei auf dieselben Rechtsfolgen gerichtet, entsprechen sich also, haben aber einen unterschiedlichen Wortlaut. Zu den Einzelheiten s für das Angebot § 145 Rn 1 ff, für die Annahme § 146 Rn 1 ff; zu den sich kreuzenden Angeboten s § 146 Rn 7.

2. Zustimmung zu einer Vorlage

38 Nicht selten wird ein Vertrag dadurch geschlossen, daß sich die Parteien mit einem Vorschlag eines Dritten einverstanden erklären. Dies ist zB beim elektronischen Handel an der Wertpapierbörse (vgl KÜMPEL WM 1991 Beil 4, 1, 5 ff) oder dann der Fall, wenn eine von einem Notar vorbereitete Vertragsurkunde unterschrieben wird oder die Parteien eines Prozesses einem Vergleichsvorschlag des Gerichts zustimmen. Die typische Formulierung im Sitzungsprotokoll („Auf Vorschlag des Gerichts schließen die Parteien folgenden Vergleich...") ändert nichts daran, daß hier nicht eine Partei das Angebot der anderen annimmt, sondern daß beide dem „Angebot" des Dritten zustimmen. Das Ergebnis dieser Zustimmungserklärungen, die vertragliche Bindung, unterscheidet sich nicht von dem, das durch Angebot und Annahme bewirkt wird. Der Unterschied ist lediglich technischer Natur. Er liegt darin, daß die Parteien hier gleichlautende und nicht nur sich entsprechende Willenserklärungen abgeben (FLUME § 34, 1; vgl auch HUBER RabelsZ 43 [1979] 413, 445 f). §§ 145 ff sind für diesen Fall nicht gedacht, können aber, wo es paßt, im Einzelfall analog herangezogen werden (aM LEENEN AcP 188 [1988] 381, 399 ff, 404 ff, der nur §§ 154, 155 anwenden will, was indessen zu kurz greift, da zB §§ 147 ff auch passen, wenn es um die Frage geht, ob die Zustimmung zu einer Vorlage rechtzeitig erklärt worden ist; auch § 152 ist ohne weiteres anwendbar, wenn es [zB] um die Zustimmung zu einer von einem Notar erarbeiteten Vorlage geht).

3. Die Lehre vom faktischen Vertrag

39 In seiner Schrift „Über faktische Vertragsverhältnisse" (1941) hatte HAUPT die Lehre vom faktischen Vertrag begründet, derzufolge ein vertragsähnliches Rechtsverhältnis trotz fehlenden Rechtsfolgenwillens und deshalb ohne Vertragsschluß ieS durch sozialtypisches Verhalten begründet werden könne. Diese Lehre, die heute keine Gefolgschaft mehr findet, nachdem auch LARENZ (§ 28 II; seit der 7. Aufl) sie aufgegeben hat, ist von STAUDINGER/DILCHER[12] Einl 27 ff zu §§ 104 ff ausführlich dargelegt und erörtert worden (vgl auch LAMBRECHT, Die Lehre vom faktischen Vertragsverhältnis [1994] sowie als Zusammenfassung nur ROTH JuS 1991, L 89 ff). An dieser Stelle reicht der Hinweis,

daß sich die Probleme, zu deren Lösung diese Lehre angetreten ist, in den meisten Fällen durchaus mit den allgemeinen Regeln der Rechtsgeschäftslehre bewältigen lassen. Insbesondere ist es nicht nötig, bei der Inanspruchnahme einer öffentlich angebotenen Leistung auf einen Vertragsschluß zu verzichten, weil er sich idR durch sachgerechte Auslegung des Parteiverhaltens (vgl zB BGH NJW 1991, 564) sowie nicht selten mit Hilfe von § 151 BGB leicht begründen läßt (vgl näher § 151 Rn 19). Der gleichzeitig mit der Inanspruchnahme erklärte Vorbehalt, man wolle sich gleichwohl nicht zu einer Gegenleistung verpflichten (vgl BGHZ 21, 319, 333 ff), ist dabei als protestatio facto contraria unbeachtlich (vgl nur BGHZ 95, 393, 399; abl ua KÖHLER JZ 1981, 464 ff; MEDICUS, AT Rn 249).

4. Ort, Zeitpunkt, Beweislast

a) Der Vertrag ist grundsätzlich an dem **Ort** geschlossen, an dem die zuletzt abgegebene Willenserklärung wirksam wird. Dies ist regelmäßig der Ort, an dem dem Anbietenden die Annahmeerklärung zugeht, denn mit dem Zugang wird diese Erklärung gemäß § 130 wirksam. Bei parallelen Zustimmungserklärungen zu einer Vorlage (s Rn 38) ist der Zugang der zuletzt abgegebenen Erklärung beim Adressaten (zB dem Gericht) entscheidend. Wird gemäß § 151 auf den Zugang der Annahmeerklärung verzichtet, so ist auf den Ort abzustellen, an dem der Annahmewille betätigt wird (vgl RGZ 62, 379, 381). Bei einer Sukzessivbeurkundung wird der Vertrag gemäß § 152 an dem Ort geschlossen, an dem die Annahmeerklärung beurkundet wird.

b) Die vorstehenden Erwägungen gelten entsprechend für den **Zeitpunkt** des Vertragsschlusses. Auch hier ist im Regelfall nicht auf die Absendung, sondern auf den Zugang der Annahmeerklärung abzustellen (vgl Mot I 174), im Falle des § 151 auf die Betätigung des Annahmewillens, im Falle des § 152 auf die Beurkundung der Annahmeerklärung. An diesen Zeitpunkt knüpfen sich auch die Vertragswirkungen, solange die Parteien nichts anderes vereinbart haben (vgl zur Rückdatierung U H SCHNEIDER AcP 175 [1975] 279 ff).

c) Die **Beweislast** für den Vertragsschluß, den Vertragsort oder den Zeitpunkt des Vertragsschlusses (vgl dazu BGH ZIP 1991, 173, 175) liegt bei demjenigen, der daraus Rechtsfolgen ableitet. Insoweit gelten die allgemeinen Beweislastregeln des Zivilrechts (s auch § 145 Rn 38, § 146 Rn 3, § 147 Rn 16).

5. Beseitigung

Die Einigung kann zunächst unter den Voraussetzungen der §§ 119, 120, 123 durch Anfechtung, im übrigen aber nur durch contrarius consensus, also nur durch einen **Aufhebungsvertrag** beseitigt werden (ausf FLUME § 33, 5). Ein solcher Aufhebungsvertrag ist *jederzeit zulässig*, solange dadurch nicht in Rechte Dritter eingegriffen wird, zB weil eine Forderung aus dem aufzuhebenden Vertrag bereits abgetreten worden ist. Hingegen hängt die Zulässigkeit nicht davon ab, ob auf den aufzuhebenden Vertrag bereits geleistet wurde. Solche Leistungen sind nur für die Wirkungsbeschreibung und die Form relevant. Der Aufhebungsvertrag entfaltet nämlich seine aufhebende **Wirkung** in jedem Fall nur *ex nunc*, dh er beseitigt den aufzuhebenden Vertrag nur für die Zukunft. Deshalb können einmal vollzogene dingliche Einigungen nicht aufgehoben, sondern nur rückgängig gemacht werden. Bei schuldrechtlichen Verträgen kann es mit der Wirkung ex nunc sein Bewenden haben, wenn noch nicht geleistet worden ist. Sind hingegen schon Leistungen erbracht worden, so sind sie zurückzugewähren, wenn die Parteien nichts anderes vereinbart haben (vgl BGH NJW 1978, 2198: Auslegung nach Maßgabe der Umstände des konkreten Einzelfalles). Der Rückgewähranspruch folgt weder aus § 812, da der Aufhebungsvertrag den Rechtsgrund für die Leistungen nicht rückwirkend beseitigt, noch aus § 346 BGB, da kein Rücktritt vorliegt, sondern er folgt aus dem Aufhebungsvertrag selbst (FLUME § 33, 5; weitergehend BGH NJW 1982, 1639). Dieser ist nämlich regelmäßig dahingehend auszulegen, daß die Parteien sich (stillschweigend) verpflichten, einander so zu stellen, als ob der aufgehobene Vertrag nie geschlossen worden wäre (vgl schon Mot II 79 = MUGDAN II 44). Das impliziert eine schuldrechtliche Rückwirkung nach dem Vorbild des § 159 BGB und damit vertragliche Rückgewähransprüche für bereits erbrachte Leistungen.

44 Der Aufhebungsvertrag bedarf grundsätzlich keiner **Form**, und zwar auch dann nicht, wenn der aufzuhebende Vertrag formgebunden war, da idR nur Pflichten beseitigt, nicht begründet werden. Etwas anderes gilt nur dann, wenn der Aufhebungsvertrag Rückgewähransprüche begründet (s Rn 43) und die ursprüngliche Leistungsverpflichtung formbedürftig war (Beispiel: Aufhebung eines vom Verkäufer bereits erfüllten Grundstückskaufvertrages; vgl BGH NJW 1982, 1639; FLUME § 33, 5). – Zu weiteren Einzelheiten s STAUDINGER/LÖWISCH (1994) § 305 Rn 55 ff, 70 f.

VI. Vorvertragliche Bindungen

1. Vertragsverhandlungen

45 Einem Vertragsschluß gehen häufig mehr oder weniger langwierige Vertragsverhandlungen voraus. Rechtsnotwendig ist dies selbstverständlich nicht; der Kontakt zwischen den Parteien kann auch direkt mit dem Angebot beginnen, wie es gerade bei Alltagsgeschäften der Fall ist. Durch die Aufnahme von Vertragsverhandlungen treten die Parteien aus dem allgemeinen Rechtsgenossenstatus heraus in eine vorvertragliche Sonderverbindung (s Rn 48). Die in dieser Phase abgegebenen Erklärungen, in denen Vorstellungen über den angestrebten Vertragsinhalt geäußert werden, sind zunächst einmal *keine Willenserklärungen*, da es am Rechtsbindungswillen fehlt. Die Partei muß sich an diesen Äußerungen nicht festhalten lassen. Eine Verpflichtung zum Vertragsabschluß erwächst daraus nicht. Das wird erst anders, wenn konkrete Vertragsangebote unterbreitet werden, die dann gemäß § 145 verbindlich sind. Freilich können in der Verhandlungsphase auch solche Vertragsangebote noch mehrfach revidiert werden, insbesondere wenn ihnen mit einer modifizierten Erklärung begegnet wird (§ 150 Abs 2).

46 Gehen einem Vertragsschluß Verhandlungen voraus, so können die dabei abgegebenen Erklärungen, aber auch sonstige Verhaltensweisen (zB die widerspruchslose Entgegennahme einer Erklärung des Kontrahenten), zur *Auslegung* des später geschlossenen Vertrages herangezogen werden. Das gilt insbesondere für einen im Rahmen der Vorverhandlungen geführten Schriftwechsel (vgl STAUDINGER/DILCHER[12] § 133 Rn 27; FLUME § 33, 8).

47 Wurden bei den Vertragsverhandlungen bereits einzelne Punkte des künftigen Vertrages vorläufig festgelegt, so handelt es sich um eine sog **Punktation**. Im Unterschied zur österreichischen Regelung in § 885 ABGB kommt ihr nach § 154 Abs 1 S 2 grundsätzlich keine Rechtsverbindlichkeit zu (RGZ 124, 81, 84). Vielmehr kann sie von jeder Partei einseitig und beliebig zurückgenommen werden. Etwas anderes gilt, wenn die Parteien aufgrund eines Vorvertrages zu einer der Punktation entsprechenden Einigung verpflichtet sind oder wenn die Punktation nach dem Parteiwillen abweichend von der Vermutung des § 154 Abs 1 S 2 als verbindliche Teileinigung gewollt ist (s § 154 Rn 11). – Zum „Letter of Intent" s § 145 Rn 14.

2. Vorvertragliches Schuldverhältnis

Dadurch, daß die Parteien in einen geschäftlichen Kontakt treten, entsteht zwischen **48** ihnen ein gesetzliches Schuldverhältnis, das sie verpflichtet, auf die Interessen des Gegners Rücksicht zu nehmen. Werden diese Pflichten schuldhaft verletzt, so haftet die Partei der anderen für **culpa in contrahendo**. Die Einzelheiten dieser Rechtsbeziehung sind bei STAUDINGER/LÖWISCH (1995) Vorbem 52 ff zu §§ 275 ff dargestellt. Im Zusammenhang mit den §§ 145 ff reichen folgende Hinweise:

a) Die Aufnahme eines geschäftlichen Kontakts begründet zwischen den Parteien **49** keine vertraglichen Pflichten, sondern ein **gesetzliches Schuldverhältnis**, aus dem gesetzlich begründete Pflichten entspringen (FLUME § 33, 8; LARENZ, SchR I § 9 I). *Inhalt* dieser Pflichten ist es nicht, einen Vertrag zu schließen. Der Eintritt in einen geschäftlichen Kontakt begründet keinen Kontrahierungszwang. Die Parteien sind vielmehr nur verpflichtet, sich gegenüber dem Verhandlungspartner loyal zu verhalten und auf seine Interessen Rücksicht zu nehmen. Das bedeutet zunächst, daß dem Vertragspartner keine Körper- oder Sachschäden zugefügt werden dürfen. Haben sich die Parteien geeinigt, so darf das Wirksamwerden des Vertragsschlusses nicht unnötig verzögert oder gar vereitelt werden. Damit korrespondiert die Pflicht, Vertragsverhandlungen nicht grundlos abzubrechen, wenn beim Verhandlungspartner das Vertrauen auf das Zustandekommen des Vertrages erweckt wurde. Schließlich bestehen Aufklärungs- und Mitteilungspflichten. Zu den Einzelheiten s STAUDINGER/LÖWISCH (1995) Vorbem 56 ff zu §§ 275 ff.

b) Die **Rechtsfolgen** hängen von der konkreten Pflichtverletzung ab (LARENZ, SchR I **50** § 9 I 3). Sie reichen vom Ersatz des Vertrauensschadens über eine Vertragsanpassung bis hin zu einem Rücktrittsrecht. Ein Ersatz des Erfüllungsinteresses kommt hingegen auch bei einer Enttäuschung des Vertrauens auf das Zustandekommen des Vertrages nicht in Betracht, weil dies wirtschaftlich einem nicht gerechtfertigten Kontrahierungszwang gleichkäme (str; grundlegend STOLL, in: FS vCaemmerer [1978] 435, 445 f; s zum Meinungsstand STAUDINGER/LÖWISCH [1995] Rn 74). Noch viel weniger besteht ein Schadensersatzanspruch auf Vertragsabschluß (BGH WM 1968, 1402, 1403; FLUME § 15 III 4 c dd; vgl auch BGH NJW 1994, 1470, 1471; GRUNEWALD JZ 1984, 708 ff; WEBER AcP 192 [1992] 391, 428 ff).

3. Vorvertrag

a) Der Vorvertrag ist ein **obligatorischer Vertrag**, in dem sich die Parteien darüber **51** einigen, einen anderen schuldrechtlichen Vertrag, den sog Hauptvertrag, abzuschließen (BGHZ 102, 384, 388). Der Vorvertrag begründet also einen **vertraglichen Kontra-**

hierungszwang (zutr MünchKomm/KRAMER Vor § 145 Rn 35). Dieses Rechtsinstitut hat sich aus dem früheren pactum de contrahendo bzw pactum praeparatorium entwickelt. Der Ausdruck „Vorvertrag" stammt von THÖL (Handelsrecht [3. Aufl 1854] § 62). In das BGB wurde der Vorvertrag als besonderes Rechtsinstitut nicht aufgenommen, weil ein Regelungsbedürfnis nicht anerkannt wurde (Mot I 178 = MUGDAN I 450). Es ist aber damals wie heute als Ausdruck der Vertragsfreiheit im Grundsatz allgemein anerkannt (grundlegend RGZ 66, 116, 120).

52 Die **Abgrenzung** des Vorvertrages von anderen Verträgen fällt nicht immer leicht. Zunächst ist festzuhalten, daß der Vorvertrag vom **Hauptvertrag** zu unterscheiden ist. Der Vorvertrag muß zunächst *Vertrag* sein, also mit Rechtsbindungswillen geschlossen sein (s Rn 2). Unverbindliche oder gar gescheiterte Vorverhandlungen stellen keinen Vorvertrag dar (BGH WM 1973, 67; 1966, 737). Bleiben wesentliche Dinge ungeregelt, kann der Rechtsbindungswille zweifelhaft sein (ERMAN/HEFERMEHL Vor § 145 Rn 39). Eine Beurkundung spricht allerdings regelmäßig für den Rechtsbindungswillen (BGH NJW-RR 1988, 970, 971; RITZINGER NJW 1990, 1201, 1202). Auch die Vermutung des § 154 gilt für Vorverträge (BGH NJW-RR 1992, 977; DB 1956, 1153, 1154; aM Münch-Komm/KRAMER Vor § 145 Rn 36, 37 Fn 120 a). Das bedeutet vor allem, daß ein Vorvertrag im Zweifel nicht anzunehmen ist, wenn nicht besondere Umstände darauf schließen lassen, daß sich die Parteien schon binden wollten, bevor sie alle Vertragspunkte abschließend geregelt haben (BGH NJW 1980, 1577, 1578). Im übrigen gilt das zu § 154 Rn 6 ff Gesagte sinngemäß auch für den Vorvertrag.

53 Sodann muß der Vorvertrag einen anderen *Vertragsgegenstand* haben als der Hauptvertrag. Bei diesem Hauptvertrag muß es sich um einen schuldrechtlichen Vertrag handeln. Die Verpflichtung zu einer Verfügung ist kein Vorvertrag, sondern selbst schon Hauptvertrag (RGZ 48, 133, 135). Ein Vorvertrag liegt nicht vor, wenn eine Vereinbarung zwar als Vorvertrag bezeichnet wird, darin jedoch alle Vertragsbedingungen festgelegt sind (BGH NJW 1962, 1812; FLUME § 33, 7). Bestehen *Zweifel*, ob es sich um einen Vorvertrag oder um einen Hauptvertrag handelt, ist der Vorvertrag als Ausnahme anzusehen (BGH WM 1973, 238; 1969, 686; NJW 1962, 1812; RGZ 86, 30, 32). Es müssen dann schon besondere Gründe vorliegen, um einen Vorvertrag anzunehmen (BGH DB 1956, 1153, 1154). Im Zweifel liegt kein Vorvertrag, sondern ein – ggf bedingter – Hauptvertrag vor (BGH EWiR 1989, 537 [zust DILCHER]; HENRICH 116).

54 Kein Vorvertrag ist der sog **Rahmen-** oder **Mantelvertrag**. Eine solche Vereinbarung legt nur bestimmte Einzelheiten künftiger Verträge fest, begründet aber keine Hauptpflicht zum Abschluß eines Einzelvertrages (vgl OLG Köln CR 1994, 737, 738). Vielmehr entsteht ein Dauerschuldverhältnis, in dem die Verweigerung von Einzelverträgen eine positive Vertragsverletzung des Rahmenvertrages sein kann (BGH NJW-RR 1992, 977, 978; HENRICH 117). Rahmen- oder Mantelverträge gibt es sowohl unter den Parteien der in Aussicht genommenen Einzelverträge, etwa als Grundlage langdauernder Bezugsverpflichtungen, als auch für Leistungen einer Rahmenvertragspartei an Dritte, zB über die Gewährung von Darlehen an Kunden des Vertragspartners im Rahmen von finanzierten Kaufverträgen (vgl HÖRTER, Der finanzierte Abzahlungskauf [1969] 130) oder bei der Vereinbarung eines Beherbergungsunternehmens mit einem Reiseveranstalter über die künftige Aufnahme eines bestimmten Kontingents von Gästen (vgl ROTHER, in: FS Larenz [1973] 435, 451 ff).

Anpassungsklauseln sind keine selbständigen Vorverträge, sondern Bestandteile von 55
Hauptverträgen, die freilich nicht nur zum Verhandeln (vgl zu den sog „Neuverhandlungs-
klauseln" HORN AcP 181 [1981] 255 ff), sondern auch zum Abschluß eines auf den bereits
geschlossenen Hauptvertrag bezogenen Änderungsvertrages verpflichten können,
sofern sie die Anpassungskriterien und -maßstäbe hinreichend bestimmt festlegen
(vgl STEINDORFF BB 1983, 1127 ff). Da aber der Änderungsvertrag Verfügungsvertrag ist
(vgl BORK, Der Vergleich [1988] 70 ff), können zur Änderung verpflichtende Anpassungsklauseln keine Vorverträge sein (s Rn 53). – Zur Abgrenzung von *Option, Vorhand*
und *Vorrechtsvertrag* s Rn 69 ff; zum *„Letter of Intent"* s § 145 Rn 14.

b) Der **notwendige Inhalt** eines Vorvertrages ergibt sich zunächst aus dem Vertrags- 56
typus selbst: Der Vertrag muß dazu verpflichten, einen Hauptvertrag abzuschließen.
Dabei reicht es, wenn *eine Partei* verpflichtet wird, die dann unter den im Vorvertrag
genannten Voraussetzungen ein entsprechendes Hauptvertragsangebot der anderen
Seite annehmen muß (vgl BGH NJW-RR 1992, 977; NJW 1990, 1233; 1962, 1812; WM 1962,
1399, 1401; BayObLGZ 1982, 374, 378; OLG Hamburg NJW-RR 1992, 20, 21; LAG Hamm BB
1986, 667, 668; HENRICH 184). Der Vorvertrag kann vorsehen, daß eine Partei den
Hauptvertrag mit einem Dritten abschließen muß (dazu BGHZ 97, 147, 151 f; SCHMALZEL
AcP 164 [1964] 446 ff; FLUME § 33, 7 spricht bei nur einseitiger Bindung oder bei Verpflichtung
gegenüber einem Dritten vom „Optionsvertrag"; vgl demgegenüber Rn 69). Die Vereinbarung
eines *Entgelts* ist nicht nötig (vgl BGH NJW 1990, 1233, 1234).

Unklar ist, welche Anforderungen an die **Bestimmtheit des Hauptvertrages** zu stellen 57
sind. Die Rechtsprechung meint zT, der Vorvertrag müsse nicht die gleiche Vollstän-
digkeit aufweisen, die für den vorgesehenen Hauptvertrag zu verlangen sei (vgl BGHZ
97, 147, 154; LG Essen ZMR 1979, 143). Diese Formulierung schießt jedoch über das für
den verfolgten Zweck Notwendige hinaus (vgl auch die Kritik von FLUME § 33, 7; ferner
MünchKomm/KRAMER Vor § 145 Rn 37). Der Vorvertrag soll eine vertragliche Bindung
auch dort ermöglichen, wo der Inhalt des Hauptvertrages noch nicht in allen Einzelheiten festgelegt werden kann (BGHZ 97, 147, 154). Sinn hat eine solche vertragliche
Bindung aber idR nur, wenn sie später auch durchsetzbar ist (krit BUCHER AcP 186
[1986] 1, 52, der darauf hinweist, daß Vorverträge auch als Grundlage für Schadensersatzansprüche
wegen Nichterfüllung zu würdigen seien). Der Vorvertrag muß daher den Hauptvertrag
soweit konkretisieren, daß es möglich ist, Erfüllungsklage auf Abschluß des Hauptvertrages zu erheben und notfalls nach § 894 ZPO zu vollstrecken (so iE auch die Rspr,
vgl BGH BB 1953, 97; LG Essen ZMR 1979, 143). Der Hauptvertrag muß daher zumindest
bestimmbar sein, dh sein Inhalt muß unter – ggf ergänzender – Auslegung des Vorvertrages sowie unter Heranziehung des dispositiven Rechts durch den Richter zu
ermitteln sein (vgl BGH WM 1994, 752, 754; 1966, 89; NJW-RR 1993, 139, 140; 1992, 977; NJW
1990, 1234, 1235; OLG Düsseldorf BB 1969, 894; LAG Hamm BB 1986, 667, 668; BFHE 140, 238,
240). Auch § 287 ZPO ist dabei zu berücksichtigen (BGH WM 1961, 1053, 1055; BB 1953,
97; RG JW 1938, 2740, 2743; LG Essen ZMR 1979, 143; vgl auch RITZINGER NJW 1990, 1201,
1204 ff).

Dieses Bestimmtheitserfordernis bezieht sich nicht nur auf die **essentialia negotii**, 58
sondern auch auf alle von den Parteien als wesentlich angesehenen **Nebenpunkte** (vgl
BGH NJW 1990, 1234, 1235). Natürlich kann der Vorvertrag ein Verfahren vorsehen, wie
die – als solche nicht hinreichend bezeichnete – Leistung bestimmt werden soll, zB
nach § 315 durch einen Dritten. (Ohne eine solche Festlegung ist diese Vorschrift

aber nicht anwendbar; vgl SOERGEL/WOLF Vor § 145 Rn 60; aM MünchKomm/KRAMER Vor § 145 Rn 37 Fn 122; wohl auch LG Essen ZMR 1979, 143 m zust Anm TIEFENBACHER; es gilt hier das zu § 154 Rn 8 Gesagte entsprechend). Außerdem können die Parteien aus dem Vorvertrag verpflichtet sein, fehlende Bestimmungen nach billigem Ermessen zu ergänzen (FLUME § 33, 7). Der Vorvertrag hat daher im wesentlichen den Sinn, die Voraussetzungen festzulegen, unter denen der Hauptvertrag geschlossen werden muß.

59 Kann der Inhalt des Hauptvertrages nicht mit hinreichender Bestimmtheit ermittelt werden, so ist der Vorvertrag **unwirksam** (OLG Nürnberg MDR 1960, 308; FLUME § 33, 7). Dies gilt zB für einen Gesellschaftsvorvertrag, der nicht festlegt, ob eine AG, eine GmbH oder eine Personengesellschaft gegründet werden soll (RGZ 106, 174, 176; OLG Frankfurt MDR 1973, 759). Nicht hinreichend ist ferner eine Vereinbarung, den künftigen Bedarf bei jemandem zu decken, wenn nicht die Höhe dieses Bedarfs und die Zeitdauer der Bindung bestimmt werden kann (HENRICH 119 ff mwN). Unwirksam ist der Vorvertrag im übrigen auch dann, wenn der Hauptvertrag auf eine unmögliche (§ 306) oder verbotene (§§ 134 ff) Leistung gerichtet ist (SOERGEL/WOLF Vor § 145 Rn 59).

60 c) Einer besonderen **Form** bedarf der Vorvertrag grundsätzlich nicht. Etwas anderes gilt nur dann, wenn der Hauptvertrag formbedürftig ist und die gesetzliche Form nicht nur eine reine Beweisfunktion erfüllen soll, sondern eine Warnfunktion gegenüber voreiliger Bindung. In diesem Fall muß die Formvorschrift nach ihrem Sinn und Zweck auch auf den Vorvertrag angewandt werden, der ja bereits eine Bindung herbeiführen soll (RITZINGER NJW 1990, 1201, 1203). Demzufolge ist gemäß § 313 S 1 vor allem der Vorvertrag zu einem Grundstücksverkauf formbedürftig (BGH NJW 1986, 2820, 2821; RGZ 169, 185, 189; 124, 81, 83; OLG Hamburg NJW-RR 1992, 20, 21; vgl auch BGH WM 1994, 752, 754), ebenso gemäß § 4 Abs 3 WEG derjenige zu einem Sondereigentumsvertrag (BGH WM 1966, 89) oder gemäß § 34 GWB der zu einem Vertriebsbindungsvertrag (BGH NJW 1975, 1170; OLG Düsseldorf DB 1978, 2123; EMMERICH NJW 1980, 1363, 1364). Beim Bürgschaftsvorvertrag ist die Erklärung des künftigen Bürgen nach § 766 S 1 formbedürftig (BGH NJW 1966, 730). Der Vorvertrag zum Gesellschaftsvertrag einer GmbH bedarf der Form des § 2 Abs 1 GmbHG (BGH NJW-RR 1988, 288; RGZ 130, 73; HENRICH 159 ff), bei einer AG der des § 23 AktG (RGZ 156, 129, 138) oder der des § 185 AktG (dazu BLAUROCK, in: FS Rittner [1991] 33, 43 ff). Formbedürftig ist ferner der Vorvertrag zu einem Jagdpachtvertrag nach § 11 Abs 4 S 1 BJagdG (BGHZ 61, 48).

61 **Formfrei** können Vorverträge zu Tarifverträgen geschlossen werden (BAG NJW 1977, 318). Vorverträge zu langfristigen Mietverträgen bedürfen nicht der Form des § 566, weil die Vorschrift nicht den Mieter schützen, sondern eine Informationsgrundlage für mögliche Grundstückserwerber schaffen will, die nach § 571 in den Mietvertrag eintreten würden (BGH NJW 1980, 1577, 1578; WM 1961, 1053, 1054; BB 1956, 1091, 1092; RGZ 104, 131, 132; 86, 30, 32; HENRICH 153 ff; aM FLUME § 33, 7; HÄSEMEYER, Die gesetzliche Form der Rechtsgeschäfte [1971] 112 ff). Beim Vorvertrag zu den abstrakten Verpflichtungsverträgen der §§ 780, 781 bedarf die Erklärung des künftig Verpflichteten nicht der Schriftform (so aber obiter RGZ 48, 133, 135), da diese nicht dem Übereilungsschutz, sondern nur der Beweissicherung dient (vgl näher STAUDINGER/MARBURGER[12] § 780 Rn 7 mwN). – Ist für den Hauptvertrag **gewillkürte Schriftform** vorgesehen, so muß durch Auslegung ermittelt werden, ob das Formerfordernis auch für den Vorvertrag gelten

soll (BGH BB 1963, 572; NJW 1958, 1281). Dabei kann aus § 154 Abs 2 kein Schluß auf die Einbeziehung des Vorvertrages in den Formzwang gezogen werden. Ebensowenig gilt § 154 Abs 2 für den Vorvertrag, wenn die rechtsgeschäftlich bestimmte Form nur Beweiszwecken dienen soll (BGH WM 1959, 561, 562; PIKART WM 1963, 1023).

Ist der Vorvertrag formunwirksam, so kommt eine **Heilung** durch formwahrenden Abschluß des Hauptvertrages in Betracht (BGHZ 82, 398, 403 ff; MünchKomm/FÖRSCHLER § 125 Rn 39; REINICKE, Die Rechtsfolgen formwidrig abgeschlossener Verträge [1969] 25 ff; REINICKE/TIEDTKE NJW 1982, 1430 ff; aM HENRICH 169). Die Heilung des Vorvertrages kann bedeutsam sein für die Bestandskraft des Hauptvertrages (s Rn 68) sowie für Ansprüche auf im Vorvertrag vereinbarte Entgelte, Provisionen, Vertragsstrafen etc (vgl BGHZ 82, 398). Im übrigen ist es auch beim Vorvertrag jedenfalls möglich, den Grundsatz von Treu und Glauben mit der Folge heranzuziehen, daß sich eine Seite gegenüber der anderen nicht auf die Formwidrigkeit berufen kann (HENRICH 170 ff; vgl BGH WM 1994, 752, 754 sowie allg STAUDINGER/DILCHER[12] § 125 Rn 38 ff). 62

d) Bedarf der Hauptvertrag einer behördlichen **Genehmigung**, so ist der Vorvertrag nur dann genehmigungsbedürftig, wenn das Genehmigungserfordernis dem Schutz eines Beteiligten dienen soll. Hier gilt das zur Form Gesagte entsprechend (s Rn 60). Soll die Genehmigung hingegen nur eine öffentliche Kontrolle über den endgültigen Vertrag ermöglichen, so ist der Vorvertrag nicht genehmigungsbedürftig (RG JW 1936, 2404). Ohnehin kann es für den Vorvertrag nur auf die Genehmigungsbedürftigkeit des schuldrechtlichen Verpflichtungsgeschäfts, nicht auf die der Verfügungsgeschäfte ankommen. Die Genehmigung eines Vorvertrages erstreckt sich im übrigen nicht auf den Hauptvertrag, sondern muß für diesen erneut eingeholt werden (SOERGEL/WOLF Vor § 145 Rn 64). 63

e) Da durch einen wirksamen Vorvertrag ein rechtsgeschäftlicher Kontrahierungszwang begründet wird (s Rn 51), kann für die **Rechtsfolgen** auf die Überlegungen zum gesetzlichen Kontrahierungszwang zurückgegriffen werden (s Rn 29 ff). **Materiell-rechtlich** ist jede Partei unter den im Vorvertrag genannten Voraussetzungen verpflichtet, ein dem Vorvertrag entsprechendes Hauptvertragsangebot anzunehmen oder – wenn dem Vertragswilligen ein solches Angebot nicht möglich ist – selbst ein entsprechendes Angebot zu unterbreiten (BGH WM 1994, 752, 753; 1981, 695, 697). Ob der angebotene bzw abgeschlossene Hauptvertrag die Verpflichtungen aus dem Vorvertrag erfüllt, ist durch Auslegung unter Berücksichtigung des mutmaßlichen Parteiwillens und des dispositiven Rechts zu ermitteln (BGH WM 1994, 752, 754; NJW 1990, 1234, 1235). Hat eine Seite einen dem Vorvertrag entsprechenden Hauptvertrag mit einem vollmachtlosen Vertreter geschlossen, so ist der Vertretene aus dem Vorvertrag zur Genehmigung verpflichtet. Die Verurteilung zur Genehmigung des Hauptvertrages wirkt aber nicht auf den Zeitpunkt des Abschlusses des Rechtsgeschäftes zurück (BGHZ 108, 380, 382 ff; zust K SCHMIDT DNotZ 1990, 708 ff). Eine bereits erklärte Verweigerung der Genehmigung ist gemäß § 242 als treuwidrig unbeachtlich (vgl auch Rn 68). – Die Abschlußverpflichtung desjenigen, der ein Angebot abgegeben hat, erlischt im übrigen nicht etwa dadurch, daß die Gegenseite die Erfüllung des Hauptvertrages verweigert (BGH JZ 1958, 245; aM PALANDT/HEINRICHS Einf v § 145 Rn 21). Freilich kann es gegen Treu und Glauben verstoßen, wenn die Partei, die die Erfüllung bislang verweigert hat, nunmehr auf Abschluß des Hauptvertrages dringt (venire contra factum proprium, BGH aaO). 64

65 Gerät der Schuldner mit der Erfüllung der Abschlußpflicht in **Verzug** oder verhält er sich sonstwie vertragswidrig, so kann der Gegner Schadensersatz verlangen oder vom Vorvertrag zurücktreten (BGH NJW 1984, 479 f; 1958, 1531; vgl auch BGH NJW-RR 1993, 139, 140 und BUCHER AcP 186 [1986] 1, 52). Voraussetzung ist freilich, daß sich der Rücktrittswillige selbst vertragstreu verhalten hat (BGH NJW-RR 1993, 139, 141; NJW 1984, 479, 480). Nur bei Dauerschuldverhältnissen ist ein Festhalten am Vertrag auch bei eigener Vertragsuntreue regelmäßig unzumutbar (BGH NJW 1984, 479, 480; 1958, 1531). Der für den Verzugseintritt maßgebende Fälligkeitszeitpunkt kann im Vorvertrag ausdrücklich genannt sein. Anderenfalls ist er durch Auslegung zu ermitteln. Auf § 271 kann nicht zurückgegriffen werden (HENRICH 193). Der Schadensersatzanspruch umfaßt in diesen Fällen auch den durch die Nichterfüllung des geschuldeten Hauptvertrages entstehenden Schaden, denn es folgt aus dem Vorvertrag auch die Pflicht, sich für den künftigen Hauptvertrag leistungsbereit zu halten (BGH NJW 1990, 1233 f; 1963, 1247; HENRICH 215; anders ist es natürlich, wenn wegen cic bei Vorvertragsverhandlungen eine Verpflichtung zum Ersatz des Vertrauensschadens begründet wurde; s Rn 50 sowie BGH WM 1968, 1402).

66 Ein Rücktritt vom Vertrag ist gemäß § 242 auch aufgrund von **veränderten Umständen** möglich, insbesondere wenn sie bei einem Dauerschuldverhältnis zur Kündigung aus wichtigem Grund berechtigen würden (BGH NJW 1958, 1531; MünchKomm/KRAMER Vor § 145 Rn 39). Entscheidend ist, ob der Partei das Festhalten am Vertrag noch zumutbar ist oder nicht (vgl BGH NJW 1990, 1233, 1234 [betr Wegfall der Geschäftsgrundlage]; NJW 1958, 1531). Bei einer Klage aus dem Vorvertrag kann das Gericht den Inhalt des Hauptvertrages auch den veränderten Umständen anpassen und insoweit von der vorvertraglichen Parteivereinbarung abweichen (BGH NJW 1962, 1812, 1813). – Die **Verjährung** der Ansprüche aus dem Vorvertrag richtet sich nicht nach den Vorschriften, die für Ansprüche aus dem Hauptvertrag gelten würden, da die Zielrichtung des Vorvertrages eine andere ist (HENRICH 218; **aM** ROLL BB 1978, 69 f; ihm folgend MünchKomm/KRAMER Vor § 145 Rn 40).

67 Weigert sich der Gegner, den Hauptvertrag abzuschließen, so kann aufgrund des Vorvertrages **Erfüllungsklage** erhoben werden (s auch Rn 33). Soweit der Kläger das Angebot selbst formulieren kann, ist *Leistungsklage* auf Annahme dieses Angebotes zu erheben (BGH WM 1994, 752, 753). Für die Klage auf Abgabe eines Angebotes fehlt deshalb idR das Rechtsschutzinteresse (BRÜGGEMANN JR 1968, 201, 203; offen für den Regelfall BGH NJW 1984, 479, 480; ebenso und – zutr – anders für die Unmöglichkeit, das Angebot selbst zu formulieren [s Rn 64] BGHZ 98, 130, 133 f). Die Zwangsvollstreckung erfolgt dann nach § 894 ZPO; für neben (oder anstelle) der Annahmeerklärung erforderliche Rechtshandlungen gelten §§ 887, 888 ZPO (BGH WM 1961, 1053, 1055; RGZ 156, 164, 170; HENRICH 185). Möglich ist uU auch die Klage auf Annahme eines erst später noch genauer zu formulierenden Angebots, etwa eines solchen, das der notariellen Beurkundung bedarf (BGHZ 97, 147, 149 f). Eine *Feststellungsklage* wird hier nur selten in Betracht kommen, da die Klage nach dem zu Rn 57 Gesagten ohnehin nur Erfolg haben kann, wenn der Hauptvertrag im Vorvertrag hinreichend bestimmt festgelegt ist, so daß dem Kläger in aller Regel auch die Formulierung eines annahmefähigen Angebotes (s Rn 64) und eines konkreten, den Anforderungen des § 253 Abs 2 Nr 2 ZPO genügenden Klageantrages möglich sein wird (vgl auch BGH WM 1994, 752, 753). Schließlich kann auch hier direkt *Klage auf die Hauptvertragsleistung* erhoben werden, freilich idR nur in Verbindung mit der Klage auf Abschluß des Hauptvertrages

(BGHZ 98, 130, 134 f; BGH NJW 1986, 2820, 2821; 1975, 443, 444; RGZ 124, 81, 85; enger noch BGH WM 1971, 44, 45). Eine isolierte Erfüllungsklage kommt allenfalls in Betracht, wenn sich „auf Grund sinn- und interessengemäßer Auslegung" aus dem Vorvertrag selbst ergibt, daß dem Gläubiger eine Hauptvertragsleistung sofort zustehen soll (BGH NJW 1972, 1189, 1190).

f) Der Vorvertrag hat insofern **Bedeutung für den Hauptvertrag**, als er dessen **68** *Rechtsgrund* sein kann. Ist daher der Vorvertrag nichtig, so können der zu seiner Erfüllung geschlossene Hauptvertrag und mit ihm die zu dessen Erfüllung erbrachten Leistungen gemäß §§ 812, 813, 821 kondiziert werden. Freilich ist genau zu prüfen, ob und wie sich *Mängel des Vorvertrages* auf den Hauptvertrag auswirken. So können formnichtige Vorverträge durch Abschluß des Hauptvertrages geheilt werden (s Rn 62). Außerdem kann der Abschluß des Hauptvertrages unter den Voraussetzungen der §§ 141, 144 als Bestätigung des Vorvertrages aufgefaßt werden. Eine Kondiktion kommt daher nur in Betracht, wenn der Hauptvertrag ausschließlich in der irrigen Annahme einer Verpflichtung aus dem Vorvertrag geschlossen wurde (BRÜGGEMANN JR 1968, 201, 206; zust MünchKomm/KRAMER Vor § 145 Rn 35 Fn 110). Eine *Anfechtung des Hauptvertrages* ist nach dem Grundsatz „dolo agit qui petit quod statim redditurus est" gemäß § 242 unbeachtlich, wenn nicht auch der Vorvertrag anfechtbar ist und angefochten wird (BGH WM 1973, 238, 239).

4. Option

a) Eine Option ist die Möglichkeit für den Berechtigten, durch einseitige Willens- **69** erklärung einen Vertrag zustande zu bringen oder zu verlängern (HENRICHS 227). Eine Verpflichtung dazu besteht nicht. Ob der Vertrag zustande kommt oder nicht, hängt allein von der Ausübung des Optionsrechts ab. Darin unterscheidet sich die Option vom Vorvertrag, der nur einen Anspruch auf den Vertragsabschluß begründet, aber keine Möglichkeit gewährt, den Vertrag durch einseitige Erklärung herbeizuführen (BGH WM 1971, 44, 45; OLG Hamburg NJW-RR 1992, 20, 21). Gesetzliches Beispiel für ein Optionsrecht ist der Wiederkauf (§ 497 Abs 1 S 1), während es sich beim Vorkauf trotz der Formulierung des § 505 Abs 2 nicht um eine Option handelt, da das Vertragsverhältnis nicht allein durch die Willenserklärung des Vorkaufsberechtigten begründet wird, sondern außerdem voraussetzt, daß der Verkäufer sich zum Verkauf entschließt (vgl auch STAUDINGER/MADER [1995] Vorbem 33 f zu § 504). Die Option auf einen Kaufvertrag nennt man auch *Ankaufsrecht*. Freilich hält sich die Vertragspraxis selten streng an diese Terminologie und die damit bezeichneten Abgrenzungen, so daß im Einzelfall durch Auslegung zu ermitteln ist, welchen rechtlichen Instrumentariums sich die Parteien bedienen wollten (vgl auch LORENZ, in: FS Dölle I [1963] 103, 104/110 ff).

Das Ziel, dem Berechtigten eine Option zu verschaffen, läßt sich mit verschiedenen **70** rechtlichen **Gestaltungsmöglichkeiten** erreichen (vgl auch BGHZ 97, 147, 152; OLG Düsseldorf BB 1979, 962; nach aA handelt es sich stets um einen Vertrag sui generis, s vARNIM AG 1983, 29, 39 f; WEBER JuS 1990, 249, 253 f). Zunächst kann der Verpflichtete dem Berechtigten einseitig ein **Optionsrecht** verschaffen, indem er ihm ein befristetes oder unbefristetes Angebot unterbreitet, das der Berechtigte nach Belieben annehmen kann („Festofferte"). Eine solche Selbstbindung beim Angebot ist zulässig (s § 145 Rn 24, § 148 Rn 7). Sie verschafft dem Berechtigten die Möglichkeit, den Vertrag durch einseitige Willenserklärung, die Annahme, zustande zu bringen. Es ist daher zutreffend, hier von einer Option zu sprechen (ebenso RGZ 169, 65, 71; vEinem 18; Erman/Hefermehl Vor § 145 Rn 43; MünchKomm/Kramer Vor § 145 Rn 43; aM Georgiades, in: FS Larenz [1973] 409, 412 ff; Henrich 231; Jauernig Vor § 145 Anm 3 c bb; Larenz § 27 I c). Nur muß man sich eben der Tatsache bewußt sein, daß die Ausübung des Optionsrechts nichts anderes ist als die Annahme eines Vertragsangebotes, so daß auch die für alle Annahmeerklärungen geltenden Rechtsregeln anzuwenden sind (vgl auch Rn 74).

71 Daneben kommt in Betracht, einen **Optionsvertrag** zu schließen, für den wiederum zwei Varianten denkbar sind. Die Parteien können einen *Angebotsvertrag* schließen, in dem die eine Partei ein – vorher ausgehandeltes – bindendes Vertragsangebot abgibt und der anderen Partei das Recht eingeräumt wird, dieses Angebot – ggf unter bestimmten Bedingungen oder Befristungen – anzunehmen (Henrichs 241 f). Ein solcher Vertrag begründet für die anbietende Partei zugleich die Nebenverpflichtung, sich leistungsfähig zu halten (OLG Düsseldorf BB 1979, 962; vEinem 61 ff; Georgiades, in: FS Larenz [1973] 409, 426 ff; Henrichs 271; MünchKomm/Kramer Vor § 145 Rn 44 mwN). Alternativ können die Parteien aber auch bereits den Hauptvertrag abschließen und dabei vereinbaren, daß dieser Vertrag erst durch die Erklärung des Berechtigten in Kraft gesetzt werden solle. Wählen die Parteien diesen Weg, so kann man von einem *bedingten Hauptvertrag* sprechen, weil die Ausübung des Optionsrechts hier Bedingung für den Eintritt der Rechtsfolgen sein soll (vgl OLG Bamberg NJW-RR 1989, 1449). Es handelt sich dabei nicht um eine Potestativbedingung, sondern um eine Wollensbedingung, weil die Bedingung nur in einer auf die Wirkungen des Rechtsgeschäfts bezogenen Willenserklärung, nicht in einem sonstigen willensabhängigen Verhalten einer Partei besteht (zutr Flume § 38, 2 d; aM Erman/Hefermehl Vor § 158 Rn 13). Eine solche Wollensbedingung ist hier zulässig, da die Wirksamkeit des Vetrages nicht nur im Belieben des allein Verpflichteten steht (vgl BGHZ 47, 387, 391; BGH LM Nr 16 zu § 433 BGB = WM 1962, 1399; Henrichs 236; aM Jauernig Vor § 145 Anm 3 c bb, der deshalb hier nicht von einer Bedingung, sondern von einem Gestaltungsrecht spricht; allg zur Zulässigkeit der Wollensbedingung s Vorbem 14 ff zu §§ 158 ff).

72 Die vorstehenden Gestaltungsmöglichkeiten dürfen nicht als verschiedene dogmatische Erklärungsversuche einer einheitlichen rechtlichen Erscheinung mißverstanden werden. Vielmehr handelt es sich um verschiedene Wege, zwischen denen die Parteien die freie Wahl haben (grundlegend BGH LM Nr 16 zu § 433 BGB). Was die Parteien tatsächlich gewollt haben, ist durch **Auslegung** zu ermitteln, wobei auch der Grundsatz zu beherzigen ist, daß im Zweifel derjenigen Auslegungsmöglichkeit der Vorzug zu geben ist, die dem Parteiwillen zum Erfolg verhilft. Es ist daher vor der These zu warnen, die Annahme eines bedingten Hauptvertrages entspreche idR nicht dem Parteiwillen (so aber Erman/Hefermehl Vor § 145 Rn 13; Henrichs 236 ff), denn da die Ausübung der Option nach hM bei dieser Konstellation formfrei möglich ist (s näher Rn 74), kann es angebracht sein, ihr bei einer ansonsten offenen Auslegung den Vorzug zu geben.

73 Die Option wird von der ganz hM als **Gestaltungsrecht** bezeichnet (vgl nur vEinem 23 ff; Jauernig Vor § 145 Anm 3 c bb; MünchKomm/Kramer Vor § 145 Rn 41; Palandt/Heinrichs Einf v § 145 Rn 23). Das trifft aber weder auf das *Optionsrecht* noch auf den *Angebotsvertrag* zu, denn wer ein Angebot annimmt, übt kein (gesetzliches oder vertragliches) Gestaltungsrecht aus (s näher § 145 Rn 34). Nur beim *bedingten Hauptvertrag* kann man von einem vertraglich begründeten Gestaltungsrecht sprechen (richtig daher BGHZ 94, 29, 31 für die Option zur Verlängerung eines Mietvertrages).

b) Für die Frage, ob Einräumung oder Ausübung der Option einer bestimmten **74 Form** bedürfen, ist zu differenzieren. Beim *Optionsrecht* sind sowohl auf die einseitige Einräumung als auch auf die Ausübung des Optionsrechts die allgemeinen Regeln anzuwenden, die für die Form von Angebot und Annahme gelten (vgl schon Rn 70). In der Regel sind also beide Erklärungen formbedürftig, solange das Gesetz nicht nur für die Erklärung nur einer Partei die Einhaltung einer bestimmten Form verlangt, wie etwa bei § 766. Der *Optionsvertrag* unterliegt selbst stets der Form, die für das Rechtsgeschäft, das der Optionsberechtigte zustande bringen kann, vorgesehen ist (vgl nur BGH LM Nr 16 zu § 433 BGB), denn der bedingte Hauptvertrag ist schon selbst dieses Rechtsgeschäft, der Angebotsvertrag enthält zumindest die Angebotserklärung dazu. Fraglich ist allein, ob auch die Ausübung der Option formbedürftig ist. Beim Angebotsvertrag ist das ohne weiteres zu bejahen (BGH aaO; Henrichs 273 ff; anders nur Larenz § 27 I c), da hier die Ausübung der Option nichts anderes ist als die Annahme des Angebots. Beim bedingten Hauptvertrag schließt die hM aus § 497 Abs 1 S 2, daß die Geltungserklärung des Berechtigten formfrei möglich sei (BGH aaO; vEinem 114 ff; Erman/Hefermehl Vor § 158 Rn 13; Larenz § 27 I c; Palandt/Heinrichs Einf v § 145 Rn 23; Soergel/Wolf Vor § 145 Rn 69). Demgegenüber steht die Gegenansicht zu Recht auf dem Standpunkt, daß zumindest solche Formvorschriften anzuwenden sind, die den Erklärenden schützen wollen, da dieser bisher noch nicht gebunden war und keinen Verpflichtungen unterlag, so daß ihm dem Zweck der Formvorschrift entsprechend nun noch einmal die Bedeutung seiner Erklärung vor Augen geführt werden muß (Flume § 38, 2 d; Georgiades, in: FS Larenz [1973] 409, 425 f; Jauernig Vor § 145 Anm 3 c bb; Lorenz, in: FS Dölle [1963] 103, 115 ff; MünchKomm/Kramer Vor § 145 Rn 45). Auf § 497 Abs 1 S 2 kann sich die hM dabei nicht berufen, denn daß die Ausübung des Wiederkaufsrechts dort formfrei gestellt ist, korrespondiert mit der ursprünglichen Fassung des § 313, der nur die Erklärung des Grundstücksverkäufers der Form unterwarf. In den Fällen des § 497 gibt aber nur der Wiederkäufer, nicht der Wiederverkäufer eine Erklärung ab. Dessen Bindung beruht bereits auf dem ursprünglichen Kaufvertrag, so daß er bei der Wiederkaufserklärung durch den Wiederkäufer gar nicht geschützt werden kann (zutr RGZ 126, 308, 312). Daß § 497 Abs 1 S 2 durch die Änderung des § 313 im Jahre 1973 (BGBl I 501), derzufolge heute auch der Erwerber geschützt werden soll, rechtspolitisch fragwürdig geworden ist, ist freilich noch nicht in das allgemeine Bewußtsein gedrungen (vgl Staudinger/Mader [1995] § 497 Rn 18). Jedenfalls sprechen aber Sinn und Zweck des § 497 Abs 1 S 2 gerade für die hier befürwortete Ansicht und stehen einer analogen Anwendung auf die Optionsausübung entgegen.

c) Die Frage nach der **Übertragbarkeit** des Optionsrechts ist nicht pauschal zu **75** beantworten. Eine Vorgabe findet sich immerhin in § 514, demzufolge ein Vorkaufsrecht nicht übertragbar ist. Das gilt freilich nur, solange die Parteien nichts anderes vereinbart haben (RGZ 148, 105, 108). Für das Wiederkaufsrecht wird die Übertragbarkeit hingegen überwiegend bejaht (s näher Staudinger/Mader [1995] § 497 Rn 8). Bei der Option ist – sofern kein Einverständnis des Optionsverpflichteten vorliegt – über § 413 auf § 399, 1. Fall abzustellen und unter umfassender Interessenabwägung zu fragen, ob die Abtretung zu einer Inhaltsänderung führt. Das wird man für den Regelfall annehmen müssen. Durch die Ausübung des Optionsrechts wird ein Vertrag in Geltung gesetzt. Der Optionsverpflichtete hat sich mit der Optionseinräumung an eine ganz bestimmte Person gebunden, deren Kreditwürdigkeit (zB in bezug auf die Gegenleistung) und deren Geschäftsgebaren (zB in bezug auf die Abwicklung von Gewährleistungsfällen) ihm akzeptabel erschienen. Das Optionsrecht kann deshalb ohne Zustimmung des Verpflichteten idR nicht in der Weise abgetreten werden, daß bei Ausübung durch den Zessionar das Vertragsverhältnis zwischen diesem und dem Verpflichteten zustande kommen soll, denn das hieße, dem Verpflichteten einen neuen Vertragspartner aufzudrängen, den er sich nicht ausgesucht hat (ebenso HENRICH 279 ff; LORENZ, in: FS Dölle I [1963] 103, 129 ff; unklar SOERGEL/WOLF Vor § 145 Rn 74). Abtretbar können freilich die bei Ausübung des Optionsrechts entstehenden künftigen Vertragsansprüche sein, so daß man fragen kann, ob nicht das Optionsrecht in dem Sinne abtretbar sein oder zur Ausübung überlassen werden können soll, daß es in der Hand des Zessionars liegen soll, über die Ausübung des Optionsrechts und damit über das Wirksamwerden des Vertragsverhältnisses (zwischen dem Verpflichteten und dem Zedenten) sowie zugleich über die Entstehung der ihm abgetretenen Ansprüche zu entscheiden. Ob das möglich ist, ist gemäß § 399, 1. Fall nach dem jeweiligen Vertragsverhältnis zu entscheiden. So wird etwa ein Mieter es kaum einem Dritten überlassen können, über die Ausübung der Verlängerungsoption mit bindender Wirkung für die Mietvertragsparteien zu entscheiden; darüber, ob man weiter in einer Wohnung wohnen will, muß man schon selbst befinden. Bei einer Kaufoption mag nach Maßgabe des Einzelfalles anders entschieden werden können; vgl allg auch § 145 Rn 35.

76 Für die Universalsukzession gilt § 399 nicht. Das Optionsrecht ist daher **vererblich**, es sei denn, der Vertrag, der durch die Ausübung des Optionsrechts in Geltung gesetzt werden soll, sah eine höchstpersönlich zu erbringende Leistung des Erblassers vor (HENRICH 281). **Pfändbar** ist das Optionsrecht nur, soweit es – etwa kraft entsprechender Parteivereinbarung – übertragbar ist bzw einem Dritten zur Ausübung überlassen werden kann (§ 857 Abs 3 ZPO). Dasselbe gilt gemäß § 1 Abs 1 KO/§ 36 Abs 1 InsO für die Frage, ob das Optionsrecht zur Konkursmasse gehört (HENRICH 282 f).

5. Vorrechtsverträge

77 a) Vorrechtsverträge sind alle Verträge, die einem Vertragspartner für den Fall, daß sein Kontrahent sich zum Abschluß eines weiteren bestimmten Vertrages entschließen sollte, ein Vorrecht vor anderen einräumen (HENRICH 296). Darunter fallen zunächst die vertraglich begründeten *Vorkaufsrechte* sowie sonstige *Eintrittsrechte* in Verträge, die der Verpflichtete mit einem Dritten schließt, zB Vormiet- und Vorpachtrechte (s dazu näher STAUDINGER/MADER [1995] Vorbem 38 f zu § 504). Schließlich gehört hierher auch die *Vorhand*.

78 b) Unter einer **Vorhand** versteht man den vertraglich begründeten Anspruch darauf, daß der Verpflichtete dem Berechtigten eine Sache oder ein Recht, über das er verfügen möchte, zuerst anbietet und ihm den Vorrang vor anderen Interessenten einräumt (vgl BGHZ 102, 384, 387). Dieses Recht kann unterschiedlich stark ausgestaltet sein (vgl RG HRR 1933 Nr 913; HENRICH 300 ff; LORENZ, in: FS Dölle I [1963] 103, 118 ff; MünchKomm/KRAMER Vor § 145 Rn 47), wobei durch Auslegung zu ermitteln ist, was die Parteien gewollt haben. Die Verpflichtung des Veräußerungswilligen kann sich darauf beschränken, den Berechtigten *über die Verkaufsabsicht zu informieren* und ihm

Gelegenheit zur Stellungnahme zu geben, bevor die Sache veräußert wird (vgl RG SeuffA 81 [1927] 360, 363). Eine Verpflichtung, Angebote des Vorhandberechtigten anzunehmen, besteht hier nicht (HENRICH 304 ff). Folglich ist eine solche Vereinbarung nicht formbedürftig (OLG Hamburg NJW-RR 1992, 20, 21). Weitergehend kann die Verpflichtung begründet werden, *Angebote Dritter mitzuteilen*. In diesem Fall muß der Vorhandberechtigte, wenn er an der Sache oder dem Recht interessiert ist, ein mindestens gleichwertiges Angebot abgeben, zu dessen Annahme der Vorhandverpflichtete dann verpflichtet ist (HENRICH 303 f). Bei der stärksten Version muß der Vorhandverpflichtete die Sache oder das Recht *dem Berechtigten anbieten* (BGH NJW 1988, 1261; RGZ 79, 156, 158; 16, 155, 158; vgl auch BGHZ 22, 347, 352 ff). In diesem Fall handelt es sich um einen einseitig bindenden, aufschiebend bedingten Vorvertrag (s Rn 56), wobei die aufschiebende Bedingung eine Wollensbedingung, nämlich der Wille des Verpflichteten ist, nunmehr veräußern zu wollen (LARENZ, SchR II/1 § 44 IV 2; NIPPERDEY ZBlHR 1930, 300 f). Der Vorhandvertrag muß dann auch hinreichend bestimmt sein (s Rn 57 sowie ausf HENRICH 311 ff). Da die beiden zuletzt beschriebenen Varianten Verpflichtungen begründen, bedürfen sie der für das jeweilige Veräußerungsgeschäft vorgeschriebenen Form (HENSE DNotZ 1951, 128, 130 f; HENRICH 321 f).

VII. Gefälligkeitsverhältnis

Unter Gefälligkeitsverhältnissen versteht man (Leistungs-) Beziehungen, die nicht **79** von einem gemeinsamen Rechtsbindungswillen getragen sind. Die Parteien handeln nicht auf vertraglicher Grundlage, sondern *ausschließlich* aus gesellschaftlicher Gefälligkeit, also aus Freundschaft, Kollegialität, Nachbarschaft oder sonstigem Altruismus. Die Gefälligkeitsverhältnisse sind damit von den (unentgeltlichen) Vertragsverhältnissen abzugrenzen (s Rn 80). Diese Abgrenzung hat vor allem Bedeutung für die Frage, ob Erfüllungsansprüche bestehen (s Rn 83), für die Haftungsgrundlage (s Rn 85) und für den Haftungsmaßstab (s Rn 86). Da das Gefälligkeitsverhältnis in diesem Kommentar in der Einleitung zu §§ 241 ff (Rn 174 ff) ausführlich erörtert wird, reichen an dieser Stelle folgende kurze Bemerkungen:

1. Abgrenzung

Von den Gefälligkeitsverhältnissen sind die sog *Gefälligkeitsverträge* zu unterschei- **80** den, insbesondere Auftrag, Leihe, unentgeltliche Verwahrung und zinsloses Darlehen (zum „gentlemen's agreement" s Rn 3). Hier handelt es sich um rechtsverbindliche Verträge, bei denen nur die Motivation zum Vertragsschluß dem Bereich der Gefälligkeit entspringen kann. Ob ein Gefälligkeitsverhältnis oder ein vertragliches Schuldverhältnis vorliegt, beurteilt sich allein danach, ob die Parteien ihre Abrede mit *Rechtsbindungswillen* getroffen haben oder nicht. Die gegen dieses Kriterium gerichtete Kritik von FLUME vermag nicht zu überzeugen. FLUME (§ 7, 5 ff; vgl auch PLANDER AcP 176 [1976] 425, 440 ff) meint, die Suche nach einem solchen Rechtsbindungswillen sei illusorisch; es handele sich um eine reine Fiktion, die verkenne, daß es allein darum gehe, eine Sorgfaltspflicht anzuerkennen, bei deren Verletzung Schadensersatz zu leisten sei. Dem ist zwar zuzugeben, daß die Abgrenzung – wie bei jeder Auslegung – im Einzelfall schwer sein kann und daß sie im wesentlichen als Vorfrage für Haftungsansprüche anfällt. Gleichwohl darf man die Frage nicht auf das Haftungsproblem reduzieren, sondern man muß auch die Erfüllungs- und Kondiktionsansprüche im Blick behalten. Außerdem steht es den Parteien frei, Gefälligkeiten vertraglich zu vereinbaren, so daß man von der Feststellung, ob sie das getan haben, nicht von vornherein absehen kann (vgl aber FLUME § 70, 5; dazu SCHWERDTNER NJW 1971, 1673, 1674; zust MünchKomm/KRAMER Einl vor § 214 Rn 29 mwN).

81 Ob die Parteien mit Rechtsbindungswillen gehandelt haben oder nicht, ist auch hier durch **Auslegung** zu ermitteln (grundlegend – auch zum folgenden – BGHZ 21, 102, 106 f; vgl ferner BGH NJW 1992, 498): Es kommt darauf an, ob der Leistungsempfänger aus dem Handeln des Leistenden unter den gegebenen Umständen nach Treu und Glauben mit Rücksicht auf die Verkehrssitte auf einen solchen Willen schließen mußte. *Kriterien* sind vor allem die Art der Gefälligkeit, ihr Grund und Zweck, ihre wirtschaftliche und rechtliche Bedeutung, insbesondere für den Empfänger, die Umstände, unter denen sie erwiesen wird, und die dabei bestehende Interessenlage der Parteien. Während zwar nicht schon die Unentgeltlichkeit und Uneigennützigkeit für sich genommen, wohl aber der Umstand, daß es sich um eine Gefälligkeit des täglichen Lebens handelt oder um eine solche, die im rein gesellschaftlichen Verkehr wurzelt, ebenso *gegen* den Rechtsbindungswillen spricht wie das Risiko, daß den Leistenden eine völlig unverhältnismäßige Haftung treffen würde, können der Wert einer anvertrauten Sache, die wirtschaftliche Bedeutung der Angelegenheit, das erkennbare Interesse des Begünstigten, der Umstand, daß er sich auf die Leistung ersichtlich verläßt, und die dem Leistenden erkennbare Gefahr, in die der Begünstigte durch eine fehlerhafte Leistung geraten könnte, *für* den Rechtsbindungswillen sprechen, ebenso ein eigenes wirtschaftliches oder rechtliches Interesse des Gefälligen.

82 Einige **Beispiele** mögen das erläutern (weiteres Fallmaterial bei MünchKomm/KRAMER Einl zu § 241 Rn 31 ff; SOERGEL/WOLF Vor § 145 Rn 85–90; WILLOWEIT JuS 1986, 96 ff): *Kein Rechtsbindungswille* besteht bei einer Gefälligkeitsfahrt (BGH NJW 1992, 498: wenn auf Seiten des Beförderten kein dringliches Interesse an einer Bindung erkennbar ist) oder einem Gefälligkeitsflug (vgl BGHZ 76, 32 f); bei einer Lottotippgemeinschaft (BGH NJW 1974, 1705, 1706: wegen des unverhältnismäßigen Haftungsrisikos; dazu PLANDER AcP 176 [1976] 425 ff); bei der Bereitschaft, auf das Haus des Nachbarn während des Urlaubs aufzupassen (LG Hamburg VersR 1989, 468: wegen des zu weit gehenden Haftungsrisikos); bei der Betreuung von Nachbarskindern, die sich zum Spielen eingefunden haben (BGH NJW 1968, 1874: Gefälligkeit des täglichen Lebens; anders OLG Celle NJW-RR 1987, 1384: bei ausdrücklicher Einladung der Kinder zu einem Kindergeburtstag); bei Zusagen im Rahmen einer nichtehelichen Lebensgemeinschaft (BGHZ 97, 372, 381: wegen der grundsätzlichen Entscheidung der Partner, sich außerhalb vertraglicher Beziehungen zu bewegen). Hingegen ist *Rechtsbindungswille bejaht* worden bei Fahrgemeinschaften (BGH NJW 1992, 498 f: weil jede Partei auf die Verbindlichkeit angewiesen ist; vgl auch MÄDRICH NJW 1982, 859, 860); bei Auskünften, die für den Empfänger eine erhebliche wirtschaftliche Bedeutung haben (zuletzt BGH NJW 1993, 2433; NJW-RR 1992, 1011: insbesondere bei besonderer Sachkunde oder eigenem wirtschaftlichen Interesse des Beratenden; ausf dazu STAUDINGER/WITTMANN [1994] § 676 Rn 3 ff, 9 ff); bei Zusagen in der Auslobung eines Architektenwettbewerbs (BGHZ 88, 373, 382: wegen des eigenen Interesses des Auslobenden); bei der Gratisbehandlung unter Ärzten (BGH NJW 1977, 2120: wegen des Interesses an einer sorgfältigen Behandlung); beim „Verleihen" eines LKW-Fahrers unter Spediteuren (BGHZ 21, 102, 107 f: weil die Angelegenheit die wirtschaftliche Betätigung beider Teile betraf).

2. Rechtsfolgen

a) Bei einem Gefälligkeitsverhältnis bestehen definitionsgemäß **keine Vertragsansprüche**. Weder kann der eine Teil *Erfüllung* verlangen, noch der andere Teil *Aufwendungsersatz*. Auch die *Fortsetzung* eines Gefälligkeitsverhältnisses ist nicht erzwingbar, wobei freilich bei grundlosem Abbruch zur Unzeit Schadensersatz nach Maßgabe des zu Rn 79 Gesagten wegen Verletzung einer quasivertraglichen Schutzpflicht zur Rücksichtnahme auf die Interessen des Gegners zu leisten ist (nur in diesem Sinne richtig BGH NJW 1986, 978, 979 f, wo von Kündigung aus einem wichtigen Grund die Rede ist). Schließlich richten sich auch die *Sekundäransprüche* nicht nach Vertragsrecht (vgl zum Schadensersatz sogleich Rn 85).

Demgegenüber wird gelegentlich versucht, mit der Rechtsfigur des „Vertrages ohne primäre Leistungspflichten" zu helfen: Zwar bestünden zwischen den Parteien keine vertraglichen Erfüllungsansprüche. Wenn aber die eine Partei sich zur Leistung entschließe, dann träfen sie die vertraglichen Sorgfaltspflichten; zugleich diene dieser Vertrag als Rechtsgrund für das Behaltendürfen der freiwillig erbrachten Leistung (vgl etwa FIKENTSCHER, Schuldrecht [8. Aufl 1992] Rn 25; SOERGEL/WOLF Vor § 145 Rn 79; WILLOWEIT JuS 1986, 96, 106; 1984, 909, 915). Dem ist indessen nicht zu folgen. Daß die bei einem Gefälligkeitsverhältnis erbrachte Leistung nicht kondiziert werden kann, ergibt sich schon daraus, daß der Zweck der Zuwendung erreicht ist, hilfsweise aus § 814 BGB, und als Rechtsgrundlage für Schutz- und Sorgfaltspflichten ist ein vertragsähnliches Vertrauensverhältnis (erweiterte Anwendung der cic) zu bevorzugen (s Rn 85). Ein Vertrag ohne primäre Leistungspflichten ist zwar möglich, wäre aber jedenfalls ein Vertrag, so daß mangels ausdrücklicher Erklärungen nach einem Rechtsbindungswillen gesucht werden müßte, der sich auf sekundäre Verhaltenspflichten zu beschränken hätte, womit die Auslegung endgültig überfordert wäre (vgl schon oben Rn 80).

b) Mangels vertraglicher Rechtsbeziehungen kommt als **Haftungsgrundlage** für Schäden, die bei der Ausführung des Gefälligkeitsverhältnisses verursacht werden, grundsätzlich nur das *Deliktsrecht* (§§ 823 ff) in Frage (OLG Hamm NJW-RR 1987, 1109 f; MERSSON DAR 1993, 87, 90). Die Gefährdungshaftung aus § 7 StVG scheitert hingegen regelmäßig an § 8a StVG (BGHZ 80, 303, 305; dazu auch MÄDRICH NJW 1982, 859, 861). Eine erweiterte Haftung (Einbeziehung von reinen Vermögensverletzungen; Haftung für Gehilfen nach § 278) sollte nicht durch die Annahme eines Vertrages ohne primäre Leistungspflichten konstruiert werden (s Rn 84), sondern sie kommt deshalb in Betracht, weil auch ein Gefälligkeitsverhältnis zu einem gesteigerten sozialen Kontakt führt und dadurch ein gesetzliches Schuldverhältnis, eine *vertragsähnliche Sonderbeziehung* entsteht, kraft deren der Leistungsempfänger darauf vertrauen darf, daß ihm der Vertragspartner mit besonderer Sorgfalt entgegentritt (JAUERNIG/VOLLKOMMER § 241 Anm 8 c aa; MünchKomm/KRAMER Einl zu § 241 Rn 32a ff, 37 mwN; PALANDT/HEINRICHS Einl v § 241 Rn 10; SCHWERDTNER NJW 1971, 1673, 1675; THIELE JZ 1967, 649, 652; iE auch FLUME § 7, 7). Freilich müssen die Pflichten aus einem solchen gesetzlichen Schutzverhältnis nach Bestehen und Umfang in jedem Einzelfall besonders begründet werden.

c) Ist eine – deliktische oder vertragsähnliche – Haftungsgrundlage gegeben, stellt sich als nächstes die Frage nach dem **Haftungsmaßstab**. Grundsätzlich ist § 276 heranzuziehen. Eine Privilegierung in Rechtsanalogie zu §§ 521, 599, 690 muß nach stRspr daran scheitern, daß beim ebenfalls unentgeltlichen Auftrag eine solche Haftungsbeschränkung fehlt (vgl nur BGHZ 21, 102, 110; BGH NJW 1992, 2474, 2475; anders HOFFMANN AcP 167 [1967] 394, 401 ff). Allerdings wird man §§ 521, 599, 690 beim Gefälligkeitsverhältnis analog anwenden können, wenn diese Vorschriften anwendbar wären, falls die Parteien auf rechtsgeschäftlicher Grundlage tätig geworden wären (ebenso FRÜH JuS 1994, 212, 213; SCHWERDTNER NJW 1971, 1673, 1675; abl BGH NJW 1992, 2474, 2475 mwN). Ebenso wird man entscheiden müssen, wenn man zum Auftrag der Ansicht folgt, daß dort eine Haftung für leichte Fahrlässigkeit nur angebracht ist, wenn der Beauftragte eine selbständige Tätigkeit wirtschaftlicher Art für einen anderen ausübt (MünchKomm/KRAMER Einl § 241 Rn 36 im Anschluß an ESSER, SchuldR II [3. Aufl 1969] § 82 I; MEDICUS, Bürgerliches Recht Rn 369). Eine Haftungsbeschränkung durch den Gedanken des „Handelns auf eigene Gefahr" hat die Rechtsprechung aufgegeben (BGH NJW 1961, 777); allenfalls komme eine Minderung gemäß § 254 wegen Mitverschuldens in Betracht (BGHZ 43, 72, 77; 34, 355, 363). Insoweit besteht Einigkeit darüber, daß eine Haftungsprivilegierung interessenwidrig wäre, wenn sie nur der Haftpflichtversicherung des Schädigers zugute käme (vgl nur FLUME § 7, 6). In allen anderen Fällen wird aber für die Haftung bei Gefälligkeitsverhältnissen gleichwohl eine weitgehende Begrenzung des Haftungsmaßstabes auf Vorsatz und grobe Fahrlässigkeit befürwortet (vgl nur FLUME § 7, 6; ERMAN/WERNER Einl zu § 241 Rn 35; MERSSON DAR 1993, 87, 91; MünchKomm/KRAMER Einl § 241 Rn 38). Dem ist zuzustimmen, wobei weniger auf die „naturalia negotii" abgestellt werden sollte (so FLUME § 7, 6 bei gleichzeitiger Ablehnung jeglicher rechtsgeschäftlicher Komponenten) als vielmehr auf einen stillschweigenden Haftungsverzicht, den freilich die Rechtsprechung bei grundsätzlicher Verweigerung (vgl BGHZ 34, 355 = NJW 1961, 655 = JZ 1961, 602 m Anm FLUME; BGH NJW 1992, 2474, 2475) nur in Ausnahmefällen in Erwägung ziehen will (vgl zu solchen Ausnahmen BGHZ 76, 32, 34 f; BGH NJW 1980, 1681, 1682; DB 1978, 2358, 2359; OLG Celle NZV 1993, 187; OLG Karlsruhe OLGZ 1980, 386, 387).

VIII. Vertragsarten

1. Unterscheidung nach dem Inhalt

87 a) Verträge können nach ihrem Inhalt **unter verschiedenen Gesichtspunkten** geordnet werden. So lassen sich schuldrechtliche, sachenrechtliche, familienrechtliche und erbrechtliche Verträge unterscheiden. Ferner kann man Verpflichtungs- und Verfügungsverträge voneinander abheben. Schließlich sind entgeltliche und unentgeltliche, formfreie und formbedürftige sowie kausale und abstrakte Verträge zu unterscheiden. Vgl dazu näher STAUDINGER/DILCHER[12] Einl 37 ff zu §§ 104–185.

88 b) Aufgrund der Spezialvorschriften in §§ 320 ff bilden die **gegenseitigen Verträge** eine besondere Gruppe. Bei ihnen stehen wechselseitige Leistungsversprechen in einem Austauschverhältnis, dem Synallagma. Vom gegenseitigen Vertrag sind die *unvollkommen zweiseitigen Verträge* zu unterscheiden, bei denen die Verpflichtung nur eines Partners notwendig ist, eine Verpflichtung der Gegenseite jedoch entstehen kann, wie etwa die Pflicht zum Aufwendungsersatz beim Auftrag. Eine dritte Art bilden die streng *einseitig verpflichtenden Verträge*, bei denen eine Erfüllungsverpflichtung nur für eine Seite vorhanden ist, wie zB beim Bürgschaftsvertrag. Vgl dazu näher STAUDINGER/OTTO (1994) Vorbem 1 ff zu §§ 320 ff.

c) Schließlich lassen sich die **typischen Verträge** von den *atypischen* und den 89
gemischten Verträgen unterschieden. Der Gesetzgeber hat im Besonderen Schuldrecht bestimmte, häufig vorkommende Vertragstypen im Gesetz vorgeformt. Diese Vertragstypen sind aber aufgrund der Vertragsfreiheit weder konstitutiv noch abschließend (vgl STAUDINGER/DILCHER¹² Einl 6 zu §§ 104–185). Sie können deshalb in gemischten Verträgen miteinander (oder mit unabhängig vom Gesetz geschaffenen Vertragsbestandteilen) verknüpft werden. Neben die klassischen Fälle der gemischten Verträge wie etwa den Pensionsvertrag, den Hausmeister- oder den Theatervertrag treten heute neue Arten wie zB der Automatenaufstellungsvertrag, der Reihenhausvertrag sowie sonstige Vertragsarten, die – wie zB Leasing-, Franchising- oder Just-in-time-Verträge – ihrerseits wieder vertypt sind und als moderne Vertragstypen gehandelt werden (umfassend dazu MARTINEK, Moderne Vertragstypen [1. Bd 1991, 2. Bd 1992, 3. Bd 1993]).

Zu den typischen Verträgen gehören auch die **Gesellschaftsverträge** (§ 705). Sie haben 90
Vertragscharakter auch dann, wenn sie auf die Errichtung einer juristischen Person gerichtet sind. Es handelt sich dabei nach heute hL nicht um soziale Schöpfungsakte oder konstitutive Gesamthandlungen, wie vGIERKE (Deutsches Privatrecht I [1895] § 60) gelehrt hat, sondern um *Organisationsverträge* (vgl SOERGEL/HADDING § 25 Rn 11 ff; STAUDINGER/WEICK [1994] § 25 Rn 15 mwN; K SCHMIDT, Gesellschaftsrecht [2. Aufl 1991] § 5 I 1 b; anders freilich MünchKomm/REUTER § 25 Rn 9 ff), auf die §§ 145 ff grundsätzlich anwendbar sind.

2. Normenverträge

Der Begriff des Normenvertrages hat seinen Platz vornehmlich im Arbeitsrecht. Er 91
stammt aus dem Anfang des 20. Jahrhunderts (vgl SINZHEIMER, Der korporative Arbeitsnormenvertrag [1907] 98). Wichtigster Normenvertrag ist der *Tarifvertrag*, der für die Einzelverträge einer Vertragspartei oder für die Mitglieder der tarifgebundenen Organisationen Normen setzt. Umstritten ist dabei, ob diese Normsetzungsbefugnis auf einer durch Art 9 Abs 3 GG, § 1 Abs 1 TVG begründeten Delegation des Gesetzgebers an die Tarifvertragsparteien beruht oder ob sie Ausdruck einer staatlich eingerichteten Tarifautonomie ist (vgl dazu BIEDENKOPF, Grenzen der Tarifautonomie [1964] 48 ff; REHBINDER JR 1968, 167 ff; SCHAUB, Arbeitsrechtshandbuch [7. Aufl 1992] § 198 II 3; ZÖLLNER/LORITZ, Arbeitsrecht [4. Aufl 1992] § 33 IV).

Neben den normativ wirkenden gibt es auch *schuldrechtliche Normenverträge*, in 92
denen sich die Vertragspartner verpflichten, darauf hinzuwirken, daß zwischen ihnen vereinbarte Regeln zum Inhalt künftiger Einzelverträge erhoben werden (vgl A HUECK JherJb 73, 32, 59 ff). Dies gilt zB für Verträge, die zwischen Vermieter- und Mieterorganisationen über den Inhalt künftiger Einzelmietverträge geschlossen werden. Davon zu unterscheiden sind die sog *Richtlinienverträge*, bei denen die Vertragspartner nur unverbindliche Empfehlungen zum Inhalt künftiger Einzelverträge geben (vgl A HUECK JherJb 73, 32, 47 ff). Weder der schuldrechtliche Normenvertrag noch der Richtlinienvertrag sind dabei Verträge zugunsten Dritter. – Zum *Rahmen-* oder *Mantelvertrag* s oben Rn 54.

3. Massenverträge

93 Der massenweise Abschluß gleichartiger Verträge gibt Veranlassung, nach einer Gleichförmigkeit solcher Verträge zu streben. Dies soll durch die Vorformulierung standardisierter Vertragsinhalte erreicht werden, die in **Allgemeinen Geschäftsbedingungen** oder in **Formularverträgen** niedergelegt werden. Mit dem tatsächlichen Rationalisierungseffekt solcher Verträge ist der Wunsch nach einer möglichst großen rechtlichen Entlastung im Bereich des abdingbaren Gesetzesrechts verbunden. Dies führt in der Praxis häufig dazu, daß die AGB oder Formularverträge vom mächtigeren Vertragspartner verwendet werden und den Gegner benachteiligen. AGB und Formularverträge müssen sich deshalb zum Schutz des Vertragspartners an den Maßstäben des *AGBG* messen lassen, das in diesem Kommentar gesondert kommentiert ist.

4. Öffentlich-rechtliche Verträge

94 a) Der Begriff des öffentlich-rechtlichen Vertrages umfaßt in einem weiteren Sinne zunächst die **verfassungsrechtlichen Verträge**. Verträge auf dem Gebiet des Verfassungsrechts können nur von Rechtssubjekten des Verfassungsrechts abgeschlossen werden. Zu solchen Verträgen zählen zB die Staatsverträge des Bundes und der Länder, deren Kirchenverträge sowie Verwaltungsabkommen. Im weiteren Sinne gehören auch die völkerrechtlichen Verträge in diesen Zusammenhang. §§ 54 ff VwVfG finden auf diese Verträge keine Anwendung (SCHERZBERG JuS 1992, 205; STELKENS/BONK/SACHS, VwVfG [4. Aufl 1993] § 54 Rn 30 ff). Auch §§ 145 ff gelten für alle diese Verträge nur sehr begrenzt. Staats- und Völkerrecht enthalten eigenständige Rechtsregeln, die von den vergleichbaren privatrechtlichen Normen zT beträchtlich abweichen. Allenfalls können einzelne zivilrechtliche Vertragsregeln in Form allgemeiner Rechtsgrundsätze zur Anwendung kommen.

95 Der **Verwaltungsvertrag** (öffentlich-rechtlicher Vertrag ieS) ist in § 54 S 1 VwVfG (bzw den vergleichbaren Vorschriften der Länder) definiert (zur kaum noch zu übersehenden Literatur s WOLFF/BACHOF/STOBER, Verwaltungsrecht I [10. Aufl 1994] § 54 vor Rn 1). Danach handelt es sich um einen Vertrag, durch den ein Rechtsverhältnis auf dem Gebiet des öffentlichen Rechts begründet, geändert oder aufgehoben wird. Nach § 54 S 2 VwVfG ist der öffentlich-rechtliche Vertrag eine Alternative zum Verwaltungsakt. Er ist daher nicht nur als *koordinationsrechtlicher Vertrag* denkbar, bei dem die Rechtsverhältnisse gleichgeordneter Träger öffentlicher Verwaltung geregelt werden (Beispiel: Nutzungsvertrag zwischen Gemeinden), sondern auch als *subordinationsrechtlicher Vertrag*, durch den das Rechtsverhältnis eines Trägers öffentlicher Gewalt zu einem ihm unterworfenen Rechtssubjekt geregelt wird. Ein solcher Vertrag ist als Handlungsform *zulässig*, solange Rechtsvorschriften nicht entgegenstehen (§ 54 S 1 VwVfG), dh solange sich nicht aus einer ausdrücklichen Anordnung oder dem Sinn eines spezialgesetzlichen Normbereichs ergibt, daß die Möglichkeit einvernehmlicher Gestaltung ausgeschlossen und die einseitige Regelung durch Verwaltungsakt zwingend geboten ist (vgl ERICHSEN/MARTENS, Allgemeines Verwaltungsrecht [10. Aufl 1995] § 27 Rn 4; MAURER, Allgemeines Verwaltungsrecht [9. Aufl 1994] § 14 Rn 12 ff, 26 ff). Außerdem sind §§ 55, 56 VwVfG zu beachten.

96 Zu den öffentlich-rechtlichen Verträgen gehören auch die **Prozeßverträge**. Dabei handelt es sich um Verträge, die auf prozessuale Folgen ausgerichtet sind (vgl SCHIE-

DERMAIR, Vereinbarungen im Zivilprozeß [1935] 42 ff). Sie führen die prozessualen Folgen entweder unmittelbar herbei, wie etwa eine Gerichtsstandsvereinbarung oder ein Schiedsvertrag; dann spricht man von Prozeßverträgen *mit verfügender Wirkung* (ROSENBERG/SCHWAB/GOTTWALD, Zivilprozeßrecht [15. Aufl 1993] § 66 II). Es gibt aber auch Prozeßverträge *mit verpflichtender Wirkung*, in denen sich eine Partei zu einem bestimmten prozessualen Verhalten, etwa einer Klagerücknahme oder einem Rechtsmittelverzicht, verpflichtet. Derartige Prozeßverträge begründen nur eine prozessuale Einrede, die zur Abweisung der Klage oder des Rechtsmittels als unzulässig führt (ROSENBERG/SCHWAB/GOTTWALD § 131 I 2); zum Prozeßvergleich s STAUDINGER/DILCHER[12] Vorbem 88 zu §§ 116 ff. Auf das Zustandekommen der Prozeßverträge sind §§ 145 ff anwendbar, soweit nicht das Prozeßrecht besondere Regelungen enthält (vgl für Gerichtsstandsvereinbarungen STEIN/JONAS/BORK, ZPO [21. Aufl 1993] § 38 Rn 44 f mwN).

b) Die **Abgrenzung** zwischen privatrechtlichen und öffentlich-rechtlichen Verträgen, die vor allem im Hinblick auf die Form (§ 57 VwVfG), die Wirksamkeitsvoraussetzungen (§§ 58 ff VwVfG) und den Rechtsweg (§ 40 VwGO/§ 13 GVG) von Bedeutung ist, erfolgt nicht nach den am Vertrag beteiligten Rechtssubjekten. Auch eine Körperschaft des öffentlichen Rechts kann privatrechtliche Verträge schließen, etwa Grundstücke kaufen oder mieten (vgl BGHZ 76, 16, 24). Maßgeblich ist vielmehr allein der *Vertragsgegenstand*. Wie § 54 S 1 VwVfG formuliert, kommt es darauf an, ob der Vertrag ein Rechtsverhältnis auf dem Gebiet des öffentlichen Rechts regeln soll. Dafür ist allein die objektive Rechtsnatur des zu regelnden Rechtsverhältnisses entscheidend (GemSOGB NJW 1986, 2359 = BGHZ 97, 312, 314; BGHZ 116, 339, 342). Es kommt darauf an, ob sich der Vertrag nach seinem Schwerpunkt auf einen öffentlich-rechtlich zu beurteilenden Sachverhalt bezieht, insbesondere ob die vertraglich übernommenen Verpflichtungen oder die vertraglich vollzogenen Verfügungen öffentlich-rechtlichen Charakter haben, was etwa dann der Fall ist, wenn der Vertrag dem Vollzug öffentlich-rechtlicher Normen dient, wenn er die Verpflichtung zum Erlaß eines Verwaltungsakts oder einer sonstigen hoheitlichen Amtshandlung enthält oder wenn er sich auf eine öffentlich-rechtliche Berechtigung oder Verpflichtung des Bürgers bezieht (MAURER § 14 Rn 11; vgl auch SCHERZBERG JuS 1992, 205, 206 ff).

c) Das **Zustandekommen** des öffentlich-rechtlichen Vertrages ist im VwVfG nicht näher geregelt. Gemäß § 62 S 2 VwVfG gelten daher insoweit die §§ 145 ff BGB (vgl OLG Saarbrücken NJW 1993, 1612 ff): Erforderlich sind Angebot und Annahme in der **Form** des § 57 VwVfG (wobei diese Formvorschrift zugleich die Anwendung des § 151 BGB ausschließt, STELKENS/BONK/SACHS § 62 Rn 16). Hinsichtlich der **Wirksamkeit** ist auf §§ 58 ff VwVfG zu verweisen; das Privatrecht findet gemäß § 62 S 2 VwVfG nur ergänzend Anwendung.

IX. Sachverhalte mit Auslandsberührung

Für das Zustandekommen eines Vertrages gilt im deutschen **Internationalen Privatrecht** gemäß Art 31 Abs 1 EGBGB grundsätzlich (dh vorbehaltlich der Ausnahme des Abs 2) dasjenige Recht, das gemäß Art 27 ff EGBGB anzuwenden ist, wenn der Vertrag wirksam ist. Das Entstehungsstatut folgt also dem Vertragsstatut. Wegen der Einzelheiten ist auf die Kommentierung des Art 31 EGBGB in diesem Kommentar zu verweisen. – Für den internationalen Warenkauf enthalten Art 14 ff des **Wiener**

UN-Übereinkommens über Verträge über den internationalen Warenkauf vom 11. April 1980 (BGBl 1989 II 588; für die Bundesrepublik Deutschland in Kraft seit dem 1. Januar 1991) besondere Vorschriften über den Vertragsschluß. Insoweit ist auf die Kommentierung des Übereinkommens in diesem Kommentar zu verweisen (vgl hier nur LUDWIG, Der Vertragsschluß nach UN-Kaufrecht im Spannungsverhältnis zwischen Common Law und Civil Law [1994]).

§ 145

Wer einem anderen die Schließung eines Vertrages anträgt, ist an den Antrag gebunden, es sei denn, daß er die Gebundenheit ausgeschlossen hat.

Materialien: E I §§ 80 und 81; II § 118; III § 141; Mot I 164; Prot I 75.

Schrifttum

ANDREAE, Das Recht des Antragsempfängers (Diss Erlangen 1914)
BAILAS, Das Problem der Vertragsschließung und der vertragsbegründende Akt (1962)
BARTL, Aktuelle Rechtsfragen des Bildschirmtextes, DB 1982, 1097
BINDEWALD, Der Tod des Antragenden (Diss Jena 1938)
BÖHMERT, Das Geschäft und der Rechtsschutz des Verkehrsautomaten nach modernem Recht (Diss Erlangen 1910)
BRINKMANN, Vertragsrechtliche Probleme bei Warenbestellungen über Bildschirmtext, BB 1981, 1183
ders, Zivil- und Presserechtliche Fragen bei der Nutzung von Bildschirmtext, ZUM 1985, 337
BULTMANN/RAHN, Rechtliche Fragen des Teleshopping, NJW 1988, 2432
DAHNKE, Besteht die Möglichkeit einer Offerte zwecks Vertragsschluß mit einer beliebigen Person im geltenden bürgerlichen Recht? (Diss Kiel 1932)
GRAUE, Vertragsschluß durch Konsens? in: G JAKOBS (Hrsg), Rechtsgeltung und Konsens (1976) 105
HART, Soziale Steuerung durch Vertragsabschlußkontrolle – Alternativen zum Vertragsschluß?, KritV 1986, 211
HERTEL, Rechtsgeschäfte im Vorfeld eines Projekts, BB 1983, 1824

HONSELL/HOLZ-DAHRENSTAEDT, Grundprobleme des Vertragsschlusses, JuS 1986, 969
KILIAN, Rechtssoziologische und rechtstheoretische Aspekte des Vertragsabschlusses, in: FS Wassermann (1985) 715
KÖHLER, Vereinbarung und Verwirkung der Vertragsstrafe, in: FS Gernhuber (1993) 207
ders, Rechtsgeschäfte mittels Bildschirmtext, in: HÜBNER ua, Rechtsprobleme des Bildschirmtextes (1986) 51
KÖNDGEN, Selbstbindung ohne Vertrag (1981)
KOHLER, Über den Vertrag unter Abwesenden, ArchBürgR 1, 283
KORFMACHER, Die Offerte ad incertam personam (Diss Köln 1936)
KRÜCKMANN, Die sog „Offerte ad incertam personam", BayZ 1915, 97
H LANGE, Die Rechtsnatur von Antrag, Annahme und Ablehnung, geprüft bei Verträgen beschränkt Geschäftsfähiger, in: FS Reinhardt (1972) 95
LINDACHER, Die Bedeutung der Klausel „Angebot freibleibend", DB 1992, 1813
LUDWIG, Notarielle Urkunden für die, die es angeht?, DNotZ 1982, 724
MAYER-MALY, Vertrag und Einigung, in: FS Nipperdey I (1965) 509
MICKLITZ, Verbraucherschutz und Bildschirmtext, NJW 1982, 263

3. Titel.
Vertrag

§ 145

NEUMAYER, Vertragsschluß durch Kreuzofferten?, in: FS Riese (1964) 309
NEUMOND, Der Automat, AcP 89 (1899) 166
PAEFGEN, Forum: Bildschirmtext – Herausforderung zum Wandel der allgemeinen Rechtsgeschäftslehre?, JuS 1988, 592
ders, Rechtsgeschäfte mittels Bildschirmtext, AfP 1991, 365
PROBANDT, Zivilrechtliche Probleme des Bildschirmtextes, Ufita 98 (1984) 9
REDEKER, Geschäftsabwicklung mit externen Rechnern im Bildschirmtextdienst, NJW 1984, 2390
SOHM, Über Vertragsschluß unter Abwesenden und Vertragsschluß mit einer persona incerta, ZHR 17 (1873) 16
ZSCHIMMER, Die Offerte an das Publikum (Diss Rostock 1897). – Vgl auch die Angaben in den Vorbem zu §§ 145 ff.

Systematische Übersicht

I. Überblick 1	1. Bindungswirkung 20
II. Abgrenzung 2	a) Normzweck 20
1. invitatio ad offerendum 3	b) Umfang 21
a) Begriff 3	c) Festofferte 24
b) Auslegung 4	d) Folgewirkungen 25
c) Beispiele 5	2. Ausschluß der Bindung 26
2. Letter of Intent 14	a) Überblick 26
3. Sonstiges 15	b) Gestaltungsmöglichkeiten 27
III. Wirksamkeit	c) Vertragsklauseln 32
1. Allgemeine Wirksamkeitsvoraussetzungen 16	V. Wirkungen für den Antragsempfänger
2. Bestimmtheit 17	1. Überblick 33
a) Grundsätze 17	2. Zur Einordnung als Gestaltungsrecht 34
b) Beispiele 18	3. Übertragbarkeit 35
c) Antrag ad incertam personam ... 19	4. Schadensersatzansprüche 36
IV. Wirkungen für den Antragenden	a) Schutz des Angebotsempfängers 36
	b) Schutz des Antragenden 37
	VI. Beweislast 38

Alphabetische Übersicht

S Vorbem zu §§ 145–156.

I. Überblick

Ein Vertrag kommt grundsätzlich durch zwei sich inhaltlich entsprechende, auf dieselben Rechtsfolgen gerichtete Willenserklärungen, Angebot und Annahme, zustande (vgl – auch zu den Ausnahmen – Vorbem 36 zu §§ 145 ff). Das Angebot, das vom Gesetz auch als **Antrag** bezeichnet wird, ist dabei die *empfangsbedürftige Willenserklärung, durch die jemand einem anderen in verbindlicher und annahmefähiger Weise den Abschluß eines Vertrages vorschlägt*. Diese Willenserklärung stellt jedoch noch nicht das vollständige Rechtsgeschäft dar, sondern ist nur Teil des Rechtsgeschäfts „Vertrag" (OLG Hamm NJW 1982, 2076; FLUME § 35 I 1; LANGE, in: FS Reinhardt [1972] 95). Das bedeutet, daß die vertraglichen Rechtsfolgen erst durch den vollendeten Vertragstatbestand ausgelöst werden (s Vorbem 8 zu §§ 145 ff) und daß die Vorschriften über einseitige Rechtsgeschäfte keine Anwendung finden.

II. Abgrenzung

2 Als Willenserklärung muß der Antrag von einem gegenwärtigen Willen zu einer rechtserheblichen Äußerung getragen sein (vgl näher STAUDINGER/DILCHER[12] Vorbem 18 ff zu §§ 116 ff). In früherer Zeit wurde sogar verlangt, daß beim Verb nicht die Zeitform des Futurs verwendet werde (vgl BAILAS 81). Das Angebot ist daher vor allem durch einen **Rechtsbindungswillen** gekennzeichnet (vgl für die Abgrenzung zum Gefälligkeitsverhältnis auch Vorbem 80 ff zu §§ 145 ff). Dieser muß sich auf den künftigen Vertragsschluß beziehen, nicht auf die Bindungswirkung des Angebots (zutr ERMAN/HEFERMEHL § 145 Rn 3), denn wie sich aus § 145 selbst ergibt, kann die Gebundenheit an den Antrag ausgeschlossen werden.

1. invitatio ad offerendum

3 a)   Von einer invitatio ad offerendum spricht man, wenn jemand selbst noch kein Angebot abgeben will, sondern den anderen zur Abgabe von Angeboten auffordert. In diesem Fall fehlt es an dem nötigen Rechtsbindungswillen. Der Erklärende will, falls der Gegner sich einverstanden erklärt, noch nicht vertraglich gebunden sein, sondern er will sich seinerseits eine zum Vertragsschluß führende Annahmeerklärung erst noch vorbehalten. Seine jetzige Erklärung hat nur den Sinn, den potentiellen Vertragspartner über das eigene Waren- oder Leistungsangebot zu informieren, Vertragsbereitschaft zu signalisieren und die Grenzen abzustecken, innerhalb deren der Gegner mit einem Zustandekommen des Vertrages rechnen kann. Von einer Regelung dieses Sachverhalts hat der Gesetzgeber bewußt abgesehen (vgl Mot I 166 f).

4 b)   Ob ein Angebot oder eine invitatio ad offerendum vorliegt, ist daher durch **Auslegung** zu ermitteln, für die es nicht auf den inneren Willen des Erklärenden ankommt, sondern darauf, wie seine Äußerung vom Empfängerhorizont her verstanden werden konnte und durfte (s STAUDINGER/DILCHER[12] § 133 Rn 30 ff). Dafür sind alle aus der Sicht eines objektiven Beobachters erkennbaren Umstände heranzuziehen. Zu berücksichtigen ist vor allem, daß sich jemand, der sich an das breitere Publikum wendet, häufig vorbehalten muß, vor einem verbindlichen Vertragsschluß die eigene Leistungsfähigkeit und die Zahlungsfähigkeit des Gegners zu überprüfen, so daß es in solchen Fällen nicht selten am sofortigen Rechtsbindungswillen fehlen wird.

5 c)   Vor diesem Hintergrund mögen folgende **Beispiele** die Abgrenzung der invitatio ad offerendum vom Angebot verdeutlichen: Eine **öffentliche Ankündigung** stellt nur eine Aufforderung zur Abgabe eines Vertragsangebotes dar. Wer also beispielsweise durch Plakat eine Theatervorstellung ankündigt, gibt kein Vertragsangebot ab, das durch Verlangen der Eintrittskarte angenommen werden könnte (RGZ 133, 388, 391). Auch die **Versendung von Werbematerial** wie Preislisten, Katalogen, Prospekten, Proben und Mustern wird allgemein als invitatio ad offerendum bewertet (vgl nur M LEHMANN, Vertragsanbahnung durch Werbung [1981] 114 ff), insbesondere weil auch aus der Sicht des Umworbenen erkennbar ist, daß der Versender nicht unbegrenzt lei-

stungsfähig sein kann und deshalb die eigene Leistungsfähigkeit vor Vetragsschluß prüfen muß. In Art 337 ADHGB war dies ausdrücklich vorgesehen. Auch wenn das Werbematerial Klauseln wie „Solange der Vorrat reicht" enthält, spricht das nicht schon für die Deutung als Angebot zum Abschluß eines schuldrechtlichen Vertrages, ebensowenig das Beifügen von Antragsformularen (LG Berlin VersR 1967, 698, 699 f für Werbung eines Versicherers).

Hingegen kann die **Zusendung unbestellter Waren** als Vertragsangebot verstanden werden (das der Empfänger konkludent – zB durch Benutzung – annehmen kann), denn hier bezieht sich die Erklärung auf ein ganz bestimmtes Stück, so daß die Leistungsfähigkeit des Offerenten feststeht, der zugleich zum Ausdruck bringt, daß er auf eine Überprüfung der Zahlungsfähigkeit des Empfängers verzichtet. S dazu näher § 146 Rn 11 ff. **6**

Auslagen im Schaufenster sind nicht als Vertragsangebot zu werten, auch dann nicht, wenn sie entsprechend den Preisauszeichnungsvorschriften mit einer verbindlichen Preisangabe versehen sind, denn auch hier muß sich der Unternehmer die Überprüfung vorbehalten, ob noch verkaufbare Stücke der ausgestellten Art vorhanden sind und ob der Gegner den Kaufpreis bezahlen kann; außerdem muß sichergestellt werden, daß nicht mehrere Kunden das (vermeintliche) Angebot gegenüber verschiedenen Mitarbeitern des Verkaufspersonals annehmen (BGH NJW 1980, 1388; OLG München ZIP 1981, 1347; FLUME § 35 I 1; LARENZ § 27 I a; MEDICUS Rn 360; aM KÖNDGEN 291 ff; WAHL, in: FS Hefermehl [1976] 1, 6). Anders ist für die **Auslagen im Selbstbedienungsladen** zu entscheiden. Hier sind die ausgelegten Waren als Angebot des Ladeninhabers zu bewerten, das der Kunde zwar noch nicht mit Einlegen der Ware in den Einkaufswagen annimmt (er muß die Möglichkeit haben, sich anders zu entscheiden, und außerdem will er das Preisrisiko bei unverschuldeter Zerstörung der Sache nicht tragen), wohl aber mit Vorzeigen an der Kasse (vgl BÖGNER JR 1953, 417 ff; MünchKomm/KRAMER § 145 Rn 8; SOERGEL/ WOLF § 145 Rn 7; aM CARLSSON JR 1954, 253 f; DIETRICH DB 1972, 957 f; ERMAN/HEFERMEHL § 145 Rn 10; RECKE NJW 1953, 92; offen BGHZ 66, 51, 55 f; vgl auch BGHZ 124, 39, 43). Ein besonderer Grund, hier eine Überprüfung der beiderseitigen Leistungsfähigkeit vorzuschalten, besteht – wie beim Automaten (s Rn 8) – nicht. **7**

Bei **Waren- oder Leistungsautomaten** bietet der Aufsteller die im Automat enthaltenen Waren an. Dieses Angebot kann (aus technischen Gründen: nur) durch Einwerfen des geforderten Geldbetrages angenommen werden. Es handelt sich um ein Angebot ad incertam personam (s dazu Rn 19), das – für den Automatenbenutzer erkennbar – unter dem Vorbehalt lauterer Bedienung sowie der Funktionsfähigkeit des Automaten steht und nur solange gilt, wie der Vorrat reicht (OLG Düsseldorf ZMR 1987, 328; aM – nur invitatio – ERMAN/HEFERMEHL § 145 Rn 5; KÖNDGEN 284 ff; MEDICUS Rn 362; PADECK VersR 1989, 541, 542). Wer mit einer gestohlenen Scheckkarte Geld vom Bankautomaten abhebt, erlangt also kein Eigentum an dem Geld, da das Übereignungsangebot der Bank unter dem Vorbehalt lauterer Bedienung steht (BGH NJW 1988, 979, 980 f; aM THAETER JA 1988, 547, 548 f). Entsprechendes gilt für die Zapfsäulen an einer **Selbstbedienungstankstelle**. Wegen der Unumkehrbarkeit des Entnahmevorgangs liegt hier ein Angebot vor, das vom tankenden Autofahrer durch Bedienung der Zapfsäule angenommen wird (BORCHERT/HELLMANN NJW 1983, 2799, 2800 [freilich nur für das schuldrechtliche Geschäft]; A SCHMIDT, Rechtsfiguren der Selbstbedienung im Zivilrecht [Diss München 1985] 96 f; nach **aM** gibt der Tankende ein Angebot ab, dessen Annahme erst in der **8**

Freigabe oder dem Nichtsperren der Zapfsäule durch das Tankstellenpersonal [OLG Düsseldorf JR 1982, 343; HERZBERG NJW 1984, 896, 897; ders JA 1980, 385, 389 f] oder gar erst in einer Erklärung an der Kasse liegt [DEUTSCHER JA 1983, 125, 126]). Ein **Energieversorgungsunternehmen**, das per Hausanschluß Gas, Wasser oder Strom zur Entnahme gegen Entgelt bereitstellt, gibt ebenfalls ein Vertragsangebot ab (OLG München RdE 1995, 29; zur Annahme s § 151 Rn 19).

9 Die vorstehenden Kriterien gelten entsprechend für Warenangebote über **elektronische Medien**. So geht beim *Bildschirmtext* das Angebot nicht vom Warenanbieter, sondern vom Btx-Teilnehmer aus (BARTL DB 1982, 1097, 1100; BRINKMANN BB 1981, 1183, 1185; KÖHLER 56; PAEFGEN JuS 1988, 592, 595; REDEKER NJW 1984, 2390 f; SOERGEL/WOLF § 145 Rn 7; **aM** OLG Oldenburg DB 1993, 532; HART KritV 1986, 211, 234; LACHMANN NJW 1984, 405, 407 f; MICKLITZ NJW 1982, 263, 266; MünchKomm/KRAMER § 145 Rn 8; PROBANDT Ufita 98 [1984] 9, 10 ff), auf dessen elektronische Anfrage noch die Leistungsfähigkeit geprüft werden muß. Entsprechendes gilt beim *Teleshopping*. Hier ist nicht schon die Warenanpreisung im Fernsehen das Angebot, sondern erst die telefonische Bestellung des Zuschauers (BULTMANN/RAHN NJW 1988, 2432, 2434; ECKERT DB 1994, 717, 718; KESSLER WRP 1991, 285, 290; ausf WELLENS, Grenzen der Rundfunkfinanzierung: Teleshopping [1991] 16 ff).

10 Bei **öffentlichen Verkehrsmitteln** fordert das Verkehrsunternehmen nach allgemeiner Ansicht nicht zur Abgabe von Angeboten auf, sondern erbietet sich schon durch das Bereitstellen des Verkehrsmittels in rechtsverbindlicher Weise zum Vertragsabschluß. Wer ein solches Verkehrsmittel benutzt, nimmt dieses Angebot an und schuldet damit den Fahrpreis. Sind Fahrkartenautomaten aufgestellt, wird der Vertragsschluß auf die Bedienung des Automaten vorverlagert (anders wieder für im Verkehrsmittel selbst aufgestellte Fahrkartenautomaten).

11 In **Gaststätten** ist die Speisekarte nur als invitatio ad offerendum zu bewerten. Der Gastwirt muß die Möglichkeit haben, auf ein geändertes Leistungsangebot hinzuweisen, etwa wenn die Zutaten für bestimmte Speisen ausgegangen sind. Hingegen handelt es sich um ein Angebot (das der Gast durch Selbstbedienung annimmt), wenn auf den Tischen Brotkörbe oä aufgestellt sind.

12 **Mitteilungen innerhalb eines bestehenden Vertragsverhältnisses** können Angebote zum Abschluß eines Vertrages, etwa eines Änderungsvertrages, sein. Das wird man zwar nicht schon annehmen können, wenn ein *Arbeitgeber* auf einer Betriebsversammlung Gehaltserhöhungen zusagt (LAG Frankfurt LAGE § 151 BGB Nr 1; LAG Hamm ARST 1992, 94). Die Rücknahme einer wirksam gewordenen Kündigung ist hingegen regelmäßig als Angebot zum Abschluß eines Fortsetzungsvertrages zu verstehen (BAG BB 1983, 704, 705; OLG Nürnberg DB 1993, 1013; BERKOWSKY BB 1984, 216, 217). Wenn eine *Versicherungsgesellschaft* ihren Versicherungsnehmer darüber informiert, daß der Versicherungsvertrag durch Rechtsnorm abgeändert ist (RGZ 170, 397, 400), dann stellt das kein Änderungsangebot dar. Anders verhält es sich, wenn ein Unternehmen, insbesondere eine *Bank*, dem Kunden im Laufe einer andauernden Geschäftsbeziehung die Neufassung der AGB mit der Ankündigung zuleitet, diese künftig dem Geschäftsverkehr zugrunde zu legen. Der Kunde muß dieses Angebot aber noch annehmen (vgl OLG Saarbrücken NJW-RR 1989, 92), was zB gemäß Nr 1 Abs 2 S 2 AGB-Banken durch widerspruchslose Entgegennahme geschehen kann. Entsprechend gilt

die Zusendung eines Kontoauszuges, auf dem der Rechnungsabschlußsaldo dokumentiert ist, als Angebot zum Abschluß eines Anerkenntnisvertrages, das der Kunde gemäß Nr 7 Abs 2 S 2 AGB-Banken stillschweigend annimmt, wenn er nicht rechtzeitig protestiert (näher dazu STAUDINGER/MARBURGER[12] § 782 Rn 8).

Leitet jemand einem Wettbewerber ein Abmahnschreiben zu, dem ein vorformuliertes *Vertragsstrafeversprechen* beigefügt ist, so ist das nicht nur eine invitatio ad offerendum, sondern ein Angebot im Rechtssinne (vgl BGH WRP 1993, 240, 241/242; OLG Karlsruhe WRP 1990, 51, 52; KÖHLER, in: FS Gernhuber [1993] 207, 208 f; TEPLITZKY WRP 1994, 709, 710 mwN). Hingegen ist der Nachweis durch einen *Makler* aus der Sicht des Kunden nicht unbedingt als Angebot zum Abschluß eines (Doppel-)Maklervertrages zu verstehen, da der Kunde davon ausgehen darf, daß der Makler vom Verkäufer beauftragt ist (BGHZ 95, 393, 395 ff; BGH NJW 1981, 279). 13

2. Letter of Intent

Am Rechtsbindungswillen und damit an der wesentlichen Voraussetzung für ein Vertragsangebot iSd § 145 fehlt es auch beim sog „Letter of Intent" (ausf dazu BLAUROCK ZHR 147 [1983] 334 ff; LUTTER, Der Letter of Intent [2. Aufl 1983]; SIEBOURG, Der Letter of Intent [Diss Bonn 1979]). Dabei handelt es sich um eine schriftliche **Absichtserklärung**, mit der im Vorfeld komplexer – idR wirtschaftsrechtlicher – Vertragsverhandlungen (zB über den Bau von Industrieanlagen, über die Einräumung von Lizenzen, über den Unternehmenskauf etc) Vertragsbereitschaft signalisiert wird. Eine solche Erklärung äußert sich zwar häufig zu den Eckwerten des in Aussicht genommenen Vertrages und formuliert die Bereitschaft, in ernsthafte Vertragsverhandlungen zu treten. Sie wird aber regelmäßig ohne Rechtsbindungswillen abgegeben, was nicht selten auch ausdrücklich zum Ausdruck gebracht wird („no binding clause"; vgl auch OLG Köln EWiR 1994, 533 m Anm WEBER). In diesem Fall handelt es sich letztlich nur um eine invitatio ad offerendum. Allerdings kann ein solches Schreiben bereits **vertrauensbegründende Wirkung** haben und Grundlage einer cic-Haftung sein, etwa wenn sich später herausstellen sollte, daß ernsthafte Verhandlungen gar nicht geplant waren (MünchKomm/KRAMER Vor § 145 Rn 34). Nach Maßgabe des Einzelfalles ist außerdem denkbar, daß die in dem Letter of Intent enthaltene Absichtserklärung im Laufe der Verhandlungen durch Zustimmung der Gegenseite zu einer **Vorfeldvereinbarung** wird, mit der sich die Parteien über die Verteilung der Verhandlungs(neben)kosten oder über Informationspflichten einigen oder Exklusivbindungen vereinbaren (LUTTER 35 ff; WEBER JuS 1990, 249, 252; krit BLAUROCK ZHR 147 [1983] 334, 337 ff); allerdings wird hier in der Praxis häufig eine ausdrückliche Vereinbarung („**Instruction to Proceed**") vorgezogen (s HERTEL BB 1983, 1824, 1826). Sodann kann der Letter of Intent zur **Punktation** werden (die freilich immer noch unverbindlich ist, s Vorbem 47 zu §§ 145 ff), in besonderen Fällen auch zu einem verbindlichen **Vorvertrag** (s zu diesem Vorbem 45 ff zu §§ 145 ff) oder gar zum endgültigen **Hauptvertrag**, der dann aber die Bezeichnung Letter of Intent zu Unrecht führen dürfte (vgl OLG Köln EWiR 1994, 533 m Anm WEBER). 14

3. Sonstiges

Ob ein Verhalten auf einen Rechtsfolgenwillen schließen läßt, ist durch Auslegung festzustellen (s schon Rn 4). So läßt zB die zeitweilige *Duldung* einer Hausbesetzung 15 kaum den Schluß auf einen Mietvertragswillen zu (BGH NJW 1981, 1849). Umgekehrt kann aus einer tatsächlichen *Nutzung* einer Sache nicht schon auf einen entsprechenden Angebotswillen geschlossen werden (vgl BGH NJW 1991, 564; NJW-RR 1991, 176; AG Germersheim ZMR 1989, 262, 263), wohl aber uU auf einen Annahmewillen (vgl § 151 Rn 18 f). – Im Arbeitsrecht wird bei einer *betrieblichen Übung* angenommen, daß die Arbeitnehmer aus einer regelmäßig wiederholten Verhaltensweise des Arbeitgebers bei Auslegung vom Empfängerhorizont schließen könnten, ihnen solle eine Leistung oder Vergünstigung auf Dauer gewährt werden (vgl BAGE 59, 224, 232; 53, 42, 55 f; 49, 299, 300; BAG NZA 1990, 69). Dabei dürfte es sich aber eher um einen Fall der Vertrauenshaftung als des rechtsgeschäftlichen Verhaltens handeln (vgl zur Kritik BACKHAUS ArbuR 1983, 65, 67 ff; GAMILLSCHEG, in: FS Hilger/Stumpf [1983] 227, 238 ff; HROMADKA NZA 1984, 241, 244 f; ZÖLLNER/LORITZ, Arbeitsrecht [4. Aufl 1992] § 6 I 7 mwN).

III. Wirksamkeit

1. Allgemeine Wirksamkeitsvoraussetzungen

16 Der Antrag ist eine empfangsbedürftige Willenserklärung. Als solche wird er gemäß § 130 Abs 1 mit dem *Zugang* wirksam, sofern er durch verkörperte Willenserklärung erfolgt; als nicht verkörperte Willenserklärung bedarf er zum Wirksamwerden der *Vernehmung* (s STAUDINGER/DILCHER[12] § 130 Rn 8 ff). Da es sich nicht um ein einseitiges Rechtsgeschäft handelt, finden §§ 111, 174, 180 keine Anwendung (s Rn 1). Ob das Angebot eines *Minderjährigen* wirksam ist, beurteilt sich vielmehr nach §§ 107 ff, wobei es nicht von der Bindungswirkung des Antrages, sondern von den Rechtsfolgen des in Aussicht genommenen Vertrages abhängt, ob die Willenserklärung für den Minderjährigen lediglich rechtlich vorteilhaft iSd § 107 ist oder nicht; zum Zugang eines an Minderjährige gerichteten Angebots s Rn 33. Eine besondere *Form* ist für Anträge als solche nicht vorgeschrieben. Sie sind daher grundsätzlich formlos (und damit auch konkludent) möglich (BGH VersR 1991, 910; OLG Saarbrücken NJW 1976, 65), auch in Gestalt der *Realofferte* durch Präsentation der angebotenen Waren (s auch Rn 6). Etwas anderes gilt dann, wenn für das Rechtsgeschäft Formzwang besteht, wie insbesondere beim Grundstückskaufvertrag nach § 313 S 1 BGB. Sofern das Erfordernis der Schriftform nur für eine der beiden vertragsbegründenden Erklärungen besteht, wie zB bei der Bürgschaft (§ 766), ist der Antrag vom Formerfordernis nicht betroffen, wenn er von demjenigen stammt, dessen Erklärung formfrei möglich ist, sich also beispielsweise die Bürgenerklärung als Vertragsannahme darstellt. Ob *schlüssiges Verhalten* zum Vertragsschluß führt, ist – von der Formfrage abgesehen – danach zu beurteilen, ob das Verhalten der Beteiligten nach Treu und Glauben und mit Rücksicht auf die Verkehrssitte eindeutig und zweifelsfrei als auf den Abschluß eines Vertrages gerichtete Willenserklärungen aufzufassen ist (BGH NJW 1991, 2084, 2085 f; NJW-RR 1991, 176).

2. Bestimmtheit

17 a) Der Antrag ist nur wirksam, wenn er hinreichend bestimmt ist. Er muß so beschaffen sein, daß der Vertrag mit der Annahmeerklärung zustandekommen kann (RG HRR 1930 Nr 91). Das bedeutet, daß der Antrag nach seinem Inhalt derart bestimmt sein muß, daß die **Annahme durch einfaches „Ja"** oder durch einfache Wahl zwischen mehreren angebotenen Möglichkeiten erfolgen kann (vgl SOERGEL/WOLF § 145

Rn 4) und daß der Vertragsinhalt im Streitfall richterlich festgestellt werden kann. Ob das der Fall ist, ist gegebenenfalls im *Auslegungswege* zu ermitteln, wofür auch auf die Vorverhandlungen zurückzugreifen ist (s Vorbem 46 zu §§ 145 ff). Demnach muß das Angebot vor allem die **essentialia negotii** bezeichnen (allg dazu STAUDINGER/DILCHER[12] Einl 14 zu §§ 104 ff; vgl für den Vorvertrag Vorbem 57 zu §§ 145 ff), also Vertragsgegenstand, Vertragstyp, Vertragsparteien und eine evtl zu erbringende Gegenleistung hinreichend bestimmt festlegen (vgl OLG Karlsruhe DNotZ 1988, 694 ff; LG Hagen VuR 1992, 362 [LS]). Die Gegenleistung kann nur dann offenbleiben, wenn sie, wie etwa bei einer Hotelzimmerbestellung, nach den Regeln der §§ 316, 612 Abs 2, 632 Abs 2 bestimmt werden kann (vgl OLG Düsseldorf NJW-RR 1991, 1143, 1144). Ist das Angebot auf den Abschluß eines atypischen Vertrages gerichtet, ist es nur dann hinreichend bestimmt, wenn der Antrag eine sinnvolle, in sich geschlossene und verständliche Regelung enthält (MünchKomm/KRAMER § 145 Rn 3). Hingegen kann die Festlegung der **accidentalia negotii** stets dem Angebotsempfänger zugestanden werden (FLUME § 35 I 1).

b) **Beispiele:** Dem Bestimmtheitserfordernis ist genügt, wenn ein Arbeitgeber aufgrund einer Bewerbung dem Bewerber die näheren Bedingungen mitteilt und bei ihm anfragt, ob der Eintritt auch zu einem früheren Termin möglich sei (RAG Recht 1938 Nr 5413). Das gleiche gilt, wenn der Antragende ein Formblatt an den maßgeblichen Leerstellen ausfüllt, auch wenn er es unterläßt, den übrigen Text hiermit in Übereinstimmung zu bringen (OLG München NJW 1958, 1876, 1877). Die Bestimmtheit des Angebots wird nicht dadurch beeinträchtigt, daß dem Angebotsempfänger das Recht zugestanden wird, das Annahmerecht aus dem Angebot einem Dritten abzutreten (RG JW 1914, 350; s dazu auch Rn 35), oder daß ein Vermögenswert zwei Personen alternativ angeboten wird, die sich einigen sollen, wer den Vermögenswert bekommt (BGH EWiR 1988, 1103 f). Anders ist es, wenn der Erklärungsempfänger das Angebot an einen von ihm selbst noch zu bestimmenden Dritten weiterleiten soll, ohne selbst eintrittsberechtigt zu sein (vgl dazu HAEGELE/SCHÖNER/STÖBER, Grundbuchrecht [9. Aufl 1989] Rn 906 mwN; LUDWIG Rpfleger 1986, 345 ff). **18**

c) Das Bestimmtheitserfordernis ist auch dann gewahrt, wenn sich jemand an das Publikum wendet und einen Antrag **ad incertam personam** abgibt. Die Person des Vertragspartners wird hier zwar nicht konkret bezeichnet. Sie ist aber hinreichend bestimmbar, weil (und sofern) die Auslegung ergibt, daß der Antragende mit jedem abschließen will, der die Annahme erklärt (vgl schon SOHM ZHR 17 [1873] 16, 62). Das wird idR nur bei Alltagsgeschäften der Fall sein (sehr weitgehend deshalb BGH NJW-RR 1994, 1185 f: Prospekt mit verbindlichem Angebot zum Abschluß eines Gesellschaftsvertrages über eine PublikumsKG an eine unbestimmte Vielzahl von Personen). Beispiele bieten die *Auslagen im Selbstbedienungsladen* (str, s Rn 7), die Aufstellung eines *Warenautomaten* (ebenfalls str, s Rn 8), das *Bereitstellen öffentlicher Verkehrsmittel* (s Rn 10) oder das *Aufstellen einer Sammelbüchse* als Angebot an die Allgemeinheit, Schenkungen anzunehmen. Bei Grundstücksgeschäften wird aber ein Angebot ad incertam personam regelmäßig nicht in Betracht kommen (OLG Karlsruhe DNotZ 1988, 694; LUDWIG DNotZ 1982, 724 ff). **19**

IV. Wirkungen für den Antragenden

1. Bindungswirkung

20 a) § 145 bestimmt, daß der Antragende an sein Angebot gebunden ist, wenn er diese Bindung nicht ausgeschlossen hat. Diese Bindungswirkung besteht bis zum Erlöschen des Antrages nach § 146 (s näher § 146 Rn 8). **Sinn und Zeck** der Norm ist es, den Verkehrsbedürfnissen zu entsprechen. Nach gemeinem Recht war der Antrag noch bis zur Annahme widerruflich, während die Bindungswirkung in §§ 90 ff I 5 ALR, § 872 ABGB und Art 319 ADHGB als notwendiges Verkehrserfordernis vorgesehen war. Im gleichen Sinne wurde bei der Abfassung des BGB davon ausgegangen, daß der Annehmende für seine Entschließung einer sicheren Grundlage bedürfe und daß es auch der Absicht des Antragenden selbst entspreche, dem Empfänger die für die Annahmeerklärung unumgängliche Zeit zu lassen (Mot I 165). Wie lang diese Zeit ist, ergibt sich aus §§ 147 ff. Insbesondere durch das in § 147 Abs 1 vorgesehene Erfordernis sofortiger Annahme bei Erklärungen unter Anwesenden ist die Bindungswirkung praktisch nur für Angebote in verkörperten Willenserklärungen (s Rn 16) relevant.

21 b) Die Bindungswirkung tritt **erst mit Zugang** des Antrages ein. Nach *Abgabe* der Angebotserklärung (s dazu STAUDINGER/DILCHER[12] § 130 Rn 2 ff) kann der Erklärende noch gemäß § 130 Abs 1 S 2 widerrufen (OLG Nürnberg BB 1969, 1106; FLUME § 35 I 3 b; LARENZ § 27 I c), wozu erforderlich ist, daß der Widerruf dem Angebotsadressaten vor oder gleichzeitig mit der Angebotserklärung zugeht (vgl STAUDINGER/DILCHER[12] § 130 Rn 59 ff). *Nach dem Wirksamwerden* des Angebots (s Rn 16) kann der Antragende keinen Einfluß mehr darauf nehmen, ob der Vertrag zustandekommt oder nicht. Dies liegt jetzt – nach Maßgabe der §§ 146 ff (s Rn 20) – allein in der Entscheidung des Angebotsempfängers.

22 Etwas anderes kann bei zwischenzeitlich **veränderten Umständen** gelten. Grundsätzlich hat der Gesetzgeber es in Kauf genommen, daß sich die für die Formulierung des Angebots maßgeblichen Umstände zwischen Abgabe der Antragserklärung und Annahme des Angebots zum Nachteil des Anbietenden ändern (vgl Mot I 166). Das ist hinnehmbar, wenn diese Änderung für den Antragenden voraussehbar war oder wenn es sich um nicht besonders gravierende Änderungen handelt. Haben sich jedoch – für den Empfänger erkennbar – die maßgeblichen Umstände in unvorhersehbarer Weise so erheblich geändert, daß dem Antragenden ein Festhalten an seinem Angebot unzumutbar wäre, dann kann er das Angebot widerrufen, und bei bereits erfolgter Annahme ist es dem Annehmenden verwehrt, sich auf die Annahme zu berufen (OLG Düsseldorf OLGZ 1991, 88, 90; AG Lübeck WuM 1985, 111; FLUME § 35 I d; LARENZ § 27 I c).

23 Die Bindungswirkung tritt im übrigen nur ein, wenn der in Aussicht genommene **Vertrag selbst bindend** ist (FLUME § 35 I 3 b). So ist das nicht beurkundete Auflassungsangebot sowenig bindend wie die nicht beurkundete Auflassung selbst (s dazu STAUDINGER/GURSKY [1995] § 873 Rn 142 ff). Umgekehrt ist ein Angebot zum Abschluß eines **genehmigungsbedürftigen** Vertrages bindend. Eine Ausnahme hat für Verträge zu gelten, die der Genehmigung des Vormundschaftsgerichts bedürfen. Da die vom Vormundschaftsgericht erteilte Genehmigung gemäß § 1829 Abs 1 S 2 erst wirksam wird, wenn sie dem Gegner vom Vormund (gesetzlichen Vertreter) mitgeteilt wird, der Vormund also über das Wirksamwerden des Vertrages auch nach Erteilung der Genehmigung noch entscheiden können soll, muß es ihm auch möglich sein, sein Angebot zu widerrufen und den Vertrag bereits daran (und nicht erst am Zurückhalten der vormundschaftsgerichtlichen Genehmigung) scheitern zu lassen (Flume § 35 I 3 b).

c) Bei einer **Festofferte** erklärt der Antragende ausdrücklich, auf einen möglichen Ausschluß der Gebundenheit (s dazu Rn 26 ff) zu verzichten (RG SeuffA 82 [1928] Nr 31). Eine solche Erklärung hat freilich idR nur deklaratorische Bedeutung, indem sie Zweifel daran, ob die Gebundenheit ausgeschlossen sein soll, vermeidet. Wie sich aber aus § 145 ergibt, ist die Bindungswirkung die Regel, so daß sie auch ohne ausdrückliche Erklärung eintritt, wenn sich ihr Ausschluß nicht feststellen läßt (s zur Beweislast Rn 38). Größere Bedeutung erlangt sie, wenn in ihr eine *Bindungsfrist* erklärt wird. Das entspricht dann der Einräumung einer Annahmefrist iSd § 148 (OLG München VersR 1976, 745, 746; s dazu § 148 Rn 7 sowie zum Optionscharakter Vorbem 70 zu §§ 145 ff). Im übrigen steht der Annahme nicht entgegen, daß sich jemand – auch gegenüber einem Dritten – schuldrechtlich verpflichtet, ein nicht bindendes Angebot nicht zu widerrufen. 24

d) Die Bindungswirkung des Antrags bringt **keine Verfügungssperre** für den Antragenden mit sich. Das gilt auch für das Angebot zum Abschluß eines Verfügungsvertrages. Hat der Antragende ein Übereignungsangebot abgegeben, aber vor der Annahmeerklärung anderweitig verfügt, so ist diese Zwischenverfügung (ebenso wie eine solche im Wege der Zwangsvollstreckung) wirksam. Gleichwohl führt die Annahme des zeitlich früheren Antrages noch zum Zustandekommen des Verfügungsvertrages; der Antragende verfügt aber jetzt als Nichtberechtigter (Flume § 35 I 3 b). Scheitert diese Übereignung, so ist **Schadensersatz** analog § 160 Abs 1 zu leisten. Ist hingegen nur der Abschluß eines Verpflichtungsvertrages angeboten worden und kann dieser wegen einer anderweitigen Verfügung zwischen Zugang des Angebotes und dessen Annahme vom Antragenden nicht mehr erfüllt werden, so liegt anfängliches Unvermögen mit der Folge einer als Garantiehaftung zu verstehenden (s Staudinger/Löwisch [1994] § 306 Rn 44 ff) Schadensersatzhaftung vor. Ist der Vertragsgegenstand in dem fraglichen Zeitraum untergegangen oder die Leistung sonstwie unmöglich geworden, so greift die Schadensersatzhaftung wegen anfänglicher Unmöglichkeit aus § 307 (vgl Flume § 35 I 3 e, der freilich neben § 281 im Anschluß an vTuhr II/1, 487 stets § 160 analog anwenden will; zust MünchKomm/Kramer § 145 Rn 14; Palandt/Heinrichs § 145 Rn 3; Soergel/Wolf § 145 Rn 16). Darüber hinaus geht mit der Bindung ein gegenseitiges **vorvertragliches Vertrauensverhältnis** einher (RGZ 107, 240, 242 f; OLG Düsseldorf OLGZ 1991, 88, 90), das den Antragenden zB verpflichtet, nicht den rechtzeitigen Zugang der Annahmeerklärung zu vereiteln oder den Gegner auf den verspäteten Eingang der Annahme hinzuweisen (s § 148 Rn 11). Eine Verletzung dieser Pflichten führt zu einer Haftung wegen culpa in contrahendo (s auch Rn 36). 25

2. Ausschluß der Bindung

a) § 145 erlaubt es dem Antragenden, die Bindung an das Angebot auszuschließen. Das geschieht in der Praxis mit sehr unterschiedlichen Formulierungen, die vom einfachen Widerrufsvorbehalt bis zu Klauseln wie „ohne Verbindlichkeit", „sine 26 obligo", „freibleibend", „solange Vorrat reicht", „Zwischenverkauf vorbehalten", „Selbstbelieferung vorbehalten", „Preis freibleibend" reichen. Der Antragende kann die Bindung schon im Antrag selbst ausschließen. Er kann aber eine entsprechende Erklärung nach dem Rechtsgedanken des § 130 Abs 1 S 2 auch nachträglich abgeben, solange sie nur den Angebotsempfänger vor oder gleichzeitig mit der Angebotserklärung erreicht (Mot I 168; RG JW 1911, 643, 644). Ein Fall des § 145 liegt dabei freilich nur vor, wenn der Antragende nur die Bindung an das Angebot ausschließen will. Handelt er völlig ohne Rechtsbindungswillen, dann liegt gar kein Angebot vor, um dessen fehlende Bindungswirkung es noch gehen könnte, sondern eine invitatio ad offerendum (s dazu Rn 3 ff). Es ist daher zu unterscheiden zwischen der als Angebot zu verstehenden Willenserklärung, von der wieder abzurücken sich der Antragende vorbehält, und der invitatio ad offerendum, bei der es sich mangels Rechtsbindungswillens nicht um eine Willenserklärung handelt (s Rn 30 f). Von beiden ist noch einmal abzugrenzen die Aufnahme von „Unverbindlichkeitsklauseln" in den Vertrag (s Rn 31; die zu § 145 angeführte Rechtsprechung befaßt sich meist nur mit diesen Fällen, nicht mit einem Abrücken von einem widerruflichen Angebot *vor* Vertragsschluß).

27 b) Ein Bindungsausschluß kann unterschiedliche **Bedeutung** haben. In vielen Fällen wird es sich um einen **Widerrufsvorbehalt** handeln. Es liegt dann eine wirksame und verbindliche Willenserklärung vor (BGH NJW 1984, 1885). Der Antragende kann aber die Bindungswirkung durch Widerruf beseitigen. Ein entsprechender Vorbehalt kann dahin auszulegen sein, daß der Antragende das Angebot nicht nur bis zum Zugang der Annahmeerklärung (so zB RG JW 1911, 643, 644), sondern auch noch unmittelbar nach deren Zugang widerrufen kann (FLUME § 35 I 3 c; offen BGH NJW 1984, 1885, 1886). Der Anbietende soll, „wenn es ernst wird", noch einmal über das Zustandekommen des Vertrages entscheiden können, wobei freilich zu verlangen ist, daß er unverzüglich nach Zugang der Annahmeerklärung widerruft.

28 Der Widerrufsvorbehalt kann sich auf den ganzen Vertrag oder auf einzelne Vertragselemente beziehen. Im zweiten Fall handelt es sich genau genommen um einen **Abänderungsvorbehalt**. Es liegt – wie etwa bei der Klausel „Preis freibleibend" – insgesamt ein gültiges Angebot vor, das nur in einem Punkt nach dem Willen des Antragenden abänderbar sein soll. Allerdings wird dann die Auslegung ergeben, daß diese Möglichkeit auf eine einmalige Änderung beschränkt ist (RG LZ 1923, 272).

29 Ebenso kann der Antragende bestimmen, daß die Gebundenheit an das Angebot mit dem Eintritt einer bestimmten **Bedingung** enden soll. Dabei kann die Bindung von beliebigen objektiven Umständen abhängig gemacht werden. Diese können sich auch aus den dem Angebot beigefügten AGB ergeben, sofern auf deren Geltung für das Angebot ausdrücklich hingewiesen ist (vgl OLG Bremen NJW 1965, 977, 978). Bei der Klausel „Zwischenverfügung vorbehalten" wird man eine auflösende Bedingung annehmen können: Hier soll die Annahmefähigkeit ohne weiteres, insbesondere ohne vorherigen Widerruf des Anbietenden, entfallen, wenn der Antragende die Ware vor der Annahme der Offerte anderweitig verkauft (vgl OLG Hamburg BB 1960, 383; KG JR 1925 II Nr 261).

30 Denkbar ist aber auch, daß sich aus der die Bindung ausschließenden Klausel ergibt, daß der Erklärende gar keine Willenserklärung abgeben will. Es liegt dann eine

invitatio ad offerendum vor (s Rn 3 ff). Verhält es sich so, was die Rechtsprechung – freilich stets nach Maßgabe des Einzelfalles (s Rn 31) – für die Klausel „freibleibend" angenommen hat (RGZ 105, 8, 12; 103, 312 f; 102, 227, 228 f; anders aber BGH NJW 1984, 1885 für „freibleibend entsprechend unserer Verfügbarkeit"), dann liegt erst in der aufgrund der invitatio abgegebenen Bestellung ein Angebot, das noch nach Maßgabe der §§ 146 ff angenommen werden muß und bei Überschreiten der dort gesetzten Fristen erlischt. Allerdings wird man für denjenigen, der in dieser Weise freibleibend zur Abgabe von Angeboten eingeladen hat, eine *Erklärungspflicht* hinsichtlich der ihm zugehenden Angebote bejahen müssen, deren Verletzung dazu führt, daß sich der Empfänger nach Treu und Glauben so behandeln lassen muß, als habe er angenommen (RGZ 103, 312 f; 102, 227, 229 f; RG JW 1921, 393 Nr 2; HONSELL/HOLZ-DAHRENSTAEDT JuS 1986, 969 f; LINDACHER DB 1992, 1813 f; MünchKomm/KRAMER § 145 Rn 6 mwN; SOERGEL/WOLF § 145 Rn 10; s auch § 146 Rn 10).

Welche Bedeutung dem Bindungsausschluß im Einzelfall zukommt, ist durch **Auslegung** zu ermitteln. Für die Abgrenzung zur invitatio ad offerendum ist dabei auch erheblich, ob es sich erkennbar um eine nur an eine einzelne Person und nicht an einen größeren Adressatenkreis gerichtete Erklärung handelt und ob sie die Vertragselemente so konkret beschreibt, daß eine Annahme rechtlich möglich ist und praktisch auch in Betracht kommt (vgl RGZ 105, 8, 12). *Im Zweifel* wird man dann nicht von einer invitatio, sondern von einem *Widerrufsvorbehalt* auszugehen haben (SOERGEL/WOLF § 145 Rn 10). Das gilt insbesondere dann, wenn der auszulegenden Erklärung selbst schon eine invitatio ad offerendum vorausgegangen ist (BGH NJW 1984, 1885 f). – Zur **Beweislast** s Rn 38. 31

c) Über das bisher Gesagte hinaus ist es möglich, die erwähnten Klauseln zum **Vertragsbestandteil** zu machen (vgl BGHZ 1, 353, 354; RGZ 102, 227, 228). Insoweit ist durch (restriktive, s BGH NJW 1958, 1628) Auslegung zu ermitteln, ob das Widerrufs- oder Änderungsrecht nur bis zum Vertragsschluß oder auch darüber hinaus gelten soll (instruktiv RGZ 102, 227, 228). Eine Widerrufs- oder „Freiklausel", die sich auf das gesamte Geschäft bezieht, ist dann als vertragliches *Rücktrittsrecht* iSv § 346 zu verstehen. Die Klausel kann sich aber auch auf einzelne Vertragspunkte beschränken, etwa auf die Preisvereinbarung („Preise freibleibend"). Dann kann das als *Leistungsbestimmungsrecht* nach § 315 ausgelegt werden (OGHBrZ 4, 165, 169; RGZ 104, 306, 307; 103, 414, 415; FLUME § 35 I 3 c), aber auch als die Befugnis, vom ursprünglichen Vertrag zurückzutreten und dem Gegner ein neues Angebot zu unterbreiten, das dieser nicht annehmen muß (BGHZ 1, 353, 354). Die Vertragsklausel „Liefermöglichkeit vorbehalten" kann für den Fall, daß dem Verkäufer Beschaffungsanstrengungen unzumutbar sind (vgl BGH NJW 1958, 1628 f), als *auflösende Bedingung* den von ihr begünstigten Vertragspartner von seinen Lieferpflichten (und den anderen Teil von der Gegenleistung) oder als *Haftungsausschluß* von den Folgen der Nichterfüllung befreien (BGHZ 24, 39, 42; RG LZ 1923, 310, 311; vgl auch § 158 Rn 5). Wird eine AGB-Klausel über die „Selbstbelieferung" des Verkäufers zum Vertragsbestandteil, so wird der Verkäufer beim Ausfall seines Lieferanten von der Leistungspflicht auch dann frei, wenn eine Gattungsschuld vorliegt (BGHZ 49, 388, 391 ff; OGHBrZ 1, 178, 179 f). 32

V. Wirkungen für den Antragsempfänger

1. Überblick

33 Aufgrund des Angebotes kann dessen Empfänger nunmehr entscheiden, ob er den angetragenen Vertrag schließen will oder nicht. Diese Rechtslage ist für ihn günstig. Der Empfang eines Angebotes bringt dem Adressaten daher *lediglich einen rechtlichen Vorteil*, so daß es bei einem beschränkt geschäftsfähigen Adressaten gemäß § 131 Abs 2 S 2 mit Zugang bei diesem wirksam wird (s STAUDINGER/DILCHER[12] § 131 Rn 7; aM LANGE, in: FS Reinhardt [1972] 95, 96 ff, der auf die Vorteilhaftigkeit des angebotenen Rechtsgeschäfts abstellt). Der beschränkt Geschäftsfähige kann also das Angebot ohne Mitwirkung des gesetzlichen Vertreters wirksam empfangen, während die Ablehnung des Angebots in keinem Fall einen lediglich rechtlichen Vorteil darstellt (LANGE 99 f). – Sofern der Antrag die vertragliche Begründung eines Rechts zum Inhalt hat, besteht aufgrund der Gebundenheit des Antragenden für den Angebotsempfänger eine entsprechende *Anwartschaft* (RGZ 151, 75; FURTNER NJW 1964, 745; vgl allg dazu Vorbem 53 ff zu §§ 158 ff). Anders ist es dann, wenn die Bindung an den Antrag ausgeschlossen (s Rn 26 ff), also zB ein Widerruf vorbehalten wurde. – Einen durch die Annahme bedingten *Erfüllungsanspruch* begründet das Angebot hingegen nicht (RGZ 132, 6, 7; 131, 24, 26). Wohl aber kann, da künftige Ansprüche vormerkungsfähig sind, für den künftigen Erfüllungsanspruch bereits eine *Vormerkung* zugunsten des Angebotsempfängers eingetragen werden, wenn der Antrag unwiderruflich ist (ausf STAUDINGER/GURSKY[12] § 883 Rn 122 ff). Entsprechend kommt die *Sicherung* durch Bürgschaft (§ 765 Abs 2), Grundpfandrecht (§§ 1113 Abs 2, 1192 Abs 1) oder Pfandrecht (§ 1204 Abs 2) in Betracht. Auch die *Unterwerfung unter die sofortige Zwangsvollstreckung* nach § 794 Abs 1 Nr 5 ZPO kann bereits in den Antrag aufgenommen werden (BGH WM 1978, 577, 578; RGZ 132, 6 7).

2. Zur Einordnung als Gestaltungsrecht

34 Nach früher hM wurde die für den Angebotsempfänger begründete Rechtsposition als Gestaltungsrecht bewertet, das die Befugnis zum Inhalt hat, durch Annahmeerklärung den Vertrag zustandezubringen (vgl nur RGZ 132, 6, 7; OLG Celle NJW 1962, 743, 744; ENNECCERUS/NIPPERDEY § 161 IV 1; JAUERNIG § 145 Anm 1 e; LORENZ, in: FS Dölle I [1963] 103, 106 ff; PALANDT/HEINRICHS § 145 Rn 5). Heute steht die überwiegende Meinung zu Recht auf dem gegenteiligen Standpunkt (vgl BÖTTICHER, in: FS Dölle I [1963] 41, 52 ff; ders, Gestaltungsrecht und Unterwerfung im Privatrecht [1964] 13 ff; ERMAN/HEFERMEHL § 145 Rn 18; GEORGIADES, in: FS Larenz [1973] 409, 420; ders JZ 1966, 285, 286; LARENZ § 27 I c; SOERGEL/WOLF § 145 Rn 14; offen MünchKomm/KRAMER § 145 Rn 15). Von einem Gestaltungsrecht läßt sich nicht schon dann sprechen, wenn jemand ein Rechtsverhältnis zu einem anderen nur *begründen* kann. Vielmehr liegt ein Gestaltungsrecht nur dann vor, wenn jemand die Rechtsmacht hat, auf ein bestehendes Rechtsverhältnis verändernd einzuwirken. Der Antragsempfänger hat daher kein Gestaltungsrecht, sondern nur eine sonstige „Rechtsposition". Dafür spricht zudem, daß die Annahme nur Teil des rechtsbegründenden Vertragsschlusses und die Bindung des Antragenden nur technisches Mittel zur Erleichterung dieses Vertragsschlusses ist (BÖTTICHER, in: FS Dölle I [1963] 41, 53). Jedenfalls muß aber klar sein, daß sich aus der Begriffsbildung so oder so keine Rechtsfolgen ableiten lassen (zutr MünchKomm/KRAMER § 145 Rn 15). – Zur entsprechenden Frage bei der *Option* s Vorbem 73 zu §§ 145 ff.

3. Übertragbarkeit

Daß die Rechtsposition des Angebotsempfängers gemäß §§ 413, 398 übertragbar ist, **35** läßt sich weder generell verneinen (so aber RG JW 1911, 752 f; PFEIFFER LZ 1912, 374 ff, weil das Angebot stets höchstpersönlich sei) noch pauschal bejahen. Vielmehr ist durch *Auslegung* in jedem Einzelfall zu ermitteln, ob das Angebot auch von einem Dritten angenommen werden kann, auf den der Antragsempfänger seine Annahmebefugnis übertragen hat (ERMAN/HEFERMEHL § 145 Rn 18; MünchKomm/KRAMER § 145 Rn 16; PALANDT/ HEINRICHS § 145 Rn 5; SOERGEL/WOLF § 145 Rn 17). Dabei geht es wohlgemerkt nicht darum, den Dritten zu ermächtigen, über die Annahme des Angebotes mit Wirkung für den Angebotsempfänger zu entscheiden, sondern es geht darum, ob der Antragsempfänger das Angebot so an den Dritten weiterleiten kann, daß dieser den Vertrag zwischen sich und dem Antragenden durch bloße Annahmeerklärung zustandebringen kann. Dabei kann die Auslegung des Angebotes ergeben, daß das Angebot bereits mit an den Dritten (oder ad incertam personam, s Rn 19) gerichtet ist (vgl RG JW 1914, 350, das freilich gleichwohl Abtretung und antezipierte Zustimmung des Antragenden unterstellt). Sie kann aber auch ergeben, daß zur Übertragung das Einverständnis des Antragenden erforderlich ist oder daß der Antragende ausschließlich mit dem Angebotsempfänger selbst abschließen will und die Übertragung damit ausgeschlossen ist. Im *Zweifel* ist – jedenfalls bei Verträgen, bei denen die Person des Kontrahenten (etwa wegen der Leistungsfähigkeit) von Bedeutung ist, von fehlender Übertragbarkeit auszugehen (ebenso ERMAN/HEFERMEHL § 145 Rn 18; JAUERNIG § 145 Anm 1 e; vgl auch MünchKomm/KRAMER § 145 Rn 16; SOERGEL/WOLF § 145 Rn 17), da sich der Antragende den künftigen Vertragspartner im allgemeinen sorgfältig aussuchen wird (vgl zur *Option* auch Vorbem 75 zu §§ 145 ff). Läßt sich die Übertragbarkeit feststellen, dann ist die Rechtsposition des Angebotsempfängers auch gemäß § 1274 Abs 2 *verpfändbar*, gemäß §§ 857, 851 ZPO *pfändbar* und möglicher Bestandteil der *Insolvenzmasse*, so daß der Insolvenzverwalter über die Annahme entscheidet (MünchKomm/KRAMER § 145 Rn 16; s näher § 153 Rn 16); zur *Vererblichkeit* s § 153 Rn 10 ff. Ob ein solcher Zugriff auf die Position des Antragsempfängers Sinn hat, wird wesentlich davon abhängen, wieviel Zeit für die Annahme bleibt (vgl SOERGEL/WOLF § 145 Rn 21). – Einer *Form* bedarf die Übertragung nicht. Das gilt auch dann, wenn der abzuschließende Vertrag formbedürftig ist. Es reicht, wenn das Angebot des Antragenden und die Annahmeerklärung des Dritten der jeweiligen Formvorschrift genügen.

4. Schadensersatzansprüche

a) Ein **Schutz des Angebotsempfängers** gegen eine Beeinträchtigung seiner Rechts- **36** position ergibt sich weder aus *§ 823 Abs 1*, da es sich bei dieser Rechtsposition, selbst wenn man sie als Gestaltungsrecht einordnen will, mangels absoluten Charakters nicht um ein sonstiges Recht im Sinne dieser Vorschrift handelt. Anders verhält es sich nur, wenn der Angebotsempfänger bereits ein dingliches Anwartschaftsrecht hat (vgl Vorbem 67 zu §§ 158 ff). Auch *§ 823 Abs 2* scheidet als Haftungsgrundlage aus, da es sich bei § 145 nicht um ein Schutzgesetz im Sinne dieser Vorschrift handelt. Der Angebotsempfänger ist daher deliktsrechtlich auf *§ 826* beschränkt. Wie aber zu Rn 25 bereits ausgeführt wurde, begründet (spätestens) das Angebot ein *vorvertragliches Schuldverhältnis* zwischen den Parteien, dessen Verletzung den Antragenden schadensersatzpflichtig macht.

37 b) Auch der **Schutz des Antragenden** läßt sich im wesentlichen nur auf ein vorvertragliches Schuldverhältnis stützen. Es kann für den Angebotsempfänger die Pflicht zu einer sorgfältigen Behandlung des Angebotes begründen. Eine Verletzung dieser Pflicht ist dann als cic zu bewerten, wobei für Gehilfen nach § 278 zu haften ist (RGZ 107, 240, 242). Wer zur Abgabe von Angeboten aufgefordert hat (s Rn 3 ff), kann verpflichtet sein, dem Anbietenden unverzüglich mitzuteilen, daß er nicht mit einem Vertragsschluß rechnen kann (s § 146 Rn 10).

VI. Beweislast

38 Die Beweislast dafür, daß ein rechtsverbindlicher *Antrag* vorliegt, trifft nach allgemeinen Regeln denjenigen, der sich darauf beruft (vgl – auch zum folgenden – BAUMGÄRTEL/LAUMEN, Hdb d Beweislast [2. Aufl 1991] § 145 Rn 1 ff mwN). Er muß also die seiner Meinung nach als Antrag zu qualifizierenden tatsächlichen Umstände darlegen und beweisen, und er trägt das Risiko, daß das Gericht – unter Berücksichtigung der Zweifelsregel (s Rn 31) – zu dem Ergebnis kommt, daß nur eine invitatio ad offerendum vorliegt. Hingegen muß der Antragende die Umstände vortragen und beweisen, aus denen sich der *Ausschluß der Gebundenheit* ergeben soll. *Ob* sie einen Bindungsausschluß ergeben und welche rechtliche Bedeutung das hat, ist freilich eine Rechtsfrage und deshalb keines Beweises zugänglich. Die *Rechtzeitigkeit eines zulässigen Widerrufs* hat ebenfalls derjenige zu beweisen, der sich auf den Widerruf beruft, idR also der Antragende.

§ 146

Der Antrag erlischt, wenn er dem Antragenden gegenüber abgelehnt oder wenn er nicht diesem gegenüber nach den §§ 147 bis 149 rechtzeitig angenommen wird.

Materialien: E I §§ 82–85 und 88 Abs 2;
II § 119; III § 142; Mot I 168; Prot I 77; VI 124.

Schrifttum

ASSMANN, Die unbestellten Zusendungen (1901)
FREUND, Die stillschweigende Vertragsannahme (Diss Breslau 1899)
GREIFELT, Die Zusendung unbestellter Waren, WRP 1955, 120
HILDEBRANDT, Die Annahme eines Vertragsantrages (Diss Jena 1907)
HILGER, Die verspätete Annahme, AcP 185 (1985) 559
KRAMER, Schweigen als Annahme eines Antrages, Jura 1984, 235
H LANGE, Die Rechtsnatur von Antrag, Annahme und Ablehnung, geprüft bei Verträgen beschränkt Geschäftsfähiger, in: FS Reinhardt (1972) 95
MÖSSNER, Die Zusendung unbestellter Waren (Diss Heidelberg 1942)
R vMÜLLER, Zusendung unbestellter Waren (Diss Marburg 1940)
NEUMAYER, Vertragsschluß durch Kreuzofferten?, in: FS Riese (1964) 309
SCHWUNG, Die Zusendung unbestellter Waren, JuS 1985, 449
WEDEMEYER, Der Abschluß eines obligatorischen Vertrages durch Erfüllungs- und Aneignungshandlungen (Diss Marburg 1904)

WEIMAR, Zweifelsfragen zur unbestellten Ansichtssendung, JR 1967, 417
WESSEL, Die Zusendung unbestellter Waren, BB 1966, 432
K F WILHELM, Die Rechtslage bei der Zusendung unbestellter Bücher (Diss Jena 1933).

Systematische Übersicht

I. Annahme	**III. Ablehnung des Angebotes** 9
1. Überblick 1	
2. Wirksamkeit 4	**IV. Zusendung unbestellter Waren**
3. Sonderfälle 5	1. Vertragsschluß 11
a) Schweigen als Annahme 5	2. Haftung 13
b) Kaufmännisches Bestätigungsschreiben 6	a) Vertragliche Ansprüche 14
	b) Eigentümer-Besitzer-Verhältnis 15
c) Kreuzofferten 7	c) Deliktische Haftung 16
II. Zeitliche Grenzen 8	

Alphabetische Übersicht

S Vorbem zu §§ 145–156.

I. Annahme

1. Überblick

Die Annahmeerklärung ist eine grundsätzlich *empfangsbedürftige Willenserklärung,* **1** *durch die der Angebotsempfänger seine vorbehaltlose Zustimmung zum Antrag erklärt.* Der Annehmende muß zum Ausdruck bringen, daß er mit dem vom Gegner angebotenen Vertrag uneingeschränkt (arg § 150 Abs 2) einverstanden ist. Ob das der Fall ist, ist durch *Auslegung* vom Empfängerhorizont zu ermitteln (vgl BGH WM 1985, 1481), ebenso, ob eine Erklärung schon als Annahme oder nur als deren *Ankündigung* zu verstehen ist. Ein Telegramm mit dem Zusatz „Brief folgt" oder „Näheres brieflich" wird im allgemeinen nur als eine solche Ankündigung zu verstehen sein (OLG Hamm DB 1983, 2619; RGZ 105, 8, 13; RG SeuffA 83 Nr 104). Freilich können die Umstände auch für das gegenteilige Ergebnis sprechen (vgl RG LZ 1924, 811). Wenn das Telegramm zB die Annahmefrist nach §§ 147, 148 wahren soll und die vollständige Annahmeerklärung enthält, schadet der Zusatz dem Annahmecharakter des Telegramms nicht (MünchKomm/KRAMER § 151 Rn 2).

Die Annahme kann *ausdrücklich* (vgl BGH WM 1985, 1481), bei formfreier Erklärung **2** auch *konkludent* erfolgen (vgl RG WarnR 1939 Nr 79; LAG Baden-Württemberg BB 1991, 69, 70), insbesondere dadurch, daß die Vertragsleistung erbracht (vgl BGH NJW 1980, 2245, 2246; RGZ 129, 109, 113; OLG Hamm NJW-RR 1987, 153, 154; LG Frankfurt NJW-RR 1989, 308) oder – etwa in Form eines Inkassos – in Anspruch genommen wird (vgl BGH NJW-RR 1991, 1177, 1178; MDR 1982, 993; NJW 1963, 1248; OLG Hamburg MDR 1973, 495 [LS]; LG München II VersR 1991, 685; zurückhaltend OLG Hamm VersR 1982, 844; hier kann uU auch § 151 eingreifen, s § 151 Rn 18 f). Freilich kann sich in bestimmten Branchen die Verkehrsübung einer ausdrücklichen Annahme entwickelt haben (vgl für das Versicherungsvertragsrecht OLG Hamm VersR 1978, 1134, 1135; aM AG Lingen VersR 1988, 1037), was zur Folge hat, daß eine stillschweigende Annahme zwar zulässig bleibt, aber besonders dargelegt werden muß. Mit Wirksamkeit der Annahmeerklärung (s dazu Rn 4) kommt der angestrebte Vertrag zustande (s Vorbem 41 zu §§ 145 ff), sofern der Antrag noch nicht erloschen war (s dazu Rn 8). Nur ausnahmsweise kann der Annahmewille unter den Voraussetzungen des § 151 auch anders als durch empfangsbedürftige Willenserklärung geäußert werden (s näher § 151 Rn 17 ff). Eine weitere Ausnahme vom Grundsatz der Empfangsbedürftigkeit der Annahmeerklärung regelt § 152 (s dazu § 152 Rn 1); zu weiteren Sonderfällen s Rn 5 ff.

3 Eine *Pflicht* zur Abgabe der Annahmeerklärung besteht in den Fällen des Kontrahierungszwangs (s näher Vorbem 29 ff zu §§ 145 ff). Auch ein Vorvertrag kann eine solche Verpflichtung begründen (s näher Vorbem 51 ff zu §§ 145 ff). Hingegen begründen Vertragsverhandlungen keine Abschlußpflicht, sondern allenfalls eine Erklärungspflicht zur Ablehnung eines Angebotes (s Rn 10 sowie § 145 Rn 37). – Den *Beweis* der erfolgten Annahme muß führen, wer sich auf das Zustandekommen des Vertrages beruft (s Vorbem 42 zu §§ 145 ff).

2. Wirksamkeit

4 Als empfangsbedürftige Willenserklärung muß die Annahmeerklärung zielgerichtet gegenüber dem Antragenden *abgegeben* werden (vgl OLG Hamburg VersR 1984, 860, 861; OVG Saarlouis NJW 1993, 1612, 1613). Sie wird gemäß § 130 wirksam, wenn sie dem Adressaten *zugeht* (vgl LG Berlin ZMR 1984, 337). Ob ein *beschränkt Geschäftsfähiger* die Annahme ohne Mitwirkung seines gesetzlichen Vertreters erklären kann, bestimmt sich nach der Vorteilhaftigkeit des mit der Annahme abgeschlossenen Vertrages (LANGE, in: FS Reinhardt [1972] 99). *Formbedürftig* ist die Annahmeerklärung, wenn beide Vertragserklärungen einer Form unterworfen sind oder die Annahme diejenige Vertragserklärung darstellt, für welche – etwa nach § 766 – Formzwang besteht. Der Antragende kann allerdings einseitig für die Annahmeerklärung eine Form bestimmen, deren Einhaltung dann zur Wirksamkeitsvoraussetzung für die Annahme wird (RGZ 92, 232, 235). So kann zB eine Auftragsbestätigung als Annahmeerklärung (vgl dazu STAUDINGER/DILCHER[12] Vorbem 55 zu §§ 116 ff) gewillkürt formbedürftig sein, wenn die AGB des Antragenden hierfür Schriftform vorsehen.

3. Sonderfälle

5 a) Das **Schweigen** des Angebotsempfängers ist – auch im kaufmännischen Verkehr (arg § 362 HGB) – grundsätzlich keine Willenserklärung und daher weder Annahmeerklärung (BGHZ 61, 282, 285; 18, 212, 216; BGH NJW-RR 1994, 1163, 1165; NJW 1990, 1601 f; 1988, 1790, 1791; 1981, 43, 44; LG Frankfurt NJW 1991, 2842, 2843; s auch § 150 Rn 14) noch Ablehnung (s Rn 9). Das gilt auch im Arbeitsrecht (BAG NZA 1986, 474, 475). Das schließt es nicht aus, auch dem Schweigen nach der Verkehrssitte unter bestimmten Umständen sowohl bei verkörperten als auch bei nichtverkörperten Angebotserklärungen Erklärungswert beizumessen und es daher *als Annahme zu werten* (BGH NJW 1995, 1281 [krit dazu SCHEFFER NJW 1995, 3166, 3168; SCHULTZ MDR 1995, 1187, 1188 ff]; NJW-RR 1986, 456, 457; NJW 1981, 43, 44; WM 1981, 333, 335; 1979, 437, 438; LG Kaiserslautern WuM 1990, 288, 289; BAG ZTR 1993, 248, 249; s dazu nur CANARIS, in: FS Wilburg [1975] 77 ff; KRAMER

Jura 1984, 235 ff; ausf STAUDINGER/DILCHER[12] Vorbem 11 ff, 56 ff zu §§ 116 ff). Außerdem wird Schweigen in bestimmten Fällen als Annahmeerklärung *gesetzlich fingiert* (s näher STAUDINGER/DILCHER[12] Vorbem 43 zu §§ 116 ff). Es reicht aber nicht aus, daß der Anbietende *im Antrag* ausführt, er werde Schweigen als Annahme verstehen (LAG Schleswig-Holstein SchlHA 1971, 84, 85; vgl auch RGZ 106, 330, 333). Eine solche Klausel führt bei Schweigen grundsätzlich nicht zum Vertragsschluß und verpflichtet den Angebotsempfänger auch nicht dazu, seine mangelnde Vertragsbereitschaft besonders zu verlautbaren (s Rn 10). Anders verhält es sich, wenn die Parteien für ihre Rechtsbeziehungen verbindlich vereinbart haben, daß Schweigen als Annahme gelten soll (vgl BGH NJW 1975, 40), oder wenn sich zwischen ihnen jedenfalls eine entsprechende Übung entwickelt hat.

b) Auch nach den Regeln über das **kaufmännische Bestätigungsschreiben** kann Schweigen zum Vertragsschluß führen. Voraussetzung dafür ist nach stRspr (vgl bereits BGHZ 7, 187, 189 mwN; 11, 1, 3; zuletzt BGH NJW 1994, 1288), daß (1) die Parteien Kaufleute sind oder nach Kaufmannsart am Geschäftsleben teilnehmen, (2) nach Meinung des Absenders mündlich ein Vertrag geschlossen wurde, der in dem Bestätigungsschreiben schriftlich fixiert oder präzisiert werden soll, (3) das Schreiben unmittelbar nach Abschluß der Verhandlungen abgeschickt wird und (4) dem Vertragspartner zugeht. Schweigt der Empfänger in diesem Fall, widerspricht er also nicht unverzüglich, so gilt der Inhalt des Bestätigungsschreibens als vereinbart, es sei denn, der Absender durfte mit dem Einverständnis des Gegners nicht rechnen, etwa weil bewußt oder wesentlich vom Vereinbarten abgewichen wurde (ausf dazu STAUDINGER/DILCHER[12] Vorbem 49 ff, 57 zu §§ 116 ff).

c) Umstritten ist, ob ein Vertrag auch durch sog **Kreuzofferten** zustandekommen kann. Davon spricht man, wenn die eine Partei ein Angebot unterbreitet, während ein *inhaltlich übereinstimmendes* Angebot der anderen Partei zu ihr unterwegs ist. In diesem Fall ergibt die Auslegung vom Empfängerhorizont (s § 145 Rn 4), daß beide Parteien anbieten wollen. Beide Erklärungen sind nicht auf das Angebot des Gegners bezogen, bringen also keinen Annahmewillen zum Ausdruck. Hier wird zT verlangt, daß einer der Angebotsempfänger ein dem Angebot des Gegners korrespondierendes Verhalten zeigt, das gemäß § 151 auch in einer nicht empfangsbedürftigen Willenserklärung zum Ausdruck kommen kann (MERTENS/REHBINDER, Internationales Kaufrecht [1975] Art 6 EAG Rn 5). Die hM läßt es demgegenüber genügen, wenn beide Parteien nach dem Inhalt ihrer Erklärungen dieselben Rechtsfolgen wollen (vgl ENNECCERUS/NIPPERDEY § 161 Fn 6; FLUME § 35 II 1; MünchKomm/KRAMER § 151 Rn 4a; NEUMAYER, in: FS Riese [1964] 309, 317 ff). Da die beiden vertragsbegründenden Willenserklärungen nicht zu einem einheitlichen Vertragswillen zusammengefaßt werden, besteht für einen Vertragsabschluß durch Kreuzofferten kein logisches Hindernis (vgl NEUMAYER 315 ff). Freilich schwebt beiden Antragenden vor, der Vertrag werde durch eine Annahmeerklärung der Gegenseite zustandekommen. Das steht der Vertragsbegründung aber nicht entgegen. Denn zum einen wird diese Vorstellung nicht als „Bedingung" in das rechtsverbindliche Angebot einbezogen. Und zum anderen kann man diesem Umstand durch die Annahme Rechnung tragen, daß jede Partei das Schweigen ihres Gegners wegen der besonderen Konstellation nach den zu Rn 4 dargelegten Grundsätzen nach Treu und Glauben als Zustimmung werten darf (ebenso SOERGEL/WOLF § 145 Rn 24). Demnach genügt es nicht, wenn der auf den Vertragsschluß gerichtete Wille von beiden Seiten mit übereinstimmendem Inhalt geäußert wurde (so aber MünchKomm/Kramer § 151 Rn 4 a; Neumayer, der 328 von „materieller Konsensbildung" spricht), sondern es muß hinzukommen, daß keine Partei unverzüglich widerspricht (weitergehend Flume aaO, der bei Widerspruch der einen Partei der anderen das Recht zu einer nachträglichen Annahme zugestehen will).

II. Zeitliche Grenzen

8 § 145 bestimmt, daß der Antragende an sein Angebot gebunden ist, wenn er diese Bindung nicht ausgeschlossen hat (s § 145 Rn 20 ff). Diese Gebundenheit und damit die Annahmefähigkeit des Antrages besteht in den zeitlichen Grenzen des § 146. Die Vorschrift bestimmt freilich, daß nicht nur die Bindungswirkung entfällt (so aber BGH NJW 1973, 1789, 1790; anders schon Mot I 168), sondern daß der Antrag *erlischt*, wenn er abgelehnt oder nicht rechtzeitig angenommen wird (vgl nur BGH NJW-RR 1994, 1163, 1164), setzt also – durch Verweisung auf die §§ 147 bis 149 – auch die zeitlichen Grenzen fest, innerhalb deren die Annahmeerklärung dem Gegner zugegangen sein muß, wenn der Angebotsempfänger den angebotenen Vertrag schließen will (zu den Einzelheiten s die Kommentierung der §§ 147 – 149). Kommt die Annahme zu spät, ist sie gemäß § 150 Abs 1 als neuer Antrag zu verstehen, der seinerseits angenommen werden muß (s näher § 150 Rn 1 ff). Zu dieser Annahme ist der Erstofferent nicht verpflichtet. Er macht sich daher auch nicht schadensersatzpflichtig, wenn er nach Erlöschen seines Antrages anderweitig disponiert (BGH DB 1971, 232). – Zum Erlöschen des Antrages durch Widerruf s § 145 Rn 26 ff.

III. Ablehnung des Angebots

9 Der Angebotsempfänger kann den Antrag *ausdrücklich oder stillschweigend* ablehnen. So kann zB die Anfechtung des vermeintlich schon geschlossenen Vertrages als Ablehnung zu verstehen sein (vgl OLG Hamm VersR 1978, 1039). Wenn die Ablehnungserklärung, bei der es sich um ein einseitiges Rechtsgeschäft handelt (Lange, in: FS Reinhardt [1972] 95, 100), dem Anbietenden zugeht und dadurch wirksam wird, entfällt nicht nur die Bindungswirkung, sondern der Antrag erlischt (s Rn 8). Ein *beschränkt Geschäftsfähiger* kann deshalb die Ablehnung nicht ohne Mitwirkung seines gesetzlichen Vertreters erklären (s § 145 Rn 33). *Schweigen* ist keine Ablehnung (solange ihm nicht Erklärungsbedeutung zugemessen wird, vgl Rn 5). Vielmehr erlischt der Antrag hier dadurch, daß er nicht innerhalb der durch die §§ 147–149 gesteckten zeitlichen Grenzen (s Rn 8) angenommen wird (BGHZ 18, 212, 215). Einer besonderen *Form* bedarf die Annahmeverweigerung selbst dann nicht, wenn Angebot und Annahme formbedürftig sind, da die Formvorschriften für die Errichtung der Rechtsgeschäfte, nicht für deren Verweigerung gelten. Ist ein Antrag an *mehrere Adressaten* als gemeinschaftliche Partei gerichtet, so erlischt der Antrag bereits, wenn einer der Adressaten ablehnt. Die übrigen können dann nicht mehr wirksam annehmen (BGH MDR 1965, 572).

10 Eine **Verpflichtung**, einen empfangenen Antrag ausdrücklich abzulehnen, besteht grundsätzlich nicht, und zwar auch dann nicht, wenn der Anbietende darum bittet oder erklärt, Schweigen als Annahme verstehen zu wollen (s Rn 5). Auch insoweit sorgt schon der Umstand, daß der Anbietende nicht unbegrenzt, sondern nur für eine bestimmte Frist an sein Angebot gebunden ist (s Rn 8), für hinreichende Rechtssicherheit. Der Antragsempfänger kann diese Bindungsfrist voll ausschöpfen (OLG

Hamm VersR 1985, 557; LG Bremen VersR 1982, 694; LG Mönchengladbach VersR 1983, 49, 50). Etwas anderes gilt kraft Gesetzes gemäß § 663 BGB und § 362 HGB, ferner dann, wenn zwischen den Parteien ein vorvertragliches Schuldverhältnis besteht, kraft dessen der Anbietende nach Treu und Glauben erwarten durfte, daß sich der Empfänger entsprechend erklären werde (vgl BGH NJW-RR 1986, 456, 457; NJW 1981, 43, 44). Das kann etwa der Fall sein, wenn der Angebotsempfänger zur Abgabe von Angeboten aufgefordert hatte (s § 145 Rn 30, 37) oder wenn es um die Reaktion auf eine verspätete, deshalb gemäß § 150 Abs 1 ihrerseits als Angebot zu wertende Annahmeerklärung geht (s § 150 Rn 6). In diesen Fällen muß die Ablehnung *unverzüglich* erfolgen. Eine Verletzung dieser Pflicht stellt einen Fall der cic dar, begründet aber nur einen Schadensersatzanspruch auf das negative Interesse (s Vorbem 50 zu §§ 145 ff), wenn nicht die Voraussetzungen vorliegen, unter denen das Schweigen als Zustimmung zu werten ist (s Rn 5).

IV. Zusendung unbestellter Waren

1. Vertragsschluß

Die Zusendung unbestellter Waren enthält idR keine invitatio ad offerendum **11** (s § 145 Rn 6), sondern den *Antrag* zum Abschluß eines Kaufvertrages und zur gleichzeitigen Übereignung der Ware. Die *Annahme* dieser Anträge kann nach den allgemeinen Regeln ausdrücklich oder stillschweigend erklärt (s Rn 2) oder abgelehnt (s Rn 9) werden. Außerdem kann das Angebot gemäß § 151 durch nicht empfangsbedürftige Willenserklärung angenommen werden, etwa durch endgültige Benutzung der zugesandten Ware (OLG Köln NJW 1995, 3128, 3129; RGZ 64, 145 f; RG JW 1900, 297; aM Schwung JuS 1985, 449, 450). Das Auspacken oder Aufschneiden eines unbestellt zugesandten Buches zu Prüfzwecken ist aber noch nicht als Annahme zu bewerten (Weimar JR 1967, 417). Auch bloßes Nichtstun (Schweigen) des Empfängers gilt – auch im kaufmännischen Verkehr (OLG Köln aaO) – selbst dann nicht als Annahme, wenn der Zusender erklärt hat, er werde Schweigen als Annahme verstehen (s Rn 5; vgl auch LG Frankfurt NJW 1991, 2842, 2843). Ebensowenig begründet das Überschreiten einer vom Antragenden gesetzten Frist eine Annahme; vielmehr gilt auch hier, daß das Angebot gemäß §§ 146, 148 mit Fristablauf erlischt.

Die Zusendung unbestellter Ware begründet für den Empfänger keine Verpflichtung **12** zur *Ablehnung* des Antrages (s Rn 10). Das gilt auch dann, wenn der Empfänger nur Prospektmaterial angefordert, aber gleich die Ware geliefert bekommen hat (Wessels BB 1966, 432, 434). Anders kann es dann sein, wenn die Zusendung im Rahmen bestehender Geschäftsbeziehungen erfolgt. Hier kann der Empfänger erkennen, daß der Absender – zulässigerweise – auf eine Annahme vertraut, und deshalb nach Treu und Glauben verpflichtet sein, sich unverzüglich zu erklären (RG LZ 1919, 966).

2. Haftung

Wird die unverlangt zugesandte Ware beim Empfänger beschädigt oder zerstört, so **13** stellt sich die Frage nach der Haftung. Sicher ist jedenfalls, daß für den Empfänger **keine Pflicht zur Rücksendung** der unbestellten Ware besteht (vgl auch Rn 14). Das gilt selbst dann, wenn ein Freiumschlag beigefügt und ein Interesse des Absenders an anderweitiger Verwendung erkennbar war, etwa bei der Zusendung eines Lotterieloses. Im übrigen ist zu differenzieren:

14 a)   **Vertragliche Ansprüche** könnten im Rahmen eines unentgeltlichen *Verwahrungsvertrages* bestehen. Die Zusendung der Ware wird man als das Angebot zum Abschluß eines solchen Verwahrungsvertrages ansehen können. Eine Annahme scheitert nicht schon an fehlender Besitzbegründung (so aber STAUDINGER/DILCHER[12] § 146 Rn 13; WEIMAR JR 1967, 417), sondern daran, daß der Besitz vor einer möglichen Entscheidung über die Annahme begründet wird (nämlich bereits mit Ablieferung) und daß sich danach ein Wille zum Abschluß eines Verwahrungsvertrages sowenig feststellen läßt wie der zum Abschluß des Kaufvertrages (vgl STAUDINGER/GURSKY [1993] Vorbem 12 zu §§ 987 ff mwN). Der Absender wird daher regelmäßig auf einen Abholungsanspruch verwiesen (s Rn 15). Da der Empfänger somit zur Verwahrung vertraglich nicht verpflichtet ist, wird man ihm jedenfalls bei geringwertigen Gegenständen (zB Postkarten) auch das Recht zubilligen müssen, sich vor der Belästigung durch *Wegwerfen* zu schützen (dafür stets JAUERNIG § 145 Anm 2 a; wie hier restriktiv MünchKomm/KRAMER § 145 Rn 9; SOERGEL/WOLF § 145 Rn 26). Läßt sich der Abschluß eines Verwahrungsvertrages ausnahmsweise doch einmal bejahen, so haftet der Empfänger gemäß § 690 für eigenübliche Sorgfalt. Eine Nebenpflicht, die Ware zurückzusenden oder den Absender zur Abholung aufzufordern, begründet aber auch der Verwahrungsvertrag nicht. Er besteht auch nicht für unbegrenzte Zeit, sondern endet nach dem ungenutzten Verstreichen einer zumutbaren Abholzeit durch Zeitablauf.

15 b)   Läßt sich der Abschluß eines Verwahrungsvertrages nicht feststellen oder ist der Vertrag durch Zeitablauf beendet (s Rn 14), so könnten die Vorschriften über das **Eigentümer-Besitzer-Verhältnis** eingreifen. Die hM lehnt dies aber zu Recht ab, weil der Empfänger bis zu einem Abholversuch einem berechtigten Besitzer gleichzustellen ist (ausf STAUDINGER/GURSKY [1993] Vorbem 12 zu §§ 987 ff mwN). Ebenso wird der Empfänger für Ansprüche aus **ungerechtfertigter Bereicherung** nicht schon wegen der Besitzerlangung als bösgläubiger Bereicherungsschuldner angesehen. Läßt sich auch die Besitzbegründung beim Empfänger nicht feststellen, so bleibt der Absender auf einen **Abholungsanspruch** analog §§ 867, 1005 angewiesen.

16 c)   Die **deliktische Haftung** des Empfängers bleibt bestehen. Sie ist allerdings nach hM analog § 300 auf die Haftung für Vorsatz und grobe Fahrlässigkeit zu begrenzen (ENNECCERUS/NIPPERDEY § 126 Rn 8; ERMAN/HEFERMEHL § 147 Rn 4; MünchKomm/KRAMER § 145 Rn 9; STAUDINGER/GURSKY [1993] Vorbem 12 zu §§ 987 ff mwN; abl SCHWUNG JuS 1985, 449, 452). Zusätzlich kann zu Lasten des Versenders § 254 eingreifen (SCHRÖDER AcP 179 [1979] 567, 593, der den Empfänger aber nur für diesen Fall privilegieren will). Daß die Zusendung unbestellter Waren *wettbewerbswidrig* ist und deshalb grundsätzlich ein sittenwidriges Verhalten iSd § 1 UWG darstellt (stRspr seit BGH GRUR 1959, 277, 278; vgl nur BGH NJW 1976, 1977, 1978; BAUMBACH/HEFERMEHL, Wettbewerbsrecht [18. Aufl 1995] § 1 UWG Rn 72 ff), wird hierbei freilich nicht erheblich.

3. Titel.
Vertrag

§ 147

[1] Der einem Anwesenden gemachte Antrag kann nur sofort angenommen werden. Dies gilt auch von einem mittels Fernsprecher von Person zu Person gemachten Antrage.

[2] Der einem Abwesenden gemachte Antrag kann nur bis zu dem Zeitpunkt angenommen werden, in welchem der Antragende den Eingang der Antwort unter regelmäßigen Umständen erwarten darf.

Materialien: E I §§ 83 und 84; II § 120; III § 143; Mot I 168; Prot I 78.

Schrifttum

BARTL, Aktuelle Rechtsfragen des Bildschirmtextes, DB 1982, 1097
BRINKMANN, Vertragsrechtliche Probleme bei Warenbestellungen über Bildschirmtext, BB 1981, 1183
ders, Zivil- und presserechtliche Fragen bei der Nutzung von Bildschirmtext, ZUM 1985, 337
FRANCKE, Zum Vertragsabschluß durch Fernsprecher, Recht 1901, 201
FRANKENBURGER, Die rechtliche Bedeutung der Telefongespräche, DJZ 1904, 844
FRITZSCHE/MALZER, Ausgewählte zivilrechtliche Probleme elektronisch signierter Willenserklärungen, DNotZ 1995, 3
GREULICH, Der Fernschreiber, Rechtsfragen bei der Verwendung im Geschäftsverkehr, BB 1954, 491
JOERGES, Zum Recht des Fernsprechverkehrs, ZHR 56 (1905) 44

KÖHLER, Rechtsgeschäfte mittels Bildschirmtext, in: HÜBNER ua, Rechtsprobleme des Bildschirmtextes (1986) 51
PAEFGEN, Forum: Bildschirmtext – Herausforderung zum Wandel der allgemeinen Rechtsgeschäftslehre?, JuS 1988, 592
ders, Rechtsgeschäfte mittels Bildschirmtext, AfP 1991, 365
PROBANDT, Zivilrechtliche Probleme des Bildschirmtextes, Ufita 98 (1984) 9
REDEKER, Geschäftsabwicklung mit externen Rechnern im Bildschirmtextdienst, NJW 1984, 2390
REICHAU, Der Vertragsschluß durch Fernsprecher, insbesondere beim Eintreten von Mittelspersonen (Diss Jena 1908)
WALCHSHÖFER, Annahmefristen in Allgemeinen Geschäftsbedingungen, WM 1986, 1041.

Systematische Übersicht

I. Allgemeines	1	
II. Antrag unter Anwesenden (Abs 1)		
1. Voraussetzungen	2	
a) Anwesenheit	2	
b) Einschaltung von Hilfspersonen	3	
c) Telefonische Anträge	4	
2. Sofortige Annahme	5	
a) Grundsätze	5	
b) Störungen	6	
III. Antrag unter Abwesenden (Abs 2)		
1. Bedeutung der Regelung	7	
2. Grundsätze der Fristberechnung	10	
a) Allgemeines	10	
b) Beförderung des Antrages	11	
c) Bearbeitung des Antrages	12	
d) Rückbeförderung der Annahmeerklärung	14	
e) Beispiele	15	
IV. Beweislast	16	

Alphabetische Übersicht

S Vorbem zu §§ 145–156.

I. Allgemeines

1 § 147 bestimmt den Zeitpunkt, bis zu welchem der Antrag mangels abweichender gesetzlicher oder gewillkürter Fristsetzung (s § 148 Rn 2 f) *annahmefähig* bleibt und gemäß § 145 seine *Bindungswirkung* entfaltet (falls diese nicht ausgeschlossen wurde, s § 145 Rn 26 ff), wobei das Gesetz zwischen Anträgen unter Anwesenden (Rn 2 ff) und unter Abwesenden (Rn 7 ff) unterscheidet. Nach diesem Zeitpunkt erlischt der Antrag, nicht nur die Bindungswirkung (s § 146 Rn 8). Die Vorschrift, die den gebundenen Anbieter davor schützen will, daß der Antragsempfänger die Entwicklung der Marktverhältnisse abwartet und so auf Kosten des Antragenden spekuliert, ist gemäß § 148 *dispositiv*. Die Parteien können daher vereinbaren, daß der Antrag in der Schwebe bleiben und unabhängig von den Regelungen des § 147 annahmefähig bleiben soll (BGH WM 1968, 1103, 1105; RG SeuffA 80 Nr 72; s dazu auch § 148 Rn 7). Eine solche Fristverlängerung ist auch noch nachträglich möglich, solange die Frist nicht abgelaufen ist (vgl OLG Hamm NJW 1976, 1212 sowie § 148 Rn 9). Umgekehrt kann der Antragende auch die Frist des § 147 Abs 2 gemäß § 148 verkürzen, etwa indem er in einem Brief auf einer sofortigen Antwort besteht (s Rn 14).

II. Antrag unter Anwesenden (Abs 1)

1. Voraussetzungen

2 a) § 147 Abs 1 geht nicht von der physischen Anwesenheit der Parteien, sondern von einem **mündlichen Kontakt** aus, wie sich aus § 147 Abs 1 S 2 ohne weiteres ergibt, der das Telefonat ausdrücklich miteinbezieht (s näher Rn 4). Abs 1 ist daher dahin zu verstehen, daß der Antrag durch eine *nicht verkörperte Willenserklärung* (dazu STAUDINGER/DILCHER[12] § 130 Rn 9) erfolgt. Voraussetzung ist dabei natürlich, daß der Antrag überhaupt durch Vernehmung (s STAUDINGER/DILCHER[12] § 130 Rn 14) wirksam geworden ist. Fehlt es daran, zB weil mit einem schwerhörigen Adressaten telefoniert wurde, so mangelt es bereits an einem annahmefähigen Antrag. Der dem Adressaten *schriftlich* vorgelegte Antrag fällt nur dann unter Abs 1, wenn der Antragende auf einer sofortigen Antwort besteht. Ansonsten fällt er unter Abs 2 (BGH NJW 1985, 196, 197; LM Nr 2 zu § 147; LG Hamburg NJW 1988, 1150; RGZ 83, 104, 106; 61, 414, 415; MünchKomm/KRAMER § 147 Rn 4; PALANDT/HEINRICHS § 148 Rn 6; SOERGEL/WOLF § 147 Rn 2; **aM** [im Regelfall Abs 1] FLUME § 35 I 2). Allerdings kann auch hier die Antwortspanne (s Rn 10 ff) möglicherweise sehr kurz ausfallen (s Rn 14). Zu Telegramm, Telefax oder Btx s Rn 4.

3 b) Bei der Einschaltung von **Hilfspersonen** ist zu unterscheiden. Die **von** einem *Erklärungsvertreter* mündlich abgegebene oder von einem *Erklärungsboten* ausgerichtete Antragserklärung ist eine nicht verkörperte Willenserklärung, die durch Vernehmung wirksam wird (vgl STAUDINGER/DILCHER[12] § 130 Rn 6, 11, 14). Ob der Adressat dieses Angebot nach Maßgabe von § 147 Abs 1 sofort annehmen muß, hängt davon ab, ob der Erklärungsvertreter/-bote zugleich zum Empfang der Annahmeerklärung berechtigt ist oder nicht. Ist er zugleich *Empfangsvertreter* oder *Empfangs-*

bote für die Antwort des Adressaten, so kann und muß die Annahme sofort gegenüber der Hilfsperson erklärt werden (RG Gruchot 67, 194, 195 f; SeuffA 59 Nr 218; MünchKomm/Kramer § 147 Rn 2). Fehlt dagegen dem Erklärungsvertreter oder dem Erklärungsboten die Legitimation zum Empfang der Antwort, so kann in der Einschaltung dieser Hilfsperson eine Fristbewilligung iSd § 148 zu sehen sein. Regelmäßig wird man aber § 147 Abs 2 anwenden müssen, weil die Erklärung überhaupt erst wirksam wird, wenn sie dem Geschäftsherrn zugeht (Enneccerus/Nipperdey § 161 Fn 23; Soergel/Wolf § 147 Rn 2; aM Staudinger/Dilcher[12] § 147 Rn 6). Wird das Angebot **gegenüber** der Hilfsperson abgegeben, so gilt Entsprechendes (vgl RG SeuffA 59 Nr 218): Ist die Hilfsperson nicht empfangsberechtigt, so handelt es sich um eine Willenserklärung unter Abwesenden; ist sie hingegen empfangsberechtigt, so handelt es sich um eine Willenserklärung unter Anwesenden, aber die Annahme kann nur diejenige Hilfsperson sofort erklären, die auch erklärungsbefugt ist (eine solche Konstellation lag offenbar der Entscheidung LG Kaiserslautern WuM 1990, 288 zugrunde). Ist sie es nicht, liegt wieder eine Fristbewilligung iSd § 148 vor.

c) In § 147 Abs 1 S 2 wird klargestellt, daß auch ein **telefonischer Antrag** ein Angebot unter Anwesenden ist. Der Umstand, daß in die akustische Übermittlung ein „Mechanismus" eingeschaltet wird, wurde bei den Vorarbeiten zu § 147 ausdrücklich als unerheblich bewertet (Prot I 78 = Mugdan I 690). Voraussetzung ist aber, daß der Gesprächspartner auch berechtigt ist, das Angebot anzunehmen, daß also der Antragende mit dem Vertragspartner oder einem zur Abgabe der Annahmeerklärung berechtigten Vertreter telefoniert (vgl RGZ 61, 125, 126 f; s auch Rn 3). Anträge, die per *Telegramm, Telefax oder Btx* erklärt werden, sind verkörperte Willenserklärungen, die – wie insbesondere beim Btx – sofort angenommen werden können, aber nicht sofort angenommen werden müssen, da sie nicht unter Abs 1, sondern unter Abs 2 fallen (Bartl DB 1982, 1097, 1100; Erman/Hefermehl § 147 Rn 17; Greulich BB 1954, 491, 492; Paefgen AfP 1991, 365, 370 und JuS 1988, 592, 596; Redeker NJW 1984, 2390, 2391; s auch Rn 2). Etwas anderes gilt auch nicht für Angebote gegenüber voll interaktionsfähigen EDV-Anlagen, die zu einer individuellen Antwort fähig und so programmiert sind, daß sie dem Kunden die Leistung vorbehaltlos zusagen können (so aber Fritzsche/Malzer DNotZ 1995, 3, 11; Köhler 57; Soergel/Wolf § 147 Rn 3; früher auch Brinkmann BB 1981, 1183, 1185 [aufgegeben ua in ZUM 1985, 337, 340]). Denn für die Frage, ob es sich um eine Erklärung unter Anwesenden handelt, ist nicht die technische Möglichkeit zu einer umgehenden Antwort entscheidend, sondern der mündliche Kontakt (vgl auch Paefgen AfP 1991, 365, 370 und Probandt Ufita 98 [1984] 9, 13 f, die zu Recht darauf hinweisen, daß sich dem Interesse des Kunden an einer umgehenden Antwort auch durch eine entsprechende Bestimmung der Annahmefrist nach § 147 Abs 2 Rechnung tragen lasse).

2. Sofortige Annahme

a) Der durch eine nicht verkörperte Willenserklärung erfolgende Antrag kann, wenn nicht eine Fristbewilligung nach § 148 vorliegt, nur **sofort** angenommen werden (vgl AG Usingen WuM 1989, 554). „Sofort" bedeutet dabei, daß der Antrag so rasch wie objektiv möglich angenommen werden muß. Anders als bei der in § 121 Abs 1 S 1 definierten Unverzüglichkeit schadet hier auch schuldloses Zögern. Freilich muß dem Angebotsempfänger auch hier Zeit bleiben, das Angebot aufzunehmen und seinen Inhalt sowie die eventuellen Vertragsfolgen zu realisieren. Die dafür nach dem Inhalt des Angebots objektiv erforderliche Zeit steht dem Adressaten daher zu.

Eine darüber hinausgehende Überlegungsfrist ist aber nur nach § 148 möglich (vgl RG SeuffA 80 Nr 72).

6 b) Bei **Störungen** ist für die Risikoverteilung zu unterscheiden. Eine *Unterbrechung der Telefonverbindung* soll dazu führen, daß das Angebot erlischt (FLUME § 35 I 2). Dem ist aber nur für den Fall zuzustimmen, daß die Parteien das Telefonat einverständlich abbrechen, ohne sich geeinigt haben (RGZ 104, 235, 236). Bei einer den Parteien nicht zuzurechnenden Unterbrechung sollte vielmehr § 147 Abs 2 angewandt werden (was idR erwarten läßt, daß die Annahme durch ein erneutes Telefonat übermittelt wird, s Rn 14), während die hM eine analoge Anwendung des § 149 befürwortet (ENNECCERUS/NIPPERDEY § 161 Fn 24; MünchKomm/KRAMER § 147 Rn 3; SOERGEL/WOLF § 147 Rn 5). Das muß erst recht gelten, wenn der Antragende selbst die Telefonverbindung unterbrochen hat. Nach hM sollen hier die Grundsätze über die Zugangsvereitelung (s dazu STAUDINGER/DILCHER[12] § 130 Rn 51 ff) für die Vereitelung der rechtzeitigen Annahmeerklärung entsprechend gelten, so daß eine alsbald nach der Unterbrechung des Telefonats, etwa aufgrund eines Rückrufs erklärte Annahme den Vertrag noch zustandebringt (RG LZ 1925, 252; FLUME § 35 I 2; MünchKomm/KRAMER § 147 Rn 3). Berechnet man die Frist dagegen mit der hier vertretenen Ansicht nach § 147 Abs 2 und verlangt nach Maßgabe des zu Rn 14 Gesagten die Annahme in einem erneuten Telefonat, so führt das – nur direkter – zum selben praktischen Ergebnis.

II. Antrag unter Abwesenden (Abs 2)

1. Bedeutung der Regelung

7 § 147 Abs 2 gilt für unter Abwesenden, dh *durch verkörperte Willenserklärungen* (dazu STAUDINGER/DILCHER[12] § 130 Rn 9) gemachte Anträge (vgl Rn 2), für die keine Annahmefrist nach § 148 gesetzt ist. Für diese Fälle wird dem Antragsempfänger eine **gesetzliche Annahmefrist** bis zu dem Zeitpunkt eingeräumt, zu dem der Antragende den *Eingang der Antwort unter regelmäßigen Umständen* erwarten kann. Folglich gilt § 147 Abs 2 in den Fällen des § 151 nicht, da hier der Zugang einer Antwort gar nicht erwartet werden kann. Die Annahmefrist ist eine *objektiv* zu berechnende Frist (s näher Rn 10 ff). Ob der Anbietende den Eingang der Antwort tatsächlich noch erwartet hat, spielt daher keine Rolle (BGH LM Nr 1 zu § 147). Vielmehr handelt es sich, wie sich aus dem Abstellen auf die „regelmäßigen Umstände" ergibt, um eine tatrichterliche *Ermessensentscheidung* (vgl BGH NJW 1986, 1807, 1808 f; RG HRR 1937 Nr 849), die vom Revisionsgericht nur daraufhin überprüfbar ist, ob der Tatrichter die Voraussetzungen und Grenzen des Ermessens richtig bestimmt und eingehalten hat (BGH LM Nr 1 zu § 147).

8 Zur **Fristwahrung** ist erforderlich, daß die *Annahmeerklärung* als empfangsbedürftige Willenserklärung (s § 146 Rn 1) bis zu dem fraglichen Zeitpunkt *wirksam* geworden ist, dem Antragenden also zugeht (s dazu § 146 Rn 4 sowie LG Berlin ZMR 1984, 337). Innerhalb dieser Frist muß der Antragende Klarheit bekommen. Die bloße Ankündigung einer Annahme (s dazu § 146 Rn 1) reicht daher nicht. Eine Pflicht des Antragenden, den Adressaten auf den Fristenlauf des § 147 Abs 2 hinzuweisen, besteht nicht (BGH DB 1971, 232). Ob die Annahme eines schriftlichen Angebotes dabei mündlich (auch: telefonisch) oder schriftlich, ausdrücklich oder konkludent erfolgt, ist gleich (BGH LM Nr 2 zu § 147; s auch Rn 14), solange nicht die Schriftform aus anderen Gründen zu wahren ist (s § 146 Rn 4).

Wird die in § 147 vorgesehene **Frist überschritten**, so handelt es sich bei der verspätet 9 beim Antragenden eingehenden Annahme gemäß § 150 Abs 1 um ein neues Angebot, sofern kein Fall des § 149 vorliegt. Das Risiko, daß dem Angebotsempfänger eine rechtzeitige Annahme aus Gründen, die der Anbietende nicht zu vertreten hat, nicht gelingt, liegt daher beim Annehmenden (vgl RG Recht 1924 Nr 941; SeuffA 80 Nr 175). Hat allerdings der Antragende den rechtzeitigen Zugang der Annahmeerklärung *vereitelt*, so gelten die Grundsätze über die Wirksamkeitsvereitelung von Willenserklärungen (ausf dazu STAUDINGER/DILCHER[12] § 130 Rn 50 ff). In diesen Fällen kann der Annehmende gegebenenfalls auch Schadensersatz wegen cic (s § 145 Rn 25) oder aus § 826 verlangen (ERMAN/HEFERMEHL § 147 Rn 20; vgl auch § 145 Rn 36).

2. Grundsätze der Fristberechnung

a) Die gesetzliche Annahmefrist setzt sich als objektiv zu berechnende (s Rn 7) 10 **einheitliche Frist** (Mot I 170; ENNECCERUS/NIPPERDEY § 161 II 2 b; FLUME § 35 I 2) zusammen aus der Zeit für die *Beförderung des Antrages* zum Empfänger (s Rn 11), aus der Überlegungs- und *Bearbeitungszeit* beim Empfänger (s Rn 12) sowie aus der Zeit für die *Rückbeförderung der Annahmeerklärung* (s Rn 14). Verzögerungen in einem dieser Zeitabschnitte können durch Beschleunigung in einem anderen ausgeglichen werden (OLG Hamburg OLGRspr 44, 129; s auch Rn 11 aE). Wie sich aus der Einbeziehung der Antragsbeförderungszeit ergibt, läuft die Frist von der Abgabe, nicht erst vom Zugang des Antrages an.

b) Für die Zeit, die für die **Beförderung des Antrages** erforderlich ist, kann von 11 einem normalen Zugang des Antrages beim Adressaten ausgegangen werden (ausf dazu STAUDINGER/DILCHER[12] § 130 Rn 21 ff), insbesondere davon, daß der Adressat entsprechende Empfangsvorkehrungen getroffen hat (RGZ 59, 296, 300). Ihm *bekannte Beförderungshindernisse*, etwa einen Streik beim Beförderungsunternehmen, muß der Antragende für die Fristberechnung berücksichtigen (vgl auch RG HRR 1937 Nr 849). Die Hindernisse müssen nicht außergewöhnlicher Natur sein. So liegt bei postalischer Beförderung der Willenserklärung eine Beförderungsdauer, die die schnellstmögliche Zeit um das Doppelte überschreitet, noch innerhalb der regelmäßigen Umstände. *Unbekannte Beförderungshindernisse* wie etwa eine besondere Verzögerung durch die Post (vgl RG Recht 1924 Nr 941) fließen in die Fristberechnung nicht mit ein. Sie führen gleichwohl nicht per se dazu, daß der beim Empfänger später als erwartet eingegangene Antrag erlischt und damit seine Annahmefähigkeit verliert (so aber STAUDINGER/DILCHER[12] § 146 Rn 1, § 147 Rn 7). Vielmehr erlischt der Antrag erst, wenn die Frist des Abs 2 ungenutzt verstrichen ist (s Rn 1, 9). Vorher bleibt es dabei, daß der Empfänger versuchen kann, diesen Antrag – zB durch telefonische Antwort – noch innerhalb der nach Abs 2 zu berechnenden Gesamtfrist anzunehmen (vgl schon Mot I 170). Nur fließt eben die nicht vorherzusehende Beförderungsverzögerung in die Berechnung dieser Frist nicht mit ein. Ein Antrag, der unerwarteterweise erst nach 13 Tagen eingeht, kann daher, wenn die Antwort unter regelmäßigen Umständen binnen 14 Tagen zu erwarten war, noch kurzentschlossen angenommen werden, zB telefonisch, telegrafisch oder per Telefax, aber auch brieflich (wenn man das Risiko eingehen will, daß der Brief am nächsten Tag noch nicht angekommen ist).

12 c)   Dem Antragsempfänger muß außerdem eine für seine Verhältnisse normale Zeit für die **Bearbeitung des Antrages** zugebilligt werden (LAG Baden-Württemberg DB 1966, 1058; LARENZ § 27 I b). Dies bedeutet bei Anträgen an einen gewerblichen Adressaten, daß die üblichen Geschäftszeiten zugrundezulegen sind. Außerdem sind Feiertage und arbeitsfreie Tage am Wochenende zu berücksichtigen (FLUME § 35 I 2). Darüber hinaus sind Besonderheiten beim Adressaten in Rechnung zu stellen, die dem Antragenden bekannt sind (BGH LM Nr 1 zu § 147; OLG München VersR 1976, 745, 746; RGZ 142, 402, 404; RG HRR 1937 Nr 849), etwa die urlaubsbedingte Abwesenheit, Krankheit oder besondere Arbeitsüberlastung des Empfängers. Etwas anderes mag dann gelten, wenn vom Empfänger zu erwarten ist, daß er solchen Umständen durch organisatorische Vorkehrungen Rechung trägt (vgl RGZ 59, 296, 300; SOERGEL/WOLF § 147 Rn 10). Richtet sich der Antrag an eine juristische Person, so ist die nächste ordentliche Sitzung der für die Entscheidung zuständigen Organe abzuwarten (vgl auch OVG Saarlouis NJW 1993, 1612, 1613).

13 Zur Bearbeitungszeit gehört auch eine angemessene **Überlegungsfrist**. Dem Angebotsempfänger kann zB die Untersuchung einer Probe zuzubilligen sein, die Einsichtnahme ins Grundbuch oder ein anderes Register, die Einholung einer Rechtsauskunft, die Erkundung der Marktlage oder eine Rücksprache des Vormunds mit dem Vormundschaftsgericht (vgl auch LINDACHER JR 1990, 327).

14 d)   Hinzuzurechnen ist schließlich die nach den Umständen zu erwartende Zeit für die **Rückbeförderung der Annahmeerklärung**. Hier verlangen die regelmäßigen Umstände, daß sich der Angebotsempfänger für seine Annahmeerklärung eines Erklärungsmittels bedient, das an Schnelligkeit dem für den Antrag gewählten Beförderungsmittel gleichsteht (vgl RG WarnR 1908 Nr 355). Grundsätzlich ist also einem telegrafischen Antrag auch (mindestens, s Rn 8) telegrafisch zu antworten. Dasselbe gilt für Anträge, die per Fernschreiben oder auf dem Luftpostwege übermittelt wurden (vgl RGZ 87, 141, 144; FLUME § 35 I 2), während ein Telefax nicht schon von selbst auf besondere Eilbedürftigkeit schließen läßt, da dieses Kommunikationsmittel häufig aus Kostengründen gewählt wird (ebenso MünchKomm/KRAMER § 147 Rn 7). Allerdings reicht eine briefliche Antwort auf ein telegrafisches Angebot aus, wenn der Brief nicht viel länger als das Telegramm benötigt. Im übrigen kommt es auf die erkennbaren Umstände des Einzelfalles an, etwa auf die Dringlichkeit des Geschäfts, die Branchenüblichkeit oder die bisherigen Gepflogenheiten der Parteien. Außerdem kann der Antragende die Frist des § 147 Abs 2 gemäß § 148 verkürzen, etwa wenn er in einem brieflichen Angebot eine mündliche oder telegrafische Beantwortung verlangt oder sonstwie auf einer umgehenden Antwort besteht (BGH WarnR 1969 Nr 221; RGZ 26, 6, 8; RG LZ 1914, 1113; OLG Hamburg HansRGZ 1930 B 246, 249; OLG Stettin LZ 1924, 648; AG Frankfurt NJW-RR 1989, 47; ENNECCERUS/NIPPERDEY § 161 II 2 b; vgl auch Rn 2 sowie § 148 Rn 4).

15 e)   **Beispiele**: Nicht mehr rechtzeitig ist zB normalerweise eine Antwort, die zwei Monate nach einem schriftlichen *Kaufangebot* eingeht (LG Kempten BB 1972, 630; vgl aber für einen Autokauf LG Hamburg NJW 1988, 1150: nach 12 Tagen zu spät); dasselbe gilt für *Arbeitsverträge* (vgl ArbG Bochum DB 1974, 99). Bei *Mietverträgen* ist dem Interessenten an einer raschen Entscheidung gelegen, so daß nur eine kurze Annahmefrist in Betracht kommt (vgl etwa LG Berlin WuM 1987, 378; LG Köln WuM 1988, 50; KLIPPEL/KRÖGER-SCHRADER Jura 1989, 537, 538). Hingegen kann die Antwort auf ein *Maklerangebot* noch nach Monaten erwartet werden (OLG München OLGZ 1978, 444, 446), die auf einen *Versicherungsantrag*, für den nicht die gesetzlichen Fristen der §§ 81 VVG, 5 Abs 3 PflVersG eingreifen (s dazu § 148 Rn 2; nach OLG Hamburg VersR 1988, 1169 sind vom Versicherer genormte Anträge gleichzustellen), noch nach vier Wochen (OLG Frankfurt NJW-RR 1986, 329 für den Antrag auf Umwandlung einer Vollkasko- in eine Teilkaskoversicherung), aber nicht mehr wesentlich später (OLG Celle ZfS 1985, 56; LG Augsburg ZfS 1983, 207), bei nicht besonders eiligen Erweiterungsanträgen auch noch nach drei Monaten (OLG München VersR 1976, 745, 746), aber nicht mehr nach einem Jahr (AG Aschaffenburg ZfS 1982, 300).

IV. Beweislast

Die Beweislast dafür, daß der Antrag rechtzeitig angenommen wurde, liegt bei demjenigen, der den Vertragsschluß behauptet und daraus Rechtsfolgen ableitet (BAUMGÄRTEL/LAUMEN, Hdb d Beweislast [2. Aufl 1991] § 147 Rn 1). **16**

§ 148

Hat der Antragende für die Annahme des Antrages eine Frist bestimmt, so kann die Annahme nur innerhalb der Frist erfolgen.

Materialien: E I § 82; II § 121; III § 144; Mot I 168; Prot I 77.

Schrifttum

S § 147.

Systematische Übersicht

I.	Überblick	1	b)	Rechtsnatur	8
			c)	Zeitpunkt	9
II.	Gesetzliche Annahmefristen	2	2.	Fristwahrung	10
			3.	Fristüberschreitung	11
III.	Gewillkürte Annahmefristen				
1.	Fristsetzung	3	IV.	Beweislast	12
a)	Inhalt	3			

Alphabetische Übersicht

S Vorbem zu §§ 145–156.

I. Überblick

1 Auch § 148 befaßt sich mit der Frage, bis zu welchem Zeitpunkt der Antragende an seinen Antrag gebunden ist (s schon § 147 Rn 1). Die Vorschrift sieht – dem Grundsatz der Privatautonomie folgend – im Interesse der Klarheit über die Bindung vor, daß der Antragende diesen Zeitpunkt selbst bestimmen kann. Das gilt freilich nur, sofern keine spezialgesetzliche Annahmefrist besteht (s Rn 2). Macht der Antragende von den ihm durch § 148 gewährten Möglichkeiten keinen Gebrauch, greift subsidiär die Regelung des § 147. Dasselbe gilt, wenn die Fristbestimmung unwirksam ist (BGHZ 109, 359, 361).

II. Spezialgesetzliche Annahmefristen

2 Für bestimmte Vertragstypen enthalten Spezialgesetze Sondervorschriften über die Annahmefrist, die der subsidiären gesetzlichen Frist des § 147 vorgehen. Solche Sondervorschriften existieren im Interesse der Rechtssicherheit vor allem auf dem Gebiet des **Versicherungsrechts** (vgl die Übersicht bei OLG Frankfurt NJW-RR 1986, 329 f). So erlischt nach § 81 Abs 1 S 1 VVG der Antrag auf Abschluß, Verlängerung oder Änderung eines Feuerversicherungsvertrages erst dann, wenn er nicht binnen zwei Wochen (oder gemäß § 81 Abs 3 S 2 VVG innerhalb einer anderen vom Antragenden nach § 148 fest bestimmten Frist) angenommen worden ist (vgl OLG Hamm NJW-RR 1987, 153). Diese Regelung gilt freilich nur in ihrem definierten Anwendungsbereich und kann allenfalls auf kombinierte Verträge (zB gemischte Feuer- und Sturmversicherungen), nicht aber auf andere Anträge im Zusammenhang des Feuerversicherungsrechts oder auf andere Versicherungsarten übertragen werden (aM – für alle vergleichbaren Sachversicherungszweige – PRÖLSS/MARTIN, VVG [25. Aufl 1992] Vor § 81 Anm 3 b mwN; wie hier BGH LM Nr 1 zu § 147; OLG Frankfurt NJW-RR 1986, 329). Weitere Annahmefristen enthalten zT die *Allgemeinen Versicherungsbedingungen* (vgl etwa die 6-Wochen-Frist in § 1 Nr 1 S 2 ALB [Allg Versicherungsbedingungen der Kapitalversicherung auf den Todesfall] sowie in § 3 Nr 1 S 2 AVK [Allgemeine Versicherungsbedingungen der privaten Krankenversicherung]; ferner die 2-Wochen-Frist in § 9 Nr 3 S 1 AVR [Allg Bedingungen für die Versicherung von Rindern]). Auch solche Fristen können nicht für andere als die ausdrücklich erwähnten Fälle, etwa die Aufhebung oder Änderung des Versicherungsvertrages, gelten (BGH LM Nr 1 zu § 147; OLG Nürnberg VersR 1975, 228; vgl auch OLG Braunschweig VersR 1967, 852, 853).

III. Gewillkürte Annahmefristen

1. Fristsetzung

3 a) Nach ihrem **Inhalt** kann die Fristsetzung nach Maßgabe der §§ 186 ff durch Bestimmung eines Endtermins mittels **Datums oder Zeitraumfestsetzung** erfolgen (zB „bis zum 17.5." oder „binnen einer Woche"). In diesen Fällen ist der *Fristbeginn* nach § 187 zu beurteilen. Dies bedeutet, daß durch Auslegung zu ermitteln ist, ob bei einer Fristbestimmung nach Tagen der Erklärungstag noch in die Frist eingeschlossen sein soll oder nicht. Im Zweifel ist anzunehmen, daß der Erklärungstag mitzählt (OLG Hamburg OLGRspr 41, 91; vgl auch STAUDINGER/DILCHER[12] § 187 Rn 4). Die Frist beginnt also unter Abwesenden mit Abgabe (die durch das in einem Brief angegebene Datum indiziert wird), nicht mit Zugang des Antrages oder mit Datum des

Poststempels (vgl auch § 81 Abs 2 VVG). Beim *Fristende* ist der angegebene Schlußtag gemäß § 188 noch in die Frist eingeschlossen (RGZ 105, 417, 420; vgl auch RGZ 92, 208, 210). Ist eine Uhrzeit nicht angegeben, so muß die Annahmeerklärung bis zum Ende der üblichen Geschäftszeit eingegangen sein (vgl allg dazu STAUDINGER/DILCHER[12] § 130 Rn 21, 25, 30). Wird als Zeitpunkt ein bestimmter Tag mit dem Zusatz „früh" angegeben, so bedeutet das den Beginn der üblichen Geschäftszeit (die bei den heutigen, von der „Kernarbeitszeit" geprägten Büroöffnungszeiten eher bei 10 Uhr liegen dürfte), „vormittags" bedeutet „bis 12 Uhr" (OLG Hamburg OLGRspr 44, 130).

Neben der Angabe eines konkret bestimmten oder konkret zu berechnenden Termins kann die Befristung auch durch **jede andere zeitliche Konkretisierung** erfolgen, durch die der Antragende zu erkennen gibt, daß er von der gesetzlichen Regelung des § 147 nach oben oder unten abweichen will. So kann insbesondere die Frist des § 147 Abs 2 dadurch verkürzt werden, daß eine sofortige, eine möglichst rasche oder eine Annahme auf einem bestimmten Wege (mündlich, telefonisch, per Telefax oä) verlangt wird (vgl dazu bereits § 147 Rn 1, 14). In diesen Fällen beginnt die Frist mit dem Wirksamwerden des Antrages. Möglich ist es auch, eine (umgehende) Erklärung gegenüber einem Vertreter oder einem sonstigen *Dritten* zu verlangen (BGH WarnR 1969 Nr 221). Schickt der Angebotsempfänger die Annahme dann trotzdem an den Anbietenden und kommt sie dort verspätet an, so kann sich der Annehmende nicht darauf berufen, die Erklärung wäre auf dem Weg über den Dritten auch nicht eher beim Anbietenden angekommen (RG Recht 1924 Nr 1448). **4**

Für die **Dauer** der gewillkürten Annahmefrist gibt es – von § 516 Abs 2 S 1 abgesehen, der eine „angemessene" Frist verlangt – keine gesetzlichen Grenzen (vgl auch BGH WarnR 1969 Nr 221). Eine objektiv nicht einhaltbare kurze Frist ist freilich auf eine unmögliche Handlung gerichtet und damit unwirksam. Es gilt dann § 147 Abs 2, wenn sich nicht den Umständen entnehmen läßt, daß die Angebotserklärung gar nicht ernstgemeint war, es also am Rechtsbindungswillen fehlt, so daß gar kein annahmefähiger Antrag vorliegt. **5**

Eine in *AGB* bestimmte unangemessen lange Frist ist gemäß § 10 Nr 1 AGBG unwirksam (ausf dazu WALCHSHÖFER WM 1986, 1041 ff). Auch hier greift die subsidiäre Regelung des § 147 Abs 2 (BGHZ 109, 359, 361). Es handelt sich idR um Fälle, in denen das Angebot ganz oder teilweise von der Gegenseite vorformuliert ist und dabei eine Annahmefrist oder eine als solche zu verstehende „Bindefrist" enthält. Solche Klauseln finden sich zB in Versicherungsanträgen (dort ist eine Frist von höchstens 4 Wochen zulässig; **aM** OLG Frankfurt VersR 1983, 528, 529; zu Bedenken gegen die Bestimmtheit vgl LG Köln MDR 1987, 676), in Bauausschreibungen gemäß §§ 17 Nr 1 Abs 2 lit t, 19 Nr 3 VOB/A (vgl dazu OLG Düsseldorf BauR 1980, 65, 66), in Darlehensanträgen der Banken (vgl BGH NJW 1988, 2106, 2107 = EWiR 1988, 627 [m krit Anm WOLF]: Frist von einem Monat ist zulässig; BGH NJW 1986, 1807, 1808: Frist von 6 Wochen ist unzulässig), in Leasingverträgen (vgl OLG Hamm WM 1986, 1362, 1363: Frist von 2 Monaten ist unzulässig) oder in Formularen des Kraftfahrzeughandels (auch hier ist eine 4-Wochen-Frist noch zulässig, BGHZ 109, 359, 361 ff = JZ 1990, 249 = NJW 1990, 1748 = JR 1990, 325 [m Anm LINDACHER]; sehr rigoros für den Gebrauchtwagenhandel AG Diepholz MDR 1987, 936: 10-Tage-Frist unzulässig). **6**

Bei den sog *Festofferten* (s dazu schon § 145 Rn 24) ist das Angebot nicht völlig unbefri- **7** stet. Vielmehr ist eine solche Klausel dahin zu verstehen, daß das Angebot nach einer angemessenen Frist erlöschen soll, die sich aus den Umständen ergibt, insbesondere aus der Natur des Rechtsgeschäfts (RGZ 97, 2, 3). Dasselbe muß auch für eine (BGH WM 1968, 1103 zugrundeliegende) Vereinbarung gelten, das Angebot solle „in der Schwebe bleiben".

8 b) Von ihrer **Rechtsnatur** her ist die Fristsetzung einseitiges *Rechtsgeschäft*. Das gilt auch dann, wenn sie außerhalb des Antrages erfolgt (s Rn 9). Ein beschränkt Geschäftsfähiger kann daher die Fristbestimmung ohne Mitwirkung seines gesetzlichen Vertreters nur vornehmen, wenn das angetragene Rechtsgeschäft rechtlich lediglich vorteilhaft und die gesetzte Frist kürzer ist als die gesetzliche Frist des § 147 Abs 2 (nach **aM** soll es reichen, wenn nur die Frist des § 147 Abs 2 verkürzt wird, s MünchKomm/KRAMER § 148 Rn 2; SOERGEL/WOLF § 148 Rn 3). Die Frist kann im übrigen *ausdrücklich oder konkludent* gesetzt werden (FLUME § 35 I 2). Ob das gewollt ist, ist durch Auslegung vom Empfängerhorizont unter Berücksichtigung der Geschäftssitten, der Gepflogenheiten unter den Parteien und der Natur des konkreten Rechtsgeschäfts zu ermitteln (BGH NJW-RR 1994, 1163, 1164). So ist zB beim Angebot eines Lotterieloses konkludent mitbestimmt, daß die Annahme vor dem Ziehungszeitpunkt wirksam werden muß (BGH LM Nr 2 zu § 148). Einer bestimmten *Form* bedarf die Fristsetzung nur, wenn der Antrag formbedürftig ist. Das gilt auch dann, wenn die Frist – was möglich ist (s Rn 9) – nachträglich gesetzt oder verlängert wird (RG JW 1928, 649).

9 c) Die Frist kann dem Angebotsempfänger **im Antrag**, aber auch unabhängig von diesem **in einer selbständigen Erklärung** gesetzt werden (vgl BGH WarnR 1969 Nr 221). Die Fristsetzung kann daher dem Antrag auch vorausgehen oder ihm während der laufenden gesetzlichen Frist nachfolgen (zur Frage des Formzwangs in diesen Fällen s Rn 8). Allerdings kann eine *kürzere* als die gesetzliche Frist gemäß § 130 Abs 1 S 2 nur spätestens gleichzeitig mit dem Antrag gesetzt werden (ERMAN/HEFERMEHL § 148 Rn 5; SOERGEL/WOLF § 148 Rn 3), weil sich der Empfänger des unbefristeten Antrages darauf einrichten kann, die gesetzliche Frist ausschöpfen zu dürfen. Der Antragende ist entsprechend gebunden und kann diese Bindung nicht zu Lasten des Empfängers beseitigen. Eine *längere* als die gesetzliche Frist kann der Antragende dagegen zugunsten des Empfängers auch noch nachträglich bestimmen. Freilich ist eine solche *Fristverlängerung*, die auch konkludent gewährt werden kann (OLG Hamm NJW 1976, 1212), nur möglich, solange die ursprüngliche (gesetzliche oder rechtsgeschäftlich bestimmte) Frist noch läuft, denn mit deren Ablauf ist der Antrag gemäß § 146 erloschen und kann folglich gar nicht mehr angenommen werden (s § 146 Rn 8). Eine solche verspätete Fristverlängerung ist dann aber als neuer Antrag mit gewillkürter Annahmefrist zu verstehen (ERMAN/HEFERMEHL § 148 Rn 5; SOERGEL/WOLF § 148 Rn 10).

2. Fristwahrung

10 Grundsätzlich kann der Angebotsempfänger die ihm gesetzte Frist voll ausschöpfen. Zu einer vorzeitigen Erklärung ist er nicht verpflichtet, gleich ob er den Antrag annehmen oder ablehnen will (BGH NJW 1966, 1407; LG Bremen VersR 1982, 694). Die Frist ist aber nur dann gewahrt, wenn die *Annahmeerklärung* innerhalb der gesetzten Frist *wirksam* wird. Daß der Angebotsempfänger seine Annahmeerklärung innerhalb der Frist abgegeben hat, genügt nicht (RGZ 53, 59, 61; 43, 75, 80; RG WarnR 1916

Nr 8; OLG Hamm VersR 1978, 1039; zu den Fällen des § 151 s § 151 Rn 26). Freilich kann der Antragende von dieser Regel abweichen und bestimmen, daß fristgerechtes Absenden genügen soll (vgl RGZ 48, 175, 178 f; OLG Düsseldorf NJW-RR 1995, 1392; OLG Köln NJW 1990, 1051). Ob das gewollt ist, ist Auslegungsfrage (ENNECCERUS/NIPPERDEY § 161 Fn 22). Ist die Annahme von einem *Vertreter ohne Vertretungsmacht* (und damit zunächst einmal nicht, wie es erforderlich wäre, wirksam, sondern nur schwebend unwirksam) erklärt worden, so muß auch die Genehmigung des Vertretenen innerhalb der Annahmefrist erklärt werden. Wegen der Schutzfunktion des § 148 wirkt die Genehmigung insoweit – abweichend von § 184 – nicht auf den Zeitpunkt der Annahmeerklärung zurück (BGH NJW 1973, 1789, 1790; ERMAN/HEFERMEHL § 148 Rn 7; vgl auch BGHZ 108, 380, 384; OLG Hamburg MDR 1988, 861 [Genehmigung einer Vorstandsentscheidung durch die Kirchenaufsicht]; aM RGZ 76, 364, 366; JAUERNIG § 184 Anm 2 a; ders, in: FS Niederländer [1991] 285 ff). Denn mangels wirksamer Annahme ist der Antragende nicht mehr gebunden, und die dadurch gewonnene Dispositionsfreiheit kann ihm nicht durch nachträgliche Genehmigung wieder genommen werden.

3. Fristüberschreitung

Ist die Frist nicht gewahrt, so erlischt der Antrag (s § 146 Rn 8). Das muß im Interesse **11** der Rechtssicherheit auch bei nur geringfügigem Überschreiten gelten (s näher § 150 Rn 3). Eine verspätete Annahmeerklärung ist dann gemäß § 150 Abs 1 als neuer Antrag anzusehen, sofern kein Fall des § 149 vorliegt. Allerdings kann der Antragende aufgrund des vorvertraglichen Vertrauensverhältnisses (s dazu § 145 Rn 25), das über das Erlöschen des Angebotes hinaus besteht, verpflichtet sein, den Gegner umgehend darauf hinzuweisen, daß die Annahme zu spät eingegangen und der Vertragsschluß deshalb gescheitert ist. Verletzt er diese Pflicht, so kann er dem Gegner wegen einer cic auch über § 149 hinaus zur Leistung verpflichtet sein (RGZ 147, 103, 110). Zur *Vereitelung* des rechtzeitigen Zugangs durch den Antragenden gilt das zu § 147 Rn 9 Gesagte sinngemäß.

IV. Beweislast

Die Befristung des Angebots muß als Abweichung von § 147 derjenige beweisen, der **12** sich darauf beruft, idR also der Antragende, der geltend macht, die Annahme sei zu spät gekommen (PALANDT/HEINRICHS § 148 Rn 5; SOERGEL/WOLF § 148 Rn 14; aM RG SeuffA 80 Nr 72; BAUMGÄRTEL/LAUMEN, Hdb d Beweislast [2. Aufl 1991] § 147 Rn 2; MünchKomm/KRAMER § 148 Rn 8). Steht die Befristung fest, so trägt derjenige, der behauptet, daß die mit dem Antrag verbundene Fristsetzung nicht die Annahmefähigkeit beschränken sollte, dafür die Beweislast (RG SeuffA 75 Nr 4; vgl auch RGZ 76, 364, 366).

§ 149

Ist eine dem Antragenden verspätet zugegangene Annahmeerklärung dergestalt abgesendet worden, daß sie bei regelmäßiger Beförderung ihm rechtzeitig zugegangen sein würde, und mußte der Antragende dies erkennen, so hat er die Verspätung dem Annehmenden unverzüglich nach dem Empfange der Erklärung anzuzeigen, sofern es nicht schon vorher geschehen ist. Verzögert er die Absendung der Anzeige, so gilt die Annahme als nicht verspätet.

Materialien: E I § 85; II § 122; III § 145; Mot I 170; Prot I 81.

Schrifttum

HILGER, Die verspätete Annahme, AcP 185 (1985) 559.

Systematische Übersicht

I.	Überblick	1	1. Inhalt	6
			2. Zeitpunkt	7
II.	Voraussetzungen der Benachrichtigungspflicht		3. Rechtsnatur	8
1.	Rechtzeitiges Absenden der Annahmeerklärung	3	IV. Rechtsfolgen	
			1. vor der Verspätungsanzeige	9
2.	Unregelmäßige Beförderung	4	2. bei rechtzeitiger Verspätungsanzeige	10
3.	Erkennbarkeit	5	3. bei verspäteter Verspätungsanzeige	11
III.	Verspätungsanzeige		V. Beweislast	13

Alphabetische Übersicht

S Vorbem zu §§ 145–156.

I. Überblick

1 § 149 regelt, wie § 150 Abs 1, die Folgen eines gemessen an den Erfordernissen der §§ 147, 148 *verspäteten Zugangs einer verkörperten Annahmeerklärung*. Als Grundsatz bestimmt § 150 Abs 1, daß die verspätete Annahme als neuer Antrag gilt. Sofern jedoch die Verspätung einer verkörperten Annahmeerklärung ihren Grund nicht in einer verspäteten Abgabe (s Rn 3), sondern in einer *unregelmäßigen Beförderung* der Erklärung hat (s Rn 4), gilt die Annahmeerklärung bei Erkennbarkeit dieser Verzögerung (s Rn 5) für den Antragenden als rechtzeitig zugegangen, sofern nicht unverzüglich eine Verspätungsanzeige abgesendet wird (s Rn 6 ff). Bedeutung hat die Vorschrift *nur bei verkörperten Willenserklärungen*. Sie greift daher nicht in den Fällen des § 147 Abs 1 (s dazu § 147 Rn 2), da es hier kein Transportrisiko gibt, und auch nicht in den Fällen des § 151, da die Annahme hier nicht durch empfangsbedürftige Willenserklärung erfolgt; zum Verhältnis zu § 150 Abs 2 s Rn 3. § 149 ist *dispositiv*, so daß – wenn auch nicht in AGB (§ 9 Abs 2 AGBG) – vereinbart werden kann, daß bei verspätetem Zugang der Vertrag auch ohne Verspätungsanzeige gescheitert sein soll (SOERGEL/WOLF § 149 Rn 1).

2 Der **Gesetzeszweck** liegt im Schutz des Antragsempfängers (MünchKomm/KRAMER § 149 Rn 1; SOERGEL/WOLF § 149 Rn 1). Er darf bei rechtzeitiger Absendung einer verkörperten Annahmeerklärung darauf vertrauen, sie werde beim Antragenden nach normaler Beförderungsdauer eingehen. Vermag der Antragende zu erkennen, daß sich der Annehmende in diesem Punkt getäuscht hat, so hat er nach Treu und Glauben diesen

Irrtum unverzüglich aufzuklären und den Gegner dadurch vor Schaden zu bewahren, der durch Dispositionen entstehen könnte, die im Vertrauen auf den Vertragsschluß getätigt werden (Mot I 171; vgl auch RGZ 105, 255, 257). Anderenfalls wird die Verspätung ignoriert, und der Vertrag ist zustandegekommen (s Rn 11). Der Gesetzgeber hat damit freilich einen ungewöhnlichen Weg beschritten. Er hat nämlich keine Informations*pflicht* für den Antragenden normiert, was in Ausprägung des Instituts der culpa in contrahendo nahegelegen hätte, und als Sanktion auch keinen Schadensersatzanspruch gewährt (s auch Rn 12), sondern er hat eine *Obliegenheit* für den Antragenden formuliert, deren Verletzung dazu führt, daß der Vertrag als rechtzeitig geschlossen fingiert wird (krit dazu CANARIS, Die Vertrauenshaftung im deutschen Privatrecht [1971] 326 ff). Es geht daher nicht an, in § 149 S 2 einen Sondertatbestand der cic zu sehen (so aber HILGER AcP 185 [1985] 559, 561 ff; abl ERMAN/HEFERMEHL § 149 Rn 4; Münch-Komm/KRAMER § 149 Fn 3; PALANDT/HEINRICHS § 149 Rn 1), da die Rechtsfolge (Vertragsschluß) nicht an eine Pflichtverletzung anknüpft und auch nicht zum Institut der cic paßt, bei der idR nur auf das negative Interesse gehaftet wird (s Vorbem 50 zu §§ 145 ff).

II. Voraussetzungen der Benachrichtigungspflicht

1. Rechtzeitiges Absenden der Annahmeerklärung

Erste Voraussetzung des § 149 ist die rechtzeitige Absendung der Annahmeerklä- **3** rung (vgl CANARIS 328 gegen FLUME § 35 II 2, der § 149 bei verspätetem Absenden unter bestimmten Voraussetzungen erweiternd anwenden will; s auch § 150 Rn 6). Hierunter ist mehr zu verstehen als nur die Abgabe der Erklärung, die sich bei verkörperten Willenserklärungen als die auf den Wirksamkeitseintritt gerichtete Entäußerung darstellt (vgl dazu STAUDINGER/DILCHER[12] § 130 Rn 2 ff). Während diesem Erfordernis zB genügt ist, wenn einem privaten Boten die Erklärungsverkörperung mit der Bitte um Aushändigung bei passender Gelegenheit anvertraut wird, erfordert eine Absendung iSd § 149, daß eine **fristwahrende Übermittlung** der Erklärungsverkörperung nach Maßgabe der Verkehrsüblichkeit gewählt wird (ERMAN/HEFERMEHL § 149 Rn 2). Die Annahmeerklärung muß also so „in Marsch gesetzt" worden sein, daß sie bei regelmäßiger Beförderung rechtzeitig eingetroffen wäre und dadurch die Frist gewahrt hätte. Das ist normalerweise bei rechtzeitiger Einschaltung der Post der Fall. Sofern der Antragende eine bestimmte Beförderungsweise für die Annahmeerklärung vorgeschrieben hat, muß diese gewahrt sein. Im übrigen muß die Annahmeerklärung natürlich überhaupt zugegangen sein und sich mit dem Antrag decken. Hätte sie den Vertragsschluß gemäß § 150 Abs 2 ohnehin nicht herbeigeführt, spielt die Verspätung, die allein § 149 überwindet, keine Rolle (SOERGEL/WOLF § 149 Rn 2).

2. Unregelmäßige Beförderung

Als Verspätungsursache darf nur ein ungewöhnlicher Fehler beim zulässigerweise **4** (s Rn 3) gewählten Beförderungsmittel eingetreten sein. Praktisch erfaßt dies die *unvorhersehbaren Verzögerungen* bei der postalischen Beförderung. Jedoch kann die Verzögerung auch durch das nicht zu erwartende Verhalten eines privaten Erklärungsboten bewirkt worden sein, sofern ein solcher als Mittel der „regelmäßigen Beförderung" in Betracht kam. Das Risiko *vorhersehbarer Verzögerungen* in der

Beförderung trägt demnach der Annehmende, ebenso alle sonstigen Verzögerungsgründe, die aus seinem Risikobereich stammen.

3. Erkennbarkeit

5 Weiter verlangt § 149, daß der Antragende als Empfänger der Annahmeerklärung erkennen konnte oder mußte, daß die Ursache der Verspätung im unregelmäßigen Funktionieren des Beförderungsmittels lag. Bei *postalischer Erklärungsbeförderung* wird dies durch den Poststempel oder den Aufgabevermerk ermöglicht (vgl RGZ 105, 255, 257; ENNECCERUS/NIPPERDEY § 162 III 1), so daß dessen fahrlässige Nichtbeachtung für den Tatbestand des § 149 genügt. Sofern ein *Erklärungsbote* die Verzögerung bewirkt hat, ist § 149 erfüllt, wenn der Antragende von dem Boten oder aus anderer zuverlässiger Quelle gleichzeitig mit dem Eingang der verspäteten Annahmeerklärung von den unvorhersehbaren Verzögerungsursachen erfährt. Der Umstand, daß der Bote einen zerknitterten und verschmutzten Brief wortlos (verspätet) aushändigt, ist aber noch kein ausreichendes Indiz für das Vorliegen einer unvorhersehbaren Verzögerung nach rechtzeitiger Erklärungsabsendung (aM SOERGEL/WOLF § 149 Rn 6). Bei nicht voll Geschäftsfähigen ist § 131 analog anzuwenden (SOERGEL/WOLF § 149 Rn 6).

III. Verspätungsanzeige

1. Inhalt

6 Will der Antragende bei Vorliegen der vorstehend erläuterten Voraussetzungen den Vertragsschluß verhindern, so muß er den Gegner über die Verspätung informieren. Die Verspätungsanzeige soll den Annehmenden davon in Kenntnis setzen, daß seine Annahmeerklärung verspätet eingegangen und ein Vertrag deshalb nicht zustande gekommen ist (s Rn 2). Inhaltlich muß daher die Verspätungsanzeige entsprechend formuliert sein. Die Geltendmachung anderer Erlöschensgründe für den Antrag genügt nicht (RGZ 105, 255, 257).

2. Zeitpunkt

7 Der Antragende kann den Vertragsschluß unter den Voraussetzungen des § 149 nur dadurch verhindern, daß er die ordnungsgemäße Verspätungsanzeige **unverzüglich** absendet, also ohne schuldhaftes Zögern (vgl die Legaldefinition in § 121 Abs 1 S 1 und dazu STAUDINGER/DILCHER[12] § 121 Rn 3). Zur Wahrung dieses Erfordernisses reicht es gemäß § 149 S 2 aus, daß der Antragende die Verspätungsanzeige rechtzeitig **absendet** (zur Frage, ob die Anzeige auch ankommen muß, s Rn 8). Außerdem muß sich der Antragende grundsätzlich eines mindestens gleich schnellen Beförderungsmittels bedienen, wie es der Annehmende für die Übersendung der Annahmeerklärung gewählt hat (OLG Dresden OLGRspr 42, 264). Auch eine mündliche Anzeige ist möglich; daß § 149 S 2 nur den Fall der verkörperten Verspätungsanzeige im Auge hat, steht dem nicht entgegen. Zulässig ist es, die Verspätungsanzeige *vor* dem verspäteten Eingang der Annahmeerklärung abzusenden, also dann, wenn der Antragende wegen Fristablaufs weiß, daß eine etwa noch eintreffende Annahmeerklärung verspätet zugehen würde. Geht die Anzeige ihrerseits verspätet zu, so gilt § 149 S 1 entsprechend: Unvorhersehbare Beförderungsverzögerungen sind bei einer ord-

nungsgemäß abgesendeten Anzeige für deren vertragshindernde Wirkung unschädlich, sofern sie für den Empfänger der Anzeige erkennbar sind.

3. Rechtsnatur

Die Verspätungsanzeige stellt als Mitteilung eine **geschäftsähnliche Handlung** dar (allg 8 dazu STAUDINGER/DILCHER[12] Einl 18 ff, 20 zu §§ 104 ff). §§ 104 ff gelten entsprechend (SOERGEL/WOLF § 149 Rn 8). Ob die Anzeige **empfangsbedürftig** ist, ist umstritten. Überwiegend wird sie im Anschluß an die Gesetzesmaterialien (Mot I 171) als nicht empfangsbedürftig angesehen, so daß ihre Wirksamkeit mit der Absendung und ohne Rücksicht auf die für empfangsbedürftige Erklärungen bestehenden Erfordernisse des Zugangs bzw der Vernehmung eintritt (vgl ERMAN/HEFERMEHL § 149 Rn 3; PALANDT/HEINRICHS § 149 Rn 3; SOERGEL/WOLF § 149 Rn 11). Das bedeutet, daß der Vertrag auch dann nicht zustandekommt, wenn die Verspätungsanzeige ihren Adressaten gar nicht erreicht, sie etwa unterwegs verloren geht. Grundlage dieser Auffassung ist, daß § 149 S 2 nur die Absendung der Verspätungsanzeige verlangt. Hieraus auf die Nichtempfangsbedürftigkeit zu schließen, ist jedoch keineswegs zwingend, da § 149 S 2 an die Absendung der Anzeige nur den Ausschluß des Zustandekommens eines Vertrages knüpft. Die in den Motiven niedergelegte Vorstellung von der fehlenden Empfangsbedürftigkeit hat daher im Gesetz keinen klaren Niederschlag gefunden. Sie wäre auch mit dem Schutzzweck des § 149 schlecht vereinbar. Denn wenn es um eine rechtzeitige Information des Annehmenden geht (s Rn 2), dann muß die Information auch bei dem, der geschützt werden soll, ankommen. Im übrigen ist in § 121 Abs 1 S 2 für die Anfechtungserklärung eine entsprechende Regelung enthalten, durch welche ebenfalls lediglich das Verspätungsrisiko während des Transportes, nicht aber die Wirksamkeitsvoraussetzungen erfaßt werden (vgl STAUDINGER/DILCHER[12] § 121 Rn 2). Richtigerweise ist daher auch die Absendungsregel des § 149 S 2 nur im Sinne einer Verteilung des Verspätungsrisikos zu verstehen, und die Frage des Wirksamkeitseintritts der Verspätungsanzeige im übrigen nach allgemeinen Gesichtspunkten zu entscheiden (ebenso MünchKomm/KRAMER § 149 Rn 4). Da die Verspätungsanzeige eine adressatengerichtete Handlung darstellt, sind ihre allgemeinen Wirksamkeitsvoraussetzungen dieselben wie bei empfangsbedürftigen Willenserklärungen (vgl dazu STAUDINGER/DILCHER[12] Einl 20 zu §§ 104 ff und § 130 Rn 16). Das bedeutet ua, daß unter analoger Anwendung der Voraussetzungen des § 130 Abs 1 S 2 auch ein *Widerruf* möglich ist (SOERGEL/WOLF § 149 Rn 9). Eine *Anfechtung* ist aber nicht möglich, da sonst die durch die Anzeige herbeigeführte Rechtssicherheit wieder beseitigt würde (SOERGEL/WOLF § 149 Rn 10).

IV. Rechtsfolgen

1. vor der Verspätungsanzeige

Bis zur Entscheidung, ob aufgrund der rechtzeitig abgegebenen und verspätet wirk- 9 sam gewordenen Annahmeerklärung ein Vertragsabschluß durch unverzügliche Abgabe der Verspätungsanzeige verhindert wird oder nicht, besteht ein *Schwebezustand* (ENNECCERUS/NIPPERDEY § 162 III 1; ERMAN/HEFERMEHL § 149 Rn 3). Da die Annahmeerklärung aber bereits – wenn auch verspätet – zugegangen ist, kann sie in dieser Phase gemäß § 130 Abs 1 S 2 nicht mehr widerrufen werden.

2. bei rechtzeitiger Verspätungsanzeige

10 Wird die Verspätungsanzeige rechtzeitig abgegeben (s Rn 7), so hat das zur Folge, daß die Annahme gemäß § 150 Abs 1 als neuer Antrag zu bewerten ist. Ein Vertrag kommt daher nur zustande, wenn diesem Antrag eine Annahmeerklärung des Erstofferenten folgt. Dafür bedarf es einer eigenen Willenserklärung. Die Verspätungsanzeige kann nicht als eine solche Annahmeerklärung verstanden werden, da es sich nur um eine geschäftsähnliche Handlung handelt und der Absender mit der Verspätungsanzeige gerade zum Ausdruck bringen will, daß er den Vertrag nicht als geschlossen ansieht. Aber auch als (antizipierte) Ablehnung kann die Verspätungsanzeige nicht interpretiert werden, da der Absender lediglich äußert, daß die Annahmeerklärung des Gegners den Vertrag nicht zustande gebracht hat.

3. bei verspäteter Verspätungsanzeige

11 Zeigt der Anbietende den verspäteten Zugang der Annahmeerklärung nicht oder nicht unverzüglich an, so wird die Verspätung der Annahmeerklärung fiktiv beseitigt. Das hat, wenn sonstige Wirksamkeitshindernisse nicht im Wege stehen, zur Folge, daß der Vertrag durch die verspätete Annahmeerklärung zustande gekommen ist. Maßgeblicher *Zeitpunkt* für den Vertragsschluß ist der Zugang der verspäteten Annahmeerklärung (RGZ 105, 255, 257; ERMAN/HEFERMEHL § 149 Rn 4; MünchKomm/ KRAMER § 149 Rn 4; SOERGEL/WOLF § 149 Rn 12). Der Vertragsschluß wird also nicht auf den Moment, in dem die Verspätungsanzeige spätestens hätte abgeschickt werden müssen, fingiert, und auch nicht auf einen früheren, der rechtzeitigen Annahme entsprechenden Zeitpunkt (Mot I 171). Eine solche Rückbeziehung der Rechtswirkungen kann nur durch den Parteiwillen herbeigeführt werden. Bestätigt der Antragende den Vertragsschluß, statt die Verspätung anzuzeigen, so kann er sich auf diese später nicht mehr berufen (RG WarnR 1911 Nr 423).

12 Eine *Rechtspflicht* zur Verspätungsanzeige besteht grundsätzlich nicht. Vielmehr handelt es sich um eine Obliegenheit des Antragenden (s näher Rn 2). Das Unterlassen der Anzeige löst daher als solche keine Schadensersatzansprüche aus. Anders kann es sein, wenn der Antragende aufgrund eines vorvertraglichen Vertrauensverhältnisses zwischen den Parteien verpflichtet ist, den Gegner auf das Scheitern des Vertragsschlusses hinzuweisen (s § 148 Rn 11).

V. Beweislast

13 Wenn der Angebotsempfänger den *Vertragsschluß behauptet*, dann muß er beweisen, daß die Annahmeerklärung rechtzeitig abgegeben wurde und daß dem Antragenden die ungewöhnliche Beförderungsverzögerung als Grund für die Verspätung erkennbar war (ERMAN/HEFERMEHL § 149 Rn 5). Es ist dann Sache des Antragenden, der den *Vertragsschluß bestreitet*, das rechtzeitige Absenden der Verspätungsanzeige nachzuweisen (BAUMGÄRTEL/LAUMEN, Hdb d Beweislast [2. Aufl 1991] § 149 Rn 2 f; MünchKomm/ KRAMER § 149 Rn 5; ROSENBERG, Die Beweislast [5. Aufl 1965] 257). Umgekehrt muß der Antragende beweisen, daß er keine rechtzeitige Verspätungsanzeige abgeschickt hat, wenn er sich bei feststehender verspäteter Annahme auf den Vertragsschluß beruft (SOERGEL/WOLF § 149 Rn 14).

3. Titel.
Vertrag

§ 150

[1] Die verspätete Annahme eines Antrages gilt als neuer Antrag.

[2] Eine Annahme unter Erweiterungen, Einschränkungen oder sonstigen Änderungen gilt als Ablehnung verbunden mit einem neuen Antrag.

Materialien: E I § 88 Abs 1 und 3; II § 123; III § 146; Mot I 175; Prot I 86.

Schrifttum

HILGER, Die verspätete Annahme, AcP 185 (1985) 559.

Systematische Übersicht

I.	Überblick	1	III.	Modifizierte Annahme (Abs 2)	
			1.	Modifikationen	7
II.	Verspätete Annahme (Abs 1)		2.	Rechtsfolge	13
1.	Verspätung	2	3.	Annahme des neuen Antrages	14
2.	Rechtsfolge	4			
3.	Annahme des neuen Antrages	5	IV.	Beiderseitiges Beharren auf Allgemeinen Geschäftsbedingungen	17

Alphabetische Übersicht

S Vorbem zu §§ 145–156.

I. Überblick

Wird die Annahme verspätet wirksam oder stimmt sie mit dem Antrag nicht überein, so kommt ein Vertrag nicht zustande. Das beruht im ersten Fall darauf, daß der Antrag inzwischen erloschen ist und deshalb durch die verspätete Annahme nicht mehr angenommen werden kann, im zweiten Fall darauf, daß ein Vertrag nur dann zustande kommt, wenn sich die Parteien einig sind, also dieselben Rechtsfolgen wollen (s Vorbem 2 zu §§ 145 ff). Für diese Fälle enthält aber § 150 die widerlegliche **Auslegungsregel**, daß die Annahme als neuer Antrag verstanden werden kann. Es handelt sich um eine am mutmaßlichen Parteiwillen orientierte *Umdeutung* der Annahmeerklärung (vgl schon ZITELMANN, Die Rechtsgeschäfte im Entwurfe eines BGB, I [1889] 121 f; ferner HILGER AcP 185 [1985] 559, 580 ff), die nur deshalb durch Auslegung und nicht aus § 140 zu gewinnen ist, weil das Rechtsgeschäft hier nicht nichtig, sondern fehlgeschlagen ist. Hingegen handelt es sich nicht um eine Fiktion, weil sich schon aus der Annahmeerklärung selbst ergeben kann, daß sie nicht als neues Angebot gewertet werden kann (SOERGEL/WOLF § 150 Rn 3). Dieses Verständnis des § 150 bedeutet einerseits, daß die Parteien Abweichendes vereinbaren, also die Wirkung des § 150 ausschließen können (vgl BGH NJW 1986, 1983, 1984; WM 1968, 1103, 1105; s auch

1

Rn 13, 16). Und es bedeutet andererseits, daß mangels abweichender Vereinbarung die Annahmeerklärung wie ein Antrag zu behandeln ist, insbesondere Bindungswirkung erzeugt und durch rechtzeitige Annahme zum Vertragsschluß führen kann. In den Fällen der §§ 151, 152, 156 ist für die Anwendung des § 150 allerdings erforderlich, daß die Annahme dem Anbietenden zur Kenntnis gelangt, da die verspätete oder modifizierte Annahme als Angebot gewertet wird, als solches den allgemeinen Regeln über Angebote unterliegt (s Rn 4) und deshalb zugegangen sein muß (SOERGEL/WOLF § 150 Rn 2).

II. Verspätete Annahme (Abs 1)

1. Verspätung

2 Eine verspätete Annahmeerklärung kann nicht mehr zum Vertragsschluß führen, weil bei ihrem Wirksamwerden kein annahmefähiger Antrag mehr vorliegt. Der Antrag ist gem § 146 mangels rechtzeitiger Annahme bereits erloschen (s § 146 Rn 8). Aus dem Zusammenhang mit § 146 folgt für § 150 Abs 1, daß die Annahmeerklärung im Sinne dieser Vorschrift verspätet ist, wenn sie erst nach Ablauf der gesetzlichen oder gewillkürten Annahmefrist gem §§ 147, 148 *wirksam* wird und auch nicht gemäß § 149 S 2 als rechtzeitig wirksam geworden anzusehen ist. Darauf, ob die Annahmeerklärung rechtzeitig *abgegeben* wurde, kommt es nicht bzw nur im Zusammenhang mit § 149 S 1 an (aM wohl MünchKomm/KRAMER § 150 Rn 2. Zu den Einzelheiten der Fristwahrung s § 147 Rn 5 ff, 8, 10 ff, § 148 Rn 3 ff, 10).

3 Auch bei einer nur **geringfügigen Überschreitung** der Annahmefrist ist die Annahme verspätet, so daß ein Vertrag nur zustande kommt, wenn die gemäß § 150 als neuer Antrag zu verstehende Annahmeerklärung ihrerseits angenommen wird. Der Gedanke der Rechtssicherheit verlangt grundsätzlich, daß der Antragende sich auf die Ausschlußwirkung des Fristablaufs verlassen und – der an den ursprünglichen Antrag geknüpfen Bindungswirkung ledig – neu disponieren kann. Es ist daher mit Sinn und Zweck des § 146 nicht vereinbar, die Verspätung bei nur geringfügigem Überschreiten der Frist zu ignorieren (so aber RG HRR 1929 Nr 1559; vgl auch OLG Hamm ZIP 1983, 186; dagegen zutr BGH NJW 1951, 313; SOERGEL/WOLF § 150 Rn 2; s auch § 148 Rn 11). Allenfalls kann aufgrund besonderer Umstände das Urteil gerechtfertigt sein, daß der Antragende gemäß § 242 gegen Treu und Glauben verstößt, wenn er sich im konkreten Fall auf die Verspätung beruft, so daß er sich so behandeln lassen muß, als sei die Annahme rechtzeitig wirksam geworden. Liegen solche besonderen Umstände nicht vor, ist § 150 Abs 1 anzuwenden, wobei freilich zu berücksichtigen ist, daß gerade bei geringfügiger Verspätung das Schweigen des Erstofferenten als Annahme des neuen Antrages zu verstehen sein kann (s Rn 6).

2. Rechtsfolge

4 Durch § 150 Abs 1 wird die verspätete Annahmeerklärung mangels abweichender Vereinbarung kraft Gesetzes als **neuer Antrag** ausgelegt. Das ist darin begründet, daß der Vertragswille des Annehmenden in seiner Erklärung Ausdruck gefunden hat, so daß es gerechtfertigt erscheint, seine Annahmeerklärung als Angebot zu verstehen. Das gilt auch für Versicherungsverträge (OLG Hamm NJW-RR 1987, 153, 154). Für dieses Angebot gelten die allgemeinen, auf jeden Antrag anzuwendenden Regeln. Hin-

sichtlich des *Bestimmtheitserfordernisses* (s § 145 Rn 17) kann allerdings auf die frühere Antragserklärung zurückgegriffen werden, sofern sich die verspätete Annahme inhaltlich auf diese bezieht (vgl OLG München OLGZ 1978, 444, 446 f). Sind die an ein Angebot zu stellenden Anforderungen erfüllt, so ist der Annehmende an seine jetzt als Angebot zu verstehende Erklärung wie bei einem erstmaligen Antrag *gebunden*. Die Bindung erlischt gemäß § 146, wenn nicht der Erstofferent das neue Angebot rechtzeitig annimmt.

3. Annahme des neuen Antrages

Der Empfänger der als neues Angebot zu verstehenden Annahmeerklärung ist grundsätzlich frei, dieses Angebot **ausdrücklich oder konkludent** anzunehmen, abzulehnen oder ungenutzt verstreichen zu lassen. Ficht er den vermeintlich geschlossenen Vertrag wegen angeblicher arglistiger Täuschung an, so ist dies selbst dann als Ablehnung zu verstehen, wenn gleichzeitig aufgrund eines noch nicht widerrufenen Dauerauftrages die Gegenleistung erbracht wird (OLG Hamm VersR 1978, 1039). Die *Annahmefrist* wird sich im allgemeinen nach § 147 richten. Für die nach § 147 Abs 2 vorzunehmende Berechnung der Annahmefrist ist dabei zu berücksichtigen, daß die einzukalkulierende Überlegungsfrist (s § 147 Rn 12 f) wegen der Übereinstimmung des neuen Antrages mit dem erloschenen kürzer bemessen werden kann als beim Empfang eines inhaltlich völlig neuen Angebotes (RG HRR 1929 Nr 1559).

Will der Erstofferent den neuen Antrag annehmen, so kann er dies ausdrücklich oder konkludent tun (s näher § 146 Rn 2). Außerdem ist allgemein anerkannt, daß seine Annahmeerklärung gemäß § 151 idR **nicht empfangsbedürftig** ist (vgl etwa OLG Düsseldorf MDR 1993, 26; OLG Karlsruhe WRP 1990, 51, 52; PALANDT/HEINRICHS § 150 Rn 1; anders für einen Darlehensvertrag wegen dessen Bedeutung OLG Köln NJW 1990, 1051; ebenso für Versicherungsverträge OLG Hamburg VersR 1988, 1168; LG Aachen ZfS 1990, 89; für Unterrichtsverträge LG München I NJW-RR 1992, 244; s auch § 151 Rn 6, 7). Es liegt in der Konsequenz dieses Satzes, daß auch einem **Schweigen** auf den neuen Antrag Erklärungswert beigemessen werden und dieses Schweigen nach Treu und Glauben als konkludente Annahme zu werten sein *kann*, insbesondere wenn besondere Umstände fehlen, die ein Interesse an einer exakten Einhaltung der Annahmefrist erkennen lassen. Derjenige, dessen Erklärung als neues Angebot interpretiert wird, darf mangels entgegenstehender Umstände, die auf einen Sinneswandel des Erstofferenten schließen lassen könnten, das Schweigen des Gegners dahingehend deuten, daß dieser einverstanden ist (BGH WM 1986, 577, 579; BB 1955, 1068; NJW 1951, 313; RGZ 103, 11, 13; LG Kaiserslautern WuM 1990, 288 f; DIEDERICHSEN JuS 1966, 129, 131; ERMAN/HEFERMEHL § 150 Rn 1; LARENZ § 27 II 1; PALANDT/HEINRICHS § 150 Rn 1; zu pauschal ENNECCERUS/NIPPERDEY § 162 III 2; **aM** FLUME § 35 II 2, der § 149 erweiternd anwenden will, s dazu § 149 Rn 3; LINDACHER JR 1986, 462, 463; vgl auch § 146 Rn 5 und STAUDINGER/DILCHER[12] Vorbem 59 zu §§ 116 ff). Der Vertrag ist dann zu dem *Zeitpunkt* geschlossen, zu welchem unter regelmäßigen Umständen die Ablehnung spätestens erwartet werden durfte. Ist das Schweigen nicht als Willenserklärung zu werten, so kann es unter eingeschränkten Voraussetzungen gleichwohl eine culpa in contrahendo darstellen (s § 146 Rn 10).

III. Modifizierte Annahme (Abs 2)

1. Modifikationen

7 Ein Vertrag kommt durch eine Annahme nur dann zustande, wenn beide Parteien dieselben Rechtsfolgen wollen (s Vorbem 2 zu §§ 145 ff). Der Annehmende muß daher ein vorbehaltsloses „Ja" erklären. Tut er das nicht, sondern weicht er vom Angebot in irgendeiner Hinsicht ab, so ist der Antrag nicht angenommen, sondern, wie § 150 Abs 2 bestimmt, endgültig abgelehnt und damit erloschen (vgl § 146 Rn 8); die Annahme gilt als neuer Antrag, der seinerseits angenommen werden muß. Etwas anderes gilt nur dann, wenn die Abweichung mit dem Anbietenden abgestimmt ist, dieser also beispielsweise auf Rückfrage zugestimmt hat, daß der Annehmende ein schriftliches Vertragsangebot ändert (vgl OLG Düsseldorf MDR 1989, 738).

8 Die in der Annahmeerklärung formulierten Modifikationen können dabei **beliebige Änderungen** inhaltlicher Art sein. In Betracht kommen Erweiterungen oder Einschränkungen der Hauptleistungen (vgl aus der reichhaltigen Judikatur exemplarisch BGH NJW-RR 1993, 1035, 1036 für das Verlangen einer Gegenleistung; NJW-RR 1990, 1006, 1007 für den Umfang einer Bürgschaft; RGZ 92, 232, 233 f für Qualitätsanforderungen; OLG Köln BauR 1992, 779, 780 für ein Skontoverlangen; AG Starnberg NJW 1989, 1548 für die Art der ärztlichen Behandlung; s auch Rn 11), Bedingungen für den Vertragsschluß (vgl RGZ 92, 232, 235) oder dessen Wirksamkeit, Befristungen oder Rücktrittsvorbehalte sowie alle sonstigen Änderungen, etwa hinsichtlich der Vertragsparteien (vgl OLG Köln IPRax 1994, 210, 212), der Leistungszeit (vgl OLG Koblenz MedR 1992, 284; LG Frankfurt NJW-RR 1987, 1268), des Leistungsortes, der Gefahrtragung, der Kosten, der Sicherheitsleistung (vgl BGH ZIP 1984, 1326, 1330) oder einer Vertragsstrafe (vgl dazu OLG Celle GRUR 1990, 481; OLG Köln WRP 1985, 175, 176; OLG München WRP 1980, 715, 716; aber auch KG WRP 1986, 680, 682; OLG Karlsruhe WRP 1990, 51, 52 f). Ob es sich um dem Gegner günstige oder ungünstige, *wesentliche oder unwesentliche* Änderungen (zB die Art der Verpackung) handelt, bleibt sich gleich (LARENZ § 27 II 2).

9 Ob eine Abweichung vorliegt, ist durch **Auslegung** der beiden Willenserklärungen festzustellen. Maßgebend ist der erkennbar gewordene Willensinhalt. Die Auslegung kann ergeben, daß eine Modifikation trotz divergierenden Wortlauts nicht vorliegt (vgl zB OLG Frankfurt NJW-RR 1993, 153). Zweifel gehen zu Lasten des Annehmenden, wenn der Empfänger nach Treu und Glauben und unter Berücksichtigung der Verkehrssitte von einer unbeschränkten Annahmeerklärung ausgehen durfte. Einschränkungen und Erweiterungen müssen daher eindeutig erkennbar sein, wozu beispielsweise das bloße Beifügen eines anderen Formulars nicht genügt (BGH WM 1983, 313, 314; vgl auch LG Lübeck WuM 1991, 80; AG Freudenstadt NJW-RR 1994, 238, 239; krit MünchKomm/KRAMER § 150 Rn 3). – Zur telegrafischen Antwort mit dem Zusatz „Brief folgt" s § 146 Rn 1.

10 *Keine* modifizierte Annahme liegt bei offensichtlichen Schreibfehlern etc vor (ERMAN/HEFERMEHL § 150 Rn 3; SOERGEL/WOLF § 150 Rn 10), oder wenn der Annehmende nur versucht hat, den Antragenden zu neuen Bedingungen zu veranlassen, jedoch erkennen läßt, daß er beim Beharren des Antragenden auf den ursprünglichen Bedingungen von seinen Änderungsvorschlägen Abstand nimmt (vgl BGH WM 1982, 1329, 1330; RG Recht 1930 Nr 1230; OLG Frankfurt BB 1982, 1510). Sofern es sich in diesen

Fällen überhaupt um eine Willenserklärung handelt, liegt eine uneingeschränkte Annahme verbunden mit einem Vertragsergänzungs- oder -änderungsangebot vor (vgl LG Tübingen MDR 1955, 473; SOERGEL/WOLF § 150 Rn 12). Auch das Äußern von Wünschen und Erwartungen bedeutet keine modifizierte Annahme (vgl RG JW 1931, 1181, 1183), da diese Vorstellungen nicht vom Rechtsfolgenwillen umfaßt werden. Ebensowenig fällt die Bitte, die Annahmefrist zu verlängern, unter § 150 Abs 2 (RG WarnR 1931 Nr 58).

Eine Modifikation im Sinne des § 150 Abs 2 liegt aber vor, wenn die Annahmeerklärung auf eine **größere Menge** lautet als das Angebot. In diesem Fall kommt grundsätzlich kein Vertrag über die kleinere Menge zustande (RG JW 1925, 236), denn die Erklärung des Annehmenden ist in der Regel so zu verstehen, daß er die größere Menge braucht und nicht einen Teil beim Anbietenden und den Rest bei einem Dritten bestellen will. Etwas anderes kann sich im Wege der Auslegung ergeben, etwa wenn ein Geschädigter gegenüber dem Vergleichsvorschlag einer Versicherung erklärt, er nehme diesen an, möchte jedoch, daß ihm zusätzlich die Anwaltskosten erstattet werden (LG Mainz VersR 1965, 1059, 1060). Ebenso ist durch Auslegung – jetzt aber des Angebotes (vgl auch MünchKomm/KRAMER § 150 Rn 5) – zu klären, ob die Annahme einer **kleineren Menge** als der angebotenen möglich sein soll (vgl dazu BGH NJW 1986, 1983, 1984; OLG Hamburg OLGRspr 44, 130; ERMAN/HEFERMEHL § 150 Rn 4), was etwa der Fall sein kann, wenn die größere Menge nicht als untrennbare Einheit angeboten wurde.

Häufig erfolgt eine Modifikation dadurch, daß der Annehmende auf seine **Allgemeinen Geschäftsbedingungen** Bezug nimmt. Auch diese Konstellation fällt unter § 150 Abs 2 (BGH NJW 1988, 2106, 2108; OLG Köln WM 1993, 369 f; ERMAN/HEFERMEHL § 150 Rn 2; vgl aber auch AG Freudenstadt NJW-RR 1994, 238, 239). Hierher gehört auch die Auftragsbestätigung unter erstmaliger Beifügung von Geschäftsbedingungen (vgl BGHZ 18, 212, 215; OLG Hamburg DB 1981, 470; OLG Köln IPRax 1993, 399, 400; LG Rottweil NJW-RR 1992, 688), da die Auftragsbestätigung rechtlich eine Annahmeerklärung ist (s STAUDINGER/DILCHER[12] Vorbem 55 zu §§ 116 ff aE). Zur Vertragsannahme in diesen Fällen s Rn 14 f, zum Problem des beiderseitigen Beharrens auf einander widersprechenden eigenen AGB s Rn 17.

2. Rechtsfolge

Die modifizierte Annahme stellt, da sie mit dem Antrag nicht übereinstimmt, eine **Ablehnung des Antrages** mit der Folge dar, daß dieser gemäß § 146 erlischt. (Eine Ausnahme enthält § 2 KSchG für das mit einer Kündigung verbundene Änderungsangebot des Arbeitgebers, das der Arbeitnehmer unter dem Vorbehalt annehmen kann, daß die Änderung sozial gerechtfertigt ist. Bei Versicherungsanträgen geht § 5 VVG vor, OLG Hamm NJW-RR 1989, 533.) Der Antrag erlischt vollständig, nicht nur hinsichtlich der Divergenz (BGH NJW-RR 1993, 1035, 1036), es sei denn, es ließe sich dem Parteiwillen entnehmen, daß eine Teilannahme möglich sein soll (BGH NJW 1986, 1983, 1984; BAGE 38, 318, 323; s auch Rn 1, 11; für das Verhältnis zu §§ 154, 155 s Rn 16). Daher kann eine alsbald nachfolgende neue Annahmeerklärung, welche vom früheren Antrag nicht mehr abweicht, keinen Vertragsschluß mehr herbeiführen, da sie auf kein annahmefähiges Angebot trifft (RG Recht 1923 Nr 1336; AG Esslingen VersR 1967, 1105). Stattdessen wird gemäß § 150 Abs 2 die Ablehnung durch modifizierte Annahmeerklärung als **neuer Antrag** gewertet. Er richtet sich auf einen Vertragsschluß zu den neuen Bedingungen. Ob dieser Erfolg dem Erklärenden bewußt ist, spielt keine Rolle (FLUME § 35 Fn 49). Voraussetzung ist allerdings auch hier wieder, daß der neue Antrag die erforderliche *Bestimmtheit* aufweist (vgl bereits oben Rn 4), was zB nicht der Fall ist, wenn die Änderung darin besteht, daß der Antragsempfänger erklärt, er nehme das Angebot an, jedoch sei ihm der Preis zu hoch.

3. Annahme des neuen Antrages

14 Ein Vertrag kommt auch in den Fällen des § 150 Abs 2 nur zustande, wenn der neue Antrag vom Erstanbietenden angenommen wird (BGH NJW 1990, 1846). Diese Annahme des neuen Antrages folgt den allgemeinen Regeln. Für die *Annahmefrist* gelten §§ 147, 148 (BGH JZ 1977, 602, 603). Die Annahme des neuen Antrages kann **ausdrücklich oder konkludent** erfolgen (s dazu § 146 Rn 2). Wird zB auf den Antrag zur Vollkaskoversicherung nur eine Teilkaskopolice übersandt, so wird der neue Antrag auf Abschluß eines Teilkaskoversicherungsvertrages durch Zahlung der geforderten Prämie konkludent angenommen (OLG Köln VersR 1966, 868, 869 f). Ebenso führt idR die Abnahme und Bezahlung der unter neuen Bedingungen gelieferten Ware zum Vertragsschluß (BGHZ 18, 212, 216 f; BGH NJW 1995, 1671, 1672; OLG Köln IPRax 1993, 399, 400; LG Rottweil NJW-RR 1992, 688; ERMAN/HEFERMEHL § 150 Rn 6). Freilich entspricht es in den Fällen des § 150 Abs 2 in der Regel nicht der Verkehrssitte, auf die **Empfangsbedürftigkeit** der Annahmeerklärung gemäß § 151 zu verzichten (s auch LG Frankfurt NJW-RR 1987, 1268; anders im Einzelfall OLG Köln WM 1993, 369, 370; vgl ferner LG Ravensburg VersR 1988, 1259, 1260; s auch § 151 Rn 7). Ein solcher Verzicht ist grundsätzlich nur zu bejahen, wenn der neue Antrag für den Erstofferenten günstigere Bedingungen als vorher enthält (SOERGEL/WOLF § 150 Rn 8).

15 Auch das **Schweigen** auf den neuen Antrag ist normalerweise weder als Willenserklärung zu werten, noch begründet es einen Vertrauenstatbestand (vgl nur BGH NJW 1995, 1671, 1672; ZIP 1984, 1326, 1330; NJW 1983, 1603; OLG Hamburg VersR 1987, 481, 482; AG München DAR 1982, 400; ERMAN/HEFERMEHL § 150 Rn 6; s näher § 146 Rn 5). Das gilt auch dann, wenn die Änderung darin besteht, daß der Annehmende erstmals (seine) AGB ins Spiel bringt (vgl BGHZ 18, 212, 215 f; LG Rottweil NJW-RR 1992, 688; vgl auch OLG Köln IPRax 1993, 399, 400). Nur in Ausnahmefällen kann durch Schweigen auf die modifizierte Annahme einmal ein Vertrag zu den neuen Bedingungen zustandekommen, etwa dann, wenn sich die Abweichung nur auf Kleinigkeiten bezieht, deren Akzeptieren sicher erwartet werden kann (BGH DB 1956, 474; widersprüchlich ERMAN/HEFERMEHL § 150 Rn 2/6), oder wenn der Anbietende schon damit rechnen mußte, daß der Gegner nur unter den dann auch formulierten Modifikationen annehmen würde (LARENZ § 27 II 2).

16 Liegen diese Voraussetzungen nicht vor, so ist der Vertragsschluß gescheitert. Ob die Parteien dies erkennen oder ob sie meinen, sie seien gebunden – etwa mit der Folge, daß sie versuchen, sich vom vermeintlich geschlossenen Vertrag durch Rücktritt oä zu lösen –, ist ohne Belang (BGH NJW 1990, 1846; 1983, 1603; BUNTE ZIP 1983, 765; vgl auch OLG Düsseldorf NJW-RR 1989, 50, 51). Freilich ist insoweit das **Verhältnis des § 150 Abs 2 zu §§ 154, 155** zu berücksichtigen. Diese Vorschriften knüpfen wie § 150 Abs 2 daran an, daß sich die Parteien nicht über alle Punkte einig geworden sind, lassen aber einen Vertragsschluß gleichwohl zu (s § 154 Rn 6, § 155 Rn 14). Lehnt man die Auffas-

sung ab, daß §§ 154, 155 nur den Vertragsschluß durch Zustimmung zu einer Vorlage betreffen (s dazu § 154 Rn 1 und Vorbem 38 zu §§ 145 ff), dann wird man sich auf den Standpunkt stellen können, daß § 150 Abs 2 zurücktritt, also nur insoweit zur Anwendung kommt, als der Vertrag nicht nach §§ 154, 155 wirksam ist (vgl Bunte ZIP 1983, 765; MünchKomm/Kramer § 150 Rn 4; Soergel/Wolf § 150 Rn 17). Ergibt also die Auslegung, daß der Vertrag trotz der offenen oder versteckten Abweichung des Angebots von der Annahme geschlossen sein soll, so gilt § 150 Abs 2 nicht für die gesamte Annahme, sondern nur für den divergierenden Teil. Allerdings kommt man in der Praxis zu diesem Ergebnis regelmäßig auch ohne Rückgriff auf §§ 154, 155, sofern sich die Zulässigkeit einer Teilannahme begründen läßt (s dazu oben Rn 13).

IV. Beiderseitiges Beharren auf Allgemeinen Geschäftsbedingungen

Probleme bereitet in diesem Zusammenhang immer noch der sukzessive Widerspruch von Allgemeinen Geschäftsbedingungen im kaufmännischen Verkehr (ausf dazu Ulmer/Brandner/Hensen, AGBG [7. Aufl 1993] § 2 Rn 92 ff; Wolf/Horn/Lindacher, AGBG [3. Aufl 1994] § 2 Rn 73 ff). Bietet der Besteller unter Beifügung seiner AGB an und nimmt der Lieferant das Angebot unter Beifügung seiner eigenen AGB an, die von denen des Bestellers abweichen, so liegt an und für sich ein Fall des § 150 Abs 2 vor (s Rn 12). Die Rechtsprechung – insbesondere des BGH – hat daher lange Zeit angenommen, daß für die Annahme dieses neuen Angebotes das „Prinzip des letzten Wortes" (Lindacher JZ 1977, 604) gelten müsse: Wer auf die zuletzt übersandten AGB des Gegners schweige (s Rn 15) oder die Leistung widerspruchslos annehme (s Rn 14), habe die AGB des Gegners akzeptiert (vgl nur BGH BB 1951, 456). Allerdings hat man davon später jedenfalls für den Fall, daß in den eigenen AGB eine sog „Abwehrklausel" enthalten ist, mit der der Verwender ausdrücklich darauf besteht, daß der Vertrag zu seinen eigenen Bedingungen geschlossen wird, mit den nachstehend geschilderten Rechtsfolgen eine Ausnahme gemacht (vgl nur BGHZ 61, 282, 288 f; BGH NJW 1991, 2633, 2634 f; 1985, 1838, 1839; WM 1990, 1671, 1672; 1974, 842; OLG Hamm WM 1985, 785, 786 f; dazu auch Graf Lambsdorff ZIP 1987, 1370 ff; de Lousanoff NJW 1985, 2921 ff; Graf vWestphalen ZIP 1987, 1361 ff; offen BGH ZIP 1982, 447, 448 [m krit Anm Bunte]; anders noch BGH JZ 1977, 602, 603 [abl Lindacher]; unklar OLG Karlsruhe VersR 1990, 1281, 1283).

In der Literatur wird das „Prinzip des letzten Wortes" allgemein als unbefriedigend empfunden, weil sich auch ohne ausdrückliche Abwehrklausel schon aus der Verwendung eigener AGB ergibt, daß man zu den Bedingungen des Gegners nicht abschließen will. Man löst diese Situation daher mit Recht nicht über § 150 Abs 2, sondern behandelt sie als einen Fall des Dissenses und kommt unter Anwendung der §§ 6 AGBG, 139 BGB und abweichend von den (Auslegungs-)Regeln der §§ 154, 155 zu dem Ergebnis, daß die AGB nur soweit gelten, wie sie sich decken (s auch § 155 Rn 12). Im übrigen sind die AGB beider Parteien nicht wirksam vereinbart worden. Gleichwohl ist der Vertragsschluß nicht vollständig gescheitert, sondern in der Regel läßt sich – insbesondere, wenn das Geschäft durchgeführt worden ist – annehmen, daß der Vertrag im übrigen wirksam sein soll, wobei die nicht einbezogenen Klauseln durch dispositives Gesetzesrecht ersetzt werden (vgl etwa OLG Hamburg ZIP 1981, 1238, 1239; OLG Koblenz WM 1984, 1347, 1348 f; Bunte JA 1982, 321 ff; Flume § 37, 3; Larenz § 29 a I b; Lindacher JZ 1977, 604 f; Niebling BauR 1981, 227, 230; Schlechtriem, in: FS Wahl [1973] 67, 75 ff; Striewe JuS 1982, 728 ff; Ulmer/Brandner/Hensen § 2 Rn 98 ff, 101 ff; Wolf/Horn/ Lindacher § 2 Rn 78 ff; anders aber Ebel NJW 1978, 1033 ff). Etwas anderes gilt nur dann, wenn eine Partei über eine etwaige Abwehrklausel hinaus ausdrücklich und unmißverständlich die Wirksamkeit des Vertrages und dessen Durchführung von der uneingeschränkten Einbeziehung der eigenen AGB abhängig macht und sich die andere Partei diesem Wirksamkeitsvorbehalt letztlich unterwirft (OLG Köln BB 1980, 1237, 1239; SCHLECHTRIEM 76 f; ULMER/BRANDNER/HENSEN § 2 Rn 99).

§ 151

Der Vertrag kommt durch die Annahme des Antrags zustande, ohne daß die Annahme dem Antragenden gegenüber erklärt zu werden braucht, wenn eine solche Erklärung nach der Verkehrssitte nicht zu erwarten ist oder der Antragende auf sie verzichtet hat. Der Zeitpunkt, in welchem der Antrag erlischt, bestimmt sich nach dem aus dem Antrag oder den Umständen zu entnehmenden Willen des Antragenden.

Materialien: E I § 86; II § 124; III § 147; Mot I 171; Prot I 81.

Schrifttum

BREHMER, Die Annahme nach § 151 BGB, JuS 1994, 386
P BYDLINSKI, Probleme des Vertragsabschlusses ohne Annahmeerklärung, JuS 1988, 36
EHRLICH, Die stillschweigende Willenserklärung (1893)
FREUND, Die stillschweigende Vertragsannahme (§ 151 BGB) (Diss Breslau 1899)
HIMMELSCHEIN, Beiträge zu der Lehre vom Rechtsgeschäft (1930)
ISAY, Zur Lehre von den Willenserklärungen nach dem BGB, JherJb 44, 43
JACOBSOHN, Die Anfechtung stillschweigender Willenserklärungen wegen Irrtums, JherJb 56, 329, 390

MANIGK, Das rechtswirksame Verhalten (1939)
PÄRN, Vertragswirkungen ohne Vertragsschluß, eine Studie zu § 151 BGB (Diss Kiel 1956)
vRANDOW, Die Erlaßfalle, ZIP 1995, 445
SCHEFFER, Schweigen auf Angebot als stillschweigende Annahme?, NJW 1995, 3166
SCHULTZ, Annahme im Sinne des § 151 BGB und Annahme durch Schweigen, MDR 1995, 1187
SZAMOTULSKI, Der Vertragsschluß ohne Annahmeerklärung gegenüber dem Antragenden (Diss Freiburg 1903)
WEDEMEYER, Der Abschluß eines obligatorischen Vertrages durch Erfüllungs- und Aneignungshandlungen (Diss Marburg 1904)

Systematische Übersicht

I. Überblick	2. Verzicht 10
1. Regelungsgehalt 1	a) Tatbestand 10
2. Anwendungsbereich 4	b) Beispiele 11
II. Voraussetzungen für die Entbehrlichkeit des Zugangs	**III. Annahme des Vertragsangebotes**
1. Entbehrlichkeit kraft Verkehrssitte ___ 5	1. Annahme durch nicht empfangsbedürftige Willenserklärung 14
a) Tatbestand 5	a) objektiver Erklärungstatbestand ___ 15
b) Beispiele 7	b) subjektive Tatbestandsmerkmale ___ 16
c) Ausnahmen 9	c) Beispiele 17

3. Titel. **§ 151**
Vertrag 1–3

2.	Anwendbarkeit der §§ 104 ff	22	IV. Erlöschen des Antrages	26
3.	Zeitpunkt des Vertragsschlusses	25	V. Beweislast	28

Alphabetische Übersicht

S Vorbem zu §§ 145–156.

I. Überblick

1. Regelungsgehalt

Ein Vertrag kommt regelmäßig durch die Annahme eines Antrages zustande. Die **1** Annahme ist dabei normalerweise eine empfangsbedürftige Willenserklärung (s § 146 Rn 1). Von dieser Regel enthält § 151 eine Ausnahme (FLUME § 35 II 3). Sie besagt, daß in bestimmten Fällen die *Annahme auch durch eine nicht empfangsbedürftige Willenserklärung* erfolgen kann. § 151 verzichtet daher nicht auf die Annahmeerklärung, sondern nur auf deren **Zugang** (s näher Rn 14). Der Vertrag kommt zustande, ohne daß der Antragende von der Annahme Kenntnis erhalten haben müßte. Es soll dadurch die Schnelligkeit des Rechtsverkehrs gefördert und eine Verzögerung, die sich aus einer Empfangsbedürftigkeit der Annahmeerklärung ergeben würde, vermieden werden.

Es wird häufig gesagt, aus § 151 ergebe sich, daß eine Vertragsannahme auch durch **2** **schlüssiges Verhalten** möglich sei. Aus den Gesetzesmaterialien (Mot I 171 f) folgt sogar, daß eine Vertragsannahme durch schlüssiges Verhalten ursprünglich nur für den Fall des Annahmeverzichts als zulässig angesehen werden sollte. Heute wäre ein solcher Schluß verfehlt. Die Vorschrift darf auch nicht dazu verleiten, jede konkludente Annahme unter § 151 zu subsumieren. Denn die Vorschrift wird bei schlüssigem Verhalten nicht gebraucht, wenn dieses *gegenüber dem Antragenden* an den Tag gelegt wird (zust SOERGEL/WOLF § 151 Rn 2). Wenn sich der Angebotsempfänger gegenüber dem Antragenden so verhält, daß dieser daraus schließen darf, der Antrag solle konkludent angenommen werden, dann ist der Vertrag bereits geschlossen, ohne daß § 151 bemüht werden müßte. Die Vorschrift kommt nur zum Zuge, wenn es um ein Verhalten geht, das dem Antragenden nicht zur Kenntnis gebracht wird. So ist beispielsweise die Lieferung einer bestellten Sache eine konkludente Annahmeerklärung, die dem Besteller mit der Lieferung zugeht, ohne daß auf § 151 zurückgegriffen werden müßte (vgl aber zB LG Hamburg NJW-RR 1990, 495). Auf diese Vorschrift kommt es häufig nur an, wenn zu prüfen ist, ob die Annahme bereits zu einem früheren Zeitpunkt stattgefunden hat, etwa bei der Bereitstellung der Lieferung oder – noch früher – bei Beginn der innerbetrieblichen Bearbeitung des Auftrages (s auch Rn 17). Erst recht besteht natürlich kein Rechtssatz des Inhalts, daß die Annahme durch ausdrückliche Erklärung unter den Voraussetzungen des § 151 ausgeschlossen sein soll (SOERGEL/WOLF § 151 Rn 2).

Umgekehrt ist der an ein **Schweigen** angeknüpfte Vertragsschluß regelmäßig kein Fall **3** des § 151 (ERMAN/HEFERMEHL § 151 Rn 5/9; KRAMER Jura 1984, 235, 248). Die Vorschrift befreit nur von der Empfangsbedürftigkeit der Annahmeerklärung, nicht vom Erklärungstatbestand (s näher Rn 14 f). Wer gar kein Verhalten an den Tag legt, das auf einen Annahmewillen schließen lassen könnte, bringt den Vertrag nicht nach § 151 zustande (vgl nur RG HRR 1928 Nr 2260; SCHEFFER NJW 1995, 3166 ff; SCHULTZ MDR 1995, 1187 ff). Das Schweigen *ist* nämlich keine Willenserklärung (auch keine konkludente), sondern es kann allenfalls als solche *gewertet* werden (s § 146 Rn 5).

2. Anwendungsbereich

4   § 151 gilt für alle privaten Annahmeerklärungen, die nicht formgebunden sind (aM SOERGEL/WOLF § 151 Rn 3; für § 34 GWB auch BGH GRUR 1986, 758, 759; anders noch BGH WuW/E BGH 2064, 2065), auch für dingliche Verträge. Ist Schriftform vereinbart worden, scheidet § 151 also aus (OLG Düsseldorf NJW-RR 1988, 948, 949; OLG Köln BauR 1992, 779, 780; vgl auch LG Frankfurt NJW-RR 1987, 1268). Da *öffentlich-rechtliche Verträge* gemäß § 57 VwVfG der Schriftform bedürfen, kann § 151 bei diesen also nicht zum Zuge kommen. Die analoge Anwendung auf sonstige für die Wirksamkeit eines Vertrages erforderliche Erklärungen, etwa auf eine *vormundschaftsgerichtliche Genehmigung*, ist ebenfalls ausgeschlossen. Das bedeutet, daß die Parteien eines genehmigungspflichtigen Vertrages nicht vereinbaren können, daß die Genehmigung abweichend von § 1829 Abs 1 S 2 auch ohne Zugang beim Vertragspartner wirksam werden soll (ERMAN/HEFERMEHL § 151 Rn 2; SOERGEL/WOLF § 151 Rn 29; aM BayObLGZ 22 [1924] 139, 140; 2 [1902] 746, 748).

II.   Voraussetzungen für die Entbehrlichkeit des Zugangs

1.   Entbehrlichkeit kraft Verkehrssitte

5   a)   Die Annahme ist nur dann nicht empfangsbedürftig, wenn der Antragende auf den Zugang der Annahme verzichtet oder wenn dieser nach der Verkehrssitte nicht zu erwarten ist. Die Unterscheidung beider Fälle ist vielfach schwierig; FLUME (§ 35 II 3; zust MünchKomm/KRAMER § 151 Rn 51) hält sie sogar für undurchführbar, weil im allgemeinen anzunehmen sei, daß sich auch der Antragende der Verkehrssitte gemäß verhalte, so daß sein Angebot so zu verstehen sei, daß es den konkludenten Verzicht auf eine empfangsbedürftige Annahmeerklärung enthalte, wenn eine solche nach der Verkehrssitte nicht zu erwarten sei. Es mag indessen Fälle geben, in denen ein Verzichtswille gerade des Antragenden nicht sicher festgestellt werden kann, wohl aber eine Verkehrssitte die Empfangsbedürftigkeit der Annahmeerklärung entfallen läßt, so daß sich angesichts der Üblichkeit des Verzichts (s Rn 6) die weitere Suche nach einem konkreten Verzicht erübrigt. Umgekehrt muß bei Fehlen einer Verkehrssitte die Suche nach einem konkludenten Verzicht nicht von vornherein aussichtslos erscheinen (ebenso SOERGEL/WOLF § 151 Rn 21).

6   Ob eine entsprechende **Verkehrssitte** besteht, ist eine Frage des Einzelfalles (vgl allg dazu STAUDINGER/DILCHER[12] §§ 133, 157 Rn 34 ff). Es ist zu fragen, ob bei einem Geschäft dieser Art unter vergleichbaren Umständen üblicherweise auf eine Annahmeerklärung gerade dem Antragenden gegenüber verzichtet wird. Die Entstehung einer entsprechenden Verkehrssitte ist nicht auf den Handelsverkehr beschränkt. Für *seltene Geschäfte* kann sich eine solche Verkehrssitte regelmäßig nicht gebildet haben, weil es an einer hinreichend großen Menge vergleichbarer Fälle fehlt, aus denen auf eine verkehrsübliche Erwartungshaltung geschlossen werden könnte (vgl RG SeuffA 65

Nr 63). Bei Verträgen mit *erheblicher wirtschaftlicher Bedeutung* wird der Zugang der Annahmeerklärung idR ebenfalls nicht entbehrlich sein (vgl OLG Köln NJW 1990, 1051; VersR 1989, 1148; s auch § 150 Rn 6).

b) Eine Verkehrssitte, die die Empfangsbedürftigkeit der Annahmeerklärung 7 entfallen läßt, besteht häufig bei der **Bestellung von Waren** oder bei **Dienstleistungsaufträgen**, etwa bei kurzfristigen Reservierungswünschen für *Hotelzimmer* zu kurzer Aufenthaltsdauer (vgl OLG Düsseldorf MDR 1993, 26; Brox Rn 188; Enneccerus/Nipperdey § 162 I 2 a). Auch ein Vertrag über den Abdruck einer *Zeitungsannonce* kommt regelmäßig nach § 151 zustande (LG Nürnberg-Fürth AfP 1984, 174, 175). Ebenso kann bei eiligen *Bank- oder Börsengeschäftsanträgen* gegenüber einem Kunden, zu dem eine dauernde Geschäftsverbindung besteht, eine entsprechende Verkehrssitte bejaht werden (Erman/Hefermehl § 151 Rn 3; anders für den Wechseldiskont BGH NJW 1985, 196, 197). Hingegen besteht im *Versicherungsgewerbe* keine allgemeine Verkehrssitte, nach welcher die Empfangsbedürftigkeit von Annahmeerklärungen entfallen kann (BGH NJW-RR 1987, 1429; r + s 1989, 69 f; NJW 1976, 289, 290; 1951, 313; OLG Frankfurt NJW-RR 1986, 329; LG Frankfurt VersR 1994, 301, 303; Erman/Hefermehl § 151 Rn 3). Vielmehr muß die Annahme des Versicherers dem Versicherungsnehmer gegenüber erklärt werden und ihm zugehen (OLG Celle ZfS 1985, 55, 56; OLG Hamburg VersR 1988, 1169). Etwas anderes kann allenfalls für Verlängerungsanträge gelten: Nimmt etwa ein Versicherungsunternehmen nach der Rücknahme einer wirksamen Kündigung durch den Versicherungsnehmer dessen weitere Prämienzahlungen widerspruchslos entgegen, so wird der darin liegende Fortsetzungsantrag gemäß § 151 angenommen und das Versicherungsverhältnis fortgesetzt (BGH VersR 1969, 415).

Für die Fälle des **Kontrahierungszwangs** läßt sich ebenfalls eine Verkehrssitte bejahen, wonach der Leistungsverpflichtete das ihm vom Berechtigten unterbreitete Angebot zwar noch annehmen muß, von der Empfangsbedürftigkeit seiner Annahmeerklärung aber freigestellt ist (s Vorbem 30 zu §§ 145 ff). Auch bei **lediglich vorteilhaften Angeboten** kann eine Verkehrssitte bestehen, derzufolge die Annahmeerklärung des Begünstigten nicht empfangsbedürftig ist. Das gilt etwa für das Angebot zur Verbesserung eines Arbeitsvertrages (BAGE 11, 236, 249), für Abtretungen (OLG Düsseldorf ZIP 1992, 1460, 1461), Aufrechnungsverträge (vgl BFHE 143, 1, 4; FG Rheinland-Pfalz EFG 1978, 625), Erlaßverträge (vgl BGH WM 1984, 243; OLG Schleswig SchlHA 1981, 70), Schuldanerkenntnisse (OLG München NJW 1975, 174, 175; vgl auch BAG NJW 1993, 2553, 2554), wettbewerbsrechtliche Unterwerfungserklärungen (OLG Frankfurt OLGZ 1987, 76, 77 f; OLG Hamburg GRUR 1988, 240 [LS]; OLG Karlsruhe WRP 1990, 51, 52 f; OLG Köln WRP 1986, 505; 1985, 175, 176; anders, wenn ein Entwurf des Gegners zu dessen Nachteil erheblich geändert wurde, s OLG Celle GRUR 1990, 480, 481), Schuldmitübernahmen (BGH NJW-RR 1994, 280, 281; RG SeuffA 79 Nr 89), Bürgschaften (BGH NJW 1986, 1681, 1682; OLG Köln NJW-RR 1992, 555, 556) oder Garantieverträge (BGHZ 104, 82, 85; 78, 369, 372 f). Allerdings wird in diesen Fällen häufig schon das Schweigen als Annahme gewertet werden können (Soergel/Wolf § 151 Rn 18).

c) Trotz des Bestehens einer entsprechenden Verkehrssitte kann der Antragende 9 verlangen, daß die Annahme durch empfangsbedürftige Willenserklärung erfolgt. Die Bitte um eine *Annahmebestätigung* muß ein solches Verlangen aber nicht unbedingt enthalten. Sie kann auch bedeuten, daß der Gegner von der *erfolgten* Annahme Mitteilung machen soll (RGZ 134, 73, 76 f).

2. Verzicht

10 a) Gemäß § 151 S 1 kann der Antragende auf die Empfangsbedürftigkeit der Annahmeerklärung verzichten. Die Annahme eines Verzichtsantrages ist nicht erforderlich. (Das wirft uU die Frage auf, wie der Angebotsempfänger davor geschützt werden kann, daß sein Verhalten vorschnell als Annahme verstanden wird. Hier den ausdrücklichen Verzicht als treuwidrig zu mißachten [so OLG Hamburg ZIP 1988, 835, 836 f], dürfte mit dem Wortlaut des § 151 kaum vereinbar sein. Vielmehr ist die Lösung über eine sachgerechte Auslegung des Empfängerverhaltens zu suchen, s Rn 15 ff.) Dieser Verzicht erfolgt durch einseitige **empfangsbedürftige Willenserklärung**. Nach aM handelt es sich bei dem Verzicht um eine geschäftsähnliche Handlung (vgl SOERGEL/WOLF § 151 Rn 21), auf die dann die Rechtsgeschäftsregeln kraft Analogie anzuwenden wären (STAUDINGER/DILCHER[12] Einl 18 ff zu §§ 104 ff). Da hier indessen die Rechtsfolgen nur deshalb eintreten, weil sie gewollt sind, ist es korrekt, von einer Willenserklärung zu sprechen.

11 b) Die Verzichtserklärung ist **formfrei** möglich und kann demnach auch **konkludent** abgegeben werden (BGH GRUR 1986, 758, 759; Prot I 83 = MUGDAN I 693). Allerdings sollte der Verzicht nicht vorschnell bejaht werden, denn immerhin hat er zur Folge, daß der Antragende zunächst einmal mit der Unsicherheit leben muß, ob der Vertrag zustande gekommen ist oder nicht. Es ist aber nicht angezeigt, in jeder „Auftragsbestätigung" gleich den Verzicht auf den Zugang der Annahmeerklärung zu sehen (vgl aber AG Korbach NJW-RR 1994, 374). Bei *bedeutsamen Geschäften* wird man einen Verzicht im Zweifel nicht oder nur bei Vorliegen besonderer Umstände unterstellen können (MünchKomm/KRAMER § 151 Rn 47). So läßt sich ein konkludenter Verzicht etwa annehmen, wenn der Antragende *sofortige Leistung begehrt*, also etwa sofortiger Vollzug der auf vertraglicher Grundlage angesonnenen Handlung gefordert (RGZ 103, 312, 313; 84, 320, 323; OLG Hamburg WM 1993, 1877, 1879; BRINKMANN BB 1981, 1183, 1186; PAEFGEN JuS 1988, 592, 597) oder eine starken Preisschwankungen unterliegende Ware „expreß" bestellt wird (RGZ 102, 370, 372). Hierher gehört auch die Beauftragung eines Rechtsanwaltes mit einer eilbedürftigen Prozeßhandlung (OLG Stettin JW 1928, 2799) oder eines Arztes mit einem eiligen Krankenbesuch. Ein Verzicht auf die Empfangsbedürftigkeit der Annahmeerklärung liegt ferner vor, wenn der *Antrag durch das Anbieten der Leistung*, dh durch eine sog Realofferte erfolgt (s allg § 145 Rn 16 sowie OLG Düsseldorf MDR 1992, 1042). Dies geschieht zB bei der Zusendung unbestellter Waren, so daß in diesen Fällen Aneignungshandlungen des Empfängers zur Annahme des Verkaufs- und Übereignungsangebotes genügen (s § 146 Rn 11 und unten Rn 18). Ebenso kann ein Verzicht auf die Empfangsbedürftigkeit der Annahmeerklärung bei der Zusendung eines Ersatzloses bejaht werden, wenn die bisherigen Geschäftsbeziehungen der Beteiligten diesen Schluß rechtfertigen (BGH NJW 1957, 1105 f). Dasselbe gilt, wenn der Antrag auf Abschluß eines Maklervertrages durch Zusendung des zu verkaufenden Viehs erfolgt (OGHBrZ 1, 253, 256). Hingegen liegt in der Zahlung der ersten Versicherungsprämie kein Verzicht des Versicherungsnehmers auf die Annahmeerklärung des Versicherers (BGH NJW 1951, 313).

12 Im *Lastschriftverkehr* gibt die 1. Inkassostelle (Gläubigerbank) der Zahlstelle (Schuldnerbank) den Auftrag, den Lastschriftbetrag vom Schuldnerkonto abzubuchen. Fehlt es an einem entsprechenden Abbuchungsauftrag, so ist das Übersenden der Lastschrift als Angebot der Gläubigerbank an die Schuldnerbank auf Abschluß eines besonderen Auftragsvertrages zu verstehen, den Betrag auch ohne Abbuchungsauftrag vom Schuldnerkonto einzuziehen. Auf die Annahme haben die Banken in dem zwischen ihnen geschlossenen Lastschriftabkommen in Abschnitt I Nr 6 ausdrücklich verzichtet, so daß ein Fall des § 151 vorliegt. Die Annahme liegt dann in der wirksamen Belastung des Schuldnerkontos (BGHZ 79, 381, 386; 74, 352, 355 f; BAUER WM 1983, 198, 204; SOERGEL/WOLF § 151 Rn 6).

Auch bei nur *vorteilhaften Angeboten* kann ein konkludenter Verzicht auf die Empfangsbedürftigkeit der Annahmeerklärung bejaht werden. Das ist etwa der Fall, wenn der Hersteller einer Ware eine vom Verkäufer (s dann auch Rn 24) oder Käufer auszufüllende Garantiekarte für eine Herstellergarantie mitliefert (vgl BGHZ 104, 82, 85; 78, 369, 372 f; OLG Hamm MDR 1984, 53). Daneben kann eine entsprechende Verkehrssitte bestehen (s Rn 8). Zum Fall der sog *Kreuzofferten* s § 146 Rn 7. **13**

III. Annahme des Vertragsangebotes

1. Annahme durch nicht empfangsbedürftige Willenserklärung

Seinem Wortlaut nach kann § 151 so verstanden werden, daß es unter den beschriebenen Voraussetzungen einer Annahmeerklärung überhaupt nicht mehr bedarf. Möglich ist aber auch die Wortlautinterpretation, daß es einer Annahmeerklärung nur „dem Antragenden gegenüber" nicht bedarf. In diesem Fall würde abweichend von § 130 nur auf den *Zugang* der Annahmeerklärung verzichtet. Nach Sinn und Zweck der Vorschrift (Erleichterung des Rechtsverkehrs, s Rn 1) kann nur das letztere richtig sein. Wer einen Vertrag anbietet, will, daß der Vertrag geschlossen wird. Er (bzw die entsprechende Verkehrssitte, s Rn 5) verzichtet also nicht auf die Annahme selbst, denn das würde eine Bindung ohne Vertragsschluß bedeuten, die § 151 sicher nicht einführen wollte. Er verzichtet vielmehr allenfalls darauf, von der Annahme zu erfahren. Weitergehende Konzessionen an die üblichen Erfordernisse einer Annahmeerklärung sind durch Sinn und Zweck der Norm nicht veranlaßt, so daß es richtig ist, eine Annahmeerklärung iSd § 151 als **nicht empfangsbedürftige Willenserklärung** anzusehen, die – eben mit Ausnahme der zielgerichteten Abgabe in Richtung auf einen bestimmten Empfänger und der Empfangsbedürftigkeit – den allgemeinen Anforderungen unterliegt, die an Willenserklärungen im allgemeinen und Annahmeerklärungen im besonderen zu stellen sind (ebenso BGH NJW-RR 1994, 280, 281; OLG Köln VersR 1989, 1148; LG Berlin NJW 1992, 1327, 1328 [dazu krit KRAMPE NJW 1992, 1264, 1266]; BREHMER JuS 1994, 386, 387; ENNECCERUS/NIPPERDEY § 145 II A 3; JAUERNIG § 151 Anm 1; KRAMER Jura 1984, 235, 248; MünchKomm/KRAMER § 151 Rn 48 ff; PALANDT/HEINRICHS § 151 Rn 1; SOERGEL/WOLF § 151 Rn 7; aM zB KANZLEITER DNotZ 1988, 498, 499). Im einzelnen bedeutet das: **14**

a) Auch in den Fällen des § 151 ist ein objektiver äußerer **Erklärungstatbestand** erforderlich, also ein Verhalten, das auf einen endgültigen Annahmewillen des Angebotsempfängers schließen läßt. Der – im übrigen kaum feststellbare – bloße Annahmeentschluß reicht dafür nicht (aM FLUME § 35 II 3). Vielmehr muß der Annahmewille objektiv erkennbar hervorgetreten sein (BGHZ 74, 352, 356; BGH NJW-RR 1994, 280, 281; 1986, 415; WM 1990, 812, 813; RG HRR 1928 Nr 2260; OLG Köln NJW 1995, 3128, 3129; ERMAN/HEFERMEHL § 151 Rn 5; MünchKomm/KRAMER § 151 Rn 49; SOERGEL/WOLF § 151 Rn 5). In diesem Sinne ist es auch richtig zu verlangen, daß der Annahmewille „nach **15** außen" hervorgetreten sein müsse. Freilich kann das nicht bedeuten, daß der Erklärungstatbestand in jedem Fall außerhalb der eigenen vier Wände oder der betrieblichen Sphäre stattgefunden haben müßte; gerade darauf verzichtet ja § 151 (ebenso PALANDT/HEINRICHS § 151 Rn 2; SOERGEL/WOLF § 151 Rn 27; s auch unten Rn 17). Sondern es kann nur bedeuten, daß der bloße Annahmeentschluß nicht reicht, sondern die „Gedankenwelt" des Angebotsempfängers verlassen haben und in diesem Sinne wahrnehmbar geworden sein muß. Auf der anderen Seite ist auch in den Fällen des § 151 für den Erklärungstatbestand keine ausdrückliche Annahmeerklärung erforderlich, sondern es reicht ein **konkludentes Verhalten**, also ein Verhalten, das auf den endgültigen Annahmewillen des Angebotsempfängers schließen läßt. Ob das der Fall ist, ist nicht durch Auslegung vom Empfängerhorizont festzustellen, da die Annahme ja gerade nicht empfangsbedürftig ist, sondern – was freilich im Ergebnis keinen Unterschied machen wird – vom Standpunkt eines unbeteiligten objektiven Dritten (BGHZ 111, 97, 101; BGH WM 1990, 812, 813; NJW-RR 1986, 415; OLG Celle NJW-RR 1992, 884, 885; MünchKomm/KRAMER § 151 Rn 50; SOERGEL/WOLF § 151 Rn 8). Zur Annahme durch Schweigen s Rn 3.

16 b)   Neben dem objektiven Erklärungstatbestand bedarf es in Übereinstimmung mit den allgemeinen Regeln außerdem der **subjektiven Elemente** einer Willenserklärung (allg dazu STAUDINGER/DILCHER[12] Vorbem 16 ff zu §§ 116 ff). Erforderlich sind also *Handlungswille*, *Erklärungsbewußtsein* und *Geschäftswille*. Allerdings ist dieser Satz nicht unbestritten. PÄRN (44 ff) sieht die Annahme gemäß § 151 als rein tatsächlichen Akt an und verzichtet auf jede subjektive Voraussetzung. Nach hM ist für das Erklärungsbewußtsein zu unterscheiden: Wer – insbesondere beim Ge- oder Verbrauch unbestellt zugesandter Waren – wisse, daß das Verhalten als Annahme interpretiert werde, könne sich nach dem Rechtsgedanken des § 116 nicht darauf berufen, keinen Annahmewillen gehabt zu haben. Wer hingegen die Sache unter Verkennung der Sachlage ge- oder verbrauche, etwa weil er die Sache für seine eigene oder für aus einem anderen, bereits geschlossenen Vertrag stammend halte, müsse zwar nachweisen, daß der Annahmewille gefehlt habe; gelinge ihm dies aber, so sei die Annahme ohne Anfechtung unwirksam (so insbes BGH NJW-RR 1986, 415; BYDLINSKI JuS 1988, 36, 37 f; LARENZ § 28 I; MünchKomm/KRAMER § 151 Rn 50; PALANDT/HEINRICHS § 151 Rn 2). Dem ist indessen nicht zu folgen. Ob ein Verhalten des Angebotsempfängers als Annahmeerklärung zu verstehen ist, ist durch Auslegung zu ermitteln (s Rn 15), die auch darüber Auskunft gibt, ob Erklärungsbewußtsein und Geschäftswille vorliegen. Stellt es sich aus der Sicht des objektiven Beobachters so dar, so ist es Sache des (vermeintlich) Annehmenden, fehlendes Erklärungsbewußtsein oder fehlenden Geschäftswillen nachzuweisen und die Erklärung gegebenenfalls gemäß § 119 Abs 1 anzufechten. Für die „normale" Willenserklärung ist das heute weitgehend anerkannt (vgl nur BGHZ 109, 171, 177). Die hM meint, in den Fällen des § 151 anders entscheiden zu können, weil und solange die Willensbetätigung des Annehmenden keine Außenwirkung erzielt und beim Anbietenden keinen Vertrauenstatbestand erzeugt habe, so daß dieser auch nicht durch Abstellen auf die Sicht des objektiven Beobachters geschützt werden müsse. Das vermag indessen nicht zu überzeugen, da die Fälle ohnehin erst relevant werden, wenn der Vorgang Außenwirkung erlangt hat, und da die vorgeschlagene Differenzierung im subjektiven Bereich noch mehr Rechtsunsicherheit erzeugt, als § 151 ohnehin schon mit im Gepäck führt. Es bleibt daher dabei, daß sich der Angebotsempfänger an seinem aus neutraler Sicht als Annahme zu verstehenden Verhalten festhalten lassen muß, wenn es ihm nicht gelingt, sich durch Anfechtung nach § 119 Abs 1 davon zu lösen (ebenso BREHMER JuS 1994, 386, 389 f; wohl auch SOERGEL/WOLF § 151 Rn 8). Der Anbietende ist dann gemäß § 122 schadlos zu stellen (s auch Rn 23).

c) Die entscheidende Frage ist deshalb stets, *wann* ein Verhalten des Angebots- 17 empfängers den Schluß auf den Annahmewillen erlaubt. Hier muß stets auf den Einzelfall abgestellt werden (BGH NJW-RR 1986, 415). Einige **Beispiele** mögen das erläutern. Das Vertragsangebot eines *Warenbestellers* kann sicher dadurch angenommen werden, daß der Lieferant die bestellten (nicht: andere, s MünchKomm/KRAMER § 151 Rn 49) Waren abschickt. Dann bedarf es aber in der Regel des § 151 nicht, weil die dadurch zum Ausdruck gebrachte konkludente Annahmeerklärung dem Lieferanten mit der Lieferung zugeht (s oben Rn 2). Sucht man nach einem früheren Zeitpunkt, was insbesondere im Hinblick auf § 447 erforderlich ist, dessen Gefahrtragungsregel nach hM voraussetzt, daß bei Versendung bereits ein Kaufvertrag geschlossen war (statt vieler: MünchKomm/KRAMER § 151 Rn 46), so kommt etwa das Aussondern der Ware im Lager in Betracht, das die hM aber nicht genügen lassen will, weil in diesem Vorgang noch keine objektiv erkennbare Verlautbarung des Erklärungswillens erblickt werden könne (RGZ 102, 370, 372; ERMAN/HEFERMEHL § 151 Rn 5; FLUME § 35 Fn 67; JAUERNIG § 151 Anm 1; MünchKomm/KRAMER § 151 Fn 141). Bei Routinefällen erscheint das als zu eng. Wird etwa bei einem Versandunternehmen die eingehende Bestellung nach Kreditwürdigkeitsprüfung zur Ausführung in die Vertriebsabteilung gegeben, so läßt das den Schluß auf einen endgültigen Annahmewillen zu (vgl auch LARENZ § 28 I; SOERGEL/WOLF § 151 Rn 16). Anders kann es sein, wenn besondere Umstände darauf schließen lassen, daß die endgültige Entscheidung noch nicht gefallen ist, etwa wenn ein erforderlicher Ladeschein, ohne den über das Gut nicht verfügt werden kann, noch nicht aus der Hand gegeben ist (RGZ 84, 320, 323), wenn die Ware schon einmal versandfertig gemacht, aber zur Absendung noch gesondert freigegeben werden muß etc. Auch wer eine *Banküberweisung* ausfüllt, hat das Angebot des Warenlieferanten in der Regel erst angenommen, wenn er die Überweisung absendet.

Die Annahme kann auch darin liegen, daß der Empfänger eine ihm unverlangt zuge- 18 sandte *Sache in Gebrauch nimmt*, etwa den Wein trinkt oder das Buch liest (näher § 146 Rn 11; s auch Rn 16). Ebenso nimmt derjenige, dem ein Scheck mit der Bedingung übersandt worden ist, der Scheck solle nur bei Annahme des gleichzeitig unterbreiteten *Abfindungsangebotes* eingelöst werden, dieses Angebot an, wenn er den Scheck seiner Bank zum Einzug schickt (BGH WM 1990, 812, 813 f; NJW-RR 1986, 415 f; OLG Düsseldorf NZV 1993, 432 [LS]; MDR 1992, 1042; 1990, 920; OLG Köln VersR 1994, 113; HARDER WuB IV A § 151 BGB 1.92), es sei denn, es stehen besondere Umstände dieser Auslegung entgegen, etwa eine Erklärung, den Scheck nur als Teilzahlung zu betrachten, eine krasse Abweichung vom bisherigen Stand der Vergleichsverhandlungen oä (vgl BGHZ 111, 97, 101 ff [dazu krit vRANDOW ZIP 1995, 445 ff]; BGH NJW-RR 1987, 937 f; OLG Celle NJW-RR 1992, 884, 885; OLG Hamburg ZIP 1988, 835, 837; OLG Hamm MDR 1992, 450; BLAUROCK EWiR 1986, 241, 242; OTT WuB IV A § 151 BGB 1.90 und 2.90).

In diesen Zusammenhang gehören auch zahlreiche Fälle, die früher mit der Rechts- 19 figur des *faktischen Vertrages* gelöst wurden (vgl dazu Vorbem 39 zu §§ 145 ff). Die Nutzung einer im Massenverkehr angebotenen Leistung wird bei objektiver Auslegung (s oben Rn 15) häufig auf einen Annahmewillen schließen lassen, sofern nicht besondere Umstände entgegenstehen. So kommt etwa nach § 151 ein Abwasserbeseitigungsvertrag zustande, wenn der Grundstückseigentümer Wasser in die gemeindliche Kanalisation einleitet (BGH MDR 1982, 993; OLG Koblenz OLGZ 1988, 373, 374 f), oder ein Wasser- oder Energieversorgungsvertrag, wenn Wasser bzw Energie aus dem Versorgungsnetz entnommen wird (OLG Saarbrücken NJW-RR 1994, 436 f; OLG München RdE 1995, 29 f). Der Rechtsfigur des faktischen Vertrages bedarf es dabei nicht (anders noch OLG Frankfurt MDR 1989, 257; LG Köln RdE 1993, 28; JANKE-WEDDIGE BB 1985, 758 ff; zweifelhaft auch OLG Hamm ZIP 1983, 329 f). Das Handeln eines Dritten ist nach den bei Rn 24 beschriebenen allgemeinen Grundsätzen zuzurechnen.

20 Beim Abschluß eines Vertrages, der *Dienstleistungen* des Antragsempfängers zum Gegenstand haben soll, die dieser innerhalb seines eigenen Betriebes erbringen muß, genügt zur Annahme sicher der Beginn der nach dem Betriebsablauf für die Ausführung des Vertrages erforderlichen Handlungen (ENNECCERUS/NIPPERDEY § 162 I 2 a), also etwa der Beginn der Reparatur einer übersandten Sache (für Vorverlegung auf das Unterlassen unverzüglicher Ablehnung SOERGEL/WOLF § 151 Rn 14). Es kommen aber auch vorgelagerte Handlungen in Betracht, etwa das Eintragen in ein Auftragsbuch (zB das Zimmerverzeichnis des Hoteliers, s MünchKomm/KRAMER § 151 Rn 53). Ebenso erklärt ein Arbeitnehmer, der nach dem Angebot einer nachteiligen Vertragsänderung seine Arbeit widerspruchslos fortsetzt, sein Einverständnis mit der Vertragsänderung (BAG BB 1976, 1128).

21 Auch ein *Verhalten gegenüber Dritten* kann als Annahme des Vertragsangebotes zu verstehen sein (RGZ 117, 312, 315; 84, 320, 323; ERMAN/HEFERMEHL § 151 Rn 5; SOERGEL/WOLF § 151 Rn 19; aM MünchKomm/KRAMER § 151 Fn 142). So kann der Eintritt in Weiterverkaufsverhandlungen über eine unbestellt zugesandte Sache die Annahme hinsichtlich des Erwerbs dieser Sache darstellen, wenn sich nicht aus den Umständen ergibt, daß der Angebotsempfänger durch die Weiterverkaufsverhandlungen erst einmal nur den Markt sondieren und sich Gewißheit darüber verschaffen will, ob sich der Erwerb der unbestellten Ware lohnt. – Zum Überweisungsauftrag s Rn 17 aE; zur Annahme durch Scheckeinlösung s Rn 18 aE.

2. **Anwendbarkeit der §§ 104 ff**

22 Da es sich bei der Annahmeerklärung des § 151 um eine normale Willenserklärung handelt, bei der lediglich von der Empfangsbedürftigkeit abgesehen wird, finden die Vorschriften über Willenserklärungen grundsätzlich Anwendung, soweit sie nicht gerade an die Empfangsbedürftigkeit anknüpfen. So wird etwa die Annahme in den Fällen des § 151 von der Regelung des § 130 Abs 1 S 2 über den **Widerruf** nicht erfaßt. Auch eine analoge Anwendung dieser Vorschrift dahin, daß ein Widerruf erfolgen könne, bevor der Antragende von der Tatsache der Annahme Kenntnis erhalten hat, ist abzulehnen, da der Vertrag mit der Verlautbarung der Annahmeerklärung bereits abgeschlossen ist (RGZ 102, 370, 372; ENNECCERUS/NIPPERDEY § 162 Fn 9; FLUME § 35 II 3; SOERGEL/WOLF § 151 Rn 9; aM BREHMER JuS 1994, 386, 390 f; BYDLINSKI JuS 1988, 36, 38; MünchKomm/KRAMER § 151 Fn 144 und Rn 50: Widerruf möglich, solange beim Offerenten noch kein Vertrauenstatbestand geschaffen ist).

23 Die **Anfechtung** der Annahmeerklärung nach § 151 geschieht nach den allgemeinen Regeln (JAUERNIG § 151 Anm 1; s auch STAUDINGER/DILCHER[12] § 143 Rn 8; offen BGH WM 1990,

812, 815; zweifelnd offenbar BGH NJW-RR 1986, 415, 416), so zB, wenn jemand bei seiner Annahmehandlung über den Preis einer unbestellt zugesandten Ware im Irrtum war; zur Anfechtung wegen Irrtums über die Rechtserheblichkeit des Annahmeverhaltens s Rn 16. Ein *Vertrauensschaden* kann dem Antragenden allerdings nur dann entstehen, wenn er von der Annahmeerklärung Kenntnis erhalten hat (ERMAN/HEFERMEHL § 151 Rn 8; MünchKomm/KRAMER § 151 Rn 50; SOERGEL/WOLF § 151 Rn 9). Eine Anfechtung ist nicht erforderlich, wenn ein versteckter Dissens vorliegt (oder eine Einigung über die essentialia negotii fehlt, s § 154 Rn 3, 8), also zB der Empfänger unbestellter Waren bei seiner Verbrauchshandlung annimmt, ihm solle geschenkt werden, während in Wirklichkeit ein Verkaufsangebot gemacht war.

Stellvertretung ist bei der Annahmeerklärung nach § 151 ebenso wie bei anderen nicht empfangsbedürftigen Willenserklärungen möglich (vgl BGH WM 1990, 812, 815; NJW-RR 1986, 415, 416; SOERGEL/WOLF § 151 Rn 10). Allerdings müssen die Erfordernisse des Offenkundigkeitsprinzips gewahrt sein (allg dazu STAUDINGER/DILCHER[12] Vorbem 35 zu § 164). **24**

3. Zeitpunkt des Vertragsschlusses

Abweichend von der Regel (s Vorbem 41 zu §§ 145 ff) kommt der Vertrag in den Fällen des § 151 nicht mit dem Zugang, auf den ja gerade verzichtet wird, sondern zu dem Zeitpunkt zustande, zu dem die Annahmeerklärung abgegeben wird. **25**

IV. Erlöschen des Antrages

Für die Dauer der Anträge, die gemäß § 151 S 1 durch nicht empfangsbedürftige Erklärung angenommen werden können, enthält § 152 S 2 eine Sonderregelung. Danach unterliegt die Annahmefrist in erster Linie der **Bestimmung des Antragenden**. Für diese Fristsetzung gelten die allgemeinen Vorschriften des § 148 (s § 148 Rn 3 ff). Sie kann auch noch nachträglich erfolgen (s § 148 Rn 9). Die Frist ist überschritten und der Antrag damit erloschen, wenn die Annahmeerklärung unterlassen oder verspätet abgegeben wird (RGZ 124, 336, 338; 117, 312, 314 f). **26**

Ist vom Antragenden keine Frist gesetzt worden, so gilt nicht der objektive Maßstab des § 147 Abs 2 (vgl § 147 Rn 7). Vielmehr ist auf den anhand der Umstände durch Auslegung zu ermittelnden **Willen des Antragenden** abzustellen (RGZ 83, 104, 106). Die in § 86 Abs 4 E I noch vorgesehene Regelung, daß der Antragende, der sofortige Leistung verlangt, im Zweifel nur solange gebunden sein soll, wie zur Bewirkung der Leistung erforderlich ist, wurde nicht in das BGB übernommen. Die Auslegung kann jedoch ergeben, daß der Antragende einen auf eine derartige Begrenzung gerichteten Willen erklärt hat. **27**

V. Beweislast

Die Beweislast für die Abgabe einer Annahmeerklärung nach Maßgabe des § 151 trifft denjenigen, der das Zustandekommen des Vertrages behauptet. Er muß beweisen, daß die Voraussetzungen des § 151 vorgelegen haben und daß die Annahmeerklärung (konkludent) abgegeben wurde (SOERGEL/WOLF § 151 Rn 30); zur Beweislast für fehlendes Erklärungsbewußtsein s Rn 16. **28**

§ 152

Wird ein Vertrag notariell beurkundet, ohne daß beide Teile gleichzeitig anwesend sind, so kommt der Vertrag mit der nach § 128 erfolgten Beurkundung der Annahme zustande, wenn nicht ein anderes bestimmt ist. Die Vorschrift des § 151 Satz 2 findet Anwendung.

Materialien: E II § 124 a; III § 148; Prot V 439.

Systematische Übersicht

I.	Überblick	1	2.	Abweichende Bestimmung	5
II.	Voraussetzungen	2	IV.	Erlöschen des Antrages	8
III.	Rechtsfolgen		V.	Beweislast	10
1.	Wirkung des § 152 S 1	4			

Alphabetische Übersicht

S Vorbem zu §§ 145–156.

I. Überblick

1 § 152 regelt den Moment des Vertragsschlusses für den Fall einer **Sukzessivbeurkundung** und legt fest, daß der Vertrag nicht erst mit Zugang der beurkundeten Annahmeerklärung beim Anbietenden, sondern schon mit der Beurkundung der Annahmeerklärung selbst zustande kommt. Die Vorschrift, deren heutige Fassung auf dem BeurkG von 1969 beruht, wurde erst von der zweiten Kommission eingefügt. Sie bezweckt eine **Beschleunigung des Vertragsabschlusses** in solchen Fällen, in denen typischerweise angenommen werden kann, daß sich die Parteien über den Vertragsinhalt bereits einig sind (s auch SOERGEL/WOLF § 152 Rn 1).

II. Voraussetzungen

2 § 152 setzt die **Beurkundung** eines Vertrages voraus. Obgleich das Gesetz von einer *notariellen* Beurkundung spricht, ist anerkannt, daß die Beurkundung durch *andere Stellen* gleichsteht, wenn sie gemäß § 61 BeurkG nach Landesrecht anstelle des Notars zuständig sind (RGZ 68, 393, 394; RG WarnR 1923/24 Nr 111; SOERGEL/WOLF § 152 Rn 2). Ob die Beurkundung in Erfüllung einer gesetzlichen Formvorschrift erfolgt oder auf dem Parteiwillen beruht (s dazu STAUDINGER/DILCHER[12] § 128 Rn 2 f), ist unerheblich. Auf die Fälle einfacher Schriftform oder öffentlicher Beglaubigung der Vertragserklärungen kann die Norm aber nicht angewandt werden, auch nicht analog (RGZ 93, 175, 176; OLG Braunschweig SeuffA 65 Nr 107). Allerdings können hier die Voraussetzungen des § 151 vorliegen.

3 Sind bei der Beurkundung vor dem Notar *beide Parteien anwesend*, so stellt sich die von der Vorschrift geregelte Frage nach dem Zeitpunkt des Zustandekommens nicht. Häufig wird man hier nicht einmal von Angebot und Annahme im eigentlichen Sinne sprechen können (s Vorbem 38 zu §§ 145 ff). § 152 setzt vielmehr außerdem voraus, daß es sich um eine **Sukzessivbeurkundung** handelt, daß also nicht beide Teile gleichzeitig anwesend sind, sondern daß Angebot und Annahme getrennt, in gesonderten Terminen von demselben oder verschiedenen Notaren beurkundet werden (s näher STAUDINGER/DILCHER[12] § 128 Rn 4 f). Damit vergleichbar ist der Fall, daß jemand, der durch einen Vertreter ohne Vertretungsmacht vertreten wurde, diesen Vertrag genehmigen will. Hier ist § 152 entsprechend anwendbar (OLG Karlsruhe NJW 1988, 2050; MünchKomm/KRAMER § 152 Rn 5; aM HÄNLEIN JuS 1990, 737, 739; TIEDTKE BB 1989, 924, 926 ff).

III. Rechtsfolgen

1. Wirkung des § 152 S 1

§ 152 S 1 gestaltet in den Fällen sukzessiver notarieller Vertragsbeurkundung die Annahmeerklärung als eine **nicht empfangsbedürftige Willenserklärung** aus, so daß bereits die Beurkundung der Erklärungsabgabe den Vertragsschluß bewirkt. Das Zugehen der Annahmeerklärung ist nicht erforderlich (OLG Karlsruhe NJW 1988, 2050). Der Antragende kann auch nicht verlangen, daß er von der Abgabe der Annahmeerklärung *benachrichtigt* wird (TIEDTKE BB 1989, 924, 926). Enthält die Annahme allerdings gegenüber dem Angebot *Änderungen*, so greift § 150 Abs 2 ein. Die Erklärung ist dann, da sie als neues Angebot noch angenommen werden muß, empfangsbedürftig.

2. Abweichende Bestimmung

§ 152 S 1 läßt eine von der Rechtsfolgenbestimmung der Norm abweichende Bestimmung im Vertragsangebot zu, ist also nicht zwingend (OLG Karlsruhe NJW 1988, 2050). Die abweichende Bestimmung kann insbesondere dahin gehen, daß der Vertrag erst mit dem **Zugang der Annahmeerklärung** beim Antragenden zustande kommen soll. In diesem Fall ist zu prüfen, ob der Notar, der den Antrag beurkundet hat, als Empfangsvertreter bzw als Empfangsbote des Antragenden eingesetzt worden ist (RGZ 96, 273, 275; 49, 127, 130).

Ebenso kann im Antrag bestimmt werden, daß der Vertragsabschluß zwar mit der Beurkundung der Erklärungsabgabe vollzogen sein soll, daß aber der Annehmende verpflichtet sein soll, die Tatsache der Annahmeerklärung dem **Antragenden zur Kenntnis zu bringen**. Der Inhalt einer solchen Bestimmung ist durch Auslegung zu ermitteln. Sie kann bedeuten, daß der Vertrag unter der *auflösenden oder aufschiebenden Bedingung* stehen soll, daß die Annahme dem Antragenden mitgeteilt wird. Es kann aber auch eine selbständige *Benachrichtigungspflicht* begründet worden sein (SOERGEL/WOLF § 152 Rn 7). In diesem Fall ist im Wege der Auslegung zu klären, ob dieser Verpflichtung bereits durch eine Nachricht an den Notar genügt werden kann, der den Antrag beurkundet hat, oder ob der Antragende persönlich benachrichtigt werden muß. Die Einschaltung eines Dritten in den Benachrichtigungsvorgang ist jedenfalls möglich (zurückhaltender SOERGEL/WOLF § 152 Rn 7: nur bei Benachrichtigung durch *interessierte* Dritte, zB Bürgen). Verzögert sich die Benachrichtigung, so entsteht für den Antragenden eine Rückfragepflicht (RGZ 96, 273, 277).

7 Eine abweichende Bestimmung kann auch **durch konkludentes Handeln** erfolgen (RGZ 76, 364, 366; 49, 127, 132). Jedoch müssen dabei die Umstände, die für eine abweichende Bestimmung sprechen, deutlich hervortreten (zust SOERGEL/WOLF § 152 Rn 8). So wird man zB aus der Bestimmung einer Annahmefrist (s dazu Rn 8) nicht schon zwingend die konkludente Bestimmung des Zugangserfordernisses für die Annahmeerklärung entnehmen können (ERMAN/HEFERMEHL § 152 Rn 4; FLUME § 35 II 1; Münch-Komm/KRAMER § 152 Rn 3; **aM** RGZ 96, 273, 275; 76, 364, 366; 49, 127, 132; JAUERNIG § 152 Anm 2; SOERGEL/WOLF § 152 Rn 7). Jedenfalls kann eine (der Beweislastentscheidung vorgehende) Würdigung der Umstände des Einzelfalles, insbesondere der Interessenlage der Parteien, zu diesem Ergebnis führen (BGH NJW-RR 1989, 198; EMMERICH WuB IV A § 152 BGB 1.89). Kann der Annehmende den Willen des Antragenden nicht klar genug erkennen, so ist er zur Rückfrage verpflichtet. Anderenfalls kann eine cic vorliegen.

IV. Erlöschen des Antrages

8 Da der Antragende in den Fällen des § 152 ein Interesse daran hat, nur auf bestimmte Zeit an seinen Antrag gebunden zu sein, kann er eine **Annahmefrist** bestimmen, nach deren Überschreiten der Antrag gemäß §§ 146, 148 erlischt. Ob innerhalb dieser Frist die Annahmeerklärung nur abgegeben oder dem Antragenden auch zugegangen sein muß, ist durch Auslegung zu ermitteln. Im Zweifel wird man annehmen müssen, daß die Annahmeerklärung nur innerhalb der Annahmefrist wirksam abgegeben sein muß (s auch Rn 7). Hilfsweise muß auch § 149 in Betracht gezogen werden (SOERGEL/WOLF § 152 Rn 7). Ebenso ist durch Auslegung zu ermitteln, ob auch erforderliche Genehmigungen Dritter innerhalb der Frist erteilt bzw gemäß § 1829 Abs 1 S 2 wirksam geworden sein müssen, was im Zeifel ebenfalls zu verneinen ist (**aM** RGZ 76, 364, 366; wie hier wohl SOERGEL/WOLF § 152 Rn 7).

9 Hat der Antragende keine Annahmefrist bestimmt, so gilt § 152 S 2, der auf § 151 S 2 verweist. Das bedeutet, daß sich die Dauer der Bindung des Antragenden aus dem anhand der Umstände durch Auslegung zu ermittelnden **Willen des Antragenden** ergibt (s näher dazu § 151 Rn 27). Ist die Frist überschritten, so gilt die verspätete Annahme auch in den Fällen des § 152 gemäß § 150 Abs 1 als neuer Antrag (ERMAN/HEFERMEHL § 152 Rn 3).

V. Beweislast

10 Wer eine vom Grundsatz des § 152 abweichende Bestimmung behauptet, muß deren Inhalt beweisen. Da eine Fristbestimmung im Zweifel keine von § 152 S 1 abweichende Bestimmung enthält, muß der Antragende das Gegenteil beweisen (vgl oben Rn 7, 8 sowie BAUMGÄRTEL/LAUMEN, Hdb d Beweislast [2. Aufl 1991] § 152 Rn 1; MünchKomm/KRAMER § 152 Rn 3; SOERGEL/WOLF § 152 Rn 10; **aM** RGZ 96, 273, 275; RG WarnR 1913 Nr 354).

§ 153

Das Zustandekommen des Vertrages wird nicht dadurch gehindert, daß der Antragende vor der Annahme stirbt oder geschäftsunfähig wird, es sei denn, daß ein anderer Wille des Antragenden anzunehmen ist.

Materialien: E I § 89; II § 125; III § 149; Mot I 175; Prot I 86.

Systematische Übersicht

I. Entstehung und Bedeutung der Vorschrift ___ 1	2. Eintritt nach Zugang des Antrags ___ 11
II. Tod oder Geschäftsunfähigkeit des Antragenden	IV. Andere Fälle geminderter Rechtsmacht
1. Eintritt vor Zugang des Antrags ___ 2	1. Beschränkte Geschäftsfähigkeit ___ 14
2. Eintritt nach Zugang des Antrags ___ 3	2. Konkurseröffnung ___ 15
a) Regelungsgehalt des § 153 ___ 3	a) über das Vermögen des Antragenden ___ 15
b) Anderer Wille des Antragenden ___ 5	b) über das Vermögen des Antragsempfängers ___ 16
III. Tod oder Geschäftsunfähigkeit des Antragsempfängers ___ 9	3. Beschränkung der Verfügungsmacht ___ 17
1. Eintritt vor Zugang des Antrags ___ 10	V. Beweislast ___ 18

Alphabetische Übersicht

S Vorbem zu §§ 145–156.

I. Entstehung und Bedeutung der Vorschrift

Nach gemeinem Recht hatten Tod oder Geschäftsunfähigkeit sowohl des Antragenden als auch des Antragsgegners vor der Annahme das Erlöschen des Antrags zur Folge. Dagegen gingen §§ 106 ff I 5 ALR und § 818 SächsBGB davon aus, daß ein Vertragsantrag weder durch den Tod des Antragenden noch durch den Tod des Antragsempfängers erlischt, sofern nicht der Antrag auf persönlichen Beziehungen beruhte, die mit dem Tod wegfallen. Ähnlich war es in Art 297 ADHGB bestimmt (vgl BINDEWALD, Der Tod des Antragenden [Diss Jena 1938] 18 ff). Auch § 153 liegt der Gedanke zugrunde, daß Vertragsanträge regelmäßig auf einem Vermögensinteresse beruhen, das bestehen bleibt, wenn das Vermögen mit dem Tod des bisherigen Inhabers in andere Hände übergeht (Mot I 176). Der Eintritt der Geschäftsunfähigkeit wird dabei nach gemeinrechtlichem Vorbild dem Tod gleichgestellt. Bedeutung hat die Vorschrift nur für verkörperte Willenserklärungen, da nicht verkörperte gemäß § 147 Abs 1 nur sofort angenommen werden können (vgl aber SOERGEL/WOLF § 153 Rn 2). 1

II. Tod oder Geschäftsunfähigkeit des Antragenden

1. Eintritt vor Zugang des Antrags

2 Treten Tod oder Geschäftsunfähigkeit ein, nachdem der in einer verkörperten Willenserklärung enthaltene Antrag abgegeben, aber bevor er zugegangen ist, so wird das *Wirksamwerden* der Erklärung gemäß § 130 Abs 2 nicht gehindert (näher dazu STAUDINGER/DILCHER[12] § 130 Rn 64). Im Todesfall ist dann der Erbe an den Antrag gebunden, sofern es ihm nicht gelingt, rechtzeitig von dem ihm bzw dem gesetzlichen Vertreter des Geschäftsunfähigen verbleibenden Widerrufsrecht nach § 130 Abs 1 S 2 Gebrauch zu machen (s STAUDINGER/DILCHER[12] § 130 Rn 65). Die *Annahmefähigkeit* des so wirksam gewordenen Angebotes richtet sich dann nach § 153. Man kann nicht aus § 130 Abs 2 schließen, daß das trotz Tod oder Geschäftsunfähigkeit wirksam gewordene Angebot auch dann angenommen werden können soll, wenn – wie § 153 einschränkt – „ein anderer Wille des Antragenden anzunehmen ist". Für § 153 ist es also letztlich gleich, ob Tod oder Geschäftsunfähigkeit vor oder nach Zugang des Antrages eingetreten sind.

2. Eintritt nach Zugang des Antrags

3 a) Treten Tod oder Geschäftsunfähigkeit des Antragenden ein, nachdem der in einer verkörperten Willenserklärung enthaltene Antrag zugegangen (bzw der in einer nicht verkörperten Willenserklärung enthaltene Antrag vernommen worden) ist, dann folgt aus § 153, daß der Antrag **annahmefähig** bleibt. Das gilt erst recht, wenn die Annahme bereits erklärt, aber ihrerseits noch nicht zugegangen ist (OLG Hamm NJW-RR 1987, 342, 343). Andere Wirksamkeitshindernisse bleiben unberührt. So gibt zB ein nach § 153 zustandegekommener Lebensversicherungsvertrag keinen Anspruch auf die Versicherungssumme, weil der Todesfall schon vor Vertragsschluß eingetreten ist (RG SeuffA 81 Nr 20). Dagegen kann eine *Schenkung auf den Todesfall* – zB durch Anlegen eines (Spar-)Kontos – noch nach dem Tode des Antragenden angenommen werden. Die erbrechtliche Formvorschrift des § 2301 steht nach hM nicht entgegen, weil sie durch § 331 verdrängt wird, die schuldrechtliche des § 518 nicht, weil die Schenkung mit der Annahme vollzogen ist (BGHZ 46, 198, 204; KG OLGZ 1979, 460, 463 f; ERMAN/HEFERMEHL § 153 Rn 1; MünchKomm/KRAMER § 153 Rn 5; wohl auch KIPP/COING, Erbrecht [14. Aufl 1990] § 81 IV 2 a; **aM** MEDICUS BR Rn 392 ff mwN).

4 Für die **Annahme** gelten die allgemeinen Regeln der §§ 146 ff. Die *Annahmefrist* des § 147 Abs 2 verlängert sich allerdings um die Zeit, welche zur Ermittlung des Erben erforderlich ist. Außerdem entsteht im Falle des § 151 für den Annehmenden nach Treu und Glauben eine *Benachrichtigungspflicht* gegenüber dem Erben oder gesetzlichen Vertreter, der von dem abgeschlossenen Vertrag nichts weiß. *Empfangszuständig* für eine empfangsbedürftige Annahmeerklärung ist im Falle des Todes der Erbe des Antragenden. Es genügt jedoch auch eine Abgabe gegenüber dem Verstorbenen, wenn die Erklärung dem Erben zugeht. Bei Geschäftsunfähigkeit muß die Annahme gemäß § 131 Abs 1 dem gesetzlichen Vertreter zugehen (vgl STAUDINGER/DILCHER[12] § 131 Rn 3 f). Eine *Auslegung* der Annahmeerklärung kann ergeben, daß der Annehmende nur mit dem Offerenten persönlich abschließen will, zB bei einem Kreditgeschäft. In diesem Fall kommt der Vertrag trotz der aus § 153 resultierenden Annahmefähigkeit des Angebotes nicht zustande (MünchKomm/KRAMER § 153 Rn 4).

b) § 153 bestimmt, daß der Antrag die Annahmefähigkeit mit dem Tode oder der **5** Geschäftsunfähigkeit des Antragenden verliert und somit erlischt, wenn ein **anderer Wille des Antragenden anzunehmen** ist. Es kommt dazu nur auf den Willen des Antragenden, nicht auch auf den des Antragsempfängers an (RG SeuffA 81 Nr 20). Der Antragende kann einen entsprechenden Willen *ausdrücklich* erklären. Nötig ist das aber nicht. Vielmehr ergibt sich unmittelbar aus § 153, daß ein entgegenstehender Wille im Wege der *Auslegung* festgestellt werden kann. Für diese Auslegung müssen die allgemeinen Regeln gelten (insofern zutr FLUME § 35 I 4; MEDICUS AT Rn 377; Münch-Komm/KRAMER § 153 Rn 3), dh es ist unter Berücksichtigung der für den Empfänger erkennbaren Umstände der objektive Erklärungswert des Angebotes festzustellen. Ob der Empfänger aus den ihm erkennbaren Umständen auch tatsächlich die richtigen Schlüsse gezogen hat, ist unerheblich. Da sich ein wirklicher Wille kaum feststellen lassen wird, ist nach dem hypothetischen Willen des Antragenden zu fragen, also danach, was er bestimmt hätte, wenn er das eingetretene Ereignis vorausgesehen hätte. Geben die dem Empfänger erkennbaren Umstände nichts her, bleibt es bei der Regel des § 153. Die Vorschrift erweist sich damit als *Auslegungsregel* (aM die vorstehend Genannten, die meinen, es handele sich um einen die Bindungswirkung der Offerte ergänzenden und durch sie bestimmten Rechtssatz; wie hier ERMAN/HEFERMEHL § 153 Rn 2; SOERGEL/WOLF § 153 Rn 9 f, der allerdings meint, § 153 verzichte auf den Vertrauensschutz für den Antragsempfänger, so daß es nicht darauf ankomme, ob diesem die maßgeblichen Umstände erkennbar waren [ebenso LARENZ § 27 I b Fn 10] und ob er von Tod oder Geschäftsunfähigkeit Kenntnis haben konnte).

Vorliegen wird ein entgegenstehender Wille in solchen Fällen, in denen der Vertrag **6** auf **Leistungen für den höchstpersönlichen Bedarf** des Verstorbenen gerichtet war. Im Falle der Geschäftsunfähigkeit des Antragenden kann die Einschränkung der Annahmefähigkeit für Anträge auf höchstpersönliche Leistungen gelten, von denen der Antragende nur mit gesunden Sinnen Gebrauch gemacht hätte (Mot I 176; **aM** SOERGEL/WOLF § 153 Rn 10: Wegfall der Geschäftsgrundlage).

Außerdem ist ein entgegenstehender Wille des Antragenden anzunehmen, wenn **7** sein Tod oder seine Geschäftsunfähigkeit einen **Beendigungsgrund** für den bereits abgeschlossenen Vertrag dargestellt hätte. Dies gilt zB für §§ 613, 672, 673, 675, 727, 1061, 1090 Abs 2 (ERMAN/HEFERMEHL § 153 Rn 2).

Hatte der Antragsempfänger in den Fällen eines entgegenstehenden Willens bereits **8** vor Kenntniserlangung vom Tod oder von der Geschäftsunfähigkeit des Antragenden mit der **Ausführung des Vertrages** begonnen und hierfür Aufwendungen gemacht, so wird ihm zT in analoger Anwendung der §§ 122, 307 *Ersatz des Vertrauensschadens* zugebilligt (CLASEN NJW 1952, 14; ENNECCERUS/NIPPERDEY § 161 III 2; ERMAN/HEFERMEHL § 153 Rn 4; JAUERNIG § 153 Anm 2; LARENZ § 27 I b; PALANDT/HEINRICHS § 153 Rn 2). Das kommt indessen allenfalls dann in Betracht, wenn der Antragsempfänger unter Berücksichtigung der ihm erkennbaren Umstände von einem wirksamen Vertragsschluß ausgehen durfte (ganz ablehnend FLUME § 35 I 4; MünchKomm/KRAMER § 153 Rn 3; SOERGEL/WOLF § 153 Rn 13). Begründet ist die Ersatzpflicht hingegen in den Fällen eines Verschuldens des Erben oder des gesetzlichen Vertreters, insbesondere wenn sie mit einem an den Antragenden übersandten Leistungsgegenstand nicht sorgfältig umgegangen sind oder wenn eine Benachrichtigung den Annehmenden von seinen Aufwendungen abgehalten hätte.

III. Tod oder Geschäftsunfähigkeit des Antragsempfängers

9 In § 89 E I war vorgesehen, daß Tod oder Geschäftsunfähigkeit des Antragsempfängers ebenso behandelt werden sollten wie beim Antragenden. Diese Vorschrift wurde indessen nicht in das BGB übernommen (vgl Prot I 182 = MUGDAN I 695). Demnach besteht folgende Rechtslage:

1. Eintritt vor Zugang des Antrags

10 *Stirbt* der Adressat, bevor der Antrag wirksam wird, insbesondere also vor dem Zugang einer verkörperten Willenserklärung, so kann der Antrag nur wirksam werden, wenn er als auch an den Erben des Adressaten gerichtet anzusehen ist. Ob es sich so verhält, muß im Wege der Auslegung festgestellt werden (ERMAN/HEFERMEHL § 153 Rn 7; FLUME § 35 I 4; MünchKomm/KRAMER § 153 Rn 7; SOERGEL/WOLF § 153 Rn 15). Eine Vermutung besteht dafür nicht. Wird der Adressat vor dem Wirksamwerden *geschäftsunfähig*, so gilt § 131 Abs 1. Demnach tritt die Wirksamkeit des Antrags durch Zugang beim gesetzlichen Vertreter ein oder dadurch, daß dieser den Antrag vernimmt (vgl STAUDINGER/DILCHER[12] § 131 Rn 3 ff). Entsteht die Geschäftsunfähigkeit nach der Erklärungsabgabe, so kann § 131 Abs 1 analog angewandt werden.

2. Eintritt nach Zugang des Antrags

11 *Stirbt* der Antragsempfänger, nachdem der Antrag wirksam geworden ist, aber **vor Abgabe der Annahmeerklärung**, so kann – gleichgültig, ob die Annahme durch empfangsbedürftige oder nicht empfangsbedürftige Erklärung erfolgen soll – die aus der Bindung des Antragenden resultierende Rechtsposition des Antragsempfängers vererbt werden, sofern ein entsprechender Wille des Antragenden festzustellen ist (ERMAN/HEFERMEHL § 153 Rn 7; LARENZ § 27 I b; MünchKomm/KRAMER § 153 Rn 7; SOERGEL/WOLF § 153 Rn 16; s auch § 145 Rn 35). Eine Vermutung dafür besteht auch hier nicht. Die Vererblichkeit der Rechtsposition des Antragsempfängers ist insbesondere zu verneinen, wenn die Auslegung ergibt, daß der Antragende mit dem Adressaten nur persönlich abschließen wollte (Mot I 176). Ebenso scheidet die Vererblichkeit aus, wenn §§ 613, 673, 675, 727, 1061 oä einem Vertrag mit dem Erben entgegenstehen würden.

12 Wird der Antragsempfänger vor Abgabe der Annahmeerklärung *geschäftsunfähig*, so kommt es ebenfalls darauf an, ob der Wille des Antragenden darauf gerichtet ist, den Vertrag auch mit einem geschäftsunfähigen Partner abzuschließen. Wird dies bejaht, so kann die Annahmeerklärung durch den gesetzlichen Vertreter erfolgen. Ein derartiger Wille scheidet zB aus, wenn vom Antragsempfänger die Leistung eines geistig Gesunden erwartet wurde, zB eine erzieherische Tätigkeit.

13 *Stirbt* der Antragsempfänger erst **nach Abgabe der Annahmeerklärung**, so ist bei nicht empfangsbedürftiger Annahmeerklärung der Vertrag bereits zustande gekommen. Bei empfangsbedürftiger Annahmeerklärung gilt § 130 Abs 2 (vgl STAUDINGER/DILCHER[12] § 130 Rn 64). Dieselbe Rechtslage besteht beim Eintritt der *Geschäftsunfähigkeit* nach Abgabe der Annahmeerklärung. Erst recht bleibt eine **antizipierte Einigung** wirksam, so daß zB eine antizipierte Übereignung bei Erwerb des Rechts trotz zwi-

schenzeitlicher Geschäftsunfähigkeit wirksam ist, sofern die besitzrechtlichen Voraussetzungen erfüllt sind (BGH NJW 1988, 3260, 3262).

IV. Andere Fälle geminderter Rechtsmacht

1. Beschränkte Geschäftsfähigkeit

Die Wirkung des Eintritts beschränkter Geschäftsfähigkeit beim Antragenden oder beim Antragsempfänger ist in § 153 nicht geregelt. Hat ein Geschäftsfähiger eine Vertragserklärung *abgegeben*, so steht die nachfolgende Beschränkung seiner Geschäftsfähigkeit dem Wirksamwerden nicht entgegen. § 130 Abs 2 gilt analog (s STAUDINGER/DILCHER[12] § 130 Rn 66). Wird der Antrag gegenüber einem bei Wirksamkeitseintritt nur beschränkt geschäftsfähigen Adressaten abgegeben, so kommt es für die *Empfangszuständigkeit* gemäß § 131 Abs 2 darauf an, ob der Antrag dem beschränkt geschäftsfähigen Adressaten lediglich rechtliche Vorteile bringt bzw ob der gesetzliche Vertreter dem Zugang beim beschränkt Geschäftsfähigen zugestimmt hat (vgl § 145 Rn 33). Die *Annahmefähigkeit* richtet sich hier nach den allgemeinen Regeln. Einer analogen Anwendung des § 153 bedarf es in diesem Falle nicht (JAUERNIG § 153 Anm 1 b; aM ERMAN/HEFERMEHL § 153 Rn 4; MünchKomm/KRAMER § 153 Rn 2; SOERGEL/WOLF § 153 Rn 3). Sofern die *Annahme* des Vertrages vom inzwischen beschränkt Geschäftsfähigen erklärt werden soll, bedarf es für rechtlich nicht lediglich vorteilhafte Verträge der Zustimmung des gesetzlichen Vertreters (s § 146 Rn 4).

14

2. Konkurseröffnung

a) Die Eröffnung des Insolvenzverfahrens **über das Vermögen des Antragenden** berührt die Wirksamkeit eines vorher oder danach von ihm abgegebenen Antrags auf Abschluß eines *schuldrechtlichen Vertrages* nicht, sofern nicht die Auslegung ergibt, daß der Antrag im Insolvenzfall keinen Bestand haben soll. Auch der Annahme des Antrags steht die Eröffnung des Insolvenzverfahrens über das Vermögen des Antragenden nicht entgegen. § 153 gilt hier nicht (JAEGER/HENCKEL, KO [9. Aufl 1977] § 7 Rn 41). Der Vertragspartner kann den Antrag annehmen, was aber einen Vertrag nur mit dem Gemeinschuldner, nicht mit dem Insolvenzverwalter begründet. *Verfügungsverträge* über Gegenstände der Insolvenzmasse sind dagegen gemäß § 7 KO/§ 81 InsO unwirksam, können also nach Verfahrenseröffnung nicht mehr angenommen werden.

15

b) Wird das Insolvenzverfahren **über das Vermögen des Antragsempfängers** eröffnet, so ist zunächst im Wege der Auslegung zu prüfen, ob das Angebot auch für den Insolvenzfall gelten soll, was etwa zu verneinen ist, wenn es auf Einräumung eines Kredits gerichtet war. Im übrigen gilt das in Rn 15 Gesagte sinngemäß. Die Annahmebefugnis hinsichtlich eines wirksamen Antrags verbleibt dem Gemeinschuldner. Sie gehört nicht zur Insolvenzmasse, so daß auch die aus der Vertragsannahme entstehenden Ansprüche nicht in die Insolvenzmasse fallen. Etwas anderes gilt – auch für dingliche Verträge – nur dann, wenn dem Antrag im Wege der Auslegung zu entnehmen ist, daß er sich auch an einen eventuellen Insolvenzverwalter richtet (s JAEGER/HENCKEL § 7 Rn 36/38 sowie § 145 Rn 35).

16

3. Beschränkung der Verfügungsmacht

17 Nach der Abgabe des Antrages können Beschränkungen der Verfügungsmacht *beim Antragenden* eintreten, wie zB Nachlaßverwaltung, Verfügungsbeschränkungen gem §§ 1365, 1369 oder gem §§ 1422 ff. In diesen Fällen kann ein vor Eintritt der Verfügungsbeschränkung abgegebener Antrag, der sich auf einen von der Verfügungsbeschränkung erfaßten Gegenstand bezieht, noch wirksam werden. Für die Annahmeerklärung gilt § 153 analog (RGZ 111, 185, 190; SOERGEL/WOLF § 153 Rn 5). Tritt eine der genannten Verfügungsbeschränkungen *beim Adressaten* ein, so wird das Wirksamwerden eines Antrags, der sich auf die Verfügung über einen von der Beschränkung betroffenen Gegenstand bezieht, nicht ausgeschlossen. Die Annahme eines derartigen Antrags kann allerdings nur durch einen Verfügungsberechtigten oder den von ihm ermächtigten Adressaten erfolgen.

V. Beweislast

18 Nach der Auslegungsregel (s Rn 5) des § 153 bleibt der Antrag trotz Tod oder Geschäftsunfähigkeit annahmefähig. Daher trägt derjenige, der einen anderen Willen des Antragenden behauptet, dafür die Beweislast (BAUMGÄRTEL/LAUMEN, Hdb d Beweislast [2. Aufl 1991] § 153 Rn 1; MünchKomm/KRAMER § 153 Rn 6; SOERGEL/WOLF § 153 Rn 12).

§ 154

[1] Solange nicht die Parteien sich über alle Punkte eines Vertrages geeinigt haben, über die nach der Erklärung auch nur einer Partei eine Vereinbarung getroffen werden soll, ist im Zweifel der Vertrag nicht geschlossen. Die Verständigung über einzelne Punkte ist auch dann nicht bindend, wenn eine Aufzeichnung stattgefunden hat.

[2] Ist eine Beurkundung des beabsichtigten Vertrages verabredet worden, so ist im Zweifel der Vertrag nicht geschlossen, bis die Beurkundung erfolgt ist.

Materialien: E I § 78; II § 116; III § 150;
Mot I 162; Prot I 74, 87; VI 133.

Schrifttum

BADING, Irrtum und Dissens, JW 1914, 609
BAILAS, Das Problem der Vertragsschließung und der vertragsbegründende Akt (1962)
DIEDERICHSEN, Der Auslegungsdissens, in: FS H Hübner (1984) 421
ders, Der logische Dissens, in: FS zum 125jährigen Bestehen der Juristischen Gesellschaft zu Berlin (1984) 81
ENGELS, Der offene und versteckte Dissens (Diss Rostock 1903)

FUNK, Die Beweislastverteilung beim Streit über das Zustandekommen, die Wirksamkeit und den Inhalt von Verträgen auf der Grundlage des Bürgerlichen Gesetzbuches und der Zivilprozeßordnung (Diss Göttingen 1974)
GRÜNWALD, Der versteckte Dissens (Diss Köln 1939)
E A KRAMER, Grundfragen der vertraglichen Einigung (1972)

3. Titel. **§ 154**
Vertrag

LEENEN, Abschluß, Zustandekommen und Wirksamkeit des Vertrages, AcP 188 (1988) 381
MANIGK, Das Wesen des Vertragsschlusses in der neueren Rechtsprechung, Beiträge zur Lehre vom Konsens und Dissens, JherJb 75, 127
MATTHES, Irrtum und Mißverständnis in ihrer Beziehung zueinander nach den §§ 119, 155 des BGB (Diss Leipzig 1905)
R RAISER, Schadenshaftung bei verstecktem Dissens, AcP 127 (1927) 1
SCHLACHTER, Irrtum, Dissens und kaufrechtliche Gewährleistungsansprüche, JA 1991, 105
TITZE, Die Lehre vom Mißverständnis (1910).

Systematische Übersicht

I.	Überblick	1	III. Punktation (Abs 1 S 2)	11
II.	Offener Dissens (Abs 1 S 1)		IV. Vereinbarte Beurkundung (Abs 2)	12
1.	Voraussetzungen	2		
2.	Rechtsfolge	6	V. Beweislast	16

Alphabetische Übersicht

S Vorbem zu §§ 145–156.

I. Überblick

Ein Vertrag kann nur zustandekommen, wenn sich die Parteien über die vertragswe- **1** sentlichen Punkte einig sind, denn ein Vertrag setzt Übereinstimmung im Rechtsfolgenwillen voraus (s Vorbem 2 zu §§ 145 ff). Der Konsens bildet daher ein wesentliches Element des Vertrages. Freilich war schon bei Abfassung des BGB umstritten, auf welche Punkte sich der Konsens erstrecken muß. § 78 E I sah vor, daß ein Vertrag noch nicht abgeschlossen sei, „solange die Vertragschließenden über die nach dem gesetzlich zum Wesen des zu schließenden Vertrages gehörenden Teile sich nicht geeinigt haben", also noch essentialia negotii offen sind (s dazu auch Rn 3, 8). In § 154 ist diese Regel nicht übernommen worden, so daß der Vertragsabschluß auch an offenen Nebenpunkten scheitern kann, solange nur der zum Dissens führende Punkt vertraglich geregelt werden sollte (BGH MDR 1954, 217). Dies ist letztlich Konsequenz der negativen Abschlußfreiheit (MünchKomm/KRAMER § 154 Rn 1). Dabei bezieht sich die Regelung des § 154 vor allem auf eine schrittweise herausgearbeitete Einigung, die das Ergebnis längerer Verhandlungen und unterschiedlicher Vorschläge bildet (LARENZ § 27 III; nach LEENEN AcP 188 [1988] 381, 405 ff haben §§ 154, 155 deshalb überhaupt nur Bedeutung für den Vertragsschluß durch Zustimmung zu einer ausgehandelten Vorlage, s Vorbem 38 zu §§ 145 ff; für das Verhältnis zu § 150 Abs 2 s § 150 Rn 16). Die Gefahr, daß eine Partei den Vertrag an einem noch offenen Nebenpunkt scheitern läßt, obwohl es ihr eher um die Lösung vom bereits Vereinbarten als wirklich um diesen Nebenpunkt geht, haben die Gesetzesverfasser bewußt in Kauf genommen (vgl Mot I 162). – Die Regelung des § 154 gilt für Verträge aller Art Auf *Tarifverträge* ist sie wegen deren Normcharakters allerdings nicht anwendbar (BAGE 57, 334, 341; 46, 61, 69; 42, 86, 93).

II. Offener Dissens (Abs 1 S 1)

1. Voraussetzungen

2 Ein **Dissens** liegt nach der Formulierung des § 154 vor, wenn sich die Parteien nicht über alle Punkte geeinigt haben, über die nach der Erklärung auch nur einer Partei eine Vereinbarung getroffen werden soll. Es geht also um die Divergenz von Vertragsinhalt und „Regelungsprogramm" (LEENEN AcP 188 [1988] 381, 383). Von einem *offenen* Dissens spricht man, wenn sich die Parteien dieser Nichtübereinstimmung bewußt sind und davon ausgehen, daß die lückenhafte Einigung noch vervollkommnet werden muß. Glauben die Parteien hingegen irrig, sie hätten sich bereits vollständig geeinigt, so liegt ein *versteckter* Dissens vor (näher zu diesem § 155 Rn 1, 7 ff). Für § 154 Abs 1 S 1, der den offenen Dissens regelt, ist also über den Dissens hinaus erforderlich, daß beide Parteien – oder jedenfalls eine, für den Gegner erkennbar (BGH NJW-RR 1990, 1009, 1011; DIEDERICHSEN, in: FS H Hübner [1984] 421, 440; KORTE DNotZ 1984, 3, 19 f; MEDICUS, AT Rn 436; nach **aM** fällt der einseitig versteckte Dissens unter § 155, s FLUME § 34, 4; MünchKomm/KRAMER § 155 Rn 2; PALANDT/HEINRICHS § 155 Rn 1; SOERGEL/ WOLF § 155 Rn 12) – davon ausgegangen sind, die lückenhafte Einigung müsse noch vervollständigt werden.

3 Haben sich die Parteien nicht einmal über die **essentialia negotii** geeinigt (weder direkt noch indirekt über die Einigung auf ein Verfahren zur Bestimmung des fehlenden Teiles, etwa nach §§ 315 ff), so kommt ein Vertrag auf keinen Fall zustande. Man kann hier auch von einem *logischen* Dissens sprechen (DIEDERICHSEN, in: FS Jur Ges Berlin [1984] 81/89 ff). Ein Anwendungsfall des § 154 Abs 1 S 1 (wonach der Vertrag nur im Zweifel nicht geschlossen sein soll, s Rn 6) liegt dabei nicht vor, zumal sich erst für accidentalia negotii sinnvoll sagen läßt, daß über sie „nach der Erklärung auch nur einer Partei eine Vereinbarung getroffen werden soll" (BORK, Der Vergleich [1988] 33 Fn 71 mwN; ERMAN/HEFERMEHL § 154 Rn 2; FLUME § 34, 6 b; s auch Rn 6 b).

4 Ob ein Dissens vorliegt, ist durch **Auslegung** festzustellen (ausf dazu DIEDERICHSEN, in: FS H Hübner [1984] 421 ff). Diese hat zu ermitteln, worüber nach dem erkennbaren Willen auch nur einer Partei (s Rn 2) eine Einigung erzielt werden sollte. Dieser Parteiwille muß nach außen hervorgetreten sein. Ein bloß innerer Vorbehalt reicht nicht. Maßgeblich ist, daß die Partei zu erkennen gegeben hat, daß sie ungeachtet einer etwaigen gesetzlichen Regelung eine vertragliche Vereinbarung auch über diesen Punkt zur Voraussetzung des Vertragsabschlusses machen wollte. Dies kann durch schlüssiges Verhalten verlautbart werden (BGH NJW-RR 1990, 1009, 1011; RG SeuffA 78 Nr 61). Hingegen geht es zu weit, Schweigen als konkludentes Erkennbarmachen für den Fall genügen zu lassen, daß ein objektiv wichtiger und üblicherweise vertraglich geregelter Punkt noch offen ist.

5 Offener Dissens liegt nach der Rspr zB vor, wenn in Kaufvertragsverhandlungen nur die obere Grenze des Kaufpreises bestimmt wurde (RGZ 124, 81, 84); ebenso, wenn die Mietsache noch nicht genau bestimmt ist (OLG Hamburg OLGE 44, 131) oder der Mietbeginn nicht feststeht (AG Bremen WuM 1967, 6); ferner wenn bei einem Gesellschaftsvorvertrag die Gesellschaftsart nicht feststeht (RGZ 106, 174, 177) oder wenn bei einem Finanzierungskauf die Finanzierungsbedingungen nicht vereinbart sind (LG Essen NJW 1958, 869; vgl aber auch KG NJW 1971, 1139). Häufig wird es hier freilich schon

an einer Einigung über die essentialia negotii fehlen (s Rn 3, 8). *Kein* Dissens besteht dagegen, wenn der Käufer hinsichtlich eines Vertragspunktes ein Wahlrecht hat (OLG Düsseldorf NJW 1963, 2079). Bei einem Mietvertrag liegt kein Dissens vor, wenn Einigung über das Tragen von Instandsetzungskosten besteht, deren Höhe aber noch offen ist (LG Bonn WuM 1966, 8, 9).

2. Rechtsfolge

Nach § 154 Abs 1 S 1 ist der Vertrag bei einem offenen Dissens nicht etwa nichtig, **6** sondern *im Zweifel nicht geschlossen*. Es liegt also tatbestandlich ein Rechtsgeschäft nicht vor (zur Ausnahme bei kollidierenden AGB s § 150 Rn 18). Der nach dem Parteiwillen maßgebliche Punkt kann in diesem Fall auch dann nicht durch Anwendung dispositiven Gesetzesrechts geklärt werden, wenn es sich objektiv um eine unwesentliche Frage handelt (BGH MDR 1954, 217). Es handelt sich bei § 154 allerdings um eine **Auslegungsregel**, nicht um eine Vermutung (BGH WM 1981, 1140, 1141 f). Dies und der Grundsatz der Privatautonomie erlauben es, daß die Parteien eine vertragliche Einigung auch unter *Offenlassen* einzelner Punkte schließen (BGHZ 119, 283, 288; BGH BB 1966, 1412; WM 1965, 950, 951 f; Enneccerus/Nipperdey § 163 I). Es ist also zunächst durch Auslegung zu ermitteln, welche Rechtsfolge die Parteien für ihren Dissens vereinbart haben (Diederichsen, in: FS H Hübner [1984] 421, 432 f; s auch Rn 9). § 154 Abs 1 S 1 gilt eben nur „im Zweifel".

Eine verbindliche Einigung trotz Teildissenses ist etwa anzunehmen, wenn sich die **7** Parteien ohne Rücksicht auf den offenen Punkt erkennbar vertraglich binden wollen (BGH NJW-RR 1992, 977, 978; NJW 1983, 1727, 1728; BB 1961, 1027; RGZ 105, 8, 13; 60, 174, 178; KG NJW 1971, 1139; Giesen Jura 1980, 23, 31). Erkennbar kann ein solcher Wille ua daran werden, daß mit der Ausführung des Vertrages begonnen wird (BGHZ 119, 283, 288; BGH NJW 1983, 1727, 1728; 1960, 430; RG SeuffA 82 Nr 182; LG Lübeck WuM 1991, 80; BAG DB 1980, 934, 935; BFHE 140, 44, 46; Flume § 34, 6 e; Larenz § 27 III; MünchKomm/Kramer § 154 Rn 7; vgl auch BGH NJW-RR 1991, 499, 500; ZIP 1986, 162, 163 m krit Anm Günther EWiR 1986, 175; widersprüchlich Erman/Hefermehl § 154 Rn 6; zu eng auch LG Ravensburg NJW 1977, 684, 685 [zu § 154 Abs 2]) oder die Parteien den Vertrag trotz ausgesprochener Änderungskündigung fortsetzen (BGH NJW 1983, 1777). Man kann hier von einer „Selbstinterpretation durch späteres Verhalten" reden (Lindacher JZ 1977, 604, 605). Ebenso spricht das Bestehen eines Kontrahierungszwanges für die vertragliche Bindung (BGHZ 41, 271, 275; OGHBrZ 2, 352, 358; MünchKomm/Kramer § 154 Rn 8; Palandt/Heinrichs § 154 Rn 2). Auch Handelsbräuche können hier herangezogen werden (OLG Frankfurt NJW 1977, 1015, 1016; vgl aber auch Fischer-Zernin/Becker transpR 1987, 211 für den „subject details"-Vorbehalt, der es bei der Regel des § 154 beläßt).

Haben sich die Parteien allerdings nicht einmal über die **essentialia negotii** geeinigt, **8** kommt eine vertragliche Bindung nicht in Betracht (Flume § 34, 6 e; Leenen AcP 188 [1988] 381, 411; MünchKomm/Kramer § 154 Rn 5/6 m Fn 5; Trinkner BB 1983, 1874, 1875; vgl zB AG Starnberg NJW 1989, 1548; LAG Berlin BB 1990, 1563; Köhler JZ 1981, 464, 469), es sei denn, die Parteien hätten ein Verfahren zur Bestimmung der essentialia negotii gewählt oder wenigstens die gesetzlichen Regeln, insbesondere §§ 315 ff (s Rn 9) akzeptiert (vgl zur Bestimmung der Gegenleistung BGHZ 119, 283, 288; BGH NJW 1983, 1603 f; 1983, 1189, 1190; OLG Frankfurt NJW-RR 1992, 756, 757; OLG Hamm NJW 1976, 1212; OLG Karlsruhe MDR 1963, 924; Erman/Hefermehl § 154 Rn 6; Jauernig § 154 Anm 2 b; nach Soer-

GEL/WOLF § 154 Rn 6 liegt idR Unausfüllbarkeit der von den Parteien geschlossenen Vertragslücke vor; vgl auch BGH NJW 1990, 1234, 1235). Allerdings ist § 154 unanwendbar, wenn die Parteien den fraglichen Punkt ohnehin nicht beliebig regeln können, weil eine Rechtsnorm zwingend einen bestimmten Inhalt vorschreibt, etwa die Höhe einer Versicherungsprämie (AG Heidelberg VuR 1992, 153, 154 mwN), oder wenn das Gesetz wie in § 632 Abs 2 den offenen Punkt selbst regelt (vgl OLG Stuttgart BauR 1985, 346, 347).

9 **Verbleibende Lücken** in der dann bestehenden vertraglichen Regelung können auf verschiedene Weise geschlossen werden. Die Parteien können sich verpflichten, den offenen Punkt später einvernehmlich zu regeln (vgl BGH WuW/E BGH 1927, 1928). Sie können aber auch vereinbaren, daß das Gericht den offenen Punkt ausfüllen soll (BGH BB 1965, 103; aM wohl FLUME § 34, 6 e). Ferner ist eine ergänzende Auslegung des Parteiwillens mit dem Ziel der Lückenschließung möglich (OLG Hamm NJW 1976, 1212; BAG DB 1980, 934, 935; ERMAN/HEFERMEHL § 154 Rn 6). Indiz für den richtigen Weg zur Lückenfüllung kann dabei die tatsächliche Handhabung der Vertragsdurchführung sein (BGHZ 119, 283, 288). Soweit eine Parteivereinbarung fehlt, greifen die gesetzlichen Regeln, insbesondere §§ 315 ff, ein (BGH NJW-RR 1988, 970, 971; NJW 1964, 1617, 1618 f; OLG Karlsruhe WRP 1981, 661, 662; OLG Schleswig WuW/E OLG 3042, 3044; RGZ 60, 174, 178). Schließlich kann die weitere Einigung über den noch offenen Punkt zur auflösenden Bedingung für die Gültigkeit der bereits begründeten vertraglichen Bindung erhoben worden sein (KG NJW 1971, 1139 [abl HERETH NJW 1971, 1704]).

10 Sofern eine Partei, der gegenüber bereits geleistet wurde, den Einigungsmangel nur geltend macht, um sich unter Einbehaltung der erlangten Vorteile der eigenen Verpflichtung zu entziehen, verstößt sie damit gegen **Treu und Glauben**. Ein solches Verhalten ist als unzulässige Rechtsausübung unbeachtlich (BGH MDR 1954, 217; ERMAN/HEFERMEHL § 154 Rn 7; FLUME § 34, 6 e; MünchKomm/KRAMER § 154 Rn 7).

III. Punktation (Abs 1 S 2)

11 Als Punktation wird die *Einigung über einzelne Punkte* bezeichnet, welche Inhalt eines künftigen Vertrages werden sollen (vgl Vorbem 47 zu §§ 145 ff). Gemäß § 154 Abs 1 S 2 ist eine solche Punktation selbst dann nicht bindend, wenn eine schriftliche Fixierung der einzelnen Punkte stattgefunden hat, was eigentlich schon in § 154 Abs 1 S 1 enthalten ist (vgl FLUME § 36, 6 g). Allerdings gilt auch im Falle der Punktation, daß der bereits erfolgten Einigung *kraft des Parteiwillens Verbindlichkeit* zukommen kann. Voraussetzung hierfür ist jedoch, daß die Punktation einen Umfang erreicht hat, der es nach den zu Rn 9 genannten Grundsätzen erlaubt, den Inhalt des Vertrages zu bestimmen.

IV. Vereinbarte Beurkundung (Abs 2)

12 Als *Auslegungsregel*, die in Parallele zu § 125 S 2 steht (s STAUDINGER/DILCHER[12] § 125 Rn 33; MünchKomm/KRAMER § 154 Rn 16), wird in § 154 Abs 2 bestimmt, daß eine vereinbarte Beurkundung im Zweifel als **Voraussetzung der Vertragsvollendung** angesehen werden soll, so daß der Vertrag trotz erzielter Willensübereinstimmung nur mit vollzogener Beurkundung zustandekommen kann (RG Gruchot 61, 774, 775; KG OLGE 17, 10). Beurkundet werden müssen alle Punkte, die nach dem Willen auch nur einer

Partei beurkundet werden sollen. § 154 Abs 2 regelt dabei den Fall, daß *vor oder bei Vertragsabschluß* die Vertragsbeurkundung vereinbart wurde, wobei kein Unterschied zwischen notarieller oder privatschriftlicher Beurkundung besteht (OLG Hamburg ZUM 1995, 637, 638); auch eine Sukzessivbeurkundung kann ausreichend sein (WEBER MittRhNotK 1987, 37, 44). Eine nachträglich vereinbarte Beurkundung dient idR nur Beweiszwecken (s Rn 14). Ob und in welcher Form eine Beurkundung gewollt ist, ist durch Auslegung zu ermitteln. Bei besonders wichtigen Rechtsgeschäften ist im Zweifel von einem solchen Parteiwillen auszugehen (s Rn 17). Die Vereinbarung kann auch durch schlüssiges Verhalten erfolgen (RG SeuffA 85 Nr 155; JW 1908, 446; OLG Celle MDR 1960, 398), etwa dadurch, daß der Arbeitnehmer am Ende eines Vorstellungsgesprächs aufgefordert wird, sich den Vertrag abzuholen (vgl LAG Berlin ArbuR 1962, 316 f; s zur vereinbarten Schriftform bei Arbeitsverträgen auch LAG Hamm ARST 1985, 189). Es genügt sogar, daß nur eine Partei die Beurkundung verlangt und damit zu erkennen gegeben hat, daß die Endgültigkeit ihres Rechtsbindungswillens davon abhängt (FLUME § 34, 6 g; LEENEN AcP 188 [1988] 381, 403). Soll ein außergerichtlicher Vergleich noch gerichtlich protokolliert werden, so ist in der Regel anzunehmen, daß der Vergleich erst mit der Protokollierung geschlossen ist (KG FamRZ 1984, 284, 285; OLG Karlsruhe NJW 1995, 1561, 1562; OLG Schleswig MDR 1984, 51).

§ 154 Abs 2 gilt auch bei Verträgen mit **gesetzlichem Beurkundungserfordernis**, sofern 13 die Parteien eine auf Einhaltung der gesetzlichen Form gerichtete Vereinbarung getroffen haben. In diesem Fall liegt zB bei einem formwidrigen Grundstückskaufvertrag kein nichtiger, sondern überhaupt noch kein Vertrag vor, so daß keine Heilung möglich ist (SOERGEL/WOLF § 154 Rn 12). Glauben die Parteien irrig, es bestehe gesetzlicher Formzwang, so bringt eine nur mündliche Einigung den Vertrag nicht zustande, da die Parteien nicht den Willen haben, sich bereits durch mündliche Erklärungen rechtlich zu binden (OLG Düsseldorf DB 1970, 1778; ERMAN/HEFERMEHL § 154 Rn 9).

§ 154 Abs 2 ist **nicht anwendbar**, wenn nach beiderseitigem Parteiwillen die Beurkun- 14 dung nur *Beweiszwecken* dienen soll (BGH NJW-RR 1993, 235, 236; NJW 1964, 1269, 1270; RG SeuffA 83 Nr 75; HRR 1930 Nr 92; OLG Hamburg ZMR 1974, 242; OLG München WM 1984, 469, 470; ERMAN/HEFERMEHL § 154 Rn 8). Dies wird häufig im Handelsverkehr der Fall sein (MünchKomm/KRAMER § 154 Rn 12). Wegen der Vermutung des § 154 Abs 2 müssen dafür freilich – auch im kaufmännischen Verkehr – besondere Anhaltspunkte vorliegen, die dafür sprechen, daß die vereinbarte Form nur Beweiszwecken dienen soll (BGH NJW-RR 1991, 1053, 1054; OLG Düsseldorf ZMR 1990, 300; OLG Hamburg ZUM 1995, 637, 638; OLG Schleswig MDR 1984, 51). Ferner können die Parteien ein vereinbartes Formerfordernis beim Abschluß eines formlosen Vertrages stillschweigend oder ausdrücklich *aufgehoben* haben (s dazu näher STAUDINGER/DILCHER[12] § 125 Rn 10 ff sowie BGH NJW 1983, 1727, 1728). Dann greift § 154 Abs 2 nicht ein. Ebensowenig gilt die Vorschrift, wenn die Parteien erst *nach einem wirksamen Vertragsabschluß* übereinkommen, über den Vertrag eine Urkunde zu errichten (RGZ 94, 333, 335; 62, 78; RG SeuffA 86 Nr 3; OLG Frankfurt NJW-RR 1992, 756, 757). Diese Übereinkunft ist entweder dahin zu verstehen, daß hinsichtlich des Vertragsabschlusses ein Beweismittel geschaffen werden soll, oder aber es wird der ursprüngliche Vertrag aufgehoben und durch einen neuen, vereinbarungsgemäß beurkundeten Vertrag ersetzt (zust SOERGEL/WOLF § 154 Rn 11). Außerdem kommt auch in den Fällen des § 154 Abs 2 entsprechend dem zu

Rn 10 Gesagten der Einwand des *Rechtsmißbrauchs* in Betracht (BGH NJW-RR 1987, 1073, 1074; BÖHM AcP 179 [1979] 425, 444 ff; MünchKomm/KRAMER § 154 Rn 14).

15 § 154 Abs 2 kann **analog** für *Beschlüsse* gelten, für die ein Gesellschaftsvertrag ein Protokoll vorschreibt (OLG Stuttgart BB 1983, 1050), und für *einseitige Erklärungen*, die in einen Vertrag aufgenommen werden sollen, zB für die Einwilligung in die Verwertung eines Fotos nach § 22 KunstUrhG im Zuge eines Verwertungsvertrages (OLG Hamburg ZUM 1995, 637, 638) oder für einen Unterhaltsverzicht (OLG Karlsruhe FamRZ 1984, 174, 175).

V. Beweislast

16 § 154 Abs 1 S 1 enthält eine Beweislastregel dahin, daß die Verbindlichkeit getroffener **Teilabreden** von demjenigen bewiesen werden muß, der sie behauptet (RGZ 57, 46, 51; AG Pirna NJW-RR 1994, 1074; FUNK 178; PALANDT/HEINRICHS § 154 Rn 6). Gelingt der Beweis einer Einigung über die essentialia negotii, so muß freilich zunächst die Gegenseite beweisen, daß über weitere Punkte eine Vereinbarung getroffen werden sollte (BGH NJW-RR 1990, 1009, 1011; SOERGEL/WOLF § 154 Rn 10). Steht dies fest, so muß derjenige, der sich auf das Zustandekommen des Vertrages beruft, beweisen, daß die Einigung über die Nebenpunkte erzielt worden ist (KG OLGE 4, 211, 212; ERMAN/ HEFERMEHL § 154 Rn 3). Dies gilt auch dann, wenn die Teilabreden erfüllt sind.

17 Die Vereinbarung einer konstitutiven **Vertragsform** muß beweisen, wer diese Vereinbarung behauptet (OLG München WM 1984, 469, 470; ERMAN/HEFERMEHL § 154 Rn 8; MünchKomm/KRAMER § 154 Rn 20 mwN; PALANDT/HEINRICHS § 154 Rn 6; SOERGEL/WOLF § 154 Rn 16; **aM** RG WarnR 1922 Nr 48; REINECKE JZ 1977, 159, 164). Jedoch wird bei langfristigen und wichtigen Verträgen, insbesondere bei Sicherungsverträgen, eine solche Vereinbarung vermutet (BGHZ 109, 197, 200; BGH NJW-RR 1993, 235, 236; WM 1982, 443, 444; 1982, 209, 211; RGZ 103, 73, 75; RG SeuffA 85 Nr 155). Die Aufhebung einer vereinbarten Vertragsform ist grundsätzlich nicht zu vermuten. Daß eine unstreitig vereinbarte Beurkundung nur Beweiszwecken dienen sollte, hat derjenige zu beweisen, der aus der formlosen Vereinbarung Rechte herleiten will (BGH WM 1966, 979, 980).

§ 155

Haben sich die Parteien bei einem Vertrage, den sie als geschlossen ansehen, über einen Punkt, über den eine Vereinbarung getroffen werden sollte, in Wirklichkeit nicht geeinigt, so gilt das Vereinbarte, sofern anzunehmen ist, daß der Vertrag auch ohne eine Bestimmung über diesen Punkt geschlossen sein würde.

Materialien: E I § 100; II § 117; III § 151; Mot I 202; Prot I 115.

Schrifttum

Vgl § 154.

3. Titel.
Vertrag

Systematische Übersicht

I.	Überblick	1	3. Mißverständliche oder widersprüchliche AGB	12
II.	Dissens und Irrtum	3	IV. Rechtsfolgen des versteckten Dissenses	
III.	Einzelfälle des versteckten Dissenses		1. Nichtzustandekommen des Vertrages	13
1.	Unvollständigkeit der Erklärungen	7	2. Schadensersatzpflicht	17
2.	Mißverständlichkeit der Erklärungen	8	V. Beweislast	18

Alphabetische Übersicht

S Vorbem zu §§ 145–156.

I. Überblick

§ 155 regelt den *versteckten Dissens*, also den Fall, daß sich die Parteien nicht über **1** alle Punkte geeinigt haben, über die nach der Erklärung auch nur einer Partei eine Vereinbarung getroffen werden sollte, sie aber irrig glauben, sie hätten sich bereits vollständig geeinigt (s zum Begriff § 154 Rn 2). Die Vorschrift bildet keine Ausnahme zu § 154, wie dies früher zT angenommen wurde, sondern §§ 154 und 155 regeln unterschiedliche Tatbestände und stehen deshalb gleichwertig nebeneinander (DIEDERICHSEN, in: FS H Hübner [1984] 421, 422 f; SOERGEL/WOLF § 154 Rn 1), wobei § 154 auch den einseitigen versteckten Dissens regelt (s § 154 Rn 2). Für das Verhältnis zu § 150 Abs 2 s § 150 Rn 16.

Die **Gesetzesgeschichte** zeigt, daß der versteckte Dissens früher als Irrtumsfall behan- **2** delt worden ist (s FLUME § 34, 4; vgl auch LEENEN AcP 188 [1988] 381, 414 ff). Vom allgemeinen Begriff des Konsenses als Willensübereinstimmung ausgehend wurde mit der Bezeichnung Dissens jede mangelnde Willensübereinstimmung bezeichnet, die nach dem Sprachgebrauch auch vorliegt, wenn einer der Erklärenden einem Irrtum oder einem anderen Willensmangel unterlegen ist. Dementsprechend war in § 100 E I der Erklärungsdissens in seiner Nichtigkeitswirkung dem Bedeutungsirrtum des § 98 E I (heute § 119) gleichgestellt. Erst in der zweiten Kommission wurde die Irrtumsregelung im heutigen Sinne abgeändert und der versteckte Dissens vom Irrtum abgegrenzt (s dazu STAUDINGER/DILCHER[12] § 119 Rn 6 ff sowie sogleich Rn 3 ff).

II. Dissens und Irrtum

Dissens mit der Folge des Nichtzustandekommens eines Vertrages (s Rn 13) ist nach **3** dem Vorstehenden nur in solchen Fällen gegeben, in denen die Parteien *weder Willenseinigung noch äußere Übereinstimmung der Erklärungen erreicht* haben. (Außerdem muß das vorgesehene „Regelungsprogramm" erfüllt sein, s Rn 7; davon kann hier für die Abgrenzung zum Irrtum zunächst abgesehen werden.) Stimmen dagegen die Parteierklärungen in ihrer durch Auslegung zu ermittelnden objektiven Bedeutung (nicht unbedingt: im Wortlaut, s Rn 5) überein, so ist der Vertrag zustande gekommen, auch wenn der Wille einer Partei von der abgegebenen Erklärung abweicht (BGH NJW 1993, 1798; WM 1986, 857, 858; VersR 1981, 526, 527; KG MDR 1983, 1023; DIEDERICHSEN, in: FS H Hübner [1984] 421, 438 f; vgl auch LG Aurich ZfS 1980, 6, 7). Diese Partei kann dann allenfalls ihre Erklärung wegen Irrtums nach § 119 mit der Schadensersatzfolge des § 122 anfechten. Die andere Partei wird also in ihrem Vertrauen auf den objektiven *Erklärungs*gehalt der *gegnerischen* Erklärung geschützt, obwohl eine *Willens*einigung im strengen Sinne nicht erreicht wurde (vgl auch SCHLACHTER JA 1991, 105, 107). Man kann in diesen Fällen auch von einem „normativen Konsens" sprechen (KRAMER 176 ff).

4 Maßgebend für den Tatbestand des versteckten Dissenses ist mithin, daß die Erklärungen in ihrem objektiven Sinn aneinander vorbeigehen, *ohne daß dies den Parteien bewußt wird*. Der Grund hierfür kann in einer Unaufmerksamkeit der Beteiligten liegen, ebenso aber auch in der Unvollständigkeit (s Rn 7) oder der Mißverständlichkeit (s Rn 8) ihrer Erklärungen. Da § 155 voraussetzt, daß den Beteiligten diese Nichtübereinstimmung entgangen ist, kann man, im Unterschied zum Irrtum über den Inhalt der eigenen Erklärung, auch von einem Irrtum über den Inhalt der gegnerischen Erklärung sprechen (ERMAN/HEFERMEHL § 155 Rn 2).

5 Für die Feststellung der vorliegenden oder mangelnden Erklärungsübereinstimmung ist vom objektiven Inhalt der Erklärung auszugehen, wie er durch **Auslegung** ermittelt wird (BGH VersR 1981, 526, 527; BB 1967, 476; NJW 1961, 1668, 1669; WM 1961, 785; RGZ 100, 134, 135; RG WarnR 1933 Nr 143; DIEDERICHSEN, in: FS H Hübner [1984] 421, 428 ff; ERMAN/ HEFERMEHL § 155 Rn 4; SOERGEL/WOLF § 155 Rn 3), wobei auch hier auf den Empfängerhorizont abzustellen ist (BGH BB 1973, 1601; fragwürdig deshalb AG Köln NJW 1980, 2756, wo zu sehr auf die Vorstellungen des Erklärenden abgestellt wird). Dabei ist zunächst der Inhalt jeder einzelnen Erklärung festzustellen. Ist auch nur eine von ihnen so unbestimmt oder widersprüchlich, daß ihr eine klare Aussage nicht entnommen werden kann, so liegt schon gar keine gültige Willenserklärung vor, so daß eine Einigung bereits daran scheitert. Anderenfalls ist zu ermitteln, ob die Erklärungen *inhaltlich* übereinstimmen (was auch dann zu verneinen sein kann, wenn der Wortlaut sich deckt, und was bei übereinstimmendem Wortlaut auch zu verneinen sein kann; vgl BGH NJW-RR 1993, 373).

6 Ergibt die Auslegung, daß die Vertragserklärungen übereinstimmen, so kommt nur ein **Willensmangel**, insbesondere ein zur Anfechtung berechtigender Irrtum desjenigen in Betracht, der mit seiner Erklärung einen anderen Sinn verbinden wollte (BGH NJW 1961, 1668, 1669; WM 1961, 785). § 119 Abs 1 und § 155 ergänzen sich daher und stehen nicht etwa in Widerspruch zueinander (aM BAILAS 5 ff; wie hier FLUME § 34, 4 Fn 12; MünchKomm/KRAMER § 155 Rn 3). Zwar ist zuzugeben, daß es im Extremfall dazu kommen kann, daß ein Vertragsabschluß bejaht wird, aber gleich beide Vertragsparteien anfechten können. Die Lösung dieses Problems ist aber nicht im Verhältnis des § 155 zu § 119 zu suchen, sondern den Grundsätzen über das Fehlen der subjektiven Geschäftsgrundlage zu entnehmen (vgl dazu STAUDINGER/DILCHER[12] § 119 Rn 93).

III. Einzelfälle des versteckten Dissenses

1. Unvollständigkeit der Erklärungen

7 Ein versteckter Dissens entsteht, wenn beide Parteien annehmen, einig zu sein, wäh-

rend sie in Wirklichkeit einen Punkt, dessen Regelungsbedürftigkeit gesehen wurde, übersehen und insoweit unvollständige Erklärungen abgegeben haben. Es ist dann das von mindestens einer Seite formulierte „Regelungsprogramm" nicht erfüllt (s dazu schon § 154 Rn 2; nach LEENEN AcP 188 [1988] 381, 408 ff/416 f regelt § 155 überhaupt nur diesen Fall, der aber nicht als Dissens verstanden werden soll; zust LARENZ § 27 III). So verhält es sich beispielsweise, wenn bei Bestellung einer Rentenschuld die Aufnahme der Ablösesumme in die Einigung versehentlich unterblieben ist (BGH WM 1965, 950, 952). Allerdings muß ein solcher Dissens nicht notwendig das Zustandekommen des Vertrages verhindern. Vielmehr läßt § 155 es zu, im übrigen eine bindende Einigung der Parteien zu bejahen (s Rn 14). Haben die Parteien den Punkt überhaupt nicht bedacht und folglich auch nicht regeln wollen, so liegt kein Dissens, sondern eine Vertragslücke vor, die nach den allgemeinen Regeln zu schließen ist (MünchKomm/KRAMER § 155 Rn 7).

2. Mißverständlichkeit der Erklärungen

Ein verborgen gebliebenes, dissensbegründendes Mißverständnis liegt vor, wenn die **8** Erklärungen nach erfolgter Auslegung aneinander vorbeigehen, sich also inhaltlich nicht decken. Jede der beiden Parteien irrt in der Annahme, dasselbe erklärt zu haben wie die Gegenpartei. Dies kann zB auf ein Verlesen oder Verhören zurückzuführen sein (ERMAN/HEFERMEHL § 155 Rn 5). Hat allerdings jemand eine inhaltlich umfassende Annahmeerklärung abgegeben, insbesondere sich auf ein Angebot mit „Ja" oder „Einverstanden" geäußert, so besteht Konsens der Erklärungen. Im Falle einer abweichenden Vorstellung des Annehmenden vom Inhalt seiner Erklärung liegt ein Verlautbarungsirrtum vor (vgl dazu STAUDINGER/DILCHER[12] § 119 Rn 17).

Häufig tritt ein Dissens ein, weil die scheinbare Übereinstimmung der Erklärungen **9** auf der *Verwendung mehrdeutiger Begriffe* beruht, wobei jede der beiden Parteien mit dem beiderseitig verwendeten Begriff eine vom Gegner unerkannte andere Vorstellung verbunden hat (BGH NJW-RR 1993, 373; VersR 1981, 526, 527; DB 1958, 1297). Hier spricht man von einem *Scheinkonsens* (R RAISER AcP 127 [1927] 1, 13; krit DIEDERICHSEN, in: FS H Hübner [1984] 421, 424). Eine solche Mehrdeutigkeit einer Erklärung kann dadurch entstehen, daß einem objektiv eindeutigen Begriff unklare Erläuterungen beigefügt werden (RG JW 1938, 590) oder daß bei einem zweisprachigen Vertragstext die beiden Fassungen sich nicht decken (vgl OLG Hamburg IPRax 1981, 180 f; ArbG Wiesbaden BB 1980, 630 [LS]). Meist aber wird die Mehrdeutigkeit dadurch verursacht, daß Kunstworte oder nicht hinreichend definierte Fachbegriffe gebraucht werden. Dies kann zB gelten für das Codewort „Semilodei" (RGZ 68, 6, 9 f) sowie für die Begriffe „Typenflug" (RGZ 116, 274, 275 f), „Eigenkapital" (RG HRR 1936 Nr 526), „Baukostenzuschuß" (OLG Braunschweig NdsRpfl 1954, 150) oder „Aktien", wenn es sowohl Stamm- als auch Vorzugsaktien gibt (OLG Köln WM 1970, 892, 893). Bei der Bestellung eines „Doppelzimmers" darf der Vermieter nach heutigen Maßstäben nicht mehr davon ausgehen, es handele sich um eine Bestellung für zwei miteinander verheiratete Personen (s BEER JuS 1977, 374, 375; LEENEN MDR 1980, 353 ff; aM LINDACHER JR 1976, 61, 62; zur Frage der Sittenwidrigkeit s STAUDINGER/SACK [1996] § 138 Rn 457).

Kein Dissens besteht jedoch, sofern trotz einer vorhandenen Erklärungsdivergenz **10** der Wille beider Parteien übereinstimmt (BGH NJW-RR 1986, 724, 725; BB 1967, 811; RGZ 99, 147, 148; RG JW 1938, 590; ERMAN/HEFERMEHL § 155 Rn 6; GIESEN Jura 1980, 23, 32; SOER-

GEL/WOLF § 155 Rn 14). In diesem Fall gilt der Satz „**falsa demonstratio non nocet**" (vgl dazu näher STAUDINGER/DILCHER[12] § 119 Rn 13 ff, § 133 Rn 20), welcher den Erklärungswiderspruch durch Rückgriff auf eine vereinbarte einheitliche Bedeutung der Erklärung beseitigt. Dies trifft zB zu, wenn beiderseitig eine Leibrente gewollt ist, während die Erklärungen von einer Rentenschuld sprechen (RG SeuffA 70 Nr 235). Dasselbe gilt für falsche Grundstücksbezeichnungen (vgl STAUDINGER/DILCHER[12] § 119 Rn 14). Ebenso kann sich die falsa demonstratio auf die rechtliche Zuordnung eines Übertragungsgegenstandes beziehen, so zB wenn die Übertragung eines Erbteils vereinbart wird, der Veräußerer aber nur Miterbeserbe ist (BGH WM 1964, 94, 95).

11 Ein aus übereinstimmendem Willen folgender Konsens liegt auch vor, sofern jemand die Vorstellungen des Erklärungsgegners von der Bedeutung seiner Erklärung erkannt hat und sie mit dem (unwirksamen) **geheimen Vorbehalt** der Nichtanerkennung übernimmt (RGZ 66, 427, 428; LG Aachen NJW 1982, 1106; ERMAN/HEFERMEHL § 155 Rn 7; MünchKomm/KRAMER § 155 Rn 5; SOERGEL/WOLF § 155 Rn 15; vgl auch RGZ 100, 134, 135; 97, 191, 195; krit DIEDERICHSEN, in: FS Jur Ges Berlin [1984] 81, 87 f). Außerdem kann Konsens aufgrund Willensübereinstimmung der Parteien trotz äußerer Erklärungsdivergenz bei **alternativem Einverständnis** angenommen werden, etwa wenn eine Partei für die Gegenleistung einen höheren Betrag genannt hat als die andere, jedoch ebenso mit dem geringeren Betrag einverstanden sein will (SOERGEL/WOLF § 155 Rn 16; vgl auch § 150 Rn 10).

3. Mißverständliche oder widersprüchliche AGB

12 Die Mehrdeutigkeit von in AGB gebrauchten Begriffen geht nach § 5 AGBG zu Lasten des Verwenders, so daß § 155 nicht anwendbar ist (vgl nur ULMER/BRANDNER/HENSEN § 5 AGBG Rn 1; STAUDINGER/DILCHER[12] § 133 Rn 53). Hingegen kann ein Dissens aus der beiderseitigen Verwendung eigener AGB entstehen, wenn sich deren Inhalte von den Vertragsparteien unerkannt widersprechen. In diesem Falle tritt bei sukzessiver Bezugnahme auf eigene AGB grundsätzlich entweder gem § 150 Abs 2 eine Anpassung des Vertragsinhalts an die jeweils zuletzt mitgeteilten und hingenommenen AGB ein, oder aber es bleibt bei der Einigung, soweit sie reicht, und im übrigen gilt dispositives Gesetzesrecht (s näher § 150 Rn 17 f). Wenn die Unterschiedlichkeit der beiderseitigen AGB unentdeckt geblieben ist, handelt es sich um einen versteckten Dissens, der aber die Gültigkeit der Vereinbarung, soweit die AGB sich decken, ebenfalls nicht ausschließt (s auch Rn 14).

IV. Rechtsfolgen des versteckten Dissenses

1. Nichtzustandekommen des Vertrages

13 Liegt ein versteckter Dissens vor, so ist der Vertrag nicht etwa nichtig (RG Recht 1929 Nr 1461). Vielmehr ergibt sich als Rechtsfolge des § 155, daß ein Vertrag *grundsätzlich* gar nicht zustande gekommen ist. § 155 ist hier entgegen seinem Wortlaut wie § 139 zu verstehen (FLUME § 34, 7; MünchKomm/KRAMER § 155 Rn 1; SCHLACHTER JA 1991, 105, 107 f; SOERGEL/WOLF § 155 Rn 18; krit LEENEN AcP 188 [1988] 318, 412).

14 Als *Ausnahme* sieht § 155 vor, daß bei einem **Teildissens**, bei dem die Einigung vom Dissens – wie meistens – nur in einem Teilpunkt betroffen ist, gleichwohl ein gültiger

Vertrag zustande gekommen sein kann, wenn dieser auch ohne Einigung über den offenen Punkt geschlossen worden wäre. Es ist also zu fragen, ob die Parteien sich auch dann für verpflichtet gehalten hätten, wenn ihnen der Dissens bei Vertragsschluß bekannt gewesen wäre (MünchKomm/Kramer § 155 Rn 2). Dies gilt zB bei einander widersprechenden AGB der Parteien (s oben Rn 12 sowie § 150 Rn 17 f).

Bei § 155 handelt es sich um eine **Auslegungsregel** (Diederichsen, in: FS H Hübner [1984] 421, 427 f). Ob eine Einigung trotz Teildissenses dem Parteiwillen entspricht, ist daher durch *Auslegung* zu ermitteln. Die Feststellung des auf Gültigkeit der verbleibenden Einigung gerichteten Parteiwillens ist dabei Aufgabe des Tatrichters (BGH WM 1966, 142, 143). Für die Auslegung kommt es auf die konkreten Umstände des Einzelfalles an, insbesondere darauf, welche Bedeutung der offene Punkt für den Vertrag hat. Je geringfügiger die infolge Dissenses bestehende Lücke ist, um so eher kann der Gültigkeitswille bejaht werden (BGH WM 1977, 1349, 1350; 1966, 142, 143). Sofern allerdings der Dissens ein essentiale negotii betrifft, scheidet ein Zustandekommen des Vertrages aus (RGZ 93, 297, 299; Brox Rn 220; Diederichsen, in: FS Jur Ges Berlin [1984] 81, 89 ff; Giesen Jura 1980, 23, 32; MünchKomm/Kramer § 155 Rn 11; Soergel/Wolf § 155 Rn 18). 15

Wird das Zustandekommen bejaht, so ist die verbliebene *Einigungslücke* durch Rückgriff auf die gesetzlichen Regeln und im Wege ergänzender Vertragsauslegung zu schließen (BGH WM 1966, 142, 143; OLG Karlsruhe WRP 1981, 661, 662; RGZ 88, 377, 379; Erman/Hefermehl § 155 Rn 9). Im übrigen gilt das *Verbot unzulässiger Rechtsausübung* im gleichen Umfang wie bei § 139 (s dazu Staudinger/Roth [1996] § 139 Rn 89 ff). So kann zB jemand, zu dessen Ungunsten die vom Teildissens betroffene Regelung gewirkt hätte, die Gültigkeit einer nunmehr für ihn günstigeren Einigung nicht in Frage stellen (Flume § 34, 7). 16

2. Schadensersatzpflicht

Eine Schadensersatzpflicht wegen cic trifft denjenigen, der durch ein von ihm zu vertretendes Verhalten, zB durch schuldhaft unklare Ausdrucksweise, den versteckten Dissens herbeigeführt hat (RGZ 143, 219, 221; 104, 265, 268; Enneccerus/Nipperdey § 163 Fn 9; Erman/Hefermehl § 155 Rn 10; Giesen Jura 1980, 23, 34; Palandt/Heinrichs § 155 Rn 5; Soergel/Wolf § 155 Rn 21; aM Flume § 34, 5, der meint, daß beim Dissens eine einseitige Zurechnung des Fehlers nicht stattfinden dürfe; zust Jauernig § 155 Anm 3; MünchKomm/Kramer § 155 Rn 13; Schlachter JA 1991, 105, 108). Die den Schadensersatzanspruch auslösende Pflichtverletzung besteht darin, daß ein Verhandlungspartner dem Gebot zuwider gehandelt hat, eine Irreführung des Gegners durch klare Ausdrucksweise zu vermeiden (Medicus AT Rn 439). Im Falle mitwirkenden Verschuldens greift nicht § 122 Abs 2, sondern § 254 ein (RG JW 1932, 735, 739; Enneccerus/Niperdey § 163 Fn 9; Soergel/ Wolf § 155 Rn 21; aM auch insoweit Flume § 34, 5). 17

V. Beweislast

Wer sich auf einen versteckten Dissens beruft, muß die Umstände beweisen, aus denen sich dessen Vorliegen ergeben soll (Baumgärtel/Laumen, Hdb d Beweislast [2. Aufl 1991] § 155 Rn 1; MünchKomm/Kramer § 155 Rn 14; vgl BAGE 56, 251, 261). Die Beweislast für die Gültigkeit der verbleibenden Einigung trifft dann denjenigen, der behauptet, 18 daß trotz eines Teildissenses der Vertrag zustande gekommen sei (ROSENBERG AcP 94 [1903] 1, 25; SOERGEL/WOLF § 155 Rn 20).

§ 156

Bei einer Versteigerung kommt der Vertrag erst durch den Zuschlag zustande. Ein Gebot erlischt, wenn ein Übergebot abgegeben oder die Versteigerung ohne Erteilung des Zuschlags geschlossen wird.

Materialien: E I § 90; II § 126; III § 152;
Mot I 176; Prot I 87.

Systematische Übersicht

I.	Überblick	1	3.	Abweichende Versteigerungsbedingungen 9
II.	Vertragsschluß nach § 156		III.	Anwendungsbereich des § 156 10
1.	Das Gebot als Antrag	2		
2.	Der Zuschlag als Annahme	5		

Alphabetische Übersicht

S Vorbem zu §§ 145–156.

I. Überblick

1 Die Vorschrift regelt den Sonderfall des Vertragsschlusses bei einer Versteigerung, behandelt also das Rechtsverhältnis zwischen Bieter/Ersteher und Versteigerer/Einlieferer (s Rn 6; zum Rechtsverhältnis zwischen Versteigerer und Einlieferer s vHOYNINGEN-HUENE NJW 1973, 1473). Die Versteigerung ist ein *öffentlicher Verkauf*, bei dem für eine angebotene Leistung durch Konkurrenz der Bieter eine möglichst hohe Gegenleistung erzielt werden soll. Gemeinrechtlich war umstritten, ob schon in der Veranstaltung der Versteigerung ein bindendes Angebot des Versteigerers an den Meistbietenden zu sehen sei, so daß jedes Gebot eines Bieters als Annahme des Vertragsangebotes unter der auflösenden Bedingung des Nichtnachfolgens eines höheren Gebotes aufzufassen war. Die Gegenmeinung nahm an, daß die Veranstaltung einer Versteigerung lediglich die Einladung des Versteigerers darstelle, ihm durch Gebote Vertragsanträge zu machen, welche mit dem Zuschlag angenommen werden konnten. Das BGB hat diese Streitfrage in § 156 S 1 im letzteren Sinne entschieden. § 156 ist mehr als nur eine Auslegungsregel (Prot I 87 = MUGDAN I 695; aM ENNECCERUS/NIPPERDEY § 49 II 2 und 161 Fn 19). Die Vorschrift enthält vielmehr **dispositives Recht** (SOERGEL/WOLF § 156 Rn 14; s auch Rn 9).

3. Titel. § 156
Vertrag 2–5

II. Vertragsschluß nach § 156

1. Das Gebot als Antrag

Gemäß § 156 S 1 ist das Gebot als Vertragsantrag des Bieters, der Zuschlag als 2
Annahme dieses Angebotes aufzufassen (zum näheren Ablauf einer Versteigerung
s die VersteigerungsVO v 1. 6. 1976, BGBl I 1345). Auch der letzte Bieter hat daher
aus seinem Gebot *keinen Anspruch auf Vertragsabschluß oder auf Leistung*. Erst mit
dem Zuschlag ist der Vertrag geschlossen. Ein danach erfolgendes Übergebot beseitigt diesen Vertragsschluß freilich nicht.

Als Antragserklärung unterliegt das Gebot den **allgemeinen Regeln für Willenserklä-** 3
rungen. Es ist *auslegungsfähig*, kann wegen Irrtums *angefochten* werden (OLG
Dresden OLGE 17, 355) und durch *Stellvertreter* abgegeben werden. Auch der Versteigerer selbst kann – etwa auf der Grundlage eines ihm übersandten schriftlichen
„Höchstgebots" – als Vertreter eines Kaufinteressenten Erklärungen abgeben,
sofern er vom Verbot des § 181 befreit ist (vgl auch § 34 b Abs 6 Nr 3 GewO sowie
unten Rn 4). Ein Gebot liegt dann aber erst in dieser Erklärung, nicht schon in der
Beauftragung des Versteigerers (BGH NJW 1983, 1186 f m Anm KELWING/JOCH; vHOYNIN-
GEN-HUENE NJW 1973, 1473, 1477 f). Die *Wirksamkeit* des Gebotes als einer idR nicht
verkörperten Willenserklärung tritt ein, wenn es vom Versteigerer vernommen wird
(vgl OLG Dresden SächsArch 14 [1904] 222, 223). Als Antragender ist der Bieter nach § 145
an das Gebot gebunden (s § 145 Rn 20 ff). Das Angebot des Bieters erlischt nach der
allgemeinen Regel des § 146, wenn der Versteigerer – ohne daß § 156 S 2 eingreift
(s Rn 4) – seinen *Antrag zurückweist* (SOERGEL/WOLF § 156 Rn 8), zB weil er nicht den
Versteigerungsbedingungen genügt, sonst gemäß § 156 S 2 mit dem *Schluß der Versteigerung*, wenn kein Zuschlag erteilt wurde, weil das Angebot dann nicht rechtzeitig angenommen wurde (vgl § 146 Rn 8). Dem ist es gleichzustellen, wenn der
Versteigerer zu *anderen Bedingungen* übergeht. Keine Beendigung der Bindungswirkung tritt hingegen ein, wenn sich der Bieter vor dem Zuschlag vom Versteigerungsort entfernt (s Rn 5).

Gemäß § 156 S 2 erlischt das (An-)Gebot außerdem, wenn ein **Übergebot** abgegeben 4
wird. Es entfällt also nicht nur die Bindungswirkung. Voraussetzung ist hierfür nicht,
daß es sich um ein rechtswirksames Übergebot handelt, weil das Interesse an Rechtsklarheit darauf gerichtet ist, daß das Übergebot schon als Tatsache Berücksichtigung
findet (ERMAN/HEFERMEHL § 156 Rn 3; MünchKomm/KRAMER § 156 Rn 4; SOERGEL/WOLF § 156
Rn 6 mwN). Etwas anders kann nur dann gelten, wenn das Übergebot offensichtlich
unwirksam ist (SOERGEL/WOLF § 156 Rn 6) oder wegen seines Mangels sofort vom Versteigerer zurückgewiesen wird (MünchKomm/KRAMER § 156 Rn 4). Ob ein Übergebot
vorliegt, richtet sich nach dem Nennbetrag der Gebote. Die Umsatzsteuer ist nicht
abzuziehen (RGZ 101, 365, 366 f). Auf einen dem Versteigerer erteilten *Ersteigerungs-
auftrag* (s Rn 3) bezieht sich § 156 S 2 nicht. Er kann also die ergebnislos abgebro-
chene Versteigerung überdauern (BGH NJW 1983, 1186, 1187 m Anm KELWING/JOCH).

2. Der Zuschlag als Annahme

Mit dem Zuschlag nimmt der Versteigerer das Angebot des Bieters an. Der Zuschlag 5
stellt eine nicht verkörperte und nicht empfangsbedürftige Willenserklärung, die

demnach *mit Abgabe wirksam* wird (s STAUDINGER/DILCHER[12] § 130 Rn 7). Es kommt auch nicht darauf an, daß der Bieter den Zuschlag vernimmt. Er kann sich daher vor dem Zuschlag vom Versteigerungsort entfernen (SOERGEL/WOLF § 156 Rn 10). Eine ausdrückliche Regel dieses Inhalts enthält § 15 S 2 BeurkG, der Nachfolger des früheren § 181 S 2 FGG.

6 Die Abgabe der Zuschlagserklärung kann durch den Versteigerer im eigenen Namen als Kommissionär oder – was der Regelfall sein wird – im fremden Namen als **Stellvertreter** seines Auftraggebers erfolgen (vgl RG Gruchot 56, 1083, 1084; vHOYNINGEN-HUENE NJW 1973, 1473, 1477; SOERGEL/LEPTIEN § 164 Rn 14). Eine Verpflichtungsermächtigung des Versteigerers scheitert hingegen nach hM an den grundsätzlichen Bedenken gegen dieses Institut (s dazu STAUDINGER/SCHILKEN [1995] Vorbem 70 ff zu § 164; STAUDINGER/GURSKY [1995] § 185 Rn 104 ff).

7 Sofern der abzuschließende Vertrag **formbedürftig** ist, kommt er durch mündliche Erklärungen nicht zustande. Dies gilt zB für Jagdpachtverträge, die nach § 11 Abs 4 S 1 BJagdG der *Schriftform* bedürfen. Der Zuschlag bei einer Jagdpachtversteigerung stellt demnach nur die Bereitschaftserklärung dar, mit dem Bieter einen formwirksamen Vertrag zu schließen (vgl KG OLGE 39, 128; SOERGEL/WOLF § 156 Rn 13). Da die Schriftform des Jagdpachtvertrages Beweisfunktion hat, ist dem Versteigerungszuschlag der Charakter eines formlos wirksamen Vorvertrages beizulegen (s dazu Vorbem 60 zu §§ 145 ff). Eine erforderliche *notarielle Beurkundung* kann dadurch gewahrt werden, daß der Notar an der Versteigerung teilnimmt und über die abgegebenen Erklärungen eine Niederschrift anfertigt. Diese Beurkundung kann dann gemäß § 126 Abs 3 auch die Schriftform ersetzen.

8 Im Unterschied zum Zuschlag nach § 90 ZVG (s dazu auch Rn 12) hat der Zuschlag nach § 156 nur den Abschluß eines **Verpflichtungsgeschäftes** zum Inhalt. Die erforderlichen Erfüllungshandlungen müssen selbständig nachfolgen. Insbesondere muß das Eigentum nach §§ 873, 929 ff übertragen werden (ENNECCERUS/NIPPERDEY § 161 I 2 b; PESCH Jura 1993, 371).

3. Abweichende Versteigerungsbedingungn

9 § 156 enthält dispositives Recht (s Rn 1 aE). Sowohl für das Zustandekommen als auch für den Inhalt des Vertrages gilt der Grundsatz der **Vertragsfreiheit**, der vor allem in den Versteigerungsbedingungen seinen Ausdruck finden kann. So kann sich zB der Versteigerer im voraus des Rechtes begeben, den Zuschlag zu verweigern. Ebenso darf er sich das Recht vorbehalten, nach einem erfolgten Übergebot ein geringeres Gebot anzunehmen, also unter mehreren Geboten auszuwählen (ERMAN/HEFERMEHL § 156 Rn 4), oder er kann sich einen späteren Zuschlag vorbehalten. Dann bleibt der Bieter angemessene Zeit an sein Höchstgebot gebunden (RGZ 96, 102, 103). Ein Zuschlag nach dem Ende der Versteigerung muß dann durch empfangsbedürftige Willenserklärung erfolgen (SOERGEL/WOLF § 156 Rn 14).

III. Anwendungsbereich des § 156

10 § 156 gilt in allen Fällen, in denen eine **Versteigerung nach den Vorschriften des Privatrechts** erfolgt, also in den Fällen der §§ 383 ff, 489, 753, 966 Abs 2, 975, 979 ff, 1219.

Ferner gilt § 156 in den Fällen der §§ 373 Abs 2, 376 Abs 4, 389, 407 Abs 2, 417 Abs 1 HGB sowie nach Maßgabe der besonderen Vorschriften in den §§ 1233 ff für den im Wege öffentlicher Versteigerung zu bewirkenden Pfandverkauf (§ 1235). Ob bewegliche oder unbewegliche Sachen, Forderungen oder Rechte versteigert werden, bleibt sich gleich. Unerheblich ist ferner, ob der Versteigerer aufgrund von § 34 b Abs 5 GewO öffentlich bestellt ist oder nicht (BGH NJW 1992, 2570, 2572).

Für **Versteigerungen im Rahmen der Zwangsvollstreckung** (zu denen auch der in § 456 vorgesehene Verkauf im Wege der Zwangsvollstreckung gehört) verweist zwar § 817 Abs 1 ZPO ausdrücklich auf § 156. Jedoch ist dieser Verweisung nach heutiger Auffassung von der Pfandverwertung im Rahmen der Zwangsvollstreckung nur noch sehr eingeschränkt zu folgen. Das *Gebot* im Rahmen einer Versteigerung zum Zwecke der Zwangsvollstreckung stellt eine Prozeßhandlung dar und keinen bürgerlich-rechtlichen Vertragsantrag, so daß die zivilrechtlichen Vorschriften über Willenserklärungen nicht eingreifen (STEIN/JONAS/MÜNZBERG, ZPO § 817 Rn 8). Auch der *Zuschlag* ist sicher nicht als privatrechtliche Willenserklärung aufzufassen. Teilweise wird er als Hoheitsakt angesehen (STEIN/JONAS/MÜNZBERG § 817 Rn 20). Wenn man aber die Verweisung des ZPO-Gesetzgebers auf § 156 nicht völlig mißachten will, dann wird man den Zuschlag eher als Vollendung eines öffentlich-rechtlichen Vertrages einordnen müssen (OLG München DGVZ 1980, 122, 123; JAUERNIG, Zwangsvollstreckungs- und Konkursrecht [19. Aufl 1990] § 18 IV A; MünchKommZPO/SCHILKEN § 817 Rn 3; ROSENBERG/GAUL/SCHILKEN, Zwangsvollstreckungsrecht [10. Aufl 1987] § 53 III 1 a; THOMAS/PUTZO, ZPO [19. Aufl 1995] § 817 Rn 2). In Übereinstimmung mit der Regelung des § 156 muß jedenfalls auch hier anschließend noch eine Übertragung des Eigentums an der versteigerten Sache durch den Gerichtsvollzieher erfolgen. Dies geschieht hoheitlich durch Eigentumszuweisung bei der Ablieferung der gepfändeten Sache an den Erwerber (BGH NJW 1992, 2570, 2571). Der Zuschlag selbst bewirkt den Eigentumsübergang nicht (RGZ 153, 257, 260 f). Das gilt auch bei einer anderweitigen Verwertung durch den Gerichtsvollzieher iSd § 825 ZPO, aber nicht bei einer Versteigerung der gepfändeten Sache durch einen privaten Auktionator. Hier vollzieht sich der Vorgang insgesamt in privatrechtlichen Formen (BGH NJW 1992, 2570, 2571).

Der **Zuschlag im Zwangsversteigerungsverfahren** ist in §§ 71 ff ZVG abweichend von § 156 geregelt. Hier ist der Bieter an sein Gebot nur gebunden, wenn es zugelassen wird. Außerdem hat der Meistbietende nach § 81 ZVG einen Anspruch auf die Erteilung des Zuschlags. Die wichtigste Abweichung gegenüber § 156 besteht darin, daß der Zuschlagsbeschluß gemäß § 90 ZVG bereits den Eigentumsübergang bewirkt (vgl RGZ 60, 48, 54).

Nach **Ausschreibungen zur Vergabe öffentlicher Aufträge** (und von hier übernommen auch bei privatrechtlichen Aufträgen) erfolgt ebenfalls ein Zuschlag, der einen privatrechtlichen Vertrag begründet (BVerwG JZ 1962, 639, 641). § 156 gilt in diesen Fällen jedoch deshalb nicht, weil es sich um einen Vertragsabschluß unter Abwesenden, also durch verkörperte Willenserklärungen handelt (OLG Hamburg OLGE 15, 316; SOERGEL/WOLF § 156 Rn 15). Dementsprechend wird der Zuschlag hier erst mit dem Zugang wirksam (BVerwG JZ 1962, 639, 641).

§ 157

Verträge sind so auszulegen, wie Treu und Glauben mit Rücksicht auf die Verkehrssitte es erfordern.

Materialien: (teils auch zu § 133): E I § 359; II § 127; III § 154; MUGDAN I 437; 685; Mot I 154 ff; Prot I 623 ff; MUGDAN II 109; 521 ff; Mot II 197 f; SCHUBERT, AT II 270 ff; JAKOBS/ SCHUBERT, SchR I 46 ff.

Schrifttum

J HAGER, Gesetzes- und sittenkonforme Auslegung und Aufrechterhaltung von Rechtsgeschäften (1983)
HENCKEL, Die ergänzende Vertragsauslegung, AcP 159 (1960/61) 106
HÖK, Ergänzende Mietvertragsauslegung unter Berücksichtigung des ZGB als Geschäftsgrundlage, MDR 1994, 1157
KÖTZ, Vertragsauslegung, in: FS ZEUNER (1994) 219
LARENZ, Ergänzende Vertragsauslegung und dispositives Recht, NJW 1963, 737
ders, Die Methode der Auslegung des Rechtsgeschäfts (1930; Neudruck mit Nachwort 1966)
LÜDERITZ, Auslegung von Rechtsgeschäften (1966)
MANGOLD, Eigentliche und ergänzende Vertragsauslegung, NJW 1961, 2284
MAYER-MALY, Die Bedeutung des tatsächlichen Parteiwillens für den hypothetischen, in: FS Flume (1978) 621

MEDICUS, Vertragsauslegung und Geschäftsgrundlage, in: FS Flume (1978) 629
NELLE, Neuverhandlungspflichten (1993)
PILZ, Richterliche Vertragsergänzung und Vertragsabänderung (1963)
H ROTH, Vertragsänderung bei fehlgeschlagener Verwendung von Allgemeinen Geschäftsbedingungen (1994)
SALZMANN, Die Neuverhandlungsklausel als ein Problem ergänzender Vertragsauslegung (1986)
SANDROCK, Zur ergänzenden Vertragsauslegung im materiellen und internationalen Schuldvertragsrecht (1966)
SONNENBERGER, Verkehrssitten im Schuldvertrag (1970)
WIEACKER, Die Methode der Auslegung des Rechtsgeschäfts, JZ 1967, 385.
Weiteres Schrifttum findet sich im Schrifttum zu § 133.

Systematische Übersicht

I.	Normzweck; Anwendungsbereich	1
II.	„Eigentliche" und ergänzende Auslegung	3
III.	Abgrenzung zu verwandten Rechtsinstituten	
1.	Eigentliche Auslegung	5
2.	Umdeutung (§ 140)	6
3.	Teilnichtigkeit (§ 139)	7
4.	Treu und Glauben (§ 242)	8
5.	Fehlen (Wegfall) der Geschäftsgrundlage	9
IV.	Voraussetzungen der ergänzenden Vertragsauslegung	11
1.	Gegenstand	12
2.	Regelungslücke	15
a)	Anfängliche und nachträgliche Lücken	16
b)	Versehentliches oder bewußtes Offenlassen	17
c)	Wegfall unwirksamer Vereinbarungen	18

3. Titel.
Vertrag

d)	Unbilligkeiten	19	1.	Parteiautonomie		38
e)	Einzelfälle	20	2.	Erweiterung des Vertragsgegenstandes		39
V.	**Lückenfüllung**		3.	Vielzahl der Rechtsfolgen		43
1.	Terminologisches	22	4.	Interessen des Rechtsverkehrs		45
2.	Vorhandenes dispositives Recht	23				
a)	Gerechtigkeitsgehalt	24	**VII.**	**Ergänzende Auslegung von Allgemeinen Geschäftsbedingungen**		46
b)	Unpassendes Gesetzesrecht	25	1.	Grundsatz		47
c)	Veraltetes Gesetzesrecht	26	2.	Maßstab		48
d)	Moderne Vertragstypen; atypische Verträge; Besonderheiten	27	3.	Kritik		49
3.	Hypothetischer Parteiwille	30				
a)	Bedeutung	31	**VIII.**	**Prozessuales**		50
b)	Zeitpunkt der Auslegung	34	1.	Individualverträge		51
c)	Anfechtung	35	2.	AGB-Verträge		55
d)	Verhältnis zur geltungserhaltenden Reduktion	36	**IX.**	**Weitere Einzelfälle**		57
VI.	**Schranken der ergänzenden Vertragsauslegung**	37				

Alphabetische Übersicht

Anfechtung	35		Güterrecht	44
Arbeitnehmerhaftung	57			
Ausdrücklichkeit	45		Handelsübliche Klauseln	14
Auslegung ex post	34		Hypothetischer Parteiwille	4
Auslegungsregel	1			
Ausscheiden eines Gesellschafters	57		Individualprozeß	46
			Inhaltskontrolle	37
Behauptungs- und Beweislast	50		Irrtum	35
Billigkeitserwägungen	19			
			Konkludente Auslegung	5
DDR (ehemalige)	21		Konkret-typisierende Auslegung	48
			Konkurrenzverbote	28
Eigenhändlervertrag	25			
Einfache Auslegung	3		Langfristige Verträge	20
Einschränkung von Vertragspflichten	41		Leasing	27
Enteignung	29		Lebenshaltungsindex	10
Erhöhung des Erbbauzinses	9		Leistungsbestimmungsrecht	43
Erschließungskosten	29, 42		Lückenfeststellung	15
			Lückenschließung	4
Formbedürftiges Geschäft	12			
			Neuverhandlungspflichten	10
Geltungserhaltende Reduktion	47, 49		Normatives Kriterium	31
Gerechter Interessenausgleich	33			
Gesellschaftsrecht	26		Objektive Auslegung	2
Globalvergleich	45		Öffentliches Recht	14
Grundbucheintragungen	45			

Praxistausch	40	Tagespreisklauselentscheidung	15, 18
Privatautonomie	3 f, 33, 39	Tarifvertrag (Betriebsvereinbarung)	12, 17
		Tatfrage	51
Rechtsfrage	51	Tatsächlicher Parteiwille	4, 38
Regelungsplan der Parteien	42	Typizität des Rechtsgeschäfts	23
Revisibilität	51 ff		
Richterliche Rechtsschöpfung	37	Unklarheitenregel	47
Roggenklausel	9		
		Verbandsprozeß	46
Schiedsgericht (Auflösung)	15	Verfügung von Todes wegen	12
Schönheitsreparaturen	28, 40	Vertragsrechtsfortbildung	32
Schuldvertrag	12	Vertragszweck	30
Sicherung des Vertragszweckes	20	Vorvertrag	20
Subjektive Vorstellungen der Parteien	32		
Subsidiarität dispositiven Rechts	24	Wechselrecht	45
		Wertsicherungsklausel	7, 18, 43

I. Normzweck; Anwendungsbereich

1 § 157 enthält neben § 133 die zweite **allgemeine Auslegungsregel** des BGB (dazu methodenkritisch VOLLMER, Auslegung und „Auslegungsregeln" [1990] 20 ff). Nach § 157 sind Verträge nach Treu und Glauben mit Rücksicht auf die Verkehrssitte auszulegen. Heute ist weithin anerkannt, daß die Auslegung von Willenserklärungen und Verträgen trotz der systematischen Trennung von § 133 und § 157 durch den Gesetzgeber im wesentlichen den gleichen Grundsätzen gehorcht. Insbes gilt § 157 entgegen seinem Wortlaut nicht nur für die Auslegung von Verträgen, sondern auch für diejenige von einseitigen Rechtsgeschäften (zu Testamenten aber u Rn 12, 31) und empfangsbedürftigen Willenserklärungen (RGZ 169, 125; BGHZ 47, 75, 78; PALANDT/HEINRICHS[55] Rn 1). Umgekehrt wird § 133 nicht auf die Auslegung von Willenserklärungen beschränkt. Vielmehr gilt die Norm auch für Verträge und Rechtsgeschäfte jeder Art (s Erl zu § 133). Im großen und ganzen deckt sich daher der Anwendungsbereich beider Vorschriften. Dementsprechend ist auch eine Trennung des Auslegungsinhalts nach § 133 einerseits und nach § 157 andererseits nicht möglich. Die Rspr wendet oftmals in unproblematischer Weise beide Vorschriften ohne Abgrenzung nebeneinander an (zB RGZ 128, 245; BGHZ 105, 24, 27 ["die nach §§ 133, 157 vorzunehmende Auslegung"]; BGH WM 1994, 389, 393). Die den §§ 133, 157 **gemeinsamen Auslegungsgrundsätze** sind bei § 133 zusammenfassend dargestellt (s Erl zu § 133).

2 Da der Wortlaut des § 157 mit dem durch die Nennung der Verkehrssitte (s Erl zu § 133) und von Treu und Glauben (s Erl zu § 133) angedeuteten Vertrauensschutz die Zielrichtung einer objektiven Auslegung zum Ausdruck bringt (aber u Rn 32), bildet diese Norm den zutreffenden Ort für die Darstellung der **ergänzenden Vertragsauslegung** (ebenso etwa LARENZ AT[7] 539). So spricht die Rspr für die ergänzende Vertragsauslegung von dem „objektiven Auslegungsmaßstab" des § 157 (etwa BGHZ 9, 273, 278). Trotz der mit der Trennung von § 133 und § 157 verunglückten gesetzgeberischen Entscheidung rechtfertigt sich daher die geschlossene Unterbringung der ergänzenden Vertragsauslegung bei § 157 und insoweit der Verzicht auf eine gemeinsame Kommentierung der §§ 133, 157 (anders die Voraufl; wie hier auch im wesentlichen die

3. Titel. **§ 157**
Vertrag 3, 4

Aufteilung bei PALANDT/HEINRICHS[55] Rn 2 ff; JAUERNIG[7] Anm 2; ERMAN/W HEFERMEHL[9] Rn 16 ff; MünchKomm/MAYER-MALY[3] Rn 24 ff; BGB-RGRK/PIPER[12] Rn 97 ff). Deshalb habe ich auch die Kasuistik außerhalb der ergänzenden Vertragsauslegung (zu ihr u Rn 57 ff) sowie die im Rechtsverkehr gebräuchlichen typischen Klauseln bei § 133 untergebracht (dazu die dortigen Erl).

II. "Eigentliche" und ergänzende Auslegung

Aufgabe der „eigentlichen Auslegung" (so etwa die Terminologie bei PALANDT/HEINRICHS[55] **3** Rn 2) ist die Feststellung, ob ein bestimmtes Parteiverhalten als Willenserklärung aufzufassen ist und welchen Inhalt diese Willenserklärung hat (s Erl zu § 133). Bezogen auf Verträge, wird auch in gleicher Bedeutung von „einfacher Vertragsauslegung" (so MünchKomm/MAYER-MALY[3] Rn 2) oder von „unmittelbarer Auslegung" (so etwa BGH NJW-RR 1995, 833, 834; NJW 1976, 1314) gesprochen. Bei den hier in erster Linie in Rede stehenden **empfangsbedürftigen Willenserklärungen** ist Auslegungsziel dasjenige, was der Adressat nach seinem Empfängerhorizont als Willen des Erklärenden verstehen konnte. Es geht also auch bei der eigentlichen Auslegung nicht in erster Linie um die Feststellung des wirklichen Willens des Erklärenden, sondern um diejenige des normativen Willens (FLUME, AT II 310; MEDICUS AT[6] Rn 323; WIESER JZ 1985, 407 ff; o Erl zu § 133). Obwohl danach auch die eigentliche Auslegung die Ermittlung einer objektiven normativen Bedeutung meint (LARENZ AT[7] 338), so besteht doch ein unmittelbarer Bezug zur Parteiautonomie. Am deutlichsten wird er für die Fälle der vorrangig zu beachtenden übereinstimmend gemeinten Bedeutung (s Erl zu § 133).

Als **Zweck** der ergänzenden Vertragsauslegung wird es allgemein angesehen, Lücken **4** der betreffenden rechtsgeschäftlichen Regelung zu schließen (BGHZ 9, 273, 277 f; 77, 301, 304 [„Schönheitsreparaturen"]; HÖK MDR 1994, 1157; u Rn 15). Die ergänzende Vertragsauslegung setzt erst dann ein, wenn die offene Auslegungsfrage nicht durch die eigentliche Auslegung zu lösen ist (MünchKomm/MAYER-MALY[3] Rn 2; o Rn 3; zur Prüfungsreihenfolge u Rn 10). Nach einigen Entscheidungen sollen die Maßstäbe der ergänzenden Vertragsauslegung weithin von der Parteiautonomie gelöst sein. Danach soll der maßgebende **hypothetische Parteiwille** (u Rn 30 ff) keine unmittelbaren Berührungspunkte mit der Parteiautonomie aufweisen, weil er nicht durch die subjektiven Vorstellungen der Vertragsschließenden, sondern aufgrund einer vom Gericht vorgenommenen Interessenabwägung auf objektiver Grundlage bestimmt werde (BGHZ 96, 313, 320 f [EKG] im Anschluß an BGHZ 74, 193, 199 [EKG]; 7, 231, 235). Diese Formulierungen sind indessen zu weit geraten (Zweifel auch bei MEDICUS AT[6] Rn 343). Der Zusammenhang mit der Parteiautonomie ist im Vergleich mit der eigentlichen Auslegung (o Rn 3) zwar gelockert, aber nicht aufgegeben. So darf nach allgM die ergänzende Vertragsauslegung nicht einem feststellbaren **tatsächlichen Parteiwillen** widersprechen (BGHZ 9, 273, 279; MAYER-MALY, in: FS Flume [1978] 621, 625). Zum anderen hat sich der Richter am tatsächlichen Parteiwillen in der Weise zu orientieren, daß eine für den konkreten Fall richtige Ergänzung zu finden ist (u Rn 32). Deshalb kann an den in der Regelung eines anderen Punktes des Vertrages zum Ausdruck kommenden tatsächlichen Willen der Parteien auch dann angeknüpft werden, wenn diese Regelung (etwa wegen Verstoßes gegen § 3 WährG) als solche unwirksam ist (zutr BGH LM § 157 [D] Nr 12; WM 1974, 74, 76 re Sp; MAYER-MALY, in: FS Flume [1978] 621, 625). Insofern ergeben sich **Parallelen zu § 139** (o § 139 Rn 74) und zu **§ 140** (o § 140 Rn 25; mit Recht MAYER-MALY, in: FS Flume [1978] 621 ff). Die erforderliche Beachtung des tatsächlichen Parteiwillens spricht für eine Vertragsergänzung, die auf den **Zeitpunkt des Vertragsabschlusses** abstellt und nicht auf die Verhältnisse zum Zeitpunkt der Auslegung (richtig MAYER-MALY, in: FS Flume [1978] 621, 626; u Rn 34). Auch die ergänzende Vertragsauslegung ist nach dem Gesagten noch Auslegung iSd § 157 (BGHZ 9, 273, 277; 12, 337, 343; BGH WM 1969, 1237, 1239; LARENZ NJW 1963, 737 ff; u Rn 32).

III. Abgrenzung zu verwandten Rechtsinstituten

1. Eigentliche Auslegung

5 Die ergänzende Vertragsauslegung kommt erst in Betracht, wenn die eigentliche Auslegung zu keinem Ergebnis geführt hat (Beispiel BGH DB 1963, 1461; o Rn 3, 4). Es ist also zunächst das Auslegungsinstrumentarium heranzuziehen, das die **engste Verknüpfung mit der Parteiautonomie** aufweist (o Rn 3). Die Grenzen zu einer eigentlichen, wenngleich konkludenten Auslegung (dazu Erl zu § 133), werden allerdings fließend, soweit die ergänzende Auslegung nur das Erklärte iSd wirklich Gewollten ergänzt (MEDICUS AT[6] Rn 339). Doch sind diese Fälle wegen der Gleichheit der Rechtsfolgen unproblematisch (MEDICUS AT[6] Rn 339; u Rn 45).

2. Umdeutung (§ 140)

6 Nach richtiger Auffassung reicht § 140 über das durch § 157 Erreichbare hinaus (LARENZ AT[7] 544). Die Umdeutung ist nicht etwa ein Sonderfall der Auslegung (o § 140 Rn 7 f). Die ergänzende Auslegung vervollständigt lediglich ein lückenhaftes Rechtsgeschäft, wogegen die Umdeutung an die Stelle der vereinbarten Regelung im Ganzen eine andere setzt (LARENZ AT[7] 544).

3. Teilnichtigkeit (§ 139)

7 Die ergänzende Vertragsauslegung ist den Rechtsfolgen aus § 139 insoweit vorrangig, als mit ihrer Hilfe eine sich aufgrund einer unwirksamen Bestimmung ergebende Vertragslücke geschlossen werden kann. In diesem Fall kann die sich ansonsten nach § 139 möglicherweise ergebende Totalnichtigkeit vermieden werden. In derartigen Fällen ist die Anwendung des § 139 ausgeschlossen (BGHZ 63, 132, 135 f [Wertsicherungsklausel; dazu o § 139 Rn 8]; 107, 351, 355; dazu o § 139 Rn 61; 105, 213, 221; dazu o § 139 Rn 61; ebenso wie hier LARENZ AT[7] 542 f).

4. Treu und Glauben (§ 242)

8 Bei Schuldverträgen kann mit § 157 häufig die Generalklausel des § 242 konkurrieren. Beide Vorschriften nehmen auf „Treu und Glauben" Bezug. Bisweilen werden die maßgeblichen Rechtsfolgen ebenbürtig aus § 157 und aus § 242 hergeleitet, weil der Wortlaut der Vorschriften insoweit gleich ist (etwa MEDICUS AT[6] Rn 343; auch BGH VersR 1962, 809, 810; ArbG Essen DB 1965, 259 [LS]). ZT wird § 242 aber als Grundlage einer ergänzenden Vertragsauslegung ausdrücklich ausgeschlossen (etwa BGH WM 1969, 1237, 1239; PALANDT/HEINRICHS[55] Rn 2; SOERGEL/M WOLF[12] Rn 26 ff). In der Mehrzahl der Fälle zieht die Rspr wohl § 157 als alleinige Norm, auf die eine ergänzende Vertragsauslegung gestützt wird, heran (zB BGH WM 1965, 1191, 1192; BAG DB 1966, 1400; LG Offenburg ZGenW 14 [1964] 105 [LS]). Zwar ist es grundsätzlich richtig, daß eine

genaue Abgrenzung von § 157 und § 242 weder möglich noch auch erforderlich ist, wenn daran keine unterschiedlichen Rechtsfolgen geknüpft werden (subtile Unterscheidungen dagegen bei SOERGEL/M WOLF[12] Rn 26 ff). ME ist es aber nicht vertretbar, § 242 als Grundlage iSe objektiven Bestimmung der Leistungspflicht mit dem Ziel zu nennen, die ergänzende Vertragsauslegung dadurch zu ersetzen (so aber WIEACKER JZ 1967, 385, 390; HENCKEL AcP 159 [1960/61] 106 ff; u Rn 32). Die Betonung der ergänzenden Vertragsauslegung als **eigenständiges Rechtsinstitut** legt in richtiger Weise den Schwerpunkt stärker auf den Vertrag und damit auf den Regelungsplan der Parteien (LARENZ AT[7] 548). Der zutreffende Ort für die Anwendung des § 242 liegt dagegen in der Ergänzung des Vertrages um vertragliche Nebenpflichten wie zB Beratungspflichten (KÖTZ, in: FS ZEUNER [1994] 219, 238).

5. Fehlen (Wegfall) der Geschäftsgrundlage

Die Grundsätze der ergänzenden Vertragsauslegung genießen nach richtiger Auffassung **Vorrang** vor der Anwendung der Grundsätze über das Fehlen oder den Wegfall der Geschäftsgrundlage (BGHZ 81, 135, 143 [Roggenklausel]; 74, 370, 373 [Bauerwartungsland]; BGH NJW 1993, 2935, 2936; NJW-RR 1986, 866, 867 [Unterhaltsvereinbarung]; WM 1969, 769, 770; 1967, 1277, 1279; LG Bochum NJW-RR 1989, 915; LARENZ AT[7] 544 f; KÖHLER AT[21] § 16 V 3; aA MünchKomm/MAYER-MALY[3] Rn 33). Zwar weisen beide Institute wegen des beide Male entscheidenden hypothetischen Parteiwillens vielfache Ähnlichkeiten und Berührungspunkte auf. Gleichwohl bilden sie **kein einheitliches Rechtsinstitut** der Lückenfüllung mit dem Ergebnis der Entbehrlichkeit der Lehre vom Fehlen (Wegfall) der Geschäftsgrundlage (so aber NICKLISCH BB 1980, 949; AK-BGB/HART §§ 133, 157 Rn 71; dagegen LITTBARSKI JZ 1981, 8; LARENZ, in: 25 Jahre Karlsruher Forum [1983] 156; gegen ihn C MÜLLER JZ 1981, 337 f; sympathisierend MEDICUS AT[6] Rn 879). In der früheren Rspr wird der Vorrang der ergänzenden Vertragsauslegung idS betont, daß sich die Frage nach dem rechtlichen „Sollen" iSd § 242 erst stellt, wenn sich aus dem durch Auslegung zu gewinnenden „Wollen" der Parteien ausreichende Anhaltspunkte für eine Entscheidung nicht gewinnen lassen. Führt die ergänzende Vertragsauslegung nicht zu einer sicheren Entscheidungsgrundlage, so bleibt die Prüfung erforderlich, ob ein Wegfall der Geschäftsgrundlage eine Anpassung nach § 242 erforderlich macht (BGH NJW 1994, 2688, 2690 [Anpassung von Nutzungsverträgen zwischen ehemaligen DDR-Konsumgenossenschaften]; WM 1969, 1237, 1240). Gleichwohl bleibt dann die sich bisweilen anschließende Formulierung mißverständlich, wonach die Rechtsgrundsätze vom Wegfall der Geschäftsgrundlage durch die Möglichkeit einer ergänzenden Vertragsauslegung nicht eingeschränkt oder ausgeschlossen werden. Auch nach der hier vertretenen Auffassung bleiben Fälle möglich, die sich eher den Grundsätzen über den Wegfall der Geschäftsgrundlage unterordnen lassen, weil sie zur ergänzenden Vertragsauslegung nicht passen. So hat die Rspr die Entscheidung auf die Lehre von der Geschäftsgrundlage gestützt, wenn es um eine Teilung des Risikos geht (BGH ZIP 1992, 1787, 1792; NJW 1984, 1746, 1747). Nähere Ausführungen dazu finden sich bei MEDICUS, in: FS Flume (1978) 629 ff. Im übrigen wird man aber mit LARENZ AT[7] 545 formulieren können: Die ergänzende Vertragsauslegung behebt eine Regelungslücke, damit der erkennbare Regelungsplan der Parteien durchgeführt werden kann. Dagegen behebt die Lehre von der Geschäftsgrundlage die Unangemessenheit des Vertrags, wenn eine ergänzende Vertragsauslegung nicht möglich ist, weil der Regelungsplan der Parteien für die zu lösende Frage nichts ergibt (so auch OLG Hamm NJW-RR 1993, 181). So lag es etwa in dem richtig entschiedenen Fall von BGHZ 77,

194: Dort ging es um die Erhöhung eines im Jahre 1939 vereinbarten *Erbbauzinses*, wo die Parteien im Vertrag keine Anpassungsklausel vereinbart hatten. Hier sollte dem Besteller das Risiko der Geldentwertung nach dem Regelungsplan der Parteien nicht abgenommen werden. Aus diesem Grunde war auch – anders als im Roggenfall von BGHZ 81, 135, 143 – eine Vertragslücke zu verneinen. Da aber die Lebenshaltungskosten in dem Zeitraum von 1939 bis 1975 um über 222% gestiegen waren, wurde die aufgetretene **schwere Äquivalenzstörung** nach den Grundsätzen der Geschäftsgrundlage durch eine angemessene Erhöhung des Erbbauzinses bewältigt. Die Rspr spricht freilich in diesem Zusammenhang mißverständlich davon, daß die Vertragsergänzung einen erforderlichen Anhaltspunkt im Wortlaut des Vertrages haben muß (so BGH WM 1969, 769, 770). Dagegen kommt es nur auf die Erkennbarkeit des Regelungsplanes der Parteien an.

10 Die ergänzende Vertragsauslegung hat den Vorrang, weil die Anforderungen an die Lehre von der Geschäftsgrundlage, die lediglich eine grobe Unbilligkeit vermeiden will, strenger sind (LARENZ AT⁷ 545). Ist eine schwere Äquivalenzstörung zu verneinen und liegen die Voraussetzungen einer ergänzenden Vertragsauslegung nicht vor, weil die Parteien im Vertrag überhaupt keine (auch keine unwirksame) Vorsorge getroffen haben, so scheidet eine Anpassung des Vertrages aus (zutr BGHZ 86, 167 [Anstieg des Lebenshaltungskostenindexes um lediglich rund 133%]). Insgesamt läßt sich also eine **Rangordnung** in der Reihenfolge von eigentlicher Vertragsauslegung (o Rn 5), ergänzender Vertragsauslegung und Anpassung der vertraglichen Beziehungen durch den Richter im Wege der Geschäftsgrundlage feststellen (BGH NJW 1978, 695; WM 1971, 509, 510; 1967, 1277, 1279 [Lastenausgleichsgesetzgebung]; 1966, 877, 878; 1963, 288, 289; 1961, 1194, 1195 [Hypothekengewinnabgabe]; 1958, 965, 967; auch LM § 199 LAG Nr 2). Scheitert eine ergänzende Vertragsauslegung oder führt sie nicht zu einem eindeutigen oder brauchbaren Ergebnis, so greifen die **Grundsätze der Geschäftsgrundlage** insbes bei einer gemeinsamen irrigen Vorstellung der Parteien über den ungeregelten Punkt ein (BGH NJW 1978, 695, 696; auch LM § 346 [Ed] HGB Nr 6; WM 1963, 288, 289; 1961, 1194, 1195 [Hypothekengewinnabgabe]; auch BGH NJW 1994, 2688, 2690). Dem jüngst von NELLE 206 ff (passim) propagierten Vorrang von *Neuverhandlungspflichten* der Parteien gegenüber der ergänzenden Vertragsauslegung vermag ich mich nicht anzuschließen. Die auftretenden praktischen Probleme erscheinen mir kaum überwindbar (eher abschreckend auch die Darstellung bei SALZMANN 165 ff).

IV. Voraussetzungen der ergänzenden Vertragsauslegung

11 Die ergänzende Auslegung ist bei Rechtsgeschäften aller Art möglich (sogleich u Rn 12 ff). Sie setzt eine **Regelungslücke** voraus, die insbes bei Vorliegen dispositiven Rechts stets begründungsbedürftig ist (u Rn 15 ff). Sind die Voraussetzungen der ergänzenden Auslegung zu bejahen, so ist die Regelungslücke entsprechend dem hypothetischen Parteiwillen zu ergänzen (u Rn 30 ff).

1. Gegenstand

12 Gegenstand der ergänzenden Auslegung ist die Willenserklärung (s Erl zu § 133), bei der ergänzenden Vertragsauslegung der Vertrag als Rechtsgeschäft iSe selbständigen Rechtsquelle (BGHZ 9, 273, 277; PALANDT/HEINRICHS⁵⁵ Rn 2; FLUME, AT II 309 f). Ausgangspunkt der ergänzenden Auslegung ist bei Rechtsgeschäften unter Lebenden die rechtsgeschäftliche Regelung, wie sie sich aufgrund der eigentlichen Auslegung (o Rn 3) ergibt (FLUME, AT II 327). In der Praxis bildet der **Schuldvertrag** den Schwerpunkt der ergänzenden Vertragsauslegung. Häufiger ergibt sich die Notwendigkeit einer derartigen Auslegung auch im Falle des fehlerhaften Zustandekommens des Vertrages im Umfeld des *§ 155* (etwa BGH WM 1977, 1349, 1350). Die Bestimmung des § 157 war im *ersten Entwurf* denn auch im Schuldrecht enthalten (I § 359). Erst durch die zweite Kommission wurde sie in den Allgemeinen Teil eingestellt (MUGDAN II 521 ff). Gleichwohl ist die ergänzende Auslegung bei **Rechtsgeschäften aller Art möglich**. So liegt es auch bei einseitigen Willenserklärungen wie zB der Auslobung oder des Einredeverzichtes (aA noch BGH VersR 1962, 809, 810). Zugänglich sind ihr auch Verträge, die einer öffentlich-rechtlichen Genehmigung bedürfen (BGH WM 1982, 1331), Ehe- und Erbverträge (BGH NJW 1957, 423) und Testamente (BGHZ 22, 357, 360). Doch sind bei der Verfügung von Todes wegen Besonderheiten zu beachten (dazu u Rn 31). Kein Hindernis für die ergänzende Vertragsauslegung stellt es dar, wenn etwa eine Änderung des betreffenden Vertrages einer notariellen Beurkundung bedarf, wie zB bei einem Erbbaurechtsvertrag. Sie bezieht sich darauf, was als von Anfang an vereinbarter Vertragsinhalt anzusehen ist (BGH NJW-RR 1989, 1490, 1491). Die Rspr nimmt hilfsweise Heilung durch Eintragung an (BGHZ 81, 135, 143 f). Ganz allgemein kann daher eine Lücke auch bei **formbedürftigen Verträgen** gefüllt werden (OLG Karlsruhe JZ 1982, 860 m Anm SCHLOSSHAUER-SELBACH). Bei formbedürftigen Geschäften werden mit Recht auch Umstände außerhalb der Urkunde berücksichtigt (BGHZ 74, 346, 349; 63, 359, 362). Das Formerfordernis ist für denjenigen Vertragsinhalt erfüllt, den die Auslegung ergibt (RGZ 109, 334, 336; BGHZ 63, 359, 362). Doch werden Umstände außerhalb der Urkunde von der Rspr nur einbezogen, wenn der rechtsgeschäftliche Wille der Partei in der formgerechten Urkunde einen wenn auch nur unvollkommenen Ausdruck gefunden hat (BGHZ 63, 359, 362). Diese Einschränkung ist wenig überzeugend, da die ergänzende Auslegung dem Grundsatz nach ohnehin nicht zu einer Erweiterung des Vertragsgegenstandes führen darf (Münch-Komm/MAYER-MALY[3] Rn 47; SOERGEL/M WOLF[12] Rn 119; u Rn 39; zur umstrittenen „Andeutungstheorie" allgemein die Erl zu § 133). Die Formprobleme im Rahmen der *Testamentsauslegung* (u Rn 31) sind ausführlich bei STAUDINGER/OTTE[12] Vorbem 23 ff zu §§ 2064 ff dargestellt.

Tarifverträge werden durch die Rspr der Arbeitsgerichte wie Gesetze ausgelegt (BAG AP § 1 TVG Nr 9; ferner AP § 1 TVG Auslegung Nr 123). Das BAG fordert für die ergänzende Auslegung von Tarifverträgen das Vorliegen einer „unbewußten Regelungslücke" (BAG NJW 1983, 1343, 1344 [dort verneint]; NZA 1988, 553; SIEGERS DB 1967, 1630, 1636). Für lückenhafte oder lückenhaft gewordene tarifliche Regelungen wird eine ergänzende Auslegung nur zugelassen, wenn aus dem Gesamtzusammenhang des Tarifvertrags „eindeutig" hervorgeht, daß die Tarifpartner eine tarifliche Regelung in einem bestimmten Sinn vorgenommen hätten. Läßt sich dies nicht feststellen, so liegt eine tarifliche Regelung nicht vor (BAG DB 1967, 820 [bargeldlose Lohnzahlung]; ferner BAG DB 1977, 503 [Spannenklausel]; DB 1969, 754, 755 ["Eindeutigkeit"]; DB 1991, 1881; neutralere Formulierung bei LAG Baden-Württemberg DB 1964, 553; zur ergänzenden Vertragsauslegung von Tarifverträgen insbes SCHAUB NZA 1994, 597, 600 ff; LIEDMEIER, Die Auslegung und Fortbildung arbeitsrechtlicher Kollektivverträge [1991] 121; SIEGERS DB 1967, 1630, 1636; G MÜLLER DB 1960, 119 ff; 148 ff; HERSCHEL, in: FS Molitor [1961] 161, 191). Im übrigen wird auch für den Tarifvertrag anerkannt, daß es sich bei der Lückenschließung um Tarifvertragsauslegung handelt und nicht um die Schaffung neuen Tarifrechts (BAG DB 1965,

977). Der ergänzenden Vertragsauslegung zugänglich sind auch **Betriebsvereinbarungen** (BAG NJW 1976, 78 [LS]). Doch wird auch dort betont, daß sie „wie Gesetze" auszulegen sind. Freilich unterscheidet sich die Gesetzesauslegung in mehreren Punkten grundlegend von der Auslegung von Rechtsgeschäften (dazu STAUDINGER/ COING [1995] Einl 120 ff zum BGB; MEDICUS AT[6] Rn 307 ff). Die angeschnittenen Fragen können an dieser Stelle nicht weiter verfolgt werden. Grundsätzlich werden auch Gemeinschaftsordnungen der **Wohnungseigentümer** nach dem WEG ergänzend ausgelegt (BayObLG DNotZ 1980, 48 [im entschiedenen Fall abgelehnt]). Das gleiche gilt auch für die ergänzende Auslegung von Eigentümerbeschlüssen (BayObLG WuM 1993, 482, 483).

13 Ein **stillschweigender Haftungsausschluß** wird von der Rspr im Wege der ergänzenden Vertragsauslegung sogar dann angenommen, wenn ein endgültiger Vertragsschluß gescheitert ist. Vertragsverhandlungen oder bloßer sozialer Kontakt genügen daher in Fällen einer aufgedrängten Probefahrt mit einem Gebrauchtwagen (BGH NJW 1979, 643; 1980, 1681, 1682 li Sp). Doch setzt die ergänzende Vertragsauslegung nach richtiger Auffassung einen gültigen Vertrag voraus (so auch SOERGEL/M WOLF[12] Rn 116; ERMAN/W HEFERMEHL[9] Rn 16). Ein Haftungsausschluß sollte daher nicht auf ergänzende Vertragsauslegung gestützt werden, sondern mit Hilfe der Auslegung und Fortbildung von gesetzlichen Instituten begründet werden (SOERGEL/M WOLF[12] Rn 116). Besonderheiten sind für die ergänzende Auslegung von allgemeinen Geschäftsbedingungen zu beachten (BGHZ 90, 69 ff ["Tagespreisklausel"]; u Rn 46 ff sowie die Erl zu §§ 5, 6 AGBG).

14 Im **öffentlichen Recht** hat die ergänzende Vertragsauslegung ebenfalls ihren Platz. Für die Auslegung öffentlich-rechtlicher Verträge folgt das aus § 62 S 2 VwVfG (zum früheren Recht etwa OVG Münster ZMR 1970, 89). Vergleichbares gilt für behördliche Verfügungen (BFH BB 1982, 41; SOERGEL/M WOLF[12] Rn 117). Handelsübliche Klauseln können durch ergänzende Auslegung nicht abgeändert werden, da der Rechtsverkehr sich auf die gewöhnliche Bedeutung verlassen darf (BGHZ 14, 61, 62). Ausnahmen werden nur bei „ganz besonders schwerwiegenden Umständen" für möglich gehalten. So enthält etwa die Klausel „netto Kasse gegen Rechnung und Verladepapiere" einen Aufrechnungsverzicht, der durch ergänzende Vertragsauslegung nicht beseitigt werden kann.

2. Regelungslücke

15 Voraussetzung der ergänzenden Vertragsauslegung ist eine Regelungslücke in der vertraglichen Regelung (RGZ 87, 211, 213; BGHZ 9, 273, 277 f; 40, 91, 103; BGH NJW-RR 1995, 1360; BB 1994, 2234, 2235 [Verzinsung einer Mietkaution bei gewerblichen Räumen]; NJW 1994, 2757, 2758 [Baulastbestellung]; NJW-RR 1987, 1459, 1460; WM 1981, 1222, 1223 [Konzessionsvertrag]; 1966, 39, 41; 1963, 288, 289; 1962, 150, 152; 1961, 1194, 1195; 1961, 863, 864; LM § 157 [B] Nr 7; OLG Hamm NZV 1994, 435 [Abfindungsvergleich]). So fehlte es etwa im Falle der *Auflösung des Schiedsgerichts* bei der Kammer für Außenhandel der DDR wegen der in § 1033 ZPO angeordneten klaren Rechtsfolge an der erforderlichen regelungsbedürftigen Lücke (BGH JZ 1994, 968, 971; dazu W J HABSCHEID/ E HABSCHEID JZ 1994, 945, 952; zu den Grenzen auch BGH BB 1994, 2372, 2373 [Gesellschaftsvertrag]; NJW 1994, 3156 [Veränderung einer Fernwasserleitung]). Doch stellt nach allgemeiner Meinung nicht jeder offengebliebene Punkt eines Vertrages eine Lücke in dem geforderten Sinne dar.

3. Titel.   § 157
Vertrag   16

Eine Lücke ist dann zu bejahen, wenn die von den Parteien vereinbarte Regelung eine Bestimmung vermissen läßt, „die erforderlich ist, um den ihr zugrunde liegenden Regelungsplan der Parteien zu verwirklichen" (LARENZ AT⁷ 538). Vergleichbar ist die Formulierung, wonach eine Lücke vorliegt, wenn eine regelungsbedürftige Situation von dem objektiven Regelungsinhalt des Rechtsgeschäfts nicht mehr erfaßt wird (MünchKomm/MAYER-MALY³ Rn 29; ferner HENCKEL AcP 159 [1960/61] 106, 115; RUMMEL, Vertragsauslegung nach der Verkehrssitte [1972] 70). Die Lückenfeststellung ergibt sich erst nach Durchführung der eigentlichen Auslegung (zu ihr o Rn 5). Die **Rspr** verwendet dem Sinne nach ähnliche Aussagen (etwa BGHZ 40, 91, 103; 77, 301, 304; BGH LM § 157 [D] Nr 1). Danach muß das Vereinbarte innerhalb seines tatsächlich gegebenen Rahmens oder innerhalb der wirklich gewollten Vereinbarungen der Parteien einen offengebliebenen Punkt enthalten, den die Parteien abschließend zu regeln unterlassen haben (BGH WM 1969, 769, 770; DB 1963, 1461; VersR 1962, 809, 810). Mit Recht wird in einigen Entscheidungen angedeutet, daß bereits das Erfordernis der Feststellung einer Lücke richterliche Eingriffe in den Vertrag nach Möglichkeit verhindern will. Danach setzt die Lücke voraus, daß der Vertrag einen offengebliebenen regelungsbedürftigen Punkt enthält, dessen Ergänzung „zwingend und selbstverständlich" geboten ist, um einen offenbaren Widerspruch zwischen der tatsächlich entstandenen Lage und dem vertraglich Vereinbarten zu beseitigen (BGH WM 1969, 1238 im Anschluß an BGHZ 9, 273, 277; 12, 337, 343). Entscheidend ist stets die **Vervollständigungsbedürftigkeit** idS, daß ohne die gebotene Vervollständigung eine angemessene, interessengerechte Lösung nicht zu erzielen ist (BGH NJW 1993, 2935, 2936; NJW-RR 1993, 1378; BGHZ 90, 69, 74 [Tagespreisklausel]; LAG Sachsen-Anhalt NZA 1995, 791). Da auch bewußte Lücken möglich sind (u Rn 17), empfiehlt es sich nicht, die erforderliche Regelungslücke stets iSe „planwidrigen Unvollständigkeit" in den Bestimmungen des Rechtsgeschäfts zu definieren (so aber etwa BGH BB 1994, 2234, 2235; WM 1993, 1668; NJW-RR 1990, 817, 818). Bei vertraglichen Nebenpflichten wird freilich mit Recht nicht von einer „Vertragslücke" gesprochen, sondern auf § 242 zurückgegriffen (KÖTZ, in: FS ZEUNER [1994] 219, 238).

Die Lehre von der Vertragslücke ist nicht etwa ein Scheinproblem (anders etwa LÜDERITZ 410; SONNENBERGER 165; gegen sie MünchKomm/MAYER-MALY³ Rn 30). Die **Kritik** an dem gewiß unscharfen Begriff verkennt die bereits genannte begrenzende Funktion der Regelungslücke (zutr SOERGEL/M WOLF¹² Rn 124). Sie verhindert einen richterlichen Eingriff in den Vertrag aus bloßen Billigkeitsgründen. Zudem macht sie die Grenzen der einfachen Auslegung (o Rn 3) deutlich, wenngleich es sich auch dabei um eine normative Auslegung handelt. Bereits die Feststellung einer Regelungslücke hängt damit mit der Respektierung der Privatautonomie zusammen.

a)   **Anfängliche und nachträgliche Lücken**
Die erforderliche Regelungslücke kann von Anfang an bestanden haben, aber auch **16** erst später entstanden sein, weil die Wirklichkeit sich anders entwickelt hat als von den Parteien vorhergesehen (RGZ 164, 196, 202; BGH NJW-RR 1995, 1360; 1989, 1490, 1491; NJW 1988, 2099, 2100 [Erschließungskosten bei Grundstückskaufvertrag]; NJW-RR 1987, 458 [Erschließungskosten]; WM 1982, 545, 547 [Duldung einer Stromleitung]; NJW 1981, 219, 220; BayObLG DNotZ 1990, 734, 735). So war etwa in einem 1940 geschlossenen *Erbbau-Heimstättenvertrag* noch kein Bedürfnis für die Erstellung einer Abwasseranlage hervorgetreten. Dieses Bedürfnis trat erst später durch die veränderte Lebensweise der Siedler hervor. Aus dem dadurch herrührenden Anschluß an die öffentliche Kanali-

sation ergab sich die nachträglich entstandene Regelungslücke, wer die Herstellungskosten einer gemeinschaftlichen Abwasseranlage zu tragen hatte (BGH NJW-RR 1989, 1490, 1491). Für die Lückenschließung sind in erster Linie die Verhältnisse zur **Zeit des Vertragsabschlusses** zu berücksichtigen (MünchKomm/MAYER-MALY³ Rn 32; aA BGHZ 23, 282, 285; SOERGEL/M WOLF¹² Rn 132; u Rn 34).

b) Versehentliches oder bewußtes Offenlassen

17 Es ist unerheblich, aus welchen Gründen die Parteien einen regelungsbedürftigen Punkt offengelassen haben (BGH NJW-RR 1995, 1360; WM 1976, 251, 252). So können sie bewußt auf eine ins einzelne gehende Regelung verzichten (BGH WM 1979, 889, 891; 1967, 1147, 1148) oder aber diese versehentlich unterlassen haben (BGH NJW-RR 1989, 1490, 1491). Insbes ist daher eine ergänzende Vertragsauslegung möglich, wenn den Parteien in einem **Rahmenvertrag** eine Lücke bewußt war, sie aber eine Regelung in der Erwartung unterlassen haben, daß bei Festlegung der Vertragseinzelheiten auch insoweit eine Regelung herbeigeführt werden könne (BGH NJW 1975, 1116, 1117; WM 1967, 1147; anders BGH NJW 1965, 1960 [nur versehentliches Unterlassen]). Auch sonst scheidet eine ergänzende Vertragsauslegung nicht deshalb aus, weil die Parteien von einer Regelung abgesehen haben, weil sie übereinstimmend davon ausgegangen sind, daß darüber noch eine Einigung zu erzielen ist. Ebenso liegt es, wenn eine ausdrückliche Regelung nicht getroffen wurde, weil die Parteien eine Einigung als selbstverständlich angesehen haben (BGH WM 1979, 889, 891; 1969, 1323, 1324). Auf der anderen Seite wurde eine ergänzende Vertragsauslegung abgelehnt, wenn der betreffende **Vorvertrag** nicht mehr als einen bloßen Rahmen für später zu treffende und ihn ausfüllende Einzelbestimmungen enthielt. Bei derart lockeren Bindungen sei es nicht richterliche Aufgabe, den wesentlichen Vertragsinhalt selbst zu schaffen (BGH WM 1967, 1250, 1251).

Bei einem bewußten Offenlassen ist stets daran zu denken, ob nicht die Parteien sich für eine bestimmte Lösung entschieden haben und die getroffene **Regelung** damit **abschließend** sein sollte (BGHZ 23, 53, 55; BGH NJW 1990, 1723, 1724; so möglicherweise auch das Verständnis von BGH NJW 1965, 1960). Nicht alles, worüber in einem Vertrag nicht gesprochen ist, stellt daher eine Vertragslücke dar. Im Bereich des **Tarifvertragsrechts** hat sich das BAG gegen eine Ausfüllung bewußter Lücken ausgesprochen (o Rn 12). Doch hängen die Entscheidungen wohl mehr mit den Eigenarten der tariflichen Regelung zusammen (MünchKomm/MAYER-MALY³ Rn 31 Fn 67). Soll die getroffene Regelung nach dem Willen der Parteien danach bewußt abschließend sein, so liegt keine Regelungslücke vor (BGH NJW 1990, 1723, 1724; 1985, 1835, 1836 [Scheidungsfolgenvereinbarung]; NJW 1981, 2180, 2181 [Disagio bei vorzeitiger Beendigung des Darlehensvertrages]; auch BGH VersR 1967, 804, 805; WM 1961, 1192, 1194; Ufita 40 [1963] 150, 152; LAG Hamm DB 1966, 788 [LS]). Ist etwa eine Vertragsrente an die Sozialversicherungsrente angebunden, so liegt eine Lücke nicht vor, auch wenn sich die Regelung als unzweckmäßig erweisen sollte. Helfen können dann nur die Grundsätze über den Wegfall der Geschäftsgrundlage (BGH BB 1975, 623).

c) Wegfall unwirksamer Vereinbarungen

18 Nach heute herrschender Auffassung kann sich eine Regelungslücke auch aus der Unwirksamkeit einer Vertragsbestimmung ergeben (BGHZ 63, 132, 135 [Wertsicherungsklausel]; 90, 69, 74 [Tagespreisklausel]; OLG Hamburg NJW-RR 1992, 74, 75 [Mieterhöhungsklausel]; P ULMER NJW 1981, 2030). Es muß sich also nicht immer um eine Unvollständigkeit im Willen oder in der Erklärung der Parteien handeln (aA STAUDINGER/DILCHER[12] §§ 133, 157 Rn 40; SONNENBERGER 159; für die hL dagegen MünchKomm/MAYER-MALY[3] Rn 32; PALANDT/ HEINRICHS[55] Rn 3; SOERGEL/M WOLF[12] Rn 123; wNw bei H ROTH, Vertragsänderung 60; krit MEDICUS, in: Zehn Jahre AGB-Gesetz [1987] 94). ME darf trotz der Unwirksamkeit der Bestimmung auf den Willen zurückgegriffen werden, der sich in der unwirksamen Vereinbarung manifestiert hat. Es handelt sich dabei ja um den normativen hypothetischen Willen (u Rn 30), der nicht mit dem Verdikt der Unwirksamkeit belegt ist (u Rn 36).

d) Unbilligkeiten

Die ergänzende Vertragsauslegung vermag nicht zu helfen, wenn eine eindeutige Regelung zu Unbilligkeiten führt (BGH BB 1984, 695; LAG Hamm DB 1991, 1577). Insbes läßt sich mit bloßen Billigkeitserwägungen nicht die **vertragliche Risikoverteilung** aus den Angeln heben (BGHZ 74, 370, 373 ff). Vielmehr fehlt es dann an der für die ergänzende Vertragsauslegung vorausgesetzten Lücke. Daran zeigt sich am deutlichsten die begrenzende Funktion der Lückenfeststellung (o Rn 15).

e) Einzelfälle

In aller Regel ist eine Regelungslücke darauf zurückzuführen, daß die Parteien nicht an einen regelungsbedürftigen Punkt gedacht haben (etwa BGH NJW-RR 1991, 177). Doch kann etwa auch die frühere Vereinbarung nicht mehr feststellbar sein (SCHOPP MDR 1958, 291; zu Gesellschaftsverträgen auch WIEDEMANN DNotZ Sonderheft 1977, 99, 110). So kann es insbes bei langfristig laufenden Verträgen liegen. Eine Regelungslücke ist zu verneinen, wenn die Parteien den durch die ergänzende Vertragsauslegung anzustrebenden Erfolg auch selbst herbeiführen können, etwa durch Inverzugsetzen des anderen Teils (BGH LM § 286 Nr 7 [Nachlieferung einer delivery-order]). Ebenso liegt es, wenn eine andere Regelung als die getroffene den Belangen einer der Parteien oder beiden Vertragspartnern besser entsprechen würde (RGZ 82, 316; RG JW 1909, 169; BGB-RGRK/PIPER[12] Rn 100). Die leasingtypische volle Amortisation der vom Leasinggeber aufgewandten Gesamtkosten läßt im Falle der ordentlichen Kündigung durch den Leasingnehmer keine zu füllende Lücke entstehen. Sie ist „vertragsimmanent" (BGHZ 95, 39, 54 f; bestätigt durch BGH NJW 1986, 1746, 1747). Die Annahme einer Regelungslücke hindert nicht, daß der die Auslegung betreffende Bereich nicht im Vertrag geregelt worden ist (BGHZ 11, 16, 24; SOERGEL/M WOLF[12] Rn 124). Mit Recht verlangt die Rspr eine ausfüllungsbedürftige Lücke idS, daß ihre Schließung für die **Sicherung des Vertragszweckes** erforderlich ist (BGHZ 16, 71, 76 [Praxistausch zwischen Ärzten]). An einer Lücke fehlt es auch, wenn die Vertragsverhandlungen nicht zu einem Vertrag geführt haben (BGH WM 1968, 1038; aber o Rn 12).

Die zu vermeidende Gefährdung des Vertragszweckes liegt nicht vor, wenn einer der Parteien oder einem Dritten ein **Bestimmungsrecht nach den §§ 315, 317** zusteht (SOERGEL/M WOLF[12] Rn 124). Eine Regelungslücke ist ferner zu verneinen, wenn die Parteien eine offene Vertragsauslegung durch ihr *eigenes Verhalten* interpretieren (BGH JZ 1978, 349). Haben die Parteien den Eintritt des von ihnen (gleichwohl) geregelten Falles für gänzlich unwahrscheinlich gehalten und tritt er unerwartet ein, so liegt zwar keine Lücke vor, doch bleibt eine Vertragsanpassung nach § 242 möglich (BGH WM 1961, 863, 864 [LAG]). Eine Vertragslücke wurde verneint, wenn in einem Vertrag über die Abtretung eines Antrags zum Verkauf eines Grundstücks die Folgen eines Rechtsmangels nicht geregelt sind (RG JW 1923, 456; anders BGHZ 11, 16). Eine Lücke fehlt ferner, wenn nach der Vertragsauslegung die getroffenen Vereinbarungen auch für künftige unvorhersehbare Fälle gelten und das Rechtsverhältnis in abschließender Weise regeln sollen (RGZ 106, 396; 129, 80; BGHZ 2, 379, 385 f [Abfindung eines nichtehelichen Kindes]). Eine ergänzende Vertragsauslegung soll zur Ausfüllung einer nachträglich entstandenen Vertragslücke ferner nicht in Betracht kommen, wenn sich das eingetretene Ereignis infolge einer **Veränderung der allgemeinen Verhältnisse und der Rechtsanschauung** einer Beurteilung nach dem Vertragswillen entzieht (BGHZ 23, 283, 285 f [Dienstunfähigkeit eines NSDAP-Mitglieds; aber o Rn 16 aE]). So kann etwa die Frage sinnvoll nicht gestellt werden, was ehemalige *DDR-Konsumgenossenschaften* im Jahre 1965 als redliche Vertragspartner vereinbart hätten, wenn sie den Zusammenbruch der sozialistischen Wirtschaftsverfassung ins Kalkül gezogen hätten (BGH NJW 1994, 2688, 2690; vergleichbar auch BGH JZ 1994, 968, 971 [Auflösung des Schiedsgerichts bei der Kammer für Außenhandel der DDR]). In derartigen Fällen vermag nur die Lehre vom **Wegfall der Geschäftsgrundlage** zu helfen (auch BGHZ 121, 378 ff). Eine Vertragslücke liegt nicht vor, wenn die später eingetretene Veränderung der Verhältnisse (hier: Spaltung Berlins) für die geltend gemachten Ansprüche ohne Bedeutung ist (BGH WM 1961, 694, 695).

V. Lückenfüllung

1. Terminologisches

22 Die Rspr (BGHZ 40, 91, 103; BGH WM 1974, 11, 12) verneint bereits das Vorliegen einer Regelungslücke, wenn das Rechtsgeschäft zwar „lückenhaft" ist, die Vertragsparteien aber bei Vertragsabschluß keine vom Gesetz abweichende Regelung treffen und die nähere Ausgestaltung den Gesetzesvorschriften überlassen. Zwar ist es zutreffend, daß derartige Verträge täglich „in unübersehbarer Zahl" geschlossen werden. Gleichwohl sollte man in diesen Fällen die Annahme einer Lücke bejahen, die dann eben durch dispositives Recht geschlossen wird. Lückenfeststellung und Lückenfüllung, sei es mit Hilfe des **dispositiven Rechts**, sei es mit Hilfe der ergänzenden Vertragsauslegung, sollten im Interesse der Klarheit voneinander geschieden werden (ebenso MünchKomm/Mayer-Maly[3] Rn 34). Andere als terminologische Probleme ergeben sich aus der abgelehnten Vermengung der Gesichtspunkte aber wohl nicht (wie hier im Ergebnis obiter OLG München ZMR 1989, 15, 17).

2. Vorhandenes dispositives Recht

23 Nach der zutreffenden Annahme der hL scheidet eine ergänzende Vertragsauslegung in der Regel aus, wenn die festgestellte Regelungslücke (o Rn 22) durch Heranziehung vorhandenen dispositiven Rechts geschlossen werden kann (ständige Rspr, BGHZ 40, 91, 103; 77, 301, 304 [Verpflichtung des Pächters zu Schönheitsreparaturen]; 90, 69, 75 [Tagespreisklausel]; BayObLG DNotZ 1980, 48; LAG Bayern Ufita 43 [1964] 184, 188). Das beifallswerte Anliegen besteht darin, den **Vorrang** der Anwendung **dispositiven Rechts** vor dem Eingreifen der ergänzenden Vertragsauslegung zu sichern (BGHZ 40, 91, 103; BGH WM 1974, 11, 12; aber vorige Rn). Die Rspr bestimmt daher als Regel, daß die Normen des dispositiven Rechts der ergänzenden Vertragsauslegung vorgehen (BGHZ 90, 69, 75; 74, 370, 374 [Bauerwartungsland]; Medicus AT[6] Rn 344; Larenz AT[7] 546 ff; als undifferenziert kritisiert von Jauernig[7] Anm 2 b). Ansonsten würde das dispositive Recht obsolet. Bleibt also in einem Kaufvertrag die Sachmängelhaftung ungeregelt,

so gelten die §§ 459 ff, ohne daß auf die Grundsätze der ergänzenden Vertragsauslegung zurückgegriffen werden dürfte. Zum dispositiven Recht zählen auch die durch Rechtsfortbildung gewonnenen Ergebnisse (Kötz, in: FS Zeuner [1994] 219, 231).

Die genannte Regel unterliegt jedoch **Ausnahmen**, die sich schlagwortartig iSd **Typizität des Geschäfts** so formulieren lassen: Je mehr das Rechtsgeschäft sich einem gesetzlich geregelten Typenvertrag annähert, desto näher liegt die Anwendung vorhandenen dispositiven Rechts. Je weiter sich das Rechtsgeschäft von gesetzlich geregelten Modellen entfernt, desto näher liegen die Anwendungsmöglichkeiten der ergänzenden Vertragsauslegung (in gleichem Sinne Jauernig[7] Anm 2 b; Soergel/M Wolf[12] Rn 113; Flume, AT II 325; MünchKomm/Mayer-Maly[3] Rn 26; Larenz AT[7] 546 ff). Auch bei **gemischten und atypischen Verträgen** kann dispositives Recht anwendbar sein, wenn einzelne Regelungskomplexe des Vertrages gesetzestypisch ausgestaltet sind (Soergel/M Wolf[12] Rn 113). Daneben sind aber noch weitere Unterscheidungen anerkannt, wonach das vorhandene dispositive Gesetzesrecht selbst durch einen bloß hypothetischen Parteiwillen verdrängt wird (u Rn 24 ff). Das dispositive Recht enthält den allgemeinen, auf eine typische Interessenabwägung gegründeten Beurteilungsmaßstab, wogegen die ergänzende Vertragsauslegung den Besonderheiten des Einzelfalles Rechnung tragen muß. Diese können darin bestehen, daß der zu regelnde Sachverhalt oder die von den Parteien getroffene Regelung rechtliche und tatsächliche Eigenheiten aufweist, denen das abstrahierende dispositive Gesetzesrecht nicht Rechnung tragen kann (so die Abgrenzung von BGHZ 74, 370, 373 f; Sandrock 24, 45 f).

a) Gerechtigkeitsgehalt
Unproblematisch ist der Fall, daß der ausdrückliche oder wenigstens konkludent **24** erklärte **Parteiwille** die Anwendung vorhandenen dispositiven Rechts ausschließen will. Das steht den Parteien stets frei. So liegt es etwa, wenn im Arbeitsvertrag die Kündbarkeit des Vertrages ungeregelt bleibt, aber beide Vertragsparteien von unterschiedlichen, gleichwohl längeren Fristen als den gewöhnlichen Regelfristen ausgegangen sind. Die Regelung des § 622 paßt dann nicht (BAG AP § 611 BGB Vertragsabschluß Nr 2; BB 1980, 580, 581). In den genannten Fällen geschieht die Lückenfüllung nach den Grundsätzen der ergänzenden Vertragsauslegung (BGH DB 1990, 1558, 1559; JZ 1989, 956, 957; MünchKomm/Mayer-Maly[3] Rn 38). Zweifelhaft wird die Anwendung dispositiven Rechts erst, wenn ein solcher Wille nicht im Wege der Auslegung gewonnen werden kann. Hier wird zunehmend auf den **Gerechtigkeitsgehalt des dispositiven Rechts** idS abgestellt, wie subsidiär sich das betreffende dispositive Recht gibt (Medicus AT[6] Rn 341 ff; Soergel/M Wolf[12] Rn 112; sympathisierend MünchKomm/Mayer-Maly[3] Rn 26 Fn 58). In eine vergleichbare Richtung geht der Vorschlag, darauf abzustellen, ob das dispositive Recht materiellen Ordnungsgehalt hat und dann der ergänzenden Vertragsauslegung vorgeht, oder ob es als ihr nachrangiger vermuteter Parteiwille zu deuten ist (Bucher, in: FS Descheneaux [1977] 249 ff; abl aber Larenz AT[7] 547 Fn 28). „Höchst subsidiäre Normen" ohne Gerechtigkeitsgehalt sind etwa die §§ 125 S 2, 154 Abs 2, 262, 269 Abs 1, 271 Abs 1. In deren Anwendungsbereich setzt sich auch bei einem Typengeschäft des BGB selbst der hypothetische Parteiwille durch. Muß der Verkäufer etwa die Ware erst erkennbar selbst beschaffen, so kann er entgegen § 271 Abs 1 nicht sofort zur Lieferung verpflichtet sein (Medicus AT[6] Rn 341).

b) Unpassendes Gesetzesrecht

25 Das zur Verfügung stehende dispositive Recht wird auch bei Typenverträgen durch einen bloß hypothetischen Parteiwillen verdrängt, wenn es der Interessenlage des konkreten Vertrages offensichtlich nicht gerecht wird und damit auf diesen Vertrag nicht paßt. Wird etwa bei einem als langfristig vorgestellten Vertrag die Vertragsdauer nicht geregelt, so scheidet die Anwendung des unpassenden § 89 HGB (Eigenhändlervertrag) aus. Die Lücke wird durch ein länger befristetes Kündigungsrecht geschlossen (BGH NJW 1975, 1116, 1117). Auch kann im Rahmen einer BGB-Gesellschaft (Arbeitsgemeinschaft von Bauunternehmern) § 722 Abs 1 (hälftige Teilung) durch den hypothetischen Parteiwillen verdrängt werden, wonach die Verteilung nach den für den gemeinschaftlichen Zweck eingesetzten Vermögenswerten bestimmt wird (BGH NJW 1982, 2816, 2817). Ebenso liegt es, wenn die Anwendung des § 306 oder der §§ 437, 440, 323 ff die von den Parteien beabsichtigte Durchführung eines Pfandrechtsverkaufes verhinderte (BGH NJW-RR 1990, 817, 819).

c) Veraltetes Gesetzesrecht

26 Die Rspr sieht weite Teile des **handelsrechtlichen Personengesellschaftsrechts** als nicht mehr zeitgemäß geregelt an. Im Innenverhältnis der Gesellschafter verdrängt daher der hypothetische Wille „in aller Regel" das dispositive Gesetzesrecht (BGH NJW 1979, 1705, 1706; zu Besonderheiten GRUNEWALD ZGR 1995, 68, 70 ff). In diese Richtung wurde etwa entschieden für die §§ 161 Abs 2, 131 Nr 4 HGB, wonach der Tod des persönlich haftenden Gesellschafters einer KG zur Auflösung der Gesellschaft führt. Angenommen wurde vielmehr die Umwandung in eine OHG (zust MünchKomm/MAYER-MALY[3] Rn 26; bestätigt durch BGH WM 1984, 1506; BGHZ 107, 351, 355). Der Vorrang des hypothetischen Parteiwillens setzt sich sogar gegenüber einer Vertragsklausel durch, wonach an die Stelle einer etwa unwirksamen Vertragsbestimmung „die gesetzliche Regelung in Verbindung mit der Rechtsprechung" treten soll. Diese Formulierung will lediglich die Totalnichtigkeit des Gesellschaftsvertrags vermeiden, ohne daß eine verdrängende ergänzende Vertragsauslegung ausgeschlossen werden sollte (BGHZ 107, 351, 355). Für das Personengesellschaftsrecht wird geradezu von dem Rückgriff auf das dispositive Gesetzesrecht als auf einen „letzten Notbehelf" gesprochen (BGH WM 1993, 2008, 2009 m Anm MARK JZ 1994, 1125). Vielmehr müßten die Grundzüge des konkreten Vertrages im Wege der ergänzenden Vertragsauslegung „zu Ende gedacht" werden. Diesem Ansatz möchte ich ausdrücklich zustimmen.

d) Moderne Vertragstypen; atypische Verträge; Besonderheiten

27 Entspricht der betreffende Vertrag keinem gesetzlich geregelten Geschäftstyp, so fehlt es an vorhandenem dispositivem Recht. Hier ist die Domäne der ergänzenden Vertragsauslegung (MünchKomm/MAYER-MALY[3] Rn 26, 38; PALANDT/HEINRICHS[55] Rn 6; LARENZ AT[7] 547, 548; o Rn 23). So liegt es etwa auch für moderne Verträge wie das **Leasing**, die sich nicht ohne weiteres einem gesetzlich geregelten Vertragstyp zuordnen lassen (etwa MünchKomm/MAYER-MALY[3] Rn 26; aber auch o Rn 23 aE).

28 Freilich kann auch ein Typenvertrag gegenüber dem Normaltyp so weitreichende Besonderheiten aufweisen, daß das dispositive Recht nicht als seine sinnvolle Ergänzung angesehen werden kann. Ist etwa der Verkäufer Fachmann und zu einer Reparatur der verkauften Sache in der Lage, so kann sich für den Kaufvertrag im Wege der ergänzenden Vertragsauslegung ein Nachbesserungsrecht für den Käufer ergeben (LARENZ AT[7] 548). Auch mag das vorhandene dispositive Recht für einen

Typenvertrag nicht ausreichen oder sonst lückenhaft sein. Wird ein Geschäft samt Geschäftsverbindungen und Absatzmöglichkeiten verkauft und soll der Verkäufer auf die Dauer von 10 Jahren am Geschäftserlös in bestimmter Höhe beteiligt sein, so ergibt eine ergänzende Vertragsauslegung auch ein 10jähriges Konkurrenzverbot des Verkäufers (RGZ 117, 176). In gleicher Weise kann sich bei einem **Praxistauschvertrag** zweier Ärzte ein befristetes Rückkehrverbot für den Vertragspartner ergeben (BGHZ 16, 71). Ebenso wurde die durch die Unwirksamkeit einer **Tagespreisklausel** entstandene Regelungslücke im Wege einer ergänzenden Vertragsauslegung so geschlossen, daß dem Verkäufer ein Preisänderungsrecht zugestanden, dem Käufer aber unter bestimmten Voraussetzungen ein Rücktrittsrecht eingeräumt wurde. Dispositives Gesetzesrecht stand nicht zur Verfügung (BGHZ 90, 69, 75; zu den Besonderheiten der ergänzenden Auslegung von AGB-Verträgen u Rn 46 ff). Dem Verpächter kann wegen Umbauarbeiten anstelle eines wirtschaftlich sinnlos gewordenen Anspruchs auf Durchführung von **Schönheitsreparaturen** ein entsprechender Geldanspruch zu geben sein (BGHZ 77, 301, 304 f). Die ergänzende Vertragsauslegung geht dem dispositiven Recht vor und verdrängt etwaige Schadensersatzansprüche des Verpächters aus § 326 (bestätigt durch BGHZ 92, 363, 370 mN des Streitstandes [Formularmietvertrag]; OLG Oldenburg NJW-RR 1992, 1036; Abgrenzungsentscheidung BGHZ 96, 141, 145 f; ausführlich und krit zum Ganzen RÜCKERT AcP 184 [1984] 107).

Bei einem Grundstückskauf wurden Vorausleistungen auf Erschließungskosten **29** berücksichtigt, wenn der Käufer unerwartet mit Erschließungskosten belastet wurde (BGH NJW 1988, 2099, 2100 li Sp). Die ergänzende Vertragsauslegung hilft ferner dann, wenn die Erschließung entgegen den anfänglichen Vorstellungen vom Verkäufer durchgeführt wurde (BGH NJW-RR 1987, 458). Ergänzend ausgelegt wurde auch ein zur Abwendung der Enteignung geschlossener Grundstückskaufvertrag (BGH NJW 1981, 219 [zu § 16 PrEnteigG]; weitere Rspr u Rn 58). Die Rspr weist für die Anwendung der ergänzenden Vertragsauslegung auf den Grundgedanken des § 287 ZPO hin (BGH WM 1976, 251, 253). ME ist das überflüssig, wohl auch gefährlich. Doch kann nicht in jedem Falle im Wege der ergänzenden Auslegung aus einem zur Abwendung einer drohenden Enteignung geschlossenen Grundstücksübertragungsvertrag bei Wegfall des Verwendungszweckes ein Anspruch des früheren Eigentümers auf Rückübertragung hergeleitet werden (BGHZ 84, 1, 7 f). Auch in sonstigen Fällen verdrängt bei **Vereinbarungen mit atypischem Inhalt** die ergänzende Vertragsauslegung das vorhandene dispositive Recht (BGHZ 63, 338, 345 f [Ausscheiden des Kommanditisten bei einer kapitalistisch strukturierten Kommanditgesellschaft]).

3. Hypothetischer Parteiwille

Kommt dispositves Recht zur Lückenfüllung nicht zum Zuge (o Rn 23 ff), so wird die **30** vertragliche Regelung entsprechend dem hypothetischen Parteiwillen ergänzt (BGH WM 1994, 389, 393; NJW-RR 1991, 177; 1990, 817, 819; **aA** AK-BGB/HART §§ 133, 157 Rn 66). Die Rspr stellt darauf ab, was die Parteien bei einer angemessenen Abwägung ihrer Interessen nach Treu und Glauben als redliche Vertragspartner vereinbart hätten, wenn sie den nicht geregelten Fall bedacht hätten (ständige Rspr: BGHZ 9, 273, 277; 84, 1, 7; 90, 69, 77; 111, 214, 217 f [Erbbauzins]; BGH NJW-RR 1995, 833, 834 [Unterhaltsverzicht]; BB 1994, 2234 f [Verzinsung einer Mietkaution bei gewerblichen Räumen]; NJW 1994, 2757, 2758; WM 1993, 1668; NJW 1990, 2620, 2621; 1990, 2676, 2677; 1990, 1723, 1725; NJW-RR 1990, 226, 227; NJW 1988, 2099, 2100; WM 1982, 545, 547 [Duldung einer Stromleitung]; WM 1976, 251, 252 f;

RGZ 100, 132; BayObLG DNotZ 1990, 734, 735; ähnlich OLG Hamburg DB 1960, 875). Dem Wortlaut des § 157 entsprechend wird daneben gesondert die Berücksichtigung der Verkehrssitte genannt (BGH WM 1993, 1668; NJW-RR 1990, 817, 819; NJW 1978, 695 f; OLG Oldenburg NdsRpfl 1974, 157, 159 [Tragezeit für Rinder]; u Rn 31). In erster Linie knüpft die Rspr an den Vertrag selbst an, „denn die in ihm enthaltenen Regelungen und Wertungen, sein Sinn und Zweck" sind Ausgangspunkt der Vertragsergänzung (BGH NJW 1988, 2099, 2100; WM 1964, 234, 235; u Rn 33). Der Vertragsinhalt ist „Stütze und Richtlinie" (BGH NJW 1990, 1723, 1725). Die ergänzende Vertragsauslegung erfordert nicht, daß der hypothetische Wille der Parteien im Vertrag hinreichend deutlich Ausdruck gefunden hat. Vielmehr ist sie zulässig, wenn eine Vereinbarung der Parteien in einem regelungsbedürftigen Punkt fehlt. Sie setzt also gerade voraus, daß sich einem Vertrag bei dessen eigentlicher (unmittelbarer) Auslegung (o Rn 3) eine bestimmte Regelung nicht entnehmen läßt (BGH NJW-RR 1987, 458).

a) Bedeutung

31 Da die ergänzende Vertragsauslegung aus § 157 hergeleitet wird (o Rn 8), treten als für sie beachtliche Momente neben den hypothetischen Parteiwillen die mit der Verkehrssitte (§ 157) gemeinte Üblichkeit und mit Treu und Glauben (§ 157) die Billigkeit. Letzteres wird mit Recht bisweilen besonders betont (BAG DB 1966, 1400; LAG Bremen BB 1975, 839). Heute besteht weithin Einigkeit darüber, daß der hypothetische Parteiwille ein **normatives Kriterium** idS bedeutet, daß es nicht darauf ankommt, wie die betreffende Lücke von den konkreten Parteien geschlossen worden wäre (FLUME, AT II 322; LARENZ AT[7] 542; JAUERNIG[7] Anm 2 c; MünchKomm/MAYER-MALY[3] Rn 40; SOERGEL/M WOLF[12] Rn 131; SANDROCK 95 ff). Deshalb ist über die spätere Behauptung nur einer Vertragspartei, welche Vertragsklausel sie gewünscht hätte, wenn ihr die Lückenhaftigkeit des Vertrags bekannt gewesen wäre, kein Beweis zu erheben (OLG Karlsruhe Ufita 45 [1968] 346, 353). In gleicher Weise ist kein Beweis darüber zu erheben, zu welcher Regelung die eine die andere Partei überredet hätte (JAUERNIG[7] Anm 2 c). Es handelt sich bei der ergänzenden Vertragsauslegung gerade um diejenigen Fälle, in denen die an der rechtsgeschäftlichen Regelung beteiligten Parteien die Frage aktuell nicht geregelt haben (FLUME, AT II 322). In den weitaus meisten Fällen läßt sich auch nicht feststellen, was die Parteien vereinbart haben würden, weil sie sich gerade darüber streiten (MEDICUS AT[6] Rn 343).

Die ergänzende Auslegung hat einen besonderen Stellenwert auch für die **Verfügung von Todes** wegen. Dort ist oftmals die Verfügung auf eine vom Testierenden angenommene Wirklichkeit bezogen, die so entweder nie bestanden oder sich nach dem Zeitpunkt der Verfügung geändert hat. In diesen Fällen ist anders als bei der ergänzenden Auslegung beim Rechtsgeschäft unter Lebenden diese auf die Person des Erklärenden ausgerichtet. Es kommt nach hL mit Recht maßgebend auf den hypothetischen Willen des Erblassers an. Der hypothetische Wille bedeutet hier aber eine Auslegung ganz im Sinne des Verstorbenen (FLUME, AT II 336). Alle weiteren Einzelheiten dazu finden sich bei STAUDINGER/OTTE[12] Vorbem 82 ff zu §§ 2064 ff (weiter etwa OLG Köln DtZ 1994, 216, 217 [interlokale Nachlaßspaltung]; dazu GERHARDS JuS 1994, 642 ff).

32 Im einzelnen ist das **Rangverhältnis** zwischen hypothetischem Parteiwillen, Üblichkeit und Billigkeit unsicher. Nach richtiger Auffassung gibt es zwischen den verschiedenen Argumentationsebenen kein klares Rangverhältnis (MEDICUS AT[6] Rn 344). Die

Rspr formuliert eher zurückhaltend. Danach können Treu und Glauben und die Verkehrssitte Rechtspflichten nicht unabhängig vom Willen der Beteiligten begründen (BGH NJW 1978, 695). Immerhin dringt heute mit Recht die Lehre vor, daß für die ergänzende Auslegung **individuelle wie objektive Kriterien** zu berücksichtigen sind (MünchKomm/MAYER-MALY³ Rn 39 f; PALANDT/HEINRICHS⁵⁵ Rn 7; gegen die Berücksichtigung subjektiver Vorstellungen der Parteien freilich zu Unrecht BGHZ 96, 313, 320 f; o Rn 4). So wird etwa im Bereich von Gesellschaftsverträgen gleichermaßen der tatsächliche Wille der Parteien wie die objektive Abwägung der beiderseitigen Interessen betont (BGH WM 1993, 2008, 2009). Individuelle Umstände kommen ins Spiel, da die ergänzende Auslegung des betreffenden Vertrages alle Besonderheiten des Einzelfalles erfassen muß (BGHZ 74, 370, 376; BGH NJW-RR 1987, 458, 459 [keine abstrakten Risikoüberlegungen]; BAG NZA 1986, 671, 672 [Kündigung vor Dienstantritt]). Es ist jede schematisierende Betrachtungsweise abzulehnen, was aber die Berücksichtigung typischer Vertragsgestaltungen nicht ausschließt. BGHZ 74, 370, 376 hält für den Kauf von Bauerwartungsland die in dem konkreten Vertrag in seiner individuellen Ausgestaltung immanente Risikoverteilung für maßgebend. Mit Recht wird auch Wert gelegt auf die umfassende Auswertung des Prozeßstoffes (BGH WM 1974, 74, 75). Die Lit stimmt der Beachtung der **individuellen Merkmale** weitgehend zu (etwa MünchKomm/MAYER-MALY³ Rn 27; SANDROCK 92 f; aA CANARIS, Die Feststellung von Lücken im Gesetz [1964] 54). Darin liegt gerade der Unterschied der ergänzenden Vertragsauslegung zur Fortbildung des dispositiven Rechts, die auf Verallgemeinerungsfähigkeit ausgerichtet ist. Es geht bei der ergänzenden Vertragsauslegung demnach nicht um „richterliche Vertragsintervention durch Vertragsrechtsfortbildung" (aA AK-BGB/HART §§ 133, 157 Rn 66 [freilich dann wieder mit Zugeständnissen an die hL]; ferner MANGOLD NJW 1961, 2284). Es kommt auch nicht darauf an, die ergänzende Regelung für „einen solchen" Vertrag, sondern, sie für „diesen Vertrag" zu finden (zutr LARENZ AT⁷ 540; MünchKomm/MAYER-MALY³ Rn 39; SANDROCK 102; alle gegen FLUME, AT II 324). Maßgebend ist also ein individueller, nicht gesetzgeberisch generalisierender Maßstab (MünchKomm/MAYER-MALY³ Rn 39). Die genannten Akzente verschieben sich freilich bei der ergänzenden Vertragsauslegung von *allgemeinen Geschäftsbedingungen* (u Rn 46). Ferner sind individuelle Umstände beachtlich, weil stets ein vorhandener tatsächlicher Parteiwille zu berücksichtigen ist (o Rn 4; u Rn 38).

Objektive Kriterien treten insbes hervor mit der durch die Verkehrssitte gemeinten Üblichkeit (o Rn 31). Zudem bedeutet das Abstellen auf Sinn und Zweck des Vertrages (o Rn 30) die Auslegung der durch den Vertrag selbst geschaffenen objektiven Regelung (MünchKomm/MAYER-MALY³ Rn 40; LARENZ AT⁷ 539 gegen LÜDERITZ 399). Es geht dabei um die Ergänzung der durch diesen Vertrag gesetzten Regelung als solcher und damit aus sich heraus. Darin liegt gleichwohl keine Abkehr von der Privatautonomie (o Rn 4). Abzustellen ist darauf, was beide Parteien als einen gerechten Interessenausgleich gewollt hätten (deutlich BGH NJW-RR 1987, 458, 459; 1986, 866, 867; WM 1984, 528, 529; NJW 1978, 695; BAG DB 1966, 1400). Einigkeit besteht heute darin, daß der Richter grundsätzlich zur Vertragshilfe nicht berechtigt ist (etwa HORN NJW 1985, 1118, 1125; u Rn 37). Ist auf der einen Seite des Vertrages ein **Monopolunternehmen** beteiligt (zB ein gemeindliches Wasserversorgungsunternehmen), so kommt es darauf an, was ein im Wettbewerb stehendes Unternehmen billigerweise eingeräumt hätte (zutr LG Karlsruhe NJW-RR 1990, 1271).

b) Zeitpunkt der Auslegung

34 Nach richtiger Auffassung ist der maßgebliche Zeitpunkt der ergänzenden Vertragsauslegung derjenige des **Vertragsabschlusses** und nicht derjenige der Gegenwart (BGHZ 81, 135, 141 [Roggenklausel]; LAG Berlin BB 1991, 1196, 1197; MünchKomm/Mayer-Maly[3] Rn 32; aA Jauernig[7] Anm 2 c; Flume, AT II 326; Soergel/M Wolf[12] Rn 132; für einen Sonderfall aus der NS-Zeit auch BGHZ 23, 282, 285). Hierin kommt der Zusammenhang der ergänzenden Vertragsauslegung mit der **Privatautonomie** (o Rn 4) am deutlichsten zum Ausdruck. Der Richter darf die Sache nicht von seinem eigenen Standpunkt im Nachhinein (ex post) beurteilen. Vielmehr muß er sich in die Rolle der Beteiligten bei der Vornahme des Rechtsgeschäfts versetzen: „Das Geschäft ist vom Ausgangspunkt des wirklich Gewollten her konsequent weiter zu denken" (so Medicus AT[6] Rn 344 aE). Die Rspr bringt das im Einzelfall auch in der wünschenswerten Deutlichkeit zum Ausdruck. Danach ist der Richter nicht befugt, allein am Maßstab von Treu und Glauben eine nach seiner Auffassung objektiv richtige Lösung als ergänzten Vertragsinhalt anzunehmen. Entscheidend ist vielmehr, was die Parteien unter Berücksichtigung von Treu und Glauben vereinbart hätten (BGH WM 1974, 593, 594). Nach dem Gesagten ist eine nachträglich für ein Geschäft dieser Art entstandene Verkehrssitte nicht zu berücksichtigen, und es sind die Rechtsanschauungen im Zeitpunkt des Abschlusses des Rechtsgeschäfts zu respektieren (aA Flume, AT II 326; für einen Sonderfall BGHZ 23, 282, 283; im Anschluß daran BGH WM 1969, 1237, 1239). Die Gegenauffassung lockert ohne innere Rechtfertigung den Zusammenhang mit der Privatautonomie und rückt die ergänzende Vertragsauslegung in die Nähe der Fortbildung des dispositiven Rechts. Das Gesagte gilt auch und gerade für die Ergänzung nachträglich entstandener Vertragslücken (aA BGH WM 1969, 1237, 1239; Soergel/M Wolf[12] Rn 132). Das bedeutet selbstverständlich nicht, daß das nachträglich eingetretene Ereignis außer Betracht bleiben muß (so aber der Einwand von BGH WM 1969, 1237, 1239).

c) Anfechtung

35 Nach ganz hL kann eine Partei ihre Erklärung nicht wegen Irrtums anfechten, wenn sie sich über die erst im Wege der ergänzenden Vertragsauslegung gefundenen Konsequenzen im Irrtum befunden hat (Larenz AT[7] 546; Flume, AT II 326; Soergel/M Wolf[12] Rn 106 [Grundsätze des unbeachtlichen Rechtsfolgenirrtums]; Henckel AcP 159 [1960/61] 106, 125; Rimmelspacher AP § 139 Nr 38; aA Sandrock 119 ff). Die dafür gegebenen Begründungen sind verschiedenartig. So liegt die Nichtbeachtung eines Irrtums nahe, wenn die ergänzende Vertragsauslegung nicht mehr als Auslegung, sondern als Anwendung dispositiven Rechts eingeordnet wird (so Henckel AcP 159 [1960/61] 106, 125; ähnlich AK-BGB/Hart §§ 133, 157 Rn 76). ZT wird eine Anfechtung ausgeschlossen, weil die ergänzende Auslegung mit der Feststellung der getroffenen Regelung gerade nichts zu tun habe (so Flume, AT II 325). Larenz AT[7] 546 schließlich wendet sich gegen die Anfechtungsmöglichkeit, weil demjenigen, der die Erklärung gewollt habe, die Konsequenzen zuzurechnen seien und das Interesse an der Vertragserhaltung den Vorrang verdiene. ME begegnet die hL Bedenken, weil es bei der Anfechtung auch sonst nicht auf die Zumutbarkeit und auch nicht auf das Interesse an der Vertragserhaltung ankommt. Die Gegenauffassung betont zu sehr den Gesichtspunkt der Normativität der ergänzenden Auslegung (o Rn 31) und übersieht, daß auch die einfache, der Anfechtung zugängliche Auslegung, eine normative Auslegung ist (o Rn 3). Auch die ergänzende Auslegung will die Privatautonomie der Beteiligten so weit als möglich verwirklichen. Im Falle des Praxistausches zweier Ärzte (BGHZ 16,

71) kann also der Rückkehrwillige seine Vertragserklärung anfechten, weil er seine Zustimmung zu einem Rückkehrverbot nicht habe erteilen wollen. Die **Schadensersatzpflicht** ergibt sich dann aus § 122. Eine Anfechtung wird freilich häufig daran scheitern, daß ein Irrtum nicht ausreichend dargetan werden kann, weil kein tatsächlicher Wille gebildet wurde. Maßgebend für die Beachtlichkeit des Irrtums muß der Zeitpunkt des Vertragsschlusses sein und nicht derjenige der Auslegung. Es genügt daher nicht, wenn eine Partei lediglich hinterher mit dem Ergebnis der ergänzenden Auslegung, das auf die Interessen beider Parteien Rücksicht nehmen muß (o Rn 33), nicht einverstanden ist.

d) Verhältnis zur geltungserhaltenden Reduktion

Die ergänzende Vertragsauslegung weist in manchen Fallgestaltungen Berührungspunkte mit der geltungserhaltenden Reduktion auf (zu ihr o § 139 Rn 3). So liegt es insbes, wenn mit Hilfe der ergänzenden Vertragsauslegung **unwirksame Bestimmungen** ersetzt werden, wie im Falle der Ersetzung einer nicht genehmigungsfreien Gleitklausel durch einen genehmigungsfreien Leistungsvorbehalt (BGHZ 63, 132, 136 f; o Rn 18). Dieser Fall läßt sich auch mit geltungserhaltender Reduktion durch Zurückführung der unwirksamen Bestimmung auf den zulässigen unbedenklichen Inhalt lösen (etwa H Roth JZ 1989, 411, 415 f). Der **methodische Unterschied** liegt darin, daß die geltungserhaltende Reduktion die für die ergänzende Vertragsauslegung vorausgesetzte Lücke (o Rn 15 ff) vermeidet, so daß eine Auslegung nicht mehr durchzuführen ist (H Roth, Vertragsänderung 36, 54 ff; Nassall BB 1988, 1264 ff). Praktische Bedeutung hat die (vorrangig zu prüfende) geltungserhaltende Reduktion dann, wenn die Parteien etwa die Unwirksamkeit der Klausel erkannt oder billigend in Kauf genommen haben. Eine ergänzende Auslegung muß dann unterbleiben, weil sie mit dem zu beachtenden wirklichen Willen in Konflikt geriete (Nassall BB 1988, 1264, 1265). Dagegen bleibt eine geltungserhaltende Reduktion bis zur Schranke eines **institutionellen Fehlgebrauchs** möglich (etwa H Roth, Vertragsänderung 37 f). Im Bereich der Individualverträge (zu AGB-Verträgen u Rn 49) möchte ich daher wenigstens für solche Konstellationen der geltungserhaltenden Reduktion zur weitestmöglichen Aufrechterhaltung des Vertrages den Vorzug geben.

VI. Schranken der ergänzenden Vertragsauslegung

Es besteht weitgehend Einigkeit darin, daß die ergänzende Vertragsauslegung nicht zu einer freien richterlichen **Rechtsschöpfung** werden darf (BGHZ 9, 273, 279; 40, 91, 103; BGH WM 1965, 1175, 1176; Palandt/Heinrichs[55] Rn 8; Medicus AT[6] Rn 344 [gegen AG Schöneberg NJW 1974, 1823]; trotz abweichendem Ausgangspunkt auch AK-BGB/Hart §§ 133, 157 Rn 74 f; o Rn 33). Zu respektieren ist stets der Grundsatz der Privatautonomie und der Vertragstreue. Strikt abzulehnen ist die Tendenz zur auf § 242 gestützten Inhaltskontrolle von Individualverträgen, die sich über sämtliche begrenzenden Voraussetzungen der ergänzenden Vertragsauslegung hinwegsetzt (aA BGH WM 1995, 1360, 1361; BVerfG NJW 1994, 36, 39).

1. Parteiautonomie

Das Ergebnis der ergänzenden Vertragsauslegung darf sich nicht in Widerspruch zum tatsächlichen Parteiwillen setzen (BGHZ 90, 69, 77; BGH NJW 1995, 1212, 1213; WM 1974, 74, 75; o Rn 4). Da eine inhaltliche Abänderung des Vertrages unzulässig ist (u Rn 39), kann dasjenige, was dem tatsächlichen Willen der Parteien widerspricht, nicht als Inhalt ihres hypothetischen Willens gelten. Andererseits darf nicht an die Stelle des rechtlich unwirksam Gewollten ein inhaltsgleicher tatsächlicher Wille der Vertragsparteien gesetzt werden (BGHZ 90, 69, 77 [Tagespreisklausel]). Auch wenn dispositives Gesetzesrecht fehlt, muß eine Vertragslücke hingenommen werden, wenn die Alternative darin bestünde, die Vertragslücke gegen den Willen der Parteien zu füllen. Deshalb darf etwa ein Vertrag mit einem Schiedsrichter nicht so ergänzt werden, daß dieser verpflichtet ist, sich psychiatrisch untersuchen zu lassen (BGHZ 98, 32; MEDICUS AT[6] Rn 344). Auch darf im Wege der ergänzenden Vertragsauslegung ein Vertrag nicht um eine Bestimmung angereichert werden, die den im übrigen rechtlich einwandfreien Vertrag zu einer insgesamt nichtigen Vereinbarung machen würde (BGH NJW 1970, 468 [unwiderrufliche Vollmacht zur Ausübung des Stimmrechts]; WM 1974, 74, 76). Deshalb kann etwa die Vertragsergänzung eines Gesellschaftsvertrages nicht zu einem nach § 138 nichtigen Wettbewerbsverbot führen (BGH WM 1974, 74, 76). Ebenso darf die ergänzende Auslegung nicht den **Inhalt** der Erklärungen **verändern** und sich nicht zum **Vertragsinhalt** in **Widerspruch** setzen (BGHZ 9, 273, 279 f; 40, 91, 103 ff; BGH NJW-RR 1989, 1490, 1491 re Sp; SOERGEL/M WOLF[12] Rn 126; SCHLOSHAUER-SELBACH RdA 1981, 376, 378). Das nachträgliche Verhalten der Vertragsparteien kann insoweit berücksichtigt werden, als es Rückschlüsse auf den tatsächlichen Willen zuläßt (BAG ZIP 1991, 1446 m Anm PLAGEMANN EWiR § 1 BetrAVG 8/91, 1157).

2. Erweiterung des Vertragsgegenstandes

39 Nach dem soeben Gesagten darf die ergänzende Vertragsauslegung nicht zu einer Abänderung des geschlossenen Vertrages führen, was die Respektierung des tatsächlichen Parteiwillens bedeutet (vorige Rn; BGH WM 1967, 643, 645; VersR 1962, 809, 810; MünchKomm/MAYER-MALY[3] Rn 47; aber u Rn 42). Darüber hinausreichende Bedeutung hat jedoch der Satz, wonach die ergänzende Auslegung nicht zu einer **unzulässigen Erweiterung** des Vertragsgegenstandes führen dürfe (RGZ 87, 211, 213; 136, 178, 185; 129, 80, 88; BGHZ 9, 273, 278; 40, 91, 103; 77, 301, 304 [Schönheitsreparaturen]; BGH NJW-RR 1989, 1490, 1491; WM 1966, 1104, 1105; VersR 1962, 809, 810; BAG AP Nr 3; NJW 1973, 822 [LS]; LAG Sachsen-Anhalt NZA 1995, 791). Bisweilen werden beide Sätze auch kombiniert. So dürfe die ergänzende Vertragsauslegung nicht zu einer Abänderung, Einschränkung oder Ergänzung des erklärten Vertragswillens, noch zu einer Umänderung des Vertrages, sondern bloß zu einer Ergänzung des Vertragsinhalts führen (BGHZ 23, 282, 285; BGH WM 1969, 1237, 1239; RGZ 87, 211; 129, 88). Auf diese Weise kann keiner Partei etwas durch Richterspruch zuerkannt werden, was sie hat erreichen wollen, aber nicht erreicht oder vergessen hat (BGH NJW-RR 1991, 1033; JAUERNIG[7] Anm 2 c). Mit der Lehre von der unzulässigen Erweiterung des Vertragsgegenstandes soll die **Privatautonomie** der Beteiligten gesichert werden. Die Lückenfüllung muß sich im Rahmen des „rechtlichen Beziehungsfeldes" halten, das die Parteien regeln wollten (MünchKomm/MAYER-MALY[3] Rn 47). Die Rspr formuliert das bisweilen auch so, daß sich die Vertragsauslegung innerhalb des tatsächlich gegebenen Rahmens der getroffenen Vereinbarung bewegen muß (BGHZ 16, 71, 77 [Praxistausch zwischen Ärzten]). Doch ist dieses Erweiterungsverbot nur „cum grano salis" zu verstehen (zutr LARENZ AT[7] 542; FLUME, AT II 327). Ergibt die ergänzende Vertragsauslegung etwa, daß der Verkäufer eines Geschäfts dem Käufer auch seine Kundenlisten auszuhändigen hat, so liegt darin vom Standpunkt des Verkäufers aus, der die Listen behalten will, sicher eine Erweiterung des Vertragsgegenstandes (Bsp nach LARENZ AT[7] 542). Diese Erweiterung ist aber zulässig, weil sie nicht im Widerspruch zum Vertrag steht (zur Herausgabe unvollständig genannter Verwaltungsunterlagen auch LG Berlin ZMR 1990, 218, 219).

Neuerdings formuliert die **Rspr** denn auch großzügiger. So darf die ergänzende Vertragsauslegung nicht darauf hinauslaufen, etwas Neues, bisher im Grundsatz nicht Vorhandenes, in den Vertrag einzuführen (BGH NJW-RR 1989, 1490, 1491; BGHZ 92, 363, 370; HERPERS WuM 1984, 175, 176). Deshalb kann etwa eine im Vertrag vorgesehene, aber sinnlos gewordene Verpflichtung des Mieters zu Schönheitsreparaturen, durch die Zahlung eines Geldausgleichs im Falle des Umbaus ersetzt werden. Eine „Abänderung" (o Rn 39) liegt hier sicherlich vor, ist aber unvermeidlich (richtig FLUME, AT II 327). **Verboten** ist lediglich die Schaffung einer über den wesentlichen Inhalt eines Vertrags hinausgehenden **zusätzlichen Bindung** (BGHZ 16, 71, 77). Ein auf zwei bis drei Jahre beschränktes, im Wege der ergänzenden Vertragsauslegung gewonnenes Rückkehrverbot bei einem Praxistausch zwischen Ärzten wurde in zutreffender Weise lediglich als eine mit dem Zweck des Tauschvertrages in engem Zusammenhang stehende Nebenverpflichtung angesehen. Darin liegt keine unzulässige Erweiterung des Vertragsinhalts (BGHZ 16, 71, 77). Demnach liegt der Schwerpunkt der Prüfung bei der **Grad- und Maßfrage der Erweiterung**. Erweiterungen des Vertragsinhalts als solche sind statthaft (anders etwa die Formulierung von SOERGEL/M WOLF[12] Rn 127) und liegen im genannten Fall aus der Sicht des rückkehrwilligen Arztes sicher vor. Eine zulässige Erweiterung betrafen wohl auch die entgegengesetzt entschiedenen Fälle von RGZ 87, 211 ff und BGH LM § 157 (D) Nr 1 (krit auch FLUME, AT II 327; zust PALANDT/HEINRICHS[55] Rn 9; SOERGEL/M WOLF[12] Rn 127). Eine *unzulässige Erweiterung* wurde in der Ausdehnung der Umsatzbeteiligung auf die Umsätze der neuen Bundesländer bei einem im Jahre 1977 geschlossenen Vertrag mit einem Außendienstmitarbeiter gesehen (LAG Düsseldorf NZA 1992, 839, 840).

In vergleichbarer Weise kann die ergänzende Vertragsauslegung auch zu einer **Einschränkung der Vertragspflichten** führen (richtig LARENZ AT[7] 542; anders wohl BGB-RGRK/PIPER[12] Rn 103). Hatte in dem Beispiel von o Rn 39 der Verkäufer die Übergabe von allen das Geschäft betreffenden Papiere versprochen, so können etwa Papiere mit Erinnerungswert, aber ohne geschäftliche Bedeutung, von der Übergabepflicht ausgenommen sein (LARENZ aaO).

Nach dem Gesagten sind Erweiterungen, Einschränkungen und Abänderungen des Vertragsgegenstandes zulässig, soweit sie sich in den Grenzen des **Regelungsplanes der Parteien** halten (dazu o Rn 15). Eine unzulässige Erweiterung wurde dagegen bejaht, wenn der Verpflichtete für eine bestimmte Zeit darauf verzichtet hat, die Einrede der bereits eingetretenen Verjährung geltend zu machen und diese Frist zum Nachteil der Partei durch das Gericht verlängert wird (BGH VersR 1962, 809, 811). Die Rspr spricht denn auch folgerichtig von der Zulässigkeit der ergänzenden Vertragsauslegung, wenn sie sich als selbstverständliche Folge aus dem Vereinbarungszusammenhang ergibt (BGH NJW-RR 1989, 1490, 1491). Dort wurde ein 1940 zwischen Berlin und Siedlern geschlossener Erbbau-Heimstättenvertrag im Wege der ergänzenden Vertragsauslegung um eine anteilige Zahlungspflicht (etwa 10.000 DM) als Beteiligung an den Kosten einer Entwässerungsanlage in zulässiger Weise erweitert.

3. Vielzahl von Rechtsfolgen

43 Ergeben sich verschiedene Auslegungsmöglichkeiten, so scheidet eine ergänzende Vertragsauslegung aus, wenn der Wille der Parteien nicht in die eine oder in die andere Richtung weist (BGH NJW 1974, 1322, 1323 [Beschränkung der Mängelhaftung des Werkunternehmers]; OLG Karlsruhe JZ 1982, 860 m Anm SCHLOSSHAUER-SELBACH). Das Gericht kann die Parteien nicht auf eine einzige von mehreren möglichen Problemlösungen festlegen (BGH NJW-RR 1987, 1459, 1460 [Arzneilieferungsvertrag]). In derartigen Fällen kann dann ein **hypothetischer Parteiwille** nicht ermittelt werden (BGHZ 90, 69, 80; BGH NJW 1990, 1723, 1725). Doch setzt die Zulässigkeit einer ergänzenden Vertragsauslegung auf der anderen Seite nicht voraus, daß sich für jede Einzelheit der eher technischen Ausgestaltung der Ergänzung Anhaltspunkte im Willen oder in den Erklärungen der Vertragsparteien nachweisen lassen. In BGHZ 63, 132, 137 wurde es für eine *unwirksame Wertsicherungsklausel* mit Recht als ausreichend angesehen, wenn die Parteien eine „solche oder ähnliche" Ersatzklausel vereinbart hätten. Auch bei einem der Partei eingeräumten Leistungsbestimmungsrecht hindert es die ergänzende Auslegung nicht, daß die Leistungsbestimmung in unterschiedlicher Weise ausgeübt werden kann (BGHZ 90, 69, 81). Anders lag es bei dem unklaren Umfang der möglichen Vergütung bei vorzeitiger Beendigung eines Steuerberatervertrages (BGHZ 54, 106, 115) oder für die verschiedenen Gestaltungsmöglichkeiten im Falle der unterbliebenen oder mißlungenen Nachbesserung (BGHZ 62, 83, 89 f). Läßt sich daher eine Regelungslücke nicht schließen, weil es dafür keine Anhaltspunkte im Vertragsgefüge gibt, so kommt gleichwohl eine Anpassung (§ 242) wegen **Wegfalls der Geschäftsgrundlage** in Betracht (o Rn 9).

44 Zu weit geraten ist allerdings die Formulierung der Rspr, wonach eine ergänzende Vertragsauslegung ausgeschlossen ist, wenn sich ein Ereignis infolge einer **grundlegenden Änderung der Verhältnisse** der Beurteilung nach dem Vertragswillen entzieht (so aber BGHZ 84, 361, 368 [Ehescheidung] unter Berufung auf den Sonderfall von BGHZ 23, 282, 286 [NSDAP-Mitglied]; anders noch für die Ehescheidung BGH NJW 1968, 245, 246; dem BGH zust MünchKomm/MAYER-MALY[3] Rn 41; iE richtig freilich BGH NJW 1994, 2688, 2690; JZ 1994, 968, 971; o Rn 21). Die Richtigkeit der Entscheidungen zu Ansprüchen zwischen Ehegatten nach der Trennung kann in diesem Rahmen freilich nicht diskutiert werden (Überblick bei MEDICUS, Bürgerliches Recht[16] Rn 690 a ff). Die Verdrängung einer ergänzenden Vertragsauslegung läßt sich hier aber nicht mit dem Abstellen auf eine „grundlegende Änderung" der Verhältnisse begründen, sondern eher mit dem speziellen Instrumentarium des Güterrechts (dazu BGHZ 115, 132 ff).

4. Interessen des Rechtsverkehrs

45 Eine ergänzende Vertragsauslegung scheitert, wenn das Gesetz **Ausdrücklichkeit** verlangt. So liegt es etwa in den Fällen der §§ 244 Abs 1, 700 Abs 2, 1059 a Nr 1 BGB; §§ 38 Abs 3, 1027 Abs 1 S 1 ZPO (MEDICUS AT[6] Rn 339). Vergleichbares gilt im Interesse des Rechtsverkehrs im **Grundbuchrecht**, wo der öffentliche Glaube des Grundbuchs zu beachten ist. So scheidet bei der Auslegung von Grundbucheintragungen und der dort in Bezug genommenen Eintragungsbewilligungen eine ergänzende Vertragsauslegung nach dem mutmaßlichen Parteiwillen aus (BGHZ 60, 226, 230; BGH WM 1969, 863, 865; 1975, 498, 499; BGB-RGRK/PIPER[12] Rn 104; SOERGEL/M WOLF[12] Rn 118; allgemein BÖHRINGER Rpfleger 1988, 389 ff). Das Gesagte gilt auch für die Auslegung materiellrechtlicher Willenserklärungen wie der Einigung nach § 873 (BGHZ 60, 226, 231). Ebenso liegt es für die schriftliche Abtretungserklärung nach § 1154, da diese die Grundbucheintragung ersetzt (BGH NJW-RR 1992, 178, 179). Für das **Wechselrecht** ist der Grundsatz der Wechselstrenge zu beachten (BGH NJW 1994, 447; SOERGEL/M WOLF[12] Rn 118). Ist ein Wechsel versehentlich unvollständig geblieben, so kann er schon deshalb nicht als Blankowechsel aufrechterhalten werden, weil es an der Voraussetzung eines gültigen Vertrags fehlt (BGH NJW 1957, 1837; aA OLG Frankfurt aM NJW 1954, 803). Diese Einschränkungen kommen aber im Verhältnis zwischen den Parteien des Begebungsvertrages nicht zum Tragen (BGH NJW-RR 1991, 229, 230 [Scheck]). Wird in einem **Globalvergleich** die Formulierung „Abgeltung aller Ansprüche" ständig wiederholt, so scheidet eine einschränkende Auslegung aus Gründen der Rechtssicherheit aus (OLG Celle NJW 1971, 145). Vergleichbare Einschränkungen gelten im Anwendungsbereich des Grundsatzes der **Dokumentenstrenge** (dazu BGH BB 1994, 1162, 1163 ["standby Letter of Credit"]).

VII. Ergänzende Auslegung von Allgemeinen Geschäftsbedingungen

Nach § 6 Abs 2 AGBG richtet sich der Inhalt des AGB-Vertrages nach den gesetzlichen Vorschriften, soweit die Bestimmungen nicht Vertragsbestandteil geworden oder unwirksam sind. Soweit dispositives Recht vorhanden ist, das zu dem Rechtsgeschäft paßt (o Rn 25), hat dieses vor der ergänzenden Vertragsauslegung den Vorrang. Doch kann sich auch im Bereich des § 6 Abs 2 AGBG ein Bedürfnis nach ergänzender Vertragsauslegung ergeben, wenn die in der Norm vorausgesetzte Lücke nicht geschlossen werden kann, weil etwa bei **atypischen Verträgen** dispositive Normen ganz fehlen oder auf den betreffenden Vertrag nicht passen. Dadurch tauchen vergleichbare Probleme wie bei der allgemeinen Rechtsgeschäftslehre auf (o Rn 27; NEUMANN, Geltungserhaltende Reduktion und ergänzende Auslegung von Allgemeinen Geschäftsbedingungen [1988] 113 ff). Doch kann ergänzende Vertragsauslegung nur im **Individualprozeß**, nicht aber im Verbandsprozeß des § 13 AGBG zur Anwendung kommen (BGHZ 82, 21 [Tagespreisklausel I]).

1. Grundsatz

Die Rspr erkennt die ergänzende Vertragsauslegung im Rahmen des § 6 Abs 2 AGBG weithin an (BGHZ 90, 69, 80 [Tagespreisklausel II]; OLG Oldenburg NJW-RR 1992, 1036; OLG Köln NJW-RR 1995, 758; AG Rastatt DAR 1988, 170, 171; OLG Hamburg EWiR § 9 AGBG 25/91, 1041 [vWESTPHALEN]; der Sache nach ebenso OLG München ZIP 1983, 837 [Tagespreisklausel]; auch schon BGH WM 1983, 677, 678). Die ergänzende Vertragsauslegung hat Vorrang vor der **Unklarheitenregel** des § 5 AGBG, weil sie den dort vorausgesetzten Zweifel vermeidet (H ROTH WM 1991, 2085, 2130). Danach kann eine durch eine unwirksame AGB-Klausel verursachte Vertragslücke durch ergänzende Vertragsauslegung geschlossen werden, wenn dispositive Normen zur Ausfüllung der Lücke nicht vorhanden sind und die ersatzlose Streichung der Klausel nicht zu einer angemessenen, den typischen Interessen des Klauselverwenders und des Kunden Rechnung tragenden Lösung führt (so BGHZ 90, 69, 80; ferner BGH BB 1989, 1579). Doch zeigt sich bisweilen auch eine ablehnende oder abschwächende Haltung der uneinheitlichen Rspr (etwa BGHZ 88, 78; 96, 18; BGH NJW 1979, 2095). Bisweilen wird auch offengelassen, ob eine Lückenfüllung durch ergänzende Vertragsauslegung möglich ist, wenn die Lücke durch Unwirksamkeit einer Formularklausel entstand (BGHZ

104, 82, 91; 94, 335, 343). Stets wird aber betont, daß die ergänzende Vertragsauslegung nicht auf eine von der Rspr für allgemeine Geschäftsbedingungen abgelehnte **geltungserhaltende Reduktion** hinauslaufen dürfe (BGHZ 107, 273, 277; 90, 69, 81; krit zu dieser Argumentation H ROTH, Vertragsänderung 58 f mwNw). Die Lit spricht sich überwiegend für die Zulässigkeit der ergänzenden Vertragsauslegung aus (Nachw zum Streitstand bei H SCHMIDT, Vertragsfolgen der Nichteinbeziehung und Unwirksamkeit von Allgemeinen Geschäftsbedingungen [1986] 180 ff; MOCKENHAUPT, Ergänzende Vertragsauslegung bei unwirksamen AGB-Klauseln am Beispiel der Tagespreisklausel in Kaufverträgen über fabrikneue Personenkraftwagen [1987] 163 ff; 198 ff; H ROTH, Vertragsänderung 57 Fn 187; ferner insbes die Erl zu § 5 und zu § 6 AGBG; dagegen RÜSSMANN BB 1987, 843; E SCHMIDT ZIP 1987, 1505 ff, je mwNw).

2. Maßstab

48 Die ergänzende Vertragsauslegung weist im AGB-Bereich gegenüber dem gleichlautenden Institut der allgemeinen Rechtsgeschäftslehre entscheidende Unterschiede auf (näher H ROTH, Vertragsänderung 62 f). Dort bedeutet ergänzende Vertragsauslegung eine konkret-typisierende Auslegung unter Anlehnung an die Privatautonomie (o Rn 31 ff). Dagegen ist § 6 AGBG idS vertragsfern, als es nicht um die Durchsetzung der Privatautonomie, sondern um die **Durchsetzung von Interessenschutz** geht (MEDICUS, in: Zehn Jahre AGB-Gesetz [1987] 94 ff). Daher orientiert sich die ergänzende Vertragsauslegung im Anwendungsbereich des § 6 Abs 2 AGBG an einem objektiv generalisierenden, am Willen und Interesse der typischerweise an Geschäften dieser Art beteiligten Verkehrskreise, ausgerichteten Maßstab (BGHZ 107, 273, 277; H SCHMIDT, in: ULMER/BRANDNER/HENSEN, AGBG [7. Aufl 1993] § 6 Rn 37 a; H ROTH WM 1991, 2085, 2130; zur Gefahr einer verdeckten Inhaltskontrolle BERNREUTHER BB 1993, 1823 ff). Darin liegt eine Verschiebung des Maßstabes weg von der Betonung der privatautonomen Regelung, hin zu einer generellen Ersatzlösung iSe Fortbildung oder Neuschaffung von positivem Recht (näher H ROTH, Vertragsänderung 63 mN).

3. Kritik

49 Im Ergebnis bedeutet ergänzende Vertragsauslegung im Anwendungsbereich des § 6 Abs 2 AGBG eine Abkehr von der allgemeinen Rechtsgeschäftslehre, wie sie für Individualverträge entwickelt worden ist (o Rn 4). Es handelt sich im wesentlichen um einen funktionswidrigen Einsatz dieses Rechtsinstruments im vertragsfernen § 6 AGBG. Da die ergänzende Vertragsauslegung auf eine teilweise Aufrechterhaltung der betreffenden Bestimmung hinausläuft, sollte sie im AGB-Bereich durch die Anerkennung einer geltungserhaltenden Reduktion abgelöst werden. Das bedeutet iE die offene richterliche Fortbildung von objektivem Recht. Dagegen bleibt hier das Abstellen auf den sonst anerkannten hypothetischen Parteiwillen (o Rn 30 ff) fiktiv (H ROTH, Vertragsänderung 62 f). Weitere Einzelheiten zur ergänzenden Vertragsauslegung bei § 6 AGBG finden sich in den Erl zu § 6 AGBG.

VIII. Prozessuales

50 Für die ergänzende Vertragsauslegung ist ebenso wie für die einfache Auslegung zwischen der von dem Richter von sich aus vorzunehmenden Auslegung iSe rechtlichen Würdigung und der Feststellung der für die Auslegung maßgeblichen Tatsachen zu unterscheiden. Nur für diese auslegungsrelevanten tatsächlichen Umstände besteht eine **Behauptungs- und Beweislast** (zB BGH WM 1962, 812, 813; für das Strafrecht BayObLG NJW 1994, 952 f; ferner Erl zu § 133). Die prozessuale Behandlung der ergänzenden Vertragsauslegung weist daher keine Unterschiede zu den dort dargestellten allgemeinen Grundsätzen auf (ebenso PALANDT/HEINRICHS[55] Rn 11; MünchKomm/MAYER-MALY[3] Rn 49; SOERGEL/M WOLF[12] Rn 33). Insbes ist die ergänzende Vertragsauslegung ganz unabhängig von den Regeln über Behauptungs- und Beweislast vorzunehmen (BGHZ 20, 109, 111; ROSENBERG, Die Beweislast[3] 9 ff; POHLE MDR 1951, 91 f; BAUMGÄRTEL, Beweislast Anm 1). Der Richter hat jedoch die nach seiner Auffassung in Betracht kommenden Lösungen mit den Parteien zu erörtern (BGH NJW 1978, 695).

1. Individualverträge

Da die ergänzende Vertragsauslegung normative Auslegung ist (o Rn 31), ist sie als **Rechtsfrage** und nicht als Tatfrage einzuordnen. Das gilt nicht nur für allgemeine Geschäftsbedingungen (u Rn 55), sondern auch für Individualverträge (LARENZ, AT[7] 352 Fn 52; MünchKomm/MAYER-MALY[3] § 133 Rn 62; PALANDT/HEINRICHS[55] § 133 Rn 30). Deshalb muß die ergänzende Vertragsauslegung wenigstens grundsätzlich der Überprüfung durch die Revision zugänglich sein (dagegen aber SANDROCK 130). Nicht durchgesetzt haben sich freilich Ansichten, die für eine **unbeschränkte Revisibilität** eintreten (dafür aber HENCKEL AcP 159 [1960/61] 106, 126; PILZ 104 f; MANGOLD NJW 1962, 1597, 1600; MANIGK RG Praxis VI [1929] 94, 196). Die Rspr räumt vielmehr dem Richter der Tatsacheninstanz bei der ergänzenden Vertragsauslegung einen gewissen **Ermessensspielraum** ein. Maßgebend dafür ist die Verschlingung von Tat- und Rechtsfrage in der praktischen Handhabung, die größere Sachnähe des Richters der Tatsacheninstanz und wohl auch ein gewünschter Entlastungseffekt für das Revisionsgericht (LARENZ AT[7] 558 f; zur Tatfrage KUCHINKE, Grenzen der Nachprüfbarkeit tatrichterlicher Würdigung und Feststellung in der Revisionsinstanz [1964], an der Unterscheidbarkeit zweifelnd). Zudem geht es bei Individualverträgen nicht in erster Linie um die Sicherung einer einheitlichen Rspr durch das Revisionsgericht, weil die auszulegenden Vereinbarungen eben sehr verschieden sind (MünchKomm/MAYER-MALY[3] § 133 Rn 62 tritt dagegen für volle Nachprüfbarkeit ein).

Nicht revisibel sind die tatsächlichen Feststellungen und Würdigungen, die für die Untersuchung maßgebend sind, wie die Parteien den betreffenden Punkt als redliche Vertragspartner geregelt haben würden, wenn sie ihn bedacht hätten. Diese Tatsachen gehören zum Bereich der **Tatfrage** (BGH LM Nr 5 [D]). Der Beurteilung des Revisionsgerichts zugänglich ist aber die daraus gezogene Folgerung, ob eine planwidrige Regelungslücke vorliegt (BGH NJW 1993, 2395, 2396). Als Grundsatz gilt, daß die Auslegung eines Einzelvertrages ohne typischen Inhalt für das Revisionsgericht bindend ist (BGH WM 1970, 1142, 1143). Im übrigen wird im Anschluß an BAGE 4, 360, 365 (= NJW 1956, 1732) die ergänzende Vertragsauslegung grundsätzlich als zum Bereich der **tatrichterlichen Feststellung** zugehörig erachtet (zuletzt BGH NJW 1994, 2757, 2758; WM 1994, 1936, 1940) und revisionsrechtlich nur darauf nachgeprüft, ob das Berufungsgericht Auslegungs- oder Ergänzungsregeln, Denk- oder Erfahrungssätze verletzt oder wesentliche Umstände unbeachtet gelassen hat (BGH NJW 1990, 1723, 1724; SOERGEL/M WOLF[12] Rn 134; ERMAN/W HEFERMEHL[9] Rn 14). Das Revisionsgericht hält sich schon daran gebunden, daß sich das Berufungsgericht nicht in der Lage sieht, eine Lücke festzustellen (BGH NJW 1990, 1723, 1724; WM 1973, 294, 295). Doch muß diese Feststellung wiederum unter Berücksichtigung aller wesentlichen Umstände getroffen worden sein (BGH NJW-RR 1990, 817, 818). Zusätzlich zu dem genannten Katalog wird als überprüfbar noch der Verstoß gegen Verfahrensvorschriften genannt (etwa BGH WM 1969, 1237, 1239; BayObLG DNotZ 1990, 734 f). Die Überprüfung der genannten Auslegungsgrundsätze, Auslegungsregeln, Denkgesetze oder Erfahrungssätze geschieht schon auf die **Rüge der Verletzung sachlichen Rechts** hin (BGH NJW-RR 1990, 455). Bleiben wesentliche für die Auslegung maßgebliche Tatsachen unberücksichtigt, so liegt darin grundsätzlich ein materiellrechtlicher Auslegungsfehler und kein Verfahrensmangel, so daß das Berufungsgericht nicht nach § 539 ZPO zurückverweisen darf. Anders liegt es nur bei einer Verkennung des Prozeßstoffes (BGH ZZP 106 [1993] 241, 244 m zust Anm RIMMELSPACHER). Hervorgehoben wird für die ergänzende Vertragsauslegung der Grundsatz einer möglichst nach beiden Seiten hin interessengerechten Auslegung (BGH NJW 1994, 2228; NJW-RR 1992, 182; NJW 1990, 2676, 2677). Revisionsfähig ist es auch, wenn das Untergericht Möglichkeit und Notwendigkeit einer ergänzenden Vertragsauslegung nicht erkannt hat (BGH BB 1994, 2234, 2235; BayObLG WuM 1993, 482, 483).

53 Hat das Berufungsgericht die ergänzende Auslegung unterlassen, oder sind die Gründe des Berufungsurteils lückenhaft und kommen weitere tatsächliche Feststellungen nicht mehr in Betracht, so kann das **Revisionsgericht selbst auslegen**, auch wenn mehrere Auslegungsmöglichkeiten bestehen (BGHZ 16, 71, 81; 65, 107, 112; BGH NJW-RR 1995, 833, 834; NJW 1995, 196; WM 1993, 1668; NJW 1990, 2620, 2621; NJW-RR 1990, 817, 819; 1989, 1490, 1491; 1987, 1459, 1460; WM 1979, 440, 442). Daran wird deutlich, daß es sich im Grunde doch um eine Rechtsfrage handelt (LARENZ AT[7] 354). Im Einzelfall wird das Berufungsgericht im Falle der Aufhebung und Zurückverweisung auch auf die Möglichkeit der ergänzenden Vertragsauslegung hingewiesen (BGH WM 1984, 1007, 1009; 1978, 1090, 1091; WarnR 1972 Nr 250; WM 1969, 185, 186; 1964, 906, 908; 1960, 1389, 1390).

54 Die beschränkte Nachprüfbarkeit der Auslegung von Individualverträgen ist beifallswert, weil sie der rechtswahrenden Aufgabe des Revisionsgerichts entspricht. Dafür ist es ausreichend, wenn die Einhaltung der allgemeinen Grundsätze überwacht und vertretbare Auslegungen der Tatsacheninstanzen bis zu bestimmten Schranken respektiert werden (SOERGEL/M WOLF[12] Rn 134; **aA** MünchKomm/MAYER-MALY[3] Rn 51; AK-BGB/HART §§ 133, 157 Rn 99: volle Überprüfbarkeit).

2. AGB-Verträge

55 Geht es nicht um die ergänzende Auslegung von Individualverträgen, sondern um diejenige von Allgemeinen Geschäftsbedingungen und dgl, so sind die Ergebnisse der ergänzenden Vertragsauslegung revisibel. Dort ist sie von der Tatfrage abgelöst (H SCHMIDT, in: ULMER/BRANDNER/HENSEN, AGBG[7] § 6 Rn 32; H ROTH WM 1991, 2085, 2130). Bei der Auslegung von AGB kommt es auf die besonderen Umstände des Einzelfalles nicht an, so daß das Revisionsgericht nicht sachferner ist als die Tatsacheninstanz. Es geht dort um die typische Aufgabe des Revisionsgerichts, generelle Ersatzlösungen iSd Fortbildung und Neuschaffung positiven Rechts zu finden (o Rn 48; ebenso LARENZ AT[7] 559; BGB-RGRK/PIPER[12] Rn 119; PALANDT/HEINRICHS[55] Rn 11).

56 Der BGH verlangt für die unbeschränkte Nachprüfung in analoger Anwendung des § 549 ZPO, daß der Anwendungsbereich der betreffenden allgemeinen Geschäftsbedingungen über den **Bezirk eines Oberlandesgerichts** hinausreicht (BGHZ 22, 109, 112;

62, 251, 254; 65, 107, 112; 83, 334, 337; 105, 24, 27; BGH NJW 1993, 1381, 1382). Auch diese Rspr ist zur Sicherung der Einheitlichkeit der Auslegung von AGB beifallswert. Ausländische AGB- oder Formularverträge sind der Auslegung im Revisionsverfahren grundsätzlich entzogen (BGH NJW 1994, 1408, 1409; 1992, 1032, 1033; H Roth WM 1991, 2085, 2131).

IX. Weitere Einzelfälle

57 Wird zur *Abwendung einer Enteignung* ein Grundstück außerhalb eines Enteignungsverfahrens übertragen, so scheidet ein im Verfahren der ergänzenden Vertragsauslegung gewonnener Rückübertragungsanspruch aus, wenn das betreffende Unternehmen später aufgegeben wird (BayObLG DNotZ 1990, 734 [Flughafen München/Riem]; ferner BGHZ 84, 1, 7 und BGH WM 1980, 1258, 1259). Das einem *Altenteiler* eingeräumte Recht zum unentgeltlichen Wasserschöpfen steht ihm auch aus dem Zapfhahn in seiner Altenteilswohnung zu, die der Hofeigentümer nach Einführung des Anschluß- und Benutzungszwanges für die Trinkwasserversorgung in der Gemeinde hat anlegen lassen (OLG Celle NdsRpfl 1962, 131; ferner BGH LM BayGO Nr 1 [späterer Erlaß einer Satzung mit Anschluß- und Benutzungszwang]). Im Falle des Ausschlusses und des kündigungsbedingten *Ausscheidens eines Gesellschafters* aus einer Personengesellschaft ist eine Abfindungsklausel mit einer unter dem realen Anteilswert liegenden Abfindung nicht deswegen unwirksam, weil sie infolge eines im Laufe der Zeit eingetretenen groben Mißverhältnisses zwischen dem Betrag, der sich aufgrund der vertraglichen Vereinbarung ergibt, und dem wirklichen Anteilswert geeignet ist, das Kündigungsrecht des Gesellschafters in tatsächlicher Hinsicht zu beeinträchtigen. Der Abfindungsmaßstab ist dann durch ergänzende Vertragsauslegung neu zu ermitteln (BGHZ 123, 281; BGH WM 1993, 1412; ZIP 1994, 1173, 1179 f [dazu K Schmidt JuS 1994, 257; G Müller ZIP 1995, 1561; Ulmer/Schäfer ZGR 1995, 134; Kanzleiter NJW 1995, 905, 909]; zum GmbH-Recht BGH NJW 1992, 892 m Anm Schulze-Osterloh JZ 1993, 45).

58 Wenn der *Erbbauberechtigte* sein Erbbaurecht verkauft und er von dem Besteller wegen Wegfalls der Geschäftsgrundlage auf Erhöhung des Erbbauzinses in Anspruch genommen wird, so kann sich im Wege der ergänzenden Vertragsauslegung des Kaufvertrages gegen den Käufer ein Anspruch auf Freistellung von dem erhöhten Zins ergeben (BGH NJW 1990, 2620). Ein im Jahre 1940 geschlossener *Erbbau-Heimstättenvertrag* kann um die Beteiligung des Siedlers an den Kosten einer Entwässerungsanlage für die Siedlung ergänzt werden (BGH NJW-RR 1989, 1490). Ist bei einem *Erbbaurechtsvertrag* die als Absicherung des Kaufkraftschwundes vereinbarte Roggenklausel ungeeignet, so kann die ergänzende Vertragsauslegung einen Leistungsvorbehalt ergeben (BGHZ 81, 135; ferner OLG Düsseldorf AgrarR 1981 m abl Anm Rinck [Weizenklausel]; LG Lübeck NJW 1976, 427 m Anm Hartmann [Roggenklausel]). Der Verkäufer kann *Erschließungskosten* in Höhe der Vorauszahlung tragen müssen, wenn eine bestimmte, von den Vertragsparteien nicht bedachte Änderung der Verwaltungspraxis eintritt (BGH NJW 1988, 2099; ebenfalls zu Erschließungsfragen BGH NJW-RR 1987, 458, 459). Wird dem Käufer vom Grundstücksverkäufer durch *Erlaß* ein Kaufpreisteil erlassen, weil die Parteien als sicher davon ausgehen, daß eine bestimmte Teilfläche von der Gemeinde für öffentliche Zwecke in Anspruch genommen wird, und beansprucht die Gemeinde nur einen Bruchteil der Fläche, so ist der erlassene Teilbetrag im Wege ergänzender Vertragsauslegung anteilig nachzuzahlen (OLG Frankfurt aM MDR 1985, 52).

59 Haften Verkäufer und Käufer beim widerruflichen *finanzierten Abzahlungskauf* gesamtschuldnerisch und widerruft der Käufer wirksam, so soll eine ergänzende Vertragsauslegung ergeben, daß dem Kreditgeber gegenüber dem Verkäufer ein vertraglicher Anspruch auf Rückzahlung des Nettokreditbetrages und eine marktübliche Verzinsung zusteht (BGH NJW 1993, 1912, 1914 m krit Anm OSE EWiR § 157 BGB 1/93, 747; dazu vROTTENBURG WuB IV C § 1 b AbzG 4. 93 und Anm GRUNEWALD LM § 157 [D] Nr 59). Trifft der Hauptschuldner (Gesellschafter einer OHG) mit dem Bürgen eine *Freistellungsvereinbarung*, und scheidet der Schuldner aus der OHG aus, so muß er nur für solche Verbindlichkeiten des in Anspruch genommenen Bürgen aufkommen, die bis zum Ausscheiden begründete Kredite betreffen (BGH WM 1993, 1668, 1669). Die Frage der ergänzenden Vertragsauslegung kann auch eine Rolle spielen, wenn die *Folgekosten* streitig werden, die infolge einer Veränderung der Straße durch Umlegung bereits verlegter Leitungen entstehen (BGH NJW 1982, 1283).

60 Soll sich bei einem *Grundstücksverkauf* die als Kaufpreis vereinbarte Rente nach dem Anfangsgrundgehalt einer später weggefallenen Beamtenbesoldungsgruppe richten, so ergibt die ergänzende Vertragsauslegung die Berechnung nach der nächst benachbarten Besoldungsgruppe (BGH WM 1968, 833). Eine Beschränkung der *Haftung des Arbeitnehmers* im Außenverhältnis kann nicht im Wege ergänzender Vertragsauslegung der zwischen dem geschädigten Dritten und seinem Vertragspartner getroffenen Vereinbarungen hergeleitet werden (BGH WM 1994, 389, 393 mN der Gegenauffassung). Bei *indexabhängigen Mieterhöhungen* muß nach einer Umbasierung dieses Indexes bei der Feststellung der eine weitere Erhöhung auslösenden Steigerung von dem umbasierten Wert der letzten Erhöhung ausgegangen werden (OLG Düsseldorf NJW-RR 1987, 402).

61 Auch bei fehlender Bestimmung wurde bei einem gewerblichen Mietvertrag angenommen, daß der Vermieter die *Kaution* verzinslich anzulegen hat (OLG Düsseldorf NJW-RR 1993, 709; zur Höhe BGH BB 1994, 2234, 2235; anders AG Köln BB 1994, 2236). Im Wege der ergänzenden Vertragsauslegung kann ein *Konkurrenzverbot*, das für einen kündigenden Gesellschafter einer GmbH vereinbart wurde, auf den Fall der vorzeitigen Niederlegung seines Geschäftsführeramtes unter Beibehaltung seiner Gesellschafterstellung erweitert werden (BGH NJW-RR 1990, 226).

62 Mit ergänzender Vertragsauslegung wurde auch in mit dem *Lastenausgleichsgesetz* zusammenhängenden Fällen geholfen (zB BGH WM 1962, 488, 491; 1960, 665, 667; zu den verwendeten Klauseln ROTHE DB 1963, 1527, 1529). Ein vor dem Inkrafttreten des LAG geschlossener Schenkungsvertrag über wertvollen Grundbesitz wurde ergänzend dahin ausgelegt, daß der Beschenkte die auf den Grundbesitz entfallende Vermögensabgabe zu tragen hatte (BGH LM § 61 LAG Nr 1). Eine unwirksame *Mieterhöhungsklausel* kann im Wege der ergänzenden Vertragsauslegung ersetzt werden (dazu OLG Hamburg NJW-RR 1992, 74, 75). Ein *Mietvertrag* wurde durch ergänzende Vertragsauslegung dahin konkretisiert, daß der Vermieter bei einer vorzeitigen grundlosen Vertragsauflösung durch den Mieter für die von diesem auf dem Mietgrundstück errichteten Bauten keine Entschädigung zu zahlen braucht (BGH WM 1970, 1142).

63 Im Wege der ergänzenden Vertragsauslegung wurde die *Nichtabnahmeentschädigung* für ein Darlehen so bestimmt, daß die Bank die banktübliche Kreditlinie nicht unterschreiten und nicht ohne besonderen Grund von ihrer bisherigen Beleihungspraxis abweichen darf (BGH NJW 1990, 2676, 2677).

Gibt der Schwiegervater dem Ehemann seiner Tochter ein Darlehen zur Existenzsicherung, so muß dieser das Darlehen nach dem *Scheitern der Ehe* in einer angemessenen Frist zurückzahlen (BGH FamRZ 1973, 252). Wenn die Parteien eines Mietvertrages vereinbart haben, daß der Mietzins jeweils durch *Schiedsgutachten* neu festgesetzt werden soll, über die Kostentragung jedoch keine Regelung getroffen haben, so sind nach ergänzender Vertragsauslegung diese Kosten des Schiedsgutachtens von Vermieter und Mieter je zur Hälfte zu tragen (LG Hamburg MDR 1975, 143). Übersteigen bei der *Sicherungsübereignung* die Sicherheiten nachhaltig die Deckungsgrenze, so sind die betreffenden Sicherheiten auf den Sicherungsgeber auch ohne entsprechend vereinbarten Freigabeanspruch zurückzuübertragen (Einzelheiten und die Anwendbarkeit auf andere Sicherungsformen überaus str, Nachw in BGH NJW 1996, 253 [IX ZS]; ausführlich Serick BB 1995, 2013; Wiegand/Brunner NJW 1995, 2513; H Weber WM 1994, 1549 ff; Neuhof NJW 1995, 1068). Ein den AVB unterliegender *Stromversorgungsvertrag* wurde so ergänzt, daß das Elektrizitätsunternehmen dem Stromabnehmer, der zugleich Grundstückseigentümer ist, für die Verkehrswertminderung seines Grundstücks infolge der Überspannung mit einer Leitung eine angemessene Entschädigung zu zahlen hat (BGH WM 1982, 545). **64**

Die ergänzende Auslegung einer zwischen Pflegesohn und Pflegemutter zu deren Gunsten getroffenen *Unterhaltsvereinbarung* kann nicht ohne weiteres an die familienrechtlich geordneten gesetzlichen Unterhaltsansprüche anknüpfen (BGH NJW-RR 1986, 866, 867; zum Unterhaltsverzicht BGH NJW-RR 1995, 833). Ergänzende Vertragsauslegung spielt auch bei der Auslegung von arbeitsrechtlichen *Versorgungszusagen* eine Rolle (dazu Ostheimer DB 1993, 1974, 1975 f). Bei dem *Verkauf eines Pfandrechts* ohne die zugrunde liegende Forderung kann bei einer erfüllungsbereiten Partei die Verpflichtung zur Abtretung der Forderung angenommen werden, wenn die vereinbarte Leistung nur so erbracht werden kann (BGH NJW-RR 1990, 817, 819). – Zum Vertragsstrafeversprechen OLG Düsseldorf NJW-RR 1995, 1455. **65**

Ein für das frühere Gebiet der Bundesrepublik Deutschland vereinbartes *Wettbewerbsverbot* kann im Wege der ergänzenden Vertragsauslegung auf das gesamte heutige Staatsgebiet erstreckt werden (LAG Berlin BB 1991, 1196 m Anm Lepke EWiR § 74 HGB 3/91, 797). Anderseits wurde eine im Jahre 1977 abgeschlossene Vereinbarung mit einem Außendienstmitarbeiter, wonach alle Inlandsumsätze provisionspflichtig sind, nicht auf die Umsätze in den neuen Bundesländern erstreckt (LAG Düsseldorf ZIP 1992, 647 m Anm Griebeling EWiR § 87 HGB 1/92, 573). Im Wege der ergänzenden Vertragsauslegung kann anstelle einer nichtigen *Wertsicherungsklausel* ein Leistungsvorbehalt im Mietvertrag anzunehmen sein (OLG Karlsruhe BB 1981, 2097; o Rn 18). **66**

Wird eine fremde überlassene Sache verwendet, um Vertragspflichten aus einem Drittvertrag zu erfüllen, so ist die Vereinbarung so zu ergänzen, daß die vertragliche Haftpflicht des anderen Teils den Schutz der dem Vertragszweck dienenden Sache auch dann umfaßt, wenn die Sache einem anderen gehört (BGHZ 15, 224, 228 f; mE unrichtig, Abgrenzungsentscheidung BGHZ 40, 91 ff). **67**

Vierter Titel
Bedingung. Zeitbestimmung

Vorbemerkungen zu §§ 158–163

Schrifttum

Zur Bedingung

ADICKES, Zur Lehre von den Bedingungen nach römischem und heutigem Recht (1876)
A BLOMEYER, Studien zur Bedingungslehre (1938/39)
BRECHT, Bedingung und Anwartschaft, JherJb 61, 263
CALLMANN, Die condicio iuris (Diss Rostock 1908)
EGERT, Die Rechtsbedingung im System des bürgerlichen Rechts (1974)
EHRICH, Die Zulässigkeit von auflösenden Bedingungen in Arbeitsverträgen, DB 1992, 1186
EISELE, Zur Lehre von den conditiones iuris, AcP 54 (1871) 109
ENNECCERUS, Rechtsgeschäft, Bedingung und Anfangstermin, 2 Bde (1888/9)
FALKENBERG, Zulässigkeit und Grenzen auflösender Bedingungen in Arbeitsverträgen, DB 1979, 590
FITTING, Über den Begriff der Bedingung, AcP 39 (1856) 305
HENKE, Bedingte Übertragungen im Rechtsverkehr und Rechtsstreit (1959)
HÖLDER, Zur Lehre von der Wollensbedingung, JherJb 56, 147
HOLTZ, Der Schwebezustand bei bedingten Rechtsgeschäften (Diss Rostock 1904)
HROMADKA, Zur Zulässigkeit des auflösend bedingten Arbeitsvertrages, RdA 1983, 88
KAPLER, Begriff und Wesen der conditio iuris (Diss Berlin 1889)
KEMPF, Auflösende Bedingung und Rechtsnachfolge, AcP 158 (1959/60) 308
KOLLER/BUCHHOLZ, Der bedingte Beitritt zu einer Kommanditgesellschaft, DB 1982, 2172
KRÜCKMANN, Die Wollens-Bedingung, BayZ 1913, 345

KRUG, Die Zulässigkeit der reinen Wollensbedingung (Diss Marburg 1904)
MERLE, Der auflösend bedingte „Zitterbeschluß" – Brot oder Stein?, in: FS Bärmann/Weitnauer (1990) 497
ders, Risiko und Schutz des Eigentümers bei Genehmigung der Verfügung eines Nichtberechtigten, AcP 183 (1983) 81
MINAS, Theorie der bedingten Rechtsgeschäfte (Diss Saarbrücken 1966)
MÜLLER, Zur Beweislast bei der aufschiebenden Bedingung, JZ 1953, 727
MUSKAT, Die Bedingung des reinen Wollens des Verpflichteten bei dem Kauf auf Probe und anderen Verträgen, Gruchot 49, 472
OERTMANN, Die Rechtsbedingung (condicio iuris) (1924)
PIETZKER, Über den Begriff der aufschiebenden Bedingung, AcP 74 (1974) 462
PLANDER, Befristung von Anstellungsverhältnissen im Bereich der Drittmittelforschung, WissR 1982, 3
POHLE, Prozeßführungsrecht und Rechtskrafterstreckung bei bedingten Veräußerungen, in: FS Lehmann II (1956) 738
RAAPE, Die Wollensbedingung (2. Aufl 1912)
RODERMUND, Rechtsgeschäfte unter Vergangenheits- oder Gegenwartsbedingungen mit besonderer Berücksichtigung letztwilliger Verfügungen (Diss Münster 1990)
SCHERBRING, Natur und Wirkungen der conditio iuris (Diss Erlangen 1897)
SCHIEMANN, Pendenz und Rückwirkung der Bedingung (1973)
G SCHMIDT, Die betagte und die befristete Forderung (Diss Freiburg 1969)
SCHOTT, Über Veräußerungsverbote und Reso-

lutivbedingungen im bürgerlichen Recht, in: Breslauer Festgabe für Dahn (1905) 305
SIMSHÄUSER, Windscheids Voraussetzungslehre rediviva, AcP 172 (1972) 19
STACHOW, Über Potestativbedingungen, welche auf die freie Entschließung des Verpflichteten gestellt sind (Diss Heidelberg 1908)
WALSMANN, Ein Beitrag zur Lehre von der Wollensbedingung, JherJb 54, 197
WENDT, Die Lehre vom bedingten Rechtsgeschäft (1872)
WOLLSTADT, Die auflösende Bedingung (Diss Heidelberg 1908)
WUNNER, Die Rechtsnatur der Rückgewährpflichten bei Rücktritt und auflösender Bedingung mit Rückwirkungsklausel, AcP 168 (1968) 425
ZAWAR, Der bedingte oder befristete Erwerb von Todes wegen, DNotZ 1986, 515
ZIMMERMANN, „Heard melodies are sweet, but those unheard are sweeter...", AcP 193 (1993) 121.

Zur Anwartschaft

A BLOMEYER, Die Rechtsstellung des Vorbehaltskäufers, AcP 162 (1963) 193
ders, Kreditsicherung durch Übertragung von Anwartschaftsrechten aus bedingter Übereignung, NJW 1951, 548
ders, Neue Vorschläge zur Vollstreckung in die unter Eigentumsvorbehalt gelieferte Sache, ein Beispiel sinnvoller Rechtsrückbildung?, JR 1978, 271
BRECHT, Bedingung und Anwartschaft, JherJb 61, 263
BROX, Das Anwartschaftsrecht des Vorbehaltskäufers, JuS 1984, 657
EICHENHOFER, Anwartschaftsrecht und Pendenztheorie, AcP 185 (1985) 162
ETZRODT, Die Abtretung des Anwartschaftsrechts aus bedingtem Rechtsgeschäft (Diss Köln 1935)
FLUME, Die Rechtsstellung des Vorbehaltskäufers, AcP 161 (1962) 385
FORKEL, Grundfragen der Lehre vom privatrechtlichen Anwartschaftsrecht (1962)
GEORGIADES, Die Eigentumsanwartschaft beim Vorbehaltskauf (1963)
GERNHUBER, Freiheit und Bindung des Vorbehaltskäufers nach Übertragung seines Anwartschaftsrechts, in: FS Baur (1981) 31
HAGER, Das Anwartschaftsrecht des Auflassungsempfängers, JuS 1991, 1
HOLTZ, Das Anwartschaftsrecht aus bedingter Übereignung als Kreditsicherungsmittel (1933)
U HÜBNER, Zur dogmatischen Einordnung der Rechtsposition des Vorbehaltskäufers, NJW 1980, 729
KOCH, Die rechtliche Wirkung der Übertragung von Anwartschaftsrechten, insbesondere beim Kauf unter Eigentumsvorbehalt (Diss Köln 1936)
KOLLHOSSER, Auflösung des Anwartschaftsrechts trotz Zubehörhaftung?, JZ 1985, 370
KRÜGER, Das Anwartschaftsrecht – ein Faszinosum, JuS 1994, 905
KUPISCH, Durchgangserwerb oder Direkterwerb?, JZ 1976, 417
LETZGUS, Die Anwartschaft des Käufers unter Eigentumsvorbehalt (1938)
LUDWIG, Zur Auflösung des Anwartschaftsrechts des Vorbehaltskäufers, auch bei Zubehörhaftung, NJW 1989, 1458
MAROTZKE, Das Anwartschaftsrecht als Beispiel sinnvoller Rechtsfortbildung? (1977)
MEISTER, Die Pfändung aufschiebend bedingten und künftigen Eigentums, NJW 1959, 608
MICHAELSEN, Das Anwartschaftsrecht im BGB (Diss Köln 1935)
MÜNZBERG, Abschied von der Pfändung der Auflassungsanwartschaft?, in: FS Schiedermair (1976) 439
MÜNZEL, Grundsätzliches zum Anwartschaftsrecht, MDR 1959, 345
PIKART, Die Rechtsprechung des Bundesgerichtshofs zur Anwartschaft, WM 1962, 1230
RADKE, Anwartschaften und Anwartschaftsrechte des bürgerlichen Rechts (Diss Straßburg 1913)
L RAISER, Dingliche Anwartschaften (1961)
G REINICKE, Gesetzliche Pfandrechte und Hypotheken am Anwartschaftsrecht aus bedingter Übereignung (1941)
ders, Zur Lehre vom Anwartschaftsrecht aus bedingter Übereignung, MDR 1959, 613
G u D REINICKE, Kreditsicherung durch Übertragung von Anwartschaftsrechten aus bedingter Übereignung, NJW 1951, 547

SCHNEIDER, Kettenauflassung und Anwartschaft, MDR 1994, 1057
SCHOLZ, Das Anwartschaftsrecht in der Hypothekenverbandshaftung, MDR 1990, 679
SCHREIBER, Die bedingte Übereignung, NJW 1966, 2333
SCHWERDTNER, Anwartschaftsrechte, Jura 1980, 609/661
SEMEKA, Das Wartrecht, ArchBürgR 35, 121
SPONER, Das Anwartschaftsrecht und seine Pfändung (1965)
STOLL, Das Anwartschaftsrecht des gutgläubigen Vorbehaltskäufers, JuS 1967, 12

STRACKE, Zur Lehre von der Übertragbarkeit der Anwartschaft des Käufers unter Eigentumsvorbehalt (Diss Tübingen 1955)
TIEDKE, Die Aufhebung des belasteten Anwartschaftsrechts ohne Zustimmung des Pfandgläubigers, NJW 1988, 28 und 1985, 1305
WILHELM, Das Anwartschaftsrecht des Vorbehaltskäufers im Hypotheken- und Grundschuldverband, NJW 1987, 1785
WÜRDINGER, Die privatrechtliche Anwartschaft als Rechtsbegriff (1928).
Vgl auch die Schrifttumshinweise bei STAUDINGER/HONSELL [1995] § 455 Rn 34 ff.

Systematische Übersicht

I. Historische Entwicklung	
1. Römisches und gemeines Recht ____ 1	
a) Römisches Recht ____ 1	
b) Gemeines Recht ____ 2	
2. Regelung im BGB ____ 3	
II. Bedingung und Befristung	
1. Bedingung ____ 4	
a) Begriff ____ 4	
b) Vereinbarung ____ 7	
2. Befristung ____ 9	
3. Abgrenzung von anderen Rechtsinstituten ____ 10	
III. Bedingungsarten	
1. Allgemeine Einteilungen ____ 12	
a) Aufschiebende und auflösende Bedingungen ____ 12	
b) Bejahende und verneinende Bedingungen ____ 13	
2. Potestativbedingungen ____ 14	
a) Historische Entwicklung ____ 14	
b) Kauf auf Probe ____ 15	
c) Wollensbedingungen ____ 16	
d) Abgrenzung zur Zufallsbedingung ____ 20	
3. Rechtsbedingungen ____ 22	
a) Historische Entwicklung ____ 22	
b) Begriff ____ 23	
c) Verhältnis zu §§ 158 ff ____ 24	
4. Notwendige Bedingungen ____ 27	
5. Scheinbedingungen ____ 28	
6. Unzulässige Bedingungen ____ 30	
a) Unmögliche Bedingungen ____ 30	
b) Unverständliche Bedingungen ____ 31	
c) Nutzlose Bedingungen ____ 32	
d) Unerlaubte und sittenwidrige Bedingungen ____ 33	
IV. Bedingungsfeindliche Rechtsgeschäfte	
1. Allgemeine Gründe der Bedingungsfeindlichkeit ____ 34	
a) Öffentliche Ordnung ____ 34	
b) Vertrauen des Rechtsverkehrs ____ 35	
2. Ausübung von Gestaltungsrechten ____ 38	
a) Grundsatz der Bedingungsfeindlichkeit ____ 38	
b) Kündigungserklärungen ____ 40	
c) Eventualerklärungen im Prozeß ____ 43	
3. Rechtsfolgen eines Verstoßes gegen die Bedingungsfeindlichkeit ____ 44	
a) Teilnichtigkeit ____ 44	
b) Eintragung in ein öffentliches Register ____ 45	
4. Geschäftsähnliche Handlungen ____ 46	
V. Bedingungen in Prozeß und Insolvenz	
1. Prozessuale Wirkungen der Bedingungen ____ 47	
a) Klagearten ____ 47	
b) Prozeßführungsbefugnis ____ 48	
c) Beweislast ____ 50	
2. Insolvenzrechtliche Wirkungen der Bedingungen ____ 51	
VI. Das Anwartschaftsrecht	
1. Begriff ____ 53	

4. Titel. Vorbem zu §§ 158 ff
Bedingung. Zeitbestimmung

2.	Bedeutung	56
3.	Erscheinungsformen	58
4.	Geschichtliche Entwicklung	60
a)	Römisches Recht	60
b)	Gemeines Recht	61
5.	Dogmatische Einordnung	62
a)	Ablehnende Auffassungen	62
b)	Qualifizierung	63
6.	Rechtsschutz und Übertragbarkeit des Anwartschaftsrechts	68
a)	Rechtsschutz	69
b)	Verfügungen über das Anwartschaftsrecht	71
c)	Pfändung des Anwartschaftsrechts	75

VII. Bedingungen und Befristungen im öffentlichen Recht

1.	Prozeßhandlungen und Verfahrensakte	76
a)	Prozeßhandlungen	76
b)	Vormundschaftsgerichtliche Genehmigung	77
2.	Verwaltungsakte	78

VIII. Ausländisches Recht

1.	Österreich	81
2.	Schweiz	82
3.	Frankreich	83
4.	Italien	84
5.	England	85

Alphabetische Übersicht

Abtretung bedingter Forderungen — **158** 20
Abzahlungskauf, finanzierter — **158** 10; **163** 16
accidentalia negotii — **Vorbem** 3
addictio in diem — **Vorbem** 1
Änderungskündigung — **Vorbem** 41; **159** 4
Anfangstermin — **Vorbem** 27; **163** 1
Anfechtbarkeit eines Rechtsgeschäfts statt Bedingtheit — **Vorbem** 10
Anfechtungserklärung, bedingte — **Vorbem** 38, 42
Anwartschaft — **Vorbem** 53 f; **158** 1, 16, 20
Anwartschaftsrecht
– ablehnende Stimmen — **Vorbem** 62
– absolutes — **Vorbem** 67
– als Besitzrecht — **Vorbem** 70
– als eigenständige Rechtsposition — **Vorbem** 56
– anwendbares Recht — **Vorbem** 56
– Begriffsbestimmung — **Vorbem** 53 f
– des Eigentumsvorbehaltskäufers — **Vorbem** 58
– des Grundstückskäufers — **Vorbem** 59
– des Hypothekengläubigers — **Vorbem** 59
– deskriptiver Charakter des Begriffs — **Vorbem** 57
– des Nacherben — **Vorbem** 59
– des Sicherungsgebers — **Vorbem** 59
– dingliches — **Vorbem** 67
– Direkterwerb des Vollrechts mit Bedingungseintritt — **Vorbem** 72; **158** 21
– dogmatische Einordnung — **Vorbem** 62 ff
– Erscheinungsformen — **Vorbem** 58 f

– im Haftungsverband der Hypothek — **Vorbem** 73
– geschichtliche Entwicklung — **Vorbem** 60 f
– gutgläubiger anwartschaftsfreier Erwerb — **161** 10, 14 ff
– gutgläubiger Erwerb des Anwartschaftsrechts — **Vorbem** 74
– Grundlage — **Vorbem** 55
– Pfändung — **Vorbem** 75
– relatives — **Vorbem** 67
– Schutz — **Vorbem** 48 f, 68 f, 72; **160** 11; **161** 7
– steuerrechtliche Bewertung — **Vorbem** 80
– Übertragbarkeit — **Vorbem** 68, 71
– Vererblichkeit — **Vorbem** 68
– Verfügungen über Anwartschaftsrechte — **Vorbem** 71; **158** 18
– Verpfändung — **Vorbem** 73
Arbeitsverträge
– bedingte — **Vorbem** 37
– befristete — **163** 9
Auflage — **Vorbem** 2 f
Aufrechnung mit bedingter Forderung gegenüber insolventem Schuldner — **Vorbem** 52
Aufrechnungserklärung, bedingte — **Vorbem** 38, 42
Ausland — **Vorbem** 81 ff
Ausschlußfrist — **163** 3

Bedingung
– Abgrenzung zu anderen Rechtsinstituten — **Vorbem** 10, 19, 21; **158** 8 ff; **163** 4

- Abgrenzung zur Befristung 163 4
- affirmative s bejahende
- auflösende
  ———— Vorbem 1, 12, 44, 49, 51f, 77; 158 1, 4 ff
- aufschiebende ——————————
  ———— Vorbem 1, 12, 44, 48, 51f, 77; 158 1, 4 ff
- ausdrückliche ————————— Vorbem 8
- Begriffsbestimmung ————— Vorbem 4 f
- bejahende ————————— Vorbem 13; 158 14
- Funktion ————————————— Vorbem 3
- negative s verneinende
- notwendige ————————— Vorbem 27
- nutzlose ————————————— Vorbem 32
- perplexe ————————————— Vorbem 31
- prozessuale Wirkungen ———— Vorbem 47 ff
- schlüssige ———————————— Vorbem 8
- sittenwidrige ———————— Vorbem 33
- stillschweigende ——————— Vorbem 8
- unerlaubte —————————— Vorbem 33
- unmögliche —————————— Vorbem 30
- unverständliche ——————— Vorbem 31
- unzulässige ————————— Vorbem 79
- Verhältnis zum Hauptrechtsgeschäft —
  ———————————— Vorbem 7, 12, 44
- verneinende ——————— Vorbem 13; 158 15
- widersinnige s perplexe
Bedingungsarten ———————— Vorbem 12 ff
Bedingungsausfall
- bei affirmativer Bedingung ———— 158 14
- bei negativer Bedingung ————— 158 15
- Entscheidung über den ————— 158 13 ff
- Pflicht zur Mitteilung über den —— 158 17
- Rechtsfolgen ————————— 158 16
Bedingungseintritt
- Bedeutung für Schadensersatzanspruch
  gem § 160 ——————————— 160 4
- bei affirmativer Bedingung ———— 158 14
- bei negativer Bedingung ————— 158 15
- bei Potestativbedingungen ——— Vorbem 16
- dingliche Rückwirkung ——————
  —————— 158 3, 20 f; 159 1; 160 1; 161 1
- Entscheidung über den ————— 158 13 ff
- Mitteilungspflicht über den ———— 158 17
- obligatorische Rückbeziehung s Rückbeziehungsvereinbarung
- Rechtsfolgen ——————— 158 16, 18, 21
- Rechtskraftserstreckung nach — Vorbem 48 f
- Unmaßgeblichkeit für andere Wirksam-
  keitsaussetzungen ————————— 158 18

Bedingungsfall s auch Bedingungseintritt ———————————————— Vorbem 4
Bedingungsfeindlichkeit
- allgemeine Gründe ——————— Vorbem 34 ff
- eintragungsbedürftige Erklärungen ——
  ———————————————— Vorbem 34, 45
- Eventualerklärungen im Prozeß — Vorbem 43
- geschäftsähnliche Handlungen — Vorbem 46
- Gestaltungserklärungen ———— Vorbem 38 ff
- im Arbeitsrecht ————————— Vorbem 37
- im Gesellschaftsrecht ————— Vorbem 36
- im Handelsrecht ———————— Vorbem 35
- im Wertpapierrecht ——————— Vorbem 35
- Mahnungen —————————— Vorbem 46
- Prozeßhandlungen ——————— Vorbem 76
- Rechtsfolgen eines Verstoßes gegen
  die ——————————————— Vorbem 44 f
- und Rechtsbedingungen ———— Vorbem 25
- und umgestaltete Rechtsbedingungen —
  ———————————————— Vorbem 26
- Verwaltungsakte ——————— Vorbem 78
Befristung
- Abgrenzung zur Bedingung ————
  ———————————— Vorbem 27; 163 4
- analoge Anwendung des § 162 ——— 163 7
- Arbeitsrecht —————————— 163 9
- befristungsfeindliche Rechtsgeschäfte — 163 9
- Begriffsbestimmung ——————— Vorbem 9
- bei öffentlichrechtlichen Verträgen — 163 12
- bei Prozeßhandlungen ——————— 163 11
- bei Prozeßverträgen ——————— 163 11
- bei Verwaltungsakten ——————— 163 12
- Berechnung —————————— 163 6
- Beweislast ——————————— 163 10
- Funktion ———————————— Vorbem 3
- prozessuale Wirkungen ————— Vorbem 47 ff
- Verweisung auf das Bedingungsrecht 163 5 ff
Befristungsfeindlichkeit s Bedingungsfeind-
  lichkeit
Begriffsbestimmungen
- Bedingung ——————————— Vorbem 4 f
- Befristung ——————————— Vorbem 9
Betagung ———————————— 158 11; 163 2
Beweislastverteilung
- Bedingungen ————————— Vorbem 50; 158 7
- Befristung ——————————— 163 10
- Fiktion des Bedingungseintritts ——— 162 11
- Rückbeziehungsvereinbarung ———— 159 10
- Schadensersatzanspruch nach § 160 — 160 12

4. Titel.
Bedingung. Zeitbestimmung

Vorbem zu §§ 158 ff

Bezugspunkt
- der Bedingung .... Vorbem 6; 158 12
- der Befristung .... Vorbem 9

condicio in praesens vel praeteritum collata/relata s Scheinbedingung
condicio iuris s Rechtsbedingung
condicio necessaria s Bedingung, notwendige
condicio si volam/voluero s Wollensbedingung
condicio tacita s Rechtsbedingung

Dauerschuldverhältnisse 158 22
dies ad quem s Endtermin
dies a quo s Anfangstermin
dies certus an certus quando ....
.... Vorbem 4, 9; 162 12; 163 4, 7
dies certus an incertus quando ....
.... Vorbem 4, 9; 162 12; 163 4, 7
dies incertus an certus quando ...... Vorbem 4
dies incertus an incertus quando ...... Vorbem 4

Eigentumsvorbehaltskauf
- Ablehnung des Restkaufpreises 162 8
- Anwartschaftsrecht .... Vorbem 58
- Auslegung des Vorbehalts 158 12
Eintragungsbedürftige Erklärungen ....
.... Vorbem 34, 45
Endtermin .... Vorbem 27; 163 1
England .... Vorbem 85
Entfristung 163 1
Eventualanträge im Prozeß .... Vorbem 76
Eventualerklärungen im Prozeß ...... Vorbem 43

Feststellungsklage ...... Vorbem 47; 158 19; 163 10
Fiktion des Bedingungseintritts/
-ausfalls .... 162 2 ff
- analoge Anwendung des § 162 s Rechtsgedanke des § 162
- Anwendbarkeit bei Potestativbedingungen 162 4
- Beeinflussung des Kausalverlaufs ...... 162 3 ff
- bei mittelbarer Einwirkung auf den Kausalverlauf 162 5
- bei Rechtsbedingungen .... 162 13, 15 ff
- bei unterlassener Einwirkung auf den Kausalverlauf 162 5
- Beweislast 162 11

- direkte Anwendung des § 162 .... 162 13 f
- Inhalt der Fiktion 162 11
- Nichteingreifen bei eigener Vertragsuntreue 162 9
- Nichteingreifen bei wirtschaftlich vernünftigen Gründen für das Verhalten ... 162 9
- Treuwidrigkeit der Beeinflussung _ 162 4, 7 ff
- Verschuldenserfordernis 162 10
- Voraussetzungen .... 162 3 ff
- Vorrang der Vertragsauslegung ... 162 2, 15 ff
- Zeitpunkt des fingierten Bedingungseintritts 162 12
Finanzierungsklauseln 158 5
Frankreich .... Vorbem 83
Funktion von Bedingung/Befristung ... Vorbem 3

Gegenwartsbedingung s Scheinbedingung
Gemeines Recht
- Anwartschaftsrecht .... Vorbem 61; 161 1
- Bedingung .... Vorbem 2, 4, 6, 14, 22
- Befristung .... Vorbem 2, 4, 9
Geschäftseinheit in Abgrenzung zu Bedingungszusammenhang 158 10
Geschäftsgrundlage .... Vorbem 2, 8, 11
Gesellschaftsrecht
- aufschiebende Bedingung 158 22
- Bedingungsfeindlichkeit .... Vorbem 36
- Rückbeziehungsvereinbarung 159 4
Gesetzesänderung als Bedingung _ Vorbem 33
Gestaltungserklärungen, bedingte Vorbem 38 ff

Handelsrecht .... Vorbem 35

Insolvenzrecht .... Vorbem 51 f; 161 9; 162 2
Italien .... Vorbem 84

Kauf auf Billigung/Probe .... Vorbem 1, 15
Klage auf künftige Leistung ....
.... Vorbem 47; 158 19; 163 10
Kündigungserklärung, bedingte Vorbem 40 f, 43
Kündigungsrecht als auflösende Bedingung .... Vorbem 10

Lastschriftverfahren 158 6

Mahnung .... Vorbem 46

Nebenbestimmungen .... Vorbem 3

Öffentliches Recht — **Vorbem** 76 ff
Österreich — **Vorbem** 81
Option — **Vorbem** 19, 21

Pendenztheorie — **158** 3
Potestativbedingung — **Vorbem** 14 ff; **158** 2
– Fiktion des Bedingungsausfalls/-eintritts — **162** 4
– Recht zur Fristsetzung — **158** 2
– Wollensbedingung s dort
Prozeßführungsbefugnis bei bedingten Rechten — **Vorbem** 48; **161** 7
Prozeßhandlungen
– bedingte — **Vorbem** 76
– befristete — **163** 11
Prozessuales — **Vorbem** 47 ff; **161** 7; **163** 10

Rechtsbedingung
– Abgrenzung zur echten Bedingung — **Vorbem** 20, 24
– Analoge Anwendbarkeit des Bedingungsrechts — **Vorbem** 24
– Begriffsbestimmung — **Vorbem** 23
– bei bedingungsfeindlichen Rechtsgeschäften — **Vorbem** 25 f
– Möglichkeit einer rechtsgeschäftlichen Umgestaltung — **Vorbem** 26
– Möglichkeit einer Vereinbarung als echte Bedingung — **Vorbem** 25
– Rechtsgeschichte — **Vorbem** 22
Rechtsgedanke des § 162 — **162** 14 ff
– bei Erfordernis behördlicher Genehmigung — **162** 14
– bei Erfordernis vormundschaftsgerichtlicher Genehmigung — **162** 14
– Einzelfälle — **162** 16
– im Arbeitsrecht — **162** 17
– im Verwaltungsrecht — **162** 19
– im Zivilverfahrensrecht — **162** 18
– Vorrang anderweitiger Abhilfe — **162** 15
Rechtsgeschichte s Römisches Recht, Gemeines Recht sowie unter den einzelnen Instituten
Rechtskrafterstreckung durch Bedingungseintritt — **Vorbem** 48 f; **161** 7
Rechtsnachfolge iSd §§ 265, 325 ZPO durch Bedingungseintritt — **Vorbem** 48 f
Resolutivbedingung s Bedingung, auflösende

Römisches Recht
– Anwartschaftsrecht — **Vorbem** 60; **161** 1
– Bedingung — **Vorbem** 1, 7, 22, 60
Rückabwicklung bei auflösender Bedingung — **158** 22
Rückbeziehungsvereinbarung — **159** 1 ff
– Abwicklung bei fehlender Rückbeziehungsvereinbarung — **159** 9
– außerhalb der bedingten Rechtsgeschäfte — **159** 11
– Auslegung — **159** 3
– Beispiele — **159** 4
– Beweislast — **159** 10
– einseitige Bestimmung — **159** 2
– Einzelfälle — **159** 4
– Nutzungszuweisung — **159** 7 f
– Wirkungen — **159** 6 ff
– Zeitpunkt — **159** 5
Rücknahmeerklärung, bedingte — **Vorbem** 38, 42 f
Rücktrittserklärung, bedingte — **Vorbem** 38, 42 f
Rücktrittsvorbehalt statt auflösender (Wollens-)Bedingung — **Vorbem** 10, 19; **158** 10
Rückwirkung bei Bedingungseintritt, dingliche — **158** 3, 20; **159** 1; **160** 1

Schadensersatzanspruch des Erwerbers des bedingten Rechts — **160** 1 ff
– Bedingtheit dieses Anspruchs — **160** 4
– bei bedingten Verfügungsgeschäften — **160** 1
– bei bedingten Verpflichtungsgeschäften — **160** 2
– Beweislast — **160** 12
– Gesetzliches Schuldverhältnis s Schuldverhältnis zwischen den Parteien des bedingten Rechtsgeschäfts
– Passivlegitimation — **160** 11
– schuldhafte Pflichtverletzung — **160** 8
– Sorgfaltsanforderungen — **160** 9
– Umfang — **160** 10
– Verjährung — **160** 10
– Zweck — **160** 3
Scheinbedingung
– Abgrenzung zur echten Bedingung — **Vorbem** 8, 28
– Abgrenzung zur Wette — **Vorbem** 29
– analoge Anwendung des Bedingungsrechts — **Vorbem** 29
– Begriffsbestimmung — **Vorbem** 28
– Behandlung — **Vorbem** 28 f

4. Titel. Bedingung. Zeitbestimmung

Vorbem zu §§ 158 ff

Schuldnerschutz — 158 21; 161 5
Schuldverhältnis zwischen den Parteien eines bedingten Rechtsgeschäfts — 160 1, 2
- Anspruch auf Sicherheitsleistung — 160 5
- Auskunftsansprüche — 158 17; 160 5
- Durchsetzbarkeit — 160 5
- Erhaltungspflichten — 160 6
- gesetzlich — 160 1
- Pflicht zur Förderung des Bedingungseintritts — 158 2; 162 1
- rechtsgeschäftlich — 160 2
- Treuepflicht siehe auch unter Fiktion des Bedingungseintritts/-ausfalls — 162 2, 4, 7 ff
- Unterlassungspflichten — 160 7
- Vorbereitungspflichten — 160 7
- Vorzeitige Erfüllungsansprüche — 160 7

Schwebezustand — 158 1; 159 6; 160 1 ff
Schweiz — Vorbem 82
Sicherheiten, Stellung von
- als aufschiebende Bedingung — 158 5
- Anspruch auf — 160 5
- für bedingten Anspruch — 158 1
- konkludente auflösende Bedingung — 158 9
Steuerklauseln — Vorbem 29; 159 4
Steuerrecht — Vorbem 80

Teilbarkeit
- von Bedingung und Hauptrechtsgeschäft — Vorbem 12, 44
- von Bedingung und Verwaltungsakt — Vorbem 79

Umtauschvorbehalt — 158 5
Unwirksamkeit von Zwischenverfügungen — Vorbem 55; 158 3; 161 1 ff
- Ablieferung als Zwischenverfügung — 161 9
- Anwendungsbereich des Schutzes — 161 3
- Ausmaß der Unwirksamkeit — 161 12
- bedingungsfeindliche Zwischenverfügungen — 161 8
- Begriff der (Zwischen-)Verfügung — 161 4
- Begünstigter — 161 2
- Einziehen einer Forderung als Zwischenverfügung — 161 5
- Gesetzliche Entstehung dinglicher Rechte als Zwischenverfügung — 161 10
- Prozeßführung als Zwischenverfügung — 161 7

- Schuldnerschutz — 161 5
- Schutz des gutgläubigen Erwerbers — 158 3; 161 14 ff
- vereitelnde oder beeinträchtigende Wirkung der Zwischenverfügung — 161 11
- Verfügungen des Konkursverwalters — 161 9
- Verfügungen im Wege der Arrestvollziehung — 161 9
- Verfügungen im Wege der Zwangsvollstreckung — 161 9
- Zustimmung des Anwärters — 161 13
- Zustimmung zu der Verfügung eines Nichtberechtigten als Zwischenverfügung — 161 6

Verfallklausel — Vorbem 1, 10
Verwaltungsakte
- bedingte — Vorbem 78 f
- befristete — 163 12
Verfügungen, bedingte — 160 1
Verjährung
- auflösend bedingter Ansprüche — 158 21
- aufschiebend bedingter Ansprüche — 158 19
- des Schadensersatzanspruchs nach § 160 — 160 10
Verpflichtung zur Rückübertragung in Abgrenzung zur auflösenden Bedingung — 158 9
Verzicht auf die Bedingung — 158 16
Vorkaufserklärung, bedingte — Vorbem 39, 42
Vormundschaftsgerichtliche Genehmigung
- analoge Anwendung des § 162 — 162 14
- bedingte — Vorbem 77

Wahlerklärung, bedingte — Vorbem 38, 42
Wandelungserklärung — Vorbem 38
Wette statt bloßer Scheinbedingung — Vorbem 29
Widerrufserklärung, bedingte — Vorbem 38, 42
Widerrufsvorbehalt als auflösende Bedingung — Vorbem 10
Wiederkaufserklärung — Vorbem 39, 42
Wollensbedingung
- Abgrenzung zu anderen Gestaltungsmöglichkeiten — Vorbem 19
- Zulässigkeit — Vorbem 16 f

Zeitbestimmung s Bedingung
Zölibatsklauseln — Vorbem 33
Zufallsbedingung — Vorbem 20
Zugangsvereitelung — 162 16

Zustimmung des Vertretenen als „Bedingung" .... Vorbem 21	Zwischenverfügungen s Unwirksamkeit von Zwischenverfügungen
Zweckvereinbarung statt Bedingung .... Vorbem 10	

I. Historische Entwicklung

1. Römisches und gemeines Recht

1 a) Das **römische Recht** kannte nur aufschiebende Bedingungen. Die auflösende Bedingung wurde als aufschiebend bedingte Aufhebungsabrede angesehen (JAHR AcP 168 [1968] 9, 20; ZIMMERMANN AcP 193 [1993] 121, 124 f). Allerdings waren dem römischen Recht durchaus der Kauf auf Billigung, die Verfallklausel und die addictio in diem bekannt (FLUME, in: FS Kaser [1976] 309 ff). Unzulässig waren Bedingungen bei Rechtsgeschäften über absolute Rechte.

2 b) Im **gemeinen Recht** wurden Bedingung, Befristung und Auflage als „Nebenbestimmungen" der Rechtsgeschäfte zusammengefaßt. WINDSCHEID fügte die Auflage seinem umfassenden Begriff der *Voraussetzung* ein, die er als eine nicht zur Bedingung entwickelte Willensbeschränkung definierte (vgl SIMSHÄUSER AcP 172 [1972] 19 ff). Allerdings wurde diese Lehre von der gemeinrechtlichen Theorie weitgehend abgelehnt. Auch das BGB hat sie nicht übernommen (SCHUBERT SZRA 92 [1975] 186, 211 ff; SIMSHÄUSER 33; vgl im übrigen zur Genese der §§ 158–163 JAKOBS/SCHUBERT, Die Beratung des Bürgerlichen Gesetzbuches, AT, 2. Teilband [1985] 827 ff). Wohl aber entwickelte OERTMANN aus den Ansätzen WINDSCHEIDS die Lehre von der subjektiven Geschäftsgrundlage (s dazu näher STAUDINGER/DILCHER[12] § 119 Rn 91 ff; vgl auch unten Rn 11).

2. Regelung im BGB

3 Das BGB enthält in §§ 158 ff allgemeine Regeln über die *Bedingung* und die *Befristung*, während die *Auflage* nur im Zusammenhang mit der Schenkung (§§ 525 ff) und den letztwilligen Verfügungen (§§ 1940, 2192 ff, 2278 f) behandelt wird. Ihnen ist gemeinsam, daß die sie enthaltenden Klauseln einem Rechtsgeschäft als *accidentalia negotii* (vgl dazu STAUDINGER/DILCHER[12] Einl 14 zu §§ 104 ff) hinzugefügt werden. Bedingungen unterscheiden sich von der Auflage dadurch, daß die Wirksamkeit des Rechtsgeschäfts durch Nichterfüllung der Auflage nicht berührt wird (s SOERGEL/WOLF Vor § 158 Rn 19). Die *Bedeutung* der Bedingungen liegt darin, daß die Parteien durch ihre Vereinbarung die Gleichzeitigkeit von Rechtsgeschäft und Rechtswirkung (Rechtsfolge) durchbrechen können (vgl BLOMEYER, Studien zur Bedingungslehre I [1938] 1). Insbesondere bei in die Zukunft wirkenden Rechtsgeschäften dienen sie dazu, den Einfluß künftiger Veränderungen schon jetzt vorausschauend vertraglich zu regeln (MünchKomm/H P WESTERMANN § 158 Rn 2; SOERGEL/WOLF Vor § 158 Rn 13). – Zur *Abgrenzung* von anderen Gestaltungsmöglichkeiten s unten Rn 10 und § 158 Rn 8 ff.

4. Titel.
Bedingung. Zeitbestimmung

II. Bedingung und Befristung

1. Bedingung

a) Die Begriffe „Bedingung" und „Befristung" werden in den §§ 158 ff als inhaltsbekannt vorausgesetzt. **Bedingung** iSd §§ 158 ff ist eine durch den Parteiwillen zum Geschäftsinhalt erhobene *Bestimmung, welche die Rechtswirkungen des Geschäfts von einem künftigen Ereignis abhängig macht, dessen Eintritt jetzt noch ungewiß ist.* Das Gesetz versteht allerdings in § 158, wo vom „Eintritte der Bedingung" die Rede ist, unter der Bedingung nicht nur eine entsprechende Bestimmung, sondern auch das künftige Ereignis selbst. Man kann hier auch von dem „Bedingungsfall" sprechen (SOERGEL/WOLF Vor § 158 Rn 2). Im Anschluß an die gemeinrechtliche Terminologie wird ferner vom *dies incertus an* gesprochen. Dieser kann entweder *incertus quando* sein, wie zB das bestandene Examen als Bedingung, oder *certus quando*, wie zB das Erleben eines bestimmten Geburtstages (vgl BAG AP Nr 9 zu § 620 BGB-Bedingung). Liegt dagegen ein *dies certus an* vor, so handelt es sich regelmäßig um eine Befristung (s Rn 9 sowie FLUME § 38, 1 a); maßgeblich ist freilich stets der Parteiwille (s § 163 Rn 4). Außerhalb der §§ 158 ff wird der Begriff oft untechnisch zur Bezeichnung des Geschäftsinhalts verwendet, wenn zB von Vertragsbedingungen oder Geschäftsbedingungen gesprochen wird (vgl zur Abgrenzung OLG Düsseldorf NJW-RR 1991, 435). Dies gilt etwa auch für § 387 Abs 1 HGB. – Zur Frage, ob eine Bedingung im Rechtssinne gewollt ist, s § 158 Rn 8 ff.

Als ungewisses Ereignis, welches die Rechtswirkungen des Geschäfts bedingt, kommt grundsätzlich **jede künftige Begebenheit** in Betracht, insbesondere eine Handlung der Geschäftsbeteiligten oder eines Dritten (BayObLG NJW-RR 1986, 93, 94; OLG Hamm NJW-RR 1988, 1268, 1269; LG Köln NJW-RR 1993, 1424; s auch unten Rn 20). Auch Erwartungen eines Erklärenden können zur Bedingung erhoben werden (SOERGEL/WOLF § 158 Rn 14; s näher unten Rn 10 f). In der Regel stellt die bloße Angabe eines Beweggrundes aber keine echte Bedingung iSd § 158 dar (BayObLG Rpfleger 1983, 440).

Bedingt sind in den Fällen der §§ 158 ff die **Rechtswirkungen** eines Rechtsgeschäfts. In der gemeinrechtlichen Theorie wurde beim bedingten Rechtsgeschäft der Wille des Erklärenden als bedingt verstanden, so daß man von einer Selbstbeschränkung des Willens sprach (FLUME § 38, 4 a). Heute ist anerkannt, daß sich die Bedingung auf den Eintritt oder den Fortbestand von Rechtswirkungen bezieht. Der rechtsgeschäftliche Wille als solcher muß den allgemeinen Regeln über Willenserklärungen entsprechen. Die Parteien sind daher auch beim bedingten Rechtsgeschäft mit Vertragsschluß an das Rechtsgeschäft gebunden und können es nicht mehr einseitig lösen (s auch § 158 Rn 18).

b) **Vereinbart** wird eine Bedingung regelmäßig nicht in einer eigenen Willenserklärung, die der allgemeinen Willenserklärung im Rechtsgeschäft hinzugefügt wird. Man kann hier nicht von zwei getrennten Tatbeständen ausgehen, dem Hauptrechtsgeschäft und einem zusätzlichen Bedingungsgeschäft (aM MINAS 50 ff). Ein solcher Gedankengang würde der römisch-rechtlichen Konstruktion der auflösenden Bedingung als einer unter aufschiebender Bedingung stehenden Auflösungserklärung folgen (s oben Rn 1), die für das BGB keine Geltung beanspruchen kann. Vielmehr stellt die Bedingung eine *Modalität der rechtsgeschäftlichen Willenserklärung* selbst dar (Prot I 185 = MUGDAN I 764; ENNECCERUS/NIPPERDEY § 194 I 1).

8 Normalerweise wird eine Bedingung **ausdrücklich** vereinbart. Sie kann jedoch, wie die Willenserklärung insgesamt, auch **durch schlüssiges Verhalten** verlautbart werden, sofern erkennbar wird, daß die Rechtswirkungen der Erklärung von einem ungewissen künftigen Ereignis abhängig sein sollen (vgl LG Köln NJW-RR 1993, 1424), zB vom künftigen Verhalten des Erklärungsadressaten. Die darüber hinausgehende Auffassung, es könne eine Bedingung auch stillschweigend gesetzt werden, ohne daß der Erklärende ein entsprechendes Bewußtsein habe (so E WOLF, AT [3. Aufl 1982] 541), ist abzulehnen. Es handelt sich in solchen Fällen entweder um Sachverhalte, die der Geschäftsgrundlage zuzuordnen sind (vgl unten Rn 11), oder um Scheinbedingungen (s unten Rn 28).

2. Befristung

9 Eine Befristung liegt vor, wenn die Rechtswirkungen eines Geschäfts mit einem *zukünftigen, aber gewissen Ereignis* beginnen oder enden sollen (ENNECCERUS/NIPPERDEY § 193 II). Dabei kann es sich, im Anschluß an die gemeinrechtliche Terminologie (s Rn 4), um einen *dies certus an, certus quando* handeln, zB um einen bestimmten Kalendertag. Befristung ist jedoch auch der *dies certus an, incertus quando*, wie zB der Todestag eines Menschen (FLUME § 38, 1 a; SOERGEL/WOLF Vor § 158 Rn 6; s auch § 163 Rn 4). Eine Bedingung wird nicht dadurch zur Befristung, daß sie in Zeitbegriffen ausgedrückt wird, wie zB der Zeitpunkt des abzulegenden Examens (vgl oben Rn 4).

3. Abgrenzung von anderen Rechtsinstituten

10 Die Motive, die eine Partei zur Abgabe der Willenserklärung veranlassen, können zur *Bedingung* erhoben werden (s oben Rn 5). Dann berührt das Nichteintreten des erwarteten Ereignisses unmittelbar den Bestand des Rechtsgeschäfts. Es kommen aber auch andere Gestaltungsmöglichkeiten in Betracht (vgl instruktiv für die Bindung eines Lebensversicherungsbezugsrechts für den Ehegatten an das Bestehen der Ehe FINGER VersR 1990, 229 ff; vgl dazu auch FUCHS JuS 1989, 179, 181 mwN; WRABETZ, in: FS vLübtow [1991] 239 ff). Sofern Vorstellungen oder Erwartungen in den Erklärungstatbestand aufgenommen werden, ohne die Rechtsnatur einer Bedingung zu haben, begründen sie möglicherweise ein *Anfechtungsrecht* (vgl näher STAUDINGER/DILCHER[12] § 119 Rn 34 ff, 68 ff). Schließlich können die Erwartungen der Parteien in einer *Zweckvereinbarung* im Rahmen des § 812 Abs 1 S 2, 2. Fall Ausdruck finden (BGH NJW 1966, 448, 449; SOERGEL/WOLF Vor § 158 Rn 14), so daß beim Fehlen des erstrebten Zwecks das Rechtsgeschäft wirksam bleibt und eine Leistungskondiktion stattfinden muß (s näher STAUDINGER/LORENZ [1993] § 812 Rn 80, 105 f). Davon zu unterscheiden ist ein *Rücktrittsvorbehalt* (vgl LG Hamburg NJW-RR 1991, 823). Treten dessen Voraussetzungen ein, so enden die Rechtswirkungen nicht, wie bei der auflösenden Bedingung, automatisch, sondern es bedarf einer Rücktrittserklärung, durch die ein Rückgewährschuldverhältnis nach Maßgabe der §§ 346 ff begründet wird (RGZ 161, 253, 255; ERMAN/HEFERMEHL § 158 Rn 4; SOERGEL/WOLF Vor § 158 Rn 17; vgl auch § 158 Rn 8 ff). Dasselbe gilt für eine *Verfallklausel* gemäß § 360 (vgl KNÜTEL JR 1982, 20). Ein *„Kündigungsrecht"* kann aber durchaus auch als auflösende Bedingung zu verstehen sein (BayObLG NJW-

RR 1990, 87 [LS]), und bei einem *Widerrufsvorbehalt* in einem Prozeßvergleich handelt es sich idR ebenfalls um eine aufschiebende Bedingung für die Wirksamkeit des Vergleichs, nicht um einen Rücktrittsvorbehalt (BGHZ 88, 364, 366 f; BGH NJW-RR 1989, 1214, 1215). – Wegen der Abgrenzung zur *Auflage* s oben Rn 3.

Ferner kann eine beiderseitig als gewiß vorausgesetzte Sachlage oder Sachentwicklung *Geschäftsgrundlage* sein (näher dazu STAUDINGER/DILCHER[12] § 119 Rn 91 ff). Sie ist, im Unterschied zur Bedingung, nicht inhaltlicher Bestandteil des Rechtsgeschäfts (SOERGEL/WOLF Vor § 158 Rn 15). Außerdem löst ihr Fehlen oder Wegfall keine automatischen Rechtsfolgen aus, sondern führt nach Maßgabe des Einzelfalles zur richterlichen Vertragsanpassung und nur subsidiär zur richterlichen Vertragsaufhebung. Wegen dieser größeren Flexibilität auf der Rechtsfolgenseite ist daher im Zweifel nicht von einer Bedingung, sondern von einer Geschäftsgrundlage auszugehen (SOERGEL/WOLF Vor § 158 Rn 15). 11

III. Bedingungsarten

1. Allgemeine Einteilungen

a) Im BGB wird die überkommene Unterscheidung von **aufschiebenden und auflösenden Bedingungen**, von Suspensiv- und Resolutivbedingungen, zugrundegelegt. Gegenüber der gesetzlichen Gleichstellung beider Arten in § 158 betont jedoch FLUME (§ 38, 2 a) mit Recht deren Unterschiedlichkeit, die darin zum Ausdruck kommt, daß bei der aufschiebenden Bedingung die Geltung des Rechtsgeschäfts in der Schwebe bleibt, während es sich bei der auflösenden Bedingung um die Begrenzung eines geltenden Geschäfts handelt. Dies führt zu einer unterschiedlichen Behandlung vor allem im Hinblick auf die *Teilbarkeit* des von der Bedingung getroffenen Rechtsgeschäfts: Nur die auflösende Bedingung ist selbständiger Teil eines Rechtsgeschäfts, das beim Wegfall der Bedingung als Restgeschäft iSd § 139 fortbestehen kann. Die aufschiebende Bedingung hingegen ist untrennbarer Bestandteil der rechtsgeschäftlichen Regelung, in der sie sich befindet (FLUME § 38, 4 c; SOERGEL/ WOLF § 158 Rn 32; vgl aber auch ENNECCERUS/NIPPERDEY § 194 I 1, der dies für beide Arten der Bedingungen annimmt; aM MünchKomm/H P WESTERMANN § 158 Rn 9/46: maßgebend seien bei beiden Bedingungsarten allein der Parteiwille und der Normzweck im Einzelfall). Die Unterscheidung wird vor allem im Zusammenhang mit verbots- und sittenwidrigen Bedingungen erheblich (s dazu unten Rn 33). – Zur Frage, ob im Einzelfall eine aufschiebende oder eine auflösende Bedingung gewollt ist, s § 158 Rn 4 ff. 12

b) Ferner lassen sich **bejahende und verneinende Bedingungen** (affirmative und negative Bedingungen) unterscheiden, je nachdem, ob ihre Erfüllung eine Veränderung des zZ der Geschäftsvornahme bestehenden Zustandes erfordert oder nicht. Ein Fall dieser Art ist in § 2075 geregelt. – Zu den *Potestativbedingungen* s Rn 14 ff, zu den *Rechtsbedingungen* s Rn 22 ff, zu den *notwendigen Bedingungen* s Rn 27. 13

2. Potestativbedingungen

a) Die Frage, ob es sich noch um ein Rechtsgeschäft handelt, wenn die Rechtswirkungen einer Verlautbarung *ausschließlich vom Wollen einer Partei abhängen* sollen, ist umstritten. Die Geschichte dieses Streits reicht in die Zeit vor der Schaf- 14 fung des BGB zurück. SAVIGNY und die gemeinrechtliche Lehre verneinten dies (vgl FLUME § 38, 2 d). Im Anschluß daran wurde in § 138 E I vorgesehen, daß eine aufschiebende Bedingung, die in dem bloßen Wollen des Verpflichteten besteht, die betroffene Verpflichtung unwirksam werden lasse. Die Vorschrift wurde jedoch später „ihres doktrinären Charakters wegen" gestrichen (Prot I 185 = MUGDAN I 764).

15 b) Beim **Kauf auf Probe** bestimmt § 495 Abs 1 S 2 ausdrücklich, daß die reine Willkür des Käufers als aufschiebende Bedingung vorgesehen werden kann (s näher STAUDINGER/MADER [1995] § 495 Rn 2). Es gibt allerdings auch die Auffassung, daß hier statt einer Bedingung die Begründung eines Gestaltungsrechts vereinbart werde (so wohl PALANDT/PUTZO § 495 Rn 5). LARENZ (§ 25 I) nimmt schließlich an, daß zunächst nur der künftige Vertragsinhalt festgelegt worden sei, dessen Verbindlichkeit erst mit der Billigung durch den Käufer eintrete (s auch Rn 19).

16 c) In der heutigen Diskussion ist man sich zunächst darüber einig, daß Bedingungen, bei denen eine Partei ein maßgebliches *objektives* Ereignis gewollt eintreten lassen kann, anzuerkennen sind (vgl nur OLG Hamm OLGZ 1978, 169, 171; OLG München NJW-RR 1988, 58, 59; LARENZ § 25 I; MünchKomm/H P WESTERMANN § 158 Rn 19; SOERGEL/ WOLF Vor § 158 Rn 23; s auch Rn 41 sowie § 158 Rn 2). In § 2075 ist dieser Fall auch gesetzlich anerkannt (vgl BGHZ 96, 198, 202). Die Bedingung ist dann grundsätzlich mit dem vereinbarten Erfolg oder Verhalten eingetreten, gleich ob sie vorsätzlich, irrtümlich oder rechtsfehlerhaft herbeigeführt wurde (SOERGEL/WOLF Vor § 158 Rn 23). Streitig sind dagegen Potestativbedingungen, bei denen lediglich das Wollen des *Verpflichteten* für die Geltung des Geschäfts maßgebend sein soll; zT spricht man hier von einer **Wollensbedingung** (*condicio si volam* oder *si voluero*; vgl nur FLUME § 38, 2 d; SOERGEL/WOLF Vor § 158 Rn 25).

17 Die Literatur spricht sich weitgehend gegen die Anerkennung von solchen Potestativbedingungen aus (ERMAN/HEFERMEHL Vor § 158 Rn 12; FLUME § 38, 2 d; JAUERNIG § 158 Anm 1 d; LARENZ § 25 I; MünchKomm/H P WESTERMANN § 158 Rn 21 ff; SOERGEL/WOLF Vor § 158 Rn 28; wohl auch MEDICUS Rn 831 und JuS 1988, 1, 2 f). § 495 Abs 1 wird dabei als Ausnahmeregel verstanden, die auf ihren engsten Wortlaut zu beschränken sei. Die Rechtsprechung hingegen läßt auf willkürliche Geltung des Geschäfts ausgerichtete Potestativbedingungen zu (RGZ 94, 291, 297; 77, 415, 417), jedenfalls bei gegenseitigen Verträgen, bei denen jeder Partner zugleich Gläubiger und Schuldner ist (BGHZ 47, 387, 391; BGH WM 1966, 1267, 1269; DB 1962, 1567; BayObLG NJW-RR 1988, 982; 1986, 568; RGZ 104, 98, 100; OLG Hamm OLGZ 1978, 169, 171; ebenso ENNECCERUS/NIPPERDEY § 194 IV 3; WUNNER AcP 168 [1968] 425 ff; STAUDINGER/DILCHER[12] Rn 16; vgl auch BGHZ 119, 35, 37 f).

18 Dem ist für *aufschiebende Wollensbedingungen* nicht zuzustimmen. Die Bindung einer Partei darf nicht in ihre Willkür gestellt werden, weil es sonst am Zustandekommen des Vertrages fehlt (vgl auch RGZ 136, 132, 135; 131, 24, 26). Entscheidend für die Zulässigkeit der Wollensbedingung und zugleich für den Bedingungscharakter einer solchen Bestimmung ist daher, daß nicht die Entstehung des Rechtsgeschäfts, sondern seine Rechtswirkungen (vgl oben Rn 6), also letztlich die Durchführung, vom Willen einer Partei abhängig sein soll (vgl OLG Hamm OLGZ 1978, 169, 171). Bei einer aufschiebenden Wollensbedingung ist aber letztlich die Verbindlichkeit des Rechtsgeschäfts und nicht nur seine Durchführung offen. Die Abgrenzung zwischen einem noch nicht als bindend gewollten Geschäft und einem als verbindlich gewollten, aber an eine Wollensbedingung geknüpften Geschäft kann hier nicht gelingen. Anders kann man für *auflösende Wollensbedingungen* entscheiden, deren Vereinbarung ebenso zulässig sein muß wie die Vereinbarung eines Kündigungsrechts oder eines Rücktrittsvorbehalts (vgl auch JAUERNIG § 158 Anm 1 d; SOERGEL/WOLF Vor § 158 Rn 26). Bei *Verfügungen* wird man allerdings annehmen müssen, daß sie im Interesse der Verkehrssicherheit nicht unter auflösende Potestativbedingungen gestellt werden können (FLUME § 38, 2 d).

Im übrigen ist sorgfältig durch **Auslegung** zu prüfen, ob überhaupt eine Wollensbedingung vereinbart ist. Möglich ist auch, daß es sich gar nicht um ein bedingtes Rechtsgeschäft handelt, sondern daß die rechtsgeschäftliche *Bindungswirkung* überhaupt erst mit dem „Bedingungseintritt" begründet werden soll (vgl HÜBNER § 42 II 1 a; LARENZ § 25 I für den Kauf auf Probe). Ferner kann eine *Option* als Angebot mit verlängerter Bindungswirkung (s STAUDINGER/DILCHER[12] Vorbem 69 ff zu §§ 145 ff) vorliegen (so für den Normalfall FLUME § 38, 2 d; SOERGEL/WOLF Vor § 158 Rn 29). Ebenso besteht die Möglichkeit, daß keine auflösende „Potestativbedingung", sondern ein *Rücktrittsvorbehalt* vereinbart wurde (s oben Rn 10, 18).

d) In keinem Fall handelt es sich um eine Potestativbedingung, wenn das willensabhängige *Verhalten eines Dritten* zur Bedingung erhoben wird. In diesen Fällen spricht man auch von einer **Zufallsbedingung** (ERMAN/HEFERMEHL Vor § 158 Rn 12; MünchKomm/H P WESTERMANN § 158 Rn 20; SOERGEL/WOLF Vor § 158 Rn 24). Sie ist – von der Ausnahme des § 2065 abgesehen – grundsätzlich zulässig (vgl BayObLG NJW-RR 1986, 93, 94; OLG Hamm OLGZ 1968, 80, 84; NJW-RR 1988, 1268, 1269). Es handelt sich, wenn nicht eine Rechtsbedingung vorliegt (s dazu Rn 22 ff), um eine echte Bedingung iSv § 158.

Erklärt ein *Vertreter* (insbesondere das Organ einer juristischen Person), dessen Vertretungsmacht das Rechtsgeschäft an sich abdecken würde, den Vertrag nur unter der „Bedingung" zu schließen, daß der Vertretene oder ein weiterer Vertreter zustimmt, so fehlt es idR am Rechtsbindungswillen. Es liegt dann nur ein bindendes Angebot des Gegners vor. Im Einzelfall kann es sich auch einmal um einen Vorvertrag oder eine Option handeln (SOERGEL/WOLF Vor § 158 Rn 37 f).

3. Rechtsbedingungen

a) Schon das römische Recht betonte die Unterscheidung zwischen tatsächlichen Bedingungen und einer Rechtsbedingung (*condicio iuris* oder *condicio tacita*; vgl dazu ZIMMERMANN AcP 193 [1993] 121, 126 mwN). Infolgedessen entstand im 19. Jahrhundert eine umfangreiche Literatur zur Frage der Rechtsbedingung (vgl EGERT 2 ff). Von ihr beeinflußt hatte § 140 E I eine Regelung über die Rechtsbedingung vorgesehen, die aber von der 2. Kommission wieder gestrichen wurde.

b) Rechtsbedingungen sind die **gesetzlichen Wirksamkeitsvoraussetzungen** eines Rechtsgeschäfts (vgl LG Aachen Rpfleger 1979, 61). Insofern spricht man auch von *Gültigkeitserfordernissen* (EGERT 29). OERTMANN hat als Rechtsbedingungen im engeren Sinne die beim Geschäftsabschluß noch ausstehenden, aber *nachholbaren* Wirksamkeitsvoraussetzungen bezeichnet, wovon insbesondere die noch fehlende Genehmigung erfaßt wird (SOERGEL/WOLF Vor § 158 Rn 7).

24 c)   Rechtsbedingungen sind **keine Bedingungen iSd §§ 158 ff**, da zT schon die rechtliche Bindung und nicht nur die Rechtswirkungen hinausgeschoben sind und dieser Effekt in jedem Fall auf Gesetz und nicht auf Parteivereinbarung beruht. Rechtsbedingungen vermögen zwar ebenfalls einen Schwebezustand zu erzeugen. Es sind dafür aber speziellere Regeln ergangen, zB in §§ 115, 184, 185 Abs 2 (vgl EGERT 49 ff, 183). Daneben können die §§ 158 ff grundsätzlich nicht – auch nicht analog – verwendet werden (vgl RGZ 144, 71, 73; OGHBrZ 3, 250, 253; NdsFG EFG 1981, 621; EGERT 183 ff; s aber auch LARENZ § 25 I; SOERGEL/WOLF Vor § 158 Rn 8).

25 Rechtsbedingungen können auch nicht als echte Bedingungen **vereinbart** werden. Zwar hatte das RG (JW 1933, 1387) obiter eine Vereinbarung, nach welcher die mittels Kapitalabfindung zu erfüllende Kaufpreiszahlungspflicht von der Genehmigung der Abfindung durch das Versorgungsamt abhängig sein sollte, als echte Bedingung bezeichnet. Eine solche Vertragsklausel wirkt jedoch nur deklaratorisch (vgl auch OLG Düsseldorf NJW-RR 1991, 435: Entstehen der Hauptschuld als Rechtsbedingung der Bürgschaft). Die Wiederholung einer gesetzlichen Wirksamkeitsvoraussetzung im rechtsgeschäftlichen Tatbestand begründet keine auf den *Parteiwillen* zurückzuführende Abhängigkeit der Rechtswirkungen von einem ungewissen zukünftigen Ereignis (vgl FLUME § 38, 1 c). Rechtsbedingungen können nicht Ausdruck privatautonomer Gestaltung sein. Umgekehrt ist deshalb auch das Hinzufügen einer Rechtsbedingung bei *bedingungsfeindlichen Rechtsgeschäften* unschädlich (OLG Karlsruhe NJW 1967, 935, 936; SOERGEL/WOLF Vor § 158 Rn 9), und wenn eine Rechtsbedingung, zB hinsichtlich einer Genehmigungspflicht, zu Unrecht gesetzt wurde, so berührt dieser Fehler die Gültigkeit des Rechtsgeschäfts nicht (BGH WM 1976, 271, 273; 1961, 407, 408; BFHE 132, 106, 107 = WM 1981, 343).

26 Rechtsbedingungen können allerdings durch den Parteiwillen **umgestaltet** werden, etwa dadurch, daß die nach dem Gesetz notwendige Genehmigung des gesetzlichen Vertreters in einer gegenüber der gesetzlichen Regelung erschwerten Form gefordert wird. In diesen Fällen vertritt EGERT (44) die Auffassung, es handele sich weiterhin um Rechtsbedingungen, so daß sie zB von den Vorschriften über Bedingungsverbote nicht erfaßt würden. Dem ist grundsätzlich zuzustimmen. §§ 158 ff finden in diesen Fällen keine Anwendung. Es ist indessen im Einzelfall zu prüfen, ob die auf dem Parteiwillen beruhende Modifikation mit Sinn und Zweck eines etwaigen Bedingungsverbots vereinbar ist oder ob sie eine Unsicherheit schafft, die durch das konkrete Bedingungsverbot gerade vermieden werden soll.

4.   Notwendige Bedingungen

27 Nicht um Bedingungen iSd §§ 158 ff handelt es sich bei einer sog notwendigen Bedingung (*condicio necessaria*), durch die die Rechtswirkungen eines Geschäfts von unausbleiblichen und in ihrem Zeitpunkt *feststehenden Ereignissen* abhängig gemacht werden. Es fehlt an der für die Bedingungen kennzeichnenden Ungewißheit, so daß ein unbedingtes Rechtsgeschäft vorliegt (ERMAN/HEFERMEHL Vor § 158 Rn 7). Das BGB enthält, anders als frühere Rechte, hierüber keine Bestimmungen. Allerdings kann sich im Wege der Auslegung ergeben, daß in Wirklichkeit eine *Befristung* mit aufschiebender oder auflösender Wirkung gewollt war, also ein Anfangs- oder Endtermin gesetzt werden sollte. Dann findet § 163 Anwendung.

5. Scheinbedingungen

Um eine Scheinbedingung handelt es sich bei der zZ der Vornahme des Rechtsge- 28
schäfts *bereits entschiedenen* Bedingung (*condicio in praesens vel praeteritum collata*
oder *relata*; auch *Gegenwartsbedingung*, *Voraussetzung* oder *Unterstellung* genannt).
Es fehlt hier am Erfordernis des ungewissen zukünftigen Ereignisses, da nur *subjektive Ungewißheit* der Beteiligten besteht; es geht den Parteien nicht um die künftige
Entwicklung, sondern um die Aufklärung der gegenwärtigen Verhältnisse (SOERGEL/
WOLF Vor § 158 Rn 10). § 137 E I hatte hierzu ausdrücklich eine Regel vorgesehen, die
jedoch von der 2. Kommission wieder gestrichen wurde. Da es sich nicht um eine
echte Bedingung handelt, ist ein Rechtsgeschäft, das unter einer schon negativ entschiedenen aufschiebenden Scheinbedingung vorgenommen wird, unwirksam (LAG
Saarbrücken NJW 1966, 2136, 2137; s auch LG Köln VersR 1985, 384, 385; FROHN Rpfleger 1982,
56, 57 sowie unten Rn 27). Im Falle einer bereits eingetretenen auflösenden Scheinbedingung ist das vorgenommene Geschäft unbedingt gültig (vgl RODERMUND 28 ff; vgl
auch OLG Köln NJW-RR 1992, 237, 239 [für den Vorbehalt bei einer Erfüllungshandlung, daß die
Schuld auch wirklich besteht]; s dazu auch SEIBERT JR 1983, 491 ff).

Allerdings kann im Einzelfall ein schutzwürdiges Interesse der Parteien anzuerken- 29
nen sein, die Wirkungen eines Rechtsgeschäfts von einem nur subjektiv ungewissen
Umstand abhängig zu machen (FLUME § 38, 1 b). Es gelten dann zwar die §§ 158 ff
nicht unmittelbar (aM RODERMUND 49 ff). Sie werden jedoch kraft Privatautonomie für
das betreffende Rechtsgeschäft so in Geltung gesetzt, als seien sie auch für diesen
Fall bestimmt (BROX Rn 432; ERMAN/HEFERMEHL Vor § 158 Rn 6; JAUERNIG § 158 Anm 2 b;
PALANDT/HEINRICHS Einf v § 158 Rn 6; aM wohl MünchKomm/H P WESTERMANN § 158 Rn 52 f).
Dies ist vor allem der Fall, wenn eine unklare Rechtslage im bestimmten Sinne zur
„Bedingung" eines Geschäfts erhoben wurde. Maßgeblich für den „Schwebezustand" ist dann nicht der Eintritt eines Ereignisses, sondern die Kenntnis der
Parteien davon. So hat der BGH (LM Nr 1 zu § 159) die Formulierung, ein Pachtvertrag
solle nur dann gelten, wenn der Verpächter bereits von einem anderen Pachtvertrag
über dieselbe Sache wirksam zurückgetreten sei, wie eine auflösende Bedingung
behandelt (vgl auch SOERGEL/WOLF Vor § 158 Rn 10). Entsprechendes kann für sog
„Steuerklauseln" gelten, mit denen die Parteien die zivilrechtliche Wirksamkeit ihres
Rechtsgeschäfts von der steuerlichen Anerkennung durch die Finanzverwaltung
abhängig machen (s näher THEISEN GmbHR 1980, 132, 137; ZENTHÖFER DStZ 1987, 185, 189 f
mwN; vgl aber auch BFHE 153, 58, 61; KALIGIN GmbHR 1981, 70 f). Im übrigen kann die
Auslegung eines mit einer Scheinbedingung versehenen Rechtsgeschäfts ergeben,
daß es sich in Wirklichkeit um eine Wette handeln sollte.

6. Unzulässige Bedingungen

a) Sofern dem Rechtsgeschäft eine **unmögliche Bedingung** beigefügt ist, dh auf ein 30
künftiges Ereignis abgestellt wird, das objektiv nicht eintreten kann, hat dies bei
einer aufschiebenden Bedingung die Unwirksamkeit des Rechtsgeschäfts zur Folge,
im Falle einer auflösenden Bedingung dessen unbedingte Gültigkeit. An einer ausdrücklichen Regelung hierzu fehlt es im BGB. Ein Rückgriff auf § 306 wird idR
daran scheitern, daß die vereinbarten Leistungen möglich sind. Gleichwohl ist die
Vereinbarung unwirksam, wenn die vereinbarten Rechtsfolgen nicht in Kraft treten
können (ebenso ERMAN/HEFERMEHL Vor § 158 Rn 8; MünchKomm/H P WESTERMANN § 158

Rn 48; SOERGEL/WOLF § 158 Rn 31 mwN). Es kann bei der ursprünglichen Unmöglichkeit des Bedingungseintritts nichts anderes gelten als beim nachträglichen endgültigen Ausfall der Bedingung (s dazu § 158 Rn 16). Ist die Unmöglichkeit behebbar und soll das Geschäft für diesen Fall geschlossen werden, so liegt allerdings eine echte Bedingung vor und das Rechtsgeschäft ist nach § 308 Abs 1 wirksam, sofern nicht §§ 134, 138 entgegenstehen (ERMAN/HEFERMEHL Vor § 158 Rn 8; s auch unten Rn 33). Zur Problematik der unmöglichen Bedingung bei Verfügungen von Todes wegen s STAUDINGER/OTTE[12] § 2074 Rn 55 ff.

31 b) Ist einem Rechtsgeschäft eine **unverständliche oder widersinnige (perplexe)** Bedingung beigefügt, so ist es insgesamt nichtig (ERMAN/HEFERMEHL Vor § 158 Rn 11). Dies war in § 139 E I ausdrücklich so vorgesehen, wurde jedoch später gestrichen (vgl Mot I 267). Kann allerdings die Unverständlichkeit, zB weil sie auf einem Schreibversehen beruht, im Wege der Auslegung beseitigt werden, so gelten für die „berichtigte Fassung" die allgemeinen Regeln der §§ 158 ff.

32 c) Das ALR hatte in den §§ 133 ff I 4 auch Bestimmungen über **nutzlose Bedingungen** getroffen. Das BGB hat eine solche Regelung nicht vorgesehen, so daß die allgemeinen Bedingungsregeln auch hier gelten (Mot I 264). Zu beachten ist allerdings, daß durch unnütze Bedingungen im Hinblick auf § 118 die Ernstlichkeit des Rechtsgeschäfts in Frage gestellt werden kann (ERMAN/HEFERMEHL Vor § 158 Rn 10).

33 d) Auch über **unerlaubte und sittenwidrige Bedingungen** hat das BGB, im Unterschied zu früheren Rechten, keine Regeln aufgestellt. Derartige Bedingungen führen daher nach Maßgabe der §§ 134, 138 grundsätzlich zur Nichtigkeit des Rechtsgeschäfts (vgl LAG Düsseldorf DB 1977, 1196). Sittenwidrig können vor allem solche Bedingungen sein, die eine Zuwendung an ein bestimmtes Verhalten des Empfängers knüpfen und dadurch unzumutbaren Druck auf den Empfänger ausüben, weil sie übermäßig in seine Persönlichkeitssphäre eingreifen (zB durch „Zölibatsklauseln" in Arbeitsverträgen, s BAGE 4, 274, 285 und allg MünchKomm/H P WESTERMANN § 158 Rn 45). Bei auflösenden Bedingungen kann allerdings das Rechtsgeschäft nach § 139 ohne die Bedingung aufrecht erhalten werden (BAGE 4, 274, 285; SOERGEL/WOLF § 158 Rn 32). Bei aufschiebenden Bedingungen hilft § 139 hingegen nicht weiter (vgl oben Rn 12); zur Umdeutung in ein unbedingtes Geschäft s unten Rn 44. Zulässig ist, wie § 309 zeigt, eine Bedingung, wonach das gegenwärtig unerlaubte Geschäft für den Fall einer *Gesetzesänderung* Wirkungen entfalten soll.

IV. Bedingungsfeindliche Rechtsgeschäfte

1. Allgemeine Gründe der Bedingungsfeindlichkeit

34 a) Rechtsgeschäfte, auch einseitige Rechtsgeschäfte (vgl zu diesen MERLE AcP 183 [1983] 81, 90 ff), sind grundsätzlich bedingungsfreundlich. Das gilt auch bei dinglichen Rechten (BayObLG NJW-RR 1990, 1169, 1170), wobei allerdings im Hinblick auf die grundbuchrechtliche Eintragungsfähigkeit an die Bestimmbarkeit der Bedingung erhöhte Anforderungen zu stellen sind (OLG Frankfurt OLGZ 1993, 385, 386). Aus Gründen der **öffentlichen Ordnung** kann es jedoch ausgeschlossen sein, Rechtsgeschäfte von Bedingungen oder Zeitbestimmungen abhängig zu machen. Dies gilt zB für die Eheschließung gemäß § 13 Abs 2 EheG (vgl OLG Hamburg OLGZ 1983, 18, 20), für die Anerkennung eines nichtehelichen Kindes (§ 1600 b), für die Ehelicherklärung nach § 1724 oder für die Adoption gemäß §§ 1750 Abs 2 S 1, 1752 Abs 2. Entsprechendes muß für den Namen betreffende Erklärungen nach §§ 1355, 31 a PStG gelten (BayObLGZ 1964, 213, 218; OLG Frankfurt OLGZ 1971, 298, 300; Münch-Komm/H P WESTERMANN § 158 Rn 27).

b) Ferner erfordert es die Rücksicht auf das **Vertrauen des Rechtsverkehrs**, daß bestimmte rechtsgeschäftlich herbeigeführte Situationen als endgültig zugrunde gelegt werden können. Dies führt zB im *Grundstücksrecht* zur Bedingungsfeindlichkeit der Auflassungserklärung nach § 925 Abs 2, der Übertragung des Erbbaurechts nach § 11 Abs 1 ErbbauRVO oder der Einräumung bzw Aufhebung von Wohnungseigentum nach § 4 Abs 2 WEG. Das Erbbaurecht kann gemäß § 1 Abs 4 ErbbauRVO auch nicht als solches durch eine auflösende Bedingung beschränkt werden (vgl BGHZ 52, 269, 271), und eine Grundschuld kann nicht an einem Teil des Grundstücks auflösend bedingt bestehen (BayObLG DNotZ 1979, 25, 26). Bedingungsfeindlich ist auch die Abtretung von Rückübertragungsansprüchen nach § 3 Abs 1 S 2 VermG (dazu JESCH DB 1992, 2073). Ebenso sind im *Erbrecht* Annahme und Ausschlagung der Erbschaft nach § 1947, eines Vermächtnisses nach § 2180 Abs 2 und die Ablehnung der fortgesetzten Gütergemeinschaft nach § 1484 Abs 2 bedingungsfeindlich. Auch bei Annahme und Ablehnung des Testamentsvollstreckeramtes ist gemäß § 2202 Abs 2 eine Bedingung ausgeschlossen. Dasselbe gilt im *Wertpapierrecht* nach Art 1 Nr 2 WG und Art 1 Nr 2 ScheckG bei Wechsel und Scheck für die Zahlungsanweisung, ferner nach Art 12 Abs 1 und Art 26 Abs 1 WG für Wechselannahme und Indossament sowie gemäß Art 15 Abs 1 ScheckG für das Scheckindossament. Im *Handelsrecht* sind gemäß § 50 Abs 2 HGB die Prokuraerteilung und gemäß §§ 126 Abs 2, 161 Abs 2 HGB die Einräumung der organschaftlichen Vertretungsmacht bedingungsfeindlich.

Im *Gesellschaftsrecht* ist aus Gründen des Verkehrsschutzes die Zeichnung von Aktien bedingungsfeindlich (vgl SOERGEL/WOLF § 158 Rn 48). Zwar ist die ausdrückliche Regelung über die Stufengründung im früheren § 30 AktG weggefallen. Die Bedingungsfeindlichkeit ergibt sich jedoch aus § 2 AktG, wonach mindestens fünf an der Satzungsfeststellung beteiligte Personen alle Aktien übernehmen müssen (vGODIN/WILHELMI, AktG [4. Aufl 1971] § 23 Anm 21). Bedingungsfeindlich ist auch der Beitritt zu einer Genossenschaft gemäß § 15 Abs 1 GenG (vgl RGZ 147, 257, 263). Ebenso werden die Beitrittserklärungen der Gründer einer GmbH und die Übernahme von Stammeinlagen bei der Kapitalerhöhung bewertet (RGZ 83, 256, 258; KG JW 1935, 1796; HACHENBURG/ULMER, GmbHG [8. Aufl 1991] § 2 Rn 113 ff). Allerdings heilt nach hM die Eintragung den Mangel der unwirksamen Beitrittserklärung (vgl BAUMBACH/HUECK, GmbHG [16. Aufl 1996] § 3 Rn 22 mwN; HACHENBURG/ULMER § 2 Rn 115). Hingegen wird die Erklärung des Vereinsbeitritts in bedingter Form zugelassen (RG JW 1938, 3229, 3230; SOERGEL/WOLF § 158 Rn 37). Ebenso können Gesellschaftsverträge für Personengesellschaften unter Bedingungen oder Zeitbestimmungen gestellt werden (vgl BGH NJW 1985, 1080; OLG München WM 1984, 1335, 1336; KOLLER/BUCHHOLZ DB 1982, 2172 ff; Münch-Komm/H P WESTERMANN § 158 Rn 34; SOERGEL/WOLF § 158 Rn 30). Nicht möglich ist hingegen die auflösend bedingte oder befristete Umwandlung einer Kommanditisten- in eine Komplementärstellung (BGHZ 101, 123, 129 f).

Im *Arbeitsrecht* sind auflösende Bedingungen bei enger Betrachtungsweise dann unwirksam, wenn sie es ermöglichen, ein Arbeitsverhältnis zu beenden, ohne daß die Voraussetzungen der §§ 626 BGB, 1 KSchG vorliegen (vgl BAG NJW 1982, 788, 790 = BB 1982, 368 m Anm BÖHM = AP Nr 4 zu § 620 BGB-Bedingung m Anm HERSCHEL; ArbG Wetzlar DB 1990, 1339; EHRICH DB 1992, 1186 ff; FALKENBERG DB 1979, 590 ff; FÜLLGRAF NJW 1982, 738 f; HROMADKA RdA 1983, 88 ff; ZÖLLNER/LORITZ, Arbeitsrecht [4. Aufl 1992] § 21 I 4). Zulässig sind damit praktisch nur Potestativbedingungen, bei denen der Bedingungseintritt vom Willen des Arbeitnehmers abhängt, und solche Bedingungen, die den Arbeitnehmer nicht belasten. Das Bundesarbeitsgericht läßt es indessen genügen, daß ein sachlicher Grund für die auflösende Bedingung gegeben ist (BAG DB 1992, 948 f mwN; vgl auch LAG Baden-Württemberg DB 1982, 1989; LAG Berlin DB 1990, 2223, 2224; LAG Frankfurt BB 1981, 1465; LAG Köln LAGE § 620 BGB-Bedingung Nr 1, 3; PLANDER WissR 1982, 3, 38 ff; zu tariflichen Altersgrenzen vgl BAG DB 1993, 443; AP Nr 9 zu § 620 BGB-Bedingung m Anm BELLING). Ist die auflösende Bedingung wirksam vereinbart, so kann das Arbeitsverhältnis nur aus wichtigem Grund gekündigt werden (BAGE 33, 220, 222 f = AP Nr 55 zu § 620 BGB-Befristeter Arbeitsvertrag m Anm KRAFT = SAE 1981, 4 m Anm SIEG). – Zu den *befristeten* Arbeitsverhältnissen s § 163 Rn 9, zu den bedingten Aufhebungsverträgen unten Rn 41.

2. Ausübung von Gestaltungsrechten

38 a) Gestaltungsrechtsgeschäfte (vgl allg dazu STAUDINGER/DILCHER[12] Einl 48 ff zu §§ 104 ff) greifen in einen fremden Rechtskreis ein. Daraus wird allgemein hergeleitet, daß dem Betroffenen keine Ungewißheit und kein Schwebezustand zugemutet werden kann, so daß Gestaltungsrechtsgeschäfte schon aus diesem Grunde als **bedingungsfeindlich** anzusehen sind (BGHZ 97, 264 = NJW 1986, 2245, 2246; OLG Stuttgart OLGZ 1979, 129, 131; ERMAN/HEFERMEHL Vor § 158 Rn 15; LARENZ § 25 II; SOERGEL/WOLF § 158 Rn 43; zur eventuellen Geltendmachung im Prozeß s unten Rn 43). Ausdrücklich ist die Bedingungsfeindlichkeit in § 388 S 2 für die *Aufrechnungserklärung* vorgesehen. Die Vorschrift wird auf andere Gestaltungsrechte übertragen, vor allem auf die *Anfechtungserklärung* (BGH WM 1961, 785, 786; 1961, 156, 157; RGZ 146, 234, 238; 66, 153). Der Gedanke gilt ebenso für *Rücktritts- und Wandelungserklärungen*, für den *Widerruf*, für die *Rücknahme* gemäß §§ 112 Abs 2, 113 Abs 2 sowie für die *Wahlerklärung* nach den §§ 263 Abs 1, 2154 (FLUME § 38, 5; SOERGEL/WOLF § 158 Rn 43).

39 Auch die Ausübung selbständiger Gestaltungsrechte wie des *Vor- oder Wiederkaufsrechts* ist bedingungsfeindlich (LARENZ § 25 II). Allerdings wird die Eventualausübung des Wiederkaufsrechts für den Fall erfolgloser Anfechtung zugelassen (RGZ 97, 269, 273). Nicht berührt von der Regel über die Bedingungsfeindlichkeit wird die Vereinbarung eines Vorkaufs- oder Wiederkaufsrechts. Hier sind grundsätzlich beliebige Bedingungen möglich. Eine Ausnahme mit der Folge relativer Unwirksamkeit gilt jedoch für den Fall des Rücktrittsvorbehalts gemäß § 506.

40 b) Für **Kündigungserklärungen** wurde die Bedingungsfeindlichkeit ursprünglich, wie bei allen Gestaltungserklärungen, uneingeschränkt bejaht. Ausgenommen waren nur sog Rechtsbedingungen, denen der Charakter einer echten Bedingung nicht zukommt (s oben Rn 24 sowie BAG DB 1981, 1601). Dieser Grundsatz wird heute jedoch dahin eingeschränkt, daß Bedingungen zulässig sind, durch welche die berechtigten *Interessen des Kündigungsempfängers nicht beeinträchtigt* werden, weil durch sie „der Empfänger nicht in eine ungewisse Lage versetzt wird" (BGH WM 1973,

694, 695; OLG Hamburg NJW-RR 1991, 1199, 1201; HUECK/NIPPERDEY, Lehrbuch des Arbeitsrechts I [7. Aufl 1963] § 56 IV 2). Das gilt bei allen Kündigungsarten, dh sowohl bei Kündigungen im Miet- oder Dienstvertragsrecht als auch, hier vor allem mit Rücksicht auf § 643, im Werkvertragsrecht und bei Gesellschaftsverträgen.

Zulässig sind demnach aufschiebende Bedingungen, die vor dem Lauf einer Kündi- **41** gungsfrist eingetreten und zur Kenntnis des Kündigungsadressaten gelangt sind (OLG Hamburg NJW-RR 1991, 1199, 1201; FLUME § 38, 5; SOERGEL/WOLF § 158 Rn 44), ferner alle Bedingungen, deren Erfüllung lediglich vom Willen des Erklärungsempfängers abhängt (BAG NJW 1968, 2078; RAG DRW 1943, 545, 546). So kann zB die Kündigung davon abhängig gemacht werden, daß ein ausländischer Arbeitnehmer nach dem Urlaub nicht nach Deutschland zurückkehrt (vgl LAG Mannheim NJW 1974, 1919; ein Auflösungsvertrag kann hingegen nach BAG NJW 1975, 1531 nicht unter eine solche Bedingung gestellt werden; vgl auch BAG NZA 1988, 391 = AP Nr 14 zu § 620 BGB-Bedingung m abl Anm BICKEL; NJW 1985, 1918, 1919 = AP Nr 8 zu § 620 BGB-Bedingung m abl Anm BICKEL; LAG Baden-Württemberg DB 1991, 918; LAG Nürnberg ARST 1984, 10). Den wichtigsten Fall dieser Art bildet die sog *Änderungskündigung*, die für den Fall ausgesprochen wird, daß der Kündigungsempfänger nicht mit einer gleichzeitig angebotenen Änderung des bestehenden Vertragsverhältnisses einverstanden ist (ERMAN/HEFERMEHL Vor § 158 Rn 15; MünchKomm/H P WESTERMANN § 158 Rn 31; SOERGEL/WOLF § 158 Rn 44; ZÖLLNER/ LORITZ, Arbeitsrecht [4. Aufl 1992] § 22 I 1). Sie ist für das Arbeitsrecht auch in § 2 KSchG zugelassen (vgl zB BAGE 47, 26, 39); für das Mietrecht ist die Änderungskündigung zum Zwecke einer Mietzinserhöhung allerdings bei der Wohnraummiete gemäß § 1 S 1 MHG unzulässig.

Für **andere Gestaltungserklärungen** gelten die vorstehenden Einschränkungen der **42** Bedingungsfeindlichkeit entsprechend (vgl zu Potestativbedingungen BGHZ 97, 264 = NJW 1986, 2245, 2246 für die Rücktrittserklärung [zu dieser auch BÜLOW JZ 1979, 430, 431]; ferner LG Braunschweig NdsRpfl 1984, 12, 13 für die Aufrechnungserklärung).

c) Schließlich kann die Ausübung aller Gestaltungsrechte unter der Bedingung **43** erfolgen, daß eine in erster Linie bezogene Rechtsposition nicht mehr vertreten werden soll, insbesondere weil ein erforderlicher Beweis sich nicht führen läßt. Dies gilt vor allem für die sog **Eventualerklärungen im Prozeß** (MünchKomm/H P WESTERMANN § 158 Rn 29; SOERGEL/WOLF § 158 Rn 42). Dementsprechend ist eine *Eventualaufrechnung* zulässig, dh eine Aufrechnungserklärung für den Fall, daß ein in erster Linie geltend gemachtes Verteidigungsmittel nicht durchgreift, die Klage also begründet ist (vgl ROSENBERG/SCHWAB/GOTTWALD, Zivilprozeßrecht [15. Aufl 1993] § 105 II 2; SCHWAB, in: FS Nipperdey I [1965] 939, 943 ff). Dasselbe gilt hinsichtlich der *Eventualanfechtung* (s dazu näher STAUDINGER/DILCHER[12] § 143 Rn 2). Allg zu den bedingten Prozeßhandlungen s unten Rn 76.

3. Rechtsfolgen eines Verstoßes gegen die Bedingungsfeindlichkeit

a) Wird einem bedingungsfeindlichen Rechtsgeschäft eine Bedingung oder Zeit- **44** bestimmung beigefügt, so gelten mangels besonderer Anordnung (vgl etwa §§ 50 Abs 2, 126 Abs 2 HGB) die allgemeinen Regeln. Diese bewirken nicht ohne weiteres, daß das gesamte betroffene Rechtsgeschäft nichtig ist (so aber ENNECCERUS/ NIPPERDEY § 195 II 1 und 3). Vielmehr ist nur ein Teil des Rechtsgeschäfts nichtig. Ob diese **Teilnichtigkeit nach § 139** ein gültiges Rechtsgeschäft bestehen läßt, ist für aufschiebende und auflösende Bedingungen unterschiedlich zu beurteilen (vgl oben Rn 12). Im letzteren Fall kann eine Fortgeltung des Restgeschäftes in Betracht kommen. Allerdings gibt es Spezialvorschriften, die bei jeder Art der unzulässigen Bedingung anordnen, daß das Rechtsgeschäft ohne die Bedingung fortgelten soll, zB § 126 Abs 2 HGB. Eine *Umdeutung nach § 140* kann nicht erfolgen, weil das unbedingte Geschäft ein „Mehr" gegenüber dem mit der nichtigen Bedingung versehenen Geschäft darstellen würde (FLUME § 38, 5; MünchKomm/H P WESTERMANN § 158 Rn 37; SOERGEL/WOLF § 158 Rn 32; großzügiger ERMAN/HEFERMEHL Vor § 158 Rn 9).

45 b) Wurde eine bedingungsfeindliche Erklärung, welche der **Eintragung in ein öffentliches Register** bedarf, insbesondere der Beitritt zu einer Kapitalgesellschaft (s oben Rn 36), mit einer unzulässigen Bedingung versehen, so ist die unzulässige Bedingung nach erfolgter Eintragung als hinfällig anzusehen (BAUMBACH/HUECK [oben Rn 36] § 3 GmbHG Rn 23 mwN; MünchKomm/H P WESTERMANN § 158 Rn 33; SOERGEL/WOLF § 158 Rn 49).

4. Geschäftsähnliche Handlungen

46 Für geschäftsähnliche Handlungen, die als adressatengerichtete Willensäußerungen erfolgen (vgl dazu näher STAUDINGER/DILCHER[12] Einl 18 zu §§ 104 ff), wird die Zulässigkeit von Bedingungen und Zeitbestimmungen grundsätzlich abgelehnt. Das galt ursprünglich auch uneingeschränkt für die *Mahnung* (RGZ 75, 333, 335; RG JW 1927, 521). Heute werden bei der Mahnung jedoch solche Bedingungen zugelassen, die ihrem Zweck, dem Schuldner Klarheit über das Leistungsverlangen des Gläubigers zu verschaffen, nicht zuwiderlaufen. Dies bedeutet, daß Bedingungen und Zeitbestimmungen im gleichen Umfang zulässig sind wie bei einer Kündigung (s dazu oben Rn 40 f).

V. Bedingungen in Prozeß und Insolvenz

1. Prozessuale Wirkungen der Bedingungen

47 a) Bedingte und befristete Rechtsverhältnisse können, wenn eine Leistungsklage mangels Entstehung oder Fälligkeit eines Anspruchs keinen Erfolg haben kann, Gegenstand einer **Feststellungsklage** nach § 256 ZPO sein. Gegebenenfalls ist gemäß § 259 ZPO eine **Klage auf künftige Leistung** möglich (RGZ 90, 177, 181; ROSENBERG/SCHWAB/GOTTWALD, Zivilprozeßrecht [15. Aufl 1993] § 92 II 2 c; H ROTH ZZP 98 [1985] 287 ff), die die Feststellungsklage aber nicht ausschließt (RGZ 113, 410, 411 ff). – Zu *Eventualerklärungen* im Prozeß s oben Rn 43; zu bedingten *Prozeßhandlungen* allgemein s unten Rn 76.

48 b) Eine vor oder während des Prozesses unter einer *aufschiebenden* Bedingung vorgenommene *Verfügung über den Streitgegenstand* berührt weder die **Prozeßführungsbefugnis** noch die Sachlegitimation des Veräußerers (SOERGEL/WOLF Vor § 158 Rn 40). Ob bei Bedingungseintritt während der Rechtshängigkeit der nunmehr Berechtigte als Rechtsnachfolger iSd §§ 265, 325 ZPO angesehen werden kann, ist umstritten. Nach einer Auffassung wird die Rechtsänderung bereits in der Vornahme des Rechtsgeschäfts gesehen, so daß mit dem Bedingungseintritt während des

Prozesses keine Rechtsnachfolge verbunden ist (vgl KEMPF AcP 158 [1959/60] 308, 317 f; STEIN/JONAS/LEIPOLD, ZPO [20. Aufl 1988] § 325 Rn 22). Nach überwiegender Ansicht wirkt hingegen die Rechtskraft gemäß § 325 ZPO für und gegen den jetzigen Berechtigten, weil die Rechtsnachfolge erst mit Bedingungseintritt und damit nach Rechtshängigkeit eingetreten ist (FLUME § 39, 3 f; HENKE 111 ff; POHLE, in: FS Lehmann II [1956] 738, 760; ROSENBERG/SCHWAB/GOTTWALD § 102 II 5; SOERGEL/WOLF Vor § 158 Rn 40). Allerdings muß § 161 Rechnung getragen werden (vgl FLUME § 39, 3 f; HENKE 89 ff; MünchKomm/H P WESTERMANN § 161 Rn 15 ff; SOERGEL/WOLF Vor § 158 Rn 41; aM PALANDT/HEINRICHS § 161 Rn 2). Das bedeutet vor allem, daß die Rechtskraft gegen den Anwartschaftsberechtigten insoweit nicht wirkt, als das Urteil eine Beeinträchtigung seines Rechts darstellt.

Ist unter einer *auflösenden* Bedingung verfügt worden, so steht dem Erwerber die **49** Prozeßführungsbefugnis bis zum Bedingungseintritt zu (POHLE, in: FS Lehmann II [1956] 738, 761). Die Rechtskrafterstreckung auf den mit Bedingungseintritt nachfolgenden Rückerwerber ist in analoger Anwendung des § 325 ZPO zu bejahen, jedoch auch hier nach Maßgabe der Schutzwirkungen des § 161 einzuschränken (SOERGEL/WOLF Vor § 158 Rn 44 f).

c) Die **Beweislast** dafür, daß eine *aufschiebende Bedingung eingetreten* ist, trifft **50** denjenigen, der aus dem bedingten Rechtsgeschäft Ansprüche ableitet (BGH BB 1981, 1732; AG Delmenhorst NJW-RR 1994, 823). Ist streitig, ob eine Bedingung *vereinbart* ist, so trifft die Beweislast grundsätzlich den Kläger, der aus einem unbedingten Vertrag Rechte herleitet (so auf der Basis der Klageleugnungstheorie BGH NJW 1985, 497; RGZ 107, 405, 406; RG DR 1939, 769; OLG Karlsruhe OLGZ 1972, 277, 279; LG Aachen NJW-RR 1986, 411; ERMAN/HEFERMEHL § 158 Rn 11; JAUERNIG § 158 Anm 6; MünchKomm/H P WESTERMANN § 158 Rn 49; PALANDT/HEINRICHS Einf v § 158 Rn 14; REINECKE JZ 1977, 159, 164; nach aM handelt es sich um eine vom Beklagten zu beweisende Einwendung, s MÜLLER JZ 1953, 727 f; ROSENBERG, Die Beweislast [5. Aufl 1965] 262 ff; SOERGEL/WOLF Vor § 158 Rn 46; STAUDINGER/DILCHER[12] Vorbem 43 zu §§ 158 ff). Behauptet der Beklagte hingegen die *nachträgliche Vereinbarung* einer aufschiebenden Bedingung, so trifft ihn die Beweislast (RGZ 107, 405, 406). Auch *auflösende Bedingungen* muß derjenige beweisen, der aus ihrem Eintritt Rechte ableitet (BGH JZ 1966, 480; ENNECCERUS/NIPPERDEY § 194 V; SOERGEL/WOLF Vor § 158 Rn 49; aM REINECKE JZ 1977, 159, 164).

2. Insolvenzrechtliche Wirkungen der Bedingungen

In der Insolvenz gehören bedingte und betagte **Rechte des Schuldners** schon vor dem **51** Bedingungseintritt zu seinem Vermögen und damit zur Insolvenzmasse. Der Verwalter kann die Anwartschaft (s dazu Rn 53 ff) für die Masse verwerten. Auflösend bedingte, zur Insolvenzmasse gehörende Rechte des Schuldners werden mit dem Bedingungseintritt der Masse entzogen und zum Gegenstand eines Aussonderungsrechts.

Aufschiebend bedingte **Forderungen gegen die Insolvenzmasse** sind Insolvenzforderun- **52** gen, die jedoch gemäß § 67 KO nur zu einer Sicherung berechtigen. Nach der am 1. 1. 1999 in Kraft tretenden Insolvenzordnung nehmen sie am Verfahren teil. Der auf sie entfallende Betrag wird aber gem § 191 InsO bei einer Abschlagsverteilung zurückbehalten und bei der Schlußverteilung nur berücksichtigt, wenn der Bedingungseintritt nicht völlig unwahrscheinlich ist. *Auflösend bedingte* Forderungen gegen die Insolvenzmasse werden nach § 66 KO bzw § 42 InsO wie unbedingte geltend gemacht. Auf sie entfallende Anteile werden bei einer Verteilung gemäß § 168 Nr 4 KO zurückbehalten, sofern der Gläubiger zur Sicherheitsleistung verpflichtet ist und diese nicht erbringt. Die InsO sieht von einer solchen Regelung ab. Die **Aufrechnung** wird durch die Bedingung oder Befristung gemäß § 54 KO nicht gehindert. Nach § 95 Abs 1 InsO ist sie dagegen erst bei Bedingungseintritt möglich.

VI. Das Anwartschaftsrecht

1. Begriff

53 Bei Bedingungen und Befristungen entsteht nach der Vornahme des Rechtsgeschäfts ein Schwebezustand, der zur Folge hat, daß während dieser Zeit eine Partei entweder nur vorläufig vollberechtigt oder noch nicht vollberechtigt ist, während die andere die Aussicht hat, bei Eintritt der Bedingung oder des Termins das Recht zu erwerben, es zu verlieren oder von einer Belastung befreit zu werden. Erst damit entscheidet sich die endgültige Rechtslage. Allgemein kann man eine solche Aussicht als eine Anwartschaft bezeichnen (vgl insbes § 1587). Liegt darüber hinaus eine gegen Zwischenverfügungen gesicherte Rechtsstellung vor, so handelt es sich um ein **Anwartschaftsrecht**, von dem allein im folgenden gehandelt werden soll. Von einem solchen Anwartschaftsrecht kann man sprechen, wenn von einem mehraktigen Erwerbstatbestand schon so viele Erfordernisse erfüllt sind, daß von einer gesicherten Rechtsstellung des Erwerbers gesprochen werden kann, die der Veräußerer nicht mehr einseitig zu zerstören vermag (vgl BGHZ 49, 197, 201; 45, 186, 188 f; BGH NJW 1991, 2019, 2020; MEDICUS, Bürgerliches Recht Rn 456; krit FORKEL 104 ff; RAISER 52 ff).

54 An diesen Voraussetzungen fehlt es insbesondere dann, wenn der Bedingungseintritt noch von einem Verhalten des Veräußerers abhängt oder wenn der Veräußerer die Vollendung des Rechtserwerbs noch durch die einseitige Beseitigung bereits geschaffener Voraussetzungen (zB durch die Rücknahme des nur von ihm gestellten Antrages auf Eintragung in das Grundbuch) verhindern kann. In diesen Fällen liegt kein Anwartschaftsrecht, sondern allenfalls eine Anwartschaft vor, bei der es sich nicht um eine besondere Rechtsposition handelt. Der Erwerber hat hier nur seine schuldrechtlichen Verschaffungsansprüche und die mehr oder weniger realistische Aussicht auf deren endgültige Erfüllung (vgl BGH NJW 1984, 973 f; ferner KreisG Magdeburg DtZ 1991, 223, 224, das freilich einer solchen Aussicht wegen der besonderen Umstände des Einzelfalles anwartschaftsähnlichen Schutz gewährt).

55 **Grundlage** der Überlegungen zum Anwartschaftsrecht aus bedingtem Recht ist § 161 Abs 1 S 1 (FLUME AcP 161 [1962] 385, 390 ff; SCHIEMANN 2). Die dort für aufschiebende Bedingungen vorgesehene Schutzwirkung wird durch § 161 Abs 2 auf auflösende Bedingungen und durch § 163 auf Befristungen übertragen. Im Ergebnis bedeutet dies, daß bei Bedingungen und Befristungen der Erwerber gegen Zwischenverfügungen des Veräußerers grundsätzlich gesichert ist.

2. Bedeutung

56 Aus dem eben Gesagten folgt schon, daß der Erwerber unter den Voraussetzungen,

unter denen man von einem Anwartschaftsrecht sprechen kann, eine so starke Rechtsposition innehat, daß es gerechtfertigt erscheint, diese als eigenständiges, vom schuldrechtlichen Verschaffungsanspruch wie vom dinglichen Vollrecht verschiedenes Recht zu erfassen (s näher zur Dogmatik unten Rn 62 ff). Das bedeutet, daß der Anwartschaftsberechtigte nicht als Gläubiger eines schuldrechtlichen Anspruchs, sondern als Inhaber einer besonderen Rechtsposition angesehen wird. Diese Rechtsposition ist vom Vollrecht verschieden, aber es kann und muß in jedem Einzelfall überlegt werden, ob und wieweit sich die für das Vollrecht geltenden Rechtsnormen auch auf das Anwartschaftsrecht übertragen lassen. Im Ergebnis besteht heute grundsätzlich Einigkeit darüber, daß es sich um eine übertragbare (s Rn 71 f) und pfändbare (s Rn 75) Rechtsposition handelt, die auch gegenüber Dritten besonderen Schutz beanspruchen kann (s Rn 69 f).

Freilich besteht aller Anlaß, vor Fehlschlüssen zu warnen. Ob und wieweit die **57** Rechtsposition des bedingt Berechtigten besondere Behandlung genießen kann, läßt sich nicht aus dem Begriff des Anwartschaftsrechts ableiten, sondern nur aus Sinn und Zweck der jeweiligen Norm. Der Begriff des Anwartschaftsrechts ist kein normativer Begriff, aus dem sich Rechtsfolgen ableiten ließen, sondern ein deskriptiver Begriff für eine besonders gefestigte Rechtsposition, für die sich bestimmte Rechtsfolgen aus den allgemeinen Rechtsnormen ableiten lassen. Dabei ist noch einmal zu unterscheiden, ob es sich erst wegen dieser Rechtsnormen um eine besonders gefestigte Rechtsposition handelt (Beispiel: Der bedingt Berechtigte ist gegen Zwischenverfügungen nicht geschützt, weil er ein Anwartschaftsrecht hat, sondern es gehört zu den konstituierenden Merkmalen des Anwartschaftsrechts, daß er wegen § 161 gegen Zwischenverfügungen geschützt ist), oder ob bestimmte Rechtsnormen angewendet werden können, weil bereits eine (anderweitig konstituierte) besonders gefestigte Rechtsposition vorliegt.

3. Erscheinungsformen

Es gibt kein einheitliches Institut des Anwartschaftsrechts, sondern nur die nach den **58** anwartschaftsrechtsbegründenden Vorschriften zu unterscheidenden Einzelformen (MünchKomm/H P Westermann § 161 Rn 6). Folglich kann man nach ihrem Gegenstand obligatorische, dingliche, erbrechtliche oder immaterialgüterrechtliche Anwartschaftsrechte unterscheiden (vgl den Überblick bei Schwerdtner Jura 1980, 609 ff). Die praktisch wichtigste Erscheinungsform des Anwartschaftsrechts ist die Rechtsstellung des Käufers beim *Eigentumsvorbehaltskauf*. Der Käufer, dem die Sache übergeben und unter der Bedingung vollständiger Kaufpreiszahlung übereignet worden ist, ist gemäß § 161 Abs 1 S 1 gegen Zwischenverfügungen des Verkäufers gesichert. Auch ein gutgläubiger Erwerb eines Dritten kommt gemäß § 936 Abs 3 nicht in Betracht (BGHZ 45, 186, 190). Ob die Bedingung eintritt und der Käufer damit das Volleigentum erwirbt, hängt allein vom Verhalten des Erwerbers ab, der es in der Hand hat, den geschuldeten Kaufpreis zu zahlen. Es ist daher gerechtfertigt, die Rechtsposition des Vorbehaltskäufers als Anwartschaftsrecht zu bezeichnen (s näher Staudinger/Honsell [1995] § 455 Rn 34 ff).

Daneben gibt es weitere wichtige Erscheinungsformen des Anwartschaftsrechts, **59** etwa die Rechtsposition eines *Sicherungsgebers*, wenn die Sicherungsübertragung an die auflösende Bedingung der Kredittilgung gebunden ist (vgl dazu Staudinger/Wie-

GAND [1995] Anh 196 ff, 262 zu §§ 929 ff), was freilich in der Praxis nicht mehr häufig vorkommt (s auch § 158 Rn 9). Außerdem reichen die Anwartschaftsrechte über den Zusammenhang der bedingten Rechtsgeschäfte hinaus. So hat zB ein Anwartschaftsrecht auch der *Grundstückskäufer*, wenn eine Vormerkung eingetragen ist oder der Käufer nach bindender Auflassung selbst den Eintragungsantrag gestellt hat (s dazu BGH NJW 1991, 2019 f; 1984, 973 f; HAGER JuS 1991, 1 ff sowie ausf STAUDINGER/PFEIFER [1995] § 925 Rn 120 ff, 140 ff), ferner der Hypothekengläubiger zwischen Eintragung/Briefübergabe und Valutierung der Hypothek (s STAUDINGER/SCHERÜBL[12] § 1163 Rn 26 ff). Auch der *Nacherbe* ist Inhaber eines Anwartschaftsrechts (s ausf STAUDINGER/BEHRENDS[12] § 2100 Rn 53 ff).

4. Geschichtliche Entwicklung

60 a) Das **römische Recht** bewertete den bis zum Eintritt einer Bedingung bestehenden Schwebezustand dahin, daß der bedingt Berechtigte nur eine Hoffnung habe, die *spes debitum iri*. Allerdings konnte diese Hoffnung bereits vererbt werden (SCHIEMANN 8 ff). Zweifelhaft ist, ob dem Bedingungseintritt Rückwirkung zukam. Unter Harmonisierung der Quellen hat BARTOLUS eine allgemeine Lehre von der Rückwirkung des Bedingungseintritts begründet, die – wenn auch keineswegs unbestritten – in Deutschland übernommen wurde (vgl SCHIEMANN 29 ff).

61 b) Der soeben dargestellten Lehre folgten die bayerische und die österreichische Gesetzgebung (SCHIEMANN 77 ff), während sich das ALR anstelle der Rückwirkung für einen Schadensersatzanspruch entschied (SCHIEMANN 86 ff). Mit § 128 E I wurde dann eine die Rückwirkung ablehnende Regelung in das BGB aufgenommen, die sich in dem heutigen § 158 wiederfindet (s auch § 158 Rn 3). Außerdem entstand in der Rechtslehre des 19. Jahrhunderts die Theorie von der stufenweisen Verwirklichung des bedingten Rechts, für welches vJHERING (Der Geist des römischen Rechts III/1 [4. Aufl 1888] § 53 II 2) den Vergleich mit einem *nasciturus* zog. Im Jahre 1897 formulierte ZITELMANN (IPR II/1, 50 ff) eine erste allgemeine Theorie der Anwartschaftsrechte, die im Lehrbuch von vTUHR (I 180 ff) ihren vorläufigen Abschluß fand. In den Protokollen wurde die Anwartschaft bereits als übertragbarer und vererblicher Vermögenswert anerkannt (Prot I 181 = MUGDAN I 763).

5. Dogmatische Einordnung

62 a) Das Anwartschaftsrecht ist im BGB nicht geregelt. Es ist daher bei einigen Autoren auf **grundsätzliche Ablehnung** gestoßen (vgl etwa EICHENHOFER AcP 185 [1985] 162 ff [s dazu § 158 Rn 3]; KUPISCH JZ 1976, 417, 425 ff; MAROTZKE 44, 134 ff; E WOLF, AT [3. Aufl 1982] 549 f). Unter anderen hat A BLOMEYER in mehreren Arbeiten den Standpunkt vertreten, daß der Begriff in sich verfehlt sei. Die auftauchenden Fragen ließen sich mit den Begriffen des Vollrechts einerseits und gewissen begrenzten Rechten auf Zeit oder Nutzungsrechten andererseits lösen. Habe jemand aufschiebend bedingt verfügt, so erwerbe der andere sofort das Vollrecht, das mit einem nießbrauchsähnlichen Eigentum auf Zeit belastet sei (so zB in Studien zur Bedingungslehre 165). Beim Eigentumsvorbehalt stehe dem Erwerber das Eigentum sogleich zu, dem Veräußerer dagegen verbleibe ein pfandähnliches Recht (220). Im übrigen schaffe § 161 ein „Nutzungsrecht auf Zeit", das eigentlich in das dritte Buch des BGB gehöre (AcP 153 [1954] 239, 246; vgl ferner AcP 162 [1963] 193, 195; JR 1978, 271 ff; krit dazu FORKEL 65 ff; zust hingegen

U HÜBNER NJW 1980, 729 ff). Die Vorstellung von einem „nießbrauchsähnlichen Eigentum auf Zeit" ist indessen mit dem Sachenrecht des BGB nicht vereinbar. Die ganz überwiegende Meinung in Rechtsprechung und Literatur ist daher diesen Auffassungen, die das Anwartschaftsrecht grundsätzlich ablehnen, nicht gefolgt. Der Begriff hat sich heute durchgesetzt, im wesentlichen deshalb, weil der Rechtsposition des Erwerbers nach der Verkehrsanschauung bereits ein wirtschaftlicher Wert zukommt, der übertragen und geschützt werden können muß. Die Dogmatik ist hier den Bedürfnissen der Praxis gefolgt (vgl nur BAUR/STÜRNER, Sachenrecht [16. Aufl 1992] § 59 V 1).

b) Ist die Existenz von Anwartschaftsrechten also mittlerweile ganz überwiegend **63** anerkannt, so herrscht doch noch Streit über die richtige **rechtliche Qualifizierung** der gesicherten Rechtsposition. Dieser Streit, der für die Entscheidung praktischer Rechtsfragen ohne jede Bedeutung ist, wenn man sich nur vor Augen hält, daß aus dem Begriff des Anwartschaftsrechts keine Rechtsfolgen abgeleitet werden dürfen (s oben Rn 57), beruht nicht zuletzt auf der Notwendigkeit, die dinglichen Anwartschaftsrechte nicht als Verstoß gegen den Grundsatz des numerus clausus der Sachenrechte erscheinen zu lassen. Der **BGH** bezeichnet das Anwartschaftsrecht deshalb nicht als *aliud*, sondern als ein wesensgleiches *minus* gegenüber dem Vollrecht (vgl BGHZ 83, 395, 399; 35, 85, 89; 30, 374, 377; 28, 16, 21; 20, 88, 93 ff), bei dem es sich um eine Vorstufe zum dinglichen Vollrecht handele (BGHZ 83, 395, 399; BGH NJW 1984, 1184, 1185).

In der **Literatur** wird das Anwartschaftsrecht ebenfalls als Vorstufe zum dinglichen **64** Recht angesehen (vgl vor allem RAISER 64 ff; SERICK, Eigentumsvorbehalt und Sicherungsübertragung I [1963] 244 ff; ebenso MEDICUS, Bürgerliches Recht Rn 456), wobei freilich zu berücksichtigen ist, daß es sich eher um eine Bildersprache als um eine exakte juristische Begriffsbildung handelt (BAUR/STÜRNER [Rn 62]). Unbehagen hat dabei vielen die Vorstellung bereitet, daß sich Rechte „aus einem unscheinbaren Keim ... zur ausgewachsenen Existenz entwickeln" könnten (so schon ENNECCERUS, Rechtsgeschäft, Bedingung und Anfangstermin [1889] 440; vgl auch FLUME AcP 161 [1962] 385, 390; FORKEL 122).

In dem Bemühen um eine präzisere dogmatische Qualifizierung ist im Anschluß an **65** HECK (Sachenrecht [1930] § 21) vor allem von RAISER (66) auf das sog „Teilungsprinzip" zurückgegriffen worden. Danach sind zB bei der Eigentumsanwartschaft die Eigentümerrechte zwischen Veräußerer und Erwerber aufgeteilt. Das von der Bedingung erfaßte Recht ist in ein Vorrecht des Erwerbers und ein Nachrecht des Veräußerers aufgespalten, von denen das eine zur Wahrung des Sicherungsinteresses und das andere zur Wahrung des Nutzungsinteresses dienen kann (vgl auch BAUR/STÜRNER [Rn 62]; SCHWERDTNER Jura 1980, 609, 614; FLUME AcP 161 [1962] 385, 392 bezeichnet die für die Aufspaltung verwendete Begründung freilich als „apriorisch"). Damit ist zwar die *wirtschaftliche* Interessenverteilung richtig erfaßt. *Rechtlich* aber ist mit einer solchen Teilübertragung der Eigentümerbefugnisse das typische Merkmal der beschränkt dinglichen Rechte beschrieben, denen man ja das Anwartschaftsrecht gerade nicht zuordnen will (zutr GEORGIADES 102 f).

Ein besseres Verständnis des Anwartschaftsrechts wird durch die von GEORGIADES **66** (113) vertretene Einordnung als „Erwerbsrecht eigener Art" ermöglicht, dessen Tatbestand darin besteht, daß beim Eintritt bestimmter Voraussetzungen ein Rechtsübergang *ipso iure* erfolgt. Auch LARENZ (§ 25 III c) folgt dieser Qualifikation des Anwartschaftsrechts, wobei er betont, daß es sich um die „Kehrseite der Bindungen des Verfügenden" handelt und um eine Rechtsposition, die in Abhängigkeit zum bedingten Recht verbleibt. Wegen dieser Abhängigkeit spricht FORKEL (142 ff) im Anschluß an vTUHR (I 184) von dem Anwartschaftsrecht als einem „Warterecht".

67 Daneben besteht Uneinigkeit über die Einordnung des Anwartschaftsrechts in das System der übrigen Rechte. So kann das **Anwartschaftsrecht als dingliches Recht** nur dann aufgefaßt werden, wenn es sich auf ein solches bezieht (FORKEL 159 ff, 167; ganz abl GEORGIADES 104 ff; ebenso SERICK I 247 f mwN und AcP 166 [1966] 129, 130, der wegen der Abhängigkeit vom Kausalgeschäft von einem schuldrechtlich-dinglichen Recht eigener Art spricht; vgl auch BÜLOW Jura 1986, 234). Unter demselben Gesichtspunkt ist auch die Frage zu entscheiden, ob es sich um ein *absolutes oder relatives Recht* handelt. Maßgebend hierfür ist der Rechtscharakter des Hauptrechts (FORKEL 156 ff; FLUME § 39, 3 e hält das für eine gedankliche Konstruktion ohne juristischen Wert, was jedenfalls insoweit zutrifft, als die Einordnung irgendwelche Rechtsfolgen nicht präjudizieren kann, s Rn 57).

6. Rechtsschutz und Übertragbarkeit des Anwartschaftsrechts

68 Kennzeichnend für die Rechtslage des Anwartschaftsrechts ist es, daß es in Analogie zu den Vorschriften für das jeweilige Hauptrecht **übertragbar** und **schutzfähig** ist. Dabei setzt der Regelungsrahmen des jeweiligen Hauptrechts die Grenzen, so daß dem Anwartschaftsrecht äußerstenfalls ebensoviel Schutz und Übertragbarkeit wie dem Hauptrecht zukommen kann (FORKEL 180). Der BGH (vgl nur NJW 1984, 1184, 1185 sowie die bei Rn 63 angegebenen Nachweise) gewährt dem Anwartschaftsrechtsinhaber grundsätzlich dieselben Rechte wie dem Inhaber des Vollrechts. Auch **vererblich** ist das Anwartschaftsrecht so wie das Vollrecht (FLUME § 39, 2; SERICK I 243 mwN).

69 a) Für den **Schutz des Anwartschaftsrechts** gegenüber demjenigen, der das Anwartschaftsrecht durch Setzen einer Bedingung begründet hat, gelten in erster Linie die §§ 160 ff (FLUME § 39, 3 d; FORKEL 200; SERICK I 273). Soweit mit dem Anwartschaftsrecht Besitz verbunden ist, wird der Berechtigte gegen Besitzbeeinträchtigungen nach den §§ 858 ff, 1007 geschützt (GEORGIADES 48 f). Auch § 1004 kann analog angewandt werden. Außerdem steht dem Anwartschaftsberechtigten gegenüber Dritten ein Schadensersatzanspruch gemäß § 823 Abs 1 zu, weil das Anwartschaftsrecht als sonstiges Recht im Sinne dieser Vorschrift anerkannt wird (BGHZ 55, 20, 25 f; BGH WM 1957, 514; RGZ 170, 1, 6; **aM** FLUME § 39, 3 d, der nur die Besitzposition des Anwartschaftsrechtsinhabers als schutzfähig iSd § 823 Abs 1 ansieht). Allerdings bestehen erhebliche Kontroversen über die Aktivlegitimation und die Höhe des zu ersetzenden Schadens (vgl BGH NJW 1991, 2019, 2020; BAUR/STÜRNER § 59 V 5 a; BÜLOW Jura 1986, 234, 236 f; FLUME AcP 161 [1962], 385, 400; SCHWERDTNER Jura 1980, 661, 666; SERICK I 277 ff). Ferner kommen Ansprüche aus §§ 823 Abs 2, 909 in Betracht (BGH NJW 1991, 2019 f). Auch ein Bereicherungsanspruch des Anwartschaftsberechtigten nach § 816 wird bejaht, wenn ein Nichtberechtigter über die Anwartschaft wirksam verfügt hat (RAISER 42, 83 ff; SERICK I 275). Schließlich berechtigt das Anwartschaftsrecht zur Drittwiderspruchsklage nach § 771 ZPO (BGHZ 55, 20, 28; BAUR/STÜRNER § 59 V 5 b; GEORGIADES 55). Der Anspruch aus § 985 steht dem Anwartschaftsberechtigten aber nicht zu: es reicht, daß der Eigentümer den Anwartschaftsberechtigten zur Geltendmachung seines Herausgabeanspruchs

ermächtigt (Brox JuS 1984, 657, 660; aM Schwab/Prütting, Sachenrecht [24. Aufl 1993] § 33 II 7 mwN).

Sehr umstritten ist, ob der Anwartschaftsberechtigte ein gegen den derzeitigen **70** Rechtsinhaber – wenn dieser nicht der Verkäufer ist (s dazu BGHZ 54, 214 ff) – wirkendes *Recht zum Besitz* hat. Der BGH (BGHZ 10, 69, 72) verneint dies, hilft aber dem Anwartschaftsberechtigten mit der *exceptio doli*. Dem folgt ein Teil der Literatur (vgl Georgiades 54, 134). Nach anderer Auffassung soll dem Anwartschaftsberechtigten ein der Stellung des Eigentümers ähnliches Besitzrecht zugebilligt werden (vgl OLG Karlsruhe NJW 1966, 885, 886 m abl Anm Stoll JuS 1967, 12, 15 ff; Baur/Stürner § 59 V 5 b; Hager JuS 1991, 1, 7; Raiser 75 ff; Schwerdtner Jura 1980, 661, 664). Dem ist zuzustimmen. Wenn das Anwartschaftsrecht wirksam entstanden ist, dann kann es insoweit den beschränkt dinglichen Rechten gleichgestellt werden.

b) Der Anwartschaftsberechtigte kann ohne Zustimmung desjenigen, der das **71** bedingte Rechtsgeschäft vorgenommen hat, über sein Anwartschaftsrecht **verfügen** (BGHZ 28, 16, 21; 20, 88, 93 ff; 10, 69, 73; Pikart WM 1962, 1230, 1232). Dies gilt insbesondere für Sicherungsübertragungen zum Zwecke der Kreditbeschaffung (Serick I 255 ff). Ein zwischen Eigentümer und Anwartschaftsberechtigtem vereinbartes Veräußerungsverbot hat gemäß § 137 lediglich schuldrechtliche Wirkung (BGH NJW 1970, 699; OLG Bamberg ZIP 1983, 597, 598). Die Übertragung des Anwartschaftsrechts erfolgt nicht, wie dies früher angenommen wurde, als zustimmungsbedürftige Verfügung eines Nichtberechtigten, sondern als Verfügung eines Berechtigten. Auf diese Verfügung finden die für das Vollrecht geltenden Übertragungsregeln entsprechende Anwendung, bei einer Eigentumsanwartschaft für bewegliche Sachen also nicht §§ 398, 413, sondern §§ 929 ff (BGH NJW 1984, 1184, 1185; Flume AcP 161 [1962] 385, 393; Georgiades 26 ff; Medicus, Bürgerliches Recht Rn 473; Serick I 255), bei einem Grundstück §§ 873, 925 (BGHZ 47, 197, 202 ff; BGH NJW 1991, 2019; dazu Schneider MDR 1994, 1057, 1060 f). Für das Verpflichtungsgeschäft gilt § 313 (BGHZ 83, 395, 399; BGH NJW 1984, 973). Der Anwartschaftsrechtsinhaber ist hingegen Nichtberechtigter, wenn er nicht über das Anwartschaftsrecht, sondern über das Vollrecht verfügt. Freilich kann eine gescheiterte Verfügung über das Vollrecht in eine solche über das Anwartschaftsrecht umgedeutet werden (vgl nur Loewenheim JuS 1981, 721, 722 mwN), wenn nicht schon die Vertragsauslegung zum selben Ergebnis führt (vgl dazu BGHZ 75, 221, 222; 50, 45, 48 f).

Mit dem Bedingungseintritt geht das Vollrecht *unmittelbar vom Veräußerer* auf den **72** derzeitigen Inhaber des Anwartschaftsrechts über. Es findet kein Durchgangserwerb durch die Person des früheren Anwartschaftsrechtsinhabers statt (BGHZ 30, 374, 377; 28, 16, 22; abl Kupisch JZ 1976, 417, 422 f). Ebensowenig muß der Veräußerungswille des Veräußerers noch bei Bedingungseintritt fortbestehen (BGHZ 30, 374, 377; 20, 88, 97; Baur/Stürner § 59 V 2 a; Forkel 182 ff; Pikart WM 1962, 1230, 1232). Auch eine nachträgliche Beeinträchtigung des Anwartschaftsrechts durch eine Änderung des dinglichen Übereignungsgeschäfts ist ohne Zustimmung des Dritterwerbers nicht mehr möglich (BGHZ 75, 221, 225 ff [m Anm Forkel NJW 1980, 774]; Gernhuber, in: FS Baur [1981] 31 ff).

Bei einer **Verpfändung** der Anwartschaft gelten nach § 1274 Abs 1 ebenfalls die Über- **73** tragungsregeln (Georgiades 38; Pikart WM 1962, 1230, 1233). Im Falle einer Konkurrenz mit der hypothekarischen Haftung gemäß § 1120 erstreckt sich diese auch auf die unter Eigentumsvorbehalt stehenden Zubehörstücke, an denen nur ein Anwartschaftsrecht besteht (BGHZ 35, 85, 87 ff; vgl auch BGHZ 117, 200, 205 ff; 92, 280, 289). Tritt die Bedingung ein, so besteht das Pfandrecht nunmehr analog § 1287 am Vollrecht, wenn kein Enthaftungstatbestand vorliegt (BROX JuS 1984, 657, 663; FORKEL 196 ff mwN; KOLLHOSSER JZ 1985, 370 ff; JA 1984, 196 ff; LUDWIG NJW 1989, 1458 ff; M REINICKE JuS 1986, 957 ff; SCHOLZ MDR 1990, 679 f; TIEDTKE NJW 1988, 28 f [gegen WILHELM NJW 1987, 1785 ff] und 1985, 1305 ff).

74 Der **gutgläubige Erwerb** eines Anwartschaftsrechts ist in Analogie zu den Regeln über den Vollrechtserwerb möglich. Dies gilt jedenfalls dann, wenn ein Anwartschaftsrecht vom Nichtberechtigten begründet werden soll. Maßgebend ist dann der gute Glaube des Erwerbers zum Zeitpunkt des Erwerbs, bei Anwartschaftsrechten an beweglichen Sachen also der Übergabezeitpunkt (BGHZ 30, 374, 377; 10, 69, 72; BAUR/ STÜRNER § 59 V 3 a; FORKEL 192; KRÜGER JuS 1994, 905 f; MEDICUS, Bürgerliches Recht Rn 465). Anders ist zu entscheiden, wenn der Veräußerer aufdeckt, daß er nicht Eigentümer ist, aber behauptet, er habe ein Anwartschaftsrecht. In diesen Fällen vertraut der Erwerber nicht auf den Besitzstandsrechtsschein, sondern auf das „Gerede" des Veräußerers, so daß ein gutgläubiger Erwerb nicht möglich ist. Das muß sowohl dann gelten, wenn es zwar ein Anwartschaftsrecht gibt, dieses aber dem Veräußerer nicht gehört (so die inzwischen hM; vgl nur BROX JuS 1984, 657, 661 f; BÜLOW Jura 1986, 234, 235; FLUME AcP 161 [1962] 385, 394 ff; SCHWERDTNER Jura 1980, 661, 665, je mwN; anders die früher hM; vgl nur BAUR/STÜRNER § 59 V 3 b; SERICK I 267 ff mwN), als auch dann, wenn gegen den Scheinanwärter zwar eine Kaufpreisforderung besteht, es aber wegen Fehlens einer bedingten Übereignung an einem Anwartschaftsrecht mangelt (BAUR/STÜRNER § 59 V 3 c; BROX JuS 1984, 657, 662; BÜLOW Jura 1986, 234, 236; FLUME AcP 161 [1962] 385, 394 ff; KRÜGER JuS 1994, 905, 906 f; MEDICUS, Bürgerliches Recht Rn 475; SCHWERDTNER Jura 1980, 661, 665; WIEGAND JuS 1974, 201, 211; **aM** RAISER 38 f; WIELING, Sachenrecht [Bd I 1990] § 17 IV 1 b bb).

75 c) Das Anwartschaftsrecht ist **pfändbar** (BGH NJW 1954, 1325, 1326), auch durch den Vorbehaltsverkäufer (SERICK I 319 ff). Hinsichtlich der für die Pfändung maßgebenden Regeln gehen die Auffassungen allerdings auseinander (vgl die umfassende Darstellung bei BROX/WALKER, Zwangsvollstreckungsrecht [4. Aufl 1993] Rn 806 ff). Nach der *Theorie der reinen Sachpfändung* wird das Anwartschaftsrecht gemäß § 808 ZPO durch Pfändung der Sache selbst beschlagnahmt (vgl zB HÜBNER NJW 1980, 729, 733 f; KUPISCH JZ 1976, 417, 426 f; RAISER 91). Dafür spricht zwar, daß sich dann Pfändungs- und Übertragungsvorschriften entsprechen. Der Gläubiger, der letztlich ja nur an dem Wert der Sache selbst interessiert ist, muß aber, wenn er die Drittwiderspruchsklage des Eigentümers abwenden will, die Bedingung herbeiführen (also den Restkaufpreis zahlen), was zudem der Schuldner durch Widerspruch gemäß § 267 Abs 2 verhindern kann. Nach der *Theorie der reinen Rechtspfändung* wird das Anwartschaftsrecht gemäß §§ 857, 828 ff ZPO durch Pfändungs- und Überweisungsbeschluß gepfändet (vgl insbes BAUR/STÜRNER, Sachenrecht [16. Aufl 1992] § 59 V 4 a). Das würde aber bedeuten, daß das Pfandrecht am Anwartschaftsrecht mit Bedingungseintritt zu einem Pfandrecht an der Sache selbst wird, was man dieser indessen nicht ansieht, so daß ein Verstoß gegen das Publizitätsprinzip vorliegt. Nach der *Theorie der Rechtspfändung durch Sachpfändung* wird das Anwartschaftsrecht durch Pfändung der Sache gepfändet, wobei der Gerichtsvollzieher protokolliert, daß dies nur zum Zwecke der Rechtspfändung geschehe (BROX/WALKER Rn 812 ff; *de lege ferenda* zust STEIN/JONAS/MÜNZ-

BERG, ZPO [21. Aufl 1995] § 857 Rn 87). Das schließt zwar eine Drittwiderspruchsklage des Eigentümers aus, da die Sache trotz Verstrickung nicht verwertet werden kann, ist aber zumindest wegen § 857 ZPO mit dem Gesetz unvereinbar. Die hM folgt daher der *Theorie der Doppelpfändung* (vgl nur BGH NJW 1954, 1325 ff; BAUMBACH/LAUTERBACH/HARTMANN, ZPO [54. Aufl 1996] Grundz § 704 Rn 60; JAUERNIG, Zwangsvollstreckungs- und Konkursrecht [19. Aufl 1990] § 20 III 2; ROSENBERG/GAUL/SCHILKEN, Zwangsvollstreckungsrecht [10. Aufl 1987] § 58 III 4; ZÖLLER/STÖBER, ZPO [19. Aufl 1995] § 857 Rn 6): Die Sachpfändung wahrt das Publizitätsprinzip, was freilich nichts daran ändert, daß der Eigentümer die Drittwiderspruchsklage behält, die der Gläubiger nur durch Herbeiführung des Bedingungseintritts abwehren kann. Immerhin kann der Schuldner der Zahlung des Gläubigers wegen der Forderungspfändung nicht mehr widersprechen, weil dies ein Verstoß gegen das *inhibitorium* wäre.

VII. Bedingungen und Befristungen im öffentlichen Recht

1. Prozeßhandlungen und Verfahrensakte

a) **Prozeßhandlungen** sind aus Gründen der Rechtssicherheit grundsätzlich *bedingungsfeindlich* (BGHZ 18, 61, 62; BGH NJW-RR 1989, 766, 767; BayObLG DNotZ 1993, 197; ROSENBERG/SCHWAB/GOTTWALD § 65 IV). Zulässig sind jedoch innerprozessuale Bedingungen, insbesondere solche, die *Eventualanträge* schaffen. Für den hilfsweise geltend gemachten Anspruch entsteht eine durch die Zuerkennung des Hauptanspruchs auflösend bedingte Rechtshängigkeit (OLG Karlsruhe NJW 1967, 935, 936; BLOMEYER, Zivilprozeßrecht [2. Aufl 1985] § 30 VI 2). – Zu Eventualerklärungen wie der Hilfsaufrechnung s oben Rn 43.

b) Bei einer **vormundschaftsgerichtlichen Genehmigung** sind auflösende Bedingungen ausgeschlossen (SOERGEL/WOLF § 158 Rn 54). Aufschiebende Bedingungen sind dagegen zulässig (RGZ 85, 416, 420 f). Vielfach liegt allerdings in solchen Fällen eine Verweigerung der Genehmigung unter gleichzeitiger Vorausgenehmigung eines bedingungsgemäß vorgenommenen Geschäftes vor (BayObLGZ 1958, 177, 181; KG JW 1937, 1551, 1552).

2. Verwaltungsakte

Verwaltungsakte können gemäß § 36 VwVfG unter Bedingungen und Befristungen sowie unter Auflagen und Vorbehalten ergehen. Dieselbe Regelung enthält § 120 AO. Statusbegründende Verwaltungsakte sind allerdings bedingungsfeindlich, so zB die Einbürgerung (BVerwGE 27, 263, 266) oder die Versetzung in den Ruhestand (RGZ 161, 308, 318). Ist das Hinzufügen von Bedingungen nicht ausdrücklich zugelassen, so dürfen Verwaltungsakte, auf deren Erlaß ein Anspruch besteht, gemäß § 36 Abs 1 VwVfG nicht mit einschränkenden Bedingungen versehen werden, sofern diese nicht nur sicherstellen sollen, daß die gesetzlichen Voraussetzungen des Verwaltungsaktes erfüllt sind (ERICHSEN/MARTENS, Allgemeines Verwaltungsrecht [10. Aufl 1995] § 13 Rn 10). Bei begünstigenden Verwaltungsakten hingegen, deren Erlaß im behördlichen Ermessen steht, ist das Hinzufügen von Bedingungen gemäß § 36 Abs 3 VwVfG zulässig, sofern es sich um sachgerechte Bedingungen handelt (vgl auch BVerwGE 36, 145, 147).

79 Wurde einem Verwaltungsakt eine *unzulässige Bedingung* beigefügt, so entsteht eine Teilrechtswidrigkeit, die bei Teilbarkeit der im Verwaltungsakt getroffenen Regelung den übrigen Teil des Aktes in Geltung beläßt, sofern er ohne die wegfallende Bedingung erlassen worden wäre. Ist dies nicht der Fall, so tritt gemäß § 44 Abs 4 VwVfG die Gesamtnichtigkeit des Verwaltungsaktes ein (vgl ERICHSEN/MARTENS § 14 Rn 29 ff).

80 Für *steuerliche Fragen* gelten die Begriffe der Bedingung und der Befristung grundsätzlich mit ihrem bürgerlich-rechtlichen Inhalt (vgl einkommensteuerrechtlich BFHE 153, 318, 321; FG Hamburg EFG 1981, 562, 563; schenkungsteuerrechtlich BFHE 157, 440, 442; grunderwerbsteuerrechtlich NdsFG EFG 1983, 366; bewertungsrechtlich BFHE 153, 422, 425; FG Hamburg EFG 1988, 457; MOENCH DStR 1981, 581 ff; PEUSQUENS, Die bewertungsrechtliche Behandlung bedingter und befristeter Rechtsverhältnisse [Diss Köln 1964] 2 ff). Nach den §§ 4 ff BewG werden Bedingungen für die steuerrechtliche Bewertung erst nach ihrem Eintritt berücksichtigt, was freilich nicht für den aufschiebend bedingten Eigentumserwerb gilt, da hier idR an den Erwerb des Anwartschaftsrechts anzuknüpfen ist (RÖSSLER/TROLL, Bewertungsgesetz [16. Aufl 1994] § 4 Rn 3).

VIII. Ausländisches Recht

1. Österreich

81 Das österreichische Recht regelt in den §§ 695 ff ABGB Bedingung und Befristung schwerpunktmäßig im Zusammenhang mit den letztwilligen Verfügungen. Als Ergänzung hierzu enthalten die §§ 897–900 ABGB Regeln über „Nebenbestimmungen" bei Verträgen, wobei § 897 ABGB auf die §§ 695 ff ABGB verweist. Die Bedingung wird nach § 696 S 1 ABGB als ungewisses künftiges Ereignis verstanden. Weiterhin werden nach dieser Vorschrift aufschiebende und auflösende Bedingungen unterschieden, nach § 699 ABGB auch zufällige, potestative und gemischte Bedingungen. Grundsätzlich besteht in der Dogmatik Übereinstimmung mit dem deutschen Recht (vgl KLANG/GSCHNITZER § 696 ABGB Anm II, VI). – Während der Schwebezeit besteht eine Anwartschaft, die als „Erwerbsberechtigung" verstanden wird (GSCHNITZER, AT des bürgerlichen Rechts [1966] § 12 B VI). Sie ist gemäß § 900 ABGB vererblich. Im übrigen verweist § 708 ABGB auf § 613 ABGB, so daß demjenigen, der unter aufschiebender Bedingung über sein Eigentum verfügt hat, nunmehr nur noch „eingeschränktes Eigentum" zusteht.

2. Schweiz

82 Das schweizerische Recht enthält Bedingungsregelungen in den Art 151 ff SchwOR, die weitgehend in Parallele zum deutschen Recht stehen. Während der Schwebezeit einer aufschiebenden Bedingung wird angenommen, daß zwei Berechtigungen bestehen, nach welchen jeder von den beiden Beteiligten über das ihm zustehende Recht verfügen kann (vBÜREN, Schweizerisches Obligationenrecht AT [1964] 194). In Art 152 Abs 3 SchwOR ist bei aufschiebenden Bedingungen die relative Unwirksamkeit zwischenzeitlicher Verfügungen angeordnet, die nur von den Regeln über den Gutglaubensschutz durchbrochen werden kann. Im übrigen bedarf ein Eigentumsvorbehalt zu seiner Gültigkeit gemäß Art 715 Abs 1 ZGB der Eintragung in ein öffentliches Register.

4. Titel.
Bedingung. Zeitbestimmung

Vorbem zu §§ 158 ff, 83—85
§ 158

3. Frankreich

Das französische Recht regelt Bedingung und Befristung in den Art 1168 ff cc. Dabei **83** wird die Bedingung, wie im deutschen Recht, in Art 1168 cc als *événement futur et incertain* definiert. – Bei einer aufschiebenden Bedingung ist das Rechtsgeschäft schwebend unwirksam und erlangt nach Art 1179 cc mit Bedingungseintritt ex tunc Wirksamkeit, so daß Zwischenverfügungen automatisch unwirksam werden. Dasselbe gilt bei auflösenden Bedingungen (FERID/SONNENBERGER, Das französische Zivilrecht 1/1 [2. Aufl 1994] Rn 1 F 709 ff). Die bedingungsfeindlichen Rechtsgeschäfte und die nicht zulässigen Bedingungen werden ähnlich wie nach deutschem Recht beurteilt (vgl FERID/SONNENBERGER Rn 1 F 720 ff).

4. Italien

Im italienischen Recht wird gemäß Art 1353 Codice civile die Bedingung als *avveni-* **84** *mento futuro e incerto* definiert. Eine Potestativbedingung zugunsten des Veräußerers läßt nach Art 1355 Codice civile die Verfügung unwirksam werden. – Soweit unter einer Bedingung über einen Gegenstand verfügt ist, stehen Zwischenverfügungen vor Bedingungseintritt gemäß Art 1357 Codice civile unter einer entsprechenden (aber dann auflösenden statt aufschiebenden, also inversen) Bedingung. Die Anwartschaft berechtigt den künftigen Erwerber zum Schutz seines Erwerbs insoweit, als er nach Art 1356 Codice civile *atti conservativi* vornehmen darf. Eine Rückwirkung des Bedingungseintritts ist nach Art 1360 Codice civile grundsätzlich vorgesehen, es sei denn, daß nach dem Willen der Parteien oder wegen der Art des Rechtsverhältnisses die Wirkungen des Bedingungseintritts auf einen anderen Zeitpunkt zu beziehen sind.

5. England

Das englische Recht kennt einmal den Begriff der Bedingungen iS des allgemeinen **85** Vertragsinhalts. Derartige Bestimmungen heißen *promissory conditions* (ANSONS'S Law of Contract [26. Aufl bearbeitet von GUEST 1984] 116 ff). Als echte Bedingungen gibt es die *subsequent conditions*, die im Sinne eines Rücktrittsvorbehalts oder auch einer auflösenden Bedingung wirken (ANSONS'S 118). Hiervon sind als Ausnahmefälle die aufschiebenden Bedingungen zu unterscheiden, die *contingent conditions*, welche – wie nach kontinentalem Recht – bewirken, *that a contract shall not take effekt unless or until the condition is fulfilled* (ANSONS'S 116). Für den Eintritt der künftigen Ereignisse wird jedoch, im Unterschied zur vorgenannten Art der Bedingung, keine Garantie und keine Versprechenseinschließung angenommen.

§ 158

[1] Wird ein Rechtsgeschäft unter einer aufschiebenden Bedingung vorgenommen, so tritt die von der Bedingung abhängig gemachte Wirkung mit dem Eintritte der Bedingung ein.

[2] Wird ein Rechtsgeschäft unter einer auflösenden Bedingung vorgenommen, so

endigt mit dem Eintritte der Bedingung die Wirkung des Rechtsgeschäfts; mit diesem Zeitpunkt tritt der frühere Rechtszustand wieder ein.

Materialien: E I §§ 128, 129; II § 128; III § 154; Mot I 248; Prot I 179.

Systematische Übersicht

I. **Allgemeines**	
1. Regelung des Schwebezustandes ___ 1	
a) Zustand bis zum Bedingungseintritt _ 1	
b) Keine Rückwirkung des Bedingungseintritts ___ 3	
2. Entscheidung zwischen aufschiebender und auflösender Bedingung ___ 4	
a) Auslegung ___ 4	
b) Vereinbarung einer Bedingung ___ 8	
c) Bedingung nur für einen Teil des Rechtsgeschäfts ___ 12	
3. Eintritt und Ausfall der Bedingung _ 13	
a) Auslegung ___ 13
b) Rechtsfolgen ___ 16
II. **Regelungsgehalt des § 158**
1. Bedingungseintritt bei aufschiebend bedingten Rechtsgeschäften (Abs 1) _ 18
a) Eintritt der Rechtswirkungen ___ 18
b) Zeitpunkt ___ 20
2. Bedingungseintritt bei auflösend bedingten Rechtsgeschäften (Abs 2) __ 21
a) Beendigung der Rechtswirkungen __ 21
b) Rückabwicklung ___ 22

Alphabetische Übersicht

S Vorbem zu §§ 158−163.

I. Allgemeines

1. Regelung des Schwebezustandes

1 a) Durch eine Bedingung macht der Erklärende den Eintritt der Rechtsfolgen eines Geschäfts von einem *ungewissen künftigen Ereignis* abhängig (s näher Vorbem 4 zu §§ 158 ff). Somit entsteht das Bedürfnis nach einer Regelung des **Schwebezustandes** bis zu dem Zeitpunkt, in dem entweder die Bedingung eintritt oder sicher ist, daß sie nicht mehr eintreten wird. Diese Regelung kann dahin gehen, die Folgen des Rechtsgeschäfts vorläufig eintreten zu lassen, sie jedoch mit dem Bedingungseintritt wieder zu beseitigen. Ebenso kann man aber auch die Rechtslage bis zum Bedingungseintritt unverändert lassen. Die Entscheidung, welcher dieser beiden Wege beschritten werden soll, überläßt das BGB den Parteien. Im Falle der *aufschiebenden Bedingung* steht dem künftigen Erwerber eines Rechts zunächst nur die Anwartschaft zu (vgl Vorbem 53 ff zu §§ 158 ff). Das betroffene Recht verbleibt dem ursprünglichen Inhaber. Dabei bleibt es, wenn die Bedingung ausfällt. Freilich ist auch der bedingte Anspruch schon abtretbar (s unten Rn 20) und kann durch Bürgschaft (§ 765 Abs 2), Vormerkung (§ 883 Abs 1 S 2), Hypothek (§ 1113 Abs 2) oder Pfandrecht (§ 1204 Abs 2) gesichert werden. Bei der *auflösenden Bedingung* hingegen tritt zunächst die gewollte Rechtsänderung ein. Der frühere Rechtsinhaber hat jedoch eine Anwartschaft auf den Rückerwerb.

In jedem Fall sind die Parteien einander während des Schwebezustandes zu **vertrags-** 2
treuem Verhalten verpflichtet (BGHZ 90, 302, 308; BGH NJW 1992, 2489, 2490; 1990, 507, 508;
s auch Rn 17). Eine Pflicht, den Bedingungseintritt herbeizuführen, folgt daraus aber
regelmäßig nicht (MünchKomm/H P Westermann § 158 Rn 43; Soergel/Wolf § 158 Rn 26).
Das gilt auch für Potestativbedingungen (s zu diesen Vorbem 14 ff zu §§ 158 ff). Hier hat
der Gegner allerdings die Möglichkeit, demjenigen, von dessen Willen der Bedingungseintritt abhängt, analog §§ 146, 148 eine angemessene Frist zu setzen, innerhalb derer die zur Bedingung erhobene Handlung vorgenommen sein muß (BGH
NJW 1985, 1556, 1557). Außerdem sind §§ 160, 162 zu beachten (s auch § 160 Rn 6 f, § 162
Rn 1).

b)   Hinsichtlich weiterer Verfügungen über den betroffenen Gegenstand während 3
der Schwebezeit einer aufschiebenden Bedingung müßte der bisherige Rechtsinhaber als ein Nichtberechtigter bewertet werden, sofern mit dem Bedingungseintritt
eine Rückwirkung der Rechtsänderung verbunden wäre. Entsprechendes würde für
den Fall der auflösenden Bedingung gelten. Das BGB hat dies jedoch in § 158 abgelehnt und sich dafür entschieden, daß der Bedingungseintritt **keine Rückwirkung**
haben soll (s auch unten Rn 20 f). Die gegenteilige Auffassung der sog „Pendenztheorie", derzufolge ein unter einer Bedingung abgeschlossenes Rechtsgeschäft als auf
den Abschlußzeitpunkt rückwirkend wirksam gilt, wenn und soweit die Bedingung
eintritt (Eichenhofer AcP 185 [1985] 162, 165), ist mit §§ 158, 159 unvereinbar und deshalb abzulehnen. Lediglich Verpflichtungen, die Wirkung des Bedingungseintritts
zurückzubeziehen, sind gemäß § 159 möglich (dazu näher § 159 Rn 1 ff). Demnach handelt der Rechtsinhaber bei Zwischenverfügungen während der Schwebezeit als
Berechtigter. Durch § 161 wird dieser Grundsatz allerdings insoweit eingeschränkt,
als zugunsten des Anwärters relative Unwirksamkeit beeinträchtigender Zwischenverfügungen eintritt, soweit nicht vorrangig ein gutgläubiger Erwerber zu schützen
ist.

2. Entscheidung zwischen aufschiebender und auflösender Bedingung

a)   Ob die gesetzte Bedingung eine aufschiebende oder eine auflösende (s zu den 4
Begriffen Vorbem 12 zu §§ 158 ff) sein soll, steht in der Entscheidung dessen, der das
bedingte Rechtsgeschäft vornimmt. Es besteht **keine Rechtsvermutung** und auch **keine**
Auslegungsregel zugunsten einer der beiden Arten (Mot I 251). Die Gegenmeinung,
die davon ausgeht, daß im Zweifel wegen der geringeren Bindungswirkung eine
aufschiebende Bedingung anzunehmen sei (Enneccerus/Nipperdey § 194 III 3; Erman/
Hefermehl § 158 Rn 1; Soergel/Wolf § 158 Rn 4; offen BGH NJW 1975, 776, 777), ist nur für
die ausdrücklich geregelten Fälle der §§ 455, 495 zutreffend.

Es ist demnach eine **nach den Umständen des Einzelfalles** zu beurteilende Frage der 5
Auslegung, ob es sich um eine aufschiebende oder um eine auflösende Bedingung
handelt (BGH NJW 1975, 776, 777; WM 1963, 192, 193; OLG Karlsruhe JurBüro 1983, 776, 778).
So ist zB beim Kauf eines Gebrauchtwagens die Klausel „vorbehalten, daß eine
Probefahrt keine technischen Mängel ergibt" als aufschiebende Bedingung anzusehen (LG Berlin MDR 1970, 923). Dagegen ist beim Kauf unter Vorbehalt eines Umtau-
sches die Eigentumsübertragung im Zweifel auflösend bedingt (Soergel/Wolf § 158
Rn 6). Ebenso erhebt die Klausel „richtige und rechtzeitige Selbstbelieferung vorbehalten" die Nichterfüllung des Deckungskaufes zur auflösenden Bedingung des

Vertrages (vgl § 145 Rn 32). Bei der Bezahlung mit einem die Kaufsumme deutlich übersteigenden Geldschein kann die Übereignung unter der aufschiebenden Bedingung der Herausgabe des Wechselgeldes liegen (OLG Saarbrücken NJW 1976, 65 f). Bei *Finanzierungsklauseln* wird man darauf abzustellen haben, wer das Risiko tragen soll, daß die Finanzierung mißlingt. Soll die Wirksamkeit des Vertrages von der Finanzierung abhängen, so wird es sich in aller Regel um eine aufschiebende Bedingung handeln (vgl OLG Celle BB 1969, 558; OLG Köln ZIP 1985, 22, 25; OLG München WM 1984, 1335, 1336; LG Aachen NJW-RR 1986, 411; ESSER, in: FS Kern [1968] 87, 104; HERETH NJW 1971, 1704; SOERGEL/WOLF § 158 Rn 2; vgl auch OLG Köln NJW-RR 1988, 504 für die Finanzierung im Leasingwege; OLG Frankfurt MDR 1978, 50 wendet die Lehre von der Geschäftsgrundlage an). Soll hingegen die Finanzierung im Risikobereich des Käufers liegen, so handelt es sich regelmäßig gar nicht um eine Bedingung (aM KG NJW 1971, 1139: auflösende Bedingung), sondern es kommt allenfalls Leistungsstörungsrecht zur Anwendung (Münch-Komm/H P WESTERMANN § 158 Rn 13; RUTKOWSKY NJW 1971, 1705). Entsprechendes gilt, wenn in einem Vertrag die Bestellung einer Sicherheit vereinbart ist. Auch hier kann es sich um eine aufschiebende Bedingung handeln (vgl OLG Saarbrücken WM 1981, 1212 f; LG Krefeld WuM 1989, 168).

6 Eine Bedingung kann *zugleich aufschiebend und auflösend* sein (BayObLG NJW-RR 1988, 982), zB wenn eine Darlehensrückzahlungspflicht für den Fall eines Überlebens des Schuldners erlassen wird. Hier liegen ein auflösend bedingtes Darlehen und eine aufschiebend bedingte Schenkung vor (ERMAN/HEFERMEHL § 158 Rn 2; MünchKomm/H P WESTERMANN § 158 Rn 15). Eine beschränkte persönliche Dienstbarkeit „solange ein Vertragsverhältnis mit dem Eigentümer besteht, mindestens jedoch bis zum 31. 12. 1984" ist sowohl auflösend bedingt als auch befristet (OLG Köln Rpfleger 1963, 381, 382). Im Lastschriftverfahren ist die Gutschrift für den Gläubiger aufschiebend bedingt durch den Eingang des Geldes und auflösend bedingt durch den Widerspruch des Schuldners (BORK JA 1986, 121, 127; HÄUSER WM 1991, 1, 4 je mwN).

7 Die *Beweislast* für die Tatsachen, aus denen der aufschiebende oder auflösende Charakter einer Bedingung zu entnehmen ist, trifft denjenigen, der aus der von ihm behaupteten Art der Bedingung seine Ansprüche ableitet (vgl Vorbem 50 zu §§ 158 ff).

8 b) Vor der Frage, welche Art von Bedingung gesetzt worden ist, steht die Entscheidung darüber, **ob überhaupt eine Bedingung gewollt** war. Auch dies ist durch *Auslegung* zu ermitteln (vgl nur BGH NJW 1985, 376, 377; LG Köln NJW-RR 1993, 1424). Die von den Parteien gewählten Begriffe sind dafür nicht ausschlaggebend. Allerdings spricht bei einer von einem Notar formulierten Erklärung eine Vermutung dafür, daß der Begriff im technischen Sinne benutzt wird (BayObLG Rpfleger 1967, 11, 12; SOERGEL/WOLF § 158 Rn 2; zurückhaltender MünchKomm/H P WESTERMANN § 158 Rn 10).

9 Anstelle einer Bedingung kann eine *obligatorische Verpflichtung* gewollt sein. So ist zB bei der Sicherungsübereignung nur bei ausdrücklicher Vereinbarung anzunehmen, daß die vollständige Rückzahlung des Kredits auflösende Bedingung für die Übereignung sein soll; idR besteht nur eine obligatorische Verpflichtung zur Rückübereignung aus dem Sicherungsvertrag (vgl BGH NJW 1991, 353 f; 1986, 977; 1984, 1184, 1185; NJW-RR 1991, 744, 746; MünchKomm/H P WESTERMANN § 158 Rn 12; REICH AcP 169 [1969] 246, 255 ff; SCHÜTZ NJW 1957, 1541; WESTERMANN, Sachenrecht [6. Aufl 1990] § 43 III 3; aM

BAUR/STÜRNER, Sachenrecht [16. Aufl 1992] § 57 III 1 b; LANGE NJW 1950, 565, 569; SERICK, Eigentumsvorbehalt und Sicherungsübertragung III [1970] § 37 I 3; THOMA NJW 1984, 1162 f; vgl auch BGH NJW 1982, 275, 276 und dazu JAUERNIG NJW 1982, 268 ff). Die Abrede bei Bestellung einer Grundschuld, wonach die einem Dritten zu gewährenden Darlehensbeträge nur mit Zustimmung des Grundstückseigentümers ausgezahlt werden dürfen, kann eine auflösende Bedingung darstellen (BGH WM 1963, 192, 193); anderenfalls wird für den Darlehensgeber nur eine entsprechende Verpflichtung begründet, deren Nichterfüllung den Grundschuldbestellungsvertrag nicht berührt (vgl BGH WM 1960, 355, 356). Der mit der Abtretung einer Lebensversicherungsforderung verbundene Widerruf der Bezugsberechtigung steht freilich bei einer Sicherungszession unter der auflösenden Bedingung der Erfüllung des Sicherungszwecks (OLG Hamburg VersR 1989, 389, 390).

Ebenso ist die auflösende Bedingung vom *Rücktrittsvorbehalt* zu unterscheiden, aufgrund dessen die Rücktrittserklärung ein Rückgewährschuldverhältnis begründet (s näher Vorbem 10 zu §§ 158 ff). Die *Verknüpfung mehrerer Rechtsgeschäfte* wird idR nur nach § 139 zu beurteilen sein. So ist zB bei einem Bauträgervertrag die Wirksamkeit des Bauwerkvertrages regelmäßig keine Bedingung des Grundstückskaufvertrages (vgl BGHZ 79, 103, 106; vgl auch KORTE DNotZ 1984, 3 ff), wohl aber uU der Grundstückserwerb aufschiebende Bedingung des Architektenvertrages (OLG Hamm BauR 1987, 582). Auch die Wirksamkeit des Verpflichtungsgeschäfts ist im Hinblick auf das Abstraktionsprinzip regelmäßig nicht Bedingung des Verfügungsvertrages (vgl – auch zu den Ausnahmen – BGH NJW-RR 1989, 519; BORK, Der Vergleich [1988] 60 ff mwN; MünchKomm/H P WESTERMANN § 158 Rn 26; SOERGEL/WOLF § 158 Rn 3). Beim finanzierten Abzahlungskauf können Kauf- und Darlehensvertrag hingegen gegenseitig bedingt sein (s oben Rn 5), ebenso beim Autokauf der Vertrag über einen vom Händler vermittelten Gebrauchtwagen und ein weiterer über den Verkauf des bisherigen Fahrzeugs des Käufers an diesen Händler (vgl KG DAR 1980, 118). 10

Die aufschiebende Bedingung ist ferner von einer bloßen *Fälligkeitsregelung* zu unterscheiden. Auch insoweit ist durch Auslegung nach der Interessenlage zu unterscheiden, ob die Wirksamkeit des ganzen Rechtsgeschäfts oder nur die Fälligkeit eines Anspruchs hinausgeschoben sein soll (vgl BGH NJW 1993, 1381, 1382 f; s auch § 163 Rn 2). 11

c) Da beim bedingten Rechtsgeschäft die **Wirkungen** des Geschäfts bedingt sind (s Vorbem 6 zu §§ 158 ff), kann bei mehreren Wirkungen zwischen bedingten und unbedingten Wirkungen differenziert werden. Ebenso kann bezüglich einer Wirkung eine aufschiebende, bezüglich einer anderen Wirkung eine auflösende Bedingung vorgesehen werden. Sofern ein *Kausalgeschäft* unter einer Bedingung vorgenommen wurde, ist durch Auslegung des Parteiwillens zu ermitteln, ob auch das *Erfüllungsgeschäft* unter einer Bedingung stehen sollte. Dabei kann nicht davon ausgegangen werden, daß hinsichtlich des Erfüllungsgeschäftes regelmäßig dieselbe Bedingung gewollt sei, wie sie für das Verpflichtungsgeschäft besteht (aM ERMAN/HEFERMEHL § 158 Rn 3). Für den Kauf unter Eigentumsvorbehalt gilt die gesetzliche Bestimmung des § 455, welche im Zweifel eine aufschiebend bedingte Übereignung vorsieht. Dagegen greift bei der Auflassung das Bedingungsverbot des § 925 Abs 2 ein. 12

3. Eintritt und Ausfall der Bedingung

13 **a)** Das BGB enthält keine allgemeinen Regeln darüber, wann eine Bedingung eingetreten ist (vgl Mot I 262 ff). In welchen Umständen die Verwirklichung des gewollten Bedingungsinhaltes zu sehen ist oder zu sehen gewesen wäre, muß demnach durch **Auslegung** ermittelt werden, wobei im Falle bedingter letztwilliger Zuwendungen § 2076 zu beachten ist. Eine Fiktion des Bedingungseintritts bei treuwidriger Vereitelung sieht § 162 vor.

14 Die **affirmative Bedingung** (s dazu Vorbem 13 zu §§ 158 ff) ist grundsätzlich erst *erfüllt*, wenn der ihrem Inhalt entsprechende Sachverhalt wirklich eingetreten ist. Die Bereitschaft zu seiner Verwirklichung genügt nicht. Andererseits muß es sich, wenn zB der Zollbetrag aufschiebend bedingt als Restkaufpreis vereinbart wurde, für den Bedingungseintritt nicht um einen rechtlich zutreffenden Zollbescheid handeln (OLG Frankfurt NJW 1958, 997). Die affirmative Bedingung ist *ausgefallen*, sofern feststeht, daß der Tatbestand, an welchen die Rechtswirkungen geknüpft sein sollten, sich nicht verwirklicht hat und nicht mehr verwirklichen wird. Hierfür kann ein längerer ergebnisloser Zeitablauf genügen, zB wenn das Bestehen des Examens zur Bedingung erhoben war (SOERGEL/WOLF § 158 Rn 25).

15 Eine **negative Bedingung** ist *erfüllt*, wenn mit Sicherheit feststeht, daß das Ereignis, an dessen Nichteintritt die Rechtswirkung geknüpft sein sollte, nicht eingetreten ist und nicht mehr eintreten kann. Die negative Bedingung ist *ausgefallen*, wenn der Tatbestand, der nicht eintreten sollte, eingetreten ist.

16 **b)** Die **Rechtsfolgen** des Bedingungseintritts regelt § 158 (s dazu Rn 18 ff). Der Bedingungsausfall beendet zunächst die Anwartschaft (vgl Rn 1) desjenigen, der beim Bedingungseintritt etwas erworben oder zurückerworben hätte. Sofern ein Gegenstand unbedingt übertragen worden ist, entsteht beim Wegfall des Verpflichtungsgeschäfts infolge Bedingungsausfalls ein Bereicherungsanspruch. Allerdings kann die Leistung in Kenntis des noch fehlenden Bedingungseintritts unter Umständen auch als vertragsändernder **Verzicht** auf die Bedingung zu verstehen sein (MünchKomm/H P WESTERMANN § 158 Rn 40). Daß die Parteien ihr Rechtsgeschäft ändern, die Bedingungsabrede aufheben und die Rechtsfolgen ohne weitere Voraussetzung wollen können, ist selbstverständlich (vgl etwa OLG Düsseldorf WM 1991, 1029, 1033 f). Ob ein solcher Verzicht auch einseitig möglich ist oder stets einer (stillschweigenden) vertragsändernden Parteivereinbarung bedarf, hängt davon ab, ob die Bedingung im Interesse der verzichtenden oder beider Parteien vereinbart war (BGH NJW-RR 1989, 291, 292/293; SOERGEL/WOLF § 158 Rn 33). Eine **Umdeutung** in ein weniger bedeutsames Geschäft kommt indessen regelmäßig nicht in Betracht (BGH NJW 1971, 420; MünchKomm/H P WESTERMANN § 158 Rn 44).

17 Eine Pflicht, dem anderen Teil von dem Bedingungseintritt oder dem Bedingungsausfall *Mitteilung zu machen*, ist als – schadensersatzbewehrte – vorvertragliche oder vertragliche Pflicht (vgl Rn 2) gemäß § 242 zu bejahen, wenn der andere Teil von der Entscheidung nichts wissen kann, jedoch erkennbares Interesse daran hat, von den maßgeblichen Umständen alsbald zu erfahren (KOHLER ArchBürgR 25, 164 ff; SOERGEL/ WOLF § 158 Rn 26). Über den Eintritt oder das (endgültige) Fehlen von Bedingungen, deren Eintritt im Belieben des Gegners steht, muß aber keinesfalls informiert werden (vgl BGH NJW 1987, 1631).

II. Regelungsgehalt des § 158

1. Bedingungseintritt bei aufschiebend bedingten Rechtsgeschäften (Abs 1)

a) Das aufschiebend bedingte Rechtsgeschäft ist tatbestandlich mit seiner Vornahme vollendet. Es fehlt aber an einer Wirksamkeitsvoraussetzung (SOERGEL/WOLF § 158 Rn 8; vgl auch Vorbem 6 zu §§ 158 ff). Daher führt der Bedingungseintritt gemäß § 158 Abs 1 ohne weiteren Rechtsakt zum **Eintritt der Rechtswirkungen**. Bei einer bedingten Verfügung bedarf es im Zeitpunkt des Bedingungseintritts auch nicht mehr eines entsprechenden *Verfügungswillens* des Veräußerers. Das gilt selbst dann, wenn der Anwärter inzwischen über sein Anwartschaftsrecht wirksam verfügt hat, so daß mit dem Bedingungseintritt der nunmehrige Anwärter zum Vollberechtigten wird (s näher Vorbem 72 zu §§ 158 ff). Ebenso bestimmen sich *Geschäftsfähigkeit* und *Verfügungsbefugnis* der Parteien sowie die *Formwahrung* nach dem Zeitpunkt der Geschäftsvornahme und nicht nach dem Zeitpunkt des Bedingungseintritts (SOERGEL/ WOLF § 158 Rn 11). Dasselbe gilt für den *guten Glauben* beim Erwerb vom Nichtberechtigten (BGHZ 30, 374, 377; 10, 69, 73).

Aufschiebend bedingte Ansprüche unterliegen nicht der *Verjährung*, weil sie noch nicht entstanden sind (BGHZ 47, 387, 391; SOERGEL/WOLF § 158 Rn 14; aM LANGHEINEKEN, Anspruch und Einrede nach dem Deutschen Bürgerlichen Gesetzbuch [1903] 74 ff). Die Möglichkeit einer Feststellungsklage und einer Klage auf künftige Leistung (s dazu Vorbem 47 zu §§ 158 ff) vermag hieran nichts zu ändern (vgl auch STAUDINGER/DILCHER[12] § 198 Rn 9).

b) § 158 Abs 1 regelt auch den **Zeitpunkt** des Eintritts der Rechtswirkungen. Sie werden erst mit dem Bedingungseintritt ausgelöst (zur Rückwirkung s oben Rn 3). Bis zu diesem Zeitpunkt besteht für den künftigen Erwerber eine Anwartschaft (s Vorbem 53 ff zu §§ 158 ff; zur Prozeßführungsbefugnis während der Schwebezeit s ebenda Rn 48). Sofern jedoch eine bedingte Forderung unbedingt *abgetreten* wird, hat die Abtretung sogleich Vollwirksamkeit (BGH LM Nr 14 zu § 313; RGZ 67, 425, 430).

2. Bedingungseintritt bei auflösend bedingten Rechtsgeschäften (Abs 2)

a) Der Eintritt einer auflösenden Bedingung, die nach dem BGB Modalität des Rechtsgeschäfts ist (s Vorbem 7 zu §§ 158 ff), führt gemäß § 158 Abs 2 zur **Beendigung der Rechtswirkungen**, und zwar mit Wirkung ex nunc (zur Rückwirkung s oben Rn 3; vgl auch unten Rn 22). Daher unterliegt ein auflösend bedingter Anspruch während der Schwebezeit der *Verjährung* (SOERGEL/WOLF § 158 Rn 21). *Verfügungswirkungen* werden durch den Bedingungseintritt automatisch und ex nunc rückgängig gemacht (vgl OLG München Ufita 90 [1981] 166, 167 ff für die auflösend bedingte Übertragung von Fernsehrechten). Soweit der Anwärter sein Anwartschaftsrecht auf einen Dritten übertragen hatte, wird dieser unmittelbar und nicht als Rechtsnachfolger des früheren Berechtigten zum Rechtsinhaber (vgl Vorbem 72 zu §§ 158 ff). Auch ein Anwärter, der ein ihm früher zustehendes Recht aufgrund auflösender Bedingung zurückerwirbt, ist nicht Rechtsnachfolger des vor dem Bedingungseintritt Berechtigten, weil dem ursprünglichen

Rechtsinhaber eine Rückerwerbsanwartschaft verblieben ist, die mit dem Bedingungseintritt zum Vollrecht erstarkt. Es bedarf daher nicht der Einigung und Übergabe (SOERGEL/WOLF § 158 Rn 29; zur Rechtsnachfolge iSd ZPO s Vorbem 48 zu §§ 158 ff). Wer aufgrund des Eintritts einer auflösenden Bedingung wieder zum Gläubiger einer Forderung wird, ist nicht „neuer Gläubiger" iSd § 407; dennoch kann zum Schutz des Schuldners bei Leistung an den zwischenzeitlich auflösend bedingt Berechtigten § 407 analog angewendet werden (s § 161 Rn 5).

22 **b)** Sofern ein Kausalgeschäft aufgrund auflösender Bedingung entfällt, erfolgt die **Rückabwicklung** nicht nach den Regeln der §§ 346 ff, sondern mangels rechtsgeschäftlicher Bestimmung für diesen Fall nach Bereicherungsrecht (s näher § 159 Rn 9). Ist eine Verfügung auflösend bedingt, so kommt § 985 zum Zuge. – Ein *Dauerschuldverhältnis* endet mit dem Eintritt der auflösenden Bedingung ebenso, als wenn es durch Kündigung oder einverständliche Aufhebung beendet würde. Nur schuldrechtliche Pflichten gemäß § 159 können dazu führen, daß der Zustand wie zu Beginn des Dauerschuldverhältnisses wiederhergestellt werden muß (LARENZ § 25 IV). Bei auflösend bedingten Gesellschaftsverträgen führt der Bedingungseintritt dazu, daß die Gesellschaft liquidiert werden muß (SOERGEL/WOLF § 158 Rn 30).

§ 159

Sollen nach dem Inhalte des Rechtsgeschäfts die an den Eintritt der Bedingung geknüpften Folgen auf einen früheren Zeitpunkt zurückbezogen werden, so sind im Falle des Eintritts der Bedingung die Beteiligten verpflichtet, einander zu gewähren, was sie haben würden, wenn die Folgen in dem früheren Zeitpunkt eingetreten wären.

Materialien: E I § 130; II § 129; III § 155; Mot I 254; Prot I 180.

Systematische Übersicht

I.	Allgemeines	1	3. Fehlende Rückbeziehungsbestimmung	9
II.	Vereinbarung	2	IV. Beweislast	10
III.	Rechtsfolgen			
1.	Grundsätze	6	V. Sonstige Rückbeziehungsvereinbarungen	11
2.	Insbesondere: Zuweisung der Nutzungen	7		

Alphabetische Übersicht

S Vorbem zu §§ 158–163.

4. Titel. **§ 159**
Bedingung. Zeitbestimmung 1–6

I. Allgemeines

Das BGB hat sich in § 158 gegen die Rückwirkung kraft Bedingungseintritts ent- 1
schieden (s näher § 158 Rn 3). Es läßt jedoch in § 159 der Privatautonomie Raum und
erlaubt, daß die Parteien eine **obligatorisch wirkende Rückbeziehung** bestimmen.
Damit soll dem Umstand Rechnung getragen werden, daß ein Interesse daran bestehen kann, die Rechtsbeziehungen unter den Beteiligten nach Eintritt der Bedingung
so zu beurteilen, als seien die Wirkungen des bedingten Rechtsgeschäfts bereits zu
einem früheren Zeitpunkt eingetreten oder beendet worden (Mot I 254).

II. Vereinbarung

In der Literatur findet sich häufig die Formulierung, die obligatorische Rückbezie- 2
hung müsse unter den Beteiligten *vereinbart* werden (vgl ERMAN/HEFERMEHL § 159 Rn 1;
SOERGEL/WOLF § 159 Rn 1). Dies trifft jedoch, wie schon der Wortlaut des Gesetzes
zeigt, nur zu, wenn beiderseitige Verpflichtungen begründet werden sollen. Alternativ hierzu kann bei einseitigen Rechtsgeschäften, insbesondere bei Verfügungen von
Todes wegen, durchaus auch eine einseitige Rückbeziehungsbestimmung getroffen
werden.

Ist eine Vereinbarung erforderlich, so kann sie *ausdrücklich oder konkludent* getrof- 3
fen werden. Eine Vermutung für die Rückbeziehungsbestimmung wird nicht aufgestellt (Prot I 180 = MUGDAN I 762). Demnach entscheidet die *Auslegung* des
Parteiwillens, ob eine obligatorische Rückwirkung gewollt war und welchen Umfang
sie haben soll (vgl BGH WM 1961, 177, 179; MDR 1959, 658).

So ist zB beim bedingten *Beitritt zu einer Personengesellschaft* im Zweifel anzuneh- 4
men, daß sich der Gesellschafter vor den nachteiligen Folgen des Beitritts schützen
will und deshalb eine Rückbeziehung gewollt ist (ausf KOLLER/BUCHHOLZ DB 1982,
2172/2173). Dasselbe gilt, wenn eine *Änderungskündigung* unter der auflösenden
Bedingung angenommen wurde, daß die Sozialwidrigkeit der Änderung festgestellt
wird (BAG NJW 1985, 1797, 1799; dazu KEMPFF AiB 1985, 126, 127). *Steuerklauseln*, mit
denen die Parteien die Wirksamkeit ihres Rechtsgeschäfts von der steuerlichen
Anerkennung durch die Finanzbehörden abhängig machen, enthalten ebenfalls eine
stillschweigende Rückbeziehungsvereinbarung (ZENTHÖFER DStZ 1987, 185, 189), sofern
nicht überhaupt nur eine Scheinbedingung vereinbart ist (s dazu Vorbem 28 f zu
§§ 158 ff).

Der *Zeitpunkt*, auf den die Wirkungen des bedingten Rechtsgeschäfts zurückbezo- 5
gen werden sollen, liegt im Ermessen der Parteien. Es muß sich keineswegs um den
Moment des Geschäftsabschlusses handeln.

III. Rechtsfolgen

1. Grundsätze

Eine Rückbeziehungsvereinbarung iSd § 159 hat zunächst *nur obligatorische Wir-* 6
kung. Eine dingliche Rückwirkung kann nur der Gesetzgeber anordnen (s unten
Rn 11). Generell hat daher eine Rückbeziehungsbestimmung zur Folge, daß sich die

Parteien so behandeln müssen, als seien die Wirkungen des Rechtsgeschäfts bereits zu dem vereinbarten früheren Zeitpunkt eingetreten (vgl BAG NJW 1985, 1797, 1799). Von Bedeutung wird die Rückbeziehungsbestimmung vor allem hinsichtlich der in der Schwebezeit anfallenden *Nutzungen* (s Rn 7), für die *Gefahrtragung* und für den Verfall einer *Vertragsstrafe*. Über andere wichtige Vorgänge während der Schwebezeit enthalten §§ 160, 161 Spezialregeln (FLUME § 39, 1). Für die Beurteilung des *Rechtszustandes während der Schwebezeit* bleibt aber das unmodifizierte, nicht durch den Bedingungseintritt beeinflußte Rechtsgeschäft maßgebend (MünchKomm/H P WESTERMANN § 159 Rn 2).

2. Insbesondere: Zuweisung der Nutzungen

7 Auf die angefallenen Nutzungen hat der aufgrund des Bedingungseintritts nunmehr Vollberechtigte einen **Anspruch**, wenn dies nach dem Geschäftsinhalt, eventuell im Wege ergänzender Auslegung, als gewollt anzusehen ist (BGH MDR 1959, 658). Die Auslegung kann auch ergeben, daß der Rückbeziehungswille dem jetzigen Berechtigten nur einen Teil der Nutzungen zuweist (WUNNER AcP 168 [1968] 425, 446; s auch oben Rn 5).

8 Besteht danach ein Anspruch auf die Nutzungen, so ist dieser nach den allgemeinen Vorschriften zu erfüllen. Ein **dinglicher Rechtsübergang** an den zwischenzeitlich angefallenen Früchten einer Hauptsache, welche aufgrund Bedingungseintritts nunmehr dem Erwerber gehört, kann (nur) stattfinden, wenn eine Rückbeziehungsvereinbarung getroffen wurde, welche hinsichtlich der Wirkungen des Bedingungseintritts zugleich als *vorweggenommene Einigung* und *antizipiertes Besitzkonstitut* bzw als Vorausabtretung der Rechtsfrüchte aufgefaßt werden kann (FLUME § 40, 2 a).

3. Fehlende Rückbeziehungsbestimmung

9 Läßt sich eine Rückbeziehungsvereinbarung nicht feststellen, so treten die Rechtsfolgen erst mit Bedingungseintritt ein. Bei der **aufschiebenden Bedingung** bedeutet das zB, daß dem nunmehr Vollberechtigten die Nutzungen erst ab Bedingungseintritt zustehen. Bei der **auflösenden Bedingung** ist das zwischenzeitlich Erlangte nach hM nicht gemäß §§ 346 ff, sondern gemäß § 812 Abs 1 S 2 herauszugeben (BGH MDR 1959, 658 f; RG HRR 1933 Nr 1008; WarnR 1921 Nr 43; JAUERNIG § 159 Anm 1; MünchKomm/H P WESTERMANN § 159 Rn 3; SOERGEL/WOLF § 159 Rn 2). Demgegenüber nimmt FLUME (§ 40, 2 d) im Falle einer auflösenden Bedingung an, daß auch ohne besondere Rückbeziehungsvereinbarung ein im Wege der Auslegung zu gewinnender vertraglicher Rückabwicklungsanspruch begründet worden sei (zust jetzt LARENZ § 25 IV; MEDICUS Rn 840; wohl auch WUNNER AcP 168 [1968] 425 Fn 102). Dem ist grundsätzlich zuzustimmen. Daß die Parteien – etwa hinsichtlich der Nutzungen etc – keine Rückwirkung wollen, hindert sie nicht, eine vertragliche Rückabwicklung des ex nunc beendeten Vertrages zu vereinbaren. Im Gegenteil wird man annehmen können, daß ein vertraglicher Rückgewähranspruch regelmäßig stillschweigend mitvereinbart ist, wenn die Parteien eine auflösende Bedingung vereinbart haben. Denn daß sie für einen bestimmten Fall zwar die Auflösung des Vertrages, aber nicht die Rückgewähr des zwischenzeitlich Empfangenen gewollt haben, ist als Prinzip nicht zu unterstellen. Etwas anderes kann sich, wie bei jeder Auslegung, aus den konkreten Umständen des Einzelfalles, etwa aus der Rechtsnatur des beendeten Vertrages ergeben.

IV. Beweislast

Die Beweislast für eine obligatorisch wirkende Rückbeziehungsbestimmung trägt derjenige, der daraus Rechte herleiten will (Rosenberg AcP 94 [1903] 1, 100; Soergel/ Wolf § 159 Rn 4). **10**

V. Sonstige Rückbeziehungsvereinbarungen

Rückbeziehungsvereinbarungen gibt es auch außerhalb der bedingten Rechtsgeschäfte. Eine häufige Erscheinungsform ist die Rückdatierung von Verträgen (dazu ausf U H Schneider AcP 175 [1975] 279 ff). Bei der bereinigenden Regelung von Streitigkeiten, insbesondere bei einem Vergleich, können die Parteien ebenfalls den bereits zurückliegenden Zeitraum regeln (vgl ausf Bork, Der Vergleich [1988] 140 ff). In jedem Fall haben aber solche Rückbeziehungsvereinbarungen **nur schuldrechtliche Wirkung.** Eine dingliche Wirkung ex tunc ist eine Fiktion, die nur der Gesetzgeber anordnen kann (vTuhr II/1, 28). Die Parteien können sich lediglich schuldrechtlich verpflichten, einander so zu stellen, wie sie stehen würden, wenn eine dingliche Rückwirkung möglich wäre. **11**

§ 160

[1] Wer unter einer aufschiebenden Bedingung berechtigt ist, kann im Falle des Eintritts der Bedingung Schadensersatz von dem anderen Teile verlangen, wenn dieser während der Schwebezeit das von der Bedingung abhängige Recht durch sein Verschulden vereitelt oder beeinträchtigt hat.

[2] Den gleichen Anspruch hat unter denselben Voraussetzungen bei einem unter einer auflösenden Bedingung vorgenommen Rechtsgeschäfte derjenige, zu dessen Gunsten der frühere Rechtszustand wieder eintritt.

Materialien: E I § 134; II § 130; III § 156; Mot I 258; Prot I 183.

Systematische Übersicht

I.	**Allgemeines**	1	3. Schuldhafte Pflichtverletzung	8
			4. Umfang des Schadensersatzes	10
II.	**Einzelheiten des Anspruchs**		5. Passivlegitimation	11
1.	Bedingtheit des Schadensersatzanspruchs	4	**III. Beweislast**	12
2.	Inhalt der Pflichten	6		

Alphabetische Übersicht

S Vorbem zu §§ 158–163.

I. Allgemeines

1 Nach der Entscheidung des BGB-Gesetzgebers wirkt der Bedingungseintritt nicht zurück (s näher § 158 Rn 3). Hätte man diesen Gedanken streng durchgeführt, so wäre es möglich, daß zumindest **bei bedingten Verfügungsgeschäften** während der Schwebezeit bis zum Bedingungseintritt *keine schuldrechtliche Bindung* der Beteiligten besteht. In diesem Fall könnte der unter einer aufschiebenden Bedingung Erwerbende den Veräußerer nicht für Handlungen verantwortlich machen, die die Erfüllung der bedingt versprochenen Leistung beeinträchtigen. Deshalb begründet § 160 für die Schwebezeit ein **gesetzliches Schuldverhältnis**, aus dem sich *Schutzpflichten* zugunsten des Erwerbers herleiten. – Zur *analogen Anwendung* des § 160 bei Zwischenverfügungen vor Annahme eines Übereignungsangebotes s § 145 Rn 23.

2 Bei bedingten Verpflichtungsgeschäften können sich entsprechende Schutzpflichten bereits *aus dem Rechtsgeschäft* als solchem ergeben (Flume § 40, 2 c). Außerdem ist an verschuldensunabhängige Ansprüche wie etwa aus § 281 zu denken (vgl BGH JR 1987, 455, 456). Jedenfalls begründet § 160 auch hier Schutzpflichten während der Schwebezeit (Larenz § 25 III b). Hinsichtlich des Geltungsgrundes der Schutzpflichten ist also zu unterscheiden, ob sie auf rechtsgeschäftlicher Grundlage bestehen oder auf der gesetzlichen Grundlage des § 160 erwachsen. Die rechtsgeschäftlich begründeten Schutzpflichten können über die des § 160 hinausgehen (Flume § 40, 2 c). Werden ausdrücklich Pflichten vereinbart, die hinter dem Maß des § 160 zurückbleiben, so ist die Vorschrift insoweit abbedungen (vgl Zawar DNotZ 1986, 515, 524 f). Daß § 160 kein zwingendes Recht enthält, ist unstreitig (vgl nur MünchKomm/H P Westermann § 160 Rn 8; Soergel/Wolf § 160 Rn 3).

3 Der **Zweck** des § 160 besteht darin, den bedingt Berechtigten davor zu schützen, daß die bedingt übertragene Sache oder das bedingt begründete bzw übertragene Recht während der Schwebezeit vom Vorberechtigten beeinträchtigt wird. Es handelt sich freilich nur um einen schuldrechtlichen Schutz. Ein darüber hinausgehendes Anwartschaftsrecht des Erwerbers (s Vorbem 53 zu §§ 158 ff) kann daher aus § 160 nicht hergeleitet werden. Folglich begründet § 160 auch keinen Schutz gegenüber Dritten (Enneccerus/Nipperdey § 197 II 2/3).

II. Einzelheiten des Anspruchs

1. Bedingtheit des Schadensersatzanspruchs

4 Der Anspruch aus § 160 setzt zunächst voraus, daß der Gläubiger unter einer Bedingung berechtigt war. Bedingt ist daher auch der Schadensersatzanspruch aus § 160. Eine Pflichtverletzung kann den Schadensersatzanspruch nur auslösen, wenn die Bedingung eingetreten ist, da dem Gläubiger anderenfalls die Hauptleistung nicht zusteht (MünchKomm/H P Westermann § 160 Rn 2).

5 Gleichwohl kann man von einer gewissen „**Vorwirkung**" sprechen (vgl Soergel/Wolf § 160 Rn 1). Diese besteht nicht nur darin, daß der bedingte Schadensersatzanspruch seinerseits bereits vor Bedingungseintritt *abgetreten* werden kann (Soergel/Wolf § 160 Rn 2; vgl auch § 158 Rn 20). Vielmehr kann auch die *Erfüllung der Sorgfaltspflichten* im Wege der Leistungs- oder Unterlassungsklage sowie des Arrestes (§ 916 Abs 2 ZPO) oder der einstweiligen Verfügung verfolgt werden (FLUME § 39, 4; SOERGEL/WOLF § 160 Rn 5 f; ZAWAR DNotZ 1986, 515, 524; zur Klage auf künftige Leistung s Vorbem 47 zu §§ 158 ff). Außerdem können *Auskunftsansprüche* bestehen (vgl OLG Oldenburg NJW-RR 1990, 650). In § 133 E I war außerdem vorgesehen, daß der bedingt Berechtigte unter den Voraussetzungen des Arrestes einen Anspruch auf *Sicherheitsleistung* haben sollte. Dies ist aber – abgesehen von den Fällen der §§ 1986 Abs 2, 2128 Abs 1, 2217 Abs 2 – nicht Gesetz geworden (vgl auch ERMAN/HEFERMEHL § 160 Rn 2; MünchKomm/H P WESTERMANN § 160 Rn 7). Zur Sicherung des bedingten Anspruchs durch Vormerkung etc s § 158 Rn 1; zum Schutz des Anwartschaftsrechts s Vorbem 69 zu §§ 158 ff.

2. Inhalt der Pflichten

Durch § 160 wird der gegenwärtig Berechtigte verpflichtet, sich während der Schwebezeit aller Einwirkungen zu enthalten, die das Eintreten der von der Bedingung abhängigen Rechtswirkungen beeinträchtigen könnten. Er hat demnach hinsichtlich des betroffenen Gegenstandes **Erhaltungspflichten** (FLUME § 39, 3 c). Dies gilt zunächst bezüglich des tatsächlichen Zustandes. Der betroffene Gegenstand ist ordnungsmäßig zu verwalten (BGHZ 114, 16, 21) und vor Zerstörung oder Beschädigung zu schützen. Außerdem hat sich der gegenwärtig Berechtigte auch nachteiliger rechtlicher Einwirkungen zu enthalten, so daß Zwischenverfügungen zum Schadensersatz nach § 160 führen können, soweit der Schadenseintritt nicht durch die relative Unwirksamkeit gemäß § 161 verhindert wird.

Ferner besteht gemäß § 160 die Pflicht, dafür zu sorgen, daß den Belangen des anderen Teils Rechnung getragen wird. Demnach treffen den gegenwärtig Berechtigten **Vorbereitungs- und Unterlassungspflichten** (LARENZ § 25 III b). Eine Pflicht zur Förderung des Bedingungseintritts besteht jedoch nicht (s auch § 158 Rn 2, § 162 Rn 1). Auch einen auf die bedingte Hauptleistung gerichteten vorzeitigen Erfüllungsanspruch begründet § 160 während des Schwebezustandes nicht. Die Vorschrift hat nur eine „Sicherstellungsaufgabe" (WUNNER AcP 168 [1968] 425, 444).

3. Schuldhafte Pflichtverletzung

Der Schadensersatzanspruch aus § 160 setzt voraus, daß das von der Bedingung abhängige **Recht vereitelt oder beeinträchtigt** worden ist. Dies muß **durch eine während der Schwebezeit vorgenommene pflichtwidrige Handlung** verursacht worden sein. Der Anspruch setzt **Verschulden** des anderen Teils oder der ihm gemäß § 278 zuzurechnenden Personen voraus (zur Darlegungs- und Beweislast s unten Rn 12). Die Gefahr einer vom anderen Teil nicht zu vertretenden Beeinträchtigung trägt demnach der bedingt Berechtigte. Dafür, ihm nur die Gefahr für Verschlechterungsschäden zuzuweisen, gibt das Gesetz keine Handhabe (vgl FLUME § 40, 2 c). Hinsichtlich der Gefahrtragung für Untergang oder Verschlechterung einer Sache greift im übrigen der Rechtsgedanke des § 446 Abs 1 S 1 ein, so daß beim bedingten Kauf der Käufer, dem die Sache bereits vor Bedingungseintritt übergeben worden ist, die Preisgefahr trägt (FLUME aaO).

Die **Anforderungen an die Sorgfalt** des anderen Teils ergeben sich grundsätzlich aus § 276, jedoch sind Haftungsmilderungen möglich. Die in § 134 E I noch vorgesehene Regel, daß der Sorgfaltsmaßstab für das Verhalten des anderen Teils sich aus dem

Maßstab für das bedingte Rechtsgeschäft ergebe, wurde für das BGB als entbehrlich bezeichnet (Prot I 184 = MUGDAN I 763). Demgemäß gilt der allgemeine Gesichtspunkt, daß für die Pflichten aus § 160 keine schärfere Haftung bestehen kann als für die rechtsgeschäftlich begründeten Haupt- oder Nebenpflichten (FLUME § 40, 2 c; SOERGEL/WOLF § 160 Rn 4). So hat zB bei einem bedingten Schenkungsversprechen der Schenker entsprechend § 521 während der Schwebezeit nur für Vorsatz und grobe Fahrlässigkeit einzustehen. Bei bedingten Verfügungen bestimmt das ihnen zugrunde liegende Kausalgeschäft den Haftungsmaßstab. Bestehen keine Sonderregeln, so gilt § 276.

4. Umfang des Schadensersatzes

10 Es handelt sich bei dem Schadensersatzanspruch des § 160 nicht um einen solchen aus cic. Der Schädiger haftet demnach gemäß §§ 249 ff auf *Ersatz des vollen Schadens*, nicht auf das negative Interesse. Der Anspruch aus § 160 ist auch kein deliktischer Anspruch, so daß er nicht nach § 852, sondern grundsätzlich erst in dreißig Jahren *verjährt*, sofern nicht für das bedingt abgeschlossene Rechtsgeschäft kürzere Fristen gelten (vgl STAUDINGER/DILCHER[12] § 195 Rn 15). Der Lauf der Verjährung beginnt mit dem Bedingungseintritt (SOERGEL/WOLF § 160 Rn 2).

5. Passivlegitimation

11 Der Ersatzanspruch aus § 160 richtet sich nicht gegen jeden Schädiger, sondern nur gegen denjenigen, der das bedingte Rechtsgeschäft vorgenommen hat (MünchKomm/ H P WESTERMANN § 160 Rn 6; SOERGEL/WOLF § 160 Rn 7). Auch dessen Singularnachfolger kann nach § 160 nicht in Anspruch genommen werden. Dies gilt selbst dann, wenn der Nachfolger an dem schädigenden Verhalten des anderen Teils beteiligt war. Gegenüber dem Nachfolger kann nur ein Ersatzanspruch wegen Verletzung des Anwartschaftsrechts aus § 823 Abs 1 in Betracht kommen (vgl Vorbem 69 zu §§ 158 ff). Außerdem ist § 281 anwendbar (vgl OLG Oldenburg NJW-RR 1990, 650; FLUME § 40, 2 c; ZAWAR DNotZ 1986, 515, 524), so daß der bedingt Berechtigte Abtretung von Ersatzansprüchen verlangen kann, die der Vollberechtigte gegen einen schädigenden Dritten erworben hat.

III. Beweislast

12 Wer einen Schadensersatzanspruch auf § 160 stützen will, muß den Bedingungseintritt und die Vereitelung oder Beeinträchtigung des bedingten Rechts während der Schwebezeit durch den Vertragspartner beweisen. Es ist dann dessen Sache, in entsprechender Anwendung von § 282 sein mangelndes Verschulden darzulegen und zu beweisen (BAUMGÄRTEL/LAUMEN, Hdb d Beweislast [2. Aufl 1991] § 160 Rn 1; MünchKomm/H P WESTERMANN § 160 Rn 5; PALANDT/HEINRICHS § 160 Rn 1; SOERGEL/WOLF § 160 Rn 4).

§ 161

[1] **Hat jemand unter einer aufschiebenden Bedingung über einen Gegenstand verfügt, so ist jede weitere Verfügung, die er während der Schwebezeit über den Gegenstand trifft, im Falle des Eintritts der Bedingung insoweit unwirksam, als sie die**

4. Titel. **§ 161**
Bedingung. Zeitbestimmung 1

von der Bedingung abhängige Wirkung vereiteln oder beeinträchtigen würde. Einer solchen Verfügung steht eine Verfügung gleich, die während der Schwebezeit im Wege der Zwangsvollstreckung oder der Arrestvollziehung oder durch den Konkursverwalter erfolgt.

[2] **Dasselbe gilt bei einer auflösenden Bedingung von den Verfügungen desjenigen, dessen Recht mit dem Eintritt der Bedingung endigt.**

[3] **Die Vorschriften zugunsten derjenigen, welche Rechte von einem Nichtberechtigten herleiten, finden entsprechende Anwendung.**

Materialien: E I § 135; II § 131; III § 157; Mot I 259; Prot I 184; VI 129 und 133.

Schrifttum

Vgl die Literaturhinweise bei Vorbem zu §§ 158–163 sowie
BLOMEYER, Eigentumsvorbehalt und gutgläubiger Erwerb, AcP 153 (1954) 239
GRAUE, Der Eigentumsvorbehalt im ausländischen Recht (2. Aufl 1960)
GRIMM, Gutgläubiger Erwerb bei bedingten Verfügungen (Diss Göttingen 1913)

HEITSCH, Die Verfügungsbeschränkung des § 161 BGB (Diss Jena 1906)
NEUMANN, Über die Rechtswirksamkeit von Verfügungen während des Schwebens einer aufschiebenden Bedingung (Diss Rostock 1905)
WINKLER, Verfügungen des bedingten Grundstückseigentümers, MittBayNot 1978, 1.

Systematische Übersicht

I.	**Allgemeines**	1	b)	Zwangsverfügung ___ 9
			c)	Kraft Gesetzes entstehende Rechte _ 10
II.	**Anwendungsbereich**	3	2.	Vereitelnde oder beeinträchtigende Wirkung ___ 11
III.	**Beeinträchtigende Zwischenverfügungen**		IV.	**Rechtsfolgen** ___ 12
1.	Verfügungen	4		
a)	Rechtsgeschäftliche Verfügung	4	V.	**Schutz des gutgläubigen Erwerbers** _ 14

Alphabetische Übersicht

S Vorbem zu §§ 158–163.

I. Allgemeines

Verfügt der Noch-Berechtigte in der Schwebezeit zwischen Geschäftsabschluß und **1** Bedingungseintritt über den betroffenen Gegenstand, so handelt er als Berechtigter. Es handelt sich nicht um die Verfügung eines Nichtberechtigten, da der Verfügende bis zum Bedingungseintritt Berechtigter bleibt und der Eintritt der Bedingung keine rückwirkende Kraft entfaltet (s § 158 Rn 3). Der Noch-Berechtigte könnte daher die

Vollendung des Rechtserwerbs durch *Zwischenverfügungen* vereiteln. Um das zu verhindern, begründet § 161, dessen Vorläufer in das römische und in das gemeine Recht zurückreichen, eine *dingliche Vorwirkung* für bedingte Verfügungen, die als Folge einer entsprechenden **Beschränkung der Verfügungsmacht** (s dazu STAUDINGER/ DILCHER[12] § 135 Rn 2) des Verfügenden zu erklären ist (FLUME § 39, 3 a; MünchKomm/H P WESTERMANN § 161 Rn 7; SOERGEL/WOLF § 161 Rn 1; vgl auch unten Rn 12). Sie hat zur Folge, daß Verfügungen, die die Bedingungswirkung beeinträchtigen (s dazu näher Rn 4 ff), mit Bedingungseintritt absolut unwirksam werden (s näher Rn 12 f). Nur soweit diese Schranke nicht überschritten wird, bleiben sie unberührt. Eine dingliche Rückwirkung des Bedingungseintritts wird aber auch in § 161 nicht angeordnet.

2 **Begünstigt** durch den Schutz gegen Zwischenverfügungen während der Schwebezeit wird bei aufschiebend bedingten Verfügungen der bedingt berechtigte Erwerber, bei auflösend bedingten Verfügungen derjenige, zu dessen Gunsten der frühere Rechtszustand wieder eintritt.

II. Anwendungsbereich

3 § 161 befaßt sich mit unverträglichen Zwischenverfügungen, setzt daher seinerseits voraus, daß es sich bei dem unter einer Bedingung stehenden Rechtsgeschäft um eine **bedingte Verfügung** handelt. Wichtigster Fall ist auch hier die aufschiebend bedingte Übereignung an den Eigentumsvorbehaltskäufer. Nicht betroffen von § 161 ist daher der Fall einer nur bedingten Verpflichtung. Wird also etwa ein bedingtes Schenkungsversprechen abgegeben, so kann der Versprechende über den versprochenen Gegenstand ohne die Beschränkungen des § 161 verfügen. Allerdings kann dann die in § 160 vorgesehene Schadensersatzpflicht eingreifen; außerdem kommen die Rechtsfolgen des verschuldeten nachträglichen Unvermögens gemäß §§ 440, 325 in Betracht (ERMAN/HEFERMEHL § 161 Rn 2; SOERGEL/WOLF § 161 Rn 2). Zur Anwendung des § 161 bei bedingter Voll- bzw Vorerbschaft s WOLF, in: FS vLübtow (1991) 325 ff.

III. Beeinträchtigende Zwischenverfügungen

1. Verfügungen

4 a) § 161 verlangt im Grundsatz, daß es sich bei dem den endgültigen Rechtserwerb vereitelnden oder beeinträchtigenden Umstand um eine **rechtsgeschäftliche Verfügung** handelt. Verpflichtungsgeschäfte über den von einer bedingten Verfügung erfaßten Gegenstand sind also wirksam und bleiben dies auch nach Bedingungseintritt (BGH DB 1962, 331; SOERGEL/WOLF § 161 Rn 6). Unter einer Verfügung versteht man dabei auch hier jede Einwirkung auf das (bedingt übertragene) Recht durch Übertragung, Belastung, Inhaltsänderung oder Aufhebung (vgl BayObLG NJW-RR 1986, 93, 94 f). Die letztwillige Verfügung wird nicht erfaßt (WOLF, in: FS vLübtow [1991] 325, 328).

5 Verfügung in diesem Sinne ist auch das *Einziehen einer Forderung* (oder deren *Erlaß*, s BGHZ 20, 127, 133; OLG Düsseldorf DAVorm 1982, 283, 285; OLG Hamm FamRZ 1980, 890, 892; vgl auch OLG Karlsruhe FamRZ 1979, 709, 711; AG Duisburg DAVorm 1981, 676, 678) durch den Gläubiger, dessen Recht auflösend bedingt ist. Demnach wird die Einziehung mit dem Bedingungseintritt grundsätzlich unwirksam (aM POHLE, in: FS Lehmann II [1956] 738, 741 ff). Zum Schutz des Leistenden greift aber § 407 ein, wenn er hinsichtlich der Bedingung gutgläubig war (FLUME § 39, 3 a; MünchKomm/H P WESTERMANN § 161 Rn 10; SOERGEL/WOLF § 161 Rn 3). § 407 wird hier angewendet, obwohl der Anwärter nach dem Bedingungseintritt nicht Rechtsnachfolger des bedingt Berechtigten ist (vgl § 158 Rn 21). Wenn der Schuldner die Bedingtheit der Zession kennt, muß er entweder verlangen, daß der Anwärter der Einziehung durch den derzeit Berechtigten zustimmt (vgl unten Rn 13), oder er muß in entsprechender Anwendung des § 372 hinterlegen (MünchKomm/H P WESTERMANN § 161 Rn 10).

Auch die *Zustimmung* des bedingt Berechtigten zu einer Verfügung eines Nichtberechtigten über den von der Bedingung betroffenen Gegenstand steht unter der Einschränkung des § 161 (FLUME § 39, 3 e). 6

Die *Prozeßführung* des Berechtigten wird durch § 161 nicht eingeschränkt, weil es sich bei ihr nicht um eine Verfügung handelt. Allerdings führt die Berücksichtigung des § 161 zu einer Beschränkung der Rechtskrafterstreckung (vgl näher Vorbem 48 f zu §§ 158 ff). 7

Die gegen die Wirkungen eines bedingten Verfügungsgeschäfts verstoßende Verfügung muß – da der Schutz des § 161 vom Bedingungseintritt abhängig ist, die Zwischenverfügung bis dahin also nur auflösend bedingt wirksam ist (s unten Rn 12) – **ihrerseits bedingungsfähig** sein. Deshalb ist die Vornahme einer Kündigung oder einer Aufrechnung als gegen die Bedingungswirkung verstoßendes Rechtsgeschäft endgültig unwirksam, weil Kündigung und Aufrechnung grundsätzlich nicht auf Zeit vorgenommen werden können (vgl Vorbem 38 ff zu §§ 158 ff). Allerdings muß dann auch hier zugunsten des Schuldners § 407 eingreifen (FLUME § 39, 3 a). 8

b) Den rechtsgeschäftlichen Verfügungen werden in § 161 Abs 1 S 2 Verfügungen durch den **Konkursverwalter** und Verfügungen im Wege der **Zwangsvollstreckung** oder der **Arrestvollziehung** gleichgestellt. Die aus solchen Verfügungen erlangten Rechte, insbesondere das Pfändungspfandrecht, erlöschen also mit Bedingungseintritt (MünchKomm/H P WESTERMANN § 161 Rn 14), so daß die Rechtsstellung des Anwärters grundsätzlich konkursfest ist. Eine andere Frage ist, ob der Insolvenzverwalter das schuldrechtliche Geschäft durch Erfüllungsablehnung gemäß § 17 KO/§ 103 InsO zu Fall bringen und damit den Bedingungseintritt vereiteln kann. – Die Eigentumsbegründung durch Hoheitsakt stellt hingegen als originärer Eigentumserwerb keine Verfügung im Sinne des § 161 dar. Deshalb ist die den Eigentumsübergang bewirkende Ablieferung durch den eine beschlagnahmte Sache versteigernden Gerichtsvollzieher nicht nach § 161 unwirksam (BGHZ 55, 20, 25; A BLOMEYER JR 1978, 271, 273; aM MAROTZKE NJW 1978, 133 ff). 9

c) **Kraft Gesetzes entstehende dingliche Rechte** an dem Gegenstand, über den bedingt verfügt wurde, können unter § 161 subsumiert werden (so für gesetzliche Pfandrechte ERMAN/HEFERMEHL § 161 Rn 3; MünchKomm/H P WESTERMANN § 161 Rn 13; SOERGEL/WOLF § 161 Rn 4; WEIMAR JR 1968, 456, 457; aM STAUDINGER/DILCHER[12] § 161 Rn 5). Es liegt zwar keine Verfügung vor, wohl aber eine Realhandlung (etwa das Einbringen in eine gemietete Wohnung), die in ihrer Wirkung der rechtsgeschäftlichen Verpfändung gleichsteht und daher nach Sinn und Zweck des § 161 zum Schutz des Anwär- 10 ters erfaßt werden muß. Das bedeutet, daß das gesetzliche Pfandrecht bei Bedingungseintritt unwirksam wird. Ein gutgläubiger Erwerb kommt nicht in Betracht (aM MünchKomm/H P Westermann § 161 Rn 13), da es bei gesetzlichen Pfandrechten grundsätzlich keinen gutgläubigen Erwerb gibt und § 161 Abs 3 den gutgläubigen Erwerb nur im Rahmen der allgemeinen Vorschriften zuläßt (s Rn 15).

2. Vereitelnde oder beeinträchtigende Wirkung

11 § 161 erfaßt nur solche Verfügungen während der Schwebezeit, die die Bedingungswirkung nachteilig beeinflussen. Das liegt vor, wenn der Rechtsübergang auf den Anwärter ausfallen würde oder wenn das Recht zwar übergehen würde, aber belastet oder in seinem Inhalt verändert wäre (Soergel/Wolf § 161 Rn 5; vgl auch BayObLG NJW-RR 1986, 93, 94 f). Dementsprechend werden für die Bedingungswirkung vorteilhafte Verfügungen des bedingt Berechtigten nicht berührt. Maßgebend ist hierbei der konkrete Bedingungsinhalt. Ebensowenig werden neutrale Verfügungen erfaßt. So kann zB eine aufschiebend bedingt verpfändete Sache einem Dritten nach §§ 929, 931 übereignet werden. In diesem Falle kann das Pfandrecht gemäß § 936 Abs 3 mit dem Bedingungseintritt entstehen (Erman/Hefermehl § 161 Rn 2; MünchKomm/H P Westermann § 161 Rn 12; Soergel/Wolf § 161 Rn 5).

IV. Rechtsfolgen

12 Die in § 161 angeordnete Einschränkung der Verfügungsmacht bewirkt bei den hiergegen verstoßenden Verfügungen nicht nur, wie bei einem Veräußerungsverbot nach §§ 135, 136, eine relative, sondern eine **absolute Unwirksamkeit** (Enneccerus/Nipperdey § 198 I 2; Erman/Hefermehl § 161 Rn 1/5; MünchKomm/H P Westermann § 161 Rn 7 f; Soergel/Wolf § 161 Rn 9; Winkler MittBayNot 1978, 1 ff). Demnach kann sich auf die eingetretene Unwirksamkeit nicht nur der begünstigte Erwerber, sondern jedermann berufen. Daß nur vereitelnde oder beeinträchtigende Verfügungen sanktioniert sind, führt also nur zu einer objektiven, nicht zu einer subjektiven Begrenzung der Unwirksamkeit. Im übrigen ergibt sich schon aus dem Wortlaut der Vorschrift, daß die Zwischenverfügung **erst bei Bedingungseintritt** unwirksam wird. Bis dahin ist sie (ihrerseits auflösend bedingt) wirksam (vgl aber Soergel/Wolf § 161 Rn 1: wird von Anfang an unwirksam; für Rückwirkung auch Brox JuS 1984, 657, 658; Kohler DNotZ 1989, 339, 344). Außerdem ergibt sich aus Sinn und Zweck der Norm, daß die Unwirksamkeit nur **soweit wie die Unverträglichkeit reicht**. Ist zB für ein dingliches Recht aufschiebend bedingt eine Inhaltsänderung vereinbart, so ist eine spätere Belastung des Rechts nicht grundsätzlich unwirksam, sondern es ist zu prüfen, ob die Belastung für das inhaltlich geänderte Recht bestehen bleiben kann (vgl BayObLG NJW-RR 1986, 93, 94 f).

13 Da jedoch die Einschränkung der Verfügungsmacht den Schutz des privaten Interesses des Anwärters verfolgt (s oben Rn 2), kann dieser durch **Zustimmung**, also durch Einwilligung oder Genehmigung, den Mangel beseitigen und auf diese Weise die Wirksamkeit der Verfügung begründen (BGHZ 92, 280, 288; RGZ 76, 89, 91; OLG Celle OLGZ 1979, 329, 332/334; MünchKomm/H P Westermann § 161 Rn 7; Soergel/Wolf § 161 Rn 9).

V. Schutz des gutgläubigen Erwerbers

§ 161 Abs 3 erstreckt den Schutz des guten Glaubens beim Erwerb vom Nichtberechtigten auf die in § 161 Abs 1 und 2 vorgesehenen Beschränkungen der Verfügungsmacht. Diese Erstreckung ist notwendig, weil der Verfügende im Moment der Zwischenverfügung noch Berechtigter war (s oben Rn 1). **14**

Voraussetzung des gutgläubigen Erwerbs ist zunächst ein **rechtsgeschäftliches Verkehrsgeschäft**. Sodann muß der Erwerber **gutgläubig** sein. Der gute Glaube muß sich darauf beziehen, daß die Verfügungsmacht des Verfügenden nicht durch eine schwebende Bedingung beschränkt war (LARENZ § 25 III b; SOERGEL/WOLF § 161 Rn 11). Bei Verfügungen über *bewegliche Sachen* gelten dann die §§ 932 ff, 1032, 1207, 1208, 1244 und §§ 366, 367 HGB entsprechend. Demnach schließt die auf grober Fahrlässigkeit beruhende Unkenntnis des Erwerbers seinen guten Glauben aus. An abhanden gekommenen Sachen ist ein gutgläubiger Erwerb durch § 935 ausgeschlossen. Bei Verfügungen über *Grundstücksrechte* gelten die §§ 892, 893, 1138, 1155 entsprechend. Ein vorsichtiger Anwärter kann daher einen gutgläubigen Erwerb verhindern, denn zu seinem Schutz gegen einen Rechtsverlust durch gutgläubigen Erwerb Dritter ist die Eintragung der schwebenden Bedingung im Grundbuch zulässig (RGZ 76, 89, 91; BayObLG NJW-RR 1986, 697, 698; LG Nürnberg-Fürth MittBayNot 1982, 21, 22; ERMAN/HEFERMEHL § 161 Rn 6; SOERGEL/WOLF § 161 Rn 12; WINKLER MittBayNot 1978, 1, 2). Außerdem kommt die Sicherung durch Eintragung einer Vormerkung in Betracht. Bei *Forderungen und sonstigen Rechten* (§ 413) gibt es grundsätzlich keinen gutgläubigen Erwerb, also auch nicht im Rahmen des § 161 (vgl zB für GmbH-Anteile BFHE 153, 318, 321 f; FG Münster EFG 1986, 186, 187). **15**

Soweit § 161 Abs 3 eingreift, also ein in der Verfügungsmacht Beschränkter gegenüber einem gutgläubigen Erwerber wirksam verfügt hat, sind auch die §§ 816, 822 anwendbar. Außerdem ist § 160 in Betracht zu ziehen. **16**

§ 162

[1] **Wird der Eintritt der Bedingung von der Partei, zu deren Nachteil er gereichen würde, wider Treu und Glauben verhindert, so gilt die Bedingung als eingetreten.**

[2] **Wird der Eintritt der Bedingung von der Partei, zu deren Vorteil er gereicht, wider Treu und Glauben herbeigeführt, so gilt der Eintritt als nicht erfolgt.**

Materialien: E I § 136; II § 132; III § 158; Mot I 262; Prot I 184; VI 133.

Schrifttum

Vgl die Literaturhinweise bei Vorbem zu §§ 158–163 sowie

GANNS, Die analoge Anwendung des § 162 BGB (Diss Bielefeld 1983)

KRÜCKMANN, Verhinderung des Vertragsschlusses, Recht 1911, 56

SCHIEDERMAIR, Das Anwendungsgebiet des § 162 BGB (1929).

Systematische Übersicht

I.	Allgemeines	1	III.	Rechtsfolgen	
			1.	Fiktion	11
II.	Voraussetzungen		2.	Zeitpunkt	12
1.	Beeinflussung des Kausalverlaufs	3			
a)	Beeinflußbarkeit	3	IV.	Anwendungsbereich	
b)	Beeinflussung	5	1.	Direkte Anwendung	13
2.	Treuwidrigkeit	7	2.	Analoge Anwendung	15

Alphabetische Übersicht

S Vorbem zu §§ 158–163.

I. Allgemeines

1 Daß einem Rechtsgeschäft eine Bedingung hinzugefügt ist, begründet grundsätzlich **keine Pflicht, den Bedingungseintritt zu fördern**. Bei Verpflichtungsgeschäften kann sich eine derartige Pflicht allerdings als Nebenpflicht ergeben (s § 158 Rn 2). Auch § 160 bestimmt lediglich, daß die mit der Bedingung erstrebten Rechtswirkungen nicht beeinträchtigt werden dürfen (s § 160 Rn 7). Eine Pflicht, auf den Bedingungseintritt hinzuwirken, wird dadurch nicht begründet (s auch unten Rn 5).

2 Um aber Manipulationen beim Bedingungseintritt oder Bedingungsausfall zu verhindern, normiert § 162 eine **gesetzliche Treuepflicht**: Derjenige, zu dessen Nachteil der Bedingungseintritt gereicht, darf den Lauf der Dinge nicht zu seinen Gunsten korrigieren und die Bedingung treuwidrig verhindern; derjenige, zu dessen Vorteil der Bedingungseintritt gereicht, darf die Bedingung nicht treuwidrig herbeiführen. Das Gesetz verbindet diese Regel mit einer **Ergebnisfiktion**: Bei entsprechendem treuwidrigem Verhalten wird das den Tatsachen entgegengesetzte Ergebnis fingiert. Diese Regelung, die auf das römische Recht zurückgeht (vgl FLUME § 40, 1 b) und bei der es sich um *zwingendes Recht* handelt, ist als besondere Ausprägung des Grundsatzes von Treu und Glauben zu verstehen, wonach niemand aus eigenem treuwidrigen Verhalten einen Vorteil ziehen darf (vgl nur BGH NJW-RR 1991, 177, 178; BAGE 4, 306, 309; SOERGEL/WOLF § 162 Rn 1). Freilich geht es bei § 162 nicht so sehr um eine Sanktion für treuwidriges Verhalten als vielmehr um eine flankierende Maßnahme zur Durchsetzung des ursprünglichen rechtsgeschäftlichen Parteiwillens (OLG Düsseldorf NJW 1981, 463, 464; FLUME § 40, 1 b; MünchKomm/H P WESTERMANN § 162 Rn 3). Deshalb muß auch eine sachgerechte, an Treu und Glauben orientierte *Vertragsauslegung* den Vorrang genießen (vgl BGH VersR 1986, 58 sowie zu den Umgehungsgeschäften unten Rn 9; fragwürdig deshalb LG Hanau NJW 1983, 2577, das einen Studienabbruch dem zur Bedingung für die Rückzahlung eines Studiendarlehens erhobenen Examen nicht gleichstellen will).

II. Voraussetzungen

1. Beeinflussung des Kausalverlaufs

3 a) Erste Voraussetzung für die Rechtsfolgen des § 162 ist eine tatsächliche Beein-

flussung des Kausalverlaufs, der zum Bedingungseintritt oder zum Bedingungsausfall führen soll, durch die jeweils berührte Partei. Dies setzt die objektive **Beeinflußbarkeit** des Kausalverlaufs voraus. Der Versuch, auf einen objektiv von der Partei nicht beeinflußbaren Kausalverlauf einzuwirken, genügt nicht (was zugleich zeigt, daß § 162 keine Sanktion für treuwidriges Verhalten ist, s Rn 2).

Diese Voraussetzung ist auch bei der *Potestativbedingung* (dazu allg Vorbem 14 ff zu **4** §§ 158 ff) erfüllt. Ein Grund, § 162 hier generell nicht anzuwenden, wie dies in Mot I 263 und im Anschluß an RGZ 53, 257, 259 von FLUME (§ 40, 1 f; zust LG Krefeld WuM 1989, 168; ERMAN/HEFERMEHL § 162 Rn 3; JAUERNIG § 162 Anm 1 b/c; KNÜTEL FamRZ 1981, 1079; PALANDT/HEINRICHS § 162 Rn 1) vertreten wird, besteht nicht. Auf jeden Fall kommen bei der Potestativbedingung treuwidrige Beeinflussungen des Kausalverlaufs durch die Gegenseite oder einen Dritten in Betracht (vgl SOERGEL/WOLF § 162 Rn 6). Aber auch im übrigen erfüllt die Potestativbedingung, und zwar in besonderem Maße, die Voraussetzung menschlicher Beeinflußbarkeit des Kausalverlaufs, so daß insoweit hinreichender Grund für einen Schutz gegen treuwidrige Beeinflussungen besteht (ebenso RG Recht 1922 Nr 406; OLG München NJW-RR 1988, 58, 59; vMETTENHEIM RIW 1981, 581, 583; grds auch ENNECCERUS/NIPPERDEY § 196 III; MünchKomm/H P WESTERMANN § 162 Rn 4; offen BGH WM 1972, 1422, 1424). Dies gilt zB für die Ersatzraumbeschaffung als Bedingung einer Mietvertragsbeendigung (vgl MünchKomm/H P WESTERMANN § 162 Rn 14), für die Gestellung angemessener Nachmieter (OLG Düsseldorf NJW-RR 1992, 657; AG Essen WuM 1983, 230 m Anm RÖCHLING; AG Köln WuM 1988, 106) oder für die Wiederverheiratung als auflösende Bedingung für einen in einem Scheidungsvergleich vereinbarten Unterhaltsanspruch (zT abw OLG Düsseldorf NJW 1981, 463; vgl auch unten Rn 15 zu den gesetzlichen Unterhaltsansprüchen). Freilich muß bei der Bestimmung der Treuwidrigkeit (s Rn 7) berücksichtigt werden, daß bei einer Wollensbedingung auf die Interessen des Vertragspartners nur eingeschränkt Rücksicht zu nehmen ist, so daß die Voraussetzungen des § 162 nur in Ausnahmefällen vorliegen werden (iE ebenso OLG München NJW-RR 1988, 58, 59; RING JuS 1991, 634 ff; SOERGEL/WOLF § 162 Rn 6).

b) Für die tatsächliche **Beeinflussung** des Kausalverlaufs genügt *jede auch nur mit-* **5** *telbare Einwirkung* (BGH BB 1965, 1052). Das vom Begünstigten nicht beherrschbare Verhalten eines Dritten oder sonstige von seinem Willen unabhängige Ereignisse können die Rechtsfolgen des § 162 hingegen nicht auslösen (vgl für den Konkurs LG Bielefeld ZIP 1987, 730 = KTS 1987, 533 m zust Anm WAGNER = EWiR 1987, 441 [zust JOHLKE] sowie MünchKomm/H P WESTERMANN § 162 Rn 9; vgl aber OLG Hamm KTS 1987, 527). Die Beeinflussung ist durch *positives Tun* ebenso wie durch *Unterlassen* möglich. Die Beeinflussung durch Unterlassen setzt allerdings eine entsprechende Rechtspflicht zum Handeln voraus. Diese wird vielfach dem Grundsatz von Treu und Glauben entnommen (vgl BGH MDR 1959, 924; RGZ 79, 96, 98; LG Hannover WuM 1990, 334, 335). Dies erscheint jedoch nicht als zutreffend, weil der Verstoß gegen Treu und Glauben nach der Formulierung des § 162 ein zusätzliches Tatbestandsmerkmal ist und erst zur Mißbilligung des bereits als rechtserheblich festgestellten Kausalverlaufs herangezogen werden kann (s Rn 7). Deshalb muß sich die Rechtspflicht zum Handeln aus einer anderen Grundlage ergeben. Sie kann insbesondere in der Pflicht zur Förderung des Vertragszwecks begründet sein (s auch Rn 1).

Die Einflußnahme auf den Kausalverlauf muß eine **Verhinderung** des Eintritts einer **6** aufschiebenden Bedingung bzw die **Herbeiführung** des Eintritts einer auflösenden

Bedingung zur Folge gehabt haben. Die bloße *Erschwerung* bzw *Erleichterung* beider Ereignisse genügt nicht (RGZ 66, 222, 226). Jedoch ist § 162 anzuwenden, wenn der Eintritt einer aufschiebenden Bedingung durch dauernde Verzögerung behindert wird (SOERGEL/WOLF § 162 Rn 12; krit MünchKomm/H P WESTERMANN § 162 Rn 15).

2. Treuwidrigkeit

7 Nach einer noch in § 136 E I vorgesehenen Regel sollte es erforderlich sein, daß sich die Beeinflussung des Kausalverlaufs durch die davon begünstigte Partei gegen den Inhalt des Rechtsgeschäfts richtete. Der heutige Gesetzeswortlaut geht weiter: Die Treuwidrigkeit wird aus dem Grundsatz des § 242 hergeleitet, wonach das **Gesamtverhalten** nach *Anlaß, Zweck und Beweggrund unter Berücksichtigung aller Umstände des Einzelfalles* zu würdigen ist (SOERGEL/WOLF § 162 Rn 7; vgl auch OLG Düsseldorf NJW-RR 1987, 362, 364; OLG Hamm NJW-RR 1989, 1366). Zu den Umständen des Einzelfalles gehört dann natürlich auch der Inhalt des Rechtsgeschäfts, durch dessen Auslegung in erster Linie zu ermitteln ist, welches Verhalten von einem loyalen Vertragspartner zu erwarten war (BGH NJW 1984, 2568, 2569; MünchKomm/H P WESTERMANN § 162 Rn 9).

8 **Treuwidrig** ist es deshalb schon, wenn der *Mißerfolg provoziert* wurde. Das ist zB der Fall, wenn die finanzielle Leistungsfähigkeit zur aufschiebenden Bedingung für die Leistungspflicht erhoben worden ist und der Schuldner dann „nicht gehörig arbeitet" (BGH BB 1965, 1052) oder wenn ein sonstiger Bedingungseintritt an der finanziellen Leistungsfähigkeit scheitert, solange diese nur im Risikobereich des durch den Bedingungsausfall Begünstigten liegt (vgl BGH NJW-RR 1989, 802 f; LG Essen WuM 1992, 359, 360; im konkreten Fall Treuwidrigkeit zutr verneinend OLG Hamm NJW-RR 1989, 1366). Auch die Zurückweisung der von einem Dritten für den Vorbehaltskäufer angebotenen Zahlung des Restkaufpreises kann treuwidrig sein, so daß gemäß § 162 der Eigentumserwerb des Käufers eintritt (OLG Hamburg MDR 1959, 398, 399; MünchKomm/ H P WESTERMANN § 162 Rn 7; SOERGEL/WOLF § 162 Rn 9; vgl auch BGHZ 75, 221, 228 sowie unten Rn 16, 18). Treuwidrig handelt ferner, wer ein Kind adoptiert, um einen für den Fall der Kinderlosigkeit bestehenden Vermächtnisanspruch zu vereiteln (OLG Stuttgart FamRZ 1981, 818 m zust Anm BAUSCH; vgl auch BayObLGZ 1984, 246, 249), wer die Gegenseite an Maßnahmen hindert, die zum Bedingungseintritt oder -ausfall erforderlich sind (vgl OLG Düsseldorf OLGZ 1990, 224, 225 f; DB 1984, 239 und unten Rn 16), oder wer sich ohne vernünftigen Grund weigert, zur Bedingung erhobene Erklärungen abzugeben (vgl OLG Hamm NJW-RR 1995, 113, 114) oder Verträge mit Dritten zu schließen (s Rn 4, 9 sowie BGH NJW-RR 1990, 1009, 1011; OLG München NJW-RR 1988, 58, 59 [dazu RING JuS 1991, 634, 638 f]; WM 1984, 1335, 1336).

9 An der Treuwidrigkeit fehlt es bei *wirtschaftlich vernünftigen Gründen* für das beeinflussende Verhalten (KG DAR 1980, 118, 119). **Nicht treuwidrig** ist es daher zB, wenn aus wirtschaftlich fundiertem Grunde statt eines Hausbaus das Hausgrundstück verkauft wird (BGH WM 1964, 921, 922; SOERGEL/WOLF § 162 Rn 10) oder wenn ein Käufer die Ratenzahlung einstellt, weil ihm die dann eintretenden vertraglich geregelten Verzugsfolgen günstiger erscheinen (BGH NJW 1984, 2568, 2569; vgl aber auch KG DAR 1980, 118, 119). Das gleiche gilt, wenn ein Bauherr den gegen die Versagung der beantragten Baugenehmigung eingelegten Widerspruch zurücknimmt, weil aufgrund Zeitablaufs die Durchführung des Baues ohne Interesse für ihn ist (OLG Köln OLGZ 1974, 8, 10). Nicht treu-

widrig ist es ferner, aus einem wirtschaftlich anerkennenswerten Grunde vom Abschluß eines vermittelten Vertrages abzusehen, obwohl deshalb dem Makler die Provision entgeht (BGH BB 1960, 1262; freilich wird es in solchen Fällen, in denen der Vertragsschluß mit einem Dritten zur Bedingung erhoben wurde, häufig schon an einer Rechtspflicht zum Handeln fehlen, s LG Hannover WuM 1990, 334, 335 und oben Rn 5). Wurde allerdings der Makler zu besonderer Tätigkeit angespornt, so kann das Unterlassen des Vertragsabschlusses treuwidrig sein (BGH NJW 1966, 1404, 1405). Wird der Makler nicht darauf hingewiesen, daß das Objekt bereits bekannt ist, liegt kein Fall des § 162, sondern eine cic vor (aM OLG Koblenz MDR 1990, 1115, 1116; s auch Rn 15). Läßt der Vertragspartner das Objekt von einem ihm nahestehenden Dritten erwerben, so ist die Bedingung für den Provisionsanspruch – wie bei allen *Umgehungsgeschäften* (allg dazu KNÜTEL FamRZ 1981, 1079; vgl auch BGH JR 1992, 415 m Anm PROBST) – nicht ausgefallen, sondern bei der im Maklerrecht vorherrschenden wirtschaftlichen Betrachtungsweise eingetreten (vgl BGH BB 1990, 2296; SCHEIBE BB 1988, 849, 850 ff, 855 f; für Anwendung des § 162 hingegen SCHÄFER BB 1990, 2275, 2277). Nur wo eine solche sachgerechte Tatbestandsauslegung nicht in Betracht kommt, bedarf es eines Rückgriffs auf § 162 (s auch unten Rn 15), dessen Voraussetzungen bei „Vorschieben" eines Dritten regelmäßig erfüllt sein werden (vgl BGH NJW 1982, 2552, 2553). Bei *eigener Vertragsuntreue* des Vertragspartners kommt § 162 nicht zum Zuge (BGH NJW 1984, 2568, 2569).

Ein **Verschulden** des Handelnden im technischen Sinne ist nach heute überwiegender 10 Auffassung nicht erforderlich (ERMAN/HEFERMEHL § 162 Rn 2; JAUERNIG § 162 Anm 2 b; PALANDT/HEINRICHS § 162 Rn 3; SCHIEDERMAIR 16 ff; SOERGEL/WOLF § 162 Rn 8), so daß auch das Verhalten eines Schuldunfähigen von § 162 erfaßt werden kann. Ursprünglich wurde allerdings Vorsatz verlangt, also das Wissen und Wollen der treuwidrigen Kausalverlaufsbeeinflussung. Seit RGZ 122, 247, 251 wird auch fahrlässiges Handeln als hinreichend bewertet (vgl BGH NJW-RR 1989, 802; OLG Düsseldorf NJW 1981, 463, 464; ENNECCERUS/NIPPERDEY § 196 III; FLUME § 40, 1 e; MünchKomm/H P WESTERMANN § 162 Rn 10). Das Gesetz gibt für ein solches zusätzliches Tatbestandsmerkmal keinen Anhalt, so daß es ausreichen muß, wenn sich das Verhalten bei Würdigung (auch) der subjektiven Beweggründe als treuwidrig darstellt (s Rn 7). Das gilt um so mehr, als es sich bei § 162 nicht um eine Sanktion handelt (s Rn 2). Da aber auch der Sorgfaltsmaßstab bei der Fahrlässigkeit objektiv bestimmt wird, werden sich Unterschiede im praktischen Ergebnis kaum finden lassen (vgl auch MünchKomm/H P WESTERMANN § 162 Rn 10).

III. Rechtsfolgen

1. Fiktion

Als Folge einer treuwidrigen Einflußnahme auf den Kausalverlauf wird kraft Geset- 11 zes fingiert, daß die Bedingung, deren Eintritt herbeigeführt wurde, nicht eingetreten (bzw eine Bedingung, deren Eintritt verhindert wurde, eingetreten) ist. *Nicht fingiert* (und auch nicht vermutet) wird der ursächliche Zusammenhang zwischen dem Parteiverhalten und der eingetretenen Sachlage (s Rn 3). Er muß nach den allgemeinen Regeln *bewiesen* werden (BGH JZ 1958, 211; RGZ 66, 222, 224; SOERGEL/WOLF § 162 Rn 13). Allerdings muß nicht bewiesen werden, daß keine andere Ursache zur Vereitelung des Eintritts bzw zur Herbeiführung des Ausfalls hätte führen können (RG JW 1911, 213, 214). Wer aus der Fiktion Rechte herleitet, muß das treuwidrige Verhalten beweisen (LG Aachen NJW-RR 1986, 411, 412).

2. Zeitpunkt

12 Als Zeitpunkt des Bedingungseintritts wird nach hM derjenige Augenblick angesehen, in dem die Bedingung bei ordnungsgemäßem Verhalten des Verpflichteten mutmaßlich eingetreten wäre (Mot I 263; RGZ 79, 96, 101; OLG Düsseldorf NJW 1981, 463, 464; SOERGEL/WOLF § 162 Rn 7). Ist dieser Zeitpunkt nicht festzustellen, so soll hilfsweise auf den Zeitpunkt abgestellt werden, in dem die treuwidrige Handlung beendet wurde (BGB-RGRK/STEFFEN § 162 Rn 5; SOERGEL/WOLF § 162 Rn 14). Der BGH (NJW 1975, 205, 206) nimmt dies für den Fall an, daß die Erfüllung der ursprünglichen Leistung nicht mehr möglich ist. Nach anderer Auffassung ist dagegen der Bedingungseintritt stets zu dem Zeitpunkt anzunehmen, in dem die treuwidrige Handlung vorgenommen wurde (ERMAN/HEFERMEHL § 162 Rn 6; JAUERNIG § 162 Anm 3; MünchKomm/H P WESTERMANN § 162 Rn 17). Zutreffend erscheint demgegenüber die von FLUME (§ 40, 1 b) vertretene Mittelmeinung, wonach der erstgenannte Gesichtspunkt in den Fällen des *dies incertus an, certus quando* (vgl Vorbem 4 zu §§ 158 ff) gelten muß, also zB, wenn das Erleben eines bestimmten Tages zur Bedingung erhoben war. Auf den Zeitpunkt der Handlungsbeendigung soll dagegen in den Fällen des *dies incertus an, incertus quando* abgestellt werden, also zB wenn das Überleben einer Person gegenüber einer anderen die Bedingung bildete.

IV. Anwendungsbereich

1. Direkte Anwendung

13 § 162 greift nur bei **rechtsgeschäftlich gesetzten Bedingungen**, nicht auch bei Rechtsbedingungen ein (RGZ 129, 357, 376; FLUME § 40, 1 g; SOERGEL/WOLF § 162 Rn 5; allg zur Rechtsbedingung Vorbem 22 ff zu §§ 158 ff). Gleichwohl wird der Rechtsgedanken des § 162 vielfach herangezogen, wenn jemand anspruchsbegründende oder -vernichtende gesetzliche Tatbestandsmerkmale treuwidrig herbeiführt oder verhindert (s Rn 15 ff). Zur Potestativbedingung s oben Rn 4. Für das Erbrecht enthält § 2076 eine Sonderregelung (s dazu FLUME § 40, 1 d).

14 § 162 gilt nicht für das gesetzliche Erfordernis einer *behördlichen Genehmigung* (RGZ 168, 261, 267; 129, 357, 376; OLG Frankfurt DNotZ 1972, 180, 181; ERMAN/HEFERMEHL § 162 Rn 1). Jedoch kann sich aus § 242 die Pflicht zur Mitwirkung bei der Herbeiführung einer behördlichen Genehmigung ergeben (vgl BGH MDR 1963, 837, 838; MünchKomm/H P WESTERMANN § 162 Rn 5). Hinsichtlich der *vormundschaftsgerichtlichen Genehmigung* wird in § 1829 dem gesetzlichen Vertreter ausdrücklich zugebilligt, daß er von ihr nach seinem freien Ermessen Gebrauch machen darf (BGHZ 54, 71, 73; FLUME § 40, 1 g). Ist hingegen eine nach dem Gesetz nicht erforderliche Genehmigung eines Dritten einzuholen, so ist § 162 anwendbar (vgl BAG ZIP 1985, 1510, 1512).

2. Analoge Anwendung

15 § 162 ist Ausdruck eines **allgemeinen Rechtsgedankens** (vgl nur BVerfGE 83, 82, 86 und ausf GANNS 138 ff), der freilich nicht überstrapaziert werden sollte. Bedenkt man, daß es bei § 162 nicht um eine Sanktion für treuwidriges Verhalten geht, sondern um die Durchsetzung des ursprünglichen rechtsgeschäftlichen Parteiwillens (s oben Rn 2), so sind der Analogie zu § 162 Grenzen gesetzt. Vorrangig ist zu überlegen, ob sich das

Problem nicht durch eine sachgerechte *Auslegung besonderer Tatbestände* lösen läßt (vgl für die „Kenntnis" in § 852 bei verweigerter Kenntnisnahme BGH VersR 1991, 1032 und NJW-RR 1990, 606; für die „schwere Verfehlung" in § 66 EheG bei verweigerter Wiederverheiratung BGH NJW-RR 1991, 388 und FamRZ 1982, 896, 897; entsprechend für § 1579 Abs 1 Nr 4 BGH NJW 1984, 2692 ff; vgl auch OLG Celle FamRZ 1980, 256, 258; ROTH-STIELOW JR 1982, 53 ff). Hilfsweise wird in vielen Fällen ein *Rückgriff auf § 242* vorzuziehen sein (vgl auch MünchKomm/H P WESTERMANN § 162 Rn 18), sofern nicht überhaupt das treuwidrige Verhalten *selbständige Gegenansprüche* auslöst, etwa solche aus cic oder pVV (unnötig deshalb zB der Rückgriff auf § 162 in LG Berlin WM 1981, 1242; vgl auch oben Rn 9).

Analoge Anwendung findet die Regelung des § 162 in bestimmten Fällen der **16** *Zugangsvereitelung* (s STAUDINGER/DILCHER[12] § 130 Rn 51). Ebenso wird § 162 analog herangezogen, wenn ein Gläubiger einer durch Pfandrecht oder Bürgschaft gesicherten Forderung selbst die *Nichterfüllung* durch den Hauptschuldner herbeiführt (BGH BB 1966, 305; ERMAN/HEFERMEHL § 162 Rn 7), oder wenn ein Grundstückseigentümer die Zustimmung zur Belastung eines Erbbaurechts verweigert und dadurch den Heimfallanspruch wegen nicht fristgerechter Bebauung auslöst (BGH NJW-RR 1993, 465, 466). Auch wenn beim finanzierten Abzahlungskauf die *Abnahme der Sache* grundlos abgelehnt wird, muß sich der Käufer gegenüber der finanzierenden Bank so behandeln lassen, als sei er Besitzer geworden (BGH NJW 1964, 36, 37; SOERGEL/WOLF § 162 Rn 16). Wer eine vom Werkunternehmer geschuldete Mängelbeseitigung verhindert, muß sich nach dem Rechtsgedanken des § 162 so behandeln lassen, als seien die Mängel beseitigt (BGHZ 88, 240, 248). Weiter wird § 162 auch dann analog herangezogen, wenn jemand den Vertragspartner durch eigenes Verhalten von bestimmten (fristwahrenden) Maßnahmen abhält (vgl für den Rücktritt BGH NJW-RR 1991, 177, 178; ferner BGH MDR 1986, 316 [LS] für einen Entschädigungsantrag; BAGE 66, 1, 8 für einen Konkursantrag); allerdings dürfte auch hier § 242 besser passen (vgl für den Scheidungsantrag BGH NJW 1993, 1004, 1005).

Ferner findet der Rechtsgedanke des § 162 im *Arbeitsrecht* Anwendung. So wird er **17** herangezogen, wenn bei einem Dienstvertrag auf Lebenszeit der Dienstherr eine als Gegenleistung vereinbarte Geschäftsübertragung dadurch verhindert, daß er die vorzeitige Lösung des Vertragsverhältnisses in einer von ihm zu vertretenden Weise herbeiführt (RGZ 170, 385, 389). Dasselbe gilt hinsichtlich betrieblicher Ruhegeldvereinbarungen (BGHZ 22, 375, 378; NIKISCH NJW 1954, 529, 532; vgl für betriebsbedingte Kündigungen aber BAG BB 1983, 2119, 2120). Ebenso kann der Rechtsgedanke des § 162 bei Kündigungen unmittelbar vor Eintritt eines Kündigungsschutzes eingreifen (BAGE 4, 306, 309; BAG NJW 1983, 2836, 2837; SAE 1980, 36, 37; vgl aber auch LAG Schleswig-Holstein DB 1983, 2260) sowie bei Kündigungen zur Umgehung des Weihnachtsgeldanspruchs (SOERGEL/WOLF § 162 Rn 16) oder sonstiger an einen Stichtag gebundener Gratifikationen. Eine betriebsbedingte Kündigung ist dabei aber als solche nicht treuwidrig iSd § 162 (BAG NJW 1993, 1414, 1415; 1986, 1063; BB 1991, 1713, 1715; s dazu auch MISERA SAE 1992, 242 ff; REICHOLD DB 1988, 498 ff; REISERER NZA 1992, 436 ff). Auch eine rückwirkende Lohnminderung im Falle einer Kündigung seitens des Arbeitnehmers verstößt gegen den Grundsatz des § 162 (SCHAUB, Arbeitsrechtshandbuch [7. Aufl 1992] § 74 II). Die Kündigung ist einem Arbeitgeber ferner versagt, wenn er ein zur Kündigung berechtigendes Fehlverhalten des Arbeitnehmers provoziert hat (vgl LAG Hamm LAGE § 626 BGB Nr 44 sowie oben Rn 8). Umgekehrt kann sich ein Arbeitnehmer auf eine Verlängerung seiner Probezeit nicht berufen, wenn er die Unterbrechung der Probezeit treuwidrig herbeigeführt hat (BAG NJW 1982, 2628, 2629 f).

18 In gleicher Weise gilt der Rechtsgedanke des § 162 für das *zivilprozessuale Erkenntnisverfahren* (vgl für die unter eine Bedingung gestellte Verpflichtung zur Rechtsmittelrücknahme BGH NJW 1989, 802) und für das *Vollstreckungsverfahren*, etwa wenn der Eigentümer einer unter Eigentumsvorbehalt verkauften Sache die Zahlung des Restkaufpreises durch den Pfandgläubiger ablehnt (ERMAN/HEFERMEHL § 162 Rn 4; vgl auch oben Rn 8). Ebenso kann sich auf die durch Einleitung der Zwangsversteigerung begründete Fälligkeit derjenige Gläubiger nicht berufen, der selbst das Zwangsversteigerungsverfahren zu Unrecht herbeigeführt hat (RG HRR 1931, 1905).

19 Schließlich gilt der Rechtsgedanke des § 162 auch im *Verwaltungsrecht* (BVerwGE 68, 156, 159; 31, 197, 200; 11, 350, 352; 9, 89, 92; BVerwG NVwZ 1993, 1101; JR 1970, 274, 275; OVG Koblenz NVwZ 1988, 945, 946 und 947, 948; MünchKomm/H P WESTERMANN § 162 Rn 8; vgl auch BGH MDR 1986, 316 [LS]), auch für die Frage der Zugangsvereitelung (BVerwGE 85, 213, 216; BVerwG NVwZ 1987, 793, 794). Für öffentlich-rechtliche Verträge ergibt sich die Anwendbarkeit von § 162 BGB unmittelbar aus § 62 S 2 VwVfG.

§ 163

Ist für die Wirkung eines Rechtsgeschäfts bei dessen Vornahme ein Anfangs- oder ein Endtermin bestimmt worden, so finden im ersteren Falle die für die aufschiebende, im letzteren Falle die für die auflösende Bedingung geltenden Vorschriften der §§ 158, 160, 161 entsprechende Anwendung.

Materialien: E I §§ 141 und 142; II § 133; III § 159; Mot I 269; Prot I 186.

Schrifttum

Vgl die Literaturhinweise bei Vorbem zu §§ 158–163 sowie
DU CHESNE, Betagte Rechte, BayZ 1909, 423
NASTELSKI, Die Zeit als Bestandteil des Leistungsinhalts, JuS 1962, 289
ROMEICK, Zur Technik des Bürgerlichen Gesetzbuchs: Die Fristbestimmung (1901)

U SCHNEIDER, Die Rückdatierung von Rechtsgeschäften, AcP 175 (1975) 279
PLANDER, Befristung von Arbeitsverhältnissen im Bereich der Drittmittelforschung, WissR 1982, 3.

Systematische Übersicht

I.	**Befristung**			
1.	Begriff	1	1. Verweisung auf das Recht der Bedingung	5
2.	Befristung und Betagung	2	2. Prozessuales	10
3.	Befristung und Bedingung	4		
II.	**Regelungsgehalt des § 163**		III. **Befristungen im öffentlichen Recht**	11

4. Titel.
Bedingung. Zeitbestimmung

Alphabetische Übersicht

S Vorbem zu §§ 158–163.

I. Befristung

1. Begriff

Eine Befristung oder, wie das BGB sagt, eine Zeitbestimmung, ist die auf dem Parteiwillen beruhende Gestaltung des Rechtsgeschäfts, kraft deren seine Wirkungen entweder erst von einem künftigen zeitlich bestimmten Augenblick ab oder nur bis zu einem solchen bestehen sollen (ENNECCERUS/NIPPERDEY § 193 II). Im ersten Falle wird der entscheidende Zeitpunkt *Anfangstermin* (*dies a quo*), im letzteren Falle *Endtermin* (*dies ad quem*) genannt (vgl zur auflösenden Befristung RGZ 76, 89, 90; BayObLG NJW-RR 1993, 1164, 1165). Es handelt sich auch hier um eine rechtsgeschäftliche Nebenabrede (s schon Vorbem 3, 7 zu §§ 158 ff), die durch Änderungsvertrag nach § 305 auch wieder aufgehoben werden kann (sog „Entfristung", s SOERGEL/WOLF § 163 Rn 5). – Zur Berechnung der Frist s unten Rn 6.

2. Befristung und Betagung

Bei Forderungen läßt sich zwischen befristeten und betagten Ansprüchen unterscheiden. Die Grundlage für diese Unterscheidung wird vor allem aus § 813 Abs 2 entnommen (ERMAN/HEFERMEHL § 163 Rn 5; LARENZ § 25 V; MünchKomm/H P WESTERMANN § 163 Rn 3). Befristete Forderungen sind in ihrem Bestehen, betagte nur hinsichtlich ihrer Fälligkeit vom Ablauf einer Frist abhängig (zB bei gestundetem Kaufpreis). Ob bei Vereinbarung eines Anfangstermins Befristung oder Betagung gewollt ist, ist Auslegungsfrage (JAUERNIG § 163 Anm 1). So sind zB Mietzinsansprüche befristete (BGH WM 1965, 628, 630), Leasingraten hingegen betagte Forderungen (BGHZ 118, 282, 290; 111, 84, 95; 109, 368, 372). § 163 gilt nur für befristete, nicht auch für betagte Forderungen (ROTH ZZP 98 [1985] 287, 293; SOERGEL/WOLF § 163 Rn 6). Die Gegenansicht (ENNECCERUS/NIPPERDEY § 199 II; FLUME § 41), die die Unterscheidung insgesamt ablehnt und stets § 163 anwendet, verdient keine Gefolgschaft. Die Unterscheidung ist wichtig für § 813 Abs 2 (eine vorzeitig gezahlte Summe kann nur bei Befristung, nicht bei Betagung kondiziert werden) und für §§ 65 KO, 41 InsO (betagte Forderungen gelten in der Insolvenz als fällig, während befristete nach § 67 KO nur zur Sicherung berechtigen; zur Neuregelung in § 191 InsO s Vorbem 52 zu §§ 158 ff). Ferner hat die Unterscheidung Auswirkungen auf die Konkursfestigkeit einer Vorauszession (BGHZ 109, 368, 370 ff; nach BGHZ 111, 84, 95 auch für Änderungsverfügungen nach einer Vorauszession; krit dazu DEUBNER JuS 1992, 19, 22) sowie für die Aufrechnung in der Insolvenz (BGHZ 86, 382, 384).

Von der Befristung im Sinne des § 163 ist auch die *Ausschlußfrist* zu unterscheiden, innerhalb derer jemand eine Handlung vornehmen muß, um Rechtsnachteile zu vermeiden; s dazu näher STAUDINGER/DILCHER[12] Vorbem 9 zu §§ 194 ff.

3. Befristung und Bedingung

4 Gemeinrechtlich lag eine Befristung immer dann vor, wenn auf einen bestimmten Tag abgestellt wurde. Dabei wurde unterschieden zwischen einem *dies certus an et quando* (zB „am 12. Juli des folgenden Jahres") und einem *dies certus an, incertus quando* (zB „an meinem Todestag"; vgl auch Vorbem 4, 9 zu §§ 158 ff). Nach dem BGB kommt es hingegen auf den *Parteiwillen* an (Mot I 270): Demnach kann auch ein *dies certus an* als Bedingung gesetzt werden, ebenso ein *dies incertus an, certus quando* als Befristung, je nachdem, ob die für die Befristung kennzeichnende Gewißheit des künftigen Ereignisses oder die für die Bedingung kennzeichnende Ungewißheit die Geltung des Rechtsgeschäfts bestimmen soll (BGH DB 1958, 162; RGZ 91, 226, 229; 68, 141, 145; zu pauschal deshalb BGH MDR 1980, 41; BayObLG NJW-RR 1993, 1164, 1165; BAG AP Nr 9 zu § 620 BGB-Bedingung m krit Anm BELLING). Maßgebend hierfür ist die *Auslegung* (ERMAN/HEFERMEHL § 163 Rn 1; MünchKomm/H P WESTERMANN § 163 Rn 2; SOERGEL/WOLF § 163 Rn 3). Zweifel hinsichtlich des Ob und Wann sprechen eher für eine Bedingung; bei einer nur kurzen Zeitspanne liegt eine Befristung näher (vgl BGH NJW 1993, 1976, 1977: Befristung bei Kündigung eines ursprünglichen Vertrages für den Zeitpunkt der in Kürze erwarteten Eintragung eines ablösenden Vertrages; OLG Karlsruhe BadRspr 1922, 61: „Provision zahlbar nach Verladung" ist bei unmittelbar erwarteter Verladung eine Befristung; vgl zur Provision eines Maklers auch BGH NJW 1986, 1035). Bedingung und Befristung können auch kombiniert verwendet werden, etwa wenn eine beschränkte persönliche Dienstbarkeit begründet wird „solange ein Vertragsverhältnis mit dem Eigentümer besteht, mindestens jedoch bis zum 31. 12. 1984" (OLG Köln Rpfleger 1963, 381).

II. Regelungsgehalt des § 163

1. Verweisung auf das Recht der Bedingung

5 Das BGB regelt den *Anfangstermin* durch Verweisung auf die Vorschriften über die aufschiebende Bedingung, den *Endtermin* durch Verweisung auf die Vorschriften über die auflösende Bedingung. Das bedeutet, daß die Rechtswirkungen bei einem Anfangstermin erst mit dem Erreichen des Termins eintreten. Bei einem Endtermin enden sie mit dessen Erreichen automatisch, so daß zB eine Rückübertragung nur hinsichtlich des Besitzes erforderlich ist (vgl für den Rückfall eines Patents RG GRUR 1943, 355, 356). Welche Maßnahmen bei befristeten *Sicherheiten* zur Fristwahrung getroffen werden müssen, hängt vom Einzelfall ab (BGH ZIP 1983, 287, 288). Bei einer befristeten Verpfändung reicht idR die rechtzeitige Ankündigung der Inanspruchnahme (RGZ 68, 141, 145 f), bei einem Grundpfandrecht jedenfalls die rechtzeitige Einleitung der Zwangsvollstreckung (LG Tübingen Rpfleger 1984, 156; vgl aber auch BGH ZIP 1983, 287, 288 f). Für die befristete Bürgschaft enthält § 777 eine Spezialvorschrift (BGHZ 76, 81, 85), die freilich durch Parteivereinbarung im Sinne des § 163 abdingbar ist (BGHZ 99, 288, 291; s dazu auch STÖTTER/STÖTTER DB 1987, 1621, 1624). Bei befristeten Garantien ist es erforderlich, daß sie innerhalb der Frist unzweideutig angefordert werden (HORN IPRax 1981, 149, 151 mwN).

6 § 163 schreibt eine entsprechende Anwendung der §§ 158, 160, 161 vor (vgl für § 161 BFHE 153, 318, 321 f). Für die *Berechnung* rechtsgeschäftlicher Zeitbestimmungen gelten im übrigen die §§ 186 ff. Wie lange die Frist läuft, ergibt sich also aus diesen Vorschriften, nicht aus § 163 selbst (BGHZ 99, 288, 291). Die Verweisung auf § 161 impliziert, daß auch beim befristeten Rechtsgeschäft ein *Anwartschaftsrecht* entstehen kann (vgl BGH MDR 1960, 1004; ENNECCERUS/NIPPERDEY § 199 I 2, 200 II; MünchKomm/ H P WESTERMANN § 163 Rn 4; NASTELSKI JuS 1962, 289, 290; SOERGEL/WOLF § 163 Rn 7/10; allg zum Anwartschaftsrecht s Vorbem 53 ff zu §§ 158 ff).

Die Nichtanwendung des § 162 ist für den *dies certus quando* selbstverständlich. Hingegen könnte der Befristungseintritt im Falle eines *dies incertus quando* durchaus wider Treu und Glauben von einer Partei beschleunigt oder verzögert werden. Deshalb ist in diesem Fall § 162 analog anwendbar (JAUERNIG § 163 Anm 1; MünchKomm/H P WESTERMANN § 163 Rn 6; SOERGEL/WOLF § 163 Rn 9; aM BGB-RGRK/STEFFEN § 163 Rn 1; für Anwendung des § 242 ERMAN/HEFERMEHL § 163 Rn 3). 7

Auch § 159 gilt für die Befristung nicht. Dies hindert jedoch die Parteien nicht, im Vereinbarungswege eine obligatorische Rückbeziehung, zB bezüglich der Früchte für die Zwischenzeit, zu vereinbaren und sich zu verpflichten, einander so zu behandeln, als ob der Termin schon früher eingetreten wäre (RGZ 68, 141, 145; ERMAN/ HEFERMEHL § 163 Rn 2; MünchKomm/H P WESTERMANN § 163 Rn 6; PALANDT/HEINRICHS § 163 Rn 3; SOERGEL/WOLF § 163 Rn 8). Eine dingliche Rückwirkung ist aber auch hier nicht möglich (s schon § 159 Rn 6, 11). 8

Bedingungsfeindliche Rechtsgeschäfte (vgl Vorbem 34 ff zu §§ 158 ff) sind auch **befristungsfeindlich** (ERMAN/HEFERMEHL § 163 Rn 4; MünchKomm/H P WESTERMANN § 163 Rn 5; SOERGEL/WOLF § 163 Rn 10; vgl auch BGHZ 52, 269, 271 f; aM BGB-RGRK/STEFFEN § 163 Rn 3, der ein ausdrückliches gesetzliches Verbot verlangt). Darüber hinaus können Wohnraummietverhältnisse nur kalendermäßig befristet werden, also nicht durch einen *dies certus an, incertus quando* (AG Bruchsal WuM 1983, 142; vgl auch oben Rn 4). Ein Sonderproblem der Befristung entsteht, wenn sich die in § 620 Abs 1 zugelassene Befristung von **Arbeitsverträgen** dahin auswirkt, daß Kündigungsschutzvorschriften umgangen oder dem Arbeitnehmer Vorteile (zB Feiertagsvergütungen) entzogen werden. Befristungen mit derartigen Wirkungen sind nur bei Vorliegen sachlicher Gründe zulässig (vgl BAGE [GS] 10, 65, 71 f; LAG Frankfurt BB 1978, 712; KOCH BB 1978, 1218 ff; ZÖLLNER/LORITZ, Arbeitsrecht [4. Aufl 1992] § 21 I 3 mwN; vgl zur auflösenden Bedingung Vorbem 37 zu §§ 158 ff). 9

2. Prozessuales

Prozessual ist bei befristeten Rechten ebenso wie bei bedingten eine Feststellungsklage gem § 256 ZPO und die Klage auf künftige Leistung nach Maßgabe der §§ 257 ff ZPO möglich (BGB-RGRK/STEFFEN § 163 Rn 4; ENNECCERUS/NIPPERDEY § 199 I 4; ROTH ZZP 98 [1985] 287 ff; vgl auch Vorbem 47 ff zu §§ 158 ff). Hinsichtlich der **Beweislast** gelten die Ausführungen zu den bedingten Rechten (vgl näher Vorbem 50 zu §§ 158 ff). 10

III. Befristung im öffentlichen Recht

Für **Prozeßhandlungen** besteht Bedingungs- und damit (s Rn 9) auch Befristungsfeindlichkeit (vgl ROSENBERG/SCHWAB/GOTTWALD § 65 IV). Anders ist es hingegen bei Prozeßverträgen. Allerdings kann auch bei ihnen die Befristung keine Wirkungen entfalten, die eine bereits eingetretene unveränderliche Prozeßsituation rückgängig machen würde (ROSENBERG/SCHWAB/GOTTWALD § 66 IV 2). 11

12 Verwaltungsakte dürfen gemäß § 36 Abs 2 Nr 1 VwVfG befristet erlassen werden (vgl Vorbem 78 zu §§ 158 ff). Bei öffentlich-rechtlichen Verträgen gilt nach der Regelung des § 62 S 2 VwVfG der § 163 entsprechend.

Sachregister

Die fetten Zahlen beziehen sich auf die
Paragraphen, die mageren Zahlen auf die
Randnummern.

Abänderung
Abänderungsvereinbarung als Bestätigung **141** 15
des Geschäftsinhalts und § 139 BGB **139** 8
der Verhältnisse und ergänzende Vertragsauslegung **157** 44
des Vertrages anläßlich seiner Bestätigung **141** 15

Abänderungsvorbehalt
für den Antragenden nach Angebotsabgabe **145** 28

Abfindung des Gesellschafters
Frage sittenwidriger – **138** 367 ff, 381

Abgeordneter
Prinzip des freien Mandats **134** 243

Ablösungsverträge
bei öffentlich-rechtlichen Stellplatzverpflichtungen **138** 255

Abmahnschreiben
und vorformuliertes Vertragsstrafenversprechen **145** 13

Abschluß des Vertrages
s. Vertrag (Abschluß, Zustandekommen)

Abschlußfreiheit
und Kontrahierungszwang **Vorbem 145 ff** 15 ff
als Teil der Vertragsfreiheit **Vorbem 145 ff** 12 ff

Abschlußprüfer
Prüfung trotz Befangenheitsgrund **134** 250

Absichtserklärung
Letter of Intent als schriftliche – **145** 14

Absolutes Recht
Anwartschaftsrecht als – **Vorbem 158 ff** 67

Absolutes Verfügungsverbot
s. Verfügungsverbot (absolutes)

Abstandsvereinbarung
Umgehung der Mietpreisbindung **134** 271

Abstrakte Verpflichtungsverträge
Vorvertrag **Vorbem 145 ff** 61

Abstraktes Rechtsgeschäft
sittenwidriger Zweck eines – **138** 144

Abstraktes Schuldanerkenntnis
Sittenwidrigkeit wegen der Höhe **138** 119

Abstraktionsprinzip
s. a. Verpflichtungsgeschäft; Verfügungsgeschäft
und Anfechtung des Verpflichtungsgeschäfts **142** 21
und Geschäftseinheit Grund- und Erfüllungsgeschäft **139** 54 ff

Abstraktionsprinzip (Forts.)
und sittenwidriges Verpflichtungsgeschäft **138** 140 ff
und Wirksamkeit eines Verpflichtungsgeschäfts **158** 10

Abtretung
ärztlicher Honorarforderung an gewerbliche Verrechnungsstelle **134** 292
Anfechtungsrecht, keine selbständige – **142** 11
bedingten Schadenersatzanspruchs **160** 5
bedingter Ansprüche **158** 1
bedingter Forderung **158** 20
Entschädigungsforderung aus Haftpflichtversicherung **135** 24
Geschäftseinheit mit dem Grundgeschäft **139** 56
Herausgabeanspruch, Umdeutung bei nicht mehr bestehendem **139** 71
Postsparguthaben **135** 25
als sittenwidrige Knebelung **138** 262
Umdeutung in Einziehungsermächtigung **139** 71
Wuchergeschäft bei Abtretung erfüllungshalber **138** 224
Zedent als Anfechtungsgegner **142** 13

Abtretungsverbot
Haftungsausschluß, unwirksamer als – **139** 72
und Pfändungsmöglichkeit **137** 16
als Verbotsgesetz **134** 220, 222
und Verfügung **135** 18, 20

Accidentalia negotii
Auflage, Bedingung, Befristung **Vorbem 158 ff** 3

Adoptionsvermittlung
verbotswidrige **134** 194

AGB, AGBG
Annahme eines Angebots **148** 6
Annahme unter Bezugnahme auf eigene AGB **150** 12
Auslegung, ergänzende von AGB **157** 46, 46 ff
Ausnutzung von Macht- und Monopolstellungen **138** 252
beiderseitiges Beharren auf AGB **150** 17, 18
EU-Richtlinie **138** 165
keine geltungserhaltende Reduktion für abgelehnte AGB **138** 281; **157** 47

AGB, AGBG (Forts.)
Interessenschutz statt Privatautonomie 157 48
Mißverständliche oder widersprüchliche AGB 155 12
Revisibilität ergänzender AGB-Auslegung 157 55, 56
Sittenwidrigkeit und Inhaltskontrolle 138 161 ff, 231, 250, 252, 282
Teilnichtigkeit, Teilaufrechterhaltung 139 3
Teilnichtigkeit und Vertragsrest 139 7, 8
Umgehungsverbot, gesetzliches 134 148
Unklarheitenregel und ergänzende Vertragsauslegung 157 47
Vertragsklauseln, geltungserhaltende Reduktion 138 162

Akademische Grade
Vertrag über entgeltliche Vermittlung 134 310; 138 478

Aktienrecht
Fälle relativer Unwirksamkeit 135 56
Nichtigkeit des Gesellschaftsvertrages 139 11
Verbot der Einlagenrückgewähr 134 245
Vorvertrag Vorbem 145 ff 60

Akzessorische Rechtsgeschäfte
Anfechtungsfolgen 142 23

Alles-oder-Nichts-Prinzip
bei der Nichtigkeitsfolge von Rechtsgeschäften 138 92 ff

Allgemeine Arbeitsbedingungen
Grundrechtsverstoß 134 244

Allgemeine Rechtsgrundsätze
als Gesetze 134 18 ff
Verletzung 138 497

Allgemeine Rechtsüberzeugungen
und Inhalt von Sittenwidrigkeitsklauseln 138 45 ff

Allgemeinheit
Gerichtliche, behördliche Verfügungsverbote 136 2
Grenzen der Nichtbeachtung einer Unwirksamkeit 142 33
Verfügungsverbote, Verfügungsbeschränkungen 135 39

Allgemeininteresse
strafrechtliche Veräußerungsverbote 136 15

Anfechtung
und Abstraktionsprinzip 142 21
Abtretung, keine selbständige 142 11
Akzessorisches Rechtsgeschäft 142 23
Anfechtbarkeit, Nichtigkeit (Abgrenzung) 142 4, 5
Anfechtbarkeit eines Rechtsgeschäfts 144 3
der Anfechtung 142 24
Anfechtungsgrund, fehlender 142 25
Anfechtungsmöglichkeiten 142 6

Anfechtung (Forts.)
Anfechtungsrecht und Bedingung, Abgrenzung Vorbem 158 ff 10
der Annahmeerklärung 151 23
Arbeitsverträge 142 34, 35
Arglist 143 12; 144 3
wegen Arglist und Sittenwidrigkeitsurteil 138 149 ff
wegen Arglist, Umdeutung in Irrtumsanfechtung 139 71
Arglistanfechtung nach Irrtumsanfechtung 142 28
Auslobung 143 29
Bedingungsfeindliche, befristungsfeindliche Erklärung 143 8
Begründung, unklare für den Anfechtungsgegner 143 11
Begründungszwang, nicht vorgesehener 143 10
Behörde, Privatperson und Frage des Anfechtungsgegners 143 27
Berechtigter 143 14 ff; 144 11, 12
Bereicherungsausgleich 142 31, 42
Bestätigung eines anfechtbaren Rechtsgeschäfts 144 1 ff
Bestätigung, auf bestimmte Anfechtungsgründe beschränkte 144 9
Bestätigung des Rechtsgeschäfts nach Anfechtung ohne Grund 142 25
Bindung an den fehlerfreien Teil der Willenserklärung 142 38
Dauerschuldverhältnisse 142 36
Dereliktion beweglicher Sachen 143 29
Dereliktion des Grundeigentums 143 30
Doppelwirkung 142 27
Drohung 144 10
keine Einrede der Anfechtbarkeit 142 14
Einseitige empfangsbedürftige Willenserklärungen, deren Anfechtung 143 26 ff
Einseitige, nichtempfangsbedürftige Willenserklärungen und deren Anfechtung 143 29 ff
Einseitige Rücknahme, ausgeschlossene 142 25
Einseitiges Rechtsgeschäft 142 24
Erbteilsverzicht, Besonderheiten 142 31
Erfüllungsinteresse, ausgeschlossenes 142 31
Erklärungsinhalt 143 2 ff
Eventualanfechtung 143 9
und familienrechtliche Sondervorschriften 142 7
und fehlerfreier Teil der Willenserklärung 142 38
Fehleridentität und Abstraktionsprinzip 142 22
Form der Bestätigung anfechtbaren Rechtsgeschäfts 144 5

Anfechtung (Forts.)
Form der Erklärung 143 6, 7
Fortsetzung angefochtenen Vertrages 141 23
Gebot bei einer Versteigerung 156 3
Gegner 143 17 ff
Genehmigung, Abgrenzung 142 24; 144 2
Gesellschaftsverträge 142 32, 33; 143 20
Gestaltungsrecht 142 9
und Gläubigeranfechtung, zu unterscheidende 142 8
Grundbuchamt 143 27
Innenvollmacht 143 35
Interesse, bloßes an einer – 143 16
Irrtum oder Dissens 155 3 ff
Irrtum erst aufgrund ergänzender Vertragsauslegung 157 35
Kenntnis der Anfechtbarkeit 144 7, 8
Leistungsbestimmung durch Dritte 143 15
Mehrbeteiligungsfälle, Frage des Anfechtungsgegners 143 23, 24
Mietvertrag 142 36
Nachschieben von Gründen 143 13
Negatives Interesse 142 31, 37
keine Neuvornahme nach Bestätigung anfechtbaren Rechtsgeschäfts 144 1
Nichtigen Rechtsgeschäfts 142 27 ff
Nichtigkeitsfolge und Einwand unzulässiger Rechtsausübung 142 31
Öffentlich-rechtliche Verträge 142 17
Pachtvertrag 142 36
Parteiwechsel 142 10
Pfändung des Anfechtungsrechts, ausgeschlossene 142 12
Pflichtteilsrechtsverzicht, Besonderheiten 142 31
Prozeßhandlungen, Ausschluß der – 142 17
Prozeßvergleich 142 19
Prozeßverträge 142 20
Realakte, Ausschluß der – 142 16
Rechtserwerb Dritter und Bestätigung anfechtbaren Rechtsgeschäfts 144 14
Rechtsgeschäft, rechtsgeschäftsähnliche Handlungen 142 16
Rechtsnachfolge und Übergang des – 142 10
Rückwirkung 142 31 ff; 143 5
Rückwirkung der Bestätigung anfechtbaren Rechtsgeschäfts 144 13 ff
Schadensersatzansprüche 142 37
Schadensersatzansprüche und Bestätigung anfechtbaren Rechtsgeschäfts 144 16
Schuldübernahme, Anfechtungsgegner 143 21
keine schwebende Nichtigkeit vor Erklärung der – 142 5
Sittenwidriges Zustandekommen eines Vertrages 138 6

Anfechtung (Forts.)
und Sittenwidrigkeitsfrage 138 149 ff
Sukzessivlieferungsvertrag 142 36
Teilanfechtung 139 31; 142 26
Teilbarkeit 143 24; 144 9, 10
Testament 143 31; 144 12
Übertragbarkeit, keine selbständige 142 11
Umdeutung angefochtenen Rechtsgeschäfts 140 15
Umdeutung einer Kündigung 139 42
Umdeutung in eine Kündigung 139 59; 140 59, 71
Unzweideutigkeit der Erklärung 143 3
Vererblichkeit 142 10
und Verfügung 135 32
Verfügungsgeschäfte 142 40, 41
Verfügungsverbot, relatives und Wirkungen der – 135 32
Verpflichtungsgeschäft / Verfügungsgeschäft 142 21, 22
Verpflichtungsgeschäfte 142 42
Verträge zugunsten Dritter, Anfechtungsgegner 143 19
Vertrag und Anfechtungsgegner 143 18 ff
Vertragsabschluß **Vorbem 145 ff** 43
Vertragsübernahme, Anfechtungsgegner 143 22
Verzicht 144 2
Vollmachtserteilung 142 43; 143 33
Vorkaufsfälle und Anfechtungsgegner 143 25
Vormundschaftsgericht 143 27
Widerruf der Bestätigung anfechtbaren Rechtsgeschäfts 144 15
durch Willenserklärung, empfangsbedürftige 143 1 ff
Willenserklärung und Vertrag 142 15
Wirkung der Vernichtung zwischen den Parteien 142 31 ff
Wirkungen (Fiktion) 142 1
Zedent als Anfechtungsgegner 142 13
Zustimmungserklärung 143 33

Anfechtungsgesetz
und Gläubigerbenachteiligung 134 295
Rechtsgeschäft, gläubigerbenachteiligende 134 256
Sicherung durch Arrest 136 8
und Sittenwidrigkeit 138 166 f
und Sittenwidrigkeit gläubigergefährdender Geschäfte 138 349 f

Angebotsvertrag
Optionsvertrag als – **Vorbem 145 ff** 71

Ankaufsrecht
als Option auf einen Kaufvertrag **Vorbem 145 ff** 69

Ankaufsverpflichtungen
in Erbbauverträgen 138 289

Annahme, Angebot
s. Vertrag
Anpassungsklauseln
Rechtsnatur **Vorbem 145 ff** 55
Anstandsformel
Inhalt der guten Sitten **138** 13 ff, 66
Antrag
ad incertam personam **145** 19
Angebot als – **145** 1
Anwartschaft, Anwartschaftsrecht
als absolutes, relatives Recht
 Vorbem 158 ff 67
ALR **Vorbem 158 ff** 61
Angebot, Empfang als rechtlicher Vorteil **145** 33
Angebotsempfänger, deliktischer Schutz **145** 36
Angebotsempfänger, Übertragbarkeit seiner Rechtsposition **145** 35
aufgrund Angebots **145** 33
Bedingungsausfall **158** 16
Bedingungseintritt und Vollrechtsübergang **Vorbem 158 ff** 72
Besitz, mit dem Recht verbundener **Vorbem 158 ff** 69
BGH-Qualifikation **Vorbem 158 ff** 63
Deliktischer Schutz des Angebotsempfängers **145** 36
Dingliche Rechte **Vorbem 158 ff** 58
als dingliches Recht **Vorbem 158 ff** 67
Dogmatische Einordnung **Vorbem 158 ff** 62
Doppelpfändung **Vorbem 158 ff** 75
Eigentums- und Anwartschaftsrecht **Vorbem 158 ff** 69
Eigentumsanwartschaft als veräußerliches Recht **137** 19
Eigentumsvorbehalt **Vorbem 158 ff** 75
Eigentumsvorbehaltskauf **Vorbem 158 ff** 58
kein einheitliches Institut des Anwartschaftsrechts **Vorbem 158 ff** 58
Erbrechtliche Rechte **Vorbem 158 ff** 58
Erfüllungsaussicht **Vorbem 158 ff** 54
Erwerbsrecht eigener Art. **Vorbem 158 ff** 66
Grundstückskäufer **Vorbem 158 ff** 59
Gutglaubenserwerb **Vorbem 158 ff** 74
Hypothekengläubiger **Vorbem 158 ff** 59
Immaterialgüterrechtliche Rechte **Vorbem 158 ff** 58
Inhaber besonderer Rechtsposition **Vorbem 158 ff** 56
Nacherbe **Vorbem 158 ff** 59
Normzweck und Bedeutung der jeweiligen Rechtsposition **Vorbem 158 ff** 57
und Numerus clausus Grundsatz im Sachenrecht **Vorbem 158 ff** 63
Obligatorische Rechte **Vorbem 158 ff** 58
Pfändbarkeit **Vorbem 158 ff** 75
Recht zum Besitz **Vorbem 158 ff** 70

Anwartschaft, Anwartschaftsrecht (Forts.)
Rechtsposition, fehlende **Vorbem 158 ff** 54
Rechtsschutz **Vorbem 158 ff** 68 ff
Rechtsstellung, gegen Zwischenverfügungen gesicherte **Vorbem 158 ff** 53
Römisches Recht **Vorbem 158 ff** 60
Sachpfändung, Rechtspfändung
 Vorbem 158 ff 75
Schutz des Anbietenden, des Angebotsempfängers **145** 36, 37
Schutzwirkung für aufschiebende, auflösende Bedingung als Rechtsgrund
 Vorbem 158 ff 55
Schwebezustand bei Bedingungen, Befristungen **Vorbem 158 ff** 53
Sicherung **136** 8
Sicherungsgeber, Rechtspositionen
 Vorbem 158 ff 59
als sonstiges Recht **Vorbem 158 ff** 69
und System übriger Rechte
 Vorbem 158 ff 67
Teilungsprinzip **Vorbem 158 ff** 65
Übertragbarkeit **Vorbem 158 ff** 68 ff
Übertragbarkeit der Rechtsposition des Angebotsempfängers **145** 35
Veräußerungsverbot, vereinbartes
 Vorbem 158 ff 71
Verfügung eines Nichtberechtigten
 Vorbem 158 ff 69
Verfügungsrecht **Vorbem 158 ff** 71
Verpfändung **Vorbem 158 ff** 73
Verschaffungsanspruch, bloßer schuldrechtlicher **Vorbem 158 ff** 54
Vorstufe zum dinglichen Recht
 Vorbem 158 ff 64
Zwischenverfügung während der Schwebezeit **161** 1 ff
Apotheke
Betrieb durch approbierte Apotheker **134** 203
Stille Beteiligung eines Nichtapothekers **138** 419
Apothekenpflicht
Abgabe unter Verstoß gegen die – **134** 70
Arbeitnehmerüberlassung
Erlaubnis, Rechtsfolgen fehlender für den Vermittler **134** 209
Arbeitserlaubnis
und Beschäftigungsverbot für ausländische Arbeitnehmer **134** 195 ff
Arbeitsförderungsgesetz
Beschäftigung ausländischer Arbeitnehmer **134** 195 ff
Arbeitsrecht
s. a. Betriebsvereinbarung ; Tarifvertrag
Abreden, sittenwidrige **138** 401 ff
Änderungskündigung **159** 4

Arbeitsrecht (Forts.)
Anfechtung von Arbeitsverträgen **142** 34, 35
Anfechtung einzelner Arbeitsbedingungen **142** 35
Angebot auf Vertragsabschluß **145** 18
Arbeitsleistung, sittenwidrige **138** 396 ff
Aufhebungsvertrag, sittenwidriger **138** 415
Bedingungsfeindlichkeit **Vorbem 158 ff** 37
Betriebliche Übung **145** 15
Gesetzwidrigkeit und Nichtigkeitsfolge **134** 120 ff
Grundrechtswirkung **134** 39 ff, 241 ff
Kontrahierungszwang, spezialgesetzliche Anordnungen **Vorbem 145 ff** 17
Kündigung, sittenwidrige **138** 407 ff
Kündigung, Umdeutung unwirksamer fristloser **139** 36
Kündigungsumdeutung in Aufhebungsvertrag **139** 41
Kündigungsumdeutung und Mitwirkungserfordernisse **139** 37 ff
Lohnabreden, sittenwidrige **138** 387 ff
Lohnwucher **138** 121
Mängel des Vertragsabschlusses, Umdeutung **139** 45
Mitteilungen im Arbeitsverhältnis, rechtliche Bedeutung **145** 12
Nachvertragliche Wettbewerbsverbote **138** 300 ff
Rechtsgeschäftlicher Parteiwille und treuwidrige Vereitelung **162** 17
und Schwarzarbeit **134** 275 ff
Schweigen des Angebotsempfängers **146** 5
Sittenwidrigkeit **138** 94, 107, 387 ff
Teilnichtiger Vertrag **139** 15
Teilnichtigkeit **139** 83
Umdeutung **139** 33
Verbotsgesetze im BGB **134** 221
Verpflichtung zu empfängnisverhütenden Mitteln **138** 465
und Verpflichtung zur Empfängnisverhütung **138** 462
Verzicht auf Lohnfortzahlung **134** 261
Zölibatsklausel **138** 465

Arbeitsvermittlungsmonopol
Geltungsbereich, Verstöße **134** 201
Rechtsfolgen eines Verstoßes **134** 105

Arbeitsverträge 134 120 ff, 204 ff, 255, 265; **138** 107, 387 ff

Arbeitszeitrecht
Arbeitszeit an Sonn- und Feiertagen **134** 240
Folgen von Verstößen **134** 204 ff
nach dem Jugendarbeitsschutz **134** 255
als Verbotsgesetz **134** 120

Architekt
Architektenbindungsklauseln **138** 420

Architekt (Forts.)
Bauwerkvertrag / Architektenvertrag als einheitliches Geschäft **139** 51
Bindung, unzulässige nach MRVerbG **134** 264
Grundstückserwerb und Architektenvertrag **158** 10
Koppelungsgeschäft, Rechtsfolgen **139** 12
Verstöße gegen das Rechtsberatungsgesetz **134** 273

Arglist
anfechtbares, noch nicht angefochtenes Rechtsgeschäft **144** 3
Anfechtung und Erfüllungsinteresse **142** 31
Anfechtung der GmbH-Anteilsübertragung **142** 32
Anfechtung nach Irrtumsanfechtung **142** 28
Arbeitsvertrag **142** 34
und Bestätigung anfechtbaren Rechtsgeschäfts **144** 6
und Irrtumsanfechtung **143** 12
Kenntnis der Anfechtbarkeit **144** 7
Verschweigen von Mängeln **139** 14

Arrestvollziehung
Zwischenverfügung vor Bedingungseintritt **161** 9

Arzneimittel
Verkauf unter Verstoß gegen Apothekenpflicht **134** 208

Arzt
Abtretung von Honorarforderungen an gewerbliche Verrechnungsstellen **134** 292
als Grundstückskäufer **138** 427
Inkassounternehmen **134** 292
Nachvertragliche Wettbewerbsverbote **138** 306, 307
Schweigepflichtverletzung **134** 1, 292
Sterilisation **138** 461
Veräußerung einer Arztpraxis unter Übergabe der Patientenkartei **134** 292
Verkauf einer Arztpraxis **138** 418
Vertretungsrecht für freien, niedergelassenen Arzt **134** 211
Zuweisung von Patienten gegen Überlassung der Patientenkartei **134** 309

Aufhebungsvertrag
Beseitigung eines Vertragsabschlusses **138** 415; **Vorbem 145 ff** 43

Auflage
als Nebenbestimmung **Vorbem 158 ff** 2
Schenkung, letztwillige Verfügung **Vorbem 158 ff** 3
Verwaltungsakt **Vorbem 158 ff** 78

Auflassung
und Anwartschaftsrecht des Grundstückskäufers **Vorbem 158 ff** 59
und bedingte Verfügung **137** 41

Auflassung (Forts.)
Bedingungsfeindlichkeit **158** 12;
  Vorbem 158 ff 35
und Grundstückskaufvertrag als einheitliches Rechtsgeschäft **139** 49
Heilung eines Formmangels durch Erfüllung **141** 4
und Nießbrauchsbestellung als einheitliches Rechtsgeschäft **139** 51
Umdeutung **139** 65

Auflösende Bedingung
s. Bedingung

Aufrechnungsverbot
Verbotsgesetz **134** 220

Aufschiebende Bedingung
s. Bedingung

Auftrag
Rückabwicklung eines nichtigen Auftrags **134** 140

Aufwendungsersatz
Gefälligkeitsverhältnis, Ausschluß der –
  Vorbem 145 ff 83, 84

Ausländerdiskriminierung
und Kontrahierungszwang aufgrund Vertragsverweigerung **Vorbem 145 ff** 24

Ausländische Amtsträger
Bestechung **138** 490, 491

Ausländische Ausfuhrbeschränkungen
und sittenwidrige Vereinbarungen **138** 485, 486

Ausländische Einfuhrbestimmungen
Sittenwidrige Vereinbarungen **138** 487

Ausländische Gesetze
Sittenwidrigkeit von Verträgen **138** 481 ff
als Verbotsgesetze **134** 47 ff, 154 ff

Ausländisches Recht
Bedingung, Befristung **Vorbem 158 ff** 81 ff

Auslegung
und Aufrechterhaltung einer Teilregelung **139** 2
Bedingung, aufschiebende oder auflösende **158** 4, 5
Bedingung, Vorliegen überhaupt **158** 8
Bedingungseintritt, Bedingungsausfall **158** 13
Eigentliche und ergänzende Auslegung **157** 3 ff
Ergänzende Vertragsauslegung und dispositives Recht **139** 61
Ergänzende Vertragsauslegung und Geschäftsgrundlage **157** 9
Ergänzende Vertragsauslegung, Voraussetzungen **157** 11 ff
Ermittlung des hypothetischen Parteiwillens **139** 75 ff
Fälligkeit, hinausgeschobene oder Bedingungsvereinbarung **158** 11

Auslegung (Forts.)
hypothetischer Parteiwille und ergänzende – **140** 8; **157** 4
Lückenschließung und ergänzende Vertragsauslegung **157** 4
und Parteiautonomie **157** 5
und Parteiwille **157** 4
Rückbeziehungsvereinbarung bei bedingten Rechtsgeschäften **159** 3
und Sittenwidrigkeitsurteil **138** 148
Tarifverträge **157** 12
Teilnichtigkeit und ergänzende Vertragsauslegung **139** 25; **157** 7
Treu und Glauben **157** 8
und Umdeutung nichtigen Rechtsgeschäfts, Abgrenzung **139** 60; **140** 7, 8; **157** 6
von Willenserklärungen, von Verträgen **157** 1

Aussaugung
als sittenwidrige Knebelung **138** 262

Ausschreibungen
zur Vergabe öffentlicher Verträge **156** 13

Aussperrung
als Rechtsgeschäft **134** 15

Automatenaufstellung 145 19
und Frage eines Vertragsangebots **145** 8
Sittenwidrige Kündigungsvereinbarung **138** 286
Sittenwidrigkeit **138** 94, 286

Bankgeschäfte
Abwicklung eines Unfallschadens (Unfallhelfer-Kreditvertrag) **134** 272
Darlehensverträge **134** 258
Einlagegeschäfte **134** 258
und Entbehrlichkeit der Annahme eines Angebots **151** 7
Erlaubnis, fehlende **134** 258
Factoring **134** 273
Konsumentenkreditverträge mit Kreditinstituten **138** 181 ff
Kreditgewährungsverbot, angeordnetes **134** 259
Mithaftung von Familienangehörigen **138** 314 ff
als sittenwidrige Knebelung **138** 262
Übersicherung **138** 263
Verbot bestimmter Bankgeschäfte (§ 3 KWG) **134** 257
vorgelagerte Genehmigungsbedürftigkeit **134** 177 ff

Baubetreuungsvertrag
und Vollmacht, einheitliches Rechtsgeschäft **139** 49

Bauforderungssicherungsgesetz
Verstoß **134** 212

Baugenehmigung
und Vertrag über eine Bauwerkserrichtung **134** 178 f, 215
Baurecht
Nichtigkeit von Vereinbarungen **134** 213 ff
Bausparkassengesetz
Nichtigkeit von Vereinbarungen **134** 225
Bausperre
Erteilung einer Ausnahmegenehmigung **138** 255
Bauträgervertrag
Grundstückskaufvertrag, Bauwerkvertrag **158** 10
Beamtenrecht
Verbot der Vorteilsannahme **134** 218
Bebauungsplan
Folgekostenverträge mit der Gemeinde **138** 255
Teilnichtigkeit **139** 18
Bedingung
Abstraktionsprinzip **158** 10
Abtretung bedingter Forderung **158** 20
Accidentalia negotii **Vorbem 158 ff** 3
Addictio in diem **Vorbem 158 ff** 1
Änderungskündigung **Vorbem 158 ff** 41; **159** 4
affirmative Bedingung **158** 14
Analoge Anwendung der Ergebnisfiktion **162** 15 ff
Anfechtung **143** 8, 9
Anfechtungserklärung, bedingte **Vorbem 158 ff** 38, 42
Anfechtungsrecht, Abgrenzung **Vorbem 158 ff** 10
Anwartschaftsrecht
s. dort
Anwartschaftsrecht, Schwebezustand **Vorbem 158 ff** 53 ff
Arbeitsrecht und Bedingungsfeindlichkeit **Vorbem 158 ff** 37
Arbeitsverträge, bedingte **Vorbem 158 ff** 37
Arrestvollziehung **161** 9
Arten der Bedingung **Vorbem 158 ff** 12 ff
Auflage, Abgrenzung **Vorbem 158 ff** 3, 10
auflösende Bedingung: Bedingungseintritt **158** 21, 22
Aufrechnung **Vorbem 158 ff** 52; **161** 8
Aufrechnungserklärung, bedingte **Vorbem 158 ff** 38, 42
aufschiebende und auflösende **Vorbem 158 ff** 12
aufschiebende, auflösende Bedingung **158** 1
aufschiebende, auflösende Bedingung: Eintritt der Rechtsfolgen **159** 9
aufschiebende, auflösende Bedingung: Entscheidung **158** 4 ff

Bedingung (Forts.)
aufschiebende Bedingung: Bedingungseintritt **158** 18 ff
aufschiebende neben auflösender Wirkung **158** 12
aufschiebende, zugleich auflösende Bedingung **158** 6
Ausfall, Eintritt der Bedingung **158** 13 ff
Ausfall, Eintritt der Bedingung: Gesetzliche Treuepflicht **162** 1 ff
Auskunftsansprüche **160** 5
Ausländisches Recht **Vorbem 158 ff** 81 ff
bedingte und unbedingte Rechtswirkungen eines Geschäfts **158** 12
Bedingung, Befristung, Auflage als Nebenbestimmungen zu Rechtsgeschäften **Vorbem 158 ff** 2
Bedingung als entsprechende Bestimmung, als künftiges Ereignis selbst **Vorbem 158 ff** 4
Bedingung, ob überhaupt gewollte als Auslegungsfrage **158** 8
Bedingung der Zustimmung zum Vertreterhandeln **Vorbem 158 ff** 21
Bedingungsfeindliche Rechtsgeschäfte **Vorbem 158 ff** 34 ff
Bedingungsfeindliche Rechtsgeschäfte, Rechtsfolgen eines Verstoßes **Vorbem 158 ff** 44, 45
Beeinflussung des Kausalverlaufs **162** 3 ff
Beeinträchtigung des bedingten Rechts **160** 8; **161** 11
Beendigung der Rechtswirkungen bei auflösender Bedingung **158** 21
Begriff **Vorbem 158 ff** 4
bejahende und verneinende **Vorbem 158 ff** 13
Berechtigter **161** 1
Berechtigter hinsichtlich Zwischenverfügungen **158** 3
Beweislastverteilung **158** 7; **Vorbem 158 ff** 50; **159** 10; **160** 12; **162** 11
Dauerschuldverhältnis und Eintritt auflösender Bedingung **158** 22
Dingliche Rechte, kraft Gesetzes entstehende **161** 10
Dingliche Vorwirkung für bedingte Verfügungen **161** 1
kein Durchgangserwerb, unmittelbarer Vollrechtserwerb **Vorbem 158 ff** 72
Ehelicherklärung **Vorbem 158 ff** 34
Eheschließung **Vorbem 158 ff** 34
Eigentumsvorbehalt **158** 12; **Vorbem 158 ff** 58; **162** 8
Einseitiges Rechtsgeschäft **159** 2
Eintragungsbedürftige Erklärungen **Vorbem 158 ff** 34, 45
Eintritt, Ausfall der Bedingung **158** 13 ff

Bedingung (Forts.)
Eintritt, Ausfall der Bedingung: Gesetzliche Treuepflicht **162** 1 ff
England **Vorbem 158 ff** 85
Erbrecht **162** 13
Erbrecht und Bedingungsfeindlichkeit **Vorbem 158 ff** 35
Ergebnisfiktion **162** 1, 11 ff
Erhaltungspflichten während der Schwebezeit **160** 6
Erwerbsanspruch, aufschiebend bedingter durch verbotswidrige Verfügung **137** 40, 41
Eventualerklärungen im Prozeß **Vorbem 158 ff** 43
oder Fälligkeitsregelung **158** 11
Feststellungsklage **158** 19; **Vorbem 158 ff** 47
Finanzielle Leistungsfähigkeit **162** 8
Finanzierter Abzahlungskauf **158** 10
Finanzierungsklauseln **158** 5
Forderungseinzug **161** 5
Frankreich **Vorbem 158 ff** 83
Gebrauchtwagenkauf **158** 10
für Gebundenheit an das Angebot **145** 29
Gefahrtragung **159** 6; **160** 8
Gemeines Recht **Vorbem 158 ff** 2, 4, 6, 14, 22, 61; **161** 1
Genehmigung **162** 14
Geschäftsähnliche Handlungen **Vorbem 158 ff** 46
Geschäftseinheit Verpflichtungs- und Verfügungsgeschäft **139** 46, 54, 55
Geschäftsfähigkeit **158** 18
Geschäftsgrundlage, Abgrenzung **Vorbem 158 ff** 11
Gesellschaftsbeitritt **159** 4
Gesellschaftsrecht und Bedingungsfeindlichkeit **Vorbem 158 ff** 36
Gesetzesänderung als Bedingung **Vorbem 158 ff** 33
Gesetzliche Treuepflicht hinsichtlich Eintritts, Ausfall der Bedingung **162** 1 ff
Gesetzliche Wirksamkeitsvoraussetzungen als Rechtsbedingungen **Vorbem 158 ff** 23
Gesetzliches Schuldverhältnis während der Schwebezeit **160** 1 ff
Gestaltungsrechte, Bedingungsfeindlichkeit **Vorbem 158 ff** 38 ff
Grundschuldbestellung **158** 9
Grundstücksrecht und Bedingungsfeindlichkeit **Vorbem 158 ff** 35
Gültigkeitserfordernisse als Rechtsbedingungen **Vorbem 158 ff** 23
Gutglaubenserwerb **158** 18; **161** 14 ff
Handelsrecht und Bedingungsfeindlichkeit **Vorbem 158 ff** 35
und Hauptrechtsgeschäft **Vorbem 158 ff** 7, 12, 44

Bedingung (Forts.)
Herbeiführung des Bedingungseintritts **162** 6
Italien **Vorbem 158 ff** 84
Jede künftige Begebenheit **Vorbem 158 ff** 5
Kauf auf Billigung/Probe **Vorbem 158 ff** 1, 15
Kauf unter Eigentumsvorbehalt **158** 12
Kauf auf Probe **Vorbem 158 ff** 15
Kausalverlauf, beeinflußter **162** 3 ff
Klauselbeispiele **158** 5
Konkurs, Verfügungen des Konkursverwalters **161** 9
Konkurs, Wirkungen der Bedingung **Vorbem 158 ff** 51, 52
Kündigung **161** 8
Kündigungserklärungen, eingeschränkte Bedingungsfeindlichkeit **Vorbem 158 ff** 40, 41
Kündigungsrecht, Abgrenzung **Vorbem 158 ff** 10
Künftige Leistung, Klage hierauf **158** 19
letztwillige Verfügung und Zeitpunkt der Gültigkeit beim Erbfall **138** 87
Mahnung **Vorbem 158 ff** 46
Mehrheit von Rechtsgeschäften, Verknüpfung **158** 10
Mitteilungspflicht vom Eintritt, Ausfall der Bedingung **158** 17
Motive, zur Bedingung erhobene **Vorbem 158 ff** 10
Nebenbestimmungen **Vorbem 158 ff** 3
negative Bedingung **158** 15
Noch-Berechtigter, Verfügungen **161** 1 ff
Notwendige Bedingungen **Vorbem 158 ff** 27
Nutzlose Bedingung **Vorbem 158 ff** 32
Nutzungen **159** 6, 7, 8
oder obligatorische Verpflichtung **158** 9
Öffentliche Ordnung als Grund einer Bedingungsfeindlichkeit **Vorbem 158 ff** 34
Öffentliches Recht **Vorbem 158 ff** 76 ff
Österreich **Vorbem 158 ff** 81
und Option **Vorbem 145 ff** 70
Pendenztheorie **158** 3
Perplexe Bedingung **Vorbem 158 ff** 31
Pfändungspfandrecht und Bedingungseintritt **161** 9
Pfandrecht, gesetzliches und Bedingungseintritt **161** 10
Pflicht zum Bedingungseintritt besteht nicht **158** 2
keine Pflicht zur Förderung des Bedingungseintritts **162** 1
Potestativbedingung **Vorbem 158 ff** 14 ff
Potestativbedingungen **158** 2; **162** 4
Prozeßführung **161** 7
Prozeßführungsbefugnis **Vorbem 158 ff** 48

676

Bedingung (Forts.)
Prozessuale Wirkungen der Bedingungen **Vorbem 158 ff** 47 ff
Rechtsänderung **158** 1
Rechtsbedingung **Vorbem 158 ff** 20, 22, 22 ff, 23, 24, 25, 26
Rechtsbedingungen **162** 13
Rechtsbedingungen, vereinbarte **Vorbem 158 ff** 25
Rechtsfolgen des Bedingungseintritts **158** 16, 18 ff
Rechtsgeschäftlich gesetzte Bedingungen **162** 13
Rechtskrafterstreckung und Bedingungseintritt **Vorbem 158 ff** 49
Rechtsnachfolge §§ 265, 325 ZPO durch Bedingungseintritt **Vorbem 158 ff** 48, 49; **161** 7
Rechtswirkungen eines Rechtsgeschäfts, bedingte **Vorbem 158 ff** 6
Restkaufpreisangebot bei Eigentumsvorbehalt **162** 8
Römisches Recht **Vorbem 158 ff** 1, 60
Rückabwicklung nach Bereicherungsrecht **158** 22
oder Rücktrittsvorbehalt **158** 10
Rücktrittsvorbehalt, Abgrenzung **Vorbem 158 ff** 10
Rückwirkung, ausgeschlossene **158** 3
Rückwirkung, vertraglich vereinbarte **159** 1 ff
Schadensersatzanspruch, Bedingtheit aufgrund der Schutzpflichten während der Schwebezeit **160** 4, 5
Scheinbedingung **Vorbem 158 ff** 8, 28, 29
Scheinbedingungen **Vorbem 158 ff** 28, 29
schlüssige Bedingung **Vorbem 158 ff** 8
Schuldrechtliche Wirkung einer Rückbeziehungsvereinbarung **159** 6
Schutzpflichten **160** 1 ff
und schwebende Wirksamkeit **142** 5
Schwebezeit und Rückbeziehungsvereinbarung **159** 6
Schwebezustand, Anwartschaftsrecht **Vorbem 158 ff** 53 ff
Schwebezustand und gesetzliches Schuldverhältnis **160** 1 ff
Schwebezustand, Regelung **158** 1 ff
Schweiz **Vorbem 158 ff** 82
Sicherheitsleistung **160** 5
Sicherungsübereignung **158** 9
Sittenwidrige Bedingung **Vorbem 158 ff** 33
Sorgfaltsanforderungen, Haftungsmilderung **160** 9
Sprachgebrauch, untechnischer **Vorbem 158 ff** 4
Steuerklauseln **159** 4
stillschweigende Bedingung **Vorbem 158 ff** 8

Bedingung (Forts.)
tatsächlich ungewisses künftiges Ereignis **158** 1
tatsächliche Bedingungen, Rechtsbedingungen **Vorbem 158 ff** 22
Teilbarkeit von Bedingung und Hauptrechtsgeschäft **Vorbem 158 ff** 12, 44
Teilbarkeit von Bedingung und Verwaltungsakt **Vorbem 158 ff** 79
Teilnichtigkeit bei Verstoß gegen Bedingungsfeindlichkeit **Vorbem 158 ff** 44
Treuepflicht, gesetzliche hinsichtlich Eintritt, Ausfall der Bedingung **162** 1 ff
Treuwidrigkeit der Einflußnahme auf den Kausalverlauf **162** 7 ff
Umdeutung **158** 16
Umdeutung bei Bedingungsfeindlichkeit **Vorbem 158 ff** 45
Unerlaubte Bedingung **Vorbem 158 ff** 33
Ungewißheit, fehlende eines künftigen Ereignisses **Vorbem 158 ff** 28
Untergang, Verschlechterung der Sache **160** 8
Unterlassungspflichten während der Schwebezeit **160** 7
Unverständliche Bedingung **Vorbem 158 ff** 31
Unzulässige Bedingungen **Vorbem 158 ff** 30 ff
Vereinbarung **Vorbem 158 ff** 7
Vereitelung **161** 11
Vereitelung des bedingten Rechts **160** 8
Verfallklausel, Abgrenzung **Vorbem 158 ff** 10
Verfügung unter auflösender Bedingung, Prozeßführungsbefugnis **Vorbem 158 ff** 49
Verfügung des Noch-Berechtigten während der Schwebezeit **161** 1 ff
Verfügung über veräußerliches Recht **137** 22, 23
Verfügungen unter – **135** 45
Verfügungsbefugnis **158** 18
Verfügungsgeschäft **158** 12, 18
Verfügungsgeschäft, entfallendes nach Bedingungseintritt **158** 22
Verfügungsgeschäft, Schutzpflichten während der Schwebezeit **160** 1 ff
Verfügungsgeschäft und Verpflichtungsgeschäft **158** 10
Verfügungsmacht und absolute Unwirksamkeitsfolge **161** 12
Verfügungsmacht, beschränkte während der Schwebezeit **161** 1 ff
Verhinderung des Bedingungseintritts **162** 6
Verjährung **158** 19, 21; **160** 10
Verpflichtungsgeschäft **161** 3, 4; **162** 1

Bedingung (Forts.)
Verpflichtungsgeschäft, entfallendes nach
  Bedingungseintritt **158** 22
Verpflichtungsgeschäft: Schutzpflichten
  während der Schwebezeit **160** 2
Vertragsklausel Liefermöglichkeit vorbehalten **145** 32
Vertragsstrafe **159** 6
Vertragstreue während des Schwebezustandes **158** 2; **162** 1 f
Vertrauen des Rechtsverkehrs als Grund
  für Bedingungsfeindlichkeit
  Vorbem 158 ff 35 ff
Verwaltungsakte **Vorbem 158 ff** 78
Verwirklichung der Bedingung **158** 13 ff
Verzicht auf die Bedingung **158** 16
Vorbereitungspflichten während der
  Schwebezeit **160** 7
Vorkaufsrecht, bedingungsfeindliche
  Ausübung **Vorbem 158 ff** 39
Vormerkung **160** 5
Vormundschaftsgerichtliche Genehmigung
  Vorbem 158 ff 77; **162** 14
Wandelungserklärung **Vorbem 158 ff** 38
Wertpapierrecht und Bedingungsfeindlichkeit **Vorbem 158 ff** 35
Widerrufsvorbehalt, Abgrenzung
  Vorbem 158 ff 10
Wiederkaufsrecht, bedingungsfeindliche
  Ausübung **Vorbem 158 ff** 39
Wirkungen des Geschäfts, bedingte **158** 12
Wirtschaftlich vernünftiges Verhalten **162** 9
Wollensbedingung **Vorbem 158 ff** 16
Zeitpunkt des Bedingungseintritts **162** 12
Zeitpunkt des Eintritts der Rechtswirkungen **158** 20
Zufallsbedingung **Vorbem 158 ff** 20
Zustimmung **161** 13
Zustimmung des Noch-Berechtigten **161** 6
Zwangsvollstreckung **161** 9
Zweckvereinbarung, Abgrenzung
  Vorbem 158 ff 10
Zwischenverfügungen, beeinträchtigende
  160 1; **161** 1, 4 ff
Zwischenverfügungen, Rechtsinhaber als
  Berechtigter **158** 3
Befristung
  s. Frist, Befristung
Begünstigung
  als Gegenstand einer Vereinbarung **134** 293
Behindertentestament
  Problem des Rechtsgeschäfts zu Lasten der
  Sozialhilfe **138** 363 ff
Behörde
  und Frage des Anfechtungsgegners **143** 27,
  28, 30
Behördliches Verfügungsverbot
  s. Verfügungsverbot (relatives)

Berufsbildung
  Verbotsnormen **134** 217
Berufsrecht
  Kontrahierungszwang, spezialgesetzliche
  Anordnungen **Vorbem 145 ff** 17
Berufsständische Regelungen
  als Verbotsgesetze **134** 26 ff
Beschlußfassung
  Bestätigung **141** 10
  Geschäftseinheit **139** 45
  und Protokollierungsvereinbarung **154** 15
  als Rechtsgeschäfte **134** 11
  Teilbarkeit **139** 64
  Teilnichtigkeit **139** 27
  Umdeutung **139** 58
  Verträge, Abgrenzung **Vorbem 145 ff** 6
Beschränkte persönliche Dienstbarkeit
  Unübertragbarkeit **137** 12
Besitz
  und Anwartschaftsrecht **Vorbem 158 ff** 68 ff
Bestätigung eines Rechtsgeschäfts
  eines anfechtbaren Rechtsgeschäfts in
  Kenntnis der Anfechtbarkeit **144** 1 ff
  Geltungsetzung des selbst abgeschlossenen
  Geschäfts **141** 1 ff
Bestechung
  Verbotsgesetz **134** 296; **138** 490 f
Bestellung von Waren
  und Entbehrlichkeit der Annahme eines
  Angebots **151** 7
Bestimmtheitserfordernis
  und Angebot auf Vertragsabschluß **145** 17
  Vorvertrag bezüglich des Inhalts des
  Hauptvertrages **Vorbem 145 ff** 57 ff
Betäubungsmittelgesetz
  Verstöße **134** 225
Betagung
  und Befristung, Abgrenzung **163** 2
Betriebliche Übung
  als Fall der Vertrauenshaftung **145** 15
Betriebsrat
  Kündigungsumdeutung und Betriebsratsanhörung **139** 37
Betriebsvereinbarungen
  Grundrechtsverstoß **134** 244
  als Rechtsgeschäfte **134** 13
  Teilnichtigkeit **139** 20
  Umdeutung **140** 13
  Umdeutung formnichtiger in formfreie
  Vorverträge **139** 43
  als Verbotsgesetze **134** 25
Betriebsverfassungsrecht
  Betriebsratsmitwirkung, unterbliebene
  134 219
Betrug
  Vereinbarung unter Betrug zu Lasten des
  Vertragspartners **134** 294

Beurkundung
zu Beweiszwecken 154 14
Gesetzliches Beurkundungserfordernis 154 13
Sukzessivbeurkundung und Zeitpunkt des Vertragsabschlusses 152 1 ff
vereinbarte als Voraussetzung der Vertragsvollendung 154 12, 12 ff
als Voraussetzung der Vertragsvollendung 154 12 ff
BGB-Gesellschaft
Kündigung statt Anfechtung des Beitritts 142 32
Umdeutung einer gescheiterten oHG-Gründung 139 26
Umdeutung einer KG in eine – 139 57
Bierlieferungsverträge
AGB, AGBG 138 281
AGBG-Voraussetzungen und sittenwidrige Bezugsbindung 138 162
Alleinbezugsbindungen und Art. 85 Abs. 1 EG-Vertrag 138 282
und Darlehensvertrag als einheitliches Geschäft 139 50
Dienstbarkeit zur Absicherung 138 278
mit einem Bordell 134 291
geltungserhaltende Reduktion 138 279
und Grundstückskaufvertrag, Frage der Einheitlichkeit 139 39
Kartellrechtliche Mißbrauchskontrolle 138 282
Sittenwidrigkeit 138 94, 110 ff, 273 ff
Sittenwidrigkeit von Bezugsbindungen 138 273 ff
Sittenwidrigkeit einer überlangen Bezugsbindung 138 110 ff
Teilbarkeit bei Überlänge 139 69
zeitlich unbegrenzte Bezugsbindungen 138 275
Bietungsabkommen
Sittenwidrigkeit 138 358
Bildschirmtext
Angebotsform 147 4
und Frage eines Vertragsangebots 145 9
Bindungswirkung
für den Antragenden nach Angebotsabgabe 145 20 ff
Blankettregelung
Sittenwidrigkeitskontrolle bei fehlender – 138 26
Unübertragbarkeit kraft Gesetzes § 399 1.Fall BGB 137 13
Verfügungsverbot, relatives 135 9
Bordellverträge
Frage der Sittenwidrigkeit 138 458, 459
Botenschaft
Empfangsbote 147 3
Erklärungsbote 147 3

Bürgerliches Recht
Verbotsgesetze im – 134 220
Bürgschaft
als einseitig verpflichtender Vertrag Vorbem 145 ff 88
Mitbürgschaft 139 43
Mithaftung von Familienangehörigen 138 314 ff
Sicherung bedingter Ansprüche 158 1
Umdeutung 139 69
Vorvertrag Vorbem 145 ff 60
und Wuchertatbestand 138 176
Bundesseuchengesetz
Verstoß von Beschäftigungsverboten 134 224

Computerkauf
Hardware / Software und Frage des einheitlichen Rechtsgeschäfts 139 49
Culpa in contrahendo
Dissens, versteckter infolge zu vertretenden Verhaltens 155 17
Letter of Intent 145 14
im vorvertraglichen (gesetzlichen) Schuldverhältnis Vorbem 145 ff 48

Darlehen
Anwendungsbereich des HausTWG, VerbrKrG 134 239
Ausnutzung fremder Spielleidenschaft 138 331
Gesamtschuldnerschaft und Einheitlichkeit des Geschäfts 139 43
Kettenkreditverträge 138 243 ff
Konsumentenkreditverträge mit Kreditinstituten 138 181 ff
Kreditvermittlung, unerlaubte 134 233 ff
Kreditverträge, sonstige und Wucherabreden 138 185 ff
Kreditwucher, Rechtsfolgen 138 122 ff
Mithaftung von Familienangehörigen 138 314 ff
Nichtabnahmeentschädigung 157 63
und Pfandbestellung 139 53
und Restschuldversicherung 139 53
Schuldbeitritt zu nicht entstandenem – 141 9
Sicherungsabreden bei nichtiger Vereinbarung eines – 139 69
Übersicherung von Kreditgebern 138 263
Unfallhelfer-Kreditvertrag 134 272
als verbotenes Bankgeschäft 134 258
Wucherdarlehen 139 70
Wuchergeschäft und Bereicherungsfolgen 138 221 ff
zum Zweck verbotenen Glücksspiels 134 295
Dauerschuldverhältnis
s. a. Arbeitsrecht ; Gesellschaftsrecht

Dauerschuldverhältnis (Forts.)
Eintritt auflösender Bedingung **158** 22
Sittenwidrigkeit **138** 94
Teilbarkeit, quantitative **138** 109 ff;
   139 68 ff
verbotswidriges **134** 100
Vorvertrag, Rücktritt **Vorbem 145 ff** 66
Dauerschuldverhältnisse
Anfechtung **142** 36
Rechtsfolgen verbotswidriger Verträge
   134 136 ff
Umdeutung **139** 44
Dauerwohnrecht
Zustimmung zur Veräußerung **137** 15
DDR, ehemalige
Wohnungstauschvertrag und Besitzwechselverfahren **139** 48, 49
Dereliktion
und Frage des Anfechtungsgegners **143** 29, 30
Devisenbestimmungen
und IWF-Übereinkommen **134** 254
Devisengeschäft
Genehmigungsbedürftige Geschäfte
   134 169
Dienstbarkeit
zur Absicherung von Bierbezugsverpflichtungen **138** 116, 278
Umdeutung formnichtigen Grundstücksveräußerungsvertrages **139** 63
Dienstleistungsaufträge
und Entbehrlichkeit der Annahme eines Angebots **151** 7
Dienstvertrag
Teilnichtiger Vertrag **139** 15
Diktierter Vertrag
Kontrahierungszwang, Durchsetzung **Vorbem 145 ff** 35
Dingliche Einigung
und Besitzkonstitut **139** 53
Dingliche Erbenbindung
durch Nacherbfolge, Testamentsvollstreckung **137** 28
Dingliche Rechte
Anwartschaftsrecht als – **Vorbem 158 ff** 56, 63, 64, 67
Ius ad rem **137** 9
Numerus-clausus-Prinzip **137** 7
Vermeidung relativ-dinglicher Rechte mit Dauerwirkung **137** 8
Dingliche Rechtsfolgen
Bestätigung eines nichtigen Rechtsgeschäfts **141** 25
Dingliche Rückwirkung
nicht durch Rückbeziehungsvereinbarungen **159** 6
Dingliche Teilverzichtsklausel
und wirksame Globalzession **138** 342

Dingliche Verfangenschaft
kraft rechtsgeschäftlicher Verfügungsbeschränkung **137** 2
Dingliche Verfügungsbeschränkungen
s. Verfügungsbefugnis
Dingliche Verträge
s. Verfügungsgeschäft
Dingliche Vorwirkung
für bedingte Verfügungen (Zwischenverfügungen) **161** 1
Dingliches Anwartschaftsrecht Vorbem 158 ff 58
Dingliches Erfüllungsgeschäft
s. Verfügungsgeschäft
Direktunterrichtsverträge
Sittenwidrigkeit längerfristiger Bindungen **138** 290
Diskriminierungen
und Kontrahierungszwang aufgrund Vertragsverweigerung **Vorbem 145 ff** 18 ff
Dissens (offener)
Auslegung **154** 4
Auslegungsregel **154** 6
Beschlußfassung **154** 15
Beurkundung, vereinbarte **154** 12, 12 ff
Einzelfälle **154** 5
Essentialia negotii **154** 3, 8
Lücken, verbleibende **154** 9
Punktation **154** 11
Rechtsgeschäft, nicht gegebenes **154** 6
Voraussetzungen **154** 2 ff
Dissens (versteckter)
AGB, mißverständliche oder widersprüchliche **155** 12
Auslegungsregel **155** 15
Begriff **155** 1, 3
Einzelfälle **155** 7 ff
falsa demonstratio non nocet **155** 10
Geheimer Vorbehalt **155** 11
Irrtum, Abgrenzung **155** 3 ff
Nichtzustandekommen des Vertrages als Rechtsfolge **155** 13 ff
Schadensersatzpflicht **155** 17
Teildissens **155** 14
Doppelkauf
Sittenwidrigkeit **138** 357
Doppelwirkung
Anfechtung nichtiger Rechtsgeschäfte **142** 27
Dritter, Dritte
Anfechtung bei einer Leistungsbestimmung durch – **143** 15
Anfechtung eines Rechtsgeschäftes, Wirkung auf – **142** 2, 39 ff
Angebotsannahme durch – **145** 35
Bestätigung anfechtbaren Rechtsgeschäfts und zwischenzeitlicher Rechtserwerb – **144** 14

Dritter, Dritte (Forts.)
Bestätigung eines nichtigen Rechtsgeschäftes, Wirkung auf – **141** 25
Erwerbsanspruch, aufschiebend bedingter durch verbotswidrige Verfügung **137** 41
Geltendmachung der Sittenwidrigkeit von Rechtsgeschäften **138** 91
Mißbrauch der Vertretungsmacht **138** 354, 355
Mitwirkung an der Verletzung obligatorischer Unterlassungspflicht bezüglich Verfügungen **137** 36
Sittenwidrigkeit von Rechtsgeschäften zu Lasten Dritter **138** 354 ff
Sittenwidrigkeit wegen Täuschung – **138** 334 ff
Vereitelung fremder Forderungsrechte **138** 356 ff
Verfügungsgeschäft zum Zwecke der Täuschung – **138** 143
Verhalten gegenüber Dritten als Annahme eines Angebots **151** 21
Vertragsabschluß aufgrund Vorschlags eines – **Vorbem 145 ff** 38
Vollmachtsanfechtung und Abschluß eines Geschäfts mit einem – **143** 35
Wuchertatbestand und Vermögensvorteile für – **138** 178

Drittwirkung der Grundrechte
Grundrechtsartikel als Verbotsgesetze **134** 39 ff, 241 ff; **138** 40 f, 412, 464 f, 496
unmittelbare / mittelbare **134** 40, 41

Duldung
und Rechtsbindungswille **145** 15

EG-Richtlinie
und AGB-Recht **138** 165

Ehe
Vereinbarung für Eingehen einer Scheinehe **138** 433

Ehegatten
Mithaftung für Kredite **138** 318
Verfügung über Vermögen im Ganzen, über Haushaltsgegenstände **135** 50

Ehegesetz
als Verbotsgesetz **134** 228

Ehegüterrecht
Mitwirkungsrechte und gerichtliches Verfügungsverbot **136** 8

Ehenichtigkeit
Heilungsmöglichkeit **141** 8

Ehescheidung
Ausschlußvereinbarungen **138** 431
Sittenwidrigkeit einer Scheidungsvereinbarung **138** 434 ff
Sittenwidrigkeit von Vereinbarungen **138** 466

Ehescheidung (Forts.)
Teilnichtigkeit einer Scheidungsvereinbarung **139** 88
Vereinbarung als Rechtsgeschäft zu Lasten der Sozialhilfe **138** 359 ff
Verpflichtung unterbleibender Testamentsänderung **139** 55
Verzicht auf entstandenes Scheidungsrecht **138** 432

Ehevertrag
und Erbvertrag als einheitliches Rechtsgeschäft **139** 49

Ehewidrige Vereinbarungen
Sittenwidrigkeit **138** 429 ff

Ehrenwortklauseln
im Arbeitsverhältnis **138** 406

Eigentümer-Besitzer-Verhältnis
Zusendung unbestellter Ware **146** 15

Eigentum
und Anwartschaftsrecht **Vorbem 158 ff** 69, 70
Trennung Nutzungseigentum / Verfügungseigentum **137** 7
als veräußerliches Recht **137** 19, 20

Eigentumsvorbehalt
als Anwartschaftsrecht **Vorbem 158 ff** 58
Anwartschaftsrecht **Vorbem 158 ff** 62
Sittenwidrigkeit **138** 340 ff
Übersicherung von Kreditgebern **138** 267

Eingriffsnormen 134 50

Einheit der guten Sitten
und Sittenwidrigkeitsklauseln **138** 67 ff

Einheit der Rechtsordnung 138 69

Einheitlichkeit des Rechtsgeschäfts 139 36 ff

Einrede
der Anfechtbarkeit, ausgeschlossenes **142** 14
Anfechtung des akzessorischen Rechtsgeschäfts **142** 23

Einseitige Willenserklärungen
s. Willenserklärungen

Einstweilige Verfügung
Erwerbsverbot **136** 19, 20
Kontrahierungszwang, Durchsetzung **Vorbem 145 ff** 34
Obligationen mit verdinglichter Wirkung **136** 7
Schwebezeit bei bedingten Rechtsverhältnissen, Schutzpflichten **160** 5
Verfügungsverbot **136** 6
Verfügungsverbot, Rechtsfolgen **137** 39

Eintrittskarte
Kauf zu einem überhöhten Preis **138** 193
Kauf auf dem „Grauen Markt" **138** 211

Eintrittsrechte in Verträge
als Vorrechtsverträge **Vorbem 145 ff** 77 ff

Elektronische Medien
und Frage eines Vertragsangebots **145** 9

Elektronischer Handel
an der Wertpapierbörse, Zustandekommen eines Vertrages **Vorbem 145 ff** 38
Embargobestimmungen
Verstoß hiergegen **138** 486
Empfängnisverhütung
Verträge zum Zwecke der – **138** 461
Empfangsbedürftigkeit
Verzicht auf die der Annahmeerklärung **151** 10 ff
Energieversorgungsrecht
Kontrahierungszwang, spezialgesetzliche Anordnungen **Vorbem 145 ff** 17
England
Bedingung, Befristung **Vorbem 158 ff** 85
Entbehrlichkeit eines Zugangs
s. Vertrag
Enteignung
Verbot entschädigungsloser **134** 242
Entgeltlichkeit / Unentgeltlichkeit
Kreditwucher, Rechtsfolgen **138** 123
Wuchertatbestand **138** 176
Erbbaurecht
Ankaufsverpflichtungen, sittenwidrige **138** 289
Bedingungsfeindlichkeit **Vorbem 158 ff** 35
und ergänzende Auslegung **157** 58
Geschäftseinheit mit dem Grundgeschäft **139** 56
Teilbarkeit bei überlanger Ankaufsverpflichtung **139** 69
Umdeutung eines nichtigen Vertrages **139** 64
Zustimmungserfordernis des Eigentümers **137** 15
Erbeinsetzung
unter der Bedingung der Ehescheidung **138** 466
gleichgeschlechtlichen Lebenspartners **138** 446
Erbfall
und Bindung des Erben an ein Angebot **153** 2
Erbverzicht und Eintritt des – **142** 31
Pflichtteilsverzichtsvertrag und Eintritt des – **142** 31
und Sittenwidrigkeit letztwilliger Verfügung **138** 86 ff
Erbrecht
Bedingungsfeindlichkeit **Vorbem 158 ff** 35
Teilnichtigkeit und Vertragsrest **139** 6
Umdeutung, typenwahrende **139** 49 ff
Erbrechtliche Verträge
und Anwendungsbereich der §§ 145 ff BGB **Vorbem 145 ff** 5
Erbrechtliches Anwartschaftsrecht
Vorbem 158 ff 58

Erbschaftsgegenstand
Ersitzung **135** 51
Erbschaftskauf
Umdeutung eines formnichtigen **139** 50
Erbteilskaufvertrag
Geschäftseinheit mit dem Grundgeschäft **139** 56
Erbteilsübertragung
Geschäftseinheit mit dem Grundgeschäft **139** 56
Erbunwürdigkeit
Anfechtung des Erbschaftserwerbs **142** 7
Erbvertrag
Aushöhlung durch Zuwendungen unter Lebenden **138** 447
und Ausnutzung einer Vertrauensstellung **138** 258
Teilnichtigkeit **139** 27
Umdeutung eines nichtigen Rechtsgeschäfts unter Lebenden in – **139** 54
Umdeutung in ein Testament **139** 49, 51
Erfüllung
Erfolg, verbotswidriger **134** 1
Gefälligkeitsverhältnis, Ausschluß der – **Vorbem 145 ff** 83, 84
Haftungsausschluß von Nichterfüllungsfolgen **145** 32
Verbot der Erfüllungshandlung bei erlaubtem Erfüllungserfolg **134** 104, 114 ff
des Vorvertrages **Vorbem 145 ff** 67
und Zeitpunkt der Sittenwidrigkeit **138** 79 ff
Erfüllungsgeschäft
s. Verfügungsgeschäft
Erfüllungshalber (Leistung)
und sittenwidriges Grundgeschäft **138** 141
Wucher **138** 224
Ergänzende Vertragsauslegung
s. Auslegung
Ergänzung eines Rechtsgeschäfts
Bestätigung, Abgrenzung **141** 5
Erhaltungsklauseln
als salvatorische Klauseln **139** 22
Ermächtigung
zur Schaffung der Unveräußerlichkeit eines Rechts **137** 14
Überlassung der Verfügungsbefugnis aufgrund verdrängender – **137** 26
Ersatzgeschäft
durch Umdeutung zu ermittelndes **140** 18 ff
Ersetzungsklauseln
als salvatorische Klauseln **139** 22
Ersitzung
Verfügungsverbot, relativ wirkendes **135** 70
Erwerbsanspruch
aufschiebend bedingt durch verbotswidrige Verfügung **137** 40
Erwerbsverbot (gerichtliches) 136 19 ff

Erwerbsverbote 135 31
Essentialia negotii
  und Angebot auf Vertragsabschluß **145** 17
  und Dissens **154** 3, 8
  Vorvertrag und Hauptvertrag
    Vorbem 145 ff 58
Ethik
  und Bestimmung guter Sitten **138** 18 ff
EU-Richtlinien
  Frage ihrer unmittelbaren Anwendung **134** 45
  und Inhalt von Sittenwidrigkeitsklauseln **138** 44
Europäisches Recht
  als Verbotsgesetze **134** 43 ff, 227
EuSchVÜ 1980
  Relevanz ausländischer Eingriffsnormen für Gesetze **134** 49
Eventualanfechtung
  Zulässigkeit **143** 9
Exportverbot 134 161

Factoring
  durch eine Bank **134** 273
Faktischer Arbeitsvertrag 134 125
Faktischer Vertrag
  Lehre vom – **Vorbem 145 ff** 39
  bei verbotswidrigen Dauerschuldverhältnissen **134** 86, 100
Falsa demonstratio
  und Umdeutung nichtigen Rechtsgeschäfts, Abgrenzung **140** 3
Familien- und Sexualmoral
  und Wandel der guten Sitten **138** 78, 438 ff, 452
Familienangehörige
  Mithaftung für Kredite **138** 314 ff
Familienrecht
  Rechtsgeschäfte, umdeutbare **140** 9
  Sondervorschriften für eine Anfechtung **142** 7
  Verträge und Anwendungsbereich der §§ 145 ff BGB **Vorbem 145 ff** 5
Fehleridentität
  Verpflichtungsgeschäft / Verfügungsgeschäft **134** 117 f; **138** 140, 143; **142** 22
Fernunterricht
  Erlaubnis, fehlende **134** 229
Fertighausbestellung
  und Grundstückserwerbsverpflichtung als einheitliches Rechtsgeschäft **139** 51
Festofferte 145 24; **148** 7
Fiktion
  Ergebnisfiktion eingetretener Bedingung **162** 1 ff
Finanzierter Abzahlungskauf
  Kauf- und Darlehensvertrag, bedingte **158** 10

Finanzierter Kaufvertrag
  und Einheitlichkeit des Rechtsgeschäfts **139** 43
  Wuchergeschäft **138** 191
Finanzierungsklauseln
  Bedingungscharakter **158** 5
Finanzierungsleasing
  Wuchergeschäft **138** 189
Fluchthelferverträge 138 492
Forderung
  Abtretungsausschluß **135** 20; **137** 16
  Einziehung als Zwischenverfügung **161** 5
  Höchstpersönlichkeit **135** 21
  Vereitelung fremder Forderungsrechte **138** 356 ff
Forderungspfändung
  und gerichtliche Verfügungsverbote **136** 9
Form
  der Anfechtungserklärung **143** 6, 7
  Angebot **145** 16
  Annahme des Angebots **151** 4
  Aufhebung eines Vertrages
    Vorbem 145 ff 44
  und bedingtes Rechtsgeschäft **158** 18
  Bestätigung anfechtbaren Rechtsgeschäfts **144** 5
  Bestätigung eines nichtigen Rechtsgeschäfts **141** 16
  der Beurkundung, Zwecke **154** 12 ff
  Erbrechtliche Formvorschrift und Schenkung auf den Todesfall **153** 3
  Formgebot und Bestätigung formnichtigen Rechtsgeschäfts **141** 19
  Formgebot, rechtsgeschäftlich vereinbartes **141** 16
  Heilung eines Formmangels durch Erfüllung **141** 4
  Lückenfüllung bei formbedürftigen Verträgen **157** 12
  Öffentlich-rechtliche Verträge
    Vorbem 145 ff 97
  Option, Optionsvertrag **Vorbem 145 ff** 74
  Schlüssige Erklärung, Bestätigung anfechtbaren Rechtsgeschäfts **144** 5
  Übertragung der Rechtsposition des Angebotsempfängers **145** 35
  Umdeutung bei Verstoß gegen Formvorschriften **139** 30
  Umdeutung in Vorvertrag bei Formmangel **139** 48
  Vereinbarung einer konstitutiven Vertragsform **154** 17
  Verpflichtung zum Unterlassen einer Verfügung **137** 32
  Verzicht auf Empfangsbedüftigkeit der Annahmeerklärung **151** 11
  Vorvertrag **Vorbem 145 ff** 60

Form (Forts.)
  Vorvertrag, formunwirksamer
    Vorbem 145 ff 62
  Zuschlag und formbedürftiger abzuschließender Vertrag **156** 7
Franchisevertrag
  und Art. 85 Abs. 1 EG-Vertrag **139** 81
  Nichtige Preisbindungen, Marktaufteilungen **139** 81
Frankreich
  Bedingung, Befristung **Vorbem 158 ff** 83
  Vertragsrecht **Vorbem 145 ff** 11
Frauenschutz
  als Verbotsgesetz **134** 120, 207, 231, 265
Freiberufler
  Nachvertragliche Wettbewerbsverbote **138** 303 ff, 306
  Verkauf von Anwalts- und Arztpraxen **134** 292; **138** 418
Freibleibend-Klausel
  und invitatio ad offerendum **145** 30
Freie Berufe
  Standesauffassungen **134** 29; **138** 46, 416 ff, 479
Freiheitsschutz
  und dingliche Verfangenschaft **137** 5
Freiklausel
  als vertragliches Rücktrittsrecht **145** 32
Freizeichnungsklauseln
  Ausnutzung von Macht- und Monopolstellungen **138** 252
Freundschaftskauf
  und Mißverhältnis Leistung / Gegenleistung **138** 230
Frist, Befristung
  Anfangstermin, Endtermin **163** 5
  Anfechtung **143** 8
  Antrag unter Abwesenden **147** 7 ff
  Antrag unter Abwesenden, Annahme **147** 7 ff
  Antrag unter Fristbestimmung für die Annahme **148** 1 ff
  Anwartschaftsrecht bei befristetem Rechtsgeschäft **163** 6
  Arbeitsverhältnis **163** 9
  Bedingung, Befristung: Abgrenzung
    Vorbem 158 ff 27; **163** 4
  Bedingung und Befristung: Abgrenzung **163** 4
  Bedingungsrecht, anwendbares **163** 6
  Befristung und Betagung **163** 2
  Befristung als Nebenbestimmung
    Vorbem 158 ff 1
  Befristungsfeindliche Rechtsgeschäfte **163** 9
  Befristungsfeindlichkeit **Vorbem 158 ff** 44
  Begriff **163** 1
  Begriffsbestimmung **Vorbem 158 ff** 9

Frist, Befristung (Forts.)
  dies certus an, certus quando, incertus quando **Vorbem 158 ff** 9
  Klage, Klagbarkeit bei befristeten Rechten **163** 10
  Obligatorische Rückbeziehung der Befristung **163** 8
  Öffentliches Recht, Befristung **163** 11, 12
  Prozeßhandlungen **163** 11
  Prozessuale Wirkungen einer Befristung
    Vorbem 158 ff 47 ff
  Sicherheiten, befristete **163** 5
  spezialgesetzliche Annahmefristen für Anträge **148** 2
  Verpfändung, befristete **163** 5
  Verpflichtung zum Unterlassen einer Verfügung **137** 34
  Wohnraummietverhältnisse **163** 9

Garantiefunktion des Vertrages 139 78
Gaststättenbetrieb
  und Frage eines Vertragsangebots **145** 11
  Kastellan-Verträge **134** 162, 230
  Sperrstundenregelung **134** 104, 229
Gaststättengesetz
  Sperrstunde **134** 104, 229
Gaststättenpacht
  Preisbindungsvereinbarung, kartellrechtswidrige **139** 82
Gebäudeversicherung
  Empfangszuständigkeit für Leistungen **135** 49
Gebot
  im Rahmen der Zwangsvollstreckung **156** 11
  bei einer Versteigerung als Antrag des Bieters **156** 2 ff
Gefährdungshaftung
  und Gefälligkeitsverhältnis
    Vorbem 145 ff 85
Gefälligkeitsverhältnis
  Aufwendungsersatz, ausgeschlossener
    Vorbem 145 ff 83
  Deliktsrecht als Haftungsgrundlage
    Vorbem 145 ff 85
  Erfüllung, ausgeschlossene
    Vorbem 145 ff 83
  und Gefährdungshaftung **Vorbem 145 ff** 85
  Gefälligkeitsfahrt als – **Vorbem 145 ff** 82
  Gefälligkeitsvertrag, Abgrenzung
    Vorbem 145 ff 80
  als gesetzliches Schuldverhältnis
    Vorbem 145 ff 85
  Haftungsmaßstab **Vorbem 145 ff** 86
  Lottotippgemeinschaft als –
    Vorbem 145 ff 82
  Rechtsbindungswille, entscheidender
    Vorbem 145 ff 80, 81

Gefälligkeitsverhältnis (Forts.)
und Vertrag, Abgrenzung **Vorbem 145 ff** 3
Zusagen im Rahmen nichtehelicher
Lebensgemeinschaft **Vorbem 145 ff** 82
Gefälligkeitsvertrag
und Gefälligkeitsverhältnis, Abgrenzung
Vorbem 145 ff 80
GefahrStVO
Beschäftigungsverbote **134** 231
Geheimer Vorbehalt 155 11
Geldnot
als Zwangslage **138** 196
Geliebtentestament 138 86 ff, 118, 125, 438 ff, 453; **139** 53, 72
Gemeinde
Beteiligung an den Erschließungskosten **139** 17
Gemeines Recht
Anwartschaftsrecht **Vorbem 158 ff** 61; **161** 1
Bedingung **Vorbem 158 ff** 2, 4, 6, 14, 22
Befristung **Vorbem 158 ff** 2, 4, 9
Teilregelung, Aufrechterhaltung **139** 1
utile per inutile non vitiatur **139** 1, 4, 8
Genehmigung eines Rechtsgeschäfts
Anfechtung der Genehmigung **142** 24
Angebot zum Abschluß genehmigungsbedürftigen Vertrages **145** 23
behördliche Genehmigungen und Frage der verbotswidrigen Vornahme **134** 165 ff, 247, 258, 267
und Bestätigung, Abgrenzung **141** 2, 3
Pflicht zur Mitwirkung der Herbeiführung **162** 14
privatrechtliche Zustimmung als Beschränkung der Verfügungsgewalt **134** 165
Vorvertrag und genehmigungsbedürftiger Hauptvertrag **Vorbem 145 ff** 63
Genossenschaftsgesetz
Nichtigkeit von Verträgen **134** 231
Gentlemen's agreement
und Vertrag, Abgrenzung **Vorbem 145 ff** 3
Gerätesicherheitsgesetz
Vertrag über verbotenes Gerät **134** 231
Gerechtigkeitsnormen
und Bestimmung guter Sitten **138** 21
Gericht (Richter)
und Anstandsgefühl **138** 16
Richterliches Rechtsgefühl und Legitimation durch Begründung **138** 51 ff
Richterrecht, vorhandenes und Auslegung von Sittenwidrigkeitsklauseln **138** 48 ff
Gerichtliches Erwerbsverbot 136 19 ff
Gerichtliches Verfügungsverbot
s. Verfügungsverbot (relatives)
Gerichtsstandsklauseln
und Nichtigkeit des Hauptvertrages **139** 85
Gesamtschuld
Teilbarkeit **139** 66

Gesamtunwirksamkeitsklauseln
für Teilnichtigkeit **139** 23
Geschäftliche Unerfahrenheit
Mißverhältnis Leistungsfähigkeit / Verpflichtungsumfang **138** 317
Geschäftsähnliche Handlungen
s. Rechtsgeschäftsähnliche Handlungen
Geschäftseinheit
und Abstraktionsprinzip **139** 54 ff
Geschäftsfähigkeit
und Angebotszugang **145** 33
Annahme eines Angebots **146** 4
und bedingtes Rechtsgeschäft **158** 18
Verlust des Antragenden vor Annahme seines Angebots **153** 1 ff
Verlust des Antragsempfängers vor Annahme des Angebots **153** 9 ff
Wirkungen beschränkter Geschäftsfähigkeit auf Angebot, Annahme **153** 14
Geschäftsführervertrag
Sittenwidrigkeit **138** 94
Geschäftsführung ohne Auftrag
Rückabwicklung eines nichtigen Auftrags **134** 140
Geschäftsgeheimnis
Weitergabe gegen Schmiergeldzahlungen **138** 474
Geschäftsgrundlage
und Auslegung, ergänzende **157** 9, 10
und Bedingung, Abgrenzung **Vorbem 158 ff** 11
Lehre von der subjektiven (Windscheid) **Vorbem 158 ff** 2
Regelungslücke, nicht zu schließende **157** 43
Geschäftstypen
und Einheitlichkeit des Rechtsgeschäfts **139** 42
Geschäftsunfähigkeit
Umdeutung, ausgeschlossene **140** 17
Gesellschaftsrecht
Abfindungsklauseln, sittenwidrige **138** 367 ff
Abfindungsklauseln und veränderte Umstände **138** 83
Abfindungsmaßstab und ergänzende Vertragsauslegung **157** 57
Abspaltungsverbot **139** 58
Abstimmung in eigener Sache **134** 21
Abwicklung nach Bereicherungsgrundsätzen **134** 131 ff
Allgemeine Grundsätze der Rechtsordnung / Grundprinzipien des – **138** 28, 41
Anfechtung von Gesellschaftsverträgen **142** 32
Anfechtung von Gesellschaftsverträgen, Anfechtungsgegner **143** 20

Gesellschaftsrecht (Forts.)
auflösend bedingter Gesellschaftsvertrag 158 22
Auslegung, Vorrang ergänzender gegenüber dispositivem Recht 139 61
Ausschließungsrecht, Teilbarkeit einheitlicher Regelung 139 61
Ausschlußrecht, sittenwidriges 138 117, 378 ff
Bedingungsfeindlichkeit Vorbem 158 ff 36
Beitritt, bedingter zur Personengesellschaft 159 4
Berufsordnungen als Verbotsgesetze 134 309
EG-Richtlinie, 1.Gesellschaftsrechtliche 134 133
Gesellschafter als Abgeordneter 134 243
Gesellschaftszweck, gegen Verbotsgesetze verstoßender 134 130, 203
Grundsätze der fehlerhaften Gesellschaft 134 130
Kartellverbot 134 134
Klauseln, einzelne verbotswidrige 134 135
Kündigungs- und Ausschlußklauseln, sittenwidrige 138 378 ff
Kündigungsbeschränkungen, sittenwidrige 138 366
Mitgliedschaftsrecht, Trennung von mitgliedschaftsrechtlichen Verwaltungsrechten 137 27
und Nichtigkeitsfolge bei verbotswidrigen Rechtsgeschäften 134 128 ff
Nichtigkeitsfolgen für Gesellschaftsverträge bei AG, GmbH 134 133; 139 11
Salvatorische Klauseln 139 22
sittenwidrige Knebelungsverträge 138 261
Sittenwidrigkeit 138 108
Stimmabgabe in eigener Sache 138 41
Stimmenthaltungsgebote 134 21, 202, 220; 138 41
Stimmrechtsvereinbarungen, Umdeutung 139 58
Teilnichtigkeit 139 27, 83
Treuhandvertrag über Gesellschafterrechte, lebenslanger 138 292
als typischer Vertrag Vorbem 145 ff 90
Umdeutung bei fehlgeschlagener Gesellschaftsgründung 139 57
Umdeutung bei mißlungener Gesellschaftsgründung 139 26
und Unübertragbarkeit von Rechten 137 12
Verbot der Einlagenrückgewähr 134 245
Verfügungen über Gesellschaftsanteil 135 27
Vorvertrag Vorbem 145 ff 59
Wettbewerbsverbote bei Gesellschafterausscheiden 138 299

Gesetz
Änderung und nachträgliche Teilnichtigkeit 139 32
Allgemeine Rechtsgrundsätze 134 18 ff
Ausländische Gesetze 134 47 ff, 154 ff; 138 481 ff
Begriff des Gesetzes 134 16 ff
Berufsständische Regelungen 134 26 ff
Beschränkungen der Gestaltungs- und Verfügungsmacht 134 33
Bundesrecht, Landesrecht 134 42
dispositives 134 32
Europäisches Recht 134 42, 378 ff
im formellen Sinne 134 16
Gewohnheitsrecht 134 17
Grundrechtsnormen 134 36 ff, 241 ff
Interessenabwägung und Wertmaßstäbe des – 138 39
Nichtigkeit einzelner Vorschriften 139 18
Richtlinien, berufsständische 134 29
Satzungen 134 16, 28
Tarifnormen, Betriebsvereinbarungen 134 24, 25
Tarifverträge 134 244
Umgehungsverbot, gesetzliches 134 148
ungeschriebene 134 23
Unpassendes, veraltetes Gesetzesrecht 157 25, 26
und Veräußerungsverbot 135 36, 37
Verbotscharakter 134 30 ff
Verbotsgesetz und Nichtigkeitssanktion 134 34, 35
Verordnungen 134 16
Völkerrecht 134 46
Wertentscheidungen 138 39 ff

Gesetzliches Schuldverhältnis
Schwebezeit bei bedingten Rechtsverhältnissen 160 1 ff
vorvertragliches – Vorbem 145 ff 45 ff

Gesetzliches Verbot
Abstraktionsprinzip 134 116
Abtretungsverbote 134 220, 222
Äußere Umstände beim Vertragsabschluß, Vornahme als solche 134 8
Akademische Titel 134 310
Alles-oder-Nichts-Prinzip 134 87, 133
Allgemeine Rechtsgrundsätze 134 18 ff
Analogie zur Verbotsnorm (Umgehungsproblematik) 134 150
Anwendungsbereich 134 1 ff
Apothekenrecht 134 203
Arbeitnehmerüberlassung 134 209
Arbeitserlaubnis 134 195
Arbeitsrecht 134 12, 13, 24, 25, 38, 100, 120 ff, 157, 195 ff, 200 ff, 209, 217, 219, 221, 224, 226, 231, 241, 244, 255, 261, 265, 275 ff, 284
Arbeitsvermittlungsmonopol 134 105, 201

Gesetzliches Verbot (Forts.)
Arglist 134 109
Arzneimittelverkauf 134 208
Arztrecht 134 211
Ausländisches Recht 134 47 ff, 154 ff; 138 481 ff
Auslegung und Feststellung des Verbotscharakters 134 30, 31
Auslegungsregel der Nichtigkeitssanktion 134 57 ff
Bankgeschäfte 134 177, 179, 181, 233, 257 ff
Bauforderungssicherung 134 212
Baugenehmigung 134 178, 179, 215
Baurecht 134 212 ff
Beamtenrecht 134 218
Behördliches Verbot zum Schutz der Allgemeinheit 136 2
Benachteiligungsverbot § 611a BGB 134 221
Bereicherungsrecht 134 97, 113, 128, 141, 142, 277, 278
Berufsausbildungsverhältnisse 134 217
Berufsständische Regelungen 134 26 ff
Beschäftigungsverbote 134 195 ff, 204 ff, 224, 255, 265
Beschlüsse 134 11
und Beschränkung auf Rechts- und Geschäftstypen, Abgrenzung 134 33
und Bestätigung nichtigen Rechtsgeschäfts 141 18
Betäubungsmittelverkauf 134 225
Betriebsvereinbarungen 134 13, 25
Blankettregelung des § 134 BGB und verdrängende Spezialgesetze 134 192
Bundesrecht und Landesrecht 134 42, 309 ff
Dauerschuldverhältnisse 134 136 ff
Dispositives Recht 134 32
Dritte, geschützte 134 73
Drittwirkung der Grundrechte 134 39 ff, 241 ff; 138 40 f, 412, 464 f, 496
Eingriffsnormen 134 49, 50
Einseitige Rechtsgeschäfte 134 15, 167
Einzelfälle von Verbotsgesetzen s. Alphabetisches Stichwortverzeichnis zu § 134 BGB unter XI
Erfolgshonorar 134 223
Erfüllungsgeschäfte 134 104, 114 ff
Erfüllungshandlung und Erfüllungserfolg 134 104 ff
Europarecht 134 43 ff, 227
Faktischer Vertrag 134 86, 100, 125
Folgeverhalten, gesetzwidriges 134 161 ff
Folgeverträge 134 179, 248, 304
Formerfordernisse 134 33
Frauenschützende Vorschriften 134 207, 231, 265

Gesetzliches Verbot (Forts.)
Gaststättenrecht 134 229
Geltungserhaltende Reduktion 134 89 ff
Genehmigungsbedürftige Rechtsgeschäfte 134 165 ff, 247, 258, 267
Generalprävention 134 62
Gerichtliches Verbot zum Schutze der Allgemeinheit 136 2
Geschäftsfähigkeitsvorschriften 134 33
Geschäftsführung ohne Auftrag 134 140
Gesellschaftsverträge 134 128 ff, 203
Gesetzesbegriff 134 16 ff, 23
Gewerberecht 134 73, 76, 77, 104, 158, 159, 229, 230, 232 ff, 247, 251, 252, 257 ff, 260, 267, 268, 275 ff
Gewerbesteuer-Vereinbarungen 134 14
Gewohnheitsrecht 134 17
Grundgesetz 134 36 ff, 241 ff
Grundsteuer-Vereinbarung 134 20
Grundstücksvermittlung 134 223, 233, 264
Hauptzweck eines Vertrages 134 162
Haushaltsrecht 134 19; 138 497
Haustürgeschäft 134 233 ff
Heilung durch Erfüllung 134 99
Inhalt und Vornahme eines Rechtsgeschäfts 134 68 ff
Inhaltskontrolle eines Rechtsgeschäfts 134 1
Inkassozession durch Ärzte, Anwälte 134 292
Internationales Privatrecht 134 47 ff, 154 ff
Kartellverstöße 134 227, 248, 249
Kastellanverträge 134 158, 162, 230
Klauseln, einzelne nichtige 134 88
Kreditgeschäfte 134 177, 179, 181, 233, 257 ff
Kündigungsvorschriften 134 157, 219, 221
Ladenschlußgesetz 134 104, 229, 260
Landesrecht 134 42, 309 ff
Landesverfassungsrecht 134 42
Lebensmittelrecht 134 262
Lex specialis des § 134 BGB gegenüber § 138 BGB 138 146
Lohnfortzahlung 134 228, 261
Markenrecht 134 307
Maßregelungsverbot (§ 612a BGB) 134 221
Mietpreisbindung 134 223
Mietwucher 134 92 ff, 269, 271, 295, 306
Mißbilligung des Rechtsgeschäfts, Mängel beim Zustandekommen 134 5
Mutterschutz 134 231, 265
Nichtigkeit 134 57 ff, 86 ff
Nichtigkeit ex nunc 134 99 ff, 102, 123 ff, 128 ff
Nichtigkeit, halbseitige 134 97, 112, 279
Nichtigkeitsfolge, treuwidrige Berufung hierauf 134 187 ff

Gesetzliches Verbot (Forts.)
Nichtigkeitssanktion, Reichweite 134 65 ff
Normenverträge 134 12
Normzweckvorbehalt 134 57 ff; 138 95, 99 ff, 146, 247
Notarrecht 134 223
Öffentlich-rechtliche Verträge 134 14, 306
Ordnungsvorschriften 134 76
Ordnungswidrigkeiten 134 78, 266
Ordre public 134 52
Personenbeförderungsverträge 134 267
Polizeistundenregelung 134 229
Praxisverkauf 134 292
Preisangabepflicht 134 268
Preisrecht 134 92, 269 ff
Presserecht 134 311
Privatrechtsbezug 134 10
Provisionsteilungsabrede 134 306
Quantitative Nichtigkeit 134 89 ff
Quota litis 134 223
Rabattverstöße 134 91, 301 ff
Rechts- und Geschäftstypen, Beschränkung auf bestimmte und Abgrenzung gegenüber – 134 33
Rechtsberatung 134 73, 272, 273
Rechtsgeschäft, Begriff 134 10 ff
Rechtswahl und Umgehung im grenzüberschreitenden Rechtsverkehr 134 154
Regelungsbereich des § 134 BGB, Rechtsfolge des § 134 BGB 134 9
Reisegewerbe 134 208, 233 ff
Richterliche Rechtsfortbildung 134 22
Richtlinien freier Berufe 134 29
Rückabwicklung nichtiger Verträge 134 140 ff
Rundfunkrecht 134 311
Satzungen 134 27, 28
Schadensersatz 134 143
Scheckrecht 134 274
Scheingeschäft 134 33, 145
Schiedsverträge 134 18, 308
Schmiergeldvereinbarungen 134 299
Schutz des Vertragsgegners 134 73
Schutzgesetze 139 17
Schwarzarbeit 134 275 ff
Schwebende Unwirksamkeit 134 103 ff, 229, 238, 260
Schwebende Wirksamkeit 134 108 ff, 238
Seuchenschutz 134 224
Sittenwidrigkeit, Abgrenzung 134 50; 138 96 ff, 146
und Sittenwidrigkeit eines Umgehungsgeschäfts 134 152; 138 42, 498
und Sittenwidrigkeitsprüfung 138 1, 6, 96 ff, 146, 147
Spielbanken 134 285
Standesrecht 134 26 ff, 272, 273, 286, 292, 309

Gesetzliches Verbot (Forts.)
Steuerberatung 134 286
Steuerrecht 134 287 ff
Stimmenthaltung in eigener Sache 134 21, 202, 220
Straftatbestände 134 78, 290 ff
Subjektiver Tatbestand 134 82 ff
Tarifverträge 134 12, 24, 38, 244
Teilnichtigkeit 134 86 ff, 97, 112 f, 269, 279
und Teilnichtigkeit von Rechtsgeschäften bei Verstößen gegen Schutzgesetze 139 17
Treu und Glauben 134 86, 101, 186, 278
Übermaß einer Vertragsklausel 134 89
Umdeutung eines nichtigen Rechtsgeschäfts 140 31
Umgehungsgeschäfte 134 144 ff, 220
Unzulässige Rechtsausübung 134 186 ff
Urlaubsrecht 134 226
UWG-Verstöße 134 5, 6, 298 ff
Venire contra factum proprium 134 86 ff, 101
Verbotsgesetz und Nichtigkeitssanktion, zu unterscheidende Fragen 134 34
Verbotsgesetz und Wirksamkeit des Rechtsgeschäfts 134 61
Verbotsgesetze 134 8, 30 ff
Verbotsgesetze, ausländische 134 47 ff, 154 ff; 138 481 ff
Verbotsgesetze, beiderseitige 134 71, 72, 75
Verbotsgesetze, einseitige 134 73, 75
Verfassungsrecht 134 36 ff, 241 ff
Verfügungsbeschränkungen 134 33
Verfügungsgeschäfte 134 104, 114 ff
Verfügungsverbot, relatives als Fall des – 135 1
Verpflichtungsgeschäfte 134 114 ff
Versicherungsverträge 134 179
Versteigerung 134 232, 312
Vertretungsmacht 134 33
Völkerrecht 134 46, 53, 254
Vornahme des Rechtsgeschäfts 134 54 ff
Vornahme, Umstände des Zustandekommens eines Rechtsgeschäfts 134 2 ff
Vorvertrag **Vorbem 145 ff** 59
Warenzeichenrecht 134 307
Wegfall des Verbots 134 56
Willensbildung, geschützte 134 108
Wohnraumzweckentfremdung 134 264, 307
Zeitpunkt der Gesetzwidrigkeit 134 54 ff
Zugaben 134 301 ff
Zwangsläufigkeit einer Verbotswidrigkeit bei einer Vertragsdurchführung 134 164
Zwingendes Recht als Grundlage 134 32

Gestaltungsrechte
Anfechtungsrecht 142 9
Angebotsempfänger, Rechtsposition 145 34
Bedingungsfeindlichkeit **Vorbem 158 ff** 38 ff
Begründungszwang, nicht vorgesehener 143 10
Kauf auf Probe **Vorbem 158 ff** 15
Optionsrecht, Angebotsvertrag **Vorbem 145 ff** 73
Verzicht 144 5
Getränkelieferungsvertrag
s. Bierlieferungsverträge
Gewerbeordnung
Verbot der Vermittlung von Darlehensgeschäften 134 8
Verstöße gegen Vorschriften 134 232 ff
Gewerbepolizeiliche Verbote
und Nichtigkeitssanktion des § 134 BGB 134 77
Gewerbesteuer
Vereinbarung hierüber 134 14, 20
Gewerbliche Angestellte
Nachvertragliche Wettbewerbsverbote 138 300 ff
Gewerblicher Rechtsschutz
Kontrahierungszwang, spezialgesetzliche Anordnungen **Vorbem 145 ff** 17
Gewerkschaft
Gruppenversicherungsvertrag mit Rechtsschutzversicherer 134 4; 138 7, 72
Gewohnheitsrecht
als Gesetz 134 17
Gläubigeranfechtung
und Anfechtung, Unterscheidung 142 8
Gläubigerbenachteiligung
Sittenwidrigkeit 138 348 ff
Vereinbarung unter Verletzung des Verbots der – 134 294
Gläubigergefährdung
Sittenwidrigkeit 138 271, 334 ff, 348 ff, 377
Globalabtretung
Reduzierung im Wege der Auslegung 139 72
Sittenwidrigkeit 138 340 ff
Übersicherung von Kreditgebern 138 266
GmbH
Anfechtung einer Abtretung wegen Arglist 142 32
Anteilsabtretung zur Vereitelung eines Vorkaufsrechts 138 357
gesetzliche Verfügungsbindung 137 12
Kündigung statt Anfechtung der Gründergesellschaft 142 32
Nichtigkeit des Gesellschaftsvertrages 139 11

GmbH (Forts.)
Stimmenthaltungsverbote 134 245
Stimmrechtsübertragung, Umdeutung nichtiger 139 58
Verbot der Einlagenrückgewähr 134 245
Vorvertrag **Vorbem 145 ff** 60
Griechenland
Vertragsrecht **Vorbem 145 ff** 11
Grundbuchrecht
Auslegung, ergänzende 157 45
Behandlung verbotswidriger Verfügungen 135 93 ff
Gerichtliche, behördliche Verfügungsverbote 136 3
Gerichtliches Erwerbsverbot 136 23
Geschäftseinheit Verpflichtungs- und Verfügungsgeschäft 139 58
Grundbuchsperre und Verfügungsverbot 135 93, 94
Grundstückserwerb verbietende einstweilige Verfügung 136 20
Kettenverkauf 136 7
Umdeutung 140 10
verfügungsbeschränkende, rechtsgeschäftliche Regelung 137 29
Verfügungsverbot aufgrund einstweiliger Verfügung 136 6, 7
Verfügungsverbot, relativ wirkendes 135 61
Verpflichtung zum Unterlassen einer Verfügung 137 33
Grunddienstbarkeit
Umdeutung 139 66
Grundgeschäft
s. Verpflichtungsgeschäft
Grundrechtsnormen
Grundrechtsartikel als Verbotsgesetze 134 241 ff
und privatrechtliche Rechtsgeschäfte 134 36 ff
Grundschuld
Auszahlungsbedingung 158 9
Umdeutung 139 68
Verfügungsbeschränkung 137 17
Verpflichtung zum Unterlassen einer Belastung 137 31
Grundstückskaufvertrag
Anwartschaftsrecht des Käufers **Vorbem 158 ff** 59
und Auflassung als einheitliches Rechtsgeschäft 139 49
und Baubetreuungsvertrag als einheitliches Rechtsgeschäft 139 51
und Gebäudeerrichtungsvertrag als einheitliches Rechtsgeschäft 139 50
Grundstückserwerb verbietende einstweilige Verfügung 136 20
Heilung eines Formmangels durch Erfüllung 141 4

Grundstückskaufvertrag (Forts.)
Preisangabe, zu niedrige aus steuerlichen Gründen **134** 288
Preisgrenzen und Rechtsverstöße hiergegen **134** 270
sittenwidriges Verpflichtungsgeschäft **138** 140
und Treuhandvertrag als einheitliches Rechtsgeschäfts **139** 49
Umdeutung eines formnichtigen – **139** 63
Verfügung über Anwartschaftsrecht **Vorbem 158 ff** 71
Vorvertrag **Vorbem 145 ff** 60
Wuchergeschäft **138** 191
Gruppenversicherungsvertrag
Gewerkschaft / Rechtsschutzversicherer **134** 4; **138** 7, 72
Gütergemeinschaft (fortgesetzte)
Umdeutung unwirksamer Verfügung über einen Anteil **139** 70
Gutglaubensschutz
und absolute gerichtliche, behördliche Verfügungsverbote **136** 3
Anfechtung eines Rechtsgeschäftes, Dritterwerber **142** 2, 38 ff
Anwartschaftsrecht **Vorbem 158 ff** 74
bei gerichtlichen und behördlichen Verfügungsverboten **136** 18
und Verfügung unter Verstoß gegen rechtsgeschäftliches Veräußerungsverbot **137** 29
bei vorhandenem Verfügungsverbot **135** 59 ff
Zwischenverfügung vor Bedingungseintritt **161** 14 ff
GWB
s. Wettbewerbsrecht

Haftpflichtversicherung
Verfügungen über die Entschädigungsforderung **135** 24
Handeln auf eigene Gefahr
und Gefälligkeitsverhältnis **Vorbem 145 ff** 86
Handelsrecht
Bedingungsfeindlichkeit **Vorbem 158 ff** 35
Handelsvertretervertrag
Ausschluß ordentlicher Kündigung **138** 295
Handkauf
Geschäftseinheit Verpflichtungs- und Verfügungsgeschäft **139** 58
Handwerksordnung
Handwerksrolle, fehlende Eintragung **134** 251
Hauptvertrag
und Letter of Intent **145** 14
und Option **Vorbem 145 ff** 69 ff

Hauptvertrag (Forts.)
und Vorvertrag
s. Vorvertrag
Haustürgeschäft
und Sittenwidrigkeit **138** 168
Teilnichtigkeit eines Geschäfts **139** 16
und unerlaubte Kreditvermittlung nach der Gewerbeordnung **134** 233 ff
Heilpraktikergesetz
Verstoß gegen die Erlaubnispflicht **134** 252
Heilung eines Rechtsgeschäfts
durch Erfüllung, Abgrenzung von der Bestätigung **141** 4
Heimgesetz
Vertrag Heimpersonal / Heiminsassen **134** 253
Heterologe Insemination
Sittenwidrigkeit einer Vereinbarung **138** 451
Höchstpersönlichkeit
Angebot des Verstorbenen für höchstpersönlichen Bedarf **153** 6
einer Forderung **135** 21
Rechtsgeschäfte über höchstpersönliche Güter **138** 463 ff
und Unübertragbarkeit von Rechten **137** 12
Höchstpreisgesetze
und Wuchergeschäfte, Rechtsfolgen **138** 124
Hypothek
Anwartschaftsrecht des Gläubigers **Vorbem 158 ff** 59
Sicherung bedingter Ansprüche **158** 1
Umdeutung **139** 68
Umdeutung nichtiger Verpfändung **139** 63
Verfügungsbeschränkung **137** 17
und vermeintliche Eigentümergrundschuld **139** 64
Verpflichtung zum Unterlassen einer Belastung **137** 31
Hypothetischer Parteiwille
Ermittlung **139** 75 ff

Immaterialgüterrechtliches Anwartschaftsrecht
Vorbem 158 ff 58
Importverbot 134 161
Inhaltskontrolle
von Rechtsgeschäften **138** 1, 161 ff
Verbotswidrigkeit von Rechtsgeschäften **134** 1
Wuchertatbestand **138** 5
Inhaltssittenwidrigkeit
von Rechtsgeschäften **138** 2
Inkasso
Abtretung von Honorarforderungen und berufliche Schweigepflicht **134** 292

Insemination (heterologe)
Sittenwidrigkeit einer Vereinbarung 138 451
Internationales Privatrecht
Auslandsrecht und sittenwidrige Verträge 138 481 ff
Umgehungsgeschäfte durch Rechtswahl 134 154
Verstöße gegen ausländische Verbotsgesetze 134 47 ff
Zustandekommen eines Vertrages **Vorbem 145 ff** 99
Internatsverträge
Sittenwidrigkeit längerfristiger Bindungen 138 290
Invitatio ad offerendum
bei Bindung ausschließende Klausel 145 30
Rechtsbindungswille, fehlender 145 3 ff
Irak-Embargo
als Verbotsgesetz 134 227
Irrtum
und Dissens 155 3 ff
erst aufgrund ergänzender Vertragsauslegung 157 35
Italien
Bedingung, Befristung **Vorbem 158 ff** 84
Vertragsrecht **Vorbem 145 ff** 11
Ius ad rem 137 9
Iustum pretium 138 230
IWF-Übereinkommen
und zu berücksichtigende Devisenbestimmungen 134 254

Jagdpachtvertrag
Vorvertrag **Vorbem 145 ff** 60
Jugendschutzgesetze
als Verbotsgesetze 134 120
Jurgendarbeitsschutz
Beschäftigungsverbote als Verbotsgesetze 134 255

Kaffeefahrt
Ausbeuten einer Zwangslage 138 211
Sittenwidrigkeit 138 71
Wettbewerbsverstoß § 1 UWG 138 8
Kartellrecht
s. Wettbewerbsrecht
Kastellan-Vertrag
Nichtigkeit 134 158, 162, 230
Kauf auf Probe
Bedingung oder Gestaltungsrecht **Vorbem 158 ff** 15
Kaufmännische Angestellte
Nachvertragliche Wettbewerbsverbote 138 300 fff
Kaufmännisches Bestätigungsschreiben
Bestätigung, Abgrenzung 141 6
Schweigen und Vertragsabschluß 146 6

Kaufvertrag
Doppelkauf, sittenwidriger 138 357
Kaufwucher 138 219
Kenebelungsverträge
sittenwidrige 138 259 ff
Kenntnis
der Anfechtbarkeit 144 7, 8
Kettenkreditverträge
Folgeverträge nach Umschuldung 138 243 ff
Kinder
Mithaftung für Kredite 138 318
Klage, Klagbarkeit
s. a. Prozeßhandlungen
Auslegung, ergänzende 157 50 ff
Bedingte, befristete Rechtsverhältnisse **Vorbem 158 ff** 47 ff; 163 10
Bedingte Rechtsverhältnisse, Schadensersatz wegen Rechtsvereitelung 160 11, 12
Kontrahierungszwang, Durchsetzung **Vorbem 145 ff** 33
Schwebezeit bei bedingten Rechtsverhältnissen, Schutzpflichten 160 5
Vorvertrag, Erfüllung **Vorbem 145 ff** 67
Kleingartengesetz
Überschreitung der Höchstgrenzen für Pachtzinsen 134 223, 271
Koalitionsfreiheit
Vereinbarungen mit Beschränkung der – 134 242
Kollektivvertragliche Regelungen
als Gesetze 134 244
Kommanditgesellschaft
Kündigung statt Anfechtung des Beitritts 142 32
Umdeutung in eine BGB-Gesellschaft 139 57
Kommerzialisierung
sittenwidrige 138 463 ff, 476 ff
Konfessionswechsel
Sittenwidrigkeit von Vereinbarungen 138 467
Konkludentes Verhalten
und Vertragsabschluß 145 16
Konkludenz
s. Schlüssiges Verhalten
Konkurrenzverbote 138 297 ff
Konkurs
Bedingungswirkungen **Vorbem 158 ff** 51, 52
Freigabe, unechte durch den Konkursverwalter 141 24
gerichtliches Verfügungsverbot 136 12
Gläubigeranfechtung und Anfechtung, Unterscheidung 142 8
Grundbuchsperre nach Konkurseröffnung 135 42

Konkurs (Forts.)
  Konkursverschleppung, Sittenwidrigkeit
    138 351
  Rechtsgeschäfte, gläubigerbenachteiligende 134 256
  Sicherungsvereinbarungen und Konkursverschleppung 138 336
  und Sittenwidrigkeit 138 166
  Unwirksamkeit von Rechtshandlungen des Gemeinschuldners 135 41
  verbotswidrige Verfügung vor Konkurseröffnung 135 75
  Verfügung des Konkursverwalters als Zwischenverfügung 161 9
  Verfügungen des Konkursverwalters im Konkurs eines Verbotsbetroffenen 135 16
  Verfügungsverbot gegenüber dem Gemeinschuldner 135 71 ff
  über Vermögen des Anbietenden 153 15
  über Vermögen des Angebotsempfängers 153 16
Konsumentenkreditverträge
  als wucherähnliche Rechtsgeschäfte 138 231 ff
  Wuchergeschäft 138 181 ff
Kontaktanzeigen
  Sittenwidrigkeit 138 453
Kontrahierungszwang
  Abbruch von Verhandlungen, culpa in contrahendo Folge eines – Vorbem 145 ff 28
  Abgabe der Annahmeerklärung, Pflicht hierzu 146 3
  Angebotsunterbreitung durch den Vertragswilligen Vorbem 145 ff 29
  Annahmeverpflichtung Vorbem 145 ff 30
  aufgrund kartellrechtlicher Behinderungs- und Diskriminierungsverbote Vorbem 145 ff 18 ff
  aufgrund Vorvertrages Vorbem 145 ff 64
  aufgrund Wertentscheidungen des Grundgesetzes Vorbem 145 ff 24
  Einstweiliger Rechtsschutz Vorbem 145 ff 34
  und Entbehrlichkeit der Annahme eines Angebots 151 8
  Klage auf Angebotsannahme Vorbem 145 ff 33
  Klage, Klagbarkeit Vorbem 145 ff 33, 34
  Kündigungssperre für bereits geschlossene Verträge Vorbem 145 ff 32
  Monopolbetriebe (§ 826 BGB) Vorbem 145 ff 21 ff
  Presse und politische Anzeigen Vorbem 145 ff 25
  Rassische Diskriminierung als Vertragsverweigerung Vorbem 145 ff 24

Kontrahierungszwang (Forts.)
  Rechtsfolgen Vorbem 145 ff 29 ff
  Rechtsgrundlage Vorbem 145 ff 16
  Schadensersatzverpflichtung wegen verzögerter Annahme Vorbem 145 ff 31
  Schweigen des Angebotsverpflichteten Vorbem 145 ff 30
  spezialgesetzliche Anordnungen Vorbem 145 ff 17
  Theaterkritiker-Entscheidung Vorbem 145 ff 23
  Vereinsaufnahme Vorbem 145 ff 26
  Vorvertrag, vertragliche Folge eines – Vorbem 145 ff 51
  Vorvertragliches Schuldverhältnis ohne Folge eines – Vorbem 145 ff 49
Konversion
  s. Umdeutung des Rechtsgeschäfts
Kreditgewährung
  Mithaftung von Familienangehörigen 138 314 ff
Kreditvermittlung
  unerlaubte 134 233 ff
Kreditvertrag
  Übersicherung von Kreditgebern 138 263
Kreditwucher
  und Nichtigkeitssanktion des § 138 BGB 134 98; 138 122
Kreditwürdigkeit
  Sittenwidrigkeit wegen Täuschung über die – 138 335 ff
Kreuzofferten
  und Vertragsabschluß 146 7
Kündigung
  Bedingungsfeindlichkeit Vorbem 158 ff 40, 41
  Begründungszwang, ausnahmsweise vorgesehener 143 10
  Kontrahierungszwang als Kündigungssperre Vorbem 145 ff 32
  Kündigungsrecht und Bedingung, Abgrenzung Vorbem 158 ff 10
  Sittenwidrigkeit 138 378 ff, 407 ff
  statt Anfechtung des Gesellschaftsvertrages 142 32, 33
  Teilbarkeit einheitlicher Regelung 139 61
  Teilnichtigkeit 139 27
Kündigungsausschluß
  und Frage der Sittenwidrigkeit 138 294, 295
Kündigungsschutzgesetz
  Umgehung 134 256
Kundenschutzklauseln
  Sittenwidrigkeit knebelnder – 138 297 ff

Ladenschlußgesetz
  beschränkter Verbotszweck 134 260

Ladenschlußgesetz (Forts.)
 Verbot der Erfüllungshandlung bei erlaubtem Erfüllungserfolg **134** 104
Laesio enormis
 gemeinrechtliches Verbot **138** 230
Landesrecht
 Berufsordnungen als Verbotsgesetze **134** 309
 Kontrahierungszwang, spezialgesetzliche Anordnungen **Vorbem 145 ff** 17
 Landespresserecht **134** 311
 und Verbotswidrigkeit von Rechtsgeschäften **134** 42
Landpacht
 Vereinbarung unzulässiger Naturalpacht **134** 261
Landwirtschaftsrecht
 Kontrahierungszwang, spezialgesetzliche Anordnungen **Vorbem 145 ff** 17
Lastschriftverfahren
 Bedingungscharakter **158** 6
Lastschriftverkehr
 Verzicht auf Empfangsbedüftigkeit der Annahmeerklärung **151** 12
Leasing
 Anfechtungsgegner **143** 22
Lebensmittelgesetz
 Verträge über verdorbene, nicht verkehrsfähige Lebensmittel **134** 262
Lebensversicherung
 Kombination mit Konsumentenkredit **138** 188
Leihmutterschaft
 Sittenwidrigkeit eines womb leasing **138** 450
Leistung / Gegenleistung
 auffälliges Mißverhältnis beim Wucherverbot **138** 175 ff
 Ausnutzung einer Machtstellung zur Durchsetzung überhöhter Gegenleistung **138** 253
 Hoheitsträger, Begründung eines Abhängigkeitsverhältnisses – **138** 255
 Mißverhältnis und Sittenwidrigkeit **138** 230 ff
 Mißverhältnis bei wucherähnlichen Geschäften **138** 227
 Nichtigkeit wesentlichen Vertragsteils und Mißverhältnis – **139** 22
Leistung / Verpflichtungsumfang
 Mißverhältnis **138** 317
Letter of Intent
 als schriftliche Absichtserklärung **145** 14
Letztwillige Verfügungen
 Bestätigung **141** 10
 Erbeinsetzung gleichgeschlechtlichen Lebenspartners **138** 446
 Geliebtentestament **138** 438 ff

Letztwillige Verfügungen (Forts.)
 Sittenwidrigkeit **138** 437 ff
 Sittenwidrigkeit wegen Übermaßes einer Zuwendung **138** 94
 Sittenwidrigkeit, Wandel der guten Sitten **138** 86 ff
Liefermöglichkeit vorbehalten
 als Vertragsklausel **145** 32
Lohnwucher 138 121, 179, 191, 218, 387 ff
Lücken
 und Dissens **154** 9
 und ergänzende Vertragsauslegung **157** 1 ff
 Ergänzende Vertragsauslegung und Lückenschließung **157** 4
 und lückenfüllende Funktion des § 138 BGB **138** 23 ff
 und Sittenwidrigkeitsklauseln **138** 68
Luftverkehrsrecht
 Vereinbarung eines Beförderungsentgelts unter dem Tarifentgelt **134** 263

Machtstellung
 Großgläubiger und konkursreife Unternehmen **138** 352
Machtstellungen
 Ausnutzung **138** 250 ff, 352
Mätressentestament
 s. Geliebtentestament
Mahnung
 Zulässigkeit von Bedingungen, Befristungen **Vorbem 158 ff** 46
Makel der Sittenwidrigkeit 138 29, 30
Makler
 Nachweis durch Makler **145** 13
Maklerprovision
 Rechtsanwalt und Grundstückskäufer **138** 425
 Wuchergeschäft **138** 191
Maklervertrag
 Maklerprovision und Schmiergeldversprechen **139** 50
Managementvertrag
 Sittenwidrigkeit einer langfristigen Bindung **138** 287
Mankoabreden
 im Arbeitsverhältnis **138** 402
Mantelvertrag
 s. Rahmenvertrag
Marktfreiheit
 und dingliche Verfangenschaft **137** 6
Marktpreise
 und Mißverhältnis Leistung / Gegenleistung **138** 230
 und Wuchertatbestand **138** 179
Marktzinsberechnung
 Konsumentenkreditverträge mit Kreditinstituten **138** 181 ff
Massenverträge Vorbem 145 ff 93

Mehrheit von Beteiligten
Anfechtungsgegner 143 18 ff
Mehrheit von Vertragsbeteiligten
und Teilnichtigkeit 139 44
Meinungsumfragen
und Anstandsgefühl 138 15
Mietvertrag
Anfechtung, Rückwirkung 142 36
Baukostenzuschuß, unwirksam vereinbarter 139 17
Fortsetzung eines nichtigen Vertrages 141 24
genehmigungsbedürftige, aber nicht genehmigungsfähige Wertsicherungsklausel 139 8
Grundstücksmiete über 1 Jahr, Formmangel 139 10
Kündigungsumdeutung 139 46
Mehrheit von Mietern, Teilnichtigkeit 139 44
Mietwucher 138 120, 174, 218; 139 17
Nutzung, unzulässige 134 216
Obligationen mit verdinglichter Wirkung 136 7
Räumungsvergleich und Verzicht auf Mieterschutz 139 15
Sittenwidrigkeit einer Raumüberlassung 138 457
Teilnichtiger Vertrag 139 15
Unübertragbarkeit des Gebrauchsüberlassungsrechts 137 12
Verfügungen, mietzinsbezogene 135 46
Verstoß gegen das Wohnungsbindungsgesetz 134 307
Vorvertrag zu einem langfristigen –
Vorbem 145 ff 61
Wertsicherungsklausel, unwirksame 139 86
Wucher 134 92 ff, 269, 271, 295, 306; 138 120, 218; 139 70; 145 92 ff
Zeitdauer 138 288
Minderjährigkeit
und Abgabe eines Angebots 145 16
Mißverhältnis
Abfindungshöhe / Verkehrswert des Anteils 138 371
Leistung / Gegenleistung, wucherähnliche Geschäfte 138 227
Leistung / Gegenleistung beim Wucherverbot 138 175 ff
Leistungsfähigkeit und Verpflichtungsumfang 138 317
Lohn / Arbeitsleistung 138 388
Mitteilungen
innerhalb eines bestehenden Vertragsverhältnisses 145 12
Mobiliarpfändung
und gerichtliche Verfügungsverbote 136 11

Modifizierte Annahme
s. Vertrag
Monopolstellungen
Ausnutzung 138 250 ff
und Kontrahierungszwang
Vorbem 145 ff 21 ff
Moral
und Bestimmung guter Sitten 138 18 ff, 66
Motive
und Bedingung Vorbem 158 ff 10
Mutterschaft
Sittenwidrigkeit eines Leihmuttervertrages (womb leasing) 138 450
Mutterschutz
Beschäftigungsverbote 134 265
Frauendiskriminierungsverbot 134 265
GefahrStVO 134 265
Kündigung, gegen das MSchG verstoßende 134 265
als Verbotsgesetz 134 120
Nacherbschaft
Anwartschatsrecht des Nacherben
Vorbem 158 ff 59
als dingliche Erbenbindung 137 28
Nebenbestimmungen
Bedingung, Befristung, Auflage als –
Vorbem 158 ff 1
Neuvornahme eines Rechtsgeschäfts
Bestätigung als – 141 13
Bestätigung eines nichtigen Rechtsgeschäfts mit der Folge einer – 141 13
Nichteheliche Kinder
Sittenwidrige Vereinbarungen bezüglich – 138 448
Nichteheliche Lebensgemeinschaft
Umdeutung gemeinschaftlichen Testaments 139 49
Zuwendungen 138 456
Nichtigkeit
Abstraktionsprinzip oder Geschäftseinheit 139 54 ff
Alles-oder-nichts-Prinzip, problematisches 138 92 ff
Anfechtung nichtiger Rechtsgeschäfte 138 151, 152; 142 27, 28
Anfechtungsfolge 140 15; 142 4, 31
Auslegung 140 7, 9
Begriff, Bedeutung der – 138 90
Dissens, versteckter: kein Zustandekommen des Vertrages statt seiner – 155 13
von Einzelbestimmungen 139 63
und Ersatzgeschäft nach Umdeutung 140 18 ff
oder geltungserhaltende ergänzende Vertragsauslegung 139 25
oder geltungserhaltende Reduktion 138 220, 240; 139 3, 69; 140 2

Nichtigkeit (Forts.)
Gesamtunwirksamkeitsklauseln der Parteien **139** 23
wegen Gesetzeswidrigkeit und Sittenwidrigkeit zugleich **138** 96 ff
eines gesetzwidrigen Rechtsgeschäfts als Auslegungsregel **134** 57 ff
Kettenkreditverträge **138** 243 ff
Möglichkeit geltungserhaltender Reduktion **138** 90
Neuvornahme und Bestätigung **141** 1
Neuvornahme, Bestätigung nichtigen Rechtsgeschäfts **141** 15, 25
Nichtigkeitsgrund, später wegfallender **141** 1
Nichtigkeitsnorm, Normzweck **139** 3; **140** 16, 29 ff
Nichtigkeitsvermutung des § 139 BGB **139** 2
oder Nichtzustandekommen eines Rechtsgeschäfts **154** 6; **155** 13
Normen, normenähnliche Regelungen **139** 18
Ordnungsvorschriften, gewerbepolizeiliche Verbote **134** 76, 77
Rechtsgeschäft unter Lebenden **140** 54; **141** 10
des Rechtsgeschäfts **140** 14 ff
Rechtsmißbrauchsschranken der Berufung auf eine vollständige – **139** 89 ff
Reichweite der Sanktion bei verbotswidrigen Rechtsgeschäften **134** 65
oder relative Unwirksamkeit **135** 1, 4
Salvatorische Vertragsklauseln für den Fall der – **140** 6
Schutzzweck von Nichtigkeitsnormen und Subsidiarität des § 139 BGB **139** 3
Schutzzweck von Nichtigkeitsnormen, vorrangiger **139** 3
eines sittenwidrigen Rechtsgeschäfts **138** 89 ff
Teilnichtigkeit, Teilaufrechterhaltung
s. Rechtsgeschäft (Teilnichtigkeit)
Totalnichtigkeit oder Teilnichtigkeit als Frage des Normschutzzweckes **139** 3
Totalnichtigkeit im Zweifel (§ 139 BGB) **139** 5
Unerkannt nichtiges Geschäft **141** 21
und Unwirksamkeit (andere Fälle) **140** 14
Verbotsgesetze, einseitige und mehrseitige **134** 71 ff
Verfügung, gegen absolutes Verfügungsverbot verstoßende **135** 4
Verfügung von Todes wegen **140** 52; **141** 10
Verfügungsverbot, absolutes **135** 4
Wegfall des Nichtigkeitsgrundes, späterer **141** 1
wesentlichen Vertragsteils **139** 22

Nichtigkeit (Forts.)
Wesentlichkeit, Unwesentlichkeit von Teilen des Rechtsgeschäfts **139** 60
Wuchergeschäft **138** 139 ff, 218 ff
Nichtigkeit (Teilnichtigkeit)
Abstraktionsprinzip **139** 54
Adoptionsvertrag und Erbvertrag **139** 52
und Änderung des Geschäftsinhalts **139** 8
Äußerliches Zusammentreffen von Geschäften **139** 56
AGB, AGBG und Prinzip des utile per inutile non vitiatur **139** 7, 8
Aktiengesellschaft **139** 12
Aktiengesetz **139** 11
Allgemeine Geschäftsbedingungen **139** 7
Anfängliche, nachträgliche Teilunmöglichkeit **139** 34
Architekt und unbeachtliches Koppelungsgeschäft **139** 12
Architektenvertrag und Bauwerkvertrag **134** 264; **139** 51
Arglisteinwand **139** 89
Arglistiges Verschweigen von Mängeln **139** 14
aufgedrängter Vertragsinhalt **139** 78
Auflassungsvollmacht **139** 87
Aufrechterhaltung restlicher Teilregelung **139** 3
und Auslegung, ergänzende **157** 7
Auslegung eines Verbotsgesetzes **139** 17
Auslegungsregel **139** 2
Bebauungspläne **139** 18
Bedeutungslosigkeit von Bestimmungen **139** 90
Bedingung eines Verfügungsgeschäftes **139** 54, 55
Beherrschungsvertrag **139** 83
Beschlußfassung **139** 27, 64, 84
Besitzkonstitut **139** 63
Betriebsvereinbarungen **139** 21
Beweislastregel **139** 2
Bierlieferungsverträge **138** 110 ff, 273 ff; **139** 69
Billigkeitsprüfung § 315 BGB **139** 71
Bruchteilsgemeinschaft **139** 65
Dauerschuldverhältnis, ausgeführtes **139** 84
Dispositives Recht des § 139 BGB **139** 22 ff
Eheleute **139** 44
Ehescheidungsfolgenvereinbarung **139** 88
Ehevertrag, Erbvertrag **139** 49
Ehrengerichtsordnung **139** 19
Einheit des Zustandekommens des Rechtsgeschäfts **139** 40
Einheitlich oder selbständig nebeneinanderstehende Rechtsgeschäfte **139** 36 ff
Einzelbestimmungen, nichtige **139** 63
Einzelfälle **139** 48 ff

Nichtigkeit (Teilnichtigkeit) (Forts.)
Ende des Vertragsverhältnisses 139 35
Erbeneinsetzung neben Enterbung 139 53
Erbrecht 139 6
Erbvertrag 139 27
Ergänzende Vertragsauslegung 139 8, 61, 75, 78
Erhaltungsklauseln 139 22
Ersetzungsklauseln 139 22
Fallgruppen des hypothetischen Parteiwillens 139 80
Familienrecht, Erbrecht 139 27
Finanzierter Kaufvertrag 139 43
Franchise und Kaufvertrag 139 52
Garantiefunktion des Vertrages 139 78
Gegenseitiger Vertrag 139 63
Geliebtentestament 139 72
Geltungserhaltende ergänzende Vertragsauslegung 139 25
und geltungserhaltende Reduktion 139 3, 69, 70
Gemeines Recht 139 1
Gemeinrechtliches Prinzip utile per inutile non vitiatur 139 8
Gemischte Schenkungen 139 64
Genehmigung, endgültig verweigerte 139 33
Gesamtschuldverhältnis 139 66
Gesamtunwirksamkeitsklauseln der Parteien 139 23
Gesamtwille 139 66
Geschäftseinheit Grund- und Erfüllungsgeschäft 139 54 ff
Geschäftseinheit, Teilbarkeit des Geschäfts 139 60 ff
Geschäftsunfähigkeit 139 66
Gesetze 139 18
Gesetzesänderung 139 32
Gesetzesrecht, zwingendes anstelle teilnichtigen Geschäfts 139 13 ff
und Gesetzliche Verbotsvorschriften 139 17
Getrennte Beurkundung 139 41
Gewährleistungsabrede, nichtige 139 64
Gewährleistungsausschluß 139 14
Globalabtretung, sittenwidrige 139 72
GmbH 139 12
GmbHG 139 11
Grundbuchverfahren 139 58
Grundsätze der fehlerhaften Gesellschaft 139 27, 83
Handkauf 139 59
Hardware, Software 139 49
Hauptvertrag und Gerichtsstandklauseln 139 85
Hypothetischer Parteiwille, Ermittlung 139 2, 74 ff
Kartellbehörde 139 11
Kartellrechtliche Verbote 139 81

Nichtigkeit (Teilnichtigkeit) (Forts.)
Kenntnis von einer Teilunwirksamkeit 139 24
Kündigung (Gesellschaftsrecht) 139 61
Laufzeitverringerung 139 69
Lohnwucher 139 70
Mehrheit von Beteiligten 139 65
Mietvertrag 139 68
Mietvertrag über ein Grundstück 139 10
Mietwucher 139 70
Mitbürgschaft 139 43
Miterben 139 65
Nachteilsregel 139 91
Nachteilsregel und Mißbrauchseinwand 139 91
Nachträgliche Teilunmöglichkeit 139 34
Neuverhandlungspflicht 139 78
Nichtigkeit wesentlichen Vertragsteils 139 22
Nichtigkeitsvermutung 139 2
Nichtigkeitsvermutung des § 139 BGB 139 2
Öffentlich-rechtliche Verträge 139 28
Öffentliches Recht 139 18
Organisationsstrukturen, Erhaltung geschaffener 139 27
Pachtvertrag 139 67, 68
Parteivortrag 139 79
Parteiwille (Bewertung, Wertung) 139 75
Personenverschiedenheit und Einheitlichkeit des Rechtsgeschäfts 139 43, 44
Preisbindung 139 53
Prinzip bürgerlicher Rechtsordnung und § 139 BGB 139 3
Privatautonomie 139 1
Privatautonomie und § 139 BGB 139 22 ff
Prozeßaufrechnung 139 30
Prozeßhandlungen 139 30
Quantitative Nichtigkeit 134 89 ff; 138 109 ff
Rechtsmißbrauchsschranken 139 89 ff
Salvatorische Klauseln (Erhaltungsklauseln, Ersetzungsklauseln) 139 22
Satzungen 139 19
Schutznorm und Anwendungsbereich des § 139 BGB 139 15
Schutznormen 139 13
Schwebende Unwirksamkeit 139 33
Selbständige Rechtsgeschäfte 139 36
Sicherungsabtretung 139 56
Sicherungsübereignung 139 56
Sittenwidrige Verträge 139 70
Sittenwidrigkeit überlanger Laufzeit 139 68
Spezielle Regelungen 139 4
Standpunkt der Parteien 139 75
Subsidiarität des § 139 BGB, vorrangiger Schutzzweck von Nichtigkeitsnormen 139 3

Sachregister   Öffentliche Ankündigung

Nichtigkeit (Teilnichtigkeit) (Forts.)
Tarifverträge **139** 20
Tatfrage des einheitlichen Rechtsgeschäfts **139** 47
Tatfrage, Rechtsfrage des einheitlichen Rechtsgeschäfts **139** 47
Teilanfechtung **139** 31
Teilbarkeit eines Rechtsgeschäfts **139** 60 ff
Teilbarkeits- oder Schutzzweckproblematik **139** 68
Testamentsvollstreckung **139** 66
oder Totalnichtigkeit und Frage des Normenschutzzweckes **139** 3
Totalnichtigkeit, Teilnichtigkeit **139** 5; **140** 14
Totalnichtigkeit im Zweifel (§ 139 BGB) **139** 5
Überflüssige Rechtsgeschäftsteile **139** 44
Übermäßige Leistungshöhe **139** 70
Umkehr der Vermutung des § 139 BGB **139** 22
Unternehmensverträge **139** 27
Unwirksamkeitsarten **139** 33
Verbraucherkreditgesetz **139** 46
Verbundene Rechtsgeschäfte **139** 27, 62
Verkehrssitte **139** 39
Versammlungsbeschlüsse **139** 27
Vertretungsmacht, überschrittene **139** 64
Verwaltungsakte **139** 29
Vollmacht **139** 56
Vorteilsregel als Rechtsmißbrauchsschranke **139** 89
Wahlschuld **139** 9
Wertsicherungsklauseln **139** 8
Wesentlichkeit, Unwesentlichkeit eines nichtigen Bestandteils **139** 60
Wettbewerbsverbote **139** 69
Wille zur Restgültigkeit **139** 24
Wirtschaftliche Verknüpfung von Rechtsgeschäften **139** 39
Wohnungstauschvertrag und Besitzwechselverfahren **139** 49
Wucherähnliches Darlehen **139** 70
Wucherdarlehen **139** 70
Wucherkauf **139** 70
Zeitliche Teilbarkeit eines Rechtsgeschäfts **139** 68

Nießbrauch
Aufhebung eines dem Nießbrauch unterliegenden Rechts **135** 33
und Auflassung als einheitliches Rechtsgeschäft **139** 51
Umdeutung nichtiger Bestellung **139** 63
Unübertragbarkeit **137** 12
Unwirksamkeit von Verfügungen des Nießbrauchers **135** 48
und Verfügung **135** 18

Normenverträge
normativ wirkende, schuldrechtliche – **Vorbem 145 ff** 91, 92
als Rechtsgeschäfte **134** 12

Normschutzzweck
Gesetzesverbot und Sittenwidrigkeit, Verhältnis **138** 96 ff, 146
und Gesetzeswidrigkeit / Sittenwidrigkeit im Vergleich **138** 99 ff
Schutzzweck von Nichtigkeitsnormen, vorrangiger **139** 3
Sittenwidrigkeitsklauseln **138** 92 f, 94 ff, 138, 146
Sittenwidrigkeitsklauseln, teleologische Reduktion **138** 94, 95
Umdeutung **139** 29 ff
Verfügungsverbote, Verfügungsbeschränkungen **135** 38 ff
und Vorwurf der Sittenwidrigkeit **138** 34

Notar
Maklertätigkeit, untersagte **138** 425

Notlage
Wuchertatbestand, jetzige Zwangslage anstelle früherer – **138** 195

Notstandsrecht
Kontrahierungszwang, spezialgesetzliche Anordnungen **Vorbem 145 ff** 17

Numerus-clausus-Prinzip
Sicherung des sachenrechtlichen – **137** 7

Nutzungen
Zuweisungen bei bedingten Rechtsverhältnissen **159** 6 ff

Nutzungseigentum
Trennung von Verfügungseigentum und – **137** 7

Öffentlich-rechtliche Verträge **134** 14, 306; **138** 255 f
Anfechtung **142** 17
Auslegung, ergänzende **157** 14
Bestätigung **141** 11
Prozeßverträge **Vorbem 145 ff** 96
Teilnichtigkeit **139** 28
Umdeutung **140** 12
Verbotsgesetze, anwendbare und § 134 BGB **134** 14
Verfassungsrechtliche Verträge **Vorbem 145 ff** 94
Verwaltungsverträge **Vorbem 145 ff** 95

Öffentlich-rechtlicher Arbeitnehmerschutz
als Verbotsgesetze **134** 120 ff

Öffentlich-rechtliches Rechtsmittel
Verzicht **134** 243

Öffentliche Ämter, Titel, Orden
Geschäfte über deren Verschaffung **138** 478

Öffentliche Ankündigung
als invitatio ad offerendum **145** 5

Öffentliche Hand
  Machtmißbrauch durch die – **138** 255 f
  Verbot von Schenkungen **134** 19
Öffentliche Interessen
  Verfügungsverbote, Verfügungsbeschränkungen **135** 39
  Zweck absoluter Verfügungsverbote **135** 4, 39
Öffentliche Verkehrsmittel 145 19
  und Frage eines Vertragsangebots **145** 10
Öffentlicher Verkauf
  Versteigerung als – **156** 1
Öffentliches Haushaltsrecht
  Schenkungsverbot **138** 41
Öffentliches Recht
  Ergänzende Vertragsauslegung **157** 14
  und Teilnichtigkeit **139** 18
Österreich
  Bedingung, Befristung **Vorbem 158 ff** 81
  Vertragsrecht **Vorbem 145 ff** 11
Offene Handelsgesellschaft
  Umdeutung in eine BGB-Gesellschaft **139** 26
Option
  Auslegung **Vorbem 145 ff** 72
  Ausübung des Optionsrechts als Angebotsannahme **Vorbem 145 ff** 70
  bedingter Hauptvertrag **Vorbem 145 ff** 73
  Form der Einräumung, der Ausübung **Vorbem 145 ff** 74
  Gestaltungsmöglichkeiten **Vorbem 145 ff** 70
  Gestaltungsrecht **Vorbem 145 ff** 73
  auf Kaufvertrag **Vorbem 145 ff** 69
  Optionsvertrag **Vorbem 145 ff** 71
  Sittenwidrigkeit **138** 291
  Übertragbarkeit des Optionsrechts **Vorbem 145 ff** 75
  Umdeutung nicht wirksam angenommenen Angebots **139** 64
  Vererblichkeit, Pfändbarkeit **Vorbem 145 ff** 76
  und Vorvertrag, Abgrenzung **Vorbem 145 ff** 69
Ordnungsvorschriften
  und Nichtigkeitssanktion **134** 76
Ordnungswidrigkeitenrecht
  und Nichtigkeitssanktion des § 134 BGB **134** 78
  Verträge über Insertion von Kontaktanzeigen **134** 266
Pachtvertrag
  Anfechtung, Rückwirkung **142** 36
  Kündigungsumdeutung **139** 46
  Obligationen mit verdinglichter Wirkung **136** 7
  Unübertragbarkeit des Gebrauchsüberlassungsrechts **137** 12

Pachtvertrag (Forts.)
  Wuchergeschäft **138** 191
  Zeitdauer **138** 288
Pactum de non licitando
  Sittenwidrigkeit **138** 358
Pactum de non petendo
  Verpflichtungserklärung eines Vermögenslosen **138** 326
Parteiautonomie
  und Auslegung **157** 5
  und ergänzende Vertragsauslegung **157** 38, 39
Partnervermittlungsvertrag
  Wuchergeschäft **138** 191
Peepshows
  als sittenwidrige Arbeitsleistung **138** 397
Perplexe Bedingung
  s. Bedingung
Persönlichkeitsrecht
  und Ehrenwortklauseln **138** 406
Persönlichkeitsschutz
  und dingliche Verfangenschaft **137** 5
Personenbeförderung
  Verstöße gegen das PBefG, gegen § 1 UWG **134** 267
Pfändbarkeit
  Angebotsempfänger, Rechtsposition **145** 35
  Anwartschaftsrecht **Vorbem 158 ff** 75
  Optionsrecht **Vorbem 145 ff** 76
Pfandrecht
  Sicherung bedingter Ansprüche **158** 1
Politische Anzeigen
  und Kontrahierungszwang für die Presse **Vorbem 145 ff** 25
Pornofilm
  Leihvertrag über einen – **134** 291
Pornographie
  Herstellungsverträge **138** 460
  Kaufverträge über Publikationen **138** 460
  Vereinbarungen über den Verkauf **134** 291
Postsparguthaben
  Abtretung **135** 25
Potestativbedingung
  s. Bedingung
Preisangaben
  Verstoß gegen Vorschriften der PreisAng-VO **134** 268
Preisbindungsvertrag
  in Form eines Rahmenvertrages **139** 53
Preisrecht
  Preisgrenzen und Rechtsverstöße hiergegen **134** 269, 270
Preisvereinbarung
  und Mißverhältnis Leistung / Gegenleistung **138** 230
  und Wuchertatbestand **138** 122 ff, 179

Preisvergleich
und Wuchertatbestand **138** 179
Presse
und Kontrahierungszwang
Vorbem 145 ff 25
Trennung redaktioneller Teil / Werbung **134** 311
Preußisches Allgemeines Landrecht
Allgemeine Vertragstheorie als Gesetz
Vorbem 145 ff 10
Anwartschaftsrecht **Vorbem 158 ff** 61
Ius ad rem **137** 9
Privatautonomie
und Anfechtbarkeit eines Rechtsgeschäfts **142** 4
Interessenschutz oder – **157** 48
und Risikogeschäfte **138** 316
Teilregelung, Aufrechterhaltung **139** 1
Prostitution
als sittenwidrige Arbeitsleistung **138** 396
Sittenwidrigkeit einer Vereinbarung **138** 453
Prostitutionsverbot 134 291
Prozeßhandlungen
s. a. Klage, Klagbarkeit
Anfechtung, ausgeschlossene **142** 17
Bedingungsfeindlichkeit **Vorbem 158 ff** 76
Bestätigung nichtiger **141** 11
Teilnichtigkeit **139** 30
Umdeutung **140** 11
Prozeßvergleich
Anfechtung **142** 19
Prozeßvertrag
Anfechtung **142** 20
als öffentlich-rechtlicher Vertrag
Vorbem 145 ff 96
Punktation 154 11
und Dissens **154** 11
und Letter of Intent **145** 14

Rabattabreden
und Nichtigkeitssanktion des § 134 BGB **134** 91, 301 ff
vertragliche Verpflichtung zur Gewährung **134** 302
Radarwarngerät
Kaufvertrag über ein Kfz- **138** 495
Rahmenvertrag
und ergänzende Vertragsauslegung **157** 17
und Vorvertrag, Abgrenzung
Vorbem 145 ff 54
Realakt
Anfechtung, ausgeschlossene **142** 16
Reallast
Unübertragbarkeit **137** 12
Rechtliches Nichtkönnen
und rechtliches Nichtdürfen **135** 7

Rechtsanwalt
Abtretung einer Honorarforderung **134** 292
Anwaltstätigkeit, notarielle Tätigkeit (Gesamthonorar) **139** 49
Erfolgshonorar **138** 422
Erfolgshonorar, unwirksam vereinbartes **139** 17
Maklerprovision mit einem Grundstückskäufer **138** 425
Nachvertragliche Wettbewerbsverbote **138** 303, 306
Nichtigkeit von Vereinbarungen **134** 223
Praxisveräußerung und Wettbewerbsverbot **139** 69
Schweigepflichtverletzung **134** 1
Soziusbewerbung um ein Mandat **134** 243
Verkauf einer Anwaltspraxis **138** 418
Vermittlung von Aufträgen **138** 424
Rechtsbedingung
s. Bedingung
Rechtsberatungsgesetz
Abwicklung eines Unfallschadens (Unfallhelfer-Kreditvertrag) **134** 272
Baubetreuungsvertrag Bauunternehmer/Architekt **134** 273
Factoring **134** 273
Geschäftsbesorgungsvertrag nicht zugelassenen Rechtsberaters **134** 272
Schutzgemeinschaft von Kleinaktionären **134** 273
Umgehungsverbot, gesetzliches **134** 148
verbotswidriger Vertrag **134** 1
Rechtsfortbildung
und Gewaltenteilungsprinzip **138** 31
durch Interessenabwägung **138** 37, 38
Sittenwidrigkeitsklauseln **138** 16, 36
Rechtsfrage, Tatfrage
Auslegung, ergänzende **157** 51 ff
Feststellung der Sittenwidrigkeit eines Rechtsgeschäfts **138** 74
Rechtsgeschäft
Akzessorisches **142** 23
Anfechtung
s. dort
Auslegung
s. dort
Bedingung
s. dort
Bedingungsfeindlichkeit
Vorbem 158 ff 34 ff
Befristung
s. Frist, Befristung
Begriff **134** 10 ff; **138** 10; **139** 27; **140** 9
Beschlüsse
s. Beschlußfassung
Bestätigung eines anfechtbaren Rechtsgeschäfts **144** 1 ff

Rechtsgeschäft (Forts.)
  Bestätigung des von einer Partei selbst
    abgeschlossenen – **141** 1 ff
  Betriebsvereinbarungen **134** 13
  und Dissens **154** 6; **155** 13
  Durchsetzung des Parteiwillens und treuwidriges Verhalten **162** 15 ff
  Einheitlichkeit **139** 36 ff
  Erfolg, verbotswidriger **134** 1
  Ergänzung eines unvollständigen – **141** 5
  Genehmigungsbedürftigkeit **134** 165, 166
  Genehmigungsfähigkeit **134** 103
  und Geschäftstyp **140** 19
  und Grundrechtsnormen **134** 36 ff
  Gültigkeitsvoraussetzungen
    Vorbem 158 ff 23
  Heilung durch Erfüllung **141** 4
  Inhalt und Zustandekommen **138** 151
  Inhaltskontrolle **138** 1, 3, 28, 161 ff, 165
  Lückenfüllung **157** 22 ff
  Öffentlich-rechtliche Verträge **134** 14
  Privatrechtliche Verträge **134** 10
  Rechtlich mißbilligte **138** 27, 28
  und Rechtswirkung, Durchbrechung der
    Gleichzeitigkeit **Vorbem 158 ff** 3
  und Rechtswirkungen **Vorbem 158 ff** 6
  Rechtswirkungen eines bedingten –
    158 18 ff
  Rückbeziehung bei Bedingungseintritt,
    obligatorisch vereinbarte **159** 1 ff
  Schwebende Unwirksamkeit **134** 103 ff
  Schwebende Wirksamkeit **134** 108 ff
  Schwebezustand bei bedingten, befristeten
    Rechtsgeschäften **158** 1;
    Vorbem 158 ff 53; **159** 6; **160** 1 ff
  Sittenwidrigkeit
    s. dort
  Tarifverträge **134** 12
  Teilbarkeit **139** 60 ff; **141** 15; **142** 26;
    143 24; **144** 9, 10; **Vorbem 158 ff** 12
  Teilnichtigkeit, Aufrechterhaltung
    s. Nichtigkeit (Teilnichtigkeit)
  Umdeutung
    s. dort
  Umgehungsgeschäfte **134** 144 ff
  Unwirksamkeitsarten und Anwendung des
    § 139 BGB **139** 33
  Veräußerung als Fall der Verfügung **135** 12
  Verbot der Erfüllungshandlung bei erlaubtem Erfüllungserfolg **134** 104 ff
  verbotswidrige Umstände des Zustandekommens **134** 5 ff, 69
  verbotswidriger Inhalt **134** 1, 68
  verbundene **139** 36 ff, 62
  Verfügung **135** 12
  Verfügungsbeschränkungen, rechtsgeschäftliche **137** 11
  Verknüpfung einer Mehrheit von – **158** 10

Rechtsgeschäft (Forts.)
  und Vertrag **Vorbem 145 ff** 1
  Vollendung eines bedingten – **158** 18 ff
  Vorbereitung verbotswidrigen Folgeverhaltens **134** 161 ff
  Willenserklärung als Teil eines – **145** 1
  Wirksamkeit **134** 61
  Wirksamkeitsvoraussetzungen, gesetzliche
    Vorbem 158 ff 23
  Wuchergeschäft
    s. dort
  Zustandekommen, sittenwidrige Umstände
    138 6 ff
Rechtsgeschäft (einseitiges)
  Anfechtung **142** 24
  Anfechtung der Anfechtung **142** 24
  Auslegung **157** 1
  Ausschluß, Beschränkung der Verfügungsmacht **137** 28
  Bedingungsfeindlichkeit **Vorbem 158 ff** 34
  Bestätigung **141** 10
  Bestätigung eines nichtigen Rechtsgeschäfts **141** 25, 29
  Fristsetzung für die Annahme eines Angebots **148** 8
  Geltung gesetzlicher Verbote und Anwendung des § 134 BGB **134** 15
  Genehmigungsbedürftige Geschäfte
    134 167
  Sittenwidrigkeitsklauseln **138** 164
  und Vertrag **Vorbem 145 ff** 2
Rechtsgeschäftsähnliche Handlungen
  Anfechtung **142** 16
  Verspätungsanzeige **149** 8
  Zulässigkeit von Bedingungen, Befristungen **Vorbem 158 ff** 46
Rechtsgrundsätze (allgemeine)
  als Gesetze **134** 18 ff
Rechtsinhaber
  und Verfügungsmacht **137** 11
Rechtsmißbrauch
  Rechtsdurchsetzung bei sittenwidrigem
    Grundgeschäft **138** 142
Rechtspfändungen
  und gerichtliche Verfügungsverbote **136** 9
Rechtspflege
  Gebot überparteilicher **134** 18
Rechtsschöpfung
  als Grenze ergänzender Vertragsauslegung
    157 37, 37 ff
Rechtsschutzversicherung
  Gruppenversicherungsvertrag mit einer
    Gewerkschaft **134** 4; **138** 7, 72
Rechtsüberzeugungen
  und Inhalt von Sittenwidrigkeitsklauseln
    138 45 ff
Rechtswidrigkeit
  und Sittenwidrigkeit **138** 163

Reisegewerbe
  Verbot des Abschlusses von Darlehensvermittlungsverträgen **134** 3
  Verbot der Vermittlung von Darlehensgeschäften **134** 8, 234 ff
Relative Unwirksamkeit einer Verfügung
  s. Verfügungsverbot (relatives)
Res extra commercium 138 463 ff
Restitutionsanspruch
  und gerichtliches Verfügungsverbot **136** 7
Richter
  s. Gericht
Richtlinienvertrag Vorbem 145 ff 92
Römisches Recht
  Anwartschaftsrecht **Vorbem 158 ff** 60; **161** 1
  Bedingung **Vorbem 158 ff** 1, 7, 22, 60
  Contractus, pactum **Vorbem 145 ff** 9
Rücktritt vom Vertrag
  Rücktrittsvorbehalt oder auflösende Bedingung **158** 10
  Rücktrittsvorbehalt und Bedingung, Abgrenzung **Vorbem 158 ff** 10
  Teilrücktritt **139** 33
  Vorvertrag und Erfüllung der Abschlußpflicht **Vorbem 145 ff** 66
  Widerrufs- oder Freiklausel als vertragliche Rücktrittsklausel **145** 32
Rückwirkung
  Anfechtung eines Rechtsgeschäftes **142** 1
  aufgrund Rückbeziehungsvereinbarung nach Bedingungseintritt **159** 1 ff
  Bestätigung anfechtbaren Rechtsgeschäfts **144** 2
  Bestätigung eines nichtigen Rechtsgeschäfts **141** 25, 26 ff
  Rückdatierung von Verträgen **159** 11
Rückzahlungsklauseln
  im Arbeitsverhältnis **138** 404
Rundfunkstaatsvertrag
  Trennung redaktioneller Teil / Werbung **134** 311

Sachenrechte
  s. a. Dingliche Rechte
  Numerus clausus **137** 7
Sachenrechtliche Verfügung
  s. Verfügungsgeschäft
Sachenrechtliche Verträge
  und Anwendungsbereich der §§ 145 ff BGB **Vorbem 145 ff** 5
Salvatorische Klauseln
  und Umdeutung nichtigen Rechtsgeschäfts, Abgrenzung **140** 6
  als vorrangige Klauseln gegenüber § 139 BGB **139** 22
Satzungen
  als Gesetze **134** 16, 28
  Teilnichtigkeit **139** 19

Satzungen (Forts.)
  als Verbotsgesetze **134** 27, 28
Savigny
  Allgemeine Vertragslehre **Vorbem 145 ff** 10
Schadensersatzansprüche
  wegen Anfechtung und Bestätigung anfechtbaren Rechtsgeschäfts **144** 16
  Anfechtungsfolge **142** 37
  Anwartschaftsrecht, geschädigtes **Vorbem 158 ff** 69
  Aufklärungspflichten, verletzte bei Kettenkreditverträgen **138** 249
  Bedingte Rechtsverhältnisse, Rechtsvereitelung **160** 4 ff
  Erhaltungspflicht während der Schwebezeit bei bedingten Rechtsverhältnissen **160** 1 ff
  Kontrahierungszwang als Rechtsfolge bei kartellrechtlichen Behinderungs- und Diskriminierungsverstößen **Vorbem 145 ff** 20
  Kontrahierungszwang und verzögerter Vertragsabschluß **Vorbem 145 ff** 31
  Rückabwicklung nichtiger Verträge **134** 143
  Verfügung entgegen obligatorischer Unterlassungspflicht **137** 35, 36
  wegen versteckten Dissenses **155** 17
  Vertragsabbruch, grundloser **Vorbem 145 ff** 26
  im vorvertraglichen (gesetzlichen) Schuldverhältnis **Vorbem 145 ff** 48
Schaufensterauslagen
  und Frage eines Vertragsangebots **145** 7
Scheckrecht
  Einlösungszusage, Scheckrückgabeabkommen **134** 274
  und ergänzende Auslegung **157** 45
  Scheckreiterei **138** 141, 344 ff
  und sittenwidriges Grundgeschäft **138** 141
  Umdeutungsfälle **139** 62
  Widerruf vor Ablauf der Vorlegungsfrist **134** 274
  Wuchergeschäft bei Begebung erfüllungshalber **138** 224
Scheinbedingung
  s. Bedingung
Scheingeschäft
  Bestätigung **141** 12
  Umdeutung **140** 17
  und Umgehungsgeschäft, Abgrenzung **134** 145
Schenkung
  auf den Todesfall, Annahme nach dem Tod des Antragenden **153** 3
  zum Zwecke der Aushöhlung von Erbverträgen, gemeinschaftlichen Testamenten **138** 447

Schenkung (gemischte)
und Mißverhältnis Leistung / Gegenleistung 138 230
Teilbarkeit 139 64
Schenkungsversprechen
Umdeutung eines formnichtigen – 139 56
Schiedsgerichtsklausel
Ungültigkeit 139 85
Schiedsvertrag
und Hauptvertrag 139 53
Verstoß gegen das Gebot überparteilicher Rechtspflege 134 18, 308; 138 497
Schlüssiges Verhalten
Annahme eines Angebots 146 2
Annahme eines neuen Antrags 150 14
Annahmewille des Angebotsempfängers 151 15
und Bedingungsvereinbarung Vorbem 158 ff 8
Bestätigung anfechtbaren Rechtsgeschäfts 144 5
Bestätigung eines nichtigen Rechtsgeschäfts 141 23, 24
und Entbehrlichkeit des Zugangs der Annahme, Abgrenzung 151 2
Sukzessivbeurkundung und Zeitpunkt des Vertragsabschlusses 152 7
Verpflichtung zum Unterlassen einer Verfügung 137 31 ff
Verzicht auf Empfangsbedürftigkeit der Annahmeerklärung 151 11
Schmiergeldvereinbarungen
und Bestechungsverbot des § 12 UWG 134 299
und Maklerprovision als einheitliches Rechtsgeschäft 139 50
mit Vertretern des Vertragspartners 138 469 ff
Schuldbeitritt
zu nicht entstandener Darlehensschuld 141 9
Mithaftung von Familienangehörigen 138 314 ff
Schuldrechtliche Anwartschaftsrechte
Vorbem 158 ff 58
Schuldrechtliche Verpflichtung
s. Verpflichtungsgeschäft
Schuldrechtliche Verträge
und Anwendungsbereich der §§ 145 ff BGB Vorbem 145 ff 5
Schuldrechtlicher Verschaffungsanspruch
als Anwartschaft ohne Rechtscharakter Vorbem 158 ff 54
Schuldübernahme
Anfechtungsgegner 143 21
Geschäftseinheit mit dem Grundgeschäft 139 56

Schuldverhältnis
vorvertragliches als gesetzliches – Vorbem 145 ff 45 ff
Schuldverhältnis (gesetzliches)
Schwebezeit bei bedingten Rechtsverhältnissen 160 1 ff
Schutzzweck der Norm
s. Normschutzzweck
Schwarzarbeit
Aufwandsausschluß 134 277
Bereicherungsrechtliche Folgen 134 277, 278
Berufung auf die Nichtigkeit 134 187
einseitiger Verstoß 134 279
Freistellungsanspruch des Auftraggebers bezüglich Lieferantenrechnungen 134 280
Gegenstand und Zweck des SchwArbG 134 275
Generalprävention 134 281
Handwerkerschutz 134 279
Nichtigkeit von Vereinbarungen 134 72, 85, 276
Umgehung 134 159
Schwarzkauf
Erwerbsverbot 136 19
Schwebende Nichtigkeit
Anfechtbarkeit eines Rechtsgeschäfts, Frage einer – 142 5
Schwebende Unwirksamkeit
Genehmigungsbedürftige Geschäfte 134 168
Genehmigungsfähige Rechtsgeschäfte 134 103
GrdstVG 134 246
Kreditvermittlung, unerlaubte 134 238
Ladenschlußverstoß, Sperrstundenzuwiderhandlung 134 229
Teilnichtigkeit 139 33
Umdeutung 140 14
Veräußerung gestohlener Sachen 134 293
Verbote des LadSchlG 134 260
verbotene Erfüllungshandlung, erlaubter Erfüllungserfolg 134 104 ff
bei zulässiger rechtsgeschäftlicher Vinkulierung 137 30
Schwebende Wirksamkeit 134 108 ff
Anfechtbarkeit eines Rechtsgeschäfts, Frage einer – 142 5
Schwebezustand
bei bedingten, befristeten Rechtsgeschäften
s. Bedingung
Schweigen
des Angebotsempfängers 146 5
auf neuen Antrag auf Annahme 150 15
Schweigepflicht
verbotswidrige Rechtsgeschäfte wegen Verletzung der – 134 292

Schweigepflicht (Forts.)
  Verletzung durch Praxisverkauf, Inkassovereinbarung **134** 1
Schweiz
  Bedingung, Befristung **Vorbem 158 ff** 82
  Vertragsrecht **Vorbem 145 ff** 11
Schwerbeschädigtengesetz
  Kündigung ohne Zustimmung der Hauptfürsorgestelle **134** 39, 284
Sexualmoral
  Sittenwidrige Vereinbarungen **138** 452 ff
Sicherheiten
  und sittenwidriges Grundgeschäft **138** 141
Sicherungsabtretung
  Geschäftseinheit Verpflichtungs- und Verfügungsgeschäft **139** 56
  Umdeutung **139** 67
Sicherungsgeschäfte
  und Anwartschaftsrechte **Vorbem 158 ff** 59
  und Konkursverschleppung **138** 336
  Umdeutung **139** 67 ff
Sicherungsübereignung
  Geschäftseinheit mit dem Grundgeschäft **139** 56
  als sittenwidrige Knebelung **138** 262
  Übereignungsverpflichtung bei Kreditrückzahlung **158** 9
  Umdeutung **139** 67
Sittenwidrigkeit
  Abfindungsklauseln **138** 83, 367 ff, 381
  Ablösesummen **138** 428
  Abstraktes Schuldanerkenntnis **138** 119
  Abstraktionsprinzip **138** 140
  Abtretung von Forderungen **138** 262 ff
  Additionsklausel **138** 178
  AGB, AGBG **138** 161 ff, 231, 250, 252, 281
  Allgemeine Rechtsgrundsätze **138** 497
  Anfechtbarkeit **138** 6, 149 ff, 166, 167
  Anstandsgefühl **138** 13 ff, 66
  Anwendungsbereich **138** 1 ff, 70 ff
  Apotheker **138** 307, 312, 419
  Arbeitsverträge **138** 107, 387 ff
  Architektenbindungsklausel **138** 420
  Arzt **138** 306, 307, 427, 479
  Aufhebungsverträge **138** 415
  Aushöhlungsnichtigkeit **138** 447
  Ausländische Ausfuhrbeschränkungen **138** 485
  Ausländische Einfuhrbestimmungen **138** 487
  Ausländische Embargobestimmungen **138** 486
  Ausländische Gesetze **138** 481 ff
  Ausländische Zollbestimmungen **138** 487
  Ausländisches Kulturgut **138** 485
  Auslegung des Begriffs **138** 12

Sittenwidrigkeit (Forts.)
  Auslegung und Konkretisierung des Begriffs **138** 12
  Aussaugung **138** 262
  Ausschlußklauseln in Gesellschaftsverträgen **138** 117, 378 ff
  Automatenaufstellverträge **138** 286
  von Bedingungen **Vorbem 158 ff** 33
  Begriff **138** 11 ff
  Begründungszwang **138** 51, 55
  Behindertentestament **138** 363 ff
  Berufsausübungsbeschränkungen **138** 297 ff, 467
  und Bestätigung nichtigen Rechtsgeschäfts **141** 17
  Bestechung ausländischer Amtsträger **138** 490 f
  Bestimmungsfaktoren der guten Sitten **138** 18
  Bewegliches System **138** 57 ff, 217
  Beweislast **138** 75 ff, 441
  Bezugsbindungen **138** 273 ff
  Bierlieferungsverträge **138** 110 ff, 273 ff
  Bietungsabkommen **138** 358
  Bordellverträge **138** 458 ff
  Buchwertklauseln **138** 371, 381
  Bündeltheorie **138** 282, 285
  Bürgschaft von Familienangehörigen **138** 314 ff
  Culpa in contrahendo **138** 160
  Direktunterrichtsverträge **138** 290
  Diskriminierung ohne Monopolstellung **Vorbem 145 ff** 24
  Dispositive Gesetze **138** 43
  Doppelverkauf **138** 357
  Drittschädigung **138** 333 f
  Drittwirkung der Grundrechte **138** 40
  Effektiver Jahreszins **138** 181
  Ehelichkeitsanfechtung **138** 448, 449, 465
  Ehescheidungsbeschränkung **138** 431, 432, 436, 466
  Ehescheidungsgebot **138** 466
  Ehescheidungsvereinbarungen **138** 359 ff, 431 f, 434 ff, 466
  Eheverträge **138** 359, 429 ff
  Ehrenwortklauseln **138** 406, 467
  Eigentumsvorbehalt **138** 267, 268, 340 ff
  Einheit der guten Sitten **138** 67 ff
  Elterliches Sorgerecht **138** 434, 465
  Elterliches Umgangsrecht **138** 434, 465
  Embargobestimmungen, ausländische **138** 486
  Empfängnisverhütung **138** 461 f, 465
  Energielieferungsverträge **138** 294
  Erbbauverträge **138** 289
  Erfolgshonorar **138** 422 ff
  Erfüllungsgeschäfte **138** 139 ff, 224 ff
  Ethik **138** 18 ff

Sittenwidrigkeit (Forts.)
Europarecht **138** 41, 44, 165, 170, 257, 282, 285, 299, 304, 313
Extremfälle, Minimalschutz **138** 25
Finanzierungsleasing **138** 189 f
Fluchthilfeverträge **138** 197, 239, 492
Folgeverträge **138** 6, 7, 243 ff
Forderungsabtretung **138** 262 ff
Forderungsrechte, Vereitelung fremder **138** 356
Freigabeklauseln **138** 263 ff, 266 ff
Freizeichnungsklauseln **138** 252
Freizügigkeit **138** 435, 467
Geliebtentestament **138** 118, 438 ff
Geltungserhaltende Extension **138** 121, 373
Geltungserhaltende Reduktion **138** 90, 94, 95, 109 ff, 218, 240 ff, 279 f; **139** 69, 70; **140** 2
Gerechtigkeitsnormen **138** 21
Gesellschafterbeschlüsse **138** 383
Gesellschaftsverträge **138** 28, 41, 108, 117, 260, 261, 293, 309, 366 ff
Gesetzwidrigkeit **138** 96 ff, 146 f
Gesetzwidrigkeit (ausländische Gesetze) **138** 481 ff
Gesetzwidrigkeitsblankette, fehlende **138** 26
Getrenntleben **138** 430
Gewaltenteilungsprinzip **138** 31
Gläubigergefährdung **138** 271, 334 ff, 348 ff, 377
Gleichgeschlechtliche Lebenspartner **138** 446
Globalabtretung **139** 72
Globalzession **138** 267, 268, 340 ff
Gratifikation **138** 404
als grob rechtswidriges Verhalten **138** 17
Grundrechte **138** 40, 41, 412, 464, 465, 496
Grundrechtsartikel, Beeinflussung **134** 214
Haarpflegeverträge **138** 296
Handelsvertreterverträge **138** 295
Handgelder im Sport **138** 428
Heilpraktiker, Werbeverbot **138** 428
Heiratsklauseln **138** 465
Heterologe Insemination **138** 450
Hilfsgeneralklauseln **138** 27
HOAI **138** 428
Höchstpersönliche Güter **138** 463 ff
Hungerlohn, Hungerprovision **138** 121, 191, 387 ff, 392
Inhaltssittenwidrigkeit **138** 1, 2
Insemination, heterologe **138** 450
Interessenabwägung **138** 37 ff, 76
Internatsverträge **138** 290
Iustum pretium **138** 230
Kaffeefahrten **138** 6, 8, 211

Sittenwidrigkeit (Forts.)
Kartellrecht **138** 41, 169, 170, 257, 282, 285, 299, 304, 312, 313, 358
Kettenkreditverträge **138** 243 ff
Knebelungsverträge **138** 259 ff
Kollusion **138** 335, 354, 356
Kommerzialisierung, sittenwidrige **138** 463 ff
Konfessionswechsel **138** 467
Konkursverschleppung **138** 269, 336, 351
Konsens, Konsensfähigkeit **138** 55
Konsumentenkreditverträge **138** 181 ff
Kontaktanzeigen **138** 453
Kreditverträge **138** 181 ff, 185 f
Kreditwucher **138** 122 ff, 218
Kündigung des Arbeitsverhältnisses **138** 407 ff
Kündigungsbeschränkungen in Gesellschaftsverträgen **138** 366, 378 ff
Kulturgut, ausländisches **138** 485
Kundenschutzklauseln **138** 297 ff, 301, 306, 312
Laesio enormis **138** 230
Lebensversicherung **138** 188
Leerformel, Anstandsformel als – **138** 17
Leihmutterschaft **138** 450
Liberalismus **138** 32
Liebhaberpreis **138** 192
Lohnabreden **138** 387 ff
Lohnabtretung **138** 266
Lohnwucher **138** 121, 191, 218, 387 ff
Lückenfüllung als Zweck des § 138 BGB **138** 23 ff, 68
Machtmißbrauch **138** 250 ff, 352
Mätressentestament **138** 118, 438 f
Makel der Sittenwidrigkeit **138** 29, 64
Maklerprovision **138** 191, 193, 425 f
Managementverträge **138** 287
Mandantenschutzklauseln **138** 306, 312
Mankoabreden **138** 402
Meinungsumfragen **138** 15, 56
Mietkauf **138** 191
Mietverträge **138** 191, 288
Mietwucher **138** 120, 218
Mißbrauch der Vertrauensstellung **138** 354 f, 470
Mißbrauch der Vertretungsmacht **138** 354 f
Mißverhältnis Leistung / Gegenleistung **138** 17, 175 ff, 230, 232
Monopolmißbrauch **138** 250 ff
Moral **138** 18 ff, 66
Nichteheliche Kinder **138** 448, 449
Nichteheliche Lebensgemeinschaft **138** 456
Nichtigkeit **138** 34, 89 ff, 143 ff
Nichtigkeit ex nunc **138** 34, 82, 92, 94, 106 ff, 396
Nichtigkeit, quantitative **138** 109 ff

Sittenwidrigkeit (Forts.)
Nichtigkeit, Teilnichtigkeit **138** 92, 94, 109 ff, 218 f
Nichtigkeit, Vollnichtigkeit **138** 34
Normzweckvorbehalt **138** 92 ff, 138
Notare **138** 425
Pachtverträge **138** 191, 288
Pactum de non licitando **138** 358
Pactum de non petendo **138** 326
Partnervermittlungsvorschläge **138** 191
Peepshows **138** 397
Pornographie **138** 460
Präjudizienbindung **138** 48, 49
Praxisverkauf **138** 306, 418, 427
Prostitution **138** 396, 453
Psychischer Kaufzwang **138** 6, 211
Qualifizierte Freigabeklauseln **138** 267
Quota litis **138** 422 ff
Rassische Diskriminierung
  Vorbem 145 ff 24
Raumüberlassungsverträge **138** 457
Rechtlich zu mißbilligende Handlungen, Geschäfte: Gesamtregelung **138** 26
Rechtsanwälte **138** 306, 307, 312, 418, 421 ff
Rechtsbegriff **138** 11
Rechtsfolgen der Sittenwidrigkeit **138** 34
Rechtsfortbildung **138** 16, 24, 36, 37 ff
Rechtsfrage der – **138** 74
Rechtsgefühl **138** 14, 51
Rechtsmittelverzicht **138** 480
Rechtsmoral **138** 18
Rechtsüberzeugungen **138** 45 ff, 53
und Rechtswidrigkeit (grobe, gesteigerte) **138** 17, 28, 29
Reichsgerichts-Rechtsprechung **138** 31
Res extra commercium **138** 463 ff
Restschuldversicherung **138** 183
Richter als Repräsentant der gerecht und billig Denkenden **138** 16
Richterrecht **138** 16
Richtlinienkonforme Auslegung **138** 44, 165
Risikogedanke **138** 104, 109, 113, 130, 132, 136, 137
Rückzahlungsklauseln **138** 404
Salvatorische Klauseln **138** 136, 138, 312
Sandhaufentheorem **138** 217
Scheckreiterei **138** 141, 344 ff
Scheidungsvereinbarungen **138** 359 ff, 431, 432, 434 ff, 466
Scheinehe **138** 433
Schmiergeldvereinbarungen **138** 469 ff, 490, 491
Schmuggel **138** 487
Schuldanerkenntnis, abstraktes **138** 119
Schweigegeld **138** 476
Schwerpunktzins **138** 181

Sittenwidrigkeit (Forts.)
Sexualmoral **138** 396 ff, 438 ff, 446, 452 ff
Sicherungsübereignung **138** 262 ff, 335, 338, 348
Sittlichkeit **138** 18 ff, 66
Sorgerecht, elterliches **138** 434, 465
Sozialhilfe, Rechtsgeschäfte zu deren Lasten **138** 359 ff, 363 ff
Sozialmoral **138** 18
Spezialregelungen, fehlende **138** 26
Spielleidenschaft **138** 210, 231, 331
Sportrecht **138** 428, 476
Staatsangehörigkeitswechsel **138** 467
Standesauffassungen, Standeswidrigkeit **138** 46, 416 ff, 479
Steuerberater **138** 307, 426, 479
Stimmbindungsvertrag **138** 385
Straftaten **138** 493
Striptease **138** 398, 454
Studienplatztausch **138** 480
Subjektiver Tatbestand **138** 17, 21, 61 ff, 194 ff, 237
Substraktionsmethode **138** 59
Summenwirkung **138** 57 ff, 315
Täuschung Dritter **138** 333 ff
Tankstellenverträge **138** 283 ff
Tatfrage, Rechtsfrage **138** 74
Teilamortisationsverträge **138** 190
Teilnichtigkeit **138** 92, 94, 109 ff, 218 f
Telefonsex **138** 454
Testamente **138** 86, 363 ff, 437 ff, 446 ff, 466
Testierfreiheit **138** 437
Time-sharing **138** 191
Titelhandel **138** 478
Toleranzgebot **138** 52
Treuhandverträge **138** 292, 382
Treuwidrigkeit **138** 83, 85, 87, 88, 107, 114, 115, 142, 154 ff, 317, 371, 375
Übererlösklauseln **138** 193
Überlange Dauer von Vereinbarungen **138** 272 ff
Überlange Laufzeit von Vereinbarungen **139** 68
Übermäßige Leistungshöhe **139** 70
Übersicherung **138** 263 ff
Umdeutung **138** 112, 122
Umdeutung eines sittenwidrigen Geschäfts **140** 2
Umdeutung eines sittenwidrigen Rechtsgeschäfts **140** 32
Umgangsrecht, elterliches **138** 434, 465
der Umgehung eines gesetzliche Verbots **134** 152
Umgehungsgeschäfte **134** 52; **138** 42, 498
Umstandssittenwidrigkeit **138** 2, 61
Unterhaltsabreden **138** 359, 434, 448 f

Sittenwidrigkeit (Forts.)
  Unternehmensveräußerungsverträge 138 305
  UWG-Generalklausel § 1 134 300
  Verfallklauseln 138 403
  Verfügungsgeschäfte 138 139 ff, 224
  Vergütungsansprüche des Wucherers 138 128 ff, 220 ff
  Verhaltenskontrolle 138 4, 65, 70, 438, 446, 452
  Verlagsverträge 138 291
  Verlöbnis 138 429, 433
  Verlustbeteiligung im Arbeitsverhältnis 138 390 ff
  Verpflichtungsgeschäfte 138 139 ff, 220 ff
  Vertragsstrafe 138 193
  Vertragsverweigerung **Vorbem 145 ff** 24
  Vertrauensstellung, Mißbrauch 138 258, 354 f, 470
  Vertretungsmacht, Mißbrauch 138 354 f
  Verwertungsvertrag 138 191
  Vorkaufsrecht 138 357, 477
  Wärmeversorgungsverträge 138 294
  Wandel der guten Sitten 138 77 ff
  Wechselreiterei 138 344 ff
  Wertepluralismus 138 53
  Wettbewerbsrecht 138 7 ff, 44, 70 ff, 211
  Wettbewerbsverbote 138 297 ff
  Willensmängel 138 5 ff, 70 ff, 149 ff
  Wirtschaftsprüfer 138 307, 312
  Wohnsitzverbot 138 435, 467
  Wucher, wucherähnliche Geschäfte s. dort
  Zeitpunkt der Bewertung 138 79 ff, 180
  Zeitvereinbarungen, überlange 138 272 ff
  Zeugenaussage 138 476
  Zölibatsklauseln 138 465
Sittlichkeit
  und Bestimmung guter Sitten 138 18 ff
Sozialhilfe
  Rechtsgeschäfte zu Lasten der – 138 359 ff
Spielbanken
  Spielverträge mit Ortsansässigen, Minderjährigen 134 285
Sportstatuten
  und Verbot von Spielerzuwendungen 134 16; 138 428
Standesauffassungen
  und Inhalt von Sittenwidrigkeitsklauseln 138 46
Standesrecht
  und sittenwidrige Leistungen 138 479
Standeswidrigkeit
  und Sittenwidrigkeit 138 416 ff
Sterilisation
  Vertrag über eine – 138 461
Steuerberater
  Abtretung einer Honorarforderung 134 292

Steuerberater (Forts.)
  Provisionsversprechen für Anlagevermittlung 138 426
  Verbot gewerblicher Betätigung 134 286
Steuerklauseln Vorbem 158 ff 29; **159** 4
Steuerrecht
  Bedingung, Befristung **Vorbem 158 ff** 80
  Umgehungsverbot, gesetzliches 134 148
  Vereinbarungen über Steuerhinterziehungen 134 287
  Verträge zum Zwecke unzulässiger Erweiterung der Steuerpflicht 134 289
Stille Geschäftsinhaberschaft
  sittenwidrige Knebelungsverträge 138 261
Strafrecht
  gerichtliches Verfügungsverbot 136 14
  und Nichtigkeitssanktion des § 134 BGB 134 78
  und verbotswidriges Rechtsgeschäft 134 60
  Vereinbarungen unter Verstoß gegen das – 134 290 ff
  Wucher § 138 Abs. 2 BGB, § 302a StGB 138 174
Straftaten
  Vereinbarungen über die Begehung 138 493
Striptease
  Arbeitsvertrag über – 138 398
  Verträge über – 138 454
Studienplatztausch
  entgeltliche Vereinbarung 138 480
Subjektiver Tatbestand
  der Sittenwidrigkeit 138 61 ff
  wucherähnliches Rechtsgeschäft 138 234
  Wuchertatbestand 138 194 ff
Sukzessivbeurkundung
  und Zeitpunkt des Vertragsabschlusses 152 1 ff
Sukzessivlieferungsverträge
  Anfechtung, Rückwirkung 142 36

Tankstelle
  Selbstbedienungstankstelle 145 8
Tankstellen-Stationärverträge
  Bezugsbindung 138 283
Tarifverträge
  Ausfüllung bewußter Lücken 157 17
  Auslegung, ergänzende 157 12
  Dissens 154 1
  als Gesetze im materiellen Sinne (normativer Teil) 134 244
  und Grundrechtsnormen 134 38
  Grundrechtsverstoß 134 244
  Lohnabschlagsklauseln, nichtige 134 214
  als Normenverträge **Vorbem 145 ff** 91
  als Rechtsgeschäfte 134 12, 244
  Teilnichtigkeit 139 20
  Umdeutung formnichtiger in formfreie Vorverträge 139 43

Tarifverträge (Forts.)
  als Verbotsgesetze 134 24
  Vorvertrag, formfreier **Vorbem 145 ff** 61
Tatfrage, Rechtsfrage
  Einheitlichkeit eines Rechtsgeschäfts
    139 47
  Feststellung der Sittenwidrigkeit eines
    Rechtsgeschäfts 138 74
Taxigewerbe
  Konzessionsübertragungsverträge 134 267
Teilbarkeit eines Rechtsgeschäfts 139 60 ff
Teilnichtigkeit
  s. Nichtigkeit (Teilnichtigkeit)
Telefax
  Angebotsform 147 4
Telefonischer Antrag
  als Angebot unter Anwesenden 147 4
Telefonsex
  Sittenwidrigkeit einer Vereinbarung
    138 454
Telegramm
  Angebotsform 147 4
Teleshopping
  und Frage eines Vertragsangebots 145 9
Testament
  Anfechtung 143 31; 144 12
  Aushöhlung eines gemeinschaftlichen
    Testaments 138 447
  zu Lasten der Sozialhilfe 138 363 ff
  Umdeutung eines formnichtigen öffentlichen Testaments 139 49
  Umdeutung gemeinschaftlichen Testaments von Nichteheleuten 139 49
Testamentsvollstrecker
  Aufteilung in Testamentsvollstreckung für
    einen Erbteil 139 73
  und beschränkte Verfügungsmacht des
    Erben 135 55
  als dingliche Erbenbindung 137 28
  unentgeltliche, nicht autorisierte Verfügungen 135 54
Theaterkritiker-Entscheidung
  Kontrahierungszwang **Vorbem 145 ff** 23
Tierarzt
  Abtretung einer Honorarforderung 134 292
Time-sharing-Modell
  Wuchergeschäft 138 191
Titelhandel 134 310; 138 478
Tod
  des Antragenden vor Annahme seines
    Angebots 153 1 ff
  des Antragsempfängers vor der Annahme
    des Angebots 153 9 ff
Treu und Glauben
  Auslegung 157 8
  und Auslegung, ergänzende 157 8
  Bedingungseintritt und Beeinflussung des
    Kausalverlaufs 162 1 ff

Treu und Glauben (Forts.)
  Bereicherungsrechtliche Folgen, treuwidrige Berufung hierauf 134 191
  Bierlieferungsvertrag mit überlanger
    Bezugsdauer 138 114, 115
  und Dissens 154 10
  Durchsetzung des Parteiwillens und treuwidriges Verhalten 162 15 ff
  Erfüllung sittenwidrig gewordener
    Leistung 138 83
  Gültigkeit eines Vertrages, treuwidrige
    Berufung hierauf 134 190
  Nichtigkeitseinwand 134 187
  Nichtigkeitsfolge und Einwand unzulässiger Rechtsausübung 142 31
  und Sittenverstoß 138 154, 155
  Teilnichtigkeit und Rechtsmißbrauch
    139 89, 89 ff
  Treuwidrige Berufung auf die Sittenwidrigkeit eines Rechtsgeschäfts 138 156 ff
  Treuwidrige Berufung auf die Wirksamkeit
    eines Rechtsgeschäfts 138 159, 160
Treuhandeigentum
  verfügungsbeschränkende Abreden 137 20,
    24
Treuhandvertrag
  und Grundstückskaufvertrag als einheitliches Rechtsgeschäft 139 49
  auf Lebenszeit, Sittenwidrigkeit 138 292
Typ des Rechtsgeschäfts
  und Einheitlichkeit des Rechtsgeschäfts
    139 42
Übergebot
  bei einer Versteigerung 156 4
Übermaß eines Vertrages
  Sittenwidrigkeit wegen – 138 109 ff
Übertragbarkeit von Rechten
  Anfechtungsrecht, fehlende selbständige –
    142 11
  Angebot, Rechtsposition des Empfängers
    145 35
  des Anwartschaftsrechts **Vorbem 158 ff** 68 ff
  Ausschluß aufgrund gesetzlicher Einzelermächtigung 137 14 ff
  Fälle fehlender – 137 12
  Optionsrecht **Vorbem 145 ff** 75
  Unübertragbarkeit aufgrund gesetzlicher
    Bestimmung 137 12
  Unübertragbarkeit kraft Rechtsgeschäftes
    137 14
  Veräußerliches Recht und dessen –
    137 11 ff
Umdeutung des Rechtsgeschäfts
  Abspaltungsverbot im Gesellschaftsrecht
    140 58
  Abtretung 140 71
  Adoptionsvertrag 140 71

Umdeutung des Rechtsgeschäfts (Forts.)
Allgemeiner Rechtsverkehr 140 71 ff
Anfechtung 140 42, 59, 71
Annahme eines Angebots, verspätete oder abgeänderte 140 4
Apothekenmietvertrag 140 47
Arbeitsrecht 140 33, 36
Auflage 140 50
Auseinandersetzungsvertrag 140 50
und Auslegung, ergänzende 157 6
Auslegung, ergänzende des Vertrags 140 25
Auslegung und Umdeutung 140 24
Auslegung vor Umdeutung 140 7, 8
Ausschließlichkeitsbindung 140 72
Bedingungsausfall 158 16
Befreiungsvermächtnis 140 52
Beibringungsgrundsatz 140 34
Belegarztvertrag 140 39
und Bestätigung des nichtigen Rechtsgeschäfts, Abgrenzung 141 7
Betriebsrat 140 37
Betriebsvereinbarungen 140 13, 43
BGB-Gesellschaft 140 26, 57
Bierlieferungsvertrag mit überlanger Bezugsdauer 138 112
Blankowechsel 140 61
Bürgschaft 140 30
Dauerschuldverhältnisse 140 44
Dauerwohnrecht 140 65
Dingliches Vor- oder Wiederverkaufsrecht 140 63
Dissens 140 17
Drohung 140 15
Eigentumsvorbehalt 140 72
Einigungsvertrag 140 38
Erbbaurechtsvertrag 140 64
Erbfolge, verfrühte 140 54
Erbschaftskauf 140 50
Erbteilsübertragung 140 51
Erbverzicht 140 51
und ergänzende Vertragsauslegung 157 6
Erkennbarkeit der Umdeutung 140 36
Fallgruppen 140 35 ff
Falschbezeichnung, Abgrenzung 140 3
Forderungsverpfändung 140 67
Formvorschriften 140 30
Fortgesetzte Gütergemeinschaft 140 70
Geltungserhaltende Reduktion 140 2
Geschäftstyp 140 19
Geschäftsunfähigkeit 140 17
Gesellschaftsanteil, Übertragung 140 57
Gesetzliche Sonderregelungen 140 4, 5
Grenzen einer Umdeutung 140 2
Grundbuchrecht 140 10
Grunddienstbarkeit 140 66
Grundschuld 140 68
Grundstücksveräußerungsvertrag 140 63
Gültigkeitsvoraussetzungen 140 23

Umdeutung des Rechtsgeschäfts (Forts.)
Haftungsausschluß 140 72
HOAI 140 72
Hypothek 140 68
Hypothekenabtretung 140 64
Hypothekenverpfändung 140 63
Hypothetischer Parteiwille 140 7, 8
Irrtum 140 15
Juristische Qualifikation 140 26
Kartellrecht, Mißbrauchskontrolle 140 30
Kauf eigener Sache 140 72
Kenntnis der Nichtigkeit 140 28
Kommanditgesellschaft 140 57
Kongruenzerfordernis 140 21
Kongruenzerfordernis bezüglich des Ersatzgeschäfts 140 21 ff
Konversion 140 1
Konversionsklausel 140 6
Kreditauftrag 140 69
Kündigung 140 42
Leihe 140 67
Lieferfristvereinbarung 140 72
Mutterschutz 140 42
Nacherbeneinsetzung 140 5
Nichtigkeitsgründe 140 16
Nichtigkeitsnormen 140 29
Nießbrauchsbestellung 140 63
Öffentlich-rechtliche Verträge 140 12
Offene Handelsgesellschaft 140 26, 57
Pachtvertrag 140 64
Parteiwille, wirklicher 140 7, 8
Persönliche Dienstbarkeit 140 66
Personalrat 140 40
Preisbindung 140 72
Privatautonomie 140 24
Privatversicherung 140 44
Prokuraerteilung 140 72
Prozeßhandlungen 140 11
Rechtsfolgen wucherischer Verträge 138 122
Rechtsgeschäfte 140 9 ff
Remittentenbezeichnung 140 61
Richterliche Gestaltung 140 1
Scheckrecht 140 62
Scheingeschäft 140 17
Schenkungsforderung und Vermächtnis 140 5
Schenkungsversprechen, formnichtiges 140 56
Schiedsgerichtsklausel 140 58
Schuldanerkenntnis 140 56
Schulderlaß 140 52
Schwebend unwirksames Rechtsgeschäft 140 14
Schwerbehinderte 140 39
Sicherungsübereignung 140 22
Sicherungsübereignung eines Grundstücks 140 67

Umdeutung des Rechtsgeschäfts (Forts.)
Sittenwidrigkeit eines Rechtsgeschäfts 140 2, 32
Sittenwidrigkeit überlanger Bindungsdauer 138 112
Stimmrechtsausschluß 140 58
Stimmrechtsübertragung 140 58
Stimmrechtsvollmacht 140 58
Täuschung 140 15
Tarifverträge 140 43
Teilnichtigkeit 140 14
Teilungserklärung, unwirksame 140 64
Testament, eigenhändiges 140 49
Testament, gemeinschaftliches 140 49
Testament, öffentliches 140 49
Testamentsentwurf 140 49
Übereignung nicht dem Verkäufer gehörender Sache 140 73
Übergabevertrag § 1365 BGB 140 54
Umdeutung 140 1
Verbotsnormen 140 31
Verfügung von Todes wegen 140 52, 53
Verfügungsmacht 140 17
Vermögensübertragung 140 75
Verpfändung von Mobilien 140 67
Vertrag zugunsten Dritter 140 55
Verwaltungsakte 140 12
Vollmacht, unwiderrufliche 140 73
Vor- und Nacherbschaft 140 50
Vorkaufsrecht 140 63
Vormundschaftsgerichtliche Genehmigung 140 56
Vorvertrag 140 48
Wechselrecht 140 61
Wertpapierrecht 140 61, 62
Wettbewerbsverbot 140 74
Wirkungen der Umdeutung 140 22
Wirtschaftlicher Erfolg 140 1
Wuchergeschäft 140 2
Zeitpunkt der Umdeutung 140 27
Zurückbehaltungsrecht 140 67

Umgehungsgeschäfte
Abstandsvereinbarungen und Mietpreisbindung 134 271
Allgemeines Umgehungsverbot 134 151
BBiG-Verbotsnormen 134 217
und bedingter Anspruch 162 9
Genehmigungspflicht, Umgehung 134 175
Geschäftseinheit Verpflichtungs- und Verfügungsgeschäft 139 55
gesetzliches Umgehungsverbot 134 148
Herbeiführung eines vom Gesetz verbotenen Erfolges 134 145
Kündigung des Arbeitsverhältnisses 134 256
LFZG/EntgeltfortzahlungsG 134 261
Nichtigkeit 134 145 ff

Umgehungsgeschäfte (Forts.)
durch Rechtswahl bei grenzüberschreitendem Rechtsverkehr 134 154
Scheingeschäft, Abgrenzung 134 145
als Sittenverstoß 134 42, 152, 498
Umgehung gesetzlicher Verbote, Anwendung §§ 134,138 BGB 138 498

Umschuldung
Kettenkreditverträge 138 243 ff

Umstandssittenwidrigkeit
von Rechtsgeschäften 138 2

Unbedenklichkeitsbescheinigung
unzulässige Verknüpfung 138 255

Unerlaubte Handlung
Angebotsempfänger, Schutz seiner Rechtsposition 145 36
Anwartschaftsrecht als sonstiges Recht Vorbem 158 ff 69
Gefälligkeitsverhältnis Vorbem 145 ff 85, 86
Kartellmißbrauch 138 257
Kontrahierungszwang wegen sittenwidriger Schädigung Vorbem 145 ff 21
Schmiergeldvereinbarungen 138 475
Sittenwidrigkeit eines Rechtsgeschäfts, vorsätzlich sittenwidrige Schädigung 138 160
Sittenwidrigkeit § 138 BGB, vorsätzlich sittenwidrige Handlung 138 73
Sittenwidrigkeitsurteil und Schutzzweck der verletzten Norm 138 102
Unterlassungspflichten bezüglich Verfügungen 137 36
Zusendung unbestellter Ware 146 16

Unfallhelfer-Kreditvertrag 134 272

Ungerechtfertigte Bereicherung
Abschlußprüfung trotz Befangenheitsgrund 134 250
Abwicklung bei verbotswidrigem Gesellschaftszweck 134 131
Anfechtung des Verpflichtungsgeschäfts nach Leistungsaustausch 142 42
Darlehenswucher 138 221 ff
Eintritt auflösender Bedingung 159 9
Gerichtliches Erwerbsverbot zur Sicherung der Kondiktion 136 22
Kreditvermittlung, unerlaubte 134 237
Leistungsaustausch vor Anfechtung 142 31
Preisgrenzen und Rechtsverstöße hiergegen 134 270
Rechtsberatung, unbefugte 134 272
Rechtsfolgen wucherischer Verträge 138 122
Rückabwicklung nichtiger Verträge 134 141, 142
Schwarzarbeit 134 277, 278
Vereinbarungen über Kontaktanzeigen, Telefonsex 134 266

Ungerechtfertigte Bereicherung (Forts.)
  Verfügung über ein Anwartschaftsrecht
    Vorbem 158 ff 69
  Vorvertrag als Rechtsgrund für Hauptvertrag **Vorbem 145 ff** 68
  Wegfall des Kausalgeschäfts aufgrund auflösender Bedingung **158** 22
  Wuchergeschäft **138** 221 ff
  Zweckvereinbarung oder Bedingung
    Vorbem 158 ff 10
Unmöglichkeit
  einer Bedingung **Vorbem 158 ff** 30
  nachträgliche Teilunmöglichkeit **139** 34
Unterhaltsverzicht
  als Rechtsgeschäft zu Lasten der Sozialhilfe **138** 359 ff
Unterlassungsanspruch
  Unterlassen einer Verfügung **136** 8
Unterlassungsverpflichtung
  bezüglich Verfügungen **137** 31 ff
  Schwebezeit bei bedingten Rechtsverhältnissen **160** 7
Unternehmensveräußerung
  Nachvertragliche Wettbewerbsverbote **138** 305
Unternehmensverträge
  Teilnichtigkeit **139** 27, 84
Unterrichtsverträge
  Sittenwidrigkeit längerfristiger Bindungen **138** 290
Untreue
  Verträge unter Verletzung des Untreueverbots **134** 294
Unwirksamkeit
  einer Verfügung, relative
    s. Verfügungsverbot (relatives)
  eines Vorvertrages wegen unzureichender Bestimmtheit des Inhalts des Hauptvertrages **Vorbem 145 ff** 59
Unwirksamkeit eines Rechtsgeschäfts
  oder geltungserhaltende Reduktion **157** 36
  und Nichtigkeit **140** 14
  eines Rechtsgeschäftsteils **139** 33
  und Regelungslücke **157** 18
  Teilnichtigkeit **139** 33, 34
Urkunde
  Sukzessivbeurkundung und Zeitpunkt des Vertragsabschlusses **152** 1 ff
Urlaubsrecht
  Verstöße **134** 226
Utile per inutile non vitiatur 139 1, 4, 8
UWG
  s. Wettbebwerbsrecht

Venire contra factum proprium
  und verbotswidrige Dauerschuldverhältnisse **134** 101

Veräußerliches Recht
  und Verfügungsmacht des Rechtsinhabers **137** 11
Veräußerungsverbot (relatives)
  über Anwartschaftsrecht **Vorbem 158 ff** 71
Verbotswidrigkeit von Rechtsgeschäften
  s. Gesetzliches Verbot
Verbraucherkredit
  und Einheitlichkeit des Rechtsgeschäfts **139** 43
  Kreditvertrag unter Mithaftung von Familienangehörigen **138** 328
  und unerlaubte Kreditvermittlung nach der Gewerbeordnung **134** 239
Verbundene Rechtsgeschäfte
  ergänzende Vertragsauslegung und dispositives Recht **139** 36 ff, 62
Verdrängende Ermächtigung, Vollmacht
  als Überlassung der Verfügungsbefugnis **137** 26
Vereine
  Kontrahierungszwang **Vorbem 145 ff** 26
Vereitelung fremder Forderungsrechte
  sittenwidrige **138** 356 ff
Vererblichkeit
  Angebotsempfänger, Rechtsposition **145** 35
  Optionsrecht **Vorbem 145 ff** 76
Verfallklauseln
  im Arbeitsverhältnis **138** 403
  und Bedingung, Abgrenzung
    Vorbem 158 ff 10
Verfassungsrecht, Verfassungsmäßigkeit
  Ehewidrige Vereinbarungen **138** 429 ff
  Empfängnisverhütung und persönliches Selbstbestimmungsrecht **138** 462
  Empfängnisverhütung und Schutz von Ehe und Familie **138** 461
  Grundrechtsartikel als Verbotsgesetze **134** 241 ff
  Interessenabwägung und Wertmaßstäbe des – **138** 40
  Kontrahierungszwang aufgrund Wertentscheidungen des Grundgesetzes
    Vorbem 145 ff 24
  Menschenwürde und Bereitschaft zu geschlechtlichem Verhalten **138** 453
  Peepshows und Menschenwürde **138** 397
  Rechtsgeschäfte über nicht kommerzialisierbare Güter **138** 464, 465
  Rechtsgeschäfte unter Verletzung von Grundrechtsnormen **138** 496
  Tarifvertrag **Vorbem 145 ff** 91
  Verfassungsverträge **Vorbem 145 ff** 94
  Zölibatsklauseln **138** 465
Verfügungen von Todes wegen
  Verpflichtung zum Unterlassen der Errichtung **137** 31

Verfügungsbefugnis
und bedingtes Rechtsgeschäft 158 18
Umdeutung bei Mängeln der – 140 17
und Veräußerlichkeit eines Rechts 137 11
Verfügungsbefugnis (rechtsgeschäftlicher Ausschluß, Beschränkung)
Absolute Unwirksamkeit Verstoß gegen zulässigen – 137 30
Abtretungsausschluß 137 16
Anwendungsbereich 137 11 ff
Auflösende, aufschiebende Bedingung 137 22 ff, 40, 41
Ausschluß der Verfügungsbefugnis 137 21 ff, 28 ff
Befristung 137 1, 8, 34
Blankettregelung 137 13
Dienstbarkeit 137 12
Dienstleistung 137 12
Dingliche Sicherung 137 9
Dingliche Verfangenschaft als gegensätzliches Modell 137 2
Dritterwerber 137 36, 41
Dritterwerber und Erwerbsanspruch zur Sicherung einer Unterlassungspflicht 137 41
Ehegattenverhältnis 137 12
Eigentum als veräußerliches Recht 137 19
Eigentumsanwartschaft 137 19, 20
Eigentumsvorbehalt, verlängerter 137 16
Einstweilige Verfügung als Sicherungsmittel für Unterlassungspflicht 137 39
Eltern-Kind-Verhältnis 137 12
Erbbaurecht 137 15
Erwerbsanspruch zur Sicherung einer Unterlassungspflicht 137 40
Erwerbssicherheit 137 7, 23, 40
Forderungsvinkulierung 137 16, 18, 30
Freiheitsschutz als Rechtsreflex 137 5
Gerichtliches Veräußerungsverbot 137 38, 39
Geschmacksmusterrecht 137 19
Gesellschaftsverhältnis 137 12
Gestaltungsfreiheit 137 1
Grundbuch 137 29, 33
Grundbucheintragung und Unterlassungspflicht 137 33
Grundschuld 137 17, 31
Gutglaubenserwerb, nicht erforderlicher 137 29
Gutglaubensschutz 137 7, 23, 29
Höchstpersönliche Rechte 137 12
Hypothek 137 17, 31, 38
Inhaltsbestimmung eines Rechts 137 18, 30
Ius ad rem 137 9
Kapitalgesellschaft 137 12
Kommanditistenstellung 137 27
Konkurrierende Verfügungsmacht 137 25
Marktfreiheit 137 6, 23

Verfügungsbefugnis (rechtsgeschäftlicher Ausschluß, Beschränkung) (Forts.)
Mietvertrag 137 12
Nacherbfolge 137 28
Nießbrauch 137 12
Normzwecke 137 3 ff
Numerus clausus der Sachenrechte 137 7, 8
Obligationen, Regelungsmacht 137 1
Orientierungssicherheit 137 7, 20, 23
Pachtvertrag 137 12
Patentrecht 137 19
Personengesellschaft 137 12, 27
Pfändbarkeit eines Rechts 137 10, 16
Preußisches Allgemeines Landrecht 137 2, 9
Reallast 137 12
Rechtsgeschäft und Regelungsmacht 137 1
Rechtssicherheit durch Rechtsklarheit 137 7
Rechtsvereinfachung 137 7, 10
Relativ-dingliche Rechte 137 8, 39
Rules against perpetuities 137 2
Sachenrechtliche Bedeutung 137 7
Schadensersatz bei Verfügung entgegen obligatorischer Unterlassungspflicht 137 35, 36
Schutz der persönlichen Freiheit 137 5, 23
Schwebende Unwirksamkeit 137 30
Sicherungsmaßnahmen gegenüber dem Unterlassungspflichtigen 137 37 ff
Sittenwidrige Schädigung 137 36
Teilungsanordnung 137 28
Testament 137 28
Trennung Verpflichtungsgeschäft / Verfügungsgeschäft 137 1
Treuhand mit verfügungsbeschränkenden Abreden 137 20, 24
Typisierung verfügbarer Rechte als Funktion des – 137 3
Übertragbarkeit 137 10 ff, 16 f
Unterlassungspflicht 137 34
Unübertragbarkeit kraft Rechtsgeschäftes 137 14
Unübertragbarkeit von Rechten kraft Gesetzes 137 12
Veräußerlichkeit Recht kraft Gesetzes, vorausgesetzes 137 11 ff
Veräußerlichkeit des Rechts, Verfügungsbefugnis des Rechtsinhabers 137 11
Verbotswidrige Verfügung 137 40
Vereitelung der Zwangsvollstreckung 137 39, 41
Verfügung von Todes wegen 137 28, 31
Verfügungs- und Nutzungsbefugnis, zu verhindernde Spaltung 137 7
Verfügungsbeschränkung, dingliche 137 1, 2, 7 ff, 20, 24, 29 ff

Verfügungsbefugnis (rechtsgeschäftlicher Ausschluß, Beschränkung) (Forts.)
Verfügungsbeschränkung, rechtsgeschäftliche 137 1, 2, 7 ff, 18, 20, 24, 28 ff
Verfügungsgeschäft 137 1, 3
Verfügungsmacht 137 11, 21 ff, 26
Verjährung des Unterlassensanspruchs 137 34
Verlagsrecht 137 12, 15
Vermeidung relativ-dinglicher Rechte mit Dauerwirkung 137 8
Verpfändbarkeit eines Rechts 137 11
Verpflichtung zum Unterlassen einer Verfügung 137 1, 22, 31 ff, 38, 40, 41
Verpflichtungsgeschäft 137 1, 3
Verstoß gegen zulässigen – 137 30
Vertragsfreiheit und Verfügungsverbot, Verhältnis 137 31
Vertragsstrafe 137 38
Vertragsvereinbarungen 137 28
Vollmacht, verdrängende 137 26, 27
Vollstreckungssichernde Funktion 137 10
Vorkaufsrecht 137 12, 34
Vormerkung 137 41
Wettbewerbsrecht 137 6, 31
Wirksamkeit verbotswidriger Verfügungen 137 29, 30
Wirksamkeit der Verfügung trotz Verstoßes gegen den – 137 29 ff
Wohnungseigentum 137 15
Zessionsausschluß 137 16
Zivilrechtliche Grundnorm der beschränkten Regelungsmacht 137 3

Verfügungsgeschäft
s. a. Dinglichkeit
Anfechtung 142 40
Anfechtung des Verpflichtungsgeschäfts 142 21, 22
Angebot, Bindungswirkung und fehlende Verfügungssperre 145 25
über Anwartschaftsrecht **Vorbem 158 ff** 71
und Anwendungsbereich der §§ 145 ff BGB **Vorbem 145 ff** 5
bedingtes, Schutzpflichten **160** 1
Bedingungseintritt **158** 18, 21
Bedingungseintritt und Geschäftsabschluß, Verfügungen des Noch-Berechtigten in der Schwebezeit **161** 1 ff
Bestätigung eines nichtigen Rechtsgeschäfts **141** 25
Betäubungsmittelgesetz **134** 118
Dirnenlohn, Übereignung **138** 453
Fehleridentität **138** 140; **142** 22
Genehmigungsbedürftige Geschäfte **134** 183 ff
und Nichtigkeit des Verpflichtungsgeschäfts **138** 140 ff

Verfügungsgeschäft (Forts.)
Prozeßführung und bedingte Verfügung über den Streitgegenstand **Vorbem 158 ff** 48
Prozeßvertrag mit verfügender Wirkung **Vorbem 145 ff** 96
Rechtsgeschäftliche Verfügung **161** 4
Sittenwidrigkeit **138** 140 ff
Täuschung Dritter **138** 143
Trennung vom Verpflichtungsgeschäft **137** 1, 3
Verbot der Einlagenrückgewähr **134** 245
Verbot der Erfüllungshandlung **134** 114
Verbot der Erfüllungshandlung, erlaubter Erfüllungserfolg **134** 104 ff
Verbot der passiven Bestechung **134** 296
Verbotsgesetz, gegen Erfüllungsgeschäft gerichtetes **134** 119
Verbotsgesetz, Reichweite **134** 116
Vermögen im Ganzen **138** 327
Verpflichtung zu einer Verfügung **Vorbem 145 ff** 53
und Verpflichtungsgeschäft **158** 10
Verpflichtungsgeschäft, bedingtes und Frage des bedingten – **158** 12
Verpflichtungsgeschäft, bedingtes und Verfügung über den versprochenen Gegenstand **161** 3
und Verpflichtungsgeschäft als Geschäftseinheit **139** 54 ff, 143
Verpflichtungsgeschäft und Sittenwidrigkeit des – **138** 145
Verpflichtungsgeschäft, verbotswidriges und nichtiges **134** 117
wucherähnliches Rechtsgeschäft **138** 242
Wuchergeschäft **138** 139, 224 ff
Zeitpunkt der Sittenwidrigkeit **138** 79 ff
Zuschlag bei einer Versteigerung **156** 8
Zwischenverfügungen zwischen Geschäftsabschluß und Bedingungseintritt **161** 1 ff

Verfügungsverbot (absolutes)
Ausschluß des Gutglaubenserwerbs, der Heilung **135** 4
und relatives Verfügungsverbot, Abgrenzung **135** 4
Verbote im Interesse des Verfügenden **135** 40
Zwischenverfügung vor Bedingungseintritt **161** 12

Verfügungsverbot (behördliches)
s. Verfügungsverbot (relatives)

Verfügungsverbot (gerichtliches)
s. Verfügungsverbot (relatives)

Verfügungsverbot (relatives)
als Absicherungsrecht **135** 11
und absolutes Verfügungsverbot, Abgrenzung **135** 4
Abtretung, verbotswidrige **135** 103

Verfügungsverbot (relatives) (Forts.)
Abtretungsausschluß **135** 20 ff
Actio in rem scripta **135** 89 f
Aktiengesetz **135** 56
Akzessorietät Verbotswirkung, verbotsgeschütztes Recht **135** 58
Allgemeine Interessen, geschützte **135** 39
Allgemeinheit, Schutz **136** 2
Allgemeininteresse und Zustimmung Dritter **135** 34
Anfechtung **135** 32, 91
Anfechtungsrecht nach dem AnfG **136** 8
Anwartschaftsrechte **136** 8
Arresthypothek **135** 65
Arrestvollziehung **135** 14, 15
Aufgebotsverfahren **136** 13
Bedingung **135** 45
Behördliches Verfügungsverbot **136** 1 ff
Bereicherungsrecht **135** 115, 121, 130
Beschlagnahme **136** 10, 14 f
Blankettcharakter des § 135 BGB **135** 8
Dritterwerber **135** 103
Drittwiderspruchsklage **135** 15
Ehegattenverfügung **135** 50
Ehegüterrechtliche Mitwirkungsrechte **136** 8
Einstweilige Verfügung **136** 6, 7, 20
Einziehung **135** 104
Enteignungsbeschluß **136** 16
Erbe, beschränkte Verfügungsmacht **135** 55
Ersitzung **135** 70
Erwerbsanspruch **135** 100 f
Erwerbsverbot **135** 31
Erwerbsverbot aufgrund einstweiliger Verfügung **136** 19 ff
Erwerbsverbote, nicht geregelte **135** 31
Forderungspfändung **136** 9
Gebäudeversicherung **135** 49
Genehmigung, versagte **135** 32
Genehmigungsvorbehalt **135** 35
Gerichtliches Verfügungsverbot **136** 1 ff
Geschäftsfähigkeit **135** 32
Geschäftsführung **135** 121, 130
Gesellschaftsvermögen **135** 27
Gesetzliche Anordnung des Veräußerungsverbots **135** 36 ff
und gesetzliches Verbot zum Schutz der Allgemeinheit **136** 2
Grundbuch **135** 93 f
Grundbucheintragung **135** 61, 106, 125
Grundbuchfähigkeit **135** 61
Grundbuchsperre **135** 93 ff; **136** 3
Gutgläubig-verbotsbefreiter Erwerb **135** 59, 60; **136** 18
Gutgläubiger Erwerb **135** 59 ff, 62, 113 f
Gutglaubensschutz **136** 10, 18
Haftpflichtversicherungsverhältnis **135** 24
kein Handlungsverbot **135** 83

Verfügungsverbot (relatives) (Forts.)
Höchstpersönlichkeit einer Leistung **135** 22
Immobiliarvollstreckung **136** 10
Ius ad rem **135** 80, 89 ff
Kettenverkauf **136** 7
Konkurrierendes zweites Verfügungsverbot **135** 80
Konkurs **135** 16, 41, 71, 75, 98; **136** 12
Konkursverwalter **135** 72, 73
Konvaleszenz **135** 58
lex specialis der Folgen gesetzlichen Verbots **135** 1
Liegenschaftsrechte **135** 61, 105, 106; **136** 3
Mietzinsbezogene Verfügungen **135** 46
Mobiliarpfändung **136** 11
Mobiliarrechte **135** 107 ff
Nießbrauch **135** 33, 48
Nutzungen **135** 115, 122
Obligationen mit verdinglichter Wirkung **136** 7
Öffentlich-rechtliche Genehmigungsvorbehalte **135** 35
Öffentliche Interessen, geschützte **135** 39
Personalbezogene relative Unwirksamkeit **135** 41
Personenbezogener Schutz **136** 1
Rechtliches Nichtkönnen, rechtliches Nichtdürfen **135** 7
Rechtsfolgenverweisung des § 136 BGB **136** 17
Rechtsmängelhaftung **135** 92, 111
Rechtspfändung **136** 9
Rechtswidrigkeitszusammenhang **135** 29
Relativ-dingliche Rechte mit Dauerwirkung auf rechtsgeschäftlicher Grundlage, zu vermeidende **137** 8
Relative Unwirksamkeit **135** 2, 38, 84 ff
Restitutionsanspruch **136** 7
Rücktritt **135** 111
Schadensersatz **135** 111, 115, 118, 121, 125
Schutz bestimmter Personen **135** 1, 38 ff
Schutzinteresse, Wegfall **135** 57, 58
Schutzzweck **135** 1, 38, 41; **136** 4
Schwarzkauf **136** 19
Sekundärrechte **135** 115 ff
Spezialgesetzliche Regelungen, vorrangige **135** 44 ff
Strafrecht **136** 15
Testamentsvollstrecker **135** 54
Übereignung **135** 107, 109 ff
Übereignung nach verbotswidriger Veräußerung **135** 110
Unterlassungsanspruch **135** 128; **136** 8
und Unübertragbarkeit des Rechts selbst **135** 8
Veräußerungsverbot **135** 28

Verfügungsverbot (relatives) (Forts.)
Veräußerungsverbot, Verfügungsverbot **135** 28; **136** 1
Verbotsbefreiter Erwerb **135** 68
Verbotsgeschützter / Dritter **135** 124 ff
Verbotsgeschützter / Verbotsbetroffener **135** 120 ff
Verbotsschutz **135** 57
Verdinglichung **135** 116
Vereitelung der Zwangsvollstreckung **135** 29
Verfügungsbeschränkung **135** 6 ff, 33, 38, 46, 52
Verfügungsgeschäft, vorausgesetztes **135** 12 ff
Verfügungsverbot, guter Glaube bezüglich des Fehlens **135** 60
Verfügungsverbot, Verfügungsbeschränkung **135** 5 ff
Vermögensbeschlagnahme **136** 15
Verpflichtungsgeschäft, nicht erfaßtes **135** 13
Verpflichtungsverbot, nicht geregeltes **135** 30
Verstrickungsbruch **135** 29
Verwendungen **135** 123, 129
Vindikationsanspruch **135** 110 ff
Vollmacht **135** 17
Vollmacht zur Verfügungsvornahme **135** 17
Vorerbenverfügung **135** 52
Vorkaufsrecht **135** 26
Vormerkung **135** 47, 74; **136** 7
Widerspruch **135** 125; **136** 7
Willenserklärung, Defizite **135** 32
Zahlungssperre **136** 13
Zugewinnausgleich **136** 8
Zuschlag **135** 77, 97
Zustimmung **135** 57
Zustimmungsbedürftigkeit **135** 33, 34, 91
Zwangshypothek **135** 65, 96
Zwangsversteigerung **135** 64, 77, 97; **136** 10
Zwangsverwaltung **135** 98; **136** 10
Zwangsvollstreckung **135** 14, 37, 62, 95; **136** 9

Vergleich
gerichtliches Verfügungsverbot **136** 12

Verhalten der Vertragsparteien
und Bewertung darauf beruhenden Rechtsgeschäfts **138** 4

Verjährung
auflösend bedingter Ansprüche **158** 21
aufschiebende bedingte Ansprüche **158** 19
Verpflichtung zum Unterlassen einer Verfügung **137** 34

Verkehrsrecht
Kontrahierungszwang, spezialgesetzliche Anordnungen **Vorbem 145 ff** 17

Verkehrssitte
und Entbehrlichkeit der Annahme eines Angebots **151** 5 ff

Verlag
Sittenwidrigkeit von Optionsrechten **138** 291

Verlagsgesetz
Ausschluß der Übertragbarkeit der Verlegerrechte **137** 15

Vermittlung
von Leihmüttern **138** 450

Vermögensgesetz
Restitutionsanspruch und gerichtliches Verfügungsverbot **136** 7

Vermögensübertragung
Umdeutung nichtiger – **139** 73
Verpflichtungserklärung eines Vermögenslosen **138** 327

Verordnungen
als Gesetze **134** 16

Verpfändung
Anwartschaftsrecht **Vorbem 158 ff** 73

Verpflichtungsgeschäft
Anfechtung **142** 42
Anfechtung, hiervon unberührtes Erfüllungsgeschäft **142** 21
und Anwartschaft **Vorbem 158 ff** 54
und Anwendungsbereich der §§ 145 ff BGB **Vorbem 145 ff** 5
bedingtes und Frage des bedingten Erfüllungsgeschäfts **158** 12
bedingtes, Schutzpflichten **160** 2
bedingtes und Verfügung über versprochenen Gegenstand **161** 3
Bedingung oder obligatorische Verpflichtung **158** 9
und Bedingung des Verfügungsvertrages **158** 10
Beschränkungen **135** 13
Bestätigung eines nichtigen Rechtsgeschäfts, Auslegungsregel zur schuldrechtlichen Rückwirkung **141** 26 ff
und Erfüllungsaussicht **Vorbem 158 ff** 54
Erwerbsanspruch, aufschiebend bedingt durch verbotswidrige Verfügung **137** 40
Fehleridentität **142** 22
Genehmigungsbedürftige Geschäfte **134** 167 ff
und Ius ad rem **137** 9
Prozeßvertrag mit verpflichtender Wirkung **Vorbem 145 ff** 96
als Scheingeschäft **139** 55
und schuldrechtliches Anwartschaftsrecht **Vorbem 158 ff** 58
Trennung vom Verfügungsgeschäft **137** 1, 3
Unterlassen einer Verfügung **137** 31 ff
zum Unterlassen einer Verfügung **137** 31

Verpflichtungsgeschäft (Forts.)
Verbot der Einlagenrückgewähr **134** 245
Verbot der Erfüllungshandlung **134** 114
Verbot der Erfüllungshandlung, erlaubter Erfüllungserfolg **134** 104 ff
Verbotsgesetz, gegen Erfüllungsgeschäft gerichtetes **134** 119
bei verbotswidrigen Verfügungen **135** 92
und Verfügungsgebote **135** 13
und Verfügungsgeschäft, Einheit **138** 143
und Verfügungsgeschäft als Geschäftseinheit **139** 54 ff
Verfügungsgeschäft und Nichtigkeit des – **138** 140 ff
und Verfügungsgeschäft, sittenwidriges **138** 145
Verpflichtung zu einer Verfügung **Vorbem 145 ff** 53
Verpflichtungsverbote **135** 30
Vertrag
s. dort
Vorvertrag als – **Vorbem 145 ff** 51
wucherähnliches Rechtsgeschäft **138** 241
Wuchergeschäft **138** 139, 220 ff
Zeitpunkt der Sittenwidrigkeit **138** 79 ff
Zuschlag bei einer Versteigerung **156** 8

Versammlungsbeschlüsse
Teilnichtigkeit **139** 27

Versicherungsrecht
und Entbehrlichkeit der Annahme eines Angebots **151** 7
Kontrahierungszwang, spezialgesetzliche Anordnungen **Vorbem 145 ff** 17
spezialgesetzliche Annahmefristen für Anträge **148** 2
Umdeutung **139** 44
verbotene Provisionsteilungsabrede Makler / Versicherungsnehmer **134** 306

Versorgungsanwartschaft
Wuchergeschäft **138** 191

Verspätete Annahme
s. Vertrag

Versteckter Dissens
s. Vertrag

Versteigerung
dispositives Recht **156** 1, 9
Formbedürftigkeit des abzuschließenden Vertrages **156** 7
Gebot als Antrag **156** 2 ff
als öffentlicher Verkauf **156** 1
und pactum de non licitando **134** 312; **138** 358
nach Privatrecht (Einzelfälle) **156** 10
Übergebot **156** 4
Vertragsfreiheit **156** 9
Zuschlag als Annahme **156** 5 ff
Zuschlag im Zwangsversteigerungsverfahren **156** 12

Versteigerung (Forts.)
nach Zwangsvollstreckung **156** 11

Verteidigung
Verbot der Mehrfachverteidigung **134** 297

Vertrag
Kontrahierungszwang
s. dort
Option
s. dort
Versteigerung
s. dort
Vorvertrag
s. dort

Vertrag (Abschluß, Zustandekommen)
Abänderungsvorbehalt **145** 28
Ablehnung des Angebots **146** 9, 10
Abschlußfreiheit **Vorbem 145 ff** 12 ff
Abschlußverbot **Vorbem 145 ff** 13
Absichtserklärung, bloße **145** 14
accidentalia negotii **145** 17
AGB, AGBG
s. dort
ALR-Vertragstheorie **Vorbem 145 ff** 10
Anfechtung der Annahmeerklärung **151** 23
Anfechtungsgegenstand **142** 15
Anfechtungsgegner **143** 18
Angebot, Ablehnung **146** 9
Angebot unter Abwesenden **147** 7 ff
Angebot ad incertam personam **145** 19
Angebot unter Anwesenden **147** 2, 3
Angebot, Begriff **145** 1
Angebot, Bestimmtheitserfordernis **145** 17 ff
Angebot, Bindungsausschluß **145** 26 ff
Angebot, Bindungswirkung **145** 20 ff
Angebot, Empfängerwirkungen **145** 33 ff
Angebot, Empfang als rechtlicher Vorteil **145** 33
Angebot, Erlöschen **146** 8; **147** 1
Angebot durch Geschäftsunfähigen **153** 2
Angebot, Haftungsausschluß **145** 32
Angebot, Klauselbeispiele **145** 26 ff
Angebot bei Kontrahierungszwang **Vorbem 145 ff** 29 ff
Angebot ohne Verfügungssperre **145** 25
Angebot, Übertragbarkeit der Rechtsposition hieraus **145** 35
Angebot und veränderte Umstände vor Annahme **145** 22
Angebot, Wirksamkeit **145** 16
Angebot, Zugang und Bindungswirkung **145** 21
Angebotsempfänger, Rechtsposition **145** 34
Angebotsempfänger, Schadensersatzansprüche **145** 36
Ankündigung, öffentliche **145** 5
Annahme von Dienstleistungen **151** 20

Vertrag (Abschluß, Zustandekommen) (Forts.)
Annahme durch Drittverhalten 151 21
Annahme durch einzelne Handlungen 151 17, 18
Annahme bei Entbehrlichkeit des Erklärungszuganges 151 14 ff
Annahme in Form der Verzichtserklärung 151 11
Annahme bei Kontrahierungszwang **Vorbem 145 ff** 29 ff
Annahme kraft Verkehrssitte 151 5
Annahme im Lastschriftverkehr 151 12
Annahme, modifizierte 150 7 ff
Annahme durch schlüssiges Verhalten 151 2
Annahme, sofortige 147 5
Annahme, Störungen 147 6
Annahme, verspätete 150 2 ff
Annahme bei Waren, Dienstleistungsaufträgen 151 7
Annahmeerklärung, Anfechtung 151 23
Annahmeerklärung, Entbehrlichkeit ihres Zugangs 151 4 ff
Annahmeerklärung, Pflicht zur Abgabe 146 3
Annahmeerklärung, Stellvertretung 147 1; 151 24, 26
Annahmeerklärung bei sukzessiver notarieller Beurkundung 151 14 ff
Annahmeerklärung, Wirksamkeit 146 4
Annahmeerklärung, zeitliche Grenzen 146 8
Annahmeerklärung,entbehrlicher Zugang und faktischer Vertrag 151 19
Annahmefähigkeit des Antrags 147 1
Annahmefrist 147 5, 10 ff
Annahmefrist, Fristsetzung 148 3 ff
Annahmefrist, spezialgesetzliche Fristen 148 2
Annahmefrist, Wahrung bzw. Überschreitung der Frist 148 10, 11
Anpassungsklauseln **Vorbem 145 ff** 55
Antrag unter einer Bedingung 145 29
Anwartschaft, Anwartschaftsrecht s. dort
Aufhebungsvertrag **Vorbem 145 ff** 43, 44
Auslagen im Schaufenster 145 7
Auslandsberührung 134 47 ff, 154 ff; 138 481 ff; **Vorbem 145 ff** 99
Automaten 145 8
Beendigungsgrund 153 7
Benachrichtigungspflicht, Anzeige der Verspätung 149 6, 7
Benachrichtigungspflicht bei Erkennbarkeit einer Verzögerung 149 5
Benachrichtigungspflicht bei Geschäftsunfähigkeit des Anbietenden 153 4

Vertrag (Abschluß, Zustandekommen) (Forts.)
Benachrichtigungspflicht, Rechtsfolgen 149 9 ff
Benachrichtigungspflicht bei der Sukzessivbeurkundung 152 6
Benachrichtigungspflicht bei unregelmäßiger Beförderung 149 4
Beschlußfassung s. dort
Beschränkte Geschäftsfähigkeit, Annahmeerklärung 146 4
Beschränkte Geschäftsfähigkeit vor Zustandekommen 153 14
Beseitigung der Einigung **Vorbem 145 ff** 43
Bestätigung eines nichtigen – 141 14
Bestimmtheitserfordernis **Vorbem 145 ff** 57 ff
Beurkundung 154 12 ff
Beurkundung zu Beweiszwecken 154 14
Beurkundung als Sukzessivbeurkundung 152 1 ff
Beurkundung, vereinbarte 154 12 ff
Beurkundungserfordernis, gesetzliches 154 13
Beweislast für Befristung des Angebots 148 12
Beweislast für die Behauptung konstitutiver Vertragsform 154 17
Beweislast für Entbehrlichkeit des Zugangs der Annahmeerklärung 151 28
Beweislast für Geschäftsunfähigkeit, Tod des Anbietenden 153 18
Beweislast für Rechtzeitigkeit der Annahme 147 16
Beweislast für Sukzessivbeurkundung 152 10
Beweislast für Teilabreden 154 16
Beweislast für verspätete zugegangene Annahme 149 13
Beweislast beim versteckten Dissens 155 18
Beweislast für Vorliegen eines Angebots 145 38
BGB-Verträge, erfaßte **Vorbem 145 ff** 5
Bindungswirkung des Angebots 145 20 ff
Contractus **Vorbem 145 ff** 9
Culpa in contrahendo **Vorbem 145 ff** 28, 48
Diktierter Vertrag **Vorbem 145 ff** 35
Dogmatik **Vorbem 145 ff** 9
Duldung 145 15
Elektronische Medien, Angebote hierüber 145 9
Elektronischer Handel an der Börse **Vorbem 145 ff** 38
Entbehrlichkeit des Zugangs 151 4 ff
Erbrechtliche Verträge **Vorbem 145 ff** 5
Erklärungen, unvollständige oder mißverständliche 155 7 ff
Essentialia negotii 145 17; 154 1, 3, 8

Vertrag (Abschluß, Zustandekommen) (Forts.)
Faktischer Vertrag **Vorbem 145 ff** 39
Faktischer Vertrag bei Entbehrlichkeit des Zugangs einer Annahmeerklärung **151** 19
Familienrechtliche Verträge **Vorbem 145 ff** 5
Festofferte **145** 24; **148** 7
Garantiefunktion des Vertrages **139** 78
Gaststätten **145** 11
Gebot in der Versteigerung **156** 2
Gefälligkeitsverhältnis, Abgrenzung **Vorbem 145 ff** 3, 79 ff, 80
Genehmigungserfordernis **145** 23; **Vorbem 145 ff** 63
Gentlemen's agreement, Abgrenzung **Vorbem 145 ff** 3, 80
Geschäftsunfähigkeit **153** 2, 3, 8, 10, 11, 12, 13
Gesellschaftsverträge **Vorbem 145 ff** 90
Hauptvertrag **Vorbem 145 ff** 59 ff
Hilfspersonen, Einschaltung **147** 3
Höchstpersönlicher Bedarf **153** 6
Inhalt, Zustandekommen und Frage der Sittenwidrigkeit **138** 70
Inhaltliche Gestaltungsfreiheit **Vorbem 145 ff** 12
Internationales Privatrecht **134** 47 ff, 154 ff; **Vorbem 145 ff** 99
Invitatio ad offerendum **145** 3, 4, 30
Irrtum oder Dissens **155** 3 ff
Kartellverträge **Vorbem 145 ff** 7
Kaufmännisches Bestätigungsschreiben **146** 6
Konkurs und Vertragsabschluß **153** 15, 16
Kreuzofferten **146** 7
Kündigungssperre **Vorbem 145 ff** 32
Lastschriftverkehr **151** 12
Leistungsautomaten **145** 8
Letter of intent **145** 14
Lex contractus **Vorbem 145 ff** 8
Makler **145** 13
Mantelvertrag **Vorbem 145 ff** 54
Massenverträge **Vorbem 145 ff** 93
Mitteilungen innerhalb bestehender Vertragsverhältnisse **145** 12
Modifizierte Annahme **150** 7 ff
Normativer Konsens **155** 3
Normenverträge **Vorbem 145 ff** 91, 92
Öffentliche Ankündigung **145** 5
Öffentliche Verkehrsmittel **145** 10
Pactum **Vorbem 145 ff** 9
Promissio **Vorbem 145 ff** 9
Prozeßverträge **Vorbem 145 ff** 96
Punktation **Vorbem 145 ff** 47; **154** 11
Rahmenvertrag **Vorbem 145 ff** 54
Rassische Diskriminierung **Vorbem 145 ff** 24

Vertrag (Abschluß, Zustandekommen) (Forts.)
Rechtsbindungswille **145** 2, 14
Rechtsfolgenwillen **Vorbem 145 ff** 2
Rechtsfolgenwillen, Übereinstimmung hierin **Vorbem 145 ff** 2
Rechtsvergleichung **Vorbem 145 ff** 11
Regelung, fragmentarische **Vorbem 145 ff** 4
Sachenrechtliche Verträge **Vorbem 145 ff** 5
Savigny, allgemeine Vertragslehre **Vorbem 145 ff** 10
Schenkung auf den Todesfall **153** 3
Schuldrechtliche Verträge **Vorbem 145 ff** 5
Schweigen als Annahme **146** 5; **151** 3
Schweigen auf neuen Antrag **150** 15
Selbstbedienungstankstelle **145** 8
Sukzessivbeurkundung **152** 1 ff
Tankstelle **145** 8
Teildissens **154** 7; **155** 14
Telefax **147** 4
Telefonischer Antrag **147** 4
Telegramm **147** 4
Teleshopping **145** 9
Tod des Anbietenden **153** 1 ff
Tod des Angebotsempfängers **153** 9 ff
Vereinsrecht **Vorbem 145 ff** 6
Verfassungsrechtlicher Vertrag **Vorbem 145 ff** 94
Verfügungsbeschränkungen vor Vertragsabschluß **153** 17
Verfügungssperre **145** 25
Vertragsarten **Vorbem 145 ff** 88 ff
Vertragsstrafeversprechen **145** 13
Vorhand **Vorbem 145 ff** 78
Vorrechtsverträge **Vorbem 145 ff** 77, 78
Vorvertragliches Schuldverhältnis **145** 36; **Vorbem 145 ff** 48 ff
Warenautomaten **145** 8
Werbematerial, Versendung **145** 5
Widerrufsvorbehalt **145** 27
Zugang, entbehrlicher der Annahmeerklärung **151** 4 ff
Zuschlag als Annahme **156** 12
Zusendung unbestellter Ware **145** 6; **146** 11 ff
Zustandekommen **Vorbem 145 ff** 36 ff
Zustimmung zu einer Vorlage **Vorbem 145 ff** 38

Vertrag (gegenseitiger)
Umdeutung **140** 9
und unvollkommen zweiseitiger Vertrag, Abgrenzung **Vorbem 145 ff** 88

Vertrag zugunsten Dritter
Anfechtungsgegner **143** 19

Vertragsabschluß
Zeitpunkt der Sittenwidrigkeit **138** 79

Vertragsanbahnung, Vertragsinhalt
Sittenwidrigkeit **134** 5 ff; **138** 71

Vertragsfreiheit
und Verfügungsfreiheit 137 31
Vertragsstrafe
Verpflichtung zum Unterlassen einer Verfügung 137 38
Versprechen unverhältnismäßig hoher 138 193
Vertragsübernahme
Anfechtungsgegner 143 22
Vertragsverhandlungen
und vorvertragliches Schuldverhältnis **Vorbem 145 ff** 45 ff
Vertrauensstellung
Ausnutzung 138 258
Vertreter
Annahme des Angebots 147 3
Vertretung
Angebotsabgabe 147 3
Annahmeerklärung 151 24
Mißbrauch der Vertretungsmacht, sittenwidrige 138 354, 355
Verwahrungsvertrag
Zusendung unbestellter Ware 146 14, 15
Verwaltungsakte
Bedingungen, Befristungen, Auflagen, Vorbehalte **Vorbem 158 ff** 78 ff
Bestätigung nichtiger 141 11
Teilnichtigkeit 139 29
Umdeutung fehlerhafter – 140 12
Verzicht
auf das Anfechtungsrecht 144 2
auf Bedingungsvereinbarung 158 16
auf Empfangsbedürftigkeit der Annahmeerklärung 151 10 ff
Verzug (Schuldnerverzug)
Vorvertrag und Erfüllung der Abschlußpflicht **Vorbem 145 ff** 65
Vinkulierung
s. Übertragbarkeit von Rechten
Völkerrecht
und ausländische Verbotsgesetze 134 53
als Verbotsgesetz 134 46
Vollmacht
Anfechtung 142 43
Anfechtung der Vollmachtserteilung 143 33 ff
und Baubetreuungsvertrag, einheitliches Rechtsgeschäft 139 49
Geschäftseinheit mit dem Grundgeschäft 139 56
Überlassung der Verfügungsbefugnis aufgrund verdrängender – 137 26
und Verfügung 135 17
zur Verfügungsvornahme und relatives Verfügungsverbot 135 17
Vorerbschaft
Entziehung der Verfügungsmacht des Vorerben 135 53

Vorerbschaft (Forts.)
Wirksamkeit von Verfügungen des Vorerben 135 52
Vorhand
als Vorrechtsvertrag **Vorbem 145 ff** 77 ff
Vorkaufsfälle
Anfechtungsgegner 143 25
Vorkaufsrecht
Umdeutung eines unwirksam begründeten – 139 63
Unübertragbarkeit 135 26
Unübertragbarkeit des Rechts 137 12
als Vorrechtsverträge **Vorbem 145 ff** 77 ff
Vormerkung
und Anwartschaftsrecht des Grundstückskäufers **Vorbem 158 ff** 59
und bedingte Verfügung 137 41
Erwerbsanspruch, aufschiebend bedingter durch verbotswidrige Verfügung 137 41
für künftigen Erfüllungsanspruch 145 33
Sicherung bedingter Ansprüche 158 1
verfügungsbeschränkende Wirkung 135 47
oder Verfügungsverbot aufgrund einstweiliger Verfügung 136 7
Vormundschaftsgerichtliche Genehmigung
Gebrauch von der – 162 14
Zulässigkeit von aufschiebenden Bedingungen **Vorbem 158 ff** 77
Vorrechtsverträge
Eintrittsrechte, Vorhand, Vorkaufsrechte als – **Vorbem 145 ff** 77 ff
Vorteilsannahme
Verbotsgesetz 134 296
Vorvertrag
Anfechtung **Vorbem 145 ff** 68
Anpassungsklauseln **Vorbem 145 ff** 55
Bestimmtheit des Hauptvertrages, Anforderungen **Vorbem 145 ff** 57 ff
Culpa in contrahendo **Vorbem 145 ff** 48
essentialia negotii **Vorbem 145 ff** 58
Form **Vorbem 145 ff** 60
Form, Formfreiheit **Vorbem 145 ff** 6o ff
formunwirksamer **Vorbem 145 ff** 62
Genehmigungserfordernis für den Hauptvertrag **Vorbem 145 ff** 63
und Hauptvertrag **Vorbem 145 ff** 68
Hauptvertrag, abzugrenzender **Vorbem 145 ff** 52
Inhalt, notwendiger **Vorbem 145 ff** 56
Klage, Klagbarkeit **Vorbem 145 ff** 67
Kondiktion **Vorbem 145 ff** 68
Kontaktaufnahme und gesetzliches Schuldverhältnis **Vorbem 145 ff** 49
Kontrahierungszwang **Vorbem 145 ff** 64
und Letter of Intent 145 14
Mängel **Vorbem 145 ff** 68
und Option, Abgrenzung **Vorbem 145 ff** 69
Punktation **Vorbem 145 ff** 47

Vorvertrag (Forts.)
Rahmenvertrag, Abgrenzung
 Vorbem 145 ff 54
Rechtsbindungswille **Vorbem 145 ff** 52
Rücktritt vom Vertrag **Vorbem 145 ff** 66
Unwirksamkeit bei fehlender Bestimmtheit des Inhalts des Hauptvertrages **Vorbem 145 ff** 59
Verpflichtung zu einer Verfügung als Hauptvertrag, kein – **Vorbem 145 ff** 53
als Vertrag **Vorbem 145 ff** 52
vertraglicher Kontrahierungszwang als Folge des – **Vorbem 145 ff** 51
Vertragsgegenstand, anderer als der des Hauptvertrages **Vorbem 145 ff** 53
Vertragsverhandlungen **Vorbem 145 ff** 45, 46
Verzug mit der Erfüllung der Abschlußpflicht **Vorbem 145 ff** 65
und vorvertragliches Schuldverhältnis, Abgrenzung **Vorbem 145 ff** 48 ff

Vorvertragliches Schuldverhältnis
Angebotsempfänger, Schutz seiner Rechtsposition **145** 37
Rechtsfolgen **Vorbem 145 ff** 48 ff

Vorvertragliches Vertrauensverhältnis 145 25

Wärmeversorgungsvertrag
Ausschluß ordentlicher Kündigung **138** 294

Wahlschuld
Unmöglichkeit einer Leistung **139** 9

Wandel der guten Sitten 138 77 ff, 445

Wechsel
Begebung von Finanzwechseln **138** 346
Nichtigkeit des zugrundeliegenden Kreditgeschäfts **139** 56
und sittenwidriges Grundgeschäft **138** 141
Umdeutungsfälle **139** 61
Wechselreiterei **138** 344 ff
Wuchergeschäft bei Begebung erfüllungshalber **138** 224

Wechselrecht
und ergänzende Auslegung **157** 45

Werbeanzeigen
Vereinbarung redaktionell getarnter Veröffentlichung **134** 311

Werbegeschenke
vertragliche Verpflichtung zur Gewährung **134** 302

Werbematerial
Versendung als invitatio ad offerendum **145** 5

Werkvertrag
Wuchergeschäft **138** 191

Wertentscheidungen
Rechtsfortbildung und gesetzliche **138** 39 ff

Wertpapierbörse
Vertragsabschluß beim elektronischen Handel **Vorbem 145 ff** 38

Wertpapierrecht
Bedingungsfeindlichkeit **Vorbem 158 ff** 35
Umdeutungsfälle **139** 61 ff

Wertsicherungsklauseln
Unwirksamkeit einer Klausel und ergänzende Vertragsauslegung **157** 43

Wettbewerbsrecht
Abreden, kartellrechtswidrige und Nichtigkeitsfolge **139** 22
Alleinbezugsbindungen und Art. 85 Abs. 1 EG-Vertrag **138** 282
Alleinvertriebsvertrag mit nichtigen Preisbindungsabreden **139** 64
Aufrechterhaltung des Restgeschäfts durch kartellbehördliche Regelung **139** 11
Ausnutzung von Macht- und Monopolstellungen **138** 250 ff
Ausschließlichkeitsbindung, Umdeutung formfehlerhafter **139** 72
Bierbezugsverpflichtungen, kartellrechtliche Mißbrauchskontrolle **138** 282
EG-Vertrag Art. 85 **138** 170
EG-Vertrag Art. 86 **138** 170, 257
Europäisches Recht **134** 43
Franchisevertrag und Art. 85 Abs. 1 EG-Vertrag **139** 81
Freiberufler als Unternehmer **138** 299
Generalklausel des § 1 UWG **134** 300
Gruppenfreistellung Art. 85 Abs. 3 EG-Vertrag **138** 282
Gruppenversicherungsvertrag Gewerkschaft / Rechtsschutzversicherung **134** 4; **138** 7, 72
Kaffeefahrt unter Verstoß gegen § 1 UWG **138** 6, 8, 211
Kartellverbot § 1 GWB und § 138 BGB und Art. 85 EG-Vertrag **138** 313
Kartellverstöße **134** 227, 248 f; **138** 41, 169 f, 257, 282, 285, 299, 304, 312 f, 358
Kaufmännische Angestellte, nachvertragliche Wettbewerbsverbote **138** 300 fff
Kaufscheinhandel **134** 298
Kontrahierungszwang als Rechtsfolge bei kartellrechtlichen Behinderungs- und Diskriminierungsverstößen **Vorbem 145 ff** 18 ff
Kontrahierungszwang, spezialgesetzliche Anordnungen **Vorbem 145 ff** 17
Kundenschutzklauseln, knebelnde Wirkungen **138** 297 ff
Laufzeitbegrenzung bei überlangem Wettbewerbsverbot **139** 69
Mißbrauch marktbeherrschender Stellung **138** 169, 257

Wettbewerbsrecht (Forts.)
Mißbrauchsverhalten und unwirksame Verträge 139 11
Preisbindung 139 11
Preisbindung, Umdeutung nichtiger 139 72
Rechtsbegriff der guten Sitten in § 1 UWG 138 7
Rechtswidrigkeit von Wettbewerbshandlungen und § 1 UWG 138 28
Salvatorische Klauseln 139 22
Schmiergeldvereinbarungen und Bestechungsverbot § 12 UWG 134 299
und Schutz der Marktfreiheit 137 6
Sittenwidrige Wettbewerbshandlungen, Verhältnis § 138 BGB / § 1 UWG 138 70
Sittenwidriges Zustandekommen eines Vertrages 138 6
Sittenwidrigkeit § 138 BGB und § 1 GWB 138 169
Tankstelleninhaber, Bezugsbindungen 138 285
Teilnichtigkeit bei Anwendung kartellrechtlicher Verbote 139 81
Umdeutung eines unzulässigen unbeschränkten Wettbewerbsverbots 139 74
und verbotswidriges Zustandekommen von Rechtsgeschäften 134 5, 6
Verpflichtung zur Begehung unlauteren Wettbewerbs 134 298
Vertragsinhalt der Begehung sittenwidrigen Wettbewerbs 138 73
und vorsätzlich sittenwidrige Schädigung 138 73
Wertungen des GWB, Art. 85 EG-Vertrag 138 41
wettbewerbsbeschränkende Verträge und deren Folgeverträge 134 248 ff
Wettbewerbsverbote, knebelnde Wirkung 138 297 ff
Wettbewerbsverbote, übermäßige 138 312
Wettbewerbsverstöße 134 298 ff
wettbewerbswidrige Rabatte, Zugaben 134 301, 302
Zweitarbeitsverhältnis und Wettbewerbsverbot § 60 HGB 134 250

Widerrufsklausel
als vertragliches Rücktrittsrecht 145 32

Widerrufsvorbehalt
für den Antragenden nach Angebotsabgabe 145 27

Widerspruch
oder Verfügungsverbot aufgrund einstweiliger Verfügung 136 7

Willenserklärung
Anfechtung durch empfangsbedürftige – 143 1 ff
als Anfechtungsgegenstand 142 15, 38
Angebot, Bindungswirkung 147 1

Willenserklärung (Forts.)
Annahmeerklärung als empfangsbedürftige Willenserklärung 146 1
Antrag als empfangsbedürftige Willenserklärung 145 16
Auslegung
s. dort
und Bedingungsvereinbarung **Vorbem 158 ff** 7
Bestätigung als empfangsbedürftige Willenserklärung 144 4
Deliktische Haftung des Empfängers unbestellt übersandter Ware 146 16
Einseitige empfangsbedürftige Willenserklärungen, deren Anfechtung 143 26 ff
Einseitige nichtempfangsbedürftige Willenserklärungen, deren Anfechtung 143 29
Empfangsbedürftige, Auslegungsziel 157 3
Gebot bei einer Versteigerung 156 3
als Rechtsgeschäftsteil 145 1
subjektive Elemente 151 16

Willensmängel
und Verfügung 135 32

Wirtschaftlicher Zusammenhang
und Einheitlichkeit des Rechtsgeschäfts 139 37 ff

Wirtschaftsrecht
und Wandel der guten Sitten 138 78

Wohnungsbindungsgesetz
Mietvertrag unter Verstoß gegen das – 134 307

Wohnungseigentum
Auslegung von Gemeinschaftsordnungen 157 12
Umdeutung 139 65
Vorvertrag **Vorbem 145 ff** 60
Wuchergeschäft 138 191
Zustimmung zur Veräußerung 137 15

Wollensbedingung
s. Bedingung

Womb leasing 138 450

Wucher 138 5, 17, 120 ff, 175 ff, 180, 195 ff, 205 ff, 209, 227 ff, 387
Additionsklausel 138 178
Ausbeuten einer Zwangslage 138 5, 195 ff
Ausbeutungslagen 138 173
und Ausnutzung von Macht- und Monopolstellungen 138 250 ff
und Bestand eines Rechtsgeschäfts 134 7
Kettenkreditverträge 138 243 ff
Konsumentenkreditverträge mit Kreditinstituten 138 181 ff
Kreditwucher 138 123 ff, 181 ff
Lohnwucher 138 121, 387
Mangel an Urteilsvermögen 138 5, 209
Mietwucher 139 17, 70

Wucher (Forts.)
  Mißverhältnis, auffälliges Leistung / Gegenleistung 138 17, 175 ff
  Rechtsfolgen wucherischer Verträge 138 122 ff
  Rückzahlungsansprüche des Wucherers 138 127
  Schutzlücken wegen des subjektiven Tatbestandes 138 227 ff
  und Strafrechtsnorm § 302a StGB 138 174
  Teilnichtigkeitsproblematik 139 70
  Umdeutung 140 2
  Unerfahrenheit 138 5, 205 ff
  Vergütungsansprüche des Wucherers 138 127 ff
  Willensschwäche 138 5, 210 ff
  und wucherähnliche Geschäfte 138 227 ff; 139 70
  Wucherdarlehen 139 70
  Wucherkauf 139 70
  Zeitpunkt 138 180
  Zwangslage 138 195 ff
Wucherähnliche Geschäfte 138 195 ff

Zeitbestimmung
  s. Frist, Befristung
Zeitvereinbarung
  knebelnde 138 272 ff
Zinsvereinbarung
  Konsumentenkreditverträge mit Kreditinstituten 138 181 ff
  und Mißverhältnis Leistung / Gegenleistung 138 230
  Rechtsfolgen wucherischer Verträge 138 122 ff
  und Wuchertatbestand 138 179
Zölibatsklauseln
  Sittenwidrigkeit 138 465
Zufallsbedingung
  s. Bedingung
Zugaben
  vertragliche Verpflichtung zur Gewährung 134 302
Zugangsvereitelung
  als treuwidriges Verhalten 162 16
Zugewinnausgleich
  Sicherung durch Arrest 136 8

Zuschlag
  als Annahme bei einer Versteigerung 156 5 ff
  nach Ausschreibung zur Vergabe öffentlicher Verträge 156 13
  im Rahmen der Zwangsvollstreckung 156 11, 12
Zusendung unbestellter Ware
  Annahme eines Angebots 146 11, 12
  Deliktische Haftung des Empfängers 146 16
  Eigentümer-Besitzer-Verhältnis 146 15
  Haftung bei Beschädigung, Zerstörung 146 13
  als Vertragsangebot 145 6
  Verwahrungsvertrag, unentgeltlicher 146 14
  Verzicht auf Empfangsbedüftigkeit der Annahmeerklärung 151 11
Zustimmung
  Anfechtung der Zustimmungserklärung 143 33
Zwangslage
  Wuchertatbestand und Ausbeuten einer – 138 195
Zwangsversteigerung
  und gerichtliche Verfügungsverbote 136 10
  Verfügungsverbot, relativ wirkendes 135 64
  Vormerkungsschutz 137 41
  Zuschlag verbotsbetroffener Sache 135 77 ff
Zwangsverwaltung
  und gerichtliche Verfügungsverbote 136 10
Zwangsvollstreckung
  und gerichtliche Verfügungsverbote 136 9
  Pfändbarkeit und Übertragbarkeit 137 10
  und Verfügungsverbot 135 95
  Verfügungsverbot, relativ wirkendes 135 62
  Versteigerung, Rechtsnatur von Gebot und Zuschlag 156 11
  Zwischenverfügung vor Bedingungseintritt 161 9
Zweckvereinbarung
  und Bedingung, Abgrenzung
  Vorbem 158 ff 10

**J. von Staudingers
Kommentar zum Bürgerlichen Gesetzbuch
mit Einführungsgesetz und Nebengesetzen**

Übersicht Nr 27/22. April 1996

Die Übersicht informiert über die Erscheinungsjahre der Kommentierungen in der 12. Auflage und in der 13. Bearbeitung (= Gesamtwerk Staudinger). *Kursiv* geschriebene sind diejenigen Teile, die zur Komplettierung der 12. Auflage noch ausstehen.

	12. Auflage	13. Bearbeitung
Erstes Buch. Allgemeiner Teil		
Einl BGB; §§ 1 - 12; VerschG	1978/1979	1995
§§ 21 - 103	1980	1995
§§ 104 - 133	1980	
§§ 134 - 163	1980	1996
§§ 164 - 240	1980	1995
Zweites Buch. Recht der Schuldverhältnisse		
§§ 241 - 243	1981/1983	1995
AGBG	1980	
§§ 244 - 254	1980/1983	
§§ 255 - 292	1978/1979	1995
§§ 293 - 327	1978/1979	1995
§§ 328 - 361	1983/1985	1995
§§ 362 - 396	1985/1987	1995
§§ 397 - 432	1987/1990/1992/1994	
§§ 433 - 580 a	1978	
§§ 433 - 534		1995
Wiener UN-Kaufrecht (CISG)		1994
§§ 535 - 563 (12. A. 2. Bearb.)	1981	
§§ 535 - 563 (Mietrecht 1)		1995
§§ 564 - 580 a (12. A. 2. Bearb.); 2. WKSchG	1981	
§§ 581 - 606	1982	1996
§§ 607 - 610	1988/1989	
§§ 611 - 619	1989/1993	
§§ 620 - 630	1979	1995
§§ 631 - 651	1990	1994
§§ 651 a - 651 k	1983	
§§ 652 - 704	1980/1988	1995
§§ 705 - 740	1980	
§§ 741 - 811	1982/1985	
§§ 812 - 822	1979	1994
§§ 823 - 832	1985/1986	
§§ 833 - 853	1986	
Drittes Buch. Sachenrecht		
§§ 854 - 882	1982/1983	1995
§§ 883 - 902	1985/1986/1987	
§§ 903 - 924	1982/1987/1989	
§§ 925 - 984	1979/1983/1987/1989	1995
§§ 985 - 1011	1980/1982	1993
ErbbVO; §§ 1018 - 1112	1979	1994
§§ 1113 - 1296	1981	
WEG		
Viertes Buch. Familienrecht		
§§ 1297 - 1302; EheG u.a.; §§ 1353 - 1362	1990/1993	
§§ 1363 - 1563	1979/1985	1994

	12. Auflage	13. Bearbeitung
§§ 1564 - 1568	1994	
HausratsVO		
§§ 1569 - 1586 b		
§§ 1587 - 1588; VAHRG	1995	
§§ 1589 - 1625	1983/1985/1992/1993	
§§ 1626 - 1630	1992	
§§ 1631 - 1633; RKEG		
§§ 1634 - 1665	1989	
§§ 1666 - 1772	1984/1991/1992	
§§ 1773 - 1895; Anh §§ 1773 - 1895 (KJHG)	1993/1994	
§§ 1896 - 1921	1995	

Fünftes Buch. Erbrecht

§§ 1922 - 1966	1979/1989	1994
§§ 1967 - 2086	1978/1981/1987	
§§ 2087 - 2196	1980/1981	
§§ 2197 - 2264	1979/1982	1996
§§ 2265 - 2385; BeurkG	1979/1981/1983	

EGBGB

Einl EGBGB; Art 1 - 6, 32 - 218	1985	
Art 219 - 221, 230 - 236	1993	

EGBGB/Internationales Privatrecht

Einl IPR; Art 7 - 11	1984	
IntGesR	1980	1993
IntEheR (Art 13 - 17); IntEheprozeßR	1983/1990/1992	
Art 18, 19 aF (= Art 19 nF)	1979	
Kindschaftsrechtl. Übereinkommen; Art 19 (nF)		1994
Art 20 - 24 nF	1988	
Art 24 - 26 aF (= Art 25, 26 nF)	1981	
Art 25, 26 (nF)		1995
Art 27, 28 aF, 5, 6 nF	1981/1988	
Vorb Art 27 - 37 nF	1987	
Art 10, 27 - 37 nF		
Art 38 nF; IntSachR	1985/1992	

Demnächst erscheinen

§§ 779 - 811	1996
§§ 883 - 902	1996
§§ 1113 - 1203	1996
§§ 1967 - 2086	1996
§§ 2087 - 2196	1996
§§ 2339 - 2385	1996
Einl IPR; Art 3-6 EGBGB	1996
Art 20-24 EGBGB	1996
Art 219-222; 230-236 EGBGB	1996

Nachbezug der 12. Auflage
Abonnenten der 13. Bearbeitung haben die Möglichkeit, die 12. Auflage komplett oder in Teilen zum Vorzugspreis zu beziehen (so lange der Vorrat reicht). Hierdurch verfügen sie schon zu Beginn ihres Abonnements über das Gesamtwerk Staudinger.

Dr. Arthur L. Sellier & Co. - Walter de Gruyter & Co., Berlin